Javier de Burgos

(Tiempos de lucha e ilusión: 1778 - 1823)

Tomo II

Manuel Morán Orti

FORO PARA EL ESTUDIO DE LA · HISTORIA MILITAR DE ESPAÑA

© 2026 Foro para el Estudio de la Historia Militar de España (FEHME)
© 2026 Manuel Morán Orti

Editorial: Foro para el Estudio de la Historia Militar de España
Legardeta
31292 Navarra

info@forohistoria.com
www.forohistoria.com

ISBN (obra completa): 979-13-990416-6-8
ISBN (Volumen II): 979-13-990416-9-9
Depósito Legal: DL NA 723-2026

Maquetación y diseño: Natalia Jara Fraile [natalia-jf@hotmail.com]

Cubierta: Retrato de Javier de Burgos en N.P. Díaz y F. de Cárdenas, *Galería de españoles célebres contemporáneos* (…). t. II (Biblioteca Nacional de España).

Contracubierta: *Miscelánea de comercio, política y literatura* nº 165, 12.08.1820 (Col. del autor).

IMPRIME: Gráficas Pinares
pinaresimpresores@telefonica.net

ÍNDICE

Tomo I

Tomo II

9. La *Miscelánea* en 1821

9.1. Las líneas maestras de la *Miscelánea* en la oposición

A lo largo del año 1821 Burgos reafirmó el sello antiministerial de su diario, dando continuidad a la orientación iniciada en el mes de noviembre anterior. Por tanto, privilegió el análisis de la actualidad política, el ejercicio de la crítica y la polémica de prensa frente a la exposición doctrinal, aun sin desdeñar la oportunidad de ejercer magisterio cuando venía a cuento: en esas ocasiones trató temas como teoría de las constituciones, naturaleza de los partidos, aclaraciones sobre las palabras liberal y servil, libertad civil, refundición de códigos, el concepto de moderación y cosas semejantes. Pero en conjunto, las lineas maestras de su discurso abarcaban una serie de lugares comunes que podrían esquematizarse de la siguiente manera:

1. La censura sin paliativos del primer ministerio liberal (al que responsabilizó de la marcha desastrada del Régimen) y ocasionalmente del que le sucedió, el de Bardaxí - Feliú, débil y mezquino, aunque favoreciera algunas iniciativas que Burgos aplaudió.

2. La situación de América. Dio muestras aquí de un transaccionismo tendencialmente secesionista, a la vez que criticaba la política oficial de "galgos o podencos", por usar su propia expresión. Dicho transaccionismo, que argumentó con razonamientos de índole utilitaria, está también en la base de su diagnóstico sobre la viabilidad de los liberalismos italianos frente a las potencias legitimistas e incluso de la independencia de Grecia, en contraste con los enfoques de la prensa ministerial y la exaltada, que exhibían un falso optimismo de cara a la galería; este fue por tanto, un motivo más de enfrentamiento.

3. Orden y Anarquía. En esta época, la *Miscelánea* comenzó a señalar, ya sin rodeos, a la *Anarquía* (con mayúscula), fruto de las pasiones, la desunión, la arbitrariedad y la violencia impune como la principal amenaza para la supervivencia del régimen. La frecuencia y dureza de sus juicios sobre el tema terminaron por constituir uno de los rasgos distintivos del periódico. "Sobre las cabezas de los asesinos, de los déspotas y de los anarquistas debe caer la espada inexorable de la justicia, si es que queremos tener patria y aspirar algún día a la dignidad de hombres libres"[716]. Para puntualizar, digamos que lo de "la espada de la justicia" es una de las figuras más manidas en la retórica del Trienio (la imagen alternativa es la de "la cuchilla de la ley").

4. Liberalismo exaltado. Consecuentemente, apostrofó con frecuencia a los alborotadores, que por medio de algaradas anteponían su interés al de la nación y esterilizaban los beneficios del sistema. No creía en el argumento de la falta de decisión de las autoridades judiciales para reprimir las acechanzas contra el régimen, que se solía alegar para justificar las conmociones populares. En contrapartida, contempló con simpatía a los perjudicados por sus atropellos: especialmente la Corona (sucesos de noviembre y del 5 de febrero, etc.) pero también simples particulares, como ocurrió en los casos de la causa de Zaragoza que implicaba a la marquesa de Lazán, de las deportaciones de sospechosos en La Coruña y Málaga, o de la supuesta conspiración descubierta en Granada.

5. El periódico de Burgos asumió ya sin tapujos, la defensa de los *afrancesados*, misión que desempeñó con inteligencia y habilidad, asumiendo incluso esa denominación, que hasta entonces había rehuido. Así actuó ante las acusaciones que recayeron en los transpirenaicos de haber soliviantado a las sociedades patrióticas contra el ministerio Pérez de Castro - Argüelles y de instigar su caída, de haber redactado la famosa "Coletilla", o incluso, de conspirar para hacerse con el Gobierno y los destinos públicos.

6. También es importante señalar una relativa disminución en la tradicional animosidad contra el clero, "la curia romana" y la Iglesia en general. En parte porque la legislación de las Cortes había hecho ya superflua la cuestión, pero también porque Burgos había comprendido que las quiebras del nuevo Régimen tenían causas

---

716. "Sobre la opinión pública", en *Miscelánea* n° 446 (19.05.1821).

más complejas que la tibieza constitucional de los sacerdotes y religiosos. Lo dejó bien claro en su revista de mayo, cuando escribió las siguientes reflexiones:

El medio que proponen otros, de remover obispos y curas disidentes, aunque oportuno tal vez para atajar el mal del momento, es insuficiente para curarle de raíz. Los curas no forman el espíritu de los pueblos, ni les obispos el de las diócesis; lo único que pueden hacer unos y otros es aprovecharse de la buena o mala disposición de los ánimos, para hacer que aumenten o disminuyan el amor o el odio que tengan á una institución cualquiera; pero llegar á indisponer a toda una provincia contra un régimen de gobierno, no cabe en el orden natural de las cosas, a no ser que el tal régimen no proporcione ventaja a los gobernados[717].

7. El hecho es que su periódico trasladó su agresividad a los realistas en general y a los redactores de papeles clandestinos en particular (Matías Vinuesa y "el taller de las proclamas"). De este modo, el *Despotismo* compartió con la *Anarquía* el lenguaje más duro de la *Miscelánea*, que continuó así figurando en una posición intermedia del espectro ideológico del Trienio, aunque marginal dentro del sistema; su *moderación*, recuérdese, coincidía con la de los doceañistas en cuanto actitud cívica, pero no en la interpretación que estos hacían de la soberanía nacional, tal como había sido definida en la Constitución.

Sin llegar a extremos panfletarios, no raros en el lenguaje periodístico de entonces porque servía de reclamo para los lectores, el discurso de la *Miscelánea* adquirió un marcado tono polémico. En contrapartida, fue el blanco de numerosos ataques (desde los periódicos adversarios, desde la tribuna de alguna sociedad patriótica e incluso desde los escaños de las Cortes) que dan idea de lo serio en que se tomaban al diario de Burgos las restantes familias liberales. Pero en conjunto, todo eso iba a producir un efecto importante de desgaste para el periódico y para la salud de su redactor, que determinará el cierre de la empresa al cabo de algunos meses.

---

717. "Continúa la revista de mayo" en *Miscelánea* nº 464 (6.06.1821).

9.2. La representación de la Cruz de Malta

Vamos a los hechos. Como cuenta Lista en su carta del 19 de enero a Reinoso, el gobierno había alentado la reapertura de las tertulias patrióticas durante la crisis de noviembre, pero estas pasaron rápidamente a fijar su atención en los desaciertos del propio gobierno. Las críticas subieron de tono en diciembre, hasta el punto de que en el café de la Cruz de Malta se formó una representación dirigida al rey en la que pedían la destitución de los ministros (menos el de guerra y el de Ultramar, que se habían incorporado más tarde). La causa inmediata de esa petición, precisó Burgos en su revista de enero, fue el ambiente de tensión originado por la crisis de Nápoles, que había alimentado las esperanzas ("delincuentes") de los absolutistas y la zozobra de los constitucionales, sin que el gobierno mostrara la habilidad necesaria para apaciguar la inquietud que se había formado[718]. La crispación aumentó el día 27 cuando el jefe político intentó cerrar el local alegando que se habían omitido los trámites previstos en la ley del 8 de noviembre para permitir su actividad, esto es, darle cuenta de la reunión e impedir los desórdenes que se pudieran provocar si era el caso. Se inflamaron entonces los ánimos de los asistentes, dice la *Miscelánea*, y algunos salieron para pedir permiso (sic) al jefe político, mientras otros se subían a las mesas, hablando -puntualiza Burgos en la crónica del día- con el fin de contener la efervescencia pública. Al volver los que salieron, se instalaron las tribunas en presencia del alcalde constitucional y se leyó una representación del Consejo municipal de Londres solicitando al rey (de Inglaterra) la sustitución de los ministros, comparándola con otra dirigida a Fernando VII en el mismo sentido, leída noches atrás en la tertulia de Malta[719]. Al día siguiente se pusieron piquetes de tropa para impedir la apertura de la sala, pero al agolparse la gente (había mucha de distinción) terminaron abriendo las puertas. Llegó la representación en la que se pedía la remoción de los ministros, se añadieron aun más firmas, y el alcalde constitucional ofreció cursarla por medio del ayuntamiento para hacerla llegar al rey. Burgos la insertó en el número del día 29 con la siguiente advertencia, evitando comprometerse: "Publicando este papel, solamente como un documento histórico, nos abstendremos de hacer comentarios sobre él"[720]. Esto es, se limitaba a contemplar la escena desde la barrera, aunque más adelante aplaudirá a los firmantes, aun expresando

---

718. "Revista del mes de enero", en *Miscelánea* n° 339 (1.02.1821).
719. "Madrid, 27 de diciembre", en *Miscelánea* n° 303 (28.12.1820); vid. *El Constitucional* n° 599 (28.12.1820) con la exposición de Londres.
720. "Madrid, 28 de diciembre", en *Miscelánea* n° 304 (29.12.1820).

reparos sobre algunas de las quejas expuestas. Ese escrito creó en el gobierno una alarma injustificada, dice despectivo:

> Así una porción de vanidades ofendidas, de pequeños intereses contrariados, de ambiciones disfrazadas con esta o aquella máscara, se pusieron en movimiento contra los que de una manera o de otra tuvieron parte en la redacción o autorización de aquel papel, y aún contra los que considerándolo como un documento para juzgar del espíritu de aquella época, le dieron una publicidad, que a nadie habría inquietado, si fuese mas conocida en nuestro país la marcha que se sigue en todos los pueblos libres[721].

Desde luego, el gobierno sí se había tomado en serio la representación de Malta. En los días sucesivos, el jefe político marqués de Cerralbo y el ayuntamiento de Madrid conminaron a la población por medio de un bando en el que llamaban "a la sumisión y al respeto a las autoridades constituidas" y muy especialmente, a la puesta en ejecución de la ley sobre sociedades patrióticas, conforme a las órdenes del gobierno[722]. Las cosas no terminaron ahí. A poco, aparecieron pasquines en las esquinas, cuyos autores, de nombre José Giménez Peña y Pablo Carrión, acusaban a los afrancesados de haber promovido la representación contra los ministros. Ahora bien, aun reconociendo que tenían motivos, Lista niega de plano su participación (como hará más adelante el propio Burgos). Señaló en cambio al entorno de los exaltados -gente asidua a esas reuniones como José Joaquín de Mora o Ramón Conti- acusando a su vez al gobierno de haber instigado la atribución a los afrancesados, que tenían un perfil más vulnerable, para desviar hacia ellos la odiosidad pública:

> Así puedes decir atrevidamente en todas partes que los afrancesados, tengan los motivos que tuvieren de quejarse del Ministerio, y formen de la administración el juicio que formaren, no solo no son los autores de la representación, sino que profesan principios contrarios a los de los autores y no tienen la menor relación con ellos. La representación ha procedido del mismo partido que quiso apear a los ministros el 7 de septiembre, y que ellos cometieron la impolítica de llamar en su

---

721. "Revista del mes de enero", en *Miscelánea* nº 339 (1.02.1821).
722. "Aviso", en *Miscelánea* nº 306 (31.12.1820).

auxilio el 16 de noviembre. Galiano y Manzanares han callado ahora porque ya tienen destinos; pero hay otra multitud de desacomodados que desean que se les acalle de la misma manera. La democracia tiene muchos brazos y muchas bocas[723].

Esta versión es generalmente aceptada[724] y encaja con la práctica de tirar la piedra y esconder la mano, empleada con arte por el gobierno contra Riego (en septiembre) y contra el rey (en noviembre). Pero si el asunto se examina de cerca, la afirmación de Lista parece una verdad a medias, porque si los afrancesados no intervinieron materialmente en su confección y ni mucho menos fueron los fundadores de la sociedad de Malta -contra lo que dice Alcalá Galiano- es difícil desconocer que tuvieron un papel importante en el origen de la representación. Para empezar, a pesar de las diferencias ideológicas que pudieran tener, Mora y los periodistas afrancesados se entendían entre si desde mucho tiempo antes, como muestran las alusiones amistosas y el aliento que se daban mutuamente en su guerra contra el ministerio. Es una incógnita más a despejar sobre la sutil relación entre comunicación y política durante el Trienio Liberal, en la que aun queda mucho por aclarar desde que don Alberto Gil Novales trazara las coordenadas fundamentales del mapa de la prensa en ese periodo. A este respecto, véase el siguiente texto de *El Constitucional*, el diario que editaba Mora, en el que de manera insistente se ponía de vuelta y media a los ministros, aunque con quien solía cargar las tintas era el de la Gobernación de la Península, don Agustín Argüelles. De este, proclama con ironía que goza de muy alto concepto, especialmente

En las tertulias patrióticas, donde los oradores no suben a la tribuna sino para analizar las virtudes de S.E. y los bienes de que goza la nación desde que se ha puesto en sus manos. Dicen que para manifestar su gratitud, S.E. ha mandando hacer escaleras más cómodas a las tribunas disponiendo que que se quiten las que había, que eran estrechas y peligrosas. También añaden que algunos sabios extranjeros se hacen mil lenguas de la urbanidad y finura con que les ha contestado a las cartas que le han dirigido. No se podría esperar menos de este hombre grande. ¿Querrás creer que la malignidad ha llegado hasta el extremo

---

723. A. Lista a F. Reinoso (Madrid, 19.01.1821), en H. Juretschke, *o.c.*, p. 564.
724. Vid. A. Gil Novales, *Sociedades (...)*, *o.c.*, I, 579 y ss, con el texto y análisis de la representación de la reunión de Malta.

de asegurar que se ha hecho una representación al Rey, suplicándole mude a algunos ministros, y señaladamente al de la Gobernación? ¡Enorme disparate! Un hombre tan modesto, tan poco ambicioso, ¿permanecería un instante en el banco de terciopelo si supiera que sus conciudadanos no gustaban de verlo en él? Cada día sabemos nuevos rasgos del celo y actividad de este señor. La Miscelánea del 23 nos descubre la conducta que ha observado en las causas de Valencia, conducta que ciertamente le es muy honorífica (...). Solo te diré, para tu gobierno, que cuando se trate de ministros no te fíes de las pomposas cláusulas de la Miscelánea, de las pérfidas ironías del Censor, de las comparadas murmuraciones del Revisor, ni de los ataques bruscos del Constitucional. Agárrate al Universal, y no tendrás lugar a arrepentirte[725].

Esos periodistas no ocultan que andaban de acuerdo en su ofensiva contra el gobierno, en la que hacen uso de un mismo argumentario que está presente también en la representación de los de Malta. Probablemente esta es, en parte, de hechura asamblearia, lo que explica el añadido de otros agravios, dispares y menos compatibles con las ideas de los afrancesados, como insinúa el propio Burgos en la citada revista de enero: "si estaban lejos de ser ciertos todos los cargos que en ella se hacían, podía quizá haber en ella alguna observación de que fuese posible sacar partido"[726]. De hecho, los artículos del propio Burgos parecen haber inspirado la descripción del escenario inicial en la representación: las esperanzas puestas al principio en el ministerio y la decepción que suscitó al cabo de poco tiempo; su pasividad y sus providencias equivocadas, que introdujeron tanto descontento y división; el nepotismo sistemático con la consiguiente carga de cesantes y aumento del número de quejosos, o el

725. "Cartas andaluzas. Carta sexta", en *El Constitucional: o sea, Crónica Científica, Literaria y Política* nº 597 (26.12.1820) f. = "Corro". La alusión irónica a la urbanidad de Argüelles se refiere al envío que había hecho Bentham de sus obras de jurisprudencia y legislación, para que las Cortes las tuvieran presentes en la formación del nuevo código: vid. *El Constitucional* nº 510 (30.09.1820) pp. 3-4.

726. "Revista del mes de enero", en *Miscelánea* nº 339 (1.02.1821); En el mismo sentido, vid. A. Alcalá Galiano: *Memorias*, en *Obras escogidas (...)*, o.c., II, p. 112: "Era el tal papel uno no mal pensado ni escrito, pero en él iban revueltas ideas contrarias, unas propias para halagar a la gente inquieta y extremada, y otras donde se volvía por el decoro del trono y del príncipe reinante".

Imagen 38. "Don Policarpo en el patio de Correos" (Observatorio pintoresco nº 9, 15.10.1837 (Centro de Ciencias Humanas y Sociales del CSIC, Madrid).

pago de sueldos correspondientes a los seis últimos años ("devengados y cobrados con preferencia por alguno de los citados ministros"). Son críticas que se solapan con las que venía exponiendo *El Revisor Político y Literario*, obra de otro afrancesado, Manuel Alonso Viado, cuyos antecedentes encajan en el perfil de este grupo de periodistas: funcionario de Hacienda en el arzobispado de Granada y miembro de su Sociedad Económica en 1806, administrador de Bienes Nacionales por cuenta del gobierno josefino en Jaén, masón de la logia de Santa Julia en Madrid y exiliado en Francia tras la derrota de los invasores[727]. Uno de sus artículos, reproducido en *El Constitucional* de Mora, da bien el tono de esas críticas:

---

727. Cfr. Juan López Tabar, "Un empeño personal. Manuel Alonso de Viado y *El Revisor político y literario* (1820-1821)", *Bulletin d'Histoire Contemporaine de l'Espagne* nº 54 (2020) párrafos 8-10 [En línea].

Así que cuando nos condolíamos en los números 4, 7 y 8 del tomo 1º del Revisor de los peligros a que nos exponía la negligencia, la debilidad o la excesiva contemporización del Ministerio: cuando pintábamos la España agobiada de contribuciones, parado el comercio, perseguidos los patriotas de 1820, o sacrificados a una política casi incomprensible, sin caudales y sin crédito el tesoro, no faltó quien calificase de exaltación el idioma de la verdad. Mas los sucesos posteriores y el diverso rumbo que desde el 18 de noviembre tomaron los ministros justificó plenamente nuestra previsión[728].

En cambio, son ajenas a la retórica de Burgos (pero no a la de Mora) las quejas expuestas en la representación de Malta, de tono más político, sobre el retraso en resolver la causa de Cádiz, la decisión de disolver el ejército de la Isla, o la apatía ministerial ante los acontecimientos internacionales, que suponían una amenaza directa contra el reino constitucional de Nápoles. Al menos hasta entonces, tampoco se había fijado Burgos, o no mucho, en la persecución sufrida por Riego, o en el énfasis puesto por los ministros en afear los procedimientos del rey para hacerle quedar mal ante la opinión pública.

En vista de que le llovían las críticas desde sectores tan definidos, no sorprende que el ministerio procediera contra Mora y que hiciera correr el rumor indicado sobre los periodistas afrancesados. Mora no era uno de ellos, aunque su trayectoria se presta a equívocos y guarda alguna analogía, especialmente con la de Burgos, de quien era casi coetáneo. Como él, estudió en Granada, donde luego regentó una cátedra de Lógica en la que explicaba a Bentham. Estuvo en Bailén, cayó prisionero en 1809 y fue conducido a Francia, donde permaneció durante el resto de la guerra y contrajo matrimonio con una mujer del país. Ejerció el periodismo en el Madrid absolutista (editor de la *Crónica Científica y Literaria*)[729] y

---

728. *El Constitucional* nº 584 (13.12.1820): toma del *Revisor político y literario* t. II, cuarto cuaderno (10,12.1820) el artículo que comienza: "Madrid, 8 de diciembre: Es preciso confesar (...)".

729. Vid. AHN, Consejos, 11295/25, Narciso de Heredia a marqués de Casa Irujo, 13.11.1818 (expediente para cubrir la plaza de redactor segundo de la *Gaceta* por fallecimiento del titular, Ramón Chimioni). Entre los ocho candidatos se encuentran Pedro Cossío (que obtuvo la plaza), Juan Antonio Conde y José Joaquín de Mora. Este "no es inferior a Cossío en instrucción, talento, aplicación y probidad; ha sido colegial mayor en el de Santa Cruz de Granada y concurre además en él la muy recomendable circunstancia de que

fue amigo y colega de Lista en el Ateneo cuando se fundó en 1820. Allí impartió un curso de Derecho natural a base de J.J. Burlamaqui y del renombrado Bentham, de quien decía también ser amigo[730].

En diciembre de ese año Mora tenía planeada una reestructuración de *El Constitucional*, en la que entraban Manuel Alonso Viado y el francés Luciano Bousquet Deschamps, pero fue encarcelado junto a unos pocos, entre los muchos que habían puesto su firma en una exención de responsabilidad a favor del dueño del café de Malta. Esto último sirvió de pretexto para achacarle un gran protagonismo en el episodio, de modo que lo tuvieron arbitrariamente incomunicado durante más de un mes y el proyecto periodístico se vino abajo[731]. En cambio, los afrancesados,

---

en la época de la invasión de los franceses tomó las armas en defensa de S.M. y de la justa causa, aunque tuvo la desgracia de haber sido hecho prisionero en las primeras acciones de la pasada guerra. Actualmente es editor del periódico titulado *Crónica Científica y Literaria,* cuyo papel conoce V.E.". Como periodista, publicista e influyente en los foros políticos, Mora fue personaje conspicuo y de actividad desbordante durante toda su vida; sobre su trayectoria vid. A. Gil Novales, *Diccionario (…), o.c.,* II, pp. 2056-2057; también, Juan Bautista Vilar y María José Vilar, "José Joaquín de Mora", en RAH, *DB-e* [En línea. Consulta: 2.03.2023].

730. Cfr. H. Juretschke, *o.c.,* p. 281; *El Constitucional*, n° 593 (22.12.1820), anunciando el curso; también, Suplemento a *Miscelánea* n° 430 (3.05.1821), con el anuncio del impreso en las librerías: "Discurso inaugural que pronunció en el Ateneo español, don José Joaquín de Mora, uno de sus socios, al abrir un curso de derecho natural, el día 7 de marzo de 1821". vid. *El Espectador* n° 562 (28.10.1822) p. 814, aviso de José Joaquín de Mora, en el que a propósito de la detención escandalosa de don Juan Bowring por la policía francesa a su paso por Calais, declara su amistad con Bentham, también amigo del detenido.

731. Cfr. *Miscelánea* n° 319 (12.01.1821), el comunicado firmado por "G.", amigo de Mora, en el que informa de que la acusación contra él consistía en haber pedido la tribuna en la tertulia del café de Malta las noches del 27 y 28 y haber firmado la certificación para resguardo del amo del café, junto a otros que están libres. Tiene fuero militar pero está incomunicado desde el día 30. Con más extensión y precisión se argumenta en la "Carta VI. Madrid, 28 de enero de 1821" en *El Revisor* t. II, cuaderno IX (30.01.1821) pp. 208 y ss., f. = El Cobadongo [o sea, Manuel Alonso Viado]. Ahí, entre otros detalles informa que "aun se propaló de intento el falso rumor de que Mora entraba y salía con mucha frecuencia aquellos días en casa del embajador de Francia, donde ciertamente no ha puesto los pies"; es la táctica de la calumnia -añade- que se había seguido en septiembre contra Riego y después, contra los acusados en

que se habían quedado el segundo plano, no fueron perseguidos de manera ostensible, aunque Viado se apartó del proyecto de Mora[732] y Burgos, hostilizado por la prensa gubernamental, moderó el tono de su crítica en lo sucesivo, aun sin renunciar a azuzar a los ministros cuando se presentaba la ocasión; de hecho, aprovechó el impactante descubrimiento de un plan destinado a derribar al régimen constitucional, para hacer gala de sentimientos liberales y airear su horror al absolutismo, disipando así las insinuaciones que le señalaban como enemigo del sistema. Bien es verdad que el plan se consideró disparatado y que el autor carecía de cómplices, más allá de dos sobrinos. Este resultó ser el capellán honorario del rey don Matías Vinuesa, al que se identificó a consecuencia de un registro realizado en la imprenta de doña Rosa Sanz, donde se habían tirado clandestinamente a lo largo del mes de enero varias proclamas subversivas que el mismo Vinuesa, se supone, había compuesto. Junto a este, se detuvo también a la viuda propietaria, a su hijo y otros sujetos. En aquella ocasión, el señor jefe político, personificando el pathos de la

---

los pasquines de Giménez Peña y Carrión.

732. Vid. *El Constitucional* nº 595 (24.12.1820), prospecto en el que se anuncia la reestructuración del periódico (formato, contenidos, redactores) a partir del 1 de enero; f. = Luciano Bousquet Deschamps, Manuel Alonso Viado y José Joaquín de Mora; se añade que Viado suspendería la publicación del *Revisor* para ocuparse de la redacción de *El Constitucional*; vid. también en páginas interiores el prospecto de la *Minerva española: Periódico Político y Militar. Prospecto. Segunda época*, que se había suspendido el 31 de octubre anterior; Saldría el 1, 10 y 20 de cada mes a partir del 1 de enero. El anuncio sobre la reestructuración del *Constitucional* se repite en nº 601 (30.12.1820), pero el periódico se suspendió a raíz de la prisión de Mora y Viado se retiró del proyecto (su propia publicación, *El Revisor*, dejaría también de salir el 31 de enero de 1821): cfr. *Miscelánea* nº 308 (1.01.1821), carta de J. Bousquet Deschamps; en nº 316 (9.01.1821) hay nueva carta de Bousquet anunciando la salida de *El Constitucional* para el día 10 con la incorporación de otros literatos, pero no se cumplió. Por el contrario, en *Miscelánea* nº 358 (20.02.1821) se reseña el primer número de *l'Echo de l'Europe*, la nueva publicación de Bousquet: referencias al redactor en tono amable aunque algo distanciado. Sobre el personaje, refugiado protegido por Mora a su llegada a Madrid, vid. el estudio (que no he visto hasta después de redactarse estas líneas) de Gérard Dufour, "Por el amor a la libertad de expresión y a la humanidad: el periodista francés Lucien Bousquet-Deschamps en el Trienio Liberal (1820-1823)", en *Anejos de Cuadernos de Ilustración y Romanticismo*, 4 (2023), especialmente 28-44 para su estancia en Madrid y la aventura de *l'Echo*.

época, "prometio a los milicianos que le auxiliaron en aquellas prisiones, que inmediatamente caería la espada de la justicia sobre las cabezas de los culpables"[733]. Respecto a las proclamas, Burgos las fue insertando o comentando según aparecían, con mucho aspaviento por las barbaridades que se decía en ellas. Así lo justificó:

> Si este entusiasmo nos ha hecho criticar, tal vez con amargura, las operaciones de nuestro ministerio, también nos hará proclamar a la faz del mundo la necesidad de unirnos a él para contrarrestar esas maniobras infernales con que se trata de sumirnos de nuevo en el abismo de la arbitrariedad y de la miseria. Nuestros clamores en esta parte no serían sospechosos; nadie ha mostrado una energía más a prueba de amenazas y terrores[734].

Así pues, la posición de Burgos como periodista y analista político no era fácil, al verse obligado a mantener el equilibrio entre las tesis aparentemente contradictorias que defendía, enfatizando una u otra dependiendo de lo que le preocupara en cada momento. Se trataba de una parte de salvar la cara como periodista liberal y condenar el absolutismo duro representado por Vinuesa, que describía con tintes tremendistas. Pero a la vez, se esforzó en trasmitir, contra viento y marea, una imagen de exquisita tranquilidad en la población ante la amenaza de la reacción, aun reconociendo de manera antagónica que los excesos de

---

733. *Miscelánea* nº 337 (30.01.1821) la crónica de Madrid, 29 de enero, sobre la aprehensión en la imprenta de Rosa Sanz, calle del Baño.
734. "Ha llamado extraordinariamente nuestra atención", en *Miscelánea* nº 315 (8.01.1821); se trataba de la proclama titulada *Grito de un español verdadero a toda la nación*, transcrita en nº 316 (9.01.1821); en nº 321 (14.01.1821) la encabezada como "Instrucción política a los generales del ejército sajo-ruso que debe obrar en España"; en nº 335 (28.01.1821), comentario a "dos nuevas proclamas subversivas, una anónima, con fecha del Cuartel General de la Verdad y otra que se supone del general ruso al ejército que va a venir a España"; en nº 344 (6.02.1821), comentario a las fechada "En el cuartel general de la verdad el 11º mes de la primera olimpiada del cautiverio de España por la facción presidaria"; en nº 454 (27.05.1821), de la que lleva fecha del "mes de abril, el año segundo de nuestro cautiverio"*;* en nº 512 (24.07.1821), sobre la fechada "En las catacumbas de Radamanto a 10 de julio de 1821" y "en el cuartel general cerca de Munich", que glosa con comentarios despectivos.

fervor constitucional, las algaradas y los insultos habidos al rey eran una realidad. ¿En qué quedamos? Y al mismo tiempo, no dejó de proclamar que el descontento y la mala situación de la nación no obedecían a otro motivo que la ineptitud del gobierno, aunque eso fuera menos malo que la alternativa absolutista, que era a su vez una tentación -creciente- para los que se iban decepcionando con la marcha que seguía el régimen. En resumen, seguía esforzándose por orientar la revolución por un cauce constructivo y (sobre todo) civilizado, previniendo que la gente se soliviantara y llegara a desmandarse. El único medio de evitar las conspiraciones era, afirmó, "hacer bienes" y no gobernar con proclamas y artículos de periódicos: con eso se engaña a la gente dos o tres meses, pero pasados estos, los hombres buscan cosas, no palabras[735].

9.3. Los desacatos al rey y la caída del gobierno en marzo de 1821

Ejemplo de esas contradicciones fue la cobertura periodística de la *Miscelánea* a lo ocurrido el 5 de febrero, cuando en un clima enrarecido por la noticia de la conspiración de Vinuesa, algunos paisanos gritaron con insistencia "Viva el rey *constitucional*" al pasar el monarca, enfureciendo a los guardias de corps, que cargaron contra ellos. Burgos lo describe circunspecto, como suele al dar cuenta de sucesos que entrañaban alteración del orden, pero otros autores, señaladamente absolutistas, insisten en la intención burlona de esos gritos e incluso que se cometieron graves ofensas contra el rey: "fue insultado con tiros de bellotas, tronchos de coles, piedras y gritos de trágala, enseñándole la constitución a la punta de largos palos", dice en el folleto ultrarrealista *La Constitución sin máscara*. El *Témoin oculaire* recoge también la especie de que se arrojaron piedras contra su carruaje[736]. El hecho es que un

---

735. "En el Universal de ayer", en *Miscelánea* n° 369 (3.03.1821).
736. "Madrid 5 de febrero", en *Miscelánea* n° 344 (6.02.1821); cfr. *Constitución sin máscara o verdadera idea de la constitución abortada en Cádiz en el año de 1812: resucitada por medio de puñales en 1820: para no dejarse ver jamas en la tierra de los vivientes (...) publica F. J. P. D.* Zaragoza: Imprenta de D. Francisco Magallón, 1825, p. 15 (ya citado por J.L.. Comellas García-Llera, "El Trienio Liberal (1820-23)", en *Historia General (...)*, o.c., p. 435); *Témoin oculaire*, o.c., t. I, pp. 133-134, aunque parece confundir este incidente con el tumulto de noviembre anterior; en el mismo sentido, vid. también, el testimonio de F. Fernández de Córdoba, o.c., p. 17.

miliciano resultó herido y que se formó un tumulto al que se fue añadiendo una enorme cantidad de gente, lo que obligó a los guardias a refugiarse en su cuartel, quedando sitiados por un gran despliegue de la milicia nacional, de tropa regular y hasta de piezas de artillería. En los días siguientes ocurrió algún amago de enfrentamiento, aunque sin consecuencias; también hubo mucha fermentación en la reunión de la Fontana, mientras que por las calles hormigueaba la multitud en un ambiente de sobresalto. Quizá para evitar que las cosas fueran a más, en las proximidades del cuartel se puso iluminación ("soberbia") y la música de los regimientos estuvo interpretando himnos patrióticos[737]. La crisis se resolvió cuando Fernando VII se resignó a aceptar, bajo la presión del ayuntamiento y del Consejo de Estado, la disolución de la sección de infantería de su guardia, a la que pertenecían los que habían arremetido contra aquellos ciudadanos irreverentes. Muy en su línea, Burgos puso un empeño casi obsesivo en resaltar la moderación que había mostrado el pueblo durante aquellos días, así como el comportamiento encomiable de la milicia local, ejemplificado en un acto muy propio de la sociabilidad del Trienio: los de caballería dieron un banquete a los cuerpos homólogos de la guarnición en una de las glorietas de Delicias, escenificando así su fraternal unión con el ejército[738]. Pero algo habría, porque en la crónica publicada en el número del 17 de febrero de la *Miscelánea* transcribió párrafos enteros de un bando del jefe político que discurría en el mismo sentido, es decir, exhortando a la sumisión al orden y a las leyes; y especialmente,

> respeto al monarca, cuyo augusto nombre no debe pronunciarse sin el decoro y profunda consideración que le da la constitución política de la monarquía que hemos jurado. Mirad como un enemigo declarado de esta ley fundamental, al que tenga la osadía de insultar de cualquier manera la sagrada persona del monarca constitucional[739].

El asunto iba a traer consecuencias, porque dio motivo a las quejas del rey contra sus ministros, a los que hacía responsables de los ultrajes de que decía haber sido víctima. Era un agravio que mortificaba profundamente a Fernando ("ciego de enojo" con los ministros, escribió Alcalá Galiano[740]) y no dejaría pasar, como ya se adivina en su contestación a las Cortes el

---

737. *Miscelánea* n° 345 (7.02.1821).
738. *Miscelánea* n° 363 (25.02.1821), "Madrid 24 de febrero".
739. Vid. *Miscelánea* n° 353 (15.02.1821), n° 354 (16.02.1821) y n° 355 (17.02.1821).
740. A. Alcalá Galiano, *Memorias (…), o.c.,* en *Obras escogidas, o.c.,* p. 117.

día 25, cuando le enviaron una diputación para comunicarle su instalación. Fernando respondió encareciendo la necesidad de que estas tomaran providencias "para atajar los grandes males de que se ve amenazada la nación". Esos males, añadía, venían anunciados por "los desacatos e insultos por repetidas veces cometidos contra mi dignidad y persona, con manifiesto menosprecio de la Constitución"[741]. El mensaje fue mal entendido por el obispo de Mallorca, que iba al frente de la diputación, y se interpretó como una indicación para que las Cortes se ocuparan de esos insultos y desacatos, así como de la conservación de la tranquilidad pública. Acababa de ser elegido presidente para el primer mes de la legislatura don Vicente Cano Manuel, un doceañista afín al ministerio, afiliado a la masonería y que había sufrido la represión absolutista en 1814. Ante una petición semejante se limitó a declarar, pomposo, que ni el asunto era competencia de las Cortes ni figuraba entre sus atribuciones la conservación del orden público. Cuando la casa Real reclamó una rectificación de esta versión del mensaje (que fue la que recogieron la *Gaceta* y los demás periódicos) el secretario de la Gobernación -Argüelles- se negó, haciendo quedar a Fernando como un ignorante de los usos constitucionales. La reacción correspondiente fue un artículo comunicado corrigiendo los hechos, que como se dijo páginas atrás, apareció firmado por un tal *F.S.* en el número de la *Miscelánea* del 27 de febrero. El nuncio en España, Giacomo Giustiniani, trasmitió a Roma el relato de este incidente, añadiendo que dio lugar a un enfrentamiento entre el rey y sus ministros y que estos le amenazaron seguidamente con acusarle de ser el jefe, junto al infante don Carlos, de una conjura contra el sistema[742].

De todo ello se desprende la alineación de Burgos y lo que él representaba como periodista afrancesado, a favor de la Corona, lo que hasta cierto punto explica la acusación a los antiguos emigrados de haber ayudado al rey a deshacerse de los secretarios del despacho, y de aspirar a sustituirlos. Como siempre, Lista lo niega todo y su explicación de estos hechos a su corresponsal, Félix Reinoso, proporciona la base de la versión que ha prevalecido en la historiografía:

---

741. Comunicado f. = F.S., en *Miscelánea* nº 365 (27.02.1821). La elección de cargos en las Cortes, el envío de la diputación al rey y la respuesta que esta trasmitió (malinterpretada) en la sesión del día anterior, se refiere en el artículo encabezado "Cortes 25 de febrero", en nº 364 (26.02.1821); vid. también notas 634 y 635 de este libro.

742. ASV, *SS* 249 (1821) fas. 3, 19 y ss., G. Giustiniani a E. Consalvi nº 367 (Madrid, 3.03.1821).

Los veintenos tendrán las mejores intenciones del mundo, pero cambian fácilmente de principios y de planes. Es menester que se fijen en la monarquía constitucional. Ningún transpirenaico ha tenido parte en la caída del ministerio. El Rey no los podía sufrir porque estaba convencido de que mientras ellos subsistiesen, su persona y dignidad estaban comprometidas y así espera para derribarlos al momento en que la reunión de las Cortes quitase toda apariencia de conspiración a aquella medida. Esta es la verdad. Los transpirenaicos ni van a palacio, ni hablan con nadie de Palacio ni conservan allí relaciones. Ninguno de ellos ha sufrido [sic]. Es falso es lo que te han dicho. Nada esperan relativamente a empleos, pero temen ser asesinados por sus enemigos, si llega el momento de la anarquía. Sus enemigos más crueles son los de 1812[743].

La maniobra a que se refiere es conocida como el episodio de "la coletilla", llamado así en referencia a un párrafo añadido por Fernando VII al discurso que pronunció durante la sesión de apertura de las Cortes el 1 de marzo de 1821. De forma inesperada, después de leer el texto convencional que el gobierno le había preparado, Fernando hizo una manifestación final en la que culpaba a sus propios ministros de los ultrajes que venía soportando:

De intento he omitido hablar hasta lo último de él de mi Persona, porque no se crea que la prefiero al bienestar y felicidad de los pueblos que la divina Providencia puso á mi cuidado.

Me es preciso sin embargo hacer presente, aunque con dolor, a este sabio Congreso que no se me ocultan las ideas de algunos mal intencionados, que procuran seducir a los incautos, persuadiéndoles que mi corazón abriga miras opuestas al sistema que nos rige, y su fin no es otro que el de inspirar una desconfianza de mis puras intenciones y recto proceder. He jurado la Constitución, y he procurado siempre observarla en cuanto ha estado de mi parte: ¡ojalá que todos hicieran lo mismo! Han sido públicos los ultrajes y desacatos de todas clases cometidos á mi dignidad y decoro, contra lo que exige el orden y el respeto que se me debe tener como Rey constitucional. No temo por mi existencia y seguridad: Dios, que ve mi corazón, vela y cuidará

---

743. A. Lista a F. Reinoso (Madrid, 30.03.1821), en H. Juretschke, *o.c.*, p. 568.

de una y otra, y lo mismo la mayor y mas sana parte de la Nación; pero no debo callar hoy al Congreso, como principal encargado por la misma en la conservación de la inviolabilidad que quiere se guarde á su Rey constitucional, que aquellos insultos no se hubieran repetido segunda vez, si el poder ejecutivo tuviese toda la energía y vigor que la Constitución previene y las Cortes desean: la poca entereza y actividad de muchas de las autoridades ha dado lugar a que se renueven tamaños excesos; y si siguen, no será extraño que la Nación española se vea envuelta en un sinnúmero de males y desgracias. Confío que no será así, si las Cortes, como debo prometérmelo, unidas íntimamente a su Rey constitucional, se ocupan incesantemente en remediar los abusos, reunir la opinión, y contener las maquinaciones de los malévolos, que no pretenden sino la desunión y la anarquía. Cooperemos pues unidos el poder legislativo y Yo, como á la faz de la Nación lo protesto, en consolidar el sistema que se ha propuesto y adquirido para su bien y completa felicidad: — Fernando[744].

Al no haber dimitido los ministros cuando se hizo pública la pérdida de confianza, el rey los destituyó al día siguiente, con sorpresa e irritación de muchos diputados que los apoyaban. Como consecuencia, el congreso dedicó tiempo a hablar del asunto durante varias sesiones, públicas y secretas, especialmente porque Fernando se permitió pedir que le sugirieran nombres de posibles sustitutos, pues deseaba, afirmó, "que los destinos vacantes de secretarios del despacho recayesen en personas que mereciesen la confianza de la nación"[745]. Su petición venía envuelta en exquisita cortesía, toda una puñalada florentina, pero lo interesante es que la justificaba aludiendo a la doctrina de la doble responsabilidad ministerial, que era uno de los mecanismos más novedosos y sofisticados de la teoría política liberal, al introducir el requisito de la confianza parlamentaria. Burgos venía difundiéndola en sus artículos más sesudos desde meses antes, bebiendo de Benjamin Constant. En cualquier caso, se trataba de algo ajeno al esquema constitucional de Cádiz, que como recordó el presidente, se basaba en la división estricta de poderes. Por tanto, la sesión del día siguiente se atascó en una discusión en la que casi todos los que hablaron lo hicieron en contra de la petición y llegó

---

744. Cortes. Sesión del 1° de marzo", en *Gazeta del Gobierno* n° 61 (2.03.1821) p. 285; la crónica de la *Miscelánea,* en "Madrid 1 de marzo. Cortes", n° 368 (2.03.1821)..
745. "Madrid 2 de marzo", en *Miscelánea* n° 369 (3.03.1821).

a especularse, de forma recurrente, con la idea de que el rey recapacitara y volviera a nombrar a los mismos ministros (Toreno); la idea no murió entonces y ayuda a entender la escasa consideración con que las Cortes trataron durante las primeras semanas a sus sucesores. Quizás, el más trasparente entre los que intervinieron en la sesión del 3 de marzo fue el diputado Quintana, al manifestar

> Que si le pidiese S.M. su voto como particular, le diría que los únicos que podían llenar el ministerio eran los mismos que habían sido exonerados; añadió que se confirmaba que había una trama para conseguir este objeto, por un discurso que había leído en la *Miscelánea* de este día [del día 3, la crónica del 2 de marzo]; concluyó diciendo que el congreso no podía intervenir en este nombramiento sin comprometerse, y que quien podría hacer la designación era el consejo de estado[746].

La última cláusula se ajusta a la idea de la propuesta que quedó aprobada finalmente, conforme a la redacción de Calatrava. Ahora bien, el taquígrafo de la *Miscelánea* (y el del *El Constitucional,* al parecer) tergiversó la respuesta al trivializar su contenido, aunque sin llegar a contradecirlo como se afirmó exageradamente durante la sesión del día 4[747], en la que se sucedieron

---

746. "Cortes. Sesión de hoy" [sic, por la del día 3] en *Miscelánea* n° 370 (4.03.1821); el presidente, Cano Manuel, abundó en la teoría de la división de poderes para justificar el rechazo a la solicitud del rey. No obstante, aquella se puso a prueba algunos días después (*Miscelánea* n° 384, 18.03.1821), durante la discusión del reglamento interno de las Cortes, al hablarse de la libre asistencia de los ministros a las sesiones, que defendió el conde de Toreno: "El ministerio que no tenga la mayoría de un cuerpo legislativo, es perdido, y en llegando el caso de que esto suceda, se disuelve el gobierno, lo que siempre trae malas consecuencias". Pero no convenció demasiado, porque se declaró por 50 votos contra 48 que el punto no estaba suficientemente discutido. Aunque se aprobó finalmente, fue combatido por Moreno Guerra, Romero Alpuente, Puigblanch y Díaz Morales entre otros.

747. "Cortes. Sesión de hoy" [sic, por la del día 3] en *Miscelánea* n° 370 (4.03.1821): "Se leyó la indicación del señor Calatrava, reducida a que se contestase á S.M. que las Cortes no podían designar sujetos para reemplazar a los ministros removidos, pero que si S.M. necesita para ello de consejo, la Constitución señala el Consejo de Estado, como corporación que puede consultar a la conveniencia y tranquilidad pública, indicando al mismo tiempo a S.M. los

divagaciones sobre la mala audición del lugar asignado a los taquígrafos e incluso se sugirió que se prohibiera la entrada al de la *Miscelánea*; obviamente, se tuvo ahí presente que el periódico había prestado sus páginas para la inserción del comunicado en el que se desmentía lo que dijo la diputación de las Cortes sobre el mensaje del rey el pasado 26 de febrero. Pero no era solo una pataleta de los diputados. En realidad, en el congreso perduraban las sospechas (o así se aparentaba creer) de que la destitución de los ministros obedecía a una "trama de los enemigos del sistema", de que había sido el partido de los afrancesados quien la había aconsejado al rey, y de que existía un engarce general entre los frecuentes levantamientos contra el régimen constitucional. Las alusiones habían sido demasiado directas para que Burgos las dejara pasar, de modo que se enfrentó a ellas, asumiendo incluso la nomenclatura que hasta entonces había intentado evitar: "Si ha habido algún *afrancesado* o *liberal*, o *turco* o *moro* que haya dado al rey malos consejos, es justo, y diremos mas, es necesario que pague la pena"[748]. Sin embargo, nótese que en ningún momento desmintió la especie de haberse sugerido al rey que quitara a los ministros, algo que como era notorio para cualquiera que leyese su periódico, él no podía considerar un "mal consejo". Por lo demás, el origen inmediato de las sospechas que recaían en el redactor de la *Miscelánea* se encuentra en las revelaciones vertidas en su número del 3 de marzo, en el que se significó desmontando la ficción sobre el carácter irreemplazable de aquellos ministros y desvelando la existencia de un clima de especulación sobre los nombres de los sucesores, días antes de que hubieran sido cesados. La frase clave es la que sigue: "Con este motivo hemos visto renovarse la gran cuestión, que con tanto énfasis se agita días ha, de *a quien se nombrará*" [la cursiva es del redactor]. Por el contrario,

---

méritos, el patriotismo y la confianza que han merecido siempre de la nación los individuos á quienes ha separado de su lado".

La corrección, tomada de la *Gaceta*, tras las críticas sufridas en el salón de sesiones ("Cortes. Sesión de hoy" [4 de marzo], en *Miscelánea* nº 371, 5.03.1821): "Que se conteste al real decreto de S.M. que los principios sagrados de nuestra Constitución no permiten á las Cortes tomar la parte que S.M. desea en el nombramiento de ciertas personas; y qué si S.M. necesita consejo para ello, la constitución designa la corporación que debe darlo; y que lo único que las Cortes pueden aconsejar a V.M. para corresponder a su augusta confianza, es que las personas que ocupen tan altos destinos, hayan dado pruebas de su adhesión al sistema constitucional, por estar así mandado, con respecto a destinos menos importantes".

748. "Cortes. Sesión de hoy" [o sea, del 4] y "Noticias del reino. Madrid 4 de marzo", en Miscelánea nº 371 (5.03.1821).

reafirmó ahí su convicción sobre la bondad de la medida: los destituidos eran, remachó, "hombres a quienes no nos atrevemos a calificar, por miedo de que se piense que queremos insultar a la desgracia"[749]. Cuestionó también las condiciones de veteranía y adhesión probada al sistema que según algunos diputados debían adornar a los sustitutos (en alusión a favor de los doceañistas): lo único necesario era que fueran hombres que supieran gobernar y hacer feliz a su patria, pertenecieran o no a *facciones* o *partidos* cuyos nombres debieran haberse desterrado ya del diccionario político, si se hubiera pensado en fomentar la unión en vez de atizar la discordia. Y en ese mismo número del periódico, de forma natural y coherente con el razonamiento, hacía la apología de los afrancesados, muchos de los cuales, decía, "merecieron una estimación y un reconocimiento profundo de sus conciudadanos, a quienes hicieron grandes beneficios en una época de calamidad y de agonía"[750].

¿Hubiera querido Burgos ser ministro? Claro que sí. El periodista tenía una idea muy elevada de si mismo y reunía condiciones y conocimientos que le hacían apto para desempeñar el cargo con la eficacia que era de esperar, aunque también sabemos que su forma de ser tendía a provocar la aversión de sus contrarios. Sin embargo -aquí hay que dar la razón a Lista- no parece que él o cualquiera de los afrancesados de más nota abrigara seriamente esa ambición como entonces se afirmó, porque resulta poco verosímil que tuvieran acceso a palacio o que contaran con los apoyos necesarios entre la clase política y los cortesanos cercanos al rey; no hay evidencia, al menos. Y ni mucho menos que llegado el caso, semejante nombramiento pudiera superar los prejuicios, irreductibles, que se habían perpetuado en la opinión pública y en el vulgo contra ellos. De hecho, la sospecha de que estaban detrás de la remoción de los titulares había desatado una reacción de enorme violencia verbal contra Burgos, quien según confiesa en la correspondiente revista del mes, por primera vez cogía la pluma con desconfianza y temor: "Se nos amenazó por dos o tres días con los horrores de la proscripción"[751]. Lo que posiblemente, suponía traspasar un nuevo umbral en su desencanto con la revolución.

Así pues, los nombres de los nuevos ministros, designados de acuerdo con la propuesta que hizo al rey el Consejo de Estado, fueron los de don

---

749. "Madrid 2 de marzo", en *Miscelánea* nº 369 (3.03.1821).
750. "Se ha dicho muchas veces" [polémica con *El Universal*] y "Noticias del reino. Madrid 4 de marzo", en *Miscelánea* nº 371 (5.03.1821).
751. "Revista de marzo", en *Miscelánea* nº 398 (1.04.1822).

Eusebio Bardaxí Azara (Estado), don Mateo Valdemoros (Gobernación de la Península), don Ramón Feliú (Ultramar), don Vicente Cano Manuel, hermano del diputado (Gracia y Justicia), don Antonio Barata (Hacienda), don Tomás Moreno Daoiz (Guerra) y don Francisco de Paula Escudero (Marina)[752]. No era una sorpresa para nadie: se trataba de hombres de procedencia doceañista, con un perfil político moderado semejante al de sus predecesores, aunque menos conocidos.

Desde la *Miscelánea,* Burgos elogió las primeras disposiciones de los recién nombrados, especialmente sus medidas para restablecer el orden, llegando incluso a insinuar, ya en su revista del mes de abril, que en aquellos días se forjó una especie de acuerdo para respaldarles frente a los obstáculos que por despecho, les oponían los clientes del ministerio anterior[753]. Acaso formaba parte del mismo acuerdo el proyecto de *fusión* de partidos a que se refirió meses después, en el que él mismo había intervenido de manera activa, y del que se esperaba el fin de la discriminación contra los afrancesados. Pero por supuesto, no se efectuó[754].

9.4. La prensa ministerial contra la *Miscelánea*

El tópico del afrancesamiento -con la tacha implícita de colaboracionismo durante la pasada guerra- fue en efecto, muy utilizado para anular políticamente a los que habían vuelto de la emigración y en ese concepto, los ataques contra ellos venían de lejos. Esta parece haber sido la razón de la existencia de *El Conservador,* del que uno de

---

752. "Sesión del día 5 de Marzo", en *Gaceta del Gobierno* n° 65 (6.03.1821) p. 301, oficio del encargado del ministerio de la Guerra trasladando el R.D. con los nombramientos. Valdemoros, designado para el Consejo de Estado (mayo), fue sustituido por Feliú, pasando la cartera de Ultramar a Ramón López Pelegrín (junio): cfr. José Ramón Urquijo Goitia, "Los gobiernos", en P. Rújula e I. Frasquet (coords.), *El Trienio Liberal (...), o.c.,* pp. 60-62.
753. Vid. "Continua la revista de marzo" y "Concluye (...)", en *Miscelánea* n. 399 y 400 (2 y 3.04.1821); "Revista de abril" en n° 428 (1.05.1821): "Lo que sí añadiremos es que contra aquel puñado de espíritus turbulentos, ansiosos de mando o de riquezas, o poseídos del deseo de conservar las que adquirieran, había una coalición de hombres virtuosos y desinteresados, que tomaban medidas para frustrar sus planes, y velaban por el orden y la tranquilidad de sus conciudadanos".
754. "Para los afrancesados que no son escritores", en *El Imparcial* n° 62 (10.11.1821) pp. 244-245.

sus redactores figura incluso entre los que elevaron una exposición a las Cortes "presentando en ella varias ideas relativas a la consideración en que deben ser tenidos los españoles adictos al Gobierno intruso, y las providencias que las Cortes deberían tomar en caso de indultarlos"[755]. Después del cierre de este diario en septiembre de 1820, la acusación de afrancesamiento pasó a ser una de las principales armas utilizadas contra los medios críticos por los adictos al gobierno, nada dispuesto a tolerar juicios adversos, como demuestra la existencia de cierta *Memoria sobre la utilidad y necesidad de un periódico ministerial*, un escrito reservado en el que se aconsejaba pactar con un empresario para contrarrestar el espíritu de partido y la exaltación que demostraban las sociedades patrióticas y los papeles públicos. El autor de la *Memoria*, seguramente un funcionario muy identificado con el ministerio de 1820, exceptuaba de la tendencia general a la *Miscelánea* y a *El Universal*, bien que éste cambiaría de sistema "cuando afecte a sus utilidades", en tanto que la *Miscelánea*, "que hacía honor a sus editores, empieza ya a resentirse de la manía de alarmar al público con invectivas contra el gobierno"[756]. No iban a faltar candidatos a paladín ministerial, porque si bien el número de periódicos que surgieron en el Trienio Liberal fue muy elevado, solían ser incapaces de sostenerse económicamente sin ayuda externa. Téngase en cuenta que tanto su proliferación como en contrapartida, su precariedad, eran consecuencia de la condiciones vigentes en el mundo editorial antes de la industrialización, es decir, bajos costes de capital fijo -maquinaria, locales y hasta cierto punto, el régimen flexible de trabajo a jornal- pero muy elevados en el circulante: el precio del papel y otras materias primas, sin contar el de la distribución en provincias. Por tanto, en sentido estricto no era muy gravoso crear un periódico, pero tenían poca tirada, los ejemplares resultaban caros y su demanda era reducida a causa del alto analfabetismo, la baja capacidad adquisitiva y la dispersión rural de la población[757]. Se

---

755. *Diario de las Sesiones de Cortes. Legislatura de 1820*. t. I. Madrid: I. de J.A. García, 1871, t. I, p. 248 (23.07.1820): pasa a la comisión de legislación la exposición de D. Luis de la Torre, D. Jose María de Sandy y D. José García Porrúa. Vid. una explicación diferente a la que se sostiene aquí sobre la finalidad del periódico, en Joan Cavaillon Giomi, "*El Conservador* (1820), un periódico exaltado del Trienio Liberal para justificar la abrogación de la Inquisición y servir a la Historia", en *El Argonauta español* nº 19 (2022), artículo que defiende la hipótesis que indica su título.

756. "Memoria sobre la utilidad y necesidad de un periódico ministerial", en AHN, Consejos, 11.300/11.

757. M. Morán, "Tiempos de crisis (…)", *art. cit.*, pp. 122-124.

entiende, por tanto, que la práctica de cebar artificialmente a los medios (o a determinados periodistas) estuviera ya a la orden del día. Financiación directa, información privilegiada y suscripciones con cargo al gobierno eran las fórmulas de ese vicioso proceder. Así las cosas, la sospecha de que la pluralidad de los periódicos estaban pagados por "manos ocultas" al decir de *El Censor*, o sea, por el gobierno o por algún grupo de poder, se hallaba muy extendida entre el público[758].

Aunque el tópico respondiera a veces a la maledicencia, no carecía de fundamento. Incluso el mismo *Censor* había sido discretamente financiado por un grupo francés próximo a Benjamin Constant[759]. Porque ¿dónde está la valla que separa la propaganda honesta del intento solapado de manipular a la opinión pública? O lo que es lo mismo, ¿cuáles serían los nobles motivos que justificaban el apoyo financiero de algún grupo de interés, vale decir, del gobierno? Lo que básicamente se alegaba era el supremo bien de la nación, que disculpaba el secretismo de ese comportamiento, aunque siempre quedara un resto de mala conciencia, como demuestran las acusaciones que se lanzaban entre sí los editores.

De ahí que todo un ministro de Hacienda -Canga Argüelles- se diera prisa en recibir a don Clemente Puel, cuando este le comunicó que le habían encargado la correspondencia particular de Madrid para el parisino *Correo francés* (sic). Puel se ofrecía a comunicar las noticias que le diera el ministerio sin decir el origen, previniendo, eso sí, que su oferta no debía considerarse "como un deseo de contraer méritos, puesto como acaso V.E. se acordará tengo la desgracia de ser pretendiente"[760]. Otro

---

758. "Sobre la manía de creer que todos los periódicos están pagados por manos ocultas", en *El Censor* n° 69 (24.11.1821) p. 258 y circa.

759. Cfr. Ana M.ª Berazaluce, *Sebastián de Miñano (...)*, o.c., pp. 153-156.

760. AIIN, Consejos, 11296/70, Clemente Puel al ministro de Hacienda (Madrid, 5.12.1820); la resolución: "Dígasele que se presente en esta secretaría el jueves a la una de la tarde y tendré el gusto de tratar con él del [¿asunto?] que me indica.- *rúbrica*. El diario de referencia, *Le Courrier français*, procedía del anterior *Courrier*, fundado por los doctrinarios, pero fue relanzado en 1820 con un perfil nítidamente liberal (Benjamin Constant, Casimir Périer, Dominique Dufour de Pradt, etc.). Juan Clemente Puel, francés (Figeac, departamento de Lot), había solicitado carta de naturaleza (16.10.1820), que le concedieron las Cortes el 7.11.1820: Cfr. *Diario de Sesiones (...)*, o.c., t. III, pp. 1674 y 2163. Años después, era amigo de Javier de Burgos, quien en una carta de presentación a Manuel Pérez Seoane (París, 29.03.1840), escribió: "Francés de nacimiento, pero tan español como V. y como yo, por sus relaciones, por sus sentimientos y sus principios. Vivió mucho tiempo

protegido de Canga Argüelles fue, como se verá más abajo, el editor de *El Redactor General*. Este, no sin ingenuidad, encarecía la necesidad de que el ministerio de Estado "protegiese" a su vez a *El Eco de la Europa* (sic), que publicaba en francés Bousquet Deschamps, enviándolo a sus agentes fuera de la Península[761].

De manera que esta es exactamente la línea de actuación que decidieron los ministros cuando se les propuso la idea en la *Memoria* citada, probablemente en el otoño de 1820. En consecuencia, cargaron especialmente contra la prensa crítica -la afrancesada en aquellos momentos- *El Universal, El Redactor general de España* y *El Espectador,* este último ya durante la etapa final del diario de Javier de Burgos. El más importante entre ellos, *El Universal,* había sido fundado en enero de 1814 por dos socios, don Vicente Ayta, oficial de la contaduría del Crédito Público y propietario de la imprenta dicha de Catalina Piñuela (calle del Arenal) y don Jacobo Villanova Jordán, un abogado de 35 años natural de Orense. Su fin declarado en palabras de Ayta era "la ilustración del público y ganar las utilidades que produjese"; o sea, era un diario concebido con criterio profesional. Contaban como redactores asalariados con don Josef Rodríguez, capellán mayor del Refugio (San Antonio de los Portugueses) y don Josef de la Canal, "que fue fraile de San Agustín de San Felipe el Real", además de algunos colaboradores eventuales como don Juan Corradi (información de Cortes), un tal Hevia y otros en provincias. Villanova llevaba la dirección literaria, mientras que Ayta, que carecía de esa formación, se encargaba de la parte económica y marcaba la linea editorial del diario. Prohibido este en mayo de 1814 y empapelados los periodistas, su causa se fue embrollando, de modo que pasaron penurias de mucha consideración en forma de multas, prisiones y destierros[762].

---

en las antiguas colonias españolas, vivió también largas temporadas en nuestra península y conoce y trata con intimidad a muchos de los hombres importantes de ese país. Más de cuatro años hace que le veo diariamente y siempre se ha hallado en las ideas que nosotros tenemos sobre los medios de restablecer el honor y el reposo de nuestra patria".

761. *Redactor General de España* nº 239 / nº 47 (2.04.1821) p. 187 [la doble numeración corresponde a la original en Cádiz y a la de su refundación en Madrid]; vid. *Periódico-manía* nº 42, pp. 13-16, el epitafio de *l'Echo,* del que salieron siete números.

762. AHN Consejos, 6314/2, Causas de Estado (Editores de *El Universal,* 1814). Vicente de Ayta era natural de la villa de Anguix (Burgos), entonces de 28 años, casado con Catalina Piñuela, vecino de Madrid, calle del Arenal nº 20. El juez comisionado de la causa fue don Antonio Alcalá Galiano, del Consejo de S.M.

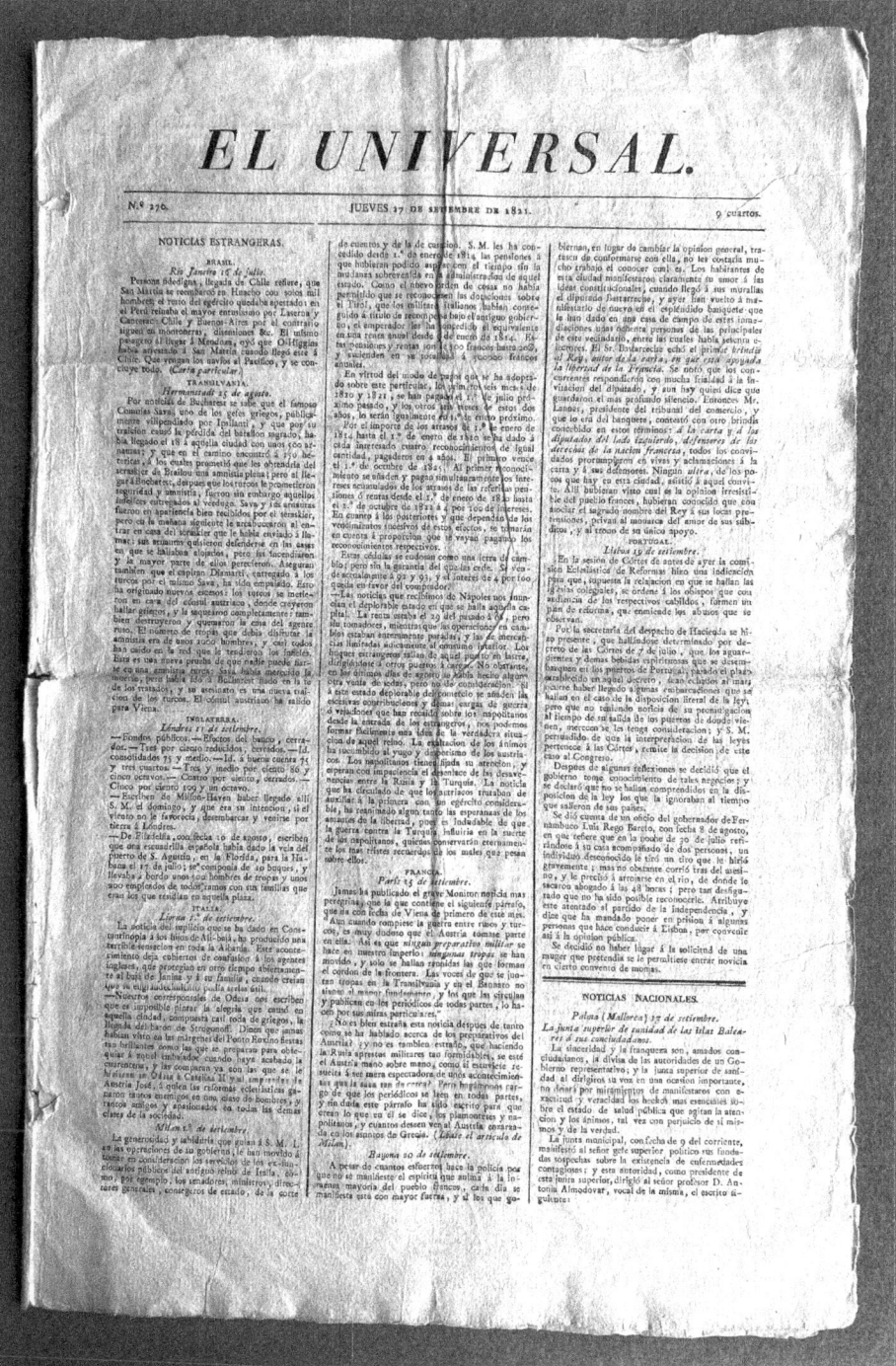

Imagen 39. El Universal nº 270, 27.09.1821 (Col. del autor).

Se sabe que en los años siguientes Ayta hizo unos pocos trabajos de imprenta, en parte patrocinados por el actor Máiquez. También, que trató de venderla a la Real Sociedad de Amigos del País -de la que era socio- sin conseguirlo, que ejerció de procurador de tribunales y en fin, que malvivió antes de que el cambio de régimen político le permitiera relanzar su diario en 1820, dotándolo de una organización empresarial muy sólida, inusual para la época, y de una excelente redacción formada paradójicamente por afrancesados; eso era notorio. Consta en las listas de Palacio su pertenencia a la masonería con el nombre simbólico de *Mario,* pero se ignora la fecha de su iniciación. El periódico de Ayta fue el primero que asumió el papel de portavoz informal del gobierno y defensor de sus intereses (no los de de un ministro en particular, puntualicemos), siempre desde un liberalismo templado, aunque muy fiel en el espíritu y en la letra a la Constitución de 1812; esta es la principal diferencia que le separaba del pensamiento de Burgos y la corriente afrancesada. A cambio, está claro que se benefició de un trato de favor, al recibir la información oficial con preferencia sobre los demás periódicos; incluso -sorprendente- de la mismísima *Gaceta*[763]. De modo que cuando la publicación de Burgos empezó a manifestar su oposición al ministerio, *El Universal* polemizó con ella de manera muy constante y porfiada. Fue casi siempre el periódico de Ayta el que promovió los enfrentamientos, tal como le acusará Burgos en tono virtuoso, un año después, desde las páginas de *El Imparcial:*

El exredactor de la Miscelánea desafía al Universal a que cite un solo caso en que él haya sido el agresor, y si el Universal no lo halla, avergüéncese del encarnizamiento que nunca cesó de mostrar contra un hombre, que siempre ha proclamado lo que ha creído ser la verdad[764].

La secuencia esquemática de sus desencuentros comienza en noviembre de 1820, cuando *El Universal* ridiculizó las observaciones

---

763. Cfr. Antonio Castro Martínez y Manuel Morán Orti, "Ayta y Burgos (...)", en *loc. cit.,* vol. III, pp. 65-72; el dato sobre la adscripción masónica de Ayta, en Archivo General de Palacio, *Papeles Reservados de Fernando VII,* vol. 67. "Lista de sujetos que consta que son masones solo por los apellidos", fº 193 vº.
764. *El Imparcial* nº 65 (13.11.1821).

esbozadas por "algunos periodistas que sin más ni más quieren que se quiten o se pongan contribuciones"[765]. También criticó a fondo su revista de noviembre ("odiosa pintura"), especialmente hostil al gobierno, dando pie a que Burgos asegurara que el artículo de *El Universal* había sido escrito en una secretaría, y a que aprovechara para proclamar su independencia periodística y otros méritos propios (nunca pierde la ocasión), afirmando de si mismo que ni conocía de vista a los ministros ni había puesto el pie jamás en ninguna de sus dependencias. Lo último podría ser cierto si se estaba refiriendo exclusivamente a la época constitucional. Y añadió:

Aislados en medio de la Corte, dividiendo el tiempo entre los trabajos ímprobos de nuestra redacción, y el ejercicio que reclama el estado de nuestra salud, no tenemos lugar de conocer a los hombres poderosos, y mucho menos de adularlos. Ni pariente ni amigo tenemos que pretenda nada de ellos, ni cabría por otra parte en nuestro pecho el encono contra personas, que creyendo al rumor público fuimos los primeros a elogiar[766].

En el mes de diciembre se sucedió un intenso cruce de reproches y acusaciones. Sin ánimo de exhaustividad: *El Universal* defendió a capa y espada la actuación del gobierno frente a las observaciones formuladas para remediar abusos, lo que no era extraño, replicaba Burgos, porque hay gentes que vivían de eso[767]; en realidad, la etiqueta de ministerial ya era para muchos la principal seña de identidad del diario de Ayta, de forma que Burgos solo tuvo que limitarse a insistir en ella. Siguió la polémica acerca de los destierros arbitrarios de quienes habían incurrido en sospechas de los amigos de la libertad, doctrina combatida por la *Miscelánea,* para terminar el año denunciando las diatribas e insultos vacíos que recibía, proferidos sin más animo que difamar. "Por lo demás debemos declarar que nos vamos ya fastidiando de esta guerrilla ridícula"[768].

765. *El Universal* n° 196 (13.11.1820), contestando a *Miscelánea* n° 248 (3.11.1820); réplica de Burgos a su vez en n° 269 (24.11.1820).
766. *El Universal* n° 207 (4.12.1820); "Cuando el 30 de noviembre tomamos la pluma" en *Miscelánea* n° 280 (5.12.1820) y "Concluye la respuesta al artículo inserto en El Universal", en n° 281 (6.12.1820).
767. "El Universal de ayer traía un artículo", en *Miscelánea* n° 292 (17.12.1820).
768. "El Universal de ayer", en *Miscelánea* n° 298 (23.12.1820), n° 300 (25.12.1820) y n° 302 (27.12.1820); "El Universal vuelve a la carga", en n° 303 (28.12.1820).

Quizás hay que entender la anterior declaración en el sentido de que durante el Trienio Liberal, la polémica de prensa siempre tuvo algo de espectáculo en el que cada uno recitaba su parte con brío y truculencia, a fin de agitar al público y atraer lectores; una táctica que prenuncia el sensacionalismo moderno. De ahí que la agresividad con que se trataban entre si no guarde proporción con la gravedad real de sus desacuerdos, y al mismo tiempo explica que las relaciones personales entre los periodistas no se resintieran mucho, al menos de momento, por esas riñas. A ello alude un chisme que dio a conocer el *Correo General de Madrid*:

> Los editores de la Periódico-manía [el afrancesado Fernando Camborda Núñez] y el propietario de la empresa del Universal [Vicente Ayta] estaban hace dos noches en el café del Príncipe en santa conversación y contándose recíprocamente sus cuitas. Ya se ve como una cosa es la saña y otra la urbanidad de la campaña[769].

¿Sorprenderá saber que en el colegio de la calle de San Mateo, es decir, el que llevaban Lista y Hermosilla -los redactores de *El Censor*- estudiaban no solo Augusto de Burgos y Eugenio de Ochoa (hijo de Miñano), sino también uno de los hijos del propio Ayta y el de Carlo Camillo Trompeo, emigrado piamontés, antiguo coeditor de la *Sentinella Subalpina* y ahora un importante colaborador de *El Universal*, especializado en las cosas de Italia? Por cierto, todos ellos (menos el pobre Ochoa, que no aparece en la lista) fueron premiados por su desempeño en los exámenes al final del curso 1822[770].

---

769. *Correo General de Madrid* nº 77 (16.01.1821) p. 312; en el número 83 (22.01.1821) p. 237, repite la especie ("se reúnen con frecuencia en el café de la Constitución") insinuando que estaban confabulados contra *El Redactor General de España*, de próxima aparición.

770. "Educación", en *El Universal* nº 220 (8.08.1822), lista de premios en los exámenes sostenidos en los cuarto primeros días de agosto en la casa de educación de la calle de San Mateo, dirigida por el presbítero don Juan Manuel Calleja; (hay varios galardonados en cada materia, a razón de un premio por cada 24 matriculados, lo que indica un alumnado numeroso). Aplicación: Augusto Trompeo. Doctrina cristiana: Augusto de Burgos. Historia sagrada: Pedro de Ayta, Augusto de Burgos. Lectura: Pedro de Ayta, Augusto de Burgos; Escritura: Pedro de Ayta; Constitución: Pedro de Ayta. Gramática castellana: Augusto de Burgos (Por su parte, Ventura de la Vega se llevó el premio en verso y el de matemáticas de primer año, y José Espronceda el de inglés).

Pero teatral o no, uno de los efectos de esa acritud fue el desgaste, la pérdida de la capacidad racional de convencer, embotados los argumentos a base de insultos y réplicas desabridas, a la vez que impulsaba las actitudes intolerantes en la vida política. Un año después, la aparición de una nueva prensa, más extremista en sus planteamientos y caracterizada por una gran crudeza en el discurso, elevaría el nivel de encarnizamiento hasta una altura nunca alcanzada.

A principios de 1821 los intentos de acallar a la *Miscelánea* alegaron el uso que los ultras de Francia hacían de sus críticas, se dijo, para desprestigiar al liberalismo español. Con ese fin, *El Universal* glosó la carta enviada desde París por "una persona muy condecorada", que se dolía del daño que algunos periódicos españoles estaban haciendo en el extranjero "con sus agrias censuras contra el Gobierno y su manía de reprobar cuanto se manda y cuanto se hace". Este, según reveló al día siguiente la *Miscelánea* era el conde de Toreno ("cuyas luces y patriotismo apreciamos nosotros como el que más")[771], un personaje notoriamente vinculado al gobierno de extracción doceañista y por tanto, de imparcialidad dudosa. Ante ese tipo de argumentaciones, Burgos se justificó apelando a la objetividad propia del oficio periodístico -demuestra conocer bien la teoría- cuya necesidad para prevenir los excesos del gobierno se empeñaban en negar los defensores de aquellos ministros hacía poco empoderados y deseosos de canalizar la opinión pública en provecho propio:

Vid. ASDMAE, Leg. Sarde, Registro 3, n° 197 (11.06.1821), sobre la visita a la legación en Madrid de los hermanos Trompeo, de Biella, y del conde Palma, d'Ivrea, a quienes el encargado de negocios Bertone de Sambuy negó el visado. Trompeo "el mayor", que fue redactor de la *Centinela Subalpina* esperaba ser admitido en la redacción de *El Universal; ibi*, n° 7 (9.07.1821), las sospechas de que Trompeo era el autor del artículo de política extranjera en *El Universal* de hoy. Esa colaboración explica la excelente información con que contó habitualmente *El Universal* sobre Italia; vid. entre otros, los artículos firmados por "Un piamontés proscrito" (n° 254, 11.09.1821), "Un refugiado piamontés" (n° 326, 22.11.1821), "Un piamontés proscrito" (n° 103, 13.04.1822), "T." [se dice extranjero] (n° 242, 30.08.1822), "T., proscrito piamontés" (n° 352, 18.12.1822), "Tr. P.P." (n° 65, 6.03.1823). Vid. también Pietro Alessandro Garda, *La Rivoluzione del 1821. Ricordi del commend.* — — —. Ivrea: Tipografia F.L. Curbis, 1879, p. 65, su encuentro con los exiliados italianos en Madrid. Estuvo con el conde Palma y Trompeo "el mayor", de los que afirma (creo que por error en el caso de Trompeo), eran colaboradores de *Il Regolatore* (sic).

771. *El Universal* n° 232 (29.12.1820); *Miscelánea* n° 303 (28.12.1820) y n° 305 (30.12.1820).

No podemos menos de reprobar esos vergonzosos sofismas a favor de los cuales se pretende identificar los hombres con las instituciones, y que se lleve el respeto debido a estas hasta el punto de prohibir el examen racional y legítimo de los actos del poder. Sin este examen desaparecería el freno de los agentes de este poder mismo, y la ruina de las instituciones sería la consecuencia necesaria de aquella absurda identificación[772].

Asociada a la acusación contra Burgos de falta de patriotismo, estaba la de sesgar las noticias en sentido desfavorable a los liberalismos italianos y a la causa española en América. En consecuencia, hubo de insistir contra los reproches de el *Eco de Padilla*, ya en agosto, sobre la fiabilidad de su información: "Los diarios que recibimos de Veracruz están redactados por un sujeto tan fuertemente adicto a la metrópoli, que habría de emigrar verosímilmente si los independentistas progresasen. ¿Puede darse mayor garantía de su exactitud?"[773].

Para combatir el daño que hacía ese periodismo a la reputación de los que mandaban, *El Universal* no desdeñó el recurso *ad hominem*, aireando el afrancesamiento de Javier de Burgos, ya un lugar común a esas alturas. El 3 de febrero de 1821 llegó a publicar con alarde y en página exenta, un comunicado (anónimo) donde se le señalaba de nuevo como autor de la malhadada comedia *El presidente de la regencia*, reproduciendo los párrafos que más le comprometían. Pero lo más interesante es la nota introductoria de los editores, en la que justificaban su inserción alegando que quienes fomentaban la desunión -o sea, Burgos- eran instrumento (inconsciente, concedía) de los enemigos de la libertad. No se sabe si con cinismo o con ingenuidad, en dicha nota se añadía que "este artículo nada tiene que ver con nuestro periódico, y que lo damos a luz no como editores del Universal sino como impresores", actuación que don Vicente Ayta consideraba compatible con "el espíritu de moderación, de concordia y de paz que siempre nos ha animado"[774]. En esta ocasión Burgos no eludió una respuesta proporcionada al ataque. Denunció por tanto la doble moral de su adversario, siempre complaciente con la autoridad, e hizo una vigorosa defensa de su propia actuación durante la guerra y de los

---

772. "Concluye la revista de enero", en *Miscelánea* n° 340 (2.02.1821).
773. "Madrid 20 de agosto", en *Miscelánea* n° 539 (20.08.1821).
774. *El Universal* [suplemento] n° 34 (3.02.1821), f. = "Cualquiera"; la respuesta de Burgos en "Parió por fin un monte", *Miscelánea* n° 341 (3.02.1821).

sentimientos desenvueltos en la comedia, que tergiversaba con mala fe el articulista. Pudo equivocarse al creer que era inútil la resistencia contra los invasores ("cosa a que quizá contribuyó el redactor en jefe del *Universal,* que lo era entonces de la *gaceta de Madrid* invadido, único papel que se leía en los países ocupados") pero fue el celo por el bien el que dirigió constantemente su conducta y siempre quedan, explica con profusión, los bienes inmensos que él hizo en aquella época.

No por casualidad, en aquellos mismos días Burgos publicó el importante serial sobre "Quiénes y cuántos fueron los afrancesados"[775], apologético y beligerante, al que añadió como coda una tajante denuncia de la incoherencia de su antagonista, que en su número del 13 de febrero había insertado un comunicado tremendamente ofensivo contra ellos. El blanco en particular era uno de los redactores de *El Censor* (Miñano) porque, cómo no, se había metido con el gobierno[776]. Así lo veía Burgos:

Pero lo que sí escandaliza y hace pensar una idea bajísima de la especie humana es ver que en un periódico redactado únicamente por afrancesados sin cuyo auxilio a muchos meses que descansaría *El Universal* bajo la misma losa que cubre los despojos de *La Ley* y de *El Despertador* se estampe esa diatriba cruel contra ellos y que la necesidad de contentar a que les dan su pan de ignominia les obligue a tan miserable prostitución.

Ayta se sintió obligado a replicar mediante un comunicado en el que repite el esquema, de dudosa lógica, que ya había seguido contra Burgos. Él, afirmó, era el único propietario y editor de *El Universal* y como tal, insertaba los papeles que le parecían dignos de ello sin necesidad de pedir licencia a nadie. "Ni es ni será ciego instrumento de los caprichos de los que mandan, y su único deseo ha sido siempre ver reunidos todos los partidos que hasta aquí han dividido a la nación", aunque reconoce de forma inconsecuente

---

775. "Quiénes y cuántos fueron los afrancesados", en *Miscelánea* nn. 350 a 352 (12, 13 y 14.02.1821); "Acabando de escribir el artículo anterior", en ese último número, como respuesta a "una andanada horrible contra los *afrancesados*" de *El Universal* nº 44 (13.02.1821) dirigida a los redactores de *El Censor.*

776. "Es necesario convenir", en *El Universal* nº 44 (13.02.1821) pp. 160-161: el artículo de *El Censor* hablaba de las coacciones de los ministros a Fernando VII con motivo de la sanción de la ley de regulares, de "la farsa" del 16 de noviembre, de los desacatos al rey, etc.

que el artículo que provocó la contestación de la *Miscelánea* ha podido ofender a a algunas personas: "lo hizo por parecerle que su autor no zahería a una clase entera de ciudadanos sino a uno o a pocos individuos"[777].

Por supuesto, *El Universal* discrepó de la valoración de la *Miscelánea* sobre la destitución de los ministros y sobre la posibilidad, esbozada por Burgos en marzo, de suspender algunos artículos de la Constitución -como se preveía en la misma- para garantizar la estabilidad pública[778]. El enfrentamiento entre los periódicos de Ayta y Burgos nunca cesó, e incluso aumentó en intensidad cuando este pasó a *El Imparcial*. Burgos reprocha a *El Universal* ser la voz de su amo, su equivocada doctrina sobre la publicación de informaciones críticas al poder y el recurso a las descalificaciones personales, que le hacía incurrir en inconsecuencias e hipocresía. Pero es justo recordar que junto a la denuncia de los procedimientos trapaceros de Ayta, siempre tuvo una idea elevada de la calidad de *El Universal*, e incluso llegó a tenderle la mano:

¡Pueda el Universal ayudarnos *constantemente* en la gloriosa empresa de desenmascarar á los hipócritas que intentan dividirnos! Él proclama a menudo excelentes doctrinas; proclámelas *siempre*, y nosotros seremos los primeros a ensalzarlo y a engrandecerlo[779].

También era afín al ministerio el *Redactor General de España*, un diario aparecido en Madrid en febrero de 1821 enlazando con el del mismo nombre que se había publicado en Cádiz durante la primera época constitucional. Su editor en Madrid, el médico don Pedro Pascasio Fernández Sardino, ya había redactado en Cádiz *El Robespierre español*, cuyo título resulta indicativo de un discurso extremoso que provocaba escándalo en los liberales biempensantes. Tuvo por eso problemas que le llevaron a la cárcel, estuvo después emigrado en Inglaterra (donde publicó el *Español Constitucional*) y a su vuelta a España relanzó *El Redactor*[780], que ha sido calificado como "una de las hojas más

777. *El Universal* n° 46 (15.02.1821) p. 169.
778. "Se ha dicho muchas veces", en *Miscelánea* n° 371 (5.03.1821) y "En el Universal de ayer", en n° 369 (3.03.1821).
779. "Hemos visto con placer", en *Miscelánea* n° 354 (16.02.1821).
780. *El Redactor General de España* n° 193 (15.02.1821) a n° 274 (9.05.1821) = nn. 1 a 84 de la 2ª época, diario. En n° 3 (17.02.1821) p. 11, la necrología de Bernabé García de Castilla (ya antes en *El Universal* n° 45, 14.02.1821). Vid. en *Gaceta de Madrid* n° 11 (11.01.1823) p. 58, el anuncio de una "Cartilla

comprometidas con el liberalismo democrático"[781]. Es posible que fuera así, pero eso no impidió que estuviera pagado, literalmente, por el gobierno. En él se ocupaba del análisis de los periódicos el diputado por Canarias y oficial de la secretaría de Hacienda don Bernabé García de Castilla, dato que quizás explica, a pesar de que falleció casi en los comienzos, que el periódico fuera subvencionado por Hacienda y que estuvieran interesados en él los demás ministerios. O más probablemente fuera el contacto don José Manuel del Regato, antiguo editor de la *Abeja madrileña* (1813), refugiado en Londres y París, conspirador de todos los colores, frecuentador de la Fontana, cofundador de la comunería, que como premio a sus trabajos revolucionarios había recibido una plaza de oficial en la misma secretaría[782]. En cualquier caso, en la minuta de la junta de ministros celebrada el 22 de enero con asistencia de Pérez de Castro, Argüelles, Jabat, Valdés, Quadra, Canga y García Herreros se recoge lo siguiente:

Enterados por el prospecto del Redactor que este periódico se dirige a rectificar la opinión pública sosteniendo el sistema constitucional, se acordó sostenerle por el Gobierno, suscribiéndose cada Secretaría el número de ejemplares que cada jefe tuviese por conveniente. En consecuencia, se tomarán doscientos ejemplares por esta Secretaría de mi cargo, por espacio de seis meses distribuyéndose entre los caballeros oficiales y Jefes de Provincia = Rubricado[783].

---

del ciudadano español, o breve exposición de sus fueros y obligaciones: su autor el Robespierre español, obra escrita para los poco instruidos, y a fin de que hasta el más rudo la entienda. Usa de un lenguaje claro, de un diálogo sencillo y de un método analítico, procediendo siempre de lo conocido a lo desconocido, conforme al orden de la naturaleza: un cuaderno en 8º a 4 rs. de vn. a la rústica. Se hallará en la librería de Sanz".

781. Juan Francisco Fuentes, "Liberalismo radical ante la unidad religiosa", en *Libéralisme chrétien et catholicisme libéral en Espagne, France et Italie dans la première moitié du XIX° siècle*. Aix-en-Provence: Université de Provence, 1989 (Colloque international des 12-13-14 novembre 1987) p. 131.

782. Cfr. P. Pegenaute, *o.c.*, p. 176 especialmente.

783. AHN, Consejos, 11296/109. Sigue una carta firmada por Pedro Pascasio Fernández a don Juan Ángel Caamaño, oficial mayor de la Secretaría de Hacienda (Madrid, 28.06.1821): "Muy Sr. mío y de mi mayor aprecio: Necesitando satisfacer el coste del papel suministrado para la impresión del *Redactor General de España*, me veo en la precisión de acudir a V.S. para que se sirva mandar se dé la correspondiente orden par satisfacer el resto de la suscripción a dicho periódico por la Secretaría de Hacienda.

El Redactor se mantuvo aun un par de meses después del cese de los ministros porque, al decir de sus adversarios, tenían la esperanza de que les volvieran a llamar (pero "cuando estos se persuadan a que no hay medio de resucitar, es regular que quieran ahorrar gastos"). Arremetió por tanto contra los afrancesados, provocando replicas cuyos argumentos oscilaban entre la apreciación de Fernández Sardino como "patriota de *pane lucrando*"[784] y la de su demagogia extravagante: está loco de atar, dirá Lista.

El periódico que combatió con más intensidad a *El Redactor* fue el *Constitucional - Correo General de Madrid*, en el que compartieron responsabilidades o se sucedieron en ellas José Joaquín de Mora, Manuel Eduardo Gorostiza y Félix Mejía, periodistas generalmente alineados con el liberalismo exaltado, aunque se diría, supieron combinar el interés como empresarios con sus preferencias en política, y eso se refleja en el oportunismo de sus publicaciones. Mesonero Romanos, un joven meritorio que en 1822 escribía para *El Indicador*, alude en sus *Memorias* a la venalidad de José María Carnerero, el entonces director, que de acuerdo con Mora ("a quienes no satisfacía un amor puramente platónico hacia la literatura") dieron un giro al periódico, convirtiéndolo en órgano de la sociedad Landaburiana con el título de *El Patriota Español*. También consta que en ese mismo año Mora recibió dinero de un agente doble, José Manuel del Regato, por combatir al gobierno de Evaristo San Miguel desde ese mismo *El Patriota*[785].

Hasta el presente solo he percibido el importe de dos meses, restando solo el correspondiente desde 15 hasta 30 de abril, y los nueve días primeros del de mayo.

El importe de medio mes de abril asciende a 2 400 rs. Y los nueve días de mayo a 1 482 rs., 24 mvs. = 3 882 rs. 24 mvs.

Así que estimaré del favor de V.S. se sirva mandar se satisfaga esta cantidad en que recibirá merced. Dios que guarde a V.S. ms. as. Madrid y junio 28 de 1821. El editor, Pedro Pascasio Fernández. = Rúbrica.

Sigue minuta de oficio al Tesorero General (Palacio, 29.06.1821) para librar 3 882 rs. 24 mvs., "importe de una obra entregada en la Secretaría del despacho de mi cargo".

784. *Constitucional-Correo* n° 50 (19.04.1821) 204, el comunicado f. = "El amigo de los calumniadores", que recorre con registro sarcástico la biografía de Sardino en respuesta al n° 250 de *El Redactor*.

785. R. de Mesonero, *Memorias de un setentón*, en *Obras (...), o.c.*, p. 121. Cfr. P. Pegenaute, *o.c.*, p. 254, *cit.* por C. Morange, "¿Quién financió *El Eco de Padilla* y *El Independiente*?", en *Trienio. Ilustración y Liberalismo* n° 8 (1986) p. 16, nota 33.

Como resultado de la fusión entre el *Constitucional - Crónica* (el de Mora) y del *Correo General* (de Gorostiza) en marzo de 1821, el nuevo *Constitucional* atacó con saña al ministerio Argüelles y a sus partidarios, desveló la lógica que había detrás del episodio de la exposición de la sociedad de Malta y mostró gran parcialidad a favor de las sociedades patrióticas y de los afrancesados, lo que en principio puede parecer antagónico, pero que es un indicio de la amistad que parece haberle ligado con algunos de ellos; incluido Burgos, por cierto. También se significó apoyando la causa constitucional de Nápoles e hizo propaganda contra el tráfico de negros. En él se insertó un comunicado de don Félix Reinoso, originalmente publicado en el *Diario Mercantil de Cádiz* (5.04.1821) en el que hacía una defensa cerrada de los afrancesados y de su prensa -*Miscelánea*, *El Censor*, las *Cartas de Cándido y Prudencio* y las del *Madrileño*- frente a las calumnias del firmante P.F.S. ("jacobino, demagogo y anarquista") que había publicado el *Redactor;* es notable advertir que Reinoso se vale como fuente de lo que Lista le iba contando en sus cartas: es decir, que la facción de los pretendientes ("gente que abunda en nuestra Corte más que en la de de ninguna nación") se propuso desacreditar a los refugiados en Francia, por miedo a que entraran en la provisión de empleos, imputándoles todos los sucesos desagradables de Madrid, como eran la autoría de la representación contra los ministros (ni un afrancesado la firmó entre más de quinientos que sí lo hicieron), el incidente protagonizado por los guardias en febrero y finalmente la caída del ministerio. El propio Alberto Lista revela en el mismo periódico el nombre de Reinoso como autor de ese artículo y respalda los cargos que hacía a Fernández Sardino[786].

En cuanto a la *Miscelánea*, *El Redactor* abrió la liza insertando comunicados críticos sobre asuntos de poca monta (pique de empleados sobre los nombramientos en oficinas de La Coruña y cosas así)[787]. Discutió también su censura de las "medidas enérgicas" tomadas por el gobierno contra los guardias del rey tras las jornadas tumultuosas de febrero. Pero sobre todo, abundó en la habitual acusación de que Burgos publicaba "noticias impolíticas" sobre la situación de España, lo que dio pie a que este impartiera magisterio, una vez más, sobre la forma de enfocar esta

---

786. *Constitucional-Correo* n° 44 (13.04.1821) p. 180, f. = El enemigo de los calumniadores [F. Reinoso]; n° 48 (17.04.1821) pp. 196-197, artículo comunicado f. = L.A. [Alberto Lista] (Madrid, 14.04.1821), dirigido al "Señor P.F.S., á devant Robespierre, español constitucional en Londres y hoy redactor general de España en Madrid".
787. Cfr. "En nuestro número 339 insertamos", en *Miscelánea* n° 367 (1.03.1821).

cuestión. Su reflexión es larga, pero merece ser transcrita por lo que aporta a la formación temprana de la teoría periodística:

> Nosotros creemos deber aprovechar esta ocasión para oponernos, como lo hemos hecho otras veces, a la doctrina establecida en el pasaje que hemos transcrito, y para declarar que no conocemos más noticias *impolíticas* que las que sean falsas. Las verdaderas son políticas siempre, y tanto mas, cuanto que pueden ser un correctivo de las exageraciones, con que este o aquel agente diplomático establecido en Madrid, haya querido pintar a su corte los sucesos de la nuestra. En efecto, cuando un papel tiene reputación de que dice francamente todo lo que pasa, sea malo o bueno, ¿no puede oponerse su autoridad como irrecusable, para desvanecer los rumores absurdos que hayan llegado por otros conductos a los que tienen interés en dañarnos? Y ¿quién duda que habiéndose acogido en Francia algunos españoles disgustados con las nuevas instituciones, estos inventarán patrañas que nos perjudiquen, o difundirán las que por otros medios reciban, si no se Ies contiene por el temor de que los desmientan a cada momento los periódicos conocidos por su imparcial veracidad? ¿Ignora nadie que los papeles que tienen la reputación (justa o injusta) de lisonjear al poder, no pueden producir el menor efecto en Laybach, cuando se trate de oponerlos a las declamaciones exageradas de los enemigos de nuestra gloria?

> Estas reflexiones, que extenderíamos de buena gana, si la abundancia de materiales que nos abruma no nos impusiese la ley de ser cortos, nos parecen probar que no hay *imprudencia* ni menos *otra cosa* (como esta otra *cosa* no sea patriotismo, honradez, decoro o algo equivalente), en decir todo lo que pasa en nuestro país; que no hay *impolítica* mas que en disfrazar la verdad, y que si algún periodista, creyendo o no creyendo decirla, se engaña o engaña a sus lectores, es obligación de los demás periodistas desvanecer el error, desmentir los hechos falsos en que se funda, y neutralizar o destruir el efecto que hayan producido. Por estos medios legítimos, honrosos y propios de hombres libres, se apura la verdad, conocida la cual se evitarán siempre las exageraciones y, los extravíos, y se acabará por borrar enteramente las impresiones siniestras, que tal vez pudieran hacer contra la gloria de nuestra revolución las maniobras tenebrosas y pérfidas de los enemigos del pueblo español[788].

---

788. "Madrid 3 de marzo. El *Redactor* de hoy", en *Miscelánea* nº 370 (4.03.1821).

Son consideraciones irrebatibles y cargadas de razón, aunque no pueden ocultar el hecho de que Burgos, periodista, lleva el agua a su molino cuando le conviene en apoyo de sus tesis, suavizando verdades incómodas a base de eufemismos, de voluntarismo o simplemente, callándolas. La versión incompleta del espectáculo penoso que dio Riego desde un palco del teatro del Príncipe el pasado 3 de septiembre, o el relato con sordina de pormenores violentos y tumultos callejeros que pudiera alentar la extensión del desorden, son muestras típicas de su línea de conducta. A pesar de sus convicciones sobre el papel de la opinión pública, la transparencia informativa, el control al gobierno y todo lo demás, en el fondo parece creer que hay cosas que es mejor que suenen poco, o al menos, que lleguen al público con la explicación oportuna. Son mañas de periodista destinadas a presentar los hechos bajo un prisma favorable a las propias convicciones, pero que vistas en conjunto no desdicen, o no mucho, de los usos habituales en la larga tradición periodística española.

Volvamos a su enfrentamiento con *El Redactor.* Cuando este apuntó que la opinión general le señalaba como uno de los "malos consejeros" del rey, Burgos replicó sentando doctrina, que dicha opinión

> no la forman dos docenas, ni doce, ni veinte de habitantes de Madrid, que dicen lo que les sugiere su interés, o que no poseyendo bastantes luces, creen lo que oyen a las personas de quienes tienen concepto: la forma solo la mayoría sensata e imparcial de la nación[789].

Desinformado, aunque algo le sonaba, *El Redactor* parecía creer que el editor de la *Miscelánea* había sido corregidor de Madrid durante los seis años de despotismo. Quizás pisaba más fuerte al discutir su versión del asalto a la cárcel de la Corona culminando con el asesinato de don Matías Vinuesa (4 de mayo), que según Burgos fue obra de unos cien hombres, "siendo así que el tropel pasaba de 3 mil ciudadanos, de todas clases, sexos y condiciones"[790]. La *Miscelánea* contraatacó dando a conocer que en el *Redactor* se había plagiado literalmente un capítulo del *Diccionario filosófico* de Voltaire, bajo el título de "Observaciones sobre los párrocos

---

789. "El *Redactor* de hoy", en *Miscelánea* nº 374 (8.03.1821).
790. Respectivamente, *Redactor General de España* nº 269 / 79 (4.05.1821) p. 314, y nº 271 / 81 (6.05.1821) p. 322. Miraflores coincide con la versión de la *Miscelánea:* vid. *Apuntes (...) o.c.,* p. 95.

de aldea" y por supuesto, prestó sus páginas a Félix Reinoso, el paladín ideológico de los afrancesados, para que continuara su pugna particular con *El Redactor*[791].

Al final, fue la falta de financiación lo que puso fin al periódico de Sardino. Así lo explica el nuncio Giustiniani, siempre atento a la prensa madrileña:

> La pubblicazione del *Redactor Generale,* l'uno de' più ardenti campioni demagogici è sospesa; siccome questo giornale andava per conto del cessato ministro di Finanza, oggidì, ch'esso non può somministrare i fondi necessari, sembra che siano mancati, al meno per ora, i mezzi di continuarlo. Nel frattanto lo *Spettatore* adempie le sue veci amplissimamente e con esuberanza[792].

En cuanto a *El Espectador*, que cita el nuncio, había empezado a salir a mediados de abril de 1821, fundado por Evaristo San Miguel. Da el perfil de un diario vagamente exaltado pero de obediencia masónica y escrito por militares muy celosos de su estamento, cosa que tenían a gala: "El *Espectador* esta redactado desde que salió a luz por cuatro militares y un empleado" que lucharon en la guerra y trabajaron en el restablecimiento de la Constitución[793]. Eso define su posición editorial, que le llevaría a criticar el *moderantismo* y a tomar partido contra los afrancesados ya desde fechas muy tempranas, pero con pocos argumentos que oponer, más allá de la acusación de haber pactado con el enemigo o con los serviles. Fue en el verano de ese año cuando polemizó con mayor intensidad con la *Miscelánea*[794].

---

791. "Un amante de las letras nos escribe", en *Miscelánea* n° 442 (15.05.1821); vid. "Observaciones sobre los párrocos de aldea", en *Redactor General de España* n° 249 / 57 (12.04.1821) p. 225 y n° 251 / 59 (14.04.1821) p. 235; Cfr. *Miscelánea* n° 436 (9.05.1821), f. = Cádiz 20 de abril, F.J.R. (el comunicado de Reinoso). Niega en este la atribución de un artículo, que le endosan en el número del 13 de *El Redactor General* y de paso, las calumnias en torno a las circunstancias de su afrancesamiento: no es secretario de la diputación de Cádiz, ni prebendado por José Napoleón, etc.

792. ASV, *SS* 249 (1821) 5, f° 116, n° 814 (Madrid, 12.05.1821).

793. *El Espectador* n° 516 (12.09.1822)

794. Vid. E. Hartzenbusch, *Apuntes (…), o.c.,* p. 31, con la ficha técnica y redactores.

9.5. Ante la anarquía: de algaradas y proscripciones

La destitución de los ministros dio paso a un cambio de ciclo en la trayectoria del periódico de Burgos. Aunque sus buenas disposiciones hacia los que les sustituyeron se disiparon pronto, no exteriorizó su frustración hasta el mes de agosto, antes, incluso, de que se filtrara una circular reservada de Gobernación a los jefes políticos que discriminaba a los afrancesados y a los exaltados de las elecciones a Cortes, causando gran escándalo cuando se supo. Para entonces, Burgos ya empezaba a acusar la inacción de los nuevos ministros, que les hacía semejantes a sus predecesores, pero sobre todo, su debilidad para atajar el avance de la "anarquía", el motivo que había pasado a figurar en primer plano entre sus preocupaciones a partir del mes de abril, por delante incluso de los desvíos del gobierno o del impulso al reformismo legislativo.

Al hablar de anarquía no tenía en mente los movimientos levantiscos de los realistas (*serviles* por mal nombre), numerosísimos pero desdeñables por su terca torpeza, sino las tropelías de los que se decían *patriotas*, que desde ahora identificará como la amenaza principal para el régimen y que a la larga, será la causa principal de su propio distanciamiento. La razón es clara. Desde la perspectiva de los liberales moderados que él defendía en las páginas de la *Miscelánea*, la revolución *ya estaba hecha*, puesto que había sido vencido el despotismo que en el pasado se oponía al ejercicio de la libertad civil, al control de los actos del gobierno y al desarrollo de las reformas necesarias para la modernización y la prosperidad del país. Solo faltaba a lo sumo, traducir todo eso en leyes que regularan su desenvolvimiento. Por tanto, lo que ahora estaba en juego era afianzar la seguridad personal, la tranquilidad pública ("el reposo") y la observancia de la ley, que consideraba el primer paso para ganar la lealtad de los ciudadanos a las nuevas instituciones. Solo a partir de ahí podría asentarse la justicia tributaria, la eficacia administrativa, la pujanza del comercio y de la industria, la cotización del crédito y el respeto, en fin, a la moral que regulaba el orden social. Porque no hay que olvidar que si el mantenimiento del orden era para Javier de Burgos la primera necesidad, esta era instrumental, orientada al fin que había proclamado en tantas ocasiones: "Siempre hemos creído que no hay más que un solo medio de afirmar los gobiernos nuevos, y es hacer beneficios a los pueblos. Todo lo demás es charlatanería"[795]. *Pueblos* en plural, obsérvese, con la connotación semántica que eso conlleva.

---

795. "Madrid 20 de marzo", en *Miscelánea* nº 387 (21.03.1821).

En este marco, los desmanes y las exigencias destempladas de los *patriotas* no tenían cabida, porque ni Burgos ni los moderados con los que se identificaba parecían percibir la existencia de nada, más allá de los límites de un sistema en el que se veían como dirigentes naturales, pero sin la contrapartida de otra responsabilidad social que la de impulsar, de manera genérica, la prosperidad que emanara de su propio éxito. Este es el mensaje que parece deducirse de la lectura de su periódico. ¿Indiferencia ante la situación de los desheredados o se trataba simplemente, de un pragmatismo acorde con las ideas dominantes en la teoría liberal? Y sin embargo, la protesta era endémica, se admira Burgos: la procesión cívica con el retrato de Riego el 18 de septiembre, escribe, fue el trigésimo o cuadragésimo tumulto en año y medio[796]. Por tanto, la algarada callejera no se explica a sus ojos sino como reivindicación zafia y violenta de gente ansiosa, incapaz de acceder por sus méritos a las responsabilidades del gobierno y de la administración (o sea, a los empleos) y que agitaba a la turba, a la clase más vulnerable, en provecho propio. Pero para decirlo todo, los que movían la protesta tampoco se veían a si mismos entre esos españoles que quedaban fuera del círculo de la fortuna. O ¿acaso se reconocía San Miguel, el redactor de *El Espectador* y futuro ministro de un gobierno exaltado, en ese pueblo del que dijo que había que instruir con toda urgencia, porque su *estupidez* e *ignorancia* -es el lenguaje que emplea- ya había sido causa de que nos perdiéramos una vez -la restauración absolutista de 1814- ante las maquinaciones de los malos?[797]. Paternalismo a lo sumo, que lleva a dudar de que hubiera una diferencia esencial entre los objetivos de los exaltados y los de los moderados.

Por supuesto, Burgos escribe desde sus prejuicios elitistas, pero también desde la observación de lo que tenía delante de los ojos, y eso aporta fundamento a su análisis de las convulsiones que alteraban la vida pública. Y el resultado lamentable de la "anarquía", concluía su reflexión, era neutralizar los logros del sistema constitucional, debilitarlo al crear divisiones, restarle lealtades y provocar desconfianza en el extranjero, poniendo en peligro su supervivencia. Se entiende, por lo tanto, su idea de formar una fuerza policial a la manera de la gendarmería francesa[798],

---

796. "Acabamos de ver un fenómeno", en *Miscelánea* nº 571 (21.09.1821).
797. "Señor Editor: Si vmd. concede dos o tres columnas de su periódico apreciable a un hombre que jamás escribió para periódicos", en *Miscelánea* (Suplemento 6.04.1820), f. = Evaristo de S. Miguel.
798. "Madrid 22 de febrero", en *Miscelánea* nº 361 (23.02.1821), sobre la creación de una fuerza de policía, con motivo del asesinato en la calle de un tal coronel Canales; vid. también "Leyes sobre seguridad pública", en nº 554 (4.09.1821).

o la insinuación que lanzó para aplicar la disposición de la Constitución que permitía suspender, en casos de emergencia, la vigencia de algunos artículos de la misma.

Como consecuencia, el discurso de la *Miscelánea* se endureció muchísimo, tornándose agorero y tremendista, lo que a la larga provocó una pérdida en su capacidad de persuasión y una muy probable retracción de los suscriptores. También denota el cansancio de su redactor, que culminará en la enfermedad que, según explicó él mismo, le obligaría a liquidar la empresa del periódico en el mes de septiembre. La *Periódico-Manía*, benévola hasta entonces con la *Miscelánea*, advierte el nuevo registro en mayo de 1821:

Tan dulzarrona que ya empalaga, filantrópica criatura, nacida para comisaria según la afición que tiene a esto de revistas. No encuentra un adjetivo bastante fuerte para aplicárselo a la Anarquía (…). A otro punto. ¿Cómo estamos de salud? Nos hablan dicho que está V. algo doliente: que con motivo de la primavera, los humores se han alterado: que ha enflaquecido, y que se ha reducido á una dieta que puede equivocarse con el hambre. Cuidado con eso.

Y discrepando del alarmismo de Burgos, la *Periódico-Manía* le sugiere un adjetivo: "mi señora doña Anarquía Fantasmagórica"[799]. La alusión no es apócrifa, porque este había escrito literalmente en su *Revista de abril* que "esa anarquía, para cuya calificación no encontramos nosotros en nuestro idioma un adjetivo bastante fuerte, esa es la que crea diariamente numerosas falanges de enemigos de nuestras instituciones, enemigos que vulgarmente se designan, con el nombre de serviles". Ese era el tono.

Desde finales del año anterior Burgos venía señalando la inconsistencia de las denuncias a supuestas conspiraciones, como las que se había atribuido al entorno de la marquesa de Lazán en Zaragoza[800] o a algunos magistrados de Granada. Pero lo que provocó sus protestas más vivas fueron las asonadas que protagonizaba gente bravucona para intimidar a las autoridades y forzar su complicidad en el destierro de los señalados como desafectos, justificándolo con la invocación del peligro que suponían para

---

799. *Periódico-Manía* nº 41, pp. 8-9; se refiere a la "Revista de abril" de *Miscelánea* nº 428 (1.05.1821).
800. Vid. *Miscelánea* nn. 362 y 363 (24 y 25.02.1821).

el sistema; era resultado de la "funesta opinión" partidaria de remediar la inacción de los responsables, apelando a la intervención directa del *pueblo*. Por contra, Burgos tenía clara la inferioridad de la *opinión* frente a la *ley*, la primera caprichosa, inconstante "e injusta casi siempre en los países en los que escasean las luces", frente a la segunda, como expresión permanente de la voluntad general[801].

El mecanismo de la asonada, tal como lo describe la *Miscelánea,* es simple. Podía iniciarse pretextando una provocación, como ocurrió el 1 de mayo en Cádiz, al amanecer la lápida de la Constitución "embadurnada con algún fango"[802], o simplemente por la ofuscación que causaban las noticias contrarias a la causa de la libertad: el plan subversivo de don Matías Vinuesa, o los recientes acontecimientos de Italia, porque la confabulación de las potencias legitimistas en Leybach (Ljubljana) y la caída del constitucionalismo en Nápoles y en Piamonte habían enervado los ánimos de los más exaltados, creando la sensación de peligro. A partir de ahí se desencadenaba la proscripción, cuyo esquema era siempre más o menos el mismo. Las reflexiones sobre el asunto de un corresponsal granadino de la *Miscelánea,* aportan, creo, alguna profundidad a la escena:

> Ya se sabe de algunos años a esta parte, que conmoverse el pueblo es reunirse algunos corrillos de hombres en los sitios más públicos, y manifestar su incomodidad con conversaciones acaloradas y ademanes amenazadores. También se sabe, que cuando sucede esto entre gente descamisada, se le da el nombre de tumulto; pero siendo entre personas de mejor ropa, se suele llamar conmoción, como no pasen sus operaciones a causar estragos[803].

Caldeado el ambiente por esas manifestaciones callejeras o por los discursos en la reunión patriótica del lugar, un tropel de ciudadanos enardecidos se dirigía al consistorio o la casa del jefe político para exigir que se actuara contra los enemigos del sistema, con la amenaza implícita de imponerse por la violencia. Dependiendo del grado de pusilanimidad

---

801. Cfr. "Tenemos a la vista", en *Miscelánea* n° 87 (19.05.1820), criticando la invocación a la "opinión" que había hecho el gobierno para justificar sus medidas contra los diputados que en 1814 firmaron el *Manifiesto de los Persas*.
802. Crónica de Cádiz del 1 de mayo, en *Miscelánea* n° 435 (8.05.1821).
803. "Granada 3 de marzo", en *Miscelánea* n° 377 (11.03.1821).

de las autoridades y de su falta de habilidad para bregar con la situación, recibían a los apoderados de los demandantes e incluso hacían ostentación de compartir su preocupación. Juntos, decidían sin formalidades legales los nombres de los designados para la deportación, que solían ser de gente principal -profesionales, eclesiásticos, funcionarios civiles, militares retirados- sospechosos de desvío o de tibieza constitucional. O simplemente, dirá Burgos, estaban enemistados con alguno de los turbulentos, que les acusaba con impunidad bajo el disfraz de patriotismo[804]. Una vez formada la lista y firmada la petición, la milicia local se ocupaba de los arrestos y se procedía a su expulsión de la población, bajo custodia de una escolta armada. Con estas concesiones se conjuraba el peligro para la Constitución, lo que apaciguaba a esos patriotas y la cosa no iba a más, se consolaban las autoridades. Entre otros casos de disturbios que desembocaron en deportaciones, Burgos informa de lo ocurrido en Málaga el 25 de enero, entre cuyas víctimas estaban comprendidos los redactores de *El Observador* Blas María de San Millán y Juan Ruiz de la Herrán, responsables de un artículo que había ofendido a la milicia local; aunque la mayoría de los proscritos malagueños pudo volver en febrero, a los periodistas no se les hizo justicia, dice, hasta medio año después. A su vez, para prevenir la agitación del *pueblo*, en Barcelona se formó una junta de autoridades que acordó la deportación a Mahón de algunos personajes entre los que se contaban el obispo, el vicario general, el barón de Eroles y otros militares de alta graduación. En Granada, unos trescientos individuos se reunieron en la plazuela del ayuntamiento el 14 de abril para pedir que se proscribiera a los *serviles*. De la negociación con los representantes del pueblo y la milicia resultó que se mandó arrestar a diez y observar, o sea vigilar, a treinta y cinco: "serviles, liberales y moderados están mal con lo que se ejecutó, los primeros porque les parece que se ha hecho mucho contra ellos; los segundos porque les parece poco; los terceros porque se han infringido las leyes y rotos una vez los lazos de la disciplina civil, temen los efectos de la anarquía". En Cádiz, el jefe político transigió con los clamores contra los desafectos y mandó su arresto y formación de causa tras el "atentado horrendo" que había sufrido la lápida de la Constitución. El 9 de mayo la *Miscelánca* dio la lista de los veintiséis sospechosos que detuvieron en Santiago el comandante de la columna local y el de la milicia, reteniéndolos en el colegio de Fonseca antes de enviarlos con escolta a La Coruña. Allí se reunieron con unos ciento cuarenta presos procedentes de Tuy, Orense y Vigo ("entre ellos muchos magnates") que según se decía,

---

804. "Revista de abril", en *Miscelánea* nº 428 (1.05.1821).

estaban en relación con otros conspiradores de Burgos[805]. Posteriormente todos fueron trasladados a Canarias, donde se suponía que no podrían desvanecer con facilidad las imputaciones que se les hiciesen,

> si ya no era que falleciesen en el viaje, para lo cual se tomaron precauciones, hacinando en la bodega de un barco a una porción de sujetos delicados, hechos á disfrutar comodidades, y de los cuales unos no se habían embarcado jamas, y otros llegaron al buque aterrados de la tropelía de que eran víctimas.

Pero al final, las diligencias judiciales siempre demostraban lo que ya sabían los hombres que entienden esa táctica, dice un Burgos tajante. Esto es, "que nunca existieron las tales conspiraciones, sino que fueron inventadas por los enemigos del honor y de la gloria española, para satisfacer por este medio sus resentimientos o su ambición, aun a costa de sumergir á la patria en un caos de calamidades"[806].

9.6. El asesinato de don Matías Vinuesa

Lo que sí resulta indudable es que el régimen tenía contra si a gran número de enemigos, como muestra la sucesión de levantamientos realistas en medios rurales. Y se entiende que en ese ambiente, el aire estuviera cargado con la sospecha de conspiraciones, lo que explica el enorme impacto que produjo en la opinión pública la atribuida al arcediano Matías Vinuesa López de Alfaro, "el cura de Tamajón", cuando fue descubierta al tirar del hilo de las proclamas subversivas que se imprimieron clandestinamente en el mes de enero. Como era de esperar, en la Fontana se habló de su detención y en la noche del día 31 un gran número de

---

805. Sobre la deportación de Málaga, vid. *Miscelánea*, n° 354 (16.02.1821), n° 443 (16.05.1821) y n° 500 (12.07.1821); de Barcelona, n° 407 (10.04.1821); de Granada, n° 422 (25.04.1821); de Cadiz, en n° 435 (8.05.1821); de Santiago, n° 436 (9.05.1821); más equilibrado, aunque comparte el mismo espíritu, véase el artículo en *El Universal* n° 135 (15.05.1821) p. 529-530, "Acontecimientos de Galicia", f. = "Un ciudadano que no transigirá jamas ni con el despotismo ni con la anarquía"; *Idem* n° 136 (16.05.1821) p. 534, "El autor de la carta de la Coruña".

806. "Continúa la revista de agosto", en *Miscelánea* n° 553 (3.09.1821).

asistentes se presentó en el ayuntamiento presionando para que se hiciera pronta justicia. En consecuencia la corporación, cumpliendo, dirigió al rey una exposición en lenguaje vigoroso y enérgico, escribe Burgos. Cuando empezó a confirmarse el rumor de que en efecto se trataba de una auténtica conspiración, se puso al preso una guardia de la milicia y circularon por las calles numerosas patrullas[807]. El mismo Burgos dedicó mucho espacio en el periódico a abominar del plan, que juzgó estrafalario y que contemplaba con crueldad infantil muertes y prisiones de los liberales más significados para poner en sus puestos a gente adicta al absolutismo. Aunque es improbable que advirtiera que estaba jugando con fuego, está claro que él, como tantos periodistas, amplificó retóricamente el peligro que se le atribuía, contribuyendo a darle una trascendencia injustificada.

Así las cosas, el 3 de mayo se hicieron públicas las resultas de la causa de Vinuesa y sus cómplices, dos sobrinos y otro joven de quince años, todos estudiantes. A los sobrinos se les impuso como pena el tiempo que habían pasado en prisión, con apercibimiento, y el último debía ser puesto en libertad sin menoscabo de su opinión ni fama. En Vinuesa recayó una sentencia de diez años de reclusión en un presidio mayor de África, amén de costas y ocupación de temporalidades,

> por haberse encontrado en su casa habitación en la noche del 28 del mismo enero papeles manuscritos, compresivos de planes y medidas para trastornar el gobierno supremo de la nación española, y también diferentes ejemplares impresos subversivos, y dos manuscritos de un libelo altamente injurioso, señaladamente a la sagrada e inviolable persona del rey D. Fernando VII[808].

Lo que de acuerdo con las ideas penales de la época -la observación es de A. Gil Novales- pareció excesivamente indulgente en proporción al

---

807. *Miscelánea* nº 339 (1.02.1821).

808. "Madrid 4 de mayo", en *Miscelánea* nº 432 (5.05.1821); la sentencia, dictada por el juez de primera instancia interino don Juan García Arias, fue apelada en cuanto a la pena por el promotor fiscal, de modo que la causa pasó a la audiencia territorial. En nº 464 (6.06.1821), el extracto de la sentencia revisada: sobreseimiento en la de Vinuesa por fallecimiento; al sobrino Victoriano González, dos años de destierro de la Corte y sitios reales, quedando bajo observación de las autoridades en el pueblo en que se estableciere, y sin modificar lo demás.

crimen que se le achacaba[809] y provocó la indignación de los más exaltados entre los que se decían liberales. Quizás por ser cosa de mentalidades, la tolerancia con la libertad de pensar contra la misma libertad no había avanzado mucho todavía en la época constitucional, y mucho menos, cuando se trataba de actividades subversivas. A efectos de comparación, téngase en cuenta que según la información de tribunales inserta en la *Miscelánea*, en esas fechas la audiencia territorial había confirmado la sentencia contra Gertrudis García, casada con un cochero de la casa Real, condenándola a dos años a la galera, "por embriaguez y proferir expresiones contra la constitución". Y no cabe sospechar que se trate de un caso aislado, seleccionado de forma sesgada por el redactor con propósitos tortuosos. *El Universal* enseña con otros ejemplos la severidad con que actuaba la justicia en defensa de la Constitución: por aquel entonces, la audiencia de Castilla la Nueva confirmaba la pena impuesta a un Isidro Gonzalez, natural de San Clemente, por haber vertido expresiones subversivas contra el sistema constitucional y por desacato al alcalde constitucional de la villa de Cubas, delitos que le causaron una condena de seis años de presidio en África y el pago de las costas. En cambio, la misma audiencia revocaba la sentencia del juez de primera instancia de Valdemoro contra don Juan Sabas de la Peña, vecino de Chinchón, por las expresiones que profirió en la mañana del 10 de enero relativas a la venida de los rusos y sus decretos contra la milicia nacional, que le habían valido una multa de 12 000 reales más las costas, sustituyéndola por otra de dos años de confinamiento en Málaga, además del apercibimiento y por supuesto, las costas[810].

Este es el contexto del tumultuoso asesinato de Vinuesa, cometido en la cárcel de la Corona el 4 de mayo. Burgos, que nunca ahorra juicios durísimos en sus textos de opinión, se muestra en cambio distanciado de toda valoración al narrar el siniestro suceso, lo que posiblemente hay que entender como una medida de prudencia ante el descontrol callejero que podría llegar a amenazar su propia seguridad estando recientes los hechos. Así parece darlo entender Lista en su carta a Reinoso del día 7, en la que por otra parte, se evidencia la amigable armonía con que obraban los periodistas afrancesados:

---

809. Cfr. A. Gil Novales, *Sociedades (...)*, o.c., I, pp. 611 y ss.; la observación, en p. 614.
810. Vid. la sección de Tribunales en *Miscelánea* n° 444 (17.05.1821) y en *El Universal* n° 132 (12.05.1821) p. 518.

Inmediatamente que se recibió tu artículo del *Redactor,* se remitió al editor de la *Miscelánea,* que prometió insertarlo el lunes pasado. Mas no lo ha hecho; y en el estado en el que están las cosas en el día, quizás no se atreva. En este caso veremos si lo quieren insertar en el *Constitucional*[811].

El caso es que, al conocerse la sentencia contra Vinuesa aquel día por la mañana, se fueron formando corros de gente acalorada y poco después de las tres de la tarde un grupo forzó la puerta de la prisión, sobrepasó a la guardia y se abrió paso hasta llegar a la celda del preso, al que mataron con un golpe de martillo en la cabeza (de hacha, dice erróneamente la *Miscelánea*) e infligieron después múltiples cuchilladas. Aquellos héroes salieron y se disolvieron sin que nadie se atreviera a impedirlo y solo después se dieron disposiciones para que patrullas de caballería, de infantería y milicia recorrieran las calles. Fueron también a por el juez que había dictado el fallo, pero este pudo escapar a tiempo de su casa[812]. El *Abuelo,* jefe de una guerrilla absolutista que estaba preso en la cárcel de la Corte estuvo cerca de correr la misma suerte, pero lo impidió una fuerza compuesta por un cabo y cuatro hombres de infantería, junto al comandante de caballería marqués de Pontejos, acompañado de seis u ocho de su cuerpo. "Esto en verdad prueba lo fácil que hubiera sido librar á la revolución de tamaño borrón", escribe Miraflores[813].

El suceso causó una enorme conmoción en todas las esferas. Al saber la noticia, el rey hizo formar a los dos batallones de su guardia en la plaza de armas de palacio, y vestido de uniforme les habló emotivamente, conminándoles a defenderle, lo que provocó el entusiasmo inicial de los que esperaban entrar en acción, pero no hubo más, con decepción de todos ellos[814]. El gobierno, que se sabía responsable de la seguridad

---

811. A. Lista a F. Reinoso (Madrid, 7.05.1821), en H. Juretschke, *o.c.,* p. 569.
812. "Madrid 4 de mayo", en *Miscelánea* n° 432 (5.05.1821) y "Madrid 31 de mayo. Revista de mayo", en n° 459 (1.06.1821). Confirma lo de la huida del juez, don Juan García Arias, la noticia de que sus colegas se repartieron las causas en las que este entendía cuando supieron que se había ausentado, para que no padeciera retraso la administración de justicia ("Madrid 7 de mayo", en n° 435, 8.05.1821).
813. Marqués de Miraflores, *Apuntes (…), o.c.,* p. 95.
814. Cfr. F. Fernández de Córdoba, *Mis memorias (…), o.c.,* pp. 19-20; vid. también E. San Miguel, *Vida (…), o.c.,* t. II, p. 256; hay referencias más genéricas en la prensa de esos días y en el *Diario de sesiones.*

Imagen 40. Asesinato de don Matías Vinuesa el 4 de mayo de 1821. Anónimo, aguafuerte y buril (Biblioteca Nacional de España).

de un reo bajo su custodia, se apresuró a destituir al capitán general de Madrid, don Ramón Villalba, e intentó justificarse por boca del ministro Feliú al ser interpelado por las Cortes; en síntesis, que aunque había dado las órdenes oportunas para asegurar la integridad del preso, no tuvo un conocimiento preciso del momento ni de la situación hasta demasiado tarde, etc. "Concluyó manifestando que el gobierno no ha tenido la menor culpa en este suceso, habiendo hecho todo lo posible por evitarlo"[815].

Con lucidez, los diputados repararon inmediatamente en las gravísimas consecuencias para la credibilidad y la legitimidad moral del régimen. Los diplomáticos informaron a sus gobiernos con tintes tremendistas, el rey lo avisó en un mensaje al congreso y al parecer, el infante don Francisco se puso en contacto con el general Quiroga, entonces diputado,

---

815. "Sesión de hoy", en Suplemento a *Miscelánea* nº 433 (6.05.1821); en el mismo sentido -aunque con prosa mucho más descafeinada- vid. "Sesión del 5 de mayo", en *Gaceta de Madrid* nº 128 (6.05.1821) p. 649.

inquieto por la seguridad de la familia Real[816]. En las Cortes se especuló ya entonces con la idea de una provocación absolutista para infamar la causa de la libertad: "se diría -declaró Martínez de la Rosa- que el pueblo de Madrid ha cometido un asesinato, siendo así que no es obra sino de cuatro facciosos que solo desean establecer la anarquía para desacreditar las nuevas instituciones"[817]. La hipótesis ha sido modernamente renovada -véanse las páginas citadas del profesor Gil Novales- pero nada clarificador ha salido de ahí. Aparte de la falta total de evidencia, hay que observar que el asesinato de Vinuesa solo fue posible gracias a una cadena de circunstancias tan azarosa como el movimiento anónimo que lo arropó, la imprevisión criminal de las autoridades (por la mañana ya corría la voz de que iban a matarle) y la incompetencia del oficial que estaba al mando de la guardia en la cárcel de la Corona.

Al final, la reacción de las Cortes y del gobierno fue pasar pagina, en parte deplorando lo ocurrido y en parte haciendo de la necesidad virtud. Pero nada volvería a ser lo mismo. La muerte del cura del Tamajón constituyó un hito en la historia del Trienio Liberal y marcó la percepción de todo el mundo sobre el sesgo que iba tomando la revolución, aunque con valoraciones muy diferentes e incluso opuestas. Lo que para los exaltados fue un ejemplo de justicia revolucionaria a seguir en el futuro, fue piedra de escándalo para los moderados, para los que pensaban a lo tradicional y para los diplomáticos extranjeros acreditados en Madrid, y eso iba a traer consecuencias para la suerte final del régimen. Muy pocas semanas después, el propio Fernando se puso en comunicación con su pariente, el rey de Francia, mediante un mensaje personal en el que le pedía ayuda[818].

De esta percepción puede ser representativa la información que enviaba a Roma el nuncio Giacomo Giustiniani, ya muy mal predispuesto ante el curso de los acontecimientos, que le preocupaban en relación con las cosas de la Iglesia porque no hay que olvidarlo, eran un objetivo preferente en el programa liberal. No es probable que el nuncio tuviera contacto directo con la calle, pero en sus oficios hay detalles que sugieren que contaba con informantes fuera de los círculos cortesanos

---

816. "Sesión de hoy", en *Miscelánea* n° 434 (7.05.1821).

817. "Cortes. Concluye la sesión de ayer", en *Miscelánea* n° 434 (7.05.1821).

818. J.L. Comellas, *El Trienio (…) o.c.*, p. 319, *cit.* por E. de la Lama, *Visiones políticas (…) o.c.*, p, 343; el mensaje de 3 de julio de 1821, fue enviado a través del marqués de Casa Irujo. Sobre las gestiones del rey ante el zar Alejandro I, vid. E. La Parra, *Fernando VII (…), o.c.*, pp. 409-410.

y eclesiásticos. Y sobre todo, dejan claro que su imagen de la revolución de España se formó en gran medida a través de la prensa, de la que seguía habitualmente unas cuantas cabeceras de todas las tendencias, y que su lectura -crítica- inspiraba sus comentarios, que enviaba a Roma arropados por numerosos ejemplares de periódicos y traducciones manuscritas. Una tarea que nos habla de dedicación, tiempo y medios empleados, y en definitiva, de la seriedad con que se tomaba a la prensa como reflejo, pero también como un actor importante de lo que estaba pasando en España. Los oficios de *Notizie politiche* en relación al caso Vinuesa están redactados bajo la fuerte impresión que el suceso produjo en su ánimo. Se enviaron en diferentes correos entre el mismo día 4 y el 10 de mayo, algunos en cifra y fragmentados por las prisas, con el relato (truculento) de lo ocurrido, información complementaria -que no siempre se encuentra en otras fuentes- y el análisis de las valoraciones de la prensa. Giustiniani se había formado una opinión pésima sobre la postura de la generalidad de los diarios de Madrid, pero es preciso aclarar que hubo entre ellos una variedad importante de matices que oscilan entre el respeto a la legalidad constitucional y el apoyo a un impulso sobrerrevolucionario que la desbordaba. *El Constitucional*, entonces vespertino, se limitó a dar cuenta escuetamente de los hechos el día 4, pero algo más adelante, el autor de un artículo dedicado al juicio del general Elío criticó a un diario rival, *El Espectador*, por aplaudir *los crímenes más repugnantes y atroces*, como fuera el asesinato de Vinuesa. El comunicante de *El Constitucional* daba por sentado que debían morir cuantos se opusieran a la marcha del sistema, pero bajo el dictado de la ley: los presos son inviolables, como también lo eran los jueces en el ejercicio de sus funciones. Posiblemente, la alusión iba por el juez Arias, a quien se había pretendido linchar. *El Espectador*, en efecto, había justificado lo ocurrido, aun afectando escrúpulos y dengues[819]. Por su parte, *El Redactor General de España*, esperpéntico, iba más allá al aprobarlo con calor en nombre de una justicia que desafiaba a la ley en defensa de la revolución. De este, el nuncio escribió:

---

819. *El Constitucional. Correo General de Madrid* nº 65 (4.051821) p. 266 y nº 76 (15.05.1821) p. 309, artículo comunicado f. = *Un amante de la justicia;* vid. *El Espectador* nº 22 (6.05,1821) p. 86 "Sobre la muerte de don Matías Vinuesa": articulo en el que editorializa ("fija la opinión" del periódico) sobre el asesinato de Vinuesa: los redactores son enemigos de los tumultos, pero lo disculpan. Hay otros artículos comunicados y de colaboradores en la misma línea.

Non vi ha dubbio che il barbaro assassinio di Vinuesa segna l'incominciamento di una nuova crisi, ed epoca rivoluzionaria, ma tenendo il linguaggio del Redattore, si viene senza mistero, ed espressamente a confessare, che si vuole una seconda rivoluzione, e che il Regime Costituzionale dev' esser distrutto nella stessa guisa che lo fu l'assoluto[820].

Por el contrario, en el mismo lugar elogia a la *Miscelánea* y a *El Censor*, fuentes habituales de su análisis, cuyos redactores eran sin duda liberales, pero inteligentes y moderados: "l'esser Costituzionali di buona fede diventa ormai un imperdonabile delitto". A decir verdad, Burgos se había conducido con cautela al referirse al asesinato del *cura de Tamajón*. La *Miscelánea* había recurrido, en general, a eufemismos huidizos como "el suceso de por la tarde", "las ocurrencias del día de ayer", o "la catástrofe de Vinuesa", evitando calificar el hecho en si y tirando a elogiar de manera genérica las excelencias de la tranquilidad pública. Solo llegó a formular una condena explícita al cabo de unas semanas, cuando se enfrió algo el escándalo y aun así, con circunspección: si hubo una injusticia judicial como alegaban los que aprobaban la muerte de Vinuesa, afirma, esta podía haberse reparado con la apelación a un tribunal superior. De esta forma, si se revocaba la sentencia del juez de primera instancia (para endurecerla), se habría impedido que "se manchasen ios ciudadanos con una sangre que solo el verdugo debía derramar"; si por el contrario, esta se confirmaba, "se hubiera evitado el asesinato de un hombre que no merecía tal pena. En el primer caso el atentado fue inútil; en el segundo fue atroz, y en uno y en otro fue inexcusable"[821].

En el fondo, su insistencia en el principio de legalidad equivale a un rechazo en toda regla de la revolución (o más exactamente, de la sobrerrevolución), que es, a la inversa, un desafío total al orden existente, en nombre de la soberanía ejercida por el pueblo de forma directa. Y es lo que define respectivamente a los moderados y a los exaltados. De ahí, las críticas que recibió de algunos de los oradores en la sociedad de la Fontana de Oro a lo largo de aquellos días, y que su nombre se incluyera en la lista de proscripción, aunque según escribe (el 6 de mayo a las doce de la noche), terminarían por imponerse quienes emplearon su ascendiente

---

820. ASV *SS* 249 (1821), fasc. 5, f° 40 v°, n° 777, *Notizie politiche* (Madrid, 5.05.1821).
821. "Madrid 31 de mayo. Revista de mayo", en *Miscelánea* n° 459 (1.06.1821).

para mantener el orden público. Burgos se tranquiliza en aquella ocasión: la Fontana estuvo en muy buen sentido y la mayoría de los que hablaron, señaladamente dos de los más asiduos, el capitán Nuñez y don Ramón Adam, oficial de la secretaria de Hacienda, habían proclamado principios excelentes, recomendando la tranquilidad y manifestado los perjuicios que ocasionaría a la marcha del sistema la exaltación de las opiniones y la violación de las leyes. Aun así, la inserción de su importantísimo artículo doctrinal titulado "Sobre la moderación" en el número del 8 de junio levantó ampollas entre alguno de sus críticos habituales (el clérigo valenciano); no puede extrañar, porque en ese escrito Burgos había sentenciado, una vez más, que

> predicar el respeto debido a las leyes, y señalar a la animadversión publica a los que por cualquiera titulo que sea, las infringen o violan, es el primer deber de todo patriota que tome la pluma para escribir durante las crisis políticas[822].

9.7. Frente al gobierno Bardaxí - Feliú y el incidente de San Martín

Convencionalmente puede considerarse el asesinato de Vinuesa, con todas las circunstancias sórdidas que lo acompañaron, como el principio del fin de la *Miscelánea*. Fue este un desenlace en el que confluyeron el agotamiento físico y el estado anímico del redactor, quizás marcado por la desazón al constatar la insuficiencia de su periódico para encauzar la opinión pública más allá unos límites que parecían haber alcanzado su mayor expansión. A lo que habría que añadir el probable declive económico de la empresa como consecuencia del retraimiento de los

---

822. "Sobre la moderación", en *Miscelánea* n° 466 (8.06.1821); vid. "Madrid 9 de junio", en n° 468 (10.06.1821), el comentario de Burgos: "Anoche, un clérigo conocido ya por las mamarrachadas feroces que ha proclamado sin cesar en la tribuna de la Fontana, hizo contra el artículo *Moderación*, inserto en nuestro número de ayer, una diatriba, célebre por que en ella, como en todos ios demás discursos del mismo autor, se desconocieron hasta las primeras reglas del sentido común, y se ostentó un furor que solo podía compararse con su ignorancia".

lectores, provocado a su vez por el desgaste que ocasionaban la crispación y el extremismo retórico en sus inacabables polémicas, precisamente cuando surgía un poderoso diario, *El Imparcial,* que venía a competir en su mismo espacio ideológico.

Tras los disturbios de mayo Burgos creyó vislumbrar, por un corto espacio de tiempo, el comienzo de una etapa de quietud en la que incluso las Cortes, a punto de terminar el periodo de sesiones, se habían centrado en tareas puramente legislativas. Parece que tuvieron influencia en ese ambiente los nombramientos realizados para los puestos clave en Madrid de don Pablo Morillo como capitán general en sustitución de Villalba, y del general Francisco Copons como jefe político de la provincia[823]. Morillo había sido jefe del ejército que combatía a los insurgentes en Costa Firme y venía con reputación. Así opina el nuncio, para quien su nombramiento (manifiesta singular firmeza y energía, dice) había contribuido mucho más que ninguna otra cosa a restablecer la tranquilidad[824]. Por su parte el nuevo jefe político puso empeño en reconducir, aunque siempre por las buenas, a la sociedad de la Fontana de Oro, el impredecible origen de tantos alborotos. Además, se deduce que le agradaba salir en los papeles, porque nada más recibir el nombramiento publicó su renuncia en una detallada exposición en la que alegaba, en apariencia sin venir a cuento, sus méritos y sufrimientos constitucionales en 1814. Como tardaron en admitírsela, hizo publicar acto seguido un bando entre paternalista y autoritario, advirtiendo a los oradores de la Fontana contra los excesos a que pudieran dar lugar ("No toleraré el menor abuso de la palabra"). La advertencia resultó no ser suficiente, pero en lugar de cerrarla impuso la presencia de regidores en las sesiones para prevenir, como ya había ocurrido, afirmó, que se proclamaran doctrinas erróneas contra la

---

823. Vid. *Diario de Madrid* nº 233 (21.08.1821) p. 379, el encabezamiento de un edicto estándar le titulaba como "Don Francisco de Copons, Moncada, Navia, Méndez, Gran Cruz de la Real y distinguida Orden española de Carlos III, de la nacional y militar de san Fernando (de Justicia) y de la militar de san Hermenegildo, decano de la suprema asamblea de la de san Fernando, condecorado con las cruces de distinción de Bailén, Tarancón, Talavera, primera división del ejército del centro, división del condado de Niebla, defensa de Tarifa, primer ejército y campañas de 1813 y 1814; regidor de la ciudad de Tarifa, socio honorario de la sociedad económica de la ciudad de Palencia, teniente general de los ejércitos nacionales, y jefe político superior de esta provincia".
824. ASV, *SS* 249 (1821) fº 87 vº, Giacomo Giustiniani a Ercole Consalvi (Madrid, 10.05.1821).

sagrada inviolabilidad del rey y elogios a escenas de horror y de sangre; que se profirieran personalidades injuriosas y que se quisiera extraviar la opinión general hasta el punto de considerar indispensable y justo romper el freno de la ley. Abusos de tanta consecuencia -sigo parafraseando a Copons- podrían convertir a la de la Fontana en una reunión tumultuaria y sumirnos en la más desastrosa anarquía[825].

En ese contexto, Burgos llegó a creer que al fin había llegado la paz al escenario político, pues nadie lo había turbado en los últimos tiempos con "vociferaciones insensatas, con asonadas abominables, ni con conspiraciones ridículas". Anunció su esperanza en un futuro más risueño con la inserción de una estrofa, paradigma de su optimismo antropológico, tomada nada menos que de la oda que había compuesto en 1810 en honor de Napoleón. Era toda una declaración de sus convicciones y acaso un homenaje íntimo al héroe de su juventud, que había fallecido en la isla de Santa Elena en el pasado mes de mayo, no sin que se difundiera el rumor de haber sido envenenado por sus carceleros ingleses. No citó la procedencia de los versos, claro[826].

Fue entonces, aprovechando el buen ambiente, cuando el periódico de Burgos retomó su faceta más agresiva, criticando la política gubernamental con comentarios que recuerdan sus ataques del año anterior al gabinete Pérez de Castro - Argüelles y distanciándose de las buenas disposiciones con que había recibido la elección de los nuevos ministros. De esta suerte, en el habitual cruce de chinchorrerías con *El Universal,* introdujo el tema de la situación de las armas españolas en Nueva España, afeando la tendencia del gobierno a alimentar ilusiones pueriles y el curso que seguía ante la previsible emancipación del continente: "Si la América se pierde, es porque así lo querrán nuestros gobernantes"[827]. Abundó en este inmenso asunto, sin duda el más importante que se debatió en el verano de 1821 -aunque pocos políticos parecían verlo así- en su revista de julio, al señalar el sistema de negar los hechos y de rehuir la realidad, enfrascándose entre

---

825. "Madrid 12 de junio" en *Miscelánea* nº 471 (13.06.1821); "Madrid, 16.06.1821", en nº 475 (17.06.1821); "El Jefe político a los ciudadanos concurrentes a la reunión de la Fontana de Oro (Madrid, 16 de julio)", en nº 505 (17.07.1821).
826. "Revista de julio", en *Miscelánea* nº 520 (1.08.1821); se trata de los versos 131-140 de la oda "En los días de Napoleón el Grande. Emperador de los franceses", f. = X. de B., originalmente publicada en *Gazeta de Granada* nº 71 (24.08.1810) pp. 284-286: vid. nota 342.
827. "El Universal da hoy algunas explicaciones", en *Miscelánea* nº 521 (2.08.1821).

tanto, en disputas bizantinas. En ese artículo, Burgos ampliaba el rango de su crítica a la falta de confianza que inspiraba la gestión ministerial, como evidenciaba el fracaso del nuevo empréstito[828]; muy pocos días después insistía en lo mismo, esta vez al pintar con colores dramáticos el estado del comercio marítimo, a consecuencia de la dejación de sus obligaciones:

¿En que términos han llenado este deber los gobiernos que ha tenido la España desde la revolución? Nosotros sentimos decirlo, pero lo que callásemos, están ahí los comerciantes, y sobre todo los periódicos de los puertos para revelarlo. Diariamente nuestros barcos son apresados a vista de nuestras costas por piratas que tienen a los especuladores en la mas terrible agonía, y han reducido nuestro pobre y decaído comercio a una parálisis total. Antes a lo menos, aunque una gran parte de la América situada al otro lado del ecuador hubiese enarbolado el estandarte de la independencia, todavía las provincias mas pingües de aquella parte, y la totalidad de las posesiones del norte nos pertenecía exclusivamente, y aunque hubiese de pagarse un seguro exorbitante por el riesgo de los insurgentes, Lima, Acapulco, Puerto Cabello, la Guaira y sobre todo Veracruz, podían alimentar un vastísimo comercio y proporcionar a los que lo hacían, y por consiguiente a la nación entera, cuantiosísimos beneficios, pero hoy a la impunidad con que los insurgentes cruzan en nuestras aguas, se agrega la interceptación del Callao, los compromisos de los puertos de la Costa firme, y el aislamiento y las inquietudes en que se halla el de Veracruz, de manera que apenas se puede decir que tenemos otro tráfico ultramarino que el de la Habana, en donde la concurrencia ilimitada de los extranjeros destruye casi toda esperanza de ventaja para el comercio nacional. íQué va ser de este en tal situación? ¿Qué mercancías dará a la Francia y la Inglaterra en cambio de los productos de su industria, de que se halle atestado nuestro suelo?[829].

El argumentario antigubernamental es aun más amplio. Con ocasión de un artículo de *El Espectador* que atrajo su atención, el redactor de la *Miscelánea* denunció la destrucción de la independencia judicial por las coacciones que sufrían los magistrados. Lo ilustró alegando la persecución desencadenada contra el juez García Arias, el que había entendido en la

828. "Concluye la revista de julio", en *Miscelánea* nº 533 (14.08.1821).
829. "Riqueza y comercio exterior", en *Miscelánea* nº 536 (17.08.1821).

causa de Vinuesa. El juez salvó la vida huyendo, pero el atentado pasó con total impunidad e incluso el ministro se apresuró a quitarle el empleo como represalia por el fallo que había dictado *contra el deseo público*. En semejantes condiciones, concluía, ¿qué podría esperarse de las sentencias judiciales en lo sucesivo?[830]. Fue así como inició un ciclo intermitente de polémica con *El Espectador*, que iba a crecer en intensidad hasta la desaparición de la *Miscelánea*, ya en septiembre. Ahondó en el mismo asunto en su número del 12 de agosto:

> ¿Ignora por ventura el ministro cuales son los medios de reprimir los desordenes que amenazan a la independencia judicial, y con ella a la tranquilidad de los ciudadanos? Si lo ignora, no debe ser ministro, y si los conoce, no tiene necesidad de preguntárselos a la audiencia. Estos medios son por otra parte de tal naturaleza, que todo hombre mediano los sabe, y todo buen ciudadano lamenta el que no se use de ellos. Digámoslo de una vez; estos medios están exclusivamente cifrados en la energía del gobierno, a quien está cometida la ejecución de las leyes protectoras del reposo y de la ventura común. Cuando un puñado de díscolos turba este reposo, y atenta con sus insensatas vociferaciones el respeto que se debe a las augustas decisiones de la justicia, es un deber descargar la espada inexorable de la ley sobre las cabezas delincuentes. Esta es la única garantía del orden, este el único medio de precaver nuevas turbulencias, medio que no es necesario que nadie indique, porque es el principio elemental de la ciencia del gobierno y sin el cual no hay paz ni seguridad, ni nada más que anarquía y confusión[831].

En resumen, la cantinela de fondo en el discurso de Burgos, que tanto enojaba a la prensa ministerial, consistía en la cortedad de miras del gobierno, su apatía para tomar medidas en los asuntos de mayor gravedad y urgencia, y la falta de energía para reprimir los desórdenes, acusándole de pertenecer a la escuela del doctor Pangloss, esto es, el personaje de

---

830. "El Espectador traía ayer un artículo *sobre las leyes*", en *Miscelánea* n° 523 (4.08.1821); se refiere al artículo así titulado en *El Espectador* n° 110 (2.08.1821) p. 439; este respondió a su vez en el que comienza "Nos vemos atacados en un artículo de la Miscelánea de ayer", en n° 114 (6.08.1821) pp. 454-455.

831. "Acabamos de oir un suceso", en *Miscelánea* n° 531 (12.08.1821).

Voltaire, optimista sin fundamento que al darse cuenta al fin de su error, se obstinaba en engañarse a si mismo porque le faltaba el coraje para rectificar[832]. Evidentemente, no puede hablarse de un enfoque amistoso hacia esos ministros moderados que mal que bien, trataban de sortear los obstáculos por la línea de menor esfuerzo, pero importa recalcar que las críticas de Burgos podrían considerarse de orden estratégico o por así decirlo, procedimental, y para nada afectaban a la visión del mundo que con matices, todos ellos compartían. Lo último es importante para descartar razones ideológicas en la hostilidad ministerial contra los afrancesados.

Mientras tanto, se reactivaba la acción de los exaltados, que contra las ilusiones esbozadas por el periodista en su análisis del mes anterior, nunca habían renunciado a defender por las bravas su espacio de libertad frente a las restricciones que lo amenazaban. De ahí que a partir de los primeros días de agosto se desencadenara una compleja dinámica de confrontación, sin que sean evidentes las relaciones de causalidad en los sucesivos choques entre el poder legal y el contrapoder. Busquemos un hilo conductor.

A su regreso de Sacedón en la tarde del 3 de agosto, informa *El Eco de Padilla* con aire inocente, Fernando VII fue acompañado por continuas aclamaciones como *rey constitucional* desde que llegó a la puerta de Alcalá hasta su entrada en palacio[833]; este es el mismo esquema, recuérdese, del pasado 5 de febrero, cuando sus guardias, exasperados, acometieron a esos entusiastas de la Constitución. ¿Hubo voluntad de provocación? Y si no de una manera claramente subversiva, tampoco los oradores de la Fontana cejaron en su empeño de criticar al gobierno, lo que dio lugar, incluso, a un conflicto entre los regidores que asistían a las sesiones y el jefe político, quien les recriminó por su falta de celo en la vigilancia que les había encomendado de lo que allí sucedía[834].

Ganó fuerza el enfrentamiento con el suceso de San Martín, que derivó en un ambiente de agitación en las calles de Madrid, en la caída del ministro de la Guerra y en definitiva, en un debilitamiento del principio de autoridad representado por el gobierno. Vamos al detalle: durante la noche del 20 de agosto, en plena canícula, tuvo lugar un ruidoso incidente protagonizado por algunos juerguistas y la guardia del retén en el

---

832. Cfr. "Riqueza y comercio exterior", en *Miscelánea* nº 536 (17.08.1821).
833. *El Eco de Padilla* nº 4 (4.08.1821) p. 32.
834. A. Gil Novales, *Sociedades (…), o.c.*, I, p. 638.

monasterio de San Martín[835]. Los paisanos entonaron el *Trágala,* acaso para solazarse inocentemente en la puerta de sus hogares como afirmó uno de ellos (el miliciano nacional que escribió a *El Espectador*), pero suena más bien a provocación, porque allí precisamente estaban recluidos algunos de los guardias de corps que habían atacado a los que vitorearon (o vociferaron) al rey *constitucional* el 5 de febrero anterior. ¿Era previsible lo ocurrido, según ya había advertido el alcalde de barrio de las Descalzas? O incluso, ¿estuvo preparado de antemano, como opinaba Manuel Starico, el oficial que estuvo al mando en San Martín?

Hubo contestaciones y las cosas subieron de tono. La guardia sobreactuó para disolver la reunión (a culatazos) pero a poco, la protesta

---

835. En estas líneas uso como guía el relato de A. Gil Novales, *Sociedades (...), o.c.,* I, pp. 642-648, que sigue la versión del (exaltado) *El Eco de Padilla,* sin duda la más completa aunque endeble al informar sobre el suceso de la noche del día 20, del que se limita a trasmitir lo que "ha sido consignado por la opinión general", o "ha arrogado de si la misma voz pública". Para el 21 en cambio, los de *El Eco* se dicen testigos de los hechos: vid. "Ocurrencias de esta capital desde la noche del 20", en *El Eco de Padilla* nº 22 (22.08.1821) pp. 174-175; importante también es el artículo "Varapalo a los hermanos periodistas", en su nº 23 (23.08.1821) pp. 180-181; en el mismo hay otras informaciones complementarias. En la *Miscelánea,* véase "Madrid 21 de agosto", en nº 541 (22.08.1821), el relato de lo de San Martín; "Madrid 22 de agosto", nº 542 (23.08.1821), que comprende el bando de Copons en la mañana del 21, la proclama justificativa de Morillo de la misma fecha y la brevísima crónica de la Fontana con el anuncio de la cesión del mando ("Madrid á las 9 y media de la noche del 21 de agosto de 1821. = Francisco Copons"); también, "Todos los cantores del *Trágala* son irritables", en nº 545 (26.08.1821), y nº 548 (30.08.1821), con la versión del oficial Manuel Starico y los partes pasados a Copons por el alcalde de barrio Santiago de Aldama. A su vez, las principales referencias en *El Espectador:* "Fuimos anoche testigos de un suceso desagradable cerca de san Martin", en nº 130 (22.08.1821) p. 519; nº 133 (25.08.1821) 530-532, sobre la destitución de Moreno ("Madrid, 24. Hace algunos días"), un nuevo comunicado del general Morillo (f. = Madrid 24 de agosto de 1821) y una crítica a la versión de la *Miscelánea* sobre la noche del 20 ("Señores editores del Espectador: con la mayor sorpresa he leído" f. = *Un miliciano nacional que presenció la escena);* nº 135 (27.08.1821), partes de Starico sobre los sucesos en San Martín; nº 136 (28.08.1821) p. 544, un comunicado de "El tambor de la guardia", desmintiendo al miliciano nacional; nº 138 (30.08.1821) p. 550, Copons envía los partes cruzados con el alcalde de barrio sustituto Santiago Aldama, para desmentir un artículo en el nº 56 de *El Censor.*

resurgió con más fuerza al llegar algunos asistentes de la Fontana oportunamente avisados, que renovaron el canto. Intervino entonces el jefe político y ya estaba logrando tranquilizar los ánimos a base de razonamientos, cuando compareció el capitán general, que según se dijo, usó de malos modos y tiró del sable para dispersar la concentración (eso se puso en duda después), aunque a costa de enfurecer aun más a los concurrentes. Al día siguiente, relata el *Eco de Padilla* en su número del día 22, comenzaron a formarse grupos en los que se clamaba contra Morillo, alcanzando un nivel alarmante de efervescencia. A las doce apareció un bando apaciguador de Copons, pero por la tarde la inquietud siguió en aumento en la puerta del Sol, en el Prado y en otros parajes, donde se pedía la exoneración del capitán general y que se le formara causa. Este hizo pública una proclama exculpatoria al atardecer, pero no aquietó la animosidad contra él y más bien provocó lo contrario ("no faltó quien quisiera desahogar su justa ira prescindiendo de la ley,") de modo que buscó refugio en el cuartel del regimiento del Infante don Carlos; el dato nos da idea de que la agitación callejera fue duradera y de bastante consideración. Mientras, en la Fontana no hubo, sigue *El Eco*, más que pruebas de amor al orden para contener la "justa indignación del pueblo". A las diez de la noche se leyó allí, desde las tribunas, el anuncio del jefe político de que el capitán general iba a entregar el mando militar al gobernador de la plaza para disipar la inquietud. Fue también a partir de entonces cuando el ministro de la Guerra, don Tomás Moreno Daoiz, empezó a ser blanco de los oradores y del propio *Eco de Padilla* -erigido en paladín de las tertulias patrióticas- a causa de su responsabilidad en el nombramiento del capitán general y de la actitud inhibida que había mantenido durante la crisis. En realidad, Moreno Daoiz se encontraba desde semanas antes en el punto de mira de los exaltados porque el nombramiento de Morillo se había hecho sin juicio previo de residencia, que se consideraba preceptivo por haber sido jefe del ejército expedicionario en Costa Firme. En las Cortes llegó a proponerse -Moreno Guerra, Romero Alpuente- que se pidiera la responsabilidad del ministro, pero la mayoría moderada se declaró a favor de no haber lugar a tomar en consideración la propuesta. Aun así, el periódico había seguido arremetiendo contra él, divulgando la especie de que había ordenado la expulsión de Madrid del capitán Ramón César Conti, destinado en el ministerio, por ser uno de los redactores de *El Eco* (e incidentalmente, un activo animador de la sociedad de la Fontana)[836]. La

---

836. "Cortes. Sesión del 12 de mayo", en *Gaceta de Madrid* n° 135 (13.05.1821) p. 690; *Eco de Padilla* n° 6 (6.08.1821) p. 44.

campaña contra Moreno Daoiz cobró fuerza y se pidió insistentemente su cese en la Fontana cuando se supo que al consultarle Morillo sobre la conducta a seguir ante la agitación del día 21 en Madrid, aquel respondió "que obrase con arreglo a ordenanza", lo que se interpretó como un intento de escurrir el bulto y de descargar la responsabilidad sobre el general. Este, al verse sin sin apoyo ni fuerza moral, le pasó otro oficio -el del 21 por la noche- con su renuncia del mando y pidiéndole que su ejercicio se encomendara, entre tanto, a quien tuviera a bien. Pero el ministro se excusó afirmando que nada podía determinar hasta la resolución del rey, por lo que Morillo ("viéndose en cierta manera comprometido por el ministerio") resolvió resignarlo en manos del gobernador, con aviso al mismo ministro y al jefe político[837].

Simultáneamente a estos hechos, señala *El Eco* del mismo día, se desplegó tropa para dar protección a la casa del capitán general, al tiempo que los guardias presos en San Martín eran trasladados a los cuerpos de guardia de varios regimientos de la guarnición. También celebraron reuniones extraordinarias el ayuntamiento y los ministros. Seguidamente, el de Ultramar partió para la Granja a fin de informar al rey, quien rechazó la dimisión de Murillo y le ordenó reasumir el cargo, aunque sí aceptó la separación (o más bien, decidió la destitución) de Moreno Daoiz. *El Espectador*, que en nombre de los intereses del ejército había lanzado semanas antes encendidos elogios de su gestión, emprendió su defensa en un tono titubeante, insinuando que existían ocultos motivos en su separación:

Madrid, 24. -Hace algunos días [sic] que llegó a Madrid la noticia de la destitución del secretario del despacho de la Guerra, y el nombramiento de su sucesor que es don Diego Contador, anciano general de marina, que no puede tener conocimiento ni de los servicios del Ejército, ni de las calidades y circunstancias de los jefes, ni de las reformas que pueda convenir que se ejecuten. Aquella destitución, y el nombramiento que dejamos anunciado han sido acompañados de una circunstancia particular, y estamos persuadidos que el ministerio no ha desmentido esta vez los principios de energía y patriotismo que ha manifestado en otras ocasiones. No tomamos a nuestro cargo formar el panegírico de la administración del secretario destituido, pero sí creemos que la *manera* y acaso los *motivos* de su separación le dan un nuevo título

---

837. "Madrid 22 de agosto", en *Eco de Padilla* nº 23 (23.08.1821) p. 182; vid. "En el número de ayer", *Idem*, pp. 183-184, el artículo de opinión.

al agradecimiento de sus compatriotas; y este convencimiento debe en parte mitigarle los disgustos que experimentan todos los hombres públicos en crisis como la nuestra[838].

La noticia de que el rey había designado en su lugar a don Diego Contador, y seguidamente a don Gregorio Rodríguez y Campo, ambos de mucha edad y salud decaída, produjo perplejidad y fue interpretada como una burla e incluso como una forma de proclamar ante los gobiernos europeos que no tenía la libertad que le atribuía la Constitución de elegir a sus ministros. Sin embargo, más adelante se creyó ver una conexión siniestra entre esta decisión y otras actuaciones del gobierno, como la destitución de Riego en Zaragoza y la represión de sus partidarios en la jornada del 18 de septiembre[839]. Y aun hay más a tener en cuenta: hasta esas mismas fechas Moreno Daoiz había estado actuando, en secreto, como muñidor del engranaje que puso en marcha a *El Imparcial,* el nuevo periódico lanzado con las bendiciones del gobierno para contrarrestar la influencia de la prensa adversa; mas abajo volveremos sobre esto.

En cuanto al jefe político, Francisco Copons, la tendencia general de su actuación, siempre conciliadora, corre en paralelo a la ambivalencia de Moreno Daoiz; pero a la postre, sus esfuerzos fueron vanos y su afán por quedar bien con todos iba ser, en palabras del ministro de la Gobernación, la causa de su pronta destitución. Así lo explicó este, meses después, en el congreso:

Si el general Copons no se hubiera puesto del lado de aquellos que tienen en su mano el honor de los hombres que calumnian, no se hubiera puesto bajo las alas de esos hombres que escudriñan lo mas mínimo de la conducta de los funcionarios públicos; si no se hubiese visto un documento escrito por su mano el año de 15 contra la Constitución, no hubiera sido removido de su destino. El general Copons escribió á S.M. después de quitada la Constitución, y entre otras cosas decía que envidiaba la suerte de Elío; y que todo lo que hizo al frente de su provincia había sido con objeto de engañar a las Cortes. Esto se puede probar con documentos originales[840].

---

838. *El Espectador* n° 133 (25.08.1821) p. 530; el elogio a Moreno Daoiz, en n° 34 (18.05.1821) p. 136.
839. Cfr. "Revista de setiembre", en *El Imparcial* n° 78 (26.11.1821).
840. Intervención de Ramón Feliú en las Cortes, en *Gaceta de Madrid* n° 358 (15.12.1821), sesión del 14 de diciembre.

De manera inesperada, los exaltados habían dejado en evidencia la incapacidad del gobierno para mantener el orden, cosa que la prensa de prestigio puso empeño en ocultar. Como hizo notar *El Eco* -diario exaltado- en su número del 23 de agosto, la cobertura que dieron los principales periódicos sobre las ocurrencias de aquellos días se caracterizó por omisiones y falsedades escandalosas, al limitarse a insertar algunos sueltos breves, oficios y comunicados de terceros (profusos, eso sí), pero no las crónicas detalladas que eran de esperar. Fingían extrañarse los de *El Eco* por la incoherencia de *El Espectador,* al que consideraban genuinamente liberal, sin decir que al estar redactado por militares, profesaba un corporativismo extremo que le impedía criticar al capitán general y al ministro de la Guerra, aunque no tuviera inconveniente en sacrificar al oficial de la guardia en el monasterio de San Martín la noche de marras, señalando su "falta de circunspección". Más fácil lo tenía *El Eco* al hablar de *El Universal,* que había rehuido el tema alegando la dificultad de referir ocurrencias solo conocidas por "rumores vagos", y que traicionó la verdad en aras de la *moderación* al negar que se hubiera alterado la quietud pública. Y lo mismo dijo de la *Miscelánea:* "Veinte y un renglones ha escrito sobre la materia y con ellos se desfigura el hecho, y se presenta desnudo enteramente de verdad", al insistir en lo de la "inquietud de corta duración" y otros datos que le rebate.

Criticado, Burgos se defendió con cierta desgana, alegando que ante tantas versiones diferentes del suceso del día 20 como llevaba oídas ("unas veinte y cinco") optó por no dar, pero tampoco dejar de dar la razón á nadie en su artículo[841]. En efecto, en la *Miscelánea* y en *El Espectador*

---

841. "Todos los cantores del Trágala son irritables" en *Miscelánea* n° 545 (26.08.1821); su relato de lo sucedido en San Martín se había publicado en el n° 541 (22.08.1821) y dice así: "Madrid 21 de agosto. Anoche hubo una ocurrencia, que pudo tener resultas tristes, pero que afortunadamente no produjo más que una inquietud de corta duración. Parece que el oficial comandante de la guardia de san Martin hubo de intimar a unos cuantos individuos que entonaban el Trágala, que cesasen su canto, y se retirasen. Los cantores no estuvieron muy prontos a obedecer a la intimación, y en consecuencia hubo de hacerse contra ellos alguna hostilidad, que les obligó a dejar el campo y dirigirse hacia la Fontana, donde dieron cuenta del suceso que acababa de ocurrir. Reforzáronlos a virtud de esta indicación algunos individuos más, que juntos con los otros volvieron a cantar el Trágala al oficial, y como este hiciese ademanes que indicaban su intención de emplear la fuerza para resistir á la reunión, se originó algún disturbio, en medio del cual sobrevino para calmarlo el señor capitán general. Parece que su voz

se insertaron partes, proclamas y comunicados explicativos a cargo de Morillo, del prolífico Copons, del oficial Starico, del alcalde de barrio sustituto don Santiago Aldama, del miliciano que estuvo implicado en los hechos e incluso del tambor de la guardia. Starico en concreto, impugnó desde la *Miscelánea* (30 de agosto) la versión que había dado *El Espectador* sobre lo de San Martín. Así y todo, si no supiéramos que Burgos ya estaba enfermo y que la maniobra electoral del ministro de la Gobernación contra los afrancesados -en esos mismos días- le había provocado mucha indignación, nos sorprendería su reacción, relativamente apática, ante la la algarada que le había estallado en las manos al gobierno; él, que siempre había clamado con firmeza por el mantenimiento del orden. Lo de San Martín, explicó pacientemente, era algo *natural y necesario* (la cursiva está en el original) cuando se toleraban los denuestos y se permitía a gente oscura injuriar a quien quisiera, generalizando así la exasperación, poniendo en peligro la tranquilidad pública y aun la suerte de las instituciones[842].

9.8. El gobierno contra los exaltados y los afrancesados

Lo ocurrido en Madrid proporciona perspectiva para entender la reacción del gobierno cuando se descubrió la existencia de una trama republicana en Zaragoza, urdida por algunos emigrados franceses, a la que siguió la atribución de otro complot a un funcionario de Hacienda en la misma ciudad, de nombre Francisco Villamor. Eran gente con poco peso y sus proyectos no fueron lejos, pero salpicaron a Riego, entonces capitán general de Aragón, de modo que el gobierno decidió privarle del mando y eso iba a tener repercusiones. La orden de destitución iba fechada el 29 de agosto y se le comunicó el 1 de septiembre, precisamente cuando se movía entre varios pueblos haciendo propaganda electoral en la que aconsejaba no elegir a eclesiásticos ni en general, a miembros de las clases privilegiadas[843]; sorprendente actividad en un cargo público, pero que al parecer no escandalizó a nadie, contrariamente a la realizada por el gobierno. Y es que, no por casualidad, el ministerio de la Gobernación

no fue por de pronto muy escuchada, pero apareciéndose allí el señor jefe político, este arengó a la multitud, prometió hacer que se diese satisfacción al que tuviese derecho a ello, y con esto disipó la reunión, yéndose los que la componían a dormir tranquilamente, y no ocurrió ninguna otra novedad."

842. "Continúa la revista de agosto", en *Miscelánea* nº 552 (2.09.1821).
843. A. Gil Novales, *Sociedades (…), o.c.*, I, pp. 231 y 220.

había enviado días antes una circular reservada a los jefes políticos, a fin de que influyeran para discriminar a los exaltados y a los afrancesados en las próximas elecciones a Cortes; lo que se argumentaba alegando la necesidad de contrarrestar diferentes intrigas en provincias, donde ya corrían listas de candidatos. Por el contrario, los elegidos, se decía en la circular ministerial, debían ser sujetos que hubieran dado pruebas de adhesión al sistema y de a amor a la independencia de su patria[844]. O sea, había que votar a los doceañistas de siempre. ¿Se había tratado de neutralizar la labor de Riego sin señalarle directamente?

La falta de explicaciones alentó los rumores, de modo que cuando se supo de la conspiración de Zaragoza, Burgos, perplejo, la atribuyó en un primer momento a agentes extranjeros, para luego rechazar su existencia considerándola una patraña destinada a justificar la intromisión del gobierno en las elecciones. Más claro, para *El Eco de Padilla* lo que se pretendía era deslegitimar a los exaltados con el sambenito de republicanos[845]. La circular de Gobernación había sido denunciada el 14 de agosto en la Fontana por uno de los asiduos, don Juan Mac-Crohon, quien calló el nombre de su informante, pero pareció tan increíble que nadie dio por segura su existencia hasta que quedó confirmada en un comunicado en *El Universal*[846], donde se presentaba como una medida en defensa del orden constitucional, amenazado desde ambos extremos del arco político: los "promovedores de principios y opiniones exageradas" y "los autores de la santa alianza y sus adherentes". Léase, exaltados y afrancesados. De los últimos se decía en ese artículo de *El Universal*:

---

844. Juan Mac-Crohon, *Impugnación a una circular del Ministerio la Gobernación de la Península*, Madrid: 1821, p. 3, cit. en A. Gil Novales, *Sociedades (...)*, o.c., I, p. 640.

845. "Revista de agosto", en *Miscelánea* nº 551 (1.09.1821) y "Continua (...)" en nn. 552 y 553 (2 y 3.09.1821); "Muy interesantes son las diversas cuestiones", en *El Eco de Padilla* nº 21 (21.08.1821) pp. 161-162.

846. Cfr. "Fontana de Oro", en *El Eco de Padilla* nº 15 (15.08.1821) p. 119 con la revelación de Mac-Crohon; sigue analizando el tema en números sucesivos: "Observaciones sobre la circular (...)" en nº 20 (20.08.1821) pp. 155-156, y nuevas reflexiones en nº 21 (21.08.1821), p. 161; vid. A. Gil Novales, *Sociedades (...)*, o.c., I, p. 639, con la atribución de la filtración a Copons, enemigo de don Ramón Feliú, considerado el hombre fuerte en el gobierno. A su vez, el artículo que confirmó la existencia de la circular de Gobernación, en *El Universal* nº 229 (17.08.1821) p. 884: "En algunos periódicos de esta capital", f. = "El amigo de la Constitución, *formada por las Cortes extraordinarias*".

No dejarían ellos, y esto lo sabrá el Gobierno, de emplear todos los medios, aun los más infames, para extraviar la opinión pública, y proporcionarse una representación nacional *condescendiente*, *y* que tratase de la reforma de las bases de nuestra Constitución, que llaman republicana por la falta *insoportable* de una cámara de Pares.

La acusación de revisionismo a los afrancesados era ya antigua y cuadra con la rigurosa ortodoxia constitucional de *El Universal*, aunque no se pueda decir lo mismo de los ministros a los que el periódico defendía, ya que de manera paradójica, estos estaban en secreto detrás de la fundación de *El Imparcial*, el diario al que se atribuía, antes incluso de su aparición, trabajar a favor de una reforma de la Constitución que comprendiera la creación de una segunda cámara y la concesión al rey de mayor poder de intervención legislativa. Por tanto, la mención en la circular de Gobernación a los afrancesados, a quienes tan a menudo se había utilizado como cabeza de turco, ¿era una finta para embrollar, asociándolos a los exaltados, el auténtico blanco del ataque del ministerio? Dos años más tarde, en la víspera de su fusilamiento en Almería, el periodista de *El Zurriago* Benigno Morales denunció la doblez del gobierno encabezado por Bardaxí y Feliú, que en realidad -escribió- se entendía con el rey sobre la cuestión: "Este Ministerio siguió el camino que Argüelles le dejó marcado: adoptó las mismas ideas y principios y antes de entrar en posesión de las poltronas ya estaba vendido al plan de cámaras y veto"[847].

Por lo pronto, *El Eco de Padilla* combatió la injerencia electoral y a su inspirador, el ministro Ramón Feliú, calificándola de atentado criminal contra los derechos del pueblo[848]. Por su parte, la *Miscelánea* se centró, cómo no, en lo que tocaba a los afrancesados. Aparentó dudar de la procedencia ministerial del "papelucho" -corría como proclama de un jefe político de Castilla- lo que le dio margen para calificar con enorme dureza a los responsables y argüir largamente con acento desafiante, toda una advertencia contra la discriminación:

---

847. Benigno Morales, *Carta de — — — a Félix Megía*. Philadelphia: Imprenta de don Guillermo Stavely, 1825, p. 139, nota 54.

848. Cfr. "Observaciones sobre la circular (...)", en *El Eco de Padilla* nº 20 (20.08.1821) p. 155.

Los afrancesados y sus amigos no conspirarán ciertamente, por que no
es de buenos conspirar, pero ellos componen mas de la vigésima parte
de la población de la España, y no es indiferente tener por amigos o
por enemigos a los individuos que esta vigésima parte comprende.
Mas aun cuanto su número fuese infinitamente menor; aun cuando
no pasase de cien mil personas en vez de cíen mil familias, aun cuando
(por disminuir la impolítica de sus adversarios) los redujésemos a diez
mil ¿quien ignora que nada hay tan grande que no deba temer algo
aun del enemigo mas pequeño?

Habían sufrido por diez u once años una persecución que no solo
atentaba contra la razón (aquí era obligado recordar a Reinoso, "sabio y
modesto eclesiástico") sino también contra la justicia hasta que al fin la
ley, "la expresión de la voluntad general", la había hecho cesar. Burgos
rompía así con la tónica que había caracterizado su crítica al gobierno,
relativamente suave hasta entonces, alcanzando cotas de agresividad muy
superior:

Se ha dicho que esta conducta barbara e inaudita ha sido dictada
por el gobierno, y ya ha habido quien denuncie esta iniquidad en
la Fontana de Oro, sin que nadie la haya desmentido. Nosotros
no nos resolvemos sin embargo a creer tal abominación, pues la
certeza de semejante orden probaría que no teníamos leyes, por el
solo hecho de no haber estas descargado su rigor inmediatamente
sobre la cabeza del ministro culpable, que con tanto descaro osase
insultarlos. Nosotros lo diremos francamente; sea miedo o error,
el ministerio actual sigue en mucha parte, los pasos del precedente,
que se calificará solo de inexperto y de débil, el día en que se quiera
excusar algo sus desaciertos; pero a pesar de esa deferencia que en
parte le tributa, y de esa indecisión que se confunde unas veces
con la apatía, y otras con la ignorancia, no le creemos capaz de un
atentado tan horrible, cuyos efectos caerían en breve sobre la cerviz
de sus autores.

Como ya había proclamado anteriormente, Burgos deja claro que los
afrancesados contaban con multitud de amigos, también en el Congreso.
Los motivos de la hostilidad que sufrían, decía en ese mismo artículo,
no eran sino el deseo de privarles de toda participación en el gobierno,
el temor de sus protegidos a la concurrencia por los empleos y "el odio

de los insectos del liberalismo, que no saben mas que promover el furor para conservar los sueldezuelos con que sin razón ni motivo gravan a su patria"[849].

9.9. *El Espectador* entra en liza contra los afrancesados

Confluyó con estos hechos el pulso que venían sosteniendo de forma intermitente la *Miscelánea* y *El Espectador*. El caso es que Burgos había esbozado algunas objeciones en torno a un escándalo suscitado en Valencia por la calidad del pan que se suministraba a la guarnición, y estas dieron pie a la indignación de los redactores de *El Espectador*, que en consecuencia, intervinieron en apoyo del capitán general ("cuya defensa estamos en la obligación de tomar"). Su argumentación, no obstante, no pasó de encarecer las virtudes patrióticas de ese jefe y ultrajar en tono muy subido al periodista de la *Miscelánea*, que le había criticado por saltarse las reglas vigentes en las contratas para el servicio público[850]. Hasta aquí todo es normal, ya que responde a lo que podía esperarse de militares metidos a periodistas como Evaristo San Miguel y sus camaradas, siempre preocupados por el lustre de la institución castrense. Sin embargo, los posteriores ataques a Burgos desde *El Espectador*, que se suponía simpatizante de los exaltados, equivalían sorprendentemente a hacer el juego al gobierno de los Feliú, Bardaxí y compañía. ¿Qué pensar? De esta suerte, al día siguiente insertaron un comunicado firmado por "Un patriota", en el que se descalificaba a los afrancesados en general y en particular al que redactaba la *Miscelánea*, con el fin de combatir la impugnación que este había hecho de la proclama del jefe político -léase la circular gubernamental- que los discriminaba en las elecciones; su editor, "según se dice", era uno de ellos. Desviada así la atención del examen de la conducta del gobierno para centrarla en el comportamiento de los afrancesados durante la guerra, Burgos hubo de contestar, contraponiendo su propia talla ética a la de los liberales de asonada. Alegó en su favor,

---

849. "Madrid 20 de agosto. Acabamos de leer un papelucho", en *Miscelánea* nº 540 (21.08.1821).

850. "El editor de la Miscelánea en su número 538", en *El Espectador* nº 131 (23.08.1821) p. 523; es una réplica al titulado "Lo que acaba de pasar últimamente en Valencia", en *Miscelánea* nº 538 (19.08.1821); la contrarréplica de Burgos, en "El Espectador trae hoy una amarga diatriba", en nº 543 (24.08.1821).

como ya había hecho en anteriores ocasiones, los testimonios de sesenta pueblos que dijo consignados en "documentos que existen en la secretaría de Gracia y Justicia y en casa del dicho editor". Probablemente se refería al expediente de su purificación política que había promovido en 1818, donde constaban dichos méritos, que ahora opuso a los del "avechucho que toma el titulo de patriota para disfrazarse". Este es el tono, especialmente crudo de su réplica:

> Habrá como otros muchos de su calaña, corrido por aquí o por allí pateando su nula y oprobiosa existencia, y escribiendo artículos comunicados en que domine el furor para consolarse de que no debió a la naturaleza ni á la educación la facultad de hacer bien a nadie[851].

No terminaron ahí las cosas. *El Espectador* volvió sobre el asunto el 30 de agosto con un artículo, digamos ambiguo, en el que hacía concesiones iniciales, para ir cargando la mano a lo largo del texto. Reconocía ahí la existencia de afrancesados apreciables por sus talentos y su amor a las libertades, reprobando incluso la conducta del jefe político, como también la de cualquier otra autoridad que se entrometiera a hacer insinuaciones en materia de elecciones. Ahora bien, por el otro lado, la *Miscelánea* se había valido de la proclama para desacreditar de forma oportunista al partido liberal ("con la presuntuosidad e impudencia que distinguen a este escritor"). Además, aun estaba por ver si los afrancesados merecían o no la confianza nacional. Entre ellos hubo patriotas, admitía, pero también delincuentes y egoístas, como ejemplificaba acto seguido bosquejando datos biográficos del *abate epistolario,* o sea, Sebastián Miñano ("clérigo cuncubinario e inmoral"), al que ponía como chupa de domine sin decir su nombre; y "por su estilo hay muchos". Aun mostrando respeto por los principios expuestos en el *Examen de los delitos de infidencia* (sic) -la obra de Reinoso que exculpaba con brillantez a los afrancesados- negaba que estos fueran de aplicación, en muchos casos, a los individuos comprometidos durante la guerra de España. E incluso lanzaba la piedra contra Meléndez Valdés, al aludir a "los delincuentes entonces, los que después en Francia fueron agentes de la policía inquisitorial, y acriminando

---

851. "Señores editores del Espectador: En la Miscelánea del martes 21 he leído", en *El Espectador* nº 132 (24.08.1821) p. 528, f. = "Un patriota"; "El Espectador nos ataca de nuevo", en *Miscelánea* nº 544 (25.08.1821).

789

{ Este periódico sale todos los dias. Se suscribe á él en Madrid } NUM.º **198**. { En las provincias franco de porte á 100 reales por tri- }
{ en la librería de Paz, en la de Alonso y Antoran y en la de } { mestre y 180 por semestre en las casas anunciadas en }
{ Orea á 26 reales por mes, 74 por trimestre y 130 por semestre. } { el prospecto y avisos anteriores y posteriores. }

LUNES 29 DE OCTUBRE DE 1821. SU PRECIO 8 CUARTOS.

EL ESPECTADOR.

NOTICIAS ESTRANGERAS.

REPUBLICA DE HAYTI.

Libertad. *Igualdad.*

La salud del pueblo es la suprema ley.

Cámara de los comunes quinta sesion.

Sesion preparatoria del miercoles 1.º de agosto de 1821. Año 18 de la independencia.

Reunidos en comision los representantes de los comunes en el lugar acostumbrado de las sesiones para la formacion de su secretaría.

Abrieron la sesion Cárlos Milan, presidente, Luca y Godofredo escrutadores. Hecho el escrutinio resultó que el representante Lafarga habia sido nombrado presidente, y los representantes Verdier y Garcia secretarios por haber reunido la mayoría de votos.

Se levantó la sesion firmando Lafarga presidente, Verdier y Garcia secretarios.

Acta de la apertura de la tercera sesion de la cámara de los representantes de los comunes.

El año 18 de la independencia en el 9.º dia del mes de agosto de 1821.

Los representantes del pueblo reunidos en el salon de sus sesiones para dar principio á la quinta sesion de la primera legislatura de la cámara de los representantes, despues de haber tomado asiento nombraron una diputacion de dos individuos para recibir al presidente de Hayti, en seguida tomaron asiento los individuos del poder judicial.

Arreglado todo en esta forma el presidente de Hayti acompañado del gran jues, del secretario general, de los generales Buzlais, Bonnet, Tomas, Benjamin-Noel y Sainte-Fleur, y un gran número de oficiales generales y de su estado mayor, fue recibido por la diputacion nombrada á la puerta del salon y conducido hasta el primer escalon del trono en donde el presidente de la cámara le colocó en el solio que se estaba preparado.

El presidente de Hayti se levantó y pronunció el siguiente discurso que fue aclamado á su conclusion por las voces de ¡viva la república! ¡viva la constitucion! ¡viva el presidente de Hayti!

Ciudadanos legisladores.

«Los felices sucesos que han proporcionado la reunion de todos los habitantes de Hayti bajo el imperio de nuestra constitucion, han satisfecho tanto mas cuanto que fortificarse de dia en dia la confianza que que se ha restablecido, y que apesar de las tentativas de la malignidad es evidente que en la actualidad se ha fijado irrevocablemente la suerte de nuestra patria. Hace ya mucho tiempo que es conocido del universo entero nuestro proposito de defender la libertad y la independencia de nuestro pais hasta el último estremo; sin embargo nuestros enemigos fundaban todas sus esperanzas en nuestras divisiones interiores, y mientras que la falta lidad hubiese sostenido esta desoladora guerra hubieran empleado todos los resortes de su intriga para conseguir nuestro esterminio. Esta verdad es conocida de todos, y por lo mismo no necesita pruebas, siendome suficiente recomendar á las autoridades constituidas y á todos mis compatriotas estrechen la union y la concordia que ha de ser la base de su salvacion; teniendo presente á todas horas que la felicidad á que tienen derecho de aspirar solo puede consolidarse con el restablecimiento del orden, y finalmente temiendo tanto el azote de la anarquía como la tirania que tienen tantos motivos de aborrecer, y que gracias á la providencia ha sido destruida para siempre.

»Mis intenciones, en armonía siempre con el acta constitucional, desde la total pacificacion del pais habian sido las de convocar á los consejos de Artibonita y del norte para que procediesen al nombramiento de los diputados que deben representarlos en esta cámara; este proyecto no pudo llevarse á cabo por las disensiones que la ambicion fomentó despues de aquella época, y cuyos resultados han sido probar mas que nunca la fuerza de la república. Era natural creer consiguiente á estos sucesos que la convocacion de la cámara no podria realizarse hasta el año siguiente, pero animado del deseo de escitar por cuantos medios esté á mi alcance la fusion de sentimientos, he invitado á los ciudadanos de estos dos departamentos á que procedan á la eleccion de sus representantes, y cuya cooperacion espero á vuestros trabajos durante esta sesion.

»Ciudadanos representantes, en circunstancias tan gratas me es muy satisfactorio anunciaros que las rentas del estado se hallan en las mas prospera situacion, que los nuevos colonos á quienes se han repartido tierras se dedican á su cultivo con el mayor ardor, reuniéndose todo para confirmar que el bien público irá en aumento de año en año en progresion muy notable, y que la prosperidad y bien estar de esos propietarios se mejorará sensiblemente.

»Los funcionarios públicos se han distinguido sobre manera en el desempeño de los diversos ramos del servicio público que están á su cargo; nuestras relaciones con el estrangero están en un pie ventajoso; el egército, cuya conducta ha sido siempre tan gloriosa, ha dado continuadas pruebas de su patriotismo, y merece los mayores elogios. ¡Cuántos motivos de satisfaccion! Sin embargo, ciudadanos representantes, es indispensable que esta legislatura preste una particular atencion entre las demas cosas que son del interés nacional á una grande obra que la opinion pública reclama con premura: hablo del código de Hayti, que ha de servir de brújula á nuestros tribunales, y no dudo se habrán ya fijado en este objeto vuestras meditaciones; ¡quiera el cielo que discutais con todo el detenimiento que exige una tan satisfactoria á todos su promulgacion!

»Ciudadanos representantes, yo continuaré contando siempre con vuestra esperiencia y con vuestras luces para que me asistais en los esfuerzos que

sin cesar haré en favor de la consolidacion de la felicidad pública.

»En nombre de la república y en virtud del artículo 75 de la constitucion declaro abierta la quinta sesion de la cámara de los representantes de los comunes.»

Luego que concluyó de hablar el presidente de Hayti, el de la cámara tomó la palabra, y contestó con el siguiente discurso.

»Presidente: la cámara de los representantes de los comunes que tengo el honor de presidir en este dia, acaba de oir con tanto placer como admiracion el interesante bosquejo que habeis hecho de la feliz situacion de la república.

»El pueblo de Hayti constituyéndose en república, único gobierno que conviene á su carácter, y para cuyo establecimiento ha tenido que combatir largo tiempo contra enemigos encarnizados, ha debido hallar la felicidad de que goza al presente bajo la proteccion de la constitucion proclamada por su voluntad soberana, constitucion que en día hace toda su felicidad porque es el baluarte de su libertad y de su independencia. Con el auxilio de este sagrado pacto, arrancado de las manos del despotismo, Hayti se ha elevado al grado de consideracion y perfectibilidad que es la admiracion del universo; de su exacta conservacion depende la duracion de tan próspero estado. Lo habeis jurado presidente, y la nacion os va asomar en sus destinos la brillante aurora que hará desaparecer para siempre el genio de la calamidad.

»Si tendeis la vista sobre los individuos de esta asamblea observareis en ella, presidente, fieles servidores dispuestos á mantener la preciosa armonía que ha existido siempre entre vos, el senado y la cámara de los representantes, y cuyo concurso asegura á nuestros concidadanos la serie de felicidades y prosperidades que son el objeto de todos nuestros deseos.

»Esta quinta sesion, con la que se concluye la primera legislatura de la cámara, ha sido una de las mas memorables en los anales de Hayti por los grandes sucesos políticos acaecidos en la república, y que han unido por fin la gran familia de Hayti bajo un mismo gobierno. De norte á sur, de este á oeste vendrán los representantes del pueblo á esta tribuna para trabajar en la obra de la regeneracion de la patria.

»Grandes son los esfuerzos, presidente, que habeis hecho para conducir los sucesos á tan feliz resultado; gracias de esas dadas! ¡Ojalá que este dia feliz estreche mas el vínculo que une un pueblo reconocido con su primer magistrado, heredero de las virtudes del ilustre Petion! ¡Ojalá que la providencia conserve á la nacion su mas celoso defensor de su independencia!»

Repetidas voces de viva la república ¡viva la constitucion! viva el presidente de Hayti! viva el senado! viva la cámara de los comunes! interrumpieron por algun tiempo el discurso del presidente de la cámara quien volviendo á tomar el hilo y dirigiéndose al presidente de Hayti dijo:

»Habeis merecido los elogios de todos por el poderoso auxilio que habeis prestado á las miras é intenciones pacíficas de un pueblo generoso conservando el órden social en la mas perfecta armonía y evitándoles los peligros de las mas ligeras oscilaciones inseparables casi siempre de los grandes acontecimientos políticos; la nacion podia ofreceros por recompensa una corona cívica, pero este débil obsequio jamas seria la legítima espresion del amor sincero que os profesa y que encarga á sus representantes os jura sellándolo con el abrazo nacional.»

El presidente de la cámara prosiguió dirigiéndose á los concurrentes:

«Habitantes de Hayti que habeis concurrido á tan augusta ceremonia: aceptad los sentimientos de nuestra completa satisfaccion y al observar la feliz concordia que reina entre las autoridades constituidas de la república á quienes habeis confiado vuestros destinos, imitad tan noble ejemplo y acordaros siempre que la union de los ciudadanos es la que constituye la fuerza de los estados.»

Luego que concluyó de hablar se retiró el presidente de Hayti dando por concluida una obligacion.

Mientras se pronunciaron los anteriores discursos las autoridades y voces de viva la república! viva la constitucion! viva el presidente de Hayti! viva la cámara de los comunes!

A la llegada del presidente de Hayti y los interiores de cada discurso egecutó la música militar diferentes sonatas análogas á la ceremonia.

Así fue estractada la presente acta en los dias mes y año arriba citados y la cámara levantó la sesion á las ocho y media de la mañana.=Lafarga, presidente.=Verdier y Garcia, secretarios.

NOTICIAS DE ULTRAMAR.

Lima 9 de abril.

Mi estimado amigo: por mi última de 25 de enero se impondria vd. del triste estado en que nos hallamos reducidos sin la mas remota esperanza de parar la catástrofe que nos amenaza.

En efecto, amigo mio, con un espíritu desalentado por una serie de desgracias inconcebible y debilitado estraordinariamente en su fuerza, con un gobierno que no inspira confianza á nadie y que era el objeto de la execracion general, no podiamos alimentar la esperanza de salvarnos y ya esterminaban las cadenas que nos preparaban nuestros enemigos, si un suceso reciente no hubiera venido á alentar de nuevo nuestro abatido espíritu.

Necesitabamos de un sacudimiento vigoroso, de una reacion que anulando el destructor sistema, que por sus intereses de familia, por ran cios y envejecidas preocupaciones, y por su nulidad en materias políticas y militares, habia seguido nuestro ex-virey Pezuela, diera nuevo tono

Imagen 41. El Espectador nº 198, 29.10.1821 (Biblioteca Nacional de España).

el deseo de haber querido dar un régimen representativo á la nación, entonaban el «cayó el loco bando» para insultar al partido liberal y adular bajamente al poder que nada hacía en su favor". El artículo alcanzaba su clímax en la parte final, que parecía dejar en entredicho las premisas conciliadoras con que había comenzado:

> Resumiendo pues cuanto hemos dicho resulta, que en las próximas elecciones, si ios pueblos quieren ser bien representados, si quieren que sus diputados promuevan su prosperidad y bien estar, deben obrar con tino y circunspección en orden a los afrancesados[852].

La réplica de Burgos, inevitable a estas alturas, deja ver en primer lugar que ya había asumido (en realidad, desde principios de 1821) la taxonomía política al uso y no tan solo en un nivel léxico; esto es, reconocía la existencia no solo del partido liberal sino también del afrancesado, que por mucho tiempo había tratado de negar. Asimismo, aceptó de buena gana el compromiso implícito en el artículo de *El Espectador*, al admitir el relativismo ético de los dos partidos durante la guerra: "Sin duda entre los afrancesados habría delincuentes, pero ¿no dejó por ventura de haberlos entre los liberales?". A su juicio, así lo habían demostrado los excesos de algunos que salieron de Cádiz ("lobos hambrientos") después de que los franceses evacuaran Andalucía. Al mismo tiempo, Burgos arguyó con firmeza razonada contra las acusaciones hechas a si mismo y a su ídolo juvenil, Meléndez Valdés, aunque desentendiéndose de Reinoso y Miñano, los otros dos aludidos por *El Espectador*. A lo de Reinoso, que en realidad no había sido agraviado en el artículo, quizás no valía la pena entrar. Burgos ya le había tributado palabras de admiración en un número reciente de su periódico, el del 21 de agosto, precisamente a propósito del *Examen de los delitos de infidelidad a la patria*, cuya aplicación a la guerra de España cuestionaba *El Espectador*.

Quizás por razones tácticas tampoco hizo mención de Miñano, porque en verdad su fama no era ejemplarizante, al menos para la forma de pensar de entonces. Se da la circunstancia de que en aquellos días la vida privada de don Sebastián se vio ultrajada ferozmente en el folleto,

---

852. La polémica en "La Miscelánea en su número 540", en *El Espectador* n° 138 (30.08.1821) pp. 551-552; "El Espectador trae un artículo, referente al que nosotros escribimos", en *Miscelánea* n° 550 (31.08.1821).

que apareció anónimo, *Vida, virtudes y milagros del pobrecito holgazán; por otro título, el autor de las semblanzas, ó séase Mr. el abate Miñano.* Este lo denunció, pero el jurado declaró no haber lugar a la formación de causa. El editor de la *Miscelánea* exteriorizó altamente su disconformidad con el fallo y de paso, con el sistema de jurados. De sus reflexiones, decía, "creemos poder inferirse, que sería susceptible de revisión la ley que entrega á las opiniones de los partidos la suerte de la inocencia o del delito; [y] que el ensayo sobre los jurados podría dejarse para época más tranquila"[853].

Por tanto, Burgos dedicó una buena parte de su respuesta a *El Espectador* a limpiar el nombre de Meléndez. Ya algunos días antes, reseñando una edición de las poesías de don Ángel Saavedra, el futuro III duque de Rivas ("que nos honra con su amistad") había tenido ocasión de hacer un subido elogio del maestro, a quien calificó de restaurador de las buenas tradiciones poéticas; también recuerda ahí de paso a Reinoso, Lista y Arjona, vates destacados de la escuela andaluza[854]. Se trataba ahora de su reivindicación política, un terreno que en realidad no era desfavorable para defender la causa que representaba, porque en Meléndez brillaba su aura de integridad personal y el recuerdo de su desgraciado exilio, que sobrellevó con dignidad hasta la muerte; eran circunstancias que se podían extrapolar al resto de sus correligionarios, mejorando así la imagen de honorabilidad colectiva. Más endeble resulta la justificación de "la injustamente criticada letrilla de *Cayó el loco bando*", compuesta por Meléndez contra los liberales tras la restauración del absolutismo. Burgos la excusó como pudo, un fruto de la indignación por las calumnias que le habían lanzado sus enemigos ("crueles y encarnizados"), y en

---

853. "Madrid 17 de septiembre. En estos días ha habido dos juicios célebres", en *Miscelánea* n° 568 (18.09.1821); en el mismo número, vid. el comunicado de Miñano: f. = *El autor de las cartas del pobrecito holgazán*, sobre el fallo del jurado en el juicio contra el folleto, del que dice, "no es mas que un conjunto de cuantas injurias groseras y calumnias atroces puede abortar la imaginación de un frenético". Miñano sospechaba que el autor del libelo era su archienemigo Gallardo (Cfr. A. Berazaluce, *Sebastián de Miñano* (...), o.c., p. 193), y en relación con eso, véase el comunicado que empieza "Señor editor: hallándome en la tarde del 29 del próximo agosto (...)" en *Miscelánea* n° 553 (3.09.1821) f. = B.O. El narrador relata una vista de los jueces de hecho, en la que uno de ellos, precisamente Gallardo, logró sabotear la sesión para impedir que se llevara a cabo la calificación de un impreso denunciado.

854. "Literatura. La gran cuestión que se agita", en *Miscelánea* n° 539 (20.08.1821).

modo alguno para deprimir al régimen representativo, que había amado siempre[855].

La controversia cesó cuando la hostilidad de la prensa liberal pasó a concentrarse en el nuevo diario que había empezado a anunciarse, *El Imparcial,* antes incluso de que saliera a la calle.

9.10. El fin de la *Miscelánea* (septiembre de 1821)

Poco después, el 24 de septiembre, Javier de Burgos puso fin sin previo aviso a la *Miscelánea,* que redactaba en solitario desde hacía dos años. En ese tiempo había obtenido notoriedad como escritor público y quizás también ganó dinero. Además, se significó por la amplia difusión que dio al ideario moderado, lo que le costó que en contrapartida, le señalaran de manera muy insistente con lo de su afrancesamiento. Quizás como el más conspicuo entre los periodistas que así eran conocidos.

¿Qué motivos le llevaron a tomar la decisión? Con visión retrospectiva, puede establecerse que en el verano de 1821 la *Miscelánea* había entrado en una fase de declive caracterizada por una caída en la calidad y cantidad de contenidos[856], una probable pérdida de credibilidad entre el público y la correspondiente disminución del número de suscripciones. Los dos últimos rasgos podían achacarse, en parte, al desgaste provocado por su extremismo dialéctico contra los excesos de la calle, y por las ásperas polémicas que había sostenido con los periódicos exaltados y ministeriales a lo largo de los meses anteriores. Al comenzar septiembre,

---

855. *Art. cit.,* en *Miscelánea* nº 550 (31.08.1821); hay nueva alabanza de Melendez en nº 573 (23.09.1821), donde reseña el nº 9 de la *Política eclesiástica,* que trata del fanatismo religioso. Recuerda ahí la *Oda al fanatismo* de Meléndez, que se inserta en el número anunciado.

856. M. Morán, "La Miscelánea de Javier de burgos (…)", *art. cit.,* especialmente p. 303 y nota (Cuadro II, la secuencia numérica de los editoriales políticos en la *Miscelánea* entre el 10 de marzo de 1820 y el 24 de septiembre de 1821); vid. también C. Morange, *En los orígenes (…), o.c.,* p. 489, da noticia del plagio cometido por Burgos al insertar en los números de 9 a 13 de septiembre de 1821 un serial "Sobre la lectura de la historia relación a las mujeres", tomado de la *Revue Encyclopédique* t. X (1821) pp. 8-42. Hay que entender, conociendo su opinión peyorativa sobre el plagio, que se halló en una situación muy apurada para recurrir a eso, probablemente por culpa de la enfermedad que sufrió durante aquellos días.

un sagaz observador de la prensa del momento, el festivo editor de *La Periódico-manía*, diagnosticaba la mala salud de la *Miscelánea* y -con criterio subjetivo- esbozaba las causas:

Vive aún. América y Portugal, y acabe usted de contar. Pocos ejemplares andan en circulación: muchos se cuentan en estancación, esperando la suerte infausta del comprador por arrobas.

La Fontana por un lado, los exaltados por otro, han hecho mucho perjuicio a Madama, que ya va siendo vejezuela.

Es preciso, pues, entregarse á la devoción; y así diga V. con fervor la oración siguiente.

Yo pecadora, creo y confieso, que por haber seguido el sistema de *tijeretas han de ser*, contrariado la opinión pública, y chocado con los principios recibidos en España, he perdido el concepto literario, y lo que es peor todavía, las pesetas físicas, argénteas y numismáticas[857].

A la frustración de Burgos por el clima de continua agitación, habría que sumar su desaliento al comprobar la falta de energía de un gobierno inepto para imponer el orden y que para colmo, había mostrado a las claras su rechazo a los afrancesados cuando estos estaban intentando integrarse lealmente en el sistema. Aunque siempre había abrigado reservas sobre el futuro de la revolución -creo que ha quedado claro en estas páginas- constatar su deriva ponía en evidencia, de rechazo, las limitaciones de su periódico. Desde el principio, Burgos había aspirado a desempeñar con su *Miscelánea* un papel ambicioso en la formación de la opinión pública y con ese fin, había impartido abundante pedagogía política tratando de influir en la evolución de los acontecimientos, pero al final, resultó ser una herramienta insuficiente para imponer sus ideas y acabó siendo combatido por unos y otros. Todo sumado ¿valía la pena seguir? Desde una perspectiva estratégica, la sustitución de la *Miscelánea* por un medio con mucha más capacidad de penetración, como era *El Imparcial*, tiene sentido.

Esa misma limitación empresarial, esto es, la carencia de un número de redactores capaz de garantizar la continuidad y la calidad de los contenidos fue también determinante para poner fin a su publicación, que él redactaba sin colaboradores estables. El desenlace se adivina a partir del

---

857. "La Miscelánea", en *Periódico-manía* nº 43 (1821) p. 10.

momento en el que revela su estado de agotamiento a Diego de Burgos en carta del 12 de agosto. En ella, después de ponderar el agobio que le producía el exceso de trabajo, le sometía a un interrogatorio minucioso con el que parece sopesar la idea de retirarse a Motril. Por supuesto, no sale ahí todo, pero es tan reveladora sobre su situación anímica y sus planes de futuro, que merece ser transcrita:

Madrid, 12 de agosto.

Mi querido Diego:

Ya me figuro que no hablarás de mi como de un hombre que nunca contesta a lo que se le escribe, y que sobre esto harás comentarios más largos o más cortos según la ocasión. Para que no los hagas, te diré solo que me levanto a las seis, que trabajo hasta las doce, hasta cuya hora no levanto la cabeza, y salgo derrengado de mi trabajo; paseo hasta la una, me baño hasta la una y media, como y duermo hasta las cuatro, trabajo hasta las cinco, paseo hasta las seis, trabajo hasta las siete, paseo hasta las ocho, trabajo hasta las once, y ceno y me acuesto, sin que jamás me quede un solo minuto, ni para escribir una carta, ni para ninguna otra cosa, pues salgo cada vez que dejo el trabajo sin fuerzas para nada, y como aquí no hay siquiera el descanso de los días de fiesta que se concede a los jornaleros, te aseguro que no puedo ya más, y que dejaría de buena gana la ocupación que tengo, si tuviera cualquiera otra a que dedicarme.

Pero en medio de estas ocupaciones y sin embargo de que no conteste por escrito, lo hago con los hechos, pues cuanto me encargas lo habrás visto ejecutado al instante, como con particularidad ha sucedido con el encargo de Kilpatrick, que ya habrás visto desempeñado muy a su satisfacción.

De todas las cantidades que en lo que va de año me has avisado que debías entregarme, Lenard solo lo ha hecho de 104 rs. que me entregó días pasados, y por consiguiente queda pendiente todo lo demás, sobre lo cual espero que des disposición, pues el tal Lenard tiene malísima paga.

Por la carta adjunta, que con un sobre dirigirás a algún conocido de Cádiz o de la Isla, te enterarás del tiempo que tengo en mi poder la recomendación para el capitán general del departamento sin que la tarea penosa que traigo me haya permitido remitírtela. Dirígela pues y veamos el modo de salir de ese berg[an]te que tiene una paga como la de Lenard.

¿A cómo está el algodón?¿En cuánto puede ahora regularse la cosecha anual? ¿A cómo esta el vino? ¿Cuánto se coge? ¿A cómo está el maíz? ¿Cuánto se coge? ¿Qué otra cosa se cultiva? ¿Hay muchas cañas? ¿A cómo se vende el azúcar? ¿Cuántas formas produce el marjal? ¿Cuánto se gasta en la molienda? ¿En qué estado se halla el río? ¿Sería fácil comprar ahí tierras a precios equitativos?¿Habría quien vendiese? ¿Hay pujas en las subastas de bienes nacionales? ¿Se construyen casas? ¿Hay muchos especuladores de algodón? ¿Como está de aceite el valle de Lecrín? ¿Qué precio tiene ahí? ¿Hay quien especule en ese artículo? ¿Se concluyó el camino de Granada? ¿Son muy pesadas las contribuciones? ¿Se reparten con equidad? ¿Hay partidos de liberales y serviles? ¿Se reúnen las gentes en alguna parte de noche o de día? ¿Quiénes son los jefes de los partidos, si es que existen?

He aquí preguntas que necesito ver contestadas, y que espero me evacues con prontitud, suponiendo que ya adivinarás sin esfuerzo que no las hago sin un designio bien importante.

Basta por hoy, recibe memorias de Mariquita, dalas a Frasquita, dime de cada uno de la familia como se halla de fortuna, y dispón de tu buen hermano.

Xavier [rúbrica]"[858].

Todo lo precipitó la enfermedad que le imposibilitó para continuar su labor y le llevó a pensar en emprender un viaje que le ayudara a restablecerse. A este respecto, el aviso de despedida a los suscriptores merece atención. Ostensiblemente, el editor justificó el fin de la publicación con motivo de esa dolencia, pero indirectamente se vislumbra otra causa fundamental, la aparición de *El Imparcial*, un periódico de ideas afines que había salido a la calle el 10 de septiembre con gran alarde de medios, lo que le convertía en un rival demasiado poderoso para un hombre cansado y enfermo. Todo sumado, traspasaba sus suscripciones a quienes después de todo eran sus amigos, al tiempo que demorando el cierre hasta el día 24, ganaba un último rendimiento antes de que tomara impulso la nueva legislatura, con su carga añadida de trabajo. La nota, publicada en el último número de la *Miscelánea*, dice así:

858. AFB, X. de Burgos a D.M.ª de Burgos (Madrid, 12.08[.1821])

Una enfermedad agudísima que acaba de pasar el redactor de la Miscelánea, y de cuyas resultas no puede continuar el trabajo ímprobo de diez o doce horas por día, que con grandísimo quebranto de su salud ha desempeñado durante mucho tiempo, le obliga a abandonar la redacción de este papel, a pesar de su deseo de complacer a sus suscriptores, cuya benevolencia constante es para él un objeto de satisfacción y aun de engreimiento. Las tareas extraordinarias y las fatigas a deshora a que obliga la redacción o la confrontación de las sesiones de Cortes, hacen que el redactor de la Miscelánea no aguarde a la conclusión del mes para dar término a una ocupación que ha desempeñado dos años.

A fin de que en estos momentos importantes en que se abre Ia legislatura, no carezcan los señores suscriptores de noticias, y sobre todo del conocimiento de lo que se trata en el congreso, el redactor de la Miscelánea se ha convenido con los del Imparcial, para que envíen a dichos señores los números de este último periódico hasta que expiren sus abonos, que podrán después renovar.

El Imparcial tiene mas extensión que la Miscelánea y profesa los mismos principios políticos que ella, que para nuestro gobierno habíamos cifrado en esta formula, respeto á las leyes, deferencia a las personas, guerra a los abusos. Nuestros suscriptores verán en el cuidado con que hemos procurado sustituirles un periódico al que dejamos de redactar, una prueba da nuestro reconocimiento[859].

---

859. *Miscelánea* nº 574 (24.09.1821).

10. El mensaje de la *Miscelánea*

10.1. Discurso y mensaje

La *Miscelánea* fue mucho más un periódico de opinión que de información, aunque no se descuidara la segunda vertiente. Conforme a las inclinaciones de su editor, el plan original consistió en ilustrar a los lectores y en orientar el curso de la cosa pública, si bien, en la medida en que la marcha de los acontecimientos se alejaba de sus aspiraciones abundó en el ejercicio de la critica, que él consideraba una función esencial del periodismo. Este planteamiento es lógico, porque siempre había entendido la creación literaria como un cauce para proclamar los buenos principios y la prensa, por su naturaleza, iba a permitirle exponerlos con continuidad, ya que no con extensión: "La estrechez de los límites de nuestro periódico" es el tópico habitual para justificarlo. Si vamos a la forma, la redacción puede parecer poco elaborada en ocasiones e incluso sugerir que escribía de corrido, pero el contenido suele ir expuesto con fuerza y nitidez, trasmitiendo seguridad. A menudo, la disposición de sus escritos argumentativos sigue un recorrido histórico de la palabra analizada, método con el que pretendía acotar su significado y formar, con espíritu pedagógico, la opinión de los lectores. El truco, claro está, consiste en el control que el redactor ejercía en todo momento sobre la definición, orientándola en el sentido deseado. Como se dijo, la serie de artículos que comenzó a publicar en agosto de 1820 bajo la designación de *Diccionario político y moral* (ocasionalmente *social*) es seguramente el ejemplo más acabado de esta fórmula.

Eso, junto a la abundancia de referencias a la antigüedad clásica y de menciones -más que propiamente citas- a los autores que fueran del caso, está en la base de la reputación de periodista "sabio" que Burgos adquirió entre sus coetáneos, pero también de las acusaciones de sofista y sabelotodo que le lanzaron algunos diaristas (de la competencia). Por lo demás, Burgos nunca ocultó la elevada consideración en que tenía sus propias opiniones y eso tampoco ayudó a aumentar su estima entre tales periodistas. *El Conservador* se quejó de "su acostumbrado tono enfático", *La Periódico-manía* escribió que "hay quien llama a esta hermana la *Madrileña Orgullosa* por el tono de seguridad e infalibilidad con que se explica comúnmente", y *El Espectador* aludió a "lo fácil que es al hombre atrincherarse con un lenguaje de moderación y echarse a cuestas, pegue o no pegue, el manto filosófico"[860].

"Don Hermógenes" fue el mote con que los de *El Espectador* se empeñaron en etiquetarle durante los momentos más agrios de sus polémicas, pero no cuajó, quizás porque Burgos podía dar la impresión de suficiencia e incluso de arrogancia, pero no era realmente un pedante; al menos en su acepción original, que popularizo Mesonero al referirse a don Cristóbal Cladera, el intelectual que habría servido de modelo a Moratín para pintar el carácter de *Don Hermógenes*, "aquel delicioso pedante de la *Comedia Nueva, que hablaba en griego para mayor claridad*"[861]. En realidad, su erudición suele ser oportuna y el discurso apunta a comunicar con nitidez, no a oscurecerlo para darse pisto, aunque es cierto que muchas veces se desenvuelve en tono pomposo, el ritmo acusa solemnidad y quizás, exceso de personalismo. Pero, ¿puede eso extrañar en un acérrimo admirador de Horacio, embebido en el estilo del mundo antiguo? Que ese mote era de uso corriente, un arma arrojadiza contra los periodistas cultos -no solo Burgos- nos lo indica *El Tribuno*, que se lo adjudica a Manuel Narganes, el director de *El Universal*, un pedagogo de renombre, afrancesado y dirigente de la masonería durante la pasada guerra[862].

10.2. La visión del mundo: utilitarios, *idéologues* y doctrinarios

Respecto a los contenidos, se debe recordar que la formación intelectual de Burgos le había conducido a hacer suya la mirada antropocéntrica que se difundía desde el siglo anterior, muy en el espíritu de la *Enciclopedia*. En primer lugar, una noción del bien que hay que entender sobre todo

---

860. *El Conservador* nº 83 (17.06.1820), art. comunicado, f. = A.M.V.; *La Periódico-manía* nº 8, p. 22; *El Espectador* nº 114 (6.08.1821) pp. 454-455.
861. R. de Mesonero, *Memorias de un setentón*, en *Obras (…)*, p. 4.
862. *El Tribuno* nº 81 (10.06.1822) p. 134 (sic, por 334), como "el don Hermógenes de Santa Julia", en alusión a la logia masónica de Madrid durante la guerra de la Independencia.

en su acepción mundana, como naturaleza física. Es algo que llovía sobre mojado, ya que Burgos da muestras de haber estudiado a fondo el universo literario clásico, impregnado por la filosofía de Epicuro que a menudo era solo entendida en su vertiente materialista. Asimismo, estaba en el ambiente la identificación entre los intereses individuales, motor de las acciones de los hombres, y los del conjunto social, esto es, la felicidad, el bienestar y la prosperidad de los pueblos, expresiones que en el vocabulario de Burgos vienen a ser lo mismo.

Y junto a dicho bienestar, ya lo he apuntado en otro lugar[863], Burgos enumera una serie de bienes o valores con alcance instrumental, en los que insistiría con diferente intensidad de acuerdo con las necesidades sugeridas por la coyuntura política. Coincidían en parte con la declaración de los derechos del Hombre y podrían enunciarse como libertad civil, igualdad legal, unidad (concordia) de intereses sociales, propiedad plena e individual, y seguridad u orden público. No entendido simplemente lo último como ausencia de conmociones, sino como situación permanente de confianza y tranquilidad que permite el goce de las propias posesiones, la prosperidad y el progreso de la sociedad. En la práctica, el clima convulso que prevaleció durante los tres años que siguieron al restablecimiento de la Constitución obligó al redactor de la *Miscelánea* a enfatizar con frecuencia obsesiva,

> los principios eternos de orden y de justicia, sin los cuales no creemos posible que se consoliden las instituciones tutelares que nos gobiernan, ni por consiguiente que se establezca el imperio de la razón, y se goce del reposo que es la principal necesidad del mundo social[864].

Era esta una convicción arraigada. Años después, en sus conferencias del Liceo de Granada, todavía desarrollaría in extenso la misma idea, que al final resume: "La prosperidad es, pues, el *fin*; la libertad, la seguridad y el orden son los *medios*"[865].

La naturaleza material del bien propiciaba su identificación con la idea de utilidad o interés a corto plazo, más que con valores inmutables de orden superior. Y de ahí, de su apariencia cambiante, venía la acusación de

---

863. M. Morán, "La *Miscelánea* de Javier de Burgos (…)", *art. cit.*, p. 287.

864. "Revista de mayo", en *Miscelánea* nº 459 (1.06.1821).

865. J. de Burgos, *Ideas (…)*, II, en Roca, *o.c.*, (1987) p. 89.

Imagen 42. "El sueño de la razón produce monstruos", en F. de Goya, Caprichos nº 43 (Biblioteca Nacional de España).

oportunistas a quienes se habían acogido a este principio para justificar su colaboración con los invasores durante la guerra. Abundan en la *Miscelánea* las argumentaciones de cariz utilitarista, pero por evitar la dispersión, valga una única referencia al artículo titulado "Sobre el mérito de nuestra insurrección", que escribió ostensiblemente para defender la licitud del pronunciamiento militar que había puesto nuevamente en vigor la Constitución de 1812. En él, Burgos no recurre en absoluto a argumentos de sabor tradicional como el derecho extraordinario de rebelión, alegado por Jovellanos para justificar el levantamiento de la nación en 1808, sino que lleva hasta el extremo el principio utilitario al proclamar la *conveniencia pública* como norma reguladora del obrar y primera ley de las sociedades, en tanto que base del pacto social al que "tan solo, debía sacrificar cada individuo una parte de los derechos que le daba la naturaleza". El nuncio Giacomo Giustiniani, un fino analista de lo que se escribía en los papeles públicos de Madrid durante el Trienio Liberal, observó al respecto: "La Miscellanea nº 106 fissa por principio, che ogni *Rivoluzione* è permessa quando lo richiede la *convenienza pubblica*, e che si possedeno i mezzi di operarla"[866].

---

866. ASV, *SS* 249 (1820), fasc. 12, fº 30, nº 700, G. Giustiniani al Secretario de Estado E. Consalvi (Madrid, 17.06.1820). El artículo de referencia: "Sobre el mérito de nuestra insurrección", en *Miscelánea* nº 106 (14.06.1820).

El mismo artículo llamó también la atención del editor de la *Periódico-manía,* quien no menos perspicaz, puso reparos a la exposición de Burgos: "doctrina peligrosilla", sentenció[867]. Huelga decir que el descarnado utilitarismo en su argumentación justificaba, en último extremo, el despotismo de Bonaparte y el circunstancialismo de los afrancesados, y no solamente la rebelión de los "héroes de la Isla" en 1820, que era lo que se suponía que trataba de probar en su escrito. Burgos, nótese, siempre tuvo gran habilidad para sacar conclusiones interesadas de donde menos se podía esperar.

Precisamente en esta época las traducciones de Jeremías Bentham difundían su teoría de la moral utilitaria, auténtica ética de chichinabo, dando un aire de solemnidad y rigor científico a lo que habían esbozado los filósofos sensualistas en la centuria anterior y los de la antigüedad clásica, que conocía Burgos. De hecho, Bentham había puesto mucho empeño en propagar sus ideas fuera de Inglaterra, mimando ostensiblemente a sus admiradores y apologistas e incluso con ofrecimientos de consejo, no muy modestos, a los gobiernos que se iniciaban en la senda liberal. En el caso de España fue Mora, uno de sus traductores, quien se ocupó de hacerlos llegar al congreso:

Las Cortes oyeron con particular agrado la exposición presentada por D. Josef Joaquín de Mora, a nombre y por encargo del sabio inglés Jeremías Bentham, y recibieron con aprecio los ejemplares de la obra de este escritor, expresando que les habían sido sumamente gratos los sentimientos que manifestaba de cooperar con sus notorias luces y talentos a la consolidación del sistema constitucional y felicidad de España, y mandando se hiciese mención honorífica en el diario y actas[868].

---

867. *Periódico-manía* n° 17, p. 6.
868. "Sesión ordinaria del 20 de octubre", en *Gaceta del Gobierno* n° 115 (21.10.1820) p. 505; más expresivo aun es la transcripción de la *Miscelánea:* "Sesión de hoy", en n° 235 (21.10.1820): "El señor Puigblanc presentó una exposición de don José Joaquín de Mora, abogado del colegio de esta corte, en que anuncia el ofrecimiento que le hace el celebre inglés Bentham, de contribuir con sus luces, larga experiencia de mas de 50 años, y conocimientos, á la formación de los códigos, y remite una traducción de una de sus obras. = Recibida con agrado la exposición de don José Joaquín de Mora, y que se haga mención honorífica en el diario de cortes de la oferta del insigne jurisconsulto inglés"

Como se sabe bien en el mundo académico, citar a alguna eminencia no significa necesariamente familiaridad con su obra. Sin embargo, hay sólidos indicios de que Burgos tenía noticia de las ideas de Bentham desde años antes. Así lo insinúa en el *Curso de medicina legal* de Belloc, en la *Continuación del almacén de frutos literarios* y con más claridad en la *Miscelánea,* donde a partir del 10 de marzo se advierten trazas de léxico utilitario e incluso citará a Etienne Dumont, el editor de una traducción francesa de sus escritos aparecida en 1802[869]. En este mismo año, 1802, el pensamiento de Bentham había comenzado a difundirse en español, al publicarse un extracto de su economía política en el *Semanario de Agricultura y Artes dirigidos a los Párrocos.* También lo leía Meléndez Valdés un año después, y en 1804 lo utilizaba José Joaquín de Mora en sus lecciones de Derecho como regente de una cátedra en la Universidad de Granada[870]. Por lo demás, Burgos estaba en relación con dos notorios seguidores del pensador inglés, Manuel Cambronero y Félix Reinoso, el autor del *Examen de los delitos de infidelidad a la Patria* (1816), de cuyas ideas parece haberse servido en el artículo que había llamado la atención del nuncio[871]; de hecho, Burgos fue precisamente la persona que había recomendado Alberto Lista a Reinoso para correr con la corrección de las pruebas de imprenta de su obra cuando se iba a reimprimir en Francia[872].

---

869. La cita, en el artículo dedicado a los progresos de la ciencia legislativa que empieza "No pocas veces ha ocupado nuestra imaginación", en *Miscelánea* n° 566 (16.09.1821): "El benemérito redactor de su grande *obra* Mr. Dumont parece que atribuye en su prólogo a Bentham una opinión de indiferencia sobre la ley constitucional de los Estados".

870. "Extracto del manual de economía política de J. Bentham" en *Semanario de Agricultura y artes dirigido a los Párrocos* n° 357 (3.11.1803) pp. 284-288 y n° 358 (10.11.1803) pp. 298-320; está glosado en F. Díez Rodríguez, *o.c.,* pp. 155-158; vid. también José M. Menudo "Correspondencia y Economía política en España (1809-1931). La relación epistolar con Jeremy Bentham y Jean Baptiste Say", en *Cuadernos de Ilustración y Romanticismo* n° 21 (2015) p. 112.

871. Vid. Marcelino Menéndez Pelayo, *Historia de los heterodoxos (...),* II, p. 760, sobre sensualismo y utilitarismo en el discurso de Reinoso acerca de la *Influencia de las bellas letras en la mejor del entendimiento* (1816); *Ibidem,* p. 762, citas a Bentham en el *Examen de los delitos.*

872. A. Lista a F. Reinoso (Auch, 10.11.1816), en H. Juretschke, *o.c.,* p. 524. No hay constancia, sin embargo, de que Burgos llegara a ocuparse de la corrección.

Es interesante advertir que en las numerosas menciones a Bentham que salpican la *Miscelánea*, este recibe siempre un trato deferente ("sabio", "profundo jurisconsulto"), pero sin concederle título alguno de invención en cuestiones de moral ni la influencia destacada que algunos tratadistas han atribuido a su recepción en España. Bien es verdad, escribió Guido de Ruggiero, "que muy pocos de los llamados discípulos y admiradores suyos estaban familiarizados con sus obras farragosas"[873], lo que es lógico porque lo que generalmente se buscaba, más que una revelación que iluminara a las conciencias confusas, era el principio de autoridad, a ser posible mediante la apelación a un nombre de resonancia extranjera, a fin de adecentar la idea de que el fin (el propio, se entiende) *sí* que justifica los medios.

Posiblemente era este el caso de Burgos, en quien da la impresión de que la autoridad de los teóricos tiende a ser una confirmación de las enseñanzas que da la vida, más que una guía unívoca para la conducta. Y dicho sea de paso, hasta cierto punto podría decirse lo mismo del aparato doctrinario -uso la expresión en un sentido amplio- que él asimiló a través de la lectura de Constant, en relación con las ideas de "reposo" y "moderación" que repitió con frecuencia, y con su aversión a la violencia y los excesos del signo que fuera, que parecen lecciones adquiridas en la experiencia más que en las lecturas. Bentham y Constant son, por supuesto, los representantes más característicos de su entramado ideológico, pero es dudoso que él los considerase como auténticos autores de cabecera.

Pero tampoco hay que minimizar el poder del aprendizaje que proporcionan los libros. Esta reflexión es aplicable a su interpretación personal del bien, de la moral en general, en la que subyace un proceso

---

873. Guido de Ruggiero, *Historia del liberalismo europeo*, Madrid: Pegaso, 1944, pp. 16-17. Por su parte, Luis Sánchez Agesta atribuye a don Luis Silvela la afirmación de que "ningún autor extranjero había ejercido en España la influencia de Bentham desde 1820 a 1845": Prólogo a A. Oliva Marra-López, *Andrés Borrego y la política española del siglo XIX* , Madrid: Instituto de Estudios Políticos, 1959, p. 10. Sobre su recepción en España, ligada a las traducciones de José Joaquín Mora, Toribio Núñez y Ramón Salas, vid. Jesús Lalinde Abadía, "El eco de Filangieri en España", en *Anuario de Historia del Derecho Español*, tomo LXXXVII (1984) pp. 505-509 [En línea. Consulta 22.08.2020]; más reciente, Joaquín Varela, el "Estudio introductorio" a Francisco Martínez Marina, *Principios naturales de la Moral, de la Política y de la Legislación*. Junta General del Principado de Asturias, Oviedo 1993. T. I, especialmente pp. XXVII-XXXIV.

cognoscitivo que comienza y se identifica en gran medida con la observación a partir de los sentidos, cosa acorde con la enseñanza de los *idéologues*, particularmente Destutt de Tracy ("pensar es sentir"), a cuyas obras Burgos muestra aprecio. De hecho, glosó o extractó en la *Miscelánea* un largo fragmento del *Comentario al Espíritu de las leyes*, libro de Destutt muy divulgado en la España del Trienio[874]. Su desdén hacia la filosofía escolástica ya nos es conocido, pero constatemos que no había variado nada en 1820, cuando reseñó una obra de de circunstancias, la *Lógica, o arte de enseñar la verdad* que había publicado un médico de Mayorga (Tierra de Campos), don Juan María Varela Martínez[875]:

Cuando se comparan las ideas consignadas en esta obra, a las que con asombro y escándalo de cuantos tienen sentido común se enseñaban aún en algunas escuelas de esta Corte, donde hacían tan gentil papel los predicamentos, las categorías, los universales *a parte rei* y otras

---

874. "*Observaciones sobre el capítulo 1° del libro. 3° del Espíritu de las leyes de Mr. De Montesquieu, o sea, fragmento de un comentario inédito a la misma obra*" (*Miscelánea* n° 299, 24.12.1820). Aparte la inequívoca confesión sobre su estudio de la "Lógica" en Destutt de Tracy (*Continuación del almacén* n° 14, 9.11.1818, p. 67), de que ya se hizo mención en páginas anteriores, véanse las referencias en la *Miscelánea* a los escritos de Destutt: reseña del discurso de Manuel María Gutiérrez sobre los *Principios de economía política* de Say (en n° 55, 6.03.1820); anuncio (con proporciones de recensión) de la suscripción a un *Análisis de la obra intitulada Comentario sobre el Espíritu de las leyes*, donde se extiende sobre las ediciones de la misma, y otras publicaciones de Destutt (*Idem*, n° 111, 19.06.1820); reseña de una nueva *Lógica* recién publicada por un autor español (*Idem*, n° 204, 20.09.1820); reseña de ¿*Cuáles son los medios de fundar la moral de un pueblo?*, traducida por Manuel María Pascual Hernández (*Idem*, n° 326, 19.01.1821). A su vez, en *El Imparcial n° 247* (13.05.1822) se anunció su *Gramática general*, en traducción de Juan Ángel Caamaño, ya fallecido.
Sobre la repercusión de Destutt de Tracy en la Europa de la época, véase el trabajo clásico de Franco Venturi: "Destutt de Tracy e le rivoluzioni liberali", en *Rivista Storica Italiana*, LXXXIV/2 (1972) pp. 437-513; para la perspectiva española, vid. J. Lalinde, "El eco de Filangieri (...)", *art. cit.*, pp. 514-515.

875. *Miscelánea* n° 240 (26.10.1820); vid. Juan María Varela Martínez, *Lógica o arte de investigar la verdad*, Valladolid: Santarem, 1820 [Catálogo general de BN].

lindezas de esta calaña, ¿no sería permitido desear que el médico de Mayorga viniese a enseñar a Madrid, y que la escuela de Santo Tomás se trasladase a Mayorga?

Sin embargo, esto no es decir que Burgos se hubiera vuelto un materialista descreído o profesara alguna suerte de agnosticismo, aunque como sabemos, en su juventud había pasado por una crisis por culpa de sus lecturas licenciosas y del ejemplo de los amigos de Madrid, que le hicieron revolverse contra sus creencias y presumir de anticlerical. La vuelta al redil debió producirse en 1803, si merece crédito su declaración a la Inquisición. Ya en los tiempos del Trienio Liberal se apresuró a hacer profesión de fe y de obediencia a la autoridad de la Iglesia (aunque no sin las reservas oportunas acerca de la Inquisición), al replicar a un corresponsal anónimo que le había acusado de impiedad:

Hemos hecho un estudio fundamental de nuestra religión augusta y nos hemos alimentado por muchos años con la lectura celestial de los libros santos de ambos testamentos (…). Sumisos al dogma, revelado por el mismo Dios; dóciles a la disciplina de la iglesia católica, en cuyo seno tenemos la ventura de vivir, no nos aterran ya esas conspiraciones permanentes de hombres endurecidos, que envueltos en el misterio y las tinieblas, se entretenían para hacer algo en encerrar inocentes padres de familias en calabozos lóbregos por acusaciones extravagantes y absurdas[876].

Burgos sortea, *in extremis*, el materialismo de los sensistas franceses a costa de apelar a un fideísmo que compensara la incapacidad del intelecto para llegar por si mismo a las verdades de la fe. Y ¿cuáles serían esas verdades? En el discurso al uso de la *Miscelánea*[877], la Revelación se plantea como fuente de inspiración, de enseñanza moral para orientar la conducta mediante "la virtud", entendida esta como sentimiento, o deseo de contribuir al bien del prójimo y que es a la vez -dice- causa de la

---

876. "Entre las muchas cartas de felicitación", en *Miscelánea* n° 69 (7.04.1820).
877. Sobre la moral y sus relaciones con la ciencia y la política, vid. especialmente los artículos "Unión nacional", en *Miscelánea* n° 192 (8.09.1820); "Sobre el cumplimiento de la palabra", en n° 330 (23.01.1821); y "De los hombres de Estado. Segundo artículo", n° 348 (10.02.21).

felicidad de quien la practica. Sus maestros, los obispos y sacerdotes, son funcionarios del Estado puesto que dichas enseñanzas (reveladas, hay que enfatizar) constituyen también los cimientos del orden social. Ahora bien, el muro entre la esfera terrenal y la sobrenatural sigue en pie: el Reino de Dios no es de este mundo, lo que deja poco margen para la intervención de la Providencia en los negocios de los hombres y en consecuencia, obliga a cada uno a ocuparse de sus asuntos. El mismo Burgos deja clara aquí y allá su forma de pensar a este respecto, y así lo hizo -por ejemplo- en su crítica al proyecto de división territorial que discutían las Cortes en el otoño de 1821:

> ¡Si se pensará aun que tenemos á nuestra disposición, como las tuvimos algún día, las riquezas metálicas del hemisferio trasatlántico, de que sin duda nos ha privado el destino, en castigo del mal uso que de ellas hicieron nuestros padres, construyendo conventos y ermitas en vez de abrir canales y de construir puentes![878].

En cambio sí que confiaba, está claro, en la capacidad del saber para transformar el mundo y mejorar la condición moral de los hombres. Recuérdese la oda compuesta en 1810 en honor de Napoleón, en la que había expuesto un pensamiento tan caro para él, que de nuevo lo imprimió a las alturas de 1821 en la *Miscelánea*[879]:

> Y, sin que el grito del error le asombre,
> Harán las luces más feliz al hombre:
> Mejor le harán las leyes,
> Que en su presencia iguales,
> Acatarán los súbditos y reyes.
> Hábitos, opinión, costumbres, ritos,

---

878. "Apéndice sobre los artículos de división territorial", en Suplemento a *El Imparcial* nº 31 (10.10.1821).

879. "Revista de julio", en *Miscelánea* nº 520 (1.08.1821); son los versos 131-140 de la oda "En los días de Napoleón el Grande. Emperador de los franceses". f. = X. de B., publicada originalmente en *Gazeta de Granada* nº 71 (24.08.1810) pp. 284-286; con variantes, corresponde a los versos 91-100 de *El Porvenir*: cfr. E. de Ochoa, *Apuntes (…), o.c.*, I, pp. 258-259.

Unos serán del austro hasta la osa;
De la estirpe dichosa
No romperán los nudos fraternales
Torpes errores, bárbaros delitos,
Y blando, bueno, dócil el humano
Siempre en un hombre mirará un hermano.

Las luces, la *Razón*, pues, no solo está en la base del progreso material, sino también de la dimensión ética del hombre. En realidad, la moral, aplicada a las naciones, no es otra cosa que la política, la ciencia del gobierno cuyo conocimiento es necesario (y suficiente) para obrar el bien y alcanzar, afirma con optimismo, un futuro de bienaventuranza para la humanidad. Y con la misma lógica, el mal moral tiene ante todo una raíz epistemológica, pues consiste en la ignorancia y sus vicios colindantes como el error, el fanatismo, la superstición y el empirismo cuando éste carece de la sanción que le otorga la razón. Sorprende sin embargo, que la conceptualización de la razón, pieza central en el edificio argumentativo de Burgos, resulte tan imprecisa en su discurso. Una interpretación estrictamente gnoseológica resultó suficiente en los primeros tiempos de la revolución liberal, cuando el único adversario eran los absolutistas, poseídos por la ignorancia y el fanatismo, pero pasados esos primeros meses, se diría que la noción de razón se amplía en la exposición de la *Miscelánea*, llegando a abarcar el ámbito de la voluntad, algo necesario para explicar desde el punto de vista teórico la aparición de un nuevo actor en el proceso político del Trienio: los *exaltados*, cuya característica definitoria sería la *pasión* -exacerbación del sentimiento- perturbadora del orden, causa de la anarquía y precursora de un nuevo ciclo de despotismo[880]. En su razonamiento, la pasión constituirá desde entonces la antítesis de la razón, que a su vez es la llave que permite acceder la virtud. Abundando en lo mismo, escribió:

Se ha dicho muchas veces con grandísima razón, que la ignorancia es la madre de todos los errores, y con no menos razón, y con mas sublime filosofía puede decirse, que del error y la ignorancia proceden

---

880. Vid. entre otros, el párrafo final en el artículo "Concluyen las observaciones sobre el estado actual de Italia", en *Miscelánea* nº 544 (25.08.1821).

casi todos los males de los hombres; que los males sociales son indudablemente de este número, y por una consecuencia necesaria, que la ilustración nacional es el remedio capital de las enfermedades de los pueblos. La moral que se propone el bien estar del individuo, es en la opinión de todos una ciencia; y arte llamaba Cicerón á la virtud, que es el bien que aquella ciencia nos proporciona. Es necesario decirlo, para ser buenos no nos basta la voluntad de serlo, antes sucede con demasiada frecuencia que pensando obrar bien dañamos a los otros y aun á nosotros mismos muchas veces. La política o la ciencia social que trata del bien de los estados, y que es por consiguiente la misma moral aplicada á las naciones, no solo es una ciencia, sino de las mas complicadas y difíciles, porque es el resultado de todas las demás, como que aprovecha todos los conocimientos humanos, a fin de procurar la conservación de las familias unidas en sociedad, y de llevarlas al grado indefinido de perfección y de ventura que la naturaleza les permite[881].

Ciencia, moral, virtud y política. Resultado lógico de esta cadena conceptual es la singular estima de Burgos a las facultades superiores -el entendimiento potenciado por el esfuerzo personal- que permitían discernir lo que era mejor para el conjunto de la sociedad. "A esta razón de pública utilidad -afirmó- se reduce toda la tópica de la legislación y de la política"[882]. Y como consecuencia, reivindicaba la primacía en las tareas de gobierno para la minoría culta, como legítima poseedora de la *razón general* -la *raison exercée*, que hubiera dicho Royer-Collard[883]- alineándose así implícitamente con el segundo Rousseau, el autoritario, frente al teórico de la *voluntad general* entendida en un sentido puramente aritmético. "La Miscelánea se hubiera estremecido de oírse llamar *democrática*", escribió en polémica con el *Journal des Débats*,

---

881. "Sobre la instrucción del pueblo en las doctrinas constitucionales", en *Miscelánea* n° 179 (26.08.1820).
882. "De la ley constitucional, con relación al tratado sobre las Floridas", en *Miscelánea* n° 193 (9.09.1820). Abundando en lo mismo, afirmaría: "Gobernar es sinónimo de hacer felices" (n° 251, 6.11.1820), idea que formalmente se halla en concordancia con la Constitución de 1812. El artículo 13, recuérdese, definía el objeto del Gobierno como la felicidad de la Nación, "puesto que el fin de toda sociedad política no es otro que el bien estar de los individuos que la componen".
883. L. Díez del Corral, *o.c.*, p. 167.

manifestando así su visión elitista del ejercicio de las responsabilidades públicas[884].

Lo que que de manera inevitable, conduce a reformular en sentido restringido el contrato social. En su *revista* de junio de 1821 -el análisis de los acontecimientos públicos que Burgos ofrecía a sus lectores cada mes- expuso una síntesis tan nítida de esta forma de entender la soberanía, que es útil reproducirla aquí:

Jóvenes patriotas, el amor a la patria consiste solo en desear con ardor *lo que a ella le conviene,* y el no perdonar el esfuerzo para su logro pero esto *que a ella le conviene,* no es vuestro entusiasmo quien lo ha de decidir; somos nosotras, la razón y la experiencia, que presidimos a las deliberaciones de vuestros representantes, en quienes por el hecho de haber reconocido el pacto constitucional que os rige, habéis delegado irrevocablemente el derecho primitivo que compete a todo hombre de dar su voto sobre cualquier negocio que interesa a la comunidad[885].

Con lógica un poco rebuscada, Burgos se refirió a la ley como "la expresión de la voluntad general representada o sea de la razón común de todos los ciudadanos". Semejante definición no es en absoluto casual, como demuestra su empleo reiterado en diferentes textos: "las leyes para ser justas, deben ser la expresión de la razón general, ó sea de la voluntad de todos los ciudadanos", escribió en otra ocasión[886]. Nótese en efecto cómo la idea de representación y la referencia a la razón hurtan

---

884. "Los últimos números de un periódico de París", en *Miscelánea* nº 567 (17.09.1821).
885. "Revista de Junio", en *Miscelánea* nº 489 (1.07.1821).
886. Respectivamente, los artículos titulados "Continúa el artículo de antes de ayer" en *Miscelánea* nº 309 (2.01.1821) y "Códigos", en nº 366 (28.02.1821). Y abundando en lo mismo, afirmó con referencia a Rousseau: "No es de admirar que el Publicista ciudadano, que tanto contribuyó a propagar las ideas liberales en el siglo último, asegure que de la *ley* no había definición alguna exacta. La que dio él, llamándola *la expresión de la voluntad general* puede convenir hasta cierto punto a la ley humana positiva, que es a la que nuestro discurso se refiere, pero ni satisfizo al juicio sólido del célebre Bentham, ni tiene ciertamente la claridad que necesita para instruir a los pueblos" (*Miscelánea* nº 199, 15.09.1820).

contenido democrático a la fórmula roussoniana, cuya mención, por otra parte, no hubiera podido omitir, considerando el prestigio de su autor y su proyección en la Constitución de 1812, un fetiche intocable para los liberales ortodoxos de entonces. Su línea de pensamiento apunta genéricamente a los doctrinarios franceses coetáneos, pero es interesante constatar la ausencia de referencias en la *Miscelánea* (o no las he visto) a los nombres de sus representantes más significados. Como es sabido, la historiografía ha establecido la existencia de una relación directa, sustentada en la similitud de ideas, en la inserción de artículos traducidos e incluso en la financiación económica, entre el entorno doctrinario francés y los hombres de *El Censor,* la prestigiosa revista intelectual que se identificaba a su vez con los principios proclamados por Burgos. Sin embargo, si se ahonda, queda la impresión de que tal relación surgió más bien por iniciativa del grupo cabalmente liberal de Benjamin Constant, al que a veces, de forma algo nebulosa se ha tendido a confundir entre los primeros, quizás a causa de la falta de límites definidos en el pensamiento doctrinario y de la imprecisión misma del concepto, según apunta C. Morange. Y ya antes, L. Díez del Corral: "Es mucho más sencillo acogerse a las ideas expuestas clara y sistemáticamente por Benjamín Constant, y hacer de él el teorizante político de la época, que extraer las líneas políticas directrices del amplio conjunto de ideas doctrinarias, dispersas, multiformes y complicadas"[887].

El reciente estudio de Morange sobre *El Censor* confirma y detalla lo que ya había indicado A. Berazaluce acerca de los orígenes de esta publicación[888], pero no es posible hoy por hoy, afirmar la existencia de

887. Luis Díez del Corral, "Introducción al doctrinarismo", en *Revista de Estudios Políticos* nn. 15-16 (1944), p. 104, nota 17; también en *El liberalismo* (…), *o.c.,* p. 170.
888. C. Morange, *En los orígenes* (…), *o.c.,* p. 17; vid. a su vez, Ana M.ª Berazaluce, *Sebastián de Miñano* (…), *o.c.,* pp. 154-155, sobre los capitalistas y probables colaboradores franceses de *El Censor:* el banquero Laffitte ("posiblemente") entre los primeros; el abate Pradt, Constant, Say y Manuel entre los segundos. Por su parte, Hans Juretschke (*o.c.,* pp. 114-115) había atribuido a Lista, en *El Censor,* la primera difusión de las ideas de los doctrinarios franceses, entre los que incluye a "Benjamin Constant, Royer Collard, Lanjuinais, Guizot, De Pradt, etc.", lo que indica la latitud con que manejaba el concepto. La influencia sobre Lista es muy cierta en lo que atañe a Constant: *ibidem, o.c.,* p. 357, donde -un poco equívocamente- atribuye al primero "la reclamación de una segunda Cámara y su idea de que el Consejo de Estado ocupe parte de sus funciones". En cambio, nada explícito aporta sobre la proyección

un entendimiento semejante con el redactor de la *Miscelánea,* lo que por supuesto, no impide constatar que su periódico trabajaba en la misma dirección.

Andando el tiempo, este género de consideraciones restrictivas de la soberanía y por ende, de la representación política y del sufragio, desembocaría en fórmulas como la de las "capacidades" o las "aristocracias legítimas", que dieron fuste teórico a la versión censitaria del liberalismo, de tanto éxito durante la época dorada de los moderados, por oposición a las fuentes de legitimidad habituales del poder, esto es, la soberanía de origen divino, la pactista tradicional y la popular tendencialmente democrática. En 1842 podía leerse en *El Conservador,* revista cuyos redactores, por cierto, tenían vínculos personales con Javier de Burgos: "El gobierno representativo es un gobierno de aristocracias. Cuando existen, y donde existen, el gobierno representativo es una verdad (...) Pero agrandándose infinitamente el círculo de las clases de donde han de salir las personas llamadas al poder político, entonces el gobierno representativo se acaba, porque convirtiéndose en República se hace tan imposible como ella"[889].

---

ideológica de los doctrinarios más caracterizados en *El Censor.* Y en sentido contrario, vid. ahí también *(ibidem, o.c.,* p. 547) la carta de Lista a Félix Reinoso (Pamplona, 10.12.1817) en la que relativiza las aportaciones de los teóricos franceses de la Restauración, más allá de Constant: "Todos se detestan y de este choque perpetuo sólo ha salido una verdad importante en política (se debe su explicación a Benjamín Constant) y es que han errado los publicistas que han considerado al monarca como un mero jefe del poder ejecutivo; siendo y debiendo ser *un poder central, un centro de todos los poderes,* de donde nacen y a donde vuelven todos los impulsos. Así se explica la parte que debe tener un monarca en la legislación, parte que ya mayor, ya menor, le han concedido hasta las constituciones más rabiosas, como la de 1791 y la de Cádiz. En sacando esta verdad, hijo mío, vuélvete a tu Bentham y a tu Espíritu de las Leyes, y no esperes de los escritores que hay hasta el día, ninguna nueva luz, sino acaso en cuestiones subalternas; cuestiones que tú resolverás tan bien o mejor que ellos sin leerlos". Antonio Elorza *(art. cit.,* pp. 596-597 especialmente) constató también en *El Censor* la influencia de Bentham, "pero -afirma- el eje del interés moderado está constituido, lógicamente, por el grupo doctrinario y por el polo de atracción del liberalismo europeo, que, en el momento, representan los escritos de Benjamin Constant".

889. "De la aristocracia", en *El Conservador. Revista semanal de política, ciencias y literatura,* nº 32 (15.02.1832) p. 9. El periódico estaba redactado por Joaquín Francisco Pacheco, Antonio Ríos Rosas, Nicomedes Pastor Díaz y Francisco de Cárdenas.

En realidad, la continuidad entre el pensamiento de los publicistas afrancesados del Trienio y el liberalismo histórico en España era conocida desde hacía mucho tiempo, como ya dejó claro Menéndez Pelayo con una frase rotunda: "Lista y Reinoso, Miñano, Hermosilla, Burgos, son los padres y progenitores del *moderantismo político*, cuyos precedentes han de buscarse en *El Censor* y en la *Gaceta de Bayona*"[890]. Sin embargo, su afirmación pide un desarrollo demostrativo del que carece y además tiende a olvidarse, perdida en los rincones oscuros del corpus historiográfico y en competencia con la versión, más aparente, que vincula la introducción del pensamiento doctrinario en España al retorno en 1833 de los liberales emigrados[891]. Por cierto, Burgos nunca citó en su *Miscelánea* a Jovellanos, generalmente considerado el (otro) gran referente teórico del liberalismo moderado, aunque a partir de un concepto de la soberanía de la nación de corte tradicional. El dato sorprende porque es posible que Burgos llegara a conocerle por medio de Meléndez Valdés, durante su estancia en Madrid de 1798.

En el contexto histórico del Trienio Liberal, Burgos define a los *moderados* como los seguidores del imperio de la razón y de la ley, interponiéndose entre los *exaltados* y los *serviles*, que se sometían respectivamente a las pasiones y a la arbitrariedad, conducentes a las *opiniones extremadas*. Los moderados, pues, representan el punto de vista del interés común o conveniencia general, que se cifra en el respeto a las leyes[892]. En esta reflexión enlazan el espíritu, digamos, doctrinario y el utilitarismo, los dos puntales principales en su sistema de ideas. Por eso, frente a la obcecación y el dogmatismo -actitudes estériles y nocivas- Burgos promoverá desde la *Miscelánea* el espíritu de transacción, e incluso la práctica de una tolerancia táctica ante las "preocupaciones", es decir, el apego a rutinas contrarias a los auténticos intereses de la época. De

---

890. M. Menéndez Pelayo, *Historia de los heterodoxos (…)*, o.c., II, p. 562.
891. Vid. sin embargo José Luis Comellas García Llera, "La construcción del partido Moderado", en *Aportes. Revista de Historia Contemporánea* nº 26 (1994). p. 16: frente a "influencias bien visibles" de origen francés en la construcción del doctrinarismo español a partir de 1833, llama la atención sobre el influjo mediato de Jovellanos ("no se ha estudiado aún") y el inmediato de Lista. Por otro lado, vid. Joaquín Varela Suanzes-Carpegna, quien acentúa junto a la difusión de esas ideas en el Trienio, su asimilación por los emigrados liberales durante la *Ominosa década*: "El pensamiento constitucional español en el exilio: el abandono del modelo doceañista (1823-1833)", en *Revista de Estudios Políticos* nº 88 (1995) pp. 63-64.
892. "Sobre la moderación", en *Miscelánea* nº 466 (8.06.1821).

esta suerte, en relación, por ejemplo, con los conflictos surgidos entre el gobierno español y Roma, afirmará:

> Los cismas no son fruto de este tiempo; pero si esta verdad es innegable, no lo es menos que hay preocupaciones con las cuales es preciso transigir, para evitar consecuencias de que no siempre es fácil calcular la extensión ni los peligros[893].

De ahí también el margen de posibilismo, o relativismo, de que Burgos hace gala con frecuencia en sus artículos en cuestiones controvertidas como eran las de orden constitucional, provocando indignación en los partidarios estrictos de la ortodoxia liberal, pero que cuadraba bien con ese talante ecléctico, que era uno de los componentes destacados en el nuevo liberalismo posnapoleónico en Europa, sin ser patrimonio exclusivo de los doctrinarios[894]. La razón doctrinaria, sostiene a este respecto Díez del Corral, no es "una ley de contenido fijo y seguro, sino un método", método flexible en función de las circunstancias, que conducía a la "necesidad de componerse en cada caso una solución improvisando su montaje"[895]; y establecer así las condiciones para alcanzar la mayor cantidad del bien asequible en cada situación.

De la virtud de esos hombres instruidos y voluntariosos, esto es, "del talento, instrucción, probidad y aplicación de los que mandan, depende -escribe Burgos- que se promueva un sin número de beneficios, y que se venzan todos o los más de los obstáculos que se opongan a su logro"[896]. Hay que tener en cuenta, sin embargo, que Burgos manifiesta

---

893. "Revista de julio", en *Miscelánea* n° 520 (1.08.1821); párrafo subrayado por el nuncio Giustiniani, quien reafirma así su convicción de que la opinión pública, con la excepción de los exaltados, era contraria a la ruptura con Roma; incluso el gobierno, a pesar de sus amenazas, temía más el cisma que la Santa Sede (ASV, *SS* 249 [1821], fasc. 8, f° 44, n° 1386, Madrid, 3.08.1821).

894. J. Varela Suanzes-Carpegna, "El liberalismo francés después de Napoleón (De la anglofobia a la anglofilia)", en *Revista de Estudios Políticos* n° 76 (1992) pp. 37-38; eclecticismo, puntualiza, que compartía Constant e incluso un ultra como Chateaubriand: "diferían tan solo en el alcance de esta conciliación".

895. L. Díez del Corral, *o.c.,* pp. 200 y 133.

896. Cfr. el art. "Muchas veces hemos pensado que nada es más fácil a los que gobiernan que hacer bien", en *Miscelánea* n° 440 (13.05.1821).

cierta vaguedad al referirse al alcance de la intervención que considera ser propia del gobierno en relación con dichos obstáculos y beneficios. Ocasionalmente parece esperar de él una pauta de comportamiento más o menos proactiva, aunque con mayor frecuencia, le atribuye un ámbito de acción más acorde al espíritu liberal, limitándolo a crear condiciones propicias para el desenvolvimiento de la iniciativa de los particulares, al garantizar la existencia del escenario adecuado: básicamente, proporcionar la seguridad personal y real mediante el mantenimiento del orden interior; sostener relaciones exteriores en términos de no confrontación con otras naciones; desarrollar un marco legislativo en armonía con el progreso de la civilización, que facilitara el ejercicio de las libertades de los ciudadanos, especialmente las económicas; y a lo sumo, construir y sustentar las estructuras administrativas, culturales y benéficas (más raramente las materiales) necesarias, fundadas en los mismos principios.

En cualquier caso, la historia universal y particularmente la de España en los últimos decenios, demostraba que la sola confianza en la moralidad de los hombres públicos era un recurso frágil, y por tanto insatisfactorio para fundar sobre ella la actividad gubernativa del Estado. En concreto, Burgos se atrevió a señalar (¿en clave irónica?) "la baja y soez corrupción que produce la codicia" como un vicio ajeno a la política española:

A la verdad, no es este el riesgo más común de los hombres que siguen la carrera de los empleos en nuestra patria. El juicioso e imparcial Humbolt (sic) admira la conducta desinteresada de nuestros administradores en las apartadas provincias de la América; pero una larga guerra intestina, la opinión y los ejemplos de otros países, donde no son tan detestadas las concusiones y el soborno, ofrecen un peligro a nuestras costumbres, que nunca se procurará evitar en demasía[897].

Y esto, recuérdese, dicho por alguien que había pasado dos años, en su juventud, intentando lograr un empleo público a base de recomendaciones y dinero. Aún más lejos fue en su crítica de la vieja política, la del régimen absolutista, al condenar el sistema seguido desde muchísimo tiempo

---

897. "De los hombres de Estado, Segundo artículo", en *Miscelánea* nº 348 (10.02.1821); para la valoración de Humboldt acerca de las sociedades coloniales y su administración, vid. Sandra Rebok, "Alexander von Humboldt's perceptions of colonial Spanish America", en *Dynamis* nº 29 (2009) pp. 49-72.

atrás: "Los anales del ministerio español en el dicho periodo de tres siglos y diez reinados no ofrecen en todas sus páginas más que errores, ignorancia, torpeza, indecisión o nulidad"[898]. El problema así planteado, consistía en cómo conciliar el indispensable elitismo en la selección de los gobernantes, con la necesidad de evitar el despotismo y sus secuelas de opresión, incompetencia y prevaricación. La respuesta, insistentemente publicitada por Burgos en la *Miscelánea,* se ceñía a la interpretación que hacía el político y teórico liberal, Benjamin Constant, del gobierno representativo y de sus mecanismos complementarios.

10.3. Divulgando a Benjamin Constant

A juzgar por la atención que le prestó su periódico, Burgos hizo de Constant tanto o mayor aprecio que de cualquiera de los personajes antes indicados. Las menciones propiamente informativas son continuas y se interesan por asuntos realmente variados: se oyeron gritos y amenazas debajo de la casa en la que se alojaba en Saumur; se dirige a los baños de Baden en compañía de los señores Etienne y Foy; se rumorea que ha venido de incógnito a San Sebastián[899]. Sobre sus intervenciones en la cámara de diputados queda la convicción de una parcialidad amistosa, al proyectar la imagen de un defensor equilibrado de la libertad, no solo frente al ministerio y los *Ultras,* sino también la izquierda jacobina:

Si yo gustara de revoluciones (dijo Benjamin Constant en la sesión del 3 de Junio) votaría a favor del proyecto de ley; pero las detesto porque solo sirven para inmolar individuos, para desnaturalizar el carácter de las personas, corromper la moral, introducir falsos deberes en vez de los verdaderos y legítimos, substituir una fuerza ciega al imperio de la razón y de las leyes, pervertir la Justicia, y violar los derechos individuales: y cuando sucede todo esto, poco importa que tan execrables desórdenes se cometan levantando el pendón de la libertad, o el del despotismo[900].

---

898. "Sobre ministros, en *Miscelánea* n° 63 (24.03.1820).
899. *Miscelánea* n° 245 (31.10.1820), n° 549 (30.08.1821) y n° 571 (21.09.1821).
900. "Hemos recibido antes de ayer los periódicos de París", en *Miscelánea* n° 109 (17.06.1820).

Pero además, como hicieran sus amigos de *El Censor,* el redactor de la *Miscelánea* difundió los puntos centrales del pensamiento del publicista galo a través de artículos y de recensiones en los que, probablemente por razones tácticas, no siempre se menciona su nombre. Este no es el caso, evidentemente, en el importantísimo escrito dedicado a la dicotomía entre la libertad de los antiguos y la de los modernos[901]; vale decir, entre libertad política y libertad civil, abogando a favor del principio de representación política versus la norma, ya inviable en la época moderna, de la participación directa en la soberanía por todos los ciudadanos, como habían defendido Rousseau y en especial Mably, quien confundía -según el artículo de Burgos- la autoridad del cuerpo social con la propia libertad.

Así pues, las libertades civiles, o sociales en la terminología de la *Miscelánea,* consistían en los derechos y libertades de carácter personal: la sumisión exclusiva a las leyes y no al arbitrio de los individuos, las garantías procesales, la protección del honor, la propiedad y la disposición de todo género de bienes, los derechos de reunión, movimiento, asociación y especialmente, de publicidad y de opinión, sin más límite que los derechos de los demás. Las libertades civiles hacen posible el progreso social, pero requieren como garantía la existencia de la libertad política -que es a la vez el medio para perfeccionar las facultades morales- frente al peligro del despotismo, una tentación omnipresente -nos previene- para todo gobierno, aunque que a menudo se siga olvidando:

> Este riesgo es tanto mayor, cuanto los depositarios de la autoridad se muestran casi siempre muy oficiosos para ahorrar a los ciudadanos todo género de trabajo, a excepción de los de obedecer y pagar, y se ve comúnmente a todos los gobiernos, sin exceptuar a a los más ineptos, ofrecer a sus súbditos toda clase de felicidades, con tal que se estén quietos y les dejen obrar.

---

901. Vid. "De la libertad de los antiguos comparada con la de los modernos"; son tres artículos o entregas sucesivas, en los que se glosa el discurso pronunciado por Constant en el Ateneo Real de París (1819): vid. *Miscelánea* nº 117 (25.06.1820), nº 120 (28.06.1820) y nº 124 (2.07.1820). Salvo indicación en contrario, son la referencia para los párrafos que siguen. Vid. también "Cuestión. Las naciones que recobran su libertad, ¿deben permanecer estacionarias?", en *El Imparcial* nº 177 (4.03.1822), donde se expone una vez más la doctrina de la libertad política y la civil, aunque en este caso, la exposición no parece propia de Burgos.

*Imagen 43. Los elegantes en el Salón del Prado, 1826. Rodriguez invt., Real Es-
tablecimiento litográfico (Sociedad Española de Amigos del Arte, Exposición del
antiguo Madrid. Catálogo ilustrado. Madrid: Fototipias Hauser y Menet, 1926,
lam. XL).*

La libertad política, por razones prácticas, no podía ya ejercerse
de manera colectiva y directa (extensión de los estados, número de
habitantes, dedicación a sus ocupaciones individuales, etc.) pero tampoco,
a causa de la necesaria subordinación a los dictados de la razón y -aunque
no se diga- por la necesidad de prevenir el desbordamiento pasional
de muchedumbres sin capacidad de asumir esa responsabilidad. Así
pues, descartado el principio democrático, formula esta libertad como
el ejercicio de una cierta influencia de los ciudadanos en la marcha del
Estado y se concreta en términos de nombramientos de funcionarios,
magistrados y legisladores; en el derecho a pedir, orientar y cuestionar al
gobierno; y siempre, con énfasis en la idea de representación. Sin citarlo,
pero siguiendo estrechamente la definición contenida en *De la liberté des
anciens comparée a celle des modernes*, Burgos escribió:

La libertad en este periodo de sociedad puede mirarse bajo el aspecto
político, y entonces será la *facultad de concurrir más o menos
directamente al ejercicio de las funciones públicas de la legislación,*

de la administración y de los juicios, o ya podrá considerarse con el nombre de libertad civil, y en este caso expresará *la facultad de ejercer todos los derechos privados relativos, ya a la propiedad personal, ya a la de todo género de bienes*[902].

El sistema representativo es resumiendo, la clave, la panacea del mecanismo de gobierno. "Reúne pues la libertad individual indispensable para los modernos, con la libertad política, que es su garantía necesaria, y el medio más poderoso para la perfección de la especie humana". Bien entendido el sentido restringido que, de acuerdo con la inspiración en boga entonces en Europa, Burgos le confería, hasta el punto de solicitar el pronto establecimiento de lo dispuesto en el artículo 92 de la Constitución, es decir, la posesión de una renta anual proporcionada, procedente de bienes propios, que debería tener un ciudadano para ser elegido diputado a Cortes. Abogó también por extender esa condición a los electores inmediatos, proponiendo incluso que la renta procediera de bienes raíces, por entender que su propiedad era "el fundamento más sólido de nuestra libertad social y de las buenas costumbres"[903]. ¿Cómo no recordar aquí la conclusión de don Luis Díez del Corral en su glosa a Guizot?: "Toda la construcción teórica sobre la razón abocaba así a un concreto resultado político: los burgueses son los capaces de dirigir la vida del Estado"[904].

---

902. "De la libertad social", en *Miscelánea* nº 313 (6.01.1821). Otra definición semejante, una vez más sin citar a Constant, se encuentra en "Libertad civil: acusación. Primer artículo", en nº 358 (20.02.1821): "Llamamos libertad civil a la que resulta inmediatamente de la fuerte inviolable protección de nuestras vidas, de nuestro honor, de nuestros bienes y de todo lo que forma nuestros derechos privados. Esta especie de libertad es tan interesante, que por ella se procura la libertad política, esto es, la facultad de concurrir los ciudadanos a las deliberaciones de las leyes y a la concesión de los tributos; pues otorgándolos por sí, o por sus legítimos representantes, los que los han de pagar tienen en este punto defendida en el modo posible la propiedad de su fortuna; y solo concurriendo de la misma manera a la formación de las reglas que determinan los derechos y los deberes de los que componen la sociedad, pueden tener la posible confianza de que las leyes o su ejecución no se conviertan en daño, o consientan o autoricen tal vez el peligro de nuestras personas y de nuestros bienes". Para el texto original de Constant en *De la liberté des anciens comparée a celle des modernes*, véase G. de Ruggiero, *o.c.*, p. 102.
903. "Continúa el artículo de antes de ayer sobre el paralelo entre la Constitución actual y la antigua", en *Miscelánea* nº 309 (2.01.1821).
904. L. Díez del Corral, *o.c.*, pp. 239-240.

En la misma dirección apunta su interpretación de los conceptos de "pueblo", de "ciudadano" y de la división de poderes, que Burgos comentó en los correspondientes artículos, con el fin de reforzar la coherencia de la tesis que difundía. Respecto a lo primero, jugó con los diferentes sentidos de la palabra hasta identificar al *pueblo* con los representantes nacionales o como mucho, con el conjunto de los ciudadanos. "Pero de desear es que entre nosotros, la respetable voz *pueblo* no se prostituya a designar la sección menos importante del Estado, la menos preparada para distinguir los comunes intereses, la menos independiente para resistir la sedición de los facciosos de cualquier especie, aunque siempre acreedora de los cuidados paternales del gobierno". Queda claro por otra parte, lo que entiende por *ciudadano*, un concepto cargado implícitamente de contenido restrictivo: citando a Aristóteles, la ciudadanía se caracterizaría por el ejercicio de derechos políticos, que en un régimen representativo se concretan en elegir representantes, revestidos a su vez de "ciertas condiciones de fortuna, de independencia, etc., para intervenir en los negocios públicos"[905]. Sin embargo, hay que puntualizar que se trata de un elitismo flexible y para nada aristocrático -en sentido señorial- pues era muy consciente de la necesidad de "crear los intereses materiales de la revolución" convirtiendo en ciudadanos activos, o sea en propietarios, a los jornaleros, a los braceros, a la "gente baldía y holgazana"[906]; el matiz no tiene desperdicio.

En cuanto a la separación de poderes, el periodista manifiesta un respeto no exento de crítica hacia Montesquieu. Alaba ese principio como medio para prevenir la tendencia a la usurpación de los gobiernos, pero achaca "poca exactitud en la triple división de este publicista"[907], quizás aludiendo por oposición, a la aportación teórica de Constant, inspirada en la práctica parlamentaria inglesa. Asimismo, apelando a la autoridad de Locke, combatió la identificación de la soberanía con el poder de hacer las leyes sostenida por Rousseau, para defender -un poco por los pelos- la conveniencia de otorgar ese atributo a la persona que "teniendo su parte en el legislativo", se hallaba revestida del ejecutivo[908].

---

905. Vid. "Nación = Pueblo", en *Miscelánea* n° 205 (21.09.1820), y ""Ciudadano", en n° 191 (7.09.1820).

906. "Sobre un partido de oposición. Segundo artículo", en *Miscelánea* n° 112 (20.06.1820).

907. "Sobre la división de los poderes supremos", en *Miscelánea* n° 335 (28.01.1821).

908. "Concluye el artículo del núm. 244 [sic, por 245] sobre la soberanía", en *Miscelánea* n° 249 (4.11.1820).

Ya en noviembre de 1820 había insertado en la *Miscelánea* un importante artículo, en dos entregas, dedicado a la naturaleza del ministerio en una monarquía constitucional. Abogaba ahí por un ejecutivo que fuera la expresión de un régimen parlamentario y no simple emanación ("meros secretarios") del poder ostentado por un jefe del Estado que era, por otra parte, inviolable según la Constitución[909]. Una vez más, no se cita directamente a Constant, pero en el epílogo de ese texto, tuvo cuidado en aclarar: "No pretendemos un privilegio de invención por ninguna de estas reflexiones, que es fácil de aprender en las teorías de la ciencia política, y en los ejemplos de otros gobiernos sabios". De ahí siguen como corolarios, en los que Burgos insiste en sucesivas ocasiones, las nociones del poder Real moderador, del consejo de ministros, de la responsabilidad ministerial y del partido de oposición (esta, particularmente denostada por los liberales españoles bienpensantes, que veían en él un motivo de fractura en la deseable unanimidad de pensamiento entre los auténticos patriotas). Todo esto no era un asunto baladí, simple teoría en la España de entonces, porque da la impresión de que Fernando VII utilizó la prerrogativa de nombrar libremente a sus ministros como forma de provocación a las Cortes, saboteando cuanto pudo el desenvolvimiento de la vida política; y como señaló don Joaquín Varela[910], precisamente la ausencia de ese "poder neutro" había sido para Constant, la causa del fracaso de la Constitución de 1789 en Francia, con todas las consecuencias que este precedente dejaba entrever para el régimen constitucional de España. Alternativamente, los diputados españoles tampoco demostraron conocer los rudimentos de la teoría del gobierno parlamentario, a juzgar por la respuesta que dieron al rey en marzo de 1821, cuando este -rompiendo su táctica anterior- pidió que le indicaran nombres para el gabinete que debía sustituir al de "los presidiarios". Así lo relataba la *Miscelánea* en su revista de marzo:

---

909. Vid. "Del ministerio y de los ministros en una monarquía constitucional", en *Miscelánea*, nn. 265 y 266 (20 y 21.11.1820). Sobre el concepto, desarrollado por Constant, y sus corolarios -sistema de gabinete, responsabilidad ministerial ante el parlamento, partido de oposición, etc., vid. G. De Ruggiero, *o.c.*, p. 94, L. Díez del Corral, *o.c*, p. 114 y J. Varela Suanzes, "La monarquía en el pensamiento de Benjamin Constant (Inglaterra como modelo)", en *Revista del Centro de Estudios Constitucionales* nº 10 (1991) pp. 122-138.
910. Cfr. J. Varela, "La monarquía (...)", *art. cit.*, p. 125.

El rey, animado sin duda del deseo de que no se atribuyese a resentimiento la remoción de los ministros, había dado un paso infinitamente delicado y generoso, convidando a las cortes a proponerle un ministerio de su confianza. Las cortes, manifestándose firmes en el sendero constitucional, y calculando verosímilmente el influjo funesto que podría ejercer para lo sucesivo el que se prestasen a hacer al rey la indicación a que las exhortaba, se rehusaron a ello, dando así un ejemplo tan notable de desinterés y de magnanimidad, como el que había dado el rey al consultarlas[911].

El redactor termina de perfilar ese ejecutivo en el artículo dedicado al *Consejo de ministros*, con toda seguridad inspirado también por la lectura de Constant, que apareció en el periódico precisamente un día después. En él aduce las razones al uso en apoyo de su tesis e insiste, de nuevo, en su utilidad como dispositivo amortiguador de las tensiones entre el poder ejecutivo y el legislativo. Lo que sigue es suficientemente ilustrativo a este respecto:

¿Pero el rey no podrá mudar estos ministros? Claro es que sí: como lo es que esta facultad no debe inspirar recelos, pues si unos nuevos ministros se desvían del camino de la rectitud, la nación bien representada en las cortes, les retirará su aprobación y confianza y les negará los subsidios, y el voto aprobativo de las medidas que propongan; con lo cual volverán las riendas del gobierno a manos de sujetos, que agraden y sirvan juntamente al príncipe y al pueblo. En este sistema no se puede gobernar sin el voto de la mayoría de los representantes nacionales, ni estos pueden entorpecer sin grave daño la marcha del gobierno. Para obrar pues entrambos poderes, necesitan marchar de acuerdo; y esta cooperación, forzada por el mecanismo de los gobiernos representativos, es una de sus grandes ventajas, así como el consejo de ministros una medicina capaz de preservar de males muy posibles y muy dignos de evitarse en los gobiernos que principian[912].

---

911. "Continua la revista de marzo", en *Miscelánea* nº 399 (2.04.1821).
912. "Sobre el Consejo de ministros", en *Miscelánea* nº 267 (22.11.1820).

Los artículos dedicados al concepto de oposición parlamentaria empezaron a publicarse en fecha temprana y son numerosos. Con espíritu pedagógico, Burgos presentó esta noción como un perfeccionamiento del equilibrio de poderes, destinado a contener la tendencia a la usurpación y al despotismo que es propia de los gobiernos en todas las épocas. Superaba así el prejuicio habitual entre los liberales de entonces, que imaginaban al partido de oposición como una confabulación de intereses particulares, adversarios del bien común. Y con más detalle:

Pedir con moderación y templanza prontas y radicales reformas en todos los ramos de la administración pública, solicitar que se remuevan los estorbos que se oponen a nuestra total regeneración; observar atentamente la conducta de los ministros y de sus agentes subalternos, he aquí las bases de un partido de oposición[913].

La doctrina política de la *Miscelánea* debe ser recordada, entre otros motivos, porque arroja luz sobre el pensamiento de su redactor acerca del mecanismo de poder contenido en el Estatuto Real, en cuyo diseño iba a tener parte una década después: la participación de la sociedad civil en las tareas de gobierno, o en el nivel fáctico, su iniciativa fallida para hacerse con la presidencia del consejo de ministros que se trataba de configurar. Como es sabido, la designación en su favor, que contaba con la aquiescencia de la reina regente y del propio Martínez de la Rosa en enero de 1834, terminó recayendo en el segundo porque nadie se encargó de institucionalizar la figura del presidente. Así lo cuenta él mismo al hacer la historia de su época ministerial[914].

---

913. "Sobre un partido de oposición", en *Miscelánea* n° 104 (12.06.1820). Su finalidad, en formulación doctrinaria: "Para mantener el equilibrio de las fuerzas que dirigen la legislación y el gobierno por una senda de en medio, que es la del interés del mayor número": "De los partidos con relación a la naturaleza de los gobiernos. Segundo artículo", en *Miscelánea* n° 285 (10.12.1820). Vid. también la recensión a la edición francesa de los discursos de Pitt y Fox, en *Miscelánea* n° 336 (29.01.1821) y n° 346 (8.02.1821), en la que critica suavemente la organización política inglesa, cuyo mayor defecto sería carecer de una ley fundamental que fijara la organización y límites del poder parlamentario.

914. J. de Burgos, *Anales (…), o.c.,* I, pp. 217-219.

10.4. Sobre la Constitución y los mecanismos garantes del sistema

Considerado en conjunto, el mensaje ideológico difundido por el periódico de Burgos se presenta como algo disonante, cuando no contrario al espíritu de la Constitución doceañista. Una idea de la soberanía fundada en la *razón*, una diferente trabazón entre los poderes del Estado bajo la guía de un centro moderador, el énfasis en las libertades civiles más que en las políticas… todo eso remite a un escenario mucho más exclusivo y jerarquizado que la interpretación oficial de la Constitución, de la que Burgos y los redactores de *El Censor* discrepaban por su orientación tendencialmente democrática, y por tanto proclive a la anarquía. Pero teniendo en cuenta la veneración, rayana en el fetichismo, que gozaba el texto constitucional en el entorno liberal, era obligado expresar su antagonismo con reticencias (que a nadie engañaban) y nunca de forma directa, lo que presta especial significación a las insinuaciones, más o menos veladas, sobre su inalterabilidad. Sin embargo, contra lo que se afirmó en alguna ocasión, no he visto indicación alguna en la *Miscelánea* en la que se abogara por la adopción del veto Real y un sistema parlamentario bicameral, puntos sobre los que los exaltados acusaron de manera insistente a los moderados en general y a los afrancesados en particular, de trabajar para su establecimiento. Afirma Nicomedes Pastor Díaz que Burgos sugirió, y defendió con vigor que las Cortes de 1820 fueran constituyentes[915], pero la verdad es que si lo hizo, no fue nada explícito. En cambio, creo que sí es perceptible una constante labor de zapa destinada a minar la idea de que la Constitución era intangible y que por tanto, no solo era posible su reforma, sino que cabía interpretarla, incluso violentando su letra cuando pareciera preciso. "Ciertos sujetos, supersticiosos de su creencia política, que miraban el código de nuestras libertades como los mahometanos el Alcorán y los judíos el Talmud, y que olvidando que el espíritu *es el que vivifica*, hacían alarde de atenerse a la letra o a la corteza"[916]. Esas insinuaciones fueron especialmente frecuentes antes de la reunión de las Cortes, cuando opinó, por ejemplo, en pro de contratar un empréstito sin esperar su autorización preceptiva: "es un principio universal que si en las circunstancias ordinarias son las fórmulas la salvaguarda de todos los intereses sociales, en las extraordinarias es menester sacrificarlas a

---

915. N.P. Díaz, *Obras (…)*, o.c., t. III, p. 167.
916. *Miscelánea* nº 161 (3.05.1821).

estos intereses mismos"[917]. Lógicamente, se manifestó también a favor de la libertad de los ministros para variar a su manera la organización de las secretarías sin prejuicio de las disposiciones de la Constitución sobre ese punto, y por supuesto, no perdió la ocasión de aclarar el sentido del artículo 172 frente a los que consideraban anticonstitucional la destitución de empleados públicos por el gobierno[918]. Bien es verdad, dicho sea de paso, que Burgos pronto identificó esa práctica, de la que abusó el gobierno de forma desmesurada, como uno de las grandes amenazas para la estabilidad del sistema.

Hizo ostentación del mismo talante en relación con la venta de las Floridas a los Estados Unidos (con apelación incluida a la autoridad de Bentham y de Pradt), al afirmar la conveniencia de revisar el contenido cuando se cumpliera el plazo indicado en el mismo texto constitucional: "La más viciosa de las constituciones seria la que vedase su libre examen al hombre interesado en la ventura de su país y de su especie; y así es que Ia nuestra, determinando la época y las formas con que se pueden hacer sus variaciones, ha dejado en sí misma el germen de su perfección"[919]. Aun así, resulta anómala, por la rotundidad con que se formuló, la siguiente valoración:

> No creemos que la obra actual sea perfecta: las cosas perfectas son difíciles, decía Platón, y más puede esto decirse en un código político; pero estamos en camino de perfeccionarla[920].

El asunto tomó cuerpo con motivo de las presiones de las potencias legitimistas sobre el reino de Nápoles, donde había triunfado un pronunciamiento liberal y se había adoptado la Constitución de España. Para neutralizar su tendencia democrática, los representantes de las potencias, reunidos en Leybach, habían exigido que esta se modificara con el establecimiento una segunda cámara (aristocrática), la eliminación de la diputación permanente y el refuerzo del poder Real otorgándole el veto

---

917. "Hace muchos días que estamos oyendo hablar de un empréstito", en *Miscelánea* nº 86 (17.05.1820).
918. "Uno de estos días hemos oído", en *Miscelánea* nº 88 (22.05.1820); "Vemos en varios periódicos del reino denunciarse", en nº 99 (7.06.1820).
919. "De la ley constitucional, con relación al tratado sobre las Floridas", en *Miscelánea* nº 193 (9.09.1820).
920. "Concluye el artículo sobre la comparación entre la constitución antigua y al actual", en *Miscelánea* nº 310 (3.01.1821).

indefinido sobre las leyes del parlamento y la capacidad de disolverlo. Ese programa iba a inspirar en lo sucesivo el de los moderados españoles, con el que un Burgos reticente y no sin ambigüedad, iba a simpatizar:

> Que los españoles, ufanos de su constitución, no estén dispuestos á transigir por el momento sobre ninguno de sus capítulos, lo entendemos fácilmente, pues al fin es una obra, de que ellos se gloriaban tanto más, cuanto la hicieron en circunstancias muy difíciles, pero los napolitanos no tienen por que mostrar tanto apego á una ley que ellos no han formado, y menos cuando el insistir en su completa ejecución podría exponerlos a graves daños[921].

Ese *por el momento* dio lugar a que le contestase un comunicante de *El Universal*, quien le afeó su bochornosa propensión al transaccionismo y lo impolítico de sus consejos a los napolitanos[922].

Los ejemplos podrían multiplicarse. En consonancia con su filosofía pragmática, a menudo se mostró a favor de soluciones flexibles en materia jurídica, y proclive al uso de epiqueyas. Así se pronunció a propósito de la nulidad de las elecciones en Cuba[923], y sobre la aprobación de una ley de excepción que se suponía, iba a presentarse en las Cortes nada más iniciarse la nueva legislatura. Esta permitiría suspender temporalmente algunos artículos de la Constitución, para combatir más eficazmente la inseguridad en la capital; la *Miscelánea* alegaba el asesinato de un coronel Canales ("casi todas las noches ha habido una o más tentativas de asesinato o de insulto"), aunque es cierto que en febrero de 1821, en un clima de gran efervescencia, abundaron los choques entre los milicianos y la Guardia Real, forzando al rey a ordenar la extinción de esta última (aunque solo del cuerpo de infantería)[924].

En cuanto a los mecanismos destinados a garantizar la pervivencia del sistema representativo, su punto de vista obedece al mismo espíritu

---

921. "Concluye el artículo de conjeturas sobre el Congreso de Leybach", en *Miscelánea* nº 322 (15.01.1821).
922. "Artículo comunicado", en *El Universal* nº 20 (20.01.1821) p. 73, f. = R.C.; vid. la contrarréplica de Burgos, en *Miscelánea* nº 328 (21.01.1821).
923. "La nulidad de las elecciones en la isla de Cuba", en *Miscelánea* nº 364 (26.02.1821).
924. "Desde la noche del sábado", en *Miscelánea* nº 361 (23.02.1821).

y es acorde con el sentir convencional de los tratadistas políticos de la época. "En el fondo, todos estos autores se repiten", observa De Ruggiero[925]. Así pues, como Bentham, defendió que el poder Judicial, al margen del ejecutivo y libre de funciones administrativas, debía basarse, por razones de independencia y de luces, en magistraturas unipersonales. Con naturalidad, deja al descubierto su sentir aristocrático -en el sentido literal- al manifestar su desconfianza sobre la capacidad de la institución del jurado (los "jueces de hecho")[926] para salvaguardar adecuadamente la libertad de imprenta:

> Sin duda, hay muchos centenares de individuos que pueden desempeñar las funciones de jueces de hecho admirablemente; pero hay centenares de millares de individuos idiotas o apasionados, a quienes importará lo mismo decir *sí* que *no*, y la inmensa mayoría de los jueces de hecho se sacará ciertamente de esta clase, aunque no sea sino porque es la más numerosa[927].

Burgos asocia la milicia nacional a la defensa de "los primeros intereses sociales", que cifra aquí en la seguridad y libertad pública, el orden en definitiva, de lo que deduce la conveniencia de que este se confíe a los que tienen el mayor interés en conservarle[928]. Sin embargo, siendo como era la milicia uno de las creaciones más emblemáticas del régimen, su pronta *perversión institucional*, como la calificó A. Nieto[929], tuvo que silenciarse en las páginas de la *Miscelánea*. Sólo meses después quedaría de relieve, en las de *El Imparcial*, la brecha abierta entre los jefes de la milicia de Madrid, firmes partidarios de los procedimientos reglados, el principio jerárquico y el acatamiento al orden establecido, y los milicianos rasos, voluntarios de extracción más popular, recelosos ante las amenazas a la libertad y proclives a sobreactuar en su defensa.

Además de simpatía por las tradicionales sociedades económicas, a las que siempre elogió, la *Miscelánea* deja ver su concepción, no muy original,

---

925. G. de Ruggiero, *o.c.*, p. 97.
926. Vid. "Sobre el proyecto de ley de libertad de imprenta, que se discute actualmente en las Cortes", en *Miscelánea* n° 216 (2.10.1820).
927. "Nosotros, que no acostumbramos", en *Miscelánea* n° 220 (6.10.1820).
928. "Siempre que se nos ha presentado la ocasión", en *Miscelánea* n° 354 (16.02.1821).
929. A. Nieto, *o.c.*, p. 99.

de la imprenta y de las sociedades patrióticas como una herramienta de pedagogía política y un baluarte de las libertades, pero también como una forma de participación ciudadana en el gobierno representativo mediante el ejercicio de los derechos de expresión, opinión y petición[930] a la manera de la prensa escrita, aunque en tono menor. El asunto es importante porque ese asociacionismo puede considerarse representativo del alcance del liberalismo que profesaba Burgos, sincero aunque para nada revolucionario y siempre circunscrito a los límites que marcaba la legalidad; y quizás se halle una lejana reminiscencia de lo mismo en el espíritu que animaba, muchos años después, las conferencias y los coloquios que dirigió en las veladas organizadas por los socios del Liceo de Granada.

Burgos mostró confianza (cautelosa) en la labor constructiva de las sociedades patrióticas que proliferaron durante el Trienio, esforzándose por disipar las dudas que inspiraba el deterioro de la tranquilidad pública. Como se dijo páginas atrás, fue uno de los promotores, como Miñano, de la *Sociedad de Amigos del Orden* (el nombre lo dice todo) establecida en el café de la Fontana de Oro, seguramente con ánimo de influir en ella y no solo para estar informado. Combatió allí la tendencia alborotadora, aunque esta terminaría predominando entre los oradores, volviéndose contra los mismos periodistas[931]. Aunque no hay datos sobre su asistencia a las sesiones a partir de septiembre de 1820 -el material de sus crónicas procede de un colaborador anónimo- no compartió la condena que lanzó Miñano contra ellas en sus propios escritos, o la de *El Censor*. Además, Burgos, que se abstuvo de valorar la ley aprobada por las Cortes para regular (o sea, acallar) a las sociedades después de los tumultos de septiembre, hizo suyo el dictamen de Martínez Marina, que extractó en los números de 26 y 27 de diciembre (aunque interpretándolo a su manera)[932]. En efecto, Marin, intelectual de mucho fuste y diputado en

---

930. "Las sociedades patrióticas, atacadas en un articulo", en *Miscelánca* n° 95 (3.06.1820).
931. Cfr. A.M.ª Berazaluce, *Sebastián de Miñano (...)*, o.c., pp. 134-136.
932. Francisco Martínez Marina, *Discurso sobre sociedades patrióticas por el diputado D.* — — —, Madrid: Imprenta de la Compañía, 1820, 80 pp. f. = Madrid, 16.10.1820. [En línea: Biblioteca Digital Hispánica]; el extracto, en *Miscelánea* nn. 301 (26.12.1820) y 302 (27.12.1820). Para el análisis detallado de la discusión del decreto en las Cortes, publicado el 21 de octubre (un día antes del de libertad de imprenta), vid. A. Gil Novales, *Sociedades (...)*, o.c., t. I, pp. 527-554.

la legislatura de 1820, no tuvo ocasión de leer su discurso, de forma que lo hizo imprimir. En él, desaprobaba de manera rotunda la pretensión de silenciar o disolver a las sociedades ("es preparar el triunfo del servilismo", p. 11), al considerar que

> La libertad de pensar, el uso expedito de las facultades intelectuales y del prodigioso artificio del lenguaje con que el Criador dotó al hombre para que pudiese manifestar sus ideas y comunicarlas á sus semejantes, es un derecho de la naturaleza independiente de toda convención y de toda autoridad (p. 7).

Evocando al sabio Bentham, Burgos identifica ese derecho de la naturaleza, aludido por Marina, con "la razón de utilidad común de nuestra especie"; pero añadiendo, de matute, que también el derecho positivo podría fijar como límite de esa libertad "el interés de la ciudad, o los intereses de todos, y los derechos de cada uno de los hombres que la componen". Ahora bien, reducido el asunto a una cuestión de ventajas e inconvenientes, viene a sugerir que las sociedades son un freno a la arbitrariedad, una salvaguarda de la libertad y eso pesa más que los excesos pasionales que se les atribuía. Burgos se distancia en cambio de la crítica de Martínez Marina a *El Censor* (cuyos redactores eran sus amigos), que pedía su disolución. Y para concluir, expone con aprobación su idea de las sociedades: "sin representación política ni fuerza coactiva se dirigen hacia su blanco... solo por medio de la persuasión, del consejo, de la censura y del imperio de la opinión". Ecuanimidad notable, porque en ese mismo número de 27 de diciembre de 1820, el periodista se veía obligado a defenderse de las acusaciones de un orador de la Fontana que le retaba a comparecer en la tribuna, aprovechando para sentar la primacía de la prensa escrita entre los instrumentos disponibles en la comunicación pública.

El redactor de la *Miscelánea* pasa, como puede, por los escabrosos acontecimientos que jalonaron los primeros meses de 1821, cuando las sociedades, especialmente la radicada en el café de la Cruz de Malta, desempeñaron un papel dinamizador del proceso revolucionario. Asimismo, recurre a un registro básicamente informativo y -en apariencia- neutro en el relato de la sesión de la Fontana del 4 de mayo, esto es, la noche después del asesinato tumultuario del cura Vinuesa, cuando tuvo lugar la discusión entre los que condenaban y los que aprobaban el crimen. A continuación se pidió la formación de una lista de proscripción de gente sospechosa contra el régimen (de "algunas docenas de personas"), y así se hizo. Según el periódico, en ella se tacharon y añadieron alternativamente nombres de consejeros de Estado, dos capitanes generales, cuatro o cinco tenientes generales, otros tantos ministros del tribunal supremo, el secretario del despacho de Hacienda, varios sujetos de jerarquía, etc. y en fin, don Javier de Burgos, redactor de la *Miscelánea* y don Sebastián Miñano, colaborador de *El Censor;* dato importante, en cuanto revelador de la influencia que se reconocía a ambos periodistas en la formación de opinión y por tanto, en la marcha de los negocios públicos. Hay en el relato de Burgos una traza de humor sutil que teniendo en cuenta el momento en que fue escrito, habla en favor del carácter con que se encaró a los que acosaban a la gente saltándose la ley:

Extendida la lista, salieron con ella de la Fontana como unos cincuenta o sesenta hombres, a cosa de las once de la noche, con dirección al ayuntamiento. Dióles el *quien vive* la guardia de la villa, *y* respondiendo ellos *el pueblo soberano,* entraron a presentar su papel. Este iba lleno de borraduras y de intercalaciones, como era natural, pues en ocasiones semejantes hay individuos que desean que se añadan y se quiten nombres. El ayuntamiento consideró que la lista no iba en regla, pues ademas de presentarse tan puerca, no iba firmada ni acompañada de ninguna representación; en consecuencia exhortó a los portadores á que llenasen estas formalidades, y a que entretanto se fuesen a descansar como lo hicieron[933].

Aprecio y decepción a partes iguales se manifiestan en la crónica de la velada del día 10, en la que elogió el buen sentido de algunos de los que tomaron la palabra -el hermano del capitán Núñez, el ciudadano Mac-Crohon, el joven García conocido como "el catalán"- frente a las diatribas, alusiones personales y exageraciones "que por desgracia se han oido muy frecuentemente en aquella reunión". Esa apreciación ambivalente, característica de su punto de vista, se resumía al concluir: "Nosotros propondríamos que se erigiese una sociedad patriótica en cada barrio, si todos los ciudadanos se explicasen en el sentido del orador Núñez, así como mandaríamos cerrarlas todas si se explicasen como lo hizo el clérigo

---

933. "Madrid 5 de mayo. Ayer después de la muerte de Vinuesa", en *Miscelánea* n° 433 (6.05.1821).

511

valenciano"[934]. Sin embargo, el clérigo se enmendó al hablar en la noche siguiente, "prometiendo abandonar el camino de las personalidades", lo que dio pie para que el diario recomendara nuevamente la asistencia a las sesiones[935]. En última instancia, la valoración de Burgos, favorable en principio a las sociedades, estuvo mediatizada por su naturaleza instrumental, y eso explica tanto los juicios antedichos, como la condena posterior, que emitió a raíz de los sucesos de septiembre de 1821, cuando la Fontana se convirtió en el principal foco de oposición al gobierno tras la destitución de Riego como capitán general de Zaragoza.

A la verdad, en aquellas desordenadas reuniones solían proclamarse de tiempo en tiempo principios útiles y doctrinas saludables; pero además de que esto sucedía muy rara voz, las designaciones interesadas, las difamaciones violentas, los errores que se preconizaban como otras tantas reglas seguras de conducta, y más que todo, la tendencia a la desorganización, que era el carácter invariable de casi todos los discursos que allí se pronunciaban, hacían muy temibles aquellos conciliábulos, de que ningún hombre sensato oía hablar sin estremecimiento. Su cesación fue pues un beneficio señalado hecho á la causa de la libertad, a la cual perjudican igualmente los furores del despotismo que los extravíos de la licencia[936].

10.5. Reformas y remedios para los males de la nación

El periódico de Burgos abundó en propuestas, tanto de reformas destinadas a corregir los vicios seculares del Estado, como de medidas para superar las crisis puntuales que iban apareciendo. Las primeras surgieron por iniciativa del redactor, como fruto de cavilaciones añejas, o al hilo de los proyectos que se discutían en el congreso. Las segundas, como respuesta ante los problemas que se acumulaban en el panorama de la actualidad nacional. Se recuerdan aquí brevemente para facilitar una visión de conjunto, con perspectiva sincrónica, sin perjuicio de volver a ello más adelante.

---

934. "Anoche nos llegó muy tarde la relación de las ocurrencias en la Fontana", en *Miscelánea* nº 438 (11.05.1821).
935. *Miscelánea* nº 439 (12.05.1821).
936. "Revista de setiembre", en *El Imparcial* nº 78 (26.11.1821).

El reformismo, una seña de identidad de la *Miscelánea* desde su origen, se manifestó con intensidad a partir de la convocatoria de las Cortes en abril de 1820. Burgos sugirió incluso la agenda del Congreso, al priorizar entre las necesidades públicas la elaboración de un sistema de Hacienda, una división territorial, una colección de códigos legales, la organización entera de la administración ("desde el ministerio de la Gobernación al último agente municipal") y la creación de un ejército y una marina proporcionados a la situación y recursos de la nación[937]. Del ejercito y la marina no llegó a ocuparse mucho. En cambio, aunque no se menciona en su lista, hay que recordar también entre esas cuestiones el arreglo de la instrucción pública y los numerosos temas relacionados con la Iglesia que afectaban a la construcción del Estado liberal: la desamortización y la financiación eclesiástica, la exclaustración de regulares, la cooperación política de la jerarquía y las disposiciones constitucionales del clero. Y a todo esto, aun habría que sumar los problemas que iban surgiendo de convivencia y orden público como eran la rebelión armada de los absolutistas y la brutalidad chabacana de los tragalistas, el de la asimilación de los afrancesados, la guerra independentista en América y la amenaza de intervención de las potencias legitimistas en la Península. No era poco.

10.6. Lo primero, la Hacienda

Lo más urgente, el arreglo de la Hacienda pública. Como es lógico, las reflexiones contenidas en los artículos periodísticos de Burgos se inscriben en el marco de la teoría liberal, a cuyas ideas fundamentales se venia refiriendo desde hacía mucho tiempo en su producción literaria; en ella, como se vio, hay alusiones en favor de un régimen de plena propiedad y libre concurrencia, sin monopolios, privilegios, gremialismos ni trabas estatales. Ahí está presente, asimismo, la idea clave de la prosperidad nacional como suma de la de los particulares, movidos por su legítimo interés individual. Y tampoco había faltado -en la *Continuación del almacén de frutos literarios*- la mención de Smith y Say como fuentes de autoridad en la ciencia económica.

Consecuentemente, era contrario a toda forma de vinculación, con el fin de favorecer un reparto más equilibrado de la propiedad que evitara "tanto la orgullosa opulencia, madre de los vicios, como la sórdida miseria,

---

937. "Observamos con satisfacción", en *Miscelánea* nº 75 (21.04.1820).

fuente de la mayor parte de los crímenes"[938]; y que de paso, sumara partidarios al sistema entre los beneficiados por la revolución: "¿Quién no ve que ni la clase ínfima del pueblo, ni las corporaciones privilegiadas han podido adoptar con fervor la santa causa de nuestra libertad política?"[939]. Semejante consideración, en la pluma de Burgos, resta fuerza a la distinción entre liberales exaltados y moderados utilizando como criterio la distribución de la tierra, particularmente de la que estaba en manos de instituciones eclesiásticas, para la defensa del régimen liberal.

Cuando se hizo proposición en las Cortes para abolir los mayorazgos, Burgos reconoció que en otro tiempo había considerado deseable "como un célebre filósofo bordelés" (o sea, Montesquieu) la subsistencia de las vinculaciones de mucha envergadura, pero después reparó en su monstruosa injusticia, en las dificultades de ejecución, etc., para inclinarse por la conservación, exclusivamente, de las correspondientes a títulos nobiliarios: "Cuando sobre las ruinas de este coloso se levante la propiedad, habrá sin duda más hombres ricos que hay ahora, y si estos no asocian a sus nombres el esplendor de los timbres de sus antepasados, asociarán el brillo de sus propias virtudes, que vale ciertamente algo más que las ajenas"[940]. Es una opinión que fue emitida ya en julio de 1820, hay que destacarlo, pero que coincide en gran medida con la de Manuel María Cambronero, jurista seguidor de Bentham que había desempeñado importantes cargos en el gobierno de José I y estuvo refugiado en Auch, donde como se dijo, actuó como testigo en el bautismo del hijo de Burgos. Cambronero habría sido, incluso, un discreto colaborador de la *Miscelánea* y como señala Juan López Tabar, su opúsculo sobre los mayorazgos recibió un extensa reseña por parte de Burgos cuando se discutió su abolición en el congreso[941].

---

938. "Hemos hablado ya varias veces de las leyes generales", en *Miscelánea* n° 262 (17.11.1820).
939. "Sobre un partido de oposición. Segundo artículo", en *Miscelánea* n° 112 (20.06.1820); nótese que Burgos formuló esa observación mucho antes de que se implementara la política agraria de las Cortes, causa principal, para algún historiador, de la alienación de las clases populares a la revolución.
940. "Sobre mayorazgos", en *Miscelánea* n° 148 (26.07.1820); vid., también "Sobre la ley de mayorazgos", en n° 203 (14.09.1820), comentario a la discusión del proyecto en las Cortes.
941. Juan López Tabar, "Manuel María Cambronero (…)", *art. cit.*, pp. 96-98. Vid. "Sobre mayorazgos", en *Miscelánea* n° 194 (10.09.1820), el anuncio - reseña del trabajo de Cambronero, *La institución de los mayorazgos, examinada histórica y filosóficamente, con un proyecto de ley para su reforma.*

En la cuestión controvertida del librecambio manifestó un criterio ecléctico, cuasisalomónico, con ocasión de una prohibición del jefe político de Barcelona a la introducción de géneros de algodón extranjeros:

Hasta que las Cortes decidan definitivamente este punto, y adopten el medio que la experiencia indica entre las prohibiciones absolutas, que desterrando la concurrencia favorecen el monopolio, y la libertad ilimitada de esta concurrencia misma, que favoreciendo a las naciones más adelantadas, destruiría en su origen nuestra naciente y atrasada industria[942].

Detrás de esa consideración había conocimiento directo del tema (recuérdese que había sido agricultor en la vega de Motril y comerciante en Marsella), pero también estudio y reflexión sobre el desarrollo económico de Europa, algo de lo que ya había dado muestras en la serie *Sobre el mal estado del comercio*, que publicó en enero de 1820 en la *Miscelánea*. Ahí se describe un panorama complejo -no reducible a una cuestión de aranceles y contrabando- aún señalando como una de las causas de la preponderancia inglesa el proteccionismo férreo que esta practicó "por más de un siglo" (las otras son el maquinismo, la división del trabajo, la ausencia de reglamentaciones engorrosas, las buenas comunicaciones interiores, la hegemonía naval, etc.)[943]. Con el paso de los años, las preferencias de Burgos se decantarían de forma más nítida a favor del proteccionismo arancelario, aunque complementado por la libertad de exportar grano o metales al extranjero. Una postura, como él subrayó, en consonancia con las circunstancias que atravesaba el país, pero también con la conveniencia de las clases productoras, que formaban parte de la base social del moderantismo en los años cuarenta[944].

---

942. "En un bando mandado publicar en Barcelona", en *Miscelánea* nº 98 (6.06.1820).
943. "Sobre el mal estado del comercio. Primer artículo", en *Miscelánea* nº 33 (14.01.1820); vid. en el mismo sentido, "Sobre la preponderancia del comercio inglés", en nº 105 (13.06.1820).
944. Vid. "Discurso que en la sesión pública celebrada el viernes 12 de marzo por la sección de ciencias y literatura del Liceo artístico y literario de Granada, pronunció el Excmo. Sr. D. Javier de Burgos, presidente de la misma sección", en *La Alhambra. Periódico de ciencias, literatura y bellas letras*, t. IV, nº 12 (21.03.1841) pp. 133-140; el tema propuesto era "Hasta que punto y bajo que condiciones puede la política modificar el principio absoluto de la

A este respecto, es oportuno advertir que más allá de la ortodoxia convencional del liberalismo económico, Burgos huía de fórmulas inamovibles. Las reflexiones que esbozó en artículos sueltos y en las series dedicadas a las memorias ministeriales, a la de la comisión de Hacienda de las Cortes y a la de su paisano, el diputado Justo José Banqueri[945], participan del mismo talante posibilista, acomodadas a la situación política de cada momento y por eso, en esta, como en otras cuestiones que fueron objeto de su análisis periodístico, sus opiniones pueden dar la impresión de inconstantes e incluso contradictorias. Tampoco pretendió pasar por original, pero sí demuestra dominio e infunde convicción, contribuyendo así, desde sus artículos en la *Miscelánea*, a la difusión de la cultura hacendística liberal, que se materializaría en España durante las siguientes décadas. Sus escritos raramente trasmiten la impresión de dogmatismo o rigidez en sus opiniones, pero aún así, es interesante advertir que en una época tardía, la del Liceo de Granada, un Burgos que estaba ya de vuelta de tantas cosas y quizás por eso se muestra más humano, insiste, al disertar sobre la conveniencia de limitar el ejercicio de la usura ("la miseria es horrible en nuestro país"), en la idea de flexibilidad al aplicar las reglas generales de la libertad económica. Y lo justifica:

El tacto para fijar estas excepciones [a las reglas generales] es lo que distingue al hombre de gobierno del hombre del aula. Yo también fui hombre de aula mucho tiempo pero soy viejo, conozco el mundo, y sé que nada puede hacerle más mal que abandonarle a la discreción de las teorías[946].

---

libertad de comercio" [En línea: Biblioteca virtual de Andalucía. Consulta: 2.10.2020]. La intervención de Burgos respondía a la expectativa ocasionada por el arancel que habían aprobado las Cortes progresistas en 1841, en el que se habría suavizado -algo- el proteccionismo patente en los anteriores: cfr. Gabriel Tortella, *El desarrollo de la España contemporánea. Historia económica de los siglos XIX y XX*. Madrid: Alianza Editorial, 1997³, p. 169; vid. Javier de Burgos, "Sobre la prohibición de exportar los metales de la sierra de Almagrera", en *La Alhambra*, t. IV, nº 23 (6.06.1841) pp. 274-276.

945. Vid. *Diario de Madrid* nº 151 (1.06.1821) pp. 1124-1125, donde se anuncia la "Contestación que da D. Justo José Banqueri a los reparos que el editor de la Miscelánea ha puesto a las observaciones sobre un plan general de Hacienda presentado a las Cortes en 15 de marzo de este año de 1821; cuyos reparos se han publicado en los números 387 y 393 en 21 y 23 de marzo, 417, 418, 419 en 20, 21 y 22 de abril. Se hallará con las dichas observaciones en las librerías de Pérez, calle de Carretas y plazuela del Ángel".

946. [Javier de Burgos], "Sobre la usura", en *La Alhambra* t. IV, nº 22 (30.05.1841) p. 255.

En cuanto a las contribuciones, su ideal, expuesto en diversas ocasiones, consistía en un esquema equilibrado entre la percepción de rentas directas e indirectas, aunque en 1820 juzgaba eso irrealizable. A la falta de datos fiables para la imposición directa, causa de las estimaciones viciosas en los planes de contribución única de las Cortes (1813) y del gobierno absolutista (1817), Burgos achacaba gran parte de la responsabilidad en el derrumbamiento de ambos regímenes, por la hostilidad que había provocado en los contribuyentes. Era una temeridad insistir en ello -escribió- mientras subsistieran los diezmos y especialmente, por la desigualdad monstruosa en su distribución: "Sin fijar previamente esa base y existiendo los diezmos, la contribución directa es más temible para la causa de la libertad que un ejercito de 200 000 cosacos, o calmucos amenazando invadir nuestras fronteras"947. Para colmo, la propiedad rústica estaba de antemano gravada por los diezmos, que él, en su condición de experto en la materia ("hijos de labradores, labradores nosotros mismos por muchos años"), cifraba en un 35 o 40% del producto neto y debían obviamente abolirse, aunque no antes de que se arbitraran otros recursos para suplir las necesidades del clero, indemnizar a los partícipes laicos y cubrir la parte correspondiente al Estado[948]. Realmente no muestra mucho espíritu revolucionario al opinar sobre la materia.

A poco de triunfar la revolución, el redactor de la *Miscelánea* llegó a manifestarse contra la continuidad de las contribuciones indirectas y aprobó, en consecuencia, las medidas liberalizadoras sobre la sal, azufre, fabricación de pólvora, etc. previstas en la memoria de Canga Argüelles, un ministro que por otra parte, no gozaba de su admiración[949]. Ahora bien, tal como estaban entonces las cosas, consideraba necesario mantener provisionalmente aquellas contribuciones indirectas "que no ataquen la producción", a pesar de sus inconvenientes (inciertas, faltas de equidad y encima, de recaudación dispendiosa y vejatoria), completando los ingresos

---

947. "Sobre la memoria del señor ministro de Hacienda. Tercer artículo", en *Miscelánea* n° 182 (29.08.1820).

948. "Sobre diezmos. Segundo artículo", en *Miscelánea* n° 114 (22.06.1820): en polémica con *Justo Balanza*, o sea, Miñano: cfr. A.M.ª Berazaluce, *Sebastián de Miñano* (...), o.c., p. 149. Expuso los mismos principios en "Sobre la proposición de abolir los diezmos", n° 146 (24.07.1820).

949. Cfr. "La junta de Galicia ha fijado la cuota de la contribución directa", en *Miscelánea* n° 91 (29.05.1820), y "Concluye el 5° artículo sobre la memoria del señor ministro de Hacienda", en n° 189 (5.09.1820). José Canga Argüelles (Oviedo 1771 - Madrid 1842) ya había sido ministro de Hacienda durante la etapa de Cádiz, en 1811 y 1812.

con "un sistema sabio y vigoroso" de aduanas que conciliara los intereses de la agricultura y la industria con los del tesoro público. Asimismo, era preciso perfeccionar el régimen de la renta del tabaco y si no bastare todo lo anterior, "enajenar propiedades públicas"[950] que obviamente, consistían en bienes de procedencia eclesiástica afectos al Crédito público. Esa alternativa era, en su opinión, claramente preferible a la contratación de empréstitos, una medida que rechazó de forma tajante mientras creyó que quedaba margen para evitarlo.

Ya en 1821, cuando las Cortes decretaron la reducción del diezmo a la mitad, Burgos se mostró solícito por la suerte de los propietarios rurales (él lo era), que se veían cargados con la contribución territorial equivalente, al tiempo que en los contratos vigentes el diezmo ya había sido deducido, en su totalidad, del precio del arrendamiento que ellos percibían. Claro que, como haría notar don Miguel Artola, serían los propietarios y no los labradores los que pasado el primer momento, se beneficiarían de la desgravación, gracias al mecanismo de la revisión de las rentas[951]. Burgos manifestó también cautela sobre el propósito de fijar las bases para la contribución directa según el producto de los diezmos, pues en ese punto había habido numerosas anomalías, como ejemplifica con el caso del algodón motrileño, que durante ocho o diez años, escribe, había sido asombrosamente lucrativo, pero el precio de la arroba y el rendimiento de la tierra decayeron después, produciendo solo la mitad[952]. Muestra en cambio satisfacción sobre la manera en que la comisión de Hacienda del Congreso había concebido la contribución fabril y mercantil, acorde con el método de patentes, seguido en otras partes de Europa.

En cuanto a rentas indirectas, el periodista abogaba, ya a esas alturas, por la continuidad de la de consumos ("un recurso pingüe y por tanto utilísimo" que en su opinión no era nada odioso para los contribuyentes) e igualmente, de la del método de puestos públicos por el que se percibía,

---

950. "La junta de Galicia ha fijado la cuota (...)", en *Miscelánea* n° 91 (29.05.1820).
951. "Se nos han dirigido unas observaciones relativas al decreto sobre diezmos, presentado por la comisión de Hacienda", en *Miscelánea* n° 444 (17.05.1821). El decreto, que reducía el diezmo a la mitad, se aprobó en las Cortes el 28 de mayo, como parte del plan general de Hacienda: vid. M. Revuelta, *o.c.*, pp. 198-199; Miguel Artola, *Antiguo Régimen y revolución liberal*, Barcelona: Ariel, 1983², p. 240.
952. Continúan las observaciones sobre el proyecto de un sistema general de Hacienda, presentado a las Cortes en la sesión de 15 de abril, y que se está discutiendo en la actualidad", en *Miscelánea* n° 451 (24.05.1821).

"modo mil veces preferible al que se sigue en Francia y aun mejor en nuestro dictamen que el que se sigue en Inglaterra", es decir, el sistema de aforo, que tanto facilitaba la comisión de fraudes y a lo que parece, él conocía bien:

> Nosotros hemos visto muchas veces una ronda de aforo llegar a las puertas de un labrador que había encerrado 10 000 botellas de vino, y entretenerse en devorar un opíparo almuerzo que se le tenía preparado, mientras el cabo y el aforador extendían, sin salir del despacho del cosechero, y sin haber llegado al escalón de una de las bodegas, el pliego de aforo, que se firmaba mediante las retribución de cuatro onzas de oro, las cuales reducían a un quinto para pago de derechos la cosecha encerrada. Esta ronda pasaba de allí a casa de un pegujarero que tenía 200 arrobas de vino y carecía de un doblón que regalar; y el aforador, implacable, no contento con la medición de cada tonel, se entretenía después en contar las duelas, por miedo de que se le hubiese escapado un cuartillo, resultando de aquí que el pobre, a quien todas las operaciones desde la poda a la vendimia, habían costado mucho más caras que al rico, tenía después que pagar una contribución de que a este se le exceptuaba[953].

Aprobó también el pensamiento de la comisión de Hacienda de volver a estancar el tabaco: "Esta renta puede y debe producir cerca de 100 millones al año, es decir, la sexta parte de lo que la nación necesita para cubrir sus gastos"[954]. A su vez, el derecho de registro y papel sellado le dio pie para comentar su origen francés, en concreto la ley de 22 frimario del año 7º, "de la cual y de otras muchas leyes del mismo país se han tomado con mucha razón las disposiciones de la presente"[955].

Pero teniendo en cuenta el encargo oficial que Burgos desempeñaría pocos años después, como responsable del crédito público en París, resulta de especial interés su análisis de los proyectos de empréstitos que se barajaron durante el Trienio para resolver las necesidades más urgentes de la Hacienda. A este propósito, se desenvuelve con aplomo y soltura en el manejo de cifras y datos, lo que quizás contribuyó a crearle una fama de

---

953. "Continúan las observaciones (...)", en *Miscelánea* nº 452 (25.05.1821).
954. "Continúan las observaciones (...)", en *Miscelánea* nº 455 (28.05.1821).
955. "Continúan las observaciones (...)", en *Miscelánea* nº 457 (30.05.1821).

experto que iba a influir en su designación, llegado el momento, para ese puesto. Sobre la conveniencia de los empréstitos se expresó repetidamente en términos negativos, aunque en absoluto por motivos doctrinales sino de oportunidad, que hacía ruinoso contratarlos en las circunstancias que atravesaba España. Canga Argüelles había anunciado un empréstito nacional de 40 millones ("mezquina suma") para cubrir la suspensión de pagos provocada por las caóticas disposiciones de las juntas que se habían formado después del 9 de marzo de 1820, pero este fracasó -aseguraba Burgos- porque la multitud de erradas decisiones del propio ministerio retrajeron a los comerciantes que podían suscribirlo: la sustitución de los empleados con gente desconocida, un embrollado organigrama de la nueva Secretaría, la ocurrencia de que los oficiales hubieran cursado Derecho Natural y de Gentes, la de que las diputaciones provinciales facilitaran a las Cortes información estadística inexistente y otras medidas impracticables. Todo eso no inspiraba confianza: "El ejemplo de un ministro lleno de luces, y de patriotismo, pero indeciso, pusilánime y acosado de escrúpulos, debe hacer escarmentar a los que le sucedan en el puesto delicado como el que él ocupa"[956]. La falta de credibilidad fiscal del Estado obligó a aceptar condiciones enormemente onerosas en el nuevo empréstito de 200 millones (septiembre), lo que dio lugar a críticas en la *Miscelánea*, si bien, terminó por resignarse a lo inevitable al no haberse tenido en cuenta -afirmó- otras posibilidades para salir de apuros[957]. Lo justificó en julio de 1821, con motivo de un tercer empréstito (el de los 340 millones, llamado "nacional"), alegando las especiales dificultades que se suscitaban para conseguir recursos en el transcurso de las crisis políticas, siendo precisamente en esas épocas cuando eran más necesarios para consolidar el nuevo sistema[958]. A la vista de las excepcionales ventajas

956. "Sobre la memoria del señor ministro de Hacienda", en *Miscelánea* n° 178 (25.08.1820).

957. "Sobre la memoria de la comisión de Hacienda de las Cortes. Primer artículo", en *Miscelánea* n° 212 (28.09.1820). El empréstito se contrató con las casas Ardoin y Laffite, con un quebranto del 30% más un 5% de comisión: Miguel Artola, *La España de Fernando VII*. Madrid: Editorial Espasa Calpe, 1999 [texto original de 1968], p. 601; Idem, *Antiguo Régimen (…)*, *o.c.*, p. 239. Vid. *Miscelánea*, n° 261 (16.11.1820), crónica de París que traslada una información triunfalista sobre la negociación del papel en la bolsa el 1 de noviembre: "Solo los gobiernos constitucionales pueden inspirar esta confianza".

958. "En nuestro número 480 habíamos prometido hablar", en *Miscelánea* n° 505 (17.07.1821); en el número citado (n° 480, 22.06.1821) había insertado

que entonces se ofrecieron, trató de infundir expectativas optimistas durante varias semanas -hizo gala de mucha cultura financiera para ello- pero finalmente tuvo de resignarse a admitir el fracaso[959]. Una vez más, a su manera de ver era un problema de falta de confianza achacable al desorden público, es decir, a las algaradas de los exaltados, y no de carencia de capitales, un punto de vista que probablemente compartía con los liberales moderados, gente en general acomodada y amante de la tranquilidad; del "reposo", por usar un término habitual en el léxico del redactor.

La alternativa, o mejor, la otra cara de a los empréstitos, que él sugirió una y otra vez durante el Trienio, era subastar bienes nacionales, una fórmula que ya habían aconsejado años atrás los entendidos del entorno granadino (Sempere, Portillo) en el que él se había educado, y era coherente con su propia conducta en la pasada guerra, cuando compró tierras en Motril y siendo subprefecto, barajaba suavizar las contribuciones en Almería a costa de vender propiedades eclesiásticas. Antes de que se aprobara la ley de monacales en octubre de 1820 ya especuló, en la *Miscelánea*, con la idea de enajenar los bienes aplicados al Crédito público, como obras pías y séptimas partes "que con escándalo de la nación hizo cesar la Junta Central, movida por escrúpulos dignos de una monja histérica". Este programa desamortizador, digamos mínimo, tenía su origen en la concesión hecha durante los últimos años del reinado de Carlos IV por los pontífices Pío VI y su sucesor, Pío VII, cuya apurada situación internacional les había impedido resistirse a las peticiones de las potencias católicas. Además, habría que añadir las ventas de las propiedades de muchas casas religiosas, que deberían cerrarse conforme a los artículos 2º y 3º del famoso decreto de las Cortes de 18 de febrero de

---

la exposición de Vicente Bertrán de Lis al banco nacional de San Carlos, invitándole a encargarse del nuevo empréstito. Vid. M. Artola, *La España (...)*, *o.c.*, p. 602, y *Antiguo Régimen (...)*, *o.c.*, p. 241, sobre el tercer empréstito, del que únicamente se logró cubrir un tercio de la previsión inicial de 341,8 millones. Se había ofrecido en condiciones ventajosas: la mitad en metálico y la mitad en papel que devengaría al menos un 4% de interés, y todo reembolsable en metálico, como había sugerido el propio Burgos: cfr. "Continúan las observaciones sobre el empréstito", en nº 507 (19.07.1821).

959. Su análisis, argumentado con detalle y abundante aritmética, se publicó en sucesivos artículos: "Continúan las observaciones (...)", en *Miscelánea* nº 518 (30.07.1821) y nº 519 (31.07.1821); "Concluye la revista de julio", nº 533 (14.08.1821); "Concluye la revista de agosto", nº 559 (9.09.1821).

1813[960], cuyo espíritu estaba en consonancia con el programa ilustrado y paradójicamente, con la política eclesiástica desarrollada por el gobierno Intruso en los años de la guerra. Sin embargo, en agosto de 1820 las Cortes ("por motivos incomprensibles", se dolerá Burgos) excluyeron el dinero en metálico y el papel con interés como medio de pago en las subastas de esos bienes, una decisión con la que el régimen liberal se cerró a sí mismo esta vía para aliviar los apuros del erario[961]. ¿Extrañará advertir que estos eran precisamente los recursos contemplados como garantía del empréstito que iba a proponer al rey en la famosa *Exposición* de 1826, estando de nuevo vigente el sistema absolutista? Lógicamente, cambia el registro (estaba fuera de lugar lo de las monjas histéricas) pero la línea argumental es la misma:

V. M. sabe que el sumo pontífice Pió VII concedió á vuestro augusto padre, con destino a las necesidades del estado, el producto de las ventas de bienes de obras pías, y séptimas partes de los bienes eclesiásticos, con la condición de pagar a los poseedores los réditos de su importe, a razón de tres por ciento al año (…). La junta central, compuesta de personas timoratas, viendo sucederse diariamente ventas de que no se satisfacía el precio, o de cuyo precio no se pagaban los intereses, las mandó cesar; pero nada impide que continúen desde el momento en que los réditos estén tan exactamente asegurados, que

---

960. "Sobre el proyecto de un empréstito extranjero", en *Miscelánea* n° 145 (23.07.1820). El decreto en cuestión fijaba las condiciones para el restablecimiento de los conventos cerrados durante la dominación francesa, pero imponiendo limitaciones en razón a su estado material, número de religiosos, etc., que en la práctica equivalían a una expropiación encubierta: Cfr. Decreto CCXXII (18.02.1813), "Providencias interinas sobre el restablecimiento de algunas casas religiosas permitido por el Gobierno", en *Colección de los Decretos y Órdenes que han expedido las Cortes Generales y Extraordinarias desde 24 de mayo de 1812 hasta 24 de febrero de 1813, mandada publicar de orden de las mismas*. Cadiz: Imprenta Nacional, 1813, III, pp. 195-196.

961. Cfr. "Revista de agosto", en *Miscelánea* n° 185 (1.09.1820) y "Crédito público" en n° 494 (6.07.1821). Las favorables condiciones fijadas para la adquisición de esos bienes obedecían a la voluntad de hacer honor a los compromisos del Estado y facilitar las ventas, pero el resultado, en palabras del diputado Moreno Guerra, fue que "se están dando por cuatro papeluchos las mejores fincas de la nación" (cit. en M. Artola, *Antiguo Régimen (…)*, o.c., pp. 230-231).

Imagen 44. Plaza Exconvento en San Cebrián de Mazote, Valladolid (Col. del autor).

ningún acontecimiento pueda privar de ellos a sus propietarios; y hoy nos hallamos en este caso"[962].

Ahora bien, en octubre de 1820, el planteamiento basado en la concesión papal quedó desbordado ante el avance definitivo en la política desamortizadora, mediante la ley de monacales aprobada por las Cortes y sancionada (a regañadientes) por Fernando VII. Esta preveía la abolición de esas órdenes y la incorporación de sus bienes al Estado para ser subastados a particulares. A partir de entonces, la transferencia de bienes fue considerable[963].

Sin embargo, en último extremo, para el redactor de la *Miscelánea* la solución definitiva de los problemas de la Hacienda, esto es, para la

---

962. Javier de Burgos, "Exposición dirigida a S.M. (…)", en E. de Ochoa, *Apuntes (…), o.c.*, pp. 209-210.
963. Andoni Artola Renedo, "Política religiosa", en P. Rújula e I. Frasquet (coords.), *El Trienio Liberal (1820-1823). Una mirada política.* Granada: Comares, 2020, p. 272.

percepción de una contribución directa equitativa y racional, estaría en la obtención de los datos estadísticos necesarios por parte de un aparato administrativo eficiente, y como paso previo, en la división territorial que se debía formar con ese fin:

> Es menester pues empezar el edificio por los cimientos, y el cimiento del de nuestra prosperidad es la división territorial, sin la cual no haremos mas que echar remiendos, y se nos caerá por diez partes la casa cuando la reparemos por una[964].

No puede extrañar, aplaudió casi sin reparos la parte del plan de Hacienda propuesto en las Cortes en 1821, titulada "Sistema de Administración", con cuyo espíritu se identificaba, y por el que había estado clamando, recuerda él mismo, desde antes del restablecimiento de las instituciones liberales. Entre otras cosas, apoyó entonces la idea de refundir en una sola persona las atribuciones del intendente y del jefe político[965].

10.7. Nociones de legislación

A pesar de los conocimientos jurídicos que pudiera tener, fruto de su relación ambivalente con el Derecho en su juventud, Javier de Burgos no era un hombre de leyes, y eso quizás explica su enfoque sobre la Administración, más político que jurídico[966].

La ley, como expresión de la soberanía y marco del ámbito de acción de los ciudadanos, lo es ante todo de la *Razón*. Es por tanto coherente con su pensamiento la urgencia que atribuyó a la reforma del sistema legal, abogando por la promulgación de códigos -civil, criminal, mercantil y

---

964. "Sobre la proposición de abolir los diezmos", en *Miscelánea* n° 146 (24.07.1820).
965. "Continúan las observaciones (...)", en *Miscelánea* n° 461 (6.06.1821). Burgos suspendió el examen del plan de Hacienda de las Cortes "por no poder continuarlo con la celeridad con que el congreso lo discutía", afirmó en el artículo titulado "Diariamente recibimos observaciones", en n° 496 (8.08.1821), extracto de las observaciones enviadas sobre la organización de las administraciones de Hacienda.
966. Vid. M. Arenilla, *o.c.*, p. 46.

administrativo- armonizados y racionales, en sustitución de la codificación consuetudinaria española ("nuestra legislación es un verdadero caos"[967]). Incluso Bentham llega a decepcionarle en este sentido, pues echó en falta en él "una teoría tan completa del código general", que pudiera valerle el sobrenombre del *Newton* de la ciencia legislativa (el autor del *Espíritu de las leyes* sería el *Descartes* de la misma en dictamen de D'Alambert)[968]. Por razones de conveniencia, la formación de los nuevos códigos debía encomendarse a comisiones de facultativos (no de diputados) en cuyo método de trabajo debía tenerse presentes las *Partidas* y la *Novísima*, pero también los mejores de la Europa moderna, procediendo a partir de ahí, por método comparativo.

Si para ello necesitamos acudir a examinar lo que en casos semejantes han practicado las naciones libres, antiguas y modernas, no nos debe retraer de imitarlas el estéril humo de una vanidad nacional mal entendida, mayormente cuando se reflexione que lo bueno, lo justo y lo verdadero, es uno mismo en todas las edades y en todos los climas. Si fuera posible que nos negáramos a recibir la luz, por la única razón de venir de países extraños, bastaría este obstáculo a dejarnos muy atrasados en el camino de al civilización[969].

Un reformismo, por tanto, basado en criterios pragmáticos y que recuerda la crítica del fiscal de la chancillería de Granada, Sempere, a la "tesis goticista" de Martínez Marina: "el gobierno español, para hacer feliz a su nación, debe buscar los medios no tanto en sus viejos códigos como en la imitación de otros modernos"[970]. Burgos muestra espíritu universalista, en oposición al ecologismo jurídico del "respetable más no infalible Montesquieu"[971] y al historicismo de Friedrich Karl von

---

967. "Hace cosa de dos años", en *Miscelánea* n° 96 (4.06.1820).
968. "No pocas veces ha ocupado nuestra imaginación", en *Miscelánea* n° 566 (16.09.1821).
969. "Variedades" [polémica con *El Universal*], en *Miscelánea* n° 191 (29.06.1821).
970. J. Sempere y Guarinos, *Memoria primera sobre la constitución gótico-hispana,* París: 1820, *cit.* en Rodrigo Fernández Carvajal, *art. cit.,* p. 75. Recuérdese, como quedó dicho páginas atrás, que Burgos había reseñado elogiosamente esta obra de Sempere en la *Miscelánea* en abril de 1821.
971. "El código civil y criminal, y el de comercio", en *Miscelánea* n° 209 (25.09.1820).

Savigny, continuando así la crítica iniciada contra este en *El Censor*[972]. Lógicamente, esa actitud ante el pasado determina su opinión negativa sobre la pervivencia de los fueros personales (que a lo sumo podrían conservarse con grandes limitaciones en los negocios criminales) y territoriales, valorando en cambio, la ventaja inapreciable de reunir bajo una misma ley a todas las provincias de la monarquía.

Ya meses antes se había publicado en la *Miscelánea* la fábula "El hidalgo del casacón", firmada con las iniciales J.B., y de la que se dice en nota ser alusiva a las provincias de Navarra y Vascongadas. He aquí la última estrofa, en la que se explicita de manera festiva una moraleja nada condescendiente con la tradición:

Nuestras antiguas leyes
Y antiquísimo fuero,
Que en su vejez y antigüedad no ceden
Al buen hidalgo, al casacón tremendo,
Se deben reformar o renovarse
Porque no se acomodan a estos tiempos[973].

---

972. Cfr. "Sobre la paradoja de F.C. Savigni (sic), relativamente a la formación de nuevos códigos", en *Miscelánea* n° 223 (9.10.1820); en contraposición al juicio negativo sobre Savigny y la legislación prusiana, recoge el elogio de Bentham al código civil francés en el artículo "Sobre reforma de la legislación", en n° 227 (13.10.1820). La crítica a la escuela histórica alemana había ya aparecido en *El Censor* el mes anterior: vid. "De la vocación de nuestro siglo a la legislación, y a la ciencia del Derecho, por F.C. de Savigny, profesor de Derecho en la universidad de Berlín, etc.", en *El Censor*, t. II, n° 1 (16.09.1820) pp. 67-79; la obra de Savigny, contraria al movimiento codificador, se publicó en Alemania en 1815 y no había aún edición en español.

973. "Fábula. El hidalgo del casacón", en *Miscelánea* n° 70 (10.04.1820), f. = *J.B.*, iniciales que denotan la autoría de Burgos. Vid. *Constitucional - Crónica* n° 345 (18.04.1820), el comunicado f. = El Bascongado, que protesta contra la sátira del "Hidalgo ridículo" en la *Miscelánea*: "A la verdad que semejante pintura es poco fiel y extremamente ofensiva al país bascongado y sus sabias leyes". El comunicante venera los fueros pero al ser "su posesión en el día muy precaria", se muestra partidario de la Constitución.

Es una forma de pensar que por otra parte, ayuda a delimitar la autoría del propio Burgos y de Martínez de la Rosa, los dos granadinos implicados en la formación del Estatuto Real catorce años después, y que confirma el valor puramente instrumental que él concedía a la tradición histórica, es decir, para decorarlo con una apariencia de legitimidad. Así lo reconoció en los *Anales*, al explicar el origen y desarrollo del texto cuando se discutió en las reuniones sostenidas por los ministros con ese fin:

> Pensé yo que, pues el Consejo [de Gobierno] mismo invocaba nuestras antiguas leyes fundamentales, y hablaba con engreimiento de nuestros fueros, cabía hacer sobre aquellas bases una Constitución monárquica, aun sancionando explícitamente las mas amplias franquicias apoyadas en las tradiciones equívocas o en los usos inciertos de la edad media[974].

Suele citarse a Jovellanos como impulsor del reformismo a partir de la tradición jurídica nacional, y en este sentido se ha llegado a afirmar la adhesión de Burgos al pensamiento -el administrativo al menos- del asturiano[975], pero creo que hay poca base para sostener esa opinión. De hecho, el número de referencias a Jovellanos en la *Miscelánea* es mínimo y casi siempre en artículos remitidos (por Agustín de Quinto, Guillermo Oliver y Salvá y el marqués de la Almenara), ajenos por tanto a la pluma del redactor. Tanto es así, que la única mención que puede atribuirse a Burgos se encuentra en una de sus rutinarias diatribas contra los tres

---

974. J. de Burgos, *Anales (...)*, o.c., I, p. 226. Por lo demás, explica en el mismo lugar el sentido práctico que guió su participación en las reuniones que los ministros dedicaron a esa "especie de Constitución que parecía indispensable formar": ante el escaso progreso, asumió la tarea de regularizar las sesiones "haciendo reducir a cuestiones categóricas las interminables conversaciones en que se consumía un tiempo que la importancia y la extensión de las atribuciones de mi ministerio no me permitía malgastar".

975. A. Mesa, o.c., p. 9, donde se refiere a Jovellanos, como "su primer maestro en ciencias administrativas", opinión cuyo origen podría estar en E. Ochoa, *Apuntes (...)*, o.c., I, p.189, sobre la aspiración del joven Burgos de cursar jurisprudencia bajo los auspicios de Meléndez e indirectamente de Jovellanos durante su estancia en Madrid en 1798; E. García de Enterría, *Administración española (...)*, o.c., p. 31, se fija a su vez en la elogiosa mención de Burgos, en la *Exposición* al rey de 1826, a Jovellanos y al informe de la Sociedad Económica sobre el expediente de la ley agraria (1795); vid. en el mismo sentido, A. Santamaría Pastor, o.c., p. 150.

siglos de gobierno absoluto en la historia de España, en la que alude a "los cuatro ministros medianos que ha habido en nuestros días"; a saber, Floridablanca, Aranda, Jovellanos y Saavedra, de los que a tres, dice, se les encerró en conventos y fortalezas y el cuarto fue envenenado[976]. No hay aquí mucha veneración y sí más bien cierto despego, lo que llama la atención si verdaderamente llegó a ser presentado a Jovellanos por medio de Meléndez Valdés en 1798, cuando aquel era titular de Gracia y Justicia. Desde luego, sí está documentado que a poco de llegar a la Corte fue recibido en audiencia por Saavedra, de quien trasmite en sus cartas familiares una impresión muy favorable y también, más adelante, el rumor de que le habían envenenado. ¿Cuáles son por tanto sus fuentes de inspiración en materia jurídica? Imbuidas de evidente cosmopolitismo, se hallan las referencias a Tito Livio, Montesquieu, Beccaria y Bentham, que constituyen la cadena de autoridades con que apoya su crítica a la severidad de las penas y señaladamente, a la de muerte[977].

Por otra parte, conociendo sus intereses, no es raro que el periodista otorgara al código administrativo una importancia semejante a la del civil, también porque -afirmó- en España se carecía de él a diferencia, nótese, de "uno de los principales países de Europa":

Todos los hombres familiarizados con las tareas de gobierno conocen la inmensa colección de 3.500 páginas enormes, en las que por orden alfabético están reunidas hasta el año de 1809 todas las leyes administrativas antiguas y modernas de uno de los principales países de Europa. Este repertorio riquísimo debe consultarse con tanta más necesidad, cuanto que nosotros no tenemos más leyes de esta clase que las pragmáticas, reales órdenes y decisiones del consejo, tan absurdas por lo común, que salva una u otra excepción, se podría erigir en ley lo contrario de lo que en ellas se prescribe[978].

Y no parece que su pensamiento hubiera variado dos décadas después, cuando enunció en los *Anales* los principios que habían inspirado su gestión en el ministerio de Fomento:

---

976. "Sabemos que existe un gran número de personas", en *Miscelánea* n° 61 (20.03.1820); a su vez, los artículos remitidos por Quinto, Oliver y Almenara se publicaron en los nn. de 20.12.1819, 18.06.1820 y 15.11.1820.

977. "Hemos visto con sumo placer", en *Miscelánea* n° 243 (29.10.1820).

978. Vid. "Sobre códigos. Segundo artículo", en *Miscelánea* n° 102 (10.06.1820).

Hasta entonces, había estado encargado de la administración un cuerpo compuesto de magistrados, de los cuales se exigía solo que hubiesen estudiado las leyes romanas, comentadas por Arnoldo Vinio y las españolas, hacinadas más bien que recopiladas, a principios de siglo, por las manos infieles e inhábiles de Requena. En éste monstruoso cuerpo de derecho se hallaban confundidas las leyes permanentes de la justicia con las reglas variables de la administración que dictadas bajo la influencia de errores habituales, o de preocupaciones del momento, contrariaban lo más del tiempo los intereses que estaban destinadas á proteger. Formalidades lentas, complicadas, dispendiosas, aumentaban sin medida y sin utilidad, las trabas con que las disposiciones administrativas ligaban todas las industrias, impedían su desarrollo, y las tenían en una infancia perpetua. Era menester sustituir a las aberraciones del empirismo, apoyadas, cuando mas, en ciegas y erróneas tradiciones, las reglas de que el estudio de las necesidades públicas y el examen y la comparación de los hechos particulares, habían revelado la conveniencia y la utilidad, y que, erigidas, por tanto, en principios generales, habían elevado a ciencia el arte, antes equívoco e incierto, del gobierno. No bastaba, empero, conocer estos principios; necesitábase hacer de ellos una aplicación atinada y juiciosa, modificarlos tal vez según las exigencias de la opinión y tal vez doblegarlos a hábitos antiguos, con que no se podía chocar de frente sin comprometer el logro de los bienes mismos á que se aspiraba; hacíase, por último, preciso seguir, en lo posible, en esta marcha de regeneración, saludable y necesaria, el orden gradual con que el Hacedor del universo fue sacando del caos los elementos de la creación[979].

Entre las leyes de índole administrativa que Burgos proponía en 1820 era prioritaria y urgente la de división territorial, por ser condición previa para establecer la *Administración*, denominación que ahora recibía en toda Europa -dice- lo que antes se llamaba *gobierno interior, o económico*. Una vez más, se muestra ahí posibilista al advertir sobre el peligro de perfeccionismos que pudieran retrasar su implementación, algo que se debe tener en cuenta para comprender los rasgos de la división provincial que hizo aprobar él mismo en 1833, en la que sacrificó aspectos importantes de su preferencia. Segunda entre esas leyes era la delimitación de atribuciones

---

979. J. de Burgos, *Anales (…)*, o.c., I, pp. 170-171.

de las autoridades del ramo -jefes políticos, subdelegados, diputaciones de provincia y de partido- con criterios jerárquico y de contigüidad, y solo después irían las dedicadas a los negocios de su inspección, sobre los que la *Miscelánea* proporciona, al menos en dos ocasiones, una lista informal: policía de salubridad y de ornato, de protección y seguridad, de mercados y ferias, de juegos y teatros, de cárceles y de casas de corrección, de contagios, ora ataquen a los hombres, ora a las bestias, de ríos y canales, de pesca y caza; sobre incendios, inundaciones, propios, minas y bosques, pósitos, establecimientos de beneficencia y de instrucción, formación de catastros, repartición de contribuciones, reemplazo de la milicia nacional, etc.[980]. En su trabajo citado, el profesor Arenilla ha señalado la continuidad entre estos contenidos y la *Instrucción a los subdelegados* de 1833.

10.8. La instrucción pública

Burgos paga el tributo obligado a la educación, conforme al papel central que de acuerdo con las creencias de su tiempo, le atribuía en la prosperidad de los Estados y en la de los particulares. "El mayor castigo que puede en su cólera descargar el cielo sobre una nación, es sumergirla en la ignorancia, lo que equivale a condenarla a la esterilidad y la miseria"[981]. Consecuente con esas convicciones, se tomó muy en serio la formación de sus hijos, y eso se refleja en la correspondencia familiar:

---

980. "Sobre un código administrativo", en *Miscelánea* n° 210 (26.09.1820); y ya antes, la lista alternativa que figura en el titulado "Sobre códigos. Segundo artículo", en n° 102 (10.06.1820): "Todo lo perteneciente a propios de los pueblos, pósitos, instrucción pública, establecimientos de corrección y de beneficencia, montes y pastos comunes, gobierno municipal, correos, canales, caminos, navegación interior, construcción de muelles u otras obras en los puertos de comercio, premios por nuevos descubrimientos en las ciencias o artes, fomento u arreglo de las sociedades económicas, estadística, operaciones relativas al repartimiento de las contribuciones, a los sorteos de las quintas, a la formación de milicia nacional, etc. etc.". Cfr. M. Arenilla, *o.c.*, p. 91-96; vid. J. Gay, *Política y administración (…)*, *o.c.*, p. 125, los epígrafes de la *Instrucción a los subdelegados* (1833).

981. "Sobre el mal estado del comercio. Segundo artículo", en *Miscelánea* n° 40 (31.01.1820); en "Códigos", n° 366 (28.02.1821) formula la misma idea en términos positivos: "Los dos grandes beneficios que pueden hacerse a las naciones, los que pueden exclusivamente conservarlas y aumentar indefinidamente su prosperidad y su fuerza, son la instrucción pública y las leyes".

Mil besos de Augusto, que escribe ya mejor que tú y que yo, aunque cumplió el día 1º seis años y medio. Su comprensión es vastísima. La Irenilla estudia su geografía y gramática, escribe bien, cose y empieza a bordar, y cuando haya concluido esto, empezará con el piano, y las lenguas italiana e inglesa, porque lo que es en francés habla hoy tan bien como en español. Su padre se quita la crisma trabajando, y está ya hecho un carcamal, solo porque ellos se eduquen bien. Xavier va desde mañana a la escuela[982].

Un año después, en 1821, mandó a Augusto al colegio de la calle de San Mateo, institución progresista y de elite que había fundado Alberto Lista con Juan Manuel Calleja y José Mamerto Gómez Hermosilla, todos sacerdotes (y antiguos josefinos)[983]. Allí pagaba, se queja a Diego el 18 de abril de 1823, 600 ducados además de la ropa, "que es bastante"; para hacerse una idea, en la misma carta afirmaba que la casa le llevaba 400 ducados, los criados doce duros mensuales ("y todo en proporción"). Al mismo asistía también el hijo de Miñano, Eugenio de Ochoa, el futuro

---

982. AFB, X de Burgos a D.M.ª de Burgos (Madrid, 4.04.1820).
983. Vid. "Casa de educación sita en la calle de san Mateo", en *El Imparcial* nº 9 (18.09.1821) p. 34, artículo (es anuncio camuflado) en el que se cita a Augusto de Burgos, alumno de primaria, entre los galardonados en el ejercicio de doctrina cristiana; lo mismo en *Diario de Madrid* nº 232 (21.08.1823) p. 4, premio en rudimentos de latinidad (da la impresión de que todos los alumnos fueron premiados). Sobre el colegio y el ideario pedagógico de Lista, su auténtico impulsor, vid. H. Juretschke, *o.c.*, pp. 98 y ss.; reproduce el prospecto del colegio -o más bien anuncio- procedente del Suplemento a la *Miscelánea* nº 288 (22.03.1821); queda ahí claro que Calleja dio la imagen pública del establecimiento: "El presbítero D. Juan Manuel Calleja, conocido por los establecimientos de educación de que ha sido fundador y director en Bilbao, se propone abrir en esta Corte una casa de educación"; vid. *Gaceta de Madrid* nº 61 (4.04.1820) p. 400, el anuncio de sus "elementos de gramática castellana, compuestos por D. Juan Manuel Calleja, presbítero, director del colegio de Santiago de Bilbao, para uso de los alumnos de él"; AHP, t. 24027, ff. 107-109 vº, su testamento (Madrid, 13.03.1822): natural de Torrelaguna, presbítero, testó en favor de don Alberto Lista revocando disposiciones anteriores, en especial el otorgado en 1817 en Bilbao ante el escribano Mariano de Olea. Vid. también las monografías de Donald Allen Randolph, *o.c.*, p. 6, y M.ª Carmen Simón Palmer, "El colegio de San Mateo (1821-1825)", tirada aparte de *Anales del Instituto de Estudios Madrileños* t. IV, 1969) p. 14.

biógrafo de Burgos. Posteriormente, cuando se desplazó a Francia en 1824 para desempeñar la misión confiada por el gobierno, dejó a los niños en Burdeos, en el establecimiento de educación para españoles y americanos abierto por Manuel Silvela, un importante afrancesado cuyo hijo Francisco Agustín iba a comenzar su carrera política y administrativa precisamente a la sombra de Burgos no muchos años después[984]. Y el mismo interés demostró al volver a Madrid, en marzo de 1827, cuando comunicaba a su hermano Diego:

> Mis hijos están desde el 23 en el seminario de nobles, donde están muy contentos, aunque no los he visto, pues no he salido desde el día en que los dejé allí[985].

Sin embargo, se diría que el tema no figuraba entre los de su predilección y de hecho, los artículos que dedicó a la instrucción pública en la *Miscelánea* no son ni numerosos ni de lo más original entre su producción periodística; lo que no quiere decir que no estén imbuidos de su *forma mentis* característica. De hecho, el mayor atractivo que ofrecen, consiste precisamente, en proyectar su personal interpretación del modelo educativo liberal.

A este respecto, más allá de algunas generalidades sobre la necesidad de extender las escuelas de primeras letras, o mostrar la conexión entre educación, opinión pública y la estabilidad de las instituciones

---

984. Cfr. Francisco Agustín Silvela, "Noticia de la vida y escritos de don Manuel Silvela", en Manuel Silvela García de Aragón, *Obras póstumas de D. — — —. Las publica, con la vida de su autor, su hijo D. Francisco Agustín Silvela.* Madrid: Establecimiento tipográfico de Don Francisco de Paula Mellado, 1845, vol. I, pp. XXVI y ss.; Javier Pérez Núñez, "Francisco Agustín Silvela Blanco (1803-1857), ideólogo de la administración centralizada", en *Revista de Administración Pública* nº 157 (2002) pp. 121-122 y 138; Juan López Tabar, "Manuel Silvela (1781-1832): andanzas y compromiso político de un refugiado afrancesado", en Alberto Romero Ferrer y David Loyola López (eds.), *Las musas errantes. Cultura literaria y exilio en la España de la primera mitad del siglo XIX.* Gijón: Trea, 2017, pp. 37-56. Vid. *El Imparcial* nº 12 (21.09.1821) 46, extenso anuncio de la *Escuela práctica de Comercio* recién creada por Silvela, "cuyo establecimiento de educación en Burdeos para la juventud española es ya conocido en la Península".
985. AFB, X. de Burgos a D.Mª de Burgos (Madrid, 30.03.1827).

liberales[986], sus comentarios se concentran en los tres seriales dedicados al proyecto presentado a las Cortes, hechura de Manuel Josef Quintana muy inspirada en Condorcet, que se publicaron en el mes de octubre de 1820[987]. Como en otras ocasiones, el redactor justificó su inserción alegando el deber de los ciudadanos de concurrir, en la medida de sus conocimientos y su experiencia, a la obra legislativa.

A recordar entre lo más sustancial, su adhesión al esquema de los tres grados de enseñanza, el equilibrio territorial como norma para la distribución de las universidades, "y sobre todo el pensamiento de hacer a la capital el centro de la instrucción nacional y de la dirección científica y administrativa de este ramo". Burgos se mostró algo quejoso a causa de la desproporción que advertía entre el número de centros superiores situados en la España septentrional y en la meridional, lo que le dio pie para sugerir la instalación de otra universidad, en Córdoba. Matizó, sin embargo, su preferencia por el criterio geográfico mediante consideraciones acerca del prestigio, tradición y disponibilidad de recursos y estructuras materiales, lo que ejemplificaba con el caso de Salamanca. En cambio, criticó el excesivo intervencionismo, inconsecuente con los principios liberales, que advertía en la organización general de la enseñanza, en los planes de estudio y en las restricciones a la libertad de los cursantes y de los establecimientos privados: "por última y necesaria consecuencia de este sistema, la doctrina, la opinión pública, los adelantamientos nacionales, tendrán un molde, una figura y un límite, según los intereses del gobierno", escribió en el número de la *Miscelánea* del 15 de octubre.

---

986. "Sobre el modo de instruir al pueblo en las doctrinas políticas", en *Miscelánea* n° 111 (19.06.1820).
987. "Sobre el proyecto de decreto para el arreglo general de la enseñanza pública. Primer artículo", en *Miscelánea* n° 228 (14.10.1820); "Concluye el discurso sobre instrucción pública", n° 229 (15.10.1820); "Sobre el proyecto de ley para el arreglo de instrucción pública. Segundo artículo", n° 233 (19.10.1820); "Continúa el discurso del número 230 [sic] sobre instrucción pública", n° 236 (22.10.1820); "Concluye el segundo artículo sobre instrucción pública", n° 237 (23.10.1820); "Instrucción pública. Tercer artículo", n° 239 (24.10.1820); "Concluye el tercer artículo sobre instrucción pública", n° 240 (26.10.1820). Vid. también el titulado "Hace mucho tiempo que ofrecimos contestar al atento y juicioso artículo", en n° 312 (5.01.1821) donde, con eruditas citas a Mariana insiste en la procedencia de la universidad de Salamanca de Palencia y no la de Valladolid, como se le discute en el comunicado f. = M.T. insertado en n° 267.

Respecto a las escuelas de primeras letras, se mostró partidario del método de enseñanza mutua (el de Lancaster, por el ahorro de tiempo y dinero) y por supuesto, del principio de generalidad, extendiéndola a todos los pueblos, pero sin universalizar la gratuidad que se proclamaba con idealismo en el proyecto, pero con poca percepción de la realidad. Lo que se dibuja en resumen, es una visión bastante afín a la del liberalismo histórico, caracterizada por el elitismo intelectual y la aceptación pragmática de la desigualdad socioeconómica[988].

Burgos resumió sus ideas en un último artículo, publicado el 16 de noviembre de 1820, en el que esbozaba además el concepto de escuela normal, con el fin de suplir el escaso número de personas capacitadas para la difusión de las ciencias y las artes:

La capital debe abundar algo más que los otros puntos, de esta suerte útil y benemérita de hombres; y no hay que dudar de la facilidad y de los medios que tiene a disposición suya el gobierno para abrir prontamente en Madrid escuelas centrales, en donde se formen maestros capaces de difundir las nuevas luces por todo el ámbito del reino.

Es interesante advertir que en el mismo número del periódico se insertó un anuncio, o breve recensión, en el que se elogiaba con calor una *Memoria sobre la influencia de la instrucción pública en la prosperidad de los Estados*, recién reimpresa por su autor, don Francisco de Paula González de Candamo. Como mérito de la obra se alega que había sido proscrita y su autor perseguido en tiempo del gobierno absolutista, pero no se dice que Candamo, profesor en Salamanca, fiscal de la chancillería de Valladolid y caballero de la Orden Real de España, la había dedicado a José I en 1810, y que este conjunto de circunstancias le habían obligado a emigrar a Francia al terminar la guerra[989]. De hecho, prácticamente con toda seguridad, debió coincidir en Auch con el propio Burgos. Muy en su línea, siempre a favor de los afrancesados, Burgos había ya dedicado un

988. Vid. Rafael Serrano García, *El fin del Antiguo Régimen (1808-1868), Cultura y vida cotidiana*. Madrid: Síntesis, 2001, p. 149; Estíbaliz Ruiz de Azúa, "La enseñanza en Madrid durante el siglo XIX", en A. Fernández García (dir.), *Historia de Madrid*. Madrid: Editorial Complutense, 1993, p. 566.
989. A. Gil Novales, *Diccionario (…), o.c.,* II. p. 1370.

artículo al método de educación física de don Francisco Amorós[990], quien triunfaba entonces en Francia: "No conociendo ni de vista á Amorós, ¿seria sospechosa de nuestra parte la enunciación del deseo de verle renunciar a su nueva patria, y volverse á la antigua que la persecución le obligó á abandonar?". También afrancesado era Narciso Paz, el autor de la música en los cantos religiosos y morales empleados por Amorós (*Moral en canciones*, septiembre 1818). A su vez, la letra de esos cantos era de Pybrac, Voltaire, François de Neufchateau, Morel de Vindçe "y otros sujetos de esta clase".

Finalmente, las Cortes aprobaron el 29 de junio de 1821 el *Reglamento general de instrucción pública*, pero como tanta otra legislación del Trienio, iba a quedar inédito.

10.9. Sobre Administración: las fuentes de inspiración

A juzgar por la frecuencia con que el tema aparece en las páginas de sus periódicos y el calor que puso argumentando en su favor, puede afirmarse que la reforma o mejor, la creación de un sistema de administración ocupó el primer lugar entre las prioridades de Burgos durante estos años. Antes que nada, su idea sobre la finalidad de la Administración muestra coherencia con la tradición ilustrada que le era familiar, que veía en la dispensa de beneficios el fin natural y una fuente de legitimidad para todo gobierno ("desde Jerjes hasta Bonaparte", subrayó[991]). Como hemos visto páginas atrás, ya en 1798 un joven Burgos aludía en la correspondencia con su padre a un concepto tan ligado a la acción del gobierno como era el de *fomento,* al referirse a las gestiones que hacía en Madrid su compañero de viaje Antonio Pascual en favor de Motril; y años más tarde, en las notas que insertó en la *Continuación del almacén,* se refiere con reverencia a la estadística, a la administración como "sistema" y al verdadero sentido del fomento, por oposición a la intervención o financiación a cargo del Estado.

Pero a partir de ese sustrato, Burgos tenía claro que para todo lo relativo a Administración, la referencia obligada era Francia desde los tiempos de la revolución. Lo declaró de forma explícita en no pocas ocasiones, mostrando conocimiento de las disposiciones dictadas

---

990. "Educación", en *Miscelánea* n° 231 (17.10.1820).
991. "Continúa la revista de mayo", en *Miscelánea* n° 464 (6.06.1821).

sobre asuntos como la formación de planos topográficos o el catastro, particularmente durante los periodos del consulado y el imperio[992]. Yendo más al detalle, sus nada equívocas muestras de admiración a Napoleón, primero en su poesía de guerra cuando era subprefecto de Almería y después como redactor de la *Miscelánea*, nos llevan al origen de su inspiración. Y a lo que parece, esta tomó cuerpo -así nos lo dice en el prólogo a la *Biografía* de Michaud- durante los años que vivió en Motril tras el cambio de siglo: "consagré toda mi vida al estudio, amenizando la aridez de la economía pública y del de la ciencia de la administración con las flores de la poesía".

Por el contrario, si existe un nexo que permita ligar -como se ha querido ver- su pensamiento administrativo con la corriente doctrinaria que se desarrolló en el país vecino durante la Restauración, no parece que este fuera más allá de la actitud posibilista que debía presidir el planteamiento y la ejecución de las reformas según aconsejaran las circunstancias en cada momento. En cambio, su forma de entender la acción administrativa, a manera de una corriente orientada de arriba a abajo, partiendo del gobierno ("la omnipresencia de la administración"), se diría ajena a los empeños de los doctrinarios franceses, deseosos entonces de revitalizar la vida autónoma municipal liberándola del centralismo parisino[993].

¿Y qué papel cabe atribuir en todo esto a Charles-Jean Bonnin, el pensador social considerado el fundador de la ciencia de la Administración en Francia? A este respecto, don Manuel Arenilla llama la atención sobre la falta de menciones en los artículos de Burgos a su coetáneo francés y asimismo, de coincidencias doctrinales que permitan detectar una

---

992. "Sobre estadística. Segundo artículo", en *Miscelánea* n° 53 (1.03.1820): "En Francia, cuyo ejemplo se debe citar siempre con preferencia cuando se trate de dar idea del mejor sistema posible de administración interior, está dividido el territorio en departamentos ó provincias; mas esta división no es obra de la rutina, de la arbitrariedad ni del acaso, sino del cálculo y de la inteligencia; es una división geográfica, hecha de un modo científico"; desarrolla el asunto en las siguientes entregas: "Continúa el segundo artículo sobre estadística", en n° 55 (06.03.1820) y n° 56 (8.03.1820). Vid. también "Concluye el articulo sobre la división del territorio", en *El Imparcial* n° 28 (7.10.1821): "Se ha objetado también al proyecto el ejemplo de la Francia, que es perentorio e irrecusable, pues cuando se trata de administración civil, allí es donde es necesario ir a estudiarla".
993. Cfr. L. Díez del Corral, *o.c.*, pp. 199-201.

dependencia significativa[994]. En efecto, la única referencia a Bonnin localizada en los periódicos de Burgos se encuentra en un número de *El Imparcial* de octubre de 1821, como anuncio de su *Doctrina social,* un folleto de asunto relevante, aunque mucho menos conocido y evidentemente, ajeno a la temática administrativa[995]. Recordaré no obstante, que al trasladar su biblioteca desde París a Madrid en 1827 había en ella un ejemplar de la tercera edición de la obra cumbre de Bonnin, los *Principes d'administration publique,* y que siendo ya ministro encargó a Serafín Estébanez Calderón que la tradujera, lo que al menos indica interés por su autor[996], aunque -señala M. Arenilla- le separen de él numerosos aspectos. "Su influencia en Burgos, si llega a producirse, es aislada", concluye[997]. En este sentido, resulta significativo que en sus escritos del Trienio Burgos aluda sólo de pasada al estatus científico de la Administración, tan caro a Bonnin, y a la que él identifica más bien con "el arte de gobernar", reservando la caracterización propiamente científica para la *Estadística,* herramienta a la que atribuye importancia excepcional[998]. Deja claro, sin embargo, el engarce con sus fundamentos gnoseológicos:

---

994. M. Arenilla, *o.c.*, pp. 43.
995. *El Imparcial* nº 38 (17.10.1821), anuncio de la *"Doctrina social, o principios universales de las leyes y de las relaciones mutuas de las naciones, deducidos de la naturaleza del hombre y de los derechos del géneros humano.* Obra escrita en francés por el jurisconsulto Bonnin y traducida por un alumno de la escuela filantrópica". Es un folleto de XII + 33 pp., Madrid: Antonio Martínez, 1821 [catálogo de BN]. Bonnin tampoco es mencionado en ningún artículo de *El Censor:* cfr. los índices de personas citadas en el periódico, elaborados por C. Morange, *En los orígenes (...) o.c.,* p. 645 y ss.
996. Cfr. M. Morán, "Libros franceses (...)", *art. cit.,* p. 69: en el registro del juzgado de Imprentas, el organismo competente para la introducción de impresos en España, figura como Charles-Jean Bonnin, *Principes d'administration publique.* Paris: 1812³, 3 t.; Don Serafín cumplió (y cobró) el encargo, pero al parecer sus manuscritos se perdieron, publicándose posteriormente sin su nombre (es una historia un poco rara): cfr. Jorge Campos, "Vida y obra de D. Serafín Estébanez Calderón "El Solitario", en *Obras completas de D. Serafín Estébanez Calderón.* Edición, prologo y notas de — — — (BAE 78). Madrid: Atlas, 1955, pp. XVIII-XIX. Por aquel entonces sí se publicó, en cambio, la traducción del *Abrégé:* C.J.B. Bonnin, *Compendio de los principios de administración, escrito en francés por — — — y traducido al castellano por D. J. M. Saavedra.* Madrid: Imprenta de Don José Palacios, 1834, 623 pp.
997. M. Arenilla, *o.c.*, p. 44.
998. "Concluye el primer artículo sobre Estadística", en *Miscelánea* nº 47 (16.02.1820).

Si alguno acostumbrado a mirar con ojos indiferentes o estúpidos esos milagros variados, tachase de poética esta teoría, nosotros podríamos responderle que para adelantar en cualquier ramo de los conocimientos humanos, es menester empezar estudiando, o a lo menos examinando la naturaleza. No se gobierna ni se enseña a los hombres con cualidades ocultas, entes de razón, predicamentos ni categorías, abstracciones ridículas, frutos tal vez de la exaltación de cerebros melancólicos y cuya funesta influencia en la ignorancia y en la miseria de los pueblos patentiza demasiado la historia de los siglos, en que a esas extravagancias se les daba el nombre de filosofía. A los hombres se les gobierna y se les enseña con *principios*, es decir, *con reglas sacadas de la observación constante y de la observación juiciosa* del mayor número posible de hechos y de *resultados*. Para hacer estas observaciones y comparaciones se necesitan almas de un temple superior, cuya divisa sea esta máxima, que a sernos permitido, mandaríamos gravar en bronce sobre las puertas de los establecimientos de instrucción pública: *son inútiles cuando menos todos los conocimientos que no sirvan para mejorar la suerte de los hombres*[999].

Por tanto, entre las notas que caracterizan su idea de Administración está presente, es obvio, la finalidad práctica, es decir, la orientación a la prosperidad general como un fin propio del Estado tanto o más que los de carácter estrictamente político. Asimismo, su proyección universal, a la que se refiere de manera insistente con la voz "omnipresencia"[1000]. Su reflexión teórica sobre el tema en el Trienio Liberal, dispersa en series y artículos sueltos de la *Miscelánea* y de *El Imparcial*, dista mucho de formar un corpus sistemático, pero cubre asuntos como la estructura jerárquica de los agentes del gobierno, la formación que debían estos tener, el principio de responsabilidad en su gestión, los negocios de su atribución y sobre todo, hay que destacarlo, la delimitación del ámbito territorial de su autoridad.

---

999. "Sobre estadística. Segundo artículo", en *Miscelánea* n° 53 (1.03.1820).
1000. Vid. "Continúa el segundo artículo sobre Estadística", en *Miscelánea* n° 55 (6.03.1820).

10.10. La división territorial, la base de todo

Debe observarse que Burgos no tuvo que esperar al retorno del régimen liberal para escribir sobre la necesidad de una división territorial[1001], puesto que se trataba de un asunto relativamente inofensivo desde el punto de vista político, pero que constituía la condición previa para poder realizar las operaciones estadísticas, necesarias a su vez para planificar eficazmente la acción del gobierno en términos administrativos. Por dicha acción debemos entender el reparto de las contribuciones -es lo que más enfatiza- pero también la promoción de infraestructuras y servicios, el fomento de los intereses generales y el impulso a la gestión de los empleados públicos. Por el contrario, en aquella época (preconstitucional, hay que recordarlo) estaban ausentes todavía de su consideración, y eso es lógico, los fines propios de un sistema basado en la soberanía de la nación, con sus obligadas consecuencias en materia de organización de la función pública, la educación, la justicia, el servicio militar, la milicia nacional o el aparato electoral.

Por tanto, la división territorial fue en realidad el tema de los artículos titulados (con deliberada equivocidad) "Sobre Estadística", que publicó en febrero y marzo de 1820. En ellos, sin embargo, solo se refirió muy por encima a los principios de esta nueva ciencia ("poderosa auxiliar de la economía"), más allá de constatar que esa voz ni siquiera figuraba en la edición de 1817 del diccionario de la lengua y que por tanto, se desconocía su influjo sobre la prosperidad de los pueblos; aunque seguidamente matizó: "esta consecuencia podría no ser rigurosamente exacta"[1002].

Desgrana ahí ideas que sintetizaría pocos meses más tarde, con motivo de la reunión de las Cortes tras el restablecimiento de la

---

1001. He expuesto una visión más amplia y detallada del pensamiento de Burgos sobre la división provincial en M. Morán, "La división territorial (…)", *art. cit., passim.* de ahí proceden las líneas básicas de la argumentación y ocasionalmente, algunos pasajes de la redacción en este texto. Para sus ideas sobre la materia durante el Trienio, véase también M. Arenilla Sáez, *La teoría (…), o.c.,* cap. V ("La propuesta de división provincial de Javier de Burgos"), pp. 117 y ss.

1002. "Sobre estadística. Primer artículo", en *Miscelánea* n° 46 (14.02.1820); las restantes entregas que comprende esa serie: "Concluye el primer artículo de estadística", en n° 47 (16.02.1820); "Sobre estadística. Segundo artículo", en n° 53 (1.03.1820); "Continúa (…)", en n° 54 (3.03.1820), n° 55 (6.03.1820), n° 56 (8.03.1820); "Concluye (…)", en n° 57 (10.03.1820).

Constitución, conforme a su creencia de la función de la prensa como cauce de participación ciudadana en la cosa publica. En su artículo del 26 de mayo de 1820[1003], uno de los más densos y personales que escribió sobre el tema, insistía en la prioridad de la división del territorio sobre todos los demás asuntos que debía acometer el congreso. Burgos se mostraba partidario de adoptar, para la formación de las provincias, la triple razón de límites naturales, población y extensión, según la doctrina más progresiva del momento (en Francia, claro); y si no fuera por los prejuicios, afirmó, recomendaría tomar como base el mapa hecho en Madrid en 1811, o sea, la división en 38 prefecturas (más la posterior de Segovia) que había decretado el gobierno josefino a partir del informe evacuado por Francisco Amorós y de los trabajos del matemático José de Lanz[1004]. Se daba la circunstancia de que también el proyecto de las Cortes de Cádiz de 1813 -esto es, el encargado a Felipe Bauzá, modificado por el Consejo de Estado- contaba con 39 provincias, lo que prestigiaba ese número. Estando así las cosas, Burgos se inclinaba por un diseño de 40 provincias o departamentos ("una más o menos", precisará después en *El*

1003. "Ahora que nombrados en todo el reino los diputados", en *Miscelánea* nº 90 (26.05.1820).
1004. Vid. *Prontuario de las leyes y decretos del Rey nuestro Señor Don José Napoleón I del año 1810. Tomo II. De orden superior.* Madrid: Imprenta Real, 1810, pp. 56-132, Decreto por el que se establece la división del gobierno civil de los pueblos del Reyno en Prefecturas, y demarcación de sus límites (Real Alcázar de Sevilla, 17.04.1810); *Prontuario de las leyes y decretos del rey nuestro señor Don José Napoleón I del año de 1811. Tomo III. De orden superior.* Madrid: en la imprenta Real, 1812. pp. 171-172, Decreto por el que se organiza interinamente como Prefectura la antigua provincia de Segovia, y como Subprefectura de la misma la antigua provincia de Ávila (Palacio, Madrid 1.10.1811). Para la imagen global de los proyectos de división territorial que precedieron a la de 1833, vid. Jesús Burgueño, *Geografía política de la España constitucional. La división provincial.* Madrid: Centro de Estudios Constitucionales, 1996, pp. 65-76 sobre los trabajos afrancesados; también, José Ignacio Cebreiro Núñez, *Los orígenes de la división provincial en España.* Madrid: INAP, 2012. El proyecto de Francisco Amorós, esto es, *La división nueva de la España en departamentos. Trabajado en Burgos por orden del rey el día 16 de noviembre de 1808 por don* — — —, fue ya publicado antes por Gérard Dufour, "Le centralismo des 'Afrancesados'", en *Nationalisme et litterature en Espagne et en Amerique Latine au XIXe siècle* (Colloque international organisé en fevrier 1980 par le centre d'etudes iberiques et ibero-americaines du XIXe siècle. Etudes reunies para Claude Dumás). Lille: Lille III, 1982, pp. 18-22.

Imparcial) que consideraba más apto -y barato- para conservar el vigor de la acción administrativa sobre un número proporcionado de habitantes (300 000 almas), de acuerdo con la experiencia francesa en la materia.

Por tanto, su opción se inspira casi con seguridad en el proyecto de división departamental de Amorós, que también tenía en cuenta la idea de las subprefecturas, o sea, las subdelegaciones que en dictamen de Burgos debía dividirse -a razón de cuatro- cada una de las provincias. A su vez, las subdelegaciones lo serían en partidos, y estos comprenderían los comunes o pueblos. A su frente, habría un Administrador en el nivel superior y los correspondientes Subdelegados en el intermedio, con la misión de supervisar a los ayuntamientos, donde se llevaría el registro civil y se elaboraría, a falta de un auténtico catastro (lento y costoso) la información necesaria para distribuir las contribuciones mediante cupos[1005]. Una secuencia jerárquica tan cuidadosamente trabada se explica por la necesidad de asegurar la prontitud y la proximidad que requiere la gestión eficaz del gobierno, y esta era la principal razón de ser -no hacía para nada un secreto de eso- de la división del territorio:

El primer objeto de la división territorial es facilitar al que manda el conocimiento de las necesidades y de los recursos de un país; y este conocimiento, que es una necesidad para el gobierno y una garantía para los súbditos, se adquiere tanto más fácilmente cuanto mayor sea la inmediación o el contacto del administrador con el administrado[1006].

Nótese que en cambio, está ausente de su pensamiento la consideración de las circunscripciones territoriales como cauce de expresión de la iniciativa local, que en último extremo lo era de la soberanía popular o simplemente, del apego al terruño. Esa forma de pensar seguía vigente en su ideario veinte años después, como él puso de manifiesto a raíz de la ley de Ayuntamientos -con sus alcaldes de nombramiento gubernativo- que al aprobarse por los moderados, provocó el levantamiento progresista que derrocó a la regencia de María Cristina. Evidentemente,

---

1005. Son ideas que repite en el scrial publicado en la *Miscelánea* "Sobre Estadística (...)", en febrero y marzo de 1820; vid. también, "Ahora que nombrados (...)", en n° 90 (26.05.1820) y "Sobre el proyecto de división territorial presentado a las Cortes", en *El Imparcial* n° 22 (1.10.1821).

1006. "Continúa el segundo artículo sobre Estadística", en *Miscelánea* n° 54 (3.03.1820).

sería desproporcionado deducir que Javier de Burgos consideraba la Administración como un instrumento al servicio de un grupo social exclusivo, aunque algo se percibe ahí que va en la línea de las reflexiones del profesor Santamaría Pastor, al atribuir este una tintura, una *forma mentis* conservadora al proceso de construcción del aparato administrativo liberal en España[1007] y que, valga la digresión, ha dejado como herencia ese matiz de autoritarismo en la forma de concebir la relación entre administradores y administrados que se diría, asume automáticamente toda fuerza política cuando accede a posiciones de poder, con independencia de su coloración.

El argumento de proximidad, que todavía se aduce para justificar la inflación de estructuras burocráticas, tenía entonces razón de ser si se tiene en cuenta que el coche-diligencia, el medio de transporte más innovador de la época, tardaba varios días en llegar de Madrid a Cádiz, Irún o Barcelona, sin mencionar que la inmensa mayoría de las localidades de la Península estaban desprovistos de comunicaciones regulares; y claro, todavía no existía el telégrafo eléctrico. El caso de Galicia era un buen ejemplo práctico de la aplicación de los principios de extensión, población y límites naturales que Burgos defendía como criterios básicos para realizar las particiones del territorio. Tomando pie de una representación del ayuntamiento de Orense en la que pedían que se formaran dos provincias en ese reino (con Orense como capital de la del sur), Burgos convenía en la necesidad de su división, a causa de la "desmedida extensión", del elevado número de habitantes (millón y medio cuando menos) y de los obstáculos orográficos: "privados de medios de comunicación, condenados á transitar por los mas detestables caminos de Europa, y aun quizá de todo el orbe civilizado, sus comunicaciones no pueden menos de ser lentas e irregulares, y ocasionar por lo tanto perjuicios de gran consecuencia". En cambio, varias circunscripciones más reducidas facilitarían la presencia tutelar de los agentes del gobierno, promoviendo la prosperidad al permitir que se extendiera su acción a todos los puntos. "Nuestro dictamen es pues, que el reino de Galicia no puede dividirse en menos de cuatro provincias, cuyas capitales deberían ser La Coruña, Lugo, Orense y Vigo"[1008].

Siguiendo con el esquema sugerido por Javier de Burgos, cada cuatro provincias formarían un distrito, una circunscripción a escala regional de la que no se olvidaría, por cierto, al hacer aprobar la división territorial

---

1007. A. Santamaría Pastor, *o.c.*, pp. 33-37 especialmente.
1008. "Tenemos a la vista", en *Miscelánea* nº 234 (20.10.1820).

Imagen 45. Francisco Javier de Burgos con el mapa de la división territorial de España. Domingo Valdivieso Henarejos lit. (Biblioteca Nacional de España).

en 1833, pero que quedó prácticamente inédita hasta el surgimiento de los nacionalismos periféricos, muchas décadas después. Estas demarcaciones serían la sede de las autoridades competentes, que detalla, incluidas las eclesiásticas. Creo que resulta instructivo recurrir nuevamente a su propia descripción:

En cada capital de provincia residiría un jefe político, un intendente, un obispo, un comandante militar y los correspondientes jueces de primera instancia. En cada capital de subdelegación residiría un subdelegado civil, que lo sería al mismo tiempo del jefe político y del intendente, un subdelegado eclesiástico con el título de arcipreste o vicario foráneo y un comandante de armas. En cada capital de partido residiría un juez de primera instancia y una junta de la clase de las que llaman abadías en algunas diócesis y cuyo presidente sería el cura más antiguo, o el más condecorado de ellos si hubiese muchos. De estas juntas se podría sacar gran partido, como lo manifestó en sus memorias un dignísimo obispo de Barcelona, y se ha probado después en otros escritos.

Suponiendo que el territorio de la monarquía española en el continente de Europa se dividiese en 40 provincias, cada cuatro de estas podrían formar un distrito, en cuya capital residiría además del jefe político, del intendente y del comandante militar, un tribunal superior territorial y un comandante general. El cuidado de esta diócesis estaría a cargo de un arzobispo, de quien serían sufragáneos los tres obispos de las otras diócesis del distrito. Por este medio adquirirían todos los ramos del gobierno uniformidad y sencillez, se ocurriría prontamente a todas las necesidades, se evitarían o se repararían muchas injusticias, y se irían todos acostumbrando al espectáculo del orden y a la omnipresencia tutelar de la administración[1009].

Su atracción un tanto artificiosa por la simetría, por cierto, le aleja de los *Principes* de C.J.B. Bonnin porque este desaconsejaba la formación de estructuras administrativas sin un propósito claramente definido, o establecer subdivisiones por debajo del nivel departamental[1010]. Sin embargo, hay que advertir que ya en el otoño de 1821, durante la discusión del correspondiente proyecto en las Cortes, Burgos se manifiesta mucho más flexible, dosificando con criterio ahorrativo la aprobación de cada una de las subdelegaciones; ese mismo será el principio que siguió en 1833.

Por lo demás, desde su perspectiva regalista, no veía problema alguno en hacer una alteración de la demarcación eclesiástica, aunque eso implicara ponerla patas arriba, para uniformarla con la civil: "Nosotros no descubrimos en ello el menor inconveniente, ni presumimos la menor dificultad por parte de la Santa Sede para la expedición de las bulas", afirmó mendaz[1011]. Sin desdeñar el sustrato ideológico dominante en la tradición curial del siglo anterior, que él debía conocer, cabe la posibilidad de que tomara la idea de alguno de los escritos de Juan Antonio Llorente, como el *Reglamento para la Iglesia española*, de 1808, la *Disertación sobre el poder que los Reyes Españoles ejercieron hasta el siglo duodécimo*

1009. "Ahora que nombrados en todo el reino los diputados", en *Miscelánea* nº 90 (26.05.1820).

1010. Vid. C.J.B. Bonnin, "Principios de la administración", en *Revista de Administración Pública* (México). Edición especial en memorial del Maestro Gabino Fraga (noviembre 1982) [en línea. Consulta 10.01.2025], p. 102; M. Arenilla, *o.c.*, pp. 125 y 128, señala la diferencia de criterio de Burgos a ese respecto, así como las sucesivas reformulaciones de su propuesta, a causa del excesivo coste de un número elevado de subdelegados.

1011. "Ahora que nombrados (...)", *Miscelánea* nº 90 (26.05.1820).

*en la división de obispados (*impresa dos años después por sugestión del rey José)[1012] o incluso de alguno más reciente, como el *Proyecto de una constitución religiosa*, que se publicó en París y fue anunciada en la *Miscelánea* a primeros de abril de 1820[1013]. Llorente se revela en todos ellos como un contestatario visceral a la autoridad del Papa en materia de disciplina externa y es evidente que no juzgaba necesario, para nada, pedir bulas a Roma como en cambio, afectaba creer la *Miscelánea* en aquellos momentos. En agosto de ese último año dedicó la sexta y séptima entregas de sus *Conversaciones entre Cándido y Prudencio* a la división territorial y a la de los obispados, lo que dio lugar a que Burgos elogiara las observaciones y principios generales que advertía en ellas, pero con expreso desacuerdo en cuanto a sus contenidos[1014].

1012. Cfr. Enrique de la Lama Cereceda, *J.A. Llorente, un ideal de burguesía. Su vida y su obra hasta el exilio en Francia (1756-1813).* Pamplona: Eunsa, 1991, 212 y ss.; J. Burgueño, *o.c*, pp. 68-69; sobre el *Reglamento* de Llorente, vid. especialmente Gérard Dufour, "Le centralisme (…)", *loc. cit.*, pp. 12-15.

1013. *Miscelánea* nº 67 (3.04.1820).

1014. *Miscelánea* nº 176 (23.08.1820), anuncio de la *Conversación sexta entre Cándido y Prudencio sobre el estado actual de España.* "En ella se trata de la nueva división del territorio español, y aunque nosotros estamos muy lejos de aprobar la que hace el autor, a la cual habría que oponer cien argumentos irresistibles, encontramos en su opúsculo una porción de indicaciones útiles y de observaciones luminosas, de que creemos que se puede sacar partido, y que harán por lo tanto agradable su lectura"; vid. nº 181 (28.08.1820), sobre la carta séptima, relativa a la división de obispados: "En ella los principios son en general excelentes, aunque no lo es en nuestro dictamen la aplicación. El opúsculo tiene cosas buenas, y por lo tanto no se dejara de sacar utilidad de su lectura". Hay también reseña en *El Censor* nº 10 (7.10.1820) pp. 313-319, que sale al paso de una crítica *ad hominem* en los nn. 127 y 143 de *El Conservador,* pero su valoración es semejante a la de Burgos. Sobre la carta sexta, relativa a las provincias, concluía el redactor de la reseña: "según su dictamen, pudieran ser 35, y tomar nombre de sus respectivas capitales. No recomendaremos como perfecto y acabado este trabajo, antes bien podríamos indicar reparos y señalar en él desigualdades e inexactitudes que resaltan especialmente aplicándole a las provincias de Galicia y Andalucía; pero lejos de tacharle de desatinado o subversivo, no nos detendremos en sostener que puede ser utilísimo a las personas que de orden del gobierno se empleen a su debido tiempo en fijar la demarcación territorial". De la séptima carta se destaca en tono neutro, la propuesta de que no hubiera más obispos que provincias y por consiguiente suprimir un arzobispado y 36 obispados, además de hacer una buena purga de dignidades eclesiásticas de toda denominación.

Así las cosas, el 14 de junio de 1820 se firmó el decreto para el nombramiento de la comisión que debía entender en la división del territorio[1015], que en la práctica formaron Felipe Bauzá -que ya había asumido el encargo en 1813- y Agustín de Larramendi, director del Depósito Geográfico y de Canales y Caminos respectivamente. Huelga decir que Burgos siguió muy de cerca la discusión del proyecto cuando este llegó a las Cortes, comentándolo primero desde las páginas de la *Miscelánea* y después desde las de *El Imparcial,* con recomendaciones y críticas, hasta que fue aprobado en enero de 1822[1016]. Quizás lo más llamativo de estos artículos sea la urgencia que atribuía a su adopción, hasta el punto de compensar su provisionalidad y el sacrificio de numerosos aspectos que él consideraba susceptibles de mejora, para nada secundarios, con tal de allanar las dificultades para su aprobación. En todo caso, Burgos sabía perfectamente que la división que se aprobara iba a necesitar rectificaciones posteriores, habida cuenta de la falta de experiencia y de la inexactitud en los mapas de que se disponía entonces, por lo que quedaba más que justificada la improvisación; es más, el propio decreto de las Cortes calificaba la división de provisional. Aceptó por tanto la clasificación de las provincias en tres categorías[1017], aunque proponiendo

---

1015. Vid. *Gaceta de Madrid* n° 94 (15.06.1820) pp. 689-690, R.D. en Palacio, 14.06.1820 = a don Agustín Argüelles, disponiendo el nombramiento de una comisión para la formación de una división territorial abierta a rectificaciones, con fines de gobierno y administración, tareas judiciales y contribuciones, con señalamiento de subdivisiones y autoridades competentes, denominaciones ajustadas a la Constitución y al uso común, etc. Está comentado en el artículo titulado "La Gaceta del 15 trae dos reales decretos", en *Miscelánea* n° 110 (18.06.1820).

1016. *Colección de los decretos y órdenes generales expedidos por las Cortes extraordinarias, que comprende desde 22 de setiembre de 1821 hasta 14 de febrero de 1822. Impresa de orden de las mismas.* Tomo VIII. Madrid: Imprenta Nacional, 1822, pp. 186-246, Decreto LIX (27.011822), "División provisional del territorio español" (sigue el decreto de la misma fecha sobre "División del territorio español en distritos militares", pp. 247 y ss.).

1017. "Continúan las observaciones sobre el proyecto de división provincial, presentado a las Cortes", en *El Imparcial* n° 23 (2.10.1821) p. 90. En su propia clasificación designó siete provincias de primera categoría: Cádiz, Sevilla, Málaga, Granada, Valencia, Barcelona y Mallorca; diez de segunda: Coruña, Valladolid, Salamanca, Toledo, Cuenca, Córdoba, Alicante, Jaén, Murcia y Canarias. "Madrid continuaría como hoy formando una clase particular, y las otras 22 provincias que faltan para completar el número de 40 de nuestro plan serían de tercera clase".

como criterio la importancia socioeconómica de las capitales en lugar del de la comisión, basado en el peso demográfico provincial, que conducía a paradojas que Burgos criticó con habilidad:

> Pero, ¿qué mucho si están en la misma el triste e insalubre lugar de Chinchilla que tiene 1.200 habitantes, y la rica y opulenta Palma, emporio de las Baleares, que habitan 70 000 individuos? ¿Qué mucho si Valladolid, verdadera capital de Castilla la Vieja y residencia del primer tribunal superior de la monarquía, está en la misma clase que Huelva, conocida tan solo de poquísimas personas, y esto solo por el paso de los atunes?[1018].

El mismo pragmatismo subyace en la renuncia a las denominaciones geográficas, a la manera francesa, en beneficio de los nombres de las capitales, el criterio de Amorós, que se seguiría asimismo en la división de 1822. Hasta cierto punto el motivo de esta preferencia era funcional, pues como él explicó, "esta imitación produciría entre nosotros una confusión notable, visto el número inmenso de personas que no saben hacia que parte caen el Ter, el Sil ni otros ríos que deberían quizá dar su nombre a departamentos"[1019]. Pero sobre todo, obedecía a la conveniencia táctica de contemporizar con "ciertos hábitos y aun ciertas preocupaciones" propias de gente tradicional, que -por el contrario- los espíritus avanzados veían como un lastre para la consolidación de una identidad nacional. En cualquier caso, escribiría ya en *El Imparcial*, era preciso eliminar los nombres de los antiguos reinos, causa de *provincialismo*, esto es, "de divergencia en las opiniones y aun de rivalidades y odios"[1020], algo que chocaba con la unidad y la concordia nacional, dos de los factores determinantes del valor social por antonomasia, la prosperidad. Desde este prisma, ¿sorprenderá el escaso aprecio del periodista a rasgos que él asociaba al "espíritu de provincialismo"?. Y sintomáticamente, reseñó con elogio en su *Miscelánea* el *Ensayo sobre la topografía y estadística de la villa de Reus en Cataluña* de don Jaime Ardevol, pero con pegas llamativas:

1018. "Continúan las observaciones (...)", en *El Imparcial* n° 26 (5.10.1821).
1019. *Ibidem*.
1020. "Sobre el proyecto de división provincial presentado a las Cortes", en *El Imparcial* n° 22 (1.10.1821), y "Continúan las observaciones (...)", en n° 26 (5.10.1821).

Reconociendo el mérito de las observaciones estadísticas de Ardevol, y la apreciable prolijidad de sus pormenores, nosotros no disimularemos sin embargo, que por lo tocante al estilo, tal vez cae en la exageración por mostrarse original y pintoresco; y tal vez en su incorrección descubre la áspera índole del dialecto catalán, que desearíamos ver desterrado de las orillas del Ter, del Llobregat y del Francoli, y reemplazado por la hermosísima lengua de Castilla; pero también encontramos periodos, a los que no falta cierta pompa y armonía, y lo que es más, cierto prestigio que se confundiría con el de la elocuencia, si en general tuviesen más corrección[1021].

Muchísimo menos recomendable le parecía el esquema de 51 provincias propuesto por la comisión (52 en el decreto final aprobado por las Cortes), que él criticó, al considerarlo excesivamente costoso y menos adecuado para el servicio de la administración que el de 40 provincias divididas en subdelegaciones (y con las correspondientes diputaciones, análogas a las provinciales). Esta última opción fue la que Burgos sostuvo desde las páginas de *El Imparcial* con mayor tesón y continuidad, aunque hay que advertir que en ningún momento publicó la lista completa de esas provincias, y que todas las que menciona expresamente en sus artículos -34 en total- se hallan también en la división de 1822 (y en la de 1833). Entre las que descarta de las aprobadas por las Cortes se hallaban Castellón, Calatayud, Huelva, Játiva, Soria, Teruel y Villafranca; es también posible que como Bauzá, contemplara la refundición de las tres provincias vascas. Y por último, la cuestión de los límites. Hay que desechar, por imposible, que Burgos tuviera ideas precisas sobre el contorno de cada una de las provincias que sugiere, aunque sí se extendió en descripciones parciales de las de Granada y Almería, que evidentemente conocía bien, y aporta numerosos datos aislados para otras provincias[1022].

En resumen, como he dejado escrito en otro lugar[1023], las ideas formuladas por Burgos entre 1820 y 1822 -es decir, no solo en la *Miscelánea* sino también en *El Imparcial*- parecen consecuencia de una

---

1021. *Miscelánea* n° 235 (21.10.1820).
1022. "Hemos visto con satisfacción", en *Miscelánea* n° 438 (11.05.1821); "Segunda vez tomamos la pluma", en n° 490 (2.07.1821); "Continúan las observaciones sobre el proyecto de división territorial presentado a las Cortes", en *El Imparcial* n° 24 (3.10.1821).
1023. M. Morán, "La división territorial (…)", *art. cit.*, p. 591.

reflexión personal sobre dos corrientes de pensamiento diferenciadas. Primero, manifiestan la influencia de la división aprobada por el gobierno josefino en 1810 y de sus trabajos preliminares, señaladamente el informe de Amorós, en los planteamientos generales. De hecho, aunque las preferencias de Burgos se alejan bastante de esa división en cuanto a la elección de las capitales y hasta donde sabemos, en la configuración de las provincias, se advierte la misma predilección por el esquema aproximado de 40 demarcaciones (resultado de la relación extensión - población desde un enfoque administrativo), así como por el criterio de límites naturales. Y naturalmente, también asume la estructura de agrupaciones de provincias formada en 1811 (que Burgos llama distritos) y la de subprefecturas, pues no son otra cosa las subdelegaciones que tanto encomió. En segundo lugar, queda también clara la adaptación acomodaticia de sus ideas al proyecto de Bauzá y Larramendi, al hilo de su discusión en las Cortes, que comentó ampliamente desde las páginas de *El Imparcial* durante el otoño de 1821. De ahí, por ejemplo, la conformidad con dicho proyecto de todas las provincias que él propone y de la mayor parte de las capitales, aunque purgándolo de sus disposiciones menos viables: desecha determinadas provincias, ya se vio, o la capitalidad de Chinchilla entre otras. Su valoración global del proyecto puede leerse en el número del 6 de octubre de 1821 y como puede advertirse es ambivalente, a la vez que reveladora del posibilismo que primaba en su forma de pensar[1024]:

La declaración de haber lugar a deliberar sobre la totalidad del proyecto, no quiere decir otra cosa, sino que se reconoce la necesidad de una división, y que la presente está en general bien hecha, aun cuando en los pormenores haya mucho que corregir.

Creo que con cuanto va dicho se entiende algo mejor el carácter de la división provincial vigente en nuestros días, la que Javier de Burgos hizo aprobar con criterio pragmático en 1833. Ahora bien, hay en ésta algunos rasgos fundamentales, señaladamente los que cabe identificar como concesiones al pasado o reminiscencias históricas, que no es posible explicar a partir de las preferencias de Burgos, periodista en el Trienio, ni de los proyectos de origen josefino y constitucional que él conocía. Como hoy sabemos, se deben a lo hecho durante los años anteriores por

---

1024. "Continúan las observaciones sobre el proyecto de división territorial presentado a las Cortes", en *El Imparcial* nº 27 (6.10.1821) p. 166.

el gobierno absolutista, esto es, la comisión encargada en 1825 de una nueva división provincial, integrada por Agustín de Larramendi y Martín Fernández Navarrete[1025], y el equipo de José Lamas Pardo, ocupado en la división de corregimientos y partidos judiciales. Ambos proyectos, que respondían a una iniciativa del ministro de Gracia y Justicia Tadeo Calomarde, confluyeron en 1830 y ya armonizados, estaban ultimados el día del santo del rey (30 de mayo) de 1831[1026]. Básicamente, los rasgos antedichos consisten en la conservación parcial de la toponimia antigua, de las capitales de provincia y especialmente, de los límites de los partidos judiciales preexistentes, lo que garantizaba la integridad indivisa de los territorios históricos. Con su habitual enfoque crítico, el *Eco de comercio* puso el dedo en la llaga en 1834 al afirmar, que,

> Partióse del principio falso de que no convenía alterar las líneas divisorias de los antiguos reinos, para conservar la rivalidad provinciales que se supusieron origen de las heroicas empresas y nobles hazañas de los diversos pueblos peninsulares; y en realidad era al objeto contemporizar con el espíritu de provincialismo, de excepciones y de privilegios, huyendo siempre de hacer homogéneo, poderoso y feliz al cuerpo social, que solamente dividido en intereses y rivalidades podía seguir subyugado al poder arbitrario. Huyóse también de una verdadera y general división, por no incidir en el sistema del gobierno intruso y del constitucional, que sin respeto a las carcomidas reliquias de las pasadas monarquías, demarcaron el distrito de cada provincia conforme a los términos naturales que ofrece el mapa físico del país.

> De lo dicho se infiere claramente que el plan no fue dividir cómodamente la península, sino las grandes provincias ya existentes de antiguo; vicio que se sancionó en el año próximo pasado por el ministerio del señor Burgos aprobando el proyecto mismo de 1825[1027].

1025. Vid. AHN, Hacienda, leg. 2800/347 (cesantes y jubilados), Martín Fernández Navarrete (Ábalos, Rioja, 1765); *ibi*, leg. 3370/433 (clases pasivas, 1841), José Agustín de Larramendi Muguruza (Mont Real de Deva, Guipuzcoa, 1769).
1026. Sobre los "arreglos" durante esa década, cfr. M. Morán, "La división territorial (...)", *art. cit.*, especialmente pp. 572-584.
1027. *El Eco del Comercio* nº 16 (16.05.1834), *cit.* en M. Morán, "La división territorial (...)", *art. cit.*, p. 584.

Lamas Pardo tenía un pasado como rector de la universidad de Santiago y oficial en la secretaría de Gracia y Justicia. Pertenecía entonces al Consejo de Órdenes y era hombre de sólidas convicciones realistas ("del partido más intransigente", dice Ana María Berazaluce)[1028]. Por su parte Larramendi era, según parece, más dúctil. tenía formación de ingeniero y había desempeñado el cargo de director general de Caminos y Canales, lo que le llevó a formar parte de la comisión para la división provincial nombrada por el gobierno en 1820. Como Navarrete, superó sin serios contratiempos los reparos por haber servido a los sucesivos regímenes que estuvieron vigentes en España durante las primeras décadas del siglo. El segundo, un marino con un acreditado curriculum científico, era amigo de Felipe Bauzá, a quien sustituyó al frente del Depósito Hidrográfico, lo que explica sobradamente la continuidad con el proyecto que habían sancionado las Cortes en 1822. Ahora bien, Navarrete también lo era de Javier de Burgos, a quien según consta, había hecho algunos encargos durante su estancia en París en 1825[1029]; ¿puede dudarse de que este estuviera al tanto de lo que se estaba haciendo en Madrid sobre la materia?

Y fue este proyecto el que Burgos encontró, ya ultimado, al acceder al ministerio de Fomento, y que hizo aprobar con el sentido de urgencia que era característico de su forma de obrar, aunque no sin la obstrucción del Consejo de Gobierno, muy celoso de sus propias competencias. El 30 de noviembre de 1833, cuando aun no llevaba tres semanas en el cargo, se aprobaron los decretos de división territorial y establecimiento de los subdelegados de Fomento, además de la célebre *Instrucción* que escribió para ilustrar a esos agentes en el desempeño de sus funciones. Sobre el papel, fue un triunfo de los puntos de vista sostenidos por Burgos, pero la oposición que todo eso suscitó, básicamente la de los capitanes generales a desprenderse de las atribuciones policiales, le impidieron organizar la administración provincial por completo. Su salida del ministerio de Fomento en abril de 1834 determinó el fin de los subdelegados de partido -una figura a la que siempre demostró mucho apego- en tanto que los de provincia pasaron a llamarse jefes políticos (después gobernadores). Era un cambio de denominación afín a la nomenclatura ortodoxa del liberalismo español y como a menudo se ha dicho, cargado de significado.

1028. Cfr. A.M.ª Berazaluce, "Introducción" a *Arias Teijeiro (...)*, *o.c.*, I, pp. 59, semblanza de Lamas; los diarios de Arias dan cuenta sucintamente, del desarrollo del trabajo entre 1828 y 1831.
1029. M. Morán, "Libros franceses (...)", *art. cit.*, p. 58.

10.11. Los agentes de la Administración provincial y otros empleados públicos

Los artículos insertados en la *Miscelánea* ofrecen un diseño variable de esos empleados públicos, pero eso no es extraño, porque Burgos no pinta sobre un lienzo en blanco. No hay que olvidar que él era heredero de diferentes tradiciones y sobre todo, que escribe constreñido por los sucesivos escenarios jurídico-políticos que hubo en España durante aquellos años: el orden absolutista tradicional hasta marzo de 1820 y luego el constitucional, cuya legislación se iba desarrollando al hilo de los proyectos que se discutían en las Cortes. Y lo mismo podría decirse de sus textos administrativos posteriores: la *Exposición* al rey de 1826 fue escrita durante la *Ominosa Década* y la *Instrucción a los subdelegados* se publicó a poco de su nombramiento como ministro de Fomento, esto es, dos meses después de morir Fernando VII. Y a su vez, pronunció las famosas conferencias en el Liceo de Granada estando vigente de nuevo una constitución liberal, la de 1837. De ahí la relativa ambigüedad de sus reflexiones en la serie de artículos *Sobre Estadística* de que ya se ha hecho mención, publicados en la *Miscelánea* días antes, literalmente, del pronunciamiento militar de Cabezas de San Juan. La figura del subdelegado que emerge ahí es la de un administrador subalterno, a nivel de partido, encargado del gobierno civil de los pueblos ("*administración*, hablando de estas materias, vale tanto como *gobierno civil*") bajo la autoridad superior que se supone, eran todavía los intendentes. En esta época, Burgos acentúa su función de recabar información estadística para uso del gobierno, básicamente el registro de la población -atendido en la secretaría de cada ayuntamiento- y el de la propiedad rústica, que cumplimentarían juntas locales. Los subdelegados velan por el cumplimiento de esa importante labor, resuelven dudas, son el canal de comunicación con la autoridad provincial que tras proclamarse la Constitución, contempla ya desdoblada en el intendente (Hacienda) y en el jefe político (Gobernación). Informa al primero con el fin de promover reformas y eliminar abusos y da parte al segundo de "sus observaciones y noticias relativas al fomento de uno o muchos ramos de prosperidad en su distrito", pero carece de competencias judiciales, que en cambio, sí ejercen los alcaldes donde no hay juez de primera instancia. Luces y actividad conocida son los requisitos para ejercer el cargo, que todavía entiende sin remuneración. Estos empleados debían ser gentes entendidas en administración y economía, por lo que excluye -advierte no sin retranca- a los miembros de la judicatura[1030].

1030. Cfr. especialmente "Continúa el segundo artículo sobre estadística", en *Miscelánea* nº 54 (3.03.1820) y "Concluye el segundo artículo sobre estadística", en nº 57 (10.03.1820).

El perfil se va aclarando en artículos sucesivos (en los números 56 y 57 "atribuíamos a los intendentes funciones propias de los jefes políticos porque entonces no existían estos"[1031]), insistiendo en la mutua exclusión de las funciones judiciales y la Administración: "confiada esta [en la antigüedad] a un cuerpo de magistrados que gobernaban a los pueblos por tradiciones oscuras, por reminiscencias equívocas y por rutinas erróneas, la prosperidad pública no podía menos de resentirse diariamente"[1032]. Burgos nunca renunció a la figura del subdelegado de partido (ni siquiera en 1840), pero como esta tenía sentido, sobre todo, en la hipótesis de una división territorial con provincias extensas y muy pobladas (él abogaba por un esquema de cuarenta, recordemos), al centrarse la discusión de las Cortes en el proyecto de 51 provincias propuesto por la comisión, su atención tendió a desplazarse a la del jefe político provincial, vigente en la Constitución, que absorbería incluso las competencias de las intendencias. Estas, por su parte, deberían suprimirse ("una rueda inútil de nuestra máquina política"[1033]). En su crítica, realmente demoledora, a la memoria que leyó en las Cortes Agustín Argüelles sobre su gestión ministerial durante la primera legislatura, Burgos extrapola la caracterización de los subdelegados al escalón superior -o sea, al jefe político- al comentar el correspondiente capítulo (que por cierto, considera escrito "con una superficialidad que da lástima"):

Estos altos delegados del poder ejecutivo tienen atribuciones de tal manera importantes, que se les puede considerar las primeras ruedas de la inmensa y complicada maquina del gobierno. En nuestra opinión un jefe político no debería ver alrededor de si objeto alguno, sin considerarlo bajo el aspecto de la utilidad que podían sacar de él sus administrados.

¿Qué pide Burgos a esos funcionarios públicos? El redactor se extiende en ejemplos poéticos, para concluir sobre lo que cabía esperar de ellos: desvanecer aprehensiones, hacer renunciar a prácticas envejecidas, abrir los ojos a los inexpertos y desconfiados colonos y representar "la presencia tutelar de la administración para fomentar una prosperidad casi indefinida". en resumen,

---

1031. "Propio de todos los hombres", en *Miscelánea* n° 92 (31.05.1820).
1032. "Sobre un código administrativo", en *Miscelánea* n° 210 (26.09.1820).
1033. "Continúan las observaciones sobre el proyecto de división territorial presentado a las Cortes", en *El Imparcial* n° 23 (2.10.1821).

De desobstruir esos inagotables veneros de ventura, era de lo que debían ocuparse los jefes políticos, mirando todo lo demás como subsidiario, o como medio si se quiere para llegar al logro de aquel designio importante ¿Qué asombro no debería pues causar ver al ministro ocupándose, y ocupando a las Cortes, en si han de imponer o no imponer multas los jefes políticos?[1034]

Como es lógico, la idea de Burgos sobre estos empleados está ligada a su concepto de la naturaleza de la Administración, a su finalidad, y al *modus operandi* característico. Respecto a lo primero, la distinción entre el Gobierno y Administración es, como advierte M. Arenilla[1035], muy tenue en su pensamiento, hasta casi confundirse; sería esta a lo sumo el nexo de unión entre el Gobierno y los ciudadanos. La metáfora mecanicista (ruedas, cadena) a la que a veces recurrió es bastante significativa. "El *gobierno interior* o la *administración* -escribe Burgos- debe formar una cadena que empezando en el ministerio de la gobernación, acabe en el último agente de la policía municipal"[1036]. Segundo, su acción se orienta, dicho brevemente, a promover la felicidad o sea, la prosperidad de la nación. En cuanto al tercer punto, los entendidos, centrándose en la *Instrucción* de 1833 y en las conferencias de 1840, han destacado la vertiente de *Fomento* de acuerdo con la conocida definición de don Luis Jordana de Pozas:

La acción de la Administración encaminada a proteger o promover aquellas actividades, establecimientos o riquezas debidos a los particulares y que satisfacen necesidades públicas o se estiman de utilidad general, sin usar de la coacción ni crear servicios públicos[1037].

Parafraseando al autor, se caracterizaría por ser una vía media entre la inhibición y el intervencionismo del Estado, orientada a conciliar la libertad con el bien común mediante la influencia indirecta sobre la voluntad del individuo. La cuestión no es irrelevante, porque al hilo de ese razonamiento,

---

1034. "Continúa el examen de la memoria del ministro de la Gobernación", en *Miscelánea* nº 407 (10.04.1821).
1035. M. Arenilla, *o.c.*, p. 97.
1036. "Sobre un código administrativo", en *Miscelánea* nº 210 (26.09.1820).
1037. Luis Jordana de pozas, "Ensayo de una teoría del fomento en el Derecho administrativo", en *Revista de Estudios Políticos* nº 48 (1949) p. 46.

en algún momento se ha creído ver en el diseño que hizo Burgos de los subdelegados de Fomento una carencia total de autoridad ejecutiva, resultado de juzgar que estaban ausentes entre sus funciones las propiamente políticas, consustanciales al cargo de gobernador. Aunque el profesor Jordana ya advertía de la coexistencia del fomento con otras formas de acción de la Administración (coerción, intervención), la idea antedicha puede encontrarse en las reflexiones de E. García Enterría y más claramente en las de A. Nieto[1038], quien suponía que tras la salida de Burgos del ministerio en abril de 1834, se produjo una drástica sustitución del modelo de subdelegado (en el que subraya su raigambre ilustrada y perfil "administrativo") por otro estrictamente político: "Burgos -como hombre de la Ilustración- no quería que los subdelegados hiciesen política sino que fomentasen la prosperidad del país. Una actitud que contrasta con la liberal. Los liberales, antes y después de él, abrieron de par en par las puertas a la política y consideraron a la actividad de mera administración como algo marginal"[1039].

Pero en realidad, el solapamiento de ambas modalidades en la acción administrativa es coherente con la tradición hispana de reunir el gobierno político y económico de los pueblos en una misma mano[1040], y se evidencia con regularidad en la historia del gobierno provincial a lo largo del siglo XIX con independencia de su denominación. Es cuestión de énfasis. Al menos en lo que atañe a esa doble finalidad, el mismo título de la *Instrucción para el gobierno económico-político de las provincias* aprobada por las Cortes de Cádiz en 1813, es suficientemente explícito[1041]. En ella

---

1038. L. Jordana, *art. cit.*, p. 49: "La policía es la modalidad administrativa más propia del Antiguo Régimen; el fomento es la más adecuada para el Estado liberal, y el servicio público es el modo predilecto del Estado intervencionista. Mas se trata del *predominio* de uno u otro sistema, sin exclusión de los demás". Vid. E. García de Enterría, *Administración española (…), o.c.*, pp. 55-57 especialmente; en el mismo sentido, A. Nieto, *o.c.*, p. 216 y ss.

1039. A. Nieto, *o.c.*, p. 248.

1040. Cfr. Juan Pro, "El modelo francés en la construcción del Estado español: el momento moderado", en *Revista de Estudios Políticos* n° 175 (2017) p. 304.

1041. "Decreto CCLXIX de 23 de Junio de 1813: Instrucción para el gobierno económico-político de las provincias", en *Colección de los decretos y órdenes que han expedido las Cortes Generales y Extraordinarias desde 24 de febrero de 1813 hasta 14 de setiembre del mismo año, en que terminaron sus sesiones. Comprehende además el decreto expedido por las Cortes Extraordinarias en 20 de dicho mes. Mandada publicar de orden de las mismas.* Tomo IV, Madrid: Imprenta Nacional, 1814, pp. 112-135 [En línea: Biblioteca Digital Hispánica. Consulta 25.01.2025].

se abordan las obligaciones de los ayuntamientos, de las diputaciones y de los jefes políticos de provincia (y en su caso subalternos), en sendos capítulos. Evidentemente, esta *Instrucción* pone el acento en el carácter de este jefe como autoridad superior gubernativa, con competencias en materia de tranquilidad y orden público, seguridad de las personas y bienes incluida la facultad de imponer multas, comunicación y ejecución de las leyes y ordenes del Gobierno, etc. Pero a la vez, también le compete todo lo perteneciente a la prosperidad en el territorio de su jurisdicción, señaladamente proponer al Gobierno "todos los medios que crea convenientes para el fomento de la agricultura, la industria y el comercio, y todo cuanto sea útil y beneficioso a la provincia". Décadas después esta dualidad de funciones seguía viva, según se aprecia en la gestión del veterano gobernador Antonio Guerola y Peyrolón, que lo fue en diversas provincias durante las etapas de gobierno de los moderados. Lo peculiar de Guerola es su afición a escribir y que dejó una memoria manuscrita de cada provincia que estuvo a su cargo, dando en ella constancia de los asuntos de su competencia. La de Granada por ejemplo[1042], muy breve porque únicamente permaneció dos meses a su frente (noviembre de 1863 a enero de 1864) combina capítulos políticamente sensibles como los titulados "Condiciones políticas y sociales de la provincia", "Rectificación de las listas electorales", "Vigilancia", "Guardia civil", "Periódicos e imprenta", "Política y elecciones" o "Salida de Granada", con los de tono más neutro como serían los que dedicó a "Contabilidad provincial", "Teatro", "Instrucción pública", "Beneficencia", "Caminos" (todavía seguía en construcción la carretera a Motril), "Cultivo del algodón", "Monumentos históricos", etc.

Que Burgos magnificaba el *Fomento* entre las demás modalidades de la acción administrativa es algo que no ofrece duda, lo que resulta coherente tanto con su confianza en la diligente iniciativa de los ciudadanos particulares (iluminada por la *razón*), como con su escepticismo ante la desidia y la ignorancia del gobierno absolutista -sostenía- que a menudo desembocaban en disposiciones arbitrarias y disparatadas. Pero para decirlo claro, negar a un delegado del gobierno la capacidad de decisión en el ejercicio de sus atribuciones no deja de ser un contrasentido que no parece achacable a Burgos, quien tenía un pasado como subprefecto en

---

1042. Antonio Guerola, *Memoria de mi administración en la provincia de Granada como gobernador de ella desde 27 de noviembre de 1863 hasta 25 de enero de 1864*. Introducción por Federico Suárez. Sevilla: Fundación Sevillana de Electricidad, 1996, 213 pp.

la administración napoleónica durante la ocupación francesa; recuérdese, ¿no había él inspeccionado, en compañía del comandante francés, las dependencias de las monjas de Almería buscando un alijo de armas? Pero simplemente, a las alturas 1820 él no tenía interés ni necesidad de destacar la función del jefe político como cabeza de la policía (aunque la menciona) porque era conocida de sobra en la España constitucional y nadie la ponía en duda. Por lo demás, la continuidad entre las reflexiones formuladas en la *Miscelánea* y en la *Instrucción* que redactó en 1833 está demostrada[1043], y la *Gaceta* proporciona buenos ejemplos en esta última época, en forma de circulares y reales órdenes, en los que queda de manifiesto la actuación de los subdelegados de Fomento en el ejercicio de sus funciones. Es cierto que siendo ministro no llegó a poner en pie la Administración en su totalidad, de lo que él culpó -véase el primer capítulo de este libro- a la resistencia de los capitanes generales a renunciar al control sobre la policía durante la primera guerra Carlista. De hecho, en una Real Orden del 12 de marzo de 1834 citada por A. Nieto[1044] se confirma el carácter *transitorio* de la intervención de los capitanes generales en la materia, puntualizando a renglón seguido:

Esta excepción, hecha a las reglas generales de la administración, durará solo lo que duraren las circunstancias extraordinarias que obligan a hacerlas; y pasadas las cuales corresponderán exclusivamente a ios jefes civiles las atribuciones de la policía, que no pueden segregarse de las demás atribuciones administrativas, sino en casos particulares y por motivos muy calificados.

La Administración moderna basada en un organigrama racional, en el principio jerárquico y en el manejo de información normalizada venía a solucionar los perjuicios que causaba la confusión de atribuciones entre las autoridades del Antiguo Régimen. Pero una vez más, aquí cae por tierra otro de los tópicos sobre las convicciones de Javier de Burgos en relación

---

1043. Vid. A. Arenilla, *o.c.,* p. 143.

1044. Cfr. A. Nieto, *o.c.,* p. 251; vid. la R.O. en *Gaceta de Madrid* nº 34 (18.03.1834), Burgos a Sr. subdelegado de Fomento de — — — (12 de marzo de 1834): "Los subdelegados de Fomento se entenderán por ahora en todo lo relativo a policía con ios capitanes generales, los cuales, por su parte se entenderán con el superintendente general, por cuyo conducto dirigirán al gobierno las comunicaciones relativas a esté ramo, y recibirán las órdenes".

a la Administración: que él confiaba ciegamente en su capacidad, como si fueran los polvos de la madre Celestina, para hacer que la prosperidad se desparramara de forma automática por toda España. En realidad, hay que subrayarlo, atribuye más bien esa mágica virtud a la acción de los empleados, dirigida por la *razón,* sin la cual la Administración es una máquina desorientada. De ahí que al final fueran los hombres encumbrados al gobierno y a la administración (que vienen a ser la misma cosa) los causantes de la felicidad de los pueblos, en cuanto depositarios de las luces necesarias. De ahí por tanto, la importancia que siempre concedió a las cualidades personales de gobernantes y funcionarios, y que sus reflexiones al respecto sean numerosas, aunque dispersas en los artículos dedicados al perfil de secretarios y consejeros de estado, jefes políticos, subdelegados y miembros de diputaciones provinciales. Su comentario, al hilo de unas observaciones remitidas al periódico en noviembre de 1820, podría aplicarse sin forzar las cosas a todos los cargos públicos a los que en algún momento dedicó su atención:

> Nada creemos nosotros imposible en administración, cuando esta se confíe a hombres que reúnan los principios de la ciencia del gobierno con el conocimiento de las necesidades públicas, con la experiencia de los negocios y con el hábito del trabajo (...). Es menester pues, que el que en la carrera de la administración quiera adquirir reputación o conservarla, conozca al mismo tiempo los libros y los hombres; que esté dotado de un talento capaz de abarcar un vasto conjunto, sin perder de vista ninguna de sus particularidades importantes; que tenga una salud robusta, experimentada por mucho tiempo en trabajos mentales; y que imbuido de la idea de que *gobernar* es sinónimo de *hacer felices,* piense que nada hace mientras sus tareas no produzcan este resultado[1045].

Aunque necesario y loable, no basta la buena intención y el patriotismo para servir esos destinos. Talento natural, amplia instrucción, conocimientos especializados (economía y administración, detalla casi siempre), carácter enérgico, incesante actividad, familiaridad con los negocios, integridad y fluidez en el trato son las cualidades que se repiten una y otra vez en sus escritos[1046]. El análisis dedicado a las diputaciones

---

1045. "Hemos visto unas observaciones", en *Miscelánea* nº 251 (6.11.1820).
1046. vid. Entre otros, "Sobre ministros", en *Miscelánea* nº 63 (24.03.1820);
"¿Qué se necesita para ser consejero de Estado?", en nº 243 (29.10.1820).

provinciales añade una circunstancia más en la que conviene detenerse, porque trasciende la dimensión de lo administrativo para introducirnos en su concepción del orden social, en lo que manifiesta un llamativo sentido de modernidad; se trata de la independencia económica, necesaria para mantener a sus miembros alejados de "las seducciones y de las condescendencias" y cuya ausencia explica además, el decepcionante resultado que venía dando la institución. De acuerdo con la Constitución, estos eran cargos electivos que debían ser desempeñados por ciudadanos con medios suficientes "para mantenerse con decencia" y que no fueran empleados de nombramiento real. El problema consistía en que al no haberse previsto ninguna remuneración, había poca garantía de que aquellos "que debieron a la fortuna" la holgura suficiente para sustentarse a su costa en la capital de la provincia durante los noventa días de sesiones (no necesariamente seguidos), tuvieran los conocimientos, la inteligencia y el hábito de los negocios que requería ese destino. La consecuencia era que solo podían ser nombrados eclesiásticos, propietarios y labradores, porque mucha gente capacitada como eran abogados, escribanos, procuradores, médicos, cirujanos, boticarios, mercaderes ("y aun muchos propietarios y colonos") intentaba por todos los medios rehuir el nombramiento, al no poder abandonar el ejercicio de las profesiones a las que debían precisamente su decente subsistencia: "Entre estos individuos, que forman la clase media de la sociedad, se haya comúnmente el caudal de luces, de aplicación, de filantropía, y de conocimientos locales propio para desempeñar de un modo conveniente las funciones de diputado provincial"[1047].

La solución a la que llegaba Burgos con toda esta argumentación era de una parte, la necesidad de fijar un mínimo, por ejemplo de 10 ó 12 000 reales de renta para poder ser elegido, y sobre todo establecer una dotación económica para los miembros de la diputación a manera de indemnización; una cantidad que no excitara la codicia de "embrollones e intrigantes", cosa de un doblón (60 reales) por cada sesión. Otras posibilidades menos deseables eran limitar los nombramientos a los residentes en las capitales o hacer que los respectivos partidos les indemnizasen, puesto que -decía- era poca la gente con voluntad de hacer los sacrificios necesarios:

1047. "En el espacio de 6 u 8 meses nos han llegado", en *Miscelánea* nº 448 (21.05.1821); vid. "Concluye el artículo sobre la división del territorio", en *El Imparcial* nº 28 (7.10.1821), en el que insiste en sus reservas sobre las diputaciones provinciales.

Encorvados por siglos bajo el yugo del despotismo civil y religioso, no se debe extrañar que la inercia y la apatía entren como elementos en la composición del carácter español. Bien es de esperar que el régimen constitucional haga desaparecer estos elementos, pero entre tanto será preciso que las instituciones se adapten a lo que hoy somos y no a lo que seremos dentro de algunos años[1048].

Este último párrafo, una predicción voluntarista, prenuncia el desarrollo de la cultura de la subvención para compensar la endeblez del estrato social al que pertenecían aquellos (pocos) capaces de sacrificarse por el bien del país. Son consideraciones con las que Burgos traslada a sus lectores una vez más su convicción sobre la valía personal, medida en relación con el principio supremo de la *razón*, como criterio para legitimar el ejercicio del gobierno-administración. Y a diferencia de lo que se seguía en la época anterior ("se elegían siempre hombres o inútiles o tachados"), en un régimen de libertades el mérito vendría señalado por la *opinión pública*, lo que a su entender (escribe en marzo de 1820) iba a garantizar el acierto en la elección de los llamados a desempeñar cargos de responsabilidad[1049].

Ahora bien, ¿estaba sucediendo realmente así en la época de la libertad? Contra lo previsto, desde fechas muy tempranas se vio obligado a revisar sus opiniones y alertar sobre los vicios de la empleomanía y el enchufismo, reavivados tras el triunfo de la revolución. Aunque es notorio que él mismo no iba a ser, llegado el caso, demasiado fiel a la doctrina que predicaba, como periodista dejó claro que los consideraba una tara para la credibilidad del régimen, denunciando desde el primer momento el argumento de la *adhesión a las nuevas instituciones* con que el ministerio había abierto la puerta a la arbitrariedad en la destitución y el nombramiento de empleados públicos[1050]. Bien es verdad que los mismos ministros del primer gobierno constitucional no habían dado muestras de ejemplaridad cuando se embolsaron sueldos que suponían devengados desde 1814. Meses después, a comienzos de 1821, criticó en una serie de artículos señeros la multiplicación de pretendientes y estipendiados con el pretexto de premios al patriotismo, oponiendo en su lugar la honradez y la aptitud de los empleados antiguos (eso, dicho por quien tanto había criticado el autoritarismo obtuso de la Administración absolutista). Huelga decir que con semejantes raciocinios

---

1048. "Sobre diputaciones provinciales", en *Miscelánea* nº 121 (29.06.1820).
1049. Cfr. "Sobre ministros", en *Miscelánea* nº 63 (24.03.1820).
1050. "Leemos en el número 8 del Universal", en *Miscelánea* nº 88 (22.05.1820).

no solo justificaba a los funcionarios del anterior gobierno, sino que con la misma lógica, limpiaba la actuación de los que habían servido al rey Intruso, un punto que le incumbía a él de manera directa y en el que venía insistiendo desde que la libertad de imprenta le permitió argüir en su favor. Fue aun más explícito en su *Revista del año 1820*, al señalar los nombramientos abusivos como una de las causas del desprestigio de la revolución, del quebranto del erario e incluso de la desunión interna de la nación[1051]. De hecho, Burgos utilizó de manera porfiada este argumento para atacar al ministerio Argüelles, echándole en cara la remoción masiva de empleados, que "apoyada en el mentido pretexto de la adhesión, no ha tenido otro objeto verdadero que acomodar aduladores y parásitos"[1052]. Pero el problema no haría sino aumentar en los meses sucesivos hasta convertirse, en el sentir de Burgos, en motivo de encarnizados enfrentamientos partidistas, con lo que eso implicaba para la estabilidad del sistema:

Todas las mañanas empezamos nuestras tareas con la lectura de cuatro o seis comunicados, en que se nos dan las quejas más doloridas, ya sobre el excesivo número de empleados de cierta aduana, ya sobre el de cierto resguardo, ya sobre el de cierta oficina, ya sobre el inmenso número de oficiales superiores, suficientes para desempeñar todos los mandos supremos y subalternos de los ejércitos de Xerxes, ya sobre la ineptitud completa de la mayor parte de los empleados nuevos, recién puestos en zancos porque gritaron en un club o en un motín, o porque adularon a alguno que estuvo en Cádiz hace diez o doce años, o porque firmaron algún comunicado calumnioso e infame para algún periódico, o por algún motivo semejante[1053].

Ante el evidente fracaso de la *opinión publica* y la inexistencia de procedimientos reglados para elegir a los más dignos de servir los empleos, lo que quedaba era lo de siempre, el conocimiento por medio de terceros de los méritos y circunstancias de los aspirantes; o sea, la cultura de la recomendación, que, en combinación con la *libre designación*, iba a tener larga trayectoria en nuestra historia y pujante actualidad. Burgos,

---

1051. Vid. "División por causa de los empleos", en *Miscelánea* n° 319 (12.01.1821); "División (…) Segundo artículo", en n° 322 (15.01.1821), y "Continúa la revista del año de 1820", en n° 332 (25.01.1821).
1052. Cfr. "Continúa la revista de marzo", en *Miscelánea* n° 399 (2.04.1821).
1053. "Todas las mañanas", en *Miscelánea* n° 562 (12.09.1821).

recuérdese, la había cultivado desde abajo (sin éxito) en sus lejanos tiempos de pretendiente, y al caer el régimen constitucional la practicó desde su posición de influencia ante los nuevos mandantes, como seguiría haciéndolo tras su entrada en el ministerio de Fomento en 1833; hay mucha evidencia en su correspondencia familiar. Lo que tiene de peculiar su conducta, y conviene destacarlo, es su tolerancia ante las recomendaciones cursadas por parientes y amigos *cuando eran en favor de personas competentes*, lo que parece comprensible en una época en la que no estaba regulado, o era muy endeble el mecanismo de acceso a la función pública. Valga como ejemplo su negativa a recomendar al joven Antonio, hijo de su hermano el difunto Frasquito, quien pedia a su tío que interviniera para que le dieran un empleo. Este lo rechazó, sin embargo, alegando que "el que escribe con h *en* y *o* tiene, antes de hacer nada, que volver a la escuela"[1054].

10.12. El conflicto: exaltados, moderados y afrancesados

El redactor de la *Miscelánea* encarece con harta frecuencia el valor de la estabilidad y el orden social, un requisito indispensable para alcanzar la prosperidad, esto es, la felicidad de la nación, que era, insiste, de lo que tenía que ocuparse el gobierno. Pero por el contrario, lo que predominó en la vida política del Trienio fue la agitación y la inseguridad, que de acuerdo con su análisis, no se debían tanto a la amenaza de los facciosos como a la de los patriotas exaltados, de la que aquella era más bien una consecuencia. Burgos por cierto, usa la voz "exaltados" prácticamente desde el principio pero casi siempre como adjetivo, de modo que solo a partir de la división de los liberales (en el contexto de la *sesión de las páginas*) formaliza su empleo para señalar a un grupo definido. Creo que el primer uso consciente que hace de esa nomenclatura se encuentra en la *revista de octubre* de 1820, en su crítica al decreto del congreso sobre los *Persas*, los diputados realistas que en 1814 habían denunciado la obra de las Cortes de Cádiz:

> Después de estas reflexiones no extrañamos qua la ley sobre los persas a nadie haya satisfecho: no a ellos, porque los ha condenado a penas terribles para ser impuestas sin juicio; no a los exaltados, porque querían ver correr la sangre de los perjuros; no a los moderados,

---

1054. AFB, X. de Burgos a José de Burgos Real (París, 18.08.1838); José era hijo de su otro hermano, Diego María, también fallecido en estas mismas fechas.

porque enemigos natos de la arbitrariedad, no hallaban medio entre enviar a los acusados delante de un tribunal para que los juzgase con arreglo a las leyes, o bien, subordinando los intereses de la justicia a los de la política, concederles una amnistía plena, como se ha hecho siempre después de las convulsiones políticas en todos los países de la tierra[1055].

Si en un plano teórico los absolutistas encarnaban la ignorancia y el fanatismo en el discurso de la *Miscelánea*, los exaltados representan la *pasión*, contraria a la *razón*. Y descendiendo a la realidad cotidiana, los pinta una y otra vez como gente mediocre y vociferante, ansiosa por hacerse un hueco en el sistema, para lo que violentaban la legalidad con el pretexto de defender la libertad, que decían amenazada. Como es notorio, demostraron capacidad para la movilización callejera a través de las sociedades patrióticas, la milicia y una parte de la prensa, o sea, los contrapoderes que Burgos identifica como el foco originario de los discursos sediciosos, la intimidación a las autoridades, las listas de proscripción, los desacatos al rey y la violencia tumultuaria: en suma, la temida anarquía. Aunque a menudo se ha afirmado que no hay argumentación de altura en los textos de los exaltados, su mensaje encierra algunos enunciados convincentes, al denunciar a los moderados como los grandes beneficiarios del régimen, los que se habían apropiado en exclusiva de las conquistas de la revolución, pero se oponían a nuevos avances que alcanzaran a los demás españoles. Por tanto, las cosas no habrían variado mucho para el pueblo, del que los exaltados se erigen siempre en portavoz: "Los artesanos y menestrales iban creyendo muy de veras aquello de *igualdad ante la ley*, sin hacerse cargo de que por más que digan, hasta en el Santo Cielo hay *jerarquías*", dirá *El Eco de Padilla* al remedar, con sorna, el punto de vista de los moderados, que pretendían ser la voz de la razón, hombres de juicio avezados en las cosas de política y gobierno[1056].

1055. "Continúa la revista de octubre", en *Miscelánea* n° 247 (2.11.1820).
1056. "Variedades", en *El Eco de Padilla* n° 3 (3.08.1821) pp. 23-24. Para la caracterización de moderados y exaltados en la historiografía moderna, vid. J.L. Comellas, *El Trienio (…), o.c.,* p. 159 y ss.: la mesura de los primeros responde no solo a una razón de carácter sino "en el fondo, a una cuestión de intereses. El orden significa para ellos mantenimiento de lo presente, significa, más que un principio, una permisión de prosperidad burguesa". Por el contrario, el programa exaltado "podríamos condensarlo en la fórmula 'llevar adelante la revolución', si no adoleciese esta expresión de

En efecto, Burgos define a los moderados como el partido de la razón y la concordia, gente de orden con la que él mismo se identifica, opuesta al espíritu de trifulca típico de los exaltados:

> Nuestro papel ha sido constantemente el modelo de la moderación, circunstancia que nos ha valido los epítetos de *ministerial*, de *ultra-moderado* y otros semejantes, con que nos han honrado por mucho tiempo los periodistas exaltados[1057].

En su razonamiento abstracto, ajeno a las vicisitudes del momento histórico, el redactor de la *Miscelánea* elogia y pone a los moderados en perspectiva heroica al afirmar que

> Su oficio es hacer coincidir en el punto en el que ellos se sitúan, las *opiniones extremadas* de los dos partidos opuestos; pero su suerte es ordinariamente perecer en esta empresa magnánima, porque expuestos a los ataques encarnizados de entrambos, es raro quien tenga bastante constancia y fortaleza para resistirlos[1058].

Si la parquedad de su exposición se justifica con la explicación habitual ("los estrechos límites de nuestro periódico"), completa su pensamiento la lúcida reflexión de Sebastián Miñano, que tiene además un valor sociológico perenne, vertida en su *Examen crítico de las revoluciones de España*:

> Mas antes de indicar sumariamente su origen y progresos, permítasenos hacer algunas reflexiones sobre eso que en España y en otras partes se llama el partido de la moderación. Estas reflexiones nos son tanto

---

cierta vaguedad" (p. 167). En el mismo sentido, vid. A. Gil Novales, *El Trienio (...), o.c.* p. 21: "Para los moderados la revolución ya está hecha, puesto que hay Constitución, leyes y autoridades. Al pueblo le toca obedecer, y periódicamente delegar su supuesta soberanía mediante el voto. Los exaltados piensan que la Constitución hay que desarrollarla, llevarla a la realidad, y para ello buscan el apoyo popular".

1057. "Concluye la respuesta al artículo inserto en el Universal de ayer", en *Miscelánea* n° 281 (6.12.1820).

1058. "Sobre la moderación", en *Miscelánea* n° 466 (8.06.1821).

más dolorosas, cuanto nosotros mismos blasonamos de pertenecer a él, como se puede inferir de todo el contexto de esta obrilla. Ya en una precedente nota hemos dicho que los *moderados tienen el gran defecto de creerse los únicos capaces de conducir la maquina del estado, regida por las leyes ordinarias, así en tiempo de calma como de revueltas y motines, y que contentándose con demostrar lo que debe hacerse, no aciertan jamás a ejecutar lo que convendría.* Siempre se dice que su número es mayor relativamente al de todos los partidos opuestos, y que el día que quieran entenderse, sujetarán a la media docena de locos, que propenden a tal o cual extremo. Pero lo singular es que nunca llega este día ni puede llegar, según sus principios, porque tienen por crimen no descansar ciegamente en las leyes, y hacer uso de su fuerza individual para sostenerse y sostenerlas. Sería un delirio creer que los moderados, solo por serlo, son más cobardes que sus adversarios políticos, y sin embargo, siempre su destino les lleva a ser vencidos, cuando no víctimas de todo partido que se les opone. Su bandera es siempre la razón y la justicia, así en las discusiones como en la ejecución, y con todo eso, rara vez la mayoría activa se deja convencer de sus razones, ni las presta el auxilio de su brazo, cuando le reclaman. ¿Cuál es, pues, el misterio, que debilita su acción y deja inútiles sus buenos deseos? el egoísmo y la pereza. Para una mínima parte de moderados, que lo son por temperamento o por virtud, hay una infinidad, que se dan a si mismos este nombre, solo por conservar la posición adquirida, y que dejarían de ser moderados, si la perdiesen. Tardan mucho tiempo en dar importancia a los peligros y cuando estos se acercan, los miran con terror. Nunca suponen en sus enemigos la osadía necesaria para trastornar el orden actual de cosas, y en lugar de procurar vencerlos, se contentan con probarles que no tienen razón, como si los otros lo ignorasen. En una palabra, el partido moderado, si le hubiésemos de definir por los principios del doctor Gall, diríamos que tiene muy desarrollado el órgano del raciocinio a expensas del de la voluntad, y que suele hacerse despreciable porque no sabe hacerse temible. Así es que nunca triunfa, sino cuando se despoja de toda moderación[1059].

1059. [Sebastián Miñano], *Examen crítico de las revoluciones de España de 1820 a 1823 y de 1836.* París: Librería de Delaunay, 1837, pp. 75-77 [En línea: edición html en Biblioteca Virtual Miguel de Cervantes]. Sobre la autoría y análisis del *Examen,* vid. A.M.ª Berazaluce, *Sebastián Miñano (…), o.c.,* p. 353 y ss.

Pero en realidad, moderados y exaltados *sí* tenían mucho en común: coincidían en el imaginario patriótico heredado de la guerra y sobre todo, en la visión roussoniana del pacto social -de orientación democrática-aunque los primeros desde un enfoque rematadamente clasista y por ello, menos coherente. Estos acataban, en general, la Constitución doceañista que muchos de ellos habían contribuido a formar en la época de Cádiz, aunque objetaran sus consecuencias. Por eso, su entendimiento con los afrancesados solo pudo ser parcial. Se movían en el mismo escenario sociológico -compartían códigos civilizados- pero a partir de supuestos doctrinales distintos, puesto que la referencia para los afrancesados era el segundo Rousseau, "el autoritario", con su corte de utilitaristas, liberales posrevolucionarios y doctrinarios, que les llevaba a sostener una concepción del liberalismo aristocrática -en el sentido etimológico-que a la larga terminaría por prevalecer en la configuración del constitucionalismo español, pero que en el momento histórico del Trienio suponía un obstáculo para que los moderados les cooptasen; más bien, el desarrollo político en estos años deja entrever una relación desigual en la que los afrancesados fueron utilizarlos como cabezas de turco en los momentos de crisis, y eso entre continuos desaires provocados por la ojeriza que causaba el recuerdo de su conducta durante la guerra. A esa lógica responden las limitaciones en la amnistía aprobada por las Cortes en favor de los antiguos emigrados en septiembre de 1820, la atribución de la representación de la sociedad de Malta a los periodistas afrancesados, la acusación de que aspiraban al ministerio en sustitución del gabinete de los *presidiarios,* o la circular ministerial de septiembre de 1821, destinada a discriminarlos en las elecciones a Cortes. Ante semejante rechazo, los escritores afrancesados, Burgos a la cabeza desde su *Miscelánea,* les pagaron con la misma hostilidad, echando en cara a los ministros su apatía, cobardía e incompetencia.

Por evidente interés corporativo, pero también alegando la necesaria unidad entre los defensores de las instituciones liberales, Burgos hizo de la apología de los antiguos emigrados un tema recurrente en su periódico, que expuso de manera encubierta al principio y más adelante sin ninguna sutileza. Su desiderátum consistió, en todo momento, en la integración completa de los afrancesados en el sistema, de modo que defendió contra viento y marea una amnistía plena -un *olvido- y* no un simple indulto que excluyera la restitución de los honores y cargos que hubieran ostentado en el pasado, que fue lo que para decepción de los afrancesados, aprobaron las Cortes en septiembre de 1820. Incluso mantuvo entonces una amistosa polémica con Félix Reinoso, el autor del *Examen de los delitos de infidelidad a la patria* sobre esa distinción[1060]. Hay también indicios de que posteriormente él, junto a Miñano y algún otro redactor de *El Censor*, participó en una iniciativa en favor de la reconciliación entre las fuerzas liberales que quizás pueda datarse a comienzos de 1821, con motivo de la ceremonia fúnebre del revolucionario (afrancesado) José Marchena. Este falleció en Madrid el 31 de enero y según relató con detalle el diario de Javier de Burgos, recibió entonces el reconocimiento unánime de liberales y afrancesados. El obituario concluye así:

Ciudadanos celosos por la libertad de su patria y que la han buscado por caminos diferentes, se han reunido en torno a su tumba: tan cierto es que los hombres de luces y bien intencionados no alimentan enconos vergonzosos, y que en cualquier parte donde la suerte los reúne, se abrazan como amigos, y se arrepienten de no haberse abrazado antes[1061].

Pero aquel clima de entendimiento pronto se frustró, sin que se conozcan otras circunstancias que las que el mismo Burgos reveló meses después en las páginas de *El Imparcial*, en el curso de una polémica sostenida con los de *El Eco de Padilla*:

Cuando a principios de marzo [de 1821] se les echó la culpa de la caída del ministerio, se dijo que algunos de ellos iban a ser ministros, y se anunció en la tribuna de la Fontana la solemnísima impostura de que los señores Azanza y Almenara iban a escaparse de Madrid con setenta mil onzas de oro, y habían sido cogidos fuera ya de la puerta de Alcalá: ¿había ya Imparcial, o el Censor y la Miscelánea hablan dicho cosa alguna que acreditase y excusase tan atrocísima calumnia? Pues entonces cabalmente se trataba de la *fusión*, y para impedirla

---

1060. Vid. artículos remitidos por Reinoso en *Miscelánea* nn. 244 y 245 (30 y 31.10.1820), f. = *El autor del examen de los delitos de infidelidad;* los artículos de Burgos son los titulados "Amnistía", en n° 183 (30.08.1820) y "Desde que volvieron a resonar en el congreso", en n° 249 (5.11.1820). Todavía en la exposición dirigida a Fernando VII desde París, en 1826, insistía en la distinción entre *amnistía* ("olvido sempiterno") e *indulto* ("perdón"): cfr. J. de Burgos, "Exposición dirigida a S.M. (...)", en E. de Ochoa, *Apuntes (...), o.c.,* pp. 206-209.

1061. "El 5 del corriente se ha celebrado", en *Miscelánea* n° 347 (09.02.1821).

se forjaron y propagaron tan absurdas patrañas. Con que si la tal fusión no se ha verificado, no ha sido por culpa del Imparcial, que no existía ni de la Miscelánea, cuyo redactor era uno de los *fundantes,* ni del Censor, de cuyos redactores, dos estaban convidados para un banquete de reconciliación, que no se verificó alegándose por la otra parte ridículos pretextos; y otro fue precisamente sacrificado á los resentimientos de un partido, cuyo odio a los que llama afrancesados, no han podido ni aun amortiguar siete años do destierro, el secuestro de los bienes, y todos los males que son consiguientes a la mas bárbara, mas injusta, y mas antipolítica persecución de que hagan memoria los anales de las discordias civiles. En toda Europa cuantos sirvieron a los gobiernos intrusos de la familia de Bonaparte están no solo tranquilos, sino empleados por la mayor parte: ¡Solo en España, mal dicho, solo en Madrid se les niega hasta la entrada en las juntas de su parroquia![1062].

Incluso después de la aprobación de la amnistía de 1820 la prensa exaltada persistió, contumaz, en remover el pasado como una de las principales armas contra los periodistas afrancesados, ahondando así en la brecha abierta en la sociedad durante la guerra y proyectando animosidad sobre los antiguos josefinos. Paradójicamente, fueron los mismos redactores de *El Eco de Padilla* quienes señalaron esta última circunstancia en la polémica antedicha, a fin de aislar a los *imparciales,* al afirmar que comprometían (o sea, salpicaban) a todos los de su *clase* sin que estos compartieran las opiniones de dichos periodistas. Son ellos por tanto, los que "entorpecen la fusión de los partidos, y prolongan los odios y las persecuciones"[1063]. Burgos en particular, con su avasalladora personalidad periodística imposible de ignorar, se había convertido en el catalizador de esa hostilidad, que con frecuencia le llevó a exculpar su conducta personal como funcionario del gobierno Intruso en Almería y en Granada, y de rechazo la de todos los de su clase. Su justificación siempre empieza y termina en el recurso a "la conveniencia pública", y así lo hizo al defender la comedia que escribió en 1811, *El presidente de la regencia.* Él, afirma, difundió en ella los principios tutelares del orden social, proclamando la indulgencia y la concordia. Además, durante la guerra evitó daños e hizo grandes bienes

---

1062. "Para los afrancesados que no son escritores", en *El Imparcial* n° 62 (10.11.1821) pp. 244-245.
1063. "Variedades", en *El Eco de Padilla* n° 96 (4.11.1821).

que merecieron las bendiciones de sus administrados, aunque se equivocara en el cálculo sobre el resultado de la guerra. "El redactor de la Miscelánea sirvió en tiempo de la dominación enemiga, pero sirvió con gloria y está ufano de sus servicios", afirmó[1064]. Es, obviamente, una argumentación muy ceñida a la empleada por Reinoso en el *Examen de los delitos de infidelidad a la patria* (el Alcorán de los afrancesados, que dijo don Marcelino), a cuya autoridad apela Burgos para zanjar la cuestión:

La defensa de los afrancesados la hizo ya para siempre Reinoso, y no ha habido entre sus enemigos ninguno tan petulante o tan sandio, que se atreva a contradecir a una sola sílaba de su libro inmortal, que algún día será el código por donde se juzgue la conducta política de los hombres en las crisis de los estados[1065].

Pero por muy impopular que fuera el pasado de los afrancesados, el verdadero agravio de que se quejaba la prensa exaltada consistía en su interpretación del sistema liberal en España y en la sospecha de que no les faltaba ambición política a aquellos periodistas, o al menos -más verosímil- la determinación de influir en la marcha del régimen para moldearlo a su manera: "una tendencia marcada hacia el *ultracismo*", dijeron los de *El Eco de Padilla*[1066]. En cambio, para Burgos los auténticos motivos del acoso a los afrancesados y de su exclusión de los puestos de influencia se reducían a una cuestión mucho más mezquina, el sempiterno ansia por los empleos y el temor a la competencia que suponían los funcionarios que habían servido al gobierno Intruso:

No es tiempo ya de perseguir a esos afrancesados, cuya proscripción, dictada en Cádiz quizá por algún excusable designio político, fue prolongada por el gobierno de los 6 años, el más perseguidor entre todos los que ocuparon los anales de ningún pueblo culto, y renovada después de la restauración por el furor vocinglero de un puñado de díscolos, que a gritos y a denuestos pretendieron lanzar

---

1064. "Parió por fin un monte", en *Miscelánea* n° 341 (3.02.1821).
1065. "Acabamos de leer un papelucho", en *Miscelánea* n° 540 (21.08.1821), cit. por J. López Tabar, *o.c.*, p. 139.
1066. "Breves palabras dirigidas al Imparcial", en *El Eco de Padilla* n° 65 (4.10.1821).

a mil empleados beneméritos, para ocupar ellos sus sillas, y dar muy a menudo a los pueblos, atónitos de su audacia, el espectáculo del orgullo insolente, unido al de la ignorancia supina. Basta con diez u once años de persecución y de baldones, que podrían disculparse tal vez, si sus autores hubiesen sabido cooperar tan eficazmente al bien que pueden promover nuestras actuales instituciones, que hubiesen inspirado a todos una confianza sin limites en sus luces y en sus sentimientos; pero cuando tanto error de su parte excita la compasión y provoca al desprecio, callen, y no obliguen a hombres moderados y tranquilos a que contesten a sus groseras calumnias con verdades que les amarguen, y les hagan perder el poco prestigio que aun conservan[1067].

10.13. La Iglesia y el clero

Naturalmente, la Iglesia, enraizada como estaba en las estructuras del Antiguo Régimen, iba a ser objeto de interés preferente para las Cortes del Trienio, especialmente durante la primera legislatura, cuando se acometió la mayor parte de la legislación que la afectaba. Por su trayectoria personal y su formación, Javier de Burgos se sentía cómodo escribiendo sobre los asuntos relacionados con el mundo eclesiástico, de modo que su periódico les dedicó gran atención a partir del cambio político que le permitió explayarse con libertad. Asume ahí de forma explícita la perspectiva de un fiel creyente e implícitamente, las ideas compartidas por muchos españoles cultos en la segunda mitad del siglo XVIII, esto es, la tendencia a pensar en la Iglesia, en tanto que institución visible, como un instrumento de legitimación del Estado y a considerar a los clérigos como servidores públicos. Asimismo, cuanto atañía a la *disciplina externa* caía bajo la autoridad temporal; eso era

---

1067. "Acabamos de leer un papelucho", *art. cit.* en *Miscelánea* n° 540; vid. también en el mismo sentido, "Todavía el eco de Padilla", en *El Imparcial* n° 29 (8.10.1821), artículo (va en *Comunicados* pero es de la redacción) en respuesta al número 65 de *El Eco:* "Cuando se considera que esta reconciliación mandada por la ley, recomendada por el gobierno y deseada por la nación se difiere por el temor de haber de rivalizar para la obtención de destinos, y por las vergonzosas pretensiones del amor propio de algunos que ambicionan la primacía en el arte de escribir en verso o prosa, para hacer reír o llorar a cuatro ociosos es indispensable encogerse de hombros, y confesar humildemente que la raza de los hombres con todo el orgullo de su racionalidad vale mucho menos de lo que se piensa".

consecuencia, dirá A. Truyol y Serra[1068], de una visión economicista–utilitaria del orden social y de su raíz iusnaturalista. Ahora bien, tal concepción, lógica en un escenario absolutista, fue heredada rutinariamente por el Nuevo Régimen al incluirse el principio confesional en la Constitución de 1812 (art. 3), con todo lo que de ahí se derivaba; la intención voluntariosa de proteger a la religión mediante "leyes sabias y justas" (art. 12) conducía, con naturalidad, a reconocer la capacidad del gobierno para intervenir en los bienes y el estatus de los eclesiásticos, aunque con tendencia a olvidar su condición de ciudadanos en ejercicio de sus derechos y libertades. Como era inconcebible en la España de entonces la posibilidad de una relación entre la Iglesia y el Estado basada en la mutua independencia, el conflicto estaba servido, no solo por la evidente contradicción entre el planteamiento confesional y la filosofía liberal, sino por la resistencia contumaz de muchos eclesiásticos a ser protegidos. Burgos, repitamos, participa plenamente de la forma de pensar convencional sobre este punto, lo que resulta algo chocante en alguien que ya había asumido las ideas modernas sobre las libertades civiles.

Las tesis regalistas se difundieron desde su periódico con un radicalismo que iba mucho más allá del tenue anticlericalismo que suele asociarse a los liberales moderados. No faltan referencias que permiten deducir las coordenadas ideológicas en las que se movía entonces el redactor: entre ellas se cuentan las lecturas del "sabio Fleury" -autor tenido por jansenista, admirador de la iglesia primitiva, la autoridad episcopal, los concilios y lo demás- y las historias de Voltaire y Gibbon en relación con el desarrollo del monacato en el mundo antiguo, que interpretan desde una óptica agnóstica[1069]. Igualmente, reseñó

1068. Antonio Truyol y Serra, *Historia de la filosofía del derecho y del estado. Tomo II: Del Renacimiento a Kant. XVIII*. Madrid: Revista de Occidente, 1976, p. 149: "la Iglesia, en cuanto sociedad visible, queda integrada en el orden natural, y por consiguiente sometida al poder civil". Sobre la inspiración regalista del jansenismo en España y su difusión durante el reinado de Carlos III, vid. Luis Sierra Nava, S.I., *La reacción del episcopado español ante los decretos de matrimonios del ministro Urquijo de 1799 a 1813*, Bilbao: Ediciones Estudios de Deusto, 1964, pp. 52-66.

1069. Cfr. *Miscelánea* nº 79 (1.05.1820), reseña de unas *Observaciones histórico-críticas sobre el monaquismo, los monjes, y la necesidad de su reforma.* Cuaderno en 4º, Cádiz y reimpreso en Madrid, 1812 [f. = P.U.P.Z.]; en la misma van las citas a Fleury, al *Ensayo sobre el espíritu y costumbres de las naciones* [sic] (de Voltaire, pero no se dice) y a Gibbon, autor de la *Historia de la decadencia y caída del imperio romano*, donde considera al cristianismo como factor principal en el fin del imperio.

elogiosamente las traducciones debidas a don Manuel Díaz Moreno de los *Discursos* del mismo Fleury *sobre el origen, progresos y decadencia de las órdenes religiosas,* y del *Catecismo universal* de Jean-François de Saint-Lambert, un colaborador de la *Enciclopedia*[1070]. Tampoco falta una argumentación más abiertamente utilitaria, para la que apela a la autoridad de Sancho de Moncada, Pedro Fernández de Navarrete, Miguel de Zavala ("y de "todos los economistas de los siglos 17 y 18") en apoyo de sus críticas a los institutos regulares[1071].

Más de tejas para abajo, hay que recordar a Sebastian Miñano y a Manuel Zenteno, autores de los *Lamentos políticos del Pobrecito holgazán,* las *Cartas de don Justo Balanza* y las del *Compadre del holgazán y apologista universal de la holgazanería.* Ambos habían seguido al gobierno Intruso durante la pasada guerra, poseían una sólida formación clerical -eran canónigos- y buena pluma, que emplearon para criticar con conocimiento de causa las vetustas instituciones eclesiásticas del Antiguo Régimen. Miñano, que era amigo personal de Burgos, le había llevado la primera carta del *holgazán* para que se publicara en la *Miscelánea,* pero este y el impresor del periódico entonces, Martínez Dávila, le sugirieron que saliera como folleto exento. Con su registro satírico, realmente hilarante, las diez cartas que constituyen la serie tuvieron un éxito editorial inmenso y alcanzaron mucha notoriedad. En un tono más comedido estaban escritas las de *Justo Balanza* y las del

---

1070. Cfr. *Miscelánea* n° 153 (31.07.1820), la reseña de los *"Discursos del abad Claude Fleury sobre la jurisdicción eclesiástica, y sobre el origen, progresos y decadencia de las órdenes religiosas,* traducidos del francés por D.M.D.M. Un tomo en 8° de 148 páginas"; n° 231 (17.10.1820), sobre el *Catecismo universal, preceptos morales y examen de si mismo* de Saint-Lambert, traducidos por D.M.D.M. Este (Manuel Díaz Moreno) era el traductor de la *Moral universal* del barón de Holbach. Vid. también n° 283 (8.12.1820), el anuncio elogioso de una "suscripción a los *discursos sobre la historia eclesiástica por el abad Claudio Fleury,* traducidos al castellano (...). Contienen todos muchos conocimientos muy dignos de generalizarse en la época presente, porque sobre su olvido y su desprecio tenían fundado su imperio el fanatismo político y religioso, y por consiguiente la tiranía". 3 tomos en 8°.

1071. "Sobre regulares", en *Miscelánea* n° 60 (17.03.1820): "Apoyados en autoridades de esta clase, que para muchas gentes valen más que los raciocinios mas sólidos, nosotros creemos poder hacer algunas reflexiones sobre esta materia, sin que se nos tache de malos cristianos, como se haría sin duda si no alegásemos estos ejemplos antiguos".

Compadre, cuya aparición solía ser anunciada en el diario de Burgos con las oportunas recomendaciones[1072].

A su vez, Juan Antonio Llorente, exiliado en París y reconvertido al liberalismo desde su anti-ultramontanismo ("furibundo", al decir de G. Dufour) es mencionado en la *Miscelánea* de manera asidua a lo largo de 1820 (después, poco) con motivo de la reedición de sus escritos eclesiales, de la publicación de las *Conversaciones entre Cándido y Prudencio sobre el estado actual de España*[1073] y de la prohibición en el obispado de Barcelona, de su escandaloso *Projet d'une Cònstitution religieuse.* Dufour deduce que estaba en contacto con Burgos[1074], lo que desde luego es muy posible pero no permite afirmar la existencia de un vínculo estrecho. De hecho, en los comentarios de Burgos se percibe consideración e incluso un discreto aprecio al personaje ("célebre", "ilustre", "infatigable"), pero la verdad es que estos son muy poco comprometidos y más bien concisos[1075]. ¿Se había convertido Llorente en un individuo incómodo para

---

1072. A.M.ª Berazaluce, *Sebastián de Miñano (…), o.c.,* pp. 137-138 sobre los *Lamentos políticos del pobrecito holgazán,* que debieron comenzar a publicarse en marzo de 1820. Vid. entre otros, los anuncios de la primera *Carta de don Justo Balanza* (Miñano), a quien se presenta como impugnador del *Pobrecito holgazán,* de quien ya habían salido para entonces la 7ª y 8ª (Miscelánea, nº 91, 29.05.1820). A su vez, de (Zenteno) *El compadre del holgazán y apología universal de la holgazanería. Carta primera:* "Se lee con interés, por la soltura del estilo y la pintura natural de los caracteres" (nº 100, 8.06.1820). Hay anuncio de la décima y última *Carta del Pobrecito holgazán* en nº 103 (11.06.1820), con reproducción del epílogo.

1073. Gérard Dufour, "Juan Antonio Llorente: de corifeo del afrancesamiento a mártir del liberalismo" en *Ayer* nº 95 (2014) pp. 44-45; vid. ya antes y con más extensión, su *Juan Antonio Llorente en France (1813-1822). Contribution à l'étude du Libéralisme chrétien en France et en Espagne au début du XIXe siècle.* Genève: Droz, 1982, p. 233 y ss. Las *Conversaciones* son todo un exponente del moderantismo político que Llorente profesaba en esta época, en la que se manifestó también como un activo propagandista en favor de la rehabilitación de los afrancesados, otro punto que le aproxima a Burgos.

1074. G. Dufour, en su *Juan Antonio Llorente (…), o.c.,* p. 237, alega la publicación en la *Miscelánea* nº 72 (14.04.1820) de una información de carácter personal, el préstamo del ejemplar que Llorente poseía de la *Teoría de las Cortes* de Martínez Marina para su impresión en Francia.

1075. Algunas de las menciones a Llorente en la *Miscelánea:* nº 67 (3.04.1820), sobre la reciente publicación en París del *Proyecto de una constitución religiosa, considerada como parte de la constitución civil de una nación libre*

el movimiento reformista, a causa de su heterodoxia religiosa? Burgos, ya se dijo más arriba, elogió los principios que informaban la séptima de sus *Conversaciones entre Cándido y Prudencio*, la dedicada a la división de los obispados, aunque sin entrar en detalles ni con la extensión que cabía esperar, y dejando clara además, su discrepancia en la forma concreta de aplicación.

Lógicamente, la cuestión de la lealtad constitucional del clero fue un punto recurrente en el discurso de la *Miscelánea*, aunque es preciso hilar ahí fino. Su opinión sobre las disposiciones de la jerarquía y los pastores de almas es ambivalente tirando a conciliadora, pero llegado el caso no dudó en reprochar el "lenguaje "ambidextro y acomodaticio" de algunos prelados, al que oponía el empleado por el arzobispo de Toledo -el cardenal de Borbón- y por el obispo de Barcelona, don Pablo Sichar, a quienes propuso como ejemplo para el resto del episcopado español[1076]. Denunció incluso los desvíos del de Orihuela, don Simón López, que se había negado a autorizar que sus curas explicaran la Constitución en el sermón de los domingos, como había ordenado la Junta Consultiva que dirigió el país antes de la reunión de las Cortes, y que precisamente presidía el cardenal de Borbón:

---

e independiente; n° 154 (1.08.1820), anuncio de las *Conversaciones entre Cándido y Prudencio sobre el estado actual de España;* n° 177 (24.08.1820), noticia de estar pendiente en el obispado de Barcelona la causa sobre examen y censura del *Projet;* n° 448 (21.05.1821), vicisitudes en las Cortes de la queja de Llorente contra el provisor eclesiástico de Barcelona, que había prohibido la venta de su obra: se aprobó el dictamen de la comisión de libertad de imprenta, dando la razón al provisor.

1076. "Entre la multitud de cartas pastorales", en *Miscelánea* n° 79 (1.05.1820), artículo en el que señala vaguedad y falta de entusiasmo en los escritos de los obispos: "Los hombres ilustrados no se contentan con esto, y exigen más de los ministros de una religión que es el complemento de la perfección de las instituciones políticas y civiles, y de unos funcionarios públicos encargados de la enseñanza de la moral". Ya antes, había elogiado las pastorales del obispo de Barcelona y del de Toledo: nn. 65 y 66 (29 y 30.03.1820). Sobre el arzobispo de Toledo, todo un referente como prelado constitucional durante el Trienio, vid. la biografía de Carlos M. Rodríguez López-Brea, *Don Luis de Borbón, el cardenal de los liberales (1777-1823).* Toledo: Junta de Comunidades de Castilla-La Mancha, 2002, pp. 286 y ss.; el autor advierte la apreciación de Burgos sobre la jerarquía eclesiástica: "Quizá fuera el periódico *La Miscelánea* quien mejor sintetizara la singular actitud de muchos obispos ante el advenimiento del régimen de las libertades" (p. 291).

Imagen 46. Retrato de Juan Antonio Llorente en Noticia biográfica de D. Juan Antonio Llorente, o Memorias para la historia de su vida escritas por él mismo (Biblioteca Nacional de España).

¿Es posible que una reunión de ciudadanos, legos por la mayor parte, tenga que decir a un obispo que los ministros del altar son no solamente ciudadanos, sino funcionarios públicos, a quienes la nación sustenta y condecora, para que enseñen a los pueblos los principios de la moral, inseparables de los de la religión de Jesucristo? ¿Es posible que un obispo dude que el gobierno tiene derecho para imponer a estos funcionarios públicos, no solo una obligación, aneja esencialmente a las que les prescribe la religión, sino cualquiera otra que no sea contraria a las máximas de esta religión misma? Es ciertamente doloroso que se abriguen en un obispo del siglo XIX las preocupaciones que crearon en tiempos de barbarie la ignorancia de los verdaderos principios del derecho canónico, la ambición de muchos clérigos, la debilidad de los gobiernos y la superstición de los pueblos[1077].

1077. "La Sociedad Alicantina de Amantes de la Constitución", en *Miscelánea* n° 153 (31.07.1820): se refiere al cumplimiento del decreto del gobierno provisional de 24 de abril de 1820. Sobre el episodio del obispo don Simón López y su expulsión de España, vid. M. Revuelta, *o.c.*, p. 133.

Juicios de esta clase son numerosos en la *Miscelánea* y muy explícitos sobre el lugar que atribuía al clero secular en el orden constitucional aunque conviene repetirlo, esa forma de pensar, nada novedosa, es reflejo de una mentalidad ya configurada y difundida desde hacía muchos años, que tendía a considerarlos como auxiliares del gobierno. ¿Qué pensar, por ejemplo, de un periódico que este patrocinó en la época de Godoy, que llevaba el elocuente título de *Semanario de agricultura y artes dirigido a los párrocos*?[1078]; la idea, claro, era que los curas se dedicaran a difundir esos útiles conocimientos entre los labradores, prevaliéndose de su ascendiente sobre ellos. Por tanto, Burgos insistió mucho en el deber de explicar la Constitución, dando así idea de la capacidad de influir que atribuía a los curas sobre la masa de la nación, "la que en el lenguaje de las clases privilegiadas se llama plebe, en el de las cultas se llama vulgo y en el de la política se llama pueblo". Interesante, su apreciación del papel pasivo que atribuía a esa parte de la nación: era la más pobre, la menos instruida, de la que muy pocos sabían leer y que en su caso, carecían del tiempo necesario al estar ocupados en un trabajo continuo y ordinariamente duro. Por tanto, "el único medio que hay por ahora para que lleguen a su noticia las grandes verdades del sistema social, es la instrucción verbal los días festivos, por el conducto de los curas y otras personas de autoridad"[1079].

Ahora bien, como advierte C. Rodríguez López-Brea, lo que se percibe en el conjunto del clero español ante el cambio de régimen no era "entusiasmo ni rechazo, sino más bien tibieza", de modo que en la práctica cada cura hizo lo que quiso en la cuestión de la predicación[1080]. En consecuencia, Burgos participó en la batalla de la opinión elogiando los comportamientos y los

---

1078. Vid. Fernando Díez Rodríguez, *Prensa agraria en la España de la Ilustración. El Semanario de agricultura y artes dirigido a los párrocos (1797-1808)*. S.l.: Servicio de Publicaciones Agrarias, 1980.

1079. "Sobre el modo de instruir al pueblo en las doctrinas políticas", en *Miscelánea* nº 111 (19.06.1820); entre otros artículos, vid. también "Se nos avisa de varias partes", nº 69 (7.04.1820), en el que, al haberse difundido la creencia de que al proclamarse de la Constitución se había acordado una remisión general en el pago de deudas, el redactor manifiesta la urgencia de que los curas la explicaran a los parroquianos. Más sobre lo mismo en "Un párroco de Extremadura", nº 78 (28.04.1820).

1080. C. Rodríguez López-Brea, *Don Luis de Borbón (...)*, o.c., pp. 289 y 294. Ya antes, el mismo autor había formulado el planteamiento historiográfico sobre la actitud del clero, esbozando importantes puntualizaciones: "¿Fue anticonstitucional el clero español? Un tópico a debate", en *Pasado y Memoria. Revista de Historia Contemporánea* nº 1 (2002) pp. 237-252.

escritos de eclesiásticos animados por ese espíritu de ejemplaridad, como eran los discursos del magistral de Antequera, don Pedro Muñoz Arroyo, o las *Arengas constitucionales* publicadas por don Nicolás Heredero, párroco de Alcalá y catedrático de elocuencia en la universidad[1081]. Al mismo tiempo, censuraba las actitudes contrarias a las nuevas instituciones: la conducta, por ejemplo, del confesor que negó el sacramento a una joven que, estrechada, declaró ser adicta al orden constitucional, o la del que despachó sin más a una penitente por el hecho de ser actriz[1082]. Son relatos no obstante que parecen algo artificiales, hay que decirlo. Además, durante esos meses Burgos fustigó prácticas abusivas, indecorosas o simplemente ajenas a la nueva sociabilidad liberal, como eran los signos de privilegios y distinciones en las iglesias (el uso de sillas, almohadones, etc.), la corruptela de las visitas eclesiásticas ("verdaderas extorsiones"), o el cobro de derechos de Estola por la administración de algunas ceremonias[1083]. Ahí se advierte, se diría, una motivación más estética que espiritual.

Respecto a la Inquisición, otra bestia negra de Burgos, ya no valía la pena hablar mucho a esas alturas, habiéndose decretado su abolición por la Junta Provisional en cuanto se proclamó de nuevo la Constitución. Sorprende sin embargo, que no tratara de rentabilizar el mérito que él mismo había adquirido como víctima del Santo Oficio por sus declaraciones juveniles en Motril y con la edición de las *Máximas* de Antonio Pérez en la *Continuación del almacén de frutos literarios*. Por tanto, todo quedó en ocasionales denuestos, al hilo de sus reflexiones sobre la facultad de prohibir la lectura de obras de religión que, ejercida por el Santo Oficio con una intemperancia propia de la Congregación romana del Índice (sic), había sido usurpada a la potestad de los obispos. Era, afirmó, un "derecho que compete igualmente a la civil, como protectora de la religión y encargada de la felicidad de sus súbditos"[1084].

1081. Cfr. *Miscelánea* n° 93 (1.06.1820) y n° 97 (5.06.1820).

1082. Vid. respectivamente "Nos apresuramos a denunciar un abuso escandaloso", en *Miscelánea* n° 71 (12.04.1820), y "De Cartagena nos anuncian el escándalo", en n° 491 (3.07.1821); vid. Suplemento de 15.04.1820, con la carta en defensa del honor vilipendiado del clero de la iglesia en cuestión, en la que se templa el hecho; f. = Manuel Mariano Gómez y Sánchez, cura párroco y cuatro presbíteros en comisión del clero (San Sebastián de Madrid, 13.04.1820).

1083. Cfr. "Según lo que vamos viendo", en *Miscelánea* n° 117 (25.06.1820); "Algunos párrocos ilustrados y celosos", en n° 135 (13.07.1820); "Sobre derechos de estola", en n° 152 (30.07.1820).

1084. "Varias personas, más timoratas que instruidas", en *Miscelánea* n° 87 (19.05.1820).

Otra cosa eran las obras de materias comunes, cuya jurisdicción correspondía exclusivamente a la autoridad temporal, aunque en el pasado la Inquisición la hubiera ejercido por delegación. De ahí concluía Burgos, la confirmación de esas prohibiciones, hecha por el gobernador eclesiástico de Santander y señaladamente por el obispo de Segovia, se había justamente interpretado,

> no solo como un insulto á la ilustración de la nación y un obstáculo al progreso de las luces, sino como un notorio abuso de la autoridad eclesiástica, una manifiesta violación de la constitución, y un atentado directo contra la libertad civil[1085].

Eran, estas, opiniones afines con la tendencia regalista, ampliamente difundida en el ambiente jansenista español[1086]. Tomando pie del mismo asunto, muestra simpatía por los descendientes de las víctimas a quienes había condenado el fanatismo en tiempos pasados, pues a pesar de las disposiciones legales vigentes, todavía se veían obligados a contemplar en algunas iglesias y conventos "los cuadros que representan suplicios de judíos condenados por la Inquisición"[1087].

Un registro anticlerical al hablar de los regulares era de buen tono, de modo que hizo mucho uso de ello, seguramente por convencimiento aunque quizás también con estudio, para compensar la imagen de moderación que como había observado el nuncio, el periódico proyectaba en otros temas. Con manifiesta ojeriza, el tratamiento periodístico de la *Miscelánea* discurre por los cauces descritos por don Manuel Revuelta en la prensa del Trienio, a manera de labor preparatoria de la extinción de un grupo que ya venía marcado, ante la opinión pública liberal, por su falta de utilidad en una sociedad moderna[1088], sin apreciar en absoluto la finalidad benéfica de su actividad y de los bienes que administraban.

1085. "Cuando en nuestro número 87", en *Miscelánea* n° 118 (26.06.1820).

1086. Cfr. Carlos Martínez Shaw, *El siglo de las Luces. Las bases intelectuales del reformismo*. Madrid: Temas de Hoy, 1996, pp. 66-68; Antonio Mestre Sanchís, *La Ilustración española*. Madrid: Arco/Libros, 1998, pp. 57-58.

1087. "Se nos avisa que aun se ven en varias iglesias", en *Miscelánea* n° 87 (19.05.1820).

1088. M. Revuelta, *o.c.*, p. 58 y ss., el apartado "La sátira anticlerical". También, Maximiliano Barrio Gozalo, "Reforma y supresión de los regulares en España al final del Antiguo Régimen (1759-1836)", en *Investigaciones Históricas. Época moderna y contemporánea* n° 20 (2000) pp. 109-113.

Se percibe ahí el doble rasero apuntado por Revuelta: la condena global del estamento (número excesivo, ignorancia, inmoralidad, parasitismo), en alternancia con una crítica más precisa, dirigida contra los superiores conventuales, a los que se tacha de déspotas opulentos y enemigos del sistema, que sometían cruelmente a legos infelices y miserables, deseosos de recuperar una libertad que les negaban las leyes canónicas. Por tanto, si la primera estrategia periodística de Burgos se orientaba a justificar la supresión de las monacales y la intervención del gobierno en las demás órdenes regulares, la segunda apuntaba a la exclaustración de los frailes, una consecuencia necesaria de la redistribución de la tierra, o sea, de la desamortización eclesiástica y restantes reformas que se discutían en las Cortes durante el verano de 1820. Acorde con el *pathos* de la época, el tono de su discurso es dramático y emotivo, especialmente cuando se hablaba de monjas[1089], pero sin incurrir (no mucho al menos) en la vulgaridad o el ridículo, aunque de forma inevitable venga a la memoria el recuerdo del exfraile Quiñones, personaje bufonesco de *El presidente de la regencia*.

En conjunto, es representativa de la orientación adoptada la historia que publicó a propósito de un religioso que movía los papeles para su secularización: "El prior no llevó a bien estas gestiones según parece, y hubo de maltratar al fraile, hasta el extremo de hacerlo aporrear por los fámulos del convento, a pesar del respeto debido al carácter sacerdotal del maltratado, y aun al convento mismo, que debía ser un asilo de la paz y de la mansedumbre". El fraile se escapó, refugiándose en el cuerpo de guardia inmediato y allí denunció lo ocurrido, que llegó a noticia del periódico[1090]. En realidad, Burgos concede que muchos relatos que le enviaban no eran más que chismes y en consecuencia puso filtros a su publicación, "porque no llegan a nuestra noticia con aquel carácter de autenticidad que se requiere para presentarlos al público, o con las garantías que nuestra responsabilidad necesita". Y una vez salvado así el principio de imparcialidad periodística, lo que quedaba constituía, a su juicio, un sólido fondo de veracidad en la cuestión:

La multitud de quejas que por todas partes se exhalan de los claustros, establecidos para ser el asilo de la virtud y la morada de la paz y de la moderación, prueban que hay un vicio interior, un cáncer que

---

1089. "También las monjas levantan ya el grito", en *Miscelánea* n° 87 (19.05.1820).
1090. "Hemos oído hablar de un suceso ruidoso", en *Miscelánea* n° 272 (27.11.1820).

Imagen 47. "Duendecitos", en F. de Goya, Caprichos n° 49 (Biblioteca Nacional de España).

corroe estas corporaciones; y su curación es tan urgente, cuanto lo es la necesidad de que los institutos religiosos, como las demás clases del Estado, no embaracen y sí ayuden al sólido establecimiento del sistema constitucional[1091].

Así pues, Burgos hizo campaña en favor de la petición del gobierno de una bula general que permitiera a los obispos gestionar los expedientes de secularización, sin necesidad de recurrir a Roma para cada caso, con los retrasos y gastos que suponía eso para los religiosos que querían irse del

---

1091. "El aprecio que hemos hecho de las justas quejas", en *Miscelánea* n° 103 (11.06.1820). El periódico de Burgos abordó el tema de las secularizaciones en fecha realmente temprana, mediante la inserción de tres artículos que van concatenados (el primero sin firma y los otros por "Su paisano"), escritos con ponderación y bien razonados desde la perspectiva de la utilidad social. En el tercero hay rasgos de relato costumbrista: vid. "Sobre regulares", en n° 60 (17.03.1820); "Señor editor de la Miscelánea: he leído con mucho gusto", en n° 63, (24.03.1820); "Señor editor: bien me lo daba el corazón", en Suplemento a la *Miscelánea* (9.04.1820).

convento. Más adelante, cuando el Papa rechazó la pretensión, su periódico respaldó a los afectados en sus quejas contra la nunciatura, porque -afirmaba- obstaculizaba y retrasaba los expedientes que por delegación pontificia se le había encargado resolver. Pero hasta meses más tarde no dejó entrever, y siempre con circunloquios, su creencia en la capacidad del gobierno para prescindir de la Corte de Roma y la nunciatura y obrar por su propia autoridad. En realidad, la autorización pedida solo había tenido por objeto "remover toda especie de escrúpulo sobre la materia tanto de parte de los religiosos que deseasen salir del claustro, como de un gran número de individuos, imbuidos de ciertas preocupaciones que difícilmente se desarraigan"[1092].

El conflicto cobró cuerpo cuando las Cortes aprobaron la ley de supresión de monacales y reforma de regulares el 1 de octubre de 1820[1093] (en agosto se había ya decretado la de los jesuitas), dando pie a una exposición del arzobispo de Valencia, fray Veremundo Arias Teijeiro en la que protestaba contra esta y el resto de las medidas tomadas en asuntos religiosos sin contar con la participación de la Iglesia. Con ese motivo, Burgos publicó un serial en tres entregas[1094] dedicado a refutar las razones del arzobispo, pues estimaba que la cuestión no estaba cerrada simplemente con haberle expulsado del país, sino que urgía combatir las impresiones que podía haber producido en las almas timoratas. Los fundamentos de su argumentación están en las tesis regalistas de la jurisprudencia dieciochesca, en el antedicho pensamiento utilitario y en la crítica racionalista propia de la Ilustración. Es, desde luego, el texto más completo y teórico de los publicados por Burgos en la *Miscelánea* sobre materias eclesiásticas.

Todos los puntos contestados por fray Veremundo eran en realidad competencia de la potestad civil, explicaba Burgos, al tratarse de aspectos mundanos, ajenos a los fines y naturaleza espiritual de la Iglesia. Por tanto, era propio de la autoridad soberana permitir (o no) la existencia de los monacales y su posesión de bienes temporales, y el caso es que en

---

1092. "Nos escriben diferentes religiosos cuya secularización ha sido entorpecida", en *Miscelánea* nº 323 (16.01.1821); también, "Como nadie levantó el grito", en nº 383 (17.03.1821).

1093. "Decreto de supresión de monacales y reforma de regulares aprobado por las Cortes el 1 de octubre, y sancionado por el rey el 25 de octubre de 1820", en M. Revuelta, *o.c.*, pp. 387-390.

1094. "Sobre la representación del arzobispo de Valencia a las Cortes", en *Miscelánea* nº 269 (24.11.1820); "Continúa el artículo sobre la representación (...)", en nº 270 (25.11.1820); "Concluye el artículo sobre la representación (...)", en nº 271 (26.11.1820).

la actualidad, afirmó, ya habían cesado las razones y circunstancias que hicieron que se admitieran en el pasado estas corporaciones:

> La vida puramente contemplativa no es permitida más que a un corto número, por las necesidades humanas; la laboriosa y productiva es necesario que se extienda al mayor número posible, si han de existir y prosperar los Estados[1095].

Tampoco existía ningún precepto eclesiástico ni divino acerca de los diezmos, como demuestra la desigualdad con que se paga en los países donde está en uso. Ahora bien, la necesaria reforma en este asunto debía hacerse "sin perjuicio de la subsistencia y del decoro de los poseedores actuales" y sin tocar los fondos hasta disponer de otro recurso en sustitución. Con una rápida mención a la renuncia que habían hecho de sus privilegios los eclesiásticos y los nobles en la sesión del 4 de agosto de 1789 (de la Constituyente francesa), aludió al daño político que se seguiría de tomar una medida radical, como era la supresión sin más[1096]. Ni mucho menos ofende a la religión lo que el arzobispo llamaba en su representación "restricción de la inmunidad personal de los eclesiásticos". Esta inmunidad era mero privilegio concedido por la autoridad civil, "según lo demuestran acordes la historia y la razón", y por tanto, susceptible de reforma, por razón de igualdad social y en beneficio de los Estados; la reforma acordada suponía novedades como la obligación de testificar en juicios comunes, la sumisión a los tribunales seculares en causas criminales, limitar la exención del servicio militar solo a los ordenados in sacris, etc. Todo lo decretado por las Cortes y aun mucho más, puntualizaba, se había aprobado en otros países católicos con asentimiento del sumo pontífice, "pues tal es el aspecto con que debe mirarse el concordato hecho entre su santidad y el primer cónsul de la república francesa". Aun hay algo más: aunque ni las Cortes ni el arzobispo Arias se habían referido en momento alguno al ámbito

---

1095. *Art. cit.* "Continúa (…)", en n° 270 (25.11.1820); Ya se había manifestado al respecto, al hilo de la discusión en las Cortes de la ley de mayorazgos, que abolía vínculos, mayorazgos, patronatos, capellanías y demás instituciones perpetuas, fideicomisarias, etc. Vid. "Sobre la ley de mayorazgos", en n° 203 (19.09.1820): "¿Cómo en efecto la legislación acerca de los bienes de la Tierra podría no ser de la competencia de la autoridad soberana del Estado?".

1096. *Art. cit.* "Concluye (…)", en n° 271 (26.11.1820). Burgos ya había sentado su posición sobre la cuestión de los diezmos en los artículos publicados cuando se solicitó, meses antes, su abolición en el congreso.

territorial de la jurisdicción de los obispos (porque no venía al caso), Burgos aprovechaba la ocasión para recordar que esta era materia ajena a la autoridad espiritual, avanzando así, una vez más, su interés por adecuar la demarcación de las diócesis a la división civil de las provincias que estaba pendiente de discutirse en el congreso[1097]. Él se había pronunciado, repetidas veces, a favor de un esquema de 40 obispados -diez de ellos con rango de archidiócesis metropolitanas- coincidentes con el número de provincias que proponía desde las páginas de su periódico[1098], pero toda su insistencia se vería a la postre frustrada. La organización eclesiástica no llegaría a incluirse en el proyecto de división provincial, quizás porque los diputados, como ya había ocurrido en la época de Cádiz, eran remisos a involucrarse en reformas sin una clara implicación secular que lo justificara por motivos económicos, como era la apropiación de la tierra consecuente a la supresión de las órdenes religiosas, o por los imperativos de igualdad legal derivados de la soberanía de la nación[1099].

¿Cuál fue su actitud cuando la política religiosa del régimen se radicalizó en la siguiente legislatura? La tensión había ido en aumento hasta el punto de que numerosos obispos habían sido desterrados o huido del país al final del Trienio, y del resto, la mayoría habían expresado su oposición a las medidas del gobierno. También el nuncio fue expulsado de España, en enero de 1823, como represalia por el rechazo de la Santa Sede al nombramiento de ministro plenipotenciario en don Joaquín Lorenzo Villanueva[1100]. En ese ambiente, el periódico de Burgos venía dando muestras de ánimo contemporizador, aun sin renunciar a sus convicciones regalistas, al reconocer que en ocasiones era preferible transigir por prudencia, en los desacuerdos con Roma. Así lo manifestó con motivo del conflicto provocado por la negativa a autorizar los nombramientos episcopales de los antiguos diputados José Espiga y Diego Muñoz Torrero, ambos jansenistas notorios[1101]. ¿Había advertido la amplitud de la brecha entre la jerarquía eclesiástica y el régimen constitucional, y lo que eso significaba para la legitimación de la reacción absolutista?

1097. *Art. cit.* "Sobre la representación (…)", en nº 269 (24.11.1820).

1098. Vid. especialmente "Ahora, que nombrados en todo el reyno", en *Miscelánea* nº 90 (26.05.1820) y "Sobre la proposición de abolir los diezmos" en nº 146 (24.07.1820).

1099. Cfr. M. Artola, *Antiguo Régimen (…)*, o.c., p. 225; también, C. Rodríguez López Brea, *Don Luis de Borbón (…)*, o.c., p. 315.

1100. Vid. E. La Lama, *Visiones (…) o.c.*, p. 384.

1101. "Revista de julio", en *Miscelánea* nº 520 (1.08.1821); la contextualización del episodio, en M. Revuelta, *o.c.*, pp. 344-345.

10.14. América en la *Miscelánea*

En agosto de 1821, Barthold Niebuhr, embajador de Prusia ante la Santa Sede y buen lector de la *Miscelánea*, opinaba que el periódico estaba redactado bajo la influencia de los diputados americanos[1102] en lo tocante a los asuntos de Ultramar. Es una afirmación a la que los hechos permiten dar la razón.

Una primera impresión sobre el ambiente dominante en la España peninsular apunta a que la insurgencia americana se hallaba en un segundo plano ante sucesos triviales, pero mucho más cercanos a los españoles europeos, como eran la pormenorizada ceremonia cívica ejecutada en alguna localidad de mediana población, o la proclama de cualquier personaje de relumbrón, que es lo que abunda en las páginas de la prensa convencional. Todavía en enero de ese año, cuando el cambio de régimen había dejado de ser una novedad, el pulso de los periódicos venía aun marcado por crónicas como la de Villafranca del Bierzo, con discurso patriótico incluido, a cargo del abad de la colegiata, don Antonio Posada y Rubín de Celis:

El día en que nuestra milicia nacional prestó el juramento de ordenanza, presentó esta villa un espectáculo magnifico, y formó el entusiasmo de la libertad un contraste soberbio con la apatía, a que nos condenara antes el despotismo. La patria puede gloriarse del ardor que anima a estos valientes, decididos a sacrificarse en obsequio de las instituciones, y a exterminar al insensato que osara conspirar contra ellas. La seguridad de este distrito está encomendada a su patriotismo, y éste es bastante para mantener el orden y aterrar á los malhechores, a los cuales persiguen sin descanso nuestros milicianos[1103].

Pero sobre todo, se podría deducir que la lejanía y la falta de información sobre lo que estaba pasando al otro lado del Atlántico hacía

---

1102. ASV, *SS* 249 [1821] fasc. 7, f° 45, B. Niebuhr a E. Consalvi (Palais Sarelli, 9.08.1821), donde solicita el envío por medio del nuncio, de la *Historia de los árabes en España* de José Antonio Conde. En el suplemento a la *Miscelánea* n° 386 (20.03.1821) se anuncia elogiosamente el prospecto de la obra. Ya antes, en el n° 122 (30.06.1820) había publicado la necrología de Conde, modesto y sabio humanista (y antiguo funcionario en el ministerio del Interior josefino) del que Burgos dice haber sido amigo.
1103. "Villafranca del Bierzo, 28 de diciembre", en *Miscelánea* n° 312 (5.01.1821).

difícil formarse una idea acertada sobre su naturaleza y gravedad. Y por tanto, que los remedios ideados en la Península carecían de realismo[1104].

De ahí que cuando Burgos se ocupó por primera vez de la cuestión en mayo del año anterior, lo hizo con la cautela que requería su tratamiento en un ambiente de rechazo a la independencia y bajo la pretensión -era la tesis oficial- de que la rebelión era culpa del despotismo y cesaría "con la reparación de los agravios de que se quejan, y la participación completa de los beneficios de nuestro nuevo sistema". Así pues, con motivo del envío

---

1104. Fue don Alberto Gil Novales quien discutió la percepción, entonces generalizada, de la cuestión americana como ajena a las preocupaciones del público peninsular durante la época de la emancipación. Vid. en particular Melchor Fernández Almagro, *La emancipación de América y su reflejo en la conciencia española*, Madrid: Instituto de Estudios Políticos, 19572. En apoyo de su tesis, A. Gil Novales adujo textos de numerosos autores, aunque paradójicamente, con un uso marginal de la prensa propiamente dicha: vid. "La independencia de América en la conciencia española, 1820--1823", *Revista de Indias*, vol. XXXIX / nº 155-158 (1979) pp. 235-265; el artículo amplía la versión antes publicada como "L'indipendenza americana nella coscienza spagnola (1820-1823)", en *Rivista Storica Italiana*, LXXXV (1973) 1117-1139. Desde entonces, su opinión se ha convertido en un lugar común en la historiografía, que coexiste con la anterior. En una obra clásica, don Jaime Delgado señaló a la *Miscelánea* como única excepción frente al consenso de la prensa de Madrid, partidaria de la unidad en el marco de la constitución de 1812: *La independencia de América en la prensa española*, Madrid: Seminario de problemas hispanoamericanos, 1949, *passim*. Le sigue muy directamente en ese análisis Luis Miguel Enciso Recio, en *La opinión pública española y la independencia hispanoamericana, 1819-1820*. Prólogo de Ramón Serrera. Madrid: Ediciones 19, 20162 [ed. or. de Valladolid 1967] pp. 233-238 especialmente. Por su parte don Alberto reivindicó, en el artículo citado, la existencia de una corriente de opinión favorable al reconocimiento de las independencias, sobre todo "si nos acercamos a la pureza revolucionaria de muchos españoles de aquel momento histórico, que veían en el americano un hermano" (sic, p. 264). Siendo su puntualización razonable, hay que subrayar que dicha orientación fue minoritaria y que no se limitó al ámbito revolucionario, como queda patente en el periódico de Javier de Burgos, que es precisamente la principal referencia de las tesis americanas. Para una visión global de la postura de los periodistas afrancesados sobre esta cuestión en el Trienio, también comprensiva de las ideas sostenidas por Burgos, véase Juan López Tabar, "América en el pensamiento de los afrancesados", en Francisco Javier Capistegui e Ignacio Peiró (eds.), *Jesús Longares Alonso: el maestro que sabía escuchar*. Pamplona: Eunsa, 2016, pp. 159-182.

de una división naval a Costa Firme, Burgos insistió en la necesidad de nombrar comandantes capacitados para disponer la reconciliación, aun subrayando que una gran parte de América ya estaba de hecho emancipada y que sus habitantes poseían el derecho de rebelión contra la injusticia a que habían estado condenados por tres siglos[1105] (sic).

Durante los meses siguientes su análisis dio nuevos pasos en favor de las tesis americanistas. Combatió la objeción constitucional que impedía alterar la relación con América (la venta de las Floridas a Estados Unidos, por ejemplo), pero también rechazó, contra la opinión de Bentham y de Pradt, una concesión *incondicional* de la independencia: merecería discutirse si los americanos estaban preparados para asumirla, cuál sería la suerte de la población de origen europeo y si en realidad no sería más provechosa otra opción. Llegado el momento de disolver la unión ("sería cuando la edad civil de las colonias lo exigiese imperiosamente"), se conservarían las relaciones y vínculos de idioma, sangre, etc., gracias a "la suavidad de las leyes y del gobierno" en la época previa[1106].

1105. "La lectura de un artículo relativo a América", en *Miscelánea* n° 79 (1.05.1820). En sentido estricto, la primera referencia en el periódico a la cuestión americana es anterior, en forma de comunicado: vid. *Suplemento a la Miscelánea* (11.04.1820), la exposición al rey de "Algunos diputados de América que se hallan en Madrid", f. = José Miguel Ramos de Arizpe, Mariano de Rivero, Manuel de Cortázar, Rafael de Zufriategui, Jose Varona, Miguel de Larreynaga, Antonio Zuazo, José de Larrea y Andrés Savariego (Madrid, 9 de abril de 1820): necesidad de ampliar el número de suplentes por América fijado por la Junta provisional y de ceñirse al método de elección indicado en la Constitución, que consistía en llamar a los titulares en la anterior legislatura.

1106. "De la ley constitucional con relación al tratado sobre las Floridas", en *Miscelánea* nn. 193 y 196 (9 y 12.09.1820); vid. también "Todos los que tienen alguna idea", en n° 264 (19.11.1820): este último es una crítica en lo referente a América, del libro del abate De Pradt, *De la revolución actual de España y de sus consecuencias*. Con suave ironía, le trata de oportunista y precipitado, pues hace grandes elogios a los españoles después de haberse referido a "nuestra nulidad política" durante el sexenio anterior. Pradt había escrito antes sobre nuestra revolución, "no sin algún mérito, aunque con no mucho trabajo, pues ya se habían publicado las memorias del infatigable don Juan Antonio Llorente, disfrazado con el anagrama de Nellerto" (El dato esta tomado seguramente del propio Llorente, quien lo había denunciado como plagio en su *Noticia biográfica de D. — — —, o Memorias para la historia de su vida escritas por él mismo*. París: Imprenta de A. Bobée, 1818, p. 158). En realidad, los argumentos americanistas de Burgos

A partir de junio de 1821 hizo suyo el plan presentado a las Cortes por 49 diputados americanos, básicamente los de Nueva España, para reorganizar la relación de América con su metrópoli, siempre -se decía con voluntarismo irreal- desde la Constitución; en aquellos momentos, no es casualidad, el plan estaba pendiente de dictamen por la comisión especial encargada de examinar el estado de las provincias de Ultramar. La idea consistía en superar las dificultades que habían provocado el rompimiento mediante la concesión de un amplísimo autogobierno, sobre la base de tres divisiones político - administrativas que debían formarse en América con criterio geográfico: la parte septentrional comprendería Nueva España y el Reino de Guatemala; la central, el Nuevo Reino de Granada y Costa Firme; y la meridional, el Perú, Chile y las provincias del Río de la Plata, pero sin hacer novedad en los dominios insulares, las grandes Antillas. Cada división territorial contaría con sus propia sección de Cortes, un poder ejecutivo delegado del que dependerían cuatro ministerios responsables, un Consejo de Estado y un Tribunal Supremo de Justicia; además, se proclamaba el principio de igualdad en cuestión de empleos públicos y de comercio, y todos contribuirían -en diferente medida- a los gastos generales del gobierno peninsular. En la práctica, se trataba de un régimen confederal que respondía, no a la carencia de leyes que respetaran los derechos de los americanos (las había desde tiempo inmemorial, reconocían), sino a que estas no eran operativas o a que su aplicación resultaba inadecuada, un argumento con el que desbarataban la ficción, sostenida en la Península, de que la Constitución bastaba para resolver los conflictos: "es una bellísima teoría".

La *Miscelánea* dedicó un extenso serial a apoyar el plan y dio cabida en sus páginas a un número apreciable de comunicados, ocasionalmente insertados en suplementos (solían ser de pago), que abundaban en esos argumentos. Además, durante estos meses otorgó espacio generoso a la información sobre los acontecimientos de América y al análisis del tratamiento que recibían del gobierno de Madrid, siempre desde un punto

---

se hallaban ya esbozados en un artículo comunicado anterior, firmado por J.V., "La suerte de las Américas", insertado en el nº 88 (22.05.1820) de la *Miscelánea*: se insiste ahí en la reivindicación de igualdad legal, en lo inevitable de la separación, en la conveniencia de retardarla lo más posible y que se realice sin ruptura. Es texto relevante, citado por J. López Tabar en *loc. cit.* "América en el pensamiento (...)", p. 167, aunque lo atribuye erróneamente al propio Javier de Burgos.

de vista identificado con la propuesta de los diputados mexicanos[1107]. Burgos proclamó abiertamente la idoneidad de esa opción en la serie "Sobre los negocios de América", donde la exposición de los hechos le lleva a trazar un panorama que habla por sí mismo:

> Resulta de estas indicaciones sucintas, a que si no escribiéramos un artículo de periódico podríamos dar la extensión de que son dignas, que Buenos Aires y Chile no pertenecen ya de hecho a la España; que el Perú está fuertemente amenazado, y algo más que amenazados Venezuela y el nuevo reino de Granada, y que en aquel vasto continente solo puede la metrópoli contar por ahora con

---

1107. Los principales textos publicados en la *Miscelánea* en 1821 sobre el tema son los siguientes: el serial atribuible a Burgos titulado "Sobre los negocios de América", en n° 469 (11.06.1821), n° 470 (12.06.1821), n° 472 (14.06.1821), n° 473 (15.06.1821), n° 475 (17.06.1821), n° 476 (18.06.1821) y n° 479 (21.06.1821); el artículo comunicado en respuesta al "indecente tejido de insultos contra las Américas" (publicado en *El Universal*), en Suplemento al n° 477 (19.06.1821), f. = *N.*, muy centrado en el escenario mexicano, que asume con calor la defensa de indios y criollos, se identifica con el "juicioso europeo don Valentín Ortigosa" y por supuesto, con los artículos del redactor de la *Miscelánea*; la "Contestación a un artículo del *Censor*, que no ha podido publicarse en el mismo periódico, por no permitirlo sus límites" en *Suplemento* al n° 484 (26.06.1821), n° 485 (27.06.1821) y n° 485 [sic, por 486] (28.06.1821), f. = *Un español sincero constitucional;* la representación de la diputación americana con el plan de reorganización política se insertó por entregas en n° 491 (3.07.1821), n° 492 (4.07.1821), n° 493 (5.07.1821) y n° 495 (7.07.1821); el artículo comunicado que empieza "Señor autor de la contestación al suplemento de la *Miscelánea* número 477" se haya en el *Suplemento* (exento) al n° 498 (10.07.1821), f. = *A. M.*, Imprenta de la Miscelánea, 4 pp. en 4° (polemiza con un *D.C.*, "noticista chabacano" que ha publicado dos comunicados en *El Universal*). También son importantes los extractos de las sesiones de Cortes en n° 484 (26.06.1821), con las quince proposiciones de los americanos; en el n° 485 (27.06.1821) se hallan las 16 proposiciones de Couto y Ramos de Arispe ceñidas al caso de Nueva España. Hay reflexiones de Burgos en otros artículos: "Concluye la revista de junio", n° 490 (2.07.1821), en la que expresa su adhesión a la receta transaccionista; el que comienza "Nosotros no podemos dejar de renovar la expresión de nuestros votos ardientes", en n° 533 (14.08.1821): denuncia de la inacción gubernamental ante el empeoramiento general de la situación; otro tanto en "Concluye la revista de agosto", n° 559 (9.09.1821); en n° 548 (29.08.1821), un comentario a la exposición de Fernando Antonio Dávila, diputado de Chiapas.

Nueva España y las provincias internas, cuya posesión, atendidas las circunstancias que dejamos enumeradas, debe sin embargo reputarse como muy precaria[1108].

Su análisis de las soluciones que circulaban en público resultaba también desalentador: el recurso a la fuerza para recuperar lo perdido no era viable, como había demostrado la historia española en los diez años anteriores, amén de la experiencia inglesa en aquel hemisferio y de la francesa en Haití. No descuidó mencionar que los costosos preparativos de la expedición de 20 000 hombres, cuya sublevación en Cádiz había permitido restablecer la Constitución, "empobrecieron la nación aun antes de que llegara el caso de hacerse a la vela"[1109]. Tampoco la negociación, que se seguía en secreto con representantes de Colombia venidos a Madrid había dado resultados, porque estos insistían en el reconocimiento previo de la independencia, conforme a las declaraciones del congreso de Angostura (Por cierto, uno de esos representantes, Francisco Antonio Zea, director que fue del Jardín Botánico y funcionario josefino, era amigo personal del redactor de la *Miscelánea*). Burgos descartó también otras propuestas, por su falta de realismo o por su inmoralidad. Entre ellas, atizar el fuego de la discordia en Buenos Aires ("odioso arbitrio"), otorgar independencias sin limitación para establecer pactos comerciales ventajosos (absurdo, no tenemos industria con que surtirles), o la variante de crear tronos en favor de príncipes españoles (un honor estéril y de aceptación más que dudosa). En definitiva, era la *conveniencia*, un principio tan caro a su pensamiento, el que aconsejaba la adopción del plan de los americanos con ventaja para todos[1110].

1108. "Sobre los negocios de América", en *Miscelánea*, n° 469 (11.06.1821). Un artículo publicado el día anterior en *El Censor*, dice, apresuró el propósito de Burgos de escribir sobre el asunto: vid. "Algunas reflexiones sobre los negocios de América", en *El Censor*, n° 45 (9.06.1821) pp. 224-240.
1109. "Continúa el artículo sobre los negocios de América", en *Miscelánea* n° 470 (12.06.1821).
1110. "Concluye el artículo sobre los negocios de América", en *Miscelánea* n° 479 (21.06.1821): "El principio que debe adoptarse para la decisión de este gran negocio es la conveniencia recíproca, y consultándose completamente a esta con la formación de las tres secciones legislativas y otras tantas delegaciones del poder ejecutivo en el continente americano, así como con la conservación de las Antillas sobre el mismo pie que hoy tienen, la decisión soberana puede darse en este sentido, dejando así satisfechos los votos, y cubiertas las necesidades de los españoles del nuevo mundo y bien puestos los intereses y el honor de la madre patria".

Pero con decepción de esos diputados, el dictamen de la comisión especial de Ultramar, leído en la sesión del 24 de junio, se redujo a proponer,

> que se excitase el zelo del Gobierno, a fin de que presentase a la deliberación de las Cortes las medidas fundamentales que creyese conveniente adoptar, así para la pacificación de las provincias disidentes de América, como igualmente para asegurar en todas el goce de una firme y sólida felicidad. Quedó aprobado[1111].

Aunque no se dijera en público, la razón de fondo para el rechazo al plan no consistía tanto en la negativa del rey como se ha llegado a sugerir, sino en su palmaria incompatibilidad con la Constitución, cuya reforma, de hacerse de manera irregular y precipitada, se consideró peligrosa para la estabilidad del régimen. En cualquier caso, la decisión tomada iba a convertirse en la posición inamovible de las Cortes para lo sucesivo, con todas sus consecuencias[1112]. Como reacción, los mexicanos llevaron su iniciativa autonomista a la sesión pública del día siguiente, en forma de quince proposiciones articuladas que iban precedidas de una exposición que se insertó pocos días después en la *Miscelánea*, y seguidas de otras nuevas, específicas para el caso de México. Por supuesto, las ideas que se difundían desde el periódico, con cuyos autores Burgos se solidarizó expresamente, encontraron crítica y oposición en otros diarios, señaladamente el progubernamental *El Universal*, el más importante entre los que salían entonces en la Península. Hubo incluso de defenderse de la acusaciones de alarmismo y de parcialidad, que trascendían a la prensa extranjera, por publicar noticias favorables a los insurgentes: "Los diarios que recibimos de Veracruz están redactados por un sujeto tan fuertemente adicto a la metrópoli, que habría de emigrar verosímilmente si los independientes progresasen ¿Puede darse mayor garantía de su exactitud?"[1113].

1111. "Cortes. Sesión ordinaria del 24", en *Gaceta de Madrid* nº 178 (25.06.1821) p. 974.
1112. Cfr. Demetrio Ramos, "Las Cortes de Cádiz y América", en *Revista de Estudios Políticos* nº 126 (1962) pp. 625-626; vid. en cambio Ivana Frasquet, "La España americana", en P. Rújula e I. Frasquet (coords.), *El Trienio liberal (…)*, p. 174, donde se acentúa la oposición de Fernando VII al plan propuesto por los mexicanos.
1113. "El Eco de Padilla trae hoy un articulito sobre los asuntos de América", en *Miscelánea* nº 593 (20.08.1821). Otros artículos de polémica de prensa: "Tres artículos trae hoy el Universal que nos tocan más o menos directamente", en nº 508 (20.07.1821); Suplemento titulado "En el *Diario Constitucional*

Hasta que puso fin de su periódico, a mediados de septiembre de 1821, Burgos siguió denunciando la política de galgos o podencos (literal) que en su concepto seguían el gobierno y las Cortes, descuidando el interés común[1114]. El último artículo dedicado a apoyar el plan de los americanos, en el que comentó la exposición de don Fernando Dávila, diputado de Chiapas, alababa sus ideas, pero de manera premonitoria insinuaba, "acaso serán ya inútiles por tardías"[1115]. En efecto, después del Plan de Iguala, del Tratado de Córdoba y de la muerte en octubre de Juan O'donojú, enviado a Nueva España con rango de virrey, la iniciativa de los diputados mexicanos había quedado desfasada por esos acontecimientos y por la inacción del gobierno peninsular, paralizado por sus prejuicios y sus contradicciones. Se suponía que las Cortes extraordinarias, convocadas para ocuparse de asuntos pendientes de especial relevancia, abordarían también el problema de América, pero no llegó a hablarse del tema hasta enero de 1822 y de nuevo, en un sentido regresivo para las aspiraciones de los diputados americanos. Para entonces, América se ha perdido irremisiblemente, sentenciaba Burgos en la *revista* de ese mes; las independencias debían haberse reconocido mucho antes y eso al menos hubiera permitido conseguir ventajas mercantiles, pero se prefirió rechazar toda negociación aun a sabiendas de que no había alternativa[1116]. El apego indiscutido a la Constitución, podría deducirse, estaba siendo en el sentir de Burgos una rémora para los intereses de los españoles también en este ámbito.

de la Coruña se han impreso las siguientes reflexiones sobre los asuntos de Ultramar", en n° 519 (31.07.1821), con citas al *Constitutionnel* de París y a su fuente, la propia *Miscelánea; "El Universal* da hoy algunas explicaciones", en n° 521 (2.08.1821); "La *Gaceta* y el *Universal*", en n° 522 (3.08.1821); "Los últimos números de un periódico de París", en n° 567 (17.09.1821): el *Diario de los Debates* contra el *Constitucional*, que reproduce las noticias publicadas sobre Nueva España por la *Miscelánea*. Sobre la postura de *El Universal*, aunque sin precisiones, vid. Camino Monje Burón y Amparo López Delgado, "La guerra de la Independencia hispanoamericana en *El Universal*, 1820-1823: tratamiento informativo", en Alberto Gil Novales (ed.), *Ciencia e independencia política*, Madrid: Ediciones El Orto, 1996, pp. 313-344.

1114. "Nosotros no podemos dejar de renovar la expresión de nuestros votos ardientes", en *Miscelánca* n° 533 (14.08.1821).

1115. *Miscelánea* n° 548 (29.08.1821).

1116. "Concluye la revista de enero", en *El Imparcial* n° 14 [sic, por 147] (2.02.1822). Sobre el desenlace del trámite en el congreso en febrero de 1822, vid. D. Ramos, *art. cit.*, pp. 626-627; también, I. Frasquet, "La senda revolucionaria del liberalismo doceañista en España y México, 1820-1824", en *Revista de Indias* LXVIII / 242 (2008) pp. 168-169 especialmente.

10.15. El orden internacional y la intervención extranjera en España

Como analista del orden internacional Burgos erró en todas sus predicciones, tanto sobre el futuro de los regímenes liberales que habían surgido en Europa a ejemplo del pronunciamiento de Riego, como sobre la posibilidad de una intervención armada en la Península. Sus cálculos fallaron por puro voluntarismo, aunque con el atenuante de que las razones que alega, quizás válidas cuando las formuló en la *Miscelánea* en 1820, se habían desnaturalizado dos años después.

Lógicamente, sus reflexiones sobre la política internacional están basadas en los supuestos racionalistas que formaban parte de su bagaje cultural y que él explicitó, señaladamente, en vísperas de la invasión austriaca de Nápoles. Comentando entonces una edición francesa de los discursos de Fox y Pitt, puso de relieve el diferente talante que animaba a ambos estadistas en la acción exterior, atribuyendo al primero los principios de generosidad y prudencia, acordes al derecho de gentes y a una ilustrada política. "Nunca aprobó la intervención armada de las potencias de Europa en los negocios interiores de una nación independiente", escribió, en contraposición al espíritu de dominación que identifica en Pitt, y cuyo resultado fue una guerra que abrasó a Europa durante treinta años y una experiencia análoga en América[1117]. En un segundo artículo, que publicó posiblemente con toda intención algunos días después, Burgos profundiza en las anteriores reflexiones, prefigurando el enfoque racionalista frente al puramente maquiavélico y al revolucionario en la teoría de las relaciones entre los Estados. El texto es farragoso e inadecuado para reproducirlo aquí, pero hay que retener los conceptos de filantropía, paz, franqueza, justicia y decoro, que dan sentido a sus convicciones sobre la dinámica que debería imperar en el sistema internacional de entonces. En conclusión,

El mayor beneficio que se ha podido hacer a los hombres ambiciosos, es convencerlos de que una moral franca y benéfica es su verdadera y útil política, al modo que lo es para los pueblos en sus relaciones con los otros[1118].

1117. "Acaba de publicarse en Francia", en *Miscelánea* n° 336 (29.01.1821); posiblemente se refería al *Recueil de Discours prononcés au parlament d'Angleterre par J.-C. Fox et W. Pitt,* traduit de l'anglais et publié par MM. H. de J. et L. P. de Jussieu. Paris: Le Normant Libraire, 1819, 12 vols.
1118. "De los hombres de Estado. Segundo artículo", en *Miscelánea* n° 348 (10.02.1821).

Como consecuencia, debían ser la razón, la experiencia y la conveniencia pública quienes facilitaran las claves para orientar la política exterior de los Estados, aunque desde luego era consciente de que no eran esos, de hecho, los criterios al uso en los gabinetes que decidían el curso de los acontecimientos en Europa.

De tejas para abajo, todo eso se tradujo en una concepción introvertida, cuando no aislacionista, de la acción exterior de España en su vertiente de seguridad nacional. Ante la reacción adversa del zar de Rusia sobre la legitimidad de la revolución española y de sus nuevas instituciones, surgidas de un acto violento, la justificación de Burgos tuvo mucho de defensiva, arguyendo el derecho de levantamiento contra una tiranía ("tres siglos de desórdenes y de errores") que se había intensificado durante los seis años previos[1119]. Naturalmente, en sus artículos manifiesta simpatía por los movimientos liberales extranjeros, pero distanciándose del sentimiento de solidaridad propio del ala exaltada del liberalismo español, y de la expectación creada en otras partes de Europa por el pronunciamiento de los militares en la Isla de León[1120]. La consigna que trasmite es por tanto de cautela y ausencia de compromiso, proyectando una imagen de civilización y de orden interior, desvinculada de los malos recuerdos de la revolución francesa; de hecho, todo eso era bastante coherente con la política exterior seguida por los gobiernos moderados españoles, típicamente mezquina y carente de idealismo. Así pues, como podía esperarse, los debates de la cámara francesa se comentan en su periódico con parcialidad favorable a los liberales independientes frente a los *ultras,* pero sin desarrollar las consecuencias, al menos en los primeros tiempos, que de ahí se deducían en relación a España[1121]. Y siguiendo la estela abierta en un artículo de *El Censor,* especuló con criterio benévolo sobre la posibilidad de un gobierno representativo en Roma, e incluso de una

---

1119. "Todo el mundo habla", en *Miscelánea* nº 165 (12.08.1820).

1120. La proyección internacional del liberalismo español se expresó señaladamente en composiciones poéticas de tema político, con finalidad conmemorativa o propagandista: vid. Ingrid Cáceres Würsig y Remedios Solano Rodríguez, *Reyes y pueblos: poesía alemana del Trienio Liberal.* Salamanca: Ediciones Universidad de Salamanca, 2019.

1121. Vid. especialmente los artículos titulados "Cada quince días van sucediéndose en Francia los atentados contra la libertad", en *Miscelánea* nº 72 (14.04.1820); "Para dar una prueba de la buena fe de los diaristas serviles", en nº 76 (24.04.1820); "Sobre la nueva ley de elecciones de Francia", en nº 113 (21.06.1820); "Concluye el artículo sobre la ley de elecciones de Francia", en nº 116 (24.06.1820).

federación entre Piamonte, Roma y Nápoles sobre bases constitucionales, aunque concluiría pronunciándose con mucho escepticismo al respecto[1122].

Compartiendo la inclinación generalizada entre el público y los gobiernos europeos, el periódico de Burgos apoyó de manera ostentosa la intervención a favor de los nacionalistas griegos contra la dominación otomana, que calificó de baldón para las naciones civilizadas. Es asunto que reviste especial interés (para España, insinúa) porque ahí se plantea la paradoja del conflicto entre el principio de legitimidad, cuya aplicación a favor del sultán le parecía extravagante, y el de intervención para instaurar "los beneficios del cristianismo y los placeres de la civilización". ¿Y por qué había que intervenir ahora en Grecia y no antes? La justificación de Burgos es un alarde de oportunismo, al explicar que ese baldón se había podido sufrir cuando el riesgo que se corría para redimirlo era mayor que la posibilidad de triunfar en la empresa, pero que al cambiar las circunstancias con la decadencia del imperio turco, había disminuido el peligro y habían aumentado por tanto, las posibilidades de éxito. El principio de legitimidad ("tan exagerado en estos últimos tiempos") cedía ante el de utilidad, a fin de cuentas; nada nuevo en el pensamiento de Burgos. Por razones geopolíticas, asignaba el trabajo sucio a Rusia, Austria e Inglaterra, puesto que los griegos no tenían capacidad para librarse del yugo por si mismos. Estas naciones, afirmaba sin advertir que sus intereses no eran coincidentes, deberían obrar por filantropía, pero incluso desde una perspectiva fríamente política cabía aplicar la razón y "hermanar la generosidad con la conveniencia". A este propósito, lo más deseable consistiría en la independencia de un Estado griego, pero como eso era mucho esperar, sería menos malo que esas provincias se incorporaran a Rusia y Austria que continuar bajo los turcos: "Vale más el gobierno absoluto templado por la civilización, que la tiranía feroz, encarnizada por la ignorancia. Sin duda sería mejor dejarlos libres, pero es demasiado exigir de la política de los gabinetes"[1123].

Otra cosa era la intervención en países europeos afectados por las ideas liberales. A este respecto, Burgos se mostró -obviamente- contrario, pero también reacio a aceptar la posibilidad de una invasión del Reino de las Dos Sicilias y del de Piamonte, alegando el recuerdo de los franceses "cantando el himno de los marselleses" en la época de la revolución, y el de España en

---

1122. Cfr. "Sobre el establecimiento de un gobierno representativo en Roma", en *Miscelánea* nº 303 (28.12.1820). Es artículo inspirado por el del nº 21 de *El Censor*, titulado "Italia"; concluye en nº 305 (30.12.1820).
1123. "Continúa la revista de julio", en *Miscelánea* nº 521 (2.08.1821); "Continúa (...)", en nº 522 (3.08.1821) y "Continúa (...)", en nº 524 (5.08.1821).

1808, para ilustrar la dificultad de invadir un territorio defendido por hombres libres[1124]. Y todavía en vísperas de la entrada de los austriacos en Nápoles, seguía especulando con la idea de una negociación que aplacara a la Santa Alianza a costa de aguar la Constitución de 1812, adoptada provisionalmente por los napolitanos, mediante la creación de una cámara de pares, la eliminación de la diputación permanente y el refuerzo de la prerrogativa real, concediendo al monarca el veto indefinido y la facultad de disolver el parlamento. Una vez más, Burgos planteaba la cuestión en términos puramente utilitarios, vaticinando un acomodo de los napolitanos a las exigencias de las potencias legitimistas, un mal menor que podría repararse en el futuro[1125]; opinión, dicho sea de paso, que provocó escándalo y le obligó defenderse de las críticas de un comunicante de *El Universal*, diario adicto al ministerio. Quizás su planteamiento estuvo condicionado por razones de opinión pública interna que le habían obligado a expresarse con un falso optimismo, porque a toro pasado, pretendió haber previsto desde el principio la derrota de los regímenes liberales en Italia, basándose en razones científicas: "La catástrofe de Nápoles la esperaban aquí todos los hombres sensatos, todos los que tenían una ligera tintura de geografía, de historia y de política"[1126]. Burgos, huelga decirlo, siempre fue un gran convencido en la capacidad didáctica de la historia, a la que concibe, sobre todo, como un almacén de experiencias para orientar el comportamiento humano.

Más allá de eufemismos y de reticencias, lo que queda en sus artículos de la *Miscelánea* es el rechazo pertinaz a considerar la desconfianza del concierto internacional hacia España como un peligro para su seguridad. Su análisis más pormenorizado se encuentra en el que publicó el 7 y el 9 de diciembre de 1820[1127], donde combate los "rumores ridículos" de una

---

1124. Vid. "Concluye el artículo de ayer", en *Miscelánea* nº 241 (27.10.1820).

1125. "Concluye el artículo de conjeturas sobre el Congreso de Leybach", en *Miscelánea* nº 322 (15.01.1821). Para el análisis antecedente sobre la invasión de Nápoles y Piamonte, vid. los artículos titulados "Hay ciertos políticos histéricos", en nº 240 (26.10.1820); "Concluye el artículo de ayer", en nº 241 (27.10.1820); "Las noticias que en cabeza de este número", nº 287 (12.12.1820); "Conjeturas sobre el congreso de Leybach", nº 319 (12.01.1821). Vid. la réplica de *El Universal* en el comunicado f. = R.C., en nº 20 (20.01.1821) pp. 73-74.

1126. "No creemos que haya impudencia comparable", en *Miscelánea* nº 427 (30.04.1820). Vid. también la anterior polémica con *El Universal*, sobre el tono de la cobertura periodística de la caída de Nápoles: "¡Válgate Dios por alarmas!", en nº 405 (8.04.1821).

1127. "¡Qué escándalo! ¡Qué turbación! ¿Con que nos invaden?", en *Miscelánea* nº 282 (7.12.1820) y "Concluye el artículo de antes de ayer sobre los temores de una guerra", en nº 284 (9.12.1820).

intervención extranjera en la Península. Yendo al detalle, Burgos objetó el factor geográfico para descartar una invasión procedente de Rusia. "Un mapa sería la primera medicina que nosotros recetaríamos a los españoles que tuviesen miedo de que los visitasen los calmucos". En parte, lo mismo podía alegarse en el caso de los austriacos, que además, estaban ya comprometidos en Italia. A los alemanes del sur no les interesaba nada el régimen político de España y en cuanto a los prusianos, aun siendo hostiles a las doctrinas liberales, no estaban en situación de hacer una guerra que no les fuera imprescindible. Naturalmente, Francia sería mucho más inquietante si entrase en una coalición contra España, "pero esta sola suposición es un delirio". A la vista de lo que sucedería tres años después, parece útil conocer, de primera mano, las razones que apuntó para sustentar esa opinión:

En Francia existe una lucha entre el poder y la opinión, entre lo que goza una mayoría y lo que desea una facción, en suma entre la igualdad y los privilegios. Una guerra haría romper las hostilidades entre estos dos partidos, fuerte el uno por el número de sus campeones y por la justicia de su causa, temible el otro por su audacia, su infatigabilidad, y el prestigio de los respetables intereses, con cuya máscara disfraza su ambición y recata sus designios. El temor de que se declarase esta guerra interior, la seguridad de los riesgos a que se expondría, la incertidumbre del éxito, el comprometimiento de la gloria, el recuerdo de la lucha pasada, todas estas circunstancias retraerán indispensablemente a la Francia, prescindiendo de la injusticia de la agresión, de entrar en una guerra contra una nación, su aliada natural, y gobernada por un príncipe de la misma familia que a ella la rige. Estas mismas consideraciones harían sin disputa que la Francia negase el paso por su territorio a los ejércitos extranjeros, si cupiese en la imaginación que alguna potencia *transrenana* concibiese el extravagante designio de traer la guerra a las faldas de los Pirineos.

A causa de sus agitaciones internas, continuaba Burgos, Inglaterra tampoco se hallaba en disposición de emprender una guerra extranjera (contra Portugal, se entiende) simultánea a la de Austria en Nápoles; "si bien, la Inglaterra es una nación tan original y tan acostumbrada a frustrar todos los cálculos de la política, que no sería extraño que a pesar del estado en que se encuentra, pensase por un momento en subyugar de nuevo a nuestros vecinos". Doscientos años después, su observación recuerda a la del filósofo Gabriel Albiac, quien en alusión a la canción "Mad dogs and englishmen" que cita a propósito del *Brexit,* expresa su admiración por "el curioso empecinarse británico en el disparate"[1128]. Pero semejante curso de acción era improbable, concluía Burgos, porque la relación entre las ventajas y los inconvenientes que de ahí resultaría lo desaconsejaba. Los portugueses se defenderían y llegado el caso, "enlazarían sus quinas con nuestros leones". En resumen, una agresión era imposible pero incluso si eso ocurriera, España sabría hacer respetar su independencia.

Una vez consumada la derrota de los liberalismos italianos en el mes de abril de 1821, la argumentación de Burgos se centró en la singularidad del régimen constitucional español, que lo hacía invencible, no solo por su aislamiento geográfico sino especialmente, por las condiciones de concordia y de unión interior que se daban en España -afirmó con desfachatez- a diferencia de Nápoles[1129]. Abundando en la comparación, explicó pocos meses después que la situación política había sido llevadera para la generalidad de los italianos antes de la revolución, gracias a la multitud de mejoras hechas durante la dominación francesa, que mitigaban el despotismo del gobierno. La revolución triunfó en Nápoles cuando el yugo empezaba a hacerse insoportable, de lo que podía deducirse que para sofocarla y restablecer el absolutismo con solidez, bastaba con hacer algunas concesiones mínimas al espíritu del siglo. Burgos, que no perdía ocasión de llevar el agua a su molino, detallaba que hubiera sido suficiente con decretar una amnistía completa tras la victoria sobre los liberales, que reconciliara todos los ánimos. Hubiera sido el paso políticamente inteligente, como demuestra la historia y en tiempos recientes la conducta de Napoleón al tornar de Egipto ("el hombre extraordinario cuyas cenizas descansan bajo los sauces de Santa Helena"). Otro tanto -añadió- enseña el comportamiento opuesto que se siguió en España a la vuelta de Fernando VII, con los decretos de proscripción del 4 y de 30 de mayo de 1814. La revolución de 1820 fue el resultado lógico, como lo sería nuevamente en Italia si perseveraban en su política de venganza. "Estos raciocinios -concluía- estaban fundados en el conocimiento del corazón humano, en el de las circunstancias singulares de la península italiana y en la comparación obtenida del resultado de todos los sucesos de igual clase de que nos habla la historia"[1130].

1128. Gabriel Albiac, "Añoraré a los perros locos", en *ABC* (5.01.2021) p. 7.
1129. "Es una cosa muy notable", en *Miscelánea* nº 420 (23.04.1821).
1130. "Sobre el estado de la Italia", en *Miscelánea* nº 543 (24.08.1821) y "Concluyen las observaciones sobre el estado actual de la Italia", en nº 544 (25.08.1821).

11. Comunicación y política en *El Imparcial*

11.1. El origen de *El Imparcial*[1131]

El 10 de septiembre de 1821 dio comienzo *El Imparcial*[1132], el nuevo diario en el que Burgos iba a colaborar al cabo de muy poco tiempo y más a la larga, a convertirse en su director. El nombre elegido sugiere neutralidad o distanciamiento ante las contiendas políticas, pero no hay nada de eso. En realidad, puede adelantarse, lo que iba a definir su trayectoria era el compromiso con las doctrinas del moderantismo ("su único voto será conservar la opinión pública en el justo medio que se necesita para evitar ya el abismo de la anarquía, ya las cadenas del

---

1131. La información sobre la fundación y evolución inicial del diario puede verse en M. Morán, "El origen de *El Imparcial*, periódico de Madrid en el Trienio Liberal", en Antonio Manuel Moral Roncal e Ignacio Uria (coords.), *La historia contemporánea en perspectiva múltiple. Homenaje a Javier Paredes Alonso*. Alcalá de Henares: Universidad de Alcalá, 2022, pp. 39-53; un esbozo sumario del periódico y sus colaboradores, en J. López Tabar, *o.c.*, pp. 238-240.

1132. *El Imparcial*, nº 1 (10.09.1821) a nº 323 (27.07.1822), 9 cuartos, diario, un pliego de impresión (medio los lunes) a cuatro páginas en gran folio, tres columnas, paginación seguida (con numerosas erratas) y frecuentes suplementos. Madrid: imprenta del Imparcial por su regente Don José Gallego, calle de los Abades núm. 17, cuarto principal. A partir del nº 57 (5.11.1821) figura como regente Lucio de Olarieta en el pie de imprenta (La colección de la BN solo llega hasta el número de 30 de junio de 1822; existe completa en la biblioteca de la Iglesia Nacional Española de Roma).

despotismo")[1133], la crítica a los exaltados y la polémica en la prensa, que con el tiempo se torna parcial a favor del gobierno presidido por Martínez de la Rosa y de la Sociedad Constitucional, vulgo del *Anillo*. Una publicación que gracias a su superioridad en medios materiales y humanos, iba a unir la agilidad informativa que le faltaba al *El Censor* con una gran densidad de textos doctrinales y de artículos no exentos de mordiente, muy por encima de la que había podido ofrecer la *Miscelánea*.

Hoy sabemos que el principal artífice del periódico fue el brigadier de infantería y capitán de la Guardia Real Francisco Javier Cabanes y Escofet, quien pertenecía a una familia aristocrática del Principado, estaba casado con Águeda Bouligny y Timoni y había servido durante la guerra en el Estado Mayor de varias grandes unidades. En 1816 le destinaron a la Comisión de Jefes y Oficiales a las órdenes inmediatas del ministro de la Guerra, departamento que heredó algunas de las funciones del extinguido Estado Mayor, con la misión específica de escribir la historia de la guerra de España contra Bonaparte a la vez que desempeñaba otros encargos. En esta y épocas posteriores, Cabanes dio a luz varias publicaciones de teoría e historia militar, de un plan para la navegabilidad del Tajo y de un itinerario topográfico de España y Portugal; publicó también, en 1830, una *Guía General de Correos, Postas y Caminos del Reyno*. Era, por tanto, hombre culto y con talento teórico, pero también con capacidad de implicarse en la acción, como quedó de manifiesto en 1817 al desempeñar una misión reservada en Portugal, en la que viajó disfrazado de comerciante[1134].

1133. *Prospecto del Imparcial, periódico diario, que empezará a publicarse en diez de setiembre de 1821.* Madrid: Imprenta del Imparcial, 1821. Por su regente don José Gallego. 2 pp. en f°. Hay ejemplar en ASV, *SS* 249 (1821), fasc. 8, f°. 214, adjunto a Giustiniani a Consalvi (Madrid, 31.08.1821). Está también extractado en el *Diario de Barcelona* n° 250 (7.09.1821) pp. 1838-1839.

1134. Hay nota biográfica y bibliografía de Cabanes (Solsona, 5.04.1781 - Madrid, 24.02.1834) en Antonio Elías de Molins, *Diccionario biográfico y bibliográfico de escritores y artistas catalanes del siglo XIX (Apuntes y datos).* Tomo I, Barcelona: Imprenta de Fidel Giró, 1889, pp. 339-341. Vid. también Alberto Gil Novales, "Cabanes, Francisco Javier de", en *Diccionario (…), o.c.*, t. I, pp. 506-508; el perfil puede completarse con las biografías basadas en su hoja de servicios: Ubaldo Martínez-Falero del Pozo, "Francisco Javier Cabanes y Escofet", en Real Academia de la Historia, *DB-e* [En línea. Consulta 12.10.2021] y Alberto Martín-Lanuza Martínez, "Cabanes y escofet, Francisco Javier", en *o.c.*, pp. 150-151; sobre la comisión reservada en Lisboa, vid. Archivo General de Indias (Sevilla), Estado, 100, n° 112 [En línea: portal Pares. Consulta 4.10.2021].

Demostró dotes de organización con la creación de la Sociedad de Cataluña, empresa pionera en la explotación de la diligencia-correo que operaba desde 1819 entre Madrid y Valencia y de allí a Barcelona, y que inauguró otras líneas en los principales rutas de la Península. Dato a recordar: además de varios paisanos suyos que aportaron capital, fue también socio de la empresa el infante don Carlos María Isidro y quizás también don Francisco de Paula[1135], con quienes Cabanes pudo haber tenido alguna familiaridad, puesto que las dependencias de su destino se encontraban en el palacio Real. Respecto a ideas políticas, su trayectoria lo presenta como un hombre equilibrado, leal al rey, amante del orden y alejado de extremismos, sin que se le pueda señalar como un absolutista neto, si bien, en los papeles que hubo de presentar para conseguir su purificación política tras la caída del régimen constitucional, él acentúe deliberadamente ese perfil; es comprensible. La resolución se demoró (hasta 1826) de modo que representó directamente al rey para manifestarle su perplejidad por la Real indignación en que aparentemente había incurrido, y disipar las dudas que pudieran suscitar algunos

---

1135. Sobre la Sociedad de Cataluña y la diligencia-correo, vid. *Manual para los viageros de la Diligencia-Correo. Arreglado por la dirección general de la empresa que ha tomado a su cargo este establecimiento.* Barcelona: en la imprenta de la Heredera de Dorca por su regente Domingo Feinèr, 1822, 51 pp.; también, el artículo inserto en *El Censor* nº 38 (21.04.1821) pp. 157-160, en el que defiende su establecimiento contra la hostilidad desleal, dice, que se le había opuesto; está reproducido en A. Elías de Molins, *o.c.*, I, pp. 339-340 nota. Hay documentación de 1820 a 1822 (poderes detallados a directivos y administradores en relación a contratas y otras operaciones de la empresa) en AHP (Madrid), t. 23518. Entre otros, fueron miembros de la junta gubernativa el propio Cabanes, José Valls y Petit (administrador principal de la diligencia-correo), Francisco González de Estefani, Ignacio Muñoz de San Clemente, Antonio Moxó, Francisco Xipell, Felipe Riera, José Mariano Cabanes ("residentes en esta Corte y socios de la sociedad titulada de Cataluña"), Francisco Barret, Gregorio Álvarez, Isidoro Hemrich, Gaspar Lloenart y Gregorio Hernández. Vid. A. Gil Novales, *Diccionario (...) o.c.*, t. III, p. 3107 con sus referencias, sobre José Valls como militar y ayudante que fue de Cabanes durante la misión en Portugal de 1817. Cfr. *Miscelánea* nº 295 (20.12.1820): el infante don Carlos asiste en calidad de socio, acompañado por doña María Francisca y don Francisco de Paula, al ensayo realizado entre la puerta de Alcalá y la de Fuencarral con uno de los coches que deben servir en las carreras de Madrid a Irún y a Sevilla.

comportamientos menos claros[1136]. Desde el punto de vista informativo, esos escritos tienen carácter complementario. Recuerda de esa época, entre otras cosas, haber reprobado la revolución cuando tuvo noticia de ella, y su declarada oposición al juramento tumultuoso de la Constitución, al proponerlo algunos en su batallón de Guardias. Tampoco estuvo bien conceptuado por el gobierno constitucional, como demuestra, dijo, el hecho de que no obtuvo ningún ascenso, mando ni empleo salvo la jefatura con carácter interino de la Comisión, y eso solo por razones circunstanciales.

El punto 5 de la *Relación histórica* de sus vicisitudes durante el Trienio, que envió a la Comisión del Consejo de la Guerra encargada de la Purificación de los generales, brigadieres y coroneles con arreglo a la Real Cédula de 9 de agosto de 1824, contiene la información sobre el asunto que ahora nos ocupa, la génesis del periódico. Reconocía ahí haber organizado *El Imparcial* cuando el ministerio que existía en julio de 1821, preocupado por la "mala doctrina" de *El Universal,* le encargó, a través del titular de Guerra, don Tomás Moreno Daoiz, que discurriera un medio para contrarrestarla. La alusión a este diario llama la atención porque siendo el más importante de los que existían entonces en España, tenía a gala su firme adhesión a la Constitución de 1812, aunque en armonía con el espíritu de moderación de que presumía su propietario, Vicente Ayta. Estaba muy lejos, nótese, del lenguaje provocador y de la exaltación destemplada, o incluso subversiva de otros periódicos, auténticos agitadores del espacio público como fue *El Zurriago,* que precisamente en aquellos días de septiembre salió a la calle, asumiendo el papel de principal animador del espíritu de la revolución. Pero tampoco simpatizaba *El Universal* con la interpretación del liberalismo que venían sosteniendo *El*

1136. Archivo General Militar, Segovia (AGMS), Leg. C - 94, "A-. Relación histórica de las vicisitudes del Brigadier de Infantería D. Francisco Xavier de Cabanes en los años de 1820, 21, 22 y 23, que él mismo presenta a la comisión de ministros del consejo supremo de la guerra encargado por S.M. de la Purificación de los generales, brigadieres y coroneles, todo con arreglo al artículo séptimo de la Real Cédula de S.M. de 9 de agosto de 1824 comprensiva de las bases que han de servir para las purificaciones de los militares". s.f. [= 1824]. "es copia". f. = Cabanes; "B-. Oficio al Excmo. Sr. D. Bernardo de Acuña, Es copia. f. = Francisco Xavier de Cabanes, Madrid, 16 de febrero de 1824"; *ibi,* "Sucinta y respetuosa exposición que relativamente a su conducta en el tiempo revolucionario eleva al superior conocimiento de V.M. con el más profundo respeto y P.A.S.R.P. su más humilde vasallo el brigadier de infantería D. Francisco Xavier de Cabanes", Madrid, 7.12.1825.

Censor y la *Miscelánea,* mucho más templada e incluso sutilmente crítica con la soberanía nacional que se definía en la Constitución. Así las cosas, cabe preguntarse: ¿de qué lado estaban en realidad los ministros?

Cabanes propuso entonces la creación de otro periódico igual a *El Universal* "y si posible fuese mejor escrito". Aceptada la idea, se le encargó su realización, para lo que le indicaron que se entendiera con el ministro de Ultramar, don Ramón López Pelegrín. Hay más, sin embargo. Antes de aceptar el encargo, quiso poner al mismísimo rey al corriente del proyecto y preguntarle su opinión, lo que se ocupó de trasladar Pelegrín a Fernando VII. "Y el exponente obtuvo la Real aprobación de la misma boca del Rey N.S. en la corte y en los términos que era posible en aquella época en que todo se interpretaba con intención siniestra".

Actuó con diligencia en la puesta en marcha de *El Imparcial.* El 20 de agosto firmó la escritura de constitución de compañía con varios impresores que se iban a ocupar de manera mancomunada y con equipamiento aportado por la empresa, de confeccionar el periódico. Este tipo de documento, infrecuente para formalizar acuerdos en el ramo de la imprenta, indica un nivel de cultura empresarial que parece trasunto de la práctica que seguía en el negocio de las diligencias. Entre otros pormenores, conviene aquí destacar la existencia de un administrador y de un elevado número de operarios con jornales -doce, a 32 reales cada uno- propios de tiempos con una fuerte demanda de oficiales de imprenta, lo que dice mucho de las altas expectativas de la empresa, puesto que eso implicaba dar trabajo a cuatro o seis prensas y hacer desembolsos considerables. El periódico saldría a diario y con las dimensiones de *El Universal,* se dice expresamente en la escritura, aunque los lunes y las vísperas de las fiestas que detalla solo harían medio pliego. Habría indemnizaciones a cargo de la empresa para el regente y los cajistas -quince días de sueldo- en el caso ("imprevisto") de que tuviera que suspenderse la publicación. La contrata duraría desde el 10 de septiembre hasta final de diciembre de 1821, pero dejaban abierta la posibilidad de prorrogarla y de ampliar el número de obras a imprimir, además de los suplementos[1137]. En efecto, *El Imparcial*

1137. AHP (Madrid), t. 22287, ff. 971-974 v°, Escritura de compañía otorgada por D. Pedro Pablo Vignola, administrador de la empresa del periódico titulado el Imparcial de una parte y de la otra, los operarios Feliciano Bartolomé, Pedro Pertierre, Francisco Serra, Gregorio Ramos, Juan Santa María, Lucio Olarrieta, Manuel Toribio, Nicolás Quílez, Arias Otero y Laureano Junio (entre las firmas, se añaden las de Tomás Rodríguez y Manuel Fernández de Rojas a los nombres mencionados en el texto). Cabanes firmó por la empresa, en ausencia del administrador (Madrid, 20.08.1821).

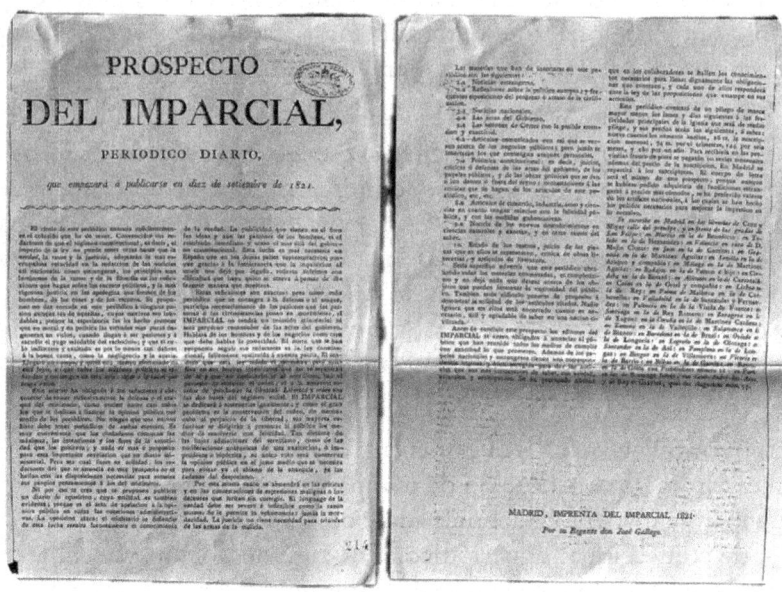

Imagen 48. Prospecto del Imparcial, periódico diario que empezará a publicarse el 10 de setiembre de 1821" (Archivio Segreto Vaticano, SS 249, 1821).

produjo a lo largo de su trayectoria dos clases de suplementos: el primero consistía típicamente en un folio paginado, simple ampliación del número del día, cuyo precio aumentaba de manera proporcional. Los del segundo tipo, que podríamos considerar de encargo o de pago, iban sin paginar, llevaban título propio y contenían un artículo comunicado generalmente largo y argumentativo, que obedecía a intereses particulares. En los primeros tiempos se distribuían gratis a los señores suscriptores, pero más adelante se vendieron exentos, con precio propio.

¿Se ocupó también el brigadier, como se desprende de su encargo, de reclutar a los hombres de *El Censor,* que iban a constituir el núcleo de la redacción del diario y a desarrollar en él las teorías que venían difundiendo desde el semanario? *El Censor* representaba, recuérdese, un género de liberalismo, el doctrinario, caracterizado por el espíritu de transacción y el énfasis en el ejercicio civilizado de la política, como correspondía a la veneración que tributaban al principio supremo de la Razón. Pero sobre todo, por su insistencia en las libertades civiles y en la idea de representación política, más que en la participación de la ciudadanía en el gobierno y en las funciones legislativas. Eso chocaba con la filosofía doceañista, apegado a la soberanía de la nación tal como había sido definida en la Constitución de Cádiz. La presencia de estos hombres, por otra parte, también contribuyó a hacer creíble el rumor de que un grupo francés había puesto el dinero para lanzarlo, como había ocurrido con *El Censor*[1138].

¿Quién estaba detrás de la fundación de *El Imparcial* y quién lo sostuvo, si es que fue el caso, hasta que se vio obligado a cesar a raíz del golpe absolutista que fracasó en julio de 1822? De la declaración de Cabanes se infiere razonablemente que fue una iniciativa del gobierno, aunque su laconismo (y el de López Pelegrín) deja abiertas otras posibilidades que es preciso explorar. La prensa de Madrid acechó la aparición de *El Imparcial* con temor y hostilidad incluso antes de que saliera, atribuyendo los cuantiosos recursos con que según se decía, venía provisto, a que estaba financiado en secreto por uno u otro grupo de poder contrario al régimen político español. Este hecho admiró a los comentaristas, desde el satírico *La Periódico-manía* hasta el nuncio en Madrid, cuando remitió a Roma el prospecto del periódico,

redatto, per quanto si dice, dal partito moderato. Gli altri giornali prima di conoscerlo, già si scatenano contro di lui, e gli minacciano la più fiera guerra. Se si deve poi credere all'opinione generale, mentre l'*Universale* appartiene al Ministero, l'*Eco di Padilla,* e lo *Spettatore* sarebbero l'organo di due società, la seconda delle quali, da cui viene lo *Spettatore,* favorirebbe, anziché nò, le idee ministeriali[1139].

También Giuseppe Pecchio, un exiliado piamontés, se refiere a lo mismo al describir el ambiente de concienciación política en Madrid. El dato es revelador, porque el periódico no salió hasta un mes después de la carta en la que alude a la hostilidad que provocó *El Imparcial* entre los partidarios más celosos de la Constitución:

1138. Cfr. A.Mª Berazaluce, *Sebastián de Miñano (…), o.c.,* pp. 154-160; con más detalle, vid. C. Morange, *En los orígenes (…), o.c.,* pp. 31 y ss.

1139. ASV, *SS* 249 (1821) 8, fº 212, G. Giustiniani a E. Consalvi, nº 1633 (31.08.1821). El comentario de *La Periódico-manía sobre El Imparcial,* en nº 43 [septiembre 1821] p. 6.; en el mismo sentido, vid. *El Eco de Padilla* nº 26 (26.08.1821) p. 206.

I caffè, le botteghe, le porte, le scale delle case sono ripiene di lettori sino a mezzodi. Qui un uffiziale dell'Isola col cappello al rovescio con baffi ad arabeschi con una sciabola penzolone digrigna di rabbia i denti contra l'*Imparziale*. Là si vede un uomo di cinquant'anni lindo incipriato che getta in disparte l'*Eco di Padilla* come un foglio frenetico; colà un oratore della Fontana d'Oro confuta l'*Universale*, portavoce del ministerio. Da mezzodì poi sino alle due la maggior parte dei lettori fa la digestione della lettura in piedi alla porta del sole[1140].

En su representación al rey de 1825, Cabanes declaró que "fue por lo común atribuido el pago de su importe o a S.A. el Sermo. Sr. Infante D. Carlos, o a la Santa Alianza o al gobierno de S.M. Cristianísima". En efecto, el *Nuevo Diario* del 11 de agosto había dado la primicia sobre la inminente aparición de *El Imparcial*, caracterizándolo como un proyecto pretencioso ("un papelón doble que el Universal"), en el que había millones, pero se vendería barato hasta hacerse con el mercado; en él estarían implicados los afrancesados y la Santa Alianza con el objetivo de establecer en España el sistema bicameral[1141]. Todavía dando palos de ciego *El Espectador* reprodujo a su vez, una información del *Journal des débats* que se decía procedente de Madrid con fecha del día 13 de ese mes:

1140. Giuseppe Pecchio, *Sei mesi in Ispagna nel 1821. Lettere di — — — a ledi G.O.* [ed. or. en Madrid: Michele di Burgos, 1821] en *Scritti politici*. A cura di Paolo Bernardelli, Roma: Istituto per la Storia del Risorgimento Italiano, 1978, p. 38 (carta fechada en Madrid, 10 de agosto de 1821). Paradójicamente, la obra mereció la aprobación del encargado de negocios piamontés, el conde Bertone de Sambuy, salvo, claro, lo relativo a las doctrinas revolucionarias que profesa y las afirmaciones ("inexactas y exageradas") sobre Riego y particularmente el general Ballesteros (Cfr. ASDMAE, Leg. Sarde, V, n° 79, Madrid, 19.02.1822). Hay anuncio - reseña elogiosa de este y del siguiente libro de Pecchio, *Tres meses en Portugal*, en *El Espectador* n° 548 (14.10.1822) pp. 751-752: otro tanto en *El Universal* n° 234 (22.08.1822).

1141. "Susurros", en *Nuevo Diario de Madrid* n° 290 (11.08.1821) p. 444, y "Diálogo entre un liberal tímido y otro de alma fuerte", en n° 299 (20.08.1821) pp. 477-478; también, "Señor Espectador: Ya ve usted que el Universal ha aumentado su tamaño", en *El Espectador* n° 127 (19.08.1821) p. 508.

Anuncian que va a salir un nuevo diario del mismo tamaño que el *Universal* y el cual será redactado por los que escriben en el *Censor*, y estará, según se dice, bajo la dirección inmediata de los infantes don Carlos y don Francisco. Se añade que su objeto será refutar al *Universal*[1142].

Sin mencionarlo explícitamente, *El Imparcial* denunció en su primer número el truco ("trilladísimo") de enviar notas a periódicos de París, para luego citarlos como fuente de información supuestamente independiente. En cualquier caso, desde el principio se apuntó la paricipación de los infantes Reales, aunque es evidente que eso no iba por don Francisco de Paula, cuyos devaneos con las sociedades secretas deploraba el nuncio:

Per colmo di mali la famiglia reale è in preda a crudeli dissensioni, che contribuiranno più a precipitarne la perdita; l'Infante D. Francisco di Paula si è buttato ai piedi del Ré, e gli ha confessato di essere entrato in progetti di conspirazione, e di avere preso parte a segrete adunanze dove ha sottoscritto vari fogli dei quali non ha poi saputo indicare la natura. La sua moglie l'Infanta Luisa è entrata in tal guisa negli interessi rivoluzionari, che minaccia di uscire di Palazzo, ed è a temersi, che arrivi a strascinare il marito sciochissimo a qualche nuovo passo fatale[1143].

1142. *El Espectador* nº 144 (5.09.1821) p. 574; vid. *Journal des débats politiques et littéraires* (24.08.1821) p. 1; la réplica de *El Imparcial*, en su artículo de Variedades que comienza "Este periódico ha ofrecido la singularidad", en nº 1 (10.09.1821) p. 3.

1143. ASV *SS* 249 (1821), Giacomo Giustiniani, cifra reservada, s.f. = junio de 1821 [añadida en 1858 a la unidad documental]; sin embargo, hay indicios de fecha poco posterior sobre la lealtad del infante Francisco de Paula a su hermano mayor: vid. su carta a Fernando VII (Madrid, 20.07.1821), en Antonio Manuel Moral Roncal, *Carlos V de Borbón (1788-1855)*. Madrid: Actas, 1999, pp. 155-156, en la que demuestra conocimiento y adhesión a los trabajos contra el régimen constitucional. Entre otras cosas, afirma, "Que quede entre los dos el que yo he escrito sigilosamente a la duquesa de Berry, pintándole el estado en que nos hallamos y que si no vienen cuanto antes tropas extranjeras no podemos adelantar mucho". A.M. Moral (*ibi*, p. 157) rechaza la posibilidad de que don Francisco de Paula fuera en aquel tiempo el Gran Oriente de España.

Si en cambio, el pagador de *El Imparcial* era don Carlos María Isidro, se trató del secreto peor guardado de todo el Trienio, porque el infante fue señalado de manera insistente por los papeles revolucionarios como responsable de su financiación, aunque es cierto que nunca aportaron ningún dato que respaldara esa creencia[1144]. Quizás por no tenerlo claro, *El Zurriago* apuntó en un primer momento en calidad de "suscriptores" de *El Imparcial* a los secretarios del despacho, a Morillo y Martínez San Martín (capitán general y jefe político de Madrid respectivamente), a Castaños y Blake (la casta militar aristocrática), a Infantado, Villahermosa y Terrones (el entorno cortesano), a la mayordomía mayor de S.M. y la veeduría (Palacio) e incluso a notorios afrancesados como el exministro Miguel José Azanza y el impresor Tomás Albán[1145].

Todavía dos años después, Pedro Diego Lenard, el agente en Madrid de Diego de Burgos, le hacía llegar que su hermano don Xavier "entraba en el cuarto del infante don Carlos con tanta confianza como en mi casa, y tenía renta por dicho señor cuando escribía *El Imparcial*"[1146]. A primera vista semejante testimonio parece concluyente y de hecho, nunca ha sido cuestionado por los que se han ocupado del tema (entre los que me incluyo), pero si se considera, surgen dudas razonables, porque si bien es cierto que Lenard tenía relación con los hermanos Burgos, esta era de carácter profesional -en calidad de intermediario de las transferencias de dinero en efectivo a Francisco Xavier- y de ahí no se sigue que este le hiciera confidencias sobre sus asuntos personales. El propio Lenard confesará a Diego, al relatarle pormenores de otro jugoso suceso -el de la boda de Irene, la hija de Francisco Xavier- que él no estaba *en trato* con él ni su familia; y le advierte sobre el valor de su información: "Daría la cosa más importante porque la descripción que le hago no fuera con referencias a voces populares"[1147].

1144. Entre otras menciones: *El Zurriago* n° 7 [1821] pp. 11-12, y n° doble 61-62 [1822] p. 12; *El Zurriago Intermedio* n° 3 [1822] pp. 10-11; *La Tercerola* n° 22 [1822] p. 15; B. Morales, *Carta (…), o.c.*, p. 51; nótese que todas las imputaciones remiten a un mismo origen, el entorno de los periodistas Félix Mejía y Benigno Morales.

1145. *El Zurriago*, n° 8, pp. 10-11 y n° 15, pp. 10-13.

1146. Pedro Diego Lenard a D.M.ª de Burgos (Madrid, 8.08.1823), en Á. González Palencia, "Javier de Burgos, humanista (…)", *art. cit.*, p. 371; no he visto el original de esa carta.

1147. P.D. Lenard a D.M.ª de Burgos (Madrid, 17.12.1830), en Á. González Palencia, "Javier de Burgos, humanista (…)", *art. cit.*, p. 125.

Sin embargo, en el asunto de la participación del infante en *El Imparcial*, el testimonio de Lenard cobra verosimilitud a la luz de una revelación tardía, hecha por Xavier a Diego, encareciendo el valor de los servicios que él había hecho al rey durante su estancia en París como comisionado del Crédito español:

Yo mismo -se quejó en carta de 24 de agosto de 1827- que gozo de una consideración debida a servicios que S.M. ha calificado eminentes, no he podido establecerme de un modo conforme a ellos; y eso, a pesar de que debo una benevolencia señalada a S.M. *y a uno de sus augustos hermanos*, y que apenas hay un hombre distinguido en esta capital con quien no tenga yo más o menos relaciones"[1148].

¿Qué pensar, por tanto? ¿Sería solo un eco de las habladurías, recogido por Lenard para presumir de enterado ante sus clientes de provincias? Pero de ser cierto, ¿porqué daría dinero don Carlos a unos periodistas liberales? Es evidente que esa conducta, actuara por si o por cuenta del rey, solo podía estar destinada a ahondar en la división entre los partidarios del régimen, porque es más que probable que Fernando ya estuviera practicando un doble juego a costa de sus ministros, fingiendo estar de acuerdo con ella idea de una reforma constitucional. En su *Carta a Félix Mejía*, Benigno Morales, el periodista de *El Zurriago* ajusticiado en Almería al fracasar la expedición armada en la que participó en agosto de 1824, retrotrae el origen de ese esquema a la época del ministerio argüellista; bien es verdad que Morales se manifiesta como un idealista apasionado, lo que debilita mucho la fiabilidad de sus informaciones. Ahí expone una versión de la revolución española en blanco y negro, en la que su monotema es el plan de *cámaras y veto absoluto*, que atribuye a los sucesivos ministerios, a los moderados en general, a los anilleros en particular y por supuesto, a los afrancesados. Es decir, a todos los que no pensaban como él:

El Rey detestaba todos los medios que no se dirigiesen á recobrar el cetro absoluto; pero por una parte temía al furor del pueblo, que se había pronunciado con la mayor decisión y entusiasmo en favor del sistema

---

1148. AFB, X. de Burgos a D.M.ª de Burgos (Madrid, 24.08.1827); el subrayado es mío, MMO.

de libertad, y por otra encontraba en el plan de cámaras propuesto, un arbitrio para recobrar mayor ascendiente sobre los ministros, y que estos le disimulasen sus malos pasos hacia el despotismo, disfrazados con la idea de las cámaras y aparentó conformidad con la propuesta que se le hacía por el inicuo y ambicioso Argüelles. Desde este momento, el Rey a su fin de erigirse en déspota y Argüelles y los demás Ministros que le siguieron al propósito de consolidar el plan de cámaras.... todos conspiraron contra las libertades patrias y trabajaron de hecho por destruir el sistema restaurado por el Héroe de las Cabezas[1149].

Así pues, ¿estaba encubriendo Cabanes a las personas Reales o fue todo cosa del gobierno (aunque con conocimiento del rey) como sugiere? La respuesta podría no ser unívoca, especialmente porque el arreglo, fuera el que fuese, pudo cambiar durante la trayectoria del periódico. En cualquier caso, fue esas circunstancias cuando el general Moreno, un militar de lealtad indiscutida al régimen constitucional -hasta entonces- quedó fuera de juego. Precisamente en la noche del 20 de agosto tuvo lugar el incidente del puesto de guardia de San Martín en el que capitán general, don Pablo Morillo ("Trabuco", para lo sucesivo), hizo dispersar de mala manera a unos tragalistas alborotadores. El asunto tomó cuerpo y la responsabilidad terminó por salpicar al ministro de la Guerra, quien tras su separación fue enviado a Sevilla como comandante general, si bien durante los acontecimientos tumultuosos de noviembre los amotinados le impidieron entrar en la ciudad y tomar posesión del cargo. En 1822 estuvo señalado como miembro de la Sociedad del Anillo[1150] y en años posteriores fue allí asiduo a la partida de tresillo del general Girón, personaje cuyas ideas moderadas, a juzgar por lo que se colige de sus memorias, no parecen estar lejos de las de Moreno[1151].

1149. B. Morales, *o.c.*, p. 128, nota 44.

1150. *El Espectador* nº 240 (10.12.1821) pp. 959-960, el extracto de las Cortes del día 9, con el relato de los sucesos de Cádiz y Sevilla en noviembre. "Unos 200 o 300 alborotadores", dice, que respaldaban a la diputación enviada por la junta de autoridades de Sevilla, impidieron tomar posesión de sus cargos a Moreno Daoiz y al nuevo jefe político, Joaquín Albistur. Reconocían no obstante "las apreciables cualidades y buenas circunstancias que adornaban a estos"; Vid. A. Gil Novales, *Diccionario (...)*, *o.c.* II, p. 2079, sobre la atribución de anillero a Moreno.

1151. P.A. Girón, *o.c.*, vol. II, p. 298.

El otro ministro implicado, López Pelegrín, era según voz pública el hombre de confianza de Fernando VII en el gobierno, aunque eso no impidió que su propia purificación política se retrasara hasta 1826. Alegando méritos para obtenerla, llegó a afirmar en una de sus quejosas representaciones al rey, escrita desde su destierro en Villaviciosa de Odón: "Cuidó el exponente de establecer el Imparcial y de dirigirlo extendiendo por si mismo el prospecto de este periódico que tanto impugnó los malos principios"[1152]. Aunque Pelegrín no entra en detalles, se deduce que su misión había consistido en trazar las lineas maestras -si efectivamente fue él quien redactó el prospecto- la supervisión del periódico -Cabanes afirmó que secundaba las "instrucciones" del ministro- y acaso, alguna indicación puntual para el día a día. Los párrafos del prospecto dedicados a la parte material confirman la idea de una inversión cuantiosa para hacerlo atractivo y ponerlo al nivel de su antagonista, *El Universal*: "El cuerpo de letra será el mismo de este prospecto; porque aunque se hubiese podido adquirirla en el extranjero a precios más cómodos, se ha preferido valerse de los artífices nacionales, a los cuales se han hecho los pedidos necesarios para mejorar la impresión en lo sucesivo". A su vez, la caracterización ideológica acentúa el liberalismo templado, o doctrinario que iba a inspirar la línea editorial, rechazando tanto la etiqueta de periódico ministerial como de oposición:

El título de este periódico anuncia suficientemente el colorido que ha de tener. Convencidos sus redactores de que el régimen constitucional, es decir, el imperio de la ley no puede tener otras bases que la *unidad,* la *razón,* y la *justicia,* adoptarán la más rigurosa veracidad en la redacción de las noticias así nacionales como extranjeras, los principios más luminosos de la razón y de la filosofía en las reflexiones que hagan sobre los sucesos políticos, y la más rigurosa justicia en las apologías que formen de los hombres, de las cosas y de los escritos. Se proponen no dar entrada en este periódico a ninguna pasión aunque sea de aquellas, cuyos motivos son laudables; porque la experiencia les ha hecho conocer que en moral y en política las virtudes más puras degeneran en vicios, cuando llegan a ser pasiones y a sacudir el yugo

---

1152. Archivo Histórico Nacional, Sección FF.CC., Ministerio de Justicia, Jueces y Magistrados, 4522/4278, ff. 147-148 vº, Ramón López Pelegrín a Fernando VII (Villaviciosa, 30.06.1825). Para su trayectoria, vid. José Ramón Urquijo Goitia, "López Pelegrín Martínez, Ramón", en Real Academia de la Historia, *DB-e* [En línea. Consulta: 12.10.2021]

saludable del raciocinio; y que el celo indiscreto y exaltado es por lo menos tan dañoso a la buena causa, como la negligencia y la apatía. Llegará un tiempo, y quizá este tiempo afortunado no está lejos, en que todas las máximas políticas se refundan y contengan en una sola: *dejar a la razón que tenga razón*[1153].

La participación de Moreno Daoiz y de Pelegrín en el proyecto excluye, evidentemente, otras opciones con las que entonces se especuló sobre su origen, como la de ser fruto de una maquinación extranjera, o la atribución de su fundación a la Sociedad del Anillo. Cierto, hay indicios de que ambos ministros pertenecieron a esta sociedad[1154], cuyos objetivos coincidían con el plan de los moderados, pero tal opción debe ser descartada porque las noticias más fiables sobre su origen lo sitúan meses después, hacia noviembre de 1821. A más, porque Miraflores, que demuestra ser un buen conocedor de sus interioridades, explica que como tantas otras cosas que dejaron a medio hacer, los anilleros no llegaron a fundar un periódico como tenían previsto; es verdad que *El Tribuno* -comunero- vincula el *Eco de la ley*, de Barcelona, a una sociedad filial del Anillo, si bien esta -se matiza- "no ha dado su nombre y solo se presenta como favorecedora de la empresa"[1155]. Desde el primer día fue también hostigado *El Imparcial* por los exaltados en las Cortes, donde se leyó un escrito del bibliotecario (Bartolomé José Gallardo) denunciando que, contra lo prevenido en el decreto de 25 de abril de 1813, no se había entregado ni un solo número de la *Miscelánea*, y que el impresor de *El Imparcial* había incumplido esa obligación, al no enviar el primero de ese periódico[1156].

1153. *Prospecto del Imparcial (…)*, en *loc. cit.*, p. 1.
1154. Sobre Moreno Daoiz, vid. la referencia ya citada de A. Gil Novales, *Diccionario (…)*, *o.c.*, II, p. 2079. Su necrología en la *Gaceta de Bayona* nº 75 (19.06.1829) destaca que como ministro y como capitán general de Andalucía, no transigió con los desórdenes. A su vez, Pelegrín figura en una lista de anilleros publicada años después por el *Eco del comercio* nº 643 (2.02.1836). Fue reproducida por Albert Dérozier, *L'histoire de la Sociedad del Anillo de Oro pendant Le Triennat constitutionnel 1820-1823: la faillite du système libéral*. Paris: Société d'édition "Les Belles Lettres", 1965, p. 9.
1155. Cfr. Marqués de Miraflores, *Apuntes (…)*, *o.c.*, p 119; *El Tribuno* nº 52 (12.05.1822) p. 213, "Barcelona 4 de mayo").
1156. *Actas de las Sesiones Secretas de las Cortes ordinarias y extraordinarias de los años 1820 y 1821, de los años 1822 y 1823, y de las celebradas por las diputaciones permanentes de las mismas Cortes ordinarias*. Madrid: Imprenta de J.A. García, 1874, p. 261 (Sesión de 11.09.1821).

11.2. La evolución política durante el otoño de 1821

La etapa de Cabanes como director de *El Imparcial* se abre en el mes de septiembre de 1821, con los acontecimientos de Zaragoza y sus secuelas, esto es, la trama republicana y la destitución de Riego como capitán general de Aragón, que él complicó mucho con su pataleo. En concreto, sus quejas contra el gobierno, contra el jefe político Francisco Moreda y aun contra el oficial subalterno que le había trasladado la mala nueva aumentaron la alarma en un clima que ya estaba sensibilizado por la actitud de los gobiernos extranjeros y la sospecha de maquinaciones para derribar el sistema constitucional. A consecuencia de ello, la sociedad de la Fontana organizó una procesión cívica por las calles de Madrid, a manera de desagravio, encabezada por un retrato del *Héroe*[1157]. Aunque había sido desautorizada, tuvo lugar el 18 de septiembre y transcurrió con alarde, despreciando la prohibición, hasta que el general Martínez de San Martín ("Tintín" para los de *El Zurriago*) la hizo dispersar por la tropa, que cargó a la bayoneta. Fue lo que con socarronería, los amantes del orden público llamaron "batalla de las Platerías" (aunque en *El Zurriago* se le da ya ese nombre[1158]). El cuadro quedó tirado en la calle al desbandarse los manifestantes y su propietario, Juan Mac-Crohon, acabó encarcelado junto a Manuel Núñez, otros tres o cuatro socios de la Fontana y el dueño de la fonda. San Martín, que había sustituido interinamente a Copons, fue nombrado jefe político de Madrid en propiedad, recibiendo grandes elogios por su firmeza[1159].

Pero la falta de explicaciones sobre la medida tomada contra Riego, la represión de sus adeptos y el cierre gubernativo de la sociedad patriótica dieron pie para pensar que los mismos ministros, de acuerdo con el rey y la corte, conspiraban contra la Constitución, y eso potenció la reacción en algunas provincias, en las que se repitieron las demostraciones de apoyo a Riego. En Cádiz y en Sevilla se erigieron juntas de autoridades de forma

---

1157. Vid. *El Imparcial* nº 10 (19.09.1821), el bando del jefe político de Madrid, f. = José Martínez de San Martín, 18.09.1821; hay relato de los hechos en la R.O. circulada por el ministro Feliú al jefe político de Granada ("para evitar las interpretaciones siniestras que puedan darse"), publicada en nº 20 (29.09.1821); vid. también el artículo de opinión "Sobre las ocurrencias del 18 de setiembre", en Suplemento al nº 26 (5.10.1822), el más extenso de todos los escritos dedicados al asunto por el periódico.

1158. "Ad perpetuam rei memoriam", en *El Zurriago* nº 5 [octubre 1821], p. 14.

1159. "Ayer se dignó S.M.", en *El Imparcial* nº 13 (22.09.1821).

irregular, y se escribieron representaciones en desafío al gobierno, en las que a nombre del pueblo, rechazaban los nombramientos de los jefes políticos y militares designados para las dos provincias; se justificó argumentando la condición de "adictos" que debían tener los empleados públicos -así se decía en un antiguo decreto de las Cortes Extraordinarias- pero eso tenía visos de ser un pretexto para disculpar el pulso al gobierno, al que parecían querer derribar. Esta era la plausible explicación que se esbozó en las Cortes tras conocerse el contenido de esas representaciones, y que planteó Javier de Burgos desde *El Imparcial* con toda claridad[1160]. Según Alcalá Galiano, que sabía de lo que hablaba, la iniciativa había partido del capítulo masónico de Cádiz, que maniobró a escondidas y luego se declaró en semirrebeldía contra la logia suprema de Madrid, de talante más circunspecto. Cierto, Alcalá Galiano ha sido acusado de faltar a la verdad en sus memorias, pero en este caso su relato está respaldado por tantos testimonios que es difícil rebatirlo[1161]. Véase como muestra, el artículo comunicado inserto en *El Imparcial* del 1 de diciembre, en el que se reproduce una carta de Cádiz del 25 anterior, cuyo mensaje de fondo consiste en la afirmación de que las manifestaciones, actos y escritos sediciosos estaban movidos por pocas personas, que usurpaban la representación popular:

> El mismo [Jefe político] aseguró en un artículo comunicado al Eco de Padilla y a la Antorcha contra otro inserto en el Universal, que la procesión del día de San Rafael [el santo de Riego, 24 de octubre] no fue obra de un club o facción, como se había dicho; sin embargo de que no hay en Cádiz quien no conozca el club, y las personas que lo forman y la casa donde se congrega, y no se sepa que de allí dimanan todos los movimientos y determinaciones que se inspiran a dicho jefe[1162].

Hay más de lo mismo en posteriores artículos comunicados, para explicar el origen de la sedición sevillana. La idea que se expone en el

---

1160. "Revista del mes de noviembre", en *El Imparcial* n° 87 (5.12.1821).
1161. Alcalá Galiano, *Recuerdos (...)*, o.c., pp. 173-177; la acusación de falta de veracidad, en A. Gil Novales, *Sociedades (...)*, o.c., I, p. 95 quien por el contrario, sostiene la idea de que la actuación de las sociedades de Cádiz y Sevilla tuvo un seguimiento espontáneo y popular: *ibi*, pp. 457-460 (Sevilla).
1162. *El Imparcial* n° 83 (1.12.1821), el comunicado "*Señores editores del Imparcial*. Acabo de recibir una carta de Cádiz con fecha de 25 del que acaba". f. = M.E.Z., Madrid, 28 de noviembre.

número del 28 de diciembre es que don José Manuel del Regato -dirigente entonces de la comunería- había venido con urgencia desde Madrid para atizar los ánimos de los revoltosos, no se fueran a enfriar:

> Como la contestación de las Cortes al mensaje real, publicada en la gacetilla del 12 podría calmar este principio de la guerra civil, un jefe de anarquistas D. José Regato, oficial de la secretaría de hacienda de indias, obtiene licencia y es autorizado a correr la posta para que llegue aquí al mismo tiempo que la gacetilla; reúne la gente non santa, predica en el café del Turco la noche del 15 abiertamente la rebelión, denigrando y blasfemando la sagrada persona del Rey, y arrastra a sus bullangueros á la desobediencia de la declaración de las Cortes.
>
> Si la guerra civil se establece, la debemos al señor Regato, y al señor director de correos que contra lo prevenido lo autorizó á correr la posta. Ambas cabezas estarían cortadas en otro país, pero las cosas de España son singulares[1163].

En ambas ciudades los *clubs* consiguieron hacerse secundar por la milicia y las autoridades locales, que resistieron la entrada a los enviados desde la capital para reemplazarlas. Hubo incidentes y alborotos en otras partes -Zaragoza, Pamplona, Murcia- que aun sin alcanzar la gravedad de los de Andalucía, extendieron la impresión de que el país había caído en un estado de desgobierno. En la capital, se quemaron en la Puerta del Sol ejemplares de *El Censor* y *El Imparcial* y un día antes, el 10 de noviembre, lo fueron de *El Universal:* algunos delante de su imprenta y otros en la Fontana, cantando el *Trágala.* Allí -se dijo- se habían dado vivas al "emperador Riego"[1164].

1163. "Sevilla 18 de diciembre. Señores editores del Imparcial (...)", en *El Imparcial* nº 110 (28.12.1821), f. = *El Sevillano.* La doblez del personaje no es un descubrimiento de la historiografía moderna: véase por ejemplo Carlos Le Brun sobre "el fingido liberal Regato" en *Retratos de la revolución,* publicado en una fecha próxima a los hechos, el año 1826 (*o.c.,* pp. 321-322). Vid. A. Gil Novales, *Sociedades (...), o.c.,* I, p. 467, da la imagen de Regato como agente del gobierno, enviado para hacer fracasar el movimiento sevillano. También P. Pegenaute lo pinta como un *conspirador profesional,* aunque viajara a Sevilla por cuenta de la comunería madrileña y no por indicación del gobierno: vid. P. Pegenaute, *o.c.,* p. 231 y ss.

1164. ASV, *SS* 249 (1821) 14, fº 162, *Notizie* nº 2346 (Madrid, 12.11.1821).

La situación, completamente anómala, duró hasta el mes de enero, cuando las negociaciones sostenidas en el seno del capítulo de Cádiz con sus correligionarios llegados de Madrid pusieron fin a la resistencia, un poco por cansancio y bajo el convencimiento de que la mayoría de los representantes elegidos para la próxima legislatura de las Cortes pertenecería al partido exaltado[1165]. Esta observación no era ociosa, porque ni siquiera los mismos diputados en ejercicio se libraban de la sospecha de estar implicados en la conspiración para reformar la Constitución. Así se veía desde la perspectiva de los exaltados:

La apertura del nuevo congreso es el golpe desgraciado al despotismo y a sus fautores, no estando ya en manos del congreso actual la cuchilla de su exterminio, aunque tan inverso puede ser el resultado de las maquinaciones, que le sea preciso volverla a empuñar en cumplimiento de la ley suprema de las naciones que es su conservación[1166].

Entre tanto el rey, que se decía amargado por la noticia de esos acontecimientos, pidió la cooperación de las Cortes y en consecuencia, estas discutieron a mediados de diciembre dos propuestas de una comisión especial nombrada con ese propósito[1167]. La primera parte del dictamen,

---

1165. Cfr. A. Alcalá Galiano, *Recuerdos (…)*, o.c., p. 177.

1166. "Desgraciado es aquel enfermo", en *El Espectador* nº 259 (29.12.1821) p. 1038.

1167. Cfr. *Gaceta de Madrid* nº 339 (27.11.1821) pp. 1829-1830, "Sesión del 26 de noviembre", la carta del rey a las Cortes manifestando su amargura, etc., por las ocurrencias de Cádiz, donde se había hollado la Constitución con desconocimiento de sus facultades, y pidiendo su cooperación con el gobierno para que estas, así como las libertades públicas, se conservasen ilesas. f. = *Fernando* (San Lorenzo, 25 de noviembre de 1821). Los miembros de la comisión especial nombrada en esa misma sesión fueron Diego Muñoz Torrero, Pedro obispo de Mallorca, Josef María Calatrava, Vicente Sancho, Ramón Losada, Miguel de Vitorica, Josef María Moscoso de Altamira, Francisco Fernandez Golfín y Juan Francisco Zapata; en nº 352 (10.12.1821) p. 1918 -1924, "Sesión del 9 de diciembre", la lectura de la primera parte del dictamen de la comisión; se discutió y votó el día 11 (Suplemento del 12.12.1821) pp. 1937-1944, quedando aprobada por 130 contra 48; en nº 356 (13.12.1821) pp. 1949-1950, "Sesión del 12 de diciembre", la lectura de la segunda parte (f. = Madrid, 8 de Diciembre de 1821).

leída en la sesión del día 9, hace historia minuciosa del conflicto, para resumir:

> So color de sostener la Constitución se ha infringido escandalosamente en Cádiz y Sevilla, creando con el título de juntas unas autoridades que la Constitución desconoce, atacando prerrogativas que la Constitución consagra, y resistiendo órdenes que la misma Constitución manda obedecer. Organos ilegítimos se erigen en intérpretes de la opinión y voluntad de los pueblos, y no reparan en usurpar sus funciones á todos los poderes del Estado. A su impulso han cedido la debilidad ó la irreflexión, y por primera vez se han precipitado á la desobediencia (*Gaceta*, p. 1921).

La minuta de respuesta al mensaje del rey discurría en el mismo sentido, una declaración solemne de condena de dichas ocurrencias y de la conducta seguida por las autoridades locales, con la esperanza de que eso bastaría para desarmar el conflicto. Al mismo tiempo, la comisión presentó en pliego cerrado la segunda parte del informe. En esta, sin embargo, se disculpaba en cierto modo aquellos sucesos, al considerarlos como una reacción ante la trayectoria que habían seguido los ministros desde el momento de su nombramiento, caracterizada según la comisión, por los desaciertos, la mala comunicación y la incapacidad para imponer su autoridad, que habían provocado desconfianza y descontento en la nación. Lo ejemplificaron con referencias a su fracaso para hallar la raíz de la conspiración de que se habló en el pasado marzo, la separación arbitraria de algunos jueces interinos en Madrid, la necesidad de pedir al rey que convocara Cortes extraordinarias, la destitución de Riego en coincidencia con el arresto de los emisarios franceses en Zaragoza y Valencia, o la malhadada circular del ministerio de la Gobernación sobre las elecciones, culminando con su pobre actuación para atajar la rebeldía de Cádiz y Sevilla. Concluyendo, el informe proponía

1º Cuan conveniente es para calmar los temores y la desconfianza pública, y para dar al Gobierno toda la fuerza que necesita, que S.M. se digne hacer en su ministerio la reforma que las circunstancias exigen imperiosamente.

2.º Que si para remediar los males y abusos referidos por S. M. fuesen necesarias algunas medidas legislativas, las Cortes están dispuestas a deliberar sobre los proyectos de ley que la prudencia de S.M. les proponga.

La discusión de la segunda parte del dictamen tuvo lugar entre el 13 y el 15 de diciembre. Derivó hasta convertirse en un juicio general de la gestión de los ministros y de las intenciones que les animaban, aunque repitiendo a cada paso que no se pretendía exigir su responsabilidad. Don Juan Romero Alpuente llegó a decir en la sesión del día 15 que el ministerio "era un agente de los enemigos del sistema para volvernos a las cadenas", lo que da idea de las siniestras ideas que abrigaban algunos diputados acerca de los ministros, no muy alejadas de las que propagaban los periódicos exaltados que exigían machaconamente su destitución; el *Diario gaditano* -el de Clararrosa- les acusó abiertamente de trabajar en favor del proyecto de "las dos cámaras"[1168]. Feliú y Pelegrín se emplearon a fondo en la defensa del gobierno, pero el dictamen se aprobó por una gran mayoría[1169], lo que contribuyó mucho a despojarle de fuerza moral, de forma que en la prensa se les dio ya por amortizados, vaticinando su pronto relevo[1170]. En efecto, Feliú, Bardaxí, Salvador y Vallejo dimitieron en enero del año entrante y los restantes ministros, menos comprometidos, fueron reemplazados en marzo, coincidiendo con la apertura de las nuevas Cortes. Todo sumado, resume el moderado Miraflores, el resultado fue "el triunfo de la Anarquía y de los intereses revolucionarios"[1171].

11.3. El mensaje de *El Imparcial* bajo la dirección de Cabanes

En su momento, el brigadier Cabanes declaró ante la Comisión de Purificación no haber pertenecido a secta o sociedad reprobada ni a la milicia nacional, añadiendo que tampoco había sido periodista ni orador en las sociedades llamadas patrióticas. Aunque según sus palabras, "figuraba tener esta empresa como propia para mejor disimular el objeto propuesto", en *El Imparcial* "se seguía la opinión del ministerio cuando este lo creía conveniente,

---

1168. Cfr. *Diario gaditano* nº 466 (4.01.1822) pp. 2004 y 2007.
1169. "Sesión del 15 de diciembre", en *Gaceta de Madrid* nº 359 (16.12.1821) p. 1965, la intervención citada de Romero Alpuente; en p. 1970, la votación nominal en la que se aprobó la segunda parte del dictamen que emitió la comisión, por 104 votos frente a 59.
1170. Vid. "Desgraciado es aquel enfermo", en *El Espectador* nº 259 (29.12.1821) p. 1038; respecto a la implicación del gobierno en el plan de cámaras, opinó el periódico, "si la sospecha es injusta, al menos no carece de fundamento".
1171. Marqués de Miraflores, *Apuntes (...), o.c.,* p. 117.

o bien se dejaba obrar a los redactores". Son afirmaciones interesantes porque limitan el alcance de su actuación en el periódico que él mismo había fundado y en el que desempeñó funciones propias de director. A decir verdad, el propio Cabanes dejó un rastro discreto en lo que se publicaba, quizás perceptible en los anuncios de la sociedad de diligencias, de la que era directivo, y en algún suelto como los que referían los repetidos asaltos que sufrieron los coches en las afueras de Madrid[1172]. Mucho más importante, su huella se adivina también en la frecuente inserción de noticias de Barcelona, especialmente sobre la gestión de la epidemia de fiebre amarilla y otras actuaciones del ayuntamiento constitucional, lo que se explica porque el alcalde (y presidente de la Junta de Sanidad) era su hermano José Mariano Cabanes; este recibe siempre, como podía esperarse, un tratamiento elogioso. Cabe por tanto suponer que el periódico gozaba de información privilegiada sobre las cosas de Cataluña, y aunque esta estaba más que justificada por su relevancia y su actualidad periodística, es significativo que el diario se sintiera obligado, más adelante, a explicar la extensión que le daba en sus páginas[1173]. Las ocupaciones propias de su destino y la falta de referencias en la prensa de oposición refuerzan la idea de que Cabanes no se implicó en la redacción, aunque por excepción, se le debe atribuir la autoría de un duro artículo contra el editor del *Régulateur,* publicación en francés que salía en Madrid, que firmó como *el director de este periódico*[1174], y con seguridad, del destinado a rebatir las críticas vertidas por un comunicante de las *Décadas Médico Quirúrgicas* contra la decisión, que había levantado mucho revuelo, de prohibir a los médicos marcharse de Barcelona durante la epidemia[1175].

1172. Cfr. *El Imparcial* n° 3 (12.09.2021) p. 10, el robo al coche de la diligencia-correo en el camino de Fuencarral (uno de los viajeros, extranjero, se entretuvo entretanto en dibujar las vistas de Madrid); sobre otro nuevo asalto, vid. n° 20 (29.09.1821) p. 78, comunicado f. = J. M. O. de P., Madrid 28 de setiembre de 1821. Ya antes, pero en *El Espectador* n° 111 (3.08.1821) p. 44, la noticia del asalto a la diligencia en la que viajaba Cabanes, a la altura del portazo de San Martín. El coche no se detuvo, pero el postillón murió por un trabucazo.

1173. "Sobre la extensión que damos a las noticias de Cataluña", en *El Imparcial* n° 288 (22.06.1822).

1174. "Una advertencia al caballero editor del Regulador", en *El Imparcial* n° 53 (1.11.1821) p. 208, f. = El director de este periódico.

1175. "Señor editor: acabo de leer (...)", en *El Imparcial* n° 43 (22.10.1821) pp. 167-168, f. = J. X. de C. (sic); el artículo va incluido en la sección de comunicados, pero el autor se identifica: "Soy catalán y soy hermano del primer alcalde constitucional de Barcelona, el cual en este concepto preside aquella junta de sanidad".

La línea editorial que inspiró las páginas de *El Imparcial* mientras Cabanes fue su director, estuvo en consonancia con lo anunciado en el prospecto. Podría resumirse en los siguientes puntos:

1. Cuando el periódico comenzó su andadura en septiembre anunció propósitos de *imparcialidad* (de equidistancia, si se prefiere) entre ambos extremos del espacio político. En consecuencia, censuró la condescendencia del ayuntamiento con los alborotadores que exigían el regreso del monarca a la capital y la "ligereza" de Riego en la proclama que publicó al ser depuesto de la capitanía general de Aragon. Pero al mismo tiempo, como para equilibrar las cosas, desaprobó las sospechosas designaciones que inicialmente hizo el rey ("le han dado un mal consejo") para sustituir al general Moreno Daoiz en el ministerio de la Guerra[1176].

2. Sin embargo, muy pronto formuló la conclusión de que no eran "los impotentes y aterrados serviles" los responsables de la situación del país, pues eran incapaces ("por su miedo o su nulidad", dirá Javier de Burgos) de las maniobras que se les imputaban[1177], aunque la prensa exaltada se obstinara en dar gato por liebre para tapar los atropellos de los que decían obrar en defensa de la Constitución. Ahora bien, nótese, al borrar a los absolutistas del juego político, los *imparciales* daban al traste con su pretensión de centralidad, quedando abocados a una dialéctica que les situaba directamente frente a los exaltados.

3. Así pues, su prioridad fue en la práctica el enaltecimiento del orden, que era la garantía del cumplimiento de la ley y del ejercicio de las libertades personales frente a los trastornos provocados por los extremistas. Lógicamente, la otra cara de la moneda era la denuncia sin contemplaciones de quienes perturbaban la tranquilidad con fines torcidos; léase, por ambición de medrar o por el impulso anárquico de variar la forma de gobierno. Lo primero solía consistir en la aspiración a acceder a los destinos en la función pública, ampliamente extendida ya entonces entre los españoles. De acuerdo con la tesis de *El Imparcial*, la mediocridad de los patriotas ambiciosos, sin más recursos que la intimidación, les obligaba a mantener un estado de agitación continua contra las instituciones y de paso, un clima de

---

1176. "¿De qué hablará por primera vez el Imparcial a sus lectores?", en *El Imparcial* nº 1 (10.09.1821).

1177. "El Universal traía ayer un artículo", en Suplemento a *El Imparcial* nº 52 (31.10.1821); escrito por Burgos, de acuerdo con las referencias internas.

intolerancia y exclusión para barrer la competencia que les hacían los afrancesados[1178]. En cambio, los verdaderos anarquistas eran todavía pocos. Por supuesto, el plan de república emerge de vez en cuando en las páginas de *El Imparcial*, aunque da la impresión de que los mismos redactores no se lo tomaban muy en serio, o tan solo con fines alarmistas, para meter miedo. La excepción pudo ser Hermosilla, quizás autor del texto que sigue:

Dice [*El Imparcial*] que hay en Madrid y en algunos otros pueblos de España un cierto número de hombres turbulentos y facciosos que trabajan en jacobinizar la revolución para derribar el trono, apoderarse del mando y satisfacer sus pasiones: dice que este número no es todavía muy considerable; pero que *es* menester comprimirle antes que el disimulo o la debilidad de los magistrados le acreciente: dice que este corto número de jacobinos son los que han fomentado todos los desórdenes, motines, actos arbitrarios, y atentados políticos que se han cometido de un año a esta parte con escándalo de todos los hombres que aman verdaderamente a su patria, y en perjuicio de la causa misma de la libertad[1179].

Por tanto, eso era de esperar, el periódico tomó partido a favor del jefe político Moreda en los ruidosos sucesos de Zaragoza[1180], aunque siempre con respeto oficioso a Riego, "ilustre, pero quizá engañado general"[1181]. También aplaudió la conducta de Martínez de San Martín en la *batalla de las Platerías* e incluso con notable mala idea, llegó a calificar como "reos" a Mac-Crohon y a Núñez, dos de los

---

1178. Vid. "El Universal traía ayer un artículo", en Suplemento a *El Imparcial* n° 52 (31.10.1821).

1179. "Vuelta al Eco de Padilla", en Suplemento a *El Imparcial* n° 52 (31.10.1821).

1180. Vid. Suplemento a *El Imparcial* n° 31 (10.10.1821), el comentario crítico al opúsculo *Resumen histórico de las ocurrencias de Zaragoza desde el 23 de agosto hasta el 23 de setiembre del presente año de 1821. Danlo a luz unos ciudadanos tan amantes de su patria como de la verdad, que es su ídolo.* Zaragoza: 1821; elogia en cambio el *Manifiesto que hace a la nación el Gefe político de Aragón don Francisco Moreda, sobre las ocurrencias acaecidas en Zaragoza, en los últimos días del mes de agosto y primeros de setiembre últimos.* Zaragoza: 1821. El *Manifiesto* se había publicado previamente en el Suplemento al n° 13 (22.09.1821).

1181. "Vuelta al Eco de Padilla", en Suplemento a *El Imparcial* n° 52 (31.10.1821).

fontanistas que habían promovido la protesta, al informar de que se les había negado la libertad bajo fianza[1182]. Y por supuesto, condenó con firmeza y gran insistencia el estado de sedición que se declaró en Cádiz y en Sevilla durante el otoño de 1821. Burgos, en su revista de noviembre, fue muy explícito sobre eso.

4. De esta línea de razonamiento se seguía que una minoría, confabulada en secreto, usurpaba la voz del pueblo mediante artimañas demagógicas e intimidación. En consecuencia, la consigna de *El Imparcial* será "arrancar la máscara" a los falsos patriotas, así se decía, plantándoles cara con firmeza. La idea (y la metáfora) se repite en artículos de fondo, pero son las cartas y los comunicados enviados desde capitales de provincia y poblaciones menores, los que con su proximidad a los hechos y su libertad para expresarse, revisten de verosimilitud a lo que el periódico intentaba inculcar. De ahí el valor de estos textos, aunque -hay que darlo por sentado- los autores contaran las cosas a su manera. Con esa precaución, véase el relato remitido de Sevilla, en el que se proporciona las claves del apoyo de las fuerzas vivas a la situación levantisca que se vivió en la ciudad durante el otoño de 1821. Aunque largo, interesa en mi opinión por su descripción de la mecánica seguida en la formación de la protesta, puro *agitprop* válido para cualquier época:

Sevilla, 3 de noviembre.

Señores redactores del Imparcial. Yo supongo que no se asustarán, cuando sepan que fue quemado en la plaza de San Francisco su número 42 el 30 del pasado, a falta del verdugo (que buscaron) por la mano de un empleado en Ultramar, que fue arrojado de Madrid para su destino, que él no trata de ocupar. Tampoco se inquietarán cuando vean la representación que ayer firmaron algunas autoridades, imitando las dirigidas por Cádiz y la Isla, añadiendo a las amenazas de negar la obediencia al gobierno justo y legítimo del Rey constitucional y de las Cortes, muchas provocaciones contra los desgraciados afrancesados, con el designio de ofender á VV. que tanto en el Censor como en el

---

1182. "Sobre las ocurrencias del 18 de setiembre", en Suplemento a *El Imparcial* n° 26 (5.10.1822): es una justificación de la conducta del gobierno y del jefe político en tono argumentativo y con pretensión de ecuanimidad; cfr. *El Imparcial* n° 50 (29.10.1821), la calificación de Mac-Crohon y Núñez (de la que ambos protestaron posteriormente: vid. n° 53, 1.11.1821).

Imparcial les están poniendo de continuo el dedo en la llaga, y les arrancan la máscara con que cubren sus criminales proyectos. Es la táctica conocida de esta clase de gentes tomar la voz del inocente y padecido pueblo, para con su nombre ocultar planes locos y sanguinarios, que ya publican con descaro por plazas y cafés. Como las circunstancias van siendo cada día mas críticas, conviene cada vez ir hablando mas claro, á fin de que se vayan conociendo con mayor evidencia los nudos con que una pequeña facción quiere oprimir y esclavizar á la inmensa mayoría de la nación, que duerme descuidada á la orilla de un precipicio. Desgraciadamente para los buenos, esta facciosa, pero activa minoría, que no llega á un 3 % de nuestra población, se apoya en dos baluartes que de suyo son muy fuertes: el primero es el de las reuniones secretas de mala especie que con los nombres de comuneros, carboneros, caldereros, y masones colorados, se han propuesto desmoralizar á nuestros honrados labradores y artesanos; y el segundo es una gran cantidad de nuestros jóvenes oficiales, que seducidos por la gloria que alcanzaron en las Cabezas de San Juan y otras partes, se han alistado en esas reuniones secretas y son ciegos instrumentos de grandes y criminales ambiciosos colocados al frente de los tales comuneros, carboneros, etc. residentes en Madrid, de donde baja el impulso a las provincias para todas las fechorías que en ellas se hacen. Claro está que los ciudadanos aislados y desarmados, sin plan y sin objeto, aunque en mayor número, no pueden oponerse a los motines artificiales que todos los días pasan por delante de su vista, arrimándose solo a verlos, como se ven las procesiones por la graciosa música que llevan. Voy en breves palabras á describir á VV. la bullanga de ayer, que produjo la representación que verán, explicándoles antes su origen. El proyectillo de república ya saben VV. que está en boga, porque los exaltados son serviles y servilones copiantes de la revolución francesa, sin otra diferencia que la que hay entre un retrato y una caricatura. Piensan estos señores llevar adelante su plan, emancipando cada provincia de por sí, con agravio de la Constitución que desconoce las categorías de serviles, liberales, afrancesados, moderados ni exaltados, y deja en manos del rey y de sus ministros, y en las propuestas del consejo de Estado, la provisión de todos los empleos, con tal que sean ciudadanos; pero como deben ser *adictos* según un decreto de las Cortes extraordinarias, se valen los facciosos de esta palabra para calificar de malas todas las elecciones del gobierno, y hacer que las provincias unas después de otras nieguen la obediencia á Madrid. Después de este primer paso el segundo será concertar una confederación de todas las provincias, y cátense VV. aquí la república de las tantas provincias confederadas de

España. Aunque no hay cabeza bien organizada que no conozca que esto es tan necio como impracticable, los espíritus fuertes del día lo creen facilísimo, y vean VV. porque han dado la señal para empezar. Tocó ser la primera Cádiz como punto de retirada en una desgracia, lo cual sepan VV. que no es miedo, sino prudencia y precaución; por lo cual se ha esparcido aquí la voz, aunque no lo creo, de que se está fortificando la cabeza del puente de Zuazo. El pretexto era lo de menos, porque ya estaba resuelto. La segunda provincia que debió saltar fue esta, por la proximidad, y conforme al plan propuesto, no obstante que el gobierno no le ha dado el menor motivo, antes por el contrario ha tolerado cosas que son mejor para calladas que para dichas.

Ante ayer á medio día llegó un correo de Cádiz con los impresos de las dos insultantes representaciones al Rey, de Cádiz y la Isla. Traía pliegos y cartas para varios corifeos de la *gente non santa.* Al momento se juntaron los principales de lo que llaman *capítulo de colorados;* uniéronse también el presidente de los comuneros y algunos de los suyos; y después de comer y consumir muchos licores en el café del Turco, declararon conforme a lo que les prevenían sus mandones, que era preciso imitar a Cádiz, que para el día siguiente se haría el motín en regla, saliendo del café á las 9 de la mañana; que se invitase á las autoridades para tan piadoso fin, y que se nombrase entre ellos una comisión para redactarse aquella noche la representación al Rey, que al día siguiente había el pueblo de pedir. También acordaron que para mejor decorar el motín, fuese la música de uno de los regimientos, lo cual atrae gentes que abultan y figuran ser cosa popular; pero que siendo posible que no acudiese tanto como se necesitaba, viniesen hasta cuarenta soldados de Farnesio, con sable y gorras de cuartel, cuya escolta serviría de disculpa a la condescendencia de las autoridades, entre las cuales había algunas que se dudaba que la tuviesen. Así se verificó, y el motín artificial se dirigió á las casas del señor jefe político, que dijo iba al ayuntamiento, y allí se acordaría lo conveniente. Guió la procesión para la plaza de la Constitución (vulgo san Francisco) en donde como por ensalmo se unieron las autoridades, y preguntando a los gritadores que querían, presentaron sus trabajos los que se habían comisionado a si mismos para redactar la representación, la cual no contenía en verdad algunas frases que ahora se leen en ella y que no han debido agradar mucho a sus primeros redactores. Todo lo que en ella se dice relativo a los afrancesados es dirigido al Censor y al Imparcial porque cometen el horrible atentado de descubrir lo que algunos desearían que estuviese oculto hasta su tiempo. Firmada la representación, por unos de grado y por otros contra su voluntad, se despachó el correo que esperaba, y otros a Granada, Málaga y otros puntos convidándolos a una inocente y santa insurrección. Así se acabó la farsa del motín; y yo pregunto a ustedes ¿qué diferencia hay entre los soldados de Merino y de Zaldívar que cogidos se fusilan con justísima causa, y los que abusando de la palabra liberalismo, convidan a la rebelión y niegan la obediencia á los poderes legítimos que da la Constitución? ¿Son estos menos criminales que aquellos cuando sus golpes son más certeros para derribar este sagrado código? ¿Han de ser esclavos 97 % de los españoles, sufriendo los insultos de una minoría atrevida y codiciosa que se une con lazos secretos para despojar á la mayoría inmensa de su libertad y hasta de sus vidas y bienes? La ley marcial nos libró de los conspiradores a mano armada que eran pocos y groseros; otra ley más vigorosa necesitamos contra los provocadores a la rebelión. Y los militares que en motines o griterías se unen a ellas para fomentarlas ¿nos habrían dado la libertad en las Cabezas, para hacernos esclavos de su ambición? Su servidor = *El Sevillano*[1183] ".

5. Sin embargo, en contradicción aparente con lo descrito, los redactores también se esforzaron por refutar el discurso alarmista que se difundía en la prensa extranjera, fruto de la tendencia a interpretar la revolución de España desde la experiencia francesa y a partir de la información que llegaba por vía diplomática o -paradójicamente- por los periódicos que se imprimían en la Península. Esta orientación de *El Imparcial* cuadra con su interés en disipar sospechas sobre su fidelidad a las nuevas instituciones y de hecho, no hay en las páginas del periódico -ni en esta ni en época posterior- ninguna insinuación a una reforma de la Constitución, y sí más bien lo contrario. Y quizás respondiera también a instrucciones expresas, venidas de arriba, con el fin de contrarrestar las impresiones truculentas que el cuerpo diplomático en Madrid enviaba a sus gobiernos. Sin ir más lejos, el nuncio, Giustiniani, trasladaba a Roma la convicción del conde La Garde -el embajador francés- y del encargado ruso, de que la revolución prevista (los sucesos de Zaragoza) había estado preparada de acuerdo con los gobernantes y otros personajes, aunque estos se arrepintieron después, al advertir "los torrentes de sangre que se pretendía esparcir", y la frenaron cuando estaba a punto de estallar. A pesar de todo, los exaltados habían seguido

---

1183. *El Imparcial* nº 63 (11.11.1821), f. = *El Sevillano*. Como se vio más arriba, es el mismo comunicante que denunció la labor agitadora de Regato en Sevilla durante el mes de diciembre.

adelante, pero fue fácil impedírselo al estar prevenidos y saberse de donde partía. "He aquí la clave de todos los misterios", sentenciaba. Y seguía el informe del nuncio:

El hecho es que la España se precipita en un abismo de males horrendos. Dinero, crédito, sistema de finanzas, orden, policía, gobierno, todo falta y las leyes de las Cortes no han hecho más que redoblar la confusión, por la imposibilidad de cumplirlas. El estado actual de la moribunda monarquía española es de una decidida anarquía. Los ministros extranjeros se muestran más persuadidos que nunca de la imposibilidad de cualquier mejora y están alarmadísimos, especialmente el de Francia, por la incompatibilidad que advierten de un sistema tal con el reposo de la Francia, y por tanto de la Europa[1184].

Ante consideraciones de este jaez, el redactor de *El Imparcial* llega a escandalizarse: "Horrorizados dejamos de la mano la Gaceta de Francia", escribió después de leer las siniestras ideas sobre Riego, republicano él, y el régimen español que estampaba la prensa gala[1185]. En el mismo sentido se manifestaba el autor de unas "Reflexiones sobre un artículo del *Courier* de Londres del 5 de octubre" que decía estar lleno de errores y calumnias. Se había extractado previamente en el número del 19 de octubre y efectivamente, no tiene desperdicio al trazar el estado de España. Aludiendo a los sucesos del 26 de agosto, se compara con la revolución francesa, con sus amenazas sanguinarias al rey y familia, a don Carlos y al general Morillo, la aparición de la secta de los comuneros cuyo objetivo es acabar con la dinastía, etc.[1186].

6. Por último, se advierte que el tratamiento periodístico de *El Imparcial* tendía a defender la política del gobierno. Es una actitud lógica a la vista de su origen, pero que provocaba la respuesta hostil de la prensa exaltada, que reaccionaba incidiendo en la venalidad y el pasado josefino de sus redactores. Con todo, *El Imparcial* no da el perfil de una publicación ministerial al uso, en el sentido obtusamente partidista

---

1184. ASV *SS* 249 (1821) 9, fº 48, *Notizie politiche* nº 1662 (Madrid, 10.09.1821), originalmente en cifra [Traducción de MMO].
1185. "Horrorizados dejamos de la mano la *Gaceta de Francia*", en *El Imparcial* nº 24 (3.10.1821); y "Concluye la impugnación a la *Gaceta de Francia* inserta en el número de ayer", en nº 25 (4.10.1821).
1186. *El Imparcial* nº 45 (24.10.1821) y nº 40 (19.10.1822).

que el término sugiere, sino de profesar un oficialismo más vaporoso, acorde con la afirmación de Cabanes sobre la pauta del periódico durante la época en que estuvo bajo su (laxa) dirección. Recordemos: "se seguía la opinión del ministerio cuando este lo creía conveniente, o bien se dejaba obrar a los redactores". Y parece que lo segundo era lo que ocurría la mayor parte de las veces. Es impensable que estos no estuvieran al corriente, siquiera implícitamente, de la relación entre el gobierno y *El Imparcial*, pero su lectura deja claro que cada uno de los redactores principales interpretaba a su manera la orientación del periódico, de modo que la bonhomía conciliadora de Lista coexistía con el tremendismo de Hermosilla, la ironía punzante de Miñano o con las solemnes diatribas de Burgos contra la "anarquía".

Los redactores explicaron la línea que seguían al justificar la publicación que habían hecho (aliñada con abundantes notas críticas), de la representación de de los rebeldes de Cádiz contra los nombramientos del gobierno para la provincia. En el marco de los choques periodísticos que tuvieron lugar a finales de 1821[1187], este texto fue contestado desde el *Diario gaditano*, el de fray Juan Antonio Olavarrieta, dicho Clararrosa, dando pie a una contrarréplica apologética de los *imparciales*: "nos llama ministeriales, intérpretes venales de un gobierno obstinado, y otras lindezas del mismo jaez". A pesar de la evidente desfachatez con que los redactores de *El Imparcial* niegan la mayor, creo que el artículo proporciona la clave sobre los motivos de fondo en su adhesión al gobierno, que iba más allá de una relación crematística: la causa de haber publicado la representación en esos términos, dicen, "no fue por defender a un ministerio con quien ninguna relación tiene, sino por defender el orden público, que está vinculado en el respeto debido a las autoridades, y en el reconocimiento invariable de la jerarquía social". Se trata por tanto de un proyecto con mayor alcance, vienen a decir, en el que circunstancialmente coinciden con el gobierno. El desmentido de su venalidad se redondea con el argumento de imposibilidad, que tampoco suena cabal: es inconcebible -dicen- que los *imparciales* estuvieran pagados, porque simplemente, el ministerio no tiene dinero; sí que puede dar empleos, pero no aspiran a ellos. Y concluye: "*El Imparcial* no ha podido pues ser un instrumento venal del gobierno, pues que este no tiene medios de corromper á sus redactores, ni ellos no tienen con él el

---

1187. Cfr. Beatriz Sánchez Hita, *José Joaquin de Clararrosa y si Diario gaditano (1820-1822). Ilustración, periodismo y revolución en el Trienio Liberal.* Cádiz: Universidad de Cádiz, 2009, pp. 412-417.

menor punto de contacto"[1188]. Vuelven a lo mismo al responder a los editores de la *Antorcha española* (su gacetín del número 15), cuando estos dedujeron que el gobierno les había filtrado la famosa representación para que la comentaran desfavorablemente. Cuestionaron la afirmación, pero si hubiera sido el caso, nada tendría de malo:

Si los editores de la Antorcha creen hacernos una injuria diciendo que defendemos al gobierno, nos apresuramos á responderles que busquen otro medio de zaherirnos, porque en el estado actual de la nación, estamos persuadidos a que la verdadera gloria consiste en sostener el gobierno que ella misma ha elegido y combatir las facciones que intentan derribarle[1189].

11.4. La polémica de prensa: *Le Régulateur, El Universal* y *El Espectador*

A las alturas de septiembre de 1821, en el mapa de la prensa, tal como lo veía el nuncio en España, se dibujaba una lucha "feroz" entre la *Gaceta del gobierno* y *El Universal,* que defendían al gobierno en alianza con los periódicos *afrancesados* ("que militan bajo la bandera de la moderación"), contra todos los demás de Madrid y los de las provincias, que combatían

---

1188. "Acabamos de leer un artículo del diario Gaditano", en *El Imparcial* nº 73 (21.11.1821), quizás de Sebastián Miñano. La representación aludida se había publicado en el nº 57 (5.11.1821), justificándolo así: "Hemos recibido una copia de la representación, que con fecha de 29 del mes último han dirigido a S.M. diferentes autoridades, cuerpos y jefes militares de Cádiz, contra el nombramiento hecho en el teniente general marqués de la Reunión para capitán general de aquella provincia. Este documento es de tal manera importante, que hemos creído deberlo insertar íntegro; pero como algunos de los hechos o de los principios que en él se citan, son falsos o exagerados, juzgamos oportuno añadir algunas notas, a fin de neutralizar la impresión que pudieran hacer, y evitar así que se generalicen ideas funestas al reposo de esta patria cuyo nombre sagrado se invoca a veces para destrozar sus entrañas".

1189. "Una palabrita a los señores editores de la antorcha española", en *El Imparcial* nº 63 (11.11.1821); les acusan a su vez de copiarles noticias, atribuyéndoles diferente origen.

al ministerio[1190]. Lógicamente, los periódicos proporcionaron el espacio para confrontar los respectivos puntos de vista sobre los asuntos del día, de modo que la polémica fue desde el principio un ingrediente fundamental en las páginas de *El Imparcial* frente a *Le Régulateur, El Universal, El Espectador* o *El Eco de Padilla*, sus adversarios más frecuentes en estos meses. Y no frente a *El Zurriago*, el más corrosivo entre los periódicos exaltados del momento, porque a la vista de su prosa chocarrera habían decidido ignorarlo.

El primero de los mencionados era el bisemanario que editaba un aventurero francés refugiado en Madrid, un tal N. Chapuis, pagado por el ministerio de Estado para hacer propaganda y difundir lo que le convenía en el extranjero[1191]. Esto era sabido y el nuncio lo comunicó a Roma incluso antes de que saliera el primer número:

> Va qui a pubblicarsi, a spese assicurasi del Governo, un giornale in francese intitolato il *Régulateur*, di cui si racchiude el *Prospetto*, n° 5, che sarà composto da vari emigrati francesi, e che rimpiazzerà l'*Eco di Europa* di Mr. Bousquet des Champs, che per la sua scipitezza ebbe si corta vita[1192].

1190. ASV, *SS* 249 (1821) 14, f° 141, *Notizie* n° 2250 (Madrid, 31.10.1821); el comentario de Giustiniani refleja las contradicciones propias del gobierno moderado: no sabe que pensar, dice, de la incoherencia de principios de la *Gaceta,* que atribuía al populacho los últimos tumultos, pero hace una apología de los de noviembre del año pasado y los de febrero, y llega incluso a afirmar que no fue obra suya el asesinato de Vinuesa.

1191. Vid. AHN, Estado, leg. 2589 (Papeles de Corradi), *Prospectus. Le Régulateur, journal politique et litterarie,* 1 h. en 4°, Madrid: de l'Imprimerie de Davila, 1821. Iba a tener periodicidad bisemanal y el primer número saldría el 13.07.1821; dice ser apología de la libertad constitucional española ante Europa, frente a los esfuerzos por presentarla como una fuente de anarquía. La extensión de la lengua francesa justifica su empleo para redactar el periódico. La existencia del prospecto fue dada a conocer por A. Gil Novales en *Sociedades (…), o.c.,* II., p. 1036. G. Dufour ha estudiado el periódico a partir de fuentes externas (pues no tuvo acceso al prospecto ni a más ejemplares que el número de 31.08.1821, citado también por A. Gil Novales): vid. G. Dufour, "Periódicos publicados en francés en España durante el Trienio Liberal", en *El Argonauta español* n° 18 (2021). Puedo añadir que en AHN, Consejos, leg. 11296/122 se encuentra el n° 18 (11.09.1821), que utilizo a continuación.

1192. ASV *SS* 249 (1821), fasc. 14, ff. 17 v° - 18, *Notizie* n° 1239 (Madrid, 12.07.1821). Giustiniani comenta sistemáticamente el contenido de todos los números del *Régulateur* en sus oficios de la serie de *Notizie* y ocasionalmente remite los ejemplares.

Tanto él como el representante sardo siguieron atentamente esta publicación, en la que colaboraron Giuseppe Pecchio y el conde Alerino Palma, dos patricios piamonteses que se habían refugiado en España tras la entrada de los austriacos en el reino sabaudo. De hecho, Pecchio vino hasta Madrid acompañando a Bardaxí ("con cui da lungo tempo sono stretto in amicizia") en su propio carruaje[1193]. Pero el *Régulateur* mostró agresividad y notable zafiedad insultando a los Borbones franceses (era bonapartista) y en general, a los monarcas europeos y sus representantes en Madrid, lo que fue una fuente de fricciones con el cuerpo diplomático y no ayudó, evidentemente, a relajar la tensión entre España y las potencias legitimistas. A instancias del plenipotenciario inglés, el ministerio hubo de denunciar al *Régulateur* por meterse con su rey y por difundir que Napoleón había muerto envenenado en Santa Elena, pero el jurado declaró no haber lugar a la formación de causa. Claramente el diplomático, Lionel Harvey, había cometido el error táctico de exigir justicia contra un consumado

---

1193. G. Pecchio, *Sei mesi (…)*, o.c., p. 3 (Carta fechada en Irún, 5 de mayo de 1821); la identificación de Bardaxí va en la edición francesa de su obra: *Six mois en Espagne. Lettres de M. — — — a lady J.O.*; traduites de l'italien par M. Léonard Gallois, et augmentées de notes par M. Corradi chef du bureau de la rédaction des procès-verbaux des Cortès; précédées de l'aperçu des révolutions survenues dans le gouvernement d'Espagne de 1808 a 1814 par le compte de Torreno [sic], [tachado], membre des Cortès; traduit par M. Dunoyer, rédacteur du Censeur. Paris: Alexandre Correaurd, 1822, p. 81; sobre su colaboración en el periódico, escribió al general Pepe: "He esperado vuestra partida para hacer insertar en un nuevo periódico titulado el *Régulateur* un artículo biográfico que habría ofendido vuestra modestia" (G. Pecchio a G. Pepe, Madrid, 27.07.1821), en R. Moscati, *Guglielmo Pepe*. Roma: Regio Istituto per la Storia del Risorgimento Italiano, 1938, vol. I, p. 229. Respecto a Palma, vid. ASDMAE, Leg. Sarde, Reg. IV, el oficio del encargado de negocios n° 45 (15.11.1821): "Me viene asegurado que el conde Palma d'Ivrea, uno de los refugiados, residente aquí desde hace varios meses, es el autor de todos los artículos infames sobre nuestro Real gobierno y sobre la augusta persona de S.M., que se publican aquí en el *Régulateur* y se me asegura haber visto las minutas firmadas por él, del señor Chapuis, editor de aquel periódico. Si bien parece imposible que un regio súbdito llegue a estos extremos, parece menos inverosímil si se considera que en esos artículos se encuentran a veces detalles sobre cosas o personas que demuestran que las conoce el autor, lo que no puede darse en Chapuis, que nunca ha sido sino un oscuro oficial subalterno en el ejército francés" [traducción de MMO].

practicante del periodismo amarillo, de modo que únicamente logró airear más las injurias que quería acallar.

El Imparcial dio cuenta en un mismo número del resultado de esta denuncia y a la vez, de la seguida por Sebastián Miñano contra el libelo *Vida, virtudes y milagros del Pobrecito Holgazán*, también desestimada. Se insertó ahí un largo artículo del irritado Miñano en el que se quejaba del "fatal golpe, que se ha dado con él a la verdadera libertad de imprenta, incompatible con una tan desenfrenada licencia", pero en cambio, se limitó a reproducir, sin comentarios, los párrafos denunciados del *Régulateur*[1194]; dejaba hablar a los hechos. Es una cautela que podemos entender, al tratarse de un periódico patrocinado por el gobierno al informar de un desaguisado cometido por otro periódico, que salpicaba a ese mismo gobierno y del que paradójicamente, también se beneficiaba de su protección. Por el contrario Javier de Burgos, que estaba libre de esas ataduras en su *Miscelánea*, se muestra mucho más parcial, no solo en favor de Miñano, a quien apoya sin reservas, sino que liga los dos juicios y reproduce los párrafos ofensivos del *Régulateur*, para proclamar que todo el mundo sabe lo que es una injuria, al margen de lo que pueda decir uno o cien tribunales, aunque su declaración fuera digna de acatamiento y reverencia[1195].

El embajador en París advirtió a don Eusebio Bardaxí sobre el malestar del cuerpo diplomático en Madrid con las gacetas españolas, pero este se limitó a evocar lo que suponía tener libertad de imprenta y no hizo nada[1196]. Lógicamente, debieron contrariarle las reacciones que estaba

---

1194. *El Imparcial* nº 9 (18.09.1821): "habiéndose dado a luz estos últimos días": f. = *El autor de las cartas del Pobrecito holgazán;* y el suelto "Nos hallamos autorizados para declarar".

1195. "Madrid 17 de setiembre. En estos días ha habido dos juicios celebres de jurados", en *Miscelánea* nº 568 (18.09.1821), sobre la denuncia de Miñano: "Muchas gentes de instrucción y de buen sentido habían creído que era imposible vomitar más injurias contra un individuo, que las que se estampan en el folleto denunciado, y que este atacaba horriblemente la vida privada del denunciador, contra el cual se articulaban las mas torpes y abominables calumnias. Los jurados no han sido sin embargo de esta opinión y en consecuencia han declarado no haber lugar a la formación de causa".

1196. La comunicación del marqués de Casa Irujo a E. Bardaxí (París, 17.09.1821), en ACD, 130/47. Un relato del episodio en G. Dufour, "Periódicos (...)", *art. cit.*, párr. 33 y ss., sobre esa misma fuente, relativa a las "Reclamaciones del enviado de S.M. británica contra los artículos de los periódicos *Universal* y *Régulateur*". Contiene el número 216 (4.08.1821)

provocando el *Régulateur*, pero lo que resultó definitivo para retirarle la protección fue su afirmación desafiante sobre la inocencia de Riego en los sucesos de Zaragoza, su nobleza de sentimientos, su sumisión a las leyes, la necesidad de que el gobierno aclarara las cosas, etc., que proclamó en el número del 11 de septiembre. He aquí las notas del expediente que se abrió en la secretaría de Estado:

Excmo. Sr.:

Aunque en este número hay artículos que nos conviene se lean fuera, hay también otros que nos harán perjuicio y que parecía debería suprimirlos quien debe gratitud al Gobierno que insulta, excitando a la Nación a que le desobedezca. Vea V.E. lo que dice hablando de Riego. Parecía que debería tener más delicadeza este redactor.

El poco respecto con que habla de los Borbones es muy reprensible; pudiera contentarse con hablar de sus gobiernos criticando su conducta; si continúa de este modo, excitará la venganza de quienes no nos conviene agriar en las circunstancias actuales.

[Al margen] No se recibirán más números del Regulador en la Secretaría y véase si puede tener lugar la acusación ante el tribunal, contra su redactor por los artículos sediciosos que contiene este número.

---

de *El Universal* con el rumor del envenenamiento de Napoleón, y el citado número 15 (31.08.1821) de *Le Régulateur;* comunicación de Lionel Harvey al respecto (11.08.1821); memorándum (12.08.1821) en el que se puntualiza que el *Courier* se publica bajo los auspicios del ministerio británico, pero que no se debe reconocer que el *Régulateur* esté protegido por el gobierno español como decía el encargado inglés; correspondencia con el jefe político sobre el juicio de imprenta al artículo de *Le Régulateur* y entre Harvey y el ministerio hasta el 14 de septiembre. El secretario de Bardaxí que menciona G. Dufour (*ibi*, párr. 45, "un tal Marhani" al que el *Journal des Débats* del 17 de septiembre atribuía la dirección del *Régulateur*) era seguramente don Manuel Marliani, entonces un joven diplomático protegido del ministro. Vid. ASV, *SS* 249 (1821) 9, f° 36, Giustiniani a Consalvi n° 1657 (Madrid, 10.09.1821): lo que más sorprende al cuerpo diplomático, comenta el nuncio, es que "tale energumeno giornalista" conoce perfectamente las notas pasadas al gobierno, de las que no se ha hablado a nadie y que salvo el ministro de Exteriores, ninguno debía ver.

[Esquela] Habiendo visto el oficial de la mesa la resolución de los jueces [ileg.: ¿de hecho?] sobre otro artículo [ileg.: ¿igual?] que fue a la [ileg.: ¿de imprenta?] que dijo no haber lugar a la formación de causa, suspendo enviar este[1197].

Fue entonces cuando empezaron los choques con *El Imparcial* en un diálogo cuyo nivel, a decir verdad, no se elevó mucho por encima de las acusaciones mutuas de venalidad. Los de *El Imparcial*, irritados, le habían exigido buena crianza en el tratamiento de los monarcas extranjeros y particularmente con el de Francia; tanto en consideración a que escribía desde la Corte de un pariente suyo, como por prudencia política, "sabiéndose que su periódico es pagado por un ministerio". Obsérvese que esta pauta coincidía, no poco, con la argumentación que se manejaba en el seno de la secretaría de Estado. A su vez, el *Régulateur* alegó al responderle, su libertad de calificar a los príncipes en cuyos estados no hubiera o no se guardara la Constitución, e incluso para hablar de "los pecadillos" del rey de Inglaterra cuando lo deseara[1198]. Por lo demás, insistirán los de *El Imparcial*:

Su respuesta de usted se reduce a que los redactores del Imparcial están pagados primero por la Francia, segundo por su embajador, tercero por el encargado de negocios de Inglaterra, cuarto por los serviles ¡cuántos son a pagar! ¡Y qué lástima que no sea cierto! entonces los Imparciales pronto se harían unos cresos: y a fe que los que los conocen saben que tienen que ganar el pan con el sudor de su rostro y por medios muy

---

1197. AHN, Cons. 11296/122, el ejemplar de *Le Régulateur* nº 18 (11.09.1821) y el expediente, sin fecha; va marcado el párrafo sobre Riego. Los otros artículos polemizaban con la prensa ultra francesa y con el *Observador austriaco* (la libertad y el orden en Madrid); nuevos elogios de Riego, víctima de un partido ávido de sangre ("l'immortel Riego, ce nouveau Washington"); la represión en Piamonte ("Charles ferocc") y sentencias en efigie de varios proscritos; la usurpación borbónica; estado de Nápoles; la soberanía esencial de la nación; el gobierno absoluto; "*Annonce: Notices Biographiques sur les Souverains actuels, leurs faits et actes,* par le director du *Régulateur*. I vol. de 200 pages. Cet ouvrage paraitra le 15 octobre et sera publié par souscription. L'on souscrit au bureau du Régulateur et à la librairie Paz. Prix 20 rs."

1198. Cit. en "Dos palabras al Regulador", en *El Imparcial* nº 21 (30.09.1821); es réplica al nº 23 del *Régulateur*.

honrados, y no reciben de nadie ni aun los cinco mil reales mensuales que a usted se le abonan a mas de los 250 ejemplares que se le toman. Solo los empresarios del periódico que son bien conocidos en Madrid, y no son ni franceses, ni ingleses, ni serviles, ni ultras, ni emperadores, ni reyes, ni ministros, les gratifican por los artículos que componen ellos, y no se fabrican por cierto en la calle de la Reyna [embajada de Francia], sino en otra que el Regulador no conoce; pero en la cual no hay escudo ninguno de armas extranjeras[1199].

Y cómo no, a partir del momento en que cesó la "protección" al *El Régulateur,* este empezó a hacer la guerra al gobierno. Lo advierte el enviado sardo al señalar que el periódico, que era *anárquico y antisocial,* pero siempre con la anomalía de alabar a los gobiernos que mantenían el orden y reprimían a los sediciosos, se había vuelto, al fin, más consecuente consigo mismo. Con este motivo, añade, *El Universal* había sido requerido para desmentir que aquel estuviera asalariado por el ministerio, y para asegurar que la secretaría no recibía ni siquiera un solo ejemplar de él[1200].

Chapuis se dedicó entonces a meter cizaña en los círculos de emigrados franceses e italianos, lo que provocó réplicas de los generales Vaudoncourt y Galloti que se publicaron en *El Universal, El Espectador* y *El Imparcial*[1201]. ¿Cabe sospechar una labor como agente provocador? No sería de extrañar, aunque solo fuera cierta una parte de las revelaciones de la *Gazette de France* sobre su biografía, que en verdad no desmerece de la de Guzmán de Alfarache, con su paso fugaz por la carrera militar (en la que logró una condecoración, se dice, gracias a sus intrigas en un momento de manga ancha en su concesión) y sus cuestionadas ocupaciones como dependiente en una sastrería de moda, gacetillero de boletines teatrales (*Courier des spectacles, Le Fanal, Le Messager des théâtres*) y siempre, como estafador compulsivo[1202]. El director de *El Imparcial*, o sea,

---

1199. "Una sola palabra al Regulador y será la última", en *El Imparcial* n° 26 (5.10.1822).

1200. ASDMAE, Leg. Sarde, Reg. IV, n° 33 (Madrid, 11.10.1821); vid. *El Universal* n° 283 (10.10.1821); también el nuncio percibe el cambio de orientación del *Régulateur:* vid. ASV, *SS* 249 (1821) 14, f° 132 v°, *Notizie* n° 2121 (Madrid 22.10.1821).

1201. Cfr. G. Dufour, "Periódicos publicados (...)", *art. cit.*, parágr. 72-80.

1202. "Petite biographie. M. Chapuis", en *Gazette de France* n° 282 (9.10.1821); Chapuis, se dice, "n'est point un ancien militaire" como él firma, aunque sí estuvo en los Guardias del rey, apenas con veinticinco años, hasta su disolución.

Cabanes, recibió copia de esa biografía y fue instado a publicarla, pero él no quiso hacerlo, en parte porque desaprobaba las "personalidades" y en parte por consideración a la condición del editor, un desgraciado prófugo de su país[1203].

En el mes de noviembre se difundió en Francia la noticia de que Chapuis había sido encarcelado en España por culpa de un artículo particularmente insidioso, en el que se suponía la muerte de Luis XVIII[1204], pero no es verosímil. Estuvo en correspondencia, se cuenta en *El Universal*, con Cándido de Almeida y Sandoval, antiguo redactor de *El Liberal Guipuzcoano*, quien desde Lisboa, le propuso intercambiar artículos que no se atrevieran a publicar, para insertarlos después citándolos como traducidos[1205]. Según los redactores de *El Espectador*, cuando el del *Régulateur* "estaba expirando de rabia en Madrid" pidió ayuda ("una especie de limosna", dicen) a Evaristo San Miguel y sus colaboradores para continuar con el periódico, pero estos no tuvieron por conveniente concedérsela[1206]. Chapuis abandonó entonces Madrid y pasó a Portugal, donde siguió editándolo. Todavía existía el 25 de diciembre de 1822, cuyo número de ese día fue acusado por *El Universal* y *El Espectador* de ultrajar a dos militares pundonorosos y apreciables (uno de ellos, Evaristo

---

1203. "Una advertencia al caballero editor del Regulador", en *El Imparcial* nº 53 (1.11.1821) p. 208, f. = *El director de este periódico*. Sin embargo, amenazó con publicarla si persistía en insertar textos como "una asquerosa carta firmada por *un español* que ciertamente no lo es", de su número 34.

1204. "Madrid, 14 novembre. Correspondance particulière", en *Gazette de France* nº 327 (23.11.1821).

1205. *El Universal* nº 42 (11.02.1822), que sitúa ya Chapuis en Portugal. Otros datos sobre Almeida Sandoval -pero elogiosos- se habían publicado mucho antes en el *Constitucional - Crónica* nº 391 (3.06.1820): antiguo editor de *La Flandes Occidental*, fue perseguido por el plenipotenciario español en Bélgica, sufrió prisión en Lila, le expulsaron de Wutenberg en Alemania y atravesó Francia clandestinamente, donde le acogieron generosamente en todas partes de camino para España; más información en nº 564 (23.11.1820), que publica su "Despedida de un patriota portugués a la libre y generosa nación española". f. = Cándido de Almeida y Sandoval, ex-caballerizo de S.M. el Rey Padre.

1206. *El Espectador* nº 635 (9.01.1823) p. 36. El *Régulateur* aun salía en Madrid a principios de 1822: *El Universal* nº 8 (8.021.1822) cita su número de "el sábado último" (5 de enero); vid. también ASV, *SS* 249 (1821) 14, fº 207 vº, *Notizie* nº 2874 (Madrid, 27.12.1821): Giustiniani precisa que ya eran otros los redactores.

San Miguel), con el fin de dividir a los patriotas y tratar de obstaculizar la negociación que se seguía entre España y Portugal[1207].

Según los rumores recogidos por Giustiniani en el otoño de 1821, cuando el ministerio dejó caer al *Régulateur* se pensó en reemplazarlo por una nueva publicación, *La Brújula*, pero se desistió, porque a su juicio, esta resultó ser insignificante[1208]. Sin embargo, este periódico, que salía en francés en Madrid cuatro veces por semana, gozaba del aprecio de Burgos, quien elogió los trabajos que se publicaron en él sobre el empréstito, que precisamente habían dado pie a la redacción de sus propios artículos, aparecidos en *El Imparcial* entre el 28 y el 31 de diciembre de 1821. ¿Estuvo redactado por N. Voidet, el periodista emigrado? Este iba a convertirse en redactor de *L'Observateur espagnol*, periódico estipendiado para los fines consabidos por Evaristo San Miguel, tras su acceso a la secretaría de Estado en el verano de 1822[1209].

En cambio, al decir de los *imparciales,* el espíritu de oposición de *El Universal* era sobre todo de índole comercial, puesto que aun con sus diferencias compartían el mismo espacio, que quizás quedaba estrecho para cobijar a los dos grandes diarios. Por tanto, la táctica de *El Universal* para expulsar al rival

---

1207. *El Universal* n° 5 (5.01.1823).

1208. ASV, *SS* 249 (1821) 14, *Noticie* n° 2030 (Madrid, 15.10.1821); *ibi,* f° 177 v°, n° 2468 (Madrid, 22.11.1821) remite el primer número de la *Boussole espagnole;* en f° 207 v°, n° 2874 (Madrid, 27.12.1821) advierte que desiste de enviarla en lo sucesivo porque "diventa del tutto insignificante". Los periódicos importantes anunciaron su aparición con mayor o menor extensión; véase *El Espectador* n° 181 (14.10.1821) p. 724: "La Brújula política, administrativa, judicial, Industrial y mercantil de España. Por una sociedad de literatos, publicistas y jurisconsultos. Periódico en francés que saldrá a luz a la mayor brevedad los lunes, martes, jueves y viernes en esta capital. Y se suscribe en Madrid en las casas de la viuda de Alonso y Antorán, librero, frente de las gradas de san Felipe; Matute, librero, calle de las Carretas número 13; Denné, en la librería extranjera calle de Ia Montera número 38. Y en la oficina de la Brújula calle del Horno de la Mata, número 7 cuarto 2° frente a Portaceli, donde las cartas, paquetes y dinero deben ser remitidos francos de porte, a don J.B. Arambide, editor cajero. En las provincias españolas y países extranjeros, en las librerías principales y administraciones de correos". Anunciado el mismo día por *El Imparcial* n° 35 (14.10.1821).

1209. G. Dufour, "Periódicos publicados en francés (…)", *art. cit.,* paragr. 93 y ss., con abundante información sobre los antecedentes de Voidet en Francia. No le relaciona, sin embargo, con el redactor de *La Brújula.*

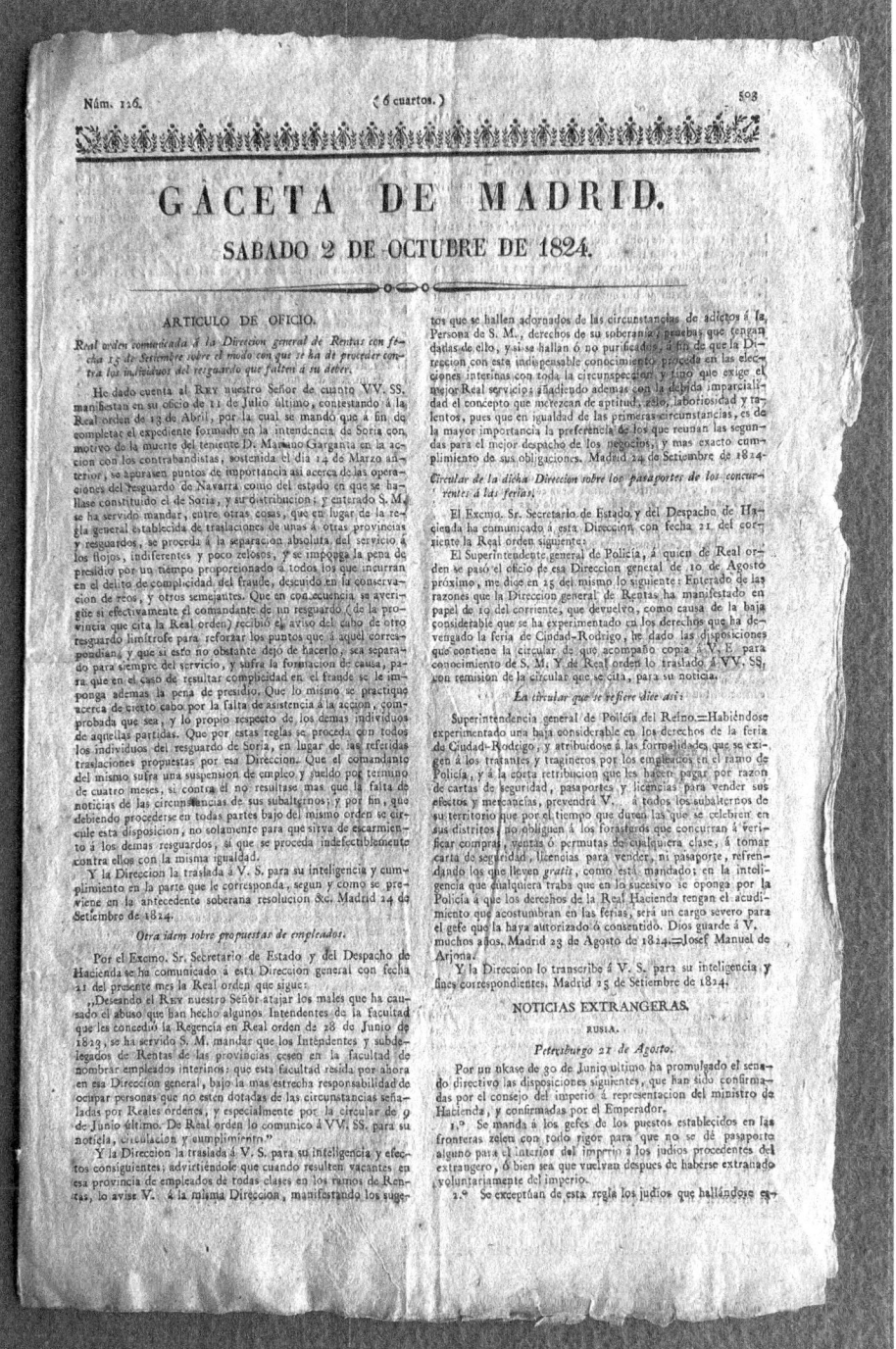

Imagen 49. Gaceta de Madrid nº 126, 2.10.1824 (col. del autor).

de ese nicho consistía en repetirle las invectivas de las que él mismo tampoco se libraba: deslealtad o tibieza constitucional, hipocresía, afrancesamiento y venalidad, centrando los tiros en el exredactor de la *Miscelánea,* al que quizás consideraron un blanco fácil, al estar ya marcado por su trayectoria anterior; las críticas de Burgos al proyecto de división provincial que se discutía en las Cortes durante las sesiones de la legislatura extraordinaria en el otoño de 1821, dieron ocasión para ello. Por lo demás, los de *El Universal* se afanaron mucho en la búsqueda de renuncios informativos, erratas y defectos en la confección de *El Imparcial,* para desacreditarlo ante el público. Solían acertar, pero no parece que la irrelevancia del asunto -considerado con criterio político- justificara toda la atención que le dedicaron.

Mucho más calado tiene la recurrente controversia que sostuvo *El Imparcial* con los periódicos exaltados, es decir, con *El Espectador* y hasta cierto punto con el *Eco de Padilla,* que con frecuencia surgía al hilo de las asonadas callejeras en algunas capitales, como las que se sucedieron tras la destitución de Riego, ordenada por el gobierno. Estando en esas, *El Espectador* condenó con lenguaje muy declamatorio unos desmanes ocurridos en Madrid el 24 de octubre de 1821, que ingenuamente pretendió endosar a la *infame facción,* es decir, a los absolutistas. Unos cincuenta *descamisados,* decía, valiéndose de las sombras de la noche y del nombre del virtuoso Riego (era el día de San Rafael), perturbaron la tranquilidad pública para manchar su opinión y desdecir sus principios.

No contenta la canalla con poner de su parte los medios que estuvieron a sus cortos alcances para conmover a un pueblo tan juicioso y circunspecto como el de esta capital, tuvo la osadía de presentarse a las puertas de la habitación y secretaría del jefe político, y delante de las cuales no solo prorrumpió en voces alarmantes, indignas y cobardes contra su persona y autoridad, sino que se propasó a arrojar algunas piedras contra la puerta quebrando el farol que daba luz al portal.

El discurso de *El Espectador* tiene en el fondo significación moderada porque condena los disturbios (y ningunea al pueblo), pero salva la apariencia de exaltado atacando a los periódicos afrancesados -*El Censor* y *El Imparcial*- ya que estos responsabilizaban a los individuos de cierta "facción y asociación secreta", de los males y oscilaciones que sufría la nación[1210].

1210. "Madrid 25", en *El Espectador* nº 195 (26.10.1821) p. 778.

Así aludidos, los *imparciales* (¿Miñano?) replicaron con contundencia, no exenta de ironía magnífica[1211]. Vienen a sugerir que *El Espectador* al fin, se ha caído del guindo y ya califica de *canalla* y no de *pueblo soberano*, como antes solía, a los cincuenta *descamisados* que en la noche del 24 cometieron excesos criminales. Pero ¿quién son en realidad la canalla? *El Imparcial* se los designa: son la canalla y no el pueblo los que iban a palacio a insultar al rey con voces insolentes y ofensivas para provocar la discordia y el desorden; los que "bajo pretexto de liberalismo y adhesión" aturdían a gritos a la diputación permanente; los que se presentaban en tumulto para presionar al ayuntamiento; los autores del atentado sangriento de la calle de la Cabeza (la cárcel de la Corona, donde mataron a Vinuesa), como lo eran la mayor parte de los *tragalistas* y los *laironistas*. Y son su eco, culmina, los indignos periodistas que los excusan, o culpan en su lugar a los *serviles* ("que nunca vemos") cuando los resultados no correspondían a sus esperanzas.

El Espectador, como se dice, perdió los papeles. Volvió a la carga con el argumento de último recurso, la descalificación de los afrancesados, en particular los periodistas del *El Imparcial,* que eran la auténtica *canalla* y en consecuencia "los espectadores se declaran desde ahora para siempre en guerra abierta con Vds.". Lo ilustró con alusiones indirectas a un buen número de ellos, entre los que se reconoce a Miñano, Lista, Burgos, Hermosilla, aparte mencionar a Reinoso y apuntar a Meléndez en los versos satíricos que seguían. Entre los cargos que hacía a los afrancesados en la época reciente se encontraban su resentimiento porque se les habían escapado los honores, empleos y rentas (en el indulto de 1820), el uso de las designaciones de anarquistas y jacobinos a los patriotas y el recurso a "una fantasmagoría ridícula" para presentar las cosas diferentes a lo que eran[1212]. Su pobreza argumental permitió a *El Imparcial* rematar la faena con soltura, al dejar caer que la condena del tumulto del día 24 por *El Espectador* se debía a que la movilización de solo cincuenta alborotadores había sido un fiasco evidente. Si los que cometieron los excesos criminales -razona- hubieran sido quinientos, los *espectadores* hubieran mudado de discurso, llamándolos *pueblo soberano*[1213].

1211. "Aclaración de una duda en que parece que han estado hasta ayer los editores del Espectador", en *El Imparcial* n° 48 (27.10.1821).
1212. Cfr. "Los vencidos toman el aire de vencedores", en *El Espectador* n° 198 (29.10.1821) pp. 791-72; sigue un "Fragmento de una carta a Fabio", versos de estilo didáctico que insisten en lo mismo.
1213. "Noticia fresca. Los editores del Espectador (...) se han declarado en guerra abierta con los del Censor e Imparcial", en *El Imparcial* n° 51 (30.10.1821).

A su vez, en *El eco de Padilla*, muy beligerante en estos momentos, insistió en los mismos motivos y amplió algo el repertorio de agravios: "la profundísima ciencia de que están revestidos sus redactores" no solo era irritante, sino peligrosa. Su "ultracismo" informativo (pintar de manera siniestra y pesimista el panorama político español) los hacía sospechosos de hostilidad al sistema constitucional, pues "dan aliento a los corifeos del servilismo". Además, por afinidad, comprometían al resto de los afrancesados, impidiendo así la reconciliación de la que periódicamente se hablaba, aunque sin alcanzar nunca resultados concluyentes[1214].

La polémica fue por tanto muy constante y siempre ceñida al argumentario en cuestión, de modo que sería redundante insistir. Más allá de los matices, lo que en el fondo se dirimía era el alcance que unos y otros daban a la revolución, que todavía seguía en curso según los exaltados -aunque nunca definieron cual era la meta a la que se dirigía- y ya estaba concluida para los moderados. O lo que es lo mismo, se trataba de optar entre el ejercicio directo de la soberanía del pueblo, por las bravas cuando fuese preciso, y la supremacía de la legalidad como expresión de la voluntad general *representada*. Los moderados, especialmente los que se inspiraban en las ideas doctrinarias -liberales modernos- tenían bien clara su opción, y así lo manifiesta un redactor de *El Imparcial*, quizás Alberto Lista, al intentar disipar los temores del *Moniteur universel* sobre las convulsiones que auguraba para España durante la futura legislatura:

Treinta años de escarmientos políticos han enseñado a toda la Europa, cual es el justo medio que se debe tomar en las elecciones populares. Debe acordarse el Monitor, que en 1791 el espíritu público de Europa estaba fundado exclusivamente sobre las obras de Rousseau, Mably y Raynal; y que en el día los Adans, los Constands, los Destutt-tracy y los Benthan [sic] forman la opinión pública de la actual generación. No hay nadie, que ignore que el orden es la garantía de la libertad, y en España hay muy pocos que deseen que se olvide este gran principio[1215].

De ahí, que los exaltados achacaran al gobierno de Bardaxí - Feliú, a las mismas Cortes y por supuesto a los afrancesados, la idea del plan de

---

1214. *El Eco de Padilla* nº 65 (4.10.1821).
1215. "Consuelos para el Monitor de París", en *El Imparcial* nº 61 (9.11.1821).

cámaras, veto absoluto y supresión de la diputación permanente, con el oculto propósito de recortar la libertad[1216]. A la inversa, se entiende bien el interés en socavar la legitimidad que se atribuían a si mismos los exaltados -"arrancar la máscara a los hipócritas" -escribirá Javier de Burgos[1217]- denunciando la usurpación que les suponían de la voluntad popular.

11.5. Los comienzos de Burgos en *El Imparcial*

Lo dicho hasta ahora debería bastar para desechar la versión difundida por alguna historiografía antigua, que atribuyó a Burgos la fundación de *El Imparcial* en sustitución de la *Miscelánea* justificándolo como un esfuerzo para optimizar los efectivos de la prensa afrancesada. Una afirmación equívoca de Mesonero, que no le quería bien, está posiblemente en el origen de esa confusión[1218]. Por lo demás, el mismo Francisco Xavier explicó a Diego lo ocurrido en carta del 9 de octubre[1219], en la que detalla a la vez su relación con los responsables del nuevo periódico:

Madrid, 9 de 8bre. de 1821.

Mi querido Diego: por la Miscelánea sabrías a su tiempo el estado de mi salud, que ha quedado muy echada a perder de resultas de mi última enfermedad y de los trabajos excesivos del verano último. Esta situación me obligó a abandonar una ocupación en que ya no

---

1216. Se denuncia en el artículo que empieza "Desgraciado es aquel enfermo", en *El Espectador* n° 259 (29.12.1821) p. 1038; hay respuesta tranquilizadora en el artículo que comienza "Cuando en las conmociones políticas", en *El Universal* n° 364 (30.12.1821) p 1414: tono conciliador y sin atribuir a los *espectadores* la dañada intención de "el anarquista de Cádiz" (José Joaquín de Olavarrieta) que ellos difundían.

1217. Suplemento a *El Imparcial* n° 52 (31.10.1821).

1218. R. de Mesonero, *Memorias (...)*, o.c., p. 109: "Un tanto más refractario que *El Universal* a las doctrinas constitucionales se levantó -también por los antiguos afrancesados- *El Imparcial,* a cuyo frente se hallaba don Javier de Burgos, el cual, acompañado de otros correligionarios suyos, llegó a ser eco personal de las opiniones de aquel profundo hombre de Estado, que tanto contrastaban con los vientos que corrían a la sazón, por lo cual tan poderoso atleta vióse precisado a sostener combates formidables y apasionados con los que entonces, como ahora, se llamaban ecos de la pública opinión".

1219. AFB, X. de Burgos a D.M.ª de Burgos (Madrid, 9.10.1821).

podía continuar sin matarme, y en consecuencia me arreglé con los del Imparcial, que me pagan bien los artículos que les hago, y con esto me hallo descansado por ahora, aunque con menos rendimientos, o productos que antes. Sin embargo, he quedado tan endeble, que ni aun eso poco puedo trabajar, y si no me repongo, estoy resuelto a mudar de aires una temporada, y hacer un viajillo.

Nada me da Lenard, sin embargo de que ahora le veo, pues su puesto está en un paraje por donde yo paso a menudo. Me ha ofrecido darme 400 rs. pero no lo verifica. Yo quisiera que ahora que no te incomodará, pues hay algodón pusieras en poder de Dandeya lo que pudieses, que con su aviso y tuyo yo libraría y podría ser que eso me sirviese para mi viaje en el caso de emprenderle, a lo que estoy resuelto, si no me mejoro para fin de mes.

Da memorias a Frasquita, recíbelas de Mariquita y dispón de tu buen hermano,

Xavier [rúbrica]

Para el caso de querer que se ponga algo en el Imparcial, es lo mismo que si fuera la Miscelánea, pues sus empresarios son de mis mejores [ileg.] y dispongo de su diario como disponía del mío.

Francisco Xavier debió recuperarse, puesto que el número de sus colaboraciones en *El Imparcial* aumentó significativamente en las siguientes semanas. El 19 de octubre[1220] escribió de nuevo a Diego, todavía convaleciente de la enfermedad ("estuve a la muerte"), pero postrado por un ataque de gota y sin terminar de renunciar a la idea del viaje. En cambio, en su carta del día 26[1221] de ese mes la cuestión parece definitivamente sentada, como se deduce de los asuntos que trata en ella:

1220. AFB, X. de Burgos a D.M.ª de Burgos (Madrid, 19.10.1821); carta centrada en el propósito de Diego de presentarse a elector de partido, lo que Francisco Xavier apoyó y comunicó a los amigos de Madrid, que quedaron complacidos, particularmente el "marqués" (¿Almenara?). Con este propósito, le envió cartas para los de Granada: el conde de la Puebla y el síndico José María Ruiz, pero no para Dandeya, Torres y otros, puesto que Diego los conocía personalmente.

1221. AFB, X. de Burgos a D.M.ª de Burgos (Madrid, 26.10.1821).

Madrid 26 de octubre de 1821

Mi querido Diego: ya recibirías mis cartas para el conde de la Puebla y Don José María Ruiz. Hoy hallarás otra adjunta para Don José María Ruiz Caballero, magistrado de la audiencia territorial, que acaba de irse de aquí, y a quien hablé largamente sobre el consabido asunto.

Lenard me ha dicho que no puede darme un cuarto, y eso me hace una extorsión terrible. Pienso librar a tu cargo una letrita de 4000 rs. a 30 días fecha, pagadera en Granada, en casa de Don Pedro Dandeya, pues me urge algún dinero. Estro no podrá seguramente incomodarte. El correo que viene te enviaré la primera, para que la envíes aceptada a Granada, donde la recogerá el portador de la segunda con tu aviso.

El Imparcial es el mejor papel que sale en Madrid pues la gazeta no trae más que noticias extranjeras, y el Universal embustes y adulaciones. A la verdad, no vienen en el Imparcial artículos míos todos los días, pero vienen muy a menudo. Si quieres, te suscribiré. Quisiera que el papel fuera mío solo para enviártelo como la Miscelánea. Ahora todos los papeles están áridos, porque las Cortes los ocupan.

Da memorias a Frasquita y recíbelas de Mariquita y dispón siempre de tu buen hermano.

Xavier [rúbrica]

El 1 de octubre había comenzado a publicar en *El Imparcial* su brillante serial dedicado al proyecto de división provincial que se estaba discutiendo en las Cortes[1222], un tema sobre el que ya había escrito con asiduidad y competencia en la *Miscelánea*, al que todavía iba a añadir algunas secuelas, al hilo de las réplicas que provocaron sus observaciones[1223]. Con ese

---

1222. "Sobre el proyecto de división territorial presentado a las Cortes", en *El Imparcial* n° 22 (1.10.1821); para la relación de los textos sobre división provincial, vid. los anexos II y III; la mayor parte de ellos fueron incluidos por M. Arenilla en su edición de los artículos periodísticos de Burgos sobre el tema.

1223. Vid. *El Imparcial* n° 37 16.10.1821): "En el Universal del domingo se ha insertado un artículo, en que se ataca el que con el título de apéndice á los artículos sobre división territorial publicamos en el suplemento de nuestro número 31"; sobre lo mismo, vid. *art. cit.* "El Universal traía ayer un artículo en el cual se estampan, bajo fecha de Palenzuela (...)", en Suplemento a n° 52 (31.10.1821); la polémica continúa, pero ya difuminado

motivo, como "ex-redactor de la Miscelánea", hizo un subido elogio de si mismo frente a los ataques de "el ex-gacetero de Madrid en 1811 y 1812"; es decir, Manuel Narganes, el director de *El Universal*[1224]. En el curso de ese rifirrafe anunció la praxis a seguir para lo sucesivo:

> Así, no insistiremos sobre las doctrinas del Universal, y terminaremos este artículo ya demasiado largo, anunciando que cansados de las sandeces groseras que vomitan diariamente contra nosotros gentes que no tienen otras armas, no volveremos jamas a contestar a ellas así como no perderemos un momento en satisfacer a toda critica decorosa que se haga de nuestras opiniones o principios[1225].

No lo cumplió, claro. De hecho, Burgos parece haber sido incapaz de contenerse ante alusiones hostiles que le dedicaron otros periódicos. Se reanudaron también, a partir de noviembre, los artículos destinados a analizar la actualidad política bajo el título de *revistas del mes*, de cuya autoría no cabe dudar aunque nunca los firmara, según la costumbre de entonces[1226]. Entre unos y otros escribió artículos de polémica de prensa,

---

el asunto, en "La dirección del Universal, a quien sin duda han aterrado las quemaduras de Cádiz", en n° 63 (11.11.1821). Vid. también su amable crítica al optimismo económico de don Diego Clemencín en materia de administración territorial, en el artículo que empieza "Doloroso nos es haber de tomar de nuevo la pluma", en n° 45 (24.10.1821). Clemencín (miembro de la comisión de las Cortes que entendía en el proyecto y ministro con Martínez de la Rosa meses después) respondió con la misma cortesía en un comunicado que se insertó en el n° 50 (29.10.1821).

1224. "El Universal contesta hoy", en *El Imparcial* n° 65 (13.11.1821).
1225. "Prometimos contestar á la última parte del artículo inserto en el postrer suplemento del Universal", en *El Imparcial* n° 66 (14.11.1821).
1226. "Revista de septiembre", en *El Imparcial* n° 78 (26.11.1821): "Muchas personas de dentro y fuera de la corte nos han exhortado á continuar reuniendo en el Imparcial, los cuadros periódicos de los acontecimientos mas notables de nuestra revolución, que bajo el título de revistas, se publicaban al principio de cada mes en la Miscelánea. Este deseo se nos ha manifestado con tanta frecuencia, y al mismo tiempo con tanta constancia, que no podemos menos de acceder á él, y en consecuencia vamos á empezar por los cuadros relativos á los meses de setiembre, octubre y noviembre, y en lo sucesivo continuaremos presentándolos, como lo hacía la Miscelánea, en los primeros días de cada mes".

temas económicos y crítica literaria. En ocasiones, el asunto, las opiniones vertidas y sobre todo los metadatos -valga la palabra- delatan la pluma de Burgos, pero en otras no hay más remedio que recurrir al estilo, algo siempre escurridizo, aunque el suyo es tan característico que en muchos casos se puede determinar su autoría con alguna probabilidad. Valgan algunos rasgos de ese estilo, que son, creo, reflejo de su personalidad.

11.6. Sobre el estilo y los artículos de Burgos en el periódico

Sin mengua de los códigos al uso en el discurso periodístico, su forma de escribir se distingue por un lenguaje elevado, aunque a veces pueda verse deslucido por la improvisación, de la que habría que culpar a las prisas. Burgos escribe para un público culto, al que siempre se dirige por medio del plural de autoría y con referencias a sí mismo en tercera persona ("ileísmo"): "El autor de este artículo ha dicho ya otras veces su dictamen sobre la división natural de la provincia de Almería (…)"[1227]. Narra con fluidez y llaneza, pero se siente más a sus anchas argumentando, a menudo en un tono aseverativo y personalista, incluso pomposo, que trasmite convicción pero que también provocaba las acusaciones de arrogancia y de pedantería entre sus detractores; la primera a veces justificada pero la segunda casi nunca, a pesar de la insistencia con que se le echó en cara. Él, por supuesto, era consciente de esas reacciones, como demuestra al contestar a un artículo crítico aparecido de *El Universal*:

Lo dijimos como lo sentíamos, porque estamos convencidos de que es esto menos malo, aun cuando para ello se emplee *el tono magistral y dogmático*, que incensar indigna y bajamente todo lo que hace el que manda, aunque sea un desacierto horroroso y de los mas funestas resultas[1228].

En realidad, solía expresarse con un vocabulario natural y preciso, adecuado para aclarar las cosas y no enmarañarlas a fin de ser tenido por sabio. Tampoco apilaba información superflua y la erudición, cuando la hay, no sobra.

1227. "Continúan las observaciones (…)", en *El Imparcial* nº 24 (3.10.1821).
1228. "El Universal traía ayer un artículo en el cual se estampan, bajo fecha de Palenzuela (…)", en Suplemento a *El Imparcial* nº 52 (31.10.1821): va de mentiras y ataques -dice- a sus artículos sobre división del territorio.

Su método es analítico a la manera escolástica, dividiendo el razonamiento en elementos simples que resuelve con soltura ("A fin de dar al asunto toda la claridad de que es susceptible, la dividiremos en dos, que fijaremos en los términos siguientes"[1229]). Burgos escribe a lo serio, rara vez humorístico, buscando persuadir a los lectores por la vía racional pero sin renunciar a los efectos retóricos, que dosifica en los momentos culminantes del discurso. Sin duda quedó marcado por su familiaridad con los autores latinos, y eso se advierte en el uso de ejemplos de la historia clásica, en el ritmo solemne de muchos periodos y en el recurso a determinadas figuras, en especial anáforas, hipérbaton, antítesis, concatenaciones de interrogantes y de gerundios. Es también diestro en el empleo de perífrasis, aunque no tanto por motivos literarios como por suavizar conclusiones incómodas o introducir sus propias tesis de tapadillo. Y como se podía esperar, hay giros y muletillas que sin ser raras en el habla escrita de la época, se repiten mucho en sus escritos periodísticos. De este orden son expresiones como las que siguen: "doloroso nos es haber de tomar de nuevo la pluma para desvanecer tantos errores" (nº 45, 4.10.1821); "nosotros no nos cansaremos de repetirlo" (nº 87, 5.12.1821); "Este medio, que es infinitamente sencillo y fácil" (nº 113, 31.12.1821); "Si no nos lo impidiese la estrechez de los límites, a que la abundancia de materiales y la índole de un periódico diario nos obligan á circunscribirnos" (nº 114, 1.01.1822); y así. Posiblemente su estilo, algo declamatorio, quede un poco desfasado para los lectores de nuestros días[1230].

Semejantes indicios sugieren que Burgos escribió profusamente en *El Imparcial,* aunque hay que recordarlo, el recurso al estilo dista de ser infalible para su identificación. Por poner un ejemplo que ilustre la cuestión, no puede darse por cierta la autoría de la crítica publicada en el número del 6 de diciembre a la traducción del *Ensayo sobre el hombre* de Pope, hecha por González Azaola, a pesar de que encaja bastante en el perfil literario de Javier de Burgos. Al lamentar que la traducción fuera en prosa, sin ajustarse al verso original, el articulista escribió:

1229. "En el Universal del domingo se ha insertado un artículo", en *El Imparcial* nº 37 de 16.10.1821:

1230. Conclusión a la que llega Beatriz Antón Martínez a propósito de Burgos, considerado como traductor: cfr. "El Rectius vives de Horacio (oda II, 10) traducido en verso por L. Fernández de Moratín y F. Javier de Burgos", en *Veleia* nº 6 (1989) p. 298.

Empezamos protestando, que desde nuestra juventud hemos leído, hemos estudiado, hemos admirado a Pope, y aun nos hemos atrevido a traducir algunas poesías suyas. Entre sus obras la que más veces hemos leído, estudiado, admirado y aun imitado en nuestras débiles producciones, ha sido *el Ensayo sobre el hombre.* Hemos leído también con suma atención las traducciones de esta obra clásica, en italiano y en latín[1231].

En efecto, como se dijo páginas atrás, Burgos había traducido la *Epístola a Arbuthnot* que se insertó en su edición de la *Biografía universal* (aunque probablemente, a partir de una versión francesa). Sabemos que se manejaba en italiano y por supuesto en latín, y que su maestro, Meléndez, estaba fuertemente influido por la lectura de Pope. Además, el propio Burgos poseía un ejemplar del *Ensayo* en lengua inglesa[1232]. Y por otro lado, era también un admirador de Voltaire, el detractor del optimismo leibniziano que inspiraba la poesía filosófica del inglés; recuérdese la alusión de Burgos al doctor Pangloss, el personaje de *Cándido*, que parece alinearle con la opinión formulada por el autor de este artículo. Se dice en él:

Nosotros distinguimos en el anuncio el sistema cosmogónico del optimismo de la moral, que Pope deduce de él. Esta es independiente de todo sistema, y lo dijimos, elogiando, como es razón, los principios de moralidad que establece Pope. En cuanto al optimismo, lo entregamos al brazo secular de Voltaire. Si el señor Azaola lo juzga sólido este sistema

---

1231. "Algunas reflexiones acerca de la traducción de Ensayo sobre el hombre de Pope hecha por don Gregorio González Azaola, diputado a Cortes por la provincia de Sevilla", en *El Imparcial* nº 88 (6.12.1821); el anuncio preliminar -con categoría de reseña larga- es del mismo redactor y había aparecido en el nº 30 (9.10.1821); su crítica, centrada en las limitaciones de una traducción en prosa, dio paso a una polémica con Azaola, quien defendió su método en los números 71, 73 y 78 (19, 21 y 26.11.1821) del periódico. Vid. Gregorio González Azaola (trad.), *Ensayo sobre el hombre. Poema de Pope traducido del inglés por   , diputado a Cortes por la provincia de Sevilla.* Madrid: Imprenta Nacional, 1821, 78 pp.
1232. Aunque su posesión no está probada hasta 1827, al volver de su estancia en Francia: vid. M. Morán, "Libros franceses (…)", *art. cit.*, p. 89; así figura en la lista del Juzgado de Imprenta, al tramitarse su paso por la aduana: Alexander Pope, with the notes of Mr. Warburton, *An Essay on man*, London: 1755, 16 + 124, 8°, pasta.

filosófico, será muy difícil entablar una discusión sobre esta materia; por que apenas bastarían muchos libros a convencer al que no convenza la novela de *Cándido*. Nuestra opinión acerca de Voltaire es muy diferente de la del señor Azaola. Voltaire no fue solo un gran poeta: fue además un filósofo profundo; y aunque estamos muy lejos de adoptar todas sus opiniones filosóficas, el autor del ensayo sobre los pueblos modernos de Europa, el defensor de la memoria de Juan Calas y el que enseñó a pensar a un siglo, merece un lugar muy distinguido entre los filósofos. A la verdad no creó ni adoptó ningún sistema de filosofía y esto es, en nuestra opinión, lo que más le califica para obtener el título de filósofo[1233].

En su argumentación, el articulista habla con autoridad de teoría poética y literatura: Lucano, Jáuregui, Taso, Virgilio, fray Luis de León, Homero. En conclusión, parecería razonable adjudicar este texto a Burgos… si no fuera por la presencia de don Alberto Lista entre los redactores de *El Imparcial*. Este, en efecto, buen crítico y poeta, había traducido (o adaptado) el largo poema satírico de Pope titulado la *Dunciad* en sus años mozos, en el ambiente de la Academia de Letras Humanas de Sevilla (1798)[1234], y eso lo convierte en un candidato muy firme a la autoría del artículo. Dejemos ahí la cuestión.

Por diferentes motivos, surgen también dudas sobre la autoría de numerosos trabajos sobre Hacienda y crédito público publicados en el periódico a lo largo de su trayectoria. Es fácil deducir que para el nombramiento de comisionado del empréstito Guebhard en 1824 se tuvo en cuenta el renombre que había ganado con sus escritos sobre el tema, pero no lo es tanto determinar cuales son los de su pluma, especialmente si consideramos que entre los colaboradores de *El Imparcial* se hallaba el marqués de Almenara, un reputado experto en asuntos financieros, como alto funcionario que había sido del banco de San Carlos, comisionado en París de la Caja de Amortización, ministro de José I, etc.

1233. "Algunas reflexiones (…)", *art. cit.* en *El Imparcial* n° 88 (6.12.1821); la alusión de Burgos al personaje de *Cándido*, en "Riqueza y comercio exterior", *Miscelánea* n° 536 (17.08.1821).
1234. Titulado por Lista "El imperio de la estupidez". Está recogido por L.A. de Cueto, *Poetas líricos (…)*, *o.c.* III, pp. 378-391. Vid. Juan de Dios Torralba Caballero, "Alberto Lista, traductor de Alexander Pope: *El imperio de la estupidez*", en *HERMÊNEUS* n° 20 (2018) pp. 509-531, donde apunta la idea de que Lista se sirvió también de una versión francesa para su propia traducción.

¿Fue escrito por Burgos el importante serial sobre crédito público aparecido a finales de diciembre de 1821, que dice inspirarse en el insertado en los números 6, 7 y 10 de la *Brújula,* el periódico francés que se editaba en Madrid?[1235]. El *imparcialista* elogia las tesis del autor de la *Brújula,* un cortés detractor de los monopolios estatales, especialmente en el ramo de minas, controlado por la Dirección de Caminos y Canales. Semejante tesis, recuérdese, ya había sido expuesta por Burgos en sus artículos de la *Miscelánea* sobre las minas de las Alpujarras, y todavía insistiría en lo mismo en los números de *El Imparcial* de enero de 1822 (ver más abajo).

Más adelante, el 19 y 20 de febrero de 1822 el periódico vuelve a ocuparse del crédito público al comentar la exposición de la Junta nacional de este ramo, en respuesta al dictamen de dos comisiones de las Cortes sobre reformas en el establecimiento[1236]. Sin ninguna duda, la primera parte del artículo -la publicada el 19 de febrero- es de Burgos, como prueban las referencias internas, casi autobiográficas. Manifiesta ahí escepticismo sobre las reformas pretendidas ("equivale solo a mudar nombres, poco más o menos") para enfocar más bien los males de fondo, que no son sino el desorden provocado por el desconocimiento de la ciencia de la administración y el mando de las pasiones, esto es, la presencia de "hombres sin luces ni virtudes" en los empleos importantes del Estado. En el corto plazo, busca la solución del agobiante problema de la deuda en diferentes combinaciones de la gestión de los bienes nacionales, y entre las opciones posibles se inclina por señalar plazos improrrogables para la extinción de los créditos contra el Estado y simultáneamente, para la venta de las fincas señaladas para su extinción. Lo que nos complica las cosas, a efectos de la atribución de estos artículos, es la declaración que sigue (20 de febrero) sobre la solución elegida: "La hemos desenvuelto ya en los números 110 , 112 y 113 del *Imparcial* y antes lo habíamos hecho en los números 6 , 9 y 10, de la *Brújula*". Por tanto, ¿debemos suponer, para resolver la aparente contradicción, que fueron escritos en colaboración?

El redactor, Javier de Burgos en mi opinión, manifiesta condescendencia, pero no auténtico aprecio a una memoria recibida en la redacción, en la que se prestaba especial atención al crédito público: "en ella reina mucho la expresión pura y ardiente de un patriotismo acrisolado,

---

1235. Vid. *El Imparcial* nº 110 (28.12.1821) "En los números 6, 7 y 10 de la Brújula"; nº 112 (30.12.1821) "Continúa el artículo sobre el crédito público"; y nº 113 (31.12.1821) "Concluye el artículo".

1236. "Crédito público" y "Concluye el artículo", en *El Imparcial* nn. 164 y 165 (19 y 20.02.1822).

pero se nota poco el conocimiento de las cosas y de las personas". Sin embargo, le dio pie para volver una vez más sobre su tema, es decir, la necesidad de un sistema de Hacienda basado en información exacta, como condición necesaria para la estabilidad del régimen:

> Todo el secreto de estas operaciones que asombran a la Europa [los empréstitos ingleses], no consiste mas que en una cosa sencillísima, a saber en la existencia de una caja de amortización; pero para que esta exista, es menester que haya fondos proporcionados que consignarle, y eso no es posible mientras no haya un sistema de hacienda, el cual tampoco existirá mientras no se reconozcan los recursos o valores sobre que han de recaer los impuestos, primera operación que era necesario haber hecho para consolidar el régimen constitucional, y sin la cual se pasarán muchísimos trabajos, y entre otros el de que nunca haya crédito[1237].

Debe excluírsele como responsable del artículo insertado el 11 de abril (sigue el día 12), una razonada crítica del empréstito concertado en noviembre con Ardouin y Hubbard[1238]. Sin embargo, el mismo número contiene un largo comentario que apunta directamente a la pluma de Burgos, en el que se pone a caldo la pasada gestión de Canga Argüelles en el ministerio de Hacienda, insistiendo en los daños irreparables que ocasionó al país; es un lugar común que se repite en su visión de la trayectoria seguida hasta el momento por el régimen[1239].

Conforme a la agenda política, el tema de los empréstitos resurge con intensidad en mayo y junio de 1822. Con ocasión del dictamen de la comisión de Hacienda sobre el presupuesto de Marina, el redactor de *El Imparcial*, Burgos casi con toda seguridad, apoya calurosamente la

---

1237. "Variedades. Hemos recibido estos días una memoria firmada con las iniciales E.G. y C.", en *El Imparcial* nº 211 (7.04.1822).
1238. *El Imparcial* nº 215 (11.04.1822); el autor remite a sus reflexiones sobre empréstitos publicadas en los números 2 y 5 del mes de septiembre anterior, es decir, antes de la Burgos comenzara a escribir para el periódico; en síntesis, dichas reflexiones encarecían el carácter científico -no al alcance de cualquiera- de esta y otras materias de economía política; "Concluye el artículo sobre empréstitos" en nº 216 (12.04.1822).
1239. *Ibidem*, "Tenemos a la vista un papel que acaba de publicarse, intitulado: *Ojeada sobre la hacienda pública de España del año de 1820*".

propuesta de don Vicente Bertrán de Lis, negociante con larga trayectoria como asentista del ejército, orientada a cubrir las urgencias de la marina de guerra. El redactor es consciente de la distancia, políticamente hablando, que le separa del contratista (este contribuiría a aplastar la intentona absolutista de julio subvencionando una partida de voluntarios), pero eso no obsta para declarar que su ofrecimiento es "infinitamente más ventajoso que todas las operaciones de esta clase hechas hasta ahora", es decir, los empréstitos promovidos por los ministros del ramo Canga Argüelles, Barata y Vallejo. Hay más, sin embargo. Aparte repetir aquí su tesis consabida sobre la necesidad de conocer los recursos disponibles como base para un sistema de hacienda, el redactor sienta un principio que ilumina su futura conducta en materia financiera, al argüir en favor de la legitimidad del beneficio personal obtenido con motivo de una operación que reporte un gran bien al país:

El acto mas brillante de patriotismo es el de hacer bienes á su patria, aun cuando haciéndolos un individuo se los haga también a si mismo; en hacer compatibles las ventajas públicas con las privadas es en lo que consiste el talento de un especulador patriota; en sacar en tales casos todo el partido posible en favor de la comunidad, es en lo que se cifra el mérito de un gobernante. Al especulador particular que proponga, y al hombre público que adopte y proteja ideas útiles, se debe consideración, honor y respeto, y bajo esté punto de vista deseamos nosotros que miren todos cualquier propuesta que se haga de la clase de la que anunciamos[1240].

En esa misma serie de artículos, dedicada al dictamen de la comisión de Hacienda, encaja un alegato para la continuidad del banco de San Carlos, muy bien informado y escrito sin retórica, que por razón de competencia habría que atribuir a don José Martínez de Hervás, el marqués de Almenara[1241]. Acaso el marqués sea también autor de unas reflexiones,

---

1240. "Una alegría y un pesar hemos recibido simultáneamente", en *El Imparcial* nº 248 (14.05.1822); sobre la participación y méritos de los hermanos Bertrán de Lis en la jornada del 7 de julio financiando una partida de voluntarios (algunos emigrados italianos), vid. *El Imparcial* nº 307 (11.07.1822), el comunicado que comienza "*Señores editores:* conociendo el que no es posible", f. = Manuel Beltrán [sic] de Lis.
1241. "Banco nacional", en *El Imparcial* nº 253 (19.05.1822).

poco posteriores, sobre una exposición hecha a las Cortes por la dirección del empréstito nacional contra los contratistas extranjeros. En cualquier caso, el autor, que pisa fuerte en el aspecto técnico, es el mismo y así nos lo hace saber, que ya había arremetido contra el convenio de noviembre de 1821 entre el ministro Vallejo y la compañía de Ardouin y Hubbard; sus argumentos se refuerzan con la inserción, sin solución de continuidad, de un comunicado sobre el mismo asunto en ese número[1242]. Las críticas contra el empréstito continuaron en junio. A un artículo comunicado sobre los prejuicios del tratado, publicado en un suplemento (de pago) el día 1, siguió una refutación no menos farragosa y la conclusión de dicho artículo, que firmó un Tomás Moore[1243].

Simultáneamente, se publica una vindicación del papel emitido por el gobierno Intruso durante la guerra, en el que de paso, se reproduce parte de un informe redactado por Almenara en 1810, cuando era ministro de Hacienda, y un subido elogio de su antecesor, el marqués de Cabarrús. El texto abunda en expresiones y maneras no ajenas al estilo de Burgos, pero en conjunto, se diría demasiado amargo y pesimista incluso para él. A título de ejemplo:

Creemos deber contribuir a ilustrar esta cuestión, desenvolviendo los principios que deben guiar para su resolución. No desmayaremos en esta carrera, por mas que reconozcamos el corto o ningún fruto que ha sacado la patria de nuestras reclamaciones contra la precipitación destructora de la hacienda del estado, contra la falta de conocimientos en los empréstitos extranjeros, contra la manía de demoler nuestros establecimientos económico - políticos que conservan por milagro

---

1242. "Hemos leído la exposición que ha hecho a las Cortes la dirección del empréstito nacional", en *El Imparcial* n° 257 (23.05.1822); "Concluyen las reflexiones (…)", en Suplemento al *El Imparcial* n° 260 (26.05.1822), al que sigue un artículo comunicado que comienza: "Tengo a la vista el suplemento del Universal de 16 de abril del pasado" [sobre el tratado del pasado 22 de noviembre entre Vallejo y la casa Ardouin, Hubbard y compañía] f. = T.M. [Tomás Moore].

1243. Vid. El artículo comunicado "Siguen las observaciones sobre los perjuicios del tratado del empréstito del 22 de noviembre del año próximo pasado", esquemático y con base aritmética, en el Suplemento a *El Imparcial* n° 266 (1.06.1822) 3 pp.; "Refutación de las observaciones presentadas a las Cortes, etc. etc.", en n° 267 (2.06.1822; "Concluye el artículo sobre el empréstito" en n° 271 (6.06.1822), f. = Madrid, 26 de mayo de 1822. = Tomás Moore.

algunos elementos de que puede renacer la prosperidad nacional, y contra el empeño lamentable de juzgar las cosas en razón de la animosidad o de las afecciones que se tienen á favor o en contra de los hombres que las han hecho. Aventuramos estas insinuaciones por que cada día es mas urgente contener la acalorada imaginación de hombres que con el mayor celo, sin duda, no hallan en su inexperiencia y en la medianía de sus conocimientos más medio de hacer el bien que proscribir cuanto existe por la misma razón de que existe[1244].

Todavía a finales de junio publica *El Imparcial* un recordatorio de la oferta de Bertrán de Lis, en forma de comunicado, del que se responsabiliza "la tertulia de los constitucionales netos de C."[1245]. Los tertulianos se admiran de la falta de eco de una oferta tan trascendente y exigen con impaciencia respuestas que el redactor, a su vez, se compromete a satisfacer tan pronto como el gobierno cuente con la autorización preceptiva de las Cortes para contratar. Ese requisito no se cumplió -las Cortes cerraron el 1 de ese mes- pero la importancia del asunto hizo que desde el periódico se respondiera apoyando calurosamente las ideas de Bertrán de Lis "en orden a abrir canales, facilitar millones a la tesorería, construir navíos, etc.". Se repiten ideas tantas veces expuestas por Burgos sobre la utilidad y la facilidad de ejecutar lo propuesto, así como su convicción ("que nos gloriamos de haber proclamado constantemente") de que el único camino para consolidar la Constitución era el de *dispensar beneficios*, cosa que había dejado pasar el gobierno de 1820 con su vergonzosa imprevisión y fue causa de las calamidades presentes. Sin conocer el pensamiento del empresario, arguye con optimismo que "nada será mas llano que poner en circulación acciones", para seguidamente, argumentarlo con detalle[1246]. Burgos parece saber de lo que hablaba. Con el tiempo, fue accionista de la empresa del Canal de Castilla cuando se otorgó la concesión a su amigo

---

1244. "Vales duplicados", en *El Imparcial* n° 271 (6.06.1822), y "Concluye el artículo sobre vales duplicados", en n° 272 (7.06.1822).

1245. "Señores redactores: aguardando hemos estado", en *El Imparcial* n° 293 (27.06.1822), f. = "La tertulia de los constitucionales netos de C." [La contrata ofrecida a las Cortes por Bertrán de Lis]; "Respuesta. Los redactores del Imparcial se hubieran anticipado a los deseos de la tertulia que ha escrito la carta anterior, si no hubiesen creído (...)".

1246. "En nuestro número 293", en *El Imparcial* n° 319 (23.07.1822) y "Concluye el artículo de ayer", en n° 320 (24.07.1822).

Alejandro Aguado en 1831[1247], y ya antes, de la llamada de "Empresas Varias", como presidente de la junta de gobierno. De esta fueron también directivos, entre otros, Francisco Xavier Cabanes, Sebastián Miñano, Francisco de León Bendicho, Carlos Heron y Julián Aquilino Pérez[1248].

Aparte las dificultades que conlleva, quizás no trae cuenta hacer una compilación exhaustiva de los artículos de Burgos porque como era de esperar, él compartía las doctrinas del periódico para el que escribía, e incluso cabe la sospecha de que algunos textos se redactaron en colaboración. Al menos, así lo sugiere la lectura de alguno de ellos. La plena identificación de su forma de pensar con la línea de *El Imparcial* queda clara, por ejemplificar, en la *Revista de noviembre* (5 y 6 de diciembre de 1821), cuyo mensaje principal podría resumirse en una condena de las insurrecciones de Sevilla y Cádiz, y especialmente de la inaceptable singularidad de que unas autoridades locales que debían lealtad al gobierno, se alzaran contra este. Defiende ahí la supremacía de la ley y desmonta la apariencia de legitimidad de la insurrección en el caso presente (tiene buen cuidado de no negarla en sentido absoluto); es,

---

1247. Cfr. F. Suárez, "Estudio preliminar", en Seminario de Historia Moderna, *Documentos del reinado de Fernando VII. VI. L.* López Ballesteros *y su gestión al frente de la Real Hacienda (1823-1832)*. Pamplona: 1970, Universidad de Navarra - CSIC. Vol. I, pp. 303-305: empresa constituida en París, por Alejandro Aguado (1 000 000 rs.), con la participación de Remisa (400 000 rs.), Burgos (400 000) y Casa Irujo (200 000 rs.). Burgos fue nombrado secretario (sin sueldo) pero él, igual que Aguado, se retiró de la compañía al cabo de pocos meses. Vid. J. García de León y Pizarro, *Memorias*. Edición, prólogo, apéndices y notas de Álvaro Alonso-Castrillo. Madrid: Revista de Occidente, 1953, II, p. 62, entrada fechada el 7 de diciembre de 1833 en la que relata chismes sobre la concesión y ejecución de las obras del canal.

1248. *Guía mercantil (…), o.c.*, I, pp. 545-546; Mesonero (*Manual de Madrid*, en *Obras, o.c.*, III, p. 92) da información que parece tomada de la misma *Guía*: a la fecha, "Empresas Varias" estaba ramificada en una de alabastros, otra de alfombras, otra de barniz y un servicio de coches de alquiler en Madrid (lo que explicaría la presencia de Cabanes, que era director entonces de la Compañía de Reales Diligencias). En el *Nuevo Manual* (*Obras, o.c.*, III, p. 442) puntualiza que se anunció con grandes pretensiones en la época de su fundación, pero que al presente estaba limitada a la fábrica de alfombras. A. Berazaluce, *Sebastián de Miñano (…), o.c.*, p. 304: en 1 de junio de 1830 Miñano enviaba a López Ballesteros "el primer fruto de los intereses de nuestras Empresas Varias consistente en 388 rs.", lo que indica (además de su bajo rendimiento) que el ministro también estaba interesado.

Imagen 50. "¡Desgraciadas Naciones / do despóticos reyes / no conocen más leyes / que cadalsos, destierros y prisiones!" (Archivo General de Palacio, Papeles reservados de Fernando VII, t. 72).

subraya, una usurpación encubierta de la voluntad general por parte de una minoría. Probablemente es suya también una información simultánea, relativa a la exhibición en varias librerías de la Corte de una estampa con la caricatura del rey, aparecida precisamente en la víspera de su regreso desde El Escorial; y concluía: "El pueblo en que se toleren semejantes excesos y abominaciones *tiene disueltos ya de hecho todos los vínculos sociales*"[1249]. Hasta ahí nada original en el discurso de Burgos, puesto que en líneas generales, forma parte del bagaje ideológico del periódico: si del rey abajo, los ciudadanos quedaban inermes ante los atropellos de los que se proclamaban *patriotas* y los abusos de la imprenta ¿dónde buscarían protección? ¿Podían extrañar las reacciones levantiscas de los *serviles*?

1249. "Hemos visto con escándalo", en *El Imparcial* nº 87 (5.12.1821).

Lo que interesa aquí es más bien su interpretación particular de los principios de *El Imparcial* y ahí no hay solución de continuidad con los asuntos más frecuentes en su *Miscelánea*, cuando enfatizaba la prosperidad pública como finalidad del gobierno, y consideraba las medidas en favor de los pueblos como el único medio posible para consolidar las nuevas instituciones; es la razón última de su intenso seguimiento de la discusión en las Cortes del proyecto de división provincial durante el otoño de 1822. En la lista de motivos predilectos de Burgos ocupa también un lugar importante su hostilidad al intervencionismo del Estado en la vida económica de la nación, bien reflejada en los artículos dedicados a las minas de las Alpujarras, en los que expresa oposición a los monopolios estatales y especialmente, al abuso legal que permitía al Crédito público continuar expoliando a los propietarios. Su familiaridad con el territorio que describe, no menos que el estilo utilizado, refuerzan la idea de la autoría de Burgos que está ya implícita en la mención de la *Miscelánea:*

El Crédito Público ha arruinado á los dueños de aquellas minas, pretendiendo conservar su absurdo y funesto monopolio, y no solo pretendiéndolo, sino conservándole de hecho a costa de vejaciones y escándalos dados en la Alpujarra en el verano último, y denunciados en vano enérgicamente en la Miscelánea[1250].

Alusiones autobiográficas permiten adjudicarle la elogiosa crítica de *La Enriada* de Voltaire en español, de la que ya se hizo mención páginas atrás, a propósito de su traductor, el brigadier don José Joaquín de Virués y Espínola, el que fuera gobernador de Motril en 1805[1251]. Su interés va más allá de lo literario, porque aunque no lo diga se trata de una crítica al fanatismo, uno de los temas predilectos de Burgos en sus años juveniles.

1250. "Minas de las Alpujarras", en *El Imparcial* nn. 120 y 121 (7-8.01.1822); la cita, en el número del 8 de enero. Los artículos que alude de la *Miscelánea*, "Sobre las minas de las Alpujarras del reino de Granada, aparecieron en nº 526 (7. 08.1821) nº 527 (8.08.1821) y nº 528 (9.08.1821).
1251. "La Enriada", en *El Imparcial* nn.131 y 132 (17-18.01.1822): crítica muy favorable de Voltaire y de su traductor, del que en el nº 132 decía ser su amigo desde hacía 16 años; otro tanto de Pedro Bazán de Mendoza, el otro traductor (también afrancesado) de *La Enriada* en verso al español. Ya antes, en el nº 47 (26.10.1821) había aparecido el anuncio, que también acentúa su ortodoxia, aunque el autor fuera Voltaire.

Tampoco hay duda, dicho sea de paso, de que salió de su pluma el anuncio de la *Biografía universal*. Como los demás redactores de *El Imparcial*, utilizó ampliamente las páginas del periódico para anunciar sus propias producciones[1252].

Posiblemente, lo más singular de sus artículos políticos en *El Imparcial* es que a diferencia de otros redactores, él no se cortaba en censurar al gobierno. Fuera por aversión al ministro de la Gobernación -el responsable de la circular que discriminaba a los afrancesados- o por las otras razones que ya había expuesto en la *Miscelánea*, el caso es que don Ramón Feliú tuvo que sufrir los ataques de Burgos cuando este arremetió contra el esquema de 51 provincias contempladas en el proyecto de división territorial que se discutía en las Cortes. Burgos alegó con elocuencia y poco respeto al ministro ("nosotros no querríamos ciertamente ser autores de tan pobre raciocinio y de tan triste comparación") el alto coste que supondría el proyecto para una nación hundida en la pobreza, agravada por la carga de los empleados arbitrariamente removidos por el gobierno y por la enorme deuda que se arrastraba, aumentada en la época constitucional[1253]. El argumento era capcioso y él lo sabía bien, lo que le obligó a reconducirlo cuando *El Universal* se lo discutió, aunque haciendo uso de una cautela que le llevó a desdibujar la acusación, sin aclarar si se estaba refiriendo al ministerio actual o al anterior: los culpables de los males de la nación no eran solo los serviles y los autores de los motines -afirmó- "no señor; ha sido el odioso e increíble partido que se tomó de separar en vez de reunir, de exasperar en vez de calmar; ha sido la ignorancia, la apatía o el furor de este o aquel gobernante"[1254].

1252. "Prospecto de la biografía universal antigua y moderna, o historia por orden alfabético de la vida pública, y privada de todas las personas distinguidas por sus escritos, acciones, talentos, virtudes o vicios: obra enteramente nueva, escrita en francés por una sociedad de literatos y sabios, y traducida al castellano con muchas adiciones y refundiciones por don Javier de Burgos", en *El Imparcial* n° 124 (20.01.1822). Ya antes se había publicado en el n° 18 (27.09.1821) el anuncio del Curso de medicina legal teórica y práctica, escrito en francés por Mr. Belloc, "traducido al castellano hace dos años de orden de la junta superior de cirugía del reino". Hay también anuncio - recensión (pero no es de la pluma de Burgos) de su traducción del *Horacio*: Suplemento al n° 40 (19.10.1821), que continúa en n° 41 (20.10.1821) y n° 43 (22.10.1821).
1253. "Apéndice sobre los artículos de división territorial", en Suplemento a *El Imparcial* n° 31 (10.10.1821).
1254. "El Universal traía ayer (...)", *art. cit.* [=Palenzuela], en Suplemento a *El Imparcial* n° 52 (31.10.1821).

Y para difuminar aun más la cuestión, Burgos la liga a su derivada, la discriminación a los afrancesados, que por razones bien sabidas él no confiaba en que fuera a cesar:

Jamás se deshonró el ministerio de una nación culta con una medida más absurda, mas abominable y más funesta que la de condenar al pago de enormísimas sumas anuales la arruinada tesorería de su patria, por satisfacer un deseo de venganza oprobioso y ridículo, o por la esperanza mas ridícula aun de adquirir a costa del Estado una larga clientela, con cuyo auxilio pudiese él perpetuarle en el mando[1255].

Junto a la desconfianza en la capacidad del gobierno para impartir beneficios, Burgos le achacó indecisión para hacer frente a la ola de trastornos que alteraron la tranquilidad pública a partir de septiembre. En las *revistas del mes*, atribuye la deriva de otoño a su pasividad ante los tumultos provocados por la destitución de Riego, en los que los amotinados presentaban su protesta como si fuera un clamor universal. Contra la lectura habitual de los sucesos del 18 de septiembre -la *batalla de las Platerías*- que se suelen considerar un triunfo de la causa del orden, Burgos insiste en su crítica, al subrayar que la timidez del gobierno fue lo que envalentonó a los organizadores de la procesión cívica, puesto que el bando del jefe político con la prohibición no se publicó hasta muy tarde. A más, la orden fue desoída y los manifestantes camparon libremente por las principales calles, incluso entre los soldados apostados para reprimirles, de modo que solo intervino un batallón de la milicia local cuando intentaron entrar en las casas consistoriales. La impunidad de la desobediencia, con el desprestigio de la autoridad, fue un ejemplo funesto para otras capitales de provincia, donde actuaba una minoría turbulenta desde hacía meses[1256].

Ni siquiera en esas circunstancias -añade- buscó el gobierno la cooperación del legislativo. Hubo que esperar a la lectura del mensaje del rey a las Cortes, que dio lugar a la condena de los acontecimientos de Cádiz y Sevilla, pero que provocó a su vez, la reprobación de la actuación de los ministros[1257]. Al dar cuenta de ese debate en la *revista de*

1255. "En el Universal del domingo se ha insertado (…)", en *El Imparcial* nº 37 (16.10.1821).
1256. "Revista de septiembre", en *El Imparcial* nº 78 (26.11.1821).
1257. "Concluye la revista de noviembre", en *El Imparcial* nº 88 (6.12.1821).

diciembre, queda claro el poco control que López Pelegrín ejercía sobre los contenidos del periódico, perceptible en el tono fríamente cortés y muy crítico, casi vejatorio, que Burgos empleó al examinar la defensa que hicieron los ministros de su gestión de la crisis. Centrándose precisamente en las intervenciones del mismísimo Pelegrín y de su colega Cano Manuel en el congreso, terminaba por solicitar la remoción del gobierno en pleno, tan pronto como se hubiera restablecido el orden en Andalucía:

[Los ministros] improvisaron una defensa parcial, incompleta y desaliñada, en que el mérito de reticencias justas fue eclipsado por la indiscreción de revelaciones no necesarias, y en que se pasó casi sin transición de los principios a las personas, y se suprimió casi la gradación importantísima del cuerpo moral del ministerio, al cual debían haberse contraído particularmente todos los principios, cuidándose poco o nada de los individuos. El ministro de Ultramar enumeró a la verdad varias causas de los males que nos afligían, y en cuyo nacimiento y desarrollo no había ciertamente tenido parte alguna el ministerio, pero su enumeración fue tan descarnada, tan árida, tan vaga, que apenas produjo efecto[1258].

11.7. La salida de Cabanes y el acceso de Burgos a la dirección: febrero a julio de 1822

La responsabilidad de Cabanes al frente de *El Imparcial* terminó en enero de 1822, porque habiendo enfermado, explica, "obtuvo de don Ramón López Pelegrín la exoneración de director de la expresada empresa". Lo que no dice es que, posiblemente, la misma existencia del periódico quedaba en el aire, porque nadie confiaba en la continuidad del gobierno que lo había patrocinado, desacreditado por su incapacidad para restablecer la autoridad durante las revueltas del pasado otoño y que había sido vilipendiado en las Cortes con este motivo. También expiraba entonces la contrata con los impresores, lo que indica que el horizonte temporal previsto inicialmente ya se había alcanzado.

Cabanes había proyectado hacer un viaje por Inglaterra y Francia en compañía de su hermano cuando se librara de su compromiso en el periódico, y a ese fin consiguió la correspondiente licencia. Ahora bien, al

---

1258. "Revista de diciembre", en *El Imparcial* nº 114 (1.01.1822); vid. también "Concluye (…)", en nº 115 (2.01.1822).

volver a Madrid después de una estancia breve en Barcelona, le encargaron con carácter interino la jefatura de la Comisión de Jefes y Oficiales, que había quedado vacante en abril por el nombramiento de su titular, el brigadier don Antonio Burriel, para el gobierno de Cádiz. Según los citados documentos que obran en su hoja de servicios, seguía en este destino durante los sucesos de julio de 1822, determinantes para el rumbo posterior del régimen. Lo que de ahí se deduce es que nadie, ni entre los absolutistas ni entre los liberales, contó con él en aquellas circunstancias, acaso por no considerarle uno de los suyos. Él se disculpa afirmando que no supo lo que proyectaban los guardias sublevados porque no hacía servicio de batallón a causa de su destino; también, que los oficiales constitucionales le pidieron que mediara cuando las cosas pintaban mal, por pensar que tenía influjo con los golpistas, pero luego convirtieron sus ruegos en reconvenciones. Cumplió, sí, con una orden que le dio el duque del Infantado en la cámara Real, saliendo de Palacio para que las baterías dejaran de disparar.

En 1823, al producirse la invasión de los Cien mil hijos de San Luis, marchó al norte como jefe de Estado Mayor del general Morillo, lo que justificó ante la comisión de Purificación afirmando que lo hizo con el fin de evitar las hostilidades entre el ejército constitucional y los invasores franceses. Cabanes aportó también documentos y periódicos para intentar demostrar que, como se dice en el extracto de uno de ellos, él "era más servil que el Trapense" y lograr así su purificación, cosa que aun así, le costó[1259]. En los años sucesivos el gobierno le encargó diferentes comisiones, pero no ascendió a mariscal de campo hasta octubre de 1833, al comenzar la regencia que ejerció María Cristina tras morir el rey. Falleció en Madrid "de poca enfermedad" un año después, escribe su cuñado Garcia de León y Pizarro[1260].

A juzgar por el eco (hostil) en otros medios, Javier de Burgos fue ganando protagonismo en el diario, pero hasta finales de enero de 1822, después de la salida de Cabanes, no asumió la dirección. El hecho puede deducirse de las alusiones en otros periódicos a "su *reciente* editor"[1261], pero lo más definitivo se encuentra en su respuesta a un comunicante de *El Universal* que le hacía responsable, en tono burlón, de los disparates

---

1259. Cfr. en su expediente, *loc. cit.*, con referencia al *Journal des Débats* (18.06.1823); hay también ejemplares del *Diario Constitucional, político y mercantil de Barcelona* nº 225 (13.08.1823) y nº 288 (16.10.1823) en los que se repite la expresión. Obtuvo su purificación en 1826.
1260. J. García de león y Pizarro, *o.c.*, t. II, p. 102.
1261. *El Independiente* nº 31 (31.01.1822) p. 130; en el mismo número, reseña favorable de la *Biografía universal* que editaba Burgos.

taquigráficos en *El Imparcial* al dar cuenta de las sesiones de las Cortes. La identificación no deja lugar a dudas: "un editor tan redicho, tan orondo, y que tanto se pavonea y precia de sabio, y llama a Vds. y a los demás periodistas escritorzuelos sandios"[1262]. A esta chanza razonará el aludido contra el equivoco intencionado de atribuir semejantes errores al *redactor principal de este papel;* y detalla: "El redactor del Imparcial contra quien se dirige no comenzó a desempeñar este encargo hasta el 1° de febrero"[1263].

Ignoro si el retraso que experimentó la *revista* de febrero (que apareció, como la de marzo, a principios de abril), está relacionado con su nueva ocupación. ¿En que consistía propiamente el trabajo? Aparte de los numerosos artículos de fondo que parecen de su mano, da la impresión de que arreglaba noticias y escribía pequeños sueltos, además de supervisar la edición de los contenidos, el punto en el que se habían señalado errores formales en la etapa anterior. Aunque sin evidencia, parece razonable suponerle la responsabilidad en la coordinación de los colaboradores, pero es difícil determinar si estos siguieron gozando de la misma autonomía que en la época de Cabanes, con Burgos como un *primus inter pares.*

Burgos ya se había ganado una reputación en la *Miscelánea.* Se le reconocía talla intelectual y mérito como humanista, pero sus adversarios le detestaban a causa de esa superioridad, que retorcían y le tiraban a la cara con sarcasmo. De hecho, la dureza y simultaneidad de los ataques *ad hominem* que sufrió durante aquellos días podría llevar a pensar en una ofensiva coordinada: el 20 de febrero *El Espectador* (ignoro si seguía a cargo de Evaristo San Miguel[1264]) culminó la campaña contra él con un artículo de mordacidad demoledora, pero nulo sentido del humor: nada añade a lo de siempre, al recordar sus

---

1262. "Señores editores del Universal: en esta aldea", en *El Universal* n° 55 (24.02.1822); el artículo se disfraza de comunicado remitido por un suscriptor: f. = C.A.M., Gratallops, 14.02.1822.

1263. "¡Qué baja y ruin pasión es la envidia!", en *El Imparcial* n° 170 (25.02.1822) p. 654; señala al *"académico* del El Universal" (o sea, a Manuel Narganes) como autor del fingido comunicado de Gratallops, superchería que ya hizo con el falso artículo de Palenzuela. Y añade: cuando a *El Universal* se le van los suscriptores "a centenares", intenta desacreditar a la competencia.

1264. Evaristo San Miguel, coronel entonces, había sido destinado a Aragón por el gobierno: vid. el comunicado que empieza "Señores Imparciales. Hay gentes que por murmurar, murmurarán hasta de lo que los favorece y los honra", en *El Imparcial* n° 111 (29.12.1821) f. = F.D.T.; y concluye: "Los redactores del Espectador se quejan de esta disposición porque San Miguel era uno de sus colaboradores".

andanzas durante la guerra como subprefecto trashumante (sic) de Almería, que presumía de los eminentes beneficios hechos a sus administrados; y lo identificaba con el "pedantón don Hermógenes" que antes había redactado la difunta *Miscelánea* y se ocupaba ahora del servilísimo *El Imparcial*[1265]. El mote, dicho sea de paso, no cuajó, a pesar de los esfuerzos de *El Espectador* y otras publicaciones de los exaltados. Probablemente tiene su origen en la comedia propagandística titulada *El Desembarco de los rusos en Motril* (1821), protagonizada por el estrafalario don Hermógenes, un cacique de tomo y lomo al que burlan los milicianos del lugar fingiendo un desembarco ruso para derrocar la Constitución. La alusión en la comedia es inconfundible pero desafortunada, porque precisamente Burgos había argumentado largo y tendido solo dos meses antes contra la posibilidad de una intervención extranjera en España[1266]. A su vez, *El Tribuno* enriquece la leyenda negra de Burgos con una supuesta anécdota de la época en la que los franceses ocuparon Granada: su jefe, el general Sebastiani, se habría indignado ante la falta de patriotismo del autor de la comedia *El presidente de la regencia*, y en consecuencia, mandó suspender su representación. Hay que decir, sin embargo, que no hay noticia de que se hubiera anunciado esa función en momento alguno, y por supuesto Burgos niega la veracidad del suceso[1267].

1265. "Cuando un hombre ha perdido todo pudor y vergüenza", en *El Espectador* n° 312 (20.02.1822) pp. 1251-1252. No sé que quiere decir la última parte del párrafo que sigue: "Nosotros tenemos también ciertos documentos relativos al *imparcialista,* que se han apresurado a enviarnos esos mismos *administrados* con cuyos beneficios está tonteando hace mucho tiempo, y dicen cosas que si las publicásemos no nos lo agradecería el señor don Hermógenes, cuya vida y milagros desde su abuelo, y !a aventura del *santero* con otras preciosidades, sabemos muy detalladamente".

1266. Vid. Epifanio Esteban, *El desembarco de los rusos en Motril, costa de Granada*. Comedia en dos actos, representada en el teatro de Granada, por primera vez, el 1° de marzo de 1821. Compuesta por Don — — —, capitán del cuerpo nacional de ingenieros. Granada: Imprenta Nacional del Ejército, 1821, 8° [BN: Cervantes]; hay edición moderna en Rosalía Fernández Cabezón, *La Constitución de Cádiz en el teatro español de la época de las Cortes y del Trienio Liberal (1812-1822)*. Cádiz: Fundación Municipal de Cultura del Excmo. Ayuntamiento de Cádiz, 2012, pp. 223-257; hay crítica de teatro en *El Universal* n° 208 (27.07.1821) p. 816. La opinión de Burgos contra la posibilidad de una invasión, en "¡Qué escándalo! ¡Qué turbación! ¿Con que nos invaden?", en *Miscelánea* n° 282 (7.12.1820) y su continuación, en n° 284 (9.12.1820).

1267. *El Tribuno* n° 31 (21.04.1822) p. 128, comunicado firmado por M. de S. R.; el desmentido de Burgos, en *El Imparcial* n° 226 (22.04.1822).

El nombramiento del granadino como director fue un paso lógico, porque a pesar de los muchos colaboradores con que contaba *El Imparcial*, no existía entre ellos el profesional que necesitaba un periódico de su envergadura. Cabanes había dado pruebas de ser un buen organizador, pero no parece haber estado familiarizado con el oficio y eso se tradujo en descuidos en la confección y en falta de elaboración en las noticias, que muchas veces no pasaban de ser una inserción cruda de documentos. Errores como introducir una proclama del Jefe político de Cádiz bajo el titulillo de "Pamplona"[1268] no fueron infrecuentes, especialmente en las primeras semanas. Más grave fue la falta de crítica, que les llevó a publicar bulos que luego tuvieron que rectificar. En la época de Cabanes fue sonada la noticia de que la milicia nacional de Lugo había disparado dejando muertos y heridos para defenderse de un tropel de cuatro o cinco mil paisanos que habían apedreado el ayuntamiento, el busto del rey y la lápida de la Constitución el día del sorteo para el reemplazo del ejército[1269]. De yerros semejantes salían del paso como se podía:

> *El Espectador* de ayer desmiente la noticia que dimos en nuestro número del día anterior relativa á la muerte del faccioso Zaldívar, y en verdad que lo único que sentimos es que tenga razón para desmentirla. Nosotros no hicimos mas que copiarla al pie de la letra del número 97 del *Eco de Córdoba*, que como mas cercano al lugar de la escena creímos que estaría mejor enterado del suceso.

> Siendo nosotros mas modernos en la carrera periodística, no nos hemos atrevido á innovar la costumbre en que se está de no citar las fuentes de donde se toman los hechos; y aun por eso vemos en algún periódico copiada, ayer mismo, una noticia que nosotros estampamos el día 10 del corriente, reimpresa en Zaragoza, y vuelta á reimprimir en Madrid para la amenidad y entretenimiento de los lectores[1270].

1268. Cfr. *El Imparcial* nº 2 (11.09.1821).

1269. "Noticia suelta. Lugo 6 de septiembre", en *El Imparcial* nº 3 (12.09.1821); en nº 6 (15.09.1821) hace la palinodia: "Supuesto que ya consta, según se dice de oficio que ha habido alguna exageración en las circunstancias de la noticia, no podemos menos de alegrarnos con todos los buenos de que el mal haya sido menor, y tributamos las debidas gracias a los señores Editores del *Universal y del Espectador*, por haberse dignado rectificar esta equivocación en los términos atentos que lo han hecho".

1270. *El Imparcial* nº 42 (21.10.1821). En efecto, la noticia sobre la muerte de Zaldívar se había publicado en el nº 40 (19.10.1821), bajo el epígrafe "Córdoba 10 de octubre. Extracto de una carta del alcalde del Obejo".

Fue siempre abundante y fiable la información que venía de Cataluña, especialmente desde que la lucha con los facciosos entró en su apogeo. Y también era muy regular la de Cádiz y de San Sebastián, lo que quizás se debe a a la relación privilegiada con la empresa de la diligencia-correo. Se supone que los textos recibidos -proclamas, representaciones, partes- se adaptaban en la redacción, pero lo cierto es que muy a menudo se insertaron documentos íntegros, largos y farragosos, sin ningún arreglo. Y siguió siendo así durante la etapa de Burgos en la dirección del periódico, aunque sí se enmendaron otros yerros. En el artículo "Sobre la extensión que damos a las noticias de Cataluña", el redactor, casi con con toda seguridad el mismo Burgos, hace de la necesidad virtud intentando convencer de que ese proceder era consecuencia de que al público hay que *"decirle la verdad, toda la verdad y nada más que la verdad"* con objetividad, subordinando los *discursos* (las consideraciones morales) a los *hechos*, que no deben ocultarse por conveniencia política[1271]. Pero en realidad, todo eso parecen justificaciones para salir del paso, porque por contraste, la información procedente de ciertos corresponsales de provincias solía ser cuidada y por supuesto intencional, nada neutra en absoluto. Tendía a estar redactada en clave narrativa, pero salpicada con comentarios inteligentes, ocasionalmente irónicos y cargados de complicidad con la línea del diario, lo que potenciaba el mensaje global contra los alborotos de los tragalistas, el acoso a la gente de orden y la violencia verbal de algunos periódicos.

El desmentido de *El Espectador*, en su nº 189 (20.10.1821). Pronto, el agradecimiento a las rectificaciones de otros periódicos dio paso al tono respondón: véase *El Imparcial* nº 46 (26 [sic].10.1821), donde expone: "Deben saber los redactores del *Universal* que nosotros quisiéramos referir siempre hechos cuya certeza fuese incontestable, pero siendo esto absolutamente imposible, nos contentamos a lo menos con citar verazmente el origen de donde los tomamos, siendo tal nuestra escrupulosidad en esta parte, que jamas pondremos como traducidos de ningún artículo de Londres lo que hubiéremos copiado del *Diario constitucional de la Coruña* (como hace el *Universal* en el número de hoy). Tampoco nos agrada copiar del *Diario constitucional de Zaragoza* del 14 de octubre noticias de Castelló de Farfaña estampadas en *El Imparcial* de lo del mismo como hace el *Universal* de 20 del corriente copiando hasta la errata del nombre del pueblo. Pero sobre todo deben saber los redactores del *Universal* que así como a ellos les disgustaría justamente que esto se atribuyese a pobreza, a vanidad pueril de pasar por noticieros, o a otras miras igualmente ridículas, así a nosotros nos es muy sensible que se atribuya a malicia lo que en ningún caso podría pasar cuando mas de alguna inadvertencia."
1271. *El Imparcial* nº 288 (22.06.1822).

En el caso de Granada puede adivinarse la pluma de Rafael Pérez de Guzmán el Bueno, un amigo personal de Burgos y antiguo colaborador de la *Miscelánea*, autor de crónicas sobre los incendios sofocados por los bomberos locales (él era su jefe)[1272]. Con frecuencia, estas correspondencias se enviaban desde Sevilla, Cádiz, Valencia y especialmente Barcelona, de donde procedía la información sobre la epIdemia de fiebre amarilla de 1821 y sobre el levantamiento realista en la Cataluña rural, que llegaría a alcanzar las proporciones de una guerra civil.

11.8. Los redactores y colaboradores de *El Imparcial*

La caída del ministerio responsable de la creación de *El Imparcial*, sumada a la salida de Cabanes, debió obligar a un replanteamiento de los acuerdos que estaban en la base del periódico, pero nada sabemos de eso. Sin embargo, tampoco en esta época se libró de las acusaciones de estar pagado. Un supuesto comunicante del *Nuevo Diario* que responde el 31 de enero a un artículo enviado a *El Imparcial* desde el Puerto de Santa Maria, sospecha que en realidad este fue escrito en la calle del Amor de Dios (o sea, el domicilio de Burgos y su familia) y era obra de "aquel célebre poeta dramático que ilustró el teatro Napoleón de Granada con la famosa comedia de la Regencia" (sic). Y añade, un distinguido general español le daba 2 000 rs. al mes por insultar a los comuneros[1273]. En ese mismo escenario de confrontación entre el gobierno y la comunería, un diario simpatizante de la sociedad, *El Tribuno*, dejó caer que el nuevo gabinete que encabezaba Martínez de la Rosa estaba sufragando suscripciones de *El imparcial* para las siete secretarías, por valor de 60 000 rs. al año[1274]. El *Nuevo Diario* se hizo eco de esta información y aprovechó para moralizar, condenando la simbiosis entre el poder político y los medios:

1272. Vid. *El Imparcial* n° 203 (30.03.1822), "Granada, 15 de marzo" y n° 224 (20.04.1822), "Granada 6 de abril".
1273. "Señor editor del Diario Nuevo. ¿Sabe usted que el ganado trashumante está haciendo de la suyas?", en *Nuevo Diario* n° 31 (31.01.1822) p. 133, f. = *El Antitrashumante*.
1274. "Se nos ha asegurado que la secretaría del despacho de Hacienda", en *El Tribuno* n° 24 (14.04.1822) p. 97; y añade: "No se pique El Universal por esta señal de decidida protección en favor de su rival en veracidad, honor y patriotismo".

Nuestro ministerio no debió nunca adoptar el sistema adoptado por otros ministerios de Europa, de tener un periódico de su devoción (...). No sucedió así: apenas hubo ministerio en España, salió inciensándolo un periódico en cuyos elementos había también algo de gavachismo (sic) y dentro de poco tiempo el antiguo gacetero del rey José, el calumniador pagado del patriotismo y de la heroicidad, llegó a ser el panegirista oficial y oficioso de un ministerio compuesto de hombres puros y experimentados[1275].

Señalaba a *El Universal*, claro, aunque bien podía haberse referido a *El Redactor general* o al *Régulateur*, los otros periódicos de los que hay constancia de su patrocinio por los ministerios anteriores. Y todavía en julio, tras la debacle de los moderados, se acusaba al gobierno de seguir favoreciendo a *El Imparcial*[1276].

¿Necesitaba realmente la empresa de "protección", o de financiación suplementaria para salir adelante en esta etapa? La poca información disponible sobre la difusión de periódicos durante el Trienio Liberal apunta a unos 1500 ejemplares en el caso de *El Imparcial*[1277], lo que si se acerca a la verdad, era más que suficiente para asegurar la solvencia de un diario convencional. Y además se trataba, según dejó caer un comunicante, de uno de los que más circulaban en España[1278]. Ahora bien, la cantidad y calidad de colaboradores podría justificarlo: "cuidado que esta gavilla es mas numerosa que la de Mosén Antón", se comenta en el *Apéndice de la*

1275. "No podemos resolvernos a creer", en *Nuevo Diario* nº 106 (16.04.1822) p. 371.
1276. Vid. *Nuevo Diario* nº 191 (10.07.1822) p. 760: "Se nos acaba de decir para que lo manifestemos al público, que aun se sigue remitiendo por la secretaria de la Gobernación, el infame órgano de los facciosos *El Imparcial* a las provincias"; información que el propio diario ni desmiente: "mientras unos individuos nos amenazan con la muerte, otros dicen que es un *escándalo* que de la secretaría de la gobernación se dirijan a los jefes políticos ejemplares del *Imparcial*" (*El Imparcial* nº 307, 11.07.1822).
1277. *El duende de los ministerios, tribunales, tertulias y periódicos de Madrid*, nº 1, s.f. (= 1821), p. 16; es dato publicado por A. Gil Novales en *Las sociedades (...), o.c.,* II, p. 1021; vid. también C. Morange, *En los orígenes (...), o.c.,* p. 83 nota: según un despacho de la embajada francesa del 1 de noviembre de 1821, *El Imparcial* tendría entonces 1200 suscripciones.
1278. *El Imparcial* nº 105 (23.12.1821) comunicado f. = P.M., Cádiz 7 de diciembre.

Galería de los periodistas[1279.] Y eso, sin contar con los corresponsales de provincias y el extranjero, aunque se deduce que los últimos, trabajaban gratis en buena parte de los casos[1280].

Escribió en *El Imparcial* un número elevado de colaboradores sobresalientes por su claro entendimiento, saber y buena pluma. Su reputación la reconocía todo el mundo, aunque el estar señalados muchos de ellos como afrancesados no les aportaba popularidad. Como se sabe, el núcleo procedía del *El Censor*, la publicación intelectual creada con capital francés para difundir el liberalismo doctrinario y prevenir los excesos de la revolución. Recordemos: en ella escribían Alberto Lista, José Mamerto Gómez Hermosilla y Sebastián Miñano[1281], cuya importantísima labor en ese terreno aconseja dedicar una mirada a su perfil como publicistas, puesto que este se iba a proyectar también en los contenidos de *El Imparcial* durante la etapa de Burgos. Lista quizás represente la cara más amable de la redacción. Profesor por vocación, poeta y matemático, le habían excluido en la designación de una plaza en los Reales Estudios por ser afrancesado, de modo que había fundado el colegio de la calle de San Mateo, en el que se educaban hijos de algunas familias elegantes (y pudientes) de Madrid. También desempeñaba una cátedra de literatura, no remunerada, en el Ateneo. Frente a las acusaciones que le lanzaron desde *El Espectador*, Lista rechaza que otro de los redactores de *El Censor* (Miñano) les hubiese propuesto hacer "un periódico servil con máscara liberal". Niega también que él se hubiera limitado a escribir generalidades sobre teoría liberal, rehuyendo el compromiso político. Por el contrario, afirma, lo había hecho en defensa de la Constitución contra los ataques de la Santa Alianza, y en sus artículos había tratado de la situación de Europa, la de España y la de los partidos censurando yerros, proponiendo remedios y aplicando los principios a las circunstancias concretas. Probablemente fue como dice, aunque siempre desde la perspectiva de ideólogo componedor, autor de los artículos que dieron entrada en España -la afirmación es de Hans Juretschke- a las ideas de los doctrinarios franceses. Al contrario que sus colegas de *El Censor*, Lista nunca se desdijo de su liberalismo,

---

1279. *Apéndice (…)*, *o.c.*, p. 26.
1280. Con todo, ocasionalmente surgen indicios de una relación profesional: vid. *El Imparcial* nº 211 (7.04.1822): "Deseosos siempre de tener á nuestros lectores instruidos de todos los movimientos de la frontera, pedimos hace algún tiempo a nuestro corresponsal de Burdeos una nota exacta de todos los cuerpos que componen el cordón de sanidad".
1281. E. de Ochoa, *Apuntes (…)*, *o.c.*, t. I, p. 191.

por moderado que fuera[1282]. Los ambiciosos artículos sobre el estado de Europa y de España que se publicaron en los primeros números de *El Imparcial*, como otros escritos con fondo analítico y ánimo conciliador, cuadran con el estereotipo[1283]. Posiblemente, durante la etapa de Burgos como director, Lista siguió siendo uno de los redactores especializados en la divulgación de ciencia política (véase más abajo); eso, sin olvidar los de erudición literaria, entre los que se le puede atribuir el titulado "Consejos a los literatos" (28.02.1821), en el que su autor afirma serlo también del discurso publicado en *El Censor* "Sobre la filosofía de las artes y ciencias en general, y de la literatura en particular", que Juretschke da como propio de Lista[1284].

Hermosilla, otro de los redactores de peso en *El Imparcial*, era un helenista eminente que en su juventud se había entusiasmado con la revolución francesa pero más tarde, cuando las cosas se torcieron en tiempos de Robespierre, se desengañó y su fervor se convirtió en

---

1282. Artículo comunicado, f. = Alberto Lista, en *El Espectador* n° 460 (18.07.1822) p. 587, donde hace su propia apología, como réplica al artículo que le atacaba, publicado en el número del día 15; cfr. H. Juretschke, *o.c.*, p. 114.

1283. Vid. los titulados "Es menester que nos entendamos", en *El Imparcial* n° 6 (15.09.1821), "Unión de los literatos", en Suplemento al n° 31 (10.10.1821) y "Las personas y las doctrinas", en n° 92 (10.12.1821). Por supuesto, también utilizó el periódico para hacer publicidad de sus libros: vid. en el n° 93 (11.12.1821) el anuncio literario de su "*Colección de trozos escogidos de los mejores hablistas castellanos en verso y prosa*: hecho el uso de la casa de educación sita en la calle de san Mateo de esta corte" en dos tomos; se repite en n° 176 (3.03.1822).

1284. "Consejos a los literatos", en *El Imparcial* nn. 173 y 174 (28.02 - 1.03.1822); vid. el serial titulado "Discurso sobre la filosofía de las artes y ciencias en general, y de la literatura en particular", en *El Censor* n° 21 (23.12.1820) pp. 223-235; n° 22 (30.12.1820) pp. 301-317 y n° 24 (13.01.1821) 454-466; cfr. H. Juretschke, *o.c.*, p. 410. Por su tema y estilo, guarda también relación con unas "Observaciones sobre el poco fundamento con que se atribuye a ciertas causas el atraso actual de la literatura propiamente dicha", en las que se combate la idea de que el escaso progreso de las letras se deba a la falta de protección oficial o privada. No se oculta en absoluto el sesgo afrancesado: "Solo en España se ha dado el escándalo de que Meléndez haya muerto pobre, proscrito y desterrado, y Moratín haya sido privado de los empleos, honores, gracias, condecoraciones y mercedes con que habían premiado su mérito los *déspotas mismos* y sus odiosos favoritos" (*El Imparcial* nn. 171 y 172, 26-27.02.1822).

aborrecimiento. Durante la guerra sirvió al régimen de Napoleón (porque este "había sofocado la hidra del jacobinismo en Francia")[1285], estuvo exiliado después en Montpellier y volvió a España a comienzos de julio de 1820. Según su versión, los temores sobre el curso que iban tomando los acontecimientos sugirieron la idea de publicar *El Censor,* "un periódico destinado a combatir el jacobinismo y neutralizar el veneno de los escritos revolucionarios", aunque los redactores no rehuían la alabanza al gobierno representativo:

Pero no era el establecido por la Constitución de Cádiz: era el gobierno constitucional en abstracto; es decir, un gobierno en que los poderes del Estado estén sabiamente combinados, las leyes sean justas y se ejecuten con puntualidad; y semejante gobierno se alababa, 1° porque si llegase a establecerse en alguna parte, no sería malo por cierto; y segundo porque si abiertamente se hubiese desaprobado el gobierno representativo, en aquel día los redactores del Censor hubieran sido arrastrados por las calles; y ni ellos querían, ni a la nación le era útil que sus nombres se leyesen algún día en el martirologio revolucionario.

Afirmaciones que parecen, por lo menos, mitigar las de Lista. Niega sin embargo que *El Censor* estuviera pagado por nadie, o que sus redactores recibieran más recompensa que los sueldos que les daba el empresario. Durante la época constitucional, Hermosilla fue también profesor de humanidades en el colegio de Lista y como él, aprovechó la circunstancia para publicar libros de texto. Posiblemente estaba ya dando forma a su obra sobre *El Jacobinismo* (esa voz es la marca de Hermosilla), en la que descara su pensamiento, que don Antonio Elorza entiende en términos de "un reformismo contrarrevolucionario"[1286].

De *El Jacobinismo* parecen preludio varias series de artículos publicados en *El Imparcial,* en los que se emplea un léxico homogéneo y que destacan por la dureza de sus juicios: "puse en él artículos que

---

1285. José Gomez Hermosilla, *El jacobinismo, obra útil en todos tiempos y necesaria en las circunstancias presentes. Su autor Don — — —.* Madrid: Imprenta de D. Leon Amarita, 1823 - 1824, 3 vols. Las citas y referencias que siguen proceden del vol. I, pp. 11, 16, 17-18, 24 y 438.
1286. A. Elorza, *art. cit.,* p. 625.

escocieron vivamente a mis señores los jacobinos"[1287]. ¿Es de su pluma la serie de los "Comunicados del otro mundo" que comenzaron a publicarse en febrero de 1822?[1288] Hay que advertir que Hermosilla se expresa ahí por medio de un lenguaje natural que generalmente está ausente de histrionismo: su tremendismo es más bien conceptual.

También procedía de *El Censor* Sebastián Miñano, seguramente el mejor escritor satírico de su época. Cosechaba entonces éxito y dinero con la publicación de sus *Cartas*, en las que ridiculizó sin piedad a los absolutistas, a los exaltados y en general, a los vicios del sistema. Es tentador atribuirle los sueltos y los artículos de este género en *El Censor* y en *El Imparcial*, en los que destaca el desparpajo del lenguaje y la agudeza de su ingenio, que todavía atraen; cultivaba el oxímoron. En su semblanza escrita años después, Ochoa no ocultó el afrancesamiento cultural que Miñano proclamaba de sí mismo, negando en cambio -interesante el matiz- su filiación como josefino. Y al tiempo, advertía sobre los límites de su liberalismo, que eran fruto, no del cinismo como a veces le reprocharon, sino del escepticismo sobre la condición de los españoles ("un país tan poco preparado"). Y añadía Ochoa:

> Está persuadido a que la concesión repentina de los derechos políticos a un pueblo que ni siquiera gozaba de los civiles mas imprescriptibles, es una probadura tan peligrosa, que no podrá menos de retardar, cuando no impedir, que se generalice el amor a la libertad; o lo que es lo mismo, que se infiltre en las costumbres el verdadero espíritu de las leyes[1289].

1287. J. Gómez Hermosilla, *El jacobinismo (...)*, o.c., p. 20; entre otros, artículos que parecen anticipar su libro fueron los titulados "Revolución", en *El Imparcial*, Suplemento al nº 40 (19.10.1821), "Vuelta al Eco de Padilla", en Suplemento al nº 52 (31.10.1821) y "Revolución - jacobinos", en nº 74 (22.11.1821).

1288. Vid. "Comunicado del otro mundo" en *El Imparcial* nº 166 (21.02.1822), f. = Platón; segundo, en nº 172 (27.02.1822), f. = Shakespear; tercero, en nº 177 (4.03.1822), f. = Catilina; cuarto, en nº 180 (7.03.1822), f. = Aristóteles; quinto, en nn. 192-193 (19 y 20.03.1822), f. = Mirabeau.

1289. "Miñano, Don Sebastián de", en E. Ochoa, *Apuntes (...) o.c.,* II, p. 444; nos lo confirma el propio Miñano en una reflexión hecha a Reinoso años después: "Nada me admira la situación en que ha encontrado Vm. al Escorial: estos son siempre los primeros testimonios que dan los liberales de su supuesta ilustración. Con tal que haya jarana, se juegue, se maldiga,

Durante el Trienio, Miñano fue temido y odiado por la izquierda liberal, lo que queda claro en el retrato que le dedicaron en la *Galería en miniatura de los más célebres periodistas*, el desenfadado folleto atribuido a Manuel Eduardo Gorostiza[1290] en el que se insiste en los tópicos de escritor sin principios, afrancesado y venal, con referencias indirectas a su decir jocoso y a su relación con el moderado (y rico) general Castaños. Como su continuación, el *Apéndice a la galería*, el folleto revela la identidad de otros articulistas de *El Imparcial*, entre los que dedica atención al setentón marqués de la Almenara -el granadino José Martínez Hervás- con su trayectoria de banquero, diplomático amigo de Napoleón y ministro de José I que había devenido periodista, lo que admira y divierte a los de la *Galería*[1291]. Creo que las aportaciones de Almenara se ciñeron a temas de banca y quizás empréstitos y Hacienda, aparte de algunos comunicados firmados con su nombre, en los que defendió su gestión pública de otro tiempo con un estilo directo, claro y asertivo[1292].

Hubo también entre los redactores un Sor, hermano de Fernando, el virtuoso guitarrista que tras ejercer de subprefecto de Málaga durante la ocupación francesa, había triunfado en San Petersburgo y París. "Leerle á él es oír a su hermano, y a fe que este último es voto privilegiado en punto

---

se insulte y se echen muchos ajos, mas que las artes y las ciencias gimen y mueran en los hospitales o en los calabozos, nada importa ¿Qué hubiera quedado de la Francia culta sin el episodio de su despotismo militar?": S. Miñano a F. Reinoso (Bayona, 28.11.1839), en Juan López Tabar (ed.), "Cartas de Sebastián Miñano a Félix Reinoso (1837-1841)", *Trienio* n° 45 (2005) p. 173.

1290. [M.E. Gorostiza], *Galería (…), o.c.*, pp. 22-24 (Miñano); la serie continúa en el *Apéndice a la galería de los más célebres periodistas, folletistas y articulistas de esta capital. Por dos bachilleres y un dómine.* Madrid: imprenta de D. Eusebio Álvarez, 1822, 31 pp.

1291. *Apéndice a la Galería (…) o.c.*, pp. 24-25.

1292. Vid. "El marqués de Almenara ignora si la provincia de Granada le ha honrado con el nombramiento de diputado para las Cortes", en *El Imparcial* n° 92 (10.12.1821). f. = Almenara (Madrid, 9 de diciembre de 1821), sobre sus servicios a la patria, frente al ataque de *El Noticioso* por afrancesamiento: "La profesión política de Almenara esta mil veces consagrada en sus escritos; la Constitución, la religión, el trono, la concordia y el amor a la humanidad, son su divisa"; vid. "Señores editores del imparcial. En el número 104 han publicado ustedes una carta de D. M. de B.", en n° 108 (26.12.1821), f. = Almenara (Madrid, 22 de diciembre de 1821): es respuesta al comunicado que indica (objetos artísticos llevados a Francia por el rey José y "el dicterio eterno de afrancesados").

á música.... Por eso los artículos filarmónicos del Imparcial valen lo que pesan". El *Apéndice a la galería* parece referirse a los publicados en abril y mayo de 1822 así como al de 15 de julio, una crítica de la representación de la ópera Otelo que provocó la ira de José María Carnerero, el empresario de los teatros de la Corte y editor del *Indicador de los Espectáculos*[1293].

En cambio, no es probable que Lista hiciera crítica teatral para *El Imparcial*. Se trata de artículos, insertados bajo el título de "Teatros", dedicados con sentido de oportunidad a las piezas que se representaban en Madrid, evidentemente escritos por alguien entendido en la materia. No deben confundirse con el escueto aviso de las funciones en los teatros del Príncipe y de la Cruz, que se encontraba al final del número, después de los anuncios[1294] y justo antes del pie de imprenta. Muchos de los artículos que se publicaron de este género en *El Imparcial* están dedicados a comedias que Lista ya había analizado en *El Censor* (o lo haría en breve), pero difieren en su concepción. Las críticas de *El Censor* muestran profundidad "filosófica", como entonces se decía, al interesarse por la coherencia argumental, su credibilidad histórica, la traza psicológica de los caracteres y la moraleja que podía extraerse; lógica y moral, en resumen, como condiciones indispensables de las producciones literarias, que debían servir para mejorar la condición del género humano[1295]. En cambio, en *El Imparcial* los artículos de crítica tienen un alcance más modesto, puesto que se ocupan sobre todo de resumir el argumento y

---

1293. *Apéndice a la Galería (...) o.c.*, p. 15; vid. "Teatros.- El viernes 12 del corriente se ha verificado en el teatro de la Cruz la primera representación de Otelo, ópera seria en dos actos, música del célebre maestro Rossini", en *El Imparcial* n° 311 (15.07.1822) y n° 316 (20.07.1822).

1294. Los anuncios en *EL Imparcial* eran pocos aunque selectos, lo que es indicativo del bajo pulso de la vida económica madrileña, pero a la vez, de la imagen de modernidad y distinción que pretendía dar de sí mismo el periódico; nada que ver con los avisos sobre surtidos de productos ultramarinos del *Diario de Madrid*. Una gran mayoría son de libros, que podían ir acompañados por un breve comentario, que ocasionalmente alcanza las proporciones de una recensión. Ahí se percibe la presencia de gente directamente interesada, o relacionada con los redactores del periódico; son relativamente comunes los anuncios de establecimientos de enseñanza como el del propio Lista (n° 9, 18.09.1822) o el de Silvela en Burdeos (n° 12, 21.09.1822). ¿Sería Silvela el corresponsal en Burdeos de *El Imparcial*, al que se alude de pasada en el n° 211 (7.04.1822)?

1295. Cfr. José María Cossío, "Don Alberto Lista, crítico teatral de "El Censor", en *BRAE*, t. XVII (1930) p. 417.

de la calidad de la interpretación. Y por supuesto son más breves, por razones de espacio. Gorostiza, o quien fuera el autor del *Apéndice a la galería* los atribuye a otro afrancesado, Manuel García Suelto, y afirma que con este motivo, "tuvo de cuando en cuando algunas escaramuzas con *El Universal*". En su opinión, este García Suelto era inferior versificando y traduciendo a su hermano Tomás (también literato y médico que fue en el ejército francés)[1296]. En cualquier caso algo entendía sobre literatura dramática, puesto que en 1826 trató de editar, en unión con Pedro Gorostiza (hermano a su vez del galerista) una colección general del teatro español, para lo que tuvo la osadía de solicitar privilegio exclusivo. No se lo dieron, claro[1297].

Otro colaborador habitual de *El Imparcial* ("ya, como es semi-gubernativo") habría sido Juan de la Madrid Dávila, todo un personaje, como funcionario que era en el Consejo de Estado[1298]. En el *Apéndice a*

1296. *Apéndice a la galería (…) o.c.*, p. 26; vid. *El Imparcial* nº 193 (20.03.1822), anuncio - reseña de *Matilde, ó memorias sacadas de la historia de las cruzadas*, escritas en francés por madama Cottin, y traducidas en castellano por D.M.B. García Suelto, 3 tomos en 8º. Es reseña elogiosa con un toque moralizante y condena del espíritu romántico. "No tememos, pues, afirmar que es la mejor novela histórica que conocemos; y si los estrechos límites de nuestro periódico lo permitieran, insertaríamos algunos pasajes".

1297. Cfr. AHN, Cons. 11300/48, 11301/138 y 147, cit. en M. Morán, "Tiempos de crisis (…)", *art. cit.*, p. 134: en unión con Pedro Gorostiza, Manuel García Suelto pedía, en septiembre de 1826, privilegio exclusivo para publicar una *Colección general de nuestros mejores autores*. Su pretensión se desestimó, de acuerdo con el dictamen del juez de imprentas, por ser poco conforme con la libertad que debe existir en semejantes materias y no haber precedente semejante. En marzo de 1827 se decía bibliotecario del duque de Berwick y Alba y propietario de la imprenta de Ortega, calle de Valverde 17, en Madrid. Se autorizó adelantarle de fiado, por el obrador de la Imprenta Real, la letra necesaria para imprimir varias obras. Hay prospecto de la *Colección General de Comedias Escogidas de los Mejores Poetas Dramáticos Españoles*,1 h. en 4º, Madrid: Imprenta de Ortega y Compañía, calle de Bordadores, 1826.

1298. A. Gil Novales, *Diccionario (…), o.c.*, III, p. 2798 (como Juan Sánchez de la Madrid Dávila). Remitió comunicado a *El Universal* nº 171 (20.06.1821) para deshacer la mentira esparcida por la malignidad, de que era uno de los que habían cobrado en metálico los sueldos atrasados, pues la verdad era que se le debían cinco meses, desde febrero inclusive. Quizás fuera el senador por Madrid entre 1837 y 1839 de ese nombre (Senado de España. Archivo: en línea, consulta 3.06.2024).

la galería se le considera autor de artículos de "música ultramontana", lo que quizás hay que entender en una doble acepción. Primero, en sentido figurado, cabría atribuirle el comunicado firmado por *M.D.*, que había criticado a *El Universal* por su tendenciosidad al dar cuenta de la providencia sobre los guardias del rey, procesados por las ocurrencias de 4 y 5 de febrero anterior[1299]. Y segundo, tomado en sentido literal parece identificarse con el firmante *D.M.*, "o sea, *M.D.*" según *El Universal*, que había impugnado la crítica de este diario a la interpretación de doña Lorenza Correa en la ópera *La italiana de Argel*. Hubo polémica[1300].

Se menciona también en el *Apéndice* a un "San Miguel menor", o sea, Santos Fernández de San Miguel y Valledor, que sería luego nombrado jefe político por el ministro Moscoso y que probablemente, informa A. Gil Novales, fue anillero[1301]. Era hermano de Evaristo San Miguel, y por ello se le trata con la benevolencia debida a un hijo pródigo en el acertijo sobre los trapicheos que se traían entre si los cofrades:

No es hermano de su hermano pero si así como escribe en el Imparcial, escribiera en el Espectador, y si, como ayuda a los suyos, favoreciera a los nuestros, entonces si que se le reconocería como tal y aun si fuere necesario se le prohijaría; porque tiene talento, instrucción y facilidad para escribir. Esperemos en Dios que no tardará mucho en convertirse... un rayito de la divina gracia y... hombre tendremos[1302].

1299. *Apéndice a la galería (...)*, *o.c.*, pp. 18-19; cfr. el comunicado "Señores editores: habiendo leído en el periódico del Universal, número 291 (...)", en *El Imparcial* nº 57 (5.11.1821) p. 222: f. = M.D., Madrid, 2 de noviembre de 1821.

1300. Vid. "Señores editores del Imparcial. Por si la señora Correa no contesta", en *El Imparcial* nº 164 [sic] (20.02.1822), f. = D.M., y "Señores editores del Imparcial. El artículo que remití", en nº 173 (28.02.1822): su oponente, al que conoce bien, es M.R.L. (no M.L.R., como pone para encubrirse). Las réplicas desde *El Universal* están en "En el número 164 del Impárcial hemos visto un artículo firmado con las iniciales D.M", en nº 53 (22.02.1822), que contiene el comunicado firmado por M.L.R.; "La multitud de asuntos" en nº 67 (8.03.1822); "Concluye el artículo comunicado", en nº 77 (18.03.1822), f. = M.L.R; "Con grande impaciencia", en nº 96 (4.04.1822). Otras críticas operísticas en *El Imparcial*, en nn. 225 (21.04.1822) [*La Elisabela*] y 232 (28.04.1822) [*La Cenerentola*].

1301. A. Gil Novales, *Diccionario (...)*, *o.c.*, I, p. 1080.

1302. *Apéndice a la galería (...)*, *o.c.*, pp. 23-24.

Para finalizar con el elenco de *El Imparcial*, es preciso mencionar un artículo insertado en *El Duende de los Ministerios,* en el que se apunta como redactor a un "acartonado ex-canónigo" natural de Baza al que Antonio Guillén Gómez identifica con don Manuel Zenteno[1303], el autor de una publicación de éxito, las *Cartas del Compadre del Holgazán,* cuyo formato estaba inspirado en las de Sebastián Miñano. *El Duende* era un papel de chismes y chistes pobres con pretensión de exaltado, pero la información es verosímil en este caso: Zenteno, canónigo en Granada, se había adherido al régimen josefino durante la guerra, de modo que tuvo que huir de la ciudad con Pablo Andeiro, Antero Benito y otros, compartiendo la trayectoria de muchos afrancesados con los que luego coincidió nuevamente en Madrid. Con seguridad, había tratado a Burgos y a León Amarita, el editor de *El Censor.* Como era habitual con los publicistas de su condición, la *Miscelánea* y *El Imparcial* dedicaron anuncios amistosos a su *Memoria sobre las casas de expósitos* y a sus *Cartas*[1304].

Resumiendo, se entiende con lo dicho que ninguno de ellos tenía la dedicación propia de un redactor en su acepción moderna, sino que hoy los consideraríamos colaboradores asiduos y altamente especializados, plumas distinguidas cuya dedicación al periódico era una más entre otras actividades.

1303. *El Duende de los Ministerios, tribunales, tertulias y periódicos de Madrid.* 8°, 16 pp. Madrid: Imprenta de Isidra Ocaña, 1821. 8 cuartos, sin periodicidad fija. n° 2 [1821] pp. 18-19; menciona por sus iniciales a otros como receptores de cartas en la redacción de *El Imparcial:* "Leí a D.M.C. sello de París = a D.J.B. de Bayona = a D.J.M. de Leibac = a D.P.M.G. de Burgos = a D.M.C. de Nápoles = a D.J.G.S. del Escorial". Dado a conocer por Antonio Guillén Gómez, "Los hermanos Manuel José y Francisco Zenteno, dos nombres eméritos de la ilustración batestana (1786-1829)", en *Péndulo* (Baza) n° 5 (2004) p. 234; vid. ahí también sobre su estancia en Bayona en 1815, donde Zenteno, Antero Benito Núñez, León Amarita y otros, suscitaron sospechas de la policía francesa, que pretendió deportarlos a Oloron.

1304. Vid. [Manuel Zenteno], *Cartas del Compadre del Holgazán y apologista universal de la holgazanería.* Madrid: Villalpando, 1820, 2 vols. (reed. en la imprenta de la calle de la Greda, 1822). Hay anuncio - reseña de la *Memoria,* en *Miscelánea* n° 327 (20.01.1821), n° 387 (21.03.1821) y n° 490 (2.07.1821); se anuncian también la *Carta nona del Compadre* en n° 286 (11.12.1820) y la *duodécima* en dicho número 387; la *Carta 20* a su vez, en *El Imparcial* n° 80 (28.11.1821): "contiene una pintura exacta de los males que ocasiona el abuso de la libertad de imprenta, y una crítica muy exacta de los perjuicios que puede ocasionar el instituto de jurados en las causas que provienen de la censura de impresos".

Piénsese en Lista, que distribuía su tiempo entre sus responsabilidades en el colegio, los libros de texto, el Liceo y los artículos para *El Censor*. A destacar, si no la totalidad, la gran mayoría eran afrancesados, no es ninguna exageración, y en todo caso, se trata de perfiles propios de gente moderada que contribuyeron a revalorizar y diversificar el mensaje de *El Imparcial*.

11.9. El escenario político en 1822: masones, comuneros y anilleros

El comienzo del año estuvo jalonado por algunos motivos bien perfilados. En primer lugar, por la discusión en las Cortes de las leyes propuestas en respuesta al mensaje del rey del pasado 26 de noviembre, discusión que dio pie al acoso callejero que sufrieron el conde de Toreno y Martínez de la Rosa, los dos diputados de renombre más destacados en la defensa del proyecto. Segundo, por el nombramiento de un nuevo equipo de gobierno y por los enfrentamientos entre los diputados ministeriales y los de la oposición en las Cortes ordinarias, cuando la nueva legislatura se abrió en marzo. Y como telón de fondo, los levantamientos absolutistas, de intensidad creciente, que junto a los altercados y alborotos de los liberales exaltados en la capital y en las provincias, reflejaban la polarización del país.

Con algo más de detalle: conforme al giro conservador del congreso tras las ocurrencias del otoño anterior, los diputados se ocuparon en el mes de enero de tres proyectos de ley destinados a limitar la libertad de imprenta, el derecho de petición y el de discusión en público de materias políticas; esto es, en las sociedades patrióticas. Los exaltados, cuenta un Alcalá Galiano que ya estaba de vuelta de su antiguo radicalismo, intentaron impedirlo alegando el carácter de extraordinarias de aquellas Cortes -lo que restringía su capacidad legislativa- pero fueron mucho más allá, cuando un tropel dirigido por un González, de profesión comediante, atacó el coche de Toreno cuando salía del congreso y asaltó su casa, con el propósito aparente de asesinarle (no le encontraron)[1305]. Martínez de la Rosa, que estaba señalado por su apoyo al proyecto, fue también hostigado con amenazas e insultos, pero salió ileso gracias a la intervención de sus amigos y de alguna fuerza armada. El suceso

---

1305. A. Alcalá Galiano, *Memorias (…), o.c.,* pp. 149-178, el relato de los sucesos de aquellos meses; más indulgente con los exaltados se muestra E. San Miguel, *Vida (…), o.c.,* pp. 291 y ss.; la visión de un liberal conservador, en Marqués de Miraflores, *Apuntes (…), o.c.,* pp. 123 y ss.

causó conmoción en las Cortes y como reacción, las leyes represivas fueron aprobadas por una gran mayoría justo antes del fin de la legislatura[1306].

A la vez, el rey, siguiendo el consejo de Toreno, eligió a Martínez de la Rosa para formar un gobierno de tendencia declaradamente moderada[1307]. Con todo, continuaron las alteraciones del orden, que alimentaron el ambiente de desazón durante los meses siguientes. Además de la acción de las partidas realistas en la Cataluña, que en mayo había alcanzado una extensión alarmante, hubo enfrentamientos callejeros en Aranjuez, pedreas en Pamplona, quema del proyecto del reglamento de la milicia en Madrid y en Zaragoza (y en efigie a su autor, el ministro Moscoso), un motín de milicianos en favor del coronel Costa en Barcelona y algo más grave, una sublevación de soldados de artillería partidarios del absolutismo en Valencia. Este último acontecimiento precipitó la ejecución del general Elío, sin que él, que estaba preso en la fortaleza, hubiera participado en el levantamiento.

Según el relato ya citado de Alcalá Galiano, al abrirse las nuevas Cortes el 1 de marzo más de la mitad de los diputados pertenecía a las dos principales sociedades secretas. Por tanto, al principio predominó con mucho el partido exaltado, al que apoyaban los comuneros y un gran número de masones, que hostigaban al ministerio. Sin embargo, ni existía algo parecido a una disciplina de voto ni un liderazgo claro en sus filas ("queriendo en ellas mandar todos"); a lo sumo se agrupaban por pandillas. De manera que, para desesperación de Alcalá Galiano, la falta de estrategia y las nimiedades que planteaban algunos de ellos distraían y hacían fracasar los intentos de desbaratar la gestión de los ministros, como se pretendía. Además, el cuerpo masónico y su periódico, *El Espectador*, adoptaron el principio de no dar ni guerra ni apoyo al ministerio -son sus palabras- de forma que todo sumado,

---

1306. Cfr. *Gazeta se Madrid* n° 45 (14.02.1822) p. 256, "Cortes. Sesión del 13 de febrero", la aprobación de las leyes tras la sanción Real.

1307. El R.D. (Palacio, 28.02.1822), en *Gaceta de Madrid* n° 63 (2.03.1822) p. 335, con la exoneración de don Ramón López Pelegrín de la Gobernación de Ultramar e interino de Estado, don Vicente Cano Manuel de Gracia y Justicia, don Josef Cienfuegos del de la Guerra, don Francisco Osorio del de Marina, y don Luis Sorela interino del de Hacienda. En su lugar, nombramientos para el ministerio de Estado de don Francisco Martínez de la Rosa, para el de la Gobernación de la Península e islas adyacentes (de que estaba encargado don Francisco Javier Pinilla), a don Josef María Moscoso de Altamira, para el de la de Ultramar a don Manuel de la Bodega, para el de Gracia y Justicia a don Nicolás Gareli, para el de Hacienda a don Felipe Sierra Pambley, para el de la Guerra a don Luis Balanzat y para el de Marina a don Jacinto Romarate.

este logró mantener la iniciativa política y ganar las principales votaciones hasta el final del periodo de sesiones.

Sin negar la existencia de "hombres díscolos e inquietos" que actuaban por motivos inicuos, los patriotas "exaltados y de buena fe", justifica Evaristo San Miguel, veían el peligro para si mismos y la Constitución, y en consecuencia reprochaban al gobierno su falta de energía para combatir a los enemigos[1308]. La explicación contraria viene dada por el conservador Miraflores: lo que movía a los exaltados, discrepa, era el espíritu de facción y el impulso de la exageración originado en las sociedades secretas, que resultaba altamente perjudicial para la causa de la Constitución. De ahí que el gobierno, o sea, el presidido por Martínez de la Rosa,

firme en sus principios, penetrado de la necesidad de refrenar a los revolucionarios de dentro y fuera del Congreso, y convencido de que en las Sociedades secretas estaba su apoyo y dirección, las combatían directamente, ya publicando sus Estatutos y misterios con lo que las ridiculizaban, ya no dando opción á los empleos a los que pertenecían a ellas, por solo este título[1309].

De estos ministros (los *carbuncos,* en expresión de *El Zurriago)* aseguró Benigno Morales que fueron propuestos por sus antecesores, "los Feliús" (los *diamantes),* con el compromiso de trabajar para destruir el sistema constitucional y establecer las cámaras y el veto. La primera parte de su afirmación es harto improbable, puesto que en realidad, Martínez de la Rosa fue recomendado por Toreno cuando el rey intentó endosarle a él el encargo, y por el exministro Girón, a quien también consultó Fernando[1310].

1308. E. San Miguel, *Vida (...), o.c.,* p. 314.

1309. Marqués de Miraflores, *Apuntes (...), o.c.,* pp. 130 y 134-135. *El Zurriago* nº 25 [1822] p. 2, acuña el apodo de "diamantes", con el que motejó irónicamente al ministerio Bardaxí-Feliú (sus sucesores serían los "carbuncos").

1310. B. Morales, *o.c.,* p. 141; cfr. Marqués de Miraflores, *Apuntes (...), o.c.,* p. 125 sobre la designación de Martínez de la Rosa; lo mismo en A. Alcalá Galiano, *Memorias (...), o.c.,* p. 154. En sus *Recuerdos,* Pedro Agustín Girón (*o.c.,* II, p. 196) también se atribuye alguna parte en la elección: al terminar la legislatura el rey le consultó sobre la formación del nuevo ministerio y le preguntó si no podría conservar de sus actuales ministros, siquiera a Pelegrín. El propio Girón comunicó el nombramiento a Martínez de la Rosa quien a su vez, eligió a sus compañeros.

En cambio, pasa por cierta su intención de reformar la Constitución, hasta el punto de que Fernández de Córdoba recoge la anécdota que atribuía a Martínez de la Rosa la redacción de un texto alternativo que el monarca rechazó sin vacilar: "¡Cómo! ¿Dos cámaras? -hubo de exclamar el rey al serle sometido el proyecto por su primer ministro- . ¡Dos cámaras, cuando no podemos con una!"[1311]. ¿Simpleza o más bien socarronería?

Desde el principio, el ministerio estuvo tachado de anillero[1312], esto es, afín a la *Sociedad Constitucional* fundada en noviembre de 1821 bajo cobertura literaria, aunque heredara algunos rasgos externos de la masonería, de la que procedía un número indeterminado de sus miembros, todos de clase alta; moderación con un toque de aristocratismo, como confirman los nombres de quienes signaron en mayo de 1822 un comunicado en el que rechazaban la autenticidad de algunas cartas dadas a conocer por *El Chismoso* (Murcia) y reproducidas en Madrid por *La Tercerola, El Tribuno* y el *Nuevo Diario*, periódicos filocomuneros. Entre otros motivos, se hablaba en ellas de alianzas con hombres generalmente aborrecidos, odio a la Constitución, segunda cámara representativa, facción aristocrática y de pretender entronizar el despotismo. Los de la Sociedad intentaron disipar las acusaciones insistiendo en el carácter legal

---

1311. F. Fernández de Córdoba, *Mis memorias (…)*, o.c., p. 21.
1312. Vid. "En el Diario gaditano de 27 del pasado", artículo reproducido en *El Eco de Padilla* n° 130 (8.12.1821), f. = *El madrileño,* en el que afirma haberse fundado la *sociedad Constitucional* o del *Anillo* con el único fin de sostener al ministerio (pero el de Feliú), con la excusa de sostener el orden y la Constitución. Al parecer, Clararrosa reimprimió en uno de sus diarios una lista de miembros, que no he visto (se cita de pasada en "Noticias nacionales. Puerto de Santa María 22 de enero", en *El Imparcial* n° 143, 29.01.1822); acaso fuera esa la fuente de la que apareció años después (aunque incompleta) en el *Eco del comercio, art. cit.* en n° 643 (2.02.1836): de los ministros figuran ahí Francisco Martínez de la Rosa, José Moscoso, Nicolás Gareli, Felipe Sierra Pambley y Diego Clemencín, que había sido preceptor del también mencionado príncipe de Anglona, el presidente de la sociedad. El resto eran Francisco Ramonet, el conde de Toreno, Marcial Antonio López, el duque de Frías, Joaquín Gómez de Liaño, el conde de Floridablanca, Miguel de Zumalacárregui, el duque de Noblejas, Juan Antonio Yandiola, Juan Latre, el marqués de Cerralbo, Juan Álvarez Guerra, Julián Villalva, Ramón Sánchez Salvador, Diego Medrano, José Ezpeleta, el marqués de Pontejos, Manuel José Quintana, Juan Subercase, Tomás González Carvajal, Miguel Vitorica, Ramón Giraldo, Manuel García Herreros, Francisco Golfín, el marqués de Alcañices, Juan Nepomuceno San Miguel, Martin de los Heros.

y abierto de sus juntas (en Madrid, era notorio, se celebraban en un local de la calle de las Infantas), su amor a la Constitución y el fin calumnioso de las imputaciones[1313]. Pero ya antes, en abril, habían sufrido otro ataque aun mas perturbador en Barcelona. Allí se reunían en un gabinete de lectura que, dato interesante, fue allanado por una chusma de unos quinientos hombres, la mayor parte en traje de jornaleros, "que por sus modales no aparentaban haber recibido una educación muy fina". Lo registraron, sin encontrar nada sospechoso salvo un montón de *Universales*, que confundieron con bulas de la Inquisición[1314]. Poco después, los suscriptores del gabinete publicaron un folleto conmemorativo de la función con la que habían celebrado la fiesta del 2 de mayo[1315].

Pero si se hace salvedad de la labor propagandística desarrollada en Barcelona, lo que en realidad caracterizó a la Sociedad fue la inoperancia de los socios. Su actividad, se lamenta Miraflores en sus *Apuntes*, se redujo a un par de discursos de su presidente, el príncipe de Anglona, ya curado del sectarismo que practicó -añade Girón en sus memorias- desde su puesto de coronel de la guardia Real durante los primeros momentos del

---

1313. Cfr. *El Imparcial* n° 262 (28.05.1822): "Señores editores del Imparcial: los infrascriptos individuos". f. = Madrid 25 de mayo de 1822, por si y como encargados de los demás socios = Miguel Martel. = Manuel López Cepero. = Juan Blasco Negrillo. = José María Calatrava. = José Antonio Ponzoa. = Luis de Landáburu y Villanueva. = Agustín de Arrieta.

1314. "Barcelona, 10 de abril", en *El Imparcial* n° 224 (20.04.1822), pero tomado del *Diario constitucional* (Barcelona): el asalto a la sede de la sociedad del Anillo se produjo como reacción ante el cierre gubernativo de la tertulia patriótica de la antigua iglesia de los trinitarios descalzos. Para disipar la impresión causada por la maledicencia contra la sociedad ("lo ha pintado como un conventículo en que se formaban planes contra la libertad"), el corresponsal aclara las cosas: "varios ciudadanos tan amantes del sistema constitucional como del orden, se propusieron reunirse en un edificio particular a leer los papeles públicos nacionales y extranjeros, a pasar un rato en juegos lícitos, y a instruirse recíprocamente en conversación familiar. Hace casi un mes que esta reunión, bajo el modesto título de suscripción al gabinete de lectura, se halla establecida en la casa llamada de la Virreina del Perú, con conocimiento y aprobación de las correspondientes autoridades. Nada hay allí secreto".

1315. *Función con que los ciudadanos suscriptores al Gabinete de Lectura establecido en esta ciudad celebraron la fiesta nacional del 2 de mayo.* Publicado como suplemento a *El Eco de la Ley*, [Barcelona]: Rubio y Gaspar, 1822, 12 pp. en 4°; contiene el discurso de su director, Ramón de Llano y Chávarri, y diversas composiciones poéticas.

régimen[1316]. Frente a las acusaciones de sus adversarios, Anglona presenta a la Sociedad en esos discursos como un baluarte de la Constitución y un ejemplo de civismo, promotora de beneficencia (en favor de las familias de los damnificados en el incendio de la calle de la Ruda, o de los milicianos que perdieron el sustento combatiendo en las jornadas de julio), al tiempo que pone en guardia, en defensa de la *libertad civil,* contra los peligros de la anarquía; aunque como es lógico, en su alocución de julio, una vez sofocada la sublevación de la Guardia Real, acentúa más bien el "eterno horror al despotismo" que profesaban los socios:

Si su justo deseo del orden la ha obligado a manifestar su decisión contra todas las tentativas de la anarquía, que tal vez produjo el extravío de la imaginación o el fanatismo de la libertad, no menos funesto que el del despotismo; su odio a la esclavitud y a la arbitrariedad la comunicaron siempre el celo más impetuoso contra las tramas del servilismo (p. 6).

Más allá de los matices en que abunda cada uno, la diferencia entre ambos está en que Anglona sitúa el fin de la Sociedad en difundir el conocimiento y el amor a la Constitución[1317], mientras que Miraflores (que escribió su biografía), fija el objetivo en "oponerse al torrente revolucionario que amenazaba arrastrarlo todo"; en "contener los progresos de la Anarquía", dice en los *Apuntes*[1318]. Y aunque se cuida mucho de contradecir a su amigo o de aclarar si la Sociedad Constitucional había hecho suya la idea de *cámaras,* sí sabemos que él mismo -Miraflores-

---

1316. Marqués de Miraflores, *Apuntes (…), o.c.,* 118-119; P. A. Girón, *Recuerdos (…), o.c.* II, pp. 13 y 127; vid. Príncipe de Anglona, *Discurso pronunciado por el — — —, presidente de la Sociedad Constitucional, celebrando el aniversario del restablecimiento del la Constitución política de esta Monarquía en el día 19 de marzo de 1822.* Madrid: Imprenta de D. Leon Amarita, 1822, 4°, 8 pp.; Idem, *Discurso pronunciado en la Sociedad Constitucional por su presidente el — — — el día 15 de julio de 1822, en que celebró el aniversario del juramento de la Constitución hecho por S.M. en las Cortes en 9 de julio de 1820.* Madrid: Imprenta de D. Leon Amarita, 1822. 4°, 15 pp.

1317. Príncipe de Anglona, *Discurso pronunciado (…) el día 15 de julio de 1822 (…), o.c.,* p. 14.

1318. Marqués de Miraflores, *Biografía del Excmo. Sr. D. Pedro Téllez Girón, Príncipe de Anglona (…), escrita después de su muerte por su antiguo amigo — — —, actual presidente del senado.* Madrid: Imprenta a cargo de José Rodríguez, 1851, 47 pp.; Idem, *Apuntes (…), o.c.,* p. 118.

fue el primero en proponerla por escrito, nada menos que en marzo de 1820, y que eso le costó un proceso al declararse subversivo su folleto. En él prevenía contra "ciertas ideas fantásticas, cual la libertad que hizo correr en Francia arroyos de sangre; cual la libertad absoluta, ente de razón proscrito entre los políticos juiciosos". Las Cortes, había escrito ahí,

> pensarán con juicio y madurez si será más conveniente constituir la representación en dos cámaras como en Inglaterra y Francia, dando representación separada a la alta nobleza[1319].

Pero fuera o no cierta la aprobación del plan de *cámaras* por una parte o por todos los anilleros -también *El Universal* se esforzó mucho por desmentirlo- era *vox populi* desde que lo denunció Clararrosa en su *Diario gaditano,* y sirvió de pretexto a los exaltados para proclamar que eran pura hipocresía los alegatos de moderación, orden y todo lo demás de sus contrarios, simple excusa para perpetuar el despotismo[1320]. Eso está en la base de las controversias periodísticas que tuvieron lugar durante la primavera de 1822, cuando el gobierno a su vez, filtró los estatutos de los comunería, como para contrarrestar la maniobra de los exaltados. Lo dice el encargado de negocios sardo y en efecto, puede advertirse que la prensa afecta al ministerio, especialmente en abril, arreció en sus esfuerzos para ridiculizar a

---

1319. [Marqués de Miraflores], *Ideas políticas relativas a España a la época de marzo de 1820.* Madrid: Imprenta de Ibarra, s.f. [= 1820] pp. 25 y 29 pp.
1320. Vid. *El Universal* nº 364 (30.12.1821), p. 1414. También, B. Sánchez Hita, *o.c.,* p. 253, sobre la inserción en el *Diario gaditano* del "Plan y estatutos de una sociedad secreta que va a establecerse en Madrid, a imitación de las de los masones, comuneros, carboneros, iluminados, heteritas y demás gente *non secta*" [sic], que en números posteriores relaciona con una conspiración contra la Constitución y el gobierno, y la intención que atribuye a dicha sociedad ("Sociedad del Anillo Verde") de subvertir el congreso. La atribución del plan de cámaras a la Sociedad Constitucional se da también por cierta en una curiosa "Noticia acerca de las sociedades secretas organizadas en España hasta el año 1823 y sobre las de Cataluña en particular", en AGP, *Papeles Reservados de Fernando VII,* 67, 214-221, reproducido en Iris M. Zavala, *Masones, comuneros y carbonarios.* Madrid: Siglo Veintiuno de España Editores, 1971, p. 225 especialmente; ahí se señala como autor de la iniciativa a don José María Calatrava -diputado en Cádiz y de nuevo en la legislatura de 1820- con el consentimiento de "muchos augustos personajes".

los comuneros. Basándose en el pie de imprenta, este diplomático atribuyó a *El Imparcial* la publicación de su constitución y reglamento interno, lo que no es del todo exacto (salió como folleto exento). Sí es cierto, en cambio, que en la misma época proliferaron los documentos supuestamente oficiales de los comuneros y en general, papeles de todo signo sobre las sociedades secretas[1321]. Juicios muy parecidos escribió el nuncio en sus

---

1321. Cfr. ASDMAE, Legazioni sarde, V, n° 92 (Madrid, 22.04.1822); vid. *Constitución de la confederación de los caballeros comuneros: y reglamento para el gobierno interior de las fortalezas, torres y castillos de todas las merindades de España; con algunas notas, que aunque no se pusieran, no por eso dejaría de irlas haciendo a sus solas el lector.* Madrid: imprenta del Imparcial, 1822, 49 pp.; quizás sea el mismo que *Estatutos de la Confederación de C.C. Esp.*, 4°, 39 pp. s.l., s.a., s.i. (ejemplar en AGP, FVII, vol. 67, n° 17, ff. 252-271); vid. también: *Verdadero reglamento de la Confederación de Comuneros españoles defensores del sistema constitucional.* Madrid: En la imprenta del Zurriago de don M.R. y Cerro, 1822, 4°, 15 pp. [El editor, dice, es distinto del "amigo o enemigo" que publicó los estatutos]; *Código penal para los tribunales de las fortalezas de la Conf. de C.E.* Madrid: En la imprenta del Zurriago de don M.R. y Cerro, 1822, 12 pp. en 4°; "*El observador de las sociedades secretas, folleto en que se da a cada una de ellas su merecido, analizando el espíritu que las dirigen y los fines que se proponen.* Esta escrito con ligereza y respira el más puro amor a la libertad y a la Constitución. Su autor debe ser sin duda un descamisado como una loma. Recomendamos la lectura de esta producción, que no debe confundirse con la inmensa multitud de folletos mal escritos que están saliendo continuamente de las infatigables prensas de Madrid. Se vende a 12 cuartos en la librería de Orea en frente de las parroquia de San Luis" (*Nuevo Diario*, n° 159, 8.06.1822, p. 605); "*Los comuneros de ogaño imitan a los de antaño*, folleto de a pliego en 8° que contiene una carta de un comunero a otro de esta Corte, fecha en Lérida a 21 del pasado mayo, se vende a 8 cuartos (...)" (*Idem*, n° 159 [sic], 10.06.1822, p. 617); otros sobre sociedades secretas: "*Instrucciones reservadas del grande Oriente español afrancesado, con prólogo y notas recogidas y publicadas por un hermano sirviente;* se vende (...) a 12 cuartos" (*Nuevo Diario* n° 127 7.05.1822, p. 469): se mete con Miñano y Narganes, que habían sido masones de este rito durante la pasada guerra, pero finge suponer que Burgos era el autor de dichas *instrucciones; "Colección de Planchas (discursos) así en prosa como en verso, leídos en la gran logia española (afrancesada) y en otras subalternas, establecidas en esta corte*: publícala un profano. Núm. 1; se hallará en la librería de Orea, calle de la Montera: su precio 8 cuartos (*Nuevo Diario* n° 142, 22.05.1822, pp. 533-534 y n° 179, 28.06.1822, p. 698, los tres primeros números); Otros: *Elogio de la Sociedad del Anillo. Primera parte.* Madrid:

oficios a Roma[1322], lo que no solo confirma que los diplomáticos extranjeros solían intercambiarse información e impresiones, sino que además esas opiniones, que ellos hacían llegar a sus gobiernos influyendo así en la toma de decisiones al más alto nivel, se formaban en buena medida a través de lo que leían en la prensa. Lo que de ahí se desprende es fácil de deducir.

La legislatura de 1822 concluyó el 30 de junio (tres meses después de la apertura, como mandaba la Constitución). El balance, dice Miraflores, era lisonjero para el gobierno y los moderados, habida cuenta del desprestigio que habían acarreado a los exaltados sus errores en las Cortes, y al menguar su influencia con el cierre del periodo de sesiones[1323]. Fue precisamente entonces, a la vuelta de la ceremonia de clausura en el congreso, cuando las cosas se salieron de quicio, al responder los granaderos que escoltaban a la comitiva Real a las provocaciones de los "anarquistas", lo que a su vez desencadenó los disturbios que culminaron con el asesinato del oficial liberal Mamerto Landáburu por sus propios soldados, la sublevación de los guardias y el intento golpista que al fracasar, arruinó por completo el hipotético plan de cámaras, liquidó al gobierno de los moderados y su capacidad de figurar otra vez en el futuro del régimen. Este desenlace dio pie a que los anilleros fueran objeto de una campaña difamatoria, toda una persecución, como queda de relieve en el apócrifo *Bosquejo del plan de la conspiración del 7 de Julio*[1324] en el que se relata con detalle, en forma de

---

Antonio Fernandez, 1822,16 p.; 8°, 16 cm. (Es posterior a los sucesos de julio)*; Obras de la masonería en idioma español. Apertura, conclusión y catecismos de los primeros grados simbólicos y los estatutos generales de la orden masónica.* Cuatro cuadernos, precio 12 rs. (*Miscelánea* n° 396, 30.03.1821); *Discurso masónico, en que se da una idea sucinta del origen, progresos y estado actual de la masonería en Europa, segunda edición* (*Miscelánea* n° 481, 23.06.1821); "*Breves observaciones sobre las sociedades políticas secretas.* se hallarán a 12 cuartos en las librerías de Paz y Antorán" (*Nuevo Diario* n° 77, 18.03.1823).

1322. ASV, *SS* 249 (1822) fasc. 15, fº 125 vº, n° 1115 *notizie* (Madrid, 1.05.1822), especialmente el párrafo que dice: "*L'Imparziale,* come si può vedere ne' differenti numeri che si accompagnano unitamente agli altri giornali, continua ad' attaccare i *Comuneros. Il redattore dell'Imparziale* è stato però anche l'alt' ieri in procinto di esser vittima del loro furore".

1323. Cfr. Marqués de Miraflores, *Apuntes (…), o.c.,* pp. 140-142.

1324. *Bosquejo del plan de la conspiración del 7 de Julio; correspondencia importante hallada aquel mismo día en la Calle del Arenal.* Madrid: Imprenta de don Antonio Fernández, 1822. 3 fascículos con 16 pp. cada uno; las citas proceden del fasc. 2, p. 9 (carta fechada en Palacio, 3 de julio) y p. 16 (Palacio 5 a las 10 de la noche).

cartas halladas en el cadáver de un oficial de la guardia, la confabulación de los anilleros, ministros, diputación permanente, funcionarios y militares de alto rango, si bien deja claro que los pareceres entre ellos estaban divididos. "Los unos quieren Constitución con cámaras y otras cosas de la carta francesa; los otros quieren lo antiguo como estaba en 1819, y los otros están al ver venir". Y adjunta a continuación la lista de unos y otros. *Absolutistas netos:* Infantado, Castelar, Santo Mauro, Saint Marc, Arantibe, Cisneros brigadieres [los dos anteriores], Casa Sarria, Baca, Arnedo, Golfín, Salido, Salcedo, Guardia real, Orcasitas, Morettini, Gallarza, González Aller, Corona, Orgaz, Trassierra, Connway, Brailei el marino inglés, Obando el cojo. *Constitucionales con cámaras y veto absoluto:* Amarillas, Castroterreño, San Martín, Sexti. *Conformistas que están al ver venir esperando medrar en todo caso:* Heron, Marimón, Los Coupiñis, Estárico, Gálvez (el conde afrancesado), Burgos, Rosales, Bélgida, La Puebla, Montemar.

Según esta versión, Los anilleros contaban con la aquiescencia del "amo" para desarrollar su plan, pero resultaron burlados por los absolutistas y desaparecieron en la debacle de aquellos días. Su jefe, el Príncipe de Anglona, condenó el golpe sin paliativos y salvó la cara combatiendo el 7 de julio contra los sublevados, pero eso no le libró de ser señalado en el citado *Bosquejo* como conspirador, al dejar caer que el brigadier de la Guardia don Carlos Herón, uno de los implicados, estuvo almorzando en la Puerta de la Vega el día 4, es decir, cuando cuatro de los batallones que guarnecían Palacio marcharon por sorpresa en dirección a El Pardo. Y añadía en nota: "No sabemos que personaje viva en la puerta del Vega, capaz de dar de almorzar a jefes de facciosos. Deseamos que haya quien nos saque de nuestra curiosidad". El aludido era el Príncipe de Anglona, lo que le obligó a negar los hechos y defender su comportamiento: "yo creo haber dado bastantes pruebas de no ser protector ni amigo de los que sean facciosos", escribió en un comunicado publicado en el *Diario de Madrid*[1325]. Anglona, miembro del Consejo de Estado, votó la opción conservadora en las dos cuestiones más comprometidas que se sometieron al Consejo en lo que quedaba de vida al régimen: la continuidad en sus cargos de los ministros salpicados por

---

1325. *Bosquejo (...), n.c.,* fasc. 1, p.12; en n° 2, p. 11 se añade que era uno de los lugares en los que se reunían los conspiradores (los otros estaban en la calle de Atocha y en la del Lobo); en el n° 3, pp. 14-15 (un epílogo de "Los editores"), con referencia a un artículo del Príncipe de Anglona, se admite fríamente que este sí combatió el día 7 en defensa de la Constitución; el comunicado aludido de Anglona, en *Diario de Madrid* n° 212 (5.08.1822), f. = El Príncipe de Anglona.

los sucesos de julio, y más adelante, durante la estancia del rey y el gobierno en Sevilla (junio de 1823), a favor de transigir con el duque de Angulema en lugar de replegarse hasta Cádiz como finalmente se decidió, declarando previamente la incapacidad del rey[1326]. Sin embargo, no intentó sacar partido de esta conducta tras el restablecimiento del absolutismo. En su lugar, se fue de España y solo volvió en las postrimerías de la *Ominosa Década*, para intervenir de nuevo en la vida pública tras la muerte de Fernando VII[1327]. En cuanto a su amigo Miraflores, que participó también en los combates de julio como miliciano nacional, dejó clara su opinión contraria a la reforma de la Constitución por procedimientos ilegales. Así valoró la conducta del gabinete presidido Martínez de la Rosa en aquellas circunstancias:

¿Podían sin manchar su nombre con una felonía, intentar una reforma? No existía en efecto ningún medio legal: ministros del Rey nombrados constitucionalmente, no podían obrar en contra sin cometer un perjurio; no había otros medios que los de tomar el carácter de conspiradores; y este carácter, sea el que quiera el colorido que se le de, ¿es digno de un hombre honrado?[1328].

Miraflores se retiró a Cordoba a fines de 1823 y posteriormente emigró a París, hostigado por los realistas. Regresó en 1825.

1326. Cfr. "Dictamen del Consejo de Estado, en el que se manifiesta a favor de no hacer mudanza en el ministerio", en Julio Puyol, *Don Diego Clemencín, ministro e Fernando VII. Recuerdos del Ministerio del 7 de julio de 1822*, Madrid: Tipografía de la Revista de Archivos, 1929, p. 178; marqués de Miraflores, *Apuntes (...)*, o.c., p. 215.
1327. Marqués de Miraflores, *Biografía (...)*, o.c., p. 38.
1328. Marqués de Miraflores, *Apuntes (...)*, o.c., p. 155. Los ministros vindicaron posteriormente su conducta en un folleto, con fecha 11 de febrero de 1823: *Observaciones que ofrecen a la Nación los Secretarios de Estado y del Despacho que lo eran a principios de julio de 1822 acerca del dictamen presentado por una comisión de Cortes sobre los acontecimientos de aquella época*. Madrid: Imprenta Nacional, 1823, 79 pp. + docs.; es respuesta al dictamen de la comisión e Cortes que se ocupó e los sucesos del 7 de julio. Por su parte, el embajador La Garde comunicó a su gobierno que Martínez de la Rosa y sus compañeros habían ofrecido su colaboración al rey para cambiar la Constitución, perro renunciando previamente al ministerio, obrando como simples particulares: cfr. Sophie Bustos, "Francia y la cuestión española: el golpe de estado del 7 de julio de 1822", en *Ayer* n° 110 (2018) p. 186.

11.10. La batalla de la opinión: la formulacion de los principios en *El Imparcial*

La pauta hasta aquí descrita proporciona la base de la información y sobre todo, de los juicios y opiniones políticas que *El Imparcial* trasladó a sus lectores durante los meses en que estuvo bajo la dirección de Javier de Burgos. En este tiempo, la estrategia comunicativa del diario se desenvolvió con coherencia, en dos planos articulados: primero, un importante despliegue didáctico del corpus ideológico moderado, ceñido cada vez con mayor claridad al pensamiento y al léxico de los doctrinarios. Son discursos bien razonados y contundentes, expuestos con relativa continuidad en las asabanadas planas del periódico, que contrastan con la indigencia intelectual de gran parte de la prensa exaltada y su ocasional chabacanería. Lo que tienen en común es que se orientan a apuntalar doctrinalmente el espíritu de orden, de conciliación y tolerancia y simultáneamente, a reforzar un ejecutivo vigoroso, cuya gestión debería confiarse a la excelencia, esto es, al talento y la virtud. El principio de autoridad emanado de la ley es la salvaguarda de las libertades y consecuencia de ello era la condena, sin medias tintas, de la "anarquía", término que aquí alude a una libertad que no acepta los límites de las leyes aprobadas por la voluntad general (*representada*): "el despotismo es la anarquía de pocos, así como la anarquía es el despotismo de muchos". Al decir de los *imparciales*, sus impulsores, los jacobinos, apelaban al ejercicio directo de la soberanía -con tintes populistas- no para hacer realidad la Constitución como sostenían, sino como una vía de medro personal, para destruir el nuevo orden del que se consideraban excluidos[1329]. Los principios que de ahí se derivan afectaban, en cierta medida, a la arquitectura constitucional del régimen y podrían resumirse en los puntos siguientes[1330]:

1329. Vid. especialmente "¿Cuál es el instinto de la anarquía?", en *El Imparcial* nº 256 (22.05.1822) y "Concluye el artículo sobre exageraciones", en nº 260 (26.05.1822).

1330. Cfr. "Ministros", en *El Imparcial* nº 167 (22.02.1822) [Consejo de ministros]; "Cuestión. Las naciones que recobran su libertad, ¿deben permanecer estacionarias?", en nº 177 (4.03.1822) [libertad política y civil]; "Ya que se imite, es necesario que la imitación sea completa", en nº 194 (21.03.1822) [juicios por jurados]: es el mismo autor que el del artículo del nº 181 (8.03.1822), "Sobre lo peligrosa que es la servil imitación" [oposición al bicameralismo]; "Independencia mutua de los poderes constitucionales", en nº 200 (27.03.1822), cuyo autor es probablemente el de "Diferencias entre las leyes y los decretos", insertado en los nn 200 (27.03.1822), 208 (4.04.1822) y 209 (5.04.1822); "Sobre el abuso de la libertad de imprenta", en nº 289 (23.06.1822).

- El doble papel del poder Ejecutivo, desdoblado entre un ministerio responsable y la figura intangible del rey.

- La distinción entre libertad política (que tiende a limitar) y libertad civil (que se privilegia).

- La reforma de la libertad de imprenta para prevenir los abusos, y la supresión de los juicios por jurados, lo que se justificaba por la inexistencia en España de las cualidades que precisaba la ley inglesa en la que se inspiraba: independencia económica y política, arraigo, edad y reputación.

- La independencia mutua de los poderes del Estado: "la esencia del sistema constitucional es la división de los poderes: la esencia del sistema despótico es la aglomeración de los poderes en un solo hombre, o en un solo cuerpo"[1331].

- La distinción, sobre la base de su capacidad imperativa, entre leyes y decretos.

- El periódico se ocupa incluso del fundamento utilitario en la toma de decisiones políticas, lo que posiblemente revela la influencia de Bentham, que se refleja en razonamientos que rozan la patochada: "Puesto que las cantidades físicas son inmediatamente mensurables y para medirlas tomamos por unidad una parte de ellas cuyas dimensiones nos sean conocidas, esto nos obliga a convenir en que el único medio de valuar las relaciones de cualidades morales es transformarlas en relaciones de cantidades"[1332]. Burla burlando, el argumento, por llamarlo así, acaba derivando en una afirmación tan repetida por Burgos como era la necesidad de *dispensar beneficios* a los pueblos como único medio de consolidar el régimen constitucional[1333].

1331. *El Imparcial* nº 200 (27.03.1822); y se añade: "Nosotros no reconocemos más soberanía que la originaria y radical que reside en la Nación; pero se engañan mucho los que creen que esta soberanía pasa a sus representantes".
1332. "Análisis y sentido común", en *El Imparcial* nn. 243 y 249 (9 y 15.05.1822); y contextualiza: "Han de saber que tenemos en campaña una obra inédita sobre el sentido común, que pertenece a un pobre diablo de estos que el jacobinismo se complace en llamar afrancesados, y que no puede echarla a volar porque su hacienda privada está, como la pública, muy exterminada, y aunque tiene facultad y derecho para hacer méritos y llegar al pan cotidiano, ¿a dónde se acerca el miserable a contraerlos si se le recibe a leñazos?".
1333. Vid. p.e. "En nuestro número 293 (…)", en *El Imparcial* nº 319 (23.07.1822).

Es importante destacar, en cambio, que contra la conclusión a la que parecen llevar estas premisas y contra lo que se repitió con profusión en su tiempo, *El Imparcial* manifestó con gran claridad su oposición al esquema parlamentario bicameral, desmintiendo a quienes le achacaban trabajar en favor del plan de cámaras que se atribuía a los ministros moderados de Fernando VII y a los miembros de la Sociedad Constitucional, dicha del Anillo (que lo negaron repetidamente). El articulista explica la institución de una segunda asamblea a partir de la singularidad del pueblo inglés, pero que no dejaba de ser una anomalía, que critica con lenguaje natural y sin alarde retórico. La idea es que la cámara alta no constituía la clave de la prosperidad inglesa y además, que carecía de sentido en los países donde sus miembros no tenían auténtico poder con base económica. Tampoco se había demostrado su viabilidad en Francia con el proyecto de Sièyes ni después, cuando los anglómanos consiguieron imponerla. ¿Respondía esta toma de posición de *El Imparcial* a razones tácticas, a desmentir la principal acusación que le hacían sus contrarios? La condición extremadamente sensible del asunto en la dinámica política del Trienio, aconseja atender a la justificación del redactor:

Estas observaciones se dirigen a hacer entender al público, que pues los legisladores de Cádiz no admitieron en nuestra Constitución una cámara de pares a la inglesa, en lo cual hicieron muy bien, por cien mil razones que aquí no es necesario dar, no se crea, si con el tiempo la máquina no anda con toda la velocidad que se desea, que es por falta de aquella rueda: será, si así sucediese, por ciertos rozamientos que todavía no podemos calcular.

Por lo que acabamos de indicar se ve que nosotros no deseamos ni pedimos para España las dos cámaras: el Censor, nuestro hermano, se ha explicado varias veces en el mismo sentido, y ha defendido expresamente contra Lanjuinais a los legisladores de Cádiz sobre no haberlas adoptado. Pues bien, una de las acusaciones que se ha hecho al Censor y al Imparcial ha sido de que quieren dos cámaras, y aun se ha jugado torpemente con el equívoco de la palabra. Y por esta muestra puede juzgar el público de lo fundadas que son las acusaciones que a estos dos papeles les están haciendo de continuo los que no quisieran que se publicasen.

¿Y por qué no querrán que continúen estos dos periódicos? El porqué, ellos bien lo saben, y a nosotros no se nos oculta. Porque no les dejan extraviar la opinión como ellos quisieran jacobinizar la revolución como se han propuesto y desean; porque en todas sus páginas tienen cuidado de distinguir de la libertad la licencia, y del patriotismo la rebelión[1334].

Cabe suponer que la mayoría de estos artículos de teoría dura fueron escritos por Alberto Rodríguez de Lista y José Mamerto Gómez Hermosilla, posiblemente los dos intelectuales con más altura entre los redactores de *El Imparcial*. En el mismo plano, aunque más orientados a la práctica y con temática más libre, se sitúa la serie de los *Comunicados del otro mundo*, alegorías mitológicas en ambiente de ultratumba, salpicadas con erudición literaria, cuyos motivos recurrentes son la democracia jacobina y el liberalismo censitario, el principio de orden, el papel deletéreo de las sociedades secretas, etc. En la democracia demagógica -se hace ahí decir a Aristóteles- la voluntad de la multitud usurpa el poder a la ley y se gobierna por decretos que dictan los demagogos "(o jacobinos)". Y concluye:

Mi opinión, en fin, fue siempre que mientras no estuvieran sujetos al pago de un censo los ciudadanos elegibles para magistraturas, y que estas no estuvieran sumisas a las leyes como el último individuo, siempre estarían las naciones fluctuando entre la tiranía popular o la tiranía de un solo hombre, igualmente funestas al género humano[1335].

También a medio camino entre los textos doctrinales y los escritos de polémica estaban las *revistas mensuales*, que con su combinación de relato y de valoración reflexiva constituyeron un poderoso instrumento en la estrategia comunicativa de *El Imparcial*. Las *revistas* son de indiscutible factura de Burgos, y en ellas formula la exposición más acabada de su interpretación de la revolución, que ya había desarrollado en gran medida en la *Miscelánea*. A grandes rasgos, el punto de partida es una condena total del régimen político absolutista, especialmente de la versión surgida en 1814, cuya nefasta actuación había dado legitimidad al pronunciamiento de los militares en 1820. Pero al alborozo inicial, dice, siguió la decepción. El gobierno constitucional, designado en marzo entre antiguos doceañistas que llegaron desde los presidios en los que

---

1334. "Sobre lo peligrosa (...)", *art. cit.*, en *El Imparcial* n° 181 (8.03.1822).
1335. "Comunicado cuarto del otro mundo", en *El Imparcial* n° 180 (7.03.1822), f. = Aristóteles.

habían sido recluidos por el despotismo, demostró su nulidad para "hacer beneficios a los pueblos", que al final es lo que cuenta y no -afirma- dictar medidas como obligar a los curas a explicar la Constitución, o tolerar la profusión de discursos demagógicos en las sociedades patrióticas. Las disposiciones de esos ministros se caracterizaron por el revanchismo y la discriminación, ahondando así en la división y multiplicando el número de los enemigos de la Constitución. Tampoco fueron capaces de frenar los desórdenes de los que agitaban la calle, lo que creó gran inseguridad sobre el futuro y malogró las expectativas de la economía. En resumen:

Las maniobras de los enemigos que iba suscitando cada día contra el nuevo sistema la conducta de los gobernantes, y los esfuerzos de los que aspirando á una preponderancia exclusiva, levantaban, sin notarlo quizá, un muro de diamante entre las diversas clases de ciudadanos[1336].

Estos alborotadores (los exaltados, aunque Burgos rehuye esta denominación) manejaban a la plebe, pero sin identificarse con ella. Podía encontrárseles entre los asiduos a las tertulias patrióticas, donde inspiraban las representaciones, orquestaban las asonadas para doblegar a las autoridades, forzaban las deportaciones de los desafectos al sistema y provocaban los desacatos al rey y los desafíos al gobierno. La agitación, junto a la conspiración en reuniones secretas, era -explicó- la herramienta que utilizaba esa gente mediocre, que sin más méritos que ser *adictos* al sistema, aspiraba a acaparar sus beneficios. En último extremo, eran la causa de la reacción absolutista, que el redactor había despreciado hasta el momento, pero que se reveló con toda su fuerza durante la primavera de 1822. Así, proclamará en la *revista de abril*:

Nosotros podríamos citar diez o doce [pueblos] que conocemos perfectamente, y en donde los furores ridículos de una docena de tragalistas han hecho completamente servil a un vecindario, que en gran parte era liberal, y estaba dispuesto a serlo en el todo.

A partir de sus *revistas* de mayo y junio Burgos asume la gravedad de la situación, aunque todavía la valora con un resto cauteloso de optimismo. Pero no por mucho más tiempo.

1336. "Revista de enero", en *El Imparcial* n° 146 (1.02.1822).

11.11. La batalla de la opinión: el día a día

Como va dicho, la dialéctica de *El Imparcial* apuntó a subrayar los principios de orden, legalidad, libertad civil y tolerancia como pilares de una convivencia civilizada, de acuerdo con el modelo liberal que se había consolidado en la Europa posnapoleónica. Y asimismo, sostuvo una idea del acceso a las funciones del gobierno regulado por el principio de la *Razón*: frente al exclusivismo de los *adictos*, "encargar al talento y a la virtud el depósito precioso de los intereses públicos".

Pero más que en los artículos de fondo, era en los que trataban de los asuntos del día, más incisivos y polémicos, donde solía plantearse la batalla de la opinión pública. En estos, Burgos comentó con aprobación las leyes votadas en febrero, que limitaban el derecho de petición y la actividad de las sociedades patrióticas, pues -afirmó- se les había dado una extensión abusiva e iban ya produciendo "males enormísimos". Se refería a su incidencia en la conducta de las autoridades, que habían claudicado en la sublevación blanda de Cádiz y Sevilla durante el otoño anterior:

Las disposiciones relativas a las sociedades patrióticas y al derecho de petición son las mejores que podían dictarse en su clase, y evitarán por una parte esos conventículos desorganizadores, a que por poco no hemos debido la guerra civil, y por otra esas juntas ridículas de autoridades, que encargadas de hacer respetar las leyes, han sido las primeras a violarlas, pretendiendo legitimar la infracción con el asentimiento de otras autoridades, que prestándolo, se han hecho cómplices del mismo crimen.

Sin embargo, de manera acorde a su compromiso con la libertad, manifestó reservas sobre las restricciones impuestas por las Cortes a la ley de imprenta:

Nosotros desearíamos que esta fuese indefinida, y sin otra limitación que la de los libelos, pero pues aquí se teme todavía a la libertad absoluta, sin considerar que cuando es tal en efecto, repara ella misma los daños que hace, creemos que convendría á lo menos suspender en estos juicios la intervención de los jurados, que garantiendo la inocencia y la libertad en los tiempos de calma, pueden ser en los de agitación instrumentos de venganzas y de injusticias[1337].

Lo que no fue óbice para que *El Zurriago*, de forma demagógica, acusara a Burgos de aplaudir el fin de la libertad de imprimir[1338].

El Imparcial condenó por medio de su pluma el acoso sufrido por Toreno y Martínez de la Rosa el día 4 de febrero al salir del congreso, hecho que había estado precedido por el desorden y los murmullos de gente pagada en la galerías -así se dijo repetidamente- que impidieron oir las intervenciones y obligaron al presidente a levantar la sesión. Como consecuencia, al día siguiente se aprobó la proposición de don Vicente Sancho de nombrar una comisión, que indicara medidas para evitar coacciones a la libertad de los diputados[1339]. Sin embargo, el dictamen que esta emitió, leído en la sesión del 9 de febrero, rehuía una vez más el fondo del problema, al culpar de los desmanes a la acción provocadora de agentes extranjeros, infiltrados entre los refugiados que habían encontrado asilo en España, y que imprimían en

---

1337. "Concluye la revista de enero", en *El Imparcial* nº 14 [sic, por 147] (2.02.1822); el comunicado que sigue refuerza las razones de lo expuesto en la revista.

1338. *El Zurriago* nº 25 [1822] p. 16: "En la Miscelánea que redactaba un afrancesado de los que más se distinguieron, a saber, el caballero Burgos, se clamó con energía contra la ley orgánica de la libertad de imprenta, diciendo en una palabra que era depresiva de la libertad, y sus ocho artículos eran otros tantos eslabones de una cadena cruel. Este mismo señor Burgos redacta ahora el Imparcial, y con la mayor desfachatez vino diciendo en su número 145, en substancia que el proyecto nuevo de ley (que para decirlo de una vez acaba con la libertad de imprenta) es lo más hermoso del mundo. Hay hombres pícaros, bribones, indignos, viles, infames, traidores y tunantes en el mundo, mas el señor Burgos no es de esta clase de hombres. Algo inconsecuente; pero sin malicia". Alude al artículo que comienza "En conformidad con el acuerdo de las Cortes" de *El Imparcial* nº 145 (31.01.1822), en el que se inserta el texto de los tres proyectos.

1339. Vid. *Gazeta de Madrid* nº 37 (6.02.1822) pp. 232 (sic), Cortes. Sesión del 5 de febrero, se trató de "las ocurrencias desagradables de ayer", con la intervención de V. Sancho y aprobación de la comisión, para la que se nombró a Calatrava, Sancho, Benítez, Subrié y Crespo Cantolla. También, el art. "El Universal dice hoy lo siguiente", en *El Imparcial* nº 155 (10.02.1822), donde se corrige a los de *El Universal*, que decían estar "autorizados" para desmentir que el presidente Giraldo levantara la sesión a causa de los murmullos en la galerías (aunque reconocían que hubo "algún desorden").

sus periódicos toda especie de desorden y de anarquía. ¿Estaban pensando en sujetos como el editor de *El Régulateur,* ahora establecido en Portugal? Y algo más grave: en el mismo saco metían de refilón, a *algunos* afrancesados que desacreditaban "lo que no contribuyeron a restablecer", aspirando a recuperar los destinos que perdieron por su conducta pasada (los extractos de la sesión de Cortes publicados en la *Gazeta* y de *El Imparcial* omitieron esa parte). En suma, culpaban de la desestabilización a la labor desinformadora de periodistas al servicio del gobierno francés. Como promotor y miembro de esa comisión, el propio Sancho parece haber tenido una responsabilidad directa en este texto, en el que una vez más se usaba a los afrancesados como chivo expiatorio[1340]. Por supuesto, un argumento tan gastado ya no impresionaba a nadie, de modo que la respuesta de *El Imparcial* vino a través de un artículo (que decían) remitido, en el que denunciaban a su vez a la prensa exaltada como cómplice de los alborotadores:

> Quisiera que no se olvidasen esos señores [periodistas exaltados] que ahora tan altamente desaprueban estos últimos desacatos, a que ellos han contribuido en gran parte disculpando y aun elogiando descaradamente a los rebeldes, a los alborotadores, y a los que bajo el velo de un patriotismo que ni conocen, ni quieren conocer, se sobrepusieron a las leyes y vilipendiaron al gobierno encargado de ejecutarlas (…). No hay nadie que no vea por sus ojos que el verdadero Leybach son esos clubs públicos y secretos en donde se predican las doctrinas mas subversivas, y de donde se expiden ordenes y emisarios para que aticen o enciendan el fuego de la rebelión[1341].

1340. Cfr. *Gazeta de Madrid* n° 41 (10.02.1822) p. 234, "Cortes. Sesión del 9 de febrero", el dictamen de la comisión encargada de proponer lo conveniente sobre las ocurrencias del día 4; la información va ahí muy extractada y se omite las referencias a los afrancesados. Lo mismo en *El Imparcial* (vid. n° 155, 10.02.1822), pero en el artículo que va a continuación, se replica a las expresiones infamantes de V. Sancho; se fijó día para la discusión de las propuestas, aunque quizás no se efectuara por falta de tiempo antes de la disolución del Congreso. Mucho más completa es la versión de *El Espectador* n° 303 (11.02.1822) pp. 1215-1216. Las tres medidas propuestas por la comisión consistían en enviar a la sanción de S.M. el código penal; que se estableciera en todas las capitales y particularmente en Madrid, "una policía compatible con nuestras instituciones liberales"; y tercera, establecer como pedía el gobierno, uno o dos jefes políticos subalternos en la capital.
1341. "Hágase el milagro y hágale Dios o el diablo", en *El Imparcial* n° 153 (8.02.1822), f. = *El consecuente.*

Con todo, la acusación a los afrancesados por una comisión de las Cortes era grave, de modo que proporcionó el pretexto para una nueva ofensiva de *El Espectador*, particularmente agria porque este no tenía remilgos en usar de "personalidades" sin consideración alguna a periodistas sospechosos de desafección a la ortodoxia doceañista, entre los que Miñano y especialmente Burgos, como cabeza visible de *El Imparcial*, fueron los blancos habituales. Señalamientos y descalificaciones permiten apreciar su capacidad para el insulto y tanta la consistencia de su talante liberal, pero lo que ahora interesa es el inventario de agravios de que se queja *El Espectador*, diario que en esta época sustenta una posición de compromiso dentro del espectro exaltado, en tanto que dice abominar de la "anarquía" alentada por *El Zurriago*, y que se indigna ante la acusación, lanzada por *censores* e *imparciales*, de que deseaba un giro sanguinario en la revolución, al estilo de la Francia del Terror[1342]. Por el contrario, *El Espectador* fija los límites de su creencia política en la misma Constitución: "*Constitución* hemos jurado, y *Constitución* hemos de tener, pero cumplida en su texto y en su espíritu, sin la elasticidad que algunos quieren para que a su sombra se ejerza como antes la más horrible tiranía"[1343]. En último extremo, lo que parecían buscar los *espectadores* era un cambio en la mentalidad de la sociedad y en el funcionamiento de las instituciones que hiciera realidad ese *espíritu* que decía. De ahí, su percepción de la revolución española como cosa inacabada, un proceso aun en curso, frente a la afirmación de *El Imparcial* de que al legalizarse, ya había concluido:

Sería el ultimátum del delirio creer que la revolución ha de permanecer estacional, y sin seguir toda su carrera por mas represivos diques o represas que quieran impedirlo. Sí señor, la revolución, a la manera de un torrente dará en tierra con cuanto se la oponga, y es muy extraño

---

1342. "Cuando un hombre ha perdido todo pudor y vergüenza", en *El Espectador* nº 312 (20.02.1822) pp. 1251-1252; incluye ahí una indignada queja de la "parodia grosera e indecente que hace el *payaso del Censor* en su número del sábado último"; se refiere al artículo titulado "Sobre un artículo de El Espectador", en *El Censor* nº 81 (16.02.1822), pp. 230-239 (¿de Miñano?), una burla del artículo de *El Espectador* del día 12 en el que señalaba a *El Censor* y *El Imparcial* como instrumentos de la contrarrevolución.

1343. "Hemos observado", en *El Espectador* nº 304 (12.02.1822) pp. 1219-1220.

que Vd. [Javier de Burgos] y sus colegas que todo lo conocen y todo lo preveen (sic), quieran impedir que el genio de la nación se desarrolle y la santa libertad nos colme de sus inmensos beneficios[1344].

La contradicción de los *espectadores* se halla en que en ninguno de sus textos fueron capaces de explicar en qué consistía el *espíritu* de la Constitución, o de llegar hasta sus últimas consecuencias. Y ni mucho menos, de concretar un camino para alcanzar ese fin que no pasara por la "anarquía" revolucionaria, como les acusaban los *imparciales*. En definitiva, los *espectadores* resultaban ser solo *moderadamente* exaltados, y eso explica que en el fondo, su forma de ver las cosas no estuviera muy lejos paradójicamente, de la del príncipe de Anglona, el jefe de los anilleros. Más consecuente en este punto se mostró *El Independiente*, cuya tesis, en definitiva, la denuncia de la desigualdad pertinaz entre los ciudadanos, desmonta *El Imparcial* acusándole de demagogia: ni los pueblos se ven privados de sus libertades, ni la supuesta exasperación del pueblo ("dale con el pueblo") justifica las escenas criminales como pretendía *El Independiente*. Es más, "aquí no se trata de pueblos, ni de pueblo, ni de una parte numerosa del pueblo sino de unos cuantos individuos"[1345].

En el esquema de *El Espectador* la demonización de los periodistas afrancesados desempeña una función de contrapeso, denunciando a *El Censor* y a *El Imparcial* como instrumentos de la contrarrevolución, que decían orquestada por una junta radicada en Madrid donde se recibían las instrucciones enviadas por un gobierno "enemigo de hecho", o sea, el francés. Con su pintura tenebrosa, señalaban, los afrancesados aspiraban a dividir la opinión de los españoles para traer de nuevo el despotismo pretextando una anarquía inexistente[1346]. Y ya con la boca pequeña, los *espectadores* se duelen de la falta de reverencia a "la bizarra clase militar", autora de "la revolución heroica y admirable desde sus principios", al haberse dado a entender que esta fue efecto de la cobardía, para no tener

---

1344. "El ingeniosísimo don Hermógenes, editor del celebérrimo Imparcial", en *El Espectador* n° 308 (16.02.1822); *El Imparcial* responde en el artículo "Prometimos el domingo contestar", insertado en el n° 164 (19.02.1821).

1345. "Siempre tomamos de mala gana la pluma", en *El Imparcial* n° 174 (1.03.1822).

1346. "Hemos observado", en *El Espectador* n° 304 (12.02.1822) pp. 1219-1220, con el dictamen de la comisión de las Cortes y el señalamiento de los afrancesados.

que embarcarse rumbo a Buenos Aires[1347]. Más adelante, perfila y sintetiza las acusaciones a los periodistas afrancesados, que con su antagonismo a la Constitución y a los ministros de 1820 habían dado nuevos bríos a los serviles, estimulando la rebelión: ellos cultivaban interesadamente la exageración al confundir "el calor natural de algunos jóvenes entusiastas por la libertad" con la anarquía, de modo que habían multiplicado las "denominaciones odiosas" de exaltados, gorros colorados, etc., y eso era lo que hizo surgir los partidos que dividían a la nación. Es verdad que había *Tercerolas* y *Diarios gaditanos*, pero el mal que podían hacer tales escritos ("libelos") era despreciable, minimizó, mientras que el que causaban los facciosos era real. El despotismo, no la anarquía o el jacobinismo, era el auténtico peligro[1348].

La respuesta de *El Imparcial* consistió en proclamar con insistencia su devoción a la Constitución *actual,* que decía atacada por sus contrarios. Y no sin razón, añadió que aun suponiendo que fueran los nombres los que dieran origen a la existencia de los partidos (y no al revés), la denominación de *descamisados,* que tanto eco había tenido en la opinión pública, era precisamente una invención de *El Espectador.* Tampoco le parecía que fuera una *exageración* denunciar las ilegales deportaciones de sospechosos designados por los *patriotas,* el asesinato de Vinuesa, o el estado de rebelión abierta mantenida por los que mandaban en Cádiz y Sevilla contra el gobierno constitucional por espacio de dos meses, a finales de 1821. Esa fue la tónica[1349] hasta que la ofensiva, en el mes de

---

1347. "En medio de lo dolorosa", en *El Espectador* nº 305 (13.02.1822) pp. 1223-1224, glosa con más detalle el dictamen de la comisión sobre los sucesos del día 4 centrándolo en la responsabilidad de los periódicos afrancesados, y con alusiones trasparentes al autor de las ("pésimas") comedias antipatrióticas y a la mordaz sátira del "clérigo perverso".

1348. "El que observe reflexivamente los acontecimientos", en *El Espectador* nº 401 (20.05.1822) p. 150.

1349. Los principales hitos de esta polémica se encuentran en *El Espectador* nº 303 (11.02.1822) pp. 1215-1216 [El dictamen de la comisión de Cortes sobre los sucesos del día 4]; "Hemos observado", en nº 304 (12.02.1822) pp. 1219-1220 [Instrumentos de la contrarrevolución]; "En medio de lo dolorosa", en nº 305 (13.02.1822) pp. 1223-1224 [el dictamen de la comisión y los afrancesados]. "Entre todas las sandeces", en *El Imparcial* nº 159 (14.02.1822) [Contra el dictamen y *El Espectador*; "El ingeniosísimo don Hermógenes", en *El Espectador* nº 308 (16.02.1822) [ataques *ad hominem* a Burgos y Miñano, etc.]; "El Espectador nos honra hoy", en *El Imparcial* nº 162 (17.02.1822) [refutación de la acusaciones de expresiones

abril, de la prensa afecta a los comuneros contra el gobierno -*Tribuno, Tercerola* y *Zurriago* en particular- desplazó el centro del debate político, propiciando una tímida aproximación entre *imparciales* y *espectadores:*

> En el Espectador del 24 se lee un artículo de variedades en que vemos verdad en los principios, exactitud en la manera de enunciarlos, buena intención en las aplicaciones, y patriotismo en fin en los votos que forma el autor y en las esperanzas que abriga[1350].

A recordar, *El Imparcial* asumió a partir de marzo de 1822 el papel, de cara al público, de paladín del nuevo ministerio, con cuya política moderada se identificaba. El encargado de negocios sardo reflexionaba así en su correspondencia con Turín: "*El Universal* ha perdido, es público, su calidad de semiministerial, que pertenece ahora a *El Imparcial*. Sin embargo su ordinaria circunspección hace presumir que las opiniones que manifiesta [un ataque al a corte de Turín con motivo de la retirada del agente diplomático] no son contrarias a las del gobierno"[1351]. Por tanto, en conformidad con la pauta del gobierno (y con sus propias convicciones), el periódico se involucró a fondo contra la comunería. La confrontación llegó a asumir un tono tremendista, con declaraciones solemnes del estilo:

> Hay una liga secreta, pero numerosa, y que cuenta entre sus individuos a una porción de perversos que se llaman a sí mismos constitucionales, la cual trabaja incesantemente por llevar a cabo el atroz proyecto de destronar al Rey, destruir la Constitución, y anegar en sangre los pueblos[1352].

---

anticonstitucionales y apología de Burgos]; "Prometimos el domingo contestar", en n° 164 (19.02.1822) [La revolución concluida y defensa de la Constitución actual]; "Cuando un hombre ha perdido todo pudor y vergüenza", en *El Espectador* n° 312 (20.02.1822) pp. 1251-1252 [Don Hermógenes y la acusación de revolucionarios sanguinarios]; "Ya que unos escritores", en *El Imparcial* n° 166 (21.02.1822) [Contra el ostracismo y las deportaciones].

1350. "En El Espectador del 24 se lee un artículo", en *El Imparcial* n° 233 (29.04.1822).

1351. ASDMAE, Leg. Sarde, Reg. V, n° 92 (Madrid, 22.04.1822).

1352. "El patriotismo, el amor a la libertad y la filosofía", en *El Imparcial* n° 204 (31.03.1822).

Sin embargo, el registro que predominó en la forma de hablar sobre los comuneros fue más bien burlesco, ensañándose -como también haría *El Universal*- en las filtraciones patéticas de los secretos de la sociedad[1353]. Sus detallados comentarios sobre la torre matritense número 4 dieron pie a una visita intimidatoria de varios individuos al domicilio del redactor, Burgos, aunque al parecer esta no tuvo mayores consecuencias[1354].

Por el contrario, el periódico contempló con simpatía a la sociedad del Anillo ("tan calumniada como nuestro periódico")[1355], respaldando la trayectoria del teniente coronel Heceta, del que se dijo que había tratado de asesinar en su domicilio al redactor de *El Zurriago* Félix Mexía, y que después fue jefe político de Granada, donde le hostigaron los comuneros locales. Su verdadero delito era, dirá un corresponsal granadino, "pertenecer a la sociedad de los amantes del orden, designada burlescamente por algunos con el nombre del anillo, y ser conocido por la moderación de sos principios políticos, y su inflexibilidad en transigir con el espíritu de facción"[1356]. *El Imparcial* elogió también, calurosamente, una proclama de la diputación de Cádiz, al parecer escrita por Félix Reinoso, condenando el ambiente de algarada[1357]. Denunció asimismo las trapacerías de Bartolomé José Gallardo ("licenciado de hortera y

---

1353. Cfr. entre otros, "Está de Dios que sin saber cómo", en *El Imparcial* n° 219 (15.04.1822); "El Tribuno trae hoy un artículo de Cádiz en que se hace la defensa de la pobre comunería" en n° 225 (21.04.1822); también, *El Independiente* n° 81 (10.06.1822) p. 134, quejándose de las revelaciones de *El Universal:* "El don Hermógenes de Santa Julia [Manuel Narganes] se entretiene en sacar a luz la correspondencia privada del Tribuno".
1354. *El Imparcial* n° 234 (30.04.1822).
1355. *El Imparcial* n° 208 (4.04.1822), suelto: "Hasta hoy no hemos tenido ocasión de hablar del precioso discurso pronunciado por el excelentísimo señor príncipe de Anglona en la sociedad constitucional".
1356. *El Imparcial* n° 204 (31.03.1822), el artículo remitido de "Granada, 24 de marzo".
1357. Cfr. *El Imparcial* n° 252 (18.05.1822), con la refutación a la impugnación por *El Tribuno* de dicha proclama (Cádiz, 1 mayo 1822). El artículo parece, al menos en parte, redactado por Javier de Burgos. Sobre la autoría de la proclama, vid. Jesús de las Cuevas, "Félix José Reinoso y José Mª Roldán. Dos sevillanos ilustres. Aspectos inéditos", en *Archivo hispalense* t. XIX, n° 61-62 (1953) p. 146, donde designa a Reinoso como "consejero escritor con encargos especiales" de la Diputación. También Ochoa, *Apuntes (...)*, o.c., t. II, p. 614, "Reinoso (Don Félix José)": "asociado por la diputación provincial de Cádiz a sus tareas facultativas desde mediado el año de 1820 hasta el último tercio de 1823, extendió numerosos escritos".

mendrugo"), que últimamente había intentado falsificar un suplemento de *El Imparcial*[1358], y los procedimientos de los matones -dos oficiales-que se habían personado en casa de Burgos para obligarle a insertar un libelo contra sí mismo[1359].

Como era de esperar, la linea editorial del periódico tendía a identificarse con la alta sociedad, de modo que abogó en favor de los guardias de corps -jóvenes de familias distinguidas- procesados por la muerte de un centinela el pasado julio de 1820:

Conocemos a varios de los que se hallan complicados en esta causa, y aun profesamos a algunos de ellos una amistad particular, y este mismo conocimiento nos convence de que son incapaces de abrigar en sus pechos una acción criminal, aunque no por eso les conceptuemos libres de los errores a que da margen una imaginación acalorada[1360].

Particularmente representativo de esta mentalidad fue su toma de partido cuando algunos milicianos nacionales, ciudadanos de a pie, quemaron en la Puerta del Sol el proyecto de reglamento para la milicia del ministro de la Gobernación, Moscoso. *El Imparcial* se apresuró a reprobar esa conducta, apoyando en cambio la airada desautorización que publicaron los jefes de Madrid[1361]. Sin duda, el incidente es ilustrativo de las diferentes formas de entender la Constitución entre sus partidarios, entre los que

---

1358. El falso suplemento, obra del mismo Gallardo ("el licenciado Palomeque"), relataba a su manera el lance acaecido con el coronel Heceta cuando este le asestó sendos bofetones durante un baile de máscaras; cfr. *El Imparcial* nº 176 (3.03.1822) con explicación detenida del asunto.

1359. "Cuando en nuestro número 219 se insertó un artículo", en *El Imparcial* nº 226 (22.04.1822): en relación con las revelaciones sobre la suspensión de la representación de *El presidente de la regencia* en 1810 por orden del general Sebastiani.

1360. "Se nos ha asegurado" en *El Imparcial* nº 237 (3.051822).

1361. "Revista de abril", en *El Imparcial* nº 236 (2.05.1822). Ya antes se había insertado la representación remitida por los jefes, capitanes, comandantes de compañía y primeros ayudantes de la milicia (nº 229, 25.04.1822): f. = Comandante del escuadrón, marqués de Pontejos. = El teniente coronel comandante accidental de infantería, José Luis de Amandi (Madrid de abril de 1822). También, nº 231 (27.04.1822), sobre la réplica de los "sediciosos", que seguidamente acusaron a sus jefes de "impopularidad" y "aristocratismo".

algunos, era inevitable, tendían a desafiar la ley por puro oportunismo, pero otros, genuinamente alarmados, en defensa de una revolución que creían en regresión. Así lo justificaba con palabras grandilocuentes *El Independiente*, diario afín a los comuneros:

> Cuando los pueblos se ven privados de sus libertades, cuando se responde a sus justas reclamaciones con el silencio del desprecio y del insulto ¿no es natural que la exasperación los conduzca a escenas criminales?.

Es una consideración que choca abiertamente con la convicción, propia de los moderados, de que las algaradas no respondían sino a intereses bajunos de los arribistas, que usurpaban la voz del pueblo en su propio beneficio[1362].

Por resumir, *El Imparcial* de Burgos, como antes el de Cabanes, se batió en todos los frentes sin perder ocasión, polemizando con brillantez e imponiendo sus razones a lo largo de sus once meses de existencia. Demostró capacidad de crear opinión pública, consolidar convicciones latentes, desarmar a los adversarios e indicar el camino a seguir, favoreciendo así la creación de condiciones adecuadas para la acción política desde las instituciones y facilitar el triunfo del proyecto de los moderados. Su cierre abrupto en julio de 1822 no fue en absoluto resultado de un fracaso como medio de comunicación, sino que por el contrario, cabe hablar de una trayectoria periodística de éxito, solo frustrada por circunstancias derivadas del proceso revolucionario.

11.12. Epílogo. El 7 de julio y después: la comisión en París

La linea seguida por *El Imparcial* hace pensar que las jornadas de julio pillaron por sorpresa a los redactores, que mostraron desconcierto y muy poca capacidad de reacción. Nada hace sospechar que estuvieran al tanto de la intentona golpista de los oficiales de la Guardia Real, o que entonces se pretendiera ejecutar el plan de reforma constitucional que se atribuía a los ministros; dos conspiraciones distintas aunque

---

1362. "Siempre tomamos de mala gana la pluma", en *El Imparcial* nº 174 (1.03.1822).

entrelazadas, como ya se advirtió durante esos mismos días. La situación fue extraordinariamente compleja -el citado libro de Julio Puyol sobre Clemencín basta para hacerse una idea- de modo que la información que ofreció *El Imparcial* a lo largo del mes fue escasa y circunspecta, aunque siempre, al menos mientras les fue posible, con la pretensión de disipar todo motivo de alarma. Véase el tono en la crónica de Madrid escrita el 31 de junio por la noche, cuando se desencadenaron los acontecimientos:

Esta mañana ha habido un poco de inquietud, que afortunadamente no ha tenido las malas resultas que se temieron al principio. Parece que unos grupos de gentes quisieron penetrar por el arco de palacio, a pesar de la orden que se les intimó para que se contuviesen: la guardia hizo fuego al aire, y no se dice que haya habido otro perjuicio que el susto que ocasionó un tiro que llegó a una ventana del crédito público. En la bulla y el desorden que hubo de ocasionar este acontecimiento parece que salió uno u otro individuo estropeado, contuso, herido y aun se dice que muerto.

Hemos oido referir de tantas maneras estos sucesos, y agregar tantas circunstancias, que no nos atrevemos a añadir ninguna particularidad, por miedo de que en una relación en que no tendríamos más objeto que instruir a nuestros lectores de las circunstancias de este día, se nos supusiesen intenciones de que estamos muy distantes. Pero cuando cada cual ve con ojos distintos los acontecimientos, es menester aguardar a oir el testimonio de muchas personas desapasionadas para formar un juicio exacto de estos sucesos, de que ya desde ayer se notaban algunos síntomas.

Esta tarde estaba todo tranquilo, pero poco antes de anochecer se volvió a sentir conmoción y vimos a los milicianos correr a sus cuarteles. Parece que este movimiento provino de haber herido unos soldados de Guardias a un oficial llamado según algunos Landaluce, y según otros Landáburu. Ahora que son las diez venimos de recorrer las calles, y hallamos mucha tropa hacia la plaza de la Constitución, hacia la de la Villa y hacia palacio. Nadie se mueve, y el pueblo a estas horas está perfectamente tranquilo[1363].

1363. "Esta mañana ha habido", en *El Imparcial* n° 297 (1.07.1822) p. 1262.

Al día siguiente rectificó y amplió algo los detalles sobre el asesinato de don José Mamerto landáburu, un oficial de la guardia en el que concurría la singularidad de pertenecer a la comunería. Pero sobre todo, se insiste en el estado de tranquilidad de la población, esa es la prioridad. También es patente la voluntad de evitar comprometerse con muestras de simpatía a los sublevados o al contrario, con un exceso de fervor a favor de la legalidad constitucional. En el número del 3 de julio la mayor parte de la información la aporta un bando del ayuntamiento que inserta en la propia crónica, en el que da cuenta de la salida de cuatro batallones de la Guardia Real, que se apostaron en El Pardo en actitud expectante (los dos restantes quedaron en Palacio)[1364]; otro tanto sucede el día 4, que incluye un bando del general San Martín, el jefe político, para desmentir que el rey pensara ausentarse de Madrid. La novedad en este número viene dada por un artículo en el que rechaza la reticencia malévola de *El Universal,* que insinuaba su identificación con los guardias rebeldes. Según el diario rival, los guardias habían interpelado así al general Morillo cuando este trataba de hacerles entrar en razón:

Póngase V.E. a nuestra cabeza y dará un día de gloria a la patria, y destruirá a esos infames zurriaguistas, a esos canallas de la Tercerola, que tanto han despedazado su reputación. *Lea, lea V.E. el Imparcial y allí verá los crímenes de toda la facción liberal, allí verá sus inicuos intentos*[1365].

A lo que el general habría contestado despreciando *a cuatro pedantes que se ocupan de escribir más por hambre que por patriotismo.* El redactor de *El Imparcial* descarta esta versión, deliberadamente equívoca, en favor de la que publicó *El Espectador,* que juzga más coherente: lo que en realidad dijo el general fue que no hacía caso de esos papeles -o sea, de *La Tercerola* y *El Zurriago*- pagados por los enemigos de España.

1364. Vid. "Anoche, cuando hablábamos de los sucesos del día", en *El Imparcial* n° 298 (2.07.1822), y "Esta noche ha ocurrido un suceso extraordinario", en n° 299 (3.07.1822).

1365. "Desde anoche corría la voz", en *El Imparcial* n° 300 (4.07.1821), con el bando, f. = José Martínez de San Martín, Madrid 3 de julio de 1822; sigue el artículo apologético que comienza "En la relación de los sucesos" y es contestación al de *El Universal que comienza* "las ocurrencias de estos últimos días", en n° 184 (3.07.1822). Más sobre lo mismo en "Cuando antes de ayer escribimos", en *El Imparcial* n° 302 (6.07.1822)

Imagen 51. *"Memorable día 7 de julio de 1822 en Madrid a las 4 de la tarde"* (Biblioteca Nacional de España).

La misma tónica de circunspección y brevedad preside el relato de los combates del día 7, la jornada decisiva, sostenidos en varios puntos de la Villa entre los batallones procedentes del Pardo y los constitucionales, esto es, milicianos nacionales, tropa regular y voluntarios de procedencia variada, entre los que abundaban exaltados, pero también moderados (como el propio príncipe de Anglona, oficial de la Guardia Real, y Miraflores, miliciano nacional) e incluso emigrados políticos huidos de Italia y de Francia. Los hermanos Bertrán de Lis alistaron y financiaron una partida de 40 patriotas para combatir la sublevación. De acuerdo con la versión de Fernando Fernández de Córdoba, su hermano Luis, el líder de los revoltosos, pretendía que Fernando VII estableciera -son sus palabras- "un gobierno liberal y templado, al amparo de una severa Constitución, en la que se garantizasen por igual medida la autoridad y prestigio de la monarquía y las libertades públicas"; algo que en realidad parece estar más próximo al plan de *cámaras y veto* que a un rígido absolutismo. En cualquier caso, el rey tampoco lo aceptó, Luis volvió al

Pardo al amanecer del día 6 y en la madrugada del siguiente los guardias avanzaron sobre la capital[1366].

La brevedad en la crónica de *El Imparcial*, inadmisible dada la trascendencia de lo ocurrido, se intentó justificar más adelante alegando que los cajistas habían avisado el domingo a medio día que se irían antes, porque en el estado en que se hallaba Madrid necesitaban retirarse con tiempo[1367].

Cuando quedó claro el fracaso del golpe, arreció la hostilidad de otros medios contra los redactores, que llegó a cobrar un cariz amenazante. Conscientes de a donde conducía el desenlace de la crisis, los *imparciales* deploraron la dimisión de los ministros moderados[1368] y publicaron comunicados exculpatorios de diversos personajes y cuerpos militares sobre la conducta que habían seguido durante la sublevación. El más notorio, el duque del Infantado, a quien había acusado *El Espectador* de alzar a la plebe de las Vistillas en favor del rey absoluto[1369]. Pero sobre todo hicieron su propia apología contra la acusación de falta de compromiso en el tratamiento informativo de aquellos días. En un artículo de fondo publicado el 10 de julio los *imparciales* apelaban a "las inspiraciones de la razón y al conocimiento de la conveniencia común", que les había hecho limitarse a referir solo hechos comprobados y a huir de las reflexiones, que juzgaban inoportunas en momentos de crisis. Simplemente, habían obrado con prudencia, de modo que "es muy ridículo y muy atroz que se trate de atentar contra nuestras vidas"[1370].

Con la anulación política de los moderados, ya deslegitimados para fijar el rumbo del régimen, *El Imparcial*, como *El Censor*, perdía su razón de ser y los periodistas que lo hacían quedaban en una situación incómoda e incluso peligrosa. El periódico continuó discretamente hasta finales del mes, probablemente para cumplir con los suscriptores y evitar

---

1366. F. Fernández de Córdoba, *o.c.*, p. 21.
1367. Cfr. *El Imparcial* nº 304 (8.07.1822), "Madrid 4 de junio" [sic, por 7 de julio], la crónica de los sucesos del domingo 7 de julio, cuya brevedad se justifica por haberse enviado ya a las prensas el número en cuestión y porque al día siguiente, como todos los lunes, solo se publicaba medio pliego (cfr. nº 305, 9.07.1822); se insiste en lo mismo (la marcha prematura de los cajistas, etc.) en nº 306 (10.07.1822).
1368. "Hoy corren rumores alarmantes", en *El Imparcial* nº 305 (9.07.1822).
1369. "Se nos ruega insertar", en *El Imparcial* nº 308 (12.07.1822), f. = el duque del Infantado (Madrid, 9 de julio de 1822); "Segunda vez se me ataca en el periódico *Espectador*", en nº 313 (17.07.1822), f. = El duque del Infantado (Madrid, 13 de julio de 1822).
1370. "Que satisfecho debe estar el que ha debido a la naturaleza una razón tranquila", en *El Imparcial* nº 306 (10.07.1822).

la devolución de los abonos, que hubiera supuesto un quebranto para la empresa. Cesó el 27 de julio, alegando razones de seguridad personal de sus redactores. El cierre se anunció en el último número:

> Habiéndonos hecho ver la experiencia que no podemos encontrar la protección necesaria contra los denuestos y amenazas de que frecuentemente hemos sido objeto, hace días que habríamos cesado en la redacción de este periódico, si no hubiésemos debido subordinar aquella consideración a otras más importantes; libres ya de estas últimas, podemos suspender hoy un trabajo, en el cual no podríamos ya coger otro fruto que amarguras y sinsabores[1371].

Con la desaparición de esas dos publicaciones -así lo veía alguien tan alineado con el Antiguo Régimen como era el encargado de negocios piamontés- desaparecían las únicas que defendían principios estables y combatían abiertamente las máximas revolucionarias, con las consecuencias que de ahí se desprendían para el futuro político de España[1372].

Así las cosas, *La Tercerola*, uno de los periódicos que más se había ensañado con *El Imparcial* durante los últimos meses, evocó así su final, señalando a los que fueron sus directores:

> Se concluyó el pan de ignominia que comían los editores del Imparcial; pero ellos buscarán otro modo de adquirir una decente congrua sustentación aunque para ello sea menester poner en práctica cuantos medios viles son capaces de ejercitar los traidores de oficio. En la noche del 6 al 7 de julio estaban en Palacio llenos de placer Burgos y Cabanes aspirando a grandes puestos; por la mañana se les aguó la fiesta y la risa se volvió llanto. A un punto alto debieron subir al instante, pero los gorros tienen más humanidad y más compasión que los que predican moderación para asesinar a la Patria. En fin al Imparcial se lo llevó el demonio: murió rabiando; y es regular que sus editores tengan la misma suerte[1373].

1371. *El Imparcial* nº 323 (27.07.1822) p. 162 (sic).
1372. ASDMAE, Leg. Sarde, Rº VI, nº 127 (Madrid 28.07.1822); nada esperaba en cambio de *El Universal* por su oportunismo, que -escribe- se vendía al poder de cada día.
1373. *La Tercerola* nº 22 [1822] pp. 15-16; también *El Zurriago* nº conjunto 50-

Que Cabanes se hallara en Palacio la noche de marras no llama la atención, tanto por su empleo de capitán de la Guardia como por la Comisión ministerial a la que estaba destinado. Él mismo lo confirma, como también que no se implicó en la sublevación, una declaración que en el contexto en el que la hizo, es decir, cuando escribió para congraciarse con el rey en 1826, no deja lugar a dudar sobre su veracidad. En cuanto a Burgos, la revelación es sorprendente aunque no ajena al estilo extremoso de *La Tercerola* y *El Zurriago*. No hay noticia fehaciente de que él hubiera tenido acceso a los círculos cortesanos, mucho menos a los aposentos Reales, ni tampoco existía motivo que justificara su presencia allí, aunque *El Zurriago*, en un texto poco posterior, su alegoría bufa titulada *Los duelos del Anillo*, atribuye a Burgos ("el sapientísimo Burgo-Brigan, jefe supremo de los caballeros Berenjenarios") un papel preponderante en el complot para destruir la Constitución, hasta el punto de alternar con el propio rey (el emperador de China Tigrekan), sus hermanos (Alfeñique y Pakorrito), el ministro Clemencín (Trementín) y Argüelles (el Divino, "gran protector de la congregación del Anillo"), en un remedo de la camarilla que en el pasado había arropado a Fernando VII. Los "berenjenarios", o sea, los afrancesados, están caracterizados como escritores codiciosos que por su servicio a Alfeñique y a su hermano se habían mantenido con su dinero y aspiraban a seguir haciéndolo en el futuro. La escena V, en la que discrepan Burgo-Briján y Trementín sobre el objetivo de la nueva trama que preparan tras el fracaso del 7 de julio es clarificadora: el osado Burgo-Briján (o Burgo-Brigan) lo tiene claro, se trata llanamente de perseverar hasta restablecer el gobierno absoluto, mientras que los melindrosos anilleros se aferran al plan de cámaras y veto, a pesar de que el rey les hubiera traicionado la noche del día 7 haciéndolo fracasar torpemente; pero lo que les importa en realidad son las condecoraciones y los sueldos, aunque en la comedia se concede que unos cuantos entre ellos se pasaron entonces a las filas de los libres. Al final todo termina bien en la comedia porque el general *Gorro*, o sea, San Miguel, a quien han nombrado ministro creyendo que se le podía manejar, desbarata el plan al intimidar a Fernando[1374].

51-52 [1822] p. 34, donde afirma que estuvieron en Palacio (no deja claro el día) Amarillas, Infantado, Castro Terreño "y también se asegura que no faltó entre ellos el renegado y traidor Burgos, editor del infame periódico El Imparcial".

1374. "Los duelos del Anillo. Segunda parte de los Cañonazos. Tragicomedia", en *El Zurriago* nn. 61-62 [agosto 1822], pp. 12-36.

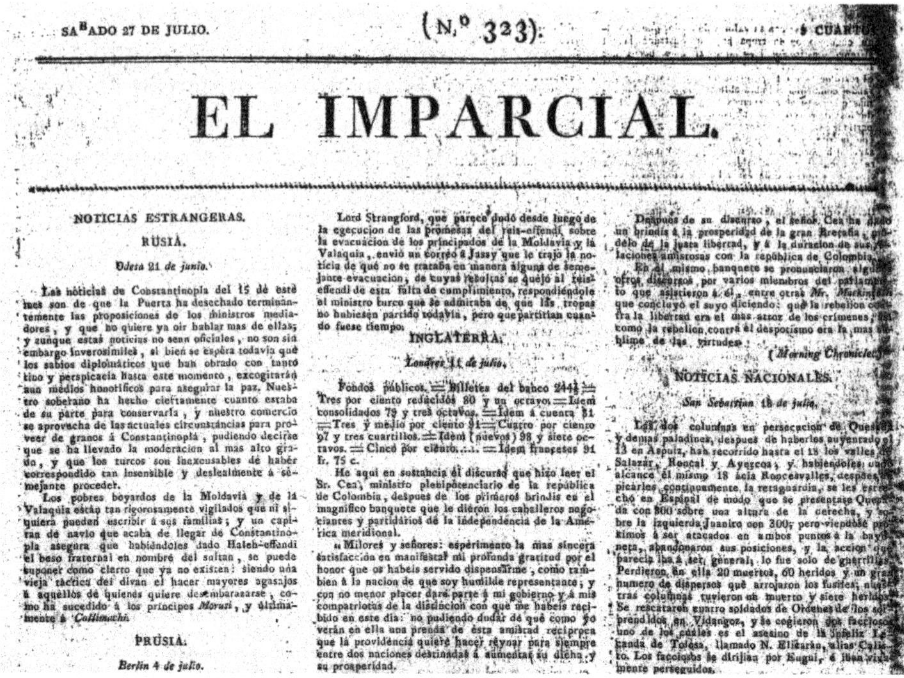

SABADO 27 DE JULIO. (N.º 323).

EL IMPARCIAL.

NOTICIAS ESTRANGERAS.

RUSIA.

Odesa 21 de junio.

Las noticias de Constantinopla del 15 de este mes son de que la Puerta ha desechado terminantemente las proposiciones de los ministros mediadores, y que no quiere ya oir hablar mas de ellas; y aunque estas noticias no sean oficiales, no son sin embargo inverosimiles, si bien se espéra todavia que los sabios diplomáticos que han obrado con tanto tino y perspicacia hasta este momento, excogitarán aun medios honorificos para asegurar la paz. Nuestro soberano ha hecho ciertamente cuanto estaba de su parte para conservarla, y nuestro comercio se aprovecha de las actuales circunstancias para proveer de granos á Constantinopla, pudiendo decirse que se ha llevado la moderacion al mas alto grado, y que los turcos son inexcusables de haber correspondido tan insensible y deslealmente á semejante proceder.

Los pobres boyardos de la Moldavia y de la Valaquia están tan rigorosamente vigilados que ni siquiera pueden escribir á sus familias; y un capitan de navio que acaba de llegar de Constantinopla asegura que habiéndoles dado Haleb-effendi el beso fraternal en nombre del sultan, se puede suponer como cierto que ya no existen: siendo una vieja táctica del divan el hacer mayores agasajos á aquellos de quienes quiere desembarazarse, como ha sucedido á los principes *Morusi*, y últimamente á *Callimachi*.

PRUSIA.

Berlin 4 de julio.

Lord Strangford, que parece dudó desde luego de la egecucion de las promesas del reis-effendi sobre la evacuacion de los principados de la Moldavia y la Valaquia, envió un correo á Jassy que le trajo la noticia de que no se trataba en manera alguna de semejante evacuacion, de cuyas resultas se quejó al reis-effendi de esta falta de cumplimiento, respondiéndole el ministro turco que se admiraba de que las tropas no hubiesen partido todavia, pero que partirian cuando fuese tiempo.

INGLATERRA.

Londres 11 de julio.

Fondos públicos. = Billetes del banco 244½ = Tres por ciento reducidos 80 y un octavo. = Idem consolidados 79 y tres octavos. = Idem á cuenta 81 = Tres y medio por ciento 91 = Cuatro por ciento 97 y tres cuartillos. = Idem (nuevos) 98 y siete octavos. = Cinco por ciento. ... = Idem franceses 91 fr. 75 c.

He aqui en sustancia el discurso que hizo leer el Sr. Cea, ministro plenipotenciario de la república de Colombia, despues de los primeros brindis en el magnifico banquete que le dieron los caballeros negociantes y partidarios de la independencia de la América meridional.

«Milores y señores: esperimento la mas sincera satisfaccion en manifestar mi profunda gratitud por el honor que os habeis servido dispensarme, como tambien á la nacion de que soy humilde representante; y con no menor placer daré parte á mi gobierno y á mis compatriotas de la distincion con que me habeis recibido en este dia: no pudiendo dudar de que como yo verán en ella una prenda de esta amistad reciproca que la providencia quiere hacer reynar para siempre entre dos naciones destinadas á aumentar su dicha y su prosperidad.

Despues de su discurso, el señor Cea ha dado un brindis á la prosperidad de la gran Bretaña, modelo de la justa libertad, y á la duracion de sus relaciones amistosas con la república de Colombia.

En el mismo banquete se pronunciaron algunos otros discursos por varios miembros del parlamento que asistieron á él, entre otros *Mr. Mackintosh* que concluyó el suyo diciendo: que la rebelion contra la libertad era el mas atroz de los crímenes, asi como la rebelion contra el despotismo era la mas sublime de las virtudes.

(*Morning Chronicle.*)

NOTICIAS NACIONALES.

San Sebastian 18 de julio.

Las dos columnas en persecucion de Quesada y demas paladines, despues de haberlos auyentado el 13 en Aspuiz, han recorrido hasta el 18 los valles de Salazár, Roncal y Ayezcoa, y habiendoles dado alcance el mismo 18 ácia Roncesvalles, despues de picarles continuamente la retaguardia, se les estrechó en Espinal de modo que se presentase Quesada con 800 sobre una altura de la derecha, y sobre la izquierda Juanito con 300; pero viendose próximos á ser atacados en ambos puntos á la bayoneta, abandonaron sus posiciones, y la accion que parecia iba á ser general, lo fue solo de guerrillas. Perdieron en ella 20 muertos, 60 heridos y un gran numero de dispersos que arrojaron los fusiles; nuestras columnas tuvieron un muerto y siete heridos. Se rescataron cuatro soldados de Ordenes de los sorprendidos en Vidangoz, y se cogieron dos facciosos, uno de los cuales es el asesino de la infeliz Lecanda de Tolosa, llamado N. Elicarán, alias Calixto. Los facciosos se dirijian por Eugui, é iban vivamente perseguidos.

Imagen 52. El Imparcial nº 323 (27.07.1822), último que se publicó (Biblioteca de la Iglesia Nacional Española en Roma).

¿Podría haber sido anillero Javier de Burgos, como se ha apuntado? Aparte el talante civilizado y el espíritu de concordia que hicieron de *El Imparcial* un medio complaciente con la Sociedad Constitucional, no hay indicios que permitan incluir en ella a su director, aunque eso no ha impedido que se haya dado por supuesta su pertenencia, sin más base que una interpretación que creo apresurada de *Los duelos del Anillo*, la mordaz sátira publicada en *El Zurriago*[1375]. Recuérdese que no figura ni un solo afrancesado entre los nombres conocidos de la Sociedad, que

1375. Vid. J. López Tabar, *o.c.*, pp. 254 y 263-264; más cauto se había mostrado A. Dérozier, *L'histoire de la Sociedad del Anillo de Oro (...)*, *o.c.*, p. 30, sobre *Los duelos del Anillo*; en cambio, adolece de errores, comprensibles por otra parte en el estudio de un campo entonces poco investigado, y de escasa familiaridad con el tema; parece creer por ejemplo que Javier de Burgos era eclesiástico: "Tous son, mis à part les *gorros*, des elementos précieux por l'absolutisme temporairement défait; et en particular Burgo-Bringán qui symbolise ici le clergé séditieux qui prépare le chemin de la Restauration: il aime l'argent et tramera n'importe quelle conspiration pourvu qu'on le pave".

principalmente revelan a hombres públicos con un pasado ligado a la Constitución gaditana, con la que Burgos no conectaba en absoluto, ni siquiera a la manera de los muy moderados Anglona y Miraflores, que fueran o no partidarios de su reforma, a la hora de la verdad lucharon en su defensa el 7 de julio, y tras la derrota liberal en 1823, se marcharon al extranjero. Por lo demás, es importante advertir cómo en el imaginario de la época se distingue bien (no es cosa solo de *El Zurriago*) entre ambos *partidos* (sic): "¿Porqué se han unido los individuos de esta sociedad [los anilleros] con los escritores afrancesados?" Y se responde en el *Nuevo Diario*: por la venalidad de los afrancesados y porque unos y otros estaban interesados en que la libertad quedara en ciertos límites[1376].

En realidad, hacía ya tiempo que el pragmatismo de Burgos le había llevado a desencantarse con el derrotero del régimen, cuya instauración celebró en sus comienzos por haber puesto fin al marasmo absolutista, estableciendo en su lugar el gobierno representativo y un sistema de libertades que podrían haber hecho realidad la prosperidad de la nación. Pero a esas alturas, dudando de su viabilidad, estaba dispuesto a aceptar como mal menor el despotismo de uno solo, menos lesivo que los que provocaba el despotismo de la plebe -o sea, la anarquía- en el que juzgaba que había degenerado la situación política española. No sin alguna ambigüedad, lo había formulado ya desde su *Miscelánea* con declaraciones del estilo:

Nosotros condenamos igualmente las demasías de la autoridad, que las de la muchedumbre, pero no titubearemos en decir que las de la muchedumbre son sin duda mas temibles y dignas de escarmiento, por cuanto siempre llevan consigo el desorden, que en un solo instante puede romper todos los lazos sociales y originar daños irreparables, mientras que las de la autoridad no ocasionan por lo común sino un mal momentáneo, que en un gobierno bien constituido se puede reparar muy fácilmente[1377].

1376. "Continúa el discurso", en *Nuevo Diario* nᵘ 180 (29.06.1822) p. 699.
1377. "Continúa la revista de agosto", en *Miscelánea* n° 552 (2.09.1821); y ya antes, en la "Revista de abril" (n° 428, 1.05.1821): "limitámonos solo a condenar el principio [el principio anárquico de las proscripciones por asonadas], no temiendo afirmar que la inmensa mayoría de los hombres preferiría cien veces él despotismo a esa absurda y deplorable anarquía, que escritores sin pudor han tenido la avilantez de calificar con el nombre de patriotismo".

Tras la caída del sistema constitucional, ha recordado don Antonio Elorza, el pensamiento moderado acentúa su orientación antirrevolucionaria[1378]. En esa línea, el posibilísimo de Javier de Burgos le hizo ponerse al servicio del régimen absolutista, aunque siempre del lado de los reformistas que aspiraban a la regeneración del país, en el equipo del ministro de Hacienda Luis López Ballesteros. En la famosa exposición que dirigió al rey en 1826, al recomendar que se adoptaran remedios tales como la concesión de una amnistía sin limitaciones, la apertura de un empréstito nacional bajo la hipoteca de bienes eclesiásticos y la organización de la administración civil, estaba planteando las tres principales medidas que él veía asequibles en aquel momento (y que había repetido hasta la saciedad en sus periódicos durante la época liberal), aunque es evidente que solo su enunciado iba ya a provocar alarma y oposición entre los realistas puros. Clemente Solaro della Margarita, encargado de negocios sardo en Madrid en esa época, se indignaba por la concesión de la cruz de Carlos III a Burgos, "autor de una insolentísima representación dirigida al rey hace pocos meses"[1379].

Y paradójicamente, este clima de enfrentamiento dentro del realismo durante la ominosa década ayuda a entender la amplia propagación de los rumores maliciosos que corrieron sobre su gestión del empréstito Guebhard mientras estuvo en París, de que se hizo eco en sus *Diarios* el absolutista José Arias Teijeiro. Burgos se defendería de las calumnias ante López Ballesteros:

Pero a mí se me echa también en cara mi riqueza, o lo que ahí llaman tal, y Vm. ha creído deber respetar a los que me hacían un crimen de suponerme rico. Yo, que no tengo de qué reconvenirme; yo, que comisionado para cobrar 200 millones que se debían a la España, los hice poner íntegros en Tesorería en muy pocos meses; yo en fin, que nunca he manejado un real del gobierno, ni podido por consiguiente utilizarme de nada que le pertenezca, no tendré por qué esconderme cuando confiese que en París gané algún dinero[1380].

1378. A. Elorza, *Art. cit.*, p. 620.
1379. ASDMAE, Leg. Sarde, Busta 8, Reg. 2, Clemente Solaro a della Torre (Madrid, 26.10.1826).
1380. ACMH, fondo López Ballesteros, carpeta 4/1, X. de Burgos a L. López Ballesteros (Burdeos, 20.06.1829). Cfr. A. Berazaluce, "Introducción" a Seminario de Historia Moderna, *Arias Teijeiro (…)*, *o.c.*, t. I, p. 19, con reproducción del párrafo citado y su contextualización en ese clima de opinión.

Esta revelación al ministro fue escrita en el verano de 1829, durante un viaje a París motivado por los ataques que alentaba el sector *apostólico* del régimen contra el crédito español en el extranjero y no menos, contra "los que trabajan en su favor". Sintiéndose señalado, hasta el punto de que incluso el rey -dijo- creía que él había hecho un gran caudal a cuenta de esos manejos, Burgos detalló en carta posterior al ministro el origen "del pequeño que tengo". En definitiva, las actividades que declara van acordes con los principios que ya había esbozado años antes en la *Miscelánea* y consistieron, sobre todo, en operaciones bursátiles sobre los empréstitos españoles (siempre al alza, insiste) y presumiblemente realizadas a la sombra, o con el patrocinio de su amigo Alejandro Aguado. Creo que consideradas en el contexto de la época, permiten dejar zanjada la traída y llevada cuestión sobre el comportamiento ético de Burgos en materia financiera. En sus propias palabras:

Helo ganado sirviéndole y especulando siempre a la alza sobre los valores españoles, y enriqueciéndome con los despojos de los enemigos de la España, que perdían a la baja lo que yo ganaba a la alza. Más tarde hubo que negociar unas letras sobre La Habana y nadie las quiso en París, Londres ni Madrid. Amigos míos las tomaron, uno de ellos me cedió una parte, y obtuve un cuantioso beneficio; los interesados que sonaron en el negocio obtuvieron además (y fue muy debido) gracias en nombre de S.M. Por el mismo tiempo hice una fuerte operación en acciones de banco, que compradas a 8 1/2 duros se vendieron en cuarenta días a 13 3/4. ¿No es lícito, y aun honroso, ganar así el dinero? ¿Debe uno avergonzarse de haber hecho por tales medios una honrada fortuna? ¿Debe llevar la hipocresía de la miseria hasta el punto de ir a pie, cuando la gota le maltrata y sus piernas no pueden llevarlo? Yo no lo he creído"[1381].

Aparte de este reconocimiento explícito del propio Burgos sobre su enriquecimiento, los signos de ostentación en su estilo de vida fueron públicos, variados y hablan por sí solos, de modo que iban a proporcionar argumentos fáciles a la oposición liberal que en 1834 acosó a Burgos, ya exministro, a fin de desconceptuarle para lograr el repudio solemne del empréstito Guebhard, que había permitido sostener al detestado régimen

---

1381. ACMH, fondo López Ballesteros, carpeta 4/1, X. de Burgos a L. López Ballesteros (París, 27.07.1829).

absoluto durante los últimos años del reinado de Fernando VII. Véanse algunas muestras de esa imperdonable ostentación: al establecerse en Madrid en marzo de 1827 tuvo que buscar alojamiento ("es sumamente difícil"), que finalmente encontró en la calle de Fuencarral frente a la del Desengaño, n° 2, cuarto principal de la izquierda. "Es una casa magnífica", comentó satisfecho a Diego María[1382]. Diversifica sus inversiones de manera productiva, como indica el préstamo que hizo a don Rafael de Rodas, de 246 000 rs. al 5% de interés, para fomentar la fábrica de vidrio que este tenia establecida en Aranjuez[1383]; obsequia a Alejandro Aguado y su acompañante el músico Rossini durante su viaje a Madrid, con comida suntuosa "a la francesa" y un baile de etiqueta para trescientos invitados; y, dato interesante: el motivo de semejante agasajo a Aguado, cuenta Pedro Lenard, parecía ser de "retribución o agradecimiento". Y añade el mismo Lenard: "la voz general es que los gastos de preparativos ascenderán a unos dos mil y quinientos ducados"[1384]. Francisco Xavier dotó espléndidamente a cada uno de sus hijos -ya se vio- con cantidades que rondan los 300 000 rs., y en 1830 adquiría la hacienda de El Molinillo en los Montes de Toledo, que a pesar de la bancarrota a que llegó su patrimonio en los últimos años, conservó hasta su muerte (cierto, intentó venderla *in extremis*)[1385].

Pero ¿qué hizo antes de que el gobierno le enviara a París en 1824? Las fuentes conocidas -hay pocas- hablan de un perfil bajo, común al de sus compañeros los otros escritores afrancesados, sin manifestaciones públicas llamativas entre julio de 1822 y los primeros meses de la restauración absolutista. Lista estuvo ocupado con sus matemáticas y el colegio, y únicamente hizo algunos artículos "insignificantes", dice, para el *Periódico de la Gobernación de la Península*. El colegio, por cierto, tuvo que cerrar en 1825, ante el ambiente de mojigatería en la capital durante los primeros tiempos de la *Ominosa Década*. El mismo Lista informa a Félix Reinoso de que "Chano", o sea, Sebastián Miñano, había escrito varios

---

1382. AFB, X. de Burgos a D.M.ª de Burgos (Madrid, 20 y 23.03.1827).

1383. AHP 22887, f° 1-1 v°, Escritura de obligación con hipoteca que otorga D. Rafael de Rodas a favor de D. Xavier de Burgos (Madrid, 14.01.1828) y carta de pago (Madrid, 6.07.1831).

1384. P.D. Lenard a D.M.ª de Burgos (Madrid, 18.02.1831), en Á. González Palencia, "Javier de Burgos, humanista (...)", *art. cit.*, p. 127.

1385. X. de Burgos a D.M.ª de Burgos (29.07.1831), en A. González Palencia, "Javier de Burgos (...)", *art. cit.*, pp. 129-132, sobre la finca de El Molinillo; vid. AHP, t. 25646, Poder otorgado por X. de Burgos a favor de Aguirrebengoa Fils et Uribarren, para la venta de las dehesas, bosques, etc. de El Molinillo, en los Montes de Toledo (Madrid, 3.01.1848).

opúsculos tras la entrada de los franceses en Madrid (mayo de 1823), y que después decidió marcharse a París, acosado por el reaccionario *El Restaurador*. Probablemente se refería a las hilarantes *Sesiones atrasadas de Cortes o las sesiones de Cortes interceptadas por esos caminos*, una despiadada parodia, dice Ana María Berazaluce, de las sesiones que imagina celebradas por las Cortes itinerantes en su retirada a Sevilla, que le malquistaron definitivamente con los constitucionales sin congraciarle con los ultrarrealistas. A su vez Hermosilla, siempre según Lista, seguía dedicado a su obra sobre el jacobinismo[1386].

Es notorio que recibieron una oferta de Martignac, que había venido a España como subalterno del duque de Angulema, para publicar un periódico. Ellos contestaron que lo harían siempre que dicho periódico "esté *en la misma cuerda que los escritos que han publicado anteriormente*", añadiendo que "ni *el Censor* ni la *Miscelánea* ni el *Imparcial* habían predicado el absolutismo ni la utilidad de la Inquisición, ni por consiguiente lo predicarán ahora si no han de variar el tono". Miñano pasaba por ser "el Truchimán de este negociado"[1387]. Con este proyecto pudo estar relacionado el lanzamiento de *El Realista* (luego como *El Realista español*) el 23 de mayo de 1823, que salió sin periodicidad fija hasta el mes de julio, cuando la ley de imprenta promulgada por la regencia realista provocó su final. *El Realista español* marca el techo de lo que se pudo escribir durante el auge de la reacción ("portavoz encubierto de los antiguos moderados", lo califica don Antonio Elorza), pero no hay pruebas de que en él interviniera el grupo de periodistas afrancesados, aunque el autor citado parece sospecharlo, aun a sabiendas de que su editor era el poeta y literato don Salvador María Granés. Este, en su representación solicitando para que le autorizaran a continuar con el periódico, trata de convencer sobre la integridad de sus convicciones políticas[1388].

1386. A. Lista a F. Reinoso, s.f. [1823] en H. Juretschke, *o.c.*, p. 570. En efecto, en marzo de 1823 se anunció en *El Universal* nº 76 (17.03.1823) el *Tratado elemental de trigonometría esférica y geografía astronómica* "escrito para el uso de la casa de educación, sita en la calle de San Mateo de esta corte, por D.A.L. Se vende en dicha casa"; en cuanto a los folletos de Miñano, cfr. A.Mª Berazaluce, *Sebastián de Miñano* (...), *o.c.*, pp. 197-198.

1387. "Variedades" [entre paréntesis: *Universal*], en *Diario Constitucional, Político y Mercantil de Barcelona* nº 176 (25.06.1823) p. 4; en el mismo sentido, P.D. Lenard a D.Mª de Burgos (8.08.1823), en A. González Palencia, "Javier de Burgos, humanista (...)", *art. cit.*, p. 371.

1388. Cfr. A. Elorza, *art. cit.*, pp. 620-621; señala ahí la repetida inserción de anuncios de las publicaciones de Miñano y Hermosilla. Vid. AHN, Consejos 11297/156 y 157, representación de Salvador María Granés

En cuanto a Burgos, hizo un poco de todo, a juzgar por la existencia de un poder notarial a su favor, para la importación de hierro desde Marsella, donde sin duda conservaba contactos comerciales. En 1823 se publicaron los tomos tercero y cuarto de su edición de las poesías de Horacio en la imprenta de don Leon Amarita -la habitual de los afrancesados- cuya traducción había concluido antes de 1820, pero pendientes aun de impresión. Además, desde principios de 1822 venía sacando por cuadernos la edición española de la *Biografía universal*, que se anunciaban oportunamente en *El Imparcial* a los suscriptores. El 5 de junio se avisó para la recogida del segundo tomo, advirtiendo que la suscripción seguía abierta para los siguientes: se daría uno cada dos meses, "o lo que es lo mismo, un cuaderno de diez pliegos cada doce días"[1389]. Pero la previsión no se cumplió, y únicamente llegó a salir un tercer tomo, lo que Eugenio de Ochoa atribuye al estado de guerra que de hecho se generalizó en la Península y dio al traste con la empresa[1390]. En parte por este motivo, cuando era inminente la huida del gobierno a Sevilla en marzo de 1823, su editor se hallaba sin liquidez, según confiesa a Diego María al escribirle para confirmar la feliz llegada de un barril de vino:

Aguardaba carta tuya con la remesa de algún dinero, conforme me lo tenías prometido. No recibiéndola, te escribo rogándote por Dios que me envíes lo que puedas, pues estoy sin un maravedí y la época es malísima, pues con este viaje que va a hacer el gobierno nadie tiene un maravedí, ni compra nada de los libros que yo tengo que vender. El parto de Mariquita, que dio felizmente a luz una niña el día dos, me tiene arruinado, porque aquí estos acontecimientos ocasionan muchos gastos. La niña se llama Amalia Carolina, que te la ofrezco a ti y a Frasquita[1391].

(Madrid, 13.07.1823) solicitando que se le permitiera seguir editando *El Realista Español* y se nombrase revisor a Juan Bautista Arriaza. Expone ahí sus méritos políticos y literarios con abundancia de datos autobiográficos y recomendaciones documentadas; acompañan 15 números, suplementos y extras. Vid *El Realista* n° 1 (23.05.1823) 8 pp.: "Este periódico saldrá sin época fija y constará de una a cuatro hojas. Se hallará en la librería de Barco, Carrera de San Gerónimo"; 6 ctos. Madrid: Imprenta de doña Rosa Sanz. Pasó a denominarse *El Realista Español* a partir del n° 3 (27.05.1823); último, n° 23 (30.1823.30).
1389. *El Imparcial* n° 270 (5.06.1822).
1390. E. de Ochoa, *o.c. Apuntes (…)*, p. 190.
1391. AFB, X. de Burgos a D.M.ª de Burgos (Madrid, 11.03.1823).

Desocupado, no había ganado nada desde julio del año anterior y se deduce que cubría los gastos ("excesivos") de casa, criados y colegio de Augusto a costa de las remesas enviadas por su hermano desde Motril, por medio de letras giradas al consabido Lenard, el agente en Madrid. Pero muy en su estilo, no parece que pensara en reducir su tren de vida. Por prudencia, se expresa en tono neutro al comunicar novedades políticas, que por otra parte, limita al avance del ejército francés y los movimientos de repliegue de las tropas nacionales[1392]. Una situación, aunque no lo exteriorice, que le lleva a no confiar ni por un momento en la supervivencia del régimen constitucional, pero hay que esperar hasta finales de agosto, en vísperas de la capitulación en Cádiz, para que Francisco Javier abra su pensamiento a Diego. Carece todavía de una idea clara sobre lo que deparará el futuro a él mismo y al país, pero sitúa su horizonte personal en Madrid (alquílese la casa de Motril al cuñado Álamo) donde tiene buenas expectativas. En cuanto a la traza de las instituciones políticas que cabía esperar en el porvenir inmediato, es significativa su cautelosa alusión a la voluntad del rey *ilustrada por los consejos de los soberanos de Europa*. Pero como sabemos, tal contingencia iba a quedar descartada. Transcribo el párrafo más expresivo de su pensamiento a estas alturas:

De destino, yo no sé aun lo que será de mi. Tengo amigos a la verdad, y mis padecimientos por la causa del orden son conocidos. Yo me lisonjeo además que serían recompensados, pero aun no puedo decirte el cómo. Lo que no puedes dudar es que apenas me ocupen en algo, te lo noticiaré para tu satisfacción. Entre tanto, no es extraño que cada cual me coloque en el puesto que mejor le parezca. He tenido la fortuna de figurar con un poco de gloria en algunos acontecimientos importantes, y los que han sido testigos de mi conducta me dan destinos a su arbitrio.

De forma de gobierno nada se sabe; y cuantas noticias corren sobre esto son paparruchas extravagantes. La voluntad del rey, ilustrada por los consejos de los soberanos de Europa, designará las instituciones que deben regirnos. Los españoles juiciosos no quieren más que lo que se haga en esta forma, por un rey educado en la escuela del infortunio, y que ha debido a la providencia el beneficio de sobrevivir a las calamidades que hemos presenciado[1393].

1392. Cfr. AFB, X. de Burgos a D.M.ª de Burgos (Madrid, 18.04, 6.05 y 22.08.1823)
1393. AFB, X. de Burgos a D.M.ª de Burgos (Madrid, 26.08.1823).

Pero quizás no todos los españoles eran así de juiciosos. Él mismo comenta, a propósito de la prisión de Riego, que sería preciso hacerle venir con mucha escolta o que entrara en Madrid de noche, "pues si no, quizá den fin de él antes de llegar a la cárcel"[1394]. Poco a poco se fue decantando en la mente de Javier de Burgos la forma del régimen político que se estaba preparando para España, no sin que él lo justificara apelando a Europa, un poco a modo de disculpa:

> Desde luego puedes contar con que seguirán los regidores perpetuos, y tomar tus disposiciones en consecuencia. El gobierno que se establecerá es el mismo que existía en el año de 20, salvas las mejoras que S.M. se propone hacer en varios ramos. Tú debes saber que la Europa está interesada en dar reposo a la España y que las innovaciones de los últimos tiempos han quedado demasiado desacreditadas para que no se piense en nada que se le parezca[1395].

Lenard informó a Diego de Burgos de que la ocupación de Francisco Xavier consistía en despachar algunos expedientes de Hacienda y en pasear todas las tardes por el Prado con José Manuel Arjona, el antiguo corregidor de Madrid y hombre de confianza del rey, quien a mediados de noviembre iba a ser designado superintendente general de Vigilancia Pública con el encargo de formar el proyecto del cuerpo de policía que Fernando VII había decidido crear al volver de Cádiz. Son datos que podrían sustentar el rumor recogido por Carlos Le Brun en su *Galería*, a propósito de Javier de Burgos como "alma de la policía" en aquellas fechas. ¿Colaboró acaso en la formación del reglamento que se aprobó entonces?[1396].

Por su parte, las cartas familiares de Burgos, frecuentes y distendidas por contraste con las de su trepidante etapa periodística, reafirman la impresión de una posición en la que tenía si no poder, sí una influencia, todavía limitada por no ejercer cargo alguno, que utilizó en favor de los suyos (señaladamente Francisco Mantilla, un cuñado necesitado de

---

1394. AFB, X. de Burgos a D.M.ª de Burgos (Madrid, 30.09.1823)
1395. AFB, X. de Burgos a D.M.ª de Burgos (Madrid, 11.11.1823).
1396. P. D. Lenard a D.M.ª de Burgos (8.08.1823) en. A. González Palencia, "Javier de Burgos, humanista (…)", *art. cit.*, p. 371. vid. Martín Turrado Vidal, *Estudios sobre historia de la policía.* Madrid: Ministerio del Interior, 1986, pp. 20-23: el reglamento se aprobó por R.D. de 13 de enero de 1824; Cfr. C. Le Brun, *o.c.*, p. 296.

justificar su conducta política anterior) y de las gestiones que le encargaba Diego, a quien repite una y otra vez la misma pauta de conducta:

> Tú no te puedes formar idea de lo que son las secretarías del despacho y por eso me recomiendas muchos negocios, que tu deseo de servir a todos te hace fáciles. Te he dicho otras veces que en avisándote yo que tengo un destino, puedes disponer de lo que yo valga en el círculo de mis facultades; pero sin tenerlo, no es posible dar los pasos que me recomiendas[1397].

Sin que se sepa gran cosa de cierto, las expectativas de los afrancesados habían mejorado tras la capitulación del gobierno constitucional en el mes de septiembre, aunque no sin las contradicciones que indica Solaro della Margarita al apuntar que al derogarse la obra de las Cortes volvían a estar fuera de la ley y con sus bienes secuestrados, si bien -añadía- la falta de hombres capaces hacía que se les tolerara y que algunos de ellos fueran empleados; entre otros, se hablaba de la elección del marqués de la Almenara para Hacienda[1398]. Los rumores transmitidos por el agente de los Burgos en Madrid también prometían un futuro risueño para Francisco Xavier como intendente o como oficial en la misma secretaría[1399], aunque finalmente no fue nombrado ministro Almenara, sino el antiguo director general de Rentas cesado por el gobierno constitucional, Luis López Ballesteros. Pero recordemos: este y otros altos cargos de la época absolutista con un perfil técnico -José Imaz, José López Juana Pinilla- habían recibido un apoyo decidido de *El Imparcial* en ocasiones anteriores. En noviembre de 1821 el diario publicó con alabanza un comunicado de Pinilla en el que daba cuenta de la querella seguida contra un tal Cristóbal Aragón, quizás un testaferro, que les había difamando cuando se habló de su posible nombramiento para directores de Hacienda[1400]. Más tarde, en

---

1397. AFB, X. de Burgos a D.M.ª de Burgos (Madrid, 30.09 y 11.11.1823).

1398. ASDMAE, Leg. Sarde, Reg. VI, n° 206 (17.11.1823).

1399. P.D. Lenard a D.Mª de Burgos (8.08.1823) en. A. González Palencia, "Javier de Burgos (...)", *art. cit.*, p. 371.

1400. Vid. [Cristóbal Aragón], "Se dice que van a ser nombrados directores", en *El Espectador* n° 82 (5.07.1821) pp. 326-327, con la recusación de José de Imaz, Luis López Ballesteros y José López Juana Pinilla, tanto por falta de méritos como de pruebas positivas a favor de la Constitución, aunque también salpica a Imaz por sospechas de afrancesado y a Pinilla "por sus

enero de 1822, *El Imparcial* defendió calurosamente a López Ballesteros al repetirse las descalificaciones contra él, con ocasión de su promoción al ministerio para reemplazar al interino Ángel Vallejo; promoción que entonces no se llevó a cabo, aunque por su negativa a aceptar el cargo y no por las críticas de los medios exaltados. Se escribe así en *El Imparcial:* "¿Con que pruebas puede sostenerse que es voz pública que jamas fue reputado ni por adicto al sistema, ni por hombre dotado de grandes conocimientos en Hacienda?" Y responde a la cuestión: "el señor Lopez Ballesteros no es adicto al sistema según algunos lo entienden, es sí, adicto al orden público y al régimen de la ley"[1401].

Vale la pena tener presente también que una de las primeras tareas de López Ballesteros cuando finalmente fue nombrado titular de Hacienda en el gobierno realista a finales de 1823, fue ocuparse del problemático empréstito contratado por la regencia durante la ausencia del rey para hacer frente a la urgente necesidad de dinero, pero que no estaba dando los resultados convenidos con el banquero francés, Luis Guebhard, quien había asumido una responsabilidad superior a su capacidad financiera. De hecho, la banca solvente de Londres y París se había declarado contra ese empréstito a causa del repudio del gobierno español a la deuda del régimen constitucional, y como resultado, en diciembre únicamente se habían recibido en Madrid siete millones de reales en lugar de los casi 73 previstos para entonces. Hacía falta desbloquear el tema y para eso, era preciso disponer de un agente idóneo en París para sustituir al ineficaz (y corrupto) don Joaquín Carrese, el enviado por la regencia[1402]. Todo

operaciones en Guadalajara", por el nepotismo de su pariente el ministro Pelegrín y por su amistad con el cura Vinuesa. Pinilla, según comunicó a *El Imparcial,* se querelló contra Aragón, ("soltero, sin oficio y ocupado en la redacción del mismo Espectador") y la causa se sobreseyó, previa retractación y pago de costas por parte de Aragón: cfr. "Para que el público pueda formar un juicio", en *El Imparcial* nº 77 (25.11.1821), f. = Molina de Aragon, 21 de noviembre de 1821, J.L.J. Pinilla. Sobre su trayectoria, vid. F. Suárez, "Estudio preliminar", en Seminario de Historia Moderna, *L. López Ballesteros (…), o.c.*, I, pp. 112-113.

1401. Vid. *El Espectador* nº 292 (31.01.1822) p. 1172; la respuesta, una completa apología de López Ballesteros, se encuentra en el comunicado que empieza "Sorprende sobremanera", en *El Imparcial* nº 149 (4.02.1822), f. = L.A. [¿Alberto Lista?].

1402. F. Suárez, "Estudio preliminar", en Seminario de Historia Moderna, *L. López Ballesteros (…), o.c.*, I, pp. 124-125. Citando a Burgos (*Anales* I, 118), J.-Ph Luis atribuye a don Juan Pedro Vincenti, el director de la

Imagen 53. Desembarco de Fernando VII en el puerto de Santa Maria el 1 de octubre de 1823 (Real Academia de Bellas Artes de San Fernando: Catálogo general de la calcografía española. Madrid: 1987).

sumado, lo que ocurrió a continuación tiene lógica, y así lo hizo saber Francisco Xavier al hermano de Motril:

> S.M. se ha servido nombrarme para una comisión importantísima en París, y he recibido la orden de marchar allá en posta el martes 13. Figúrate como estaré con tal premura, debiendo dejar aquí arreglados

---

Caja de Amortización, la propuesta del nombramiento de Burgos, pero creo que hay un error de interpretación. Lo que en realidad dice Burgos ahí es que Vincenti se presentó en su casa el 23 de marzo "y me propuso ir a Paris a remover los obstáculos que entorpecían la realización del empréstito Guebhard"; es decir, que se encargó de trasladarle la propuesta (Jean-Philippe Luis, "La dette publique et la reconfiguration des relations entre les financiers et l'État durant la dernière décennie de l'Ancien Régime espagnol (1823-1834)", en A. Dubet et J.-Ph. Luis (dirs.), *Les financiers et la construction de l'État. France, Espagne (XVIIe-XIXe siècle)*. Rennes: Presses universitarios de Rennes, 2011, p. 162).

un millón de negocios pendientes, tener largas conferencias y hacer mil cosas en tan poco tiempo[1403].

Al fin, Burgos llegó a su destino el 27 de abril. Dos semanas después, tras asentarse en su nuevo cometido, le contaba sus primeras impresiones:

Desde la madrugada de 27 del anterior que llegué a esta capital no me ha sido posible escribirte, pues como si las ocupaciones me hubieran de perseguir donde quiera que me hallase, tengo que trabajar aquí 12 ó 14 horas por día. Aprovecho un momento para decirte que corrí mis 300 leguas en nueve días, sin cerrar los ojos sino pegando cabezadas en la silla de posta, y que llegué y continúo bueno, y obsequiado más allá de mis esperanzas y aun mis deseos. [...]. Mira si quieres algo de esta inmensa capital, cuyo único inconveniente es el estrépito infernal que en ella hay de día y de noche, pues no hay menos de 12.000 coches de alquiler rodando por sus calles perpetuamente, más de otros tantos de particulares, y además de un número de carros, que no puede sujetarse a cálculo. Por lo demás, la vida es aquí bastante agradable. Yo pienso decir a Mariquita que se venga a disfrutarla luego que sepa si he de continuar mucho o poco tiempo.

Da memorias a Frasquita y tú dispón del afecto de tu buen hermano,

Xavier

El sobre es: a Monsieur

Mr. de Burgos, Commissaire de S.M.C., Rué de Lully, n° 1. A París[1404].

1403. AFB, X. de Burgos a D.M.ª de Burgos (Madrid, 9.04.1824).
1404. AFB, X. de Burgos a D.M.ª de Burgos (París, 11.05.1824).

A manera de conclusión

Llegados a este punto, cabe seguramente convenir en la aptitud de Javier de Burgos como guía de los vericuetos de su época. Demuestra estar bien informado y sobrado de perspicacia para interpretar el mapa. Dicho esto, hay que puntualizar que los caminos por los que él anduvo no enseñan el paisaje en su totalidad, demasiado exuberante para que lo pueda abarcar una mirada singular, necesariamente parcial y selectiva. Por tanto ¿cuáles son los hitos que marcaron su itinerario?

Como era de esperar, las vivencias, las relaciones y los estudios en su patria chica fueron un elemento importantísimo en la formación de su personalidad, en la definición de sus objetivos vitales, sus inclinaciones afectivas y en el bagaje cultural que fundamentó su forma de pensar y de expresarse. Burgos suele mencionar en sus escritos periodísticos una nube de autoridades, con clara preferencia por los clásicos, pero como se ha advertido en alguna ocasión, fue reacio a manifestar las fuentes de su mundo intelectual. Por eso, es difícil precisar la influencia que ejercieron en su formación los ingenios del entorno granadino, lo que obliga a especular en no pocos casos con indicios que apuntan al fiscal de la chancillería, Juan Sempere, y a otros miembros de la Sociedad Económica. En cambio, podemos identificar con razonable seguridad a don Bernabé Portillo con el enigmático mentor que le orientó en el estudio de saberes prácticos, la economía y la administración, durante los años que pasó en Motril a partir de 1800 interpretando (de la necesidad, virtud) el *beatus ille* horaciano. Otros referentes como Antero Benito, Josef de Vargas o fray Nicolás de Aquino parecen relacionarse con el universo literario neoclásico que abrazó el joven Burgos, lo que se tradujo en la asimilación de una estética pero sobre todo, en una forma de entender el mundo con criterio racional y en un lenguaje reglado, preciso y extremadamente poderoso para comunicarlo. De hecho, siempre entendió la literatura como un vehículo para trasmitir enseñanzas y moralejas, de manera que el catálogo de su obra poética y teatral constituye un excelente muestrario de sus convicciones profundas. Si no pensamiento original, Burgos demuestra en su obra escrita conocimientos amplios y bien articulados, especialmente en humanidades y saberes sociales, y una capacidad considerable para su difusión pública.

Por encima de esas influencias semianónimas o con un relieve menor, sobresale la figura de don Juan Meléndez Valdés, a quien siempre proclamó su maestro en el *ars poetica* y en el *ars vitae*, y por extensión el mismísimo Horacio, *el poeta de la razón* en expresión de Ochoa, cuya biografía, preparada por Burgos para la edición de 1844, sugiere algún paralelismo con su propia trayectoria personal. Meléndez, el "verdadero afrancesado" -le llama Georges Demerson- fue poeta horaciano, filósofo contrario al aristotelismo escolástico, jurista adepto al regalismo, practicante de un altruismo sincero, burgués comprador de bienes nacionales y lector atento al pensamiento innovador que venía del extranjero. Casi todo eso guarda analogía con el perfil del propio Burgos, en quien la *Razón*, un concepto esencial para su generación, fue la clave de su forma de pensar y la guía en la toma de decisiones a lo largo de su vida; una *forma mentis* rigurosamente coherente, por cierto, aunque sea una paradoja predicarlo de un personaje a quien a menudo se ha tachado de lo contrario.

Por supuesto, este enfoque racionalista no era incompatible con la fe cristiana que profesaba Burgos, aunque interpretándola desde la perspectiva profana propia del siglo en el que nació, como filantropía orientada a promover la prosperidad material de la nación, vale decir la suma de los intereses particulares de los ciudadanos. En su concepto, por tanto, la *conveniencia pública*, reconocible por medio de la razón, constituía el bien superior que legitima a la autoridad por encima de las convenciones legales, la tradición y la costumbre, que a menudo reduce a rutina y empirismo. Esto no es afirmar que Burgos menospreciara la historia, pues como sabemos recurrió a ella profusamente, aunque sobre todo para buscar lecciones y ejemplos con los que ilustrar sus opiniones e incluso justificar la propia conducta, como deja claro la lectura de los *Anales*. En cambio, nunca pretendió encontrar en el pasado la fuente original de la legitimidad política, que él hacía recaer en la idea de utilidad. De ahí la veneración que siempre profesó a Napoleón -un arribista competente- y a todo lo que él representaba:

La gratitud ardiente
Nuevo canto me ordena;
Hincha el furor mis venas y mi mente;
Que hoy el natal celebra glorioso
La Europa absorta del mortal divino
Que del orbe el destino
Al carro de sus triunfos encadena;
Y mientras el despotismo sanguinoso
Postra, que acata su invencible planta
Aras al bien y a la razón levanta[1405].

Con la misma lógica, la toma de partido de los afrancesados durante la guerra y sus posteriores cambios de lealtad política quedaban justificados con criterios de eficacia y de utilidad pública, puro patriotismo a su manera de ver. Sobre este punto Bentham fue la referencia habitual en sus artículos de prensa durante el Trienio Liberal, aunque da la impresión, más para reforzar con su autoridad convicciones innatas que como auténtico inventor del principio utilitario. Bien es verdad que el utilitarismo tiende a buscar soluciones a corto plazo y por tanto mudables, lo que invitaba a lanzarle las acusaciones de oportunismo que le iban a perseguir toda la vida. De resultas, Burgos se vio obligado a emigrar con su familia para evitar represalias cuando el ejército francés se retiró de Andalucía en 1812. Como la mayor parte de los que estaban en su caso, residió en el sur de Francia dedicado a ganarse la vida con un negocio comercial que resultó fallido, al tiempo que avanzaba en sus tareas literarias, principalmente la traducción de las poesías de Horacio que iba a darle renombre como latinista, y una ambiciosa aventura editorial, la adaptación española de la *Biografía universal* de L.G. Michaud. Esta empresa, destinada a fracasar por culpa de las conmociones que acompañaron a la caída del régimen constitucional en 1823, trasluce el rol decisivo que Burgos siempre atribuyó a la difusión del saber en la felicidad pública y que probablemente, constituyó un importante estímulo en su dedicación al periodismo al regresar a España en 1817: un periodismo historiográfico en la *Continuación del Almacén de frutos literarios*, persuasivo en la *Miscelánea* y decididamente polémico en *El Imparcial*.

1405. X. de B., "En los días de Napoleón el Grande. Emperador de los franceses", versos 15-20, en *Gazeta de Granada* nº 71 (24.08.1810) p. 284.

El afrancesamiento fue, por obra y gracia de sus detractores, el rasgo más aireado de Burgos como periodista estelar durante el Trienio Liberal, hasta el punto de hacer de él todo un arquetipo, decorado con la sarta de descalificaciones que le repetían los diaristas de la competencia: moderación hipócrita, carencia de principios, ingratitud, arrogancia y venalidad. Burgos, muy en su estilo, asumió y defendió su pasado, lo que contribuyó a producir un fenómeno de trasposición mediante el cual, las imprecaciones que recaían en él y en sus colegas de *El Censor* pasaron a marcar a los afrancesados en general, y eso explica -en parte- el distanciamiento que a pesar de sus afinidades, les dispensaron los liberales moderados. Quizás no sobra recordar aquí que los afrancesados nunca formaron una organización estructurada que actuara coordinadamente y con un programa definido, pero en cambio sí les conviene, posiblemente, la calificación de *partido* en cuanto colectivo con una visión del mundo y una historia compartida, en el que se aprecian muestras de actividad propagandística reivindicativa y actuaciones puntuales de apoyo mutuo.

El anhelo de las libertades surgió en Burgos con naturalidad durante los años finales del Antiguo Régimen, como reacción ante la ignorancia y el fanatismo que habrían sido causa del marasmo en España *por espacio de tres siglos,* y más señaladamente, al desvanecerse las ilusiones que estaban puestas en Fernando VII cuando volvió de su cautiverio en Francia. Así lo había esbozado un Burgos esperanzado, en su oda de 1814:

Del despotismo odioso
No incensarán ya más la torpe ara
Esos mis hijos, que tu amor engríe[1406].

El desencanto ante semejante estado de cosas queda de manifiesto en las dificultades para conseguir la purificación política tras instalarse clandestinamente en Madrid (no Jaén) en 1817, o en los quebraderos de cabeza cuando publicaba la *Continuación del almacén* -esa tímida iniciativa en el terreno de la prensa periódica- entre los que no faltó un procedimiento inquisitorial con toda su secuela de perjuicios y

---

1406. J. de Burgos, "El triunfo del Rey don Fernando VII sobre los anarquistas de España", versos 65-67, en L.A. de Cueto, *Poetas líricos (...), o.c.,* t. III, p. 445.

zozobra para el editor. Por tanto, se manifestó gozoso con el triunfo de la sublevación militar en marzo de 1820, aunque no sin prevención por los excesos que podía provocar la libertad recién adquirida entre tanta gente poco preparada para asumirla. Por no hablar de la sombra, siempre presente, de la revolución francesa, en la base de esas reservas se hallaban las experiencias que él había vivido durante la guerra en Motril y en Almería, y acaso el asesinato de su amigo Portillo a manos de la chusma por culpa de sus opiniones. De ahí que con sus propuestas y observaciones en la influyente *Miscelánea*, se esforzó en imprimir un talante civilizado a la vida política y en orientar la tarea del gobierno y las Cortes por cauces constructivos, misión que él consideraba una de las principales funciones del periodismo en un régimen de libertad. Abundando en lo mismo, dio también voz a la ciudadanía en el debate político desde las páginas de su periódico, facilitándoles el deber -así lo entendía- de concurrir con sus conocimientos y experiencia a la obra legislativa. Pero sobre todo, Burgos impartió de forma continuada un apreciable magisterio sobre teoría parlamentaria y constitucional. A esos efectos, la *Miscelánea* y *El Imparcial*, los dos diarios que dirigió sucesivamente, demostraron ser instrumentos más aptos para la divulgación doctrinal que *El Censor*, considerado la publicación intelectual más sólida de su tiempo en España, pero de difusión más restringida por razones de periodicidad, volumen y precio. El Trienio Liberal fue también desde este punto de vista una escuela de cultura política cuya legado, aunque difícil de medir, permite entender mejor la reformulación del pensamiento liberal en la era isabelina, que no fue simplemente fruto del aprendizaje de los políticos forzados a vivir en el extranjero durante la *Ominosa Década*, sino de lo que sembró esa avanzadilla ideológica que fueron los periodistas afrancesados.

Así las cosas, con el fin de consolidar un escenario de moderación en la España de la libertad, Burgos divulgó las ideas formuladas por Benjamin Constant y las principales nociones doctrinarias, que remiten a un liberalismo meritocrático, orientado políticamente a la defensa de las libertades civiles y por supuesto, ajeno a un planteamiento demócrata:

La *Miscelánea* se hubiera estremecido de oírse llamar *democrática* por un ultra francés, si no estuviera acostumbrada a oírse llamar *servil* por otra clase de ultras españoles. Cuando las dos clases de ultras, es decir, los constituidos en las dos extremidades de la cuerda, la llaman alternativamente servil y excesivamente democrática, es evidente que ella se conserva en el medio, y lo que es lo mismo, que no exagera los principios ni por un lado ni por otro. Esta inducción es seguramente bien legítima[1407] .

Es una postura equidistante entre extremismos que no permite encasillarle como un partidario contumaz del despotismo ilustrado según se ha hecho alguna vez, incluso en época reciente. Sin pretender ninguna autoría en la materia, lo que Burgos difunde es el paradigma en boga en Europa en la época posnapoleónica, esto es, la tesis de la soberanía de la razón (la voluntad general *representada* por ciudadanos cualificados) en oposición a la interpretación tendencialmente democrática que había recogido la Constitución de Cádiz, el ídolo de los liberales ortodoxos. Se entiende por tanto el poco aprecio de los periodistas afrancesados a la Constitución, aunque por razones tácticas nunca lo admitieran abiertamente y que incluso llegaran a acusar a sus contrarios -pienso que abusivamente- de conspirar para traer la república a España. Aparte de la imagen poco atractiva que proyectaban los antiguos josefinos, ya se ha dicho mas arriba, semejante posición es lo que explica el rechazo que inspiraban a los doceañistas, con independencia de su grado de exaltamiento o moderación. Recuérdese, ni siquiera los muy civilizados miembros de la Sociedad Constitucional (los del *Anillo*) llegaron a confundirse con ellos, aunque compartieran espacio público.

Conforme a este planteamiento, la participación ciudadana en la vida política tal como Burgos la predicó en sus periódicos debe entenderse en el sentido restringido que dos décadas después plasmaría el régimen censitario, al limitarla a los profesionales liberales, propietarios, hombres de negocios, funcionarios… en suma, a la gente de dinero o con estudios, la que podía considerase de clase media para arriba. Por tanto, el gran ausente en sus reflexiones periodísticas es el *pueblo* (en cambio, él se interesaba mucho por *los pueblos*), al que como mucho, se refirió desde una perspectiva paternalista o con mayor frecuencia, como sujeto envilecido y proclive a la sevicia, sistemáticamente fanatizado por la ignorancia frailuna o alucinado por los *patriotas* que pretendían atizar la revolución a base de demagogia -lo ve así el periodista- para medrar ellos mismos a costa del Estado. Una media verdad si acaso, que históricamente, iba a pasar factura a los que pensaban como él.

1407. "Los últimos números de un periódico de París", en *Miscelánea* n° 567 (17.09.1821).

Burgos quedó pronto defraudado con el curso que llevaba la revolución de 1820. A su entender, la gestión de los ministros doceañistas nombrados en marzo, pobre y tendente a degradar el sistema con la generalización del nepotismo y el despilfarro, conducía a despeñar a la nación en la ruina económica, a enfrentar entre sí a los españoles y a dar vía libre a la "anarquía". En consecuencia, intensificó el ejercicio de la crítica desde la *Miscelánea*, donde se posicionó contra la mediocridad del gobierno (gobierno moderado, hay que recordar) pero a la vez, en defensa de la ley y el orden, denunciando los atropellos de los "anarquistas" a los sospechosos de desafección al sistema, del rey abajo: algaradas, atentados, deportaciones, quema de periódicos, libelos y demás comportamientos que amenazaban al Estado de derecho; la revolución ya estaba hecha, protesta Burgos, y esta idea es la que distingue a los moderados de los exaltados. Ahí entra su insistencia en la urgencia de medidas benéficas para los *pueblos*, el único medio posible para consolidar las nuevas instituciones frente a los envites de *serviles* y *anarquistas*. Quizás el problema era que los partidarios del *reposo*, con Burgos a la cabeza, no parecían capaces de entender que la ley, en cuanto expresión de la *razón* utilitaria, no atendía a razones solidarias, ni que su proyecto político, exclusivista y falto de idealismo, carecía de capacidad para arrastrar a la sociedad española en su conjunto. Aunque para decirlo todo, es de recordar que los exaltados, los amigos del *pueblo*, en el fondo estaban tan atados como los moderados por el individualismo intrínseco de la filosofía liberal, de modo que sus denuncias caían a menudo en la contradicción o en la inconsecuencia.

En su empeño por enderezar el curso del régimen, la *Miscelánea* polemizó de manera convincente con la prensa exaltada y la ministerial, la adicta a la sopa boba del gobierno. Y es que si el periodismo crítico alcanzó un florecimiento extraordinario en la España constitucional, las condiciones culturales y tecnológicas del momento propiciaron, como contrapartida, la aparición de una incipiente prensa ligada a intereses partidistas, o sumisa a esos primerizos gobiernos representativos, tan dispuestos a reclutar periodistas a cambio de dinero o favores bajo cuerda. De esos vínculos ha quedado en páginas anteriores alguna evidencia que no desmerece, o no mucho, del panorama de los medios en nuestros días. En ese escenario, la *Miscelánea* de Burgos mantuvo su independencia editorial, alineada con los principios moderados pero crítica con el sectarismo del ministro Feliú y sus colegas del segundo gabinete constitucional, que en agosto de 1821 enviaron instrucciones reservadas a los jefes políticos para tratar de arrinconar a los candidatos exaltados y afrancesados en las elecciones a Cortes.

Sin apurar todas las características de la prensa ministerial, no se sale mucho de su pauta la trayectoria de *El Imparcial*, un diario patrocinado y probablemente financiado en su origen por el gobierno -quien sabe si desde más arriba- del que Burgos asumió la dirección tan pronto como cesaron esos ministros, a los que él había combatido desde la *Miscelánea* e incluso -en calidad de colaborador- desde el mismo *Imparcial*. Creo que hay base suficiente para sostener que el periódico, reconocido por el número y la categoría de sus colaboradores, ganó la batalla de la comunicación, preparando así el terreno para la acción política del gabinete designado por el rey en marzo de 1822 en sustitución del de Bardaxí - Feliú, que le había precedido. Dio entonces un apoyo explícito a Martínez de la Rosa y sus compañeros, mucho más proclives a realizar el programa moderado tal como lo entendía su director, además de mostrar simpatía a la Sociedad Constitucional -la del *Anillo*- a la que se acusaba de trabajar en favor de una reforma de la Constitución de la que sin embargo, el periódico se desmarcó de forma expresa. Por lo demás, la información disponible sugiere que los sucesos del 7 de julio de 1822 pillaron por sorpresa a sus redactores, sin que alcanzaran a articular una explicación coherente con su línea editorial.

Deslegitimado desde entonces el proyecto moderado y ante la amenaza de un nuevo impulso a la revolución, fue lógica la decisión de cerrar *El Imparcial* y el apartamiento de Burgos de la vida pública. También lo fue su posterior cooperación con el absolutismo fernandino, en el que aspiró a alcanzar, desde su visión pragmática, los beneficios que había hecho imposible la deriva del régimen constitucional. Como es notorio, marchó a París en 1824, comisionado por el gobierno absolutista para gestionar el empréstito Guebhard, que a toro pasado los liberales intentaron declarar ilegal echando abajo la reputación de Burgos con acusaciones de corrupción. Salió limpio de la investigación conducida en las Cortes del Estatuto, pero como suele ocurrir, su fama no se libró de *la sombra de una sospecha* -la expresión es de don Alejandro Nieto- mantenida por algunos publicistas (coetáneos) y estudiosos (contemporáneos), llevados de la inquina, la inercia o los prejuicios. Que Burgos ganó buen dinero durante su estancia en París no ofrece duda (él mismo lo confirmó al ministro López Ballesteros), lo que teniendo en cuenta sus reflexiones con motivo de los empréstitos del Trienio, solo delata la creencia en la compatibilidad entre el beneficio público y el lucro de los particulares; si acaso, que el concepto de conflicto de intereses en la esfera de las finanzas carecía de la formalización que alcanzaría en tiempos posteriores. Los artículos que publicó en *El Imparcial* en apoyo de las propuestas hechas al gobierno por el hombre de negocios (y notorio simpatizante del liberalismo exaltado) don Vicente Bertrán de Lis en mayo de 1822 son clarificadoras de sus puntos de vista, como también, su valoración de los especuladores que defendieron la cotización del empréstito Guebhard: "Si así obtuvieron beneficios, honrosa y legítima recompensa fueron de esfuerzos generosos hechos en favor del crédito español"[1408].

La colaboración de Burgos con el régimen de la restauración absolutista tiene su epítome en la exposición que envió al rey desde París en 1826, documento que cobra todo su valor en el marco histórico en el que se escribió; descontextualizado, es fácil de criticar. En esencia, recordemos, le aconsejaba los mismos remedios de siempre, más o menos adaptados a lo que entendía que daba de si la *Ominosa Década*: primero, la amnistía política que debía poner fin al enfrentamiento entre los españoles, condición esencial para inaugurar una era de paz, que era el fundamento de todo. En segundo lugar, el saneamiento de la Hacienda a base de una desamortización eclesiástica limitada, echando mano de las bulas pontificias obtenidas durante el reinado de Carlos IV. Y tercero, la organización de la Administración civil, léase, el establecimiento del ministerio del Interior, para impulsar el desarrollo de la prosperidad pública. Burgos hace ahí el raro prodigio de extenderse sobre el asunto sin referirse en ningún momento a la necesidad de establecer la división territorial. Probablemente, porque sabía que un equipo rival dependiente del ministro de Gracia y Justicia, don Tadeo Calomarde, estaba trabajando en el proyecto precisamente en aquellos momentos.

En la exposición de 1826 Burgos piensa sobre todo en los liberales emigrados al hablar de amnistía. Evidentemente, estos le dieron un mal pago en 1834, cuando impulsaron la campaña de desprestigio que culminó con su separación transitoria del Estamento de los Próceres y un retiro voluntario en París (ahora sí) que duró hasta su regreso a Granada en 1840. De acuerdo con el sentido habitual en la jurisprudencia iusnaturalista, entiende la amnistía como "olvido sempiterno" y no como un simple perdón, propio de un indulto. Así lo había sostenido porfiadamente en 1820 frente al decreto de las Cortes que *amnistiaba* a los afrancesados, pero sin devolverles el estatus -cargos, honores, etc.- que cada uno hubiera ostentado antes de la guerra; lo que siguiendo una tendencia bastante habitual en el comportamiento humano, no iba colmar las aspiraciones

---

1408. J. de Burgos, "Observaciones sobre el empréstito Guebhard", en E. de Ochoa, *Apuntes (...)*, o.c., p. 239.

de los beneficiarios, cuya adhesión al régimen del Trienio se tornó desde entonces más fría y condicional, aunque no haya datos, hay que decirlo, para incriminar a los periodistas afrancesados en una conspiración destinada a alterar la Constitución en connivencia con los *anilleros*.

La opinión de Xavier de Burgos sobre los bienes eclesiásticos, panacea de la Hacienda del Estado liberal (y del absolutista) se formó posiblemente durante su juventud en Granada, en contacto con el ambiente curialesco del que fue exponente Sempere y Guarinos, y en conjunción con el desvío que experimentó en esa época de las cosas de la Iglesia. En todo caso, su posición puede deducirse a través de sucesivos escenarios como el proceso inquisitorial de 1803, el magisterio de Portillo en Motril y el paso por la subprefectura de Almería. Finalmente, la expuso con profusión en los artículos de la *Miscelánea,* cuando hizo campaña en favor del decreto sobre supresión de monacales que discutieron las Cortes en septiembre de 1820. Son, estos, textos fundados en las añejas tesis regalistas y en el pensamiento utilitario heredado por el liberalismo gaditano, donde de manera poco consecuente había prevalecido el enfoque estatalista por encima del albedrío individual y el derecho a la propiedad, pilares centrales de la filosofía liberal. Además, el redactor de la *Miscelánea* había recurrido a un tono extremista que chocaba con el comedimiento que se les suponía a los liberales moderados al tratar de materias eclesiales, de modo que hubo de modificar la argumentación y atemperar el registro de su exposición al dirigirse al rey en 1826, época de clericalismo pacato. *Distingue tempora, et concordabis jura,* había escrito Sempere.

La organización de la administración pública, que Burgos recomendaba tan vivamente a Fernando VII en 1826, es el objetivo que había perseguido de manera más constante y porfiada durante la mayor parte de su vida. El sustrato dieciochesco de su formación juvenil conduce a la idea del *bien* en su dimensión mundana, y en consecuencia entendía que la primera obligación de los gobiernos era hacer beneficios a los pueblos. La valía del gobernante es pues clave, pero la experiencia histórica convence de la idoneidad del sistema representativo para designar a los mejores y participar en la formación de las leyes; un gobierno que entendía orientado, básicamente, a la política de gestión, esto es, administración versus propaganda, persuasión o negociación. Con la misma lógica, los hombres llamados a dirigir la administración en la esfera periférica -gobernadores, subdelegados- eran auténticos partícipes del ejercicio del poder, aunque el fomento fuera la modalidad principal de la acción administrativa. En los artículos periodísticos de la época constitucional (por no decir en escritos posteriores, como la *Instrucción a los subdelegados* o las *Ideas de administración*) Burgos dedicó un gran número de páginas a glosar la figura de esos agentes, puesto que se trataba de los responsables de la acción de la Administración, que concebía como una herramienta en sus manos y no -hay que subrayarlo- como una máquina dotada de movimiento autónomo.

Si vamos al origen de su inquietud, este puede rastrearse en los años que dedicó a su estudio en Motril inspirado por don Bernabé Portillo, el hacendado que había sido oficial de la Secretaría de Hacienda con el ministro Saavedra en tiempos de Godoy. A la teoría, siguió la experiencia de los negocios adquirida en el ayuntamiento de Motril y en la subprefectura de Almería antes de emigrar en 1812. Con tales antecedentes, parece evidente que su inmersión en la Francia del exilio no pudo haber sido el umbral iniciático que algunos han imaginado, aunque lógicamente, le diera ocasión para profundizar en la materia: "cuando se trata de administración civil, allí es donde es necesario ir a estudiarla", afirmó[1409].

De hecho, es el ejemplo francés el que orienta las reflexiones de Burgos sobre la formación de una división territorial, que él consideraba la piedra angular en la construcción de la Administración:

En Francia, cuyo ejemplo se debe citar siempre con preferencia cuando se trate de dar idea del mejor sistema posible de administración interior, está dividido el territorio en departamentos o provincias; mas esta división no es obra de la rutina, de la arbitrariedad ni del acaso, sino del cálculo y de la inteligencia; es una división geográfica, hecha de un modo científico[1410].

Como se dijo en su lugar, las ideas de Burgos sobre división territorial empezaron a plasmarse en la *Miscelánea* a partir del importante serial *Sobre estadística,* aparecido durante las últimas semanas de vigencia del absolutismo -en febrero y marzo de 1820- solapándose con el triunfo del pronunciamiento de Riego. La elección de un título tan inocuo no fue casual, como tampoco lo fue la finalidad recaudatoria que enfatizaba, ya que responde sobre todo a la lógica del régimen absolutista, aun en vigor cuando lo escribió. Con los eufemismos del caso, el redactor recomendó

1409. "Concluye el articulo sobre la división del territorio", en *El Imparcial* nº 28 (7.10.1821).
1410. "Sobre estadística. Segundo artículo", en *Miscelánea* nº 53 (1.03.1820).

como modelo orientativo la división que en teoría, llegó a estar vigente bajo el gobierno Intruso, que contemplaba la partición del territorio nacional en 39 prefecturas, a su vez divididas en las correspondientes subprefecturas para mantener viva la *omnipresencia* de la administración ("es decir, la acción protectora del gobierno", aclarará en 1826[1411]). Los criterios de población, extensión y límites naturales garantizaban el carácter científico que presidía su hechura, aunque renunciando a las denominaciones geográficas a la manera francesa, que en principio le parecían atractivas para combatir el provincialismo -al sustituir a los nombres antiguos- pero que resultaban inviables en España por razones prácticas. Al discutirse en las Cortes el proyecto de la comisión durante el otoño de 1821, Burgos lo glosó y comentó en *El Imparcial* con la autoridad de un experto, aportando sus propias opiniones y probablemente, enriqueciendo la visión de los diputados que intervinieron en aquellas sesiones (como periodista era consciente, y lo dijo a menudo, de estar influyendo de manera real en la labor legislativa de las Cortes). Pero sobre todo, lo que merece recordarse es que el rasgo predominante en su pensamiento fue el posibilismo, que le llevó a plegarse ante el proyecto oficial de 51 provincias (52 al final) que había criticado previamente, sopesando la ventaja de contar sin dilación con una obra que juzgaba imprescindible y prioritaria.

Hasta aquí, la reflexión de Burgos en la época constitucional. Una década después, cuando fue nombrado ministro de Fomento, el pragmatismo se impuso una vez más a sus preferencias, que sacrificó a las posibilidades que ofrecía aquel momento fugaz. Como sabemos, la división provincial que hizo aprobar con previsora urgencia en noviembre de 1833 (junto al decreto de los subdelegados y la *Instrucción* correspondiente), fue resultado de los "arreglos" realizados por los comisionados de 1825, a los que se debe la pervivencia de rasgos, digamos tradicionales, como eran el respeto a los límites de los partidos preexistentes -y por ende, a la integridad y personalidad de los territorios históricos- además de conservar en parte, la antigua nomenclatura y las capitales de las nuevas provincias. Esos trabajos efectuados en la *Ominosa Década* remiten a su vez a la división de provincias aprobada por las Cortes en 1822, sin obviar la inspiración de los proyectos josefinos anteriores, de forma que estos tres elementos, representativos del racionalismo moderno y de la tradición histórica, confluyeron en la génesis de la división provincial que sigue vigente. Todo sumado, quizás se puede atribuir a esta inusual

---

1411. J. de Burgos, "Exposición dirigida a S.M. (…)", en E. de Ochoa, *Apuntes (…), o.c.*, p. 214.

circunstancia su razonable éxito como marco de la administración periférica y su pervivencia durante los dos últimos siglos.

Teniendo en cuenta el papel trascendental que se ha atribuido a Javier de Burgos en la creación de la Administración española moderna, es lógico que sus ideas sobre la materia hayan sido el centro de interés para la mayoría de los investigadores que se han ocupado de él, sin que este haya decaído en nuestros días, especialmente en lo que toca a la configuración territorial del Estado. Pero no es, en absoluto, el único tema que conserva capacidad de atraer la atención entre los que él se implicó, porque queda la convicción de que hay cosas que no han cambiado, o no mucho, en la vida pública de España. Los caminos que recorrió Burgos siguen abiertos.

Anexos

I. Artículos nuevos y añadidos en la *Biografía universal*

Tomo I

Abarca (Pedro)	Añadido	p. 9
Abarca de Bolea (Pedro Pablo)	Nuevo	pp. 59-64
Abarca de Bolea y Castro (Martín)	Añadido	p. 64
Abarca de Bolea (Íñigo) y Abarca de Bolea (Luis)	Nuevo	p. 64
Abella (Manuel)	Nuevo	pp. 151-153
Abel-Madi	Nuevo	p. 154
Aben-Alfange	Nuevo	p. 154
Abenzalero (Pascual de)	Nuevo	p. 158
Abreu (Manuel)	Nuevo	p. 216
Abreu (José Antonio de)	Nuevo	pp. 216-217
Abril (Pedro Simón de)	Nuevo	pp. 217-219
Acevedo (Alfonso de)	Nuevo	p. 260
Acevedo (Cristóbal de)	Nuevo	pp. 260-261
Acevedo (Alonso María)	Nuevo	pp. 261-262
Acosta (Uriel)	Añadido	pp. 302-303
Acosta (Gabriel) y otros	Nuevo	p. 303
Acosta (Cayetano)	Nuevo	pp. 303-304
Acuña (Fernando de)	Añadido	pp. 318-319
Acuña y Vela (Juan)	Nuevo	p. 321
Adam de la Parra (Juan]	Nuevo	p. 345
Adardo Santander (Fr. Gabriel)	Nuevo	p. 366

Tomo II

Adón *(San)*	Nuevo	pp. 25-26
Adriano *(pintor español)*	Añadido	p. 62
Afán de Ribera Henriquez (Fernando)	Nuevo	pp. 72-73
Agia (Fr. Miguel de)	Nuevo	pp. 108-109
Agnes (Juan Bautista)	Nuevo	pp. 118-119
Ágreda y Vargas (Diego)	Nuevo	p. 133
Aguado (Fr. Pedro)	Nuevo	p. 164
Aguado (Francisco de)	Nuevo	pp. 164-165
Aguas (Juan de)	Nuevo	p. 165
Aguayo (Fr. Alberto de) y Aguayo (Marcos)	Nuevo	pp. 165-166
Aguiar (Diego de) y otros	Nuevo	pp. 176-177
Aguirre (Manuel de)	Nuevo	pp. 178-179
Agustín (Antonio)	Añadido	pp. 194-195
Agustín (Miguel) y otros	Nuevo	p. 197
Aingo de Espeleta (Pedro)	Nuevo	pp. 230-231
Álaba y Beaumont (Diego)	Nuevo	p. 255
Álaba Esquível (Diego)	Añadido	pp. 255-256
Alamín (Gabriel)	Nuevo	p. 262
Álamos de Barrientos (Baltasar)	Nuevo	p. 262-264
Alarcón (Fernando)	Nuevo	p. 270
Alba (Juan de) y otros	Nuevo	p. 289
Albanel (Garcerán)	Nuevo	p. 290
Albertino (Arnaldo)	Nuevo	pp. 321-322
Albiano de Roxas (Pablo)	Nuevo	pp. 360-361
Alcalá (Fr. Pedro de)	Nuevo	p. 395
Alcalá Galiano (Vicente)	Nuevo	pp. 395-396
Alcalá Galiano (Dionisio)	Nuevo	pp. 396-398
Alcántara (San Pedro de)	Nuevo	p. 399
Alcázar o Valcazár (Andrés)	Nuevo	p. 400

Tomo III

Alcedo (Mauricio de)	Nuevo	p. 3
Alcocer (Pedro de) y Alcocer (Fernando de)	Nuevo	pp. 26-27
Aldana (Francisco de) y Aldana (Cosme)	Nuevo	pp. 30-31
Alegre de Casanate (Marco Antonio)	Nuevo	p. 50
Alemán (Marco Aurelio) y Alemán (Juan)	Nuevo	p. 147
Alfaro (Francisco)	Nuevo	p. 171
Alfaro (Gregorio)	Nuevo	pp. 171-172
Alfonso *(varios españoles han ilustrado este apellido)*	Nuevo	p. 222
Almodóvar *(duque de)*	Añadido	pp. 300-301
Almonacid (Fr. José de)	Nuevo	p. 302
Alvarado (Alfonso) y otros	Nuevo	pp. 336-337
Álvarez (Mariano)	Nuevo	pp. 339-344
Álvarez de Sotomayor (Martín, *conde de Calonera*)	Nuevo	pp. 344-349
Álvarez *(varios)*	Nuevo	pp. 349-354
Álvaro (Fr. Juan)	Nuevo	p. 354
Alvear (Sancho)	Nuevo	p. 354
Alvia de Castro (Fernando)	Nuevo	p. 355
Amaya (Francisco de)	Nuevo	p. 390

II. Artículos sobre división territorial en la *Miscelánea*[1412]

N.º 15 (3.12.1819).

— "División topográfica de la provincia de Jaén, formada por acuerdo de la Sociedad patriótica por don Francisco de Lanuza, socio de número y contador primero de la misma".

N.º 16 (6.12.1819).

— *Conclusión de la división topográfica de la provincia de Jaén.*

N.º 46 (14.02.1820).

— "Sobre estadística. *Primer artículo*".

N.º 47 (16.02.1820).

— *Concluye el primer artículo sobre estadística.*

N.º 53 (1.03.1820).

— "Sobre estadística. *Segundo artículo*".

N.º 54 (3.03.1820).

— *Continúa el segundo artículo sobre estadística.*

N.º 55 (6.03.1820)

— *Continúa el segundo artículo sobre estadística.*

N.º 56 (8.03.1820)

— *Continúa el segundo artículo sobre estadística.*

N.º 57 (10.03.20)

— *Concluye el segundo artículo sobre Estadística.*

N.º 88 (22.05.1820).

— "Leemos en el número 8 del Universal" [Inexistencia de la información estadística solicitada por el gobierno].

N.º 90 (26.05.1820).

— "Ahora que nombrados en todo el reino los diputados" [La estadística, primer objetivo].

1412. Incluye artículos comunicados.

N.º 91 (29.V.20).

— "La Junta de Galicia ha fijado la cuota de contribución directa" [Falta de base estadística en la contribución].

Nº 110 (18.06.1820)

— "La Gaceta del 15 trae dos reales decretos" [División administrativa].

Nº 121 (29.06.1820).

— *Sobre Diputaciones provinciales* [Organización administrativa].

N.º 155 (2.08.1820).

— "Leemos en eI Constitucional", [División territorial].

N.º 234 (20.X.20).

— "Tenemos a la vista" [División territorial en Galicia].

N.º 251 (6.11.1820).

— "Hemos visto unas observaciones" [División provincial y arreglo de las contribuciones].

Nº 438 (11.05.1821)

— "Hemos leído con satisfacción" [Capitalidad de Almería sobre Baza].

Nº 490 (2.07.1821)

— "Segunda vez tomamos la pluma" [provincia de Almería].

III. Artículos sobre división territorial en *El Imparcial*

N° 22 (1.10.1821) pp. 85-86.

— "Sobre el proyecto de división provincial presentado a las Cortes".

N° 23 (2.10.1821) p. 90.

— "Continúan las observaciones sobre el proyecto de división territorial presentado a las Cortes".

N° 24 (3.10.1821) p. 94.

— "Continúan las observaciones sobre el proyecto de división territorial presentado a las Cortes".

N° 25 (4.10.1821) pp. 97-98.

— "Continúan las observaciones sobre el proyecto de división territorial presentado a las Cortes".

N° 26 (5.10.1821) p. 102.

— "Continúan las observaciones sobre el proyecto de división territorial presentado a las Cortes".

N° 27 (6.10.1821) p. 106.

— "Continúan las observaciones sobre el proyecto de división territorial presentado a las Cortes".

N° 28 (7.10.1821) pp. 109-110.

— "Concluye el art. sobre la división del territorio".

— p. 110.

"El nombre solo de su apreciable periódico" f.= Un Imparcial [Provincia del Vierzo].

— p. 110.

"En el extracto de la sesión de Cortes del 4 del corriente" f.= El amigo de la verdad [capitalidad de Villafranca del Vierzo].

N° 30 (9.10.1821) p. 116.

— "Hemos visto una representación" [La diputación de Navarra y el proyecto de división territorial].

Suplemento al número 31 (10.10.1821) s.p.

— "Apéndice sobre los artículos de división territorial".

N° 32 (11.10.1821) p. 124.

— "Sobre una representación del ayuntamiento de Tudela".

N° 35 (14.10.1821) p. 135-136.

— *Discurso del señor Lastarría, para que se pueda continuar metódicamente la discusión del proyecto de división territorial de la península &c.* f.= Madrid, 4 de octubre de 1821, Lastarría ["Los principios y las bases necesarias a que se ha de arreglar la resolución de este problema"].

N° 37 (16.10.1821) pp. 147-148.

— "En el Universal del domingo se ha insertado un artículo, en que se ataca el que con el título de apéndice á los artículos sobre división territorial publicamos en el suplemento de nuestro número 31".

N° 39 (18.10.1821) p. 156.

— "Señores editores del Imparcial. Vitoria 9 de octubre. Parecerá tal vez escusado que yo levante mi voz" [Observaciones al dictamen sobre división del territorio en lo que concierne a las provincias vascas]

N° 40 (19.10.1821), p. 016 [sic].

— "Concluye el comunicado de Vitoria inserto en el número de ayer. f.= P.F.C." [Observaciones al dictamen sobre división del territorio en lo que concierne a las provincias vascas].

N° 45 (24.10.1821) p. 176.

— "Doloroso nos es haber de tomar de nuevo la pluma" [Crítica al optimismo económico del diputado Clemencín en materia de administración territorial]. Clemencín respondió con un comunicado publicado en el n° 50 (29.10.1822).

N° 46 (25.10.1821) p. 180.

— "Señores editores del Imparcial: En todas las materias". Bilbao, 20 de octubre de 1821 [Las rutas de Vitoria y Bilbao para la conducción de lana castellana, en relación con la división territorial].

Suplemento al nº 52 (31.10.1821) s.p.

— "El Universal traía ayer un artículo en el cual se estampan, bajo fecha de Palenzuela (…)". [Mentiras y ataques a nuestros artículos de división del territorio].

Nº 54 (2.11.1821) p. 212.

— "Señores redactores del Imparcial. En el extracto de las sesiones de Cortes de su número 26". f.= J.G. [División territorial en las provincias de Cataluña].

Nº 85 (3.12.1821) p. 346.

— "Señores editores del Imparcial. En la sesión del 5 de octubre impugnó el señor Torre Marín". f.= P.I.A.T.C. [Candidaturas de Baza y Almería para capital de la nueva provincia].

Nº 113 (31.12.1821) p. 458.

— "Señores redactores del Imparcial. En una de las sesiones de Cortes". f.= San Esteban, 6 de diciembre. P. L.R. [Situación provincial del partido de Ayllón].

Nº 188 (15.03.1822) p. 726.

— "Variedades. Acabamos de leer la proposición hecha (…)" [Contra la revisión de la división provincial recién aprobada].

Nº 255 (21.05.1822) p. 1036.

— "Variedades. División territorial". f.= El Valdeorrano [Los límites de la provincia del Vierzo].

Nº 257 (23.05.1822) p. 1064.

— "No hay cosa más ridícula". f.= B.S. [Funciones de los corregidores y alcaldes mayores en el régimen constitucional].

Nº 289 (23.06.1822) p. 1030.

— "*Señor editor:* Soy natural de la isla de Tenerife". f.= P.C.L. [Capitalidad de partido en Garachico o en Icod].

Nº 300 (4.07.1822) p. 1276.

— "*Señores editores del Imparcial*: el interés que he tomado (…)". f.= L.L.H. [Capitalidad de partido en Garachico o en Icod, Tenerife].

IV. Las revistas del mes (y artículos asimilados) en la *Miscelánea*

N.º 93 (1.06.1820).

— "Creemos de nuestra obligación empezar nuestras tareas".

N.º 184 (1.08.1820).

— *Revista del mes.*

N.º 185 (1.09.1820).

— *Revista de agosto.*

N.º 215 (1.10.1820).

— *Revista de septiembre.*

N.º 246 (1.11.1820).

— *Revista del mes.*

N.º 247 (2.11.1820).

— *Continúa la revista de octubre.*

N.º 248 (3.11.1820).

— *Concluye la revista de octubre.*

N.º 276 (1.12.1820).

— *Revista de noviembre.*

N.º 277 (2.12.1820).

— *Concluye la revista de noviembre.*

N.º 308 (1.01.1821).

— *Revista del año de 1820.*

N.º 309 (2.01.1821).

— *Continúa la revista del año de 1820.*

N.º 310 (3.01.1821).

— *Continúa la revista del año de 1820.*

N.º 312 (5.01.1821).

— *Continúa la revista del año de 1820.*

N.º 320 (13.01.1821).

— *Continúa la revista del año de 1820* (véanse nuestros núms. de 1, 2, 3 y 5 de enero).

N.º 324 (17.01.1821).

— *Continúa la revista del año de 1820* (véanse nuestros núms. de 1, 2, 3, 5 y 13 de enero).

N.º 332 (25.01.1821).

— *Continúa la revista del año de 1820* (véase nuestro núm. 324).

N.º 333 (26.01.1821).

— *Concluye la revista del año de 1820* (véase nuestro núm. 324, *sic*).

N.º 339 (1.02.1821).

— *Revista del mes de enero.*

N.º 340 (2.02.1821).

— *Concluye la revista de enero.*

N.º 367 (1.03.1821).

— *Revista del mes.*

N.º 398 (1.04.1821).

— *Revista de marzo.*

N.º 399 (2.04.1821).

— *Continúa la revista de marzo.*

N.º 400 (3.04.1821).

— *Concluye la revista de marzo.*

N.º 428 (1.05.1821).

— *Revista de abril.*

N.º 430 (3.05.1821).

— *Continúa la revista de abril.*

N.º 433 (6.05.1821).

— *Concluye la revista de abril.*

N.º 459 (1.06.1821).

— *Continúa la revista de mayo.*

N.º 462 (4.06.1821).

— *Continúa la revista de mayo.*

N.º 464 (6.06.1821).

— *Continúa la revista de mayo.*

N.º 464 (6.06.1821).

— *Continúa la revista de mayo.*

N.º 489 (1.07.1821).

— *Revista de junio.*

N.º 490 (2.07.1821).

— *Concluye la revista de junio.*

N.º 520 (1.08.1821).

— *Revista de julio.*

N.º 521 (2.08.1821).

— *Continúa la revista de julio.*

N.º 522 (3.08.1821).

— *Continúa la revista de julio.*

N.º 524 (5.08.1821).

— *Continúa la revista de julio.*

N.º 533 (14.08.1821).

— *Continúa la revista de julio.*

N.º 551 (1.09.1821).

— *Revista de agosto.*

N.º 552 (2.09.1821).

— *Continúa la revista de agosto.*

N.º 553 (3.09.1821).

— *Continúa la revista de agosto.*

N.º 559 (39.09.1821).

— *Concluye la revista de agosto.*

V. Las revistas del mes en *El Imparcial*

N° 78 (26.11.1821).

— *Revista de setiembre.*

N° 80 (28.11.1821).

— *Concluye la revista de setiembre.*

N° 81 (29.11.1821).

— *Revista de octubre.*

N° 82 (30.11.1821).

— *Concluye la revista de octubre.*

N° 87 (5.12.1821).

— *Revista del mes de noviembre.*

N° 88 (6.12.1821).

— *Concluye la revista de noviembre.*

N° 114 (1.01.1822).

— *Revista de diciembre.*

N° 115 (2.01.1822).

— *Concluye la revista de diciembre.*

N° 146 (1.02.1822).

— *Revista de enero.*

N° 14 [sic] (2.02.1822).

— *Concluye la revista de enero.*

N° 205 (1.04.1822).

— *Revista de febrero.*

N° 206 (2.04.1822).

— *Revista de marzo.*

N° 236 (2.05.1822).

— *Revista de abril.*

Nº 239 (5.05.1822).

— *Concluye la revista de abril.*

Nº 266 (1.06.1822).

— *Revista de mayo.*

Nº 267 (2.06.1822).

— *Concluye la revista de mayo.*

Nº 297 (1.07.1822).

— *Revista de junio.*

Nº 298 (2.07.1822).

— *Continúa la revista de junio.*

Nº 299 (3.07.1822).

— *Concluye la revista de junio.*

Bibliografía, periódicos y fuentes manuscritas

Bibliografía

AA.VV.: *El puerto de Motril*. Motril: Asukaría Mediterránea, 1996, 326 pp.

A.G.M., "Alonso Montejo, José Vicente (1775-1841)", en la *Web de las biografías* [En línea. Consulta 10.04.2020].

A.P.: "Noticia biográfica del Excmo. Sr. D. Javier de Burgos", en J. de Burgos, *Anales (…), o.c.*, t. I, 46 pp. + apéndices.

Actas de las Sesiones Secretas de las Cortes ordinarias y extraordinarias de los años 1820 y 1821, de los años 1822 y 1823, y de las celebradas por las diputaciones permanentes de las mismas Cortes ordinarias. Madrid: Imprenta de J.A. García, 1874.

Aguilar Ortiz, José María: "Luis Antonio Pizarro Ramírez", en Real Academia de la Historia, *DB-e* [En línea. Consulta 30.09.2022].

Aguilar Piñal, Francisco: *Bibliografía de autores españoles del siglo XVIII.* Vol. 9. Madrid: CSIC, 1999, 896 pp.

Aguilera y Santiago, Ignacio: "Notas sobre el libro de Reinoso: delitos de infidelidad a la Patria", en *Boletín de la Biblioteca de Menéndez Pelayo* (1931). Número extraordinario en homenaje a don Miguel Artigas, vol. I., pp. 319-386.

— "Don Sebastián de Miñano y Bedoya. Bosquejo biográfico", en *Boletín de la Biblioteca de Menéndez Pelayo* XIV y XV (1932 y 1933) [En línea: Biblioteca Virtual Miguel de Cervantes. Consulta 30.09.2025] pp. 150-169, 257-282 y 355-362.

Albiac, Gabriel: "Añoraré a los perros locos", en *ABC* (5.01.2021) p. 7.

Álbum Pintoresco Universal, adornado con exquisitas láminas intercaladas en el texto. Colección de artículos relativos a toda clase de ciencias y artes; parte recopilados de las obras europeas más acreditadas, y parte originales escritos por los principales escritores españoles, como son: Don Pedro de Madrazo, Don Eugenio de Ochoa, Don Pedro Pidal, Don Patricio de la Escosura, Don Antonio María Segovia (El estudiante). Barcelona: Imprenta de D. Francisco Oliva, 1842, t. I., pp. 355-358 y t. II, pp. 532-536.

Alcalá Galiano, Antonio: *Literatura española del siglo XIX. De Moratín a Rivas.* Traducción, introducción y notas de Vicente Llorens. Madrid: Alianza, 1969, 183 pp.

— "Recuerdos de un anciano" y "Memorias de D. — — —", en *Obras escogidas de D. — — —.* (BAE 83 - 84). Prólogo y edición de Jorge Campos. Madrid: Atlas, 1955, 2 vols.

Alvarado, N.: "Escritores en todas materias", en Agustín [Pérez] Zaragoza Godínez (trad. y adaptación), *Enciclopedia de la juventud, o sea, compendio general de todas las ciencias.* Madrid: 1826, t. IV, p. 76.

Álvarez Barrientos, Joaquín: "Las letras letras de cambio (1834), de Bartolomé José Gallardo, o la literatura como poder", en Beatriz Sánchez Hita y Daniel Muñoz Sempere (coords.), *La razón polémica. Estudios sobre Bartolomé José Gallardo.* Cádiz: Ayuntamiento de Cádiz, 2004, pp. 253-270.

Anglona, Príncipe de: *Discurso pronunciado por el — — —, presidente de la Sociedad Constitucional, celebrando el aniversario del restablecimiento del la Constitución política de esta Monarquía en el día 19 de marzo de 1822.* Madrid: Imprenta de D. Leon Amarita, 1822, 8 pp.

— *Discurso pronunciado en la Sociedad Constitucional por su presidente el — — — el día 15 de julio de 1822, en que celebró el aniversario del juramento de la Constitución hecho por S.M. en las Cortes en 9 de julio de 1820.* Madrid: Imprenta de D. Leon Amarita, 1822, 15 pp.

Antón Martínez, Beatriz: "El Rectius vives de Horacio (oda II, 10) traducido en verso por L. Fernández de Moratín y F. Javier de Burgos", *Veleia* nº 6 (1989) pp. 287- 299.

— "El humanista ilustrado F. Javier de Burgos, traductor y comentarista de las Odas de Horacio (ed. de 1844)", en *Actas del VII Congreso Español de Estudios Clásicos.* Madrid: Universidad Complutense, 1989, t. III, pp. 365-372.

Aquino, Nicolás de: *El púlpito o reflexiones útiles a los jóvenes eclesiásticos que se dedican al santo ministerio de la predicación evangélica.* Madrid: Benito Cano, 1788 [En línea: Biblioteca Virtual Miguel de Cervantes. Consulta 28.04.2020].

"Aquino, Nicolás", en *Estudios Minimos - Minimospedia* [En línea. Consulta 03.11.2024].

Archivo Histórico de Protocolos (Madrid): *Testamentos de 111 Personajes* [Libro mecanografiado accesible en sala de investigadores].

Arenilla Sáez, Manuel: *La teoría de la administración en Javier de Burgos desde sus escritos periodísticos.* Sevilla: Instituto Andaluz de Administración Pública, 1996, 440 pp.

Aróstegui, Julio: "Estudio preliminar. Antonio Pirala en la Historiografía Española del siglo XIX", en A. Pirala, *Historia de la Guerra Civil y de los partidos Liberal y Carlista.* t. I, Madrid: Turner, 1984, pp. VII-LXVIII.

[Arriaza, Juan Bautista]: *Leccioncita de modestia sobre el jactancioso cartel con que se anunció la comedia intitulada los tres iguales, y sus pretensiones de echar la pierna a los Poetas dramáticos antiguos.* Madrid: Imprenta de D.M. de Burgos, 1827, 7 pp.

Artola Renedo, Andoni: "Política religiosa", en P. Rújula e I. Frasquet (coords.), *El Trienio Liberal (...), o.c.,* pp. 263-284.

Artola Gallego, Miguel: *Los Afrancesados.* Madrid: Sociedad de Estudios y Publicaciones, 1953, XXI + 335 pp.

— *Antiguo Régimen y revolución liberal.* Barcelona: Ariel, 1983², 320 pp.

— *La España de Fernando VII.* Madrid: Espasa Calpe, 1999 [ed. or. 1968], 788 pp.

Astorgano Abajo, Antonio: *Don Juan Meléndez Valdés. El ilustrado.* Badajoz: Publicaciones de la Diputación, 2007², 752 pp.

Astorgano Abajo, Antonio: "Los testamentos del matrimonio Meléndez Valdés", en *Boletín de la Real Academia de Extremadura de las Letras y las Artes,* t. XVI (2008), separata.

Ayala Carbonero, Juan José - Fernández Merlo, Florentina - Fernández Álvarez, José Miguel: "La Sociedad Económica de Amigos del País de Motril: una aproximación a sus inicios", en *Anuario de Estudios de la Costa Granadina* nº 2 (1990) pp. 167-188.

Ayala Carbonero, Juan José: "La guerra de la Independencia en Motril y su comarca", *Qalat. Revista de Historia y Patrimonio de Motril y la Costa de Granada* nº 2 (2001) pp. 7-37.

Barbastro Gil, Luis: *Los afrancesados. Primera emigración política del siglo XIX español (1813-1820).* Madrid: CSIC, 1993, 197 pp.

Barrio Gozalo, Maximiliano: "Reforma y supresión de los regulares en España al final del Antiguo Régimen (1759-1836)", en *Investigaciones Históricas. Época moderna y contemporánea* nº 20 (2000) pp. 89-118.

[Bayo, Estanislao de Kotska]: *Historia de la vida y reinado de Fernando VII de España.* Madrid: Imprenta de Repullés, 1842, 3 vols.

Belloc [Jean Jacques]: *Curso de medicina legal, teórica y práctica*, escrito por Mr. — — —, traducido al castellano con notas por Francisco de Burgos y Olmo, Madrid: Imprenta que fue de García, 1819, XVI + 325 pp., 8º.

[Benito Núñez, Antero]: *Sátiras de Don Amato Benedicto*. Granada: en la imprenta de Moreno, 1802, 146 pp., 4º.

— *Calzones en Alcolea. Tragicomedia*. S.l. [= Granada]: s.i., s.a. [=1811] 45 pp. en 8º [Accesible en *Biblioteca Virtual de Andalucía*. Consulta 9.02.2020].

Berazaluce, Ana María: *Sebastián de Miñano y Bedoya (1779-1845)*. Pamplona: Eunsa, 1983, 395 pp.

Blanco Domingo, Luis: "Alejandro Oliván y Borruel", en Real Academia de la Historia, *DB-e* [En línea. Consulta 4.05.2022].

Bonnin, C.J.B.: *Compendio de los principios de administración, escrito en francés por* — — — *y traducido al castellano por D.J.M. Saavedra*. Madrid: Imprenta de Don José Palacios, 1834, 623 pp.

— "Principios de la administración" [fragmento], en *Revista de Administración Pública* (México). Edición especial en memoria del Maestro Gabino Fraga (noviembre 1982) [En línea. Consulta 10.01.2025], pp. 81-102.

Bosquejo del plan de la conspiración del 7 de Julio; correspondencia importante hallada aquel mismo día en la Calle del Arenal. Madrid: Imprenta de don Antonio Fernández, 1822, 3 fascículos, 16 pp. cada uno.

Botrel, Jean-François (2016), "Las transferencias culturales bajo sospecha (España, 1789-1833", en *Estudios en Homenaje al profesor Celso Almuiña Fernández*. Valladolid: Universidad de Valladolid, 2016, pp. 215-228.

Braojos Garrido, Alfonso: *Don José Manuel Arjona, Asistente de Sevilla, 1825-1833*. Sevilla: Ayuntamiento de Sevilla, 1976, 663 pp.

Burgos, Francisco Xavier de: *El Heredero. Comedia en prosa, en tres actos*, por Don — — —. Granada: Francisco Gómez Espinosa de los Monteros, s.a. [= 1807], 138 pp.

— *El Presidente de la Regencia*. comedia en tres actos en prosa por D. — — —. Granada: Francisco Gómez Espinosa, s.f. [= 1811], 100 pp. [En línea: Biblioteca Digital Hispánica].

— (trad.): *Las poesías de Horacio traducidas en versos castellanos con notas y observaciones críticas por don* — — —. *Obra dedicada al Rey*. Tomos I y II, Madrid: Imprenta de Collado, 1820 -1821; tomos III y IV, Madrid: Imprenta de D. León Amarita, 1823.

— (ed.): *Biografía universal antigua y moderna, o historia por orden alfabético de la vida pública y privada de todas las personas distinguidas por sus escritos, acciones, talentos, virtudes o vicios*. Obra enteramente nueva; escrita en francés por una sociedad de literatos y sabios, y traducida al castellano con muchas adiciones y refundiciones por don ———. Madrid, Imprenta de don Mateo Repullés, 1822, 3 t., 404 + 400 pp. + 400 pp.

— *Los tres iguales. Comedia en tres actos y en verso, representada por primera vez en el Coliseo de la Cruz el día 17 de noviembre de 1827*. Por D. J. de B. Madrid: Imprenta de D. Miguel de Burgos, s.a. [= 1828], VII + 144 pp.

— *Al feliz enlace del Rey N. S. con la Serma. Señora Princesa de Nápoles*: oda por ———. Madrid: Miguel de Burgos, 1830, 7 pp.

— "Observaciones sobre el empréstito Guebhard" en *La Abeja* nº 167 (15.10.1834) y nº 169 (17.10.1834) [datado en Madrid, 6.10.1834].

— "Observaciones sobre el empréstito Guebhard", en E. Ochoa, *Apuntes (…), o.c.*, pp. 189 y ss.

— (trad.): *Las poesías de Horacio traducidas en versos castellanos*, con comentarios mitológicos, históricos y filológicos, por D. ———. Refundida y considerablemente aumentada. 4 vols., Madrid: Librería de D. José Cuesta, 1844.

— *Anales del reinado de doña Isabel II*. Obra póstuma de Don ———. Madrid: Establecimiento Tipográfico de Mellado, 1850, 2 t., 412 + 410 pp.

Burgueño, Jesús: *Geografía política de la España constitucional. La división provincial*. Madrid: Centro de Estudios Constitucionales, 1996, 442 pp.

Burke, Peter: *Historia social del conocimiento. De Gutenberg a Diderot*. Barcelona: Paidós, 2002, 321 pp.

Bustos, Sophie: "Francia y la cuestión española: el golpe de estado del 7 de julio de 1822", *Ayer* nº 110 (2018) pp. 179-202.

Cabanis, Pierre Jean Georges: *Compendio histórico de las revoluciones y reforma de la medicina*. Traducida por D.S.M. [Sebastián Miñano] Madrid: Imprenta de Repullés, XVI + 395 pp. [En línea: Biblioteca Virtual Miguel de Cervantes. Consulta 17.05.2022].

Cáceres Würsig, Ingrid - Solano Rodríguez, Remedios: *Reyes y pueblos: poesía alemana del Trienio Liberal*. Salamanca: Ediciones Universidad de Salamanca, 2019, 336 pp.

Cádiz, Diego Joseph de: *Alocución, ó discurso político-moral con que el R. P. Fr. ———, Misionero Apostólico del Orden de Menores Capuchinos* de *N. S P. S. Francisco de la Provincia de Andalucía, exhortó al mas exacto desempeño de las obligaciones que por su cargo pertenecen á la Muy llustre y Real Sociedad Patriótica de Amantes del País de la M. N. y M. L. Ciudad de Motril con el motivo de nombrarlo su Socio Honorario el día veinte y ocho del mes de Mayo de mil setecientos ochenta y siete.* Siendo su dignísimo director el M. R. P. Fr. Pedro de Torres, Lector jubilado del Orden de Mínimos de S. Francisco de Paula. s.l., s.i., 1789, en J. Ortiz del Barco, *o.c.,* pp. 310-329.

Calero Amor, Antonio María: *La división provincial de 1833. Bases y antecedentes.* Madrid: Instituto de Estudios de Administración Local, 1987, 190 pp.

Campos, Jorge: "Vida y obra de D. Serafín Estébanez Calderón "El Solitario", en *Obras completas de D. Serafín Estébanez Calderón.* Edición, prologo y notas de — — — (BAE 78-79). Madrid: Atlas, 1955.

Carnero, Guillermo (coord.): *Historia de la literatura española. Siglo XIX (I).* Madrid: Espasa Calpe, 1997, 870 pp.

Castillo Cano, José: *Almería en la crisis del Antiguo Régimen: la guerra de la Independencia en la ciudad, 1797-1814.* Almería: Diputación provincial, 1987, 219 pp.

— "Almería bajo la guerra de la Independencia", en *Revista del Centro de Estudios Históricos de Granada y su Reino* n° 20 (2008) pp. 55-77.

Castro Martínez, Antonio - Morán Orti, Manuel: "Ayta y Burgos, dos caras del periodismo liberal", en C. Almuiña y F. Sotillos (coords.), *Del Periodismo a la Sociedad de la información.* Madrid: Sociedad Estatal España Nuevo Milenio, 2002, vol. III, pp. 65-72.

Cavaillon Giomi, Joan: "*El Conservador* (1820), un periódico exaltado del Trienio Liberal para justificar la abrogación de la Inquisición y servir a la Historia", en *El Argonauta español* n° 19 (2022) [En línea: OpenEdition Journals. Consulta 12.11.2024].

Chao Espina, Enrique: *Pastor Díaz dentro del romanticismo.* Madrid: CSIC, 1949, 688 pp.

Cebreiro Núñez, José Ignacio: *Los orígenes de la división provincial en España.* Madrid: INAP, 2012, 281 pp.

Clemente y Rubio, Simón de Rojas: *Ensayo sobre las variedades de la vid común que vegetan en Andalucía, con un índice etimológico y tres listas de plantas en que se caracterizan varias especies nuevas,* por D. — — —, bibliotecario del Real Jardín Botánico de Madrid, individuo de las Reales Sociedades Económicas de Granada y Sanlúcar de Barrameda, etc. De orden superior. Madrid: Imprenta de Villalpando, 1807, 324 pp.

— *Memoria sobre el cultivo y cosecha del algodón en general y con aplicación a España, particularmente a Motril, leída y aprobada en la clase de Agricultura de la Real Sociedad Económica Matritense, e inserta por acuerdo de esta corporación entre las adiciones a la obra de Gabriel Alonso de Herrera que de orden superior se está imprimiendo,* por D. — — —, Madrid: Imprenta Real, 1818, 43 pp.

— *Viaje a Andalucía. "Historia natural del reino de Granada" (1804-1809).* Edición, transcripción estudio e índices de Antonio Gil Albarracín. Almería - Barcelona: Griselda Bonet Girabet (edita), 2002, 1247 pp.

Coe, Ada M.: *Catálogo bibliográfico y crítico de las comedias anunciadas en los periódicos de Madrid desde 1661 hasta 1819.* Baltimore: J.H. Furst Company, 1935, 270 pp.

Colección de los decretos y órdenes que han expedido las Cortes Generales y Extraordinarias desde 24 de mayo de 1812 hasta 24 de febrero de 1813 mandada publicar de orden de las mismas. Tomo III, Madrid: Imprenta Nacional, 1813, 238 pp. [En línea: Biblioteca Digital Hispánica. Consulta 25.01.2025].

Colección de los decretos y órdenes que han expedido las Cortes Generales y Extraordinarias desde 24 de febrero de 1813 hasta 14 de setiembre del mismo año, en que terminaron sus sesiones. Comprehende además el decreto expedido por las Cortes Extraordinarias en 20 de dicho mes. Mandada publicar de orden de las mismas. Tomo IV, Madrid: Imprenta Nacional, 1814, 304 pp. [En línea: Biblioteca Digital Hispánica. Consulta 25.01.2025].

Colección de los decretos y órdenes generales de la primera legislatura de las Cortes ordinarias de 1820 y 1821, desde 6 de julio hasta 9 de noviembre de 1820. Madrid: Imprenta Nacional, 1821, t. VI, 416 pp. [En línea: Biblioteca Virtual del Patrimonio Bibliográfico. Consulta 7.02.2023].

Colección de los decretos y órdenes generales expedidos por las Cortes extraordinarias, que comprende desde 22 de setiembre de 1821 hasta 14 de febrero de 1822. Impresa de orden de las mismas. Tomo VIII. Madrid: Imprenta Nacional, 1822, 281 pp. [En línea: Biblioteca Digital Hispánica. Consulta 25.01.2025].

Colección de perfidias y atrocidades que los literatos españoles han hecho con la Casa de Sancha. Reproducción parcial en Antonio Rodríguez-Moñino, *Historia de los catálogos de librería españoles (1661-1840). Estudio bibliográfico.* Madrid: Artes Gráficas Soler, 1966, pp. 48-51.

Comellas Aguirrezábal, Mercedes: "Las *Cartas de la reina Witinia* y la España del Trienio Revolucionario", en P. Bolaños Donoso *et al.* (coords.), *Homenaje al profesor Klaus Wagner. Geh hin und lerne.* Sevilla: Universidad de Sevilla, 2007, vol. 2, pp. 867-901.

Comellas García-Llera, José Luis: *Los primeros pronunciamientos en España*. Madrid: CSIC - Escuela de Historia Moderna, 1958, 376 pp.

— *El Trienio Constitucional*. Madrid: Rialp, 1963, 443 pp.

— "El Trienio Liberal (1820-23)", en *Historia General de España y América. Del Antiguo al Nuevo Régimen Hasta la muerte de Fernando VII*. Madrid: Rialp, 1981, pp. 398-452.

— "La construcción del partido Moderado", en *Aportes. Revista de Historia Contemporánea* nº 26 (1994) pp. 5-21.

Constitución de la confederación de los caballeros comuneros: y reglamento para el gobierno interior de las fortalezas, torres y castillos de todas las merindades de España; con algunas notas, que aunque no se pusieran, no por eso dejaría de irlas haciendo a sus solas el lector. Madrid: imprenta del Imparcial, 1822, 49 pp.

Constitución sin máscara o verdadera idea de la constitución abortada en Cádiz en el año de 1812: resucitada por medio de puñales en 1820: para no dejarse ver jamás en la tierra de los vivientes (…) publica F. J. P. D. Zaragoza: Imprenta de D. Francisco Magallón, 1825, 35 pp.

Cook, John A.: *Neoclassic drama in Spain. Theory and practice*. Dallas (Texas): Southern Methodist University, 1959, 576 pp.

Cossío, José María: "Don Alberto Lista, crítico teatral de "El Censor", en *Boletín de la Real Academia Española* t. XVII (1930) pp. 396-422.

Cotarelo y Mori, Emilio: *Isidoro Máiquez y el teatro de su tiempo*. Madrid: José Perales y Martínez, 1902, 856 pp.

Cruz Herranz, Luis Miguel de la: "González Palencia, Cándido Ángel", en Real Academia de la Historia, *DB-e* [En línea. Consulta 28.10.2024].

Cueto (marqués de Valmar), Leopoldo Augusto de: *Poetas líricos del siglo XVIII*. 3 t. (BAE 61, 63 y 67). Madrid: Rivadeneyra, 1869 - 1875.

Cuenca Toribio, José Manuel: "Francisco de Paula Martínez de la Rosa y Berdejo", en Real Academia de la Historia, *DB~e* [En línea. Consulta 16.12.2022].

Cuevas, Jesús de las: "Félix José Reinoso y José Mª Roldán. Dos sevillanos ilustres. Aspectos inéditos", en *Archivo hispalense* t. XIX, nº 61-62 (1953) pp. 133-188.

Cullell Muro, María: *El paisaje cultural del azúcar en la vega del Guadalfeo en época preindustrial (siglos X–XVIII)*. Tesis doctoral. Granada: Universidad de Granada, 2017 [En línea. Consulta 12.04.2020].

Delgado, Jaime: *La independencia de América en la prensa española*. Madrid: Seminario de problemas hispanoamericanos, 1949, 318 pp.

Demerson, Georges: *Don Juan Meléndez Valdés y su tiempo*. Madrid: Taurus, 1971, 2 vols.

Demerson, Paula - Demerson, Jorge - Aguilar Piñal, Francisco: *Las Sociedades Económicas de Amigos del País en el siglo XVIII. Guía del investigador*. San Sebastián, 1974, 410 pp.

Dérozier, Albert: *L'histoire de la Sociedad del Anillo de Oro pendant Le Triennat constitutionnel 1820-1823: la faillite du système libéral*. Paris: Société d'édition "Les Belles Lettres", 1965, pp. 9-54.

Diario de las Sesiones de Cortes. Legislatura de 1820. Madrid: Imprenta de J.A. García, 1871, 3 t. [En línea: Congreso de los Diputados. Diario de Sesiones, Serie histórica. Consulta 28.11.2024].

Diario de las Sesiones celebradas en Sevilla y Cádiz en 1823. Madrid: Imprenta Nacional, 1858, 474 pp.

Díaz, Nicomedes Pastor: "Don Francisco Javier de Burgos", en N.P. Díaz y F. de Cárdenas, *Galería de españoles célebres contemporáneos, o biografías y retratos de todos los personages distinguidos de nuestros días en las ciencias, en la política, en las armas, en las letras y en las artes*. T. II. Madrid: Vicente de Lalama, 1842, 71 pp.

— "Don Francisco Javier de Burgos. Biografía", en *Obras de don ———. Tomo III. Álbum literario. Colección de escritos en prosa literarios y académicos*. Madrid: Imprenta de Manuel Tello, 1867, pp. 121-198.

— *Obras completas* (BAE 227). Estudio preliminar de D. José María Castro y Calvo. Madrid: Atlas,1969, t. I, 316 pp.

Díaz Larios, Luis Felipe: "La selección poética del Album Literario Español ¿Una propuesta canónica?", en *Romanticismo 7. La poesía romántica: actas del VII Congreso (Nápoles, 23-25 de marzo de 1999)*. Bologna: Il Capitelo del sole, 2000, pp. 49-58.

Díaz Lobón, Eduardo: "Granada en la restauración fernandina (1814-1820)", en *Anuario de Historia Moderna y Contemporánea* nn. 4-5 (1977-1978) pp. 219-254.

Díez del Corral, Luis: "Introducción al doctrinarismo", en *Revista de Estudios Políticos* nn. 15-16 (1944) pp. 85-110.

— *El liberalismo doctrinario*. Madrid: Centro de Estudios Constitucionales, 1984[4], 668 pp.

Díez Rodríguez, Fernando: *Prensa agraria en la España de la Ilustración. El Semanario de Agricultura y Artes dirigido a los párrocos (1797-1808)*. Madrid: Servicio de Publicaciones Agrarias, 1980, 217 pp. [En línea. Consulta 13.11.2024].

Domergue, Lucienne: "Les enfances d'un modéré: Javier de Burgos aux prises avec l'Inquisition", en Jean Pierre Amalric (ed.), *Pouvoirs et société dans l'Espagne moderne: hommage à Bartolomé Bennassar.* Toulouse: Presses Universitaires du Mirail, 1993, pp. 249-263.

Dufour, Gérard: *Juan Antonio Llorente en France (1813-1822). Contribution à l'étude de libéralisme chrétien en France et en Espagne au debut du XIXe siècle.* Genève: Librairie Droz, 1982, 375 pp.

— "Le centralisme des 'Afrancesados'", en *Nationalisme et litterature en Espagne et en Amerique Latine au XIXe siècle* (Colloque international organisé en fevrier 1980 par le centre d'etudes iberiques et ibero-americaines du XIXe siècle. Etudes reunies para Claude Dumás). Lille: Lille III, 1982, pp. 11-24.

— "Juan Antonio Llorente: de corifeo del afrancesamiento a mártir del liberalismo", en *Ayer* nº 95 (2014) pp. 23-49.

— "Periódicos publicados en francés en España durante el Trienio Liberal", en *El Argonauta español* nº 18 (2021) [En línea: OpenEdition Journals. Consulta 12.11.2024].

— "Por el amor a la libertad de expresión y a la humanidad: el periodista francés Lucien Bousquet-Deschamps en el Trienio Liberal (1820-1823)", en *Anejos de Cuadernos de Ilustración y Romanticismo* nº 4 (2023) 94 pp.

Dumont, Esteban: *Tratados de legislación civil y penal. Obra extractada de los manuscritos del señor Jeremías Bentham, jurisconsulto inglés,* por ———, miembro del Consejo representativo de Ginebra, y traducida al castellano, con comentarios, por Ramón Salas, ciudadano español y doctor de Salamanca, con arreglo a la segunda edición revista, corregida y aumentada. Madrid: Imprenta de D. Fermín Villalpando, 1821, tomo II, 338 pp.

[Echevarría, Juan de]: *Nuevos paseos históricos, artísticos, económico-políticos por Granada y sus contornos.* Granada: Imprenta de Francisco Gómez Espinosa de los Monteros, s.f. [= 1806], 2 vols.

Egido, Teófanes: "Religión", en Francisco Aguilar Piñal (ed.), *Historia literaria de España en el siglo XVIII.* Madrid: Trotta - CSIC, 1996, pp. 739-814.

Elías de Molins, Antonio, *Diccionario biográfico y bibliográfico de escritores y artistas catalanes del siglo XIX (Apuntes y datos).* Barcelona: Imprenta de Fidel Giró, 1889, tomo I, 687 pp.

Elías Muñoz, Ismael: *El horacianismo de Javier de Burgos en su contexto histórico, sociocultural y literario.* Tesis doctoral. Madrid: Universidad Complutense, 2016, , 303 pp. [pdf en acceso abierto: Docta Complutense. Consulta 29.10.2024].

Elorza, Antonio: "La ideología moderada en el Trienio Liberal", en *Cuadernos Hispanoamericanos* nº 288 (1974) pp. 584-650.

— *Ilustración y liberalismo en España.* Madrid: Tecnos, 2021, 699 pp.

Enciso Recio, Luis Miguel: *La opinión pública española y la independencia hispanoamericana, 1819-1820.* Prólogo de Ramón Serrera. Madrid: Ediciones 19, 2016², 261 pp.

Ertler, Klaus-Dieter - Hodab, Renate - Urzainqui, Inmaculada (eds.). *El Corresponsal del Censor (1788).* Madrid: Iberoamericana / Frankfurt am Main: Vervuert, 2009.

Esteban, Epifanio: *El desembarco de los rusos en Motril, costa de Granada.* Comedia en dos actos, representada en el teatro de Granada, por primera vez, el 1º de marzo de 1821. Compuesta por Don — — —, capitán del cuerpo nacional de ingenieros. Granada: Imprenta Nacional del Ejército, 1821, en Rosalía Fernández Cabezón, *La Constitución de Cádiz en el teatro español de la época de las Cortes y del Trienio Liberal (1812-1822).* Cádiz: Fundación Municipal de Cultura del Excmo. Ayuntamiento de Cádiz, 2012, pp. 223-257.

Espagnol témoin oculaire, Un: *Histoire de la révolution d'Espagne, de 1820 a 1823.* Par — — —. Paris: Chez J.G. Dentu, 1824, 2 vols.

Fernández Almagro, Melchor: *La emancipación de América y su reflejo en la conciencia española.* Madrid: Instituto de Estudios Políticos, 1957², 213 pp.

Fernández Carvajal, Rodrigo: "La historiografía constitucional de Sempere y Guarinos", en *Revista de Estudios Políticos* LXXXII (1955) pp. 61-95.

Fernández de Córdoba, Fernando: *Mis memorias íntimas* (BAE 192). Edición y estudio preliminar por Miguel Artola Gallego. Madrid: Atlas, 1966, vol. I, 405 pp.

Fernández Fernández, Nicolás Antonio: *Almuñécar Ilustrada (1752-1808).* Granada: Comares, 2004, 383 pp.

Fernández de los Ríos, Ángel: *Álbum biográfico. Museo universal de retratos y noticias de las celebridades actuales de todos los países, en las ciencias, la política, las letras, las artes, la industria, las armas, etc.* Su autor D. — — —. Madrid: Oficinas del Semanario pintoresco español, 1849⁴.

Ferrer Benimeli, José Antonio: "Implantación de logias y distribución geográfico-histórica de la masonería española", en *La masonería en la España del siglo XIX.* Valladolid: Junta de Castilla y León, vol. 1, 1987, pp. 57-216.

Ferrer del Río, Antonio: "D. Francisco Javier de Burgos", en *Galería de la literatura española*. Madrid: Establecimiento Tipográfico de D. F. de P. Mellado, 1846, pp. 45-66.

— (ed.): *Álbum literario español*. Madrid: Establecimiento Tipográfico de D. F. de P. Mellado, 1846.

— "Introducción", en J. de Burgos, *Anales (…)*, o.c., t. I, pp. 127-141.

Fontana, Josep: *Hacienda y Estado en la crisis final del Antiguo Régimen español: 1823-1833*. Madrid: Instituto de Estudios Fiscales 2001², 221 pp.

Frasquet, Ivana: "La senda revolucionaria del liberalismo doceañista en España y México, 1820-1824", en *Revista de Indias* LXVIII / 242 (2008) pp. 153-180.

— "La España americana", en P. Rújula e I. Frasquet (coords.), *El Trienio liberal (…)*, o.c., pp. 155-184.

Freire López, Ana María: *Índice bibliográfico de la colección documental del Fraile*. Madrid: Instituto de Historia y Cultura Militar, 2008², 263 pp.

Friera Álvarez, Marta: *La desamortización de la propiedad de la tierra en el tránsito del antiguo régimen al liberalismo*. Gijón: Fundación Foro Jovellanos del Principado de Asturias, 2007, 376 pp.

Fuentes Aragonés, Juan Francisco: *Biografía de los hermanos Gaspar y Domingo de Aguilera (1795-1864)*. Ventalló: Casa Perramon, 1985, 118 pp.

— "Liberalismo radical ante la unidad religiosa", en *Libéralisme chrétien et catholicisme libéral en Espagne, France et Italie dans la première moitié du XIX° siècle*. Aix-en-Provence: Université de Provence, 1989 (Colloque international des 12-13-14 novembre 1987).

— "Datos para la historia de la policía política en la Década Ominosa", en *Trienio. Ilustración y liberalismo* n° 15 (1990) pp. 97-124.

Función con que los ciudadanos suscriptores al Gabinete de Lectura establecido en esta ciudad celebraron la fiesta nacional del 2 de mayo, Suplemento a *El Eco de la Ley*. [Barcelona]: Rubio y Gaspar, 1822, 12 pp. en 4°.

Gallardo, Bartolomé José: *Las letras letras de cambio o los mercachifles literarios. Estrenas y Aguinaldos del Dr. Tomé Lobar*. Madrid: Imprenta de D.M. Calero, 1834, 47 pp.

Gallego Burín, Antonio: *Los periódicos granadinos en la Guerra de la Independencia (1808-1814)*. Granada: Tip. Comercial, 1918.

— "Granada en la guerra de la Independencia (1808-1814)", en *Revista del Centro de Estudios Históricos de Granada y su Reino* tomo XII / nn. 1-2 (1922) pp. 65-127 y 183-253; tomo XIII / nn. 1-2 (1923) pp. 1-32.

Garci-Pérez de Vargas, Josef María: "Noticia de la distribución de premios celebrada el día 7 de diciembre del año 1796 en la Clase pública de Humanidades, que dirige con aprobación de S.M. en la ciudad de Granada D. — — —, de la Academia de Buenas Letras de Sevilla", en *Memorial literario* (febrero de 1797) pp. 196-213 [En línea: Hemeroteca digital de BN. Consulta 27.04.2020].

García Enterría, Eduardo: *La Administración española. Estudios de ciencia administrativa.* Madrid: Alianza, 1972³, 165 pp.

García de león y Pizarro, José: *Memorias de la vida de* — — —. Edición, prólogo, apéndices y notas de Álvaro Alonso-Castrillo. Madrid: Revista de Occidente, 1953, 2 t.

Garda, Pietro Alessandro: *La Rivoluzione del 1821. Ricordi del commend.* — — —. Ivrea: Tipografia F.L. Curbis, 1879, 143 pp.

Gaudart de Soulages, Michel - Lamant, Hubert: *Dictionnaire des Francs-Maçons français.* Paris: Editions Albatros, 1980, 589 pp.

Gay Armenteros, Juan: "Francisco Javier de Burgos y los problemas de España", *Homenaje al profesor don Manuel Garzón Pareja.* Granada: Ayuntamiento de Granada, 1985, pp. 113-127.

— *Política y administración en Javier de Burgos.* Granada: Centro de Estudios Municipales y de Cooperación Interprovincial, 1993, 226 + 78 pp.

— "El último Javier de Burgos", en *Homenaje a D. José Luis Comellas.* Sevilla: Universidad de Sevilla, 2000, pp. 95-121.

— "Motril y Francisco Javier de Burgos", en *Qalat. Revista de Historia y Patrimonio de Motril y la Costa de Granada* nº 2 (2001) pp. 107-118.

— *Javier de Burgos. El reformista ilustrado.* Gota a Gota Ediciones - FAES, 2014, 149 pp.

Gil Novales, Alberto: "L'indipendenza americana nella coscienza spagnola (1820-1823)", en *Rivista Storica Italiana* LXXXV (1973) pp. 1117-1139.

— *Las sociedades patrióticas (1820-1823). Las libertades de expresión y de reunión en el origen de los partidos políticos.* Madrid: Tecnos, 1975, 2 vols.,1290 pp.

— "La independencia de América en la conciencia española, 1820-1823", en *Revista de Indias* vol. XXXIX / nº 155-158 (1979) pp. 235-265.

— *El Trienio Liberal.* Madrid: Siglo veintiuno de España, 1989², 146 pp.

— "Gallardo y las sociedades secretas", en B. Sánchez Hita y D. Muñoz Sempere (coords.), *La razón polémica. Estudios sobre Bartolomé José Gallardo.* Cádiz: Ayuntamiento de Cádiz, 2004.

— *Diccionario biográfico de España (1808-1833). De los orígenes del liberalismo a la reacción absolutista.* Madrid: Fundación Mapfre, 2010, 3 vols.

— "Cano Manuel y Ramírez de Arellano, Antonio (1768-1836)" en la *Web de las Biografías* [En línea. Consulta 17.07.2020].

Girón, Pedro Agustín: *Recuerdos (1778 - 1837).* Introducción por Federico Suárez. Edición y notas por Ana María Berazaluce. Pamplona: Ediciones Universidad de Navarra, 1978-1981, 3 vols.

Gómez Hermosilla, José: *El jacobinismo, obra útil en todos tiempos y necesaria en las circunstancias presentes. Su autor don — — —.* Madrid: Imprenta de D. Leon Amarita, 1823-1824, 3 vols., 450 + 447 + 452 pp.

— *Juicio critico de los principales poetas españoles de la última era. Obra póstuma de don — — —.* 2 vol. 1840.

González Azaola, Gregorio (trad.): *Ensayo sobre el hombre. Poema de Pope traducido del inglés por — — —, diputado a Cortes por la provincia de Sevilla.* Madrid: Imprenta Nacional, 1821, 78 pp. [En línea: Biblioteca Digital Hispánica. Consulta 22.02.2024].

González Caizán, Cristina: *Por Napoleón en España. Los soldados polacos en los Sitios de Zaragoza (1808-1809).* Legardeta (Navarra): Foro para el Estudio de la Historia Militar de España, 2017, 631 pp.

González Palencia, Ángel: "Javier de Burgos y Meléndez Valdés", en *Revista del Centro de Estudios Extremeños* t. VII, n° 1 (1933) pp. 1-10.

— "Javier de Burgos, humanista y político", en *Boletín de la Real Academia Española (BRAE)*, t. XXII, n° CVII (1935) pp. 203-228; n° CVIII (1935) pp. 343-387; t. XXIII, n° CIX (1936) pp. 121-139; y n° CX (1936) pp. 225-266.

— *Estudio histórico sobre la censura gubernativa en España (1800-1833).* Madrid: 1934-1936, 3 vols.

— "Nuevas noticias sobre Isidoro Máiquez", en *Revista del Archivo, Biblioteca y Museo* n° 56 (1948) pp. 73-128.

[Gorostiza, Manuel Eduardo]: *Galería en miniatura de los más célebres periodistas, folletistas y articulistas de Madrid. Por dos bachilleres y un dómine.* Madrid: Imprenta de D. Eusebio Álvarez, 1822, 31 pp.

— *Apéndice a la galería de los más célebres periodistas, folletistas y articulistas de esta capital. Por dos bachilleres y un dómine.* Madrid: imprenta de D. Eusebio Álvarez, 1822, 31 pp.

Guerola, Antonio: *Memoria de mi administración en la provincia de Granada como gobernador de ella desde 27 de noviembre de 1863 hasta 25 de enero de 1864.* Introducción por Federico Suárez. Sevilla: Fundación Sevillana de Electricidad, 1996, 213 pp.

Guía del Estado Eclesiástico Seglar y Regular de España en particular y de toda la Iglesia Católica en general, para el año de 1800. Madrid: Imprenta Real, s.f., 384 pp. [En línea: HathiTrust. Consulta 1.06.2025]

Guía mercantil de España. Año de 1829. Publícala de Orden del Rey N.S. el Real Consulado de esta capital. Madrid: Imprenta de I. Sancha, 1829, 2 vols., 550 + 267 pp.

Guillén Gómez, Antonio: "Los hermanos Manuel José y Francisco Zenteno, dos nombres eméritos de la ilustración batestana (1786-1829)", en *Péndulo* (Baza) nº 5 (2004), pp.189-276.

Gutiérrez Sebastián, Raquel - Rodríguez Gutiérrez, Borja: "Tres visiones de Lope en la prensa del romanticismo (1839-1851)", en *Cuadernos de Ilustración y Romanticismo* nº 31 (2025) pp. 309-320.

d'Harleville, Collin: *L'Optimiste, ou l'homme toujours content, comédie en cinq actes et en vers, représentée pour la premiere fois par première fois par les comédiens français, 22 février 1788,* en M.É. Thierry (ed.), *Théatre de Collin d'Harleville, précédé d'une notice biographique par* — — —. Paris: Laplace, Sanchez et Cie. Éditeurs, 1882 [En línea: BnF / Gallica. Consulta 03.02.2020].

Haro, Miguel de: *Relación histórica de las defensas de Gerona en 1808 y 1809.* Madrid: Imprenta de Núñez, 1820, 102 pp.

Hartzenbusch, Juan Eugenio (ed.): *Comedias escogidas de fray Gabriel Téllez (el maestro Tirso de Molina), juntas en colección e ilustradas por D.* — — —. (BAE 5). Madrid: Imprenta de la Publicidad, 1850[2], 724 pp.

— (ed.): *Comedias de don Pedro Calderón de la Barca: colección más completa que todas las anteriores hecha e ilustrada por D.* — — —. (BAE 7). Madrid: M. Rivadeneyra, 1851[2], 734 pp.

Hartzenbusch, Eugenio: *Apuntes para un catálogo de periódicos madrileños desde el año 1661 al 1870.* Madrid: Sucesores de Rivadeneyra, 1894, 421 pp.

Herr, Richard: *España y la revolución del siglo XVIII.* Madrid: 1979, 417 pp.

Hubbard, Gustave: *Histoire Contemporaine de l'Espagne.* Paris: Armand Anger, 1869, 2 vols., 436 + 450 pp.

Humboldt, Wilhelm Von: *Diario de viaje a España, 1799-1800.* Edición y traducción de Miguel Ángel Vega. Madrid: Cátedra, 1998, 260 pp.

Instituto de Estudios Almerienses: *Diccionario biográfico de Almería (eDBA)* [En línea: Instituto de Estudios Almerienses. Consulta 25.09.2025].

Jordana de pozas, Luis: "Ensayo de una teoría del fomento en el Derecho administrativo", en *Revista de Estudios Políticos* nº 48 (1949) pp. 4154.

Juretschke, Hans: *Vida, obra y pensamiento de Alberto Lista.* Madrid: CSIC, 1951, 717 pp.

La Lama Cereceda, Enrique: *J. A. Llorente, un ideal de burguesía: su vida y su obra hasta el exilio en Francia (1756-1813).* Pamplona: Universidad de Navarra, 1991, 334 pp.

— *Visiones políticas. Cartas sobre España: Giustiniani-Consalvi 1817-1823.* Pamplona: Eunsa, 2020, 412 pp.

La Parra, Emilio: *Fernando VII. Un rey deseado y detestado.* Barcelona: Tusquets Editores, 2018, 745 pp.

— *Manuel Godoy. La aventura del poder.* Barcelona: Tusquets Editores, 2020², 582 pp.

— "La intervención de Francia en la política española en 1820. La misión de La Tour Du Pin", en *Berceo* nº 179 (2020) pp. 13-28.

Lafuente Alcántara, Miguel: *Historia de Granada, comprendiendo las de las cuatro provincias Almería, Jaén, Granada y Málaga desde remotos tiempos hasta nuestros días.* Granada: Imprenta y Librería de Sanz, 1846, t. IV, 425 pp.

Lalinde Abadía, Jesús: "El eco de Filangieri en España", en *Anuario de Historia del Derecho Español* t. LXXXVII (1984) pp. 477-522 [En línea. Consulta 27.12.2024].

Lama, Miguel Ángel: "Egos y combates literarios. Unas décimas perdidas de Juan Bautista Arriaza en el contexto de Las letras, letras de cambio de Bartolomé José Gallardo", en C. Fillière et M. le Guellec (éds.), *«Longtemps j'ai pris ma plume pour une épée». Écriture et combat dans l'Espagne des XVIIIe et XIXe siècles. Hommage à Françoise Étienvre,* en *HispanismeS,* hors-série nº 1 (2017), pp. 52-66.

Larra, Mariano José de: *Artículos.* Edición de Enrique Rubio. Madrid: Cátedra, 1997, 415 pp.

Larriba, Elisabel - Dufour, Gérard: *El Semanario de Agricultura y Artes dirigido a los Párrocos (1797-1808)*. Selección e introducción por — — —. Madrid: Ámbito, 1997, 291 pp.

Le Brun, Carlos: *Retratos políticos de la revolución de España*. Filadelfia: 1826, 422 + 2 pp.

[Lista, Alberto Rodríguez de], "Biografía universal", en *El Censor* XV, n° 90 (20.04.1822) pp. 435-436.

López Piñero, José María: "Mociño, José Mariano (1757-1819)", en la *Web de las Biografías* [En línea. Consulta 16.07.2020].

López Tabar, Juan: *Los famosos traidores. Los afrancesados durante la crisis del Antiguo Régimen (1808-1833)*. Madrid: Biblioteca Nueva, 2001, 411 pp.

— (ed.): "Cartas de Sebastián Miñano a Félix José Reinoso (1837-1841)", en *Trienio, Ilustración y liberalismo* n° 45 (2005) pp. 113-210.

— "Manuel María Cambronero (1764-1834). Avatares de un jurista en el tránsito del Antiguo al Nuevo Régimen", en *Ayer* n° 95 (2014) pp. 79-108.

— "América en el pensamiento de los afrancesados", en Francisco Javier Capistegui e Ignacio Peiró (eds.), *Jesús Longares Alonso: el maestro que sabía escuchar*. Pamplona: Eunsa, 2016, pp. 159-182.

— "Manuel SIlvela (1781-1832): andanzas y compromiso político de un refugiado afrancesado", en Alberto Romero Ferrer y David Loyola López (eds.), *Las musas errantes. Cultura literaria y exilio en la España de la primera mitad del siglo XIX*. Gijón: Trea, 2017, pp. 37-56.

— "Un empeño personal. Manuel Alonso de Viado y *El Revisor político y literario* (1820-1821)", *Bulletin d'Histoire Contemporaine de l'Espagne* n° 54 (2020) [En línea: OpenEdition Journals. Consulta 11.11.2024].

Luis, Jean-Philippe: "La dette publique et la reconfiguration des relations entre les financiers et l'État durant la dernière décennie de l'Ancien Régime espagnol (1823-1834)", en A. Dubet et J.-Ph. Luis (dirs.), *Les financiers et la construction de l'État. France, Espagne (XVIIe-XIXe siècle)*. Rennes: Presses universitarios de Rennes, 2011, pp. 155-174 [En línea: OpenEdition Books. Consulta: 13.07.2025].

—"La Década Ominosa y la cuestión del retorno de los afrancesados", en *Ayer* n° 95 (2014) pp.133-153.

— *Aguado, o la embriaguez de la fortuna: un genio de los negocios*. Zaragoza: Prensas de la Universidad de Zaragoza, 2023, 495 pp. [Ed or. Paris, 2009].

Llorente, Juan Antonio: *Noticia biográfica de D. — — —, o Memorias para la historia de su vida escritas por él mismo*. París: Imprenta de A. Bobée, 1818, 239 pp.

Madoz, Pascual: *Diccionario Geográfico - Estadístico - Histórico de Andalucía. Granada*. Estudio introductorio J. Bosque Maurel. Valladolid: Ámbito - Editoriales Andaluzas Reunidas [ed. facsímil], 1987, 320 pp.

Maestre Rosa, Julio: "Javier de Burgos, liberal doctrinario", en *Revista de Estudios Políticos* nº 181 (1972) pp. 133-156.

Manual para los viageros de la Diligencia-Correo. Arreglado por la dirección general de la empresa que ha tomado a su cargo este establecimiento. Barcelona: en la imprenta de la Heredera de Dorca por su regente Domingo Feinèr, 1822, 51 pp.

Marín, Nicolás: *La Alhambra. Época romántica (1839-1843). Índices* (Anejos del Boletín de la Universidad de Granada. Índices de revistas IV). Granada: Universidad de Granada, 1962 [En línea: Biblioteca Virtual de Andalucía. Consulta 25.07.2021).

Márquez, Joaquín María: "Administración pública. Artículo tercero", en *La Alhambra* tomo 3º, nn. 17 y 18 (26.07 y 2.08.1840) pp. 197-200 y 203-207.

— "Administración pública. Artículo cuarto", en *La Alhambra* nº 19 (9.08.1840) pp. 217-220.

— "Administración pública. Artículo quinto. Estudios preparatorios", en *La Alhambra* nº 21 (23.08.1840) pp. 241-242.

Martín-Lanuza Martínez, Alberto: *Diccionario Biográfico del Generalato Español. Reinados de Carlos IV y Fernando VII (1788-1833)*. Villatuerta (Navarra): Foro para el Estudio de la Historia Militar de España, 2012, 985 pp.

Martín Hernández, Francisco: *Un seminario español pretridentino, el Real Colegio eclesiástico de san Cecilio de Granada (1492-1842)*. Valladolid: Universidad de Valladolid - CSIC, 1960, 160 pp.

Martín Rodríguez, Manuel: "El algodón de Motril y la industria algodonera catalana (1796-1856)", en *Revista de Estudios Regionales* nº 111 (2018) pp. 217-242 [En línea. Consulta 6.11.2024].

Martínez-Falero del Pozo, Ubaldo: "Francisco Javier Cabanes y Escofet", en Real Academia de la Historia, *DB-e* [En línea. Consulta 12.10.2021]

Martínez Marina, Francisco: *Discurso sobre sociedades patrióticas por el diputado D. — — —*. Madrid: Imprenta de la Compañía, 1820, 80 pp. [En línea: Biblioteca Digital Hispánica. Consulta 1.06.2025].

Martínez Martín, Jesús Antonio: *Lecturas y lectores de la España isabelina (1833-1868)*. Tesis doctoral. Madrid: Universidad Complutense, 1986, 2 vols.

— *Lectura y lectores en el Madrid del siglo XIX*. Madrid: CSIC, 1991, 404 pp.

— (dir.): *Historia de la edición en España. 1836-1936*. Madrid: Marcial Pons, 2001, 527 pp.

— *Los negocios y las letras: el editor Francisco de Paula Mellado (1807-1876)*. Zaragoza: Prensas de la Universidad de Zaragoza, 2018, 594 pp.

Martínez Shaw, Carlos: *El siglo de las Luces. Las bases intelectuales del reformismo*. Madrid: Temas de Hoy, 1996, 146 pp.

Mas Galvañ, Cayetano: "El seminario durante la Ilustración y el primer Liberalismo (1774-1823)", en *Scripta Fulgentina* XXIX / nº 57-58 (2019) pp. 137-158.

Medina Vílchez, Gabriel: *República de Motril: historia cronológica de Motril y los motrileños*. Motril: ed. del autor, 2015² [En línea: Google Books. Consulta 16.02.2022].

— *Motril, Siglo XIX*. Motril: ed. del autor, 2017.

Meléndez Valdés, Juan: *Poesías de el Dr. D. ———, del Consejo de S.M., Oidor de la Chancillería de Valladolid*. Valladolid: Viuda e hijos de Santander, 1797, 3 vols.

— *Poesías de D. ———, Fiscal que fue de la Sala de Alcaldes de Casa y Corte, e individuo de las Reales Academias Española y de S. Fernando*. Madrid: Imprenta Nacional, 1820, tomo I, 358 pp.

— *Discursos forenses de D. ———*. Madrid: Imprenta Nacional, 1821, 310 pp.

Menéndez Pelayo, Marcelino: *Obras completas, Horacio en España*. Madrid: Imprenta de A. Pérez Dubrull, 1885, 2 t.

— *Historia de las ideas estéticas en España. Siglo XVIII*. Vol. 3, Madrid: CSIC, 1940 [En línea: Biblioteca virtual Miguel de Cervantes. Consulta 6.05.2022]

— *Bibliografía Hispano-Latina Clásica*. Madrid: CSIC, 1951, vol. IV y VI.

— *Historia de los heterodoxos españoles*. Madrid: Biblioteca de Autores Cristianos, 1987, 2 vols.

— *Bibliografía hispano-latina clásica. IV: Horacio. Tomo I*. Madrid: Fundación Ignacio Larramendi, 2012 [En línea. Consulta 22.01.2022].

— *Biblioteca de traductores españoles*, en Fundación Hernando de Larramendi (ed.) [En línea. Consulta 17.05.2020].

— *Estudios y discursos de crítica histórica y literaria*, VII, en *Obras completas de* — — — [En línea: Biblioteca Virtual de Polígrafos. Consulta 5.05.2022].

Menudo, José M.: "Correspondencia y Economía política en España (1809-1931). La relación epistolar con Jeremy Bentham y Jean Baptiste Say", en *Cuadernos de Ilustración y Romanticismo* nº 21 (2015) pp. 109-120.

Mercader Riba, Juan: *José Bonaparte, rey de España, 1808-1813, I: Historia externa del reinado. II: Estructura del Estado Español bonapartista.* Madrid: CSIC, 1971 y 1983, 2 vols.

Mesa Segura, Antonio: "Labor administrativa de Javier de Burgos", en *Revista de Estudios de la Vida Local* nn. 23 y 24 (1945) pp. 773-789 y 971-1003 [En línea. Consulta 5.11.2024].

— *Labor administrativa de Javier de Burgos.* Madrid: Instituto de Estudios de Administración Local, 1946, 278 pp.

Mesonero Romanos, Ramón de: "Rápida ojeada sobre la historia del teatro español", en *Semanario Pintoresco Español* año VII / nº 50 (11.12.1842) pp. 397-400.

— "Rápida ojeada histórica sobre el teatro español", en *Revista de Madrid* IV (1842).

— *Manual de Madrid* y *Nuevo Manual de Madrid*, en *Obras de* — — —. vol. III, Edición y estudio preliminar de don Carlos seco Serrano (BAE 200). Madrid: Atlas, 1967.

— "Memorias de un setentón", en *Obras de* — — —. Vol. V. Edición y estudio preliminar de don Carlos seco Serrano (BAE 203). Madrid: Atlas, 1967, pp. 1-247.

Mestre Sanchís, Antonio: *La Ilustración española.* Madrid: Arco/Libros, 1998, 67 pp.

Los ministros en España desde 1800 a 1869. Historia contemporánea por uno que siendo español no cobra del presupuesto. Madrid: J. Castro y Cía editores, 1870, vol. III, pp. 541-557.

[Miñano, Sebastián de]: *Examen crítico de las revoluciones en España durante los años de 1820 y 1823 y la de 1836*, París: Delaunay, 1837, 2 vols. [En línea: Cervantes Virtual. Consulta 3.11.2024].

[Miraflores, marqués de]: *Ideas políticas relativas a España a la época de marzo de 1820.* Madrid: Imprenta de Ibarra, s.f. [= 1820], 38 pp. [En línea: Biblioteca Digital Hispánica. Consulta 23.04.2024].

— *Apuntes histórico-críticos para escribir la historia de la revolución de España, desde el año 1820 hasta 1823.* Londres: Ricardo Taylor, 1834, 249 + 8 pp.

— *Biografía del Excmo. Sr. D. Pedro Téllez Girón, Príncipe de Anglona (...), escrita después de su muerte por su antiguo amigo — — —, actual presidente del senado.* Madrid: Imprenta a cargo de José Rodríguez, 1851, 47 pp.

Monaco, Gabriella del: "Appunti su Antonio Valladares Sotomayor", *Annali della Facoltá di Lettere e Filosofia dell'Universitá di Napoli* XXII (1979-1980) pp. 263-277.

Monfalcon, J.-B. (dir.): *Oeuvres complètes d'Horace traduites en français et en prose par J.B. Monfalcon; en vers espagnols par Burgos; en vers Italiens, par Gargallo; en vers anglais par Francis; en vers allemands par Wieland et Voss (texte latin en regard); précedées de l'histoire de la vie et des oeuvrages d'Horace; de notices bibliographiques, préfaces, etc; et suivies de traductions en vers français, et d'imitations par divers poètes français et étrangers.* Édition polyglotte publiée sous la direction de — — —. Paris et Lyon: Cormon et Blanc, libraires, 1834, 264 pp.

Monje Burón, Camino - López Delgado, Amparo: "La guerra de la Independencia hispanoamericana en *El Universal,* 1820-1823: tratamiento informativo", en A. Gil Novales (ed.), *Ciencia e independencia política.* Madrid: Ediciones El Orto, 1996, pp. 333-346.

Moral Roncal, Antonio Manuel: *Carlos V de Borbón (1788-1855).* Madrid: Actas, 1999, 436 pp.

— "Los límites de un mito liberal: el infante don Francisco de Paula Borbón", *Trienio* n° 34 (1999) pp. 111-135.

Morales, Benigno: *Carta de* — — — *a Félix Megia.* Philadelphia: Guillermo Stavely, 1825, 172 pp.

Morán Orti, Manuel: "Notas para un catálogo de los escritos literarios de Javier de Burgos", en *RILCE* II/1 (1986) pp. 61-72.

— "Evolución ideológica de Javier de Burgos", en *Razón Española* n° 19 (1986) pp. 159-180.

— "*Continuación del almacén de frutos literarios o semanario de obras inéditas:* periodismo e inquisición en el reinado de Fernando VII", en *Hispania Sacra* año 40 (1988) pp. 401-430.

— "La *Miscelánea* de Javier de Burgos: la prensa en el debate ideológico del Trienio Liberal", en *Hispania Sacra* año 41 (1989) pp. 237-334 [hay segunda edición como monografía exenta con el mismo título: Villaviciosa de Odón: Universidad Europea- CEES Ediciones, 1996, 96 pp.].

— "La división territorial en España: 1825-1833", en *Revista de Estudios de la Administración Local y Autonómica* n° 247 (1990) pp. 567-599.

— "Javier de Burgos: empresas mercantiles y literarias en la emigración (1812-1817)", en *Cuadernos del Bicentenario* n° 24 (2015) pp. 62-89.

— Tiempos de crisis y cambio: la edición de libros en Madrid a finales del Antiguo Régimen", en *Aportes. Revista de Historia Contemporánea* n° 92 (3/2016), pp. 121-146.

— "Libros franceses de Javier de Burgos (De París a Madrid en 1827)", en *Aportes. Revista de Historia Contemporánea* n° 99 (2019) pp. 55-88.

— "En torno a la vida y escritos de don Antero Benito Núñez, clérigo amigo de las Luces y natural de Ezcaray", en *Berceo* n° 180 (2021) pp. 119-142.

— "El origen de *El Imparcial*, periódico de Madrid en el Trienio Liberal", en A.M. Moral Roncal e I. Uria (coords.), *La Historia contemporánea en perspectiva múltiple. Homenaje a Javier Paredes Alonso.* Alcalá de Henares: Editorial Universidad de Alcalá, 2022, pp. 39-53.

Morange, Claude: "¿Quién financió *El Eco de Padilla* y *El Independiente?*", en *Trienio. Ilustración y Liberalismo* n° 8 (1986) pp. 3-32.

— *Paleobiografía (1779-1819) del "Pobrecito holgazán" Sebastián de Miñano.* Salamanca: Universidad de Salamanca, 2002, 402 pp.

— *En los orígenes del moderantismo decimonónico. El Censor (1820-1822): promotores, doctrina e índice.* Salamanca: Universidad de Salamanca, 2019, 692 pp.

Moreno Alonso, Manuel: *Historiografía romántica española. Introducción al estudio de la historia en el siglo XIX.* Sevilla: Universidad de Sevilla, 1979, 594 pp.

Moreno Garbayo, Natividad: *Catálogo de los documentos referentes a diversiones públicas conservados en el Archivo Histórico Nacional.* Madrid: Dirección General de Archivos y Bibliotecas, 1957, 685 pp.

Moscati, Ruggero: *Guglielmo Pepe.* Roma: Regio Istituto per la Storia del Risorgimento Italiano, 1938, vol. I, 364 pp.

Navas Ruiz, Ricardo: *El Romanticismo español.* Madrid: Cátedra, 1990[4], 484 pp.

Nieto, Alejandro: *Los primeros pasos del Estado constitucional. Historia administrativa de la Regencia de María Cristina de Borbón.* Barcelona: Ariel, 1996. 602 pp.

— "La sombra de una sospecha: el empréstito real de 1823 y Javier de Burgos", en L. Cosculluela Montaner (coord.), *Estudios de Derecho*

Público Económico: libro homenaje al prof. Dr. D. Sebastián Martin-Retortillo. Madrid: Civitas, 2003, pp. 1283-1307.

"Noticia de la distribución de premios celebrada el día 7 de diciembre del año 1796 en la Clase pública de Humanidades, que dirige con aprobación de S.M. en la ciudad de Granada D. Josef María Garci-Pérez de Vargas, de la Academia de Buenas Letras de Sevilla", en *Memorial literario* (febrero de 1797) pp. 196-213 [En línea: Hemeroteca digital de BN. Consulta 27.04.2020].

Observaciones que ofrecen a la Nación los Secretarios de Estado y del Despacho que lo eran a principios de julio de 1822 acerca del dictamen presentado por una comisión de Cortes sobre los acontecimientos de aquella época [f.= 11 de febrero de 1823]. Madrid: Imprenta Nacional, 1823, 79 pp. + docs.

Ochoa, Eugenio de: "Burgos (Excelentísimo Señor Don Javier de)", en *Apuntes para una biblioteca de escritores españoles contemporáneos en prosa y verso. Por Don — — —.* Paris: Baudry, Librería Europea,1840, t. I, pp. 189-195 [Siguen los textos de Burgos hasta p. 332].

— "Horacio", en *El Heraldo* nº 622 (23.06.1844), nº 625 (26.06.1844), nº 688 (31.08.1844) y nº 787 (29.12.1844).

— "Horacio", *en Miscelánea de literatura, viajes y novelas.* Madrid: Bailly-Balliere, 1867, pp. 1-51.

— "El emigrado", en *Miscelánea de literatura, viajes y novelas.* Bailly-Balliere, Madrid, 1867, pp. 107-130.

Ochotorena, Fernando: *La vida de una ciudad: Almería, s. XIX (1800 -1849).* Almería: Librería Editorial Cajal, 1976, vol. I, 216 pp.

Oliván, Alejandro: *De la administración pública con relación a España.* Madrid: Boix Editor, 1843, 240 pp.

Ortiz del Barco, Juan [Manuel Rodríguez Martín]: *Los Moreno de Salcedo.* San Fernando: Imprenta y Librería del Carmen - Manuel Jiménez Ruiz, 1909, 487 pp.

— "Cultivo del algodón en Motril", en *La Alhambra,* nº 310 [sic, por 311] (15 [sic, por 30].05.1913) pp. 233-234; nº 312 (15.06.1913), pp. 251-255; nº 313 (30.06.1913) pp. 278-280; y nº 314 (15.07.1913).

Ortiz de Zúñiga, Manuel: *Elementos de Derecho Administrativo.* Granada: Imprenta y librería de Sanz, 1842-1843, 3 vols. [En línea: Digibug. Consulta 14.07.2021].

Ovilo y Otero, Manuel de: "Burgos (Excmo. Sr. D. Javier de)", en *Manual de biografía y de bibliografía de los escritores españoles del siglo XIX.* París: Librería de Rosa y Boruet, 1859, vol. I, pp. 101-103.

Palau Dulcet, Antonio: *Manual del librero hispanoamericano.* Barcelona: A. Palau, 1948, vol. I, 615 pp.

Paseo por Madrid o Guía del forastero en la Corte. Madrid: Publicación Abella, 1985, 172 pp. [facsímil de ed. or. Madrid 1815].

Pecchio, Giuseppe: *Sei mesi in Ispagna nel 1821. Lettere di — — — a ledi G.O.* [ed. or. en Madrid: Michele di Burgos, 1821, 91 pp.], en *Scritti politici.* A cura di Paolo Bernardelli, Roma: Istituto per la Storia del Risorgimento Italiano, 1978.

— *Six mois en Espagne. Lettres de M. — — — a lady J.O.*; traduites de l'italien par M. Léonard Gallois, et augmentées de notes par M. Corradi chef du bureau de la rédaction des procès-verbaux des Cortès; précédées de l'aperçu des révolutions survenues dans le gouvernement d'Espagne de 1808 a 1814 par le compte de Torreno [sic], [tachado], membre des Cortès; traduit par M. Dunoyer, rédacteur du Censeur. Paris: Alexandre Correaurd, 1822, 189 pp.

Peers, Edgar Allison: *Historia del movimiento romántico español.* Madrid: Gredos, 1954, 2 vols.

Pegenaute Garde, Pedro: *Trayectoria y testimonio de José Manuel del Regato. Contribución al estudio de la España de Fernando VII.* Pamplona: Eunsa, 1978, 532 pp.

Pérez, Julián María (ed.): *Paseos por Granada y sus contornos, o descripción de sus antigüedades y monumentos, dados a luz por el célebre Padre Juan de Echeverría, por los años de 1764 y ahora nuevamente reimpresos e ilustrados con algunas pequeñas notas* P.D.J.M.P. Granada: Imprenta nueva de Valenzuela, 1814, 2 vols.

Pérez de Guzmán, Juan: "El fundador del ministerio de Fomento", en *La Ilustración española y americana* nn. XXXIX - XL (22 y 30.10.1898) pp. 227-230 y 247-250.

Pérez Magallón, Jesús: "Una carta de Juan Tineo a Leandro Fernández de Moratín", en *Castilla. Estudios de Literatura* n° 18 (1993) pp. 123-137.

Pérez Morillo, María del Mar: "Las traducciones de Horacio en los siglos XVI al XVIII: una polémica neoclásica entre Juan Tineo y Javier de Burgos", en *Congreso Internacional sobre Humanismo y Renacimiento.* León: Universidad de León, 1998, vol. I., pp. 569-581.

Pérez Núñez, Javier: "Francisco Agustín Silvela Blanco (1803-1857), ideólogo de la administración centralizada", en *Revista de Administración Pública* n° 157 (2002) pp. 119-155.

— "Manuel Ortiz de Zúñiga Montemayor", en Real Academia de la Historia, *DB-e* [En línea. Consulta 4.05.2022].

Pérez Vidal, Alejandro: *Bartolomé J. Gallardo. Sátira, pensamiento y política*. Mérida: Editora Regional de Extremadura, 1999, 400 pp.

Pirala y Criado, Antonio: *Historia de la guerra civil y de los partidos liberal y carlista, corregida y aumentada con la historia de la regencia de Espartero, por D. ———*. Madrid: Felipe González Rojas Editor, 1889, t. I. [En línea: Biblioteca Virtual Miguel de Cervantes. Consulta 29.12.2021].

Portillo, Bernabé: *Memoria presentada a la Sociedad Económica de Amigos del País de la ciudad de Motril por su censor el Señor D. ———, Intendente de Provincia; e Instrucción para las Juntas clásicas, formada por él mismo, en comisión con los señores Don Fernando Fonseca, y Don Francisco Xavier de Burgos*. Granada: Imprenta de Don Francisco Gómez Espinosa de los Monteros, 1806, 100 pp. [En línea: Fondo Antiguo de la Universidad de Granada. Consulta 20.04.2020].

— "Memoria sobre la renta del tabaco", en *Continuación del almacén de frutos literarios, o Semanario de obras inéditas* vol. 2, tomo III, n° 14 (9.11.1818) pp. 72-90.

Prieto, Andrés: *Teoría del arte dramático*. Edición, introducción y notas de Javier Vellón Lahoz. Madrid: Fundamentos, 2001.

Príncipe de la Paz: *Memorias*. Edición y estudio preliminar de Carlos Seco Serrano (BAE 88-89) Madrid: Atlas, 1956, 2 vols. [En línea: Biblioteca Digital Hispánica. Consulta 3.11.2024].

Pro, Juan: "El modelo francés en la construcción del Estado español: el momento moderado", en *Revista de Estudios Políticos* n° 175 (2017) pp. 299-329.

Prontuario de las leyes y decretos del Rey nuestro Señor Don José Napoleón I del año 1810. Tomo II. De orden superior. Madrid: Imprenta Real, 1810, 431 pp.

Prontuario de las leyes y decretos del rey nuestro señor Don José Napoleón I del año de 1811. tomo III. Madrid: Imprenta Real, 1812, 330 pp.

Prospecto del Imparcial, periódico diario, que empezará a publicarse en diez de setiembre de 1821. Madrid: Imprenta del Imparcial, 1821. Por su regente don José Gallego. 2 pp. en f° [Hay ejemplar en ASV, *SS* 249 (1821), fasc. 8, f°. 214, adjunto a Giustiniani a Consalvi (Madrid, 31.08.1821)].

Prospecto de un periódico intitulado: Miscelánea de comercio, artes y literatura; que se publica con Real permiso. s.l., s.a., 4 pp. [En línea: Hemeroteca digital de BN]

Puyol, Julio: *Don Diego Clemencín, ministro de Fernando VII. Recuerdos del Ministerio del 7 de julio de 1822.* Madrid: Tipografía de la Revista de Archivos, 1929.

Ramírez Aledón, Germán: "Las ediciones literarias de Vicente Salvá en el exilio (1825-1847)", en Alberto Romero Ferrer y David Loyola Pérez (eds.), *Las musas errantes. Cultura literaria y exilio en la España de la primera mitad del siglo XIX.* Somonte-Cenero. Gijón (Asturias): Trea, 2017, pp. 143-182.

Ramírez de las Casas Deza, Luis María: "Don Bartolomé José Gallardo", en *Semanario Pintoresco Español* nº 21 (22 de mayo de 1853) pp. 162-164; nº 22 (29 de mayo de 1853) pp. 170-172; y nº 23 (5 de junio de 1853) pp. 177-180.

Ramos, Demetrio: "Las Cortes de Cádiz y América", en *Revista de Estudios Políticos* nº 126 (1962) pp. 433-640.

Randolph, Donald Allen: *Eugenio de Ochoa y el romanticismo español.* Berkeley and Los Angeles: University of California Press, 1966, 189 pp.

Real Cédula de SM y Señores del Consejo, por la cual se declara las personas que pueden volver a España de las que siguieron al Gobierno Intruso en su retirada a Francia, aplicación que ha de hacerse de los bienes que las correspondieron, y modo con que debe procederse en este negocio, con lo demás que se expresa (Palacio 15.02.1818). Madrid: Imprenta Real, 1818 [Copia en ASV, *SS* 249 (1818) fasc. 5, ff. 10 y ss.].

Rebok, Sandra: "Alexander von Humboldt's perceptions of colonial Spanish America", en *Dynamis* nº 29 (2009) pp. 49-72.

Revilla, José de la: *Vida artística de don Isidoro Máiquez, primer actor de los teatros de Madrid.* Madrid: Miguel de Burgos, 1846, 102 pp.

Revuelta González S.J., Manuel: *Política religiosa de los liberales en el siglo XIX. Trienio Liberal.* Madrid: CSIC, 1973, 515 pp.

Rico, Francisco (coord.): *Historia y crítica de la literatura española.* Barcelona: Crítica, 1980-1983, 9 vols.

Rico Jiménez, Juan: *De la Ilustración al liberalismo (El pensamiento de Sempere y Guarinos).* Alicante: Universidad de Alicante, 1997, 272 pp.

Riego, Rafael del: *La revolución de 1820, día a día. Cartas, escritos y discursos.* Prólogo, biografía sucinta, notas y recopilación de documentos por Alberto Gil Novales. Madrid: Tecnos, 1976, 229 pp.

Roca Roca, Eduardo (ed. y estudio preliminar): *Las ideas de Administración de Javier de Burgos.* Alcalá de Henares: Instituto Nacional de Administración Pública, 1987, 170 pp.

— (ed.): *Javier de Burgos: Madrid, 1798: (notas sobre un epistolario)*. Granada: Centro de Estudios Municipales y de Cooperación Interprovincial, 1987, 213 pp.

Rodríguez López-Brea, Carlos M.: "¿Fue anticonstitucional el clero español? Un tópico a debate", en *Pasado y Memoria. Revista de Historia Contemporánea* n° 1 (2002) pp. 237-252.

— *Don Luis de Borbón, el cardenal de los liberales (1777-1823)*. Toledo: Junta de Comunidades de Castilla-La Mancha, 2002, 403 pp.

Rodríguez-Moñino, Antonio: *Historia de una infamia bibliográfica. La de San Antonio de 1823: realidad y leyenda de los sucedido con los libros y papeles de Don Bartolomé José Gallardo: estudio bibliográfico*. Madrid: Castalia, 1965, 248 pp.

— *Historia de los catálogos de librería españoles (1661-1840). Estudio bibliográfico*. Madrid: Artes gráficas Soler, 1966, 238 pp.

Rueda Giráldez, Fátima: "La recepción de las ideas poéticas de Horacio entre la Ilustración y el Romanticismo", en *Cuadernos de Ilustración y Romanticismo* n° 27 (2021) pp. 519-534.

Ruiz de Azúa, Estíbaliz: "La enseñanza en Madrid durante el siglo XIX", en A. Fernández García (dir.), *Historia de Madrid*. Madrid: Editorial Complutense, 1993, pp. 565-577.

Ruggiero, Guido de: *Historia del liberalismo europeo*. Madrid: Pegaso, 1944, 475 pp.

Rújula, Pedro: "El historiador y la guerra civil: Antonio Pirala", en *Ayer* n° 55 (2004) pp. 61-81.

Rújula, Pedro - Frasquet, Ivana (coords.): *El Trienio Liberal (1820-1823). Una mirada política*. Granada: Comares, 2020, 601 pp.

Sampelayo, Juan H.: *El Cínife (Madrid, 1845)*. Colección de índices de publicaciones periódicas, XI. Madrid: Instituto Miguel de Cervantes del CSIC, 1950, 142 pp.

San Miguel, Evaristo: *Memoria sucinta sobre lo acaecido en la columna móvil de las tropas nacionales al mando del comandante general de la primera división D. Rafael del Riego desde su salida de la ciudad de S. Fernando el 27 de enero de 1820, hasta su total disolución en Bienvenida el 11 de marzo del mismo año*. Redactada por el teniente coronel D. ———, jefe de la Plana mayor de la expresada división. Oviedo: Oficina de Francisco Cándido Pérez Prieto, impresor del Principado, 1820, 24 pp. [En línea: Biblioteca Digital Hispánica. Consulta 8.11.2023].

— *Vida de D. Agustín de Argüelles*. Madrid: Imprenta de los señores Andrés y Díaz, 1851, t. II, 488 pp.

Sánchez Agesta, Luis: prólogo a A. Oliva Marra-López, *Andrés Borrego y la política española del siglo XIX*. Madrid: Instituto de Estudios Políticos, 1959.

— *Historia del constitucionalismo español*. Madrid: Centro de Estudios Constitucionales, 19783 [ed. or. 1955], 532 pp.

Sánchez García, Raquel: *Eugenio de Ochoa (1815-1872). El hombre de letras en la España de Isabel II*. Madrid: Universidad Complutense, tesis doctoral, 2016.

Sánchez Hita, Beatriz: *José Joaquín de Clararrosa y su Diario gaditano (1820-1822). Ilustración, periodismo y revolución en el Trienio Liberal*. Cádiz: Universidad de Cádiz, 2009, 504 pp.

Sánchez Mantero, Rafael: *Las conspiraciones liberales en Francia (1815-1823) y su relación con los pronunciamientos españoles*. Sevilla: Publicaciones de la Universidad de Sevilla, 1972, 239 pp.

Sánchez Osés, José: "Jeremías Bentham y el Derecho penal", en *Anuario de derecho penal y ciencias penales* t. 20 / 1-2 (1967) pp. 539-561.

Sánchez Ramos, Valeriano: "El convento Mínimo de San Cleofás de la Victoria de Vera (Almería)", en V. Sánchez Ramos (coord.), *Los mínimos en Andalucía: IV Centenario de la fundación del Convento de Nuestra Señora de la Victoria de Vera (Almería)*. Almería: Instituto de Estudios Almerienses, 2006, 655 pp.

Santamaría Pastor, Juan Alfonso: *Sobre la génesis del Derecho Administrativo Español en el siglo XIX (1812-1845)*. Madrid: Iustel, 2006², 175 pp. [1ª ed., 1973].

Sarmiento Larrauri, José Ignacio: "Una aproximación a la obra de Javier de Burgos", en *Actualidad administrativa* nº 2 (1993) pp. 19-23.

— "El pensamiento administrativo y político de Javier de Burgos", en *Revista de documentación* (Ministerio de Justicia e Interior) nº 7 (1994) pp. 65-70.

— "Las provincias: sus orígenes históricos", en *Actualidad administrativa* nº 12 (1995) pp. 179-185.

Seminario de Historia Moderna: *Documentos del reinado de Fernando VII. III. Arias Teijeiro. Diarios (1828-1831)*. Introducción y notas por Ana M.ª Berazaluce. Pamplona: Universidad de Navarra - CSIC, 1966, 3 vols.

— *Documentos del reinado de Fernando VII. V. Pedro Sainz de Andino. Escritos (Con un apéndice sobre la creación del Ministerio del Interior)*. Estudio preliminar y notas por Federico Suárez y Ana M.ª Berazaluce. Pamplona: Universidad de Navarra - CSIC, 1969, 3 vols.

— *Documentos del reinado de Fernando VII. VI. L. López Ballesteros y su gestión al frente de la Real Hacienda (1823-1832).* Estudio preliminar por Federico Suárez. Pamplona: Ediciones Universidad de Navarra - CSIC, 1970, vol. I., 472 pp.

Sempere y Guarinos, Juan: *Ensayo de una Biblioteca de los mejores escritores españoles del reinado de Carlos III.* Madrid: Imprenta Real, 1785-1789, 6 vols.

— *Biblioteca española económico-política.* Madrid: Sancha,1801-1821, 4 vols. [En línea: Biblioteca Digital Hispánica. Consulta 15.01.2020].

— *Noticias literarias de Sempere.* Madrid: Imprenta de don Leon Amarita, 1821, 68 pp.

Serrano García, Rafael: *El fin del Antiguo Régimen (1808-1868). Cultura y vida cotidiana.* Madrid: Síntesis, 2001, 319 pp.

Shaw, Donald L.: *Historia de la literatura española. 5. El siglo XIX.* Barcelona: Ariel, 1983^2, 328 pp.

Sierra Nava, S.I., Luis: *La reacción del episcopado español ante los decretos de matrimonios del ministro Urquijo de 1799 a 1813.* Bilbao: Ediciones Estudios de Deusto, 1964, 297 pp.

Silvela, Francisco Agustín: *Colección de proyectos, dictámenes y leyes orgánicas, o estudios prácticos de administración, por don — — —.* Madrid: [Imprenta Nacional], 1839, 412 pp.

— "Noticia de la vida y escritos de don Manuel Silvela", en *Obras póstumas de D. Manuel Silvela García de Aragón.* Las publica, con la vida de su autor, su hijo D. — — —. Madrid: Establecimiento tipográfico de Don Francisco de Paula Mellado, 1845, vol. I.

Simón Palmer, M.ª del Carmen: "El colegio de San Mateo (1821-1825)", Tirada aparte de *Anales del Instituto de Estudios Madrileños* t. IV (1969).

Stringini, Natalia: "Ideología del proceso de desamortización eclesiástica. El caso de las capellanías", en *IUShistoria* (Universidad de El Salvador) nº 4 (2011) [En línea. Consulta 5.11.2024].

Suárez Verdeguer, Federico: "La creación del ministerio del Interior en España", en *Anuario de Historia del Derecho Español* XIX (1948-1949) pp. 15-56.

— "Notas sobre la administración en la época de Fernando VII", en *Actas del I Simposio de Historia de la Administración (Alcalá de Henares, 1967).* Madrid: Instituto de Estudios Administrativos, 1970, 20 pp. [separata].

Ticknor, M.G.: *Historia de la literatura española,* por — — —, traducida al castellano con adiciones y notas críticas por don Pascual Gayangos, individuo de la Real Academia de la Historia, y don Enrique de Vedia. Tomo IV. Madrid: Rivadeneyra, 1856, 504 pp.

Torralba Caballero, Juan de Dios: "Alberto Lista, traductor de Alexander Pope: *El imperio de la estupidez*", en *HERMÊNEUS* n° 20 (2018) pp. 509-531 [En línea. Consulta 11.11.2024].

Tortella, Gabriel: *El desarrollo de la España contemporánea. Historia económica de los siglos XIX y XX*. Madrid: Alianza Editorial, 1997³, 430 pp.

Turrado Vidal, Martín: *Estudios sobre historia de la policía*. Madrid: Ministerio del Interior, 1986, 326 pp.

Truyol y Serra, Antonio: *Historia de la filosofía del derecho y del estado. Tomo II: Del Renacimiento a Kant. XVIII*. Madrid: Revista de Occidente, 1976, 339 pp.

Urquijo Goitia, José Ramón: "Los gobiernos", en P. Rújula e I. Frasquet (coords.), *El Trienio Liberal (…), o.c.*, pp. 39-82.

— "López Pelegrín Martínez, Ramón", en Real Academia de la Historia, *DB-e* [En línea. Consulta: 12.10.2021]

Valle Moré, José del: *Pastor Díaz. Su vida y su obra. Estudio biográfico-crítico escrito y publicado en conmemoración del primer centenario de su nacimiento*. Habana: Imprenta de J.B. Cerdeira, Obrapía y Aguilar, 1911, 112 pp.

Varela Suanzes-Carpegna, Joaquín:"La monarquía en el pensamiento de Benjamin Constant (Inglaterra como modelo)", en *Revista del Centro de Estudios Constitucionales* n° 10 (1991) pp. 122-138.

— "El liberalismo francés después de Napoleón (De la anglofobia a la anglofilia)", en *Revista de Estudios Políticos* n° 76 (1992) pp. 29-44.

— "Estudio introductorio" a Francisco Martínez Marina, *Principios naturales de la Moral, de la Política y de la Legislación*. Oviedo: Junta General del Principado de Asturias, 1993. T. I.

— "El pensamiento constitucional español en el exilio: el abandono del modelo doceañista (1823-1833)", en *Revista de Estudios Políticos* n° 88 (1995) pp. 63-90.

Vega, José de la: *Máiquez. El actor y el hombre*. Madrid: Revista de Occidente, 1947, 251 pp.

Venturi, Franco: "Destutt de Tracy e le rivoluzioni liberali", en *Rivista Storica Italiana* LXXXIV/2 (1972) pp. 437-513.

Viamonte Lucientes, Ernesto: "Mucho más que una antología: *Poetas líricos del siglo XVIII*. Colección formada e ilustrada por Leopoldo

Augusto de Cueto y publicada en la *Biblioteca de Autores Españoles"*, en *Los viajes de la Razón: estudios dieciochistas en homenaje a María-Dolores Albiac Blanco*. Zaragoza: Institución Fernando el Católico, 2015, pp. 377-396.

Vilar, Juan Bautista - Vilar, María José: "José Joaquín de Mora", en Real Academia de la Historia, *DB-e* [En línea. Consulta 2.03.2023].

Zavala, Iris M.: *Masones, comuneros y carbonarios*. Madrid: Siglo Veintiuno de España Editores, 1971, 363 pp.

Periódicos[1413]

La Abeja (1834).

La Alhambra (1840-1842; 1913).

El Censor (1820-1822).

El Clamor público (1844).

El Conciso (1811).

El Conservador (1820).

El Conservador. Revista semanal de política, ciencias y literatura (1832).

El Constitucional: o sea, Crónica Científica, Literaria y Política (1820).

El Constitucional - Correo General de Madrid (1821).

Continuación del almacén de frutos literarios, o Semanario de obras inéditas (1818-1819).

Correo General de Madrid (1820-1821).

Correo literario y mercantil (1828).

Correo nacional. Continuación del primitivo Español (1841).

Crónica Científica y Literaria (1818-1819).

Diario de Avisos de Madrid (1827).

Diario de Barcelona (1821).

Diario Constitucional, político y mercantil de Barcelona (1823).

Diario de Madrid (1818-1821).

1413. Se ha consultado colecciones o números exentos de los años señalados.

Diario Gaditano (1822).

El Duende de los Ministerios, tribunales, tertulias y periódicos de Madrid (1821).

El Duende Satírico del Día (1828).

L'Écho de L'Europe. Journal politique (1821).

El Eco del Comercio (1834-1835; 1840).

El Eco de Padilla (1821).

El Español. Revista literaria, periódico semanal de literatura, bellas artes y variedades (1845).

El Español (1848).

El Espectador (1821-1823).

El Espectador (1844).

Gaceta de Bayona (1829).

Gaceta del Gobierno [= *Gaceta de Madrid*] (1820-1821).

Gazeta de gobierno de Granada (1810).

Gazeta de Granada (1810-1811).

Gaceta de Madrid (1801; 1807; 1810-1812; 1814; 1820-1824; 1827-1828, 1834).

Gazeta del oficio del Gobierno de Vizcaya (1810).

Gazette de France (1821).

El Heraldo (1844; 1848).

El Independiente (1822).

El Imparcial (1821-1822).

Journal des débats politiques et littéraires (1821).

Memorial Literario (1797).

Memorial literario o Biblioteca periódica de ciencias, literatura y artes (1805).

Mensajero de las Cortes (1834-1835).

Miscelánea de Comercio, Artes y Literatura (1819-1820).

Miscelánea de Comercio, Política y Literatura (1820-1821).

El Mochuelo literato (1820).

Nuevo Diario de Madrid (1821).

El Panorama. Periódico de literatura y artes (1840-1841).

La Periódico-manía (1820-1821).

El Realista (= *El Realista Español* (1823).

El Realista Español (1823).

El Redactor general de España (1821).

El Revisor político y literario (1820-1821).

Revista andaluza (1841-1842).

Revista española (1834-1835).

Revista de teatros. Periódico semanal de literatura, sátira y bellas artes (1841-1842).

Semanario de agricultura y artes dirigido a los Párrocos (1803).

Semanario de Granada (1800).

Semanario pintoresco español (1848; 1853).

La Tercerola (1822).

El Tribuno (1822).

El Universal (1820-1823).

La Voz de la religión (1840).

El Zurriago (1822).

Fuentes manuscritas[1414]

Archivio Segreto Vaticano (ASV)

> *Segreteria di Stato (SS)*, rubrica 249 (1818-1822): G. Giustiniani a E. Consalvi y *Notizie politiche*.

Archivio Storico Diplomatico del Ministero degli Affari Esteri (ASDMAE)

> *Legazioni Sarde* (Madrid), Reg. 3-4 (1821), 5-6 (1822) 6 (1823), 8 (1826).

1414. Referencias vigentes en el tiempo de la consulta.

Archivo Central del Ministerio de Hacienda (ACMH)

Fondo López Ballesteros, carpeta 4/1: X. de Burgos a L. López Ballesteros (1826-1832).

Archivo de la Compañía de Jesús en España

Archivo Histórico de la Facultad de Teología de Granada, Fondo Saavedra [En línea: consulta 12.09.2022]: memorias ms. de B. Portillo (1794 y 1796).

Archivo del Congreso de los Diputados (ACD)

Leg. 130/47: El enviado de S.M. británica sobre *El Universal* y *Le Régulateur* (1821).

Sec. parlamentaria, Expedientes: "Burgos Olmo, Francisco Javier de" [En línea. Consulta 27.10.2022].

Archivo Diocesano de Granada

San Cecilio, legs. 229, 231 y 246.

Archivo Familia Burgos (AFB)

Cartas de X. de Burgos a D.A. de Burgos y D.M.ª de Burgos.

Archivo General de Indias, Sevilla (AGMS)

Estado, leg. 100/112: F.X. de Cabanes (1817) [En línea: Portal Pares. Consulta 4.10.2021].

Archivo General Militar (Segovia)

Leg. C - 94, A y B: F.X. de Cabanes (1824 y 1826).

Archivo General del Ministerio de Justicia (AGMJ)

Leg. 6: Empleados civiles de España en Francia (1813-1814).

Archivo General de Palacio (AGP)

Papeles reservados de Fernando VII

T. 5: Consejo de ministros (1811).

T. 10: Bienes nacionales vendidos conforme a la circular de 19 de julio de 1809.

T. 19: índice I: J.J. del Álamo (1817-1819).

T. 67: "Lista de sujetos que consta son masones (...)" y "Noticia acerca de las sociedades secretas hasta el año 1823".

T. 68: Índice de espontaneados de la torre de Motril, merindad de Granada.

Archivo Histórico Nacional (AHN)

Sección Consejos

Leg. 5300/14: Expediente sobre la conducta política y título de regidor de D.Mª de Burgos (Motril 1817-1819).

Leg. 5567: P. P. Fernández Sardino, sobre impresión ce la traducción de *Nuevos elementos de terapéutica* (1805).

Leg. 6314/2: Causas de Estado. Editores de *El Universal* (1814).

Leg. 9391/2: Medidas sobre el retorno de emigrados (1817).

Leg.11285/54: Prohibición y recogida del *Almacén de frutos Literarios inéditos* (1806).

Leg. 11290/17 y 19: Representaciones, etc. de A. Valladares (1811).

Leg. 11295/25: Expediente para cubrir la plaza de redactor segundo de la *Gaceta* (1818).

Leg. 11295/31: R. Ferrer a Fernando VII sobre la *Miscelánea* (1818).

Leg. 11295/32 y 33: Expediente sobre la solicitud de A. Valladares para editar dos periódicos y su financiación (1818).

Leg. 11295/65: Nombramiento de un censor para la *Miscelánea* (1819).

Leg. 11295/75: extracto de un informe "sobre las condiciones con que se han dado licencia a los diarios que se publican, con vistas a un arreglo de la ley" (1819).

Leg. 11296/48: expediente de la impresión de la traducción de las poesías de Horacio en la Imprenta Real (1819-1820).

Leg. 11296/70: Sobre la oferta reservada de C. Puel para publicar en Francia las noticias indicadas por el ministro de Hacienda (1820).

Leg. 11296/109: Financiación por el gobierno de *El Redactor General de España* (1821).

Leg. 11296/122: Expediente de *Le Régulateur* (1821).

Leg. 11297/131: "*Restaurador*, 1823. Demostración de solo el gasto económico del periódico en papel, prensa y oficiales subalternos".

Leg. 11297/156 y 157: Salvador María Granés y *El Realista Español* (1823).

Leg. 11300/11: "Memoria sobre la utilidad y necesidad de un periódico ministerial" [1820].

Leg.11300/48: M.García Suelto y P. Gorostiza, sobre privilegio para editar una *Colección general de nuestros mejores autores* (1826).

Leg. 11301/138 y 147: M. García Suelto, autorización a la Imprenta Nacional para adelantar letra de molde de fiado (1827).

Leg. 11303/145: Anuncio de la convocatoria a juntas generales de la compañía Empresas Varias (1829).

Leg. 11306: J.M.ª Ruiz Pérez, licencia denegada de *Manipulaciones industriales (…)*.

Leg. 11315/70: Expediente sobre la publicación en varios diarios de la exposición de B.J. Gallardo relativa a la quiebra de J. de Burgos en Marsella (1834).

Leg. 11331/29: Informe de A. Lista sobre la *Gaceta de Madrid* (1833).

Leg. 11353/3: Expediente sobre la purificación de la conducta política de X. de Burgos en tiempo del gobierno intruso (1819).

Leg. 11408/9, 11 y 12: Expediente sobre el destierro de I. Máiquez en 1819 y antecedentes.

Leg. 13367/107a y 107b: Relación de méritos de J. Macho de Quevedo (1828 y 1832).

Leg. 17786/2943: Gobierno Intruso, subprefectura de Almería (1811-1812).

Leg. 17788: Afrancesados: F.L. Bendicho (1820).

Leg. 49614: Subprefectura de Almería (1811).

Sección Estado

Orden de Carlos III, nº 1934: F. X. de Burgos y Olmo (1827) [En línea: Portal PARES. Consulta 3.06.2025].

Orden de Carlos III, nº 2141: D.M.ª de Burgos y Olmo (1832) [En línea: Portal PARES. Consulta 3.06.2025].

Leg. 2589 (Papeles de Corradi), prospecto de *Le Régulateur* (1821).

Leg. 3078/1: Sebastiana de Aguilar y Cueto de Portillo a G. O'Farril sobre socorros para sus hijos (1810).

Leg. 3112: Correspondencia interceptada (1810).

Leg. 5244: Lista de los españoles en el departamento de Herault (1814).

Leg. 7567/42 y leg. 7569/241: Mª Á. Álamo, Orden de María Luisa (1846) [En línea: Portal PARES. Consulta 24.10.2022].

Sección FF.CC.

Ministerio de Justicia, Jueces y Magistrados, leg. 4522/4278, R. López Pelegrín a Fernando VII (1825).

Sección Gobernación

Leg. 78 (Personal): Inexistencia de un expediente contra D. López Ballesteros y X. de Burgos (1829)

Leg. 78 (Personal): X. de Burgos al ministro de la Gobernación sobre pago de su cesantía (1841).

Leg. 78 (Personal): Hoja de servicios de Javier José Burgos Vilches.

Leg. 387 (Personal): Hoja de Servicios, etc. de R. Pérez de Guzmán el Bueno (1835).

Leg. 450 (Personal): J.M.ª Ruiz Pérez.

Sección Hacienda [expedientes, hojas de servicio, etc.]

Leg. 470: Amalia C. de Burgos Álamo.

Leg. 737: Reclamación del expediente formado por el conde de la Alcudia (1834).

— —: Empréstito Real (1834-1835).

Leg. 1155: Joaquín M.ª Márquez.

— —: Licencia a X. de Burgos para viajar a Francia e Italia y continuidad de su sueldo (1834-1835).

Leg. 2614/1002: A.M. Álamo y Algaba.

Leg. 2800/347: Martín Fernández Navarrete.

Leg. 2828/529: R. Pérez de Guzmán el Bueno.

Leg. 3881/1451: F. Mantilla Pareja.

Leg. 3369: Javier de Burgos Olmo.

Leg. 3370/433: J.A. de Larramendi Muguruza.

Sección Inquisición

Leg. 3730/289, Alegaciones fiscales contra X. de Burgos (1803).

Leg. 4485/5 y 25, Expediente de la *Continuación del Almacén de Frutos literarios* (1816-1819).

Archivo Histórico de Protocolos, Madrid (AHP)

Tomo 22287: Escritura de constitución de compañía de *El Imparcial* (1821).

Tomo 22887: fº 1-1 vº, Escritura de obligación con hipoteca que otorga R. de Rodas a favor de X. de Burgos (1830-1831).

Tomo 23416: Testamento de A. Benito Núñez (1822)

Tomo 23434: Escritura de rescisión de otra anterior, otorgada por X. de Burgos y M.ª A. del Alamo en la que desheredaban a su hija Irene (1848).

Tomo 23434: Escritura de dote de Irene de Burgos, otorgada por X. de Burgos (1848).

Tomo 23451: Escritura de venta de manuscritos y Real privilegio por A. Valladares a X. de Burgos (1818).

Tomo 23518: Poderes, etc. de la empresa de la Diligencia-Correo (1820-1822).

Tomo 23642: Testamento de I. Máiquez (1819).

Tomo 24027: Testamento de J.M. Calleja (1822).

Tomo 25646: Poder otorgado por X. de Burgos a favor de Aguirrebengoa Fils et Uribarren, para la venta de las dehesas, bosques, etc. de El Molinillo (1848).

Tomo 25697: Testamento cerrado de X. de Burgos (1848).

Tomo 25697: Poder otorgado por A. de Burgos a su madre M.ªA. del Álamo para representarle en la testamentaría de su padre (1848).

Tomo 26804: Cuenta y partición de los bienes de X. de Burgos (1854).

Archivo de la Real Chancillería de Granada

Catastro de Ensenada, Motril, vols. I y II.

Sala 301, leg. 156/82: pleito de D.A. de Burgos (1799).

Sala 301, leg. 169/170: Calidad de D.A. de Burgos en la villa de Padul (1798).

Sala 301, leg. 2105/4: Apelación de Diego A. de Burgos en la causa contra los Barranco (1802).

Sala 321, leg. 4365/17: Bienes ocupados a infidentes en Granada (1813).

Archivo del Senado de España

Caja 17, "Expediente personal del prócer D. Francisco Javier de Burgos, y senador vitalicio" [Actualmente en línea. Consulta 30.09.2025].

Archivo de la Universidad de Granada

Expedientes 1351/113 y 1352/48: J.J. de Burgos Álamo (1832-1838).

Archivo de la Villa (Madrid)

Secretaría, II, 478, 17: Josef M.ª Pérez Valiente y Brost al Gobernador del Consejo (1803).

Biblioteca Histórica Municipal (Madrid)

El optimista. Así como está está bien. Comedia en tres actos y en verso. Ms., 61 hojas en 4º.

El supuesto Estanislao. Comedia en tres actos traducida libremente del francés en verso castellano por Javier de Burgos [tachado: D.B.D.X.F.]. Ms., 24 h + 23 h. + 26 h. en 4º.

Biblioteca Nacional de España (Madrid)

Ms. 12961, nº 5: X. de Burgos a J. Meléndez Valdés (Aranjuez, 25.03.1798) [la oda "La venida de la Primavera"].

Seminario de historia Moderna (SHM) de la Universidad de Navarra (Pamplona)

Correspondencia del conde de Velle: cartas de X. de Burgos a M. Pérez Seoane (París y Granada, 1839 a 1842) [Consulta sobre transcripciones mecanografiadas].

Índice Onomástico de personajes citados en el texto[716]

A

A.B.N., 88.

A.D., 225.

A. de Q. (Agustín de Quinto), 356.

A.M.V., 480.

A.P., 36-38, 43, 45-47, 52, 66, 127, 142, 227, 367, 753.

Abad de Burgos, Luis, 87.

Abarca de Bolea, Pedro Pablo = ver Aranda, conde de.

Abella, Manuel, 227, 262, 737.

Abisbal, conde de. 357, 374.

Abuelo, El, 449.

Acevedo, Alonso María, 262, 737.

Acuña, Bernardo de, 602.

Addison, Joseph, 96, 259.

Adan (o Adam), Ramón, 454.

Aguado, Alejandro, 49, 56, 69-70, 72, 138, 220, 248, 254, 654, 711-712.

Aguilar, Antonio María, 192.

Aguilar y Cueto de Portillo, Sebastiana, 166, 788.

Aguilera, N. (tirador de oro), 290.

Aguilera, Domingo de, 374.

Aguilera, Gaspar de, 373-374.

Aguirre Solarte, José Ventura, 247.

Aguirrebengoa fils., 712, 790.

Ahumada, duque de = ver Girón, Pedro Agustín.

Álamo y Algaba, Antonio Miguel, 79, 223, 240, 244, 290, 715, 789.

Álamo y Algaba, José Joaquín, 244, 290-291, 358, 787.

Álamo y Algaba (o Algava), María de los Ángeles, 29, 53, 135, 137-140, 174, 241-242, 244-245, 266, 477, 642-643, 720, 789-791.

Álamo y Rando, Josef del, 105, 137-138, 228-230, 274, 277, 290-291, 296.

Álava, Miguel Ricardo, 51-52, 248-249, 253.

---

716. Incluye los nombres de los historiógrafos *y* autores coetáneos de Javier de Burgos. No figuran los nombres comprendidos en el anexo I (índice onomástico de la *Biografía universal*).

C

Clavellina, fray Juan, 169.

Clemencín, Diego, 30, 644, 679, 686, 702, 707, 743.

Clemente Rubio, Simón de Rojas, 91, 93, 147, 149, 150-151, 158, 269, 354-355, 758.

Cobadongo, El (Manuel Alonso Viado), 412.

Coca, Andrea de, 285.

Colombí, conde de (Salvador Cea Bermúdez), 254.

Collado, José del, 278, 285, 356, 756.

Comella, Luciano Francisco, 86, 323.

Conde, José Antonio, 275, 584.

Conde, Juan Antonio, 411.

Condillac, Étienne Bonnot de, 94.

Condorcet, Nicolás de, 533.

Consalvi, Ercole, 360-362, 384, 417, 455, 482, 584, 600, 605, 632, 768, 777, 785.

Constant, Benjamin, 62, 356, 362, 375, 419, 425, 428, 433-434, 444, 478, 485, 492-493, 495, 497-498, 500-503, 505, 516, 538, 564, 640, 653, 725, 730, 782.

Contador, Diego, 462-463.

Conti, Ramón César, 407, 461.

Connway, N., 685.

Copons y Navia, Francisco, 374, 455-456, 460-1, 463, 465-466, 613.

Corcin, N., 362.

Cormenin, Mr. de, 25.

Corneille, Pierre, 121, 317.

Cornelio, Publio, 83.

Corona, N., 685.

Corradi, Juan, 426, 629-630, 776, 788.

Correa, Lorenza, 674.

Correaurd, Alexandre, 630, 776.

Corro, N., 409.

Cortázar, Manuel de, 586.

Cossío, Pedro, 411.

Costa, José, 677.

Cottin, Sophie, 673.

Coupiñis, los, 685.

Couto Ibea, José María, 588.

Crespo Cantolla, Andrés, 693.

Crespo de Tejada, Francisco, 247.

Crudo, El, 382.

Cruz, Josef de la, 254.

Cuadra, Juan de la, 23.

Cuesta, José, 32, 279, 757.

Cueto, Leopoldo Augusto de (marqués de Valmar), 53, 67, 96, 118-119, 233, 271, 273, 314, 319, 321-322, 648, 724, 760, 783.

Curtio, Quinto, 83.

CH

Chacón, Francisco, 230.

Chapuis (o Chappuis), N., 629-630, 634-635.

Charles Feroce (Carlos Félix de Saboya), 633.

Chateaubriand, François-René, 362, 495.

Chimioni, Ramón, 411.

D

D.A.L. (Don Alberto Lista), 713.

D.B.D.J.F. (Don Francisco Javier de Burgos), 330.

D.B.D.X.F. (Don Francisco Xavier de Burgos), 299, 791.

D.C., 588.

D.J.B. (Don Javier de Burgos), 675.

D.J.G.S., 675.

D.J.M., 675.

D.J.M. de A. (Don José Manuel de Arjona), 29, 319-320.

D.J.M.V. (Don Juan Meléndez Valdés), 29, 118.

D.M., 674.

D.M.C., 675.

D. M. DE A. (Don Manuel de Arjona), 319.

Feinèr, Domingo, 601, 770.
Falces, Antonio, 186.
Feijoo, Lorenzo, 246.
Felipe II, 336, 343.
Feliú, Ramón, 403, 423, 450, 454, 463, 466-467, 469, 613, 618, 640, 657, 678-679, 727-728.
Fernández, Antonio, 684, 756.
Fernández, Ildefonso María, 85, 132.
Fernández de Beloy, Pedro Josef, 193.
Fernández Bustamante, José, 41.
Fernández de Córdoba, Fernando, 397-398, 415, 449, 679, 704-705, 763.
Fernández de Córdoba, Luis, 704.
Fernández Golfín, Francisco, 616, 679.
Fernández Monzón, Manuel, 85.
Fernández de Moratín, Leandro, 74-75, 125, 275, 279, 480, 646, 668, 754.
Fernández de Navarrete, Martín, 285, 550-551, 789.
Fernández de Navarrete, Pedro, 153, 572.
Fernández de los Ríos, Ángel, 45, 763.
Fernández de Rojas, Manuel, 603.
Fernández de San Miguel Valledor, Evaristo = ver San Miguel, Evaristo.
Fernández de San Miguel Valledor, Santos, 674.
Fernández Sardino, Pedro Pascasio, 434, 436-437, 440, 787.
Fernando VII, 20, 29, 36, 45, 48, 53, 57-58, 60-62, 71, 143, 153, 165, 191-192, 208, 219, 226, 231-235, 238, 252, 265, 275, 279, 284, 289, 291-292, 298, 322, 326, 328, 331, 340, 354, 356, 361, 378, 389-390, 394, 406, 416-418, 433, 447, 459, 502, 523, 552, 567, 590, 597, 603, 607, 611, 686, 689, 704, 707, 712, 716, 719, 724, 730, 787, 789.
Ferrer, Ramón, 330-331, 337, 340, 787.
Ferrer del Río, Antonio, 36-40, 43, 45-46, 52, 73, 174, 227, 313-314, 764.

Ferrús, Ángela, 110.
Fleury, Claude, 571-572.
Flórez Quevedo, Pedro, 230-231.
Floridablanca, conde de (ministro), 152, 528.
Floridablanca, conde de (de la Sociedad Constitucional), 679.
Foderé, François Emmanuel, 92.
Fonseca, Manuel, 129, 133
Fonseca Belluga, Fernando, 70, 129-130, 777.
Fonseca Belluga, María del Carmen, 129, 132.
Fontagud Gargollo, José, 247.
Fox, Charles James, 211, 504, 592.
Foy, Maximilien Sébastien, 362, 497.
Francisco de Paula, infante = ver Borbón, Francisco de Paula (Infante de España).
Frasquita = ver Real, Francisca de.
Frías, duque de, 679.
Fuente Híjar, marqués de, 175.

G

Galarza, Antonio María, 336.
Gálvez, N. ("el conde afrancesado"), 685.
Gallardo, Bartolomé José, 21-22, 50, 54, 75, 138, 227, 244-247, 251-252, 254-256, 311, 313, 316-317, 398, 473, 612, 699-700, 764, 788.
Gallarza, N., 685.
Gallego, José, 599-600, 777.
Gallego, Juan Nicasio, 42, 246.
Gallois, Léonard, 630, 776.
Galloti, Pedro, 634.
Gándara, Miguel Antonio de la, 323-324.
Garbayo Madrigal, Antonio, 129, 134, 223-224, 294.
Garbayo (o Garvayo) Madrigal, María del Carmen, 134.
Garda, Pietro Alessandro, 431, 765.

M

Puebla, conde de la (Rafael Sequera), 196, 291, 642-643.
Puel, Juan Clemente, 425, 787.
Puente, Alberto de la, 46.
Puente y Apezechea, Fermín, 32.
Puerta, Bernardo de la, 46.
Puigblanch, Antonio, 420, 483.
Pybrac, N., 535.

Q

Quadra = ver Gil de la Cuadra, Ramón.
Quílez, Nicolás, 603.
Quintana, Manuel José, 42, 245, 285, 533, 679.
Quintana y Ferrer, Ginés, 420.
Quinto, Agustín de, 275, 356.
Quiroga, Antonio, 263, 358, 390, 395, 450.

R

R.C., 507, 595.
Racine, Jean, 20, 121, 317.
Rambaud, Francisco Camilo, 193-194.
Ramón, Josef, 192.
Ramonet, Francisco, 679.
Ramos, Gregorio, 603.
Ramos de Arizpe (o Arispe), José Miguel, 586, 588.
Ravet Chaussard, Sebastiana, 140.
Raynal, Guillaume Thomas, 273, 640.
Real, Francisca de (Frasquita), 79, 224, 351, 477, 642-643, 714, 720.
Recaredo, 154.
Refugiado piamontés, Un (Carlo Camillo Trompeo), 431.
Regato, José Manuel del, 292, 355, 398, 435-436, 615, 625.
Reinoso, Félix José, 27-28, 30, 53, 238, 253- 254, 279, 281, 393-394, 399, 406, 408, 417-418, 437, 440, 448-

449, 468, 470, 472-473, 484, 493-494, 566-567, 569, 639, 670-671, 699, 712-713.
Remisa, Gaspar, 298, 654.
Renouard, Paul, 155.
Repullés, Mateo, 141, 227, 232, 257, 259, 322, 333-334, 338, 348, 363, 755, 757.
Requena (sic, por Reguera), Juan de la, 529.
Reunión, marqués de la, 628.
Reyes, Francisco de, 134, 169.
Reyes, Matías de los, 267.
Rico, Sotero, 352.
Riego, Rafael del, 216, 263-264, 285, 358, 367, 372, 386-392, 395, 398, 401, 408, 411-412, 439, 442, 463, 465-466, 512, 592, 606, 613-615, 617, 620-621, 626, 632-633, 638, 658, 716, 731, 778, 779.
Riera, Felipe, 298, 601.
Ríos Rosas, Antonio, 493.
Rivadeneyra, Manuel, 41, 53, 323, 348, 760, 767, 782.
Rivas, duque de (Ángel Saavedra), 20, 50, 154, 251, 473, 754.
Rivero, Mariano de, 586.
Rizzo, Francisco, 222.
Rocha, Manuel de la, 356, 370.
Rodas, Rafael de, 712, 790.
Rodil, José Ramón, 29.
Rodríguez (grabador), 499.
Rodríguez, Francisco, 222.
Rodríguez, José (impresor), 681, 773.
Rodríguez, José (vecino de Motril), 222.
Rodríguez, Josef (redactor de *El Universal*), 426.
Rodríguez, Tomás, 603.
Rodríguez y Campo, Gregorio, 463.
Rodríguez de Lista, Alberto = ver Lista, Alberto.
Rodríguez Valderrábano, Josef Manuel, 161.
Rojas Zorrilla, Francisco de, 40-41, 267.

U

Urbano Patricio (Antero Benito Núñez), 17.
Urquijo, Mariano Luis, 131, 146.

V

Valdemoros, Mateo, 423.
Valdeorrano, El, 744.
Valdés, Cayetano, 398, 435.
Valdivia y Fuentes, Francisco de Paula, 196-197.
Valmar, marqués de = ver Cueto, Leopoldo Augusto de.
Valla, Joseph, 83, 94.
Valladares de Sotomayor, Antonio, 86, 322-324, 326-329, 332, 335, 338-341, 787, 790.
Vallejo, Ángel, 618, 651-652, 718.
Valls y Petit, José, 601.
Vargas, Josef de = ver Garci-Pérez de Vargas, Josef María.
Varona, José, 586.
Vasco, Rafael, 152.
Vaudard, Mr., 244.
Vaudoncourt, Guillaume de, 634.
Vega, Ventura de la, 430.
Velasco y Coello y Ferreyra, Manuel de, 398.
Velle, conde de = ver Pérez Seoane, Manuel.
Vetzynthius, Mr., 244.
Victoria, duque de la = ver Espartero, Baldomero.
Viedma, José María de, 92.
Vignola, Pedro Pablo, 603.
Vigodet, Gaspar, 250, 357, 388, 396.
Vilches (o Vílchez), Josef María de, 222, 224.
Vilches y Espejo, Catalina, 140, 253, 271.
Vilches y Espejo, Manuel José, 140.
Viluma, marqués de, 246.

Villa, Pablo de, 333, 337.
Villafañe, Diego, 153.
Villafuertes, conde de, 247.
Villagómez, Miguel Alfonso, 282.
Villahermosa, duque de, 608.
Villalba, Ramón, 450, 455.
Villalva, Julián, 679.
Villalpando, Fermín, 150, 258, 675, 758, 762.
Villamor, Francisco, 465.
Villanova, Jacobo, 282, 426.
Villar, Andrés, 222.
Villaviciosa, Sebastián de, 310.
Villèle, Jean-Baptiste de, 362.
Villena, marqués de, 41, 267.
Vincenti, Juan Pedro, 49, 248, 718-719.
Vinio (o Vinnio), Arnoldo, 529.
Vinuesa López de Alfaro, Matías, 216, 288, 374, 405, 413-415, 439, 444, 446-454, 458, 510-511, 629, 639, 697, 718.
Virgilio, Publio, 31, 83, 121, 126, 227, 648.
Virués y López Spínola, José Joaquín, 156, 161, 165, 167-170, 656.
Viso Alegre, marqués de, 196.
Vitorica, Miguel de, 616.
Vivar y Vázquez, Josef de, 193.
Vivero y Velasco, Rodrigo de, 336.
Voidet, N., 636.
Volney, conde de, 115, 132.
Voltaire, François-Marie Arouet, 65, 115, 121-122, 132, 169-170, 262, 439, 459, 535, 571, 647-648, 656.
Voss, N., 278, 663.

W

Warburton, Mr., 647.
Warden, David Bailie, 380.
Wattel, Emer de, 356.
Werlé, François-Jean, 189, 206.
Wieland, N., 278, 773.

X

X. de B. (Xavier de Burgos), 204, 266, 310, 456, 488, 723.
X. de P. [sic] (Xavier de Burgos), 203.
Xerxes = ver Jerjes.
Ximénez, Francisco Antonio, 193.
Ximénez Molina, Gabriel, 193.
Ximénez Varela, Miguel, 134, 167.
Xipell, Francisco, 601.

Y

Yandiola, Juan Antonio, 375, 679.

Z

Zaldívar, Pedro, 625.
Zamacola, Juan Antonio, 230.
Zamora, Antonio de, 41, 267.

Zapata, Juan Francisco, 616.
Zaragoza, Manuel, 247.
Zavala, Miguel de, 342, 572.
Zavala y Zamora, Gaspar, 86.
Zea, Francisco Antonio, 230, 275, 355, 589.
Zea (o Cea) y Zafra, Juan Pedro de, 129, 134.
Zea Bermúdez, Francisco = ver Cea Bermúdez, Francisco.
Zenteno, Francisco, 151.
Zenteno, Manuel José, 151, 275, 572-573, 675.
Zorraquin, José, 371, 675.
Zorrilla, José, 27, 42, 44.
Zorrilla, María del Carmen, 79.
Zorrilla de Velasco, Valentín, 333, 335, 338.
Zuazo, Antonio, 137, 586.
Zufriategui, Rafael de, 586.
Zumalacárregui, Miguel de, 679.
Zúñiga y Pimentel, Juan, 126.

PUBLICACIONES DEL FORO PARA EL ESTUDIO DE LA HISTORIA MILITAR DE ESPAÑA (FEHME, FOROHISTORIA)

Indagatorio sobre batalla de Ocaña y Sierra Morena (2006). Girón, Pedro Agustín, Marqués de las Amarillas (1778-1842)

Los granaderos de Castilla y el séptimo ejército español, 1811-1813: génesis y victoria de una nación en armas (2010). García Fuertes, Arsenio

Antonio Múñoz, el cura de Riogordo: un guerrillero malagueño contra Napoleón (2011). Díaz Torrejón, Francisco Luis

El general Contreras y el sitio de Tarragona (2011). Gómez Díaz, Juan **Diccionario biográfico del generalato español: reinados de Carlos IV y Fernando VII** (1788-1833) (2012). Martín-Lanuza Martínez, Alberto

El sexenio absolutista en Navarra. 1814-1820 (2012). Erce Eguaras, Juan Luis **Efectos devastadores de la Guerra de la Independencia en Extremadura** (2013). Márquez Martín, Manuel

Goya político (2014). Soubeyroux, Jacques

Las águilas vencidas de Bailén: éxodo de prisioneros napoleónicos por Andalucía (2015). Díaz Torrejón, Francisco Luis

Catedral de aflicción vol. I y II (2015). Maroto de las Heras, Jesús

El general Álava y Wellington, de Trafalgar a Waterloo (2015). Serrats Urreche, Gonzalo

Yo, para mi desgracia, estaba allí... (2016). Aymes, Jean-René

El Ayuntamiento de Madrid durante la Guerra de la Independencia (2017). Castillo Montero, M.ª Dolores

La policía en el Banco de pruebas: 1831-1873 (2017). Turrado Vidal, Martín

Por Napoleón en España. Los soldados polacos en los Sitios de Zaragoza. 1808-1809 (2017). González Caizán, Cristina

Santo Domingo: Una colonia en la encrucijada. (2017). Primo Tortosa, Antonio Jesús

El Reyno de Murcia y sus soldados en la Guerra de la Independencia (1808-1814) (2018). García Ramírez, José Manuel

Officiers de Napoléon tués ou blessés pendant la Guerre d Espagne (1808-1814), I y II (2018). Planas Campos, Jorge y Grajal de Blas, Antonio

Las Ordenanzas Militares en España (2018). Baldovín Ruiz, Eladio

Tras los pasos de Juan Van Halen Sarti (2018). Alemparte Guerrero, Antonio

El Cura Merino. El vendaval de Castilla. Tomo I y II (2018). Gallego García, José Antonio

Los soldados ignorados. Expediciones militares a Indias 1810-1824 (2019). Meige Amézaga, José Luis

La Gazeta de la Provincia de Burgos (1811-1813), el primer periódico burgalés (2019). Ausín Ciruelos, Alberto

La vida alegre en el Madrid de la Restauración (2020). Turrado Vidal, Martín

Fray Emiliano María de Revilla. El espíritu aventurero de un capellán en la campaña de Marruecos. (2020). García Moya, Antonio

D. Francisco Milans del Bosch y Arquer, 1769-1834. El Guerrillero del Maresme (2020). Mayorga Noval, Marcos

El cautiverio napoleónico en España (1808-1815), Tomo I y II (2020). Díaz To rrejón, Francisco Luis.

La guardia civil en Lillo (2021). Gómez Díaz, Juan.

El asesinato del general Prim (2021). Fontana Bertrán, José M.ª y Redondo Penas, Alfredo.

Wellington y Olivenza ¿el Gibraltar Portugués? Una secuela de las Guerras Napo leónicas. (2022). Limpo Píriz, Luis Alfonso

Luchar, sobrevivir o disfrutar. Los emigrados españoles en Francia (1814-1833): liberales, realistas y agraciados (2023). Aymes, Jean-René

Zavala Vidarte, una espada al servicio de la contrarrevolución (2023). Urquijo Goitia, José Ramón

Diccionario biográfico del generalato español. Reinado de Carlos III (1759-1788) (2024). Martín-Lanuza Martínez, Alberto

La expedición Zaratiegui (2024). Gallego García, José Antonio

En el bicentenario del Cuerpo Nacional de Policía y otros problemas (2024). Turrado Vidal, Martín

Los libros de matrícula de l'Armée de Terre. Apuntes para el estudio de las bajas de la Guerra de España (1808-1814) (2024). Grajal de Blas, Antonio y Sacristán Donoso, Juan Marcos

El Empecinado. La vida de Juan Martín Díez (2024). García García, Miguel Ángel

Delincuencia, justicia y represión en Andalucía tras la Guerra de la Independencia (1808-1823) (2024). Díaz Torrejón, Francisco Luis

Los Rubín de Celis y Astorga. Una familia y una ciudad 1790-1845. Poder, Política y Guerra en la España y América del final del Antiguo Régimen (2025). García Fuertes, Arsenio

El Tigre de Castilla. Biografía de Juan Manuel Martín de Balmaseda y Pascual (2025). Gallego García, José Antonio

El Empecinado y la recuperación de la memoria comunera en el Trienio Liberal (1820-1823) (2025). Diéz Morrás, Francisco Javier

Historia de la profesión militar (2025). Baldovin Ruiz, Eladio

Milicia y Política en la revolución liberal española. El general Carlos Espinosa de los Monteros y Ayerdi (1775 - 1847) (2025). Espinosa de los Monteros y Jaraquemada, José M.ª

Revista del FEHME: Cuadernos del Bicentenario
www.forohistoria.com
www.facebook.com/forohistoria

Javier de Burgos

(Tiempos de lucha e ilusión: 1778 - 1823)

Tomo I

Manuel Morán Orti

FORO PARA EL ESTUDIO DE LA   HISTORIA MILITAR DE ESPAÑA

Editorial: Foro para el Estudio de la Historia Militar de España
Legardeta
31292 Navarra

info@forohistoria.com
www.forohistoria.com

ISBN (obra completa): 979-13-990416-6-8
ISBN (Volumen I): 979-13-990416-8-2
Depósito Legal: DL NA 723-2026

Maquetación y diseño: Natalia Jara Fraile [natalia-jf@hotmail.com]

Cubierta: Retrato de Javier de Burgos en N.P. Díaz y F. de Cárdenas, *Galería de españoles célebres contemporáneos* (...). t. II (Biblioteca Nacional de España).

Contracubierta: *Miscelánea de comercio, política y literatura* nº 165, 12.08.1820 (Col. del autor).

IMPRIME: Gráficas Pinares
pinaresimpresores@telefonica.net

ÍNDICE

Tomo I

Tomo II

Nota preliminar

El origen remoto de este libro se sitúa mucho tiempo atrás, cuando quien escribe era un doctor novel, con una tesis dirigida por don Federico Suárez Verdeguer, historiador cuyas aportaciones han hecho avanzar de forma notable el conocimiento sobre el siglo XIX español, estimulando a la vez el debate científico con provecho para todos. Don Federico me hizo reparar en la significación de Javier de Burgos en la construcción del régimen liberal en nuestro país y puso a mi disposición alguna de las fuentes mas importantes y poco utilizadas sobre el personaje, entonces en la unidad de investigación que él dirigía, el Seminario de Historia Moderna de la Universidad de Navarra.

Mi labor de aquellos años se centró en objetivos con alcance limitado en torno a la literatura y el periodismo de Burgos, actividades que antecedieron a sus realizaciones más conocidas, cuando ya era ministro. Proceder así me parecía obligado, porque como se dice, la Historia es historia de las ideas, y en el caso de Burgos se advierte una coherencia ideológica muy constante a lo largo de su vida. De hecho, creo que es difícil comprender plenamente su obra política y administrativa sin tener una visión previa de las ideas que había ido madurando al hilo de los distintos escenarios políticos que conoció, y que difundió como periodista. Esta línea de investigación, desarrollada especialmente a finales de los años ochenta (del siglo XX), dio lugar a las publicaciones que se listan en el apartado de bibliografía de este libro, aunque circunstancias típicas de la vida académica llevaron a suspenderla después durante un largo lapso de tiempo. Como es lógico, esos textos han inspirado el presente relato, pues seria extraño que aquí dijera cosas distintas a las que he sostenido en ellos. He incorporado por tanto la teoría y los datos en un cuadro de mayor envergadura (bastante mayor), al que he añadido otras líneas de desarrollo, actualizaciones, nuevas aportaciones tanto mías como debidas a otros investigadores, y las enmiendas que he creído necesario introducir. No ha sido un ejercicio de corta y pega, aunque advertiré que también he recurrido, aquí y allá, a expresiones e incluso a párrafos enteros de esos trabajos preliminares sin que ahora mismo sea ya capaz de distinguirlos de la redacción más reciente. Y de forma excepcional, he incorporado gran parte del texto de la monografía que dediqué a una publicación de Burgos poco conocida, la *Continuación del almacén de frutos literarios,* como un capítulo de este libro.

Básicamente, esta obra es una biografía en la que se persigue sobre todo la trayectoria intelectual de Javier de Burgos, aunque en la medida en que la información lo ha hecho posible, se ha tratado de reconstruir también la peripecia externa, porque en realidad, las dos vertientes son inseparables y se refuerzan mutuamente. Por lo tanto, he intentado no sacarle del medio en el que vivió. Esto es, la gente que trató, los ambientes, las maneras, las formas de pensar y de hacer que eran comunes entonces, porque eso es parte de las circunstancias del personaje. En el caso de Burgos este objetivo es relativamente asequible porque él dejó un gran número de testimonios en los que se trasluce su personalidad, sus opiniones, experiencias y otros rasgos de interés de su vida cotidiana. Aparte sus escritos de cara al público, poco estudiados muchos de ellos, especialmente los periodísticos, ha llegado hasta nosotros una porción considerable de su correspondencia privada. De esta, entre los epistolarios principales que se conocen hasta la fecha destaca el conservado en el archivo de la familia, formado por cartas a su padre y a su hermano Diego María, vecinos de Motril, que se prolonga después del fallecimiento de este con las dirigidas a su sobrino Pepe. A finales de 1985 pude acceder a una parte importante de las cartas por gentileza de don José Luis Palanco Burhlem, a quien reitero aquí mi agradecimiento; no vi todo, sin embargo, debido a las condiciones y las prisas en que por motivos circunstanciales hubo que hacer la selección del material. Por otra parte, debe advertirse que -en mi opinión- el epistolario fue expurgado en tiempos muy antiguos, y que acaso se ha perdido más material desde que pudo consultarlo don Ángel González Palencia para escribir su biografía de Burgos. Destacaría también en este rápido atisbo la correspondencia cruzada con su amigo y banquero Manuel Pérez Seoane y la sostenida con carácter no oficial, con el ministro López Ballesteros entre 1826 y 1832.

A primera vista puede sorprender la inexistencia todavía a estas alturas, de una biografía moderna y con criterios científicos de una figura tan relevante como la de Burgos. Especialmente si se tiene en cuenta la tremenda actualidad de muchas de las cosas que él vivió, o contra las que clamó indicando incluso su remedio, de modo que no parecen ajenas a nuestros días. A recordar, por ejemplo, su pintura de la dinámica política con sus trazas de mediocridad, exclusivismo y lucha partidista no siempre ejemplar. Como profesional en los albores de la prensa política en España, Burgos fue un maestro de buen periodismo, al menos del mejor que se podía hacer entonces en nuestro país, en contraste con las prácticas cochambrosas que ya se habían hecho comunes, alentadas muchas veces desde los centros de poder. También, es muy sabido, fue el responsable de la división provincial que ha permitido funcionar razonablemente bien al Estado español en la Edad Contemporánea, lo que quizás debería considerarse antes de arrinconarla tras una profusión de entidades pretenciosas que en nombre del autogobierno, de la proximidad al pueblo y de todo lo demás, lleva a multiplicar el número de consagrados a la cosa pública y a tensar la solidaridad entre los localismos al uso.

Creo que la razón de esta carencia anómala consiste, en parte, en la personalidad polifacética del personaje y en la variedad de sus intereses vitales, que lo hacen complejo y dificultoso de aprehender como objeto de estudio. Este obstáculo explica que la aproximación al hombre y su obra se hayan hecho a partir de diferentes disciplinas, pero sin afán de una síntesis integradora. Y sin duda, también ha retraído a los historiadores la dificultad que entrañaba, tradicionalmente, acceder a la gran amplitud de su obra escrita, en particular a la periodística, que todavía en un pasado no lejano era engorroso consultar físicamente. Posiblemente no solemos hacernos idea de lo que esto suponía cuando no existían esos pequeños artilugios de uso personal para copiar y almacenar información, ni portales como la Hemeroteca Digital o la Biblioteca Digital Hispánica de la Biblioteca Nacional.

La organización de este libro, algo atípica, merece una explicación. Se debe a que casi desde el principio decidí que no iba a escribir una biografía convencional, que tratara de la vida de Javier de Burgos de cabo a rabo. Resolví poner fin al trabajo al terminar el Trienio Liberal, con lo que en mi opinión, se cubre cabalmente la etapa más creativa de su vida, que transcurre durante la crisis del Antiguo Régimen, el umbral a un futuro de oportunidades (muchas veces desaprovechadas) y de elecciones (muchas erradas) que marcaron la historia posterior de España. A eso alude el subtítulo del libro: *Tiempos de lucha e ilusión*. En cambio, me pareció que la segunda parte de su vida, aquella en la que se plasmaron las realizaciones políticas y administrativas que le dieron fama, representa paradójicamente, una simple prolongación e incluso el declive de la trayectoria que ya estaba trazada desde sus años de juventud y de madurez. Obviamente, quedan importantes lagunas en el conocimiento de la última época, pero aun así se trata de la más estudiada por investigadores competentes en la materia, de modo que mi esfuerzo quizás hubiera sido reiterativo y tedioso. El inconveniente, claro, de esta elección era el riesgo de que quedara inconcluso un montón de asuntos cuyo desenlace se produjo precisamente, en los años finales de su vida. ¿Cómo dejar en el aire, por ejemplo, una referencia a sus finanzas personales, al colofón de sus ideas administrativas o a la evolución final de su pensamiento como dramaturgo? He tratado de resolverlo recurriendo a la técnica narrativa del salto adelante (prolepsis, *flashforward*) rompiendo la secuencia del relato cuando las circunstancias lo aconsejaban. Esto es, dentro del marco cronológico general, permití ocasionalmente que los hilos secundarios llegaran al final de su propio recorrido, para volver después al tronco principal de la trama y retomar el avance lineal. Espero que el resultado no sea demasiado confuso. Por lo demás, la idea de dejar las cosas en el Trienio Liberal, o sea, en 1823, tiene un precedente ilustre en la obra de don Claude Morange, su *Paleobiografía* de Miñano. La diferencia es que él no utiliza el salto narrativo. La suya es una biografía clásica que no cubre toda la vida del personaje, en la que concurren dos circunstancias que condicionaron su factura: la inserción en el texto de los artículos que ya había publicado en la revista *Trienio* entre 1998 y 2000, y la existencia de una excelente biografía entonces reciente de Sebastián Miñano, la debida a doña Ana María Berazaluce, que hacía redundante una parte de su propia investigación, especialmente para la etapa posterior al Trienio Liberal.

Este libro no hubiera sido posible sin la labor previa de muchos historiadores y estudiosos de otras áreas de conocimiento a quienes se menciona en el capítulo dedicado a la historiografía. Hay además un buen número de personas a las que debo agradecimiento por la generosa ayuda prestada durante el proceso de elaboración. En algunos casos son historiadores cuya sabiduría, en forma de consejos y observaciones, mejoró los contenidos y la exposición del texto. O fueron motivo de inspiración, a través del ejemplo de su buen hacer y de la lectura de sus escritos, aunque no siempre tuvieran conciencia de ello; no se vea aquí un intento de diluir la responsabilidad de las opiniones (o los despropósitos) que se vierten en el libro, que por supuesto, es exclusivamente mía. En otros casos se trata de amigos y de personas conocidas en el curso de la investigación, que desinteresadamente proporcionaron información, o facilitaron de alguna manera la edición de estas páginas. Sería prolijo manifestar con detalle los motivos que me obligan con cada uno de ellos, pero deseo dejar constancia de mi reconocimiento, a sabiendas de que no están todos los que son; disculpad los demás mi desmemoria. Además de los mencionados más arriba, tengo ahora presentes a Ana María Berazaluce, Juan María Sánchez Prieto, Ignacio Olábarri Gortázar, Hans Juretschke, Eduardo Roca Roca, Leandro Tormo Sanz, María Concepción Martínez Murillo, Quintín Aldea Vaquero, Jesús Martín Tejedor, José Andrés Gallego, Paz García Rojo, Cristóbal Robles Muñoz, Alfonso Bullón de Mendoza, Antonio Castro Martínez, Paloma Fanconi Villar, José María Espinosa de los Monteros, Alberto Gil Novales, Carlos Rodríguez López-Brea, Francisco Luis Díaz Torrejón, Javier Paredes Alonso, José María Vallejo Ruiz y Natalia Jara Fraile, así como a los funcionarios de tantos archivos y bibliotecas, especialmente en Madrid y en Granada.

1. Fama y ventura de Javier de Burgos en la historiografía

Francisco Javier de Burgos y Olmo (Motril 1778 - Madrid 1848) es probablemente uno de los personajes más interesantes del siglo XIX español, tanto por su papel como testigo del tiempo en el que vivió, como por la huella que ha dejado en la historia. Nacido en el siglo de las Luces, conoció de primera mano el tránsito desde el Antiguo Régimen al Estado liberal y a la sociedad moderna. Sirvió como funcionario al régimen bonapartista durante la guerra de la Independencia, fue emigrado político en Francia, periodista durante el Trienio constitucional, servidor del absolutismo fernandino y ministro de Isabel II, a la vez que empresario, humanista y poeta; a lo que hay que sumar su protagonismo en la difusión de la ideología liberal que iba a dar forma al Nuevo Régimen, en la construcción de su estructura administrativa y particularmente en la génesis de la división provincial. Promete ser un buen guía para recorrer los caminos que han desembocado en la España actual.

El conocimiento que tenemos sobre Burgos en relación con estos temas es desigual. Desde el principio estuvo en el punto de mira de publicistas interesados en echar abajo su fama, a veces por pura inquina y a veces por rivalidad política, pero también recibió alabanzas y consideración por parte de allegados y simpatizantes que vieron en él a un abanderado de sus valores y de sus intereses. Ya en época moderna, los investigadores han indagado con criterio (más) científico en su actuación, especialmente en aquellas áreas de la vida pública en las que esta ha tenido mayor repercusión, o en las que por su naturaleza revisten mayor relevancia.

Recorrer los pasos de lo que se ha escrito sobre Javier de Burgos es un punto de partida obligado para quien se interese en él. Aunque es una tarea ardua y a veces comprometida, tiene su recompensa porque permite incorporar los resultados de anteriores indagaciones evitando redescubrir lo que ya se conocía, identificar carencias y errores y en fin, centrar los objetivos de la investigación. A ese fin apunta el capitulo que sigue, desde el convencimiento de que ningún progreso es posible sin contar con las contribuciones de cuantos se han esforzado antes por avanzar en el conocimiento sobre el personaje y a través de él, sobre la España de su tiempo. Por supuesto, soy consciente de que este recorrido por la historiografía en torno a la figura de Burgos no va a ser completo, y de que a pesar del empeño puesto para ello, habrá aportaciones de utilidad que por su reciente aparición o por defecto en la búsqueda, han escapado a mi atención. Léanse estas páginas con indulgencia.

1.1. La forja de una imagen

Hay que advertir que al haber sido Javier de Burgos un personaje público, su perfil comenzó a tomar forma ya en vida, y lógicamente en relación con la actividad que se encuentra en el origen de su fama, esto es, el periodismo político que cultivó durante el Trienio Liberal en la *Miscelánea de comercio, política y literatura*, y en *El Imparcial*. En ese marco está ambientado el primer retrato que se conoce de él, el publicado en el diario que se tituló (paradójicamente) *El Conservador*[1], con motivo de la ofensiva que sus redactores emprendieron en el verano de 1820 contra los afrancesados, a la espera del decreto de las Cortes que iba a regularizar su situación legal. El artículo, que va firmado por "El Demócrito español", es difuso y anodino, pero no le falta malicia. Sin mentarle expresamente, se alude a sus antecedentes como antiguo subprefecto josefino, a su condición de periodista de éxito -que reconoce de mala gana- a su moderantismo político ("predica la concordia en su azulado papel") aunque no sin sugerir que estaba vendido al gobierno; y a destacar, su descomunal erudición sobre el teatro español (Burgos había publicado varios artículos sobre los dramaturgos del siglo de Oro). Para concluir, va la siguiente prosopografía, nada amable:

> Mas la verdad sea dicha, ya que a cuento viene, no tiene trazas de literato; pues lejos de parecerse a aguilucho hambriento, estantigua o esqueleto, es al contrario rechoncho y cuadrado, cari-ancho y bermejo de rostro, oji-saltado y un tanto carcomido de viruelas. En los felices

---

1. "Galería de caracteres", en *El Conservador* n° 56 (21.05.1820), f. = El Demócrito Español.

tiempos de su bien-andanza, encalabrinose hasta el extremo de hacer una comedia, donde su viperina intención sobresalía, amén de los sarcasmos que retumbar hicieron los techos del granadino teatro.

Respondieron con ironía los afrancesados de *El Censor,* aparentando seguirle la corriente:

¿Ignoraba usted acaso que [Burgos] *era gordo como un sapo,* que padecía de *gota,* y que tenía *los ojos reventones?*[2].

Lo de la comedia fue un lugar común persistente entre los adversarios de Burgos, especialmente en el Trienio. Se refiere a la pieza titulada *El presidente de la regencia,* propagandística y tremendamente hostil al bando patriota, que había escrito durante la pasada guerra aunque nunca se representó. A la misma hay también alusión indirecta en los párrafos que le dedicó el autor de la *Galería en miniatura de los más célebres periodistas, folletistas y articulistas de Madrid*[3], donde se esboza una descripción de Burgos, a decir verdad más traviesa que malintencionada, realzando los rasgos más personales en su quehacer periodístico. Dice así:

Comunero, (1) poeta de circunstancias, escritor bastante amazacotado, pero eminentemente liberal, pues así lo dice él mismo y nadie lo puede saber mejor que su omnisapiencia. Periodista a doce columnas por día y lo propio hiciera

si como son diez y siete
Fueran diez y siete mil.

Caudatario del Papa, defensor de la legitimidad y de las regalías de la Corona, azote del republicanismo, ideólogo consumado. Hizo comedias.

---

2. La respuesta al *El Conservador,* en el artículo titulado "La Miscelánea", en *El Censor* nº 5 (2.09.1820) p. 390. También una alusión en *El Universal* habla de su físico: "Señores editores del Universal: en esta aldea", en nº 55 (24.02.1822), comunicado f. = C.A.M. (Gratallops, 14.02.1822): "un editor tan redicho, tan orondo, y que tanto se pavonea y precia de sabio".
3. [Manuel Eduardo Gorostiza], "Burgos", en *Galería en miniatura de los más célebres periodistas, folletistas y articulistas de Madrid. Por dos bachilleres y un dómine.* Madrid: Imprenta de D. Eusebio Álvarez, 1822, p. 21.

(1) No salimos con todo garantes de la noticia, y eso que nos la dio una señora azafata de palacio que hizo el disparate de morirse no hace muchos meses.

Tras la caída del régimen liberal, se muestra más aséptico Carlos Le Brun en sus *Retratos políticos de la revolución de España* (1826)[4]. Dedica a Burgos 27 líneas, más razonantes que informativas. Le Brun le define como periodista constitucional y califica a sus escritos de "lecciones de libertad" a pesar del escepticismo, ironiza, de los comuneros. Ahí menciona la *Miscelánea*, *El Imparcial* y "sus cartas sobre el *viaje de la reina Amalia*" (sic), lo que demuestra que le suenan campanas pero no sabe bien dónde; probablemente se refiere a las *Cartas de la reina Witinia*, de autor desconocido pero quizás también afrancesado, e incluso atribuidas a la tercera esposa de Fernando VII, María Josefa Amalia de Sajonia[5]. Le Brun deja en suspenso la acusación de colaborar con el despotismo restaurado en la Ominosa Década ("es o no Burgos el alma de la policía"), pero no puede evitar una sombra de duda: "No negaremos ni concederemos esta imputación, por que no tenemos datos suficientes para lo uno ni para lo otro".

Dudas no tenía, en cambio, Antonio Alcalá Galiano en el comentario sobre Burgos incluido en un panorama de las letras españolas que escribió para la revista inglesa *The Athenaeum* (1834)[6]. La fecha es importante, porque Burgos era entonces ministro de un gobierno que aun no había

4. Carlos Le Brun, "Burgos", en *Retratos políticos de la revolución de España*. Filadelfia: 1826, p. 296.

5. *Cartas de la reina Witinia a su hermana, la princesa fernandina*, Madrid: Miguel de Burgos, 1822, serie de cinco folletos. Llegaron a atribuirse al marqués de Almenara, personaje próximo a Javier de Burgos y en todo caso, al entorno afrancesado: vid. Mercedes Comellas Aguirrezábal, "Las *Cartas de la reina Witinia* y la España del Trienio Revolucionario", en Piedad Bolaños Donoso *et al.* (coords.), *Homenaje al profesor Klaus Wagner. Geh hin und lerne.* Universidad de Sevilla, 2007, vol. 2, pp. 867-901; sobre la autoría de la reina Amalia, vid. el análisis de Emilio La Parra en su *Fernando VII. Un rey deseado y detestado*. Barcelona: Tusquets, 2018, pp. 390-392 especialmente.

6. Reeditado modernamente en Antonio Alcalá Galiano, *Literatura española del siglo XIX. De Moratín a Rivas.* Traducción, introducción y notas de Vicente Llorens. Madrid: Alianza, 1969. pp. 108-109; le atribuye también erróneamente, una traducción de la *Iphigénie* de Racine; vid. las notas de Llorens en pp. 160-161.

superado claramente su origen absolutista, mientras Alcalá Galiano, liberal exaltado y dirigente de la masonería durante el Trienio, se consumía en el exilio londinense. Con pretensiones de equidistancia, en realidad le pone a caldo, al elogiarle como traductor pero destacando su medianía como autor y su pleitesía a José I ("su amo"). Vicente Llorens, editor literario de Alcalá Galiano, advierte de sus errores y descuidos, muy evidentes en lo que dice sobre Burgos, hostil y con frecuencia infundado, hasta el punto de asignarle la comprometedora comedia *Calzones en Alcolea* (de Antero Benito en realidad) como muestra de su oportunismo literario; la confusión con *El presidente de la regencia* es evidente. Gracias a su pluma, sigue Alcalá Galiano, Burgos logró la protección que le habría permitido eludir el destierro en 1814, alcanzar el éxito periodístico y enriquecerse a costa de los empréstitos españoles en la bolsa de París. "El poeta, metamorfoseado en un Creso, ha caído en la indolencia". El propio Llorens demuestra estar influido por su valoración y asume alguno de los errores, como la atribución de *Calzones,* lo que ha contribuido a que lo hayan repetido otros historiadores en tiempos más recientes. De Llorens es también la atribución (esta vez correcta) del romance *La fe de los patriotas,* en el que se satiriza cruelmente a la España que combatía contra los franceses, y ya de su propia cosecha supone -en las antípodas de la realidad- que hasta la emigración en el Sexenio absolutista le fue provechosa gracias a su talento para los negocios. También le endosa la comedia *El optimista,* aunque sin expresar claramente que sea el autor; posiblemente copió la noticia de Cotarelo, quien parece identificar esta obra, original de Collin d'Harleville pero traducida por Burgos, con la muy posterior *El optimista y el pesimista,* que sí escribió él.

Entre tanto -estamos en 1834- los asuntos financieros del ministro de Fomento dieron pretexto para atacarle en un libelo escrito por un viejo enemigo de los afrancesados, el erudito Bartolomé José Gallardo, quien hizo de punta de lanza en la ofensiva organizada contra lo que él representaba políticamente. La persecución judicial a Gallardo, todo un sainete, amplificó ante el público los efectos deletéreos del folleto y para colmo, los términos de la redacción permitieron que resultara absuelto, para mayor escarnio de Burgos. Aparentemente, *Las letras, letras de cambio o los mercachifles literarios*[7] se limita a enlazar con la eterna

---

7. Bartolomé José Gallardo (identificado en el colofón), *Las letras letras de cambio o los mercachifles literarios. Estrenas y Aguinaldos del Dr. Tomé Lobar.* Madrid: Imprenta de D.M. Calero, 1834 (Nueva edición). La dedicatoria va fechada el 28 de diciembre de 1833. Vid. una síntesis del episodio en Ana María

cantinela contra los literatos afrancesados -Lista, Miñano y Hermosilla- acusándoles de presunción y afán de lucro, pero hay más en la trastienda. En realidad, la jugosa dedicatoria a Burgos, que se presenta envuelta en chusca ironía, no solo ridiculiza sus pretensiones señoriales sino que cuestiona su honradez, con alusión implícita ("las letras de cambio") a una deuda que habría dejado sin pagar en Marsella tras su quiebra comercial en 1817. El propio Gallardo lo filtró a la prensa y al Estamento de Próceres a finales del año 1834, añadiendo así motivos para prejuzgar la conducta de Burgos en la investigación a que estaba siendo sometido con motivo de su intervención en el empréstito Real, dicho Guebhard, que había permitido financiar a la España absolutista tras la caída del régimen liberal y -se sospechaba- enriquecer a sus gestores. Burgos salió exculpado, pero claro, a corto plazo eso le anuló políticamente y como siempre queda algo, afectó a su reputación. De hecho, todavía se repiten afirmaciones equívocas que apuntan a su culpabilidad[8], aunque ninguno de los que conocen el tema ha advertido razones de peso que permitan sustentarla.

Así las cosas, la fama de Javier de Burgos presentaba un saldo nada favorable, lastrada por atributos reales o figurados entre los que se cuentan la tacha de afrancesado, la falta de principios que le había hecho colaborar alternativamente con los moderados y los absolutistas, y su imperdonable superioridad intelectual, que llevaba aparejada una suficiencia propensa a irritar a la gente. Para colmo, a todo eso se sumaba ahora la sombra de la corrupción, que había servido de pretexto para expulsarle del Estamento mientras se aclaraban los hechos. No extraña mucho que, resentido, pasara los años siguientes en Francia reclamando una satisfacción adecuada y que, como sugiere la correspondencia que mantuvo con un amigo, el banquero Manuel Pérez Seoane, atravesara un prolongado periodo depresivo. Todavía recordaba el asunto el diario progresista *Eco*

Berazaluce, *Sebastián de Miñano y Bedoya (1779-1845)*. Pamplona: Eunsa, 1983, pp. 334-336; también Alejandro Pérez Vidal, *Bartolomé J. Gallardo. Sátira, pensamiento y política.* Mérida: Editora Regional de Extremadura, 1999, y Joaquín Álvarez Barrientos, quien se hace eco de la finalidad política en el ataque de Gallardo: "Las letras letras de cambio (1834), de Bartolomé José Gallardo, o la literatura como poder", en Beatriz Sánchez Hita y Daniel Muñoz Sempere (coord.), *La razón polémica. Estudios sobre Bartolomé José Gallardo*, Cádiz: Ayuntamiento de Cádiz, 2004, p. 262.

8. Vid. p.e. Jean-Philippe Luis, "La Década Ominosa y la cuestión del retorno de los afrancesados", en *Ayer* nº 95 (2014) p. 147: "hizo una fortuna hasta el punto de ser destituido de su mandato de diputado por corrupción diez años mas tarde".

del Comercio cuando volvió a Granada en el verano de 1840, al denunciar, pomposo, un supuesto trato de favor a Burgos:

> Acaba de suceder en esta capital un hecho escandaloso. El exministro Burgos, de fatal recuerdo, hace tres días que llegó a esta ciudad, y trayendo 52 cargas de equipaje o de lo que fuese, solicitó de este intendente, don Juan de la Cuadra, que no se reconociera en las puertas sino en su casa; en efecto así sucedió, pero habiendo llegado a ellas con los carabineros y dependientes que custodiaban los bultos, se recibió otra orden del mismo intendente para que no se tocase a nada y se retirasen, verificándose así, y dejando de esta manera oculto el fraude que pudiese llevar el ex ministro viajero. Y ¿Quién le ha dicho al señor Cuadra que se han de tener esas consideraciones con una persona a quien se le *echó solemnemente* del senado por... ¿Quién le ha dicho que en nuestra ley fundamental todos no son iguales ante ella? ¿Quién le ha dicho a ese intendente que se ha de mortificar en las puertas a un infeliz con una carga de leña, a un pobre que viene con un morral, mientras otros se les deja pasar libremente sin reconocer el número de cargas que han traído? Estos hombres no quieren constitución; solo sirven para mandar en tiempos despóticos[9].

Pero para entonces ya había comenzado la reacción a este estado de opinión, propiciada por una conjunción de factores de diferente índole: primero, se produjo entonces un impulso editorial al hilo de las nuevas condiciones culturales y tecnológicas en las que se desenvolvía la industria tipográfica[10], que se materializó en la proliferación de publicaciones de todo tipo, en particular antologías literarias y colecciones de biografías de personajes célebres; también, y no menos importante, las doctrinas administrativas, una ciencia de moda, se convirtieron en arma política al proporcionar argumentos en favor del nombramiento gubernativo de las autoridades municipales, punto que enfrentaba a moderados y progresistas; y por último, hay que contar con el influjo ejercido por el propio Burgos en lo que entonces se publicó, no porque se sirviera de plumas pagadas

---

9. *Eco del Comercio* nº 2303 (20.08.1840), "Granada, 15 de agosto".
10. Vid. Jesús Antonio Martínez Martín (dir.), *Historia de la edición en España. 1836-1936.* Madrid: Marcial Pons, 2001, p. 29 y ss.; M. Morán, "Tiempos de crisis y cambio: la edición de libros en Madrid a finales del Antiguo Régimen", en *Aportes. Revista de Historia contemporánea,* t. XXXI / nº 92 (2016) p. 135 y ss.

("hagiógrafos a tanto la línea", se ha llegado a aventurar[11]), sino por su ascendiente sobre los autores que se ocuparon de él. Hay evidencia, como se detallará a continuación.

En este escenario, Francisco Agustín Silvela, un antiguo protegido de Burgos que gozaba de una gran autoridad en materia de Administración, incluyó su *Instrucción a los subdelegados* en la *Colección de proyectos, dictámenes y leyes orgánicas* que editó (1839), haciendo un elogio superlativo del antiguo ministro: "aquel genio superior, aquella inteligencia privilegiada", escribió[12]. Burgos, todavía en París, reclamó en varias ocasiones el envío del libro a uno de sus corresponsales en Madrid, Pérez Seoane, quejándose del retraso en recibirlo[13]. Amigo de Silvela era Joaquín María Márquez, que también había hecho carrera en el ministerio de Fomento y en quien se da la circunstancia de que estuvo casado con Irene de Burgos, la hija mayor de don Francisco Xavier[14].

---

11. Alejandro Nieto, "La sombra de una sospecha: el empréstito Real de 1823 y Javier de Burgos", en Luis Cosculluela Montaner (coord.), *Estudios de Derecho Público Económico. Libro Homenaje al prof. Dr. D. Sebastián Martín-Retortillo*. Madrid: Civitas Ediciones, 2003, p. 1305.

12. Francisco Agustín Silvela, *Colección de proyectos, dictámenes y leyes orgánicas, o estudios prácticos de administración,* por don — —. Madrid: Imprenta Nacional, 1839, p. XXXVIII; de ahí lo toma Joaquín María Márquez en "Administración pública. Artículo cuarto", en *La Alhambra* tomo 3°, n° 19 (9.08.1840) p. 218, quien añade sobre Silvela: "estudió en Francia esta ciencia, y la ha practicado diestramente en España de secretario y de subdelegado". En el mismo sentido, vid. Javier Pérez Núñez "Francisco Agustín Silvela Blanco (1803-1857), ideólogo de la administración centralizada", en *Revista de Administración Pública* n° 157 (2002) pp. 122 y 138 especialmente.

13. Seminario de historia Moderna (SHM) de la Universidad de navarra, correspondencia del conde de Velle, cartas de Javier de Burgos a M. Pérez Seoane (París, 23.11.1839, 4.01.1840, 11.01.1840, 29.02.1840 y 21.03.1840); consulta realizada sobre copias mecanografiadas.

14. La boda, que se realizó en secreto, contra la voluntad del padre y rodeada de peripecias propias del ambiente romántico de la época, dio muchísimo que hablar en Madrid según P. Lenard, el agente de negocios de Diego de Burgos en la capital (Pedro Diego Lenard a D.M.ª de Burgos, Madrid 17.12.1830, en A. González Palencia, "Javier de Burgos, humanista y político", en *Boletín de la Real Academia Española* (*BRAE*) t. XXIII, n° CIX (1936) pp. 124-126). Ella falleció de tisis pulmonar el 4.06.1839 en Cádiz (AHN, Hacienda, 470, expediente de viudedad de su hermana Amalia de Burgos Álamo). En 3.09.1852 como secretario de S.M. con ejercicio de decretos, diputado a Cortes, etc., hizo certificación a favor de su pariente político Francisco

Entre julio y septiembre de 1840, esto es, precisamente cuando Burgos se instalaba en Granada al regresar de Francia, Márquez publicó en el periódico *La Alhambra* una serie de siete artículos sobre Administración pública, cuya inspiración depende en buena medida de Silvela, a quien cita expresamente[15]. Los artículos del 26 de julio, del 2 y del 9 de agosto tienen por protagonista al mismo Burgos, de quien se destaca de manera más o menos implícita su papel de creador de la Administración en España, tanto en los fundamentos doctrinales como en su puesta en marcha. Márquez disipa dudas sobre la gestión del empréstito Guebhard, tema maldito, para centrarse en la célebre *Exposición* al rey de 1826, de la que reproduce amplísimos fragmentos, especialmente de la parte que concierne a la organización de la administración, que proclama ser el origen del ministerio de Fomento. De su cosecha, aunque quizás inspirada por el propio Burgos, es la historieta de que este fue llamado por el rey para que le explicara su sistema de palabra, y que aunque tuvo una larga conferencia con él, etc., de momento no pudo ser a pesar de los esfuerzos de López Ballesteros ("celoso e infatigable ministro"), pero que finalmente se creó dicho ministerio en 1832, "cuyas bases fueron calcadas de la memoria dicha"[16].

Mantilla en la que afirma que con motivo de la invasión francesa de 1823, él, Márquez, abandonó su juzgado en Dalías y se refugió en Granada; en 1834 era oficial en el ministerio de Fomento (AHN, Hacienda, 3881/1451, expte. de clasificación de F. Mantilla), luego llamado del Interior, y en junio de 1835 fue nombrado Administrador Principal de Correos en Cádiz (AHN, Hacienda, 1155, expediente de J.Mª Márquez); biografía sucinta en Fernando Martínez López, "Joaquín María Márquez Lavería", en Instituto de Estudios Almerienses, *Diccionario biográfico de Almería* [En línea: Instituto de Estudios Almerienses. Consulta 25.09.2025].

15. Joaquin María Márquez, "Administración pública. Artículo tercero", en *La Alhambra* (Granada), tomo 3°, n° 17 (26.07.1840) pp. 197-200; "Administración pública", en tomo 3°, n° 18 (2.08.1840) pp. 203-207; "Administración pública. Artículo cuarto", en tomo 3°, n° 19 (9.08.1840) pp. 217-220. Las principales referencias a Silvela se hallan en dicho artículo cuarto y en el quinto (n° 21, 23.08.1840, pp. 241-242, "Administración pública. Artículo quinto. Estudios preparatorios"); en el último afirma que se sirvió de unos apuntes que este le hizo en 1834. De él enfatiza sus estudios de Administración en Francia, que acreditan su doctrina, y que "se ha hecho una autoridad por sus hechos y escritos". Los autores franceses que cita, afirma (barón de Gerando, Mr. De Cormenin, Mr. Duquénel, Charles-Jean Bonnin) van referidos en la obra de Silvela.

16. J. Márquez, "Administración pública", en *La Alhambra*, tomo 3°, n° 18 (2.08.1840) p. 206.

En cuanto a su gestión ministerial, es interesante advertir que, aun sin desconocer la importancia de la nueva división del territorio como factor de unidad nacional (versus el *provincialismo*, que enerva y desvirtúa la fuerza que dimana de la unidad), Márquez le concede una atención secundaria, al considerarla sobre todo en su aspecto técnico, como marco que hace posible el despliegue de la administración a través de los subdelegados, a cuya *Instrucción* se refiere mediante el comentario inserto en la *Colección de proyectos* de Silvela. Es una forma de entender la relación entre administradores y administrados que mira de arriba a abajo y que iba a tener larga repercusión en la praxis de la España oficial a lo largo de la historia. De la puesta en práctica de la administración, obra inacabada por culpa de la guerra civil, Márquez concluye enumerando con detalle las disposiciones de Burgos durante su paso por el ministerio de Fomento. En la misma línea discurre otro jurisconsulto de la escuela granadina y asiduo colaborador de *La Alhambra*[17], Manuel Ortiz de Zúñiga, quien publicó en esas mismas fechas sus *Elementos de Derecho Administrativo*, donde va aun más allá que Márquez y que el propio Silvela, al que copia el elogio de la inteligencia privilegiada, en su valoración de Burgos. Ortiz parangona la *Instrucción a los subdelegados* y las *Ideas de Administración* -conferencias pronunciadas por Burgos en 1840 en el Liceo de Granada- con el *Informe sobre la Ley agraria* de Jovellanos, considerándolos "los principales y casi únicos escritos que forman en España la base de la ciencia" (I, p. XIII), ciencia de la Administración, que distingue bien del Derecho administrativo. A las mismas conferencias asistió también otro de los pioneros de la Administración en España, Alejandro Oliván[18], quien calificó la *Instrucción a los subdelegados* como "precioso manual de administradores"[19].

Observaciones y juicios de esta clase orientaron la atención de las posteriores generaciones de administrativistas, pero más allá de estos autores, digamos, especializados, marcó el tono Eugenio de Ochoa en las

---

17. Manuel Ortiz de Zúñiga, *Elementos de Derecho Administrativo*. Granada: Imprenta y librería de Sanz, 1842-1843, 3. vols. [accesible en línea en Digibug (Universidad de Granada): consulta 14.07.2021]. Su biografía en el *Diccionario biográfico español* destaca la amistad y la influencia que Burgos ejerció sobre él durante estos años en Granada: vid. Javier Pérez Núñez, "Manuel Ortiz de Zúñiga Montemayor", en Real Academia de la Historia, *DB-e* [en línea. Consulta 4.05.2022].
18. Luis Blanco Domingo, "Alejandro Oliván y Borruel", en Real Academia de la Historia, *DB-e* [en línea. Consulta 4.05.2022]
19. Alejandro Oliván, *De la administración pública con relación a España*. Madrid: Boix Editor, 1843, p. 223.

páginas biográficas que le dedicó, a manera de introducción a sus escritos, seleccionados para sus *Apuntes para una biblioteca de escritores españoles contemporáneos en prosa y en verso* (1840)[20]. Ochoa está bien informado sobre el personaje y le otorga un trato singularmente favorable, hasta el extremo de embellecer descaradamente los hechos, aun sin poderse decir que falte a la verdad en una sola de sus afirmaciones; el matiz es importante. Además, como ya advirtió Donald A. Randolph, dio cabida en su antología a una cantidad desmesurada de páginas de Burgos, en comparación con otros escritores de su propio entorno como Espronceda y Zorrilla; de hecho, los *Apuntes* tienen el valor añadido de reunir un buen número de trabajos suyos hasta entonces dispersos o inéditos, asegurando así su preservación. La explicación de esta preferencia consiste, en parte, en que Burgos era para Ochoa "el amigote de Padre", o sea, de Sebastián Miñano, de quien consta que le ayudó a documentar las biografías de los *Apuntes*; pero especialmente, porque el propio Ochoa frecuentó el trato de Burgos cuando coincidieron en París[21], e incluso es probable que ese trato se remonte a la época constitucional en Madrid, siendo él todavía niño. Burgos, con orgullo evidente por la distinción de que era objeto, escribió sobre el particular a Pérez Seoane, dejando claro que había revisado (y censurado) la noticia biográfica de Ochoa, aprobando así implícitamente su contenido[22]. Creo que el interés intrínseco del siguiente fragmento justifica su transcripción:

---

20. Eugenio de Ochoa, *Apuntes para una biblioteca de escritores españoles contemporáneos en prosa y verso. Por Don* — —. Paris: Baudry, Librería Europea,1840, 2 vols.
21. Donald Allen Randolph, *Eugenio de Ochoa y el romanticismo español*, Berkeley and Los Angeles: University of California Press, 1966, p. 4, carta de Ochoa a Federico Madrazo (París, 08.01.1840): "te tendré al corriente de cuanto sepa por Burgos, el amigote de padre"; p. 113, sobre la desigual dedicación de Ochoa a los autores recogidos en su antología; en el mismo sentido, Raquel Sánchez García, *Eugenio de Ochoa (1815-1872). El hombre de letras en la España de Isabel II*. Madrid: Universidad Complutense (tesis doctoral), 2016, p. 168; vid. también J. López Tabar, "Cartas de Sebastián Miñano a Félix José Reinoso (1837-1841)", *Trienio, Ilustración y liberalismo*, n° 45 (2005) p. 169, sobre gestiones de Miñano para documentar los trabajos de Ochoa: "Ya sabe Vm. que Eugenio está escribiendo otro tesoro de escritores contemporáneos y entre ellos desea noticias de la vida de nuestro Hermosilla. ¿No podría Vm. pedir algunos datos de ella y de su carrera a algunos de los que pueden saberlos?" (S. Miñano a F. Reinoso, Bayona, 5.07.1839).
22. SHM, correspondencia del conde de Velle, X. de Burgos a M. Pérez Seoane (París, 5.06.1840).

En la edición que un librero hace aquí de *muestras de contemporáneos* (le han salido bien las ediciones del teatro del siglo 17 y las de ascéticos, historiadores, etc.) se han insertado muestras mías de verso y prosa, entre otras de Reinoso, Lista, Miñano, Amat, Bretón, Donoso Cortés, y no sé cuantos más. El encargado de recoger los materiales no se contentó con composiciones líricas y dramáticas, ni con trozos de prosa ya impresos, sino que envió a Madrid a buscar mi discurso de recepción en la academia española, y exigió que yo le diese un retazo de mi historia. Lo resistí, pero cedí a la postre y abriendo el tomo 4° por la parte en que se trataba de los sucesos de la Granja, me dijo «basta; permítame V. que copie unas páginas». Callé y las copió, y ya están impresas. Si yo no me fuese tan pronto, o el tomo, que tendrá 1000 páginas, pudiese acabarse en breve, habría aguardado a verlo concluido para enviar a V. un ejemplar; pero como la impresión durará hasta fin de año, y no sé si entonces podré desde Granada hacer que se le envíe a V., he tomado esas capillas, y las acompaño a V. por lo relativo a ese trozo de historia, y a Pepa por la comedia del *Baile de máscaras*. Si V. cree que el tal trozo puede producir buen efecto, hágalo insertar en la *Revista de Madrid*, designando la colección de donde lo toma, puesto que esta va luego a ser conocida; y si las odas se reputan de algún valor, siquiera porque en estos tiempos no se ocupe la poesía de algunos de los objetos en ellas tratados, haga V. que el mismo periódico mensual, u otro de los semanales o diarios inserte la que menos mal le parezca, si hay una u otra que no parezca mal del todo. En la noticia biográfica que precede, el compilador me ha tratado con benevolencia y lo habría hecho con entusiasmo si yo no tachase toda la parte de su noticia en que le manifestaba excesivo: la taché porque no la juzgasen otros tan desmedido como le juzgué yo mismo; pero es un mozo que me manifiesta mucha deferencia, y no debí contrariarlo hasta el punto de que insertase por toda noticia los desencarnados apuntes que le di. Si de nada de esos pliegos cree V. conveniente hacer uso, mire V. como nulas estas indicaciones, y el envío de estas capillas como una simple muestra de cariño y amistad.

Lo de la *Revista de Madrid* no cuajó porque Pérez Seoane objetó la conveniencia de publicar algo que iba a crearle enemigos a Burgos, y eso provocó un auténtico diálogo de besugos, al sostener este que la elección del fragmento de los *Anales* no había sido intencional y al mismo tiempo, insistir en su idoneidad. "El miedo de acarrearme *enemigos* no debe pues retraerme de decir lo que juzgo ser la verdad, cuando la circunspección con que durante seis años devoré la más atroz ofensa, no me ha libertado de seguir devorándola". Tras un prolijo razonamiento justificativo, concluía:

¿Serían esos cuatro personajes los quejosos? Sentiríalo por el buen Barrio Ayuso y por el inofensivo San Román, pero no por los otros dos, a quienes no tengo consideración que guardar. Ahumada me hizo un agravio con el cual alzó una barrera de bronce entre él y yo. Rodil fue el compañero de Mendizábal y Calatrava. ¿Qué habría pues de impolítico o de inoportuno en la publicación de la parte que tuvieron en los enunciados de los sucesos? Y no infiera V. de aquí que yo deseo que se suprima la relación de ellos. Lejos de eso he dicho antes que la publicación se hizo poco menos que a mi pesar. Pero ni una vez hecha me causa ella el menor remordimiento, ni me lo causará cuando saliendo a luz el tomo en que está inserta, haya uno u otro individuo que con buen o mal fin cuide de reproducirla[23].

Corrobora Ochoa que ante su insistencia, Burgos puso a su disposición el manuscrito de la *Historia del reinado de Isabel II* (sic, por *Anales*) además de otros textos, algunas composiciones inéditas y las poesías, que editó, eso es significativo, con variantes respecto a las versiones que ya habían ido apareciendo aquí y allá a lo largo del tiempo[24].

---

23. SHM, correspondencia del conde de Velle, X. de Burgos a M. Pérez Seoane (París, 27.07.1840).
24. E. de Ochoa, "Burgos (Escelentísimo Señor Don Javier de)", en *Apuntes (…)*, o.c., I, pp. 189-195. Siguen los textos de Burgos hasta p. 332: "Exposición dirigida a S.M. el Señor don Fernando VII" (París, 24.01.1826); "Discurso de recepción leído en la real Academia Española, en 19 de julio de 1827"; "Observaciones sobre el empréstito Guebhard" [Madrid, 6 de octubre de 1834]; "Fragmento del libro IX de la Historia del reinado de Isabel II" [la sublevación de los sargentos en la Granja]; Poesías: A la Razón, oda; El Porvenir, oda; Al desposorio del señor rey don Fernando VII con la señora doña Cristina de Borbón, oda; La Primavera. - A D.J.M. de A., oda; La Constancia.— A D.J.M.V., oda; La epIdemia de 1804.- A Amira, elegía; A D.J.M. de A. En sus días, romance esdrújulo; A D.J.M.V. en sus días, oda; El baile de máscara, comedia en tres actos (pp. 267-316); Traducciones de Horacio.- Oda III del libro III; Oda XI del libro III; Oda II del libro IV; Oda IV del libro IV; Oda II del libro V; Epístola XIV del libro I; Sátira II del libro VI. Vid. p. 195, nota, sobre su edición de la *Exposición* de 1826, que dice corregir las erratas de la impresión que se hizo en Cádiz en 1834.

Lógicamente, prevalece en la semblanza de Ochoa una perspectiva literaria a tono con el carácter del libro, aunque también se apuntan en ella algunos de los tópicos más señalados de la trayectoria de Burgos, cuya publicación -ahora sabemos- él mismo había autentificado. Ahí se cuenta el apadrinamiento por Meléndez y (con la boca chica) por Jovellanos, su temprano interés por el estudio en la economía y la administración, la pérdida de sus manuscritos al huir de Granada en 1812, su protagonismo exclusivo en los contenidos de la *Miscelánea*, la enfermedad que le obligó a abandonar la redacción del periódico, o sus teorías sobre poesía y arte dramático. Después de la mención -ineludible- a la *Instrucción a los subdelegados* y a su participación en el Estatuto Real ("en cuya formación se gloriaba de haber tomado gran parte"), Ochoa da una versión dignificada sobre la dimisión del ministerio en abril de 1834 y sobre la bochornosa expulsión de la sesión del 18 de octubre de 1834 del Estamento de los Próceres, episodio que había provocado una honda alteración psíquica en Burgos. Se advierte además una apología consciente del afrancesamiento, así como complicidad doctrinal, que se extiende a los retratos que dedicó a los inevitables Lista, Miñano, Hermosilla y Reinoso, pero también, a otras figuras representativas del liberalismo moderado como Clemencín, el marqués de Miraflores o Nicomedes Pastor Díaz.

Como tantos que viven de la pluma, Ochoa era un maestro en hacer sopa recalentada. Aprovechó las textos que había redactado para los *Apuntes* en posteriores publicaciones, de forma que no extraña hallar en un *Álbum Pintoresco Universal* del que fue colaborador, su biografía de Burgos, e incluso el discurso que este pronunció cuando le nombraron académico, en 1827[25]. La tesis que sostenía ahí alude al sentido o dignidad de las palabras en relación con el contexto literario, algo indicativo de la preocupación perenne de Burgos por la exactitud del léxico.

No fue la última ocasión en la que Ochoa se ocupó de su obra. En 1844, con motivo de la aparición de la edición definitiva de su traducción

---

25. *Álbum Pintoresco Universal, adornado con exquisitas láminas intercaladas en el texto. Colección de artículos relativos a toda clase de ciencias y artes; parte recopilados de las obras europeas más acreditas, y parte originales escritos por los principales escritores españoles, como son: Don Pedro de Madrazo, Don Eugenio de Ochoa, Don Pedro Pidal, Don Patricio de la Escosura, Don Antonio María Segovia (El estudiante).* Barcelona: Imprenta de D. Francisco Oliva, 1842, t. I, p. 355-358; el discurso de Burgos, en t. II (1842) pp. 532-536.

de las poesías de Horacio[26], ampliamente revisada, Ochoa publicó una recensión en cuatro artículos en *El Heraldo,* en la que quedan de manifiesto sus propias cualidades como crítico literario y a la vez, de excelente latinista. Las primeras líneas deberían llamar la atención de quien pretenda encontrar las claves del mapa mental de Burgos:

> Horacio es el poeta de la razón y de la sensatez, como Virgilio es el poeta del sentimiento y de la pasión: si nadie ha igualado al segundo en gracia y dulzura, ninguno tampoco puede competir con el primero en elevación de conceptos y de expresión, combinada con la mayor regularidad posible[27].

Nicomedes Pastor Díaz fue, a su vez, el autor de una semblanza bastante más extensa, escrita y publicada dos años después de los *Apuntes,* en una nueva colección biográfica en la que intervenían varios autores[28]. Don Nicomedes había entrado en Fomento siendo Burgos ministro y había colaborado en *El Artista,* la revista literaria fundada por Eugenio Ochoa y Federico Madrazo[29],

---

26. Vid. Javier de Burgos, *Las poesías de Horacio traducidas en versos castellanos,* con comentarios mitológicos, históricos y filológicos, por — — —. Refundida y considerablemente aumentada, 4 vols., Madrid: Librería de D. José Cuesta, 1844.
27. Eugenio de Ochoa, "Horacio", en *Miscelánea de literatura, viajes y novelas.* Madrid: Bailly-Balliere, 1867 p. 1. Los cuatro artículos se habían publicado originalmente en *El Heraldo* nº 622 (23.06.1844), nº 625 (26.06.1844), nº 688 (31.08.1844) y nº 787 (29.12.1844).
28. Nicomedes Pastor Díaz, "Don Francisco Javier de Burgos", en N.P. Díaz y F. de Cárdenas, *Galería de españoles célebres contemporáneos, o biografías y retratos de todos los personages distinguidos de nuestros días en las ciencias, en la política, en las armas, en las letras y en las artes.* T. II. Madrid: Vicente de Lalama, 1842, 71 pp.; precede retrato (litografía). Hay reimpresión de 1845 (Madrid: Imprenta y librerías de D. Ignacio Boix, editor), aunque podría ser error, resultado de un defecto de impresión en la numeración del tomo que figura en la portada y de una colocación anómala de las biografías al ser encuadernadas (llevan paginación exenta). [en línea: books.google.es. Consulta 16.06.2021]. Sigo la edición, más asequible, en Nicomedes Pastor Díaz, *Obras completas* (BAE CCXXVII). Estudio preliminar de D. José María Castro y Calvo. Madrid: Atlas,1969, t. I, pp. 157-191. Sobre la fecha de composición de la biografía de Díaz, el texto ofrece evidencia interna al citar los *Apuntes* de Ochoa, que dice "publicados hace dos años en París" (p. 186).
29. J.M. Castro, Estudio preliminar a N.P. Díaz, *o.c.,* t. I, p. XVIII.

lo que da idea de su simpatía hacia el personaje, que no oculta para nada a pesar de algunos suaves reparos a su posición política y literaria. "Más que historia se busca el panegírico", dirá Enrique Chao Espina al calificar sus biografías[30]. Al leer el prospecto de la obra que se proyectaba, y sin saber cuál de los colaboradores de la empresa iba a ocuparse de él, Burgos pidió a Pérez Seoane que mediara, a fin de recibir un tratamiento favorable. Le preocupaba especialmente el relato de su expulsión (o por mejor decir, de la suspensión temporal de asistencia que le impusieron en el Estamento de Próceres), una obsesión morbosa que el tiempo no había curado:

> Pero en fin los biógrafos son amigos de V. Todos ellos hacen gala de sus sentimientos de moderación y justicia, y es tiempo de que alguien los extracte [?] con respecto al hombre con quien se cometió la más infame de todas las infamias posibles ¿Podría V. a lo menos penetrar de esto a alguien a quien tocase el honor de ser mi biógrafo?[31].

Pérez Seoane debió cumplir bien, puesto que Burgos, satisfecho, le pidió que trasmitiera la expresión de su amistad a Díaz, y otro tanto cuando se reimprimiera la versión corregida del *Horacio*, "desapareciendo los lunares que con razón tachó mi biógrafo"[32].

---

30. Enrique Chao Espina, *Pastor Díaz dentro del romanticismo*. Madrid: CSIC, 1949, p. 497.
31. SHM, correspondencia del conde de Velle, X. de Burgos a M. Pérez Seoane (Granada, 18.01.1842). Hay anuncio de la *Galería de españoles célebres* en el *Correo nacional. Continuación del primitivo Español* nº 1326 (13.09.1841), aunque solo cita a Argüelles y a Arrazola entre los próximos biografiados: "Los directores de esta empresa son los señores Pastor Díaz y Cárdenas y los colaboradores los señores Alcalá Galiano, Pacheco, Donoso Cortés, Pidal, Escosura (D. Patricio), Puente y Apezechea, y Bermúdez de Castro (D. Salvador) (…). Esta interesante obra se publicará por cuadernos, cada uno de los cuales contendrá una biografía con su retrato respectivo, excepto algunos que no sea fácil adquirir. Cada seis biografías formarán un tomo regular de 20 pliegos, papel marquilla, poco más o menos. La suscripción se hará por tomos a razón de 30 rs. cada uno, y por cuadernos a 6 rs. con retrato, y 3 cuando no le tengan. En las provincias a 36 rs. franco de porte, y a 8 rs. el cuaderno suelto. El importe se exige adelantado, garantizado por el editor D. Ignacio Boix, que se encarga de la expedición de esta obra".
32. SHM, Correspondencia del conde de Velle, X. de Burgos a M. Pérez Seoane (Granada, 11.06.1842).

Díaz utilizó como pauta el relato de Ochoa, que sigue incluso en la redacción, pero lo amplifica con detalles que podrían apuntar al propio don Francisco Javier como fuente, siquiera de forma indirecta. Entre las afinidades con el texto de Ochoa recuérdese, por ejemplo, los pasajes sobre la pérdida de su biblioteca al abandonar Granada en 1812, que toma casi literalmente de los *Apuntes*, las referencias a su autoría en la *Miscelánea*, a los honores recibidos a su vuelta de París en 1827, a los preciosos trabajos de que dice, están llenos los archivos de la Junta de Fomento, y un largo etcétera.

El momento era propicio para reivindicar los valores del liberalismo conservador y combatir a los progresistas (herederos de las "exageraciones reaccionariamente democráticas de la escuela de 1812", p. 161) que se habían ensañado con Burgos, de modo que hacer su apología iba a servirle de pretexto para esos fines. Punto central en su estrategia fue atribuir a la *Miscelánea* que se había manifestado a favor de revisar la Constitución de Cádiz para acomodarla más al espíritu de la monarquía y ponerla

GALERIA
DE ESPAÑOLES CÉLEBRES
CONTEMPORANEOS,
ó
BIOGRAFIAS Y RETRATOS
DE

TODOS LOS PERSONAGES DISTINGUIDOS DE NUESTROS DIAS

en las ciencias, en la política, en las armas,
en las letras y en las artes.

PUBLICADAS

POR

D. NICOMEDES PASTOR DIAZ

Y D. FRANCISCO DE CÁRDENAS.

Imagen 1. Galería de españoles célebres contemporáneos (...). t. II, de Nicomedes Pastor Díaz y Francisco de Cárdenas (Biblioteca Nacional de España).

Madrid, 1842.
IMPRENTA DE DON VICENTE DE LALAMA,
Calle del Prado, núm. 27.

en consonancia con las costumbres de la nación; una especie que se incorporará a los tópicos habituales sobre Burgos en lo sucesivo. Muy en su linea, don Nicomedes inserta también el texto entonces inédito, sobre la elección del ministerio Martínez de la Rosa en 1834, que con ligeras variantes aparecería después en los *Anales,* la obra póstuma de Burgos, a quien reprocha -de manera chocante- su participación en la formación del Estatuto Real. La argumentación en favor de los principios del moderantismo es, desde luego, lo que más acentúa en la biografía, aun sin descuidar la crítica literaria, que aplicó a sus ideas sobre el teatro, esto es, la síntesis ecléctica entre las reglas clásicas y la animación propia del drama del siglo de Oro. Díaz reproduce también un par de estrofas de las odas *A la razón* y *Al porvenir,* que celebra, aun señalando el exceso de "razón abstracta" y el gusto latino ya pasado de moda. Pero abstracta o no, es evidente la intencionalidad con que seleccionó el fragmento de la oda *A la razón* que recoge en su propio texto; dice así, hablando del *error:*

> ¿Quién no le vio, ostentando ardiente celo,
> Proclamarse insolente
> El vengador del ofendido cielo,
> Y entre preces austeras
> Alzar cadalsos, y encender hogueras?
> Si el impulso violento
> Mostró atajar mas tarde
> ¿No sustituyó a un mal males sin cuento?
> De apagar el incendio que atizara
> Hizo estéril alarde:
> Tolerante ser quiso, y hundió el ara su torpe desvarío:
> Huyó de ser fanático, y fue impío.
> Campeón de las leyes,
> Paladín de sus fueros
> Tal vez ser quiso, y combatió a los reyes;
> Exageró con fementido encono
> Livianos desafueros;
> Escalón del patíbulo hizo el trono,
> Y sobre él alzó aleve
> La brutal tiranía de la plebe[33].

---

33. X. de Burgos, "A la razón", versos 12 - 31, en N. P. Díaz, *Don Francisco Javier de Burgos (…), o.c.,* p. 187.

Por lo demás, hay que hacer notar que Díaz fue el primero -entre los biógrafos- en proclamar los méritos de Burgos en relación con la Administración. Cierto que Ochoa ya había señalado los datos básicos, pero advirtiendo que se desentendía de su faceta como hombre público para centrarse en la de escritor, conforme al espíritu de sus *Apuntes*. La creación de una Administración ("de echar cuando menos sus cimientos") constituyó por tanto lo más trascedente de la gestión de Burgos a su paso por el ministerio de Fomento, si bien su organización quedó inacabada -disculpa Díaz- por la necesidad de evitar los "embarazos y obstáculos" que habrían surgido en el caso de reclamar la totalidad de las atribuciones gubernativas que estaban diseminadas en otras dependencias estatales (p. 176). El eufemismo apunta a disimular la oposición de los espadones, los generales Llauder y Quesada al poder civil durante las circunstancias críticas del levantamiento carlista. Advertirlo era importante porque intentaba prevenir -aunque no lo ha impedido- malentendidos como el achacable al profesor Alejandro Nieto, quien supuso un propósito deliberado de Burgos en privar a los subdelegados de toda atribución gubernativa cuando trazó su modelo de Administración; luego volveremos sobre eso.

Por lo demás, la explicación de Díaz se acomoda al pie de la letra a lo que el propio Burgos había indicado a Pérez Seoane en la carta ya citada del 18 de enero de 1842:

Podría ser que el que haya de escribir mi biografía crea como creyeron algunos, que yo hice mal en no organizar completamente la administración (1). Los motivos de mi conducta están desenvueltos en el capítulo 2 de mis lecciones de administración en que se trata de los jefes políticos. Si V. tiene influjo con el biógrafo, dígale que vea allí mi justificación.

(1) La administración, como se ha supuesto que pude hacerlo.

El capítulo II de las *Ideas de administración*, que Burgos invoca para justificarse, hacía alusión a la necesidad de prevenir nuevos conflictos, como los "que ya desde luego provocaron algunos capitanes generales, rehusando desprenderse de la dirección de la policía"[34].

---

34. J. de Burgos, *Ideas de administración*, "C. II, De los jefes políticos", en Eduardo Roca Roca (Estudio preliminar), *Las ideas de Administración de*

Díaz incorpora también a la biografía extensos pasajes de algunos de los escritos más emblemáticos de Burgos: de la *Exposición* dirigida a Fernando VII desde París en 1826, de las *Observaciones sobre el empréstito Guebhard* (1834) y de las conferencias sobre administración que había impartido en el Liceo de Granada (1840), este tomado de *La Alhambra*. Concluye trazando un retrato psicológico no exento de agudeza y que refleja, o lo asemeja, un conocimiento directo del biografiado. Escribe ahí:

> Ningún hombre muestra más apego que él a sus doctrinas, ninguno tiene convicciones más íntimas y profundas, y nadie, sin embargo, profesa más respeto a las doctrinas y convicciones de los otros. Severo hasta la rigidez con respecto a los principios, es tolerante hasta la condescendencia con las personas que más opuestos los profesan. Serio y ceñudo naturalmente, hasta pasar por áspero y desabrido, es ameno en su trato familiar, festivo en su trato íntimo, agasajador y rumboso en su casa, amigo de la sociedad y de preparar recreos y placeres a los que disfrutan de su confianza y su aprecio. Vehementísimo, impetuoso, *irasci celer*, como dijo de si mismo el poeta latino a quien ha hecho hablar la lengua de Garcilaso, es frecuentemente dócil y complaciente hasta la debilidad (p. 190).

Alude también ahí a su magnanimidad respecto al mérito ajeno, a su imparcialidad al asignar destinos cuando estuvo en el poder (discutible), y cómo no, a la huella no sanada que dejó en él el ultraje sufrido en el

---

Javier de Burgos, Alcalá de Henares, Instituto Nacional de Administración Pública, pp. 79-81. Con más detalle, vid. Manuel Morán Orti, "La división territorial en España: 1825-1833", en *Revista de Estudios de la Administración Local y Autonómica*, n° 247 (1990) pp. 595-596 especialmente. Además de N.P. Díaz, incorporan la explicación dada por Burgos su biógrafo A.P. ("Noticia biográfica del Excmo. Sr. D. Javier de Burgos", en *Anales del reinado de Dª Isabel Segunda. Obra póstuma de don Javier de Burgos*, Madrid: Establecimiento tipográfico de Mellado, 1850, tomo I, p. 20) y Antonio Pirala (*Historia de la guerra civil y de los partidos liberal y carlista, corregida y aumentada con la historia de la regencia de Espartero, por D. — — —*, Madrid: Felipe González Rojas Editor, 1889[3], t. I, p. 207); a su vez, Antonio Ferrer del Río ("D. Francisco Javier de Burgos", en *Galería de la literatura española*. Madrid: Establecimiento Tipográfico de D. F. de P. Mellado, 1846, p. 54) atribuye a la falta de tiempo el haber quedado inacabada la organización de la administración.

Estamento de Próceres. Por lo demás, en su empeño -pathos retórico- por presentarle como una víctima del furor partidista, dio de su biografiado una imagen, digamos terminal, que no parece que se correspondiera con la realidad:

Para él ha empezado ya la posteridad. Los partidos y combinaciones políticas en que pudiera figurar, han pasado por largo tiempo. Extraño a todos, aguarda el término de su vida en el retiro de su casa; y los consuelos de la amistad, los cuidados de la familia, mitigan los agudísimos dolores de gota, que a intervalos amenazan su existencia (p. 190).

El propio Burgos venía cultivando esa imagen de si mismo (quizás, para que le dejaran en paz sus enemigos), con alusiones a su proximidad al reposo de la tumba y otras semejantes[35], pero la verdad es que como traductor de Horacio, historiador de su época, especulador financiero, parlamentario y de nuevo ministro, iba a dar todavía mucho que hablar antes de su muerte en 1848. El trabajo de Nicomedes Pastor llega hasta 1842 y quedó por tanto incompleto, de modo que las ediciones posteriores incorporaron un *Apéndice* con lo más reseñable de sus últimos años, tomando datos de la *Noticia biográfica* firmada por A.P. que precede a los *Anales* (1850). Dicho apéndice figura, creo que por primera vez, en la edición de la biografía incluida en su *Álbum literario* que -con prólogo de Antonio Ferrer del Río- se encuentra en el tomo III de las *Obras completas* de don Nicomedes (1867), y se reprodujo también en la edición de la BAE, un siglo después[36]. Semejante peripecia, algo embrollada, podría dar algún sustento a errores como el cometido por el profesor Gay, quien supone ser "fuente originaria" de Nicomedes Pastor Díaz la *Noticia biográfica* de

---

35. J. de Burgos, *Ideas de administración*, en E. Roca, *Las ideas de administración (...), o.c.*, p.169.
36. "Don Francisco Javier de Burgos. Biografía", en *Obras de don Nicomedes Pastor Díaz. Tomo III. Álbum literario. Colección de escritos en prosa literarios y académicos*. Madrid: Imprenta de Manuel Tello, 1867, pp. 121-198. En el *Apéndice* (p. 198) se dice haber tomado los hechos acaecidos entre 1842 y 1848 de "la Biografía que al frente de su obra póstuma *Anales del reinado de Doña Isabel Segunda* se publicó con las iniciales A.P.". Esta edición de 1867 es la empleada por J.M.ª Castro y Calvo en el estudio preliminar de la que él mismo preparó para la BAE en 1969 (vid. *ibi*, I, p. IX).

A.P., al haber confundido esta última con la publicada por Ochoa en los *Apuntes*[37]. La dependencia informativa es evidente, pero (con la salvedad del *Apéndice*) funciona al revés.

Todo sumado, la biografía de Díaz es por sus valores literarios, por la razonable extensión con que fue redactada y sobre todo por tratarse de la más accesible gracias a sucesivas ediciones, la que habitualmente se ha empleado como prontuario de urgencia sobre la vida de Javier de Burgos, incluso en época reciente. De ahí, también, que pueda considerarse la que más ha contribuido a fijar la imagen histórica que se ha proyectado a los tiempos postreros. Imagen algo convencional y acorde con los valores decimonónicos (conservadores), que evoca la figura del patricio venerable, estadista de miras elevadas que antepuso la administración benéfica a la política electoralista, burgués amante del orden y la prosperidad de los pueblos, patriota ecuánime ante la adversidad, etcétera, a la vez que humanista cuyos méritos habrían sido deprimidos inicuamente por el cainismo ibérico.

No mucho después, en 1846, aparecía una nueva semblanza de Burgos. Fue obra de Antonio Ferrer del Río, quien la incluyó en una *Galería* concebida como regalo para los suscriptores de *El Museo de las familias*, una publicación del editor Francisco de Paula Mellado[38], lo que da idea

---

37. Error ya advertido por Ismael Elías Muñoz, *El horacianismo de Javier de Burgos en su contexto histórico, sociocultural y literario*. Tesis doctoral. Madrid: Universidad Complutense, 2016 [en línea: E-Prints Complutense (pdf)], p. 88; vid. Juan C. Gay Armenteros, *Política y administración en Javier de Burgos*. Granada: Centro de Estudios Municipales y de Cooperación Interprovincial, 1993, p. 21 nota, donde citando la edición de 1842 de la biografía en la *Galería*, tomo II, p. 62, afirma que "Pastor Díaz tuvo acceso al manuscrito en vida de Javier de Burgos, y reconoce paladinamente que utilizó la *Noticia* (…) para elaborar la *Galería*". Lo que en realidad escribe Nicomedes Pastor Díaz en ese lugar es que estando en París, Burgos "escribió la historia del reinado de Isabel II, obra que acaso no verá la luz pública en vida de su autor, y de la cual no hemos visto sino un corto fragmento en los *apuntes para una biblioteca de españoles célebres contemporáneos* publicados ahora dos años en París". La nota se repite literalmente en posteriores publicaciones: vid. entre otras, J. Gay, *Javier de Burgos. El reformista ilustrado*. Madrid: Fundación FAES, 2014, p. 137.

38. Antonio Ferrer del Río, "D. Francisco Javier de Burgos", en *Galería* (…), *o.c.*, pp. 45-66. Cfr. Jesús Antonio Martínez Martín, *Los negocios y las letras: el editor Francisco de Paula Mellado (1807-1876)*. Zaragoza: Prensas de la Universidad de Zaragoza, 2018, pp. 216-217.

de la finalidad comercial del encargo. Ferrer -afirma en la advertencia preliminar- dispuso de muy poco tiempo para hacer el trabajo, que redactó con estilo divulgativo aunque grandilocuente, amenizándolo con alguna anécdota bobalicona como la atribuida al padre del biografiado sobre su glorioso futuro. Dicho sea de paso, cabe admitir un fondo de verdad en la idea que se transmite sobre el talento precoz de Burgos, pero por lo que se sabe sobre la personalidad del progenitor, don Diego Antonio, no resultan nada verosímiles las expresiones que le atribuye:

> Por su imaginación privilegiada y por la fabulosa precocidad de su talento eclipsaba el brillo de sus condiscípulos más sobresalientes, excitaba la admiración de sus maestros y era orgullo de su padre. Sonreía este al oir en boca de amigos y deudos elogios del estudiante, pomposos siempre y nunca desmedidos; y contestaba: *¡Oh! mi Javier ha de ser hombre de provecho.* —Crecía Burgos en años con menos rapidez que en instrucción y en celebridad por sus estudios ya graves, ya amenos, y subían de punto las felicitaciones al padre de tal hijo; y el buen anciano ensanchaba el circulo de sus deseos y pretensiones, diciendo a menudo y con la majestad de un profeta; —*Mi Javier ha de ser ministro de España.* —Y á los seis lustros se cumplía su vaticinio (p. 52).

En ocasión posterior (el capítulo introductorio a los *Anales*, también obra de Ferrer), declara haber tenido una amistad íntima y largas y frecuentes conversaciones con Burgos[39], pero está claro que si fue así, el contenido de esas charlas no influyó casi nada en lo que dejó escrito sobre él en la biografía de su propia *Galería*, que es una interpretación libre y apenas actualizada, casi un plagio de la de Nicomedes Pastor Díaz, especialmente en la parte política. En cambio ("narramos un viaje de dos jornadas"), pisa más firme al ocuparse de su vida literaria, donde da noticia de una reciente comedia, *Desengaños para todos*, no mencionada con anterioridad, que podría ponerse en escena en el Liceo de Madrid[40]. Ahí se permite también algún juicio algo más original, que resume en la falta de "práctica de luneta" de Burgos considerado como autor teatral. Concluye Ferrer con un crescendo del tono dramático en su discurso, al trazar la habitual etopeya, bastante inspirada en la de Pastor Díaz.

---

39. A. Ferrer del Río, "Introducción", en Javier de Burgos, *Anales* (...), o.c., I, p. 141.
40. A. Ferrer del Río, "D. Francisco Javier de Burgos", en *Galería* (...), o.c., p. 63.

Que una parte de la fama de Burgos respondía aun a su obra literaria lo confirma la inclusión de la oda "El porvenir" en el *Album literario español* con el que Mellado amplió en el mismo año, el obsequio a sus suscriptores[41]. Por otra parte, desde su regreso a España en 1840, amigos y simpatizantes de Burgos habían facilitado la difusión de sus escritos, aparecidos en *La Alhambra* sin solución de continuidad[42], mediante su reimpresión en publicaciones como la *Revista Andaluza*, la *Revista de teatros* y *El panorama*, que sirvieron como amplificadores de su fama. La primera, órgano del Liceo de Sevilla, no solo reprodujo las *Ideas de administración* y el discurso *De la libertad de comercio*, sino que tomó de los *Apuntes* de Ochoa ("nuestro colaborador") la comedia *El baile de máscaras*, utilizando también datos de la biografía escrita por Nicomedes Pastor Díaz ("nuestro digno amigo")[43]. *El Panorama*[44] publicó entre

---

41. "El porvenir", en *Álbum literario español*. Madrid: Establecimiento Tipográfico de D. F. de P. Mellado, 1846, pp. 21-24; el editor afirmaba ser el *Álbum* una segunda parte de la *Galería* de Ferrer del Río y que las poesías "son elegidas por los señores que las han escrito, quienes se han prestado benévolamente a señalarnos aquellos de sus escritos que miraban con preferencia"; vid. Luis Felipe Díaz Larios, "La selección poética del Album Literario Español ¿Una propuesta canónica?", en *Romanticismo 7. La poesía romántica: actas del VII Congreso (Nápoles, 23-25 de marzo de 1999)*. Bologna: Il Capitelio del sole, 2000, pp. 49-58.

42. Se trata de las *Ideas de Administración*, los apuntes biográficos de dramaturgos españoles y varios otros trabajos: vid. notas 449 a 454 sobre esas colaboraciones en el periódico. Pueden verse referencias sumarias a esos escritos en el utilísimo índice de Nicolás Marín, *La Alhambra. Época romántica (1839-1843). Índices* (Anejos del Boletín de la Universidad de Granada. Índices de revistas IV). Granada: Universidad de Granada, 1962, pp. 23-24 (actualmente, índice y revista están accesibles en línea en Biblioteca Virtual de Andalucía. Consulta 25.07.2021).

43. "El baile de máscaras", en *Revista andaluza*, t. IV (número conjunto de 15 y 30.05.1842) pp. 656-702 y la "Advertencia", en p. 728; La revista, editada por el Liceo de Sevilla, se había ya significado en favor de Burgos con la inserción de las *Ideas de administración* y el discurso *De la libertad de comercio*, conferencias pronunciadas en el Liceo de Granada que se habían publicado originalmente en *La Alhambra*: cfr. *Revista andaluza*, t. I (1841), p. 344 y ss., 386 y ss., 429 y ss., 462; t. II, p. 2 y ss., p. 49 y ss., y 193 y ss.

44. *El Panorama. Periódico de literatura y artes*, t. IV, nn. 94 y 95 (15 y 22.10.1840) pp. 242-244 y 258-263, Lope de Vega; nn. 96 y 97 (29.10 y 5.11. 1840) pp. 275-278 y 290-291, Tirso de Molina; nn. 98 y 99 (12 y 19.11.1840) pp. 305-308 y 325-328, Calderón de la Barca; nº 100 (26.11.1840) pp. 341-342, Rojas Zorrilla; nº 101 (3.12.1840) pp. 359-381, Moreto y Hurtado; nº 103

octubre de 1840 (con una semana de demora respecto a su aparición en *La Alhambra*), los artículos biográficos de Lope, Tirso, Calderón, Rojas Zorrilla, Moreto, Hurtado, Pérez Montalbán y Solís. Con algo menos de asiduidad, en 1841 fueron apareciendo los de Miguel de Barrios, Francisco Bances Candamo, Antonio de Zamora, José Cañizares, José Fernández Bustamante, el marqués de Villena y el abate don Juan Andrés. Siguió la publicación de los discursos sobre el teatro español, también tomados de *La Alhambra*, que había pronunciado Burgos en el Liceo granadino. Estas conferencias, en las que sintetiza y fija su última posición en relación a la teoría dramática, se insertaron simultáneamente en la *Revista de teatros*[45].

En conjunto, puede afirmarse que en esos años Burgos recibió un discreto reconocimiento como autor dramático y como poeta gracias, al menos en parte, a su inclusión en las galerías biográficas, las antologías y las revistas culturales de que se ha hecho mención; de hecho ocupa junto a Martínez de la Rosa un lugar preferente en el retrato colectivo de los poetas contemporáneos pintado por Esquivel (1846) y que paradójicamente es una apoteosis del mundillo romántico español, una estética que Burgos repudiaba. Por supuesto, su nombre nunca falta (aunque confundido en el

---

(17.12.1840) pp. 384-388, Pérez Montalbán; nº 104 (24.12.1840) pp. 401-402, Solís; nº 106 (7.01.1841) p. 14, Miguel de Barrios; nº 108 (19.01.1841, pp. 26-27, Francisco Bances Candamo y Antonio de Zamora; nº 109 (25.01.1840) p. 34, José Cañizares y José Fernández Bustamante; nº 117 (13.03.1841) pp. 97-100, el marqués de Villena; nº 119 (25.03.1841) pp. 114-117, el abate don Juan Andrés; nn. 121 y 122 (7 y 13.04.1841) pp. 131-134 y 137-139, Discurso sobre el teatro; nn. 124 y 125 (25.04 y 1.05.1841) pp. 153-157 y 161-163, Segundo discurso; nn. 126 y 127 (7 y 13.05.1841) 170-173 y 180-182, Discurso tercero. Por su parte, Juan Eugenio Hartzenbusch seleccionó el artículo sobre Tirso para una antología formada con los de varios autores, que acompañaba su edición de las *Comedias escogidas de fray Gabriel Téllez (el maestro Tirso de Molina) juntas en colección e ilustradas por D. — — —* (BAE t. 5). Madrid: Imprenta de la Publicidad, 1850[2], pp. XXVII-XXX. El mismo colector tomó de *El Panorama* el artículo sobre Calderón, que incluyó (incompleto) en los mismos términos, en la edición de las *Comedias de don Pedro Calderón de la Barca: colección más completa que todas las anteriores hecha e ilustrada por D.* Juan Eugenio Hartzenbusch (BAE t. 7). Madrid: M. Rivadeneyra, 1851[2], pp. LVIII LX.

45. Vid. *Revista de teatros. Periódico semanal de literatura, sátira y bellas artes.* La publicación de los discursos sobre el teatro español debió empezar en el número 4 (25.04.1841), que no he visto, y siguió hasta su conclusión, en el nº 5 (2.05.1841) pp. 33-35; nº 6 (9.05.1841) pp. 41-42; nº 7 (16.05.1841) pp. 49-50; nº 8 (23.05.1841) pp. 57-59; n.º 9 (30.05.1841) pp. 65-66; nº 10 (6.06.1841) pp. 73-74; nº 11 (13.06.1841) pp. 81-83.

montón), en el canon de escritores consagrados: véase la lista incluida en la *Enciclopedia de la juventud* (1826)[46], la de los cincuenta y tres escritores dramáticos y poetas líricos de la *Revista de teatros* (1841)[47], o la de los ciento siete autores vivos de dramas originales que apareció en la revista literaria de *El Español* (1845)[48]. Pero poco más. Lo que parece coherente con el hecho de que su dedicación a la literatura de creación careció de la continuidad y de la intensidad propia de un escritor profesional. En la "Rápida ojeada sobre la historia del teatro español" de Mesonero, un ensayo en el que se advierte afán de colocar a cada uno en su sitio, Burgos apenas merece una breve mención entre los dramaturgos segundones de la época. Ahí se fija el tópico, que por otra parte no era un secreto para nadie, de que en "*Los tres iguales* había pretendido reunir el rigorismo de las reglas clásicas, con el enredo y versificación del antiguo teatro español"[49]. En su monografía sobre *El Cínife* (1845), Juan H. Sampelayo da noticia del humorístico escalafón publicado bajo el título de "Regimiento de literatos españoles" en el que Quintana figura como coronel y Lista teniente coronel. Sin duda, el criterio jerarquizador, sea el que fuere, tiene mucho de subjetivo: Zorrilla y García Gutiérrez son comandantes primeros, a los que sigue una nómina muy nutrida de oficiales (Mesonero, Campoamor, Pastor Díaz, San Miguel, Nicasio Gallego, Gil y Zárate y un largo etcétera) detrás de los cuáles encontramos a Patricio de la Escosura y a Burgos en la clase de sargentos segundos. Claro que por debajo queda todavía una escalilla en la que se encuentra Tapia (con el rango de cabo) y Ochoa (soldado raso). Pirala figura entre la patulea y para concluir, a González Bravo se le supone "expulsado por unanimidad"[50].

---

46. Agustín [Pérez] Zaragoza Godínez (trad. y adaptación), *Enciclopedia de la juventud, o sea, compendio general de todas las ciencias*. Madrid: 1826, t. IV, p. 76, "Escritores en todas materias", f. = Alvarado.

47. *Revista de teatros* n° 13 (27.06.1841) p. 104.

48. *El Español. Revista literaria, periódico semanal de literatura, bellas artes y variedades* n° 2 (8.06.1845) p. 8.

49. R. de Mesonero Romanos, "Rápida ojeada sobre la historia del teatro español", en *Semanario Pintoresco Español* año VII, n° 50 (11.12.1842) p. 398; en la misma línea, vid. Marcelino Menéndez Pelayo, *Estudios y discursos de crítica histórica y literaria*, VII, en *Obras completas de* — — — [En línea: Biblioteca Virtual de Polígrafos. Consulta 5.05.2022] pp. 242 y 265.

50. *El Cínife* n° 2, pp. 2-4, cit. por Juan H. Sampelayo, *El Cínife (Madrid, 1845)*. Colección de índices de publicaciones periódicas, XI. Madrid: Instituto Miguel de Cervantes del CSIC, 1950, pp. 13-14.

Ferrer del Río se fija también, y es en eso original, en la faceta de Burgos como orador parlamentario, destacando el rigor de su argumentación y la soltura de su exposición, hasta el punto, dice, de parecer que recitaba de memoria ("habla como un libro") cuando en realidad su elocuencia era resultado de la improvisación[51]. Todo sumado, la biografía de Ferrer, con otros comentarios publicados aquí y allá de manera ocasional, contribuyeron a generalizar la imagen de Burgos en el sentido inspirado por Eugenio de Ochoa y Nicomedes Pastor Díaz. Ese es el espíritu que se refleja en una publicación amiga, el diario conservador *El Español*, donde se insertó la siguiente gacetilla con ocasión de su fallecimiento[52]:

Dos días antes de morir este notable personaje, se presentó en su casa el señor Mellado con un número considerable de pruebas de una obra en que se ocupaba el señor Burgos. Tal era el estado de su gravedad en los momentos de que hablamos, que la familia no se atrevió a pasarle recado; pero conociendo el carácter del paciente, le dio aviso de la llegada del editor. Burgos le hizo pasar adelante, y se levantó trabajosamente de la cama y en medio de sus dolores y de su extremada debilidad, con una fuerza de voluntad indomable, se sentó en su bufete y corrigió las pruebas. En seguida le dijo a Mellado que le llevase las que quedaban, y se acostó en su último lecho para no levantarse jamás. Cuando al día siguiente llegó el señor Mellado con las pruebas, se encontraba el señor Burgos en el estado más lastimoso. Había perdido todo el movimiento. Sin embargo, conservaba toda su inteligencia, su espíritu no le había abandonado, y vio llegar la muerte con una serenidad socrática.

Javier de Burgos murió el 22 de enero de 1848 en su casa de la calle de Jacometrezo nº 43 a consecuencia, según la certificación facultativa, de una gripe complicada con una hiperemia cerebral y un catarro pulmonar[53]. Sus biógrafos, desde el anónimo A.P. al más reciente Juan Gay, suelen culminar

---

51. A. Ferrer del Río, "D. Francisco Javier de Burgos", en *Galería (...), o.c.* pp. 45-46.
52. "Rasgo extraordinario del señor Burgos", en *El Español* nº 1107 (30.01.1848) p. 4; reproducido también en *El Heraldo* nº 1735, p. 4, de la misma fecha.
53. AHN, Hacienda, leg. 470, partida de defunción de Javier de Burgos (inserta en el expediente de viudedad de su hija Amalia de Burgos Álamo).

Imagen 2. "Los poetas contemporáneos. Una lectura de Zorrilla en el estudio del pintor". Óleo de Antonio Esquivel, 1846 (Museo del Prado).

sus relatos con la anécdota según la cual, en sus últimos momentos pidió al sacerdote que le leyera "los evangelios y en latín, que me gustan más"; lo que más allá del efecto escénico, nos traslada la idea de fidelidad a sus creencias cristianas, que él vivió con el sentido estético propio de un espíritu cultivado. En cuanto a las pruebas de imprenta que se mencionan en el artículo citado, parecen tratarse de una antología de textos inéditos o dispersos sobre administración, economía, historia y literatura que estaba preparando. A la aparición inminente de esta obra se había referido el mismo periódico pocos días antes[54], pero no hay noticia de que llegara a publicarse, quizás porque la muerte del prócer le hizo perder atractivo comercial.

Para entonces todo el mundo se había sumado al coro de alabanzas, aunque no sin alguna reticencia cuando el elogio venía de ambientes políticamente adversos. Obsérvese el matiz de lo que se escribió en el *Semanario pintoresco español*, propiedad en esas fechas del notorio

---

54. "Dentro de breves días verán la luz pública", en *El Español* nº 1096 (18.01.1848).

progresista don Ángel Fernández de los Ríos, al comentar un retrato del prócer que publicaron a poco de su fallecimiento[55]:

> Conocidas son de todos las circunstancias mas notables de la vida del traductor de Horacio, del director de la *Miscelánea* y del *Imparcial*, del ilustrado y animoso reformador de la administración, del estudioso individuo de la Academia Española, del que se halló á la cabeza del ministerio de Fomento, debido a sus afanes y laboriosidad.
>
> Únicamente hemos creído oportuno consagrar un recuerdo en nuestras columnas, a la memoria de este personaje notable que la muerte acaba de arrebatar, y a quien la prensa de todos colores, olvidando los errores del hombre y haciendo justicia al sabio, ha pagado ese envidiable tributo de respeto y admiración que al fin se dispensa al verdadero mérito, al talento y al estudio.

El último de los escritos biográficos que tiene entidad entre los dedicados a Burgos en el siglo XIX, se halla al frente de los *Anales*[56], la obra cuya publicación acordaron los herederos con Mellado a poco de fallecer su autor. Va firmado con las iniciales A.P., en las que Manuel

---

55. "Don Francisco Javier de Burgos", en *Semanario pintoresco español* n° 7 (13.02.1848) p. 49. El retrato, un grabado en madera, se aprovechó para el muy reeditado *Álbum biográfico. Museo universal e retratos y noticias de las celebridades actuales de todos los países, en las ciencias, la política, las letras, las artes, la industria, las armas, etc.* Su autor D. Ángel Fernández de los Ríos. Madrid: Oficinas del Semanario pintoresco español, 1849 (Cuarta edición, corregida y aumentada) p. 67; lleva comentario biográfico en el tono laudatorio que ya se había hecho habitual.

56. A.P., "Noticia biográfica del Excmo. Sr. D. Javier de Burgos", en J. de Burgos, *Anales (…)*, o.c., tomo I, 46 pp. + apéndices: "Número 1.°— Exposición dirigida al señor don Fernando VII desde París, en 24 de enero de 1826, sobre los males que aquejaban entonces á España, y los medios de remediarlos" (pp. 47-72); "Número 2.°—Real decreto para el establecImiento de subdelegaciones de Fomento en las provincias, é instrucción para gobierno de los subdelegados, aprobada por Su Majestad" (pp. 73-110); "Número 3.°— Observaciones sobre el empréstito Guebhard" (pp. 111-125); "Introducción" (firmada por Antonio Ferrer del Río, Madrid, 27 de marzo de 1850, pp. 127-141). En p 1, nota: "Muchas de las noticias que aquí damos, están sacadas de la excelente biografía publicada por el Sr. D. N. P. Díaz en 1842".

Moreno Alonso identifica al historiador Antonio Pirala[57]. Aunque no lo justifica, la atribución es plausible, teniendo en cuenta los intereses historiográficos de Pirala, muy orientados a los acontecimientos políticos contemporáneos, y que fue (como Ferrer del Río) un autor próximo a la editorial de Mellado[58]. En mi opinión, lo corrobora el hecho de que Pirala parafraseó posteriormente, en su propia *Historia*, los pasajes de la *Noticia biográfica* dedicados a la etapa del ministerio de Fomento, y que en líneas generales coincida en su valoración[59]. En cualquier caso, el trabajo de A.P. resulta pobre como fuente de información novedosa, aunque responde razonablemente a las expectativas de la época sobre el género biográfico: una prosa de nivel aceptable, capaz de resaltar las virtudes cívicas del personaje en cuestión y (eventualmente) sus logros literarios, mediante un trazado de las vicisitudes de su vida hecho con la profundidad suficiente (pero no más) para hacer verosímil y amenizar el relato. A lo que, en este caso concreto, se añadía la necesidad de presentar ante los lectores al autor de los *Anales*, proporcionando un contexto que hiciera inteligible su obra. Una tarea, por tanto, fundamentalmente literaria y que no necesitaba una investigación histórica ardua. En la práctica, una vez más es patente la deuda informativa con Nicomedes Pastor Diaz, deuda que se declara desde la primera página y es especialmente cierta para el relato de las etapas iniciales en la vida de Burgos. Sea quien sea el autor, tiene presente a Díaz

---

57. Manuel Moreno Alonso, *Historiografía romántica española. Introducción al estudio de la historia en el siglo XIX*. Sevilla: Universidad, 1979, p. 524. Desde entonces la atribución se ha hecho común, aunque nadie, que yo sepa, lo fundamenta: vid. Julio Aróstegui, "Estudio preliminar. Antonio Pirala en la Historiografía Española del siglo XIX", en A. Pirala, *Historia de la Guerra Civil y de los partidos Liberal y Carlista*, t. I, Madrid: Turner, 1984, p. LXVI (el apéndice con la bibliografía de Pirala); lo mismo en Pedro Rújula, "El historiador y la guerra civil: Antonio Pirala", *Ayer* n° 55 (2004) p. 68. Por el contrario, Beatriz Antón Martínez atribuye dichas iniciales a Alberto de la Puente, aunque tampoco aclara el porqué: vid. "El humanista ilustrado F. Javier de Burgos, traductor y comentarista de las Odas de Horacio (ed. de 1844)", *Actas del VII Congreso Español de Estudios Clásicos (Madrid, 20-24 de abril de 1987)*. Madrid: UCM, 1989, t. III, p. 365.
58. Cfr. J.A. Martínez Martín, *Los negocios (…)*, o.c., p. 191; P. Rújula, *art. cit.*, p. 72.
59. Antonio Pirala y Criado, *Historia de la guerra civil y de los partidos liberal y carlista, corregida y aumentada con la historia de la regencia de Espartero, por D. — — —*, Madrid: Felipe González Rojas Editor, 1889 [ed. 3ª y definitiva], t. I., especialmente pp. 207-208 [En línea: Biblioteca Virtual Miguel de Cervantes. Consulta 29.12.2021].

en todo momento para su propia redacción, reproduciendo incluso largos fragmentos de su obra (también de la de Ochoa). Dedica, como es razonable, mayor atención y páginas a la época más tardía, de modo que en realidad, su principal aportación consiste en haber actualizado la información hasta sus últimos años como literato y político. Da cuenta, por tanto, de la segunda edición del *Horacio*, enumera de forma detallada las disposiciones dictadas desde el ministerio (Fomento y Gobernación) y aporta información sobre su actividad parlamentaria en los años cuarenta, aun sin descuidar la argumentación justificativa sobre el affaire del empréstito Guebhard, un lugar común entre sus biógrafos pero que en este caso era ineludible porque aunque no se dijera, estaba en el origen de la tarea emprendida por Burgos como historiador de su tiempo. Se encuentra en cambio ausente, y es lógico, la intencionalidad ideológica que había animado el trabajo de Nicomedes Pastor Díaz, puesto que la biografía de A.P. estaba destinada a formar parte de un proyecto -la edición de los *Anales*- planteado para hacer negocio[60], no propaganda política. A este respecto, el autor se siente incluso obligado a insinuar su propio distanciamiento de las creencias políticas y literarias de Burgos ("por nuestra edad y las tendencias de la educación de la época"[61]). Resulta también indicativo que se seleccionaran para insertar como apéndices los tres textos que, aun siendo bien conocidos a esas alturas, dejaban en mejor lugar la figura de Burgos a tenor de los tiempos: la *Exposición* de 1826, que le había dado fama de aperturista, aunque sin partidismo; el decreto e *Instrucción* sobre subdelegados de Fomento, que era el epítome de sus ideas más celebradas sobre el buen gobierno de los pueblos, y las *Observaciones* sobre el empréstito Guebhard, en las que había combatido satisfactoriamente, se supone, la ofensa sufrida por su honra con ese motivo.

Y a todo esto, ¿qué dice Burgos de si mismo? Aparte cuñas infrecuentes en la *Miscelánea* y en *El Imparcial*, la información autobiográfica se concentra precisamente en su opúsculo de 1834 sobre el empréstito[62] y en

---

60. Cfr. J.A. Martínez Martín, *Los negocios (…)*, *o.c.*, p. 254, las cantidades entregadas por Mellado a los herederos, esto es, la viuda e hijos de Burgos, que sumaron 22.000 reales en cuatro plazos.

61. A.P., en J. de Burgos, *Anales (…)*, *o.c.*, p. 46.

62. Hay versión en forma de artículo (sin título) de las "Observaciones sobre el empréstito Guebhard" en *La Abeja* n° 167 (15.10.1834) y n° 169 (17.10.1834); está datado en Madrid, 6.10.1834; también inserto en la obra de E. Ochoa, *Apuntes (…)*, *o.c.*, pp. 189 y ss., y como apéndice a la "Noticia biográfica" de A.P., en *Anales (…)*, *o.c.*, pp. 111-125.

Imagen 3. Xilografía y obituario de J. de Burgos en el Semanario pintoresco español n° 7, 13.02.1848 (Biblioteca Nacional de España).

los *Anales del reinado de D*ª *Isabel II* (1850). Allí es posible identificar los dos aspectos de su trayectoria pública que más le preocupaba enderezar ante la opinión: su comisión del empréstito, en la que vio puesto en entredicho su honor, y su actuación como hombre político, particularmente en las decisiones que determinaron el tránsito al régimen representativo a partir de la muerte de Fernando VII. Publicó el primero de esos escritos, las *Observaciones sobre el empréstito Guebhard,* para defender la legalidad de la deuda contraída por la regencia absolutista en 1823 y que ahora, en las Cortes del Estatuto, discutían los progresistas con ánimo de revocar su reconocimiento. En definitiva, era un asunto con fondo político que le afectaba de manera directa, porque al haber sido el representante del gobierno en París para gestionar el empréstito, se arrojaron contra él acusaciones graves en el Estamento de Procuradores y corrieron rumores adversos en el espacio público63. Burgos delimita por tanto su

---

63. *Revista Española* n° 341 (25.09.1834) p. 889, las acusaciones del conde de las Navas en la sesión del Estamento de Procuradores del día 24.

responsabilidad en la operación, que en resumen -afirma en el opúsculo-consistió en canalizar las remesas de dinero a Madrid y en sostener, en la medida de lo posible, el crédito español en la bolsa parisina. Había habido, claro, oposición al empréstito por parte de los perjudicados, que eran los inversores en la deuda emitida por las Cortes del Trienio (repudiada por el monarca absoluto), reforzados por los liberales en el exilio. De ahí, dice, que algunos particulares hicieron patrióticas operaciones para combatir las combinaciones a la baja contra el papel español. "Si así obtuvieron beneficios, honrosa y legítima recompensa fueron de esfuerzos generosos hechos en favor del crédito español". Desvanece también los infundios difundidos por un procurador, el conde de las Navas, en la sesión del 24 de septiembre de 1834: era falso que el rey hubiera mandado formar causa a López Ballesteros y a él mismo a raíz de las iniquidades, robos y perfidias que se decía, aparecían en un supuesto expediente formado en 1831 por iniciativa del Secretario de Estado, el conde de la Alcudia. Y tampoco le parecía que hubiera nada reprobable en la conversión del empréstito en renta perpetua que se anunció en 1826; antes al contrario, habría evitado reembolsar sumas considerables cada año, si un mayor número de acreedores hubiera aceptado la operación (lo que Burgos no dice es que el gobierno español intentó colar de matute nuevas obligaciones de deuda a la sombra de la conversión)64. Por lo demás, continúa, en ningún momento había dejado de insistir en los principios de justicia y de orden, base única del crédito; o sea, el reconocimiento previo de las obligaciones financieras de la época constitucional y una amnistía ilimitada para todos los proscritos, incluidos obviamente los liberales.

---

64. Vid. Seminario de Historia Moderna, *Documentos del reinado de Fernando VII. VI. L. López Ballesteros y su gestión al frente de la Real Hacienda (1823-1832)*. Volumen primero. Estudio preliminar por Federico Suárez. Pamplona: Ediciones Universidad de Navarra Consejo Superior de Investigaciones Científicas, 1970, I, pp. 405-421, la relación conflictiva entre el conde de la Alcudia (Estado) y López Ballesteros (Hacienda). El conde de las Navas mencionó también, aunque de pasada, el proyecto de conversión en la sesión del 24 de septiembre. La idea fue al parecer del financiero establecido en París Alejandro Aguado, y trasmitida a través de Burgos al director de la Real Caja de Amortización, Juan Pedro Vincenti, quien a su vez la trasladó a López Ballesteros para su aprobación por el rey: *IbIdem*, pp. 210-222. En el mismo sentido, vid. Josep Fontana, *Hacienda y Estado en la crisis final del Antiguo Régimen español: 1823-1833.* Madrid: Instituto de Estudios Fiscales, 20012, p. 145 y ss.

Por su parte, los *Anales*[65] se presentan como una historia de su tiempo, pero tienen mucho de memoria personal, puesto que habría sido inaceptable omitir el periodo transcurrido entre la muerte del rey y la aprobación del Estatuto Real, que él vivió en primer plano desde el ministerio de Fomento y la interinidad en el de Hacienda. El libro primero va dedicado al acontecer de la alta política, con mucha atención a la descripción moral de los actores, mostrando así su convicción en las condiciones y cualidades de los hombres públicos como factor determinante en la marcha de los acontecimientos (Teniendo en cuenta lo que dijo de ellos, no extraña nada su decisión de que la obra saliera a la luz de forma póstuma). Burgos, por tanto, se extiende en la narración de la elección de los ministros del 14 de enero de 1834 y en el retrato de Pedro Agustín Girón, marqués de las Amarillas y primer duque de Ahumada, hombre clave entre los que culpa del agravio que recibió en el Estamento de Próceres. A pesar de sus protestas de exactitud e imparcialidad, seguramente se puede afirmar que el tratamiento historiográfico de este y de otros personajes mencionados en la obra -Zea Bermúdez, Martínez de la Rosa, el conde de Toreno, Bartolomé José Gallardo, el conde de las Navas, José Manuel de Arjona, el duque de Rivas, etc.- está mediatizado por sus prejuicios, ora fobias ora filias, como partícipe en aquellos mismos sucesos.

Al margen de las objeciones que puedan hacerse al empleo vindicativo de su historia, esta constituye un relato de enorme interés aunque sorprendentemente, da la impresión de que se le ha leído poco incluso en los círculos de especialistas, más allá de repetir lugares comunes muy trillados, del estilo "En Martinez, en fin, buscaba yo el nombre, no el hombre" (t. I, p. 217). Sin entrar ahora en detalles puede adelantarse que esas páginas expresan, sin ninguna ambigüedad, una visión de la política coherente con las actitudes que había manifestado a lo largo de su vida. Principal rasgo de esa forma de concebirla es un posibilismo racional y pragmático que sitúa por encima de los principios abstractos ("teorías") y de la razón histórica ("tradiciones equivocas", t. I, pp. 226 y 227), aun proclamando, como hace, la superioridad del sistema representativo con expresa condena del absolutismo. En armonía con esa filosofía se encuentra su versión sobre la formación del Estatuto Real (libro segundo), en la que se limita a asentar su participación en la discusión de los contenidos,

---

65. Javier de Burgos, *Anales del reinado de Dª Isabel Segunda. Obra póstuma de don — — —*. Madrid: Establecimiento tipográfico de Mellado, 1850, 2 t., 412 + 410 pp.

pero afirmando haber ejercido un liderazgo formal, orientado a plantear y dirigir las discusiones de los ministros. Advertencia importante: Burgos reserva para los constitucionales de 1812, sus adversarios en el escenario de 1834, la denominación de *liberales,* lo que a priori, podría despistar sobre su propia posición política. Y en relación con lo mismo, es también digno de recordar el énfasis que pone en el papel decisivo de las sociedades secretas como catalizador de la oposición liberal a la acción del ministerio del que formaba parte.

En el libro tercero de los *Anales* Burgos vuelve a tratar, aunque de forma indirecta, el otro gran asunto que más le preocupaba: la cuestión de su honorabilidad, puesta en duda a raíz de la comisión que había desempeñado en París entre 1824 y 1827, como gestor del crédito español. Se ocupa ahí prolijamente del proyecto de ley de Hacienda presentado por Martínez de la Rosa y Toreno (en el verano de 1834), donde encaja la discusión parlamentaria sobre la legalidad de los empréstitos de la década absolutista y en particular, del de Guebhard. Lo ocurrido entonces, un episodio humillante que no olvidó durante el resto de su vida es bien conocido por otras informaciones coetáneas: su previsor folleto (las *Observaciones*) no había logrado impedir, a fin de cuentas, que las inculpaciones y rumores tomaran cuerpo, de forma que contra el consejo de sus partidarios, se presentó en la cámara el 18 de octubre con ánimo de hacer nuevas revelaciones, dando así lugar a su expulsión por el presidente, el marqués de las Amarillas (Ahumada), cuando se aprobó una proposición del general Álava para suspenderle de asistencia mientras su conducta no quedara vindicada[66]. Burgos omite el relato pormenorizado de su peripecia personal, que quizás estaba fuera de lugar en los *Anales,* limitándose a resumir el episodio en un breve párrafo: "Una impostura forjada en las tinieblas de un club, convertida en un rumor de café, comentada por hambrientos y malévolos gacetilleros, y acogida con interesada oficiosidad por algún prócer, fue lo bastante para que el ilustre Estamento decretase lanzar de sus escaños a un hombre a quien recomendaban honrosos antecedentes"[67]. Eso sí, insertó a manera de apéndice el "Discurso que debí pronunciar en la sesión de 24 (sic) de

---

66. El extracto de Cortes y comentarios sobre lo ocurrido -inusitado- puede verse en casi todos los periódicos: más hostil en el *Eco del Comercio* nº 172 (19.10.1834) y con mayor circunspección en *La Revista Española* nº 365 (19.10.1834) p. 984, y nº 367 (21.10.1834) p. 901; toda la documentación original, en el Archivo del Senado, Caja 17 (Expediente de J. de Burgos).
67. J. de Burgos, *Anales (...), o.c.,* II, p. 28.

octubre de 1834, lo cual no verifiqué por haberme negado la palabra el presidente marqués de las Amarillas"[68].

La segunda mitad del siglo XIX aportó información de valor desigual sobre Burgos y su significación histórica. Los pasajes que Pirala dedicó en su *Historia* al paso por Fomento dependen directamente, como se dijo más arriba, de la *Noticia* de A.P. y de los *Anales*, aunque se aprecia una mayor proclividad a valorar el protagonismo del ministro en la génesis del Estatuto Real ("el principal, acaso, de sus autores"), poniéndole al menos a la par de Martínez de la Rosa[69]; el autor de la *Historia de la guerra civil* no aporta nueva información sobre el asunto, pero su punto de vista ha tenido influencia en algunos historiadores posteriores. Decepcionante es el *Manual de biografía* de Ovilo y Otero[70], simple compendio con información escasa y descuidada, copiada de Ochoa, Díaz y Ferrer del Río, a quienes menciona. Surge la sospecha de que estaba planeado para sacar dinero a los retratados (a los vivos, se entiende) a cambio de figurar en él. Tono divulgativo y complacencia en la anécdota encontramos también en otra colección biográfica, la de *Los ministros en España desde 1800 a 1869*[71]. Se inspira sin originalidad en Ferrer, con quien comparte el enfoque benévolo hacia Burgos, que era lo socialmente ortodoxo en su época, en la que el conservadurismo daba el tono dominante. Más correcta es la breve noticia, redactada en tono neutro y curricular, que

---

68. J. de Burgos, *Anales (...)*, o.c., II, 157-160; en realidad, parece versión ampliada de la carta de protesta de Burgos (Madrid, 19.10.1834) leída en la sesión pública del Estamento de Próceres del día 25: vid. Archivo del Senado, caja 17, Expediente de J. de Burgos [En línea. Consulta 2.10.2025]; también en el *Eco del comercio* nº 179 (26.10.1834): "Persuadido de haber hecho un servicio a mi patria en la publicación de mis observaciones sobre el empréstito de Guebhard, me proponía completarlo añadiendo en la sesión de ayer otras consideraciones importantes que había reservado para ella"; Castaños (duque de Bailén) fue quien pidió que se votara la proposición del general Álava para echar a Burgos impidiendo que hablara, a la vista de que este no se había abstenido de asistir conforme tenía apalabrado con el marqués de las Amarillas (su sobrino Pedro Agustín Girón).
69. A. Pirala, *o.c.*, p. 387 y circa.
70. "Burgos (Excmo. Sr. D. Javier de)", en Manuel de Ovilo y Otero, *Manual de biografía y de bibliografía de los escritores españoles del siglo XIX*. París: Librería de Rosa y Boruet, 1859, I, pp. 101-103.
71. "Burgos (D. Francisco Javier de)", en *Los ministros en España desde 1800 a 1869. Historia contemporánea por uno que siendo español no cobra del presupuesto*. Madrid: J. Castro y Cía editores, 1870, III, pp. 541-557.

precede a la selección de sus poesías en la muy admirada antología que editó el marqués de Valmar, Leopoldo Augusto de Cueto. Su auténtica importancia consiste en haber ampliado el número de las ya conocidas por los *Apuntes* de Ochoa, al añadir las que le facilitaron -algunas inéditas- sus amigos Augusto de Burgos y Francisco Pérez de Anaya[72], el magistrado y humanista amigo de Reinoso que había escrito su biografía. Como el resto de la literatura original de Javier de Burgos, siempre imbuida de una finalidad didáctica, esos poemas poseen un valor inestimable en cuanto exponente de la ideología básica que sustentaba en el momento

---

72. "Don Javier de Burgos. Noticia biográfica", en Leopoldo Augusto de Cueto, *Poetas líricos del siglo XVIII*, t. III (BAE 67), Madrid: Manuel Rivadeneyra Editor, 1875, pp. 443-450. Las poesías publicadas son: Odas.- I. A la razón. II. El porvenir. III. Al triunfo del rey don Fernando VII sobre los anarquistas de España. IV. Al desposorio del rey don Fernando VII con la señora doña María Cristina de Borbón. V. La primavera. VI. La Constancia. VII. A los progresos de la industria. Composiciones varias.- I. La epIdemia de 1804. A Amira. II. En la muerte de la reina doña María Isabel de Braganza (1819). Canción fúnebre. III. A don Manuel María de Arjona, en sus días. Romance esdrújulo. IV. A don Juan Meléndez Valdés, en sus días. Cantilena; todas estaban ya incluidas, literalmente, en los *Apuntes* de Ochoa excepto las odas *Al triunfo de Fernando VII* y *A los progresos de la industria* (que son la misma en parte), y la canción fúnebre *En la muerte de Isabel de Braganza*. Además, la versión de Cueto de la oda *A la razón* presenta algunas variantes, aunque de muy poca entidad. El magistrado Francisco Pérez de Anaya, ahí citado -con Augusto de Burgos- como comunicante de las poesías, había sido discípulo del jurista Manuel Cambronero, un personaje próximo al círculo de Burgos: vid. J. López Tabar, "Manuel María Cambronero (1764-1834). Avatares de un jurista en el tránsito del Antiguo al Nuevo Régimen", en *Ayer*, nº 95 (2014) p. 82.
En el "Bosquejo histórico- crítico" preliminar contenido en el tomo I de la obra de Cueto (BAE 61, pp. CCXXVII-CCXXVIII), se atribuye a Burgos una traducción de la *Epístola de Pope a Arbuthnot*, al parecer del idioma inglés; el equívoco procede seguramente de una reseña de Alberto Lista publicada en *El Censor* XV, nº 90 (20.04.1822), pp. 435-436; en realidad, la traducción de Burgos lo sería del francés, a partir de la hecha por Jacques Delille del original de Pope. Sobre la autoría de la reseña, vid. Hans Juretschke, *Vida, obra y pensamiento de Alberto Lista*, Madrid: CSIC, 1951, p. 416. Sobre la obra de Cueto, vid. Ernesto Viamonte Lucientes, "Mucho más que una antología: *Poetas líricos del siglo XVIII*. Colección formada e ilustrada por Leopoldo Augusto de Cueto y publicada en la *Biblioteca de Autores Españoles*". En *Los viajes de la Razón: estudios dieciochistas en homenaje a María-Dolores Albiac Blanco*. Zaragoza: Institución Fernando el Católico, 2015, pp. 377-396.

de su composición, pero hay que advertir que el colector (como tampoco Ochoa) o no tuvo acceso a la totalidad de su obra poética, o quizás optó por no darla a luz, al estar motivadas algunas de esas composiciones, las publicadas durante la guerra de la Independencia, por el compromiso de Burgos en favor del régimen bonapartista.

Del Burgos traductor de Horacio se ocupó de nuevo don Marcelino Menéndez Pelayo[73]. Es la suya crítica literaria de alto nivel que desarrolla el esbozo de Ochoa de 1844, centrada en un campo de la literatura, los estudios clásicos, solo accesible para un público que era ya minoritario. Don Marcelino aprecia las observaciones de Ochoa y conoce las del "maldiciente Gallardo, que acusaba al célebre ministro de Fomento de haber convertido un *Horacio Flaco* en un *Horacio gordo*" (en realidad, la imagen era de Juan Tineo, como más abajo se dirá); también, las de Andrés Bello sobre la versión de 1820, nada amistosas aunque mejor razonadas: "Es una débil traducción, y un excelente comentario". ¿Influiría en el juicio de Bello su camaradería con los literatos españoles emigrados en Londres?

Ha pasado casi inadvertido el enigmático artículo publicado por don Juan Pérez de Guzmán en dos números consecutivos de *La Ilustración española y americana de 1898*[74]. Es trabajo de historia divulgativa en el que se aprecian errores y licencias novelescas que minan su credibilidad, pero contiene detalles que nunca se hubieran podido fantasear y que por tanto merecen atención, siquiera en consideración al muy documentado autor de *El dos de mayo de 1808 en Madrid*. De superar las dudas que suscita, podría echar luz sobre una etapa oscura en la vida de Javier de Burgos, el año 1799, al situarle merodeando en el entorno del Príncipe de la Paz, en San Ildefonso, para presentarle sus trabajos literarios y lograr su protección, como ya había intentado con don Juan Meléndez Valdés un año antes, en vísperas de su destierro. El resto del artículo no aporta nada original, divagaciones y lugares comunes en el mejor de los casos, pero se compensa con lo antedicho, que no tiene desperdicio.

---

73. Marcelino Menéndez Pelayo, *Obras completas. Horacio en España*. Madrid: Imprenta de A. Pérez Dubrull, 1885, t. I, pp. 149- 157; reproduce la crítica de Andrés Bello en apéndice incluido en el t. II, pp. 398-415, que toma de *Repertorio Americano* (Londres: Bossange, Barthés y Lowell), tomo III (1827).
74. Juan Pérez de Guzmán "El fundador del ministerio de Fomento", en *La Ilustración española y americana*, nn. XXXIX - XL (22 y 30.10.1898) pp. 227-230 y 247-250.

1.2. El siglo XX y después: hacia una historiografía científica

Si en conjunto, durante el siglo XIX había prevalecido una publicística motivada por intereses ajenos al progreso histórico, la lejanía temporal facilitó el desarrollo de la historiografía con pretensiones científicas. Siendo un personaje polifacético, parece razonable que las sucesivas aproximaciones que se hicieron a la figura de Javier de Burgos en el siglo XX se hayan centrado en las áreas que le dieron más notoriedad, aunque a menudo desde un (lamentable) desconocimiento entre sí y sin que haya sido frecuente el intento de construir una visión integral de su vida y de su obra. De hecho, todavía a fecha de hoy la impresión que ofrece la historia de la investigación centrada en Burgos es la de un conjunto abigarrado, en el que existen aportaciones muy valiosas sobre aspectos concretos, pero inconexas y poco perceptibles entre la morralla, que no es menos abundante y sí más evidente. En su tiempo, la excepción fue don Ángel González Palencia, a quien se debe la mejor biografía que se ha escrito sobre el personaje, aun con las limitaciones impuestas por las circunstancias del momento. Con su formación y contactos en el mundo de la archivística, su *Javier de Burgos, humanista y político*[75] está construido sobre una base documental impresionante, de la que sobresale la correspondencia sostenida durante muchos años con su padre y con su hermano Diego, confidente y hombre de confianza en Motril, conservada en el archivo de una rama lateral de la familia. Además de esta fuente, a la que don Ángel tuvo acceso a través del catedrático de la universidad de Granada don José Palanco Romero, consultó otros fondos, numerosos y con enjundia, como los relativos a la purificación política de Burgos en 1819 y al proceso inquisitorial que se le incoó a propósito de la *Continuación del almacén de frutos literarios*, la publicación periódica que editaba entonces. De hecho, son las primeras etapas de la vida de Burgos las que tienen más originalidad informativa y mayor extensión en el trabajo de González Palencia, mientras que la parte final tiende a dar la impresión de que tuvo que acabarla a trancas y barrancas. Siempre con una marcada fidelidad a los documentos, es la suya historia de hechos, en la que se guarda el equilibrio entre los que poseen significación pública y los de carácter doméstico; sobria en explicaciones,

---

75. Ángel González Palencia, "Javier de Burgos, humanista y político", en *Boletín de la Real Academia Española (BRAE)*, t. XXII, n° CVII (1935), pp. 203-228; n° CVIII (1935), pp. 343-387; t. XXIII, n° CIX (1936), pp. 121-139; y n° CX (1936), pp. 225-266.

lo que quizás se justifica porque planeaba desarrollar una segunda parte, más argumentativa y enfocada al análisis de los escritos de Burgos: sus comedias, el contenido de la *Continuación del almacén,* la *Instrucción* a los subdelegados de Fomento, etc.; hay mucha evidencia interna sobre ese propósito, que nunca se materializó. En los pocos párrafos que dedica a la síntesis[76], González Palencia sitúa las realizaciones económicas y administrativas de Burgos en la parte más alta de su valoración. Detalle a recordar, fue él quien sugirió la asociación con el financiero Alejandro Aguado cuando Burgos estuvo en París, en calidad de comisionado del empréstito Guebhard, para explicar su enriquecimiento. Sus aficiones literarias le sirvieron -advierte el autor- para entrar en contacto con personas ilustres y para sacar provecho político y personal; en este sentido llega a afirmar con evidente exageración que "para él las letras fueron solamente una diversión". En cambio, apunta atinadamente que los materiales publicados en el periódico *La Alhambra* hacia 1840, y en concreto las biografías de españoles célebres, habían sido preparados para su traducción de la *Biografía universal (loc. cit.* p. 253), una empresa que había dejado sin concluir muchos años antes. Paradójicamente, González Palencia no dedica nada a la faceta periodística de Burgos durante el Trienio Liberal -es uno de los aspectos peor tratados- ni a los contenidos de la *Miscelánea,* que ni siquiera parece haber leído, reduciendo su importancia a que fue, dice, "su principal apoyo para encumbrarse". Esta laguna, por cierto, le impidió generalizar lo que había vislumbrado a propósito de los artículos dedicados a los españoles célebres y como consecuencia, ha desorientado -en este punto- la investigación de los historiadores que le siguieron. Por lo demás, se entiende que la monografía de don Ángel, publicada en sucesivas entregas del *Boletín de la Academia Española* a lo largo de 1935 y 1936 -tiempos verdaderamente de excepción- no haya sido aprovechada en su justa medida, e incluso que pasara inadvertida para no pocos autores[77].

A partir de aquí, es perceptible la diversificación de la historia de la investigación sobre Javier de Burgos en diferentes tradiciones que se desarrollaron de forma más o menos aislada. A la perspectiva del historiador

---

76. Á. González Palencia, "Javier de Burgos, humanista (...)", *art. cit.,* especialmente pp. 264-266.
77. Es sintomático el hecho de que la biografía de Burgos ni siquiera figure en la bibliografía de González Palencia, recogida en el artículo que le dedica el *DB-e* de la Real Academia de la Historia: vid. "González Palencia, Cándido Ángel" [En línea. Consulta 28.10.2024].

se suma ahora la de los especialistas en Derecho administrativo y en menor grado, de la ciencia política, del periodismo, de la filología clásica y de la historia de la literatura. Y tiene lógica que fueran los primeros, académicos con formación jurídica interesados en dilucidar los orígenes de su disciplina, quienes dieran mayor empuje a esos estudios.

Precisamente en el entorno del primer centenario de la fundación de la ciencia administrativa, un catedrático de la universidad de Granada, don Antonio Mesa Segura[78] reeditó y parafraseó los escritos más conocidos de Burgos sobre la materia: la *Exposición* a Fernando VII de 1826, la *Instrucción* a los subdelegados de Fomento de 1833 y las *Ideas de administración,* que se habían publicado en *La Alhambra* en 1840. El profesor Mesa establece a través de esos escritos una secuencia sugestiva por su simetría y su regularidad: el pensamiento germinal de Burgos (ignorando la existencia de su anterior obra periodística, ya olvidada y menos accesible), la praxis de gobierno y finalmente, la construcción doctrinal; es un esquema que iba a tener mucha repercusión en lo sucesivo. Se muestra, eso sí, bastante influido por los artículos de Joaquín María Márquez de un siglo antes, pero adolece de carencias informativas y quizás de alguna tendencia a decorar los hechos a su manera, lo que le indujo a esbozar la leyenda de los estudios administrativos de Burgos en Francia, o su directa paternidad sobre el ministerio de Fomento. Burgos, en conclusión generalmente

---

78. Antonio Mesa Segura, *Labor administrativa de Javier de Burgos.* Madrid: Instituto de Estudios de Administración Local, 1946, 278 pp. Precede retrato de Burgos en grabado calcográfico. Texto introductorio elaborado a partir de trabajos previos del autor. Apéndices (pp. 112-278): "Exposición dirigida a S.M. el Señor D. Fernando VII, desde París, en 24 de enero de 1826, por D. Javier de Burgos, sobre los males que aquejaban a España en aquella época y medios que debía adoptar el Gobierno para remediarlos"; "Real Decreto mandando hacer la división territorial de España en provincias, de 30 de noviembre de 1833"; "Real decreto estableciendo los los Subdelegados y demás empleados de Fomento que ha de haber en las provincias, de igual fecha"; "Instrucción de los Subdelegados de Fomento, de igual fecha"; "Real Orden sobre jura, establecimiento y gobierno de los Subdelegados de Fomento, de 29 de diciembre del mismo año"; "Discurso sobre la libertad de comercio"; *Ideas de administración.* (Lecciones pronunciadas en el "Liceo de Granada"): Introducción. / Parte primera. De los agentes administrativos. / Capítulo primero. Del Ministro de la Gobernación. / Capítulo segundo. De los Jefes políticos. / Capítulo tercero. De los administradores de distrito. / Capítulo cuarto. De los alcaldes. / Capítulo quinto de los Ayuntamientos. / Capítulo sexto. De las Diputaciones provinciales.

aceptada desde entonces, sería el *orientador* del derecho administrativo y el *iniciador* de la ciencia administrativa en España (pp. 5-6), a la que quizás por influencia del ambiente oficial en su propia época, el autor otorga supremacía tácita sobre la actividad propiamente política.

Haciendo referencia explícita al trabajo de Mesa, don Federico Suárez Verdeguer se ocupó de los problemas del Estado durante la etapa terminal del reinado de Fernando VII. En esa línea se inserta su investigación sobre la Hacienda bajo el ministerio de López Ballesteros, lo que incluye el empréstito parisino en el que Burgos tuvo tanto que ver, así como sus manejos para sostener el crédito financiero del Reino de España en el extranjero[79]. Ya antes, el mismo profesor había llamado la atención sobre la significación política de la creación del ministerio del Interior (o sea, de Fomento) y su papel como instrumento para el derrumbamiento del Antiguo Régimen en 1833. Suárez llega a especular sobre la posible connivencia de Burgos con los liberales emigrados cuando redactó en París su famosa *Exposición*, pero tiende a descartarlo, creo que con buen juicio. Es mérito suyo también haber reconstruido el proceso de creación de ese ministerio en toda su complejidad, más allá de la atribución lineal y algo simplista a Burgos, haciéndolo engarzar con los intentos reformistas desde dentro del Antiguo Régimen[80].

En esas mismas fechas surgieron, desde el enfoque propio de la historia del pensamiento político, algunos estudios en los que la actuación de Burgos en el consejo de ministros durante la regencia de María Cristina, fue objeto de atención singular. Obviamente, nada añaden al conocimiento de su trayectoria biográfica, sino que se centran en la significación y trascendencia de la obra política por excelencia en la que

---

79. F. Suárez, "Estudio preliminar", en Seminario de Historia Moderna, *Documentos del reinado de Fernando VII. VI. L. López Ballesteros (…)*, o.c., I, pp. 78-79 y 122-138, la detallada exposición sobre el empréstito Guebhard y sus vicisitudes.

80. Federico Suárez, "La creación del ministerio del Interior en España", en *Anuario de Historia del Derecho Español*, XIX (1948-1949) pp. 15-56; vid. también los posteriores trabajos: Seminario de Historia Moderna, *Documentos del reinado de Fernando VII. V. Pedro Sainz de Andino. Escritos (Con un apéndice sobre la creación del Ministerio del Interior)*. Volumen tercero. Pamplona: Ediciones Universidad de Navarra - CSIC, 1969; Federico Suárez Verdeguer, "Notas sobre la administración en la época de Fernando VII", en Actas del I Simposio de Historia de la Administración (Alcalá de Henares, 1967). Madrid: Instituto de Estudios Administrativos, 1970, 20 pp. (separata).

Imagen 4. Retrato de Francisco Martínez de la Rosa. Anónimo, calcografía (Academia de Bellas Artes de San Fernando).

participó, el Estatuto Real (1834). La capacidad conciliadora del binomio Rey - Cortes, pilar fundamental del Estatuto, señala el profesor Díez del Corral, apunta a mediar en el conflicto entre el Antiguo Régimen y el nuevo orden liberal, lo que es la esencia del doctrinarismo. A falta de fuentes fiables (más allá de la influyente historia de Pirala o de los *Anales*) y del bagaje crítico apropiado para afrontar la problemática, el autor se muestra reacio a formular calificativos o juicios explícitos, pero distingue bien entre Burgos, colaborador relevante de Zea Bermúdez, y el paso más avanzado que adquirió la política española bajo su dirección y la de Martínez de la Rosa, a quienes reconoce un protagonismo parejo (o incluso superior a favor de un Burgos templadamente liberal) en el guiso del Estatuto: "a pesar de su ambiente restaurador, era un documento en que se manifestaba un criterio objetivo tanto en la parte de los principios como de la organización imputables, sin duda de manera muy importante, a D. Javier de Burgos"[81]. A su vez, la argumentación de don Luis Sánchez

---

81. Luis Díez del Corral, *El liberalismo doctrinario.* Madrid: Centro de Estudios Constitucionales, 1984 [ed. or. 1945], p. 512.

Agesta, que parte de una base informativa semejante a la que había utilizado Díez del Corral, le conduce por diferentes caminos, al acentuar más bien la influencia jovellanista sobre el Estatuto, lo que se compagina mejor con la mentalidad romántica e historicista de Martínez de la Rosa, y las nuevas ideas importadas por los liberales a su vuelta del exilio; víctima colateral de este planteamiento será desconocer, para lo sucesivo, el influjo formativo ejercido por los periodistas afrancesados del Trienio en la cultura política de aquella generación. A mayor abundamiento, don Luis subraya la vinculación de Burgos al programa reaccionario de Zea ("Con justicia se ha considerado la política de estos dos hombres como una continuación del despotismo ilustrado del siglo precedente" p. 244) y le atribuye un rasgo que aunque podría matizarse, quizás constituye una clave para la comprensión del personaje: "representa el tipo de hombre organizador y eficaz, pero sin sensibilidad y flexibilidad para la política" (p. 245)[82]. En cualquier caso, todo esto sigue siendo una cuestión abierta a la especulación, por las razones antedichas.

Posiblemente influido por la obra de Díez del Corral, la filiación ideológica de Burgos fue el tema elegido por don Julio Maestre Rosa, quien lo abordó a partir de la *Exposición* dirigida a Fernando VII en 1826; del impulso que dio al Ministerio de Fomento durante la etapa en que lo ocupó; y de las ideas, que supone, trasladó al Estatuto de 1834. Determinar que Burgos fue un liberal doctrinario tiene el mérito de alumbrar una faceta que no había resaltado la historiografía, al menos no en exceso, aunque eso sabe a poco cuando se mete en el mismo saco a personajes que van desde Meléndez Valdés a Cánovas[83]. Lo malo es que su análisis es mucho más superficial de lo que el asunto requiere y que abusa de afirmaciones sin base, como la de que Burgos amplió y perfeccionó su formación "durante su exilio en París, donde sus contactos y convivencia en ambientes doctrinarios franceses le formarán ideológicamente". El asunto no es baladí, porque afecta a la implantación en nuestro país de la ciencia de la Administración y -hasta cierto punto- a los fundamentos del liberalismo histórico español. Y abundando en lo mismo:

---

82. Luis Sánchez Agesta, *Historia del constitucionalismo español*. Madrid: Centro de Estudios Constitucionales, 19783 [Ed. or. de 1955] pp. 243-254, sobre la autoría y análisis de los principios del Estatuto.
83. Julio Maestre Rosa "Javier de Burgos, liberal doctrinario", en *Revista de Estudios Políticos* n° 181 (1972) p. 137; las citas que siguen, en pp. 133, 138 y 148.

La invasión francesa en España —aprovechada por los ilustrados y liberales para acabar con el absolutismo borbónico— hallará a Javier de Burgos en la capital de su provincia natal, Granada, y allí actuará, por encargo de los franceses, en misiones administrativas de importancia, ajenas a toda significación política, lo que le inducirá, al término de la guerra, a marchar al país vecino por temor a represalias de los doceañistas y del propio Fernando VII. Allí transcurre una etapa de su vida en la que se dedica a estudiar la actividad político-administrativa de doctrinarios, tales como Royer-Collard, Guizot y Barante, entre otros, los cuales, dedicados preferentemente a problemas relacionados con la Administración y su reforma —especialmente en el área local—, le harán que se familiarice con los problemas administrativos hasta obtener una conciencia clara de ellos y de su posible trasplante a la vida política española.

Sin desdoro del reconocimiento que le es debido, es trabajo importante -paradójicamente- porque algunas de sus afirmaciones han contaminado el estado de la cuestión, lo que parece justificar la observación de Santamaría Pastor acerca de la radical insuficiencia del conocimiento histórico de base en la doctrina administrativa[84]. En cambio errores fácticos, como la creencia expresada por el profesor Maestre de que tras el paso por el ministerio Burgos desarrolló "sus principios de doctrinario ilustrado" en las Cortes de 1834 y 1835 se caen por su peso: Burgos presentó su nombramiento como prócer del Reino el 21 de julio del 34[85] y recuérdese, le suspendieron de sus funciones el 18 de octubre, de modo que inmediatamente se fue a Francia, donde pasó el resto de aquella década. En algún otro caso la repercusión de estas afirmaciones ha podido limitarse, al entrar en contradicción con estudios previos. En relación por ejemplo, con la autoría de Burgos sobre el Estatuto Real, ya Sánchez Agesta había matizado su alcance, lo que por otra parte nadie (ni siquiera el propio Maestre a la hora de la verdad) se había empeñado seriamente en establecer, al menos si en un sentido exclusivo[86].

---

84. Juan Alfonso Santamaría Pastor, *Sobre la génesis del Derecho Administrativo Español en el siglo XIX (1812-1845)*. Madrid: Iustel, 2006², p. 19.
85. Archivo del Senado, caja 17, expediente de J. de Burgos [En línea. Consulta 1.10.2025].
86. J. Maestre, *art. cit.*, p. 144, lo califica "redactor del proyecto".

Llegados a este punto, creo que es del caso mencionar los trabajos que publiqué sobre el personaje en aquellos años. Mi propósito inicial, quizás poco modesto, apuntaba a hacer una biografía de Francisco Javier de Burgos en la línea sugerida por el título ("humanista y político") de la que había dejado inconclusa don Ángel González Palencia, pero como a veces ocurre, las cosas se complicaron y ahí quedaron esos estudios preliminares. Consistieron en primer lugar, en la recuperación de sus escritos literarios como son poesía y teatro (1986) y en un esbozo previo de interpretación ideológica (1986)[87], ya que Burgos demuestra haber compartido la preocupación didáctica tan propia de la época, que se servía de la literatura como cauce para difundir valores y moralejas. Siguieron las monografías dedicadas a la *Continuación del almacén de frutos literarios* (1988) y a la *Miscelánea* (1989)[88], periódicos que redactó en 1818-1819 y en el Trienio Liberal, y participan de ese mismo espíritu didáctico. En la primera se explora los límites del ejercicio del periodismo durante el Sexenio absoluto y proporciona atisbos del bagaje intelectual de Burgos en ese marco histórico, en el que resultó inevitable toparse con la Inquisición: entre otras cosas, queda en evidencia su cultura enciclopédica, conocimientos modernos de economía, el *Aude sapere* como actitud intelectual básica, o una idea clara sobre las funciones que atribuía al periodismo. A su vez, el trabajo sobre la *Miscelánea* perseguía objetivos complementarios: es en primer lugar, un estudio de la empresa y sus colaboradores de cara a valorar su capacidad de difusión; segundo, de su mensaje ideológico -a destacar, su afinidad con el utilitarismo y liberalismo de elite o el frecuente recurso a autores como Bentham o Constant- y finalmente, una reconstrucción de las vicisitudes que

---

87. Manuel Morán Orti, "Notas para un catálogo de los escritos literarios de Javier de Burgos", en *RILCE,* II/1 (1986) pp. 61-72; *Idem,* "Evolución ideológica de Javier de Burgos", en *Razón Española* nº 19 (1986) pp. 159-180.
88. Manuel Morán Orti, "*Continuación del almacén de frutos literarios o semanario de obras inéditas*: periodismo e inquisición en el reinado de Fernando VII", en *Hispania Sacra,* año 40 (1988) pp. 401-430, con índices de la publicación; *Idem,* "La *Miscelánea* de Javier de Burgos: la prensa en el debate ideológico del Trienio Liberal", en *Hispania Sacra,* año 41 (1989) pp. 237-334, con tablas e índices de la publicación; hay segunda edición como monografía exenta, que lleva el mismo título: Villaviciosa de Odón (Madrid): Universidad Europea-CEES Ediciones, 1996, 96 pp.; para la visión periodística de Burgos, en contraposición a la de su competidor Vicente Ayta, el editor de *El Universal,* véase Antonio Castro y Manuel Morán, "Ayta y Burgos, dos caras del periodismo liberal", en Celso Almuiña y Fernando Sotillos (coords.), *Del periódico a la sociedad de la información.* Madrid: España Nuevo Milenio, 2002, vol. II, pp. 65-72.

atravesó el periódico durante el Trienio. La incorporación de varios índices de contenidos posiblemente haya allanado, o así lo espero, la tarea de posteriores investigadores. Y como una cosa lleva a la otra, fue ineludible pasar al análisis de las ideas de Burgos sobre la división territorial expuestas en la *Miscelánea* y en *El Imparcial*, y engarzarlas con el proceso posterior de formación de las provincias -básicamente, el olvidado proyecto de la comisión nombrada en 1825- hasta la aprobación final en 1833 por parte del mismo Burgos, recién nombrado ministro de Fomento[89]. Como es lógico, en el presente libro he hecho un uso amplio de las conclusiones de esos trabajos, de modo que está de sobra extenderme aquí sobre su contenido, más allá de recordar los nexos de continuidad y señalar la identidad entre algunos escritos de Burgos publicados por primera vez en el Trienio Liberal, y los reeditados desde 1840 a 1842 en la revista del Liceo de Granada, *La Alhambra*.

En los años ochenta aparecieron también algunos estudios que ahondaron en el conocimiento sobre el granadino en determinados momentos y aspectos de su vida. Entre ellos conviene recordar las noticias proporcionadas sobre sus andanzas por Juan Mercader en la segunda parte de su monumental obra sobre el reinado josefino (1983), y por José Castillo Cano en la cuidada investigación que dedicó a la guerra de la Independencia en Almería (1987), esto es, cuando Burgos desempeñó allí el cargo de subprefecto. Además, Castillo reprodujo en apéndice documental una parte de las poesías de guerra publicadas en la *Gaceta de Granada* durante la ocupación francesa y que él había descubierto con independencia de los trabajos de M. Morán[90]. Por lo demás, las versiones

---

89. M. Morán, "La división territorial (...)", *art. cit.*, pp. 567-599; ya antes don Antonio María Calero Amor había destacado el sentido de continuidad que se aprecia en la génesis de la división provincial, aprobada finalmente en 1833 por iniciativa de Burgos: *La división provincial de 1833. Bases y antecedentes*. Madrid: Instituto de Estudios de la Administración Local, 1987. Por su parte, se precisa y sistematiza la reconstrucción del proceso en su totalidad, en la bien informada monografía de Jesús Burgueño, *Geografía política de la España constitucional. La división provincial*. Madrid: Centro de Estudios Constitucionales, 1996.

90. Juan Mercader Riba, *José Bonaparte, rey de España. 1808-1813. II. Estructura del Estado español bonapartista*. Madrid: CSIC, 1983, pp. 259-262 especialmente; José Castillo Cano, *Almería en la crisis del Antiguo Régimen: la guerra de la Independencia en la ciudad, 1797-1814*. Almería: Diputación provincial, 1987, 219 pp.; ahí reproduce también la oda (pp. 205-206) "En hora buena al recién nacido rey de Roma", que en realidad es de Antero Benito (el autor de la comedia *Calzones en Alcolea*, atribuida por Alcalá

de Mercader y de Castillo, construidas sobre documentación ministerial y local respectivamente, complementan la trasmitida por Ángel González Palencia a partir de los expedientes que promovió el propio Burgos para lograr su purificación política; en cualquier caso, su compromiso político queda ahí de manifiesto sin lugar a duda. También fue en ese último año cuando don Eduardo Roca Roca, catedrático de Derecho Administrativo en Granada, publicó dos obras dedicadas a escritos de Burgos: la primera, una nueva edición de las *Ideas de Administración,* precedida de un estudio preliminar que las sitúa cabalmente en su contexto propio, esto es, las conferencias impartidas en el Liceo en 1841 y su inserción en la revista *La Alhambra;* de paso, hay que recordar, señala ahí la mayor parte de los otros trabajos -discursos, biografías de autores dramáticos, obra poética- que Burgos publicó en la revista[91]. Casi a la vez apareció la edición, a cargo del mismo profesor, de la densa correspondencia de Javier de Burgos con su padre durante su estancia en Madrid en 1798, conservada en el archivo familiar. Aunque la fuente ya había sido explotada por González Palencia, su empleo in extenso a través de esta edición será de utilidad a los investigadores si se maneja con precaución[92].

La última década del siglo fue densa en trabajos que hicieron progresar el conocimiento sobre Burgos, ya con carácter monográfico, ya aportando, desde visiones generales, el contexto necesario para una interpretación correcta de su trayectoria. Obligados a seleccionar, recuérdese entre los primeros el estudio de Jesús Antonio Martínez Martín, quien, desde la perspectiva de la historia social de la lectura, analizó el inventario de la biblioteca que poseía en Madrid cuando falleció en 1848 y que obviamente,

---

Galiano a Burgos); véase una versión resumida de la monografía en J. Castillo Cano, "Almería bajo la guerra de la Independencia", en *Revista del Centro de Estudios Históricos de Granada y su Reino* nº 20 (2008) pp. 55-77.

91. Eduardo Roca Roca (estudio preliminar), *Las ideas de administración de Javier de Burgos.* Alcalá de Henares: Instituto Nacional de Administración Pública, 1987, 170 pp.; aunque no desarrolla el punto, se hace eco (pp. 26-27) de la observación de González Palencia (y que ya antes había dejado caer Menéndez Pelayo) sobre las biografías de los dramaturgos, que Burgos había preparado muchos años antes para su traducción de la *Biografía universal.*

92. Eduardo Roca Roca (ed.), *Javier de Burgos: Madrid, 1798: (notas sobre un epistolario).* Granada: Centro de Estudios Municipales y de Cooperación Interprovincial, 1987, 213 pp. Hace años señalé en una recensión algo descarnada, me temo, la falta de cuidado con que se había realizado la transcripción de esas cartas en la obra citada: vid. *Hispania* XLIX / nº 173 (1989) pp. 1120-1121.

proporciona pistas importantes para trazar su perfil ideológico[93]. En la misma línea se inscribe el artículo de Lucienne Domergue[94], que dio a conocer el proceso incoado por el Santo Oficio en 1803 contra Burgos. Es una insólita aproximación a lo que pasaba entonces por la cabeza de este joven aficionado a la lectura de Voltaire, menos conocida de lo que se debía, quizás por que este tipo de publicaciones marginales como homenajes y actas, suelen tener peor visibilidad que las revistas regladas y por supuesto, que las monografías.

Naturalmente, el ambiente creado por el proceso de construcción del Estado autonómico en los años inmediatos influyó en los enfoques de la historiografía de los noventa. Entre otros, da de ello un buen ejemplo los trabajos de don José Ignacio Sarmiento Larrauri[95], quien se interesó por la formación de las provincias y la figura del gobernador civil, y desde esa óptica se ocupa de Javier de Burgos, cuyo modelo de organización territorial -compartido con el resto de los primeros tratadistas españoles de la Administración- califica "de un centralismo feroz"[96].

También en 1993, don Juan C. Gay Armenteros, profesor de historia contemporánea en la universidad de Granada, publicó, si no el primero, sí el más enjundioso de sus estudios sobre Burgos[97], al que periódicamente ha ido sumando nuevos títulos. Ya desde el principio de

---

93. Jesús A. Martínez Martín, *Lectura y lectores en el Madrid del siglo XIX*. Madrid: CSIC, 1991, pp. 302-304. También, su tesis doctoral previa, *Lecturas y lectores de la España isabelina (1833-1868)*, Madrid: U. Complutense, 1986, vol. I, pp. 561-564, y II, pp. 780-793, con la transcripción del inventario.

94. Lucienne Domergue, "Les enfances d'un modéré: Javier de Burgos aux prises avec l'Inquisition", en Jean Pierre Amalric (ed.), *Pouvoirs et société dans l'Espagne moderne: hommage à Bartolomé Bennassar*. Toulouse: Presses Universitaires du Mirail, 1993, pp. 249-263.

95. José Ignacio Sarmiento Larrauri, "Una aproximación a la obra de Javier de Burgos", en *Actualidad administrativa* nº 2 (1993) pp. 19-23; "El pensamiento administrativo y político de Javier de Burgos", en *Revista de documentación (Ministerio de Justicia e Interior)* nº 7 (1994) pp. 65-70; "Las provincias: sus orígenes históricos", en *Actualidad administrativa* nº 12 (1995) pp. 179-185.

96. J.I. Sarmiento, "El pensamiento administrativo (...)", *art. cit.*, p. 68.

97. Juan C. Gay Armenteros, *Política y administración en Javier de Burgos*. Granada: CEMCI, 1993, 226 + 78 pp.; asume ahí el contenido de su anterior "Francisco Javier de Burgos y los problemas de España", en *Homenaje al profesor Don Manuel Garzón Pareja*. Granada: Ayuntamiento de Granada, 1985, pp. 113-127; este es básicamente un análisis de la exposición al rey de 1826.

la obra, aclara Gay que no consiste esta en una biografía, sino en "una reflexión histórica que sigue los pasos del personaje" (p. 15). Puede considerarse por tanto un extenso ensayo interpretativo, centrado como indica el título en la concepción política y administrativa de Burgos, una línea de investigación con tradición asentada en los medios académicos granadinos. Desde el punto de vista de la información biográfica, su novedad radica en que esta procede casi siempre de González Palencia[98], completándose la caracterización mediante el método deductivo, esto es, a partir de la construcción de un relato externo, comprensivo de cada uno de los escenarios históricos que frecuentó Burgos, a quien se aplica consecuente los rasgos propios de los ambientes descritos. Giros y expresiones como lo que sigue son un buen indicio de esa forma de representar al personaje: "Es difícil sustraerse al hecho de que Burgos no participara de muchos de estos planteamientos, conocida su ruptura con la enseñanza tradicional, su admiración por Meléndez y su interés, en general, por estar al día en conocimientos" (p, 63). "No conocemos una justificación teórica de su decisión, por lo que hay que pensar en las líneas generales antes apuntadas y su pertenencia, desde que estuvo en Madrid, a los que así pensaban" (p. 69). "Esta será la línea del gobierno al que Burgos pertenecerá de inmediato, y en el que podrá realizar la aspiración expresada en la "Exposición" dirigida al rey Fernando en 1826" (p. 116).

En realidad Gay sí hace biografía, pero desde fuera: se explica el personaje a partir del contexto. Desde ese perfil preliminar interpreta las manifestaciones escritas de Burgos en materia administrativa a partir de 1826 (no antes, claro): esto es, la *Exposición* enviada al rey desde París, la división provincial de 1833, la *Instrucción* a los subdelegados de Fomento del mismo año, y especialmente, las *Ideas de Administración* (1840-1841), cuyo texto relaciona con las circunstancias del momento histórico (el autor es bueno en eso) y reproduce íntegramente, una vez mas, como anexo

---

98. Lo que es la mejor opción si se tiene la precaución de comprobar los datos. En la obra de J. Gay se arrastran sin embargo algunos yerros de A. González Palencia, señaladamente la creencia de que Burgos fracasó en las elecciones al Congreso de 1843 y 1844, con todo lo que de ahí se deriva por omisión. De hecho, sí fue diputado en esas legislaturas (con una vida parlamentaria activa), como ya se informaba en las biografías de N.P. Díaz (ediciones a partir de 1867) y de A.P.; vid. Archivo del Congreso (En línea. Consulta 11.12.2021). Probablemente, su dependencia de González Palencia fue el motivo de la poca atención prestada a las actividades de Burgos durante el Trienio Liberal, o a sus escritos anteriores a la *Exposición* de 1826.

en su propia obra. A falta de conclusiones explícitas, la idea de fondo apunta a una concepción de la administración decimonónica como una herramienta al servicio de una política conservadora, la de los moderados. Eso es coherente con el Javier de Burgos que surge de la reflexión de Gay: un reformador absolutista, enraizado ideológicamente en el despotismo ilustrado ("nunca un liberal convencido", p. 16), del que se discute a la baja el alcance de su participación en la elaboración del Estatuto Real. Solo tras resignarse a lo irremediable, podría convenirle la calificación de "doctrinario" en la acepción restringida que el autor aplica a políticos como el general Narváez o a Pedro Pidal. Sin duda, hay aquí muestras de sagacidad interpretativa, pero cabe preguntarse si una base informativa más amplia, que incluyera la lectura de L. A. Cueto (1875) , J. Maestre (1972), J. Mercader (1983), M. Morán (1986-1990), E. Roca (*Ideas*, 1987) y J. Castillo (1987), hubiera podido enriquecer su percepción sobre la trayectoria intelectual y la actuación pública de Burgos en diferentes momentos de su vida. En particular, sorprende el desconocimiento parcial de los dos últimos autores, al tratarse de estudiosos de su mismo entorno cuya obra coincidía plenamente con sus intereses como historiador[99].

Las posteriores publicaciones del profesor Gay dependen de manera muy directa de su libro de 1993, lo que dispensa aquí de una aproximación detallada; no se pierda de vista que lo que interesa en estas páginas es el propio Javier de Burgos, y solo desde un punto de vista formal, la historiografía que se ocupó de él. Por lo demás, en esa producción no se actualizó la bibliografía, si se exceptúa la cita de dos novedades editoriales aparecidas en 1996 y ambas en relación con la faceta más celebrada de Burgos, la de iniciador de la Administración. La primera de ellas, la historia administrativa de la regencia de María Cristina debida a don Alejandro Nieto, es obra extensa, sistemática y justamente laureada[100]. Viene aquí a cuento como marco general en el que se desenvuelve la gestión ministerial

---

99. E. Roca había editado no solo el epistolario de Javier de Burgos, que Gay sí utiliza, sino también las *Ideas de Administración*, lo que parece ignorar. Tampoco muestra conocer la monografía de J. Castillo de 1987, aunque consta que tuvo acceso a su memoria de licenciatura inédita (*Almería durante la guerra de la Independencia*, Universidad de Granada, 1982), cuya cita se incluye en una nota bibliográfica colectiva (vid. J. Gay, *Política y administración* (…) o.c., p. 73).

100. Alejandro Nieto, *Los primeros pasos del Estado constitucional. Historia administrativa de la Regencia de María Cristina de Borbón*. Barcelona: Ariel, 1996. 602 pp.

de Burgos, que el autor aborda desde la información que le presta el corpus bibliográfico habitual entre los estudiosos con formación jurídica y que a su vez, se integra en una visión de la época importada -lógicamente- de historiadores generalistas de su confianza: "La revolución burguesa en España tan brillantemente examinada por los analistas actuales (Pérez Garzón, Clavero, Fontana, Artola, Sebastiá, Hespanha)" (p. 68). Acorde con esos parámetros, el profesor Nieto cree descubrir un concepto de Administración rigurosamente original, centrado en la figura de los subdelegados de Fomento y orientado exclusivamente a la promoción de la prosperidad pública, concepto que incardina como era de esperar en la ideología ilustrada y que en el programa de Cea Bermúdez y de Burgos supondría la alternativa a una reforma política. Tanto es así que en la mente de Burgos, el diseño de la figura de los subdelegados no habría contemplado, para nada, la asunción de autoridad alguna o de competencias propiamente gubernativas. A priori, la idea del profesor Nieto es sugestiva, pero lo que en realidad demuestra es que se le ha escapado la explicación que dio el propio Burgos sobre este punto y que viene recogida por la historiografía decimonónica, ya se vio. Como consecuencia, se anula por completo la perspectiva política en el esquema de Burgos[101] reforzando así el perfil antiliberal -simple tecnocracia- que algunos le habían achacado. Más a corto plazo, la reforma administrativa apuntaría a obtener los recursos necesarios para financiar la guerra civil, aunque -entendemos- la supone incluida en un contexto de mayor alcance: "La base de esta ilusión se encontraba en la creencia de que la prosperidad social dependía de la bondad de las medidas administrativas, de la misma manera que la miseria social era consecuencia de una Administración equivocada. De aquí la importancia de la Administración" (p. 78).

Secuela de la obra anterior es la prospección que realizó el mismo profesor sobre la comisión confiada a Burgos en relación con el empréstito Guebhard, que había arrojado sobre él sospechas de corrupción[102]. Como

---

101. En la línea ya expuesta por Eduardo García Enterría, *La Administración española. Estudios de ciencia administrativa*. Madrid: Alianza Editorial, 19723, p. 55: "Javier de Burgos tuvo del Subdelegado de Fomento una idea distinta [a la del gobernador civil], en definitiva la misma idea de la que en Francia saldría la "mística prefectural" de origen napoleónico.

102. Alejandro Nieto, "La sombra de una sospecha: el empréstito Real de 1823 y Javier de Burgos", en Luis Cosculluela Montaner (coord.), *Estudios de Derecho Público Económico. Libro Homenaje al prof. Dr. D. Sebastián Martín-Retortillo*. Madrid: Civitas Ediciones, 2003, pp. 1283-1307.

era de esperar, el estudio es inconcluyente, afirma Nieto, en parte por la complejidad financiera de la operación, pero también por culpa de la opacidad deliberada con que se manejó. En el *debe* de Burgos hay que señalar la evidente parcialidad política de la acusación que sufrió en el Estamento de Procuradores en septiembre de 1834, y su exculpación final, tras la prolija investigación realizada por una comisión de representantes de ambos Estamentos. En el *haber*, afirma, habría que sumar la actitud dubitativa de los Próceres en la sesión fatídica, de 18 de octubre (cuando el presidente, el marqués de las Amarillas, le ordenó abandonar el salón) y los cabos sueltos que Burgos dejó por aclarar a pesar de haberse ofrecido a hacerlo en su anterior opúsculo, las *Observaciones sobre el empréstito Guebhard*. Bien es cierto que (aunque aquí no se dice) le echaron de la cámara cuando precisamente pretendía hablar de esos detalles inconfesados que salpicaban a una pluralidad de agentes incluido el embajador en París, al gobierno y por supuesto al rey, más que a la propia honorabilidad del comisionado, quien habría tenido que emplearse a fondo para sostener el crédito español en la guerra sucia que se libraba en el entorno periodístico parisino; probablemente Burgos se estaba refiriendo a una emisión subrepticia de nuevos títulos en 1826, camuflada como conversión de las obligaciones del empréstito en deuda perpetua. Aunque la exploración de Nieto no resuelve el punto a su plena satisfacción -extraiga cada cual sus conclusiones- su utilidad es evidente, al cerrar una vía de investigación ardua y laberíntica que era obligado recorrer sobre este asunto, interesantísimo porque en el fondo no estamos (o no solo) ante una cuestión de integridad personal, sino que remite a la moralidad del sistema, a la praxis seguida desde el aparato estatal conforme a una forma de entender la vida que podría haber compartido una parte de la elite política y social de aquel tiempo, y haberse naturalizado en el curso posterior de la historia institucional española.

En el mismo escenario se centra la biografía realizada por Jean-Philippe Luis de don Alejandro Aguado[103], el banquero encargado de la distribución de las obligaciones del empréstito Guebhard, en cuya órbita sitúa a Javier de Burgos durante su estancia en París entre 1824 y 1827. El origen de la fortuna de Aguado se remonta a las operaciones especulativas que realizó con motivo del empréstito, cuyos mecanismos se describen

---

103. Jean-Philippe Luis, *Aguado o la embriaguez de la fortuna. Un genio de los negocios*. Zaragoza: Prensas de la Universidad de Zaragoza, 2023 [ed. or. en francés = Paris, 2009], especialmente pp. 184-189, "Los mecanismos del enriquecimiento" y 251-253, "El asunto de la corrupción".

aquí, y que igualmente habrían permitido lucrarse de manera escandalosa a los personajes de su entorno, incluido Burgos. Ahora bien, se pregunta el autor, ¿amasó Aguado su fortuna de manera fraudulenta? Su respuesta no elude la impresión de marrullería que refleja todo este asunto y salpica a cuantos participaron en él, aunque puntualiza, tales acciones no se consideraban entonces ilegales o inmorales (eran "prácticas bancarias generalizadas"). Burgos, en calidad de empleado público, fue quien se llevó la peor parte de las críticas, pero ni siquiera su caso era condenable con los criterios de la época[104].

Volvamos a 1996. En este año fue también publicada la obra de don Manuel Arenilla siendo docente en la universidad de Granada, obra que constituye sin ninguna duda uno de los hitos fundamentales en el estado de la cuestión. Se trata de una dilatada edición de artículos de Burgos tomados de la *Miscelánea* (1819-1821) y de *El Imparcial* (1821-1822) sobre Administración pública y asuntos concomitantes, a la que se suma como valor añadido, la transcripción de una *Memoria* a la Sociedad de Amigos del País de Motril de 1806, en la que había intervenido como colaborador secundario[105]; dicha *Memoria*, conviene advertirlo, fue más bien obra personal de don Bernabé Portillo, el probable mentor del joven Burgos como propone juiciosamente el mismo profesor Arenilla[106], quien como historiador toca de oido, pero se compensa con su conocimiento facultativo de la teoría de la Administración. Desde la perspectiva que proporciona la obra periodística de Burgos, el autor le pinta como un hombre que demostró ser "algo más que el eslabón perdido entre la ilustración y el liberalismo" y cuyo pensamiento [liberal] acaso estuvo limitado por "el pragmatismo de la realidad" (p. 180), pero que en absoluto puede ser considerado un servil o un inmovilista aferrado a las ideas del

---

104. *Ibidem,* p. 253.
105. Manuel Arenilla Sáez, *La teoría de la administración en Javier de Burgos desde sus escritos periodísticos.* Sevilla: Junta de Andalucía, 1996, 440 pp. Incluye estudio preliminar y anexos: (I) la *Memoria a la Sociedad Económica de Motril;* (II) la edición de los artículos, organizados por materias. De ellos, ciento dos proceden de la *Miscelánea* y once de *El Imparcial.*
106. Cfr. M. Arenilla, *o.c.,* pp. 33-34 y 58 nota; vid. Bernabé Portillo, *Memoria presentada a la Sociedad Económica de Amigos del País de la ciudad de Motril por su censor el Señor D.* — — —, *Intendente de Provincia; e Instrucción para las Juntas clásicas, formada por él mismo, en comisión con los señores Don Fernando Fonseca, y Don Francisco Xavier de Burgos.* Granada: Imprenta de Don Francisco Gómez Espinosa de los Monteros, 1806, 100 pp. [En línea: Fondo Antiguo de la Universidad de Granada. Consulta 20.04.2020].

siglo anterior. Apunta también la importancia de la etapa de Motril en su formación, si bien, como ya antes don Eduardo Roca ("Burgos es parco en sus citas nominativas")[107], advierte la dificultad para identificar las relaciones e influencias en el pensamiento administrativo de Burgos, más allá de la genérica inspiración francesa. Pero sobre todo, y es lo más relevante, deja constancia de la continuidad entre las ideas administrativas expuestas durante el Trienio Liberal y su culminación en la "década increíble" a través, si no de un análisis comparativo realizado de forma sistemática, sí de frecuentes referencias que enlazan ambas etapas. Rompe así definitivamente con la idea -por usar palabras del profesor García de Enterría- de que la famosa *Exposición* que dirigió desde el destierro [sic] en 1826, fue el "primer brote indiscutible de la recepción de las doctrinas administrativistas francesas en nuestra patria"[108]. También se constata -una vez más- la aparente inconsecuencia entre las opiniones del Burgos periodista sobre división provincial, y los rasgos que esta asumió cuando logró hacerla aprobar siendo ministro.

Hay todavía una obra de envergadura que es preciso mencionar aquí, a propósito de las ideas de Burgos. Me refiero a la extensa visión de conjunto sobre los afrancesados construida por don Juan López Tabar (2001)[109], en la que se ofrece un telón de fondo impresionante y mucha información de detalle, fruto de su investigación en fuentes documentales, y de la gran amplitud que abarca su síntesis; y es información, lo que es más, casi siempre depurada de los errores que suele arrastrar la historiografía de factura menos profesional. Siendo la prosopografía uno de los pilares principales de la obra no podía quedarse fuera Burgos, tan conspicuo por su trayectoria, a quien con buen juicio, López Tabar incardina en el ámbito del periodismo del Trienio y no solo en el equipo del ministro reformista López Ballesteros durante la década final del reinado de Fernando VII. Como afirma el autor, fue la prensa "el principal baluarte de la actividad afrancesada" (p. 220), en cuya ideología advierte no solo el ingrediente utilitario, sino el vigoroso doctrinarismo que se haría operativo tras la muerte del rey.

A una línea emparentada con lo anterior, determinar el origen y perfilar las ideas que Burgos difundió por extenso a través de su obra

---

107. E. Roca, en *Ideas (…)*, *o.c.*, p. 16.
108. Eduardo Garcia de Enterría, *La administración española (…)*, *o.c.*, p. 31.
109. Juan López Tabar, *Los famosos traidores. Los afrancesados durante la crisis del Antiguo Régimen (1808-1833)*. Madrid: Biblioteca Nueva, 2001, 411 pp.

escrita, he dedicado yo mismo algunas calas en los últimos años[110]: la identificación y caracterización de sus trabajos literarios durante la época del exilio (2015), el análisis del fondo bibliográfico que trajo de Francia en 1827 (2019), la reconstrucción de la trayectoria de Antero Benito Núñez, a quien posiblemente hay que considerar como una importante referencia intelectual en su juventud (2021), y una indagación sobre el origen de *El Imparcial*, la última publicación periodística que él dirigió durante el Trienio Liberal (2022).

AGUADO.

Imagen 5. Retrato de Alejandro Aguado en Galería de españoles célebres contemporáneos (…). t.. II (Biblioteca Nacional de España).

110. Manuel Morán Orti, "Javier de Burgos: empresas mercantiles y literarias en la emigración (1812-1817)", *Cuadernos del Bicentenario* n° 24 (2015) pp. 62-89; "Libros franceses de Javier de Burgos (De París a Madrid en 1827)", *Aportes. Revista de Historia Contemporánea* vol. XXXIV / n° 99 (2019) pp. 55-88; "En torno a la vida y escritos de don Antero Benito Núñez, clérigo amigo de las Luces y natural de Ezcaray", *Berceo* n° 180 (2021) pp. 119-142; "El origen de *El Imparcial*, periódico de Madrid en el Trienio Liberal", en Antonio Manuel Moral Roncal e Ignacio Uria (coords.), *La historia contemporánea en perspectiva múltiple. Homenaje a Javier Paredes Alonso*. Alcalá de Henares: Universidad de Alcalá, 2022, pp. 39-53.

Por cuestión de encaje y de competencia (falta de), han quedado para el final de estas líneas las referencias a la bibliografía moderna dedicada a Javier de Burgos desde un enfoque literario, más allá de lo ya dicho sobre el catálogo de sus obras, o de las ideas que vertió en ellas. Como es sabido, en su juventud tuvo aspiraciones como autor de piezas de teatro, pero a la larga su producción fue escasa y puede afirmarse que en conjunto, él lo cultivó el desde una perspectiva más próxima a la teoría dramática que a la de un comediógrafo profesional. En consecuencia no existe un estudio monográfico sobre este aspecto de su actividad. Lo que ha quedado, el tópico dominante en la historia literaria son valoraciones de detalle sobre su propósito de armonizar las reglas de la preceptiva clásica con la viveza de la acción y la versificación del teatro español del siglo de Oro. La apreciación procede de la crítica decimonónica iniciada con Ochoa que pasando por Díaz, Ferrer del Río y Mesonero Romanos, culmina en Menéndez Pelayo, quien por cierto, había sabido ver en Burgos uno de los iniciadores de la crítica moderna, "como lo atestiguan sus estudios sobre nuestros dramáticos, impresos ya en la época constitucional del 20 al 23, sus comedias algo posteriores, y su discurso de entrada en la Academia Española en 1827"[111]. En esta línea, E. Allison Peers destaca la anomalía (siendo Burgos un "formalista de la especie más inflexible") de su entusiasmo por Calderón y de su admiración por Tirso, lo que le lleva a caracterizarle como uno de los eclécticos que trataron de fundir "lo mejor del romanticismo nacional" con sus principios estéticos, de raigambre neoclásica. El mismo Burgos había fijado los límites de su tolerancia al movimiento romántico en los discursos pronunciados en el Liceo granadino (1841), condenando la influencia ejercida por la obra de autores como Hugo o Dumas, que mostraban el espectáculo del vicio, el crimen, la inmoralidad y el mal gusto[112]. Otro estudio muy reciente, debido a Raquel Gutiérrez Sebastián y Borja Rodríguez Gutiérrez, pone énfasis en la formación neoclásica de Burgos, quien comparte los lugares comunes

---

111. M. Menéndez Pelayo, *Historia de las ideas estéticas en España. Siglo XVIII.* Edición digital a partir de Edición nacional de las obras completas de Menéndez Pelayo. Vol. 3, Madrid: CSIC, 1940, p. 477 [En línea: Biblioteca virtual Miguel de Cervantes. Consulta 6.05.2022].
112. Edgar Allison Peers, *Historia del movimiento romántico español.* Madrid: Gredos, 1954, I, p. 232 y II, pp. 100 y 135. Vid. También John A. Cook, *Neoclassic drama in Spain. Theory and practice.* Dallas (Texas), Southern Methodist University, 1959, pp. 471-475; asimismo, Guillermo Carnero (coord.), *Historia de la literatura española. Siglo XIX (I).* Madrid: Espasa Calpe, 1997, pp. 142 y 304.

de la crítica ilustrada sobre Lope de Vega -desaliño, improvisación, menosprecio a las reglas y todo lo demás- aunque con mayor indulgencia de la que mostró un crítico romántico (cierto, nada exaltado) como Gil y Zárate, e incluso con una valoración reivindicativa de su obra[113].

Al margen del enfoque propio de las disciplinas que se han ocupado de Burgos como estudioso del mundo clásico y traductor de Horacio, esta faceta importa por su capacidad de explicar su *forma mentis*, esto es, su íntima adhesión al pensamiento de los antiguos y el valor que advertía en los saberes humanísticos. Sin duda, él había llegado a un grado muy alto de apreciación estética a través de la poesía, pero hay más, detrás de su dedicación a las bellas letras. Eso salta a la vista desde el mismo prólogo a su traducción de 1820, donde señala la relación entre el poder formativo de la educación literaria, el desarrollo del intelecto -la razón aplicada a las operaciones de conocer y juzgar- y la aptitud para expresar conceptos e ideas con precisión. Todo lo cual lo revela como un clasicista convencido y una vez más, beligerante ante el auge romántico.

En este contexto, a doña Beatriz Antón[114] se debe el estudio de los principios que guiaron su labor como traductor y comentarista de Horacio y por añadidura, el análisis comparativo entre su traducción y la hecha por Moratín de la oda *Rectius vives*, emblemática del topos horaciano de la *aurea mediocritas;* un ideal, conviene recordarlo, del que Burgos iba a extraer enseñanzas que han dejado mucho rastro en su pensamiento y en el curso de su propia vida. Su trabajo, indica la autora, se orienta a una finalidad didáctica de inspiración ilustrada. Burgos tiene en mente a los jóvenes, lo que le lleva a extenderse en explicaciones y en paráfrasis de acuerdo con la fórmula *sensum exprimere sensum* y a emplear un léxico poético que siendo el de su propia época, resulta rebuscado para la sensibilidad moderna. En el mismo marco argumental se sitúa la sustanciosa carta enviada, probablemente en 1824, por el erudito Juan Tineo a Leandro Fernández de Moratín, que editó don Jesús Pérez Magallón[115]. Todo un

---

113. Raquel Gutiérrez Sebastián y Borja Rodríguez Gutiérrez, "Tres visiones de Lope en la prensa del romanticismo (1839-1851)", en *Cuadernos de Ilustración y Romanticismo* nº 31 (2025) pp. 317-318.
114. Beatriz Antón Martínez, "El humanista ilustrado F. Javier de Burgos (…)", *art. cit.,* pp. 365-372; *Idem*, "El Rectius vives de Horacio (oda II, 10) traducido en verso por L. Fernández de Moratín y F. Javier de Burgos", *Veleia* nº 6 (1989) pp. 287- 299.
115. Jesús Pérez Magallón, "Una carta de Juan Tineo a Leandro Fernández de Moratín", en *Castilla. Estudios de Literatura* 18 (1993) pp. 123-137.

reflejo de las trifulcas entre pandillas de gente de letras, en dicha epístola no salen bien parados Meléndez Valdés ni sus adeptos, cuya petulancia se denuncia con sarcasmo. En ella, tomando pie del elogio a Burgos que hizo Meléndez en el prólogo de sus *Poesías*, escribía Tineo sobre la traducción de Horacio, la publicada en 1820: "Si Vm viera unas notitas marginales con que yo he anotado esta traducción, vería Vm comprobado hasta donde rayaba el juicio del panegyrista y del traductor; y quan pobre demonio era o fue el zascandil Horacio Flaco en competencia del nro. Horacio Gordo" (p. 130). Lo del "Horacio Gordo" iba por Burgos y aunque no se aclara si hay que entenderlo en sentido metafórico -como parece- nos indica la fluidez con que podían llegar a circular las maledicencias y chismes entre los literatos españoles de entonces: hay que hacerse cargo de que el chascarrillo iba en una carta privada que Tineo envió desde Madrid a Moratín, entonces residente en Burdeos, de modo que llama la atención que tuviera conocimiento de él y lo reutilizara Bartolomé José Gallardo no mucho tiempo después en su libelo *Las letras de cambio* (1834), un ataque personal contra el que fuera ministro de Fomento. Y más allá de la anécdota, todo esto arroja luz sobre la falta de menciones en la segunda edición de la obra de Burgos (1844) a las traducciones horacianas del propio Moratín, al que años antes había homenajeado desde las páginas de la *Miscelánea*, y con el que tuvo que haber coincidido en sus visitas a Burdeos; recuérdese que los hijos de Burgos asistían al colegio que dirigía allí su amigo Manuel Silvela, en cuya casa precisamente, se hospedaba Moratín. El asunto ha tenido continuidad en un comentario dedicado a las apuntaciones manuscritas de Tineo, obra de doña María del Mar Pérez Morillo[116], quien tuvo acceso a los dos volúmenes de las *Odas* sobre los que él las anotó. En ellas, coherente con las observaciones anteriores, la crítica de Tineo, nada ponderada, se centra en las omisiones y trasposiciones que caracterizan el estilo de Burgos como traductor.

A pesar de lo anterior, la vertiente literaria de Burgos sigue siendo, afirma don Ismael Elías, la menos estudiada entre las que desarrolló su actividad. En consecuencia, el horacianismo de Burgos en su calidad de traductor, editor literario y comentarista de la obra poética del *venusino*

---

116. María del Mar Pérez Morillo, "Las traducciones de Horacio en los siglos XVI al XVIII: una polémica neoclásica entre Juan Tineo y Javier de Burgos", en *Congreso Internacional sobre Humanismo y Renacimiento*. Universidad de León, 1998, vol. I., pp. 569-581.

fue el objeto de estudio en su tesis doctoral[117], donde la analiza desde un enfoque filológico, aun sin olvidar otras vías de aproximación al personaje. A su vez y en fecha más reciente, doña Fátima Rueda Giráldez constata el espíritu que preside la interpretación horaciana de Burgos -al referirse a la contraposición entre *ars* e *ingenium*- y que resume como "una defensa de la razón frente al *furor* o *entusiasmo*, que no sería sino un producto de la razón"[118]; observación que por otra parte, apunta a un pilar importante en los fundamentos del sistema de ideas y valores que profesaba Burgos.

1.3. Recapitulando

Llegados a este punto, creo que es posible esbozar alguna, entre las varias reflexiones que sugiere el panorama de la historiografía en torno a Javier de Burgos durante los dos últimos siglos. Para empezar, puede establecerse que su fama estuvo mediatizada, al menos en parte, por su propia intervención (y la de sus amigos) porque lógicamente, estaba interesado en trasladar una idea lo más pulcra posible de si mismo a sus contemporáneos y a la posteridad. Sin embargo, el factor más determinante en la construcción de su imagen fue el clima conflictivo de la época, puesto que los compromisos que asumió durante su vida le convirtieron en alguien con significación simbólica y en motivo, por tanto, de controversia. Considérese el papel que desempeñó en determinadas contextos polémicos, como el de servidor del régimen josefino, periodista en el Trienio Constitucional, gestor del crédito español en el extranjero durante la segunda restauración absolutista, o artífice del modelo de Estado liberal a partir de 1833. Pero todo sumado, la imagen pública de Burgos, aunque perjudicada por esas controversias, se acomoda bien al sistema de valores dominante durante la mayor parte del siglo XIX.

Ya más distanciada de los hechos, la investigación en la pasada centuria permitió aproximaciones científicas aunque de alcance desigual, porque la actividad múltiple de Burgos no ha facilitado avances homogéneos y ni mucho menos, la integración en una síntesis armónica de los resultados

---

117. Ismael Elías Muñoz, *El horacianismo de Javier de Burgos en su contexto histórico, sociocultural y literario*. Tesis doctoral. Madrid: Universidad Complutense, 2016 [en línea. Consulta 5.10.2022], 303 pp.
118. Fátima Rueda Giráldez, "La recepción de las ideas poéticas de Horacio entre la Ilustración y el Romanticismo", en *Cuadernos de Ilustración y Romanticismo* n° 27 (2021) p. 522.

obtenidos desde enfoques disciplinares tan diversos. Quizás, el mejor intento en ese sentido fue el de don Ángel González Palencia, pero las circunstancias de su época le impidieron culminar su proyecto como él (posiblemente) hubiera querido. De hecho, y es lógico, las circunstancias y la mentalidad propia de cada época se han proyectado de manera intensa en todo lo que se ha escrito de él, influyendo en la forma de entenderle, a él y a su obra. Ejemplo de ello son los juicios contrapuestos que ha merecido su concepto de administración, o el de libertad civil y política, a tenor de los tiempos y los regímenes políticos que se han sucedido en nuestro país.

Resumiendo, su faceta como iniciador de la ciencia administrativa en España ha sido la que más ha interesado a los académicos -en su mayoría procedentes del área jurídica- aunque quizás se echa aun en falta un conocimiento construido con rigor histórico de las raíces de su pensamiento, más allá de vagas referencias a "la influencia francesa". A su vez, la adscripción política e ideológica de Burgos ha sido objeto de atención, impulsada con verdadero furor taxonómico. A este respecto, surge la sospecha de que alguna vez se olvida la continuidad esencial entre ilustración y liberalismo y que estas son simples categorías, etiquetas clarificadoras, pero que en si mismas añaden poco al conocimiento sobre Burgos (o sobre cualquier otro personaje) y desde luego, que no agotan al completo su personalidad o el conjunto de circunstancias en las que se desenvolvió su actividad a lo largo de su vida. Uno se pregunta si no vendría bien un poco de nominalismo al abordar la cuestión. En cambio ha sido mucho menos estudiado su papel de *mediatizador* cultural[119] como periodista durante el Trienio constitucional, al difundir los principios que harían posible la eclosión del nuevo régimen una década después. Periódicos coetáneos como *El Censor* y *El Zurriago* (y la *Miscelánea*, me atrevo a añadir) han recibido la atención de los estudiosos, pero parece que en conjunto no se ha definido como merece la aportación de la prensa en la génesis del nuevo orden liberal, no solo entendido este como un modelo simplemente político.

---

119. La expresión, en Jean-François Botrel, "Las transferencias culturales bajo sospecha (España, 1789-1833", en *Estudios en Homenaje al profesor Celso Almuiña Fernández*. Valladolid: Universidad, 2016, p. 228.

2. Los años en Granada (1778-1798)

2.1. Origen y familia

Francisco Javier de Burgos (o Xavier, como él firmaba casi siempre) nació el 22 de octubre de 1778 en Motril, ciudad principal en la costa del reino de Granada. Sus padres fueron Diego Antonio de Burgos González y Francisca Olmo Felipe, que habían contraído matrimonio el 3 de noviembre de 1768 y tuvieron siete hijos, de los que cinco les sobrevivieron. Él era el primogénito. Los varones que le siguieron fueron Diego María, que casaría con Francisca de Real (Frasquita); José Antonio, que ya había muerto en 1808 y fue esposo de María de las Mercedes Trevilla; Francisco (Frasquito), el pequeño, contrajo matrimonio con María del Carmen Zorrilla. A su vez, las hijas se llamaban Juana, casada con Antonio Miguel del Álamo; Antonia, que lo estuvo con Francisco Mantilla; y María Josefa, que como su marido, José Espinosa, falleció en fecha temprana. La hija huérfana de ambos, Mariquita, vivió con la familia[120]. Todavía en 1823, Francisco Javier se interesaba por ella y otros parientes en carta a su hermano Diego[121].

---

120. AHN, Estado, Orden de Carlos III, n° 1934, Pruebas de Francisco Xavier de Burgos y Olmo para su admisión en la Orden de Carlos III (23.06.1827), 17 v°, el testamento otorgado en Motril, el 20 de junio de 1808 por don Diego Antonio de Burgos González (Motril, 8.01.1745) y doña Francisca Olmo Felipe (Motril, bautizada el 20.05.1753). Datos complementarios sobre la familia en AHN, Hacienda, leg. 470 (expediente de viudedad de Amalia Carolina de Burgos Álamo).
121. Archivo Familia Burgos (AFB en lo sucesivo), X. de Burgos a Diego María Burgos (Madrid, 2.09.1823).

*Imagen 6. "Charte géographique des provinces de Granada, Córdova et Jaen".
Tomás López, 1782 (Instituto Geográfico Nacional).*

Los Burgos eran una familia de agricultores, propietarios de tierras, que vivía del cultivo de la vid y de la caña de azúcar, que elaboraban en el ingenio ("el trapiche nuevo") que solían arrendar. Con el cambio de siglo dieron preferencia al del algodón, como los demás agricultores de la vega. A don Diego Antonio, que como subraya Ángel González Palencia, había partido de una situación económica modesta, se le puede atribuir la prosperidad y la posición que fue alcanzando la familia en la sociedad motrileña. En su correspondencia queda claro que desempeñó un papel determinante durante la juventud de Francisco Javier, tanto porque con su autoridad paterna y el uso del patrimonio condicionó los proyectos e iniciativas de su hijo, como por el influjo que ejerció en la formación de su personalidad con el ejemplo y consejos. Ahí se esboza un estilo de vida marcado por la religiosidad a la manera de aquella época y a la vez, por un gran sentido práctico, cautela, tenacidad, mucha aplicación a los asuntos económicos y quizás, cierta inclinación a movilizar relaciones sociales ventajosas en provecho propio[122]. Eran valores y comportamientos burgueses ("mentalidad protoburguesa", matiza Juan Gay[123]) que remiten a una forma de entender el mundo y a un orden social en el que Javier de Burgos debió hallarse cómodo y que constituyen el sustrato de las convicciones que defendería años más tarde, desde el periodismo y la política, contra los ataques que amenazaban su estabilidad.

En su partida de bautismo figura en calidad de compadre don Francisco Xavier Ruiz de Lucena, escribano mayor del cabildo y ayuntamiento, juzgado de guerra y mayor de rentas, y se menciona también a dos presbíteros locales como testigos, lo que da una idea sobre el nivel en el que se desenvolvía la familia. Por lo demás, don Diego Antonio no fue indiferente en absoluto al progreso social, que iba parejo al económico. Así lo demuestra que se ocupara de reivindicar la hidalguía familiar, lo que le abría las puertas para acceder al gobierno municipal, donde se encontraban los que contaban en la ciudad[124].

---

122. A mi parecer, son rasgos que se desprenden de la correspondencia familiar en estos años (Archivo Familia Burgos). Sin embargo, por razones de accesibilidad cito cuando es posible los fragmentos reproducidos por Ángel González Palencia en su documentado estudio biográfico: vid. "Javier de Burgos, humanista y político", *art. cit.; ibi*, p. 345, sobre el testamento de don Diego Antonio y doña Francisca, según el cual cada uno trajo al matrimonio como unos 5.000 reales, de lo que "pueden colegirse los modestísimos orígenes de la posición económica de la familia".
123. Juan Cristóbal Gay Armenteros, "Motril y Francisco Javier de Burgos" *Qalat. Revista de Historia y Patrimonio de Motril y la Costa de Granada* nº 2 (2001) p. 109.
124. Á. González Palencia, "Javier de Burgos, humanista (…)", *art. cit.*, p. 204, reproduce la partida de bautismo, tomada de su expediente para el ingreso en la Orden de Carlos III, en el que hay información muy completa para el conocimiento de los aspectos genealógicos y el contexto económico familiar: vid. AIIN, Estado, Carlos III, expte. 1934. También es útil para lo mismo la documentación conservada sobre los pleitos de los Burgos: entre otros, Archivo de la Real Chancillería de Granada, Sala 301, leg. 169, pieza 170, "Para que el Consejo, Justicia y Reximto. de la villa de Padul dé estado conforme a su calidad a Dn. Diego Antonio de Burgos hacendado en ella y vecino y subteniente de la compañía de infantería fija de la ciudad de Motril" (Granada, 18.10.1798). Por contraste, resulta interesante advertir cómo el padre de Diego Antonio, Francisco de Burgos Correa, figura como "jornalero del campo" en el Catastro de Ensenada, regulándole un jornal diario de 3 reales, pero también, la propiedad de una casa con seis varas de frente y 18 de fondo, que arrendaba por 60 rs. al año: Archivo de la Real Chancillería de Granada, Catastro de Ensenada. Motril, vol I, 98 vº y vol. II, 653.

En el año 1798 fue nombrado subteniente de la compañía fija de Motril e intentaba conseguir el ascenso al empleo de teniente, graduado de capitán. Tenía letras, aunque sin demasía. En sus cartas a Javier durante los años en el colegio eclesiástico y en la temporada que este pasó en Madrid, se expresaba sin adornos literarios y alguna tosquedad, pero con precisión (y mordacidad) que contrasta con el estilo sentimental y un poco petulante del hijo. Como la mayor parte de sus allegados, abrazaría la causa de José Bonaparte durante la guerra de la Independencia, llegando a ejercer el cargo de corregidor de Motril.

2.2. Estudios y mentores en Granada

Xavier fue enviado a Granada cuando aun era niño, con ánimo de que siguiera la carrera eclesiástica. El 17 de abril de 1787 ingresó como interno en el colegio del monasterio de San Gerónimo[125], donde vivió durante los cuatro años siguientes. Las cartas a sus padres, que escribía con caligrafía infantil y una frecuencia más o menos semanal, contienen saludos rutinarios y giran sobre asuntos comunes, como la muda de ropa y las golosinas que le enviaban desde casa: "Madre querida mía: me alegro mucho se mantenga Vm. buena en compañía de mi padre, hermanas y hermanitos. Yo quedo bueno para servir a Vm. He recibido las batatas, naranjas, nueces y peras, y la talega con la ropa, la que vuelve con camisón, calzones blancos, calcetas, una rodilla y una toalla". El dato no es insignificante, porque con el tiempo esas viandas se tornaron menos saludables, cosa que Lucienne Domergue ha relacionado con el origen de los ataques de gota que empezó a sufrir desde una edad temprana[126] y que alteraron de tanto en tanto su actividad durante el resto de su vida. Burgos, en efecto, jamás renunció a las vituallas que le enviaban desde su pueblo ni a los vinos de Motril, una constante en la correspondencia con su padre y más tarde, con su hermano Diego. En cambio, no hay ningún indicio de que fumara.

---

125. Á. González Palencia, "Javier de Burgos, humanista (...)", *art. cit.,* p. 205.
126. AFB, Xavier de Burgos a su madre Francisca Olmo (Granada, 7.12.1787). Lucienne Domergue, "Les enfances (...), en *loc. cit.* p. 251, sobre datos de Á. González Palencia, "Javier de Burgos, humanista (...)", *art. cit.,* pp. 205-206 nota. Su enfermedad está documentada al menos desde 1811, cuando escribía a su padre: "el domingo llegué aquí con un ataque de gota que me ha tenido en la cama de que ya estoy algo convalecido"; sintomáticamente, en esa misma carta, encargaba el envío de "un piloncito de azúcar, una arroba de miel de caldera y dos de miel de prima" (AFB, X. de Burgos a D.A. de Burgos, Almería, [ileg.].03.1811).

Imagen 7. "Vista del castillo de la Alhambra desde las torres Bermejas". Francisco Muntaner, G. (Real Academia de Bellas Artes de San Fernando: Catálogo general de la calcografía española. Madrid: 1987).

Para su formación dispuso, ya en 1788, de obras habituales en el aprendizaje eclesiástico de las humanidades: un breviario, un *Concilio*, un "Cuaderno de Sílaba", la gramática latina de García de Olarte, el *Arte explicado* (acaso el de Marcos Márquez de Medina), un Pío V (el *Catecismo* de Trento, se supone), un San Gerónimo (quizás las *Epístolas*), unas *Fábulas* y ediciones anotadas de clásicos latinos (Curtio, Cornelio, Ovidio, Virgilio, Cicerón)[127]. En octubre de 1789 comenzó a ir a la universidad a cursar la lógica[128] y en noviembre de 1790 le compraron el texto que ahí se seguía, "los tomos del señor Obispo de León de Francia", además de las *Mathematica* de Fr. Jacquier[129]. Burgos por tanto, que era buen estudiante, debía estar bastante más familiarizado con la *Lógica* del Lugdunense de lo que confesó años después, al escribir que "que solo por curiosidad hemos hojeado una vez u otra" (véase más abajo). Por lo

---

127. Á. González Palencia, "Javier de Burgos, humanista (...)", *art. cit.*, pp. 206-207.

128. AFB, X. de Burgos a D.A. de Burgos (Granada, 29.09.1789).

129. Á. González Palencia, "Javier de Burgos, humanista (...)", *art. cit.*, p. 207; vid. [Joseph Valla], *Institutiones philosophicae auctoritate D.D. Archiepiscopi Lugdunensis ad usum scholarum suae Diocesis editae*. Lugduni: s.n., 1784, 12°, tomo 1° = Lógica [Catálogo de la Biblioteca Nacional, Madrid = BN]. No se confunda esta obra con la de *Institutiones Theologicae*, considerada jansenista.

demás, la correspondencia familiar permite advertir el reconocimiento que recibía en San Gerónimo por sus progresos intelectuales y también, que él era completamente consciente, aun siendo niño, de su propia superioridad entre sus compañeros:

> El haberme hecho nuestro Padre Vicerrector fue por su voluntad, y porque me contemplaba el más adelantado, lo cual los grandes lo llevaron muy mal por lo cual han injuriado a nuestro Padre, a Vm. y a mi con esas cartas, y nuestro Padre ha tomado satisfacción habiéndolos azotado cruelmente, por lo que han saltado algunos del colegio (...) no tenga Vm. cuidado que yo no le temo a nadie sino a Dios, a Vm. y ahora a nuestro Padre Rector[130].

Debió recibir la tonsura en febrero de 1790, con 11 años, lo que técnicamente le convertía en eclesiástico[131]. Él, o por mejor decir, su padre, disfrutó desde entonces de los emolumentos anejos a la capellanía de Nuestra Señora de las Angustias (Motril) desde 1791[132]; consistían en tierras de labor, según se desprende de un comentario de Francisco Javier a su hermano Diego muchos años después, cuando se interesaba por readquirir la propiedad de una haza en la Rambla de las Brujas que había formado parte de dicha capellanía y que "después compró padre como perteneciente a obras pías"[133]. En abril fue admitido en el colegio o seminario conciliar de San Cecilio como porcionista, tras obtener las mejores calificaciones en el examen de latinidad a que fueron sometidos los aspirantes[134]. Allí recibiría

---

130. AFB, X. de Burgos a D.A. de Burgos (Granada, 13.03.1789).
131. Á. González Palencia, "Javier de Burgos, humanista (...)", *art. cit.*, p. 207 con referencia a AFB, carta nº 108, que no he visto.
132. Vid. AFB, carta de pago por don Salvador Sancardo, "canónigo beneficiado más antiguo de esta iglesia" por pago de 88 rs. en concepto de la capellanía de Nuestra Señora de las Angustias, por don Francisco Xavier de Burgos, por los años de 1791 y 1792 (Motril, 10.04.1793).
133. AFB, X. de Burgos a D.M.ª de Burgos (París, 2.05.1826).
134. Sobre el ingreso de Burgos en el seminario conciliar de San Cecilio, vid. Archivo Diocesano de Granada, *San Cecilio*, leg. 231, "Pretendientes a becas porcionistas del Colegio Ecco. según la graduación y censura que han merecido en el examen" (examen de latinidad con 12 candidatos). Los porcionistas abonaban una parte del coste de su mantenimiento en el colegio, que en el caso de Burgos fue de 1.430 rs. y 4 mrvs. por tres trimestres, hasta el 1 de mayo de 1792: vid. leg. 246 (Cuentas de San Cecilio, 1792). El expediente

una cuidada formación en humanidades y ciencias sagradas, e incluso se las apañó para que otro colegial le enseñara francés y a versificar ("que no sepa el Señor Rector que aprendo la lengua francesa")[135]. Obtuvo beca en propiedad el 22 de diciembre de 1792 ("ya se acabó de pagar")[136], con lo que atravesaba el umbral de una carrera prometedora.

Poco a poco, el tono de sus cartas fue perdiendo el de sumisión e ingenuidad propio de la niñez, para adquirir seguridad en sus apreciaciones. Los temas, sin embargo, no cambiaron sustancialmente; junto a los saludos para toda la familia, se interesaba por el envío de golosinas, en general pilones de azúcar (don Diego explotaba entonces el ingenio de Motril) y de dinero para ropa y gastos ordinarios, cuya necesidad Javier defendía con ahínco ante su padre: "Y en fin, a causa de ser hijo del señor don Diego de Burgos necesito tener algunos dineros en el bolsillo"[137]. Dicho sea de paso: su atención minuciosa a los gastos, aunque no exenta de liberalidad, iba a ser una constante durante toda su vida.

Se graduó de bachiller en julio de 1794, al parecer con la idea de opositar a una cátedra de Ética en la universidad, "pues aunque no la haga para ganar, le será de mérito en lo sucesivo", había escrito el rector de San Cecilio a don Diego[138]. Este asunto dio lugar a que el propio Javier aludiera, por primera vez, a sus tanteos teatrales:

---

de ingreso, en leg. 229 ("Año de 1791. Don Francisco Xavier de Burgos, natural de Motril"). Consta de partida de nacimiento autentificada, árbol genealógico simplificado, relación de preguntas a los testigos ("para averiguar la genealogía, legitimidad, limpieza de sangre, buena vida y costumbres"), declaraciones y auto del arzobispo don Juan Manuel Moscoso y Peralta (Granada, 14.04.1791). Testigos: de nuevo su padrino Francisco Javier Ruiz de Lucena ("que al presente reside en esta de Granada"), Francisco Luna ("músico biolín [sic] de la Iglesia Metropolitana") y Manuel Fernández Monzón ("vecino de esta ciudad").

135. AFB, X. de Burgos a D.A. de Burgos (Granada, 13.08.1793), en Á. González Palencia, "Javier de Burgos, humanista (…)", *art. cit.*, pp. 210; *Ibidem*, p. 212, carta nº 160 [¿verano de 1794?]: "seguía instruyéndose en lengua francesa con anuencia del Rector, "necesaria para la física moderna y el estudio de las matemáticas, en que daría principio por octubre".

136. AFB, certificación y carta de X. de Burgos a D.A. de Burgos (Granada, 22.12.1792).

137. AFB, X. de Burgos a D.A. de Burgos (Granada, 22.01.1796).

138. AFB, Ildefonso María Fernández, rector de San Cecilio, a D.A. de Burgos (Granada, 25.01.1794); *Ibidem* (Granada, 5.07.1794), sobre la inminencia de los actos literarios.

Es forzoso infiera Vm., no haber lugar para que la empezada tragedia se finalice; lo que haré inmediatamente que reciba el grado, y haga la sobredicha oposición, y cuando no, largo verano (mediante Dios) nos espera, en el que desembarazado de las literarias tareas, *útiles y necesarias*, ocupe el tiempo en *lo útil y divertido*[139].

A lo que parece, esta actividad absorbió con el tiempo lo mejor de su atención. Si no otra cosa, está claro que para entonces había descubierto su vocación literaria y que conocía los fundamentos de la estética neoclásica, muy ceñida al principio de imitación de los modelos de la antigüedad greco-romana[140]. En consecuencia, había ya tomado partido contra el espectáculo de efectos extravagantes, causa del éxito de los Comella, Valladares, Zavala, etc. y que según recordaría el mismo Burgos muchos años después, ya había condenado Quinto Horacio Flaco al referirse a recursos como el de exhibir jirafas y elefantes blancos en las funciones escénicas[141]. He aquí una clave que está en la base de su elitismo cultural y por trasposición, de su sentido de la vida.

Abundando en lo mismo, un primo granadino, encandilado con sus luces, lo escribía a don Diego Antonio en un párrafo muy significativo, que González Palencia dio a conocer en 1935:

El amigo don Javier es todo un hombre, continuamente aplicado a sus estudios, y además de llenar sus obligaciones de colegio y curso de

---

139. AFB, X. de Burgos a D.A. de Burgos (Granada, 6.03.1794) en Á. González Palencia, "Javier de Burgos, humanista (…), *art. cit.*, p. 212 [El subrayado es mío, MMO].

140. Vid. AFB, X. de Burgos a D.A. de Burgos (s.f. = 1794) en A. González Palencia, "Javier de Burgos, humanista (…)", *art. cit.*, p. 212: "La comedia que le dije a V.m. que estaba sacando, ya lo está, y habiéndola yo mirándola [sic] con despego, no tiene más falta que estar a lo antiguo, por lo cual, no la quiero numerar entre mis obras, pues bien sé yo que agradará a los ignorantes, por tener mil enredos, más no a los sabios, por ser los dichos enredos contrarios a toda buena poética; solo sí en los ratos libres, me entretengo en estudiar con ahínco la poesía, y en hacer excelentes tragedias, que tengo más comenzadas, y que si supiera yo, que a lo menos de una, me había Vm. de costear la impresión, viera Vm. cuan pronto la acabara y cuan perfecta".

141. J. de Burgos, "Discurso tercero sobre el teatro español, pronunciado por el Excmo. Señor D. ———, en el Liceo de Granada, el viernes 16 de abril", en *La Alhambra* t. IV, nº 17 (25.04.1841) p. 195.

Teología, se dedica con mucho tino y pulso a perfeccionar una comedia de que es autor, titulada *El pícaro y la pícara*, y está traduciendo otra del francés al castellano, que es mucho trabajo: él estará distraído pero yo no lo creo y me tiene cautivado su gran talento[142].

De varias referencias casuales en su correspondencia y de algunas reminiscencias posteriores, se desprende que durante los años de colegial Xavier trató a los ingenios literarios locales, gente vinculada a la Real Sociedad Económica de Granada y ocasionalmente, interesados en los problemas del desarrollo social y económico del país. Téngase en cuenta que aun no estaba emancipado económicamente y por tanto, difícilmente hubiera podido participar de los trabajos de la Sociedad, pero eso no era un obstáculo para beneficiarse de las enseñanzas de sus miembros. Tiempo después, dirigiéndose a don Juan Meléndez Valdés desde Aranjuez, el 25 de marzo de 1798, escribió:

Tengo la confianza de dirigirle la adjunta carta, que he recibido el jueves de un humanista célebre de aquella capital, que me favorecía con su trato y ahora con su correspondencia (…). Granada (allí he estudiado por espacio de once años) carece de humanistas, a lo menos con respecto al número de sus habitantes. Los sabios de este género, de quienes tengo el honor de tratar en confianza a la mayor parte, tienen profesión o ministerio público que les impide tratar continuamente de esto[143].

¿Quiénes eran esos sabios humanistas con los que se codeaba? Sobre esta cuestión resulta revelador el contenido de la que Francisco Javier había enviado a su padre el 12 de abril de 1797:

La comedia para en poder del doctoral de la catedral, a quien le ha gustado infinito, y que me ha dicho hoy por la mañana, que ha visto en ella reunidas todas las reglas con suma complacencia, esto mismo

---

142. Luis Abad de Burgos (el primo granadino) a D.A. de Burgos (Granada, 8.11.1796), en A. González Palencia, "Javier de Burgos, humanista (…)", *art. cit.*, p. 213.
143. X. de Burgos a J. Meléndez Valdés (Aranjuez, 25.03.1798), en Á. González Palencia, "Javier de Burgos, humanista (…)", *art. cit.*, pp. 223-224.

me han dicho don Josef de Vargas, el padre Aquino, el rector de mi colegio y otros cuantos buenos poetas de este pueblo; luego que vuelva a mi poder, pasará inmediatamente al de Vm. sirviéndose insinuarme si me costeará la impresión, para la que he escrito en el correo de ayer a un amigo que tengo en Málaga, que ha hecho algunas, diciéndole que me noticie los costos, producto, etc.[144].

El citado doctoral era don Antero Benito Núñez, quien interesa aquí por más de un motivo. Primero, como humanista y poeta, fue uno de los más reputados exponentes de la escuela literaria granadina en su tiempo, lo que le convierte en un buen candidato a haber ejercido algún tipo de influencia sobre el joven Burgos. Fue miembro activo de la Real Sociedad Económica de Granada. Todo un convencido en la capacidad del saber para mejorar a la humanidad, actuó en consecuencia, publicando escritos críticos y sobre todo, fábulas morales que reunió en 1802 bajo el título de *Sátiras de Amato Benedicto*[145]. Precisamente la ocasional reedición aquí y allá de esas fábulas, es la clave que permite descubrir la identidad de don Antero como anónimo colaborador en varios periódicos y señaladamente, en la afrancesada *Gazeta de Granada* durante la guerra de la Independencia. Su valoración sobre el teatro como herramienta de educación social confirma lo dicho sobre sus convicciones: "es la escuela del público, y donde al mismo tiempo que se divierte, forma su corazón, y se llena de pensamientos nobles"[146].

Hacia el año 1800 el viajero Wilhelm Von Humboldt visitó al canónigo en su casa de Granada y dejó escrita una impresión ambivalente sobre él, declarando que era

Hombre activo, emprendedor y bondadoso pero algo rudo y muy sensual. Tiene conceptos ilustrados, odia el estamento clerical, ha

---

144. AFB, X. de Burgos a D.A. de Burgos (Granada, 12.04.1797); la carta va parafraseada y sin referencia en Á. González Palencia, "Javier de Burgos, humanista (…)", *art. cit.*, p. 214.
145. [Antero Benito Núñez], *Sátiras de Don Amato Benedicto*. Granada: en la imprenta de Moreno, 1802, 4°, 146 págs.
146. Carta XLIV (1788), firmada por A.B.N. y remitida al editor "por el correo de Andalucía", en *El Corresponsal del Censor*. Edición de Klaus-Dieter, Renate Hobdab e Inmaculada Urzainqui. Madrid: Iberoamericana / Frankfurt am Main: Vervuert, 2009, p. 294.

traducido el *Contrat social* de Rousseau al español, aunque no lo ha editado, y ha tenido la ingenuidad de enviar a la Convención una defensa en español de Luis XVI. Donna... que dice ser su prima, hace las funciones de su mujer. Me había recomendado a él desde Madrid el *neveu* de Iranda, Alonso. Le gustaron especialmente los niños. La prima tenía un odio peculiar a lo español y una preferencia destacadas por lo extranjero[147].

¿Cómo no recordar estas opiniones y actitudes, al leer alguna de las cartas que escribió Javier de Burgos durante su adolescencia? De don Antero interesa también su posterior trayectoria, porque en determinados momentos se roza con la de Burgos aunque, se diría, sin solaparse. A recordar, el choque de opiniones que sostuvieron en 1800 en el *Semanario de Granada* a propósito de una fábula moralizando sobre los daños de la murmuración (que se cita más abajo); la toma de partido a favor de José Napoleón tras la invasión francesa y la actividad propagandística en la que ambos se involucraron con ese fin, a través de la prensa y el teatro; la huída de Granada en el mismo contingente que acompañó al ejército, el exilio en Francia, la común amistad con Meléndez Valdés y en fin, la posterior residencia en Madrid durante el Trienio Liberal, en la que nuevamente coincidieron. Burgos, director en 1822 de *El Imparcial,* insertó en el periódico una reseña generosa, al menos en términos de extensión, de la edición de los *Animales parlantes* de Giambattista Casti en traducción de don Antero (anónima, como casi toda su producción)[148].

No sé, con toda seguridad, quien era ese Josef de Vargas que también mencionó Francisco Javier entre los buenos poetas que conocía, aunque es muy posible que aludiera a don Josef María Garci-Pérez de Vargas, que se decía de la Academia de Buenas Letras de Sevilla y dirigía entonces una clase pública de Humanidades en Granada. Poeta él mismo, en el *Memorial literario* se publicó un extenso canto heroico titulado "El consejo del Dauro", una loa de las humanidades muy recargada de aparato histórico y mitológico, que leyó con motivo de un certamen de bellas letras que

---

147. Wilhelm Von Humboldt, *Diario de viaje a España, 1799-1800.* Edición y traducción de Miguel Ángel Vega, Madrid: Cátedra, 1998, p. 209.
148. *El Imparcial* nº 253 (19.05.1822) p. 1044; para la trayectoria del personaje, vid. M. Morán, "En torno a la vida y escritos (...)", *art. cit.,* pp. 119-142.

se celebró en su estudio[149]. Pocos años después, un joven Martínez de la Rosa asistiría también a sus enseñanzas, aunque por su edad, es dudoso que hubiera coincidido con Burgos. En cambio, puede que este conociera entonces a Narciso Heredia, futuro conde de Ofalia, quien estudiaba también en la universidad de Granada[150].

Respecto al "padre Aquino", este se identifica con toda probabilidad con el fraile Mínimo Nicolás de Aquino Batalla, residente en el convento de la Victoria de Granada, traductor de N. Bergier -un teólogo francés refutador del deísmo- y destacado predicador que dejó alguna obra estimable de preceptiva en oratoria sacra. *El púlpito o reflexiones útiles a los jóvenes eclesiásticos que se dedican al santo ministerio de la predicación evangélica* es -afirma Teófanes Egido- un producto de la Ilustración en el que el buen gusto, el recurso a la razón, la necesidad de estudio, piedad y finalidad evangélica constituyen sus caracteres. "No oculta sus predilecciones por los oradores sagrados franceses, no siempre bien traducidos, pero valora la tradición española"[151]. Son razones muy a tono

---

149. Cfr. "Noticia de la distribución de premios celebrada el día 7 de diciembre del año 1796 en la Clase pública de Humanidades, que dirige con aprobación de S.M. en la ciudad de Granada D. Josef María Garci-Pérez de Vargas, de la Academia de Buenas Letras de Sevilla", en *Memorial literario* (febrero de 1797) pp. 196-213 [Accesible en Hemeroteca digital de BN. Consulta 27.04.2020]. Referencias en Francisco Aguilar Piñal, *Bibliografía de autores españoles del siglo XVIII*. Vol. 9. Madrid: CSIC, 1999, 128-129 y 515.

150. José Manuel Cuenca Toribio, "Francisco de Paula Martínez de la Rosa y Berdejo", y Javier Pérez Núñez, "Narciso Heredia Begines de los Ríos", en *DBE~e* [En línea. Consulta 6.10.2025].

151. Teófanes Egido, "Religión", en Francisco Aguilar Piñal (ed.), *Historia literaria de España en el siglo XVIII*, Madrid: Trotta - CSIC, 1999, pp. 779-781; vid. Nicolás de Aquino, *El púlpito o reflexiones útiles a los jóvenes eclesiásticos que se dedican al santo ministerio de la predicación evangélica*. Madrid: Benito Cano, 1788 [En línea: Biblioteca Virtual Miguel de Cervantes. Consulta 28.04.2020]; sobre Aquino puede verse información biobibliográfica (básica) en Estudios Mínimos - Minimospedia [En línea: Consulta 03.11.2024]: "En 1810 se hallaba en Granada y presentó una petición de ayuda al Rey José I"; se añade que fue calificador de la Inquisición y murió en 1811. También Godoy menciona su nombre entre los notables en su época: vid. Príncipe de la Paz, *Memorias*. Edición y estudio preliminar de Carlos Seco Serrano. Madrid: Atlas, 1956, t. I, pp. 220 y 222. Parece el mismo padre Aquino que cita A. Gallego Burín como ex-provincial, entre los integrantes de la Junta Suprema de Granada constituida el 30 de mayo de 1808: "Granada en la guerra de la Independencia (1808-1814)", en *Revista del Centro de Estudios Históricos de Granada y su Reino* tomo XII / n° 1 (1922) p. 75.

con el espíritu de la época y que, es de suponer, justifican la estima que Burgos parece haberle profesado.

A su vez, "nuestro amigo Allo", así aludido por Burgos en la misma carta a don Juan Meléndez Valdés, podría tratarse de José Vicente Alonso Montejo (Ávila, 1774 - Granada, 1841)[152]. Este, un versado compositor de poesía pastoril, era casi coetáneo de Burgos y quizás hay que considerar la suya como una relación entre iguales y no magisterial. Se había doctorado en Derecho en la universidad de Granada en 1794, pertenecía a la real Sociedad Económica de la ciudad, fue relator de la chancillería y posteriormente, catedrático de economía. Su biografía presenta puntos en común con la de Burgos, entre los que destaca la toma de partido por el gobierno intruso en 1810, su dedicación a la traducción, al periodismo y al teatro, y su interés por la agricultura granadina.

Creo que no es arriesgado añadir en este elenco de mentores o contertulios del joven Burgos al ilustrado don Simón de Argote, a quien menciona en tono prosaico en las cartas que enviaba a su familia desde Madrid en 1798 ("Habiéndose venido Rosales, puede dexar la ropa Delgado [en] casa de Argote, quien cuidará de remitírmela con brevedad"). Como notario mayor que era del arzobispado de Granada, intervino en los trámites del desposorio, por poderes, del mismo Burgos en 1806. Por su parte, en los apuntes sobre un viaje que había realizado por tierras de Granada en 1804, el botánico Simón de Rojas Clemente anotó sobre él: "Doctor en jurisprudencia, excelente filósofo, muy erudito, tiene finísimo gusto, mucho talento, travesura, actividad y exquisitos conocimientos en las bellas letras y Economía, su carácter es el de la Filosofía. Tiene buenos conocimientos mineralógicos"[153]. A. González Palencia transcribe en su *Estudio histórico sobre la censura* el expediente del manuscrito *Origen de la peste y policía médica para prevenirla y extinguirla,* que Argote había

---

152. A.G.M., "Alonso Montejo, José Vicente (1775-1841)", en la *Web de las biografías* [Consulta: 10.04.2020].
153. AFB, X. de Burgos a D.A. de Burgos (Madrid, 4.09.1798); Argote es también mencionado casualmente en carta de Madrid, 10.08.1798; vid. Á. González Palencia, "Javier de Burgos, humanista (…)", *art. cit.,* p. 344, Argote como notario mayor del arzobispado en 1806. Las notas de Rojas Clemente formaban parte del borrador de un libro que no llegó a publicar en su tiempo: vid. Simón de Rojas Clemente Rubio, *Viaje a Andalucía. "Historia natural del reino de Granada" (1804-1809).* Edición, transcripción estudio e índices de Antonio Gil Albarracín. Almería - Barcelona: Griselda Bonet Girabet (edita), 2002, p. 199.

escrito con motivo de la epidemia en Andalucía. Se le denegó la licencia (Madrid, 14.11.1800) en virtud de censura negativa de la Academia Médica, que lo calificó de simple extracto de dos obras francesas modernas del historiógrafo Papon y del médico Foderé, inadecuado para la situación de Andalucía ("la mayor parte de este escrito se reduce a hablar de las pestes en Marsella") y encima, defectuoso en los medios y providencias que aconsejaba[154]. En cualquier caso, este desenlace no empece la preocupación de Argote, individuo de la Sociedad Económica de Amigos del País, por el bienestar de la humanidad. Con más suerte, fue el editor, con refundiciones y ampliaciones ("una obra enteramente nueva", dirá en el prólogo) de los *Nuevos paseos históricos, artísticos, económico-políticos por Granada y sus contornos* del padre Echevarría, de la que Burgos llegó a poseer un ejemplar, aunque de edición posterior, que se trajo de Francia en 1827[155]. Argote participó en otros trabajos literarios de la Sociedad, como los *Elogios del señor D. Antonio Pérez de Herrasti, Viedma y Aróstegui, primer director de la Real Sociedad Económica de Amigos del País de Granada*, que leyó junto a don Carlos Beramendi en 1807, y una *Cartilla política-económica-moral*, en unión de don José María de Viedma y don Mariano José Sicilia, el futuro corrector de las *Memorias* de Godoy. También fue uno de los encargados de examinar el método pestalozziano de educación impulsado por Francisco Amorós. Al parecer, durante

---

154. Ángel González Palencia, *Estudio histórico sobre la censura gubernativa en España, 1800-1833*. Madrid: Tipografía de Archivos, 1935, vol. II, pp. 68-69; mucho más benévola fue, por contraste, la censura paralela de la facultad de medicina: "el autor trata con erudición y acierto los puntos que se ha propuesto, y en cuanto a las precauciones y medios que magistrados y particulares deben tomar así en poblaciones como en las casas, para evitar la peste, expone con claridad y concisión lo mejor que se ha escrito y practicado".

155. [Juan de Echevarría] *Nuevos paseos históricos, artísticos, económico-políticos por Granada y sus contornos*, Granada: Imprenta de Francisco Gómez Espinosa de los Monteros [1806], 2 vols. El ejemplar que Burgos trajo de Francia en su biblioteca era de la edición de 1814, de la que no consta la contribución de Argote y sí en cambio, la de un Julián María Pérez, quien la dedica al Excmo. Sr. don Eugenio Eulalio Portocarrero Palafox, etc., o sea, el conde de Montijo: *Paseos por Granada y sus contornos, o descripción de sus antigüedades y monumentos, dados a luz por el célebre Padre Juan de Echeverría, por los años de 1764 y ahora nuevamente reimpresos e ilustrados con algunas pequeñas notas* P.D.J.M.P. , Granada: Imprenta nueva de Valenzuela, 1814, 2 tomos: cfr. M. Morán, "Libros franceses (…)", *art. cit.* p. 88.

la ocupación francesa aceptó el cargo de secretario de la prefectura de Segovia, de modo que hubo de emigrar. Se sabe que estaba en París en 1815[156].

También sobre el rector de San Cecilio durante el último año en que estuvo Burgos, el sacerdote don Manuel Rosales, dejó Clemente una observación entre sus notas: "Físico muy bueno y estudiosísimo, de conocimientos matemáticos y astronómicos nada comunes; de dulcísimo carácter, de muy buen gusto y juicio"[157].

Al menos desde 1796, con 18 años, Burgos comenzó a manifestar aversión al futuro que le habían trazado como clérigo y llegó a expresar juicios muy duros al respecto. También, por extensión, sobre la formación recibida en Granada, de modo que en su impaciencia por salir del colegio, escribía a su padre en agosto de 1797: "Una exacta combinación de los Padres, de las versiones, de las tradiciones y concilios continuada durante la vida muy dilatada de un hombre, le constituye mediano en este ramo. En las clases no se hace más que enseñarlos a que estudien cuando salgan de ellas. Y a mí qué bien de esto? Yo oso decir sin temor de engañarme que la teología escolástica es una ciencia totalmente inútil, y aun perniciosa, fuera de que si yo hubiera de continuar aquí otro año, estudiaría lo mismo que el pasado; y qué bello teólogo saliera"[158]. Sin embargo, con el tiempo hizo justicia a la educación que se impartía en San Cecilio, de forma que en un artículo publicado en la *Miscelánea* muchos años después, escribió un cálido elogio de su colegio que contrasta con las opiniones que había sostenido en la época de su salida. Dice así:

No quedan pues [en Granada], ni ha habido nunca, destinados a las ciencias eclesiásticas más que los colegios de San Cecilio y San Fernando, que se pueden considerar como los seminarios conciliares; y si bien uno de ellos puede considerarse como inútil, el otro es quizá el establecimiento más magnífico en su clase que hay en toda Europa (...). Pero pues poco ha hablábamos de Granada, repetiremos de nuevo que el

---

156. Cfr. Juan López Tabar, *o.c.*, p. 62; A. Gil Novales, *Diccionario (…)*, *o.c.*, I, p. 232.
157. Simón de Rojas Clemente, *Viaje a Andalucía (…)*, *o.c.*, p. 198. La identificación de don Manuel Rosales (condiscípulo de Javier de Burgos durante los años anteriores) con el rector de San Cecilio en 1797 está documentada por la correspondencia en el archivo familiar.
158. AFB, X. de Burgos a D.A. de Burgos (Granada, 5.08.1797).

seminario conciliar de aquella ciudad, llamado de San Cecilio, presenta un modelo para esta clase de establecimientos, que en vano se iría a buscar a otra parte. El estudio de la filosofía, teología, cánones, escritura sagrada, liturgia, moral, lenguas francesa e italiana, matemáticas, etc. se hace por los mejores autores, siendo catedráticos los colegiales mismos y sin otra retribución que las prerrogativas que el colegio concede a los que desempeñan este trabajo. La casi totalidad de los colegiales que han concluido sus estudios, toma en la universidad las borlas de sus facultades respectivas, y esto da al colegio cierto ascendiente en el claustro[159].

¿Qué se estudiaba en San Cecilio y quiénes eran esos autores que Burgos consideraba los mejores? hacia 1818, comentando de pasada la formación que él mismo había recibido, se reafirmaría en su pobre opinión de la escolástica tradicional, proclamando en cambio que "estos principios, este modo de juzgar no lo hemos aprendido en Goudin ni el el Lugdunense, que solo por curiosidad hemos hojeado una vez u otra, sino en Baldinoti [sic] y Condillac, en nuestra juventud, y después de Destutt Tracy, que son los autores por donde hemos estudiado la Lógica"[160] (El contexto de la época no le hubiera permitido citar a los enciclopedistas, si fuera el caso). Prescindiendo de la mentirijilla sobre el Lugdunense (que en realidad sí que había estudiado en su niñez, aunque antes de ingresar en san Cecilio), lo que queda de esta declaración es su adhesión a la filosofía sensualista de moda en su tiempo, algo que ayuda a entender el énfasis que Burgos siempre puso en la observación y en la experimentación como base del conocimiento racional: los datos, las cifras, el análisis, la estadística en definitiva, que desempeñarían un papel fundamental en su idea de gobierno y de administración, y por oposición, su rechazo a la rutina, a la superstición y a las creencias que no estaban sancionadas por la razón. E igualmente, es consecuencia de esta epistemología su forma de interpretar la noción de *bien,* que a la larga, Burgos tenderá casi siempre a identificar en su acepción material, como sinónimo de prosperidad y bienestar de los pueblos.

A falta de información más precisa para la etapa de Xavier como colegial en Granada, podemos hacernos alguna idea sobre el perfil de San Cecilio en 1810, gracias al obsequioso informe que redactó el rector Antonio María

---

159. *Miscelánea* nº 413 (16.04.1821); obsérvese la analogía entre la información del artículo y la contenida en la *Representación* del rector Espejo al general Sebastiani de 1810 citada más abajo.
160. *Continuación del almacén de frutos literarios* nº 14 (9.11.1818) p. 67.

Espejo (amigo de Burgos desde que ambos entraron a la vez como alumnos) por orden del general francés de las fuerzas de ocupación[161].

Por supuesto, hay que tener en cuenta que el informe podría estar escorado a causa de su finalidad, pues en él se presta mucha más atención a las cuentas del colegio que al plan gubernativo y al literario, y que se insiste, acaso para impresionar favorablemente al general, en las materias más profanas del plan de estudios. Así pues, el rector informa, bastante en consonancia con las afirmaciones de Burgos en su *Miscelánea*, sobre la existencia de cátedras, servidas por colegiales en virtud de concurso de oposición, de Filosofía, Matemáticas, Francés, Italiano, Geografía, Teología, Escritura, Derecho canónico, Moral práctico y Liturgia. Su estudio comprendía diez cursos anuales, de los que en los tres primeros se abordaba la Aritmética, Álgebra, Lógica, Geometría, Trigonometría, Metafísica, Filosofía moral, Física y teorías físico - químicas (con el auxilio de máquinas), los idiomas mencionados y Geografía. Seguían cuatro dedicados a las Instituciones Teológicas (siempre con el ejercicio de disertaciones y conclusiones públicas), uno al estudio de "los rasgos más interesantes históricos y dogmáticos de los libros sagrados" y por último, dos años para el Derecho eclesiástico "por las Instituciones Canónicas del Cabalario [sic]", detalla. El dato es intencionado, puesto que Domenico Cavallari era autor con fama de jansenista[162] y por ende regalista, o sea, grato a la autoridad civil. Además de los diez cursos reglados, el plan contemplaba la asistencia a la academia de Moral práctico y Liturgia, en la que los estudiantes mayores discutían cuestiones anunciadas con antelación, bajo la presidencia del rector.

Ahora bien, ¿había variado el plan de estudios desde la época de Burgos? Lo sugiere así la mención a los cursos de francés, aunque es

---

161. Archivo Diocesano de Granada, *San Cecilio*, leg. 231, cit.,"Pretendientes a becas (…)": Antonio María Espejo, natural de Granada, ingresó como porcionista en abril de 1791; *ibIdem*, "Copia exacta de la representación dirigida al Excmo. Sr. General en Jefe por el Rector del Real Colegio Ecco. De San Cecilio de esta ciudad, para entregarle una nota (que se copia a continuación) mandada formar de su orden, expresiva del carácter y estado actual de dicha Real Casa". f. = Granada, 16 de diciembre de 1810 = Don Antonio María Espejo, Rector. Véase sobre la institución la monografía de Francisco Martín Hernández: *Un seminario español pretridentino, el Real Colegio eclesiástico de san Cecilio de Granada (1492-1842)*, Valladolid: Universidad de Valladolid - CSIC, 1960.
162. Vid. Cayetano Mas Galvañ, "El seminario durante la Ilustración y el primer Liberalismo (1774-1823)", en *Scripta Fulgentina*, XXIX / nº 57-58 (2019) p. 148.

improbable que se hubieran producido cambios radicales. A propósito de idiomas, podemos presumir que Burgos, un colegial brillante y futuro traductor de Horacio, manejaba el latín en grado superlativo. A juzgar por el contenido de su biblioteca -aunque de época muy posterior- es posible deducir que también leía en italiano y que al menos, se interesaba por el aprendizaje del inglés[163]. Sin embargo, desconozco si llegó a manejarlo con soltura, porque a lo largo de su vida no tuvo muchas oportunidades de hablarlo, lo que es coherente con su escasa difusión internacional, al menos en comparación con la del francés, la lengua franca por excelencia en la época. Todavía en 1833, cuando Alberto Lista fue nombrado director de la *Gaceta de Madrid*, ninguno de los redactores, informa, sabía inglés[164].

El mismo Lista dio a entender, reseñando la *Biografía universal*, la enciclopedia que editaba Burgos hacia 1822, que este había traducido del inglés la epístola de Pope a Arbuthnot (reproducida en el artículo de esa enciclopedia dedicado a Joseph Addison) pero creo que hay un error de interpretación por su parte, puesto que en el artículo en cuestión, original de Jean Baptiste Antoine Suard, se afirma claramente que los versos fueron traducidos al francés por [Jacques] Delille. Esta debió ser por tanto la versión retraducida a su vez por Burgos al castellano, junto al resto de ese artículo[165].

2.3. La fuga del colegio y el final prematuro de una carrera eclesiástica

De la correspondencia entre Javier y su padre se desprende que habían hablado a fondo sobre el futuro del primero en octubre de 1796, en una entrevista sostenida en Granada, en casa de don Luis Abad (el primo). El joven Javier expuso su rechazo a la carrera eclesiástica y don Diego habría contemporizado, aunque con el compromiso de su hijo de permanecer

---

163. M. Morán, "Libros franceses (...)", *art. cit.,* pp. 65-66 y 68.

164. AHN, Consejos, 11331/29, Informe de A. Lista (30.10.1833).

165. [Alberto Lista], "Biografía universal", en *El Censor* XV, nº 90 (20.04.1822) pp. 435-436: "Una de las cosas en que más sobresale el señor Burgos, aun por la parte de la traducción, es en la que hace de los trozos de poesía ya inglesa, ya francesa, que se encuentran en los artículos originales. Citaremos para muestra el siguiente de la epístola de Pope á Arbuthnot (...)". La identificación de Lista como autor de la reseña, en H. Juretschke, *o.c.* p. 416; a su vez, la atribución a Burgos de la traducción fue recogida por L.A. de Cueto -ya se dijo más arriba- aunque no cita la fuente.

pacientemente en el colegio mientras se disponían las cosas para que la capellanía de Motril, de la que era titular, recayera en Antonio, el hermano pequeño, que también había sido destinado a la Iglesia. Además, especularon sobre otras posibles carreras como alternativa a la eclesiástica, pero sin llegar a concluir nada sobre eso[166]. Ahora bien, don Diego no se dio ninguna prisa en resolver la cuestión, el tiempo fue pasando y creció la exasperación y la repugnancia de Javier a hacerse clérigo. Aunque en sus cartas nunca llegó a declararse en rebeldía abierta contra la voluntad de su padre, su oposición se manifestó en súplicas expuestas en tono desgarradamente sentimental, en una persistente declamación sobre las consecuencias truculentas que acarrearía su continuidad como becario en san Cecilio y a lo sumo, en desidia y excusas para afrontar las tareas académicas.

En junio de 1797 su paciencia se agotó, de modo que se fugó del colegio, se fue a vivir a una casa de pupilos y comenzó a vestir ropa seglar. Había además una chica por medio (Guadalupe, hija de un francés residente en Granada), lo que comprensiblemente, reforzó su determinación[167]. Comenzó entonces un intenso cruce de cartas y algún intento de hablar con Javier, como el del compadre del enfurecido don Diego, Francisco Luna, con ánimo de reconducirle. Un amigo y compañero, Antonio María Espejo (bajo el transparente pseudónimo de "El Espejo que no adula") arrojó sobre don Diego la responsabilidad de lo ocurrido por el dinero que daba a Javier, causa de su extravío. Y seguía:

No puedo dejar de dudar que no sabrá Vm. todavía que su hijo habiendo fingido una carta en la cual fingía estaba Vm. con tabardillo y de mucho peligro y que le mandaba Vm. se pusiera en camino, engañó al señor rector y se salió en el mismo día del colegio y está en una casa de pupilos pagando nueve reales diarios y con toda la libertad que apetece (...). Aunque ahora dice que quiere estudiar leyes no piense Vm. que es por otra cosa que porque lo deje Vm. en Granada con toda libertad para divertirse[168].

---

166. Vid. especialmente AFB, X. de Burgos a D.A. de Burgos (Granada 8.07.1797) y X. de Burgos a D.A. de Burgos (Granada, 14.10.1797).

167. AFB, Manuel Rosales (rector de san Cecilio) a D.A. de Burgos (Granada, [?].08.1797); también X. de Burgos a D.A. de Burgos (Granada, 14.10.1797), que transcribe íntegramente Á. González Palencia, "Javier de Burgos, humanista (...)", *art. cit.* pp. 216-220.

168. AFB, "El Espejo que no adula" [A. Mª Espejo] a D.A. de Burgos (23.[06].1797); en el mismo sentido, M. Rosales a D.A. de Burgos (Granada, 24.06.1797).

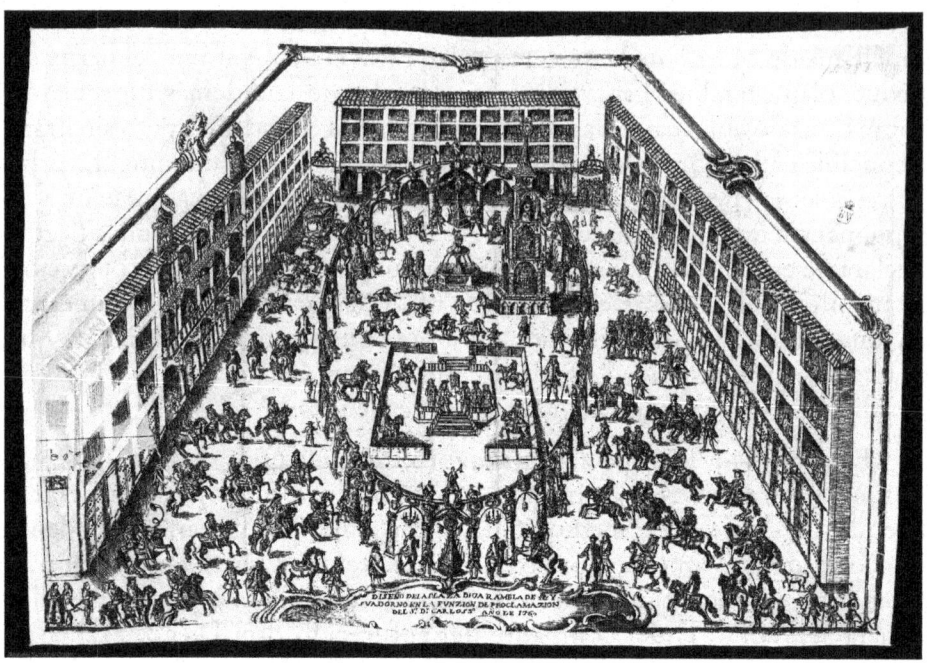

Imagen 8. La plaza de Bib-Rambla de la ciudad de Granada en la proclamación de Carlos III en 1760 (Biblioteca Nacional de España).

Javier volvió al colegio en la noche del 29 de julio[169] cuando no vio otra salida, pero su regreso fue una solución en falso porque no hizo un secreto de su falta de propósitos de enmienda: "Yo odio el colegio y todo cuanto pertenezca a Iglesia y coro más aun que la mayor desgracia, y tengo la ingenuidad de confesar a Vm. que entre todos los clérigos que hay en el universo, a excepción de una docena, no hay nadie contento y que no confiese lo mismo que yo". Según él -escribiría más adelante- pocos sacerdotes estarían satisfechos de serlo, y casi ninguno digno de su ministerio: "Crea Vm. Que muchos clérigos se arrepienten, mejor diré todos, y un secular, celibato jamás"[170]. Pro forma, le impusieron como castigo un encierro en su cuarto durante el cual, Javier no ahorró retórica: "Ensangriente Vm. el vengativo acero que ciñe en el cuello de

---

169. AFB, M. Rosales a D.A. de Burgos (Granada, 29.07.1797).
170. AFB, X. de Burgos a D.A. de Burgos (Granada, 22.07.1797) en Á. González Palencia, "Javier de Burgos, humanista (…)", *art. cit.*, p. 215; AFB, X. de Burgos a D.A. de Burgos (Granada, 16.12.1797).

un hijo inocente pero dele Vm. la libertad porque clama; este derecho con que nos crió naturaleza no permite ser coartado". Para conseguir el indispensable acomodo una vez fuera del colegio, un pretexto que solía alegar su padre a fin de evitar su salida, Javier apuntó por primera vez en esta correspondencia la idea de "una administración Real vacante en ese pueblo", iniciativa que atribuía al mismo don Diego Antonio y que terminaría por concretarse en la expedición a Madrid del año siguiente[171].

Marcado por la rebeldía y el escándalo a los compañeros, su posición en san Cecilio era cada vez más humillante y conflictiva ("¿Hasta cuando, o Padre, hasta cuando habrá el Rector de abusar de mi paciencia?")[172]. Por tanto, cuando creyó -erróneamente- que se había perdido la posibilidad de retener la capellanía en la familia, y sin planes claros sobre su futuro, se escapó de nuevo, esta vez a su casa de Motril. Así lo avisaba el rector Rosales en carta de 19 de diciembre, en la que se mostraba más que dispuesto a facilitar las cosas para que Javier saliera como colegial de honor, con la esperanza de que "tal vez en una carrera proporcionada a sus deseos manifieste otro porte y otros sentimientos". Hubo dimes y diretes entre el rector y don Diego, reacio este a que renunciara a la beca. Fue preciso que el propio Javier, a mediados de enero de 1798, escribiera a Rosales desde Motril, previniéndole de la actitud marrullera de su padre, tozudo él, y de los trastornos, para todos, que se seguirían de su readmisión en el colegio, algo completamente inaceptable a esas alturas[173].

¿Qué había aprendido en Granada al concluir su etapa de colegial? A juzgar por las opiniones y juicios esbozados en esas cartas juveniles, fue la época en la que adoptó las líneas maestras de su sistema de ideas y creencias, acorde con el de la gente que se preciaba de moderna. Este se hallaba fundado en un bagaje apreciable de conocimientos humanísticos adquiridos a base de estudio y quizás también, de conversaciones y lecturas más ligeras, aunque de mucho impacto a corto plazo en su personalidad. Es lástima que no sepamos, con más detalle, cuáles fueron los autores profanos a las que tuvo acceso en estos años previos al viaje a Madrid de 1798. Para evitar conclusiones finalistas, me limitaré a recordar aquí, entre los aspectos destacados de su educación, el dominio de las lenguas -al menos latín y francés- que entonces eran las principales vías de difusión

---

171. Á. Gónzalez Palencia, "Javier de Burgos, humanista (...)", *art. cit.* pp. 217-220.
172. AFB, X. de Burgos a D.A. de Burgos (Granada, 31.10.797).
173. AFB, especialmente Manuel Rosales a D.A. de Burgos (Granada, 19.12.1797) y X. de Burgos a M. Rosales (Motril, 19.01.1798).

en todas las materias académicas; su probable adhesión a la filosofía de orientación sensualista como punto de partida en el proceso cognoscitivo (por oposición a la escolástica y al simple empirismo), que debía guiar la toma de decisiones operativas en la vida. Hay que subrayar también su convicción en la finalidad práctica que debía presidir el trabajo literario, su habilidad para versificar y una concepción estética de corte neoclásico, muy ceñida al principio de imitación de los modelos de la antigüedad, y que parece acorde con la filosofía mencionada. Es estética para iniciados, hay que subrayarlo, opuesta a la de los "copleros" chabacanos que él despreció durante toda su vida, pero que eran los que realmente gozaban de popularidad, muy a su pesar. Posiblemente esa actitud está en la base del elitismo que inspiró siempre su forma de entender el mundo. Para completar el cuadro, recordaré también las manifestaciones de anticlericalismo, que quizás hay que considerar como resultado de sus circunstancias personales, tanto al menos como de una crítica objetiva del entorno en el que vivía, o de las argumentaciones economicistas típicas de los arbitristas de entonces. Después de todo, el anticlericalismo no es a menudo sino clericalismo al revés[174], y parece lógico que este impregnara el ambiente en el que se desenvolvían los moradores de San Cecilio. Y no es mera anécdota. En el caso de Javier de Burgos, el tiempo transcurrido contra su voluntad en el colegio tuvo seguramente un reflejo en la defensa apasionada que haría, desde su periódico, de la libertad de los frailes que solicitaron su secularización cuando se aprobó la ley de Monacales en el Trienio Liberal.

---

174. La expresión, en Manuel Revuelta González, S.J., *Política religiosa Política religiosa de los liberales en el siglo XIX. Trienio Liberal.* Madrid: CSIC, 1973, p. 73.

3. Un viaje a Madrid (1798 - 1799)

3.1. La vida de pretendiente en la Corte

¿De qué se ocupa Burgos en las cartas que escribió desde Madrid, tras abandonar el colegio? Antes que nada, cumple con el ritual que suple el trato cotidiano por los saludos que impone la lejanía física; o si es el caso, formula las expresiones convencionales de urbanidad cuando el destinatario no es un miembro de la familia. Cumplido el trámite, trata de percances de salud, incidentes, asuntos domésticos, encargos y el curso de negocios y gestiones. Solo después informa de noticias y chismes con trascendencia política o social, como los sucesos de la Corte, nombramientos, caídas en desgracia de altos cargos, o la marcha de los asuntos internacionales. Es una práctica epistolar que respondía a lo que se hacía, de toda la vida, en los circuitos de comunicación de la sociedad europea, y que nos remite al origen de las relaciones y las gacetas. Sin embargo, tampoco se puede esperar juicios muy explícitos en la correspondencia de Javier de Burgos, pues como él mismo explicaría años después a su hermano Diego, "de negocios públicos no me gusta hablar, porque luego corren las cartas, y cada uno las interpreta a su manera"[175]. A partir de aquí, pueden surgir confidencias íntimas sobre proyectos personales y desahogos sobre su estado de ánimo, siempre, por descontado, dependiendo del grado de confianza con el corresponsal. Con frecuencia, se expresa con sentimiento e incluso de forma apasionada, pero generalmente hablando, no escribía sino con fines prosaicos, poco apropiados para un tratamiento literario. En este sentido, es llamativo que como escritor epistolar, no manifieste curiosidad por el entorno físico al que le hubieran llevado sus pasos.

---

175. AFB, X. de Burgos a D.M.ª de Burgos (Madrid, 18.04.1823).

Rara vez comenta o describe algo sobre las localidades que visitaba, salvo acaso, alguna observación aislada como la de los precios en Madrid, las inclemencias del clima en El Escorial o -años después- el ruido de los innumerables carros que atendían al abastecimiento de París, enorme urbe. Extraña que ni siquiera la Alhambra le sugiriera una reflexión a un hombre como él era, con facilidad para escribir y con sensibilidad estética, que había pasado buena parte de su vida en Granada. Y tampoco de Motril, su ciudad natal, nos ha dejado la descripción que hubiéramos deseado de él.

El proyecto de carrera eclesiástica que habían intentado imponer a Xavier, algo que marcó a fondo su personalidad y la formación intelectual recibida durante su juventud, terminó por ser abandonado. Entre las alternativas que se barajaron entonces, sopesó la de editar un semanario en Granada, para suplir a los periódicos recientemente desaparecidos[176]. La idea no se materializó, seguramente por su escaso realismo, puesto que los periódicos granadinos solían fracasar por falta de lectores, pero da una idea de la temprana inclinación de Burgos por el periodismo, punto que es pertinente recordar aquí porque fue una actividad en la que a la larga canalizó su esfuerzo y conocimientos, su capacidad en definitiva, de influir en el espacio público que iba a determinar el futuro político de España en su tiempo.

Estando en esas, el joven dejó claro que ni por su edad ni por las circunstancias que presumía en la profesión, se sentía atraído por la carrera de las armas. Tampoco hacia la abogacía, sobre cuyo aprendizaje y pasantía se expresó en términos igualmente despectivos al comentarlo por carta a don Diego Antonio:

La carrera militar no es capaz de procurarle en el día a un hombre unas racionales ventajas; la intriga, dolo y fraude, medios porque se manejan los ascensos prohiben a los hombres medianamente instruidos a mezclarse en asuntos que deben por fuerza tener consecuencias no

---

176. Carta que no he localizado en el epistolario familiar de los Burgos: cfr. Á. González Palencia, "Javier de Burgos, humanista (...)", *art. cit.*, p. 220, que data "por mitad de noviembre de 1797". Posiblemente se refería al *Semanario Económico y Erudito de Granada*, publicado entre junio de 1796 y mayo de 1797 por Francisco Dalmau: vid. Antonio Gallego Burín, *Los periódicos granadinos en la Guerra de la Independencia (1808-1814)*. Granada: Tip. Comercial, 1918, p. 5.

convenientes a regulares designios. Por otra parte mi edad no es ya para entrar en una carrera en la que comúnmente se avanza poco si no es por los medios enunciados. Las leyes están hoy en una situación nada ventajosa; hay en primer lugar una orden de no recibirse en qué sé yo cuantos años y de no incorporarse en otros tantos; el estudio de leyes además es por mala versación [sic] común bien fastidioso porque se hace consumir a los jóvenes tres años en una cosa que se estudiaría en uno, y les hacen estar después de esto pasando cuatro años en que se extravían más que nunca y aprehenden menos que siempre. No queda aquí; después de estos siete años (por lo regular perdidos lastimosamente) tienen que adherirse, ínterin se acaban de habilitar, a un maestro en cuya cansada despótica compañía pasan otros seis o siete años y apenas pueden después establecer bufete; el que no lo hace así (que hay algunos) es menester que se eche a abogar, u embrollar en un lugar[177].

A pesar de lo cual, sí que es probable que ese mismo entorno granadino, pródigo en juristas, le inspirara la idea de cursar Leyes (como insinuó su amigo Espejo) o incluso la de conmutar las matrículas en Teología por cursos de Jurisprudencia, para lo que quizás, tras trabar relación con don Juan Meléndez Valdés a su llegada a Madrid, pensó recurrir a su influencia; en aquella época, Meléndez, poeta y magistrado, ocupaba un puesto de fiscal de Casa y Corte y era amigo a su vez de Jovellanos, el ministro de Gracia y Justicia[178]. Un planteamiento semejante es lógico, porque como observó Hans Juretschke[179], en aquella España no era realista pretender vivir de la pluma, única ocupación que parece haber atraído a Javier hasta el momento. Siendo Meléndez su modelo (y a mayor abundamiento, el mismísimo Horacio), el ideal de vida que eligió tras renunciar a una carrera eclesiástica pasó a ser el de un empleado del Estado, y en su defecto el de un señor rural, que ocupara sus ocios con el cultivo de las letras y de tanto en tanto, diera a luz sus composiciones. O sea, la senda que terminaría por emprender en Motril tras su aventura frustrada en la Corte, sin haber aceptado todavía que su numen poético y su aptitud para la literatura de creación no estaban a la altura de su afición y su buena técnica para versificar.

---

177. AFB, X. de Burgos a D.A. de Burgos (Granada, 19.08.1797).
178. E. de Ochoa, *Apuntes (...)*, *o.c.*, t. I, p, 189; con más detalle, N.P. Díaz, *o.c.*, p. 164, que atribuye la iniciativa al propio Meléndez.
179. Cfr. H. Juretschke, *o.c.*, p. 44.

Efectivamente, Burgos trató a Meléndez durante una prolongada estancia en Madrid, adonde se había desplazado en febrero de 1798 en compañía de un funcionario de Motril, conocido de don Diego, para conseguir el destino en la administración de la renta de Tabacos que este dejaría vacante si lograba promocionarse, como deseaba, en el ramo de Hacienda. Así pues, su correspondencia familiar de ese año es básicamente la crónica de un caso severo de empleomanía, aunque de vez en cuando también afloran otros asuntos de gran interés para el conocimiento íntimo del personaje y de su entorno. Por su parte, el registro que predomina en las cartas dirigidas a su padre oscila entre el tono de suficiencia y el de súplica atribulada, en consonancia con el aspecto que presentara en cada momento la marcha de sus pretensiones y en último extremo, con las inclinaciones de su carácter. ¿Fueron estas las primeras manifestaciones de un temperamento ciclotímico?

Por aquel entonces, Madrid, como centro de decisión política de la monarquía, albergaba a la corte, al aparato burocrático y a los principales establecimientos científicos y literarios, además de ser el foco del que partían la información y el conocimiento a los dominios españoles en ambos hemisferios. En la Villa habitaba la alta sociedad, los empleados del gobierno y la elite cultural, compuesta por los intelectuales, literatos y artistas de mayor renombre. Estos tenían como público inmediato a una población que al filo de 1800 se acercaba a los 200 000 habitantes, lo que no parece mucho en comparación con las grandes urbes europeas de la época, cuando Londres rondaba el millón y París los 600 000, pero que tampoco se debe desdeñar, si se considera que Roma, la urbe universal, andaba por los 150 000 y que la capital del reino de Prusia, Berlín, sumaba unos 170 000. Poco antes de la llegada del joven Burgos habían sucedido cambios políticos significativos. Manuel Godoy acababa de dejar el gobierno, pero sin menguar su influencia en palacio y manteniéndose el impulso reformista con la presencia de Saavedra en la Secretaría de Hacienda (interino en Estado) y de Jovellanos en la de Gracia y Justicia. Además, Cabarrús había sido nombrado consejero de Estado, Ramón de Arce inquisidor general y Meléndez estaba considerado como una de las figuras representativas de ese equipo ilustrado, preocupado por consolidar un gobierno basado en criterios de rectitud y eficacia. Lo que por supuesto, no excluía lo que don Emilio La Parra ha llamado "la cultura del regalo", práctica común en la concesión de empleos[180]. En realidad, el acceso a la función pública era tan apetecible entonces como en cualquier otra época, y los medios

---

180. Emilio La Parra, *Manuel Godoy. La aventura del poder.* Barcelona: Tusquets Editores, 20202, p. 173.

para lograrlo no eran, ocasionalmente, muy diferentes. Suponiendo la competencia del aspirante para desempeñar el empleo, otorgarlo podía ser una forma de saldar favores, apaciguar compromisos y crear fidelidades, y el criterio determinante era la idoneidad del interesado o de sus padrinos para satisfacer esas expectativas. Como no existían procedimientos reglados, la elección se basaba en el conocimiento del candidato, que con lógica, a menudo iba de la mano del parentesco, de la recomendación o del memorial consignando los propios méritos y otras garantías, como el depósito de fianzas cuando el destino consistía en manejar dinero público; lo que naturalmente, no aseguraba siempre el acierto en la designación.

La primera misiva escrita por Francisco Xavier desde Madrid está fechada el 23 de febrero. A su paso por Granada había hablado con don Josef del Álamo (su futuro suegro), quien le proporcionó alguna orientación para su alojamiento en la Corte, que Javier y su acompañante desecharon sin más. Habían tenido un viaje emocionante: "En el camino nos salieron ladrones pero no se atrevieron a llegar porque traíamos soldados auxiliares que habíamos tomado en Granada". Allí se había hecho también con una carta de recomendación para el ministro

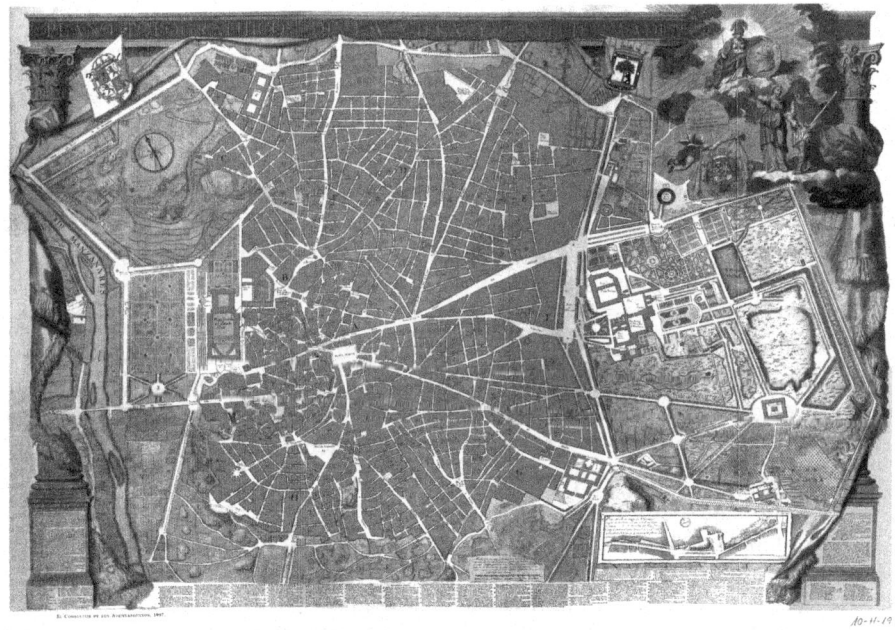

Imagen 9. Plano topographico de Madrid (1769) por Antonio Espinosa de los Monteros (Instituto Geográfico Nacional).

de Hacienda, Francisco de Saavedra, y en consecuencia habría que agradecerlo al dador, explicaba, con una remesa de de vino ("es sujeto a quien debo mucho")[181]. En la recomendación se enfatizaba como mérito la existencia de un memorial que se suponía, había presentado don Diego sobre la habilitación del puerto de Calahonda, pero resultó que el autor era en realidad don Antonio Pascual, precisamente el compañero de viaje a quien el joven Burgos aspiraba a reemplazar en el empleo de Motril cuando aquel lograse su propio ascenso[182]. Dicha carta, según informo Pascual a don Diego Antonio el 19 de marzo, había producido un efecto favorable en el ministro cuando fueron a verle en Aranjuez[183].

Por lo demás, Xavier daba cuenta en esas primeras cartas de algunos encargos de su padre. Entre ellos, destacaba el de impulsar el pleito que le llevaban dos abogados de Madrid, uno de ellos llamado Miguel Parejo, a quien una vez corregidas sus primeras (y precipitadas) impresiones, profesó admiración. Más adelante, el 25 de mayo, escribía sobre él: "A Parejo le veo diariamente porque me gusta mucho su trato, y porque es un hombre de una ciencia y conocimientos nada vulgares. Una conversación con él instruye más que un curso de colegio". Acabaron enviándole unas botellas de vino, claro[184]. Pero siendo este un asunto marginal, merece recordarse porque

---

181. Cfr. AFB, X. de Burgos a D.A. de Burgos (Madrid, 23.02.1798 y Granada, 10.02.1798). Las cartas familiares que corresponden a la estancia en Madrid de 1798 fueron editadas por Eduardo Roca Roca, *Javier de Burgos, Madrid 1798 (Notas sobre un epistolario)*, Granada: Centro de Estudios Municipales y de Cooperación Interprovincial, 1987, 213 pp.

182. AFB, X. de Burgos a D.A. de Burgos (Madrid, 27.02.1798): "Yo supuse [en] casa del caballero que me había dado la carta de recomendación para el ministro Saavedra, que Vm. había presentado el memorial para la desmonta del terreno de Cala-honda, y la habilitación de dicho puerto. En consecuencia, no queriendo omitir circunstancia que pudiese hacer mayor mi recomendación, insinuó al dicho ministro los méritos de Vm. y sobre todo el memorial que tenía presentado. Es necesario pues, para entregar la carta enunciada, que Vm. me remita el memorial que para ese asunto formó don Antonio Pasqual que yo enmendaré como más convenga. El giro del memorial denota su buen éxito, pues este irá primero a las manos de Don Juan Meléndez Valdés (a quien he hecho una visita) quien lo pasará al ministro de Gracia y Justicia, y este al de Hacienda".

183. AFB, A. Pascual a D.A. de Burgos (Madrid, 19.03.98).

184. AFB, X. de Burgos a D.A. de Burgos (Madrid, 25.05.1798). Sobre el envío de vino a Miguel Parejo (abogado de los Reales Consejos, calle de Alcalá nº 9, cuarto principal), vid. X. de Burgos a D.A. de Burgos (Madrid, 23.11.1798).

parece haber inspirado la afirmación (Ochoa, Díaz) de que Meléndez había confiado la formación jurídica de Burgos a un abogado amigo suyo de ese nombre, con ánimo de que se habilitara en la facultad. Y aunque la historieta sugiere que no pasó de ser un proyecto poco o nada formalizado, no excluye la posibilidad de que el ascendiente de ese don Miguel Parejo sobre Burgos se hubiera traducido en orientaciones válidas para iniciarse en la cultura jurídica de que echaría mano en tiempos posteriores, como articulista en su *Miscelánea de comercio, política y literatura.*

También nos interesa el objeto del pleito, cuyas referencias, aunque numerosas en el epistolario son poco informativas, de modo que apenas se deduce otra cosa que su naturaleza económica. Sin embargo, hay una mención inequívoca: según el abogado Parejo -escribía Francisco Javier a su padre- "no consta que V. ha cobrado los 7.000 rs. de Travesi"[185]. Lo interesante es que la familia Travesi de Motril, era propietaria del ingenio azucarero llamado Trapiche Nuevo que Diego Antonio Burgos había arrendado en diferentes años, y se deduce que el pleito de 1798 estuvo motivado por un desacuerdo, algo casi habitual, en las condiciones de su devolución. De hecho, parece análogo al que Burgos sostuvo en 1801 contra Ignacio Barranco, otro de los "aviadores", sobre pago de enseres del ingenio[186]. ¿Dejó mal ambiente el pleito entre los litigantes? En tal caso, pudo contribuir a complicarle la vida a Francisco Xavier cuando volvió a Motril, como se verá más abajo.

Otras gestiones que requirieron alguna atención por parte de Xavier durante su estancia en la Corte, fueron la adjudicación de la capellanía de la Virgen de las Angustias (que todavía detentaba) a su hermano pequeño, y enterarse de los pasos necesarios para la promoción de su padre en la milicia local. En junio de ese año, don Diego Antonio había sido nombrado subteniente, cosa que por cierto, no despertó la admiración de Francisco Javier, según el comentario algo despegado, a su madre: "Si la subtenencia que han dado a Padre es cosa que merezca enhorabuena, recíbala V. a su gusto de su más humilde hijo"[187]. Pero don Diego quería más. De los dimes

---

185. AFB, X. de Burgos a D.A. de Burgos (Madrid, 9.11.1798).
186. María Cullell Muro, *El paisaje cultural del azúcar en la vega del Guadalfeo en época preindustrial (siglos X–XVIII)*. Tesis doctoral. Granada: Universidad de Granada, 2017, pp. 328-329; vid. también p. 276 sobre el pleito de Burgos con Barranco [en línea: 12.04.2020].
187. AFB, X. de Burgos a su madre, Francisca del Olmo Felipe (Aranjuez, 26.06.1798); también X. de Burgos a D.A. de Burgos (Madrid, 6.07.1798), en la que se permitió opinar de esa promoción que "no es un bien de gran consecuencia".

y diretes con el hijo, que se había informado por los covachuelistas de la secretaría de Guerra, y pensaba "dar pasos" con ese fin cuando viajara al Sitio, se concluye que por no haber vacante en el empleo de teniente en Motril, aspiraba, al menos, a conseguir el correspondiente grado. Pagando, por supuesto. Véase el resumen de este asunto según sus propias palabras a Antonio Pascual, el funcionario de Motril que había viajado a la Corte con Javier: "Hallándome de alférez de esta compañía de infantería y no habiendo vacante de teniente pienso siendo posible graduarme de teniente. Para ello, me hará Vmd. el gusto de tantearlo a ver su costo, con atención a que Vmd. sabe el sueldo tan débil que tenemos"[188]. Pero no parece que perseverara en esas gestiones o que estas tuvieran éxito, porque cuando Diego Burgos y su mujer, Francisca Olmo, hicieron testamento en 1808, seguía titulándose subteniente de los Reales ejércitos[189].

En Madrid, el joven granadino hizo vida de pretendiente, con el correspondiente gasto en alojamiento, en manutención y en ropa a la moda; tiempo de espera en la antesala de los despachos, cultivo de contactos potencialmente útiles, desplazamientos y estancias prolongadas durante la jornada de la Corte en los Sitios. Su recuerdo de San Lorenzo es particularmente horrible:

> Yo no sabré ponderar a V. bien la carestía de este sitio, sus incomodidades, aires, nieves, lluvias, etc. Debiéndose ir don Antonio a Madrid era necesario que quedase aquí alguno que cuidase de saber las determinaciones del ministro; yo he quedado, pero pienso marchar el jueves no pudiendo soportar el gasto de 40 reales diarios por una escasa comida y un indecente cuarto, 2 de peluquero, un par de medias limpias cada día por los grandes lodos[190].

A su vez, el relato de don Antonio Pascual, el empleado a quien quería a reemplazar en la administración de rentas de Motril, complementa el del propio Francisco Javier:

188. AFB, D.A. de Burgos a A. Pascual (Motril, 9.08.1798); otras referencias al asunto en las de X. de Burgos a D.A. de Burgos (Madrid, 31.07.1798, 17.08.1798, 21.08.1798 y 24.08.98).
189. Cfr. Á. González Palencia, "Javier de Burgos, humanista (…)", *art. cit.*, p. 345.
190. AFB, X. de Burgos a D.A. de Burgos (San Lorenzo, 20.11.98).

Imagen 10. Vista desde la huerta, por mediodía, del Real Monasterio de San Lorenzo de El Escorial. Aguafuerte y buril por Tomás López Enguídanos (grab.), José Gómez Navia (dib.) y Cipriano Maré (grab. letra), 1800 - 1809 (Museo del Prado).

Vmd. no se puede hacer cargo de cuánto nos mortificamos aquí, cuánto se zancajea, aquí [ileg.] tan extravagantes pues las audiencias son de las diez de la noche en adelante y acaban a veces a las dos de la mañana, y hablan o no todos, y todos muy poquito, a veces no hay la audiencia determinada que es una cada semana, y se compone de modo que en 15 días se puede hablar una vez al ministro, y siendo centenares de hombres los que acuden, diferentes las especies y asuntos que se le tocan, muchísimos para cada cosa, resulta unos atrasos y perjuicios que los que los sufrimos solo sabemos adonde llegan[191].

Don Eduardo Roca, editor de la correspondencia de 1798, constata con acierto el buen estilo literario de Javier en esas cartas y la propensión

---

191. AFB, A. Pascual a D.A. de Burgos (Madrid, 22.11.98).

compulsiva a pedir dinero a su padre para sostener el género de vida que requerían las circunstancias[192]. A este respecto, hay que aclarar que la relación del joven Burgos con el dinero no es un tema banal, al ser un rasgo caracterizador de esa sociedad burguesa cuyos valores él compartía y ayudó a configurar. Muchos años después, tras la muerte de su padre, su hermano Diego María se convirtió en su hombre de confianza en Motril, que administraba las importantes inversiones en fincas rústicas que Francisco Xavier estaba haciendo en la comarca. Y ¿sorprendentemente? su correspondencia de entonces revela una nueva faceta de Francisco Xavier, en la que este se muestra autoritario y exigente en la gestión de sus intereses.

Así pues, al llegar a Madrid en febrero de 1798, estuvo viviendo durante algún tiempo en una pensión de la calle de la Montera. Allí dejó una pequeña deuda, cosa que no consideró necesario contar a don Diego, quien se irritó sobremanera cuando la patrona se la reclamó, meses después[193]. Por otra parte, la necesidad de hacer economías y su aparente incapacidad para administrarse fueron motivo de roces frecuentes con su padre y de que fuera a vivir con la familia de don Antonio Pascual en una casa alquilada. Fue este quien terminó por llevarle los caudales y custodiar la fianza o donativo al rey de 40 000 reales ("para hacer una fineza con ellos por esta gracia")[194] que había enviado don Diego por la concesión del empleo. Estando en una urgencia, Javier se permitió tomar un adelanto de esa suma para sus propios gastos, lo que provocó el enfado de Pascual y dio ocasión a su vez, a que Francisco Javier comenzara a sembrar sospechas sobre su honradez[195]. Por lo demás, tenía asignados 10 reales como diario (frente a los 16 o 17 que calculando por lo bajo juzgaba necesarios), una cantidad que el propio Pascual reconocía que era insuficiente para mantenerse en Madrid, aun sin contar el coste de la ropa y los viajes a los Reales Sitios. "Su hijo de Vm. tiene amistades que pueden ser útiles cultivándolas, ya que tan buen lugar

---

192. E. Roca, *Javier de Burgos* (…), o.c., pp. 8 y 18.

193. AFB, Ángela Ferrus a D.A. de Burgos (Madrid, 9.11.98), sobre la deuda de 157 reales dejada hacía cerca de cinco meses por Francisco Javier en su pensión de la Red de San Luis (calle de la Montera); X. de Burgos a D.A. de Burgos (San Lorenzo, 23.11.98), con su justificación del asunto, de la que se desprende que había intentado endosar a la patrona lo que le debía a él a su vez (irrecuperable) un tal Narciso Martínez Camacho, otro inquilino de la pensión.

194. AFB, A. Pascual a D.A. de Burgos (s.l., 19.07.1798) y A. Pascual a D.A. de Burgos (s.l., s.f.).

195. AFB, X. de Burgos a D.A. de Burgos (Madrid, 12.10.98).

le han hecho, pero él concurre poco a las casas porque el mal vestido indica pobreza o mala conducta, circunstancias que aquí se miran con tedio, él conoce que son concurrencia de personas de alta parroquia y tiene reparo de que le vean sin la decencia que corresponde a un joven hijo de padres ricos y con siencia [sic]"[196].

El problema de fondo era que pasado el optimismo inicial, la promoción de Pascual no avanzaba ("esto cuesta dinero, tiempo, pasos", explicó al impaciente don Diego), bloqueando así la pretensión de Javier. Lo que pasaba en realidad, según este, era que "don Antonio es el hombre más inhábil para pretensiones que yo he conocido"[197]. Su principal contacto era el Padre general de los franciscanos, recién consagrado como arzobispo de Zaragoza y personaje influyente en la Corte, pero nada se logró por medio de él, al parecer por ser contrarias las recomendaciones al uso de los religiosos. Eso quedó confirmado cuando don Diego pidió a Pascual su mediación a propósito del nombramiento de la capellanía de las Angustias de Motril en el otro hijo, Antonio, que estaba sin resolverse, y la misma explicación le dio a Francisco Javier un sobrino del Padre general, del que se había hecho amigo, cuando se ocupó personalmente del tema[198]. Al final, terminó por enviar su renuncia a la capellanía sin contar con el influjo del general, quien -escribía- "además de ser muy bribón, es fraile y valenciano"[199].

Sin ser natural de Motril, don Antonio Pascual tenía como corresponsales o mandantes allí a un don Gregorio Ruiz y al abad de la colegiata, que antaño habían sido directivos de la Sociedad Económica. Con ambos se carteaba a propósito de la habilitación como puerto de Calahonda y otras iniciativas para el fomento local, como la anulación del controvertido privilegio que prohibía la introducción de vino en Granada, o la extracción de esparto y conducción a Portugal[200], asuntos

---

196. AFB, A. Pascual a D.A. de Burgos (Madrid, 3.08.1798).
197. AFB, A. Pascual a D.A. de Burgos (19.03.1798) y X. de Burgos a D.A. de Burgos (Madrid, 17.07.1798).
198. Vid. AFB, especialmente X. de Burgos a D.A. de Burgos (Aranjuez, 9.03.1798); D.A. de Burgos a A. Pascual (Motril, 26.04.1798); A. Pascual a D.A. de Burgos (Madrid, 3.08.1798); X. de Burgos a D.A. de Burgos (Madrid, 18.09.1798).
199. AFB, X. de Burgos a D.A. de Burgos (San Lorenzo, 23.11.1798).
200. AFB, especialmente A. Pascual a D.A. de Burgos (s.f.), X. de Burgos a D.A. de Burgos (San Lorenzo, 20.11.1798) y X. de Burgos a D.A. de Burgos (San Lorenzo, 23.11.98).

que impulsaba en entrevistas con los directores de Hacienda. Además, Pascual hablaba abiertamente con los Burgos de esas gestiones en las que don Diego, uno de los notables locales, debía estar lógicamente interesado y eso, probablemente, dio lugar a que Javier sugiriera a su padre que le enviaran poderes *a él:*

> Me consta que don Antonio pone de su parte cuanto le es posible para que aquí se sepa el estado de ese pueblo, y cuánto necesita de fomento; acaso será necesario que se me den los poderes de representante de ese pueblo para que haga los oficios que exige su infelicidad[201].

Su propuesta no tuvo eco, quizás por su juventud, su inexperiencia y el evidente oportunismo de la petición. Aunque de mala gana, Francisco Javier ayudó a Pascual durante algún tiempo, haciéndole memoriales "que él iba por todo Madrid vendiendo como suyos", hasta que por celos o por considerarse burlado, se negó a escribirle un discurso sobre la decadencia de los frutos de Motril, que Pascual quería presentar al ministro con vistas a obtener la intendencia de agricultura de ese país[202].

Ignoro cuáles fueron los resultados de los empeños de Pascual y los miembros de la Económica que le apoyaban, y si estos influyeron en las decisiones que tomó el gobierno en 1804, cuando al fin se habilitó Calahonda y la playa del Baradero para el tráfico internacional y con América. Sin embargo, el asunto debe recordarse en relación con Javier de Burgos, porque posiblemente, tuvo la virtud de introducirle en el ámbito de las realidades administrativas y económicas, que nunca antes, que se sepa, había saludado.

Por otra parte, tampoco ayudaba al curso normal de sus pretensiones la inestabilidad política en la Corte, que dio a los burócratas mucho margen para intervenir en la concesión de los nombramientos, extendiéndose la corrupción. Desde una fecha muy temprana, cuando comenzó a hacerse una composición de lugar, Francisco Javier planteó a don Diego la posibilidad de recurrir a medios acordes con ese estado de cosas, para conseguir su destino:

---

201. AFB, X. de Burgos a D.A. de Burgos (Madrid, 7.08.1798) y A. Pascual a D.A. de Burgos (s.l., 19.07.98).
202. AFB, X. de Burgos a D.A. de Burgos (Madrid, 25.10.1798).

Para la consecución del empleo -había escrito el 20 de abril- es necesario valerse del dinero y de un conducto que lo sepa manejar. Las cosas del ministerio van de mala data; el pobre Saavedra no puede con los dos cargos que está desempeñando, está además enfermo y tiene que lidiar con las cosas de Estado que en el día están muy delicadas; en consecuencia de todo lo cual, las cosas de Hacienda se despachan tan solo por los oficiales de la Secretaría, o por los directores, a los cuales no valen méritos, estudios, conocimientos, etc. sino dinero. Don Antonio Pascual tiene depositados en Madrid 60 000 reales por una friolera que es lo que pide. Es necesario pues, si V. quiere echar el resto a mi felicidad, que gobierne por Dios 40 000 reales que es lo que será necesario para alcanzar mi destino (...). Las fianzas se dan en casas, tierras, etc. y se puede hacer juicio que los 40 000 reales que ahora se depositan son los que se habían de dar de fianzas en efectivo, de manera que por esta vía aun es menor el desembolso, pues el mismo que ofrece el empleo ofrece hacer que se den las fianzas en fincas, que es muy fácil. Nunca es más fácil que ahora alcanzar empleos dando dinero, nunca es más difícil sin darlo, porque depende de pícaros[203].

Poco más adelante urgía a su padre, comunicándole sucesivamente la posibilidad de hacerse con la tesorería de la sal de Granada (45.000 reales) y la de Millones (que subía hasta 60 000), pero esta vez por vía legal, como donativo al rey por mano del ministro. "Cuando se trata de la felicidad de un hijo no se debe reparar en una cosa que es loable", le decía sentencioso[204]. Estas iniciativas, siempre anunciadas con apremio y quizás sin contar con muchas garantías, se estrellaban ante la cabeza fría de don Diego, cuya forma de entender el futuro de su hijo puede entreverse en el contenido del borrador que se ha conservado de la carta que le envió el 30 de julio[205]:

Querido Francisco Xavier. Por la tuya del 24 del que acaba, veo otra nueva pretensión, que así esta como las demás que te figures son vanas a menos que no te las den gratuitas; si el concepto ha sido esta administración y no ha llegado la hora de estar vacante, si acaso se verificase que don Antonio volviese a ella por no tener otro ascenso,

---

203. AFB, X. de Burgos a D.A. de Burgos (Aranjuez, 20.04.1798); vid. en el mismo sentido la fechada en Aranjuez, 30.04.1798.
204. AFB, X. de Burgos a D.A. de Burgos (Aranjuez, 29.05.1798 y 12.06.1798).
205. AFB, [borrador], D.A. de Burgos a X. de Burgos (Motril, 30.07.1798).

veríamos lo que se ha de hacer, y en el entre tanto, si hubiese en Motril otra cosa mejor con el propio desembolso que para aquella, deberás insinuármelo, pues en este caso lleváramos la ventaja de despreciar lo inferior por lo superior, porque a la verdad, yo estoy creído en que no soy veleidoso y me precio de tener subsistencia y considero que teniendo efecto el primer intento de esta administración a expensas de los 2.000 duros ya insinuados, y sus fianzas en bienes raíces, ser suficiente este sueldo, para que en él labres mayores ascensos, según el modo con que la desempeñes, y los pocos años con que te hayas, siendo constante que el hombre que se gana el laurel, a su esfuerzo se debe lisonjear más que aquel que lo hereda. Esto te prevengo para que [te] desvanezcas por hallarte en la Corte y estar siempre persuadido a que la vida es sueño, y basta de reconvención.

La azúcar aunque no es muy buena, está en punto. De su venta, y no hay marchante en el día, luego que los haya, la reduciré a dinero y entonces te daré cuenta de ello, como tú lo harás en decirme que diario necesitas para mantenerte ahí; pues siendo este inconciderado [sic] puede no acomodarme tu permanencia en esa, y sí el restituirte a tu centro. Entrégale la adjunta al señor don Antonio y a Dios que te guarde muchos años. Tu padre que quiere lo mejor =.

3.2. Ampliando mundo: Meléndez, amigos y lecturas

Por supuesto, lo visto hasta aquí no es incompatible con el propósito íntimo de Burgos de conocer a los literatos distinguidos de la capital, conforme a la versión embellecida que dieron Eugenio de Ochoa y Nicomedes Pastor Díaz de la temporada que pasó en Madrid, llegando a presentarla como un viaje de estudios. No había abandonado sus pretensiones como autor, según se desprende de la alusión a una "pieza", presumiblemente una comedia, de la que esperaba sacar algún dinero y que estaba para imprimirse[206]. También amplió entonces su visión del mundo, ya que según observó Antonio Pascual en una fecha muy temprana, el 9 de marzo, "tiene ya varios amigos tan estudiosos como él con quienes ha hecho grandes migas y se ha dado a conocer con un cierto personaje que además de poder por sí favorecerlo mucho tiene influjo poderoso con el ministro

---

206. AFB, X. de Burgos a D.A. de Burgos (Madrid, 12.10.1798).

de Hacienda"[207]. ¿Se refería Pascual al oficial segundo de la secretaría, don Bernabé Portillo, futuro hacendado en Motril y promotor de la Sociedad Económica local? ¿O estaba pensando en don Tomás González Carvajal, también empleado en Hacienda y colaborador del ministro Saavedra?

En otro orden de cosas, también hizo amigos entre los compañeros de pensión y en los teatros y cafés que solía frecuentar, logrando acceso a libros prohibidos que afectaron a la solidez de sus creencias religiosas y a su manera de pensar el mundo[208]. Quizás hay que entender esta conducta como un alarde deliberado de transgresión, un acto de afirmación personal del *aude sapere* horaciano como reacción contra el ambiente de ortodoxia formal en el colegio eclesiástico del que había salido escaldado. Según su confesión al Santo Oficio en 1803, cuando le denunciaron en Motril, Voltaire se encontraba entre los autores prohibidos que leyó, pero también Volney, Dupuis y Helvecio ("los más vulgares y menos literarios enciclopedistas", don Marcelino *dixit*[209]), que todavía tendrían mucha difusión en España, quizás por la prohibiciones que la habían obstaculizado durante décadas, aunque sin lograr impedirla. Ignoramos exactamente lo que aprendió de la lectura de Voltaire, puesto que las principales ideas que le caracterizan formaban ya parte del acerbo común de la gente cultivada de la época, pero seguramente atizaron su fogosa animosidad contra el clero. Voltaire nos interesa en relación con Burgos como paradigma de la Ilustración, al sentar la superioridad de la *Razón*, o sea, del intelecto unido a la experiencia sobre las imposiciones de la religión en su versión más rutinaria y decaída, como vía para alcanzar el conocimiento. Y sobre todo, por el amor a la tolerancia y el santo horror al fanatismo, que será una seña de identidad en el perfil de Burgos durante toda su vida, con consecuencias manifiestas en su trayectoria como periodista amante de la verdad y político defensor de las libertades individuales. A propósito de esto, resulta tentador considerar a Diderot entre los pensadores que pudieron haber influido en la formación de sus opiniones y creencias, pero lamentablemente Burgos nunca se mostró muy comunicativo en este sentido, si se exceptúa, claro está, a su venerado Meléndez Valdés, a quien citará con frecuencia durante su época como redactor de la *Miscelánea*.

---

207. AFB, A. Pascual a D.A. de Burgos (Aranjuez, 9.03.1790), cit. por Á. González Palencia, "Javier de Burgos, humanista (...)", *art. cit.*, p. 222.
208. Vid. AHN, Inquisición, leg. 3730, exp. 289, Alegaciones fiscales (Granada), el episodio que se relata más abajo.
209. Marcelino Menéndez Pelayo, *Historia de los heterodoxos españoles*. Madrid: Biblioteca de Autores Cristianos, 1987, t. II, p. 759.

Imagen 11. Meléndez Valdés por Goya, 1797 (The Bowes Museum, en Fundación Goya en Aragón).

Una conocida anécdota, narrada por Nicomedes Pastor Díaz, sostiene que el joven Burgos consiguió presentarse a don Juan Meléndez Valdés irrumpiendo en su casa y bregando con los criados, y que a partir de entonces se desarrolló una amistad estrecha y duradera entre ambos[210]. A decir verdad, ninguno de los biógrafos de Meléndez tiene en cuenta a Burgos entre los amigos que le rodearon en esta o cualquier otra época posterior y de hecho, especialistas como Georges Demerson y Antonio Astorgano ni siquiera le mencionan. Por su parte, Ángel González Palencia ha relativizado el alcance de esa amistad puntualizando que "las relaciones del mozo granadino con el ya famoso fiscal de la Sala de Alcaldes no eran tan íntimas como algunos pretendieron". Es posible que fuera así, aunque todo depende de lo que quiera entenderse por tal intimidad, que no se basaba, evidentemente, en el trato entre colegas sino en la condescendencia afable del poeta con el entusiasta (e interesado) aprendiz. Aun así, el epistolario familiar permite constatar que ya se había dado a conocer a Meléndez a los pocos días de su llegada a la Corte, que frecuentaba al personaje, que fue invitado a comer en alguna ocasión en su casa e incluso que este le obsequió con alguno de sus libros[211]. No es poco. Burgos, a su vez, le remitió una de sus composiciones

---

210. N.P. Díaz, *Obras* (...), *o.c.*, p. 164.
211. Á. González Palencia, "Javier de Burgos, humanista (...)", *art. cit.*, p. 223 y

primerizas, la bucólica oda "La venida de la Primavera". Prescindiendo de su valor poético, denota interés por la naturaleza (después de todo, él se había criado en el campo), que interpreta a la manera "filosófica"; o sea, canta un universo risueño y domesticado, bajo la previsión majestuosa de la Providencia. Véase una muestra.

> Sobre las alas del Fabonio blando
> Buelve la ya florida Primavera
> Desde la orilla del ruidoso Nilo;
> Sacude el suelo el yugo molestoso
> Del Invierno aterido;
> Cesa del Aquilón el ronco ruido:
> Todo brota, los montes y llanuras
> Se llenan de verdor; florece todo;
> Las ramas de los árboles ocultan
> El velo azul, tapete del Eterno,
> Y al nuevo nacimiento de las hojas
> Del Olmo rudo placentera canta
> La yedra que al Olimpo se levanta.

Ahí no faltan referencias al florido Dauro, al profundo Tajo, al rápido Jarama y especialmente al claro Tormes, que parecen guiños a las circunstancias que vivía Burgos en ese momento:

> ¡Vida envidiable, dulce bienhadada!
> Mi lira no es capaz de describirla.
> Dame la tuya divinal Batilo,
> La tuya con que un tiempo tú cantaras
> La amenidad do otea y la corriente

---

especialmente, su expresiva cita, en pp. 224-225 procedente de AFB, X. de Burgos a D.A. de Burgos (Madrid, 11.05.1798): "El amigo fiscal cada día me honra más, y ya me ha hecho algunas expresiones de libros compuestos por él, y ya he comido varias veces en su casa, a pesar de mis continuas porfiadas resistencias".

Del claro Tormes; dámela un instante,
Mas las castas hermanas lo prohiben,
Me niegan tan gran don; pulía tú solo
La blanda lira que codicia Apolo.

En la carta de remisión, fechada en Aranjuez el 25 de marzo de 1798, solicitaba su magisterio poético en un tono notoriamente lisonjero, pero sin olvidarse de informarle sobre su pretensión de lograr el empleo que quedaría vacante en la administración de rentas de Motril[212]. También, como ya se avanzó, los biógrafos de Burgos suelen destacar el propósito de que gracias a la amistad del fiscal con el ministro de Gracia y Justicia, Jovellanos, le conmutaran sus cursos de Teología por otros en Derecho; un plan nebuloso que si realmente tomó cuerpo, jamás comentó en sus cartas familiares. Ahora bien, "Batilo" cayó en desgracia, arrastrado por la destitución de Jovellanos en la crisis ministerial del mes de agosto y fue desterrado de Madrid, quedando confinado en Medina del Campo y luego en Zamora, de modo que las esperanzas de cursar la abogacía o lograr un destino mediante su conducto, se desvanecieron. Sin embargo, con lealtad, Burgos siempre le guardó una fervorosa admiración y le proclamó su maestro, llegando incluso a publicar en la *Miscelánea*, años después, dos composiciones en su honor y como tributo a su memoria[213]. Según González Palencia ambas poesías serían anteriores a 1810 y "no sería extraño que hubieran sido compuestas estos días en que Burgos se afanaba por obtener la amistad del Dulce Batilo". A mi juicio, hay indicios

---

212. X. de Burgos a J. Meléndez Valdés (Aranjuez, 25.03.1798), en Biblioteca Nacional (Madrid), Ms. 12961, nº 5, con la oda en cuestión, que publicó Ángel González Palencia, "Javier de Burgos y Meléndez Valdés", en *Revista del Centro de Estudios Extremeños*, t. VII, nº 1 (1933), pp. 4-9; no transcrita en cambio (pero sí la carta), en el relato alternativo de este episodio de "Javier de Burgos, humanista (…)", *art. cit.*, pp. 223-224.
213. "La Fortaleza. A Batilo", en *Miscelánea* nº 13 (29.11.19), con 55 versos frente a los 40 de la versión -más conocida- publicada por E. Ochoa, *Apuntes (…)*, *o.c.*, p. 263 ("La Constancia. A D.J.M.V.") y L. Cueto, *o.c.* III, p. 447 ("A la constancia"); también, "A Batilo en sus días", en *Miscelánea* nº 48 (18.02.20), con 120 versos. Publicada con ligeras variantes y 114 versos por Ochoa, *Apuntes (…)*, *o.c.*, p. 267 ("A D.J.M.V. en sus días, oda") y Cueto, *o.c.*, III, p. 449 ("A don Juan Meléndez Valdés, en sus días. Cantilena"). Ambos antologistas relacionan expresamente esta composición, conviene advertirlo, con la etapa de la emigración.

que en este caso contradicen la opinión del erudito historiador y reflejan más bien la experiencia de la emigración en Montpellier[214], donde falleció en 1817 asistido por otro personaje importante del entorno cultural afrancesado, don José Mamerto Gómez Hermosilla. Incluso alguna solemne metáfora en la oda "La Fortaleza" alude a un Meléndez en trance de muerte (personificando a Sócrates al beber la cicuta y al maestre de los templarios Molay en la hoguera), lo que evidentemente sería de muy mal gusto si no fuera este el caso. A la otra composición de Burgos, titulada "A Batilo en sus días", parece haberse referido el propio Meléndez en el prólogo a sus poesías, fechado en Nimes el 16 de octubre de 1815:

Ingrato sería si no me mostrase sensible a la buena acogida y los elogios, que así de nacionales como extranjeros han seguido teniendo las últimas ediciones de mis versos. Sin haber dado yo un paso para solicitarlo, se han celebrado con entusiasmo por los literatos españoles de mejor nota. Entre ellos y recientemente D. Javier de Burgos, que hace hablar al culto y delicado Horacio en metro castellano con tanta elegancia, y acaso más estro y más espíritu que él cantaba en latín; D. Alberto Lista, sevillano, en quien veo renacida la musa del *divino* Herrera; y el ingenioso García Suelto, que tan bien hermana la cítara de Apolo con la vara y profundos misterios de Esculapio, y todos tres me honran con llamarme su amigo y su maestro; me han dirigido en este mi destierro tres composiciones, que ellas solas bastaran a endulzarme sus horrores y a satisfacer la vanidad, si yo no viese bien mi medianía, o ellas no fuesen hijas del entusiasmo y el cariño. ¡Con cuánto gusto las copiara yo aquí por sus bellezas, si la modestia no me lo estorbase![215].

---

214. La interpretación de Ángel González Palencia, en su "Javier de Burgos y Meléndez Valdés", *art. cit.*, p. 10; lo mismo en su "Javier de Burgos, humanista (…)", *art. cit.*, p. 228. Para mi argumentación (sigo la cualificada afirmación de L.A. de Cueto, en *loc. cit.*, p. 449), véase M. Morán, "Notas para un catálogo (…)", *art. cit.*, p. 65, y especialmente "Javier de Burgos: empresas mercantiles (…)", *art. cit.*, pp. 82-84.

215. Juan Meléndez Valdés, *Poesías de D. — — —, Fiscal que fue de la Sala de Alcaldes de Casa y Corte, e individuo de las Reales Academias Española y de S. Fernando.* Tomo I. Madrid: Imprenta Nacional, 1820, "Prólogo del autor", pp. IX-X; está reproducido en L.A. de Cueto, *Poetas líricos (…), o.c.,* t. 2 (BAE LXIII), pp. 89-92; en relación con el influjo poético de Meléndez sobre Burgos, vid. Ismael Elías Muñoz, *El horacianismo de Javier de Burgos (…), o.c.* [En línea. Consulta: 5.10.2022], pp. 21-22.

En cualquier caso, lo que interesa retener ahora es el reconocimiento, bastante explícito, de la influencia que había ejercido Meléndez sobre Burgos en su juventud y de los principios de estética que el segundo asimiló y que constituyen, a su vez, una expresión de la concepción clasicista del mundo que mantuvo hasta el final de su vida, manifestándose en gestos y comportamientos acordes.

43 Mostrárame niño
La senda penosa
Por do él a la cumbre
Trepó de Helicona;
[...]
67 Y ya del buen gusto
Lecciones preciosas
Dictando que admiren
Edades remotas;
Y al suave Laso,
Al dulce Rioja,
Al sublime Herrera,
Leones y Borjas,
Góngoras, Villegas,
Sotos y Argensolas.
Sigue tú sus huellas
Si fama ambicionas,
Me dijo, y tendióme
Su diestra oficiosa.

Meléndez Valdés fue el afrancesado por excelencia, no solo como futuro adepto de José Bonaparte sino en su acepción intelectual, por su conocimiento del idioma, por sus lecturas, en particular de los filósofos, la composición de su biblioteca, las ideas que defendió, o las sospechas mismas que concibió la Inquisición sobre él. Bien entendido que lo que buscaban aquellos afrancesados no era una copia mimética de la cultura francesa, sino apropiarse de la civilización en un sentido universal, de la que Francia se presentaba, sin discusión, como el principal exponente en aquel tiempo. Años después, el propio Burgos identificará el *afrancesamiento* como la conjunción entre la Ilustración y la libertad, situando su origen en los tiempos de la revolución, cuando

La nación francesa, despertando de un letargo político, al ruido del movimiento de la América septentrional, dio a la Europa y al mundo entero el espectáculo grandioso de una conspiración general a la reforma de su legislación y su gobierno, sobre las bases de una igualdad legal y de un sistema libre representativo. Las naciones espectadoras, persuadidas así de la utilidad e importancia de la empresa, como de la prudencia de los medios, con que la asamblea más ilustrada entre todas las conocidas hasta entonces anunciaba poder conducirla, recibieron las primeras centellas del fuego de la verdadera libertad civil; y en todas ellas, en más ó menos número según la ilustración, empezó á haber afrancesados, esto es, hombres que deseaban para su patria lo que tenia por bien y veían establecerse en Francia[216].

Como deja claro la investigación de Georges Demerson -a quien sigo en estas líneas- si en Meléndez se advierte escasa originalidad, muestra en cambio apertura de miras, capacidad de hacer propio un gran caudal de ideas nuevas y espíritu crítico, que supo aplicar a las cosas de España[217]. Fue Meléndez muy aficionado al trato con amigos, buen cliente de los libreros y un extraordinario lector, cuya biblioteca proporciona un muestrario representativo de la cultura de su tiempo, con abundancia de obras novedosas entre las que no faltaban las prohibidas, que él tenía licencia para leer con motivo de sus grados académicos. Escribe Demerson que hacia julio de 1802, desde su confinamiento en Zamora, Meléndez establece para su amigo don Plácido Ugena,

La lista de sus lecturas o de sus relecturas -muy clásicas- del momento: Homero, Virgilio, Milton, Horacio, Ovidio, Racine, Corneille, Voltaire, Garcilaso, Herrera, fray Luis de León, Cicerón Bossuet, Fénelon, fray Luis de Granada, Bacon, Newton, Buffon, Platón, Tácito y Tito Livio[218].

---

216. "Quiénes y cuántos fueron los afrancesados", en Miscelánea nº 350 (12.02.1821).
217. G. Demerson, *o.c.,* especialmente t. II, pp. 331-334.
218. *Ibidem, o.c.,* I, pp. 393-394.

No parece, en cambio, que hubiera leído aun a Bentham, a quien debió descubrir en 1803, quizás a través de la traducción hecha por Dumont un año antes[219]. Sus preocupaciones, deducidas por su biógrafo de esas listas de libros, se centraban entonces en "las cuestiones sociales y la beneficencia; la legislación, que continúa interesándole; pero también la filosofía e incluso la física; el fiscal quería seguir el movimiento de las ciencias de su época"[220]. La personalidad de Meléndez es un buen ejemplo de la actitud intelectual difundida entre la elite de su tiempo. Como ya sabemos, su atractivo sobre el joven Burgos, en plena sintonía con el bagaje cultural que este arrastraba desde su época de estudiante, consistía en su faceta de poeta (horaciano) pero también, la de filósofo y hombre de leyes, de la que ha quedado un reflejo tardío en la inserción -como se verá- de dos de sus locuciones forenses en el periódico que Burgos publicaba en 1818, la *Continuación del almacén de frutos literarios*. En el ambiente que había tenido ocasión de vislumbrar en Granada, el regalismo estaba a la orden del día -piénsese en otro jurisconsulto, Sempere y Guarinos- aunque no está de más recordar que esta era precisamente una de las señas de identidad del Meléndez jurista[221]. Burgos, efectivamente, reprodujo en su *Continuación del almacén* el discurso para la inauguración del tribunal de Extremadura (1798), en el que el fiscal había tratado ese punto en su lugar. En cambio, si no una acusada preocupación social a la manera de Meléndez, que nunca fue un punto fuerte en Burgos (y sí más bien una gran motivación por la creación de riqueza), hallamos el mismo espíritu inquisitivo en relación con los progresos de las ciencias y una idéntica concepción general del mundo; también, su civilizada actitud frente a la Inquisición -ahí queda su *Oda al fanatismo*, que envió a Godoy- y frente a la tortura, una idea clave de Voltaire que Melendez defendía al menos desde 1784[222]. Evidentemente acierta Juan Gay al suponer que su influencia sobre el joven granadino fue duradera[223].

---

219. Claude Morange, *Paleobiografía (1779-1819) del "Pobrecito holgazán" Sebastián de Miñano*. Salamanca: Ediciones Universidad de Salamanca, 2002, p. 57 nota, sobre datos de G. Demerson, *o.c.*, p. 244.

220. G. Demerson, *o.c.*, t. I, p. 398.

221. A. Astorgano Abajo, "Los testamentos del matrimonio Meléndez Valdés", en *Boletín de la Real Academia de Extremadura de las Letras y las Artes* (Trujillo), t. XVI (2008), pp. 37-38 [separata].

222. G. Demerson, *o.c.*, t. II, p. 220.

223. J.C. Gay, *Política y administración (...), o.c.*, p. 49.

3.3. Adiós a Madrid

¿Se interrumpió, como parece, el trato entre el fiscal y Burgos al ser desterrado el primero en el verano de 1798? Tras la salida de Meléndez de Madrid, Francisco Xavier perseveró en sus gestiones en pos de un destino en la administración. Ignoramos el momento preciso en el que regresó a Motril, pues la serie de su correspondencia familiar, relativamente íntegra durante ese año, se corta de forma brusca en el mes de diciembre. Como se detallará más abajo, colaboró con el *Semanario de Granada* en el verano de 1800, lo que hace pensar que para entonces ya estaba de vuelta en su pueblo. Por otra parte, una misiva aislada, de 13 de agosto de 1799, nos informa de que en esos días se encontraba en San Ildefonso brujuleando, esta vez tras una plaza del ministerio de Estado, pero con la cabeza puesta en una obra, acaso una comedia. Un dato, por otra parte, que confirma que Burgos no olvidaba sus aspiraciones literarias. Por su excepcionalidad, transcribo íntegra esa carta[224]:

San Ildefonso, 13 de agosto de 99.
Amado Padre mío, el día 3 salí de Madrid y llegué aquí el 5. El ministro está ahora inaccesible, pues ocupado de día y de noche en eternas conferencias con el embajador de Francia, aún no le he podido ver. Mi obra se intitula Aventuras de Satris. La comedia tiene 35 pliegos, que si fueran por el correo costaran un dineral, y se puede excusar yendo con un ordinario. Hoy mismo escribo a Madrid para que la remitan al punto. A empleo ninguno tengo hasta ahora puesta la mira, solamente trato de ver si puedo coger alguna plaza en la Secretaría de Estado;

---

224. AFB, X. de Burgos a D.A. de Burgos (San Ildefonso, 13.08.1799); citada por Á. González Palencia, "Javier de Burgos, humanista (…)", *art. cit.*, p. 226, con atribución a 1798; se arrastra el error en la edición de E. Roca, *o.c.*, p. 171: vid. sobre eso mi recensión de dicha obra en *Hispania* nº XLIX / nº 173 (1989) p. 1121. Aparte de la data de esa carta y su contexto temático, que no cuadra con los asuntos tratados en 1798, hay que advertir que según la secuencia epistolar, Burgos no estuvo en San Ildefonso en agosto del 98, probablemente por el alto coste de esos viajes y porque no tenía ropa adecuada, como insinúa en diversas cartas. Todas las escritas durante esas semanas (27 y 31 de julio, 3, 7, 10, 14, 17, 21 y 24 de agosto de 1798, etc.) están fechadas en Madrid, lo que no es coherente con la afirmación de la carta problemática (o sea, la de San Ildefonso, 13 de agosto de 1799) según la cual, salió el día 3 de Madrid y llegó el 5 al Sitio.

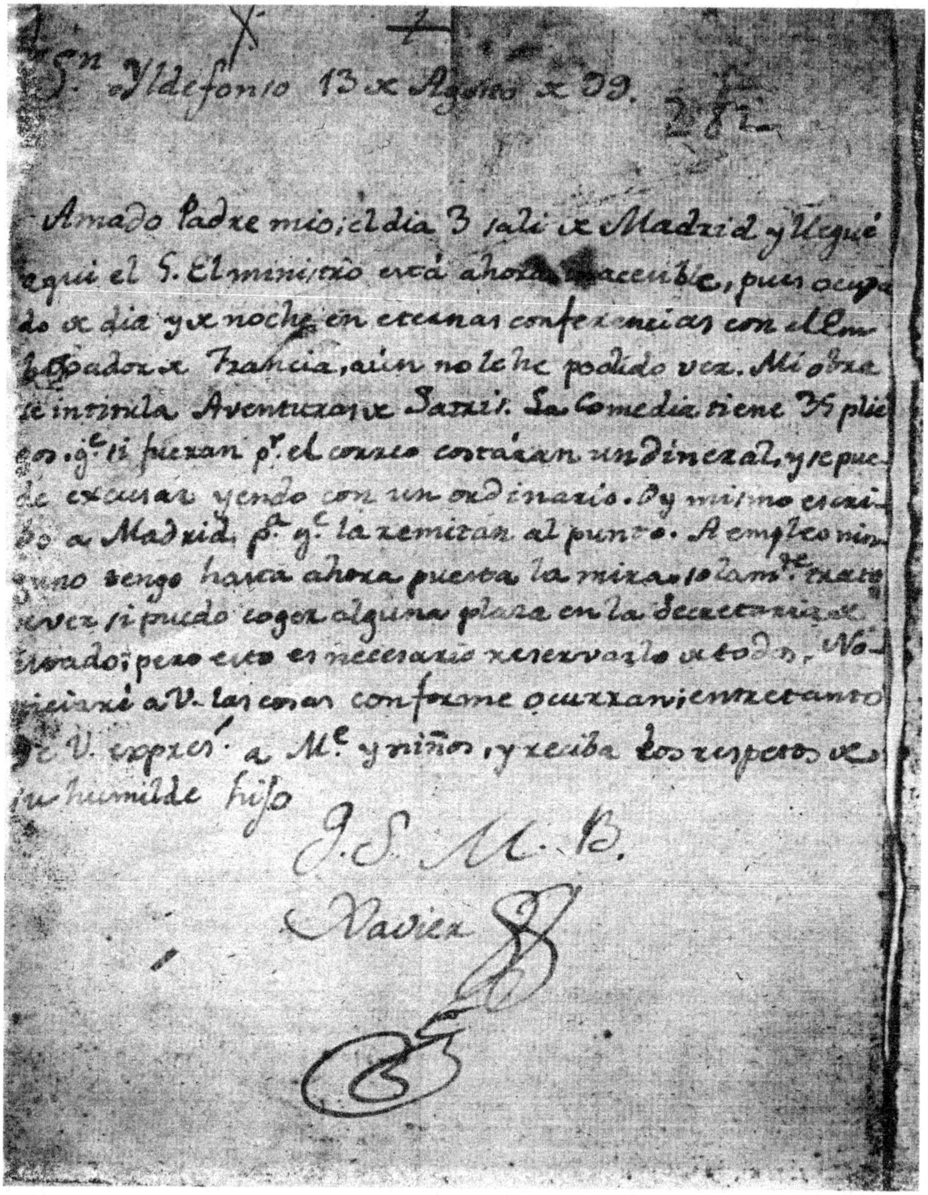

*Imagen 12. Carta de X. de Burgos a Diego Antonio de Burgos, Madrid, 13.08.1799
(Archivo Familia Burgos).*

pero esto es necesario reservarlo a todos. Noticiaré a V. Las cosas conforme ocurran; entretanto dé V. expresiones a Madre y niños, y reciba los respetos de su humilde hijo

Q.S.M.B.

Xavier [rúbrica]

Aunque no deja de provocar alguna duda, encaja aquí el relato de Juan Pérez de Guzmán sobre las andanzas del joven granadino en esas fechas[225]. Efectivamente, se hallaba entonces en San Ildefonso, donde se las habría arreglado para ser presentado a Godoy durante un paseo por las alamedas y lograr que este le autorizara a enviarle alguna de sus obras. Hay que subrayar que siendo quien era el Príncipe de la Paz, el procedimiento usado por Francisco Xavier no debería sorprender al lector, pues como se alega en la carta de remisión, el mecenazgo literario de los poderosos era una práctica inmemorial y seguía teniendo plena vigencia. Tanto era así, que el mismo Meléndez, ahora en desgracia, no había vacilado cuando era oidor en la chancillería de Valladolid en dedicar sus poesías a Godoy con frases de alabanza que quizás se podrían considerar hoy desmesuradas, pero que entonces formaban parte del código de urbanidad convencional. Y como recuerda don Emilio La Parra, lo hizo aconsejado por Jovellanos, que fue otro de los que se beneficiaron -como Moratín, Forner y en general todos los ilustrados de nota- de la protección del Príncipe de la Paz, al que no ahorraron elogios[226].

Por su parte, la supuesta carta de Francisco Xavier, dada a conocer por Pérez de Guzmán, dice lo que sigue:

Excmo. Sr.: Yo, Francisco Xavier de Burgos, á V.E., con el respeto que debo, hago presente mi situación y las circunstancias en que

---

225. Juan Pérez de Guzmán "El fundador del ministerio de Fomento", *art. cit.* en *La Ilustración española y americana*, nn. XXXIX - XL (22 y 30.10.1898) pp. 227-230 y 247-250. El artículo está escrito en registro divulgativo, hay errores de bulto en él, y la supuesta carta a Godoy carece de referencia documental. Aún así, las coincidencias de contenido entre esta y la enviada a su padre el día 13 (vid. nota anterior) es un motivo de verosimilitud.

226. Juan Meléndez Valdés, *Poesías* de el Dr. D. — — —, del Consejo de S.M., Oidor de la Chancillería de Valladolid. Valladolid: Viuda e hijos de Santander, 1797. 3 vols. Dedicatoria a Godoy en vol. primero, pp. i-v; E. La Parra, *Manuel Godoy (…)*, *o.c.*, pp. 171-173.

me hallo, dignas de que las atienda un sabio poderoso. Acabados mis estudios, hube de pasar a Madrid a frecuentar á los humanistas, por cuya profesión tengo una afición decidida. Habiendo leído el *Sethos*, la *Cyropedia*, el *Azemor*, y otras obras de este género, y visto la impotencia de los esfuerzos de sus autores, que en vano habían pretendido imitar a Fenelón yo ensayé su lenguaje sobre un plan todo distinto, y mis *Aventuras de Satris*, que empezaron por un pasatiempo, ya concluyeron por estudio y trabajo. Pero era necesario ponerlas a la sombra de un sabio poderoso. Así lo hicieron Virgilio y Horacio en el siglo de la mayor cultura romana; hiciéronlo entre nosotros Cervantes, Lope de Vega; y no hubiera habido un Nebrisense, ni un Zúñiga, ni otros grandes hombres sin un Cisneros. Las ciencias así han progresado, y los nombres de los grandes Mecenas han resistido a la inmensidad de los siglos. Era, pues, necesario dedicarlas, a vista de tantos ejemplos: lo era más por hacer al que elegí por Mecenas todo el obsequio que en mis circunstancias podía, y por ponerlas a cubierto de las persecuciones de la ignorancia. Y vea aquí S.E. el motivo por el que hoy le reitero humildemente la súplica que le hice ayer, a la que si tengo la desdicha de que no asienta, deberé gemir en la amargura y la desolación.

Yo preparaba ya un tomo de *Poesías* que pensaba también poner bajo los auspicios de V.E. Yo creo que lograré ver puesto su nombre a la frente de ellas y de *Las Aventuras de Satris*. Y ¿quién mejor que V.E. podrá admitir sin reparo un obsequio tal, cuando, por estar al frente de la nación, se halla obligado á fomentar al que desea saber?

Si, como creo, V.E. no la admitiera por no creer mi obra digna de su protección, léala, le suplico, o lea a lo menos la adjunta *Epístola dedicatoria* que he venido a presentarle desde Madrid. Yo no exijo el más leve sacrificio de parte de V.E. No quiero más que su nombre, y que no desdeñe de patrocinarme. Ni crea V.E. que yo consagre a otro mi trabajo. Yo creerla prostituirme si, dedicándolo, no lo dedicara a V.E.

Dios guarde para bien de la monarquía la vida de V.E.—San Ildefonso 9 de Agosto de 1799.

Excmo. Sr.—B. L. M. de V.E., *Francisco Xavier de Burgos.*—Excmo. Sr. Príncipe de la Paz.

Si algo extraña en la carta y podría hacer dudar de su autenticidad, es el tono desmañado y falto de sutileza con que está escrita, impropio de él. En todo caso, Godoy pudo confundir el candor del joven Burgos y subestimarle («¡Vaya, este hombre es tonto de capirote!» parece que exclamó), decidiendo que se le devolviera la obra sin aceptar la dedicatoria.

Su regreso debió producirse en algún momento posterior de 1799, cuando ya era evidente (para su padre) que había fracasado en el propósito oficial del viaje, lograr un oficio de Real nombramiento, entiéndase por recomendación o mediante dinero, y preferiblemente en el ramo de Hacienda en su ciudad. Esa época cuadra con la información proporcionada en la biografía anónima que precede a la edición de los *Anales*[227], según la cuál, el joven ("excitado por su padre"), volvió a Motril al cabo de un par de años: "Allí ejerció su cargo de regidor perpetuo, y fue nombrado a 21 años secretario de la sociedad económica".

---

227. A.P., en *loc. cit.*, t. I, p. 2.

4. De vuelta en Motril (1800-1808)

4.1. Un tropiezo con la Inquisición

De vuelta a su patria, Francisco Xavier no pudo evitar meterse líos. Fue entonces, dos años y medio después de su regreso, cuando tuvo lugar el primero de sus problemas con la Inquisición, al ser delatado anónimamente por "proposiciones" (expresiones contrarias a la doctrina católica)[228]. Se trata de un episodio desconocido o silenciado en todas sus biografías, quizás porque el papel que desempeñó no fue airoso ni como creyente ni como impío, pero que resulta instructivo porque confirma la idea que aquí se va perfilando sobre la personalidad y la forma de pensar de Burgos, un joven entonces de 23 años, brillante pero con muchas ganas de hablar y quizás algo ingenuo; también, porque da pistas sobre el origen literario, siquiera en parte, de esas convicciones transgresoras y además,

---

228. AHN, Inquisición, leg. 3730, exp. 289, Alegaciones fiscales (Granada). El episodio fue dado a conocer por Lucienne Domergue: "Les enfances (...)", *art. cit.*, *passim*. En la alegación fiscal se menciona al delator Antonio García Alcántara, regidor perpetuo de Motril, 31 años. Los testigos que declararon fueron Antonio Garbayo, regidor de Motril, 31 años; José Mendicuti, alférez de la compañía de caballería de la Costa, 21 años; Diego de Mena, Teniente - capitán de caballería, 42 años; Manuel Fonseca, vecino de Motril, 61 años; Fernando Fonseca, canónigo de Motril, 23 años; María del Carmen Fonseca, hermana del anterior, 21 años y estado honesto; Teresa Escamilla, madre de la anterior; Gregorio Ruiz de Castro, auditor de Marina del departamento de la Real Isla de León, 48 años. No se examinó en cambio al canónigo don Pedro de Zea y Zafra "por estar aprendiendo el francés con el reo". Intervino además Juan Antonio Bellido, cura párroco de Motril, como comisionado del Santo Oficio en la ciudad.

porque prenuncia algunos de los tópicos favoritos en sus composiciones propagandísticas durante la guerra de la Independencia e incluso en artículos publicados años más tarde, en su *Miscelánea*.

El anónimo delator era un regidor perpetuo de Motril, colega por tanto de Burgos, de 31 años de edad, llamado Antonio García Alcántara. Al decir del denunciante, según declaró en 7 de agosto de 1802, Xavier de Burgos había manifestado opiniones, en las tertulias de la gente bien del pueblo, en las que se traslucía su poco espíritu religioso y su falta de fe. Se mofaba de las facultades del Papa y de la Corte de Roma (comercio de reliquias, bulas, indulgencias) y hablaba mal de los sacerdotes ("Al fin, son clérigos"), de su excesivo número y de sus crecidas rentas "para mantener putas y seducir mujeres para fornicar". Consideraba esta última tacha como una pesada carga para el común de los mortales, que argüía para justificar su propia oposición a la idea que su padre se había empeñado en inculcarle años atrás, de abrazar el estado eclesiástico. Y es que, según habría declarado en público, "uno de los mayores placeres que hay en el mundo es el fornicar". Otros contestes, de peor o mejor gana, corroboraron esas expresiones si bien uno de ellos, el joven canónigo Fernando Fonseca, puntualizó que "era contenido en esta materia, jamás había dado escándalo a nadie, ni se había dicho que anduviese en malos pasos, ni tratase con mujeres".

Por otra parte, según algunos, no era mejor la opinión que Burgos habría sostenido públicamente sobre los religiosos, especialmente los mendicantes ("bergantes y polilla de la nación"), a quienes consideraba demasiado numerosos, amancebados ("el mayor número de ellos") y que fuera de la clausura serían más útiles al Estado, pues "más toman el hábito por no servir al rey que por otro motivo". Las religiosas calzadas en concreto, debieran ser secularizadas y su cuantiosa hacienda, aplicada a amortizar la deuda nacional. "Además, de que resultaba otro gran interés cual era la circulación de sus bienes y el aumento de frutos de ellos, estando en manos de propietarios". Burgos, -el dato es interesante- ni por asomo parece haber tenido en cuenta la función benéfica o social que podrían desempeñar esos bienes, ya en manos de los propios eclesiásticos, ya de los futuros propietarios. Es tanto mas extraño porque él, como miembro de la Sociedad Económica de Motril en aquellos momentos, no podía desconocer la aportación del clero local a las tareas de beneficencia en la ciudad.

El reo también habría criticado a la Inquisición en defensa -quizás esto sí era más serio- de la libertad de religión que Dios había concedido a los hombres: "que aborrece también al santo tribunal que llama casa horrorosa que no debía existir porque castiga con el quemadero al que no sigue la religión católica; y dice que el hombre es libre, y por consiguiente no se le debe obligar a seguir otra religión que la que elija cuando llegue a tener el uso de razón". Además, los testigos fueron repetidamente interrogados en relación con "la venida de Jesucristo", un punto oscuro acaso mencionado por el delator, pero sin que saliera nada en claro, aunque acaso pudiera ser reminiscencia de los *Pensamientos* de Pascal.

Un testigo destacó que Burgos exponía estas cosas de forma hábil y falaz -o sea, convincente- pero en conjunto, más que al descreimiento o irreligiosidad, lo que predomina en las declaraciones son referencias a su "mucha verbosidad" centrada en los tópicos habituales entonces, sobre la riqueza, la inmoralidad y la ignorancia del clero, o los abusos de "la Corte de Roma". Pero para entender lo último en su justa dimensión, conviene tener presente que aun estaba reciente la controversia provocada por el "cisma de Urquijo" (septiembre de 1799), esto es, el decreto del gobierno por el que los obispos españoles habían asumido facultades reservadas a la Santa Sede, de forma que ese tipo de opiniones debía ser relativamente común entonces. El decreto estuvo vigente durante la situación de sede vacante provocada por la muerte de Pío VI y la ocupación de Roma por las tropas francesas, y fue suspendido al cabo de pocos meses, al ser elegido el nuevo Papa, Pío VII[229].

En este mismo sentido es reveladora, por lo que aporta sobre la psicología de Burgos (o sobre la imagen que proyectaba de sí mismo) la declaración del auditor de Marina Gregorio Ruiz de Castro, que sin haberle llegado a escuchar las proposiciones comprometedoras, afirmó "que todas le parecían parto de este reo, que habiendo estudiado en un colegio de Granada, se fue a Motril en donde sin mérito alguno de literatura, él mismo se lo daba, y a muchos le parecía lo mismo, pero el testigo tuvo ocasión de tratarle y tocó bien a lo sensible que no había más que un fondo de orgullo y amor propio". Ese aire de sabelotodo iba a provocar antipatías durante toda su vida a Francisco Xavier y nunca dejaría de ocasionarle problemas.

Otros, singularmente el cura Juan Antonio Bellido, que era también el comisionado del Santo Oficio en Motril, se esforzaron a fondo por

---

229. Vid. Luis Sierra Nava, S.I., *La reacción del episcopado español ante los decretos de matrimonios del ministro Urquijo de 1799 a 1813*, Bilbao: Ediciones Estudios de Deusto, 1964, *passim*.

disculpar la locuacidad de Burgos, quien durante su estancia en Madrid -explicó- "se había tinturado de cierta exterioridad de expresiones y razonamientos que algunas ocasiones le oyó el mismo comisionado, pero solo echó de ver en ellas que su aplicación y estudio lo había tenido solo en ser estadista y no teólogo que era la facultad que profesó en el colegio eclesiástico de Granada, y que por lo mismo, más se podía decir que era un mero relator que autor de ellas". En realidad, concluía, su conducta era excelente y se comportaba al presente como un buen cristiano, punto que se apresuraron a ratificar varios declarantes, especialmente de la familia Fonseca, al testificar que se le veía frecuentemente en Misa los días de precepto, y "aun en el sermón". ¿Sería este indulgente don Antonio Bellido, el seminarista de Motril que fue compañero de Javier de Burgos en San Cecilio hacía 1793?[230]

Estando así las cosas, estancado el proceso por falta de concordancia entre los testimonios, salió a relucir el 7 de abril de 1803 la autodelación voluntaria del joven Burgos por conducto de dicho cura, con arrepentimiento expreso de todos sus delitos; lo que significaba que Burgos obtenía del tribunal, automáticamente, la seguridad "de que dicha delación no le pararía perjuicio alguno". En resumen, tales errores consistían en que seducido por la lectura de libros impíos y arrastrado por el mal ejemplo de algunos libertinos, se había resuelto a no creer en nada de nuestra religión. Durante el tiempo que estuvo viviendo en la capital había leído obras de Voltaire, de quien tenía una elevada opinión (aparte sus ideas religiosas), según había ya admitido la joven Carmen Fonseca, una de sus partidarias incondicionales. También, libros de Volney, Dupuis, Helvecio "y algunos otros de que no hacía memoria como tampoco de los sujetos que se los franquearon". Era gente que había conocido en teatros y cafés, salvo el francés Domingo de Cassaign Ard [sic], con quien había vivido en la calle de la Montera, un tal Moreno y otro llamado Gregorio, natural de Almendralejo; tampoco recordaba nada sobre los lugares, personas y circunstancias del escándalo que pudiera haber ocasionado en su caso. Tanta vaguedad debió irritar al tribunal, de modo que los calificadores designados condenaron sus expresiones y dictaminaron "que el reo es un perfecto discípulo de Volter [sic], Rosó [sic] y demás filósofos modernos de su clase, y que su corazón se halla impregnado de todas o de las más herejías que han combatido a la Iglesia".

---

230. AFB, Ildefonso María Fernández (rector de San Cecilio) a Diego Antonio de Burgos (Granada 7.07.1793), reclamando el regreso a la mayor brevedad de su hijo Javier y de Antonio Vellido al colegio.

*Imagen 13. "Aquellos polbos" [sic],
en F. de Goya, Caprichos nº 43
(Biblioteca Nacional de España).*

Sin embargo, a pesar de las admoniciones, Burgos continuó haciendo gala de una mala memoria ejemplar. El tribunal amagó entonces con cargos contra don Manuel Fonseca y su familia, advirtiendo "presunción fundada de falsedad o colusión entre ellos, el reo y probablemente con el encargado para las diligencias", o sea, el propio cura Bellido, comisionado del Santo Oficio en Motril. El tema aun coleó durante meses, aunque da la impresión de que prevaleció la voluntad de echar tierra sobre el asunto. A decir verdad, ha observado Claude Morange, este tipo de delaciones eran corrientes y los supuestos delitos no preocupaban mucho al Santo Tribunal, como ejemplifica el caso de una denuncia contra Eugenio Tapia y Sebastián Miñano, dos jóvenes de lengua atrevida, cuando eran estudiantes en Toledo algunos años antes[231]. Así pues, en el caso que nos ocupa el fiscal insistió en que el proceso se sobreseyera, a lo sumo con alguna corrección al reo. Sin embargo, el tribunal todavía dictaminó, el 23 de septiembre de 1803, que compareciese en quince días y se le hicieran cargos sobre su conducta, proferencias [sic] y sobre lo "diminuto de su espontánea, guardando en el ínterin ciudad y arrabales por cárcel"; añadía además que oyendo al fiscal, se votase y enviase todo al Consejo. Pero nada más consta ya en el expediente, que parece haberse cerrado sin otras consecuencias.

---

231. C. Morange, *Paleobiografía (…), o.c.*, p. 109.

Para concluir esta historia, falta aún mencionar algún dato que hace pensar que nos hallamos ante un caso de rencillas mezquinas, y que en realidad tenía poco que ver con la preocupación por la salud espiritual de Javier de Burgos. De entrada, todos los personajes están bien alineados en la escena. De una parte Burgos y sus amigos los clérigos (quién lo iba a decir), apoyados por el resto de los Fonseca, gente que descendía de los parientes del cardenal Belluga, lo que -por otro lado- explica el derecho del joven Fernando a una canonjía en la colegiata, donde aquel había erigido una fundación[232]. Entre los partidarios de Burgos quizás hay que sumar a otro canónigo, Pedro de Zea, a quien según las alegaciones fiscales, no se permitió declarar por estar aprendiendo francés con él. En el bando de enfrente, hallamos que Antonio García Alcántara y Ribera -el delator- estaba casado con una María del Carmen Garvayo y Madrigal, dato que sugiere que este y el también regidor Antonio Garbayo, uno de los testigos más hostiles, eran cuñados. Hay más: García Alcántara era copropietario, o pertenecía al menos al entorno familiar inmediato de los dueños del Trapiche Nuevo (los Travesi García Alcántara), cuyo arriendo a don Diego Antonio provocó el litigio que tres años antes había ocupado al abogado Parejo en Madrid, con el estímulo de Francisco Javier.

También era regidor y miembro de una familia linajuda de Motril el auditor de Marina don Gregorio Ruiz de Castro y Vargas[233], quien había mostrado su disgusto al oír las expresiones que Xavier pudo

---

232. *Guía del Estado Eclesiástico Seglar y Regular de España en particular y de toda la Iglesia Católica en general, para el año de 1800.* Madrid: Imprenta Real, s.f., p. 167: el abad de la colegiata de Motril era entonces Rafael del Castillo y Cenzano; los canónigos: Alfonso Luminati Camargo, Miguel Ximénez Varela, Francisco Xavier Díaz, Fernando Fonseca Belluga, Juan Nepomuceno Luminati, Juan Pedro de Cea y Zafra, Juan Ramón de Cabrera, Francisco de Reyes. Vid. J. Ortiz del Barco, *o.c.*, pp. 229 y 248, el auto de provisión (Granada, 28.01.1835) de la canonjía en la colegiata de Motril de don Fernando Fonseca, fallecido en 1833. Entre los criterios para la concesión de esas canonjías se encontraba el de parentesco con los consanguíneos o deudos del fundador.

233. Vid. J. Ortiz del Barco, *o.c.*, el apéndice 8 dedicado a los Ruiz de Castro, especialmente p. 451 y ss. Hay información sobre los personajes mencionados en Gabriel Medina Vílchez, *República de Motril: historia cronológica de Motril y los motrileños*, Motril: ed. del autor, 2015², p. 1041 (Juan Pedro de Cea y Zafra) p. 1053 (Antonio García Alcántara y Antonio Garbayo), p. 1058 (Gregorio Ruiz de Castro) y 1098 (los Fonseca); también, en M. Cullel, *o.c.*, p. 328 (Los Travesi y García de Alcántara), p. 646 (Manuel y Fernando Fonseca), pp. 513, 525 y 646 (Gregorio Ruiz de Castro Vargas).

haber proferido contra la religión. Había sido secretario de la Sociedad Económica y mantuvo correspondencia con don Antonio Pascual durante su estancia en Madrid en 1798, a propósito de varias cuestiones relativas al fomento de Motril en las que Burgos había estado indirectamente relacionado, al escribir algunos papeles a petición de Pascual. Más abajo habrá que tener en cuenta de nuevo estos hechos, que pudieron influir de algún modo, en la actitud de los miembros de la Sociedad Económica y en el sesgo que dieron a la *Memoria* que publicaron en 1806.

Y vaya por último, a título de hipótesis: el afán de ascender en la milicia de don Diego Antonio, ¿chocaba con los intereses de los otros oficiales de Motril, el teniente Mena y el alférez Mendicuti? En fin, queda la impresión de que los Burgos, quizá vistos como arribistas, se habían hecho muchos enemigos y de que en este caso, un incauto Francisco Xavier fue víctima de la politiquería y el cainismo de la oligarquía municipal. El episodio iba a dejar mala sangre para lo sucesivo, porque si bien es cierto que García Alcántara, su delator, fue uno de los declarantes en la información de testigos para la boda de Francisco Xavier[234], también lo es que se iba a manifestar como uno de los más tenaces adversarios de la familia Burgos, a raíz de la división que creó en el pueblo la guerra contra los franceses.

4.2. Echando raíces

Una vez superado el incidente con la Inquisición, dio muestras de asentar la cabeza y echó raíces en Motril, personificando así el *Beatus ille* horaciano que su maestro Meléndez no solo había alabado sobre el papel, sino que se vio obligado a vivir en sus propias carnes al ser desterrado de Madrid. Xavier tomó posesión de bienes a cuenta de su herencia, lo que le permitió independizarse, llevando la vida propia de un hacendado y contraer matrimonio en marzo de 1806 con María de los Ángeles del Álamo Algava. Por su testamento[235], sabemos en efecto, lo que había

---

234. Así lo advirtió L. Domergue, *art. cit.*, p. 263, sobre datos de Á. González Palencia, "Javier de Burgos, humanista (...)", *art. cit.*, pp. 344-345, con la partida y datos del matrimonio de Javier de Burgos y María de los Ángeles del Alamo Algava.
235. AHP, t. 25697, ff. 87 y ss. Escritura protocolizada de los borradores del testamento cerrado de don Javier de Burgos (Madrid, 21.01.1848), borrador 2. Fue ya publicado por Á. González Palencia, "Javier de Burgos, humanista (...)", *art. cit.*, pp. 259-261 a partir de una copia anexa a su partida de defunción.

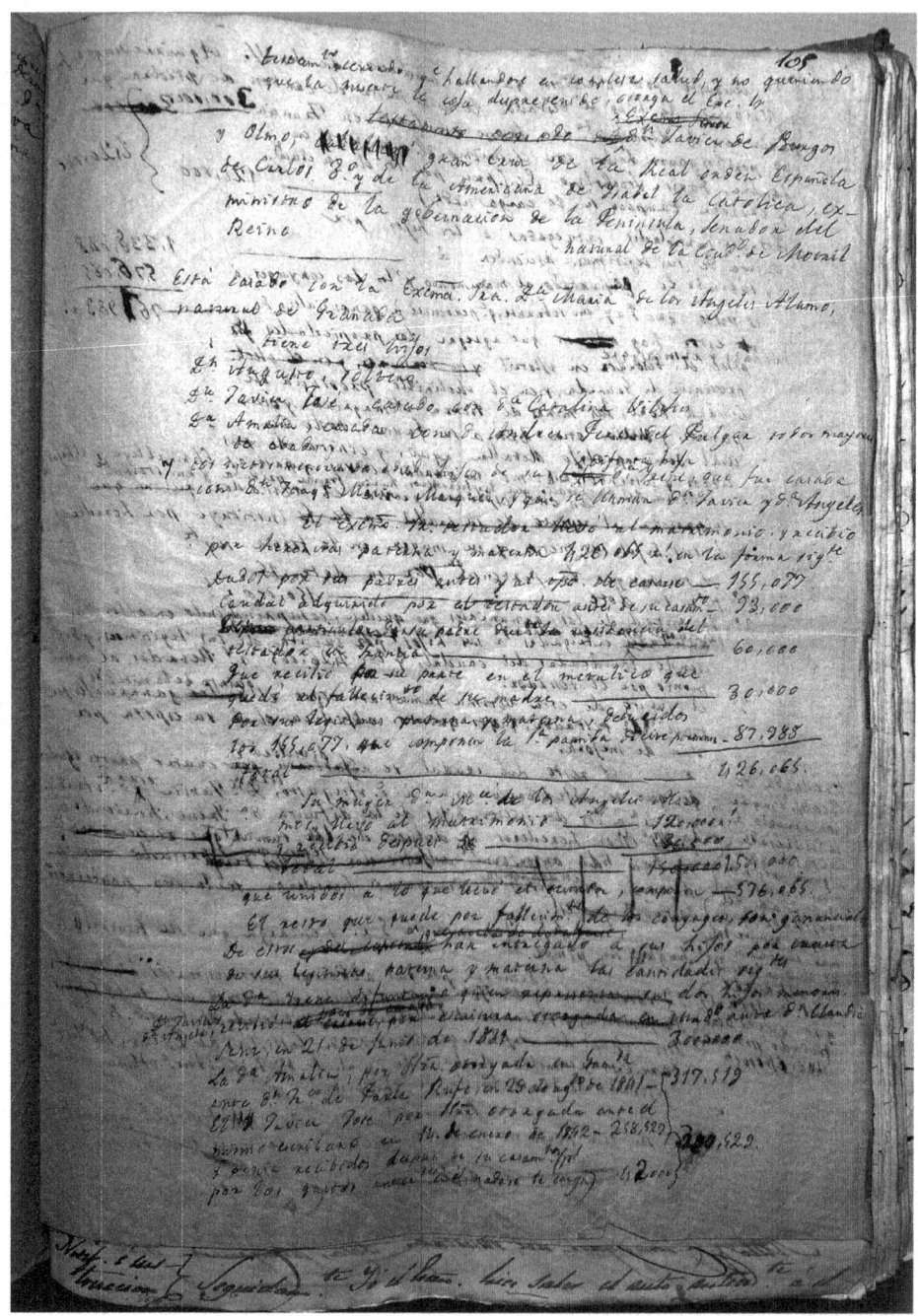

Imagen 14. *Disposiciones testamentarias de X. de Burgos, protocolizadas como testamento cerrado (enero 1848) (Archivo Histórico de Protocolos, Madrid, t. 25697).*

recibido de sus padres en diferentes épocas, lo que aportó su esposa y lo que él mismo ganó antes de su matrimonio:

Dados por sus padres antes y al tiempo de casarse = 155 077.

Caudal adquirido por el testador antes de su casamiento = 93 000.

[ileg.= ¿donación?] particular de su padre durante la residencia del testador en Francia = 60 000.

Que recibió por su parte en el metálico que quedó al fallecimiento de su madre = 30 000.

Por sus legítimas paterna y materna deducidos los 155 077 que componen la primera partida de este pormenor = 87 988.

Total = 426 065.

Su mujer María de los Ángeles Álamo llevó al matrimonio = 120 000.

Y recibió después = 30 000.

Total = 150 000.

Que unidos a lo que llevó el testador, componen = 576 075 rs.

Ella era hija de un abogado granadino de quien consta una muy duradera relación, entre amistosa y profesional, con don Diego Antonio. El licenciado don Josef del Álamo, que así se llamaba, se había ocupado de gestionar en 1798 su Real provisión de hidalguía para que esta surtiera efecto en Padul; también compareció como testigo en la apelación de Diego Antonio sobre la causa contra sus vecinos los Barranco en 1802[236].

Aunque siempre a la sombra de su esposo, María de los Ángeles (Mariquita) debió ser mujer de temple, capaz de desenvolverse por si misma en situaciones mundanas y un firme apoyo para él, según se deduce de circunstancias tan variadas como seguirle por los andurriales de la emigración, volver sola desde Francia, viajar desde París para ver a sus hijos en el internado de Burdeos, visitar al ministro López Ballesteros en nombre su marido estando él ausente, gestionar la continuidad de su sueldo

---

236. Archivo de la Real Chancillería de Granada, Sala 301, leg. 169, pieza 170 (Granada, 18.10.1798) y leg. 156, pieza 82 (Granada, 17.07.1799); también, leg. 2105, pieza 4, como testigo, junto a Antonio Zorrilla y José Pineda (Motril, 27.10.1802) en la apelación de Burgos sobre la causa seguida contra los Barranco.

en circunstancias análogas[237], soportar las burlas mezquinas de Bartolomé José Gallardo en una representación que se leyó en el Estamento de los Próceres (y se publicó en el *Eco de comercio* del 30 de diciembre de 1834) y hacer de amanuense, con su cuidada letra itálica, cuando le atenazaba la gota. Llegó a representar por poderes a su hijo Augusto en la testamentaria de Francisco Xavier[238]. En 1846, cuatro meses después de que éste cesase como ministro de la Gobernación, María Ángeles fue recibida en la Orden de Damas Nobles de María Luisa. Fueron los padres de Irene, Augusto, Javier José y Amalia[239].

Vaya algo sobre los hijos. La mayor, Irene, debió haber nacido en junio de 1811 en Granada y como ya se ha dicho páginas atrás, contrajo matrimonio en secreto con Joaquín Márquez, lo que según cuenta el agente de negocios Pedro Lenard en carta a Diego María de Burgos, provocó las iras de su padre y dio mucho que hablar en Madrid; de hecho, la furibunda oposición de don Francisco Xavier está bien documentada a través de su correspondencia con López Ballesteros ("respetable jefe y estimado amigo"). Meses antes de la boda, en el viaje a Francia de 1829, Burgos llevó consigo a la hija y la dejó en Petit-Bourg, la mansión campestre de Alejandro Aguado, mientras él se ocupaba de negocios en París. Proyectaba enviarla a un colegio en Irlanda en tanto que Márquez ("joven temerario y desalumbrado"), no alcanzara a obtener los medios

---

237. Vid. AFB, X. de Burgos a D.M.ª de Burgos (París, 16.05.1826): Mariquita ha ido con el coche a Burdeos para ver a los dos mayores, que él no ha visto en dos años. Se ha llevado a la "chiquitina", mientras Irene se quedaba en su colegio en París; Archivo Central del Ministerio de Hacienda (ACMH), fondo López Ballesteros, carpeta 4/1, X. de Burgos a L. López Ballesteros (París, 27.07.1829): "Mi mujer verá a Vm. para saber cómo decide Vm. la suerte de su apasionado amigo y servidor"; AHN, Hacienda 1155, Toreno al director general del Tesoro (Madrid, 31.12.1834), trasladando la exposición de M.ª Ángeles del Álamo.

238. Archivo Histórico de Protocolos, Madrid (AHP), t. 25697, Poder de A. de Burgos a M.ªA. del Álamo (Madrid, 1.03.1848).

239. AHN, Estado, 7567/42 y 7569/241, nombramiento y pago de derechos en la Orden de María Luisa, 25.10.1846 (en línea en Portal PARES. Consulta 24.10.2022); vid. Sec. Hacienda, leg. 470, Expediente de viudedad de Amalia Carolina de Burgos Álamo (1.06.1862): María de los Ángeles (Granada, 1784 - Madrid, 16.11.1854) era hija de José Álamo y María Tomasa Algaba. Francisco Javier y ella contrajeron matrimonio en Granada el 6.03.1806 (Salvo referencias en nota, de esta fuente procede la información que sigue sobre sus hijos).

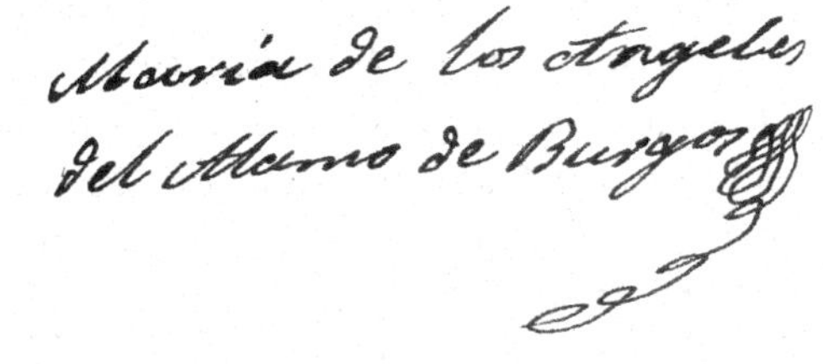

Imagen 15. Firma de M.ª Ángeles Álamo en escritura pública de 1831 (Archivo Histórico de Protocolos, t. 23434).

necesarios para una existencia conveniente: "Si mozuelos aturdidos no piensan más que en casarse, viejos experimentados piensan que al día siguiente es menester comer"[240]. Pero seis meses después del ultrajante enlace se produjo la reconciliación: en junio de 1831 los padres rescindieron la escritura notarial por la que habían desheredado a Irene y acto seguido le otorgaron una dote por un monto de 300 000 rs.[241]. Irene falleció de tisis en 1839 dejando viudo y dos hijos, Ángeles y Javier[242].

Según el citado testamento, los otros hermanos habían percibido cantidades similares, ya al casarse, ya en otros momentos de su vida. A Augusto se le imputó en ese concepto una mina de carbón en el departamento de Saona et Loire, además de los gastos ocasionados durante sus estancias el Londres, París, Estocolmo, etc. Nacido en Auch en 1813, es el más conspicuo en la correspondencia de Burgos. En esta se da noticia de que entre 1840 y 1842 quedó en Francia a cargo de los negocios de su padre, pero su peculiar estilo de dirección condujo a una situación ruinosa, llevando a don Francisco Javier a un estado próximo al paroxismo[243]. Cultivó el periodismo, fue publicista y diplomático y estuvo

---

240. ACMH, fondo López Ballesteros 4/1, X. de Burgos a L. López Ballesteros (Petit-Bourg 27.06.1830).

241. AHP, t. 23434, ff. 896-897vº, Escritura de rescisión de otra anterior, por X. de Burgos y M.ª A. del Álamo (Madrid, 15.06.1831); *ibi*, ff. 928-947vº, carta de dote a favor de Irene de Burgos del Álamo (Madrid, 21.06.1831); el inventario detalla tierras de labor en Guajar Faragüit, Guajar Fondón, Guajar Alto, Salobreña y Motril (con una casa principal), ropas, efectos y 31192 rs. en metálico.

242. AHN, Hacienda, leg. 470, Expediente de viudedad (…) *cit*.; Irene murió en Cádiz el 4.06.1839 con 27 años.

243. SHM, Correspondencia del conde de Velle, X. de Burgos a M. Pérez Seoane. El tema es recurrente en sus cartas del verano de 1842; vid. entre otras las de Granada, 11.08.1842 y 20 09.1842.

casado con Sebastiana Ravet Chaussard[244]. El otro hijo varón, Francisco Javier José, nació en Motril, estudió Leyes en la universidad de Granada[245] y fue subdirector de Loterías. Contrajo matrimonio el 25 de noviembre de 1835 con Catalina, una hija del oidor de la chancillería Manuel José Vilches y Espejo y de Mariana de Jesús Espejo, y falleció el 2 de enero de 1856. Según confió Burgos a Pérez Seoane en una ocasión, Javier José opinaba como él mismo y su hermano en la cosa política; es decir, descontento, abstención y moderación[246]. Por su parte, Amalia Carolina, la hija pequeña, nació en Madrid en marzo de 1823, según informaba su padre a Diego María:

El parto de Mariquita, que dio felizmente a luz una niña el día 2, me tiene arruinado, pues aquí estos acontecimientos ocasionan muchos gastos. La niña se llama Amalia Carolina, que te ofrezco a ti y a Francisquita[247].

La joven Amalia se casó en Granada el 28 de agosto de 1841 con Andrés Pérez del Pulgar Rodríguez (Granada, 1819), quien falleció, siendo oficial del Consejo de Estado, el 4 de enero de 1862. No dejaron descendencia.

Así pues, hacia 1806, la época en la que Javier de Burgos contrajo matrimonio, varias fuentes le denominan "propietario" y consta por la correspondencia familiar que había puesto casa y cultivaba tierras en las que se producía vino, azúcar y maíz. Un importante préstamo que le

244. N. Marín, *índices (…) o.c.*, p. 23, la producción poética de Augusto en *La Alhambra* en 1840 y 1841; para su bibliografía, vid. A. Palau, *o.c.,* tomo II, p. 467; Biblioteca Virtual Miguel de Cervantes (en línea. Consulta 8.03.2022) y Catálogo de la Biblioteca Nacional de España (en línea: consulta 9.03.2022); registro del expediente de pensión de su viuda (1884) en Portal PARES (En línea. Consulta 21.10.2022).
245. Archivo de la Universidad de Granada, Expedientes, 1351/113 y 1352/48; estudió en Granada desde 1832 y obtuvo licenciatura y doctorado en 1838. En la certificación de la secretaría (Granada, 31.05.1838) consta haber cursado previamente tres años de filosofía, dos de ellos en el Real Seminario de Nobles de Madrid entre 1829 y 1831.
246. SHM, Correspondencia del conde de Velle, X. de Burgos a M. Pérez Seoane (París, 4.04.1840).
247. AFB, X. de Burgos a D.M.ª de Burgos (Madrid, 11.03.1823).

concedió Francisco León Bendicho en 1807, de 70 000 reales nada menos, le permitió disponer de un capital para invertir con buenos rendimientos a pesar de los elevados intereses que debía pagar[248]. Constatación clara de que ya figuraba en la buena sociedad de Motril a título propio y no ya como hijo de familia, es su pertenencia a la Económica local, institución de la que fue secretario, y que obtuvo una vara de regidor perpetuo, lo que le puso en contacto con la gestión administrativa municipal. Consta también, lo que es otra muestra de arraigo y reconocimiento de su posición social, que alcanzó el empleo de capitán en la milicia honrada de Motril, en la que su padre había aspirado al grado de teniente y su hermano llegó a ser también oficial, como era frecuente entre los miembros de la oligarquía. Aunque no hay noticia de que Francisco Javier hubiera tomado parte jamás en un hecho de armas, o de que hiciera ostentación de su posición en la milicia, el dato está documentado para 1808, antes de que comenzara la guerra con los franceses[249].

4.3. La aridez de la economía y la ciencia de la administración

Sabemos a qué destinaba entonces sus ocios. Según dejó escrito él mismo en el prólogo a su edición de la *Biografía universal antigua y moderna*, durante aquella época dedicó su vida "al estudio, amenizando la aridez de la economía pública [sic] y del de la ciencia de la administración, con las flores de la poesía"[250]. Así pues, fue entonces, durante los primeros años del siglo, cuando despertó su interés por estas materias, puesto que no hay rastro de que les hubiera prestado ninguna atención con anterioridad, salvo acaso en relación con las gestiones en favor del puerto de Calahonda que habían ocupado a don Antonio Pascual cuando estuvieron en Madrid.

---

248. Vid. AFB, X. de Burgos a D.A. de Burgos (Almería, 12.06.1810).
249. Vid. AHN, Consejos, 5300/14, "Justificación (....)", con la lista de oficiales de la milicia honrada de Motril en 1808.
250. Burgos, Javier de: "Prólogo del traductor", en *Biografía universal antigua y moderna, o historia por orden alfabético de la vida pública y privada de todas las personas distinguidas por sus escritos, acciones, talentos, virtudes o vicios.* Obra enteramente nueva; escrita en francés por una sociedad de literatos y sabios, y traducida al castellano con muchas adiciones y refundiciones por don — — —. Tomo primero, Madrid: Imprenta de don Mateo Repullés, 1822, pp. 26-27.

Su biógrafo Nicomedes Pastor Díaz hace mucho hincapié en este punto, al relacionarlo con el ejercicio de sus funciones en el ayuntamiento y en la Sociedad Económica, antes incluso de que el nombramiento de subprefecto (1810) le diera ocasión de implicarse en los problemas de la gestión pública.

> Cumplidos apenas los veintiún años fue regidor perpetuo del ayuntamiento y secretario de la Sociedad económica. Distinguióse notablemente en el desempeño de las muchas comisiones de interés local que se le confiaban; y ni estas tareas ni sus asuntos domésticos le distraían del cultivo de las letras y del trato ameno de las musas. Todavía en estas varias y agradables ocupaciones halló tiempo su incansable aplicación para un estudio más grave y más austero. Un hombre ilustre le había inspirado la afición al estudio de la economía y de la administración, ciencias entonces entre nosotros no solo poco cultivadas, sino casi de todo punto desconocidas. Burgos se dio a ellas con todo el ardor y entusiasmo que empleaba en cuanto emprendía. Los progresos que hizo en su oscuro retiro debían revelarse después en más brillante y dilatada esfera[251].

Como se detalla más abajo, cuando Burgos se vio precisado a abandonar Granada en el verano de 1812 poseía una biblioteca relativamente copiosa, de unos 2 000 volúmenes, que contenía obras sobre estas disciplinas. También tenía acceso a los libros de un ilustrado local (José Iluminati, socio de la Económica y miembro de una familia distinguida de Motril) y estaba en contacto con otros "filósofos" interesados en las aplicaciones prácticas de la economía. Un ambiente que como es lógico, no excluye para nada la inspiración cosmopolita más o menos genérica de esos saberes, asimilados casi con seguridad a través de la lectura de originales y traducciones en lengua francesa, la principal vía de transmisión cultural en la época.

Toda esta información es relevante porque contradice la indocumentada creencia de que fue "durante su exilio en París" (sic) al terminar la guerra de la Independencia, cuando recibió las influencias doctrinarias que después

---

251. Nicomedes Pastor Díaz, "Biografía de Don Francisco Javier de Burgos", en *Obras (…)*, o.c., p. 164; aunque añade más detalles, sigue la línea trazada en la biografía ya publicada por Ochoa (*Apuntes (…)*, o.c., I, p. 189). A su vez, con dependencia declarada del trabajo de don Nicomedes, vid. A.P., el autor de la biografía que precede a los *Anales (…)*, o.c., I, p. 2.

se manifestaron en su labor político-administrativa[252]. Al margen de lo que se quiera significar con la alusión a tales influencias y de lo que tenga que ver el doctrinarismo con la Administración, lo que sí está claro es que no existe ningún indicio de que Burgos visitara esa capital hasta 1824, cuando fue comisionado por el gobierno de Fernando VII para impulsar el empréstito contratado con el banquero Guebhard y otras operaciones financieras. Vivió allí hasta 1827 y volvió cargado de libros, varios sobre Hacienda y Administración, pero eso solo implica que su cabeza estaba ya muy centrada en el tema y que posiblemente fueron tenidos en cuenta en la aplicación práctica de la doctrina administrativa cuando le nombraron ministro de Fomento, y en su reformulación teórica, a través de las *Ideas de Administración,* el tema de las conferencias impartidas en Granada a principios de los años cuarenta. En cambio, está documentado que durante su forzada ausencia de España entre 1812 y 1817 vivió en el sur de Francia, luchando para ganarse la vida. No es inverosímil que profundizara entonces en el estudio de la literatura administrativa disponible en Auch, Montpellier o Marsella, pero de ninguna manera puede considerarse esa estancia como la puerta que le franqueó el conocimiento de la economía y la administración. Lo que sí parece más probable, dicho sea de paso, es que durante la emigración de 1812 se familiarizara con un modelo de prensa centrado en contenidos de opinión y de información variada y cosmopolita, que pudo influir en la traza que dio a la *Miscelánea,* su periódico, que fue pionero entre los mejores que se publicaron en Madrid durante el Trienio Liberal y en el que difundió sus ideas sobre la división provincial.

4.4. Don Bernabé Portillo y otros "filósofos"

Por tanto, conviene retener más bien, los nombres de los aficionados o entendidos en el entorno en el que se desenvolvía Burgos durante los primeros años del siglo, porque eso implica llegar a las raíces de su inquietud intelectual. En primer lugar, el del malogrado terrateniente don Bernabé Portillo, ya entonces intendente de provincia, quien declaró

---

252. Error que puso en circulación Julio Maestre Rosa en su artículo sobre "Javier de Burgos, liberal doctrinario", *cit.,* pp. 133-135; hasta cierto punto, dio pie a esa interpretación A. Mesa Segura, "Labor administrativa de Javier de Burgos", en *Revista de Estudios de la Vida Local,* nº 23 (1945) [En línea. Consulta 5.11.2024]. Se detalla su peripecia durante el exilio en M. Morán, "Javier de Burgos: empresas mercantiles (…)", *art. cit.,* pp. 62-88.

en la información de testigos para su boda en 1806[253] y desempeñó un papel importante como impulsor de la Sociedad Económica de Amigos del País de Motril, cuando Burgos ejercía de secretario. Años atrás había sido contador principal en la administración de Cádiz y funcionario en el ministerio de Hacienda, donde le concedieron la plaza de oficial segundo en tiempos de don Francisco Saavedra, cuando Godoy, recuérdese, era el gran factótum en el gobierno de la monarquía. En ese concepto, tenía redactadas varias memorias en las que había expuesto sus ideas para atajar la situación ruinosa del tesoro por culpa de la guerra con Francia primero, y después con Inglaterra[254].

Portillo demuestra tener una mente ordenada y capacidad de expresarse con claridad en sus escritos. Destaca también la altísima estima en que tenía a la economía política, a la que había dedicado, afirma, muchos años de estudio. Como después Burgos, manifiesta una confianza ilimitada en el fundamento científico de las medidas que propone, garantía de su acierto. Véase la siguiente declaración contenida en su *Memoria sobre la renta del tabaco*, en la que se percibe, creo, el eco de los fisiócratas:

---

253. Cfr. Á. González Palencia "Javier de Burgos, humanista (…)", *art. cit.*, p. 344.

254. Marta Friera Álvarez, *La desamortización de la propiedad de la tierra en el tránsito del antiguo régimen al liberalismo*, Gijón: Fundación Foro Jovellanos del Principado de Asturias, 2007, pp. 71-76 y 298-309, el análisis de la memoria de 14 de agosto de 1794 y el texto de la copia de AHN, Estado, leg. 3212 (2), donde advierte su consonancia con los reformadores agrarios y el sesgo regalista; vid. también Archivo de la Compañía de Jesús en España, Archivo Histórico de la Facultad de Teología de Granada, Fondo Saavedra: Bernabé Portillo, "Memoria sobre la elección de los recursos menos gravosos para las urgencias de la guerra y sobre proporcionar los grandes fondos necesarios para hacerla con vigor. Por Dn. ——— en virtud de encargo que le hizo el Excmo. Sr. D. Diego de Gardoqui, en 11 de agosto de 1794" f. = San Ildefonso 14 de agosto de 1794. ms. 28 pp.; Bernabé Portillo, "Memoria sobre la renta del tabaco. Por Dn. ———, contador de la administración principal de la ciudad y partido de Cádiz", ms. 16 h. f. = Cádiz, 18 de abril de 1796; Bernabé Portillo, "Memoria sobre los perjuicios del agio, o quebranto de los Vales Reales en su reducción a efectivo, y sobre los medios naturales de moderarlo". f. = Cádiz, ——— de octubre de 1796", ms. 27 pp. [en línea: consulta 12.09.2022].

Años después, Burgos publicó anónima la "Memoria sobre la renta del tabaco" en la *Continuación del almacén de frutos literarios, o Semanario de obras inéditas*, vol. 2, tomo III, n° 14 (9.11.1818) pp. 72-90.

Las causas políticas obran por el mismo orden y con la misma precisión que las físicas. Los bienes y los males de la sociedad, como en la naturaleza, son siempre afectos (sic) de causas positivas. Solo con su conocimiento se puede practicar sin riesgo las alteraciones, o modificaciones que las circunstancias exijan; y es lo que propiamente se llama ciencia (p. 11).

Sus memorias muestran conocimiento de las ideas económicas que se manejaban en la época y familiaridad con los entresijos de las finanzas públicas; al menos en materia de aduanas, renta del tabaco y crédito. Como herramienta para desarrollar una política fiscal acertada, alude al concepto de Administración ("una administración juiciosa", *Recursos*, p. 7) pero no entra en detalles. Por contra, señala la ignorancia de los verdaderos principios de la economía como causa de las políticas erradas en tiempo de los Austrias (cuida de no referirse a la actual dinastía). De hecho, en su *Memoria sobre la elección de los recursos para las urgencias de la guerra*, culpa de la decadencia de España a "la funesta inundación de caudales" que siguió a la conquista de América, formulando así la teoría cuantitativa del dinero: "Es un principio económico que ningún país puede conservar más numerario que el que corresponda a los signos que representen la masa general de los efectos puestos en circulación", pues el encarecimiento provocaría el abandono de las ocupaciones y como resultado, despoblación, miseria y ruina (*Recursos*, p. 18). El dinero es útil y saludable en la medida en que representa los efectos y el trabajo, pero, puntualiza, "la verdadera riqueza que afianza la estable felicidad de una Nación es la que resulta del útil empleo de las gentes a aumentar la mayor porción posible de subsistencias" (*Recursos*, p. 22). Y esta, la prosperidad pública, es a su vez la fuente para financiar la guerra exterior, a la que denuncia como ruinosa y causa de todos las desgracias que asolan a Europa, aunque la considera necesaria para la seguridad del Estado. Todo un caso de doblepensar.

Así las cosas, Portillo se cura en salud, preparando el terreno ("Dios no permita que yo sea capaz de seguir, ni aun de pensar, idea alguna contra la propiedad, sea cual fuese su origen"), antes de anunciar el remedio para los agobios de la Hacienda española. Y este no era otro cosa que enajenar

los bienes raíces de patronatos, obras pías y capellanías, cuya siempre descuidada y a veces fraudulenta administración ha hecho clamar a varios de nuestros celosos ministros, no solo por el exterminio de los propietarios que han ocasionado estas fundaciones, y es lo que más ha debilitado a la Nación, sino también por lo que priva a esta de los frutos que dejan de producir.

A los que deberían seguir "los bienes fondos de las comunidades religiosas, de las catedrales y demás que se comprende bajo el nombre genérico de manos muertas", imponiendo su importe sobre la Real Hacienda al rédito del 3% (*Recursos*, pp. 14-15; *Perjuicios del Agio*, pp. 20-22). Portillo advierte en este arbitrio ventajas sin cuento, como la financiación de la actual guerra con Inglaterra, la apreciación de los vales reales y la multiplicación del número de propietarios, con el correspondiente aumento de población, de riqueza agrícola y por supuesto, de la parte de los diezmos que percibiría el Estado. No menos importante, enumera los beneficios que experimentarían la moral y aun la religión, pues "desaparecerá de entre nosotros esa multitud de clérigos incongruos, que por indigencia deshonran su estado"; se acabará con la mala administración de las casas religiosas y se producirá una purificación de la vida de los afectados, "no teniendo necesidad de dedicar una gran parte de los individuos a la administración de las temporalidades, que es por donde entra la tibieza y la relajación" (*Recursos*, p. 26).

Evidentemente, la idea de fondo estaba ya muy presente en el ambiente de los proyectistas de la época. Piénsese en la tradición iniciada por Campomanes y continuada por Olavide y Jovellanos hasta culminar en Sempere y Guarinos, quien, por cierto, había conocido la memoria de Portillo de 1794. Este, Portillo, la había redactado por encargo expreso del ministro Gardoqui, de quien había pasado a su sucesor Saavedra y de este a Godoy; lo que le convierte en un importante eslabón entre los impulsores de la desamortización que iba a decretarse bajo el mandato de Urquijo, en septiembre de 1798[255].

Pero aun hay algo más: Bernabé Portillo había formado parte de una junta formada por Godoy para elaborar un plan de estudios con criterios modernos para las universidades y fue después, según cuenta en sus *Memorias* el Príncipe de la Paz, uno de sus agentes informales ("de este género de espionaje y policía en favor de las luces") con la misión

---

255. Cfr. M. Friera Álvarez, *o.c*, p. 71; también, Natalia Stringini, "Ideología del proceso de desamortización eclesiástica. El caso de las capellanías", en *IUShistoria* (Universidad de El Salvador) nº 4 (2011) [en línea: p3.usal.edu. ar. Consulta 5.11.2024].

de enviar información estadística al gobierno y difundir ideas de reforma en los pueblos[256]. A posteriori, la historiografía puso mucho énfasis en subrayar el supuesto antigodoysmo de Portillo[257], pero la verdad es que al carecer del menor respaldo documental o argumentativo, el testimonio de Godoy resulta mucho más convincente.

Otro protegido de Godoy, Simón de Rojas Clemente, que entonces era profesor de botánica en el jardín experimental de Sanlúcar de Barrameda, dejó el siguiente juicio acerca de Portillo en sus anotaciones sobre la gente que trató en Granada durante un viaje que realizó con fines científicos en 1804: "Grande economista y político. Filósofo. Muy erudito. Le debe progresos en España la Agricultura. El establecimiento que ha creado en Motril, es ya un modelo que debe conocerse"[258]. "Filósofo" era palabra de moda en la época y el contexto que nos ocupa. Su significado era amplio y en su acepción irónica, solía ser sinónimo de pedante o de erudito a la violeta. Pero básicamente, cuando consideraban a uno "filósofo", solían estar pensando en un caballero cultivado y curioso ante los fenómenos que presenta la naturaleza y la sociedad humana, y que se esforzaba por utilizar la razón con enfoque crítico, buscando las causas profundas de las cosas sin conformarse con lo puramente fáctico, los nombres y hechos transmitidos por la tradición o por la rutina. O sea, *Aude sapere*. En la práctica, la actitud "filosófica" se traduce en la observación rigurosa (en humanidades y ciencias sociales) y en la experimentación (en ciencias naturales). De esa actitud, por poner un ejemplo que atañe al entorno granadino, nos dice mucho la reseña publicada por Burgos de la *Memoria primera sobre la constitución gótica hispana* de Sempere y Guarinos, en la que se refiere a "las causas de los adelantamientos o de los atrasos de la civilización, que es lo que necesita explicar la historia para ser una verdadera maestra de la vida"[259].

---

256. Príncipe de la Paz, *o.c.*, 1, p. 196 y especialmente p. 372, donde se extiende en el elogio de Portillo.

257. Cfr. Miguel Lafuente Alcántara, *Historia de Granada, comprendiendo las de las cuatro provincias Almería, Jaén, Granada y Málaga desde remotos tiempos hasta nuestros días*, t. IV, Granada: Imprenta y Librería de Sanz, 1846, p. 283 sobre la supuesta hostilidad de Portillo a Godoy; le sigue en esa apreciación A. Gallego Burín, "Granada (...)", *art. cit.*, p. 84.

258. S. de Rojas Clemente, *Viaje a Andalucía (...)*, *o.c.*, I, p. 199. Sobre Clemente, vid. Príncipe de la Paz, *o.c.*, II, pp. 29 y especialmente 31: "le ocupé con buen suceso en recorrer las Alpujarras y formar su estadística".

259. "Sobre las constituciones españolas. Primer artículo", en *Miscelánea*, Suplemento al nº 414 (17.04.1821).

En resumen, creo que podemos identificar con razonable seguridad a este don Bernabé Portillo con el "hombre ilustre" insinuado por Nicomedes Pastor Díaz, que en el día a día había inspirado la afición por el estudio de la economía y la administración a Javier de Burgos, confirmándose así la conjetura del profesor Arenilla[260]. En las ideas del primero se encuentran en germen algunos elementos fundamentales del pensamiento de Burgos, como su fe en el conocimiento científico, indispensable para la toma de decisiones adecuadas a la prosperidad del Estado (e implícitamente, la legitimación del gobierno a partir de esa prosperidad); o bien, el recurso a bienes de manos muertas como base del crédito y la regeneración de la vida económica de la nación, lo que conlleva una valoración desfavorable del clero regular que, como sabemos, Burgos compartía sin reservas. En cuestiones de detalle, este se manifestaría también como un firme partidario del estanco del tabaco, una renta saneada y no gravosa a los consumidores, en la línea defendida por Portillo en la correspondiente memoria[261].

Es interesante advertir que Burgos jamás mencionó el nombre de ese mentor, como también, que lo callara Nicomedes Pastor Díaz en su biografía del motrileño. Un ocultamiento semejante sugiere, creo que es la única explicación, que había alguna tacha en su fama, cosa que se cumple al estar marcado Portillo como godoyista, simpatizante de Bonaparte y víctima de un crimen atroz, al haber sido asesinado en Granada por la chusma (chusma patriótica), durante un tumulto en junio de 1808. Aunque nunca, que yo sepa, se refirió a este episodio de forma directa, creo que dejó una marca profunda en el espíritu de Burgos, y que está en la base de su intenso aborrecimiento -obsesivo- de las asonadas y alteraciones violentas del orden que abundaron en la escena pública española en los años posteriores.

Portillo, un hacendado con inquietudes y afán de experimentar, facilitó a Simón de Rojas copia de una nota, encargada por los editores franceses

---

260. M. Arenilla, *o.c.*, p. 58 nota; mucho menos probable es el nombre de José Juncar (el gobernador de Motril en 1806), que propone como alternativa.
261. Aparte reproducir la memoria, como se dijo, en la *Continuación del almacén*, vid. el artículo "Sobre la renta del tabaco", en *Miscelánea* nº 129 (7.07.1820). Es un extracto ligero y mas bien breve, de un par de escritos favorables a su estanco; en ese sentido, se manifiesta de manera mucho más explícita en el análisis del proyecto general de Hacienda que discutían las Cortes en mayo 1821: "Continúan las observaciones sobre el proyecto de un sistema (...)", en nº 455 (28.05.1821).

de la *Enciclopedia*, que había redactado para mejorar el artículo *coton*[262]. En aquel tiempo, Rojas preparaba un trabajo sobre el algodón de Motril para el *Semanario de agricultura y artes* -la publicación impulsada por Godoy- aunque no llegó a publicarse porque el periódico cesó precisamente entonces (junio de 1808); aparecería como memoria exenta en 1818. Además de los datos de Portillo, contaba para ello, según escribió, con "los que yo acopié durante mi mansión en Motril, otros muchos comunicados posteriormente por D. Francisco Javier de Burgos, propietario de esta ciudad, que van ahora entrecomados [sic], y algunas reflexiones que su lectura y cotejo me han sugerido". Esos párrafos atribuidos a Burgos, que tienen una extensión apreciable, se refieren a observaciones de índole empírica y denotan cultura empresarial, incluyendo también "la cuenta de cargo y data formada por el Sr. Burgos" sobre los gastos y utilidades de su cultivo[263]. Tal conocimiento no es extraño, puesto que su padre, arrendatario del diezmo del algodón de Motril en 1806 (llegó a pagar 365.000 reales por su remate), había establecido un control exhaustivo, que incluía la instalación de una oficina de contabilidad en su casa y puestos a manera de fielatos, sobre todo lo que se producía en la localidad[264].

A su vez, Burgos recuerda elogiosamente a su "ilustre amigo" Clemente en la serie de artículos sobre vinos que publicó la *Miscelánea* a principios de 1820, y ya antes, al reseñar la edición de 1818 de la *Agricultura general de Gabriel Alonso de Herrera*, en la que este había intervenido junto a otros naturalistas del Jardín Botánico de Madrid[265]. Son textos, por otra

262. Simón de R. Clemente y Rubio, *Memoria sobre el cultivo y cosecha del algodón en general y con aplicación a España, particularmente a Motril, leída y aprobada en la clase de Agricultura de la Real Sociedad Económica Matritense, e inserta por acuerdo de esta corporación entre las adiciones a la obra de Gabriel Alonso de Herrero que de orden superior se está imprimiendo*, por D. — —, Madrid: Imprenta Real, 1818, p. 8. Vid. también Manuel Martín Rodríguez, "El algodón de Motril y la industria algodonera catalana (1796-1856)", en *Revista de Estudios Regionales* n° 111 (2018) pp. 217-242 [En línea: consulta 6.11.2024] con información sobre Bernabé Portillo en relación con el fomento del algodón en Motril y su impulso a través de la Sociedad Económica.

263. S. Clemente, *Memoria (...)*, *o.c.*, pp. 8 y 38.

264. Juan Ortiz del Barco, "Cultivo del algodón en Motril", en *La Alhambra* t. XVI / n° 314 (15.07.1913) p. 309.

265. Vid. *Miscelánea*, nn. 33 y 50 (14.01 y 23.02.1820) especialmente, las referencias a Clemente; la reseña de la *Agricultura* de Herrera, en nn. 3 y 4 (5 y 8.11.1819). Sobre los vinos de Motril, vid. n° 51 (25.02.1820). Los datos básicos sobre Clemente pueden verse en su necrología, publicada en la *Gaceta de Madrid* n° 37 (27.03.1827) pp. 146-148.

parte, muy ilustrativos de los conocimientos de Burgos tanto en el negocio algodonero como en el vitícola, en particular de los vinos andaluces y señaladamente el *magdalite* o *magalite* producido en Motril, sobre los que -de acuerdo con los autores de la memoria publicada por la Sociedad de Amigos del País en 1806- Clemente se había expresado en términos muy satisfactorios. Javier de Burgos no tuvo reparo en proclamar su saber en la materia cuando justificó la inserción del primer artículo sobre vinos en la *Miscelánea*: "Hemos creído que haríamos un servicio a los comerciantes, y aun a los puramente curiosos, reuniendo en una corta memoria ideas esparcidas en muchas obras que nos han facilitado nuestros amigos, y otros apuntes que nosotros teníamos, como que no nos es desconocido el cultivo de la vid"[266]. Debió quedar orgulloso de este trabajo, puesto que lo dio nuevamente a la imprenta muchos años después, en la revista *La Alhambra*, que editaba el Liceo de Granada.

Clemente, puntilloso en el recuerdo de quienes le habían ayudado en sus trabajos científicos, proporciona un buen número de nombres[267] relacionados con el círculo cultural granadino, frecuentemente a través de las Sociedades económicas a las que él mismo pertenecía: uno de sus más asiduos colaboradores era Portillo, que aparece ahí como un agricultor consciente, amante de los ensayos agrarios y deseoso de divulgar sus experiencias: "ha plantado el primero las chufas y el añil en su hacienda y piensa introducir los hormigueros u hornillos para abonar sus tierras de lo que acaba de hacer un ensayo en unos marjales que va a sembrar de alfalfa (producción que ha dado a conocer en Motril)". Había anotado también

---

266. *Miscelánea* nº 33 (14.01.1820).
267. Simón de Roxas Clemente y Rubio, *Ensayo sobre las variedades de la vid común que vegetan en Andalucía, con un índice etimológico y tres listas de plantas en que se caracterizan varias especies nuevas*, por D. — — —, bibliotecario del Real Jardín Botánico de Madrid, individuo de las Reales Sociedades Económicas de Granada y Sanlúcar de Barrameda, etc. De orden superior. Madrid: Imprenta de Villalpando, 1807; vid. las menciones a otros colaboradores de Granada en pp. 178 y 250 (D. de Burgos); p. 235 (S. de Argote); pp. XVII, 129 y 237 y 244 (J.Mª Ruiz Pérez). Idem, *Viaje a Andalucía. "Historia natural del reino de Granada" (1804-1809)*. Edición, transcripción estudio e índices de Antonio Gil Albarracín. Almería - Barcelona: Griselda Bonet Girabet (edita), 2002. Esta obra consiste más bien en un borrador, un conjunto de anotaciones destinadas a un libro al que Rojas no llegó a dar forma definitiva ni a publicar en su tiempo: vid. ahí pp. 163 y 1065 (B. Portillo); pp. 226 y 1065 (D. de Burgos); pp. 916-917 y 1068 (S. de Argote); p. 1065 (A. Pascual, M. Rosales, F.J. Bendicho y J. Sempere).

unas "advertencias para el capataz que se servirá leerle, comentarle y explicarle a el Señor Don Simón de Roxas Clemente"[268]. Además, Portillo proporcionó a Rojas el contacto con los hermanos Zenteno, de Baza, y con otras personas a las que deseaba entrevistar.

Citados también por Clemente en el *Ensayo sobre la vid* (1807) y en sus notas manuscritas del *Viaje* por Andalucía, encontramos los nombres del ya mencionado Simón de Argote, del licenciado José Maria Ruiz Pérez, del oidor de la chancillería Francisco Javier León Bendicho, del fiscal Juan Sempere y Guarinos e incluso del propio Diego de Burgos, como cultivador de diferentes tipos de uvas en sus haciendas de Javalcuna y del camino de Jolúcar; todas ellos, es lo que interesa destacar aquí, eran personas que estuvieron relacionadas de una u otra manera con Francisco Xavier. En el emparrado del carmen que tenía junto al Darro, Argote cultivaba una variedad de moscatel. Rojas se acuerda también de su pequeña propiedad en el Veleta, de su edición de los *Nuevos paseos por Granada,* y de que le facilitó la presentación a algún otro estudioso o experto local. En materia de vides y vinos, tema del *Ensayo* de 1807, menciona repetidamente al ilustrado Jose María Ruiz Pérez ("uno de los que me han comunicado mas datos para esta obra"), e incluso dio el nombre de "ruizia" a una variedad de vid en su honor. Con el tiempo, este fue un colaborador asiduo de la *Miscelánea* y *El Imparcial,* trabajó como redactor en la *Gazeta de Bayona* e incluso hizo carrera política en puestos de la administración provincial -subdelegado, gobernador- a partir de la llegada de Burgos al ministerio de Fomento[269]. Además, en las listas de personas que Rojas deseaba entrevistar, incluidas entre las notas de su *Viaje,* figuraban en Motril Burgos y don Antonio Pascual, el compañero de Javier durante la estancia en Madrid de 1798; en Granada le interesaba consultar a don Manuel Rosales, presbítero renombrado por sus conocimientos matemáticos y astronómicos (e incidentalmente, rector y condiscípulo de Burgos desde los tiempos en el seminario). También esperaba que a su vez, Bendicho y Sempere le facilitaran el acceso a otras personas con las que quería hablar.

Hay que decir que el hecho documentado que vincula a Francisco Javier Leon Bendicho con los Burgos es puntual, aunque en absoluto endeble, puesto que consiste en una deuda de 70 000 reales contraída con él por Francisco Xavier en 1807, lo que como poco, denota cierto

---

268. S. Clemente, *Viaje (…), o.c.,* p. 163.
269. M. Morán, "La *Miscelánea* de Javier de Burgos (…)", *art. cit.* pp. 245-246.

grado de confianza. Al torcerse las cosas por culpa de la guerra, tuvo que asumirla don Diego Antonio[270]. Al principio, Bendicho se había mostrado activo en la resistencia contra la invasión napoleónica, pero llegado el caso terminó por acatar el régimen josefino, siendo agraciado con la Orden Real de España y un cargo en la Sala de Alcaldes de Casa y Corte de Madrid. Hubo de huir por tanto con los franceses, aunque de manera atípica, volvió a España en 1813[271]. Años después, Bendicho y Javier de Burgos llegarían a coincidir en la junta de gobierno de la Compañía de Empresas Varias, bajo la presidencia del segundo[272].

Por lo demás, si alguien de ese entorno merecía el título de "ilustre" como economista y experto en temas administrativos, era el fiscal de la chancillería don Juan Sempere y Guarinos. Este, un renombrado estudioso de formación jurídica, había escrito en la tradición de Campomanes, Jovellanos y Floridablanca sobre los asuntos centrales de la ilustración dieciochesca[273] y perteneció a la Sociedad Económica de Granada, de forma que sería muy raro que no hubiera habido algún contacto entre él y Burgos, si no antes, al menos tras el paréntesis del paso de Javier por Madrid en 1798. De todas formas, al decir de su biógrafo, la falta de referencias personales o documentales hace pensar que Sempere llevó una vida social muy limitada durante su estancia en Granada, sin que sea posible saber con qué personas se relacionó[274]. En cualquier caso, su *Biblioteca española económico-jurídica*[275], obra fundamental sobre la materia que comenzó a publicar en 1801, estaba perfectamente accesible en Granada, puesto que contaba entre los suscriptores a varios miembros de las fuerzas vivas de la ciudad. Aparte el capitán general Rafael Vasco, máxima autoridad del reino,

---

270. Cfr. Ángel González Palencia, "Javier de Burgos, humanista (…)", *art. cit.*, p. 359, con referencia a una escritura otorgada en Granada el 3 de junio de 1812. Al menos desde junio de 1810, recién trasladado a Almería, Francisco Xavier intentaba deshacerse de esa deuda, endosándola a su padre a cambio de su casa de Motril: vid. AFB, X. de Burgos a D.A. de Burgos (Almería, 12.06.1810).

271. AHN leg 17788 (afrancesados), sobre remisión de su expediente (Granada y Madrid 22 de febrero de 1820).

272. Cfr. *Guía mercantil de España*, Madrid: Imprenta de I. Sancha, 1829, t. I, p. 546.

273. Juan Rico Jiménez, *De la Ilustración al liberalismo (El pensamiento de Sempere y Guarinos)*, Alicante: Universidad de Alicante, 1997, p. 60 especialmente.

274. *Ibidem, o.c.*, p. 166.

275. Juan Sempere y Guarinos, *Biblioteca española económico-política*, 4 tomos, Madrid: Sancha,1801-1821 [En línea: Biblioteca Digital Hispánica. Consulta 15.01.2020].

figuran en la lista (inserta en el volumen I) los oidores de la chancillería Felipe Gil Taboada, Diego Villafañe y Josef Ignacio de Guzmán, el doctoral Antero Benito Núñez -bien conocido de Burgos- y el canónigo Manuel de Ávila, además de la propia Sociedad Económica.

Si la *Biblioteca* era una antología de textos españoles sobre economía política, el prólogo al tomo III (1804) podría ser considerado como un manifiesto en favor de dicha ciencia. Sempere discursea ahí sobre la novedad de la disciplina, causa de que no se hubiera incorporado todavía a los planes de estudios reglados; diferencia a los meros *proyectistas* o *arbitristas* de los *políticos economistas* (o *escritores económicos*), elogiando los adelantamientos que hicieron en su tiempo Moncada, Navarrete, Mata, Osorio y otros. "En tales escritores siempre se encuentran hechos y cálculos utilísimos sobre que discurrir y comparar fundadamente". En contraste con el elevado nivel alcanzado por la "política diplomática" en España durante los siglos anteriores (lo destaca en el prospecto que abre el primer volumen) apunta las consecuencias del desconocimiento de la economía política sobre la decadencia española y siguiendo al doctor Moncada, insiste en la necesidad de fundar cátedras en las universidades del reino. Es también interesante el tomo IV de la *Biblioteca,* del que -aunque no apareció hasta 1821- Sempere tenía ya algunos pliegos impresos en 1808, en los que se ocupaba de escritos con valor metodológico, como la necesidad de la estadística de toda la península, de la formación de un nuevo código, o de hacer manifiestos anuales de cargo y data en la Hacienda.

Sempere siempre se mostró solícito en airear su fidelidad al régimen vigente en cada momento, pero sin sentido de la oportunidad y eso se paga. "La fatalidad persigue a Sempere, y le hace llegar siempre tarde", advierte Fernández Carvajal[276]: su afrancesamiento le hizo perder el empleo en la chancillería y huir a Francia, donde le encontramos refugiado en Burdeos[277], lo que hace improbable que en aquella época hubiera tenido trato con Burgos, quien se movió mas bien, por las ciudades de sureste francés. Intentó entonces congraciarse con el gobierno absoluto de Fernando VII y después reorientó sus esfuerzos a favor del constitucional, cuando este fue proclamado nuevamente en 1820. Tratando de justificar su trayectoria

---

276. Rodrigo Fernández Carvajal, "La historiografía constitucional de Sempere y Guarinos", en *Revista de Estudios Políticos* LXXXII (1955) p. 78.

277. AGMJ, leg. 6, "Lista general de los empleados civiles de España, que han venido a Francia siguiendo los movimientos de los ejércitos imperiales, con expresión de sus sueldos y lugares en que residen. Van divididos por ministerios"; f.= El [duque de Santafé (Montauban, 9.09.1813).

publicó su *Noticias literarias de Sempere* (1821)[278], donde proporciona la clave de sus aparentes inconsecuencias: "Distingue tempora, et concordabis jura", escribió. O sea, lo que dio sentido a su conducta en todo momento es una suerte de circunstancialismo o relativismo histórico, acorde con el método -método histórico- que utilizaba en sus investigaciones de asunto económico o jurídico. Por supuesto, las prioridades que dictan la decisión correcta a tomar en cada caso, para él como para la mayoría de los que siguieron al gobierno Intruso durante la guerra, no consisten en los fines de la seguridad nacional -soberanía, integridad territorial- que son atribución del Estado, sino que se identifican con los objetivos -utilitarios- de bienestar económico y social de la comunidad, no menos esenciales para el Estado ilustrado. "Muchos buenos españoles creían que la causa mas radical de los males de su patria no dimanaba de que fuera dominada por una u otra familia, sino de la superstición y bartolismo".

Burgos reseñó entonces en su periódico la *Memoria primera sobre la constitución gótica hispana,* un trabajo muy erudito que Sempere había presentado a las Cortes criticando la teocracia y la preponderancia eclesiástica en los tiempos de Recaredo. "lo que en esta obra merece particular atención, es el examen de los medios empleados para aumentar la influencia del clero en todos los negocios del Estado", concluía. Es verdad que Burgos no se expresa ahí con el calor y el reconocimiento que emplea con "el filantrópico, el dulce, el malogrado Meléndez"[279], pero aun así, su tono viene dado por expresiones amigables del estilo: "Nuestro apreciable historiador (…) piensa juiciosamente (…) y refuta con sabiduría (…), juzga con prudente imparcialidad". Para finalizar: "Tenga vida este anciano y estimable escritor, ya conocido por muchas producciones literarias, para concluir la colección de sus memorias con la felicidad que muestra la primera"[280].

---

278. [Juan Sempere y Guarinos], *Noticias literarias de Sempere.* Madrid: Imprenta de don Leon Amarita, 1821, 68 pp.
279. *Miscelánea* nº 84 (12.05.1820); otras menciones a Meléndez Valdés, cordiales y extensas, en el comentario a las poesías de don Ángel Saavedra (*Miscelánea* nº 539, 20.08.1821) y en la polémica sostenida con *El Espectador* a propósito de los afrancesados (*Miscelánea* nº 550, 31.08.1821).
280. *Miscelánea* nº 418 (21.04.1821), "Sobre constituciones españolas, 2º artículo (véanse nuestros números 414 y 415)"; en efecto, la primera parte de la reseña se publicó en el *Suplemento* al nº 414 (17.04.1821), "Sobre las constituciones españolas: 1er. artículo", que continúa en nº 415 (18.04.1821), "Concluye el primer artículo sobre las constituciones españolas". Vid. también la larga mención -más que reseña- de la *Historia de rentas eclesiásticas de España,* de Sempere, en *El Imparcial* nº 225 (21.04.1822).

Pero Sempere no llegó a concluir esas memorias. Demasiado identificado con el régimen liberal a esas alturas, tras su caída tuvo que emigrar a París, donde coincidió con Burgos, hasta que en 1826 obtuvo permiso para volver a España. Moriría en Elda, su patria, cuatro años después. Cuando Burgos terminó su misión oficial y regresó a su vez en 1827, traía entre sus libros nada menos que cinco obras escritas por Sempere sobre asuntos económicos y políticos[281]. Evidentemente, hay una elevada posibilidad de que hubiera adquirido esos libros en Francia, acaso obsequiados por el propio Sempere (de hecho dos de ellos se habían impreso allí) pero aún así, resulta inconcebible que un estudioso empedernido como él era, no conociera la obra de Sempere de antemano. Limitándonos a los publicadas antes de 1808, puesto que son los que pudieron influir en la formación de su pensamiento económico, estos eran la *Historia del lujo y de las leyes suntuarias de España* y la *Historia de los vínculos y mayorazgos*. Por supuesto, para entonces Sempere había publicado muchas otras cosas que le habían dado fama y eran bien conocidas, en las que había difundido sus convicciones en favor de un poder fuerte y orientado a promover la prosperidad pública, o su elevada estima del conocimiento útil como vía hacía el progreso. Acorde con lo anterior era su concepto estrictamente económico del lujo, favorable al consumismo y alejado de las tradicionales consideraciones centradas en la moral; sus opiniones rotundas a favor de la plena propiedad individual y de la libertad de ejercicio en las actividades económicas (con alguna cita a J.B. Say y A. Smith[282]) frente a privilegios, trabas y vinculaciones, lo que le convierte en uno de los principales ideólogos de la desamortización eclesiástica en tiempos de Godoy. Para él precisamente, había redactado en noviembre 1797 el informe sobre la renta de Población de Granada,

---

281. Cfr. M. Morán, "Libros franceses (…)", *art. cit.* p. 71. Las obras en cuestión eran: *Historia del lujo y de las leyes suntuarias de España*, Madrid: Imprenta Real, 1788, 8°, 2 t.; *Historia de los vínculos y mayorazgos*, Madrid: Sancha, 1805, 8°; *Histoire des Cortes de Espagne*, Bordeaux: s.i. 1815, 8°; *Historia del Derecho español*, Madrid: Imprenta Nacional – Imprenta Real, 1822 – 1823, 4°, 2 t.; *Considerations sur les causes de la grandeur et de la decadence de la Monarchie Espagnole*, Paris: Paul Renouard, 1826, 8°, 2 t.

282. Vid. J. Sempere, *Biblioteca (…), o.c.,* t. III, p. VI (prólogo), cita en nota a Say, *Tratado de Economía política*, sobre la modernidad de esa ciencia; *Ibidem*, t. IV, p. CXXVI, a Smith, *Investigación de la naturaleza, y causa de la riqueza de las naciones*, t. I: "la verdadera riqueza de las naciones consiste en el trabajo de sus individuos, como lo ha demostrado Smith, con la mayor evidencia".

que se adelantaba a la normativa desamortizadora aprobada un año después[283].

En conjunto, no parece original Sempere en cuanto a ideas nucleares, puesto que todo eso eran ya lugares comunes en la ideología ilustrada y tendencialmente, liberal. Aparte la divulgación de esos puntos de vista, su principal aportación a los ojos de sus contemporáneos consistió posiblemente en el armazón jurídico y en la metodología, fundada en la historia crítica, que hila la exposición de los asuntos tratados, dándole solidez y apariencia científica. De ahí y de la falta de referencias por parte de Burgos (que yo sepa, nunca mencionó a Sempere antes de 1821), resulta difícil calibrar con detalle el influjo que pudiera haber ejercido en él, aunque es casi inevitable dar por hecho que hubo un contacto intelectual con anterioridad, como sugiere la proximidad en sus respectivas trayectorias y la coincidencia de opiniones sobre materias políticas y administrativas.

Para resumir, una visión de conjunto permite advertir que la mayoría de estos hombres, integrantes informales del ambiente cultural granadino, tenían en común su formación, relacionada con el mundo jurídico o eclesiástico (aunque lo último se considerase un lastre a menudo), las aficiones científicas o humanísticas que desbordaban ese marco académico, y su vinculación con las Sociedades Económicas, que probablemente les sirvieron como centro de sociabilidad para canalizar sus esfuerzos en favor del progreso material y moral de España. Llama además la atención el hecho de que casi todos ellos simpatizaran, o dieran su apoyo cuando llegó la ocasión, a la dinastía napoleónica, que trató de implantarse con el propósito (o eso se esperaba) de superar los obstáculos que se oponían a la regeneración nacional. Todo eso interesa aquí por su lógica influencia en Burgos como futuro guía de opinión en el espacio público del régimen liberal, como ministro reformista en 1833 y como teórico de la Administración, aunque el entramado ideológico que asimiló en su juventud emanara, no tanto de uno u otro personaje singular (¿Antero Benito, Miguel Parejo, Juan Sempere, Bernabé Portillo, José Virués?) como de la interacción global de ese ambiente, un ambiente que bebe en autores españoles y asimila a los extranjeros, franceses en particular, en correspondencia con la hegemonía cultural que ostentaban en la Europa

---

283. M. Friera Álvarez, *o.c.*, p. 81-82; vid. también pp. 309-325, el apéndice con su *Proyecto sobre patronatos y obras pías*, presentado en la misma época al Príncipe de la Paz, aunque no publicado hasta 1821 en la *Biblioteca (...) o.c.*, t. IV, pp. 227-277.

de entonces. Con la excepción señera de Meléndez, de quien siempre se declaró discípulo en cuestiones poéticas, no se reconoce feudatario de escuela o personaje alguno, ni parece ligado a un sistema cerrado más allá del ideario básico ilustrado y -más adelante- del universo liberal, salvo de manera circunstancial y para puntos muy concretos. Todo lo cual, nos lleva a la consideración de Burgos como un intelectual ecléctico, cuya cultura se caracterizaba más por amplitud que por la especialización de sus conocimientos, por más que no fuera desdeñable su capacidad para escribir y argumentar sobre economía política y administración, y por supuesto, dejando al margen su reconocidísima autoridad en materia de filología clásica. Pero el tono general de sus escritos casi nunca da idea de una creación original. Su talento, se diría, es más bien enciclopédico, divulgativo y orientado a las realizaciones prácticas. Por último, volviendo al momento de su vida que ahora nos ocupa, es también importante observar que algunos miembros de la comunidad cultural a la que él pertenecía, iban a formar parte en el futuro de su red de relaciones, valedores, colaboradores en el periodismo y en la política. Un importantísimo arsenal humano que aportaría calidad intelectual a los periódicos que llegó a dirigir, y capacidad de gestión eficaz cuando hubo de llevar a la realidad el modelo de organización territorial que venía predicando.

4.5. Los amigos del país de Motril y su *Memoria* de 1806

Motril tiene buen puerto y gran nobleza,
Con fábrica de azúcar primorosa[284].

Cuando se escribieron estos versos en la *Geografía poética de la España y Portugal* era cierto lo que se afirmaba sobre Motril: había puerto protegido y bien comunicado, nobleza abundante y el azúcar era una fuente de prosperidad muy importante para los agricultores. En cambio, al comenzar el siglo, el cultivo de azúcar estaba en decadencia y hubo que esperar hasta 1805 para que el puerto obtuviera autorización de comerciar con el extranjero y con América. Empeorando aun más las cosas, la epIdemia de fiebre amarilla que asoló Andalucía y los terremotos de 1804

---

284. Geografía poética de la España y Portugal, Canto tercero, estrofa XXXIII, en *Continuación del Almacén de frutos literarios*, t. II / n° 9 (1818) p. 111.

habían dejado a la población muy decaída (Simón de Rojas Clemente tuvo que saltar de la cama al notar un seísmo que duró siete segundos en la noche del 23 de septiembre)[285]. Seguía habiendo, eso sí, mucha gente de abolengo entre la clase rectora de la ciudad.

En este ambiente, como miembro de la Sociedad Económica de Amigos del País de Motril, tuvo lugar la participación de Javier de Burgos en la comisión encargada de redactar una *Memoria,* que publicaron en 1806[286], sobre la reorganización de la sociedad y el plan de trabajos necesarios para promover la prosperidad del país. Es importante destacar que los miembros de esa comisión estaban convencidos del carácter científico de su labor, pues era "producto de ciertos conocimientos generales en economía política, contraídos a los particulares del país en

285. Gabriel Medina Vílchez, *Motril, Siglo XIX.* Motril: 2017, p. 32. Vid. Juan José Ayala Carbonero, "La guerra de la Independencia en Motril y su comarca", en *Qalat. Revista de Historia y Patrimonio de Motril y la Costa de Granada* nº 2 (2001) pp. 7-37, el panorama poco halagüeño de la ciudad a comienzos del siglo.

286. Bernabé Portillo, *Memoria presentada a la Sociedad Económica de Amigos del País de la ciudad de Motril por su censor el Señor D. ———, Intendente de Provincia; e Instrucción para las Juntas clásicas, formada por él mismo, en comisión con los señores Don Fernando Fonseca, y Don Francisco Xavier de Burgos,* Granada: Imprenta de Don Francisco Gómez Espinosa de los Monteros, 1806, 100 pp. [En línea: Fondo Antiguo de la Universidad de Granada. Consulta 20.04.2020]; hay citas y referencias en Juan Ortiz del Barco [Manuel Rodríguez Martín], *Los Moreno de Salcedo.* San Fernando: Imprenta y Librería del Carmen - Manuel Jiménez Ruiz, 1909, pp. 117-118 y 338. Ortiz reprodujo otros fragmentos de la *Memoria* en su artículo "Cultivo del algodón en Motril", en *La Alhambra,* especialmente nº 310 [sic, por 311] (15 [sic, por 30].05.1913) pp. 233-234; nº 312 (15.06.1913), pp. 251-255; nº 313 (30.06.1913) pp. 278-280. La *Memoria,* así como el libro de Ortiz del Barco fueron citados cumplidamente, facilitando así su difusión, por Paula Demerson, Jorge Demerson y Francisco Aguilar Piñal en *Las Sociedades Económicas de Amigos del País en el siglo XVIII. Guía del investigador.* San Sebastián, 1974, pp. 199-201; otro tanto en J. Castillo Cano en *Almería en la crisis (…),* o.c., pp. 127-128. La *Memoria* de Portillo y sus compañeros fue también una de las principales fuentes en la investigación realizada por Juan José Ayala Carbonero, Florentina Fernández Merlo y José Miguel Fernández Álvarez, "La Sociedad Económica de Amigos del País de Motril: una aproximación a sus inicios", en *Anuario de Estudios de la Costa Granadina* nº 2 (1990), pp. 167-188. Asimismo, fue posteriormente reproducida por Manuel Arenillas Sáez en *La teoría de la Administración (…), o.c.,* pp. 185-232.

los diversos ramos que forman la felicidad pública". También hay que subrayar que según declaración propia (y reiterada) la autoría principal del escrito corresponde a don Bernabé Portillo, quien ostentaba el cargo de censor, mientras que los dos restantes se habrían limitado a ayudar en la redacción de una *instrucción* particular dirigida a las cinco secciones de la sociedad, en la que se desarrollan los puntos indicados por Portillo en el texto preliminar, que es la memoria propiamente dicha. A mayor abundamiento, él firmó dicho texto en exclusiva (Motril, 19 de agosto de 1806). ¿Sorprenderá saber que el segundo autor de la instrucción, Fernando Fonseca, era el canónigo que en 1803 había declarado a favor de Burgos ante la Inquisición, haciéndose sospechoso de prestar falso testimonio? En cuanto a Javier de Burgos, figura ahí como tercer firmante, pero curiosamente, no se menciona la condición de secretario de la Sociedad que comúnmente se le atribuye. Con estas reservas, y solo con estas reservas, el documento parece válido para corroborar el rumbo general de las ideas económicas que sustentaba en esa época, su convicción sobre la relación existente entre la posesión del saber y la felicidad de los pueblos, y sobre la misión encomendada a los Amigos del País en esta materia.

Esquematizando, las claves de la prosperidad de Motril, tal como lo veían Portillo y los otros dos miembros de la comisión, reposaban en

1. El cultivo de la vid y del algodón ("por una inexplicable felicidad se sustituyó el cultivo del algodón, al de las cañas de azúcar").

2. La producción de vinos.

3. El establecimiento de la manufactura de hilados.

4. La habilitación del puerto de Calahonda y de la playa del Baradero (antiguo proyecto recientemente aprobado por el gobierno).

5. Y en la construcción de un camino carretero a Granada, en el que ya se estaba trabajando.

En cuanto a la educación infantil, un asunto insoslayable porque se le daba una enorme importancia teórica en el planteamiento ilustrado, recibe el usual enfoque utilitario. Se financiaría con las fundaciones que había dejado en la ciudad el cardenal Belluga y con el fondo municipal de Propios, lo que no era nada original, porque también en este caso, como en el resto de los puntos que indicaba la *Memoria* -hay que subrayarlo- era exactamente lo que ya se venía haciendo.

Como ideas de fondo, en la *Memoria* queda clara la confianza en el progreso económico a partir de la difusión social del conocimiento; el papel dirigente del gobierno, centrado en la idea de "protección" o de "remoción de estorbos" de las actividades productivas, que redundarían en beneficio de los pueblos; la ansiada paz, que se concibe ahí como una condición indispensable para el desenvolvimiento del comercio y la prosperidad pública; los estrechos vínculos mercantiles con Cataluña (en lo que Motril desempeñaba un papel más bien pasivo); la libre concurrencia económica con el fin de alejar los monopolios y promover la baratura, aunque a lo que parece, limitada a la mano de obra, mientras que por el contrario se aplaude "la sabiduría del gobierno, que ha repelido la concurrencia del algodón extranjero". Capital importancia atribuye M. Arenilla a la breve digresión sobre las tres provincias o intendencias en que debía dividirse el reino de Granada -con capitales en Málaga, Granada y Almería- para facilitar su administración[287]. ¿Respondía esta a las directrices de Portillo o a la iniciativa de sus colaboradores, que ayudaron a redactar la *Instrucción* dirigida a las secciones de la Sociedad?

Desde una perspectiva limitada por la falta de datos, el erudito motrileño Juan Ortiz del Barco[288] extrañó en la *Memoria* la descalificación que se hacía de la trayectoria previa de la Sociedad, desde su misma fundación, que los redactores calificaron de una "nulidad" (*Memoria* p. 4). También le llamó la atención el menosprecio a sus anteriores dirigentes y en general, el completo olvido de cuantos habían ejercido responsabilidades en Motril. De los primeros, se decía ahí:

Los autores, o carecían de los conocimientos necesarios, que no puede suplir el celo, o no gozaban de la confianza pública que solo obtiene una reputación acrisolada, o no tenían la autoridad, que todo lo facilita cuando se ejerce de buena fe, con moderación y con energía (p. 5).

En cambio, los redactores se expresaron con un lenguaje que va más allá de la obligada cortesía al referirse al nuevo gobernador de la ciudad, el coronel Juncar, quien había asumido la dirección de la Sociedad Económica. Aunque no la única, la mención que cierra la *Memoria* (pp. 99-100) es un alarde de adulación, incluso para los estándares de la época:

---

287. M. Arenilla, *o.c.*, p. 61.
288. J. Ortiz del Barco, *o.c.*, pp. 116-117.

Pero lo que más debe lisonjearnos en este momento, es la felicidad tan natural y sencillamente manifestada en la memoria del Censor de 19 de agosto: de tener en nuestro Director el Señor Don Josef Juncar un Gobernador dotado de todas las virtudes, y de todas las bellas disposiciones que podían desearse, para tan altos fines. A sus principios de justicia y liberalidad, a su infatigable celo en promover el bien público, y a su decorosa popularidad debemos además de la paz, tranquilidad y contento público que gozamos, la regeneración de la Sociedad, por la reunión de casi todas las personas capaces de tomar interés en tan noble empeño: a que ha concurrido también con todo el esfuerzo posible el Señor Don Josef Manuel Rodríguez Valderrábano, Alcalde mayor, Teniente Gobernador, nuestro Vice-Director. Quiera la Providencia divina conservarnos por mucho tiempo estos dos modelos de Jueces, verdaderamente padres de la Patria, inspirando a S.M. los medios de recompensarlos dignamente, sin separarlos de nosotros.

El coronel don José Juncar y Tudó, como su inmediato predecesor en el gobierno de Motril, el brigadier don José Joaquín Virués y como el propio intendente Portillo, ya se ha visto, procedían del círculo de Godoy, el poderoso valido de Carlos IV y la reina María Luisa al que según indicios, el joven Burgos había intentado una aproximación durante su estancia en la corte. Sin embargo, los juicios y omisiones en la *Memoria* no responden (o no solo) a intereses pandilleros, sino que hay una base de verdad y bastante ideología detrás. Comenzando por lo último, se debe recordar que la Sociedad Económica de Motril venía marcada, de lejos, por la huella del fraile Mínimo Pedro de Torres, su primer director, y del famoso capuchino Diego de Cádiz, a quien habían nombrado socio honorario con ocasión de la misión que predicó en la ciudad en 1787. Y en realidad, el ideario de estos religiosos estaba en las antípodas de las directrices de la *Memoria* de 1806, que se diría, parece una réplica no confesada a los fines expuestos en la locución de fray Diego, cuando fue invitado a hablar para los socios[289]. Según afirmó

---

289. Diego Joseph de Cádiz, *Alocución, ó discurso político-moral con que el R. P. Fr. ——, Misionero Apostólico del Orden de Menores Capuchinos de N. S P. S. Francisco de la Provincia de Andalucía, exhortó al mas exacto desempeño de las obligaciones que por su cargo pertenecen á la Muy llustre y Real Sociedad Patriótica de Amantes del País de la M. N. y M. L. Ciudad de Motril con el motivo de nombrarlo su Socio Honorario el día veinte y ocho del*

R: DEL V: P.F. DIEGO JOSEF DE CADIZ, M:A:C:

Imagen 16. El Beato fray Diego José de Cádiz, misionero apostólico capuchino. Grabado calcográfico en Luis Antonio de Sevilla, Verdadero retrato de un misionero perfecto. Sevilla:1862 (Biblioteca Central, Capuchinos de España).

fray Pedro de Torres en el discurso introductorio de esa locución, la Sociedad de Motril se había fundado con el título de *Amantes de la patria,*

> Y no con otro fin o designio, que el alto y benéfico de restablecer este Pueblo, cuya antigua opulencia sacrificada en el espacio de pocos años al ídolo de ideas particulares, al parecer empeñadas en su desolación, se veía ir decayendo cada día mas.

---

mes de Mayo de mil setecientos ochenta y siete. Siendo su dignísimo director el M. R. P. Fr. Pedro de Torres, Lector jubilado del Orden de Mínimos de S. Francisco de Paula. s.l.: s.i., año 1789, reproducida en J. Ortiz del Barco, *o.c.*, pp. 310-329; en palabras del predicador, "les hice una alocución sobre el fin de su instituto y obligaciones, que me pidieron sacase en limpio y remitiese para su instrucción y la del público".

Para ello, Torres indicaba a los socios, como objetivo, la necesidad de

indagar y descubrir los medios mas oportunos por donde tanto infeliz, como en el Pueblo se cuenta entre nuestros hermanos, pudieran cubrir su desnudez, sustentar su vida, enjugar sus lágrimas, y de aquí obviar las consecuencias fatales que ordinariamente se siguen de la necesidad.

Remachando ese pensamiento -detalló a su vez el predicador capuchino en su propio discurso- los socios debían centrarse, sin "gastar el tiempo en ridículos inventos", en suministrar socorros a los pobres y en proporcionarles los medios para que no les faltara el pan. Y añadía una advertencia sutil a sus oyentes, a los que hay que suponer gente acomodada, al aludir a la profecía de la estatua en el sueño de Nabuco, derribada por una piedra que dio en la base de barro, hecha precisamente por "los débiles pies del gremio de los pobres". Seguidamente, fray Diego enunciaba como otro fin prioritario la enseñanza cristiana de los jóvenes, asunto sobre el que tanto al menos como su utilidad social ("La felicidad de los pueblos, los progresos más interesantes del estado"), acentuaba su importancia para corregir las inclinaciones de la naturaleza humana, viciada por el pecado. Fray Diego exhortaba también al altruismo y al despego de las riquezas ("No trabajemos por solo opulentarnos") y por último, recordaba la superioridad de los bienes espirituales, que debían ser preferidos a los demás:

Si deseamos otra prueba no menos conveniente, propia del espíritu y objeto de una Sociedad, la tenemos oportuna en la Sagrada Historia, donde más de una vez se nos refieren las completas victorias, las abundantes cosechas, y los crecidísimos frutos temporales con que Dios consolaba a su afligido Pueblo, después que convertidos a penitencia enmendaban los yerros de su mala vida pasada.

El discurso de fray Diego estaba construido sobre un aparato sólido de erudición bíblica, teología tomista e historia civil; no era una manifestación de fervor mazorral ni tampoco una muestra de la oratoria estrambótica que alguna vez se le ha atribuido[290]. Ahora bien, por muy cristianas que fueran

---

290. Vid. A. Elorza, *Ilustración y liberalismo en España*. Madrid: Tecnos 2021, pp. 325-329.

sus ideas, el caso es que según la documentación consultada por Ortiz del Barco[291], las fuerzas vivas de la ciudad se mostraron reacias a asistir a las reuniones e implicarse en los trabajos de la Sociedad y en consecuencia, esta llevó una existencia lánguida, lo que justifica, en parte, la displicencia que manifestaron Portillo y sus compañeros contra sus antecesores. De hecho, parece confirmada la inactividad de los miembros que llegaron a controlarla durante la última década del siglo -grandes propietarios absentistas- e incluso se ha esbozado la sospecha de que obstruyeron deliberadamente las propuestas en favor de las clases bajas[292]. Entre estas propuestas, hay que resaltar las iniciativas del que *antes* fuera director, el abad de la colegiata don Rafael del Castillo, y del secretario don Gregorio Ruiz, que en 1788 habían representado al Consejo proponiendo arbitrios para sostener la escuela de niñas pobres,

a causa de no ser otros sus fondos que los de una corta contribución de sus Individuos que apenas cubre los precisos gastos del Cuerpo[293].

Un año después, el abad utilizaba caudales procedentes de la fundación del cardenal Belluga y de su propio peculio para comprar la casa de la Miga, con ese mismo fin. Ambos, como ya se dijo páginas atrás, estaban en correspondencia con don Antonio Pascual cuando éste, en 1798, movía en Madrid varios asuntos que interesaban a Motril, señaladamente la habilitación del puerto de Calahonda. También consta que fray Pedro de Torres, que no era un aficionado cualquiera, sino un renombrado agrarista y socio de mérito de la Económica de Madrid[294], gestionaba en el año

---

291. La información sobre Motril en los párrafos siguientes procede de la documentación (actas del cabildo municipal y de la colegiata) publicada por J. Ortiz del Barco, *o.c.*, donde se expone por extenso, aunque de manera dispersa. Véase especialmente los apéndices 5º ("La Sociedad Económica") y 7º ("Acuerdos del Ayuntamiento de Motril: 1792-1800").

292. J.J. Ayala Carbonero *et al.*, "La Sociedad Económica (...)", *art. cit.*, p. 174; en 1791 el director, el conde de Bornos, tenía incluso delegado su cargo en don Francisco Javier de Puerta, el subdirector.

293. Rafael del Castillo (director) y Gregorio Ruiz de Castro y Vargas (secretario) al Consejo (Motril, 31.05.1788), en J. Ortiz del Barco, *o.c.*, pp. 335-336.

294. Vid. noticias biográficas sobre fray Pedro de Torres en Valeriano Sánchez Ramos, "El convento Mínimo de San Cleofás de la Victoria de Vera (Almería)", en V. Sánchez Ramos (coord.), *Los mínimos en Andalucía: IV Centenario de la fundación del Convento de Nuestra Señora de la Victoria*

96 la instalación de una escuela de agricultura, aunque con la oposición declarada del ayuntamiento y la inhibición de la Sociedad Económica de Motril. A su vez, Ruiz de Castro, en su calidad de regidor, fue una y otra vez durante años, el comisionado para dictaminar y ocuparse de todos los asuntos relacionados con el estado (lamentable) de la educación infantil en la ciudad, singularmente el pago a los maestros, una obligación de la que nadie quería hacerse cargo. Pero quien terminó por resolver esta cuestión fue el gobernador don Jaime Moreno, llegado a la ciudad en 1798, al compeler al ayuntamiento de forma expeditiva a adelantar dinero del fondo de Propios para habilitar el local de la escuela para niños. De ahí que aun sin faltar por completo a la verdad, la generalización que se hizo sobre esta materia en el escrito de 1806, al afirmar que "solo en Motril, por una inexplicable desidia de los magistrados y de los principales habitantes nada se ha hecho" (p. 92) parece un insulto al recuerdo de Moreno y quizás también al de Castillo y Ruiz. De acuerdo con las actas publicadas por Ortiz del Barco, el gobernador asistía a las sesiones del cabildo, que presidía, y formulaba iniciativas sobre este y otros asuntos administrativos. Sobre su personalidad -acaso la causa del despego en la Memoria de 1806- podría dar alguna pista el contenido de la carta escrita por Javier de Burgos a su padre desde Madrid, poco antes de que tomara posesión de su cargo[295]:

---

de Vera (Almería). Almería: Instituto de Estudios Almerienses, 2006, pp. 609-610. Fray Pedro, que tuvo un influjo intenso sobre los ilustrados andaluces y estuvo especialmente vinculado a las Sociedades de Almuñécar y Vera, murió según se dice, en Motril en 1808.

295. AFB, X. de Burgos a D.A. de Burgos (Madrid, 18.09.1798). Para la trayectoria militar de los jefes que sirvieron en el gobierno de Motril en esa época, vid. Alberto Martín-Lanuza Martínez, *Diccionario Biográfico del Generalato Español. Reinados de Carlos IV y Fernando VII (1788-1833)*. Villatuerta (Navarra), Foro para el Estudio de la Historia Militar de España, 2012, p. 603, sobre el brigadier don Jaime Moreno y La Carta, gobernador entre 1798 y 20 de agosto de 1804, siendo entonces destinado a Málaga; *Ibidem*, p. 933, extracto de la hoja de servicios de su sucesor don José Joaquín Virués y López-Spínola, brigadier en 1802, que ocupó la jefatura de la secretaría de negocios de Manuel Godoy hasta el 28 de febrero de 1805, fecha en que fue nombrado gobernador de Motril; transferido a Sanlúcar de Barrameda el 21 de abril de 1806 y relevado por José Juncar y Tudó (p. 457), entonces coronel graduado, que procedía de la Secretaría del Estado Mayor de artillería en Madrid. Juncar combatió después en Bailén, pero tras la conquista de Andalucía por los franceses aceptó como rey a José I, quien le otorgó el nombramiento de mariscal de campo y la Orden Real de España.

Al gobernador de Motril no lo vi, como ya dije a V. por no tener ropa que ponerme, y no ser cosa de ir tan indecente como estaba; consultando esto con don Antonio convino y quedó en hacerlo por mí como lo hizo, pretextando que yo estaba en el Sitio; pero el mismo me encarga que diga a V., que por lo que él observó y por los fidedignos informes que tiene, conjetura que serán arrojadas a la calle las expresiones y finezas que se le hagan, atendido su carácter seco, enfadoso y señoril, lo que advierto a V. para su gobierno.

Es posible que don Bernabé Portillo, como afirma Godoy en sus *Memorias*, hubiera sido el alma de la Sociedad Económica de Motril durante ocho años (recuérdese que falleció en 1808)[296] y que Javier de Burgos ejerciera de secretario cuando solo tenía 21, acaso en sustitución de Ruiz de Castro. El hecho cierto no obstante, es que fue el gobernador Moreno -no otro- quien la restableció en julio de 1801, siguiendo órdenes del gobierno y con un fuerte sesgo autoritario en los procedimientos. Así

---

296. Príncipe de la Paz, *o.c.* I, p. 372, nota: "Entre los dignos ciudadanos que aceptaron por la patria estas misiones filantrópicas, pues no sé que nadie haya restablecido la memoria especial de que era digno, nombraré al excelente ciudadano don Bernabé Portillo, que en 1808 fue entregado por un fraile a las plebes amotinadas y murió asesinado, víctima del odio que entre ciertas gentes le produjo su celo del bien público y su amor esclarecido de la patria. Este antiguo intendente de provincia fue por el tiempo de ocho años el alma de la Sociedad Económica de Granada y de las demás de la provincia; introdujo allí y sostuvo con su influjo muchos géneros de industria, derramó la luz en todas las materias de economía política, consiguió acreditar y hacer extender el cultivo del algodón en el litoral de Granada, y promovió en Motril, además de este cultivo, o por mejor decir, fundó allí las hiladuras de esta nueva especie, que sacaron de su inacción y su pobreza a aquellos habitantes. Al igual suyo, trabajó en aquel país para tan útiles objetos su digna hermana doña Jacoba, una de las señoras más ilustradas de su *tiempo,* que reunía a sus virtudes conocimientos admirables en su sexo ¿Qué se han hecho los *hijos de aquel benemérito patricio? ¿*Qué recompensa ha recibido su familia por los largos servicios y por la inocente sangre de aquel mártir?". Sobre este último punto, cabe decir que en 1810 los hijos de Portillo, Manuel y Bernabé, ingresaron como cadetes en el colegio de artillería a cuenta del erario público (del gobierno josefino), pero como no se habían librado fondos, la situación familiar era precaria ("no puedo sostenerlos", escribió su madre): cfr. AHN, Estado, leg. 3078, expte.1, Sebastiana de Aguilar y Cueto de Portillo a Gonzalo O'Farril (Sevilla, 7.08.1810).

se deduce de la comunicación que hizo llegar, emplazando a los canónigos de la colegiata:

> Para que esta se verifique cual conviene, estando persuadido del patriotismo y lealtad de V. S. he considerado como medio más a propósito que los individuos que componen ese ilustrísimo Cabildo realicen y concurran a la formación de la Sociedad como lo ejecutaron al tiempo de su establecimiento por efecto de la acordada del Real y Supremo Consejo.

> Para organizar la Sociedad y convenir su apertura y primeras funciones de su Estatuto he dispuesto convocar á todos los Socios y a aquellas personas que fueren a propósito para este fin, a que concurran a mis casas á las diez de la mañana del día diez y ocho del corriente[297].

Pero para entonces, el antiguo director don Rafael Castillo y fray Diego de Cádiz ya habían fallecido, y el que fuera secretario, el auditor de Marina don Gregorio Ruiz de Castro, moriría el 17 de octubre de 1804[298]. La escena quedaría libre definitivamente tras la marcha del gobernador Moreno, que se despidió de la ciudad el 11 de septiembre de ese último año, destinado a Málaga. Había demostrado actividad para promocionar las cosas de Motril durante su mandato, pero como destaca Ortiz del Barco, su obra iba a quedar desconocida en la Memoria de Portillo, Fonseca y Burgos, solo dos años después[299]. Tampoco se menciona en ella a su ilustrado sucesor, el brigadier José Joaquín Virués, lo que es aun más sorprendente porque perteneció también a la Económica y porque años más tarde -véase más abajo- Javier de Burgos haría alarde de su antigua amistad con él. Su toma de posesión debió producirse a poco de concederse

---

297. Jaime Moreno al Sr. Decano y Cabildo de la Insigne Iglesia Colegial de Motril (Motril, 15.07.1801), en J. Ortiz del Barco, *o.c.*, 336-337.
298. *Gaceta de Madrid* nº 78 (14.08.1801) p. 865, nombramiento de Miguel Ximénez Varcia [sic, por Varela], canónigo de la misma, para la abadía de la colegiata de Motril, por fallecimiento de don Rafael del Castillo y Cenzano. Sobre Gregorio Ruiz de Castro y Vargas, vid. J. Ortiz del Barco, *o.c.*, p. 454.
299. Cfr. Ortiz del Barco, *o.c.*, pp. 114 y 116, con una síntesis de los proyectos y realizaciones del gobernador Jaime Moreno cuando dejó el cargo. Entre los primeros (o sea, en calidad de *proyectos*) figura la carretera a Granada, hacer navegable el río Guadalfeo hasta Calahonda y construir un muelle en este puerto.

la tan deseada habilitación del puerto de Calahonda y el proyecto de la carretera a Granada[300], acaso para compensar el efecto de los terremotos que devastaron la ciudad en 1804. Y esos eran objetivos que en la misma *Memoria* se consideraban esenciales para la prosperidad del pueblo.

Así pues ¿simple arribismo y afán de figurar? Todo hace pensar que en 1806 los Amigos del país ningunearon conscientemente a sus predecesores, pero más que nada, por razones de propaganda oficialista y de confrontación ideológica soterrada. Ya en las primeras páginas de la *Memoria* (pp. 5-6) enaltecieron la autoridad gubernamental que (con sus "conocimientos, celo, confianza pública") encarnaba el director Juncar y se suponía, iba a ser una estupenda fuente de beneficios frente a la acción infructuosa de los fundadores, simples particulares tachados de ignorantes, y la desidia de los notables locales que les sucedieron. Posiblemente, a sus ojos, esos frailes y sus continuadores no representaban -respectivamente- sino el espíritu ranciamente religioso, limosnero y populista, y las actitudes rutinarias que frenaban el avance de las Luces, su optimismo antropocéntrico, la confianza en el saber científico y el pragmatismo económico. Como muestra de ese talante, se puede indicar que una gran mayoría de los socios mencionados en la *Memoria* se identificaron en su momento con el régimen napoleónico, del que quizás esperaban un futuro de progreso y de regeneración para el país. Aparte los casos del censor Bernabé Portillo y del secretario Javier Burgos, recuérdese al director, que era el propio gobernador, al subdirector -que era su segundo- y a los prohombres de Motril, consiliarios o socios destacados que en febrero de 1810 pasaron a ocupar el gobierno municipal: el industrial don José Moré, el hacendado don Diego Antonio de Burgos, el comerciante don Juan Andrés Micás, el empresario don Cristóbal Planas y don José Igarzábal[301].

---

300. Sobre Virués, vid. la semblanza en Alberto Gil Novales, *Diccionario biográfico de España (1808-1833). De los orígenes del liberalismo a la reacción absolutista.* Madrid: Fundación Mapfre, 2010, III, pp. 3220-3221, con noticias que complementan las de A. Martín-Lanuza (*o.c.*, p. 603). A su vez, la habilitación de Calahonda para el comercio extranjero y con América estuvo vigente entre 1804 y 1824: cfr. Pascual Madoz, *Diccionario Geográfico - Estadístico - Histórico de Andalucía. Granada.* Estudio introductorio de J. Bosque Maurel. Valladolid: Ámbito / Editoriales Andaluzas Reunidas, 1987. Sin nuevas precisiones sobre este punto en AA.VV., *El puerto de Motril.* Motril (Granada): Asukaría Mediterránea, 1996, 326 pp.
301. Vid. B. Portillo, *Memoria (...), o.c., passim,* socios mencionados en la clase de Agricultura: Diego de Burgos (consiliario) y Bernardo de la Puerta (secretario); Industria: Josef Moré (consiliario); Artes y Oficios: M.R.P. fray

Ahora bien, dicho esto, hay que hacer notar que -a falta todavía del estudio que ya echaba en falta Juan Ortiz del Barco sobre la Sociedad Económica de Motril durante el mandato del coronel Juncar- queda la impresión de que el impulso de esta corporación se agotó con la publicación de su prometedora *Memoria*, sin dejar rastros de que hubiera tenido una vida más sostenida que en la etapa anterior, o de haber llevado a cabo nuevas realizaciones en ningún campo, que fueran de provecho para su comunidad.

4.6. Las "flores de la poesía"

Respecto a "las flores de la poesía", según la expresión que el mismo Burgos utilizó para describir la parte recreativa de su actividad, conviene recordar aquí su relación, entablada casi con seguridad en la misma época, con el brigadier don José Virués, que fue gobernador de Motril en 1805 y miembro de su Sociedad Económica. No fue larga su estancia en la ciudad, porque de allí le transfirieron menos de un año después a Sanlúcar de Barrameda. Con el tiempo Virués llegó a traducir los *Salmos* de David y la *Henriada* de Voltaire, obra esta última que Burgos comentaría en *El Imparcial*[302], lo que le dio motivo a declarar que había estado "unido por espacio de 16 años con el apreciabilísimo traductor de la Enriada, por los lazos de una amistad cordial, fundada en la identidad de principios y de sentimientos". En efecto, Virués, prisionero de los franceses en 1811, reconoció a José I, lo que le costó un exilio en Francia hasta 1820.

Juan Clavellina (consiliario) y Miguel Núñez (secretario); Comercio, Pesca y Navegación: Juan Andrés Micás (consiliario), Antonio Pintor (secretario) y Cristóbal Planás (socio adscrito), empresario que iba a construir almacenes y habitaciones "cómodas y sanas" para los pescadores catalanes en la playa del Baradero; Educación Primaria: Francisco Reyes, canónigo de la colegiata (consiliario) y Josef Igarzával (secretario). Aunque no se detalla su clase, también era consiliario Antonio iluminati, propietario de una *Enciclopedia* y otras obras en su "exquisita librería" ("que con la mayor complacencia la franquea"). Vid, G. Medina, *República de Motril (...)*, o.c., p. 1087, el nombramiento del ayuntamiento afrancesado en febrero 1810: José Moré, Diego Antonio de Burgos González, Antonio Sánchez Mora, Juan Andrés Micas, Cristobal Planas y José Igarzábal; los mismos nombres, pero -dice-nombrados el 14 de abril, en Juan José Ayala Carbonero, "La guerra de la Independencia (...)", *art. cit.*, p. 19.

302. "La enriada", en *El Imparcial* nn. 131 y 132 (17 y 18.01.1822).

Por otra parte, la presencia de un ejemplar de los *Salmos* entre los libros que Burgos trajo de Francia en 1827, sugiere que mantuvo un contacto continuado con el traductor[303].

En su recensión de 1822 Burgos no ahorró elogios para el autor ni el traductor de la *Henriada*, "un sabio modesto, poeta estimable, militar distinguido, y sobre todo filósofo digno de traducir el único poema épico que se conoce dictado por la filosofía". En cuanto a Voltaire, se esforzó en desvanecer "el escrúpulo" que pudiera suscitar su nombre sobre la ortodoxia de la obra. Para ello, alaba la construcción del argumento, centrado en un rey que es "un modelo de virtudes políticas", y destaca -en sustitución del aparato mitológico de uso habitual- el empleo original de "otras máquinas sacadas del conocimiento del corazón humano, y de la religión augusta que reveló á los mortales el hijo de Dios". En cambio, lo que Burgos se calla es que el tema de la obra consiste en una crítica al fanatismo religioso, un asunto central entre sus preocupaciones mientras la influencia del Antiguo Régimen estuvo vigente en España, y por tanto, muy presente en sus escritos durante la guerra de la Independencia y el Trienio Liberal. Por lo demás, estas mismas reflexiones dieron lugar a una interesante afirmación de Burgos sobre la función social de la poesía: la conveniencia de "emplear la pompa y el aparato poético para inculcar verdades útiles, sin las cuales la poesía no es mas que el arte de colocar las palabras simétrica y agradablemente".

O sea, la misión pedagógica, incluso manipuladora, que suele atribuirse a la literatura en todas sus manifestaciones. Una consideración que, aun siendo de sobra conocida en la estrategia cultural de los gobiernos dieciochescos (y que no ha perdido fuerza en nuestros días), hay que constatar que era compartida por Burgos de manera muy consciente y por lo tanto, que constituye una clave importante para el análisis de su propia obra literaria: teatro, fábulas, poesía, historiografía, ensayo y por supuesto, los géneros periodísticos. Y aunque la afirmación fue escrita en 1822, puede considerarse válida para los primeros años de la centuria, lo que en consecuencia, aconseja detenernos en el análisis de su producción coetánea. Veamos algo sobre eso.

---

303. cit. en M. Morán, "Libros franceses (...)", *art. cit.* p. 82: "Don José Virués, *Nueva traducción y paráfrasis genuina en romances españoles de los salmos de David*, Madrid: Leon Amarita, 1825, 16º, 3 t., rústica". Sobre el perfil militar de Virués, vid. A. Martín-Lanuza Martínez, *Diccionario Biográfico del Generalato (...)*, *o.c.*, p. 933.

Para entonces, ya en 1800, consta que Burgos había colaborado en el *Semanario de Granada* en calidad -se dice ahí- de "amigo del editor", con algo de poesía didáctica e incluso con un artículo de polémica, cuando se dio el caso de que otro colaborador del periódico, el canónigo don Antero Benito Núñez, criticara la enseñanza de una fábula que Burgos había escrito sobre el vicio de la murmuración y sugiriendo en su lugar, seguramente con poca delicadeza, otra de su propia invención[304]. He aquí la composición de Burgos:

Fábula nueva
El Perrito de un usía
Jamás de ladrar cesaba;
Y a qualquier pobre que entraba
Hacerlo trozos quería:
Viendo pues que no mordía
Con ser tan voceador
Le perdieron el temor,
Y aun le burlaban sin tasa.
Esto mismo es lo que pasa
A todo murmurador.

Don Antero adujo con razón que la murmuración no es precisamente un vicio inocuo, pero a juzgar por el tono de su réplica, Burgos ("Xavier Gosbur") no llevó nada bien esa corrección, de la que salió como pudo afirmando que en realidad era otra la moraleja de la fábula: "A los murmuradores que son como el perro del usía; es decir, a los que ladran y no muerden no hay que temerlos". Y añadía:

---

304. *Semanario de Granada* nº 2 (10.07.1800) pp. 11-14, "Fábula nueva" -sigo el criterio de transcripción literal- y "Al Céfiro. Oda" ("Estas dos últimas poesías han sido remitidas por un amigo del Editor"); en nº 6 (4.08.1800) pp. 83-87, se halla la respuesta de *Xavier Gosbur* a la crítica de Antero Benito Núñez, que escribió bajo el pseudónimo de *Urbano Patricio*, en el nº 5 (31.07.1800) pp. 66-80. Sería prolijo repetir aquí los datos relativos a la identificación, localización, etc. de estas composiciones, así como los de la literatura de guerra que se menciona más abajo; véase sobre eso M. Morán, "Notas para un catálogo (...)", *art. cit.* pp. 61-72; *Idem*, "En torno a la vida y escritos (...)", *art. cit.* pp. 123-124.

No es esto decir que la fábula sea una pieza completa; yo estoy muy lejos de considerarla baxo este respeto; aunque no fuera más que la incoherencia de que un perrito que se supone faldero quiera hacer trozos a los que entren, sería bastante para que esta composición no hiciera época en la historia de la fábula; pero impugnada bajo el único lado que tiene bueno, yo no he podido menos de defenderla.

No fue, ni mucho menos, la única vez en su vida que Javier de Burgos se mostró susceptible ante observaciones desfavorables (en realidad, fue la norma). Ignoro hasta que punto el incidente pudo haber deteriorado la relación entre los dos literatos, pero creo que puede advertirse una traza de rivalidad en el hecho de que ambos escribieran sendas comedias, de forma simultánea, en vísperas de la apertura del teatro Napoleón de Granada en 1811; las dos se imprimieron pero solo se representó la del canónigo Benito, menos farragosa e ideologizada y por lo mismo, quizás más apta para ser asimilada por un público sencillo. También llama la atención la desgana con que Burgos, director del diario *El Imparcial* en 1822, acometió la reseña a *Gli animali parlanti* de Giambattista Casti, un famoso poema de contenido político que había traducido e impreso don Antero. Aunque de no escasa extensión, la reseña se insertó con mas retraso de lo razonable y sin la cordialidad que cabía dedicar a alguien a quien, siendo Burgos estudiante, había considerado una autoridad; alguien con quien compartía el mismo lado de la vida, que era un correligionario político y un compañero de avatares en el exilio. A más, la reseña se resuelve mediante el expediente de reproducir unas cuantas estrofas, por supuesto elegidas entre las más afines a la ideología moderada del periódico, pero sin crítica propiamente dicha de la traducción:

En toda junta que es republicana,
Aun siendo de Licurgos y Solones,
Atiza el fuego la discordia insana;
Todo es odio, furor y disensiones:
Cual discute, cual charla, cual arguyo,
Y nada al fin de nuevo se concluye.
Este habla así, y aquel del otro modo;
Mas raro con razón y con justicia,
Y el triunfo es finalmente siempre todo

De la astucia elocuente o la malicia.
Así dice un anónimo aforismo,
República y desorden son lo mismo.

....

Los brutos de alta clase reprobaron,
Frustrado ya su intento aristócrata,
Un monarca absoluto; pues juzgaron,
Que un rey así, frecuentemente trata
De hacer servir de súbdito el derecho
A sus gustos, caprichos o provecho.
El medio, pues, de contener los reyes,
Juzgaron que era mantener el rango
Que a ciertos brutos daban ciertas leyes,
Sin confundir el oro con el fango;
Y una cámara doble se formase
De brutos plebe, y brutos de alta clase.
Pensaban ademas que la corona
Fuese electiva. Llenos como estaban
Del brillo y esplendor de de su persona;
Que a él se hiciese justicia no dudaban,
Y que fuera su clase distinguida,
Siempre en las elecciones preferida[305].

En la oda *Al Céfiro*, insertada en el *Semanario de Granada* junto a la *Fábula nueva,* quizá pueden advertirse resonancias de Garcilaso, poeta muy bien valorado en el canon poético de Burgos; asimismo, se advierte el uso repetido de algún adjetivo, como «blando , -a», que iba a manifestarse como uno de sus predilectos al ocuparse de las poesías de Horacio, contribuyendo así a que "sus traducciones tengan un sabor de época", al decir de la profesora Beatriz Antón[306].

---

305. "Hace tiempo que hubiéramos debido hablar de la traducción de los *Animales parlantes,* del célebre Casti", en *El Imparcial* n° 253 (19.05.1822) p. 1044.
306. Beatriz Antón Martínez, "El Rectius vives de Horacio (...)", *art. cit.,* p. 296.

Posiblemente haya que considerar más correcta la elegía *La epidemia de 1804. A Amira*, publicada por primera vez en un número de la *Miscelánea* de 1819 como poesía que "dirigió uno de nuestros colaboradores a una señora que le exhortaba a enviarle versos"; o sea, a Mariquita del Álamo, con la que se casaría en 1806. En ella se manifiesta la facilidad que ya observó uno de sus biógrafos, de acceder "al objeto filosófico que siempre se proponía aun en la más ligera de sus composiciones"[307]. En efecto, se diría inspirada en el pasaje de la ruina de Babilonia, contenido en el capítulo 18 del *Apocalipsis*, la melancólica reflexión final sobre la vanidad perecedera de lujos y mercaderías exóticas, que pinta con imágenes sensoriales, para proponer ideales más elevados en su lugar. ¿Pero es el mismo espíritu o hay más bien una raíz de inspiración horaciana (y yendo más allá, epicúrea) como sugiere la evidente sugerencia a la *aurea mediocritas*? He aquí la estrofa final en la versión de la *Miscelánea*:

[82] La flor de la hermosura se marchita,
Vuela la edad, y en inquietud ansiosa
Calla el amor, y la codicia grita:
¡Feliz aquel que en medianía honrosa,
Su vivir deslizándose sereno,
Ni la esperanza ni el temor acosa,
[88] Y de la blanda paz duerme en el seno.

Y en la versión que el mismo autor facilitó a Eugenio de Ochoa en 1840:

[70] Cual la ambición apagase la ira,
Y lo mismo el amor que la esperanza

---

307. A. P., "Noticia (…)", en *Anales* (…), *o.c.*, I, p. 36; a su vez, A. Ferrer del Río detalla que Burgos la dedicó "a la que un año después sería su esposa": vid. *Galería* (…), *o.c.*, p. 64. La "Elegía" fue publicada en *Miscelánea* nº 9 (19.12.1819) con 88 versos; primer verso: "Alza a tu voz mi musa el tardo vuelo". Está muy modificada en la edición de E. de Ochoa, *Apuntes* (…), *o.c.*, pp. 264-266, con 76 versos; primer verso: "No, no me culpes, celestial Amira"; sin variantes respecto a Ochoa en las versiones de *La Alhambra* t. III (4.10.1840) pp. 317-318 y de L. A. de Cueto, *o.c.*, III, p. 418.

Entre congojas y dolor expira.
¿Por qué pues el mortal ciego se lanza
Tras la torpe ilusión que poco dura?
Solo asegurarán su bienandanza
[76] La paz del alma, la conciencia pura.

Y por supuesto, la misma finalidad "filosófica" puede atribuirse a su teatro, género que cultivó crónicamente durante toda su vida y al que dedicó una mayor atención teórica.

4.7. La traducción de *El Optimista*, de Collin d'Harleville

Que Xavier viviera en Motril, donde se hallaba su casa, deudos, amistades y hacienda, no significa que limitase su horizonte al ámbito de la localidad, o al de la capital granadina, en la que su familia y él mismo mantenían numerosas relaciones. En julio de 1803, mientras seguía su trámite el proceso inquisitorial, se representaba en Madrid, en los Caños del Peral, su traducción de *El Optimista*, una comedia en tres actos, en verso, del francés Collin d'Harleville, anunciada bajo el título de *Así como está, está bien*. Ahora bien, ocurrió un incidente. El juez de imprentas, marqués de Fuente Híjar, había mandado suspender la función, cosa que impidió el Alcalde de Corte José Pérez Valiente en el último momento, al comunicárselo el actor Máiquez, cuando se dirigía a su palco: "Y yo viendo que no tenía nada contra la religión, buenas costumbres, ni el gobierno, informado por el mismo Máiquez que solo era por varias disputas que habían ocurrido entre dicho cómico y el autor de la comedia, la hora crítica en que se iba a empezar, y el teatro lleno, le mandé que no mudasen de representación, pues el público es primero que todo"[308]. Isidoro Máiquez, director de escena y galán de la compañía de los Caños, era conocido por su genio altivo, mientras que Burgos, como ya se ha visto en el caso del *Semanario de Granada*, no era dócil a la crítica. Y en efecto, el manuscrito

---

308. Archivo de la Villa (Secretaría) II, 478, 17, Josef Mª Pérez Valiente y Brost al Gobernador del Consejo (Madrid, 6.07.1803); la representación se anunció como *Así como está, está bien,* en *Diario de Madrid* nº 187 (6.07.1803) p. 752. Vid. Ada M. Coe, *Catálogo bibliográfico y crítico de las comedias anunciadas en los periódicos de Madrid desde 1661 hasta 1819.* Baltimore: J.H. Furst Company, 1935, p. 171.

del guion escénico de la comedia contiene un número elevado de trazos marginales (precisamente en los pasajes "filosóficos", que podían aburrir a los espectadores), lo que justifica la afirmación del juez de imprentas de que "está tan cambiada que no es la misma la autorizada que la que se ha representado". En cualquier caso, lo ocurrido preludia el futuro desencuentro, más dramático y de mayor consecuencia, que tendría lugar entre ambos personajes en 1818 y de cuyas resultas -llegó a decirse de forma calumniosa- Máiquez fue desterrado de Madrid y perdió la salud, falleciendo poco después. Por extensión, también podo haber afectado negativamente a la relación entre Burgos y el editor del importantísimo diario *El Universal*, don Vicente Ayta, que era persona próxima al actor, determinado así en enfrentamiento entre este periódico y los dirigidos por Burgos entre 1820 y 1822.

"La obra, aparte su nativa languidez, está bien presentada y versificada con soltura; los personajes son españoles y la acción pasa en las inmediaciones de Granada" resume Emilio Cotarelo[309]. Por supuesto, se ciñe a las reglas de la poética neoclásica, que Burgos nunca dejó de aplicar en su propia producción, aunque por el argumento, quizás podría considerarse como una comedia de las llamadas *de carácter* en el teatro antiguo español. La trama amorosa da a la pieza algo de tirón comercial, que se revaloriza al enlazar con un segundo asunto, la enseñanza filosófica que predica a cada paso el optimista don Justo (M. de Plinville en el texto de Collin). Este tiene un contrapunto en su amigo don Eugenio (M. de Morinval), todo un cenizo, pero también en otros personajes como la gruñona doña Leandra (la señora de Plinville) y el portero protestón,

---

309. La atribución a Burgos como traductor y resto de información relacionada, en Emilio Cotarelo y Mori, *Isidoro Máiquez y el teatro de su tiempo*. Madrid: José Perales y Martínez, 1902, pp. 181-182: "Muchos años después parece que Burgos reformó esta primera obra dramática suya". También Vicente Llorens, aunque parece creer que Burgos fue el autor original, y sin citar su fuente: vid. su edición de A. Alcalá Galiano, *Literatura española (…)*, p. 160. El ejemplar de la comedia que he consultado procede de la Biblioteca Histórica Municipal de Madrid: *El optimista. Así como está está bien / Comedia / En tres actos y en verso*. Ms. con 61 hojas en 4° (parece faltar una hoja con el último párrafo). Signatura: Tea 1-74-8. La versión francesa: *L'Optimiste, ou l'homme toujours content, comédie en cinq actes et en vers, représentée pour la premiere fois par première fois par les comédiens français, 22 février 1788*, en M. Édouard Thierry (ed.), *Théatre de Collin d'Harleville précédé d'une notice biographique par — —*. Paris: Laplace, Sanchez et Cie. Éditeurs, 1882, pp. 55-138 [en línea: BnF / Gallica. Consulta 03.02.2020].

Matías (Picard), que sirven para resaltar el carácter del optimista y aportar algo de comicidad, con salidas prosaicas que tienden a poner en su sitio la bonhomía algo caricaturesca de don Justo. Es el mismo esquema que Burgos utilizaría en su comedia original *El Heredero* (1807) y del que todavía se percibe algún eco en la posterior *El presidente de la regencia* (1811).

Emilio Cotarelo atribuye llanamente la traducción a Burgos y creo que su afirmación debe aceptarse, a juzgar por la caligrafía del manuscrito que se ha conservado, que parece propia de Burgos, y las pistas internas que proporciona el argumento. Más que una traducción fiel, el trabajo tiene mucho de adaptación, en la que se naturaliza la acción y se suprimen caracteres del reparto. Aparte de eliminar los de un par de lacayos, se refunde el de la prima madame de Roselle con el de la criada Rose (Rosalía, en la versión española), confidente de los amantes y auténtico factótum de todo lo que pasa. Y claro, eso afecta a la escenificación y obliga a rehacer algunos diálogos. En lugar del castillo de Turena, "la [e]scena pasa en una quinta o casa de campo de don Justo situada en las inmediaciones de Granada" (p. 1 r.°); además, la actividad planeada para el día de marras es una cacería, no la excursión acuática prevista por el señor de Plinville. A su hija Magdalena, que es la bella de la historia (Angélique en el original francés), da clase de inglés el galán (M. Dormeuil), disfrazado bajo la identidad del secretario León (M. de Belfort) ocultando que es un gallardo militar, aunque sin patrimonio por culpa de las pérdidas sufridas en el juego por su padre. Pero es este, el coronel retirado Diego de Toledo (¿por Diego de Burgos?) que se ha enriquecido nuevamente, quien termina resolviendo los problemas de todos, a golpe de dinero.

Creo que es posible advertir cierta proyección autobiográfica en este trabajo primerizo de Burgos y por eso, lo más interesante de su versión de *El Optimista* es el mensaje ideológico que pretendió trasmitir, aunque este no fuera de su cosecha; de hecho, los parlamentos más expresivos han sido traducidos con fidelidad. El protagonista don Justo (rico hacendado) es un hombre satisfecho, firme partidario del orden que rige la naturaleza y la sociedad, y eso tiene también consecuencias en las relaciones entre propietarios y asalariados:

Yo me admiro conociendo
esta savia providencia
que a los ricos puso en medio
de los indigentes, unos
necesitan de dinero

otros de brazos; de suerte
que está todo bien dispuesto
y colocado en la vida
que los unos careciendo
de lo que a los otros sobra
la mitad del mundo vemos
servir a la otra mitad (p. 15 - 15 v.°).

Don Justo recomienda la aceptación del lugar asignado en la vida, lo que indigna al criado Matías, que no comparte para nada el optimismo social de su señor. Ese parlamento concluye:

Celosos fieles [criados] que buenos
amigos… Yo te doy gracias
Dios soverano y eterno,
tu vondad sobre la tierra
ha colmado mis deseos (p. 18 r.°).

El optimismo de don Justo es patológico ("soy dichoso aun cuando duermo", p. 9), pero también responde a una filosofía consciente ("El encanto de la vida / está en vivir sin recelo"), que por otro lado, le impide abatirse por adversidades como el incendio del granero o incluso la ruina económica, provocada por haber puesto su confianza en un comisionista irresponsable; suceso que mueve al resto de los personajes -pasmados- a instarle a actuar, pero sin lograr alterarle.

La verdad es que al final, queda la impresión de que tanto optimismo parece un poco insensato y resulta impensable que el autor francés y el adaptador español no se hubieran percatado de que se les había ido la mano en su elogio. En cualquier caso, sí está claro que ahí predomina un conformismo muy identificado con el orden de cosas establecido y que eso tenía que resultar un tanto alienante, al predicar la inacción. Posiblemente con razón, Collin d'Harleville (que había publicado *l'Optimiste*, nótese, en 1788) fue criticado pocos años después, al considerarse que la obra defendía la desigualdad y el sentido de subordinación social del Antiguo Régimen.

En último extremo todo esto es coherente con la actitud epicúrea que Eugenio de Ochoa, según explicaría años después, relacionó con el horacianismo incipiente del latinista que ya era entonces Burgos: la serenidad de espíritu, el equilibrio interior como clave de la felicidad humana, en un estilo de vida que se desenvolvía en un idílico entorno rural, como el que él mismo disfrutó en aquellos primeros años del siglo, cuando -por usar su propia expresión- alternaba "la aridez de la economía" con "las flores de la poesía".

4.8. *El Heredero, comedia en prosa por don Francisco Xavier de Burgos, regidor perpetuo de Motril (1807)*

El recorrido por la senda intelectual trazada por Burgos nos lleva ahora a su comedia original titulada *El heredero*, que se publicó con toda probabilidad en 1807, cuando era, así se dice en el anuncio de la *Gazeta*, regidor perpetuo de Motril[310]. Paradoja: que recurriera para darse lustre a la mención de un cargo concejil con perfil tan arcaizante choca con el enfoque moderno con que se supone, él entendía a esas alturas la gestión municipal. Pero si no coherente, si que es humano.

La obra desarrolla un pequeño drama doméstico muy alejado de los denostados argumentos épicos o fantásticos de tradición barroca que atraían a la masa de los espectadores a los teatros del reino. La trama se origina a partir de la ojeriza y las suspicacias de dos personajes, Manuela y su marido Rufino, presuntos herederos del moribundo don Silvestre, a Luisa, hija natural pero desinteresada y virtuosa. Las cosas se complican con la intervención de los dos médicos, don Lucas y don Juan, el primero un incompetente que alimenta las esperanzas voluntaristas de Rufino, ansioso por hacerse con la herencia de su suegro, que es hombre adinerado. El otro médico, don Juan, tira los tejos a Luisa. Es un hombre recto, humanitario (o sea, sensiblero) y con ideas modernas, cuya reputación profesional y la posibilidad de conquistar su amor acabarán dependiendo de la curación del enfermo.

---

310. *El Heredero*. Comedia en prosa, en tres actos, por Don Francisco Xavier de Burgos. Granada: por Don Francisco Gómez Espinosa de los Monteros, s.a., 138 pp. 8°; la obra impresa se anunció en la *Gaceta de Madrid* n° 87 (29.09.1807) p. 1011, "por D. Francisco Xavier de Burgos, regidor perpetuo de Motril. Se vende a 6 rs. en la librería de Castillo, frente a las gradas de San Felipe; en Granada en la de Polo, y en Valencia en la de Mallén".

Como en el caso de *El Optimista*, la comedia termina con un final feliz, como exige el triunfo de la virtud (virtud burguesa), que es el objetivo didáctico de toda pieza teatral ortodoxa en esta época. Hace gala de una estructura acorde a las reglas, pero los largos parlamentos y escasa acción, la hacen poco representable; de hecho, no consta que se haya llevado nunca a las tablas. Se salva porque hay humor, provocado por los malentendidos conceptuales, los correteos de los criados y el trazado caricaturesco de algunos caracteres, señaladamente los de don Lucas y don Rufino. El médico, chapado a la antigua, fue poeta antes de graduarse en teología y estudiar un poco de derecho en Alcalá; ha vuelto a las andadas con su ridícula poesía conceptista, porque a sus cincuenta años cumplidos, se ha enamorado "como un mozuelo" de Isabel, la hermana de Rufino (que sensatamente, le da calabazas). A su vez el fantasioso y mezquino don Rufino, que prodiga patochadas, es otra fuente de hilaridad.

Aparte breves guiños que se quedan en el aire (p. 17: "eres una bachillera"), el argumento permite a Burgos incidir en temas con proyección en su tiempo, como la naturaleza dinámica de la riqueza o el estatus de la ciencia, pero estaría fuera de lugar esperar un alegato en favor de la igualdad de derechos de los hijos naturales: en realidad, si al final Luisa queda como heredera, es porque se establece su legitimidad y no a causa de las prendas de su carácter, aunque se diría que el autor está tentado de sentar tal cosa. A su vez el protagonista, el médico don Juan, no tiene nada contra la prosperidad y el lucro personal -al contrario- pero más que como resultado de la acumulación patrimonial, que es riqueza estacionaria, los valora como fruto del talento, la moderación y el propio esfuerzo, que en conjunto constituyen la virtud (asociada también, vagamente, al "amor a la humanidad") y proporcionan la felicidad. Y en último extremo, puede añadirse, la prosperidad se concibe como una consecuencia del conocimiento adquirido, que permite tomar decisiones certeras no solo en un plano puramente ontológico, sino también en la esfera moral. "Para mí -afirma don Juan- no hay diferencia entre los médicos antiguos y modernos, y solo es bueno aquel, a cuyas disposiciones preside la experiencia y la razón" (p. 67). Nada de igualitarismo por tanto, sino más bien mérito personal, una clave que da sentido al futuro quehacer de Burgos en el ámbito de la literatura, del periodismo, de la política y de las finanzas.

La síntesis del mensaje se encuentra en el parlamento de don Juan (pp. 137-138), que pone fin a la pieza:

El Señor Don Rufino conoce ya el precio de la moderación, sabe que ella sola asegura la paz y la opulencia de las familias, y que la disipación y las distracciones turban infaliblemente su reposo, y comprometen su felicidad. El Señor Don Rufino no dexará de venerar en este accidente el influxo de la providencia, que burlando los designios impotentes del hombre, abandonado a sus pasiones y a sus caprichos, le conduce por rumbos desusados al puerto de la virtud, donde le alumbre el fanal de la experiencia y de la razón.

5. Al servicio del Intruso (1808 - 1812)

5.1. Vicisitudes durante el levantamiento y revolución

Parece lógico imaginar que sin el giro prodigioso que se produjo en España en 1808, la existencia del joven granadino habría transcurrido en su entorno natal, dedicado a los asuntos de su incumbencia inmediata: la explotación de sus tierras, los trapicheos de la política local, el trato con los ilustrados del lugar y sus ocios literarios. Era una trayectoria que la guerra iba cambiar, como muchas otras cosas, de forma tajante. Aunque tampoco se puede desdeñar la posibilidad de que hubiera conquistado posición y reconocimiento más allá de esos pagos, porque él siempre dejó, da la impresión, una puerta abierta en forma de relaciones útiles, para lo que pudiera surgir.

En esas circunstancias, con 30 años cumplidos, Javier de Burgos demuestra poseer una mente ágil, en la que se hallaban bien organizadas ideas, creencias y prejuicios adquiridos mediante el estudio durante los años de formación en Granada, pero también de sus lecturas, acaso menos ortodoxas, y de la amistad con los "filósofos" que se ponían a su alcance. Hay también constancia de su curiosidad intelectual, disposición para el trabajo, capacidad de pensar críticamente y arte para comunicar. Es ya un personaje seguro de sí mismo, con ambición personal y no menor inclinación a iluminar a sus conciudadanos con sus opiniones. A este respecto, desde la experiencia que había adquirido con el trato de funcionarios y cortesanos durante su estancia en Madrid, y con el conocimiento de la actualidad política que muestra en su correspondencia, Burgos no podía, sencillamente, tener una idea favorable sobre la manera en la que se manejaban los negocios de la Monarquía, aunque sí es patente su respeto al orden establecido y su deseo de agradar a las personas investidas de autoridad. Pero tampoco, desde su convicción sobre las obligaciones que incumbían al gobierno, debía tener motivos de lealtad hacia quienes incumplían de manera flagrante sus obligaciones, en perjuicio del interés general. Se entiende, por tanto, su pronta adhesión a la dinastía napoleónica.

Hasta hace poco, las andanzas de Javier de Burgos durante los primeros meses del alzamiento, guerra y revolución de España en 1808 eran una incógnita, puro objeto de especulación. Actualmente, esa laguna se ha cubierto de manera aceptable gracias al descubrimiento de un documento, denso en información, exhumado, creo, por el investigador de Motril Miguel Medina. Se trata de una exposición firmada por el propio Burgos en Sevilla el 15 de abril de 1810 y dirigida al rey José Napoleón solicitando un destino, que efectivamente logró. Dicho documento fue publicado en el diario progresista *El Clamor público* en 1844[311], en un momento de lucha electoral intensa, con ánimo de perjudicar la imagen de Burgos. Uno no sabe si es más sorprendente la fuerza operativa que aun se atribuía a la acusación de afrancesamiento, o la miseria del partido progresista, sin imaginación para encontrar otros argumentos que oponer a sus adversarios políticos. Sin embargo, a pesar de estas circunstancias, el documento sí parece auténtico: los detalles históricos que menciona concuerdan con lo que sabemos y hay coherencia y adecuación en el contenido del texto. En realidad, de ahí no se deduce más incriminación contra Burgos que su adhesión al rey José y el deseo de emplearse a su servicio, o sea, lo que ya se sabía por notoriedad desde la época en la que tuvieron lugar los hechos. Tampoco hay nuevas revelaciones, ni matices en la redacción que redunden en infamia o ridículo para Burgos, que es lo que posiblemente podría hallarse en un texto falsificado o manipulado.

La representación expone en primer lugar los méritos circunstanciales y seguidamente, las condiciones que a su juicio, le hacían apto para aspirar a un destino. Burgos se ocupa primero, sobriamente, de los riesgos constantes que había corrido su vida durante la insurrección: relata su huida de Motril y el saqueo de su casa en la conmoción del 1 de junio de 1808, que le obligó a refugiarse en Vélez Benandalla, a donde se destacaron partidas en su persecución. Después, tuvo que huir en varias ocasiones del peligro provocado por "un populacho alucinado y feroz", especialmente

---

311. *Clamor público* n° 119 (15.09.1844); al día siguiente insertó también este documento *El Espectador* n° 997 (16.09.1844); reproducido en G. Medina, *República de Motril (…)*, o.c., pp. 1087-1088.

cada vez que el ejército insurgente experimentaba algún revés en la lucha con los franceses. Ante el riesgo de nuevos desórdenes tras la ocupación de Granada (o sea, el 28 de enero de 1810), Burgos marchó a Málaga "provisto de instrucciones secretas" (sic) para entrevistarse con el general Sebastiani, quien envió tropas para dar protección a Motril, amenazada de convulsiones. ¿Había en la ciudad un partido confabulado a favor de los franceses? Así lo hace pensar la actitud del gobernador Josef Juncar, quien inmediatamente reconoció al rey José, y el rápido afrancesamiento de sus compañeros en la Sociedad de Amigos del País. Con las tropas regresó Burgos, pero como el pueblo, según él, no interpretó bien la rectitud de sus intenciones, juzgó conveniente ausentarse de nuevo. Con esta declaración contrasta la crónica entusiasta que publicó la *Gazeta de Granada*[312], según la cual los franceses entraron el 16 de febrero en Motril,

cuyos habitantes, conducidos por las luces y el verdadero patriotismo de su Gobernador [don Josef Juncar], deseaban el momento de verlas. No se equivocaron en la idea que habían formado de su buena disciplina y de su amor a los españoles; y se ve con gusto reinar la armonía y confianza entre los vecinos, con quienes alternan en sus juegos y diversiones.

La valoración de la *Gazeta* fue voluntarista en exceso y mintió claramente sobre el sentir de la población. En realidad, lo que ocurrió, de acuerdo con el relato de Burgos, fue todo lo contrario: la guarnición francesa se vio obligada a evacuar la ciudad ante la llegada de una banda de insurgentes, e incluso su propia familia tuvo que huir.

Y si bien pudo escapar, aunque a pie, por trochas y vericuetos, mis equipajes y criados cayeron en manos del populacho conmovido, me inutilizaron porción de efectos y me robaron los más preciosos, entre ellos la plata de mi casa, en no despreciable cantidad.

La actitud de los vecinos, por cierto, no se enmendaría en los meses siguientes. Exasperado por las correrías del alcalde de Otívar, un guerrillero de renombre, el comisario general de policía de Granada

---

312. *Gazeta de gobierno de Granada* n° 6 (23.02.1810) p. 22.

echaba de menos una intervención ejemplar del ejército francés, "para que en algunos pueblos, como por ejemplo el de Motril, logren sus desleales vecinos calentarse en una grande hoguera"[313]. Volviendo al relato de Burgos, el comandante francés informó de lo ocurrido a Sebastiani, quien le recomendó ante el rey y le dio además una carta para el ministro del Interior, el marqués de Almenara[314].

Seguidamente, Burgos hacía valer en su representación los méritos contraídos en su carrera, aspecto en el que llama la atención la analogía entre los puntos que él presenta y los que, en su momento, destacarán las biografías de Eugenio de Ochoa y Nicomedes Pastor Díaz. Ahí alude de pasada a la reputación adquirida con alguno de sus trabajos literarios y recuerda su educación en el colegio de San Cecilio ("de teología, matemáticas, filosofía y cánones"), pero enfatiza especialmente la preparación adquirida por espacio de ocho años como secretario de la Sociedad Económica y regidor perpetuo de Motril, "donde es notorio el modo con que he desempeñado estos encargos, dirigiendo toda la correspondencia y trabajos de la sociedad y gran parte de los del ayuntamiento". Sin dejar de mencionar las pérdidas materiales que le habían ocasionado sus sinsabores y su errancia tras la corte (había tenido que arrendar su establecimiento, que le proporcionaba 50 000 reales anuales por tan solo 20 000), concluye formulando su pretensión:

> V.M. puede mandar informarse de mis conocimientos en los ramos pertenecientes al ministerio del Interior, confiándome el despacho de cualesquiera expedientes, encargos o comisiones, cuyo desempeño probará hasta que punto puedo ser útil. En consecuencia, a V.M. humildemente suplico se sirva conferirme un destino proporcionado a mi jerarquía, mis conocimientos, amor a vuestra real persona y gobierno, y a las pérdidas y daños que he sufrido.

---

313. AHN, Estado, leg. 3112 (correspondencia interceptada), Antonio Falces, comisario general de policía de Granada al barón Dogueran, coronel de artillería (Granada, 30.08.1810).

314. José Martínez Hervás, marqués de Almenara (Granada, ca. 1757), antiguo protegido de Godoy, gozó durante su estancia en París (banquero, diplomático) del aprecio de Napoleón. Fue ministro del Interior durante la guerra: vid. Juan Mercader Riba, *o.c.*, pp. 118-121. Granadino y antiguo godoyista, por razón de su cargo iba a tener relación con Burgos, subprefecto de Almería.

La adhesión de Burgos a la causa bonapartista era coherente con el comportamiento seguido por la generalidad de la elite granadina[315], pero también, ya se ha visto, con las expectativas propias de su carácter, su formación intelectual y los estudios administrativos que habían centrado su atención durante los últimos años, un punto que Nicomedes Pastor Díaz subraya en la biografía de Burgos para justificar su toma de partido durante la contienda.

Hay que recalcar además que, al margen de la ambición o el idealismo que pudiera influir en esa determinación (y probablemente se funden ambos motivos sin contradicción), su aceptación de cargos en la administración josefina indica una entereza de no escasa significación en aquellas circunstancias, cuando la victoria de José Napoleón no estaba aun asentada. La historia de sus persecuciones es verosímil, si nos atenemos a las penalidades que sufrió don Juan Andrés Micás, otro vecino de Motril aunque oriundo de Francia, que con su mujer tuvo que abandonar precipitadamente su casa dejando a su hijo pequeño a cargo de una criada. Micás, que era comerciante con mucho arraigo en la ciudad y administrador del marqués de Algarinejo, pertenecía también a la Sociedad Económica[316]. Burgos debía tener también muy presente el final trágico que había sufrido Bernabé Portillo, recuérdese, el censor de la Sociedad, que había sido bárbaramente asesinado en los primeros momentos del levantamiento a causa de unas declaraciones indiscretas en favor de Napoleón. Tras pasar algunos días oculto en Quentar, fue preso y conducido en tropel a Granada, donde la Junta lo hizo recluir en la cartuja para su propia protección, junto al corregidor de Vélez Málaga. El 23 de

---

315. Vid. en particular la crónica, muy detallada, de la ceremonia solemne de prestación del juramento de fidelidad al rey Josef Napoleón en la catedral de Granada, por los representantes de los cuerpos y gremios el 31 de enero ante el ministro de Negocios eclesiásticos don Josef Miguel de Azanza, el general en jefe del Cuarto Ejército don Horacio Sebastiani, etc.: *Gazeta del gobierno de Granada* n° 1 (6.02.1810) pp. 1-4. Sobre la actitud inequívoca de jefes y autoridades locales, vid. Eduardo Díaz Lobón, "Granada en la restauración fernandina (1814-1820)", *Anuario de historia contemporánea* n° 4-5 (1977-1978) p. 220.

316. Cfr. Juan Ortiz del Barco, *o.c*, p. 229, aunque sin precisar las fechas: "Cuando creyeron que estaban sosegados los espíritus, regresaron al pueblo, encontrándose con que sus cuantiosos bienes habían sido confiscados y todavía en mala disposición muchos de sus parciales, por lo que los Canónigos albergaron algún tiempo al D. Juan Andrés en el Archivo de la Colegiata que estuvo á su cargo bastantes años".

junio de 1808, sin embargo, incitados por un fraile, un grupo de borrachos se apoderó de los dos presos, que fueron apuñalados en el Triunfo, ante la puerta del convento de la Merced, sin que lograran impedirlo otros eclesiásticos que se interpusieron. "Algunos codiciosos registraron los bolsillos de las víctimas y robaron su escaso dinero, y hasta un infame y rapaz alguacil se ensangrentó las manos para arrancar las hebillas de plata sobredorada con que Portillo adornaba sus zapatos". Aquella noche, como escarmiento, fueron engarrotados y colgados de una horca varios de los revoltosos, y enviados a presidio dos frailes que habían atizado el tumulto[317]. Gran consuelo.

¿Hay un recuerdo a su amigo en la oda que Burgos dedicó a la entrada de los franceses y la abolición de la Inquisición en Granada?

Aun humea, sacrílegos, la hoguera
Do a un Dios de paz en holocausto impío
Inmolarais al sabio virtuoso (vv. 64-66)[318].

5.2. Subprefecto en Almería

Con su propia experiencia y a sabiendas de esta y otras atrocidades cometidas con los partidarios del bando de su elección, Burgos había demostrado osadía y capacidad de empeño, lo que desdice, o matiza al menos, el perfil acomodaticio que se presupone del afrancesamiento. Por lo demás, tampoco rehuyó, como veremos, el compromiso -ambivalente- que suponía la compra de bienes nacionales, adquiriendo varias tierras en Motril.

---

317. Cfr. Miguel Lafuente Alcántara, *Historia de Granada (...). o.c.*, t. IV, pp. 283-285; en el mismo contexto informa del asesinato del exgobernador de Málaga don Pedro Trujillo (casado con Micaela Tudó, hermana de la amante de Godoy), a manos de tres negros dominicanos compañeros de Desalines, que fueron ejecutados a garrote como escarmiento para mantener el orden. Otros asesinatos tuvieron lugar en Guadix y en Málaga, incluido el del vicecónsul francés y de otro vecino de esa nacionalidad. De Lafuente toma A. Gallego Burín la mayor parte de la información sobre este asunto para su propio trabajo: "Granada (...)", *art. cit.*, pp. 78 y 84.
318. *Gazeta de Granada* n° 7 (27.02.1810) pp. 27-28, "A la entrada del exército francés y la abolición de la Inquisición en Granada".

JOSÉ NAPOLEON I.º

Rey de las Españas y de las Indias.

Imagen 17. José Napoleón I, rey de las Españas y de las Indias. Grabado calcográfico (Calcografía Nacional, en Estampas de la guerra d ella Independencia. Madrid: Calcografía Nacional - Ayuntamiento de Madrid - Caja de Asturias, 1996).

En su exposición del 15 de abril, Burgos insinúa que había seguido a la corte de José Napoleón durante sus andanzas por Andalucía. De ser así, fue la ocasión para conocer personalmente al ministro Almenara, reencontrarse con Meléndez Valdés y establecer contacto, si no lo había hecho antes -como parece lógico- con las figuras señeras del grupo literario sevillano, que se habían decantado a favor de José Napoleón. Así pues, el 1 de mayo de 1810[319] recibió el nombramiento de subprefecto de Almería y el 8 de junio llegaba la ciudad para tomar posesión del cargo: "hombre joven, animoso, y muy guapo" que traía muy buena ropa, informa Fernando Ochotorena[320]. Las cartas familiares dan cuenta de su instalación: "Como siempre con el gobernador mayor De Grotowski, a quien he dado las expresiones que me encargó el Sr. general Werlé, y ha

---

319. Cfr. El decreto de nombramiento de subprefectos, f. en Sevilla, 1 de mayo de 1810, en *Gaceta de Madrid* n° 133 (13.05.1810) p. 562. El día 29 de ese mes Burgos estaba aun en Granada, al parecer enfermo: "me hallo mejor aunque no del todo bueno" (AFB, X. de Burgos a D.A. de Burgos, Granada, 29.05.1810).

320. Fernando Ochotorena, *La vida de una ciudad: Almería, s. XIX (1800 -1849)*. Almería: Librería Editorial Cajal, 1976, vol. I, p. 58.

estimado mucho. Sírvase Vd. decir a dicho señor general que en primera ocasión le escribiré"; toca cuestiones domesticas como el envío de algunos muebles y la venta de los sobrantes, asunto necesario para aposentar a su mujer ("estoy aburrido de estar solo"); un intento de endosar la deuda de Bendicho a su padre (que no se dejó), y una gestión delicada para que fuera aceptada la renuncia de este, que andaba ya arrepentido de haberlo aceptado, al corregimiento de Motril. Como de costumbre, encargaba también vinos (generoso y añejo seco) porque "tengo que hacer un regalo al Gobernador, y para quedarme yo con un poco, pues aquí no tenemos más que de Alicante y Cataluña"[321].

Por su parte, la información que proporciona la documentación neutra, o no intencional, sobre el desempeño de sus obligaciones, deja la impresión de que se condujo con convicción, eficacia y firmeza no carente de flexibilidad (aunque Fernando Ochotorena tiende a destacar las medidas despóticas y extorsiones contra la población, especialmente las monjas de la localidad)[322]. Sin embargo, si Burgos esperaba cambios inmediatos del régimen al que servía, la realidad habla de provisionalidad y continuos sobresaltos por la amenaza de las tropas nacionales, lo que necesariamente tenía que frustrar los beneficios de cualquier reforma, restar eficacia al trabajo administrativo ordinario y posiblemente, minar su motivación. Así las cosas, Burgos dictó inmediatamente medidas para el mantenimiento de los soldados franceses y acordó las exacciones de rigor; también ofició al cabildo eclesiástico para que declarase sede vacante, obviando la autoridad del obispo, que había huido. A poco, trasladaba al ayuntamiento las instrucciones para la formación de secciones, una forma novedosa y más racional de organizar los ramos o negociados del servicio público que corrían a cargo de los regidores. Su comunicación al respecto es un tanto retórica y no arroja dudas sobre su opinión favorable acerca de esta reforma:

---

321. AFB, X. de Burgos a D.A. de Burgos (Almería, 12.06.1810); (Almería, 1.07.1810); (Almería, 3.07.1810) y (Almería, 10.07.1810). El mencionado gobernador debía ser Félics Grotowski, comandante interino del 9º regimiento del Ducado de Varsovia, cuya unidad estuvo destinada en Almería: vid. Cristina González Caizán, *Por Napoleón en España. Los soldados polacos en los Sitios de Zaragoza (1808-1809)*. Legardeta (Navarra): Foro para el Estudio de la Historia Militar de España, 2017, pp. 80 y 107.
322. Junto a los datos de Juan Mercader (*o.c.* II, p. 259-262) sobre la gestión y vicisitudes de Burgos en Almería, sigo en estas líneas el documentado estudio de José Castillo Cano, *Almería en la crisis (…)*, *o.c.*, pp. 127-142; vid. también F. Ochotorena, *o.c.*, vol. I, pp. 58-76.

La mayor parte de las comisiones que en el cabildo de fin de año se sortean aun en las ciudades son resto del goticismo de las municipalidades antiguas (...) ¿Qué es en efecto un veedor de oficios, un escritor de cartas, un comisario de legacías, un maestro de ceremonias, dos alcaldes ordinarios?[323].

En el mes de agosto registró el convento de las Puras en compañía del general Belair buscando pertrechos de guerra escondidos, pero no encontraron nada. En octubre, durante la expedición de los aliados a Fuengirola, marchó a Guadix con el general francés y volvió en noviembre, al cesar el peligro. Según la información de origen municipal estudiada por Castillo Cano, tras pasar en Granada el mes de enero de 1811, Burgos tuvo que ausentarse nuevamente de Almería ante la llegada de las fuerzas españolas, que la ocuparon entre mayo y agosto[324]. En esta ocasión, alegando haber tenido que salir por quinta vez de la ciudad con la guarnición, consiguió licencia del gobierno para desplazarse a la Corte con el fin de "arreglar sus intereses y reparar los perjuicios que había sufrido"[325]. La cláusula es reveladora: ¿fue entonces cuando se ocupó de adquirir bienes nacionales? En efecto, se sabe que Burgos compró varias tierras en su ciudad, pagando en dinero[326]. Era esa una decisión perfectamente coherente con su modo de pensar, imbuido de humanismo secular y de convicción, regalista, sobre la capacidad del gobierno para enajenar bienes eclesiásticos en beneficio de la sociedad civil y de los particulares que supieran hacerlos rendir.

A su vuelta tres meses después, Burgos hubo de revertir la obra de los patriotas que la habían ocupado, exigir el pago de contribuciones, trasmitir instrucciones al ayuntamiento y despejar sus objeciones, ocuparse de la elección de la nueva junta municipal, imponer puntualidad en la rendición de las cuentas públicas y desarrollar abundante trabajo ordinario (leña, sal, fomento de la agricultura, escopeteros, reintegros, obras y urbanismo, etc.). En suma, una intervención muy activa en las

---

323. Cit. en J. Castillo, *o.c.*, p. 132.
324. *Ibidem*, pp.135-137.
325. Archivo General de Palacio (= AGP), Papeles Reservados de Fernando VII, t. V, f° 236 (Actas del Consejo de Ministros, sesión de 5.06.1811), cit. en J. Mercader, *o.c.*, p. 260.
326. AGP, *loc. cit.* t. X, f° 42 y ss., "Estado de los bienes nacionales vendidos a precio convencional a dinero metálico, sin sujeción a subasta, conforme a la circular de 19 de julio de 1809", cit. en J. Mercader, *o.c.*, p. 388, aunque sin entrar en detalles.

cosas de su circunscripción que no lograría paliar, en absoluto, el deterioro progresivo de las condiciones en la localidad[327], pero que tampoco permite dudar de su identificación con el régimen josefino ni de sus deseos de adelantar en su servicio. En oficio fechado el 29 de octubre el subprefecto comunicaba, solícito, al ministro Almenara:

He dado cuenta de esta ocurrencia [resistencias al derecho de patentes] al Sr. Comisario Regio General de las Andalucías y al Sr. Prefecto de esta Provincia, quienes pienso la habrán dado al Sr. ministro de Hacienda, y he creído de mi deber darla yo también a V.E. esperando que mi conducta en este negocio merecerá la aprobación de S.M. y que V.E. se dignará ver en ella un nuevo testimonio del celo que me anima por su servicio. Me lisonjeo de que he dado semejantes testimonios tan frecuentemente como lo ha permitido la estrechez de las atribuciones de mi plaza, y mi mayor recompensa será que V.M. se digne manifestarlo a S.M., como pienso que lo ha hecho el Sr. conde de Montarco, que se ha servido ya muchas veces manifestarme su satisfacción por mi manera de servir[328].

Hasta aquí, las fuentes de información no intencionales, que proporcionan datos hasta finales del año 1811, pero no más allá. La cara más amable de Burgos como funcionario se encuentra en los testimonios que hubo de aportar sobre su conducta política con el fin de legalizar su posición, una vez hecha la paz tras el restablecimiento de Fernando VII en el trono de España[329]. Dadas las circunstancias, es más que comprensible

---

327. Cfr. J. Castillo, *o.c.,* pp. 141-142.
328. AHN, Consejos, leg. 49614, X. de Burgos al ministro del Interior (Almería, 29.10.1811).
329. AHN, Consejos, leg. 11353/3, exposición al rey de Javier de Burgos (Jaén [sic], 1.04.1818), acompañando la pieza con los expedientes de purificación que promovió en Granada (18.03.1818) y Almería (27.03.1818). Informes y declaraciones de testigos en Almería: don Demetrio Romero López, doctoral, vicario capitular sede vacante, provisor y juez eclesiástico del obispado; don José Vicente de Góngora, canónigo de la misma, teniente vicario general castrense y juez del tribunal de la Santa Cruzada; don Miguel Antón, abogado, síndico personero; Josef Ramón, labrador hacendado y vecino de ella, Bonifacio Berenguer, vecino y labrador de su vega; don Manuel Gómez Fernández, capitán de caballería retirado; don Antonio María Aguilar y don Francisco Torre Marín, caballeros maestrantes de Ronda

la mendacidad con que se manifestó para alcanzar ese fin, arguyendo la falta de libertad con que habría desempeñado su gestión y la rectitud de su actuación, siempre orientada a contener a los franceses y minimizar los daños que sufría la población civil. En suma, él se había limitado a ejercer una mediación humanitaria entre invasores e invadidos, lo que fue una de las argumentaciones más frecuentes de los funcionarios josefinos cuando tuvieron que solicitar su purificación política. Así pues, según la versión que aportó, hubo de transigir y desempeñar el cargo de subprefecto a la fuerza, sin aceptársele sus "muchas y obstinadas renuncias" y sin la posibilidad de emigrar a país libre con su numerosa [?] familia, pues no consiguió vender sus bienes y carecía de otros recursos.

Ahora bien, si las explicaciones de Burgos son interesadas y nada creíbles, los testimonios aducidos tienen mayor verosimilitud, por cuanto proceden de una pluralidad de declarantes y se refieren a hechos concretos, tanto o más que a su valoración. Él mismo aludió reiteradamente a estos documentos para defender su conducta desde la *Miscelánea*, en el curso de las polémicas sostenidas con la prensa exaltada durante el Trienio liberal. En síntesis, según los testigos llamados a apoyar su justificación, todos personas "de la primera distinción" de Almería ("excepto dos labradores ricos"), Burgos evitó vejaciones y opresiones a los habitantes de los pueblos de su partido, para lo que tuvo que mediar e incluso

---

y Granada respectivamente; don Severo Lázaro, beneficiado de la parroquia de San Pedro; de don Gabriel Ximénez Molina, jurado perpetuo y contador titular del ayuntamiento; don Bernardo de Campos, del comercio mayor; y don Pedro Josef Fernández de Beloy, notario mayor del tribunal de la Santa Cruzada y de la Junta de Diezmos.[12]. En una segunda presentación declararon don Juan Pérez de Guzmán, arcipreste de la catedral; el doctor don Manuel Gómez González y el licenciado don Josef de Vivar y Vázquez, ambos abogados; don Felipe Gómez de Tortosa, caballero de Calatrava, regidor y administrador de tercias, noveno y excusado; don Francisco Antonio Ximénez, vicecónsul de S.M. británica y de la Sublime Puerta; licenciado don Francisco Iribarne Gálvez, abogado y asesor de Guerra; don Francisco Camilo Rambaud, vecino y socio de la casa de comercio mayor Magdonel [sic], Gorman y Compañía. Sigue diligencia de reconocimiento y testimonio de los papeles del archivo de la secretaría del gobierno de Almería con el memorial del corregidor de Enix y el alcalde del Marchal de Antón López, Juan Martínez y Antonio Martínez (Almería , 6 y 7.01.1812) e informe de X. de Burgos (Almería, 7.01.1812); verificación de diligencias por el procurador síndico (Almería, 7.03.1818), gobernador don Carmen del Cerveto y ayuntamiento (Almería, 24.03.1818).

enfrentarse a las autoridades francesas, los generales Belair y Goudinotte; porfió para reducir contribuciones, haciéndolas mucho más llevaderas para esos pueblos de lo que fue en el resto de la provincia. Ese punto está confirmado, al menos en parte, por la documentación que estudió Juan Mercader, según la cual, frenó el cobro del derecho de patentes, al considerarlo irrealizable (26 abril de 1811); cierto, como ya se ha visto más arriba, al volver en agosto de su licencia en Madrid puso mucho empeño en vencer la confabulación de los tenderos contra el impuesto y -especialmente- en sacar partido de ese proceder ante sus superiores[330].

Según los benévolos vecinos que se prestaron a hablar en su favor en 1818, el subprefecto consiguió la exoneración de multas gravosas, especialmente la que impuso el mariscal Soult por la quinta de doscientos hombres que realizó el ejército español cuando entró en la ciudad en julio de 1811; obtuvo gracia para cuatro alpujarreños condenados a muerte por haber auxiliado a las tropas españolas, así como autorización para comerciar con puertos no ocupados por los franceses, de modo que varios vecinos de Almería pudieron, incluso, desplazarse a Cádiz. También se esforzó para que se proporcionaran socorros y se mitigara el rigor en el trato a los soldados prisioneros. El labrador Berenguer se refirió expresamente a un episodio singular, ocurrido a raíz de la muerte violenta de un dragón "junto a la ermita de Montserrat", que dio lugar a que como represalia, un oficial polaco (Grotowski) ordenara ahorcar a diez paisanos de las haciendas cercanas, cosa que logró evitar Burgos con su intercesión (Ochotorena atribuye el perdón a las súplicas del cabildo municipal[331]).

En general, los testigos mencionaron la afabilidad, la plena accesibilidad y -sistemáticamente- el "talento" demostrado por el subprefecto para limitar el alcance de los daños provocados por la ocupación francesa a los vecinos. ¿Había ido cambiando su apreciación de la situación, conforme avanzaba el tiempo sin que se consolidara el régimen en el que había puesto sus esperanzas, a la vez que su propio futuro? Así pues, como declaró el comerciante Francisco Camilo Rambaud, Burgos "abandonó su empleo y se ausentó de esta ciudad, mucho antes que las tropas francesas". Aunque nadie detalla la fecha de su marcha definitiva, esta debió producirse en algún momento de la primavera de 1812, puesto que en un oficio al prefecto, Burgos justificaba su traslado a Granada por las maniobras del enemigo en la noche del 20 al 21 de abril. En consecuencia, pedía permiso

---

330. J. Mercader, *o.c.*, pp. 260-262.
331. F. Ochotorena, *o.c.*, p. 58; el suceso había tenido lugar el 21 de junio de 1810.

para permanecer allí hasta que mejoraran las circunstancias[332]. ¿Volvió a Almería? un dudoso informe del marqués de Almenara del 26 de mayo -que sin duda fue publicado en la *Gazeta* con fines propagandísticos- todavía le menciona en calidad de subprefecto, dedicado a la organización de juntas de caridad para aliviar la miseria pública en la ciudad[333].

5.3. Las comisiones en Granada

De acuerdo con su propia versión exculpatoria, se marchó a Granada pretextando una enfermedad cuando ya no pudo remediar los desórdenes por más tiempo. Allí, obligado por el prefecto, asumió la presidencia de la Junta de subsistencias, que era "una especie de delegación de las atribuciones municipales" según explicó uno de los testigos, y mantuvo la misma línea de conducta que en Almería. Finalmente (de nuevo constreñido) se encargó en comisión, del corregimiento de la capital

en los veinte o veinte y cinco días últimos de su ocupación, en cuyo tiempo hice servicios señalados a la causa de V.M.; atajé por reclamaciones enérgicas, coronadas siempre de un suceso completo, los furores de una soldadesca desenfrenada; impedí la ruina de los habitantes y de los campos; socorrí a todos los oprimidos; protegí y aun ofrecí un asilo en mi casa a los deudores de contribuciones; impuse respeto a los franceses por actos extraordinarios de firmeza, como el de hacer prender ordenanzas del mariscal Soult encargados de comisiones de este; e hice en fin otra porción de beneficios que circunstanciadamente resultan del expediente.

Igual que en Almería, Burgos no parece haber tenido dificultad en hallar gente dispuesta a declarar en su favor sobre su comportamiento en Granada, lo que quizás indica solidaridad o algún rechazo social al rigor del gobierno contra los súbditos que no habían demostrado una fidelidad

---

332. AHN, Consejos, leg. 17786, nº 2943, Pedro de Mora y Lomas al Ministro del Interior trasladando el de Javier de Burgos (Granada, 24.04.1812).
333. *Gazeta de Madrid* nº 149 (28.05.1812) pp. 601-604, "Informe del ministro de lo Interior al Rey nuestro Señor". f.= El marqués de Almenara, 26.05.1812, con referencia a la correspondencia de los cuatro reinos de Andalucía, recibida el día 24.

incondicional al monarca legítimo en los tiempos pasados. Además, varios de los testimonios aducidos procedían de quienes declaraban relaciones añejas y estrechas con Burgos; en particular, del conde de la Puebla, del comerciante Rafael de Torres, del hacendado Francisco de Paula de Valdivia y Fuentes y del licenciado Largacha. Como en el caso de la pieza de Almería, se trata de preguntas pormenorizadas y con la respuesta pagada, orientadas a resaltar su resistencia a cooperar con los franceses y una actuación que favoreciera a la población. Como muestra, véase el tercer punto del cuestionario, que se formuló en los términos siguientes:

Si saben que habiendo renunciado don Ambrosio de Eguía el corregimiento de esta ciudad, para el que se le nombró a principios de agosto del año de ochocientos doce, en fuerzas de instancias y cargos que se hizo a Don Francisco Xavier de Burgos, el prefecto Don Pedro de Mora y Lomas para que admitiera en comisión y sin título, el citado corregimiento para evitar que en aquellos últimos días, viendo los franceses el pueblo sin este magistrado, lo asolasen a pretexto de las enormes contribuciones que exigían y reconvenido con que su obstinación iba a perderlos a todos, admitió la comisión desempeñándola sin haber causado daño a persona alguna.

Por otro lado, lo referido en esos mismos testimonios sugiere que se había mostrado durante los últimos meses más distanciado, e incluso abiertamente crítico con los jefes de las fuerzas de ocupación[334]. ¿Acaso frustrado con su

---

334. AHN, Consejos, leg. 11353/3, exposición al rey de Javier de Burgos (Jaén [sic], 1.04.1818), cit. Testigos en Granada: don Rafael Sequera, conde de la Puebla de Portugal, caballero maestrante y segundo director de la sociedad patriótica de esta ciudad; don Antonio María de Medina y Bastant, marqués de Viso Alegre; don Rafael de Torres, primer diputado del comercio de esta ciudad; don Francisco de Paula de Valdivia y Fuentes, vecino y hacendado; don Juan Luis López Cordón, vecino y hacendado; el licenciado Francisco María de Largacha; don Ramón Andeiro Aldao, vecino, contador mayor de propios; don Nicolás Basso [o Rasto], vecino y del comercio de esta ciudad; licenciado don Francisco Angulo y Moya, abogado; don Mariano de Santos, escribano de Cámara de lo civil de la chancillería; don Diego Díez, labrador y vecino. Sigue informe del síndico personero del común avalando la información facilitada por los testigos: Granada, marzo 7 de 1818 = José de Palacios; Sigue acuerdo particular del cabildo de Granada (f.= José María Ruiz, 10 de marzo de 1818). Pieza escriturada en Granada, 18.03.1818.

rapaz comportamiento, o preocupado por las consecuencias personales que podía depararle el curso de la guerra? Fueron varios los que recordaron el episodio de su ruidoso encontronazo con el comisario ordenador, un tal Girout: "una contextación muy reñida en los callejones del teatro donde se acaloraron en términos que muchas gentes y entre ellas el testigo salieron de sus aposentos y vio que la cuestión procedía del resentimiento que tenía el ordenador porque Burgos había representado a los jefes franceses sobre los latrocinios que quería cometer en los almacenes de subsistencias" (Francisco de Paula Valdivia). El licenciado Largacha contó que por aquel tiempo, Burgos "se regocijó con el testigo en conversaciones particulares de haber podido arrancar al mariscal Soult una orden que fixó en toda la ciudad imponiendo la pena capital al soldado que se desmandase, atacando la persona o hacienda de cualquiera habitante". El abogado Francisco Angulo refirió que debiendo abonar 20.000 reales a los franceses, acudió a Burgos "quien prorrumpió en exclamaciones contra los franceses que no pudo menos que extrañar al testigo en boca de un empleado suyo, y no solo le quitó un atropellamiento sino que le previno que no pagase ni un maravedí". Burgos hizo también de administrador infiel en el caso del labrador Diego Díez, a quien recomendó no pagar la contribución de 12.000 reales que le habían exigido. A su vez, Mariano de Santos, escribano de cámara de la chancillería, se manifestaba agradecido por el favor personal que le hizo Burgos, pues mediante su intervención, el comandante de la plaza expulsó a siete granaderos de su casa, donde se habían instalado con excesiva desenvoltura.

Por último, es importante recordar que -sin perder de vista el objetivo de la justificación- se alude también en esos testimonios a la orientación que Burgos había pretendido dar a su trabajo. En especial, según Rafael Torres, abrigaba planes para Almería: "En el tiempo en que subsistió Burgos en Almería escribió diferentes veces al testigo participándole en unos planes de reforma que tenía entre manos para montar aquella administración sobre un pie, que al paso que aliviase el insoportable gravamen de las contribuciones, inspirase cierta confianza al gobierno intruso (...)"; lo que no pudo ser -nótese- por culpa de los bajos precios de venta de los bienes eclesiásticos. Desilusionado, Burgos "manifestó al testigo su firme propósito de no volver a Almería ni a encargarse de ningún ramo de administración, porque había tocado muy de cerca la posibilidad de mejorarla, más fueron vanos sus propósitos". Abundando en lo mismo, el hacendado Valdivia explicó que "restituido Burgos a esta ciudad [Granada] le refirió que se había visto obligado a volver la espalda a su destino porque la insolencia francesa quería convertir la administración en una dilapidación que consumiese en pocos días la subsistencia de los pueblos y los frutos de la agricultura". En la misma línea, afirmó que "en los pocos días que sirvió Burgos dicha comisión [en el ayuntamiento] fueron infinitas las reformas que hizo en la administración municipal". Y a su vez, el ya citado Largacha, que tras su nombramiento para el corregimiento, este "luchó con la mayor energía contra los vicios de la administración española y francesa de aquel tiempo".

5.4. Crónicas de Almería

Pero para obtener una imagen equilibrada de la trayectoria de Burgos en este periodo crucial de su vida, interesa destacar, tanto o más que los hechos, que utilizó su pluma con sentido propagandístico y con deliberación, publicando composiciones laudatorias de Napoleón, de José I y del general Sebastiani, y difundiendo los valores que ellos representaban. También escribió alguna crónica de los acontecimientos reseñables de Almería, que -da la impresión- para los responsables de la política informativa consistían casi exclusivamente en la celebración pública de las onomásticas de la familia Bonaparte, que alimentaban un culto obsequioso al emperador. Entre ellas se cuenta la de Napoleón, el 15 agosto de 1810, que se vivió con una excepcional suntuosidad y ceremonia (distribución incluida de una oda compuesta por Burgos). Es un texto impregnado por el sentido de reverencia a la autoridad en el que se vislumbra a cada paso la huella del subprefecto, su redactor:

Almería 16 de agosto. A las cinco de la mañana de ayer salvas repetidas de la artillería de todos los baluartes de la plaza y de los buques corsarios que se hallaban en el puerto, anunciaron a esta ciudad la fiesta de los días y cumpleaños del emperador.

A las diez el Subprefecto, el Corregidor, la Municipalidad, las demás autoridades, nobleza y oficialidad de la guarnición se reunieron en casa del Sr. de Grotowisky [sic], Mayor del regimiento nº 9 de Infantería Polaca Gobernador de esta ciudad, y habiéndole cumplimentado con tan plausible motivo, se dirigieron todos a la iglesia Catedral en donde se cantaron solemnes *Misa* y *Te Deum*, mientras que la artillería disparaba sin cesar.

Concluida la ceremonia se dio a la ciudad del tierno y agradable espectáculo de casar dos huérfanas cuyas dotes había proporcionado la ilustrada caridad de las autoridades y de algunos vecinos pudientes. Un socorro decente fue enviado a los expósitos y otro igual (ambos procedentes de la misma suscripción filantrópica) se distribuyó a pobres necesitados.

La comitiva se dirigió enseguida a la plaza llamada el Juego de Cañas donde asistió a la gran parada de la guarnición. no sin interés y sorpresa se vieron en un lado ciento cuarenta hombres de la guardia cívica perfectamente vestidos casi todos a sus expensas, habiendo sido los más pobres auxiliados con algunos recursos facilitados por el Subprefecto, y empleados por el Comandante del batallón con mucha economía y discernimiento. El Gobernador, pasando revista a este cuerpo le manifestó públicamente su satisfacción; la parada desfiló enseguida a los gritos repetidos de *viva el Emperador.*

La numerosa y lúcida comitiva pasó inmediatamente en casa del Subprefecto. Faltó poco para que un accidente que ocurrió, mientras estaban reunidos en ella, no turbase la alegría común. Una escuadra inglesa de seis navíos de guerra, sin duda atraída por el ruido de la artillería que había disparado por la mañana con motivo de la festividad, se presentó a la vista del puerto. El Gobernador dio al punto de las disposiciones más rápidas y vigorosas para rechazar toda tentativa hostil, pero empujada por el viento en breve desapareció.

Reunidas de nuevo en casa del Subprefecto las autoridades civiles y militares, toda la oficialidad polaca y francesa, el comandante y capitanes de la guardia cívica y muchos individuos de la nobleza y clero asistieron al banquete que para solemnizar este día tenía preparado, y en que reinó la alegría más cordial. Brindóse en él por el Emperador, la Emperatriz y el Rey de España y enseguida distribuyó el Subprefecto a todos los convidados ejemplares de una Oda que había compuesto con tan plausible motivo, de que también acompañan doce a esta relación.

Al ponerse el sol se repitieron las salvas de la artillería de los fuertes y buques surtos en el puerto.

Por la noche se iluminó toda la ciudad, esmerándose todos sus vecinos en este obsequio tributado al mayor Monarca del mundo. Distinguíanse por la multitud de luces y por su colocación simétrica, variada y brillante la casa Consistorial, la del Gobernador, la del Subprefecto, la Catedral y el palacio Episcopal. La soberbia música del regimiento polaco n° 9 tocaba deliciosas sonatas a las puertas de la casa del Gobernador.

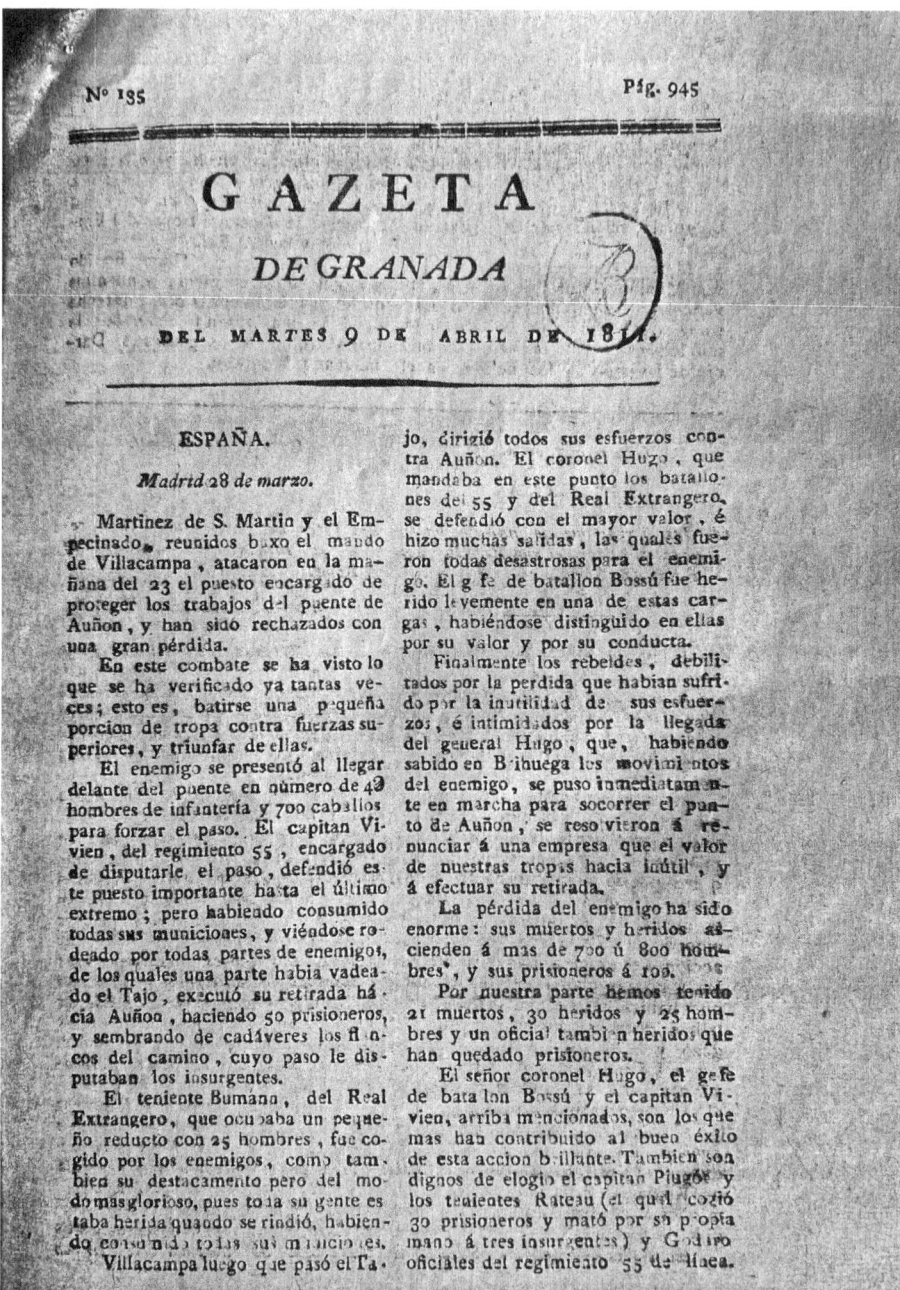

Imagen 18. Gazeta de Granada nº 135, 09.04.1811 (Hemeroteca de la Casa de los Tiros, Granada).

En esta se reunían en tanto todas las damas, oficialidad y nobleza convidadas a un festín que fue verdaderamente magnífico. En la sala del baile, graciosamente adornada, se habían colocado debajo de un dosel los retratos del Emperador y de la Emperatriz. Una cena espléndida interrumpió algún tiempo el baile, que se prolongó hasta las cuatro de la mañana siguiente. Los adornos de las damas, los modales dulces y obsequios de la oficialidad extranjera, y sobre todo la alegría y el entusiasmo general hicieron muy agradable este festín.= El subprefecto de Almería, Xavier de Burgos[335].

Ya en un clima de euforia mucho más atenuado, se solemnizaron también los días del rey José en marzo de 1812: "Han sido celebrados en esta ciudad con toda la pompa que permitían las circunstancias". Hubo salvas de artillería (la lluvia y el viento impidieron la iluminación), misa solemne con *Te Deum*, parada en la plaza Real y banquete en casa del gobernador. Mucho más circunspecto, el brindis pronunciado por el subprefecto en esta ocasión, decía así: "A S.M. el Emperador de los franceses. Pueda el monarca que él ha dado a los españoles sofocar en fin la hidra de la discordia que amenaza devastar este suelo desgraciado. Pueda el Rey hallar en cada español un cooperador". Burgos no descuidó mencionar que se había destinado a socorros para los pobres y a obras de beneficencia el dinero que debía gastarse en un baile[336].

Ignoro en cambio si procede de su pluma el breve extracto publicado en la *Gazeta de Granada* sobre las manifestaciones de regocijo por el nacimiento del Rey de Roma, o la crónica del 12 de enero de 1812, insertada en la de Madrid, sobre la presentación en la ciudad de numerosos desertores "todos del exército insurreccional de Murcia"[337]. Estos escritos de carácter informativo, redactados con prosa sobria y más periodística, contrastan con el tono solemne de sus composiciones poéticas. Burgos demuestra ser capaz de construir un relato desapasionado, aunque evidentemente estaría fuera de lugar pedirle a un funcionario, en tales circunstancias, una valoración imparcial de los acontecimientos.

---

335. *Gazeta de Granada* n° 72 (28.08.1810) pp. 288-289, "Almería, 16 de agosto". f. = El Subprefecto de Almería, Xavier de Burgos.
336. *Gazeta de Madrid* n° 151 (30.05.1812) pp. 609-610, sin firma; el oficio de remisión manuscrito, en AHN, Consejos, leg. 17786, Javier de Burgos al Excmo. Sr. ministro del Interior (Almería, 20.03.1812), "Relación de la festividad del rey N° S.". En nota marginal: "Se envió para la Gaceta en 27 de mayo de 1812".
337. *Gazeta de Granada* n° 140 (26.04.1811) p. 965, "Almería 18 de abril"; *Gazeta de Madrid* n° 63 (3.03.1812) pp. 251-252. "Almería 12 de enero".

5.5. Varias poesías comprometidas

Como vehículo propagandístico que era, la poesía áulica y conmemorativa fue cultivada por los ingenios comprometidos con el bonapartismo. Alberto Lista, Antero Benito Núñez, José María Carnerero o Juan Meléndez Valdés, todos escritores que en un momento u otro coincidieron con Javier de Burgos, tomaron parte como él mismo, en ese aspecto de la guerra. Siguiendo una práctica común entonces, las poesías que pueden atribuírsele no van firmadas pero sí llevan iniciales, o referencias internas cruzadas (muy deliberadas) que denotan su autoría, aunque de forma comprensible, Burgos silenció esta parte de su producción y solamente en tiempos recientes han sido identificadas algunas de sus manifestaciones literarias escritas durante la guerra de la Independencia. ¿Qué comunican esas poesías? Van cargadas de intencionalidad ideológica, de modo que conviene fijarse aunque sea de forma sucinta, en los contenidos[338].

La primera de estas composiciones, la "Oda a la entrada del exército francés y la abolición de la Inquisición en Granada"[339], combina los dos asuntos anunciados en el título mediante los recursos poéticos al uso, o sea, grandes dosis de hipérbaton y metáfora mitológica. El propósito declarado es tributar "honor a los filósofos del Sena", en agradecimiento por su labor liberadora del fanatismo, que se identifica precisamente con la Inquisición.

Por tres siglos enteros
La razón aherrojada
Gimió en vuestras cavernas infernales (v. 58-60).

Como en otras ocasiones, Burgos sigue la estela de Meléndez Valdés, de cuya oda al fanatismo posiblemente puede hallarse algún eco. Toca

---

338. Cfr. M. Morán, "Notas para un catálogo (…)", *art. cit.*, pp. 64-65 especialmente sobre la identificación; *Idem*, "Evolución ideológica (…)", *art. cit.*, pp. 164-169, con una interpretación más detallada de los contenidos de esas composiciones. Es atribución errónea a Burgos la de la oda titulada "En hora buena al recién nacido rey de Roma", debida en realidad a Antero Benito Núñez, el autor de la comedia *Calzones en Alcolea*: cfr. *Gazeta de Granada* nº 135 (9.04.1811) pp. 947-948 (pone 977 y 958 por error).
339. *Gazeta de Granada* nº 7 (27.02.1810) pp. 27-28, "A la entrada del exército francés y la abolición de la Inquisición en Granada".

morosamente el punto, con referencias expresas al cardenal Cisneros ("el más sangriento perseguidor de los hombres, que estableció la Inquisición en esta ciudad") y al dominico Torquemada ("que pasó su vida en quemar hombres"), auténticos antihéroes en su visión de la historia de España. Semejante valoración no extraña nada, puesto que aun debía tener fresco en la memoria el recuerdo de su propio tropiezo con el Santo Oficio, que había estado coleando hasta 1804, y cuadra, por lo que sabemos, con sus convicciones íntimas desde hacía mucho tiempo sobre la libertad de conciencia, o la relación entre el ejercicio de la razón y los progresos de la civilización. A su vez, en la oda dedicada "A la entrada de nuestro augusto monarca Don Josef Napoleón I" en Granada[340] las claves conceptuales son el "despotismo fiero", la "bárbara anarquía", el "fanatismo ardiente", la "ignorancia impía" y la "guerra insana". Son todos atributos de los insurgentes ("la gavilla cobarde e impotente"), cuyos opuestos son la libertad, la paz, la tolerancia y la prosperidad (la "copia de Amaltea") de las que era portador el victorioso rey José, quien se manifiesta a su vez como una versión menor de Napoleón. Se dibuja así la asociación entre la acción de un gobierno sabio y el logro de beneficios para los pueblos, que es, en todo momento de su vida, uno de los lugares comunes más frecuentes en los escritos de Burgos.

Hay más de lo mismo en el romance "La fe de los patriotas"[341], una sátira embebida de sarcasmo contra el marqués de la Romana y sus baqueteadas tropas, contra la Junta Central, la Regencia de Cádiz y la guerrilla -especialmente aborrecible esta última, quizás porque constituía un peligro real e inmediato en el territorio en el que se movía Burgos- que cosechaban continuas derrotas combatiendo por la España de la Inquisición y el frailismo. Queda ahí claro que la ignorancia es cosa de frailes, así como el fanatismo se asocia con la Inquisición, y ambos

---

340. Vid. *Gaceta de Madrid* n° 86 (27.03.1810) 363-364, "A la entrada de nuestro augusto monarca Don Josef Napoleón I en esta mui noble i mui leal ciudad. Oda". f. = X. de P. [sic]. Está tomada de la *Gazeta de Granada* del 17 de marzo, de la que no he localizado ejemplares.

341. *Gazeta de Granada* n° 44 (22.05.1810) pp. 175-176, "La fe de los patriotas. Romance"; f. = X.B. Fue reimpreso en *Gazeta de Madrid* n° 154 (3.06.1810) p. 648 y en *Gazeta del oficio del Gobierno de Vizcaya* n° 36 (22.06.1810) pp. 3-4. La nota introductoria da una clave para determinar la autoría de las dos composiciones anteriores de Burgos: "Los amantes de la Patria y de las musas apreciarán la siguiente sátira, como han apreciado las odas del mismo autor publicadas en las Gazetas [de Granada] de 27 de febrero y 17 de marzo".

se perfilan, como ya es sabido, entre los principales obstáculos al nuevo orden que él anhelaba. El colofón -irónico- del romance reza así:

Porque en efecto, poder,
Ciencia y valor ¿qué han valido
Jamás contra la ignorancia,
La miseria y fanatismo?

En otra oda, "En los días de Napoleón el grande. Emperador de los franceses"[342] alude por primera vez a los ingleses, "la britana gente despiadada", como agente de discordia que alimenta las guerras en su propio beneficio; pero el auténtico mal de fondo consiste en los conceptos ya mencionados -fanatismo e ignorancia- cuya superación, una vez establecida la igualdad ante la ley y la paz ofrecida por "el justo, el gran Napoleón", permitirá a la humanidad atravesar el umbral de una nueva era:

131 Y, sin que el grito del error le asombre,
Harán las luces más feliz al hombre:
Mejor le harán las leyes,
Que en su presencia iguales,
Acatarán los súbditos y reyes.
Hábitos, opinión, costumbres, ritos,
Unos serán del austro hasta la osa;
De la estirpe dichosa
No romperán los nudos fraternales

---

342. *Gazeta de Granada* nº 71 (24.08.1810) pp. 284-286, "En los días de Napoleón el Grande. Emperador de los franceses". f. = X. de B.; se afirma en nota ser del mismo autor que compuso "la dedicada al rey con motivo de la conquista de Andalucía". ¿Podría ser también obra de Burgos la composición publicada en el nº 125 (5.03.1811) pp. 907-910, titulada "La nave. Imitación de la oda 14ª de Horacio"? Nota introductoria: "Un sujeto muy recomendable por su literatura y demás circunstancias nos remite en este día la siguiente oda, imitando la que dirigió Horacio a Bruto retrahiéndole [sic] de continuar la guerra para no causar nuevos males a su patria Roma, figurada en la nave. No dudamos merecerá la aceptación de los que aman a la patria y a las Musas".

Torpes errores, bárbaros delitos,
Y blando, bueno, dócil el humano
140 Siempre en un hombre mirará un hermano.

La oda a Napoleón está concebida desde una perspectiva más abstracta o "filosófica" de lo habitual en Burgos y su interpretación no es siempre evidente, aunque por eso mismo le fue posible reutilizar, años después, una gran parte de los versos en su posterior composición dedicada a *El Porvenir*[343]. Incluso volvió a publicar esta misma estrofa en la *Miscelánea* (n° 520, 1.08.1821), y aun después, usó la oda en su recepción en la Real Academia en 1827, lo que al menos, nos confirma que lo que se proclama en ella siguió vigente en su sistema de valores durante todo ese tiempo.

¿Estamos ante un guiño deliberado de afinidad masónica? Evidentemente, la igualdad y fraternidad universal de la humanidad, la felicidad y el progreso moral a través de las luces, temas que tan caros se muestran en la poesía de Burgos, no son un invento de los masones y ni siquiera exclusivo del mundo ilustrado, pero su yuxtaposición en un mismo plano sí merece atención. Ahora bien, como observó Georges Demerson al analizar el vocabulario de Meléndez Valdés siguiendo el método que había empleado Menéndez Pelayo para determinar la filiación masónica de Lista a través de su producción poética, estos conceptos estaban ya demasiado diluidos como para que pudieran tomarse como una seña inequívoca de identidad, una prueba de pertenencia a la secta. "Son en esta época de dominio publico"[344].

¿Qué tenemos pues sobre este asunto? La idea de una iniciación juvenil de Burgos en la masonería (¿a través de sus amigos, bajo la cobertura de la Sociedad Económica de Motril?) resulta atractiva, pero es una página en blanco. Respecto a los años posteriores, aparte su identificación con esos ideales humanitarios, y la clara percepción de un joven deseoso de conseguir apoyos para labrarse un porvenir en la administración josefina, hay poco que pueda avalar tal sospecha, aunque se haya dado por supuesta, creo que

---

343. M. Morán, "Notas para un catálogo (…)", *art. cit.* pp. 66-67.
344. G. Demerson, *o.c.*, t. I. pp. 566-567; a falta de pruebas, Antonio Astorgano Abajo, investigador especializado en la figura de Meléndez, se inclina a rechazar la idea de su integración formal en una logia: Vid. su *Don Juan Meléndez Valdés. El ilustrado*. Badajoz: Publicaciones de la Diputación, 2007², p. 596.

con voluntarismo pero sin contar con información verosímil ni base en la historiografía[345]. Contra lo que se cree, estas cosas dejan rastro, y no existe evidencia testimonial o documental, a diferencia de lo ocurrido con Lista y Miñano, que se habían iniciado durante la ocupación francesa de Sevilla. Tampoco hay noticia de ninguna logia existente en el reino de Granada hasta después de la guerra, ni se sabe que hubiera alguna de tipo regimental, formada por militares franceses de guarnición[346]. Cabe, claro, que alguien en sus circunstancias se hubiera iniciado en un viaje a Madrid (Burgos estuvo allí durante el verano de 1811) pero parece forzado. El entorno social en el que se desenvolvió durante este periodo tampoco favorece esa posibilidad: como excepción, el único masón conocido fue Horace Sebastiani[347], el general del ejército de ocupación en Granada, de quien Burgos -luego lo veremos- afirmó haber tenido una amistad casi *fraternal* (cierto, la expresión es inquietante). En cambio, nada sabemos sobre una hipotética filiación de los otros jefes destinados en Motril, Almería y Granada con los que tuvo trato en el día a día: François-Jean Werlé, Louis Liger-Belair y Félics Grotowski. O sea, parece que ni siquiera se le presentó la ocasión. Y todavía hay algo más sobre este asunto: su única alusión a la existencia de "logias" -misteriosos cenáculos de conspiración- en estos años, es claramente negativa. Estas son las palabras que pone en boca del presidente de la regencia, el ruin protagonista de la comedia que hizo imprimir contra los patriotas de Cádiz, para explicar la causa de las conmociones populares que él aborrecía tanto:

Esta es obra de asociaciones patrióticas, que presiden almas justísimas, santos religiosos, hombres en fin que han hecho juicio de servir a su patria, y estos tienen la bondad de preguntarme si tengo víctimas que designar (...). Me he familiarizado ya tanto con las visitas nocturnas de los directores de estas logias, que ya nada, absolutamente no me hacen la menor impresión[348].

---

345. I. Elías, *o.c*, pp. 28; en pp. 270 y ss., el análisis de la oda "A la constancia", que Burgos dedicó a Meléndez Valdés.

346. Vid. José Antonio Ferrer Benimeli, "Implantación de logias y distribución geográfico-histórica de la masonería española", en *La masonería en la España del siglo XIX*. Valladolid: Junta de Castilla y León, Vol. 1, 1987, págs. 57-216.

347. Michel Gaudart de Soulages - Hubert Lamant, *Dictionnaire des Francs-Maçons français*. Paris: Editions Albatros 1980, pp. 521-522.

348. Xavier de Burgos, *El Presidente de la Regencia. Comedia en tres actos en prosa*, por D. ———. Granada: Por D. Francisco Gómez Espinosa, s.a. [1811], 8°, pp. 21-22.

Una perspectiva a más largo plazo, que abrazara los tiempos del Trienio Constitucional (obtenida de sus reflexiones en la *Miscelánea*) y de la regencia de María Cristina (procedente de *Anales*), arroja la misma opinión peyorativa respecto a las sociedades secretas, a las que señalaba como centros de subversión contra el orden legítimo. Véase el siguiente párrafo sobre los disturbios de 1834, que lo dice todo sobre el asunto:

La ejecución de los planes de trastorno formados por las sociedades secretas estaba encargada a algunos centenares de oficiales sin destino, de empleados cesantes del antiguo régimen constitucional, y de otros hombres sin medios, que antes habían pertenecido y pertenecían entonces á aquellas reuniones, con la esperanza de mejorar su condición. Reforzábanlos turbas de perdidos que no hallando trabajo para vivir, estaban a las órdenes del primero que quisiese pagarlos, y que, no habiendo quien los pagase, se hallaban dispuestos á cobrar por su mano, en las resultas de los incendios y los saqueos, el salario de su cooperación[349].

Tampoco se le pasó a nadie por la cabeza descalificarle llamándole masón, como en cambio, sí hicieron con Narganes, el afrancesado director de *El Universal* ("el venerable de Santa Julia")[350], rival del periódico de Burgos. Y a su vez, los miembros de la cofradía, lejos de encumbrarle como era obligado cuando se trataba de uno de los suyos, le combatieron de manera encarnizada en el curso de su actividad periodística en el Trienio, como harían después, cuando era ministro.

La actividad poética de Burgos cesó tres meses después de su toma de posesión en Almería, quizás a causa de la dedicación que requería su trabajo, o porque el paso del tiempo fue moderando su apreciación de lo que realmente estaba pasando en España. Su última obra conocida de propaganda política durante la guerra, que no es precisamente lo mejor de su producción desde una perspectiva literaria, consistió en la comedia aludida, un trabajo de factura improvisada (según Burgos, la escribió en 48 horas[351]) y seguramente de encargo. Así lo sugiere el hecho de que don

---

349. J. de Burgos, *Anales (…)*, *o.c.*, II, libro IV, p. 241.
350. Mención en *El Zurriago* n° 49 [junio de 1822] p. 9.
351. Vid. *Miscelánea* n° 341 (2.02.1821) en el artículo apologético "Parió por fin un monte".

Antero Benito, que también hizo una importante labor como publicista afrancesado, anunciara en esas mismas fechas su *Calzones en Alcolea,* y que fuera esta pieza y no la de Burgos, la que se eligió para representar en el teatro "Napoleón", que se acababa de inaugurar en Granada[352]. Años después, en el Trienio Liberal, siguiendo la estrategia poco imaginativa de sacar a la luz el pasado de los periodistas afrancesados, se recordaba el episodio para denigrar a Burgos, que en 1822 dirigía *El Imparcial,* el principal adversario de la prensa exaltada. Aunque no fue ni mucho menos el primero en referirse a su comedia, fue un corresponsal de *El Tribuno* quien difundió la especie de que el general francés, abochornado, había mandado suspender la representación:

> ¿Cómo quieren ustedes que se eche en olvido al leer las pedantescas y estrepitosas fanfarronadas del Imparcial, la célebre comedia que este pedantón ridículo se burló tan atrozmente de la patria, de Fernando VII, de su dinastía, de las virtudes de los españoles y de todo lo que los hombres miran con respeto y veneración? Hallábame yo en Granada en aquella ocasión y no estaba muy lejos del general Sebastiani cuando dijo: Que l'on ne jeue plus cette farce indigne des spagnols. Le miserable! N' a-t-il pas une patrie?[353].

El encargado de rebatir a *El Tribuno,* presumiblemente el mismo Burgos, negó de plano la veracidad de la anécdota, proclamando en cambio la "amistad casi fraternal" que le había unido con dicho general. "Las pruebas públicas las vio toda Granada, y a aquella amistad debió la ciudad misma y una parte de la provincia beneficios insignes, que merecieron al calumniado por el Tribuno solemnes testimonios de reconocimiento, que conserva y ha exhibido ya en muchas ocasiones"[354].

---

352. Erróneamente atribuida a Burgos -con manifiesta hostilidad- por Antonio Alcalá Galiano, exiliado en 1833; vid. su *Literatura española (...), o.c.,* p. 108; el propio Llorens, su editor literario, parece haber heredado el mismo sesgo: "Sin duda, el autor tuvo medios para hacerla olvidar" (p. 160).
353. *El Tribuno* nº 31 (21.04.1822) p. 128, comunicado firmado por M. de S.
354. *El Imparcial* nº 226 (22.04.1822) p. 876. La polémica sigue en *El Tribuno* nº 36 (26.04.1822): "En el *Imparcial* del lunes se trata de poner en duda que el general Sebastiani mandase suspender la representación de la comedia intitulada *El Presidente de la regencia,* la cual comedia era un tejido de asquerosos dicterios". Combate ahí, como insultante, la afirmación de *El Imparcial* sobre la amistad del autor con el general Sebastiani.

5.6. *El presidente de la regencia,* una comedia propagandística (1811)

En efecto, aunque no se llevara nunca a las tablas, a primeros de 1811 Burgos dio a la imprenta la comedia satírica titulada *El presidente de la regencia*[355]. El argumento no hay por donde cogerlo de puro disparatado, aunque no se le puede negar voluntad propagandística. El presidente de la regencia de Cádiz es un bribón que se conduce de manera tortuosa y corrupta, pero perfectamente compatible con un providencialismo irracional y con una devoción esperpéntica. Apremiado por los diplomáticos ingleses para que dé cuentas del dinero destinado a organizar las guerrillas que deben extender la insurrección en todo el país, alienta para aplacarles, la inclinación del agente Fox hacia su sobrina Antonia. Esta es novia de Camilo, un miembro del Consejo a punto de ser inmolado a manos del populacho, en parte por instigación de misteriosas logias dominadas por los frailes, y en parte sobornado por los ingleses. Se le tacha de traidor por haber propuesto una sensata capitulación con los franceses. Así las cosas, el desenlace es inverosímil. El pueblo, que está manipulado hasta por los buenos de la trama, proclama presidente de la regencia a Camilo, que queda libre para realizar sus planes, que implican "prosperidad y gloria que no puede gozar sino bajo el gobierno de un Rey piadoso, ilustrado y Padre de sus pueblos, sostenido por las armas victoriosas del mas grande de los mortales" (p. 100).

Es una comedia estática, cuyo asunto se apoya mucho más en los soliloquios del presidente y en algunos diálogos con finalidad propagandística, que en la interacción entre los personajes. Los golpes cómicos se deben a las declaraciones del cínico exfraile Quiñones, que hace el papel de bufón, a la anécdota relatada por la criada Vicenta sobre las paparruchas de un religioso acanallado en su pueblo (p. 54: "Nosotras, ya se ve, mujeres, le oíamos con la boca abierta, y lo creíamos todo a pie juntillo") y a las ambiciones estrafalarias del presidente de la regencia. Es humor surge por contraste entre lo que es y lo que se suponía ser, basado en la exhibición de una realidad ridículamente zafia e interesada, mera deformación de ideales religiosos y patrióticos con que los dirigentes de Cádiz engañaban al pueblo.

---

355. Anunciada en *Gazeta de Granada* nº 125 (5.03.1811) p. 908: "Aviso. El Presidente de la Regencia, comedia en tres actos en prosa por D. Xavier de Burgos. Se hallará en la librería de la gazeta calle de Elvira, su precio cuatro reales". Las referencias internas confirman la data de composición; vid. v. gr. p. 7: "furor, que ha cerca de tres años cubre de sangre el suelo de la España".

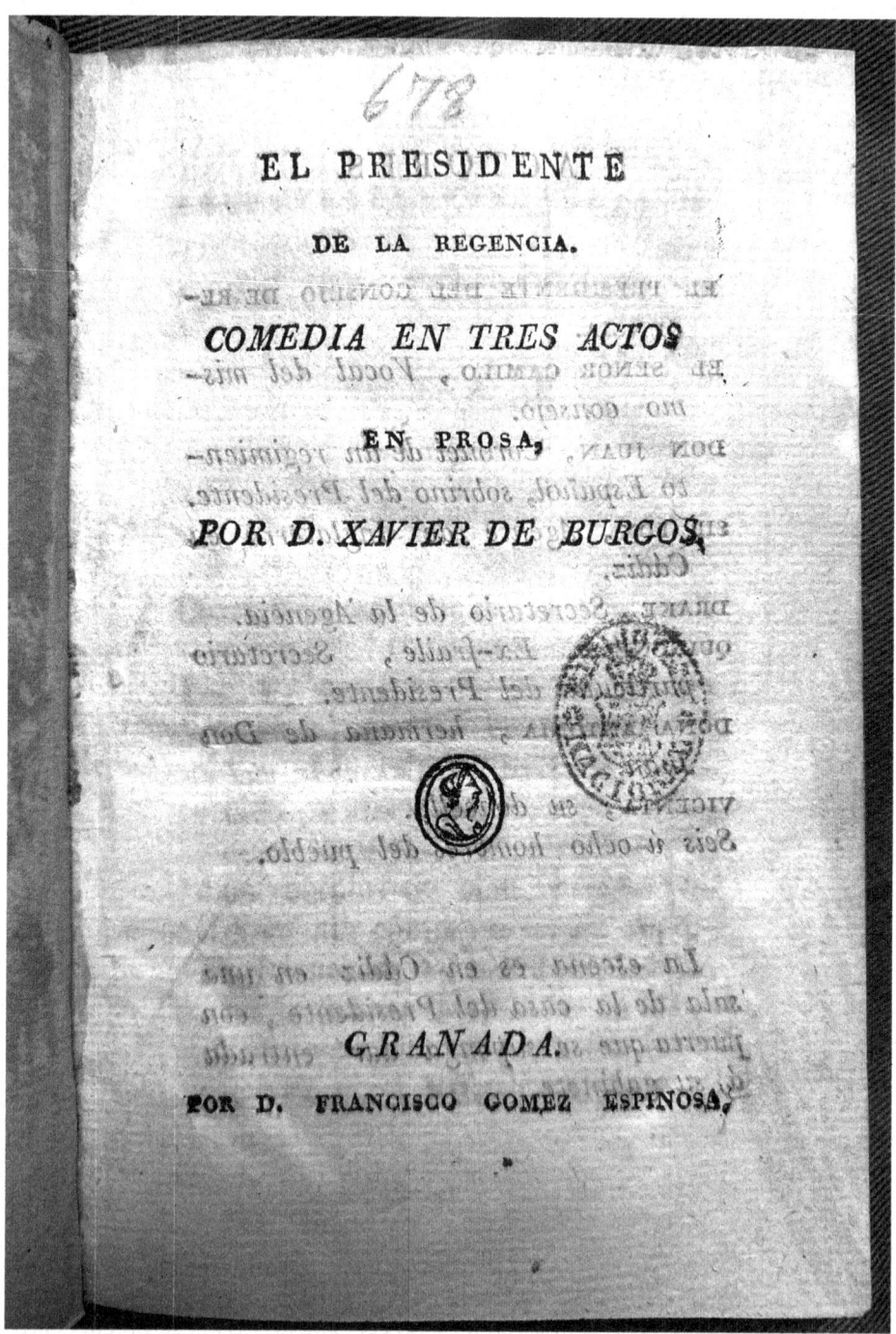

Imagen 19 Portada de El presidente de la regencia, comedia original de Javier de Burgos (Biblioteca Nacional de España).

El mensaje de fondo, que es aquí lo importante, resulta contundente. Primero, el juicio sobre Inglaterra. Burgos es ambivalente en este punto, porque junto a la imagen representada por el despiadado secretario de embajada Blake, defensor a ultranza del poder inglés construido sobre "dos siglos de usurpaciones felices", muestra la del agente Fox, mucha más humanitaria y civilizada, hasta el punto de que se proclama admirador del Napoleón:

¿Qué importa esta Ciudad mas o menos a aquel a quien obedecen tantas como hay desde Bayona hasta Ragusa y hasta Dantzik, a aquel que ha convertido en un inmenso jardín el país que yermaron los furores de la revolución, a aquel, que no se cierren mis ojos sin conocer personalmente, y sin venerar en él el brazo derecho de la filosofía y de la civilización (p. 60).

¿Hay en la traza de esos caracteres una referencia a los ministros Pitt y Fox? Sin embargo, predomina en conjunto una caracterización muy negativa de los ingleses, porque su misión es destruir el suelo español ("convertirlo en un vasto cementerio") para neutralizar las ventajas que podrían ofrecer sus recursos a los franceses. Es el mismo punto de vista que Burgos había ya utilizado en la oda a Napoleón de 1810, aunque en último extremo, se apoya en una convicción que rebasa las afirmaciones propias de la propaganda de guerra, y que se diría, era compartida por muchos españoles de entonces.

Yendo aun más allá, el propósito principal de la pieza consiste en desenmascarar, por medio del ridículo, la manipulación de la religión -motor de la resistencia popular a los franceses- que atribuye a los frailes por un motivo tan mezquino como era la conservación de las prerrogativas que sustentaban su forma de vida, poco ejemplar. De esta suerte, Antonia, la señorita marisabidilla que no se muerde la lengua, explicará a la discreta criada:

Tal es, Vicenta, el fruto que ha cogido la Nación Española de su ignorancia y de sus errores. Tal el fruto del ascendiente que ha dejado tomar a esas bandas de hombres corrompidos por la ociosidad, que deshonran los claustros, creídos algún día lugares de abstracción y de penitencia. Pero consolémonos, amiga, con que no está lejos el tiempo en que esos edificios magníficos que hoy sirven de alojamiento a veinte o treinta holgazanes, se vean transformados en establecimientos de beneficencia ¡Pueda llegar presto este día, y la seguridad de los hombres de bien, quedar a cubierto de los insultos de la canalla! (pp. 55-56).

La imagen es jugosa por la densidad de contenido y su fuerza expresiva, y desde luego, Burgos debía tenerla bien impresa en la cabeza, porque de forma consciente o no, la reutilizó en frase aproximativa en su *Miscelánea,* años después, cuando las Cortes preparaban el decreto de desamortización eclesiástica:

En fin en la discusión sobre regulares, observamos con placer que hasta prelados rígidos convienen en la necesidad de su reforma, y se extienden en la enumeración de los inconvenientes de tales institutos. Nosotros vemos ya esos vastos edificios, suntuosos asilos de la piedad estéril, convertidos en establecimientos de instrucción, o en útiles talleres que multiplicarán al infinito los recursos de todas clases, que tanto han hecho escasear en nuestro suelo la vara de hierro del despotismo, la circulación de esas inmensas propiedades, precio del sudor de cien pueblos y destinados a la mezquina manutención de quince o veinte anacoretas hará despertar del letargo de la miseria a tantos infelices como hoy mendigan a la puerta de los conventos el pan que podrían ganar, si la propiedad estuviese dividida, y fuesen más generales los medios de subsistencia[356].

La exposición de esta idea en la comedia no era algo nuevo, puesto que ya había sido apuntada antes en el romance *La fe de los patriotas,* e incluso se percibe en ella el eco de las opiniones poco respetuosas con el clero, por las que la Inquisición le había perseguido en 1803. Sin embargo, a pesar de su tufo volteriano, del uso escénico de las expresiones anticlericales y de las pullas contra el abuso de las prácticas de devoción, no implica, es importante subrayarlo, auténtica impiedad por parte de Burgos, quien parece insinuar su propia posición sobre la materia en el diálogo preliminar (pp. 9-10) entre el agente Fox y el presidente:

---

356. "Semana última", *en Miscelánea* nº 208 (24.09.1820).

Fox. Yo siento mucho. Señor, haber interrumpido vuestra piadosa ocupación. Pero creo que el despacho de los negocios en un tiempo en que vuestra patria peligra, y en que si ha de salvarse, ha de ser solo á fuerza de zelo y de actividad, será una ocupación que reemplazará dignamente á la otra.

Pres. Ah! no lo creáis Señor, no es el zelo ni la actividad lo que ha de salvar á la España. Es la protección del cielo, es la diestra del Altísimo la que ha de arrojar los Franceses de este suelo que han profanado. Por eso dijo el Rey Profeta, si el Señor no guarda la ciudad, en vano velan los que la guardan.

Fox. No obstante, hay un proverbio Español, de que puntualmente no me acuerdo, pero que me parece podría aplicarse oportunamente para refutar esa opinión.

Pres. Ah sí, el impío refrán de... fíate en la Virgen y no corras. Como si por correr se librasen los hombres de los riesgos. En todos tiempos, en todos, es menester orar. Pedid y recibiréis, dice el mismo Dios. Y si no ¿por qué vuestro parlamento, cuando la nación se encuentra en alguna circunstancia difícil, prescribe un ayuno general?.

Una religiosidad que no excluye, antes al contrario, la necesidad de una activa intervención humana en las cosas del mundo, que en realidad es lo que cuenta. Religiosidad más intimista que externa y sin manifestaciones aparatosas o exageradas. Él mismo se ocupa de dejarlo claro, en este caso a través de Quiñones, personaje cuya opinión tiene mucha autoridad en su condición de antiguo fraile:

Pres. Sin embargo repito, los franceses son los enemigos de Dios.

Quiñones. Oh, no; por lo que toca a eso permitidme que no esté yo de acuerdo con vos. Bueno será que nosotros nos hayamos valido de ese pretexto para denigrarlos, que por lo demás, yo he estado en Francia (que allí como estábamos en la raya, íbamos todos los frailes a traer contrabando de Bayona) y por Dios que sin mojigaterías ni embelecos hay en Francia mucha más virtud y religión que entre nosotros.

Pres. Sí, pero son unos canallas que no oyen Misa más que los Domingos (p. 42).

Sorprende el poco relieve de las Cortes -reunidas en la Isla de León en septiembre de 1810- en el esquema de Burgos, donde apenas se le dedica una mención aislada ("gavilla de saltimbanquis", p. 17) y una descripción de la asamblea, por supuesto despectiva:

Lo que es brillante, no lo es, porque doce aguadores Gallegos, veinte mandaderos Montañeses, hablando unos y otros el gergon [sic] de su país, unos cuantos Americanos con la cabeza a las once, y una docena de hombres, arrancados por fuerza a sus hogares, sandios porque no había otra cosa, y los hombres de talento se han ido al sol qué mas calienta, no es una asamblea tal que pueda inspirar una gran confianza, pero vamos, lo mejor para las circunstancias, o a lo menos lo bastante para entretener a un pueblo que gritaba por las Cortes como el único medio de contener los progresos de la invasión (pp. 15-16).

Mucha más consecuencia deriva del concepto de *pueblo*, sujeto importantísimo por la enorme carga política que conlleva, y que en la literatura de guerra de Burgos muestra connotaciones peyorativas: dominado por la pasión y la ignorancia, está indefectiblemente manejado por unos u otros. Ese pueblo, para el que el autor no ahorra adjetivos despectivos ("populacho desenfrenado", "canalla furiosa", "hez de la plebe", "escoria de la canalla más vil") era el brazo ejecutor de violencias sin cuento. Según explicó en la *Miscelánea* años después, Burgos habla en la comedia por boca de Juan, el galante coronel sobrino del presidente, al recordar lo sucedido durante los primeros días del levantamiento de 1808[357]. Aunque largo, su parlamento es tan revelador que conviene transcribirlo aquí:

Don Juan. ¿Qué diríais Señor Fox, si tuvierais una idea precisa del modo con que se proclamó nuestra revolución? Aun me parece que veo las bandas de canalla forajida correr en un mismo día todas las Ciudades y un gran número de Magistrados respetables, de virtuosos Padres de familia expirar a una misma hora bajo el puñal de los asesinos. Si la fuga salva entonces a unos pocos, es para sacrificarlos en

---

357. Vid. *Miscelánea* n° 341 (2.02.1821), *art. cit.* "Parió por fin un monte", en el que afirma que el autor de la pieza, o sea, Burgos, "puso sus sentimientos en boca de aquel don Juan que hay en ella".

otro acceso del delirio popular. Chorreando sangre por todas partes, mostrándola con placer a cuantos se encuentran, corren esos verdugos, capitaneados por el más malvado o el mas imprudente de todos ellos, a nombrarse un gobierno. Pero ¿a donde pensaréis que fueran a buscar sus gobernantes? Vos habréis creído sin duda que fueron a sacar de sus casas a aquellos hombres, que por su probidad, por sus luces, por las persecuciones que en el gobierno anterior hubieran sufrido, ofrecieran una garantía de la rectitud de sus intenciones, e hicieran concebir la esperanza de que la patria no sería abandonada a los manejos de la superstición, ni a las convulsiones de la anarquía. Pues os engañáis Señor Fox. A los Conventos se fue a buscar el mayor número de personas, que debían componer un Consejo soberano, formado para dirigir en aquellos tiempos borrascosos los negocios de la patria. Una turba de frailes groseros, tan presumidos como ignorantes, tan ignorantes como hipócritas se atreve a tomar el timón de esta nave, y cuando, porque cada día está a punto de zozobrar, los hombres de bien se atreven a hacer oír su murmullo, los asesinos están prontos para sacrificarlos. ¡Oh escenas de horror, de que no puedo acordarme sin estremecerme! (pp. 83-85).

El énfasis, la atención que se diría obsesiva puesta en este asunto, dejan claro que Burgos percibía con una especial sensibilidad y aversión las "conmociones populares" y sus efectos, los asesinatos tumultuarios de gente inocente señalada como "traidores" por el fanatismo feroz, la ignorancia y el oportunismo. Y no todo era propaganda o exageraciones timoratas, como demuestra la suerte que había corrido en 1808 alguien a quien podemos considerar un personaje próximo y afín en ideas, Bernabé Portillo. En palabras de Miguel Lafuente, el historiador de Granada, Portillo "creía, como otros amigos suyos, que la administración de Bonaparte podía regenerar a los españoles"[358]. Es cierto que en 1810, tras la conquista de Andalucía, el triunfo de las armas francesas parecía seguro, pero aun entonces, señalarse en favor del rey José no estaba ausente de riesgo físico, lo que induce a reconocer en Javier de Burgos una fortaleza de ánimo que es digna de respeto. Por lo demás, hay que tomar buena nota de la idea conspiracionista que trasmite sobre los movimientos populares, supuestamente impulsados por esas logias, en último extremo afines a los frailes: clero y plebe están íntimamente ligados (y no para bien) en el

---

358. Miguel Lafuente Alcántara, *Historia de Granada (…)*, o.c., p. 283 y ss.

razonamiento de Burgos. Y todavía hay una precisión que vale la pena añadir, sobre la mecánica de las conmociones:

Pres. (...) Tu no sabes todavía lo que es un pueblo furioso.

Don Juan. Vos me habíais dado a entender que erais dueño de sus movimientos.

Pres. Sin duda, pero no mientras que el movimiento dura (pp. 48-49).

Esta experiencia traumática, junto a la valoración elitista sobre las causas que mueven al mundo real, abismalmente distante de toda confianza en la capacidad del pueblo para la toma de decisiones racionales, tenía que proyectarse necesariamente en la construcción del ideario político de Burgos y por tanto debe ser tenida en cuenta a la hora de analizar su valoración de las asonadas ("anarquistas") que menudearon en el Trienio Liberal y en consecuencia, de la visión periodística que trasmitió sobre esos acontecimientos desde la *Miscelánea* y *El Imparcial*, originando el enfriamiento que terminó por alejarle del régimen después de los combates en Madrid de julio de 1822, cuando el partido moderado quedó neutralizado y la revolución amagó con una mayor radicalización. A recordar entre los jalones que precedieron a estos sucesos, la algarada del 4 de mayo de 1821, que terminó con el asalto a la cárcel de la Corona y el asesinato brutal del cura Matías Vinuesa, preso por haber urdido un plan para destruir el régimen constitucional; la comisión desempeñada esa misma noche por algunos socios de la Fontana para presentar en el ayuntamiento una lista de sospechosos (entre los que estaban el propio Burgos y Sebastián Miñano) que debían ser deportados de Madrid; la procesión tumultuaria con el retrato del general Riego en volandas, que fue disuelta *manu militari* por la tropa del capitán general ("batalla de las Platerías", se denominó jocosamente) en septiembre del mismo año; y así, un largo etcétera.

Como ya se ha avanzado, *El presidente de la Regencia* nunca fue llevada a escena, quizás porque su carga ideológica pudo parecer excesiva incluso a los responsables de la propaganda josefina. Pero precisamente por eso, no cayó en el olvido. De forma oportunista, salió a relucir su existencia en el Trienio Liberal, lo que dio ocasión a que los diarios rivales de la *Miscelánea -El Conservador, El Universal, El Eco de Padilla, El Tribuno* y *El Espectador* especialmente- refregaran la autoría a su editor. A falta de razones más sólidas con que alimentar la polémicas, incidieron una y otra vez en los pasajes más comprometidos, ayudando a fijar el estereotipo del publicista afrancesado, de lealtad sospechosa al régimen y a la nación. Fue una forma de hacer periodismo superficial y quizás inconsciente, pero que tuvo consecuencias nefastas en la opinión pública, al debilitar el frente constitucional. No es arriesgado afirmar que fue uno de los principales puntos que dividió a los partidarios del sistema frente a la reacción absolutista, que terminaría por imponerse en 1823.

No se conocen otras manifestaciones literarias o de contenido ideológico de Javier de Burgos en favor de José Napoleón I, después de la publicación de *El presidente de la Regencia*. En 1812, la suerte de la guerra se volvió en contra de los franceses, que evacuaron Andalucía a mediados del mes de septiembre llevando consigo a los españoles más identificados con su causa. Por eso, quizás pueda hablarse de una sarcástica némesis poética en el caso de Burgos, quien en su oda de 1810 a José I había proclamado,

> Quien su cerviz no rinda
> Sepúltelo en su horror la guerra insana.
> Lejos del cielo que nacer le viera
> Arrastre siempre su existencia odiosa,
> Y vejez oprobiosa
> Abrevie el fin de su fatal carrera (vv. 63-68).

A poco más de dos años de formular semejante premonición, era él quien se veía obligado a abandonar Granada con su familia, siguiendo al ejército de Soult en su retirada hacia Valencia.

6. Un exilio literario y mercantil (1812-1817)

6.1. Los afrancesados del interior y los Burgos de Motril

La decisión de huir de Granada fue sensata, dado el papel desempeñado por Burgos durante la ocupación. Sin embargo, es oportuno puntualizar que la práctica totalidad de las fuerzas vivas de la capital andaluza también había acatado de mejor o peor grado la autoridad del rey José, lo que quizás atenúa el alcance de su compromiso[359]. Así lo haría notar otro de los perjudicados por la represión a los josefinos, Francisco de León Bendicho, en una de las exposiciones que elevó a Fernando VII para tratar de lavar su conducta:

Hallándose de oidor y gobernador de las salas del crimen en la chancillería de Granada al tiempo que las armas francesas invadieron las Andalucías, se vio en la funesta necesidad de sucumbir a la fuerza irresistible de los enemigos, continuando en sus destinos como en tan desgraciada época lo hicieron todos los individuos de aquella corporación, los del ayuntamiento, los del cabildo eclesiástico, la intendencia y demás autoridades superiores del expresado reino[360].

---

359. Vid. *Gazeta del Gobierno de Granada* n° 1 (6.02.1810), la crónica del juramento de obediencia prestado por los representantes de las autoridades, clases y gremios de Granada al rey José en la catedral el 31 de enero.
360. AHN, Consejos, 17788 (afrancesados), exposición a S.M. de Francisco de Leon Bendicho, natural y vecino de esta Corte (Madrid, 20.12.1819).

Cuando se fueron los franceses, los miembros de la elite continuaron ocupando sin escándalo de nadie su posición privilegiada en la vida pública de la ciudad. Pero lo que Bendicho nos dice con la boca pequeña, es que él se había ido a Madrid para cubrir una plaza de alcalde de Corte (suplente) y que cambió su cruz de Carlos III por la orden Real de España, creada por el Intruso. Es lo determinante. Con esos antecedentes, huyó a Francia para evitar represalias cuando la situación se puso difícil, pero tuvo reflejos para volver en fecha temprana, así consta en una lista de refugiados de Toulouse[361], sin que su ausencia, parece, hubiera sido advertida o denunciada. Se instaló entonces en Madrid -él era de allí- donde las autoridades le negaron empleo y sueldo, aunque sin expulsarle de la capital. Bendicho intentó rehabilitarse durante los años siguientes, pero el papeleo aun estaba estancado en la época constitucional[362].

Con mucha más zozobra debió transcurrir, al menos en los primeros meses, la existencia de los afrancesados en localidades reducidas, en las que no existía la relativa inmunidad que proporciona el anonimato o una mentalidad cosmopolita entre los habitantes. A efectos de comparación es aleccionador el caso de Motril, la ciudad de los Burgos, donde la familia se había señalado por su adhesión al régimen josefino. En 1810, don Diego Antonio había ocupado por algún tiempo el corregimiento, y otro tanto hizo su hijo Diego María, que lo ejerció desde el 30 de enero de 1812. Además, este había aceptado el empleo de capitán de una compañía de las milicias cívicas, aunque "no se armaron ni llegó el caso de hacer servicio alguno"[363]. Al irse los franceses en el mes de mayo, los Burgos tomaron la precaución de ausentarse temporalmente de sus casas (saquearon la del hijo), pero volvieron en cuanto se aquietaron las cosas. Diego María retomó entonces el cargo de corregidor, que ejerció sin oposición hasta que se eligió

---

361. *Gazeta de Madrid* n° 227 (15.08.1811) p. 927, concesión de la Orden Real de España (figura también el comandante de escuadrón Alejandro Aguado en esa lista); vid. Archivo General del Ministerio de Justicia, leg. 6, "Tercer suplemento a la lista general (…) Toulouse, 2.10.1813", en la que se anotó sobre él: "Se sabe que volvió a España por San Juan de Pie de Puerto".

362. AHN, leg 17788 (afrancesados), sobre remisión de su expediente (Granada y Madrid, 22 de febrero de 1820). Vid. *Miscelánea* n° 451 (24.05.1821), "Cortes. Sesión extraordinaria de anoche", la aprobación del dictamen de la comisión de Legislación accediendo a la solicitud de rehabilitación de don Francisco León Bendicho, oidor de Granada, "justificando la conducta que observó en tiempo de la invasión francesa".

363. AHN, Consejos, 5300/14, Exposición de Diego Mª de Burgos, f. = Santiago de Ollo "en virtud de encargo" (Madrid, 4.12.1818).

un ayuntamiento constitucional en 1813[364]. En esas circunstancias, Diego Antonio, que tenía fuero militar, fue llevado preso a Granada y se le formó causa por un consejo de guerra de oficiales generales. Se desconocen los cargos, aunque testigos que intervinieron en un procedimiento contra su hijo en 1819, daban por hecho que estuvo acusado de haber dado informes a los franceses, de cuyas resultas mataron a dos o tres "buenos españoles". A tal respecto, el ayuntamiento (constitucional) escribió de 6 de febrero de 1814 al fiscal del consejo, don Juan de palacios y Oliver, explicando que si antes se había excusado de informar fue "viendo la demasiada indulgencia con que se ha tratado a los afrancesados". Pero ahora, lo hacía:

> Que el referido don Diego Antonio de Burgos se entregó muy decididamente a servir a los franceses que desde luego que entraron se les manifestó con todo el afecto de su corazón según lo demostrara con palabras y hobras [sic], en perjuicio de los españoles, a quienes tratara con vilipendio, inclusos los sacerdotes, sin atreverse ningún patriota a hablar en su presencia a favor de la justa causa ni nombrar siquiera a nuestro amado soberano el Señor Don Fernando Sétimo, ni a los héroes de la Nación, pues estos eran objeto de su burla; negando la existencia de nuestros exércitos y sus victorias y ensalzando las del tirano, celebrando las máximas francesas, gloriándose de seguirlas, predicando la doctrina de Napoleón el grande para buscarle prosélitos y amortiguando el entusiasmo y patriotismo públicos.

Se menciona también la imposición de duras contribuciones que hicieron aborrecible a Diego Antonio Burgos como corregidor, y su amistad con los jefes franceses, pero nada -nada, hay que subrayarlo- sobre el feo asunto de las delaciones. A su vez, La única información conocida de testigos sobre ese punto es muy imprecisa, porque procede de las declaraciones incluidas en una "justificación" promovida en 1819 por algunos regidores interesados en impedir que Diego María pudiera entrar en el ayuntamiento y que para ello, se esforzaron por descalificar a toda la familia. Esas declaraciones, para las que se prestaron vecinos en su mayoría analfabetos y -es de suponer- pobres, rezuman animadversión y creo que se puede advertir en ellas una traza de antagonismo de clase. Son acusaciones vagas -casi todos dicen conocer los hechos por ser cosa pública

---

364. Gabriel Medina Vílchez, *República de Motril (…)*, o.c., pp. 1095-1098 [En línea: Google Books. Consulta 16.02.2022].

y notoria- pero resultan sospechosamente homogéneas, incluso en los giros y el vocabulario empleado: suelen caracterizar a don Diego como "el más afrancesado"; se repite a la letra lo de "dos o tres infelices que eran buenos españoles" y murieron por culpa suya a manos de los franceses; la "sofocación" de que habría muerto el propio don Diego Antonio a causa de las resultas del proceso que le siguieron en Granada; además se dice no sin resentimiento, que Diego María "labraba con desahogo" sus tierras después de haber sido nombrado corregidor[365]. ¿Llevaban la lección aprendida?

Transcribo aquí una parte de la declaración de Domingo Díaz, un vecino que compareció el 14 de junio en el procedimiento de justificación. Dentro de lo que cabe, fue quien se expresó con más originalidad y también el más hostil contra don Diego Antonio, por razones que se deducen de su mismo testimonio:

(...) que mediante sus conocimientos y la experiencia adquirida en tiempo de la dominación enemiga, que don Diego Antonio de Burgos padre del otro don Diego, fue el más público y escandaloso enemigo declarado contra nuestro legitimo Rey Señor don Fernando Séptimo y contra nuestra Nación, como igualmente más adicto a los franceses a quienes trataba con la mayor familiaridad, al paso que lo hacía por la contraria con los buenos españoles, a quienes miraba con odio, de forma que según se decía generalmente, cuando estuvo procesado por la causa que se le formó, de que dimanó su muerte, que por su influxo quitaron la vida los franceses a algunos buenos españoles siendo entre

---

365. AHN, Consejos, 5300/14, "Motril. Año de 1819 = Justificación sobre la conducta política de Don Diego María de Burgos, vecino de esta ciudad, a instancias de don Josef María de Vilches, regidor perpetuo de ella, y comisionado por su ayuntamiento. Practicada ante el Excmo Señor gobernador militar y político de esta dicha ciudad, y escribanía numeraria de don Francisco de Paula Barranco". Doce testigos declararon los días 11 y 14 de junio ante el gobernador Bernardo Magenis y Ortiz, conde de Iveagh. Fueron José Rodríguez (30 años, no sabe firmar), Pedro Álvarez (49 años, no sabe firmar), Francisco Rodríguez (32 años, no sabe firmar), Tomás Cardona (60 años, no sabe firmar), don Francisco Rizzo (síndico personero, 45 años, firma bien), don Antonio Sánchez Arellano o Arroyo (33 años, firma bien y fue el más ecuánime), Domingo Díaz (40 años, no sabe firmar), don Luis de Roxas (42 años, firma bien), Andrés Villar (50 años, firma mal), Josef Martín Zaplana (59 años, no sabe firmar), Francisco Martín Salvador (27 años, no sabe firmar), Francisco Cano (54 años, no sabe firmar).

ellos un hermano del testigo como fue público y notorio. De manera que según la opinión de muchas personas, si no hubiera muerto el don Diego de Burgos se esperaba al final de la causa según los crímenes había cometido, le quitasen la vida; habiendo también sacado de esta ciudad y pueblos de su partido gruesas contribuciones, sin haberle pagado a nadie cantidad alguna.

Díaz mencionó también a Diego María y a Francisco Xavier en su testimonio, añadiendo "que además, otro don Francisco de Burgos hermano del anterior fue preso en esta ciudad por infidente y se le siguió su causa". Se refería obviamente a Frasquito, el menor de la familia.

Sin embargo, contra lo que creían los testigos de la "justificación" que movía el ayuntamiento, don Diego Antonio había sido puesto en libertad en el verano de 1815, según sabemos por la felicitación de Francisco Xavier, que estaba entonces en Marsella y se había enterado por su cuñado Antonio Miguel del Álamo[366]. Septuagenario, viudo hacía meses y quizás abrumado por la situación que acababa de atravesar, falleció muy poco después, lo que puede explicar la idea generalizada de que su muerte ocurrió estando preso. Respecto a Francisco Xavier, los testigos más enterados sabían que había escrito contra la Santa Inquisición, que se había ido a Granada a buscar a los franceses, que estos le hicieron subprefecto de Almería y por supuesto, que escapó con ellos cuando se retiraron.

En cambio, tras la entrada de las tropas patriotas en Motril nadie se metió con Diego María. Solo en 1817, algunos regidores que andaban de uñas con los Burgos, la emprendieron con él cuando intentó que se le expidiera el título de regidor perpetuo que había comprado. Al pedir información la Cámara de Castilla, los capitulares opinaron en contra de forma rotunda, alegando la nulidad en que había incurrido al servir los empleos en la milicia y en el ayuntamiento (además de las cuentas que había dejado pendientes); pero parece que hubo un esfuerzo por dar muestras de objetividad y guardar las formas, pues en el cabildo celebrado el 11 de octubre, en el que se discutió el asunto, don Antonio Garbayo declaró que Burgos "es de buena vida y costumbres, de natural quieto y pacífico, concurriendo en él la suficiencia y habilidad que se requiere para el ejercicio del oficio de regidor". Los demás ediles se conformaron con el dictamen que había extendido don Antonio María Iluminati, que le consideraba "persona hábil para servir el oficio de

---

366. AFB, X. de Burgos a D.A. de Burgos (Marsella, 3.10.1815); las cartas que menciona de Antonio Miguel estaban fechadas el 10 y el 14 de septiembre.

regidor", sin perjuicio, quede claro, de las tachas que lo inhabilitaban para desempeñarlo. Hay algo más: se da la circunstancia de que esos mismos capitulares ostentaban empleos en la milicia local y deseaban progresar, ellos y sus allegados, a costa de las vacantes que dejaron los oficiales infidentes. Los Burgos no eran los únicos ni mucho menos, pero ¿hay que recordar que, antes de que se produjese la invasión, Francisco Xavier era capitán y Diego María alférez? En el pedimento elevado por el ayuntamiento sobre este asunto, se encuentra entre los comisionados alguien ya conocido, don Antonio García Alcántara, quien había desempeñado junto a Garbayo, un papel destacado en el proceso inquisitorial contra Francisco Xavier en 1803[367]. Y a su vez, en el curso del procedimiento contra Diego María, largo y enrevesado, este llegó a señalar a don José de Vilches, el comisionado que promovió la información de testigos de 1819, como enemigo suyo "en atención a los varios pleitos que median entre ambos"[368].

Suele considerarse a los afrancesados del interior, a los que no tuvieron necesidad de emigrar, como gente que actuó forzada por circunstancias más o menos atenuantes, o simplemente acomodaticia, que en último extremo se las arregló para no violentar demasiado su patriotismo. Se suman a ese número los que por convencimiento sincero o por interés, pretendieron destinos del gobierno Intruso, pero que tuvieron una importancia políticamente insignificante, aun sin depreciar el alcance del poder caciquil que pudieran haber ejercido a nivel local. Estos josefinos sufrieron rechazo social, fruto de

---

367. AHN, Consejos, 5300/14, Oficio del conde de Iveagh a don Juan Ignacio de Ayestarán remitiendo dos testimonios pedidos por el supremo tribunal de la Real Cámara sobre la suficiencia de Diego María de Burgos y su conducta, y sobre la de los oficiales de la antigua milicia honrada (Motril, 15.10.1817); asistentes al cabildo celebrado el 11 de octubre: Fernando de Pineda, decano; Antonio Garbayo Madrigal, Antonio María Iluminati, Celedonio Enciso y Zafra, Josef Ignacio Ruiz Campoy, Antonio García Alcántara, Rafael Ruiz de Castro, Josef María de Vilchez y Pedro de Llano.

368. AHN, Consejos, 5300/14, Exposición de D. Mª de Burgos, "vecino y labrador de esta ciudad", al conde de Iveagh (Motril, 11.06.1819); Diego María de Burgos y Olmo había sido bautizado en Motril el 10.12.1780. Fue comisario ordenador de Marina y caballero de la Orden de Carlos III (AHN, Carlos III, Expte. 2141, 28.07.1832). Ya antes, regidor perpetuo de Motril y con honores de comisario ordenador (AHN, Carlos III, expte. 1934, Pruebas de X. de Burgos). Estuvo casado con Francisca de Real (Frasquita), fallecida el 10 de octubre de 1826 (AFB, XB a D.M.ª de Burgos, París, 2.11.1826). Sus hijos, con los que Francisco Javier continuaría la correspondencia hacia 1838, después de la muerte de Diego, fueron José y Ricardo.

un patriotismo primario a veces reforzado por rivalidades personales, pero que a la larga terminó diluyéndose en rencillas de aldea. Puede entenderse, por tanto, que al cabo de poco tiempo el entramado sociológico afrancesado se identificase casi exclusivamente con los funcionarios que tuvieron que huir de España por miedo a las represalias. Ellos se habían significado en favor de un ambicioso proyecto nacional que a la vez, les beneficiaba personalmente. De forma interesada, cuando se discutía en las Cortes el decreto para su rehabilitación, Burgos aventuró en su *Miscelánea* la cifra de 8 ó 10 000 emigrados entre un total ("quizá") de 200 000 antiguos josefinos diseminados por todo el territorio español[369]. Más adelante, profundizó en esa distinción a la vez que elevaba el número de los afectados:

Los comprometidos en esta causa, que habían quedado en España, hubieron de formar una categoría distinta de los que habían emigrado. Manifestarse contra estos, era purgarse del defecto o de la sospecha de haber caído en él. Los ausentes nunca tienen razón; prolongar por consiguiente su ausencia era condenarlos salvándose, y sus bienes ofrecían despojos a un gran número, que se interesaban en no dar cuenta de ellos. El número pues de los afrancesados no fue más que de unos 15 ó 20 000; y su pérdida salvaba o favorecía el injusto interés de un número mucho mayor[370].

Posiblemente son cifras abultadas y un tanto alejadas de la realidad. Las cuentas de *El Conservador*, un diario del Trienio que parece haber sido fundado para impedir que prosperase el proyecto de amnistía, son mucho más modestas: cinco o seis mil serían los traidores[371]. Y a su vez,

---

369. "Semana última", en *Miscelánea* nº 208 (24.09.1820).
370. "Concluye el artículo sobre quiénes y cuántos fueron los afrancesados", en *Miscelánea* nº 352 (14.02.1821); luego, concede el articulista, esta cifra disminuyó considerablemente a base de disposiciones parciales y subterfugios: "los trabajos de una proscripción de siete años los redujeron a unos dos mil individuos entre hombres, mujeres y niños, cuando al conjuro de la libertad debía esperarse en nuestro país el acto de justicia nacional".
371. "El que obra según el convencimiento", en *El Conservador* nº 115 (19.07.1820) f. = A.D.: "Por más que los afrancesados se lamenten y griten para lavarse de sus crímenes, siempre este puñado de hombres será en su totalidad culpable del más alto grado de traición a la Patria por haberse apoyado en una fuerza extranjera para someter al capricho u la opinión de 5 o 6 mil de ellos, la de 10 millones de sus compatriotas: tal es la verdad del hecho".

la investigación moderna solo ha podido identificar a un total de 2 933 exiliados para un censo general -obviamente, mucho más difícil de calcular- de 4 172 individuos[372]. No es, con todo, una cantidad despreciable, y para valorarla en toda su dimensión hay que hacerse cargo de que esos funcionarios eran la elite de la administración en España, un país en el que la mayoría de la población era pobre, rural y con una tasa de alfabetización estimada (a ojo) por debajo del diez por ciento. Por eso, se entiende bien que el decreto de Fernando VII que impedía su vuelta a España, junto a la discriminación posterior dictada por el régimen liberal, debilitara el tejido social ampliando la división en la nación y que terminara de configurar un fenómeno con capacidad de traumar la convivencia durante mucho tiempo.

6.2. Hacia el exilio

En estas circunstancias tuvo lugar la evacuación de Granada por los partidarios del Intruso, siguiendo la retirada general de las tropas francesas. Don Mariano de Santos, uno de los testigos que hablaron en favor de Javier de Burgos durante el proceso de purificación política a que este se sometió en la época de la restauración de Fernando VII, afirmó en su declaración:

Uno o dos días antes de la evacuación en ocasión que estaba con el llamado prefecto [sic, por Burgos] oyó que aquel se lamentaba de que tenía que marchar con los enemigos porque el mariscal Soult se lo había ordenado sin excusa alguna, y además temía que el pueblo en los primeros arrebatos de su justa alegría por la libertad que deseaba, repitiese las escenas que se vieron con dolor en esta ciudad en el año de 8cientosocho [sic][373].

Así las cosas, a primeros de septiembre de 1812 Burgos se ocupaba de la adquisición de mulas para el tiro de su coche. El día 10 aún permanecían en Granada él y María de los Ángeles, sin saber cuándo iban a partir y

---

372. J. López Tabar, *o.c.,* p. 160 y ss.
373. AHN, Consejos, leg. 11353, "Gobierno político. 1819. Madrid. Don Javier de Burgos sobre la purificación de su conducta política en tiempo del gobierno intruso", f° 26, testimonio de Mariano de Santos, escribano de cámara de la Real Chancillería de Granada.

retenidos por la muerte de su niño[374]. Cuando salieron al fin, quedaron atrás y se perdieron por culpa de una delación (por supuesto, de un exfraile) su selecta biblioteca de más de dos mil volúmenes, numerosos papeles y los manuscritos inéditos de su producción poética:

> Desaparecieron, además de muchas composiciones dramáticas, líricas y didácticas, un poema épico de la conquista de Granada, traducciones del poema de Lucrecio De rerum natura, y de las Geórgicas de Virgilio con muy doctos comentarios, y copia de memorias y disertaciones sobre varios puntos de literatura, economía y administración[375].

Lo que aquí narra Eugenio de Ochoa, la pérdida de materiales bibliográficos en circunstancias azarosas, es un lugar común en la historia literaria. Por recordar unos pocos casos del entorno de Burgos, lo mismo parece haberle ocurrido a Meléndez Valdés en sus forzosos desplazamientos durante esta misma época y a Manuel Abella -un alto funcionario de la Junta Central- durante la huida ante el avance de los franceses en 1810. De don Bartolomé José Gallardo ("Caco, cuco, faquín, bibliopirata", le llamó Estébanez Calderón) se decía socarronamente que no había libro valioso que él no afirmara haber perdido en la caótica noche de San Antonio de 1823, cuando los liberales escapaban de Sevilla camino de Cádiz[376]. Gallardo era el bibliotecario

---

374. AFB, X. de Burgos a D.A. de Burgos (Granada, 4 y 10.09.1812).

375. E. de Ochoa, *Apuntes (...)*, o.c., 189-190. Ochoa, hijo de Sebastián Miñano, fue una figura próxima a Burgos, de modo que pudo haber conocido de primera mano estos detalles: vid. D.A. Randolph, o.c., p. 14, subraya la relación entre Ochoa y los literatos afrancesados del entorno de Miñano. Siguen la versión de Ochoa en términos casi idénticos N.P. Díaz, o.c., p. 165 y A.P., "Noticia (...)" en *loc. cit.*, I, p. 3; Ferrer del Rio, *Galería (...)*, o.c., p. 60, copia también a Ochoa aunque añade y establece variantes: "un tomo de odas a los atributos de la divinidad", parte de la traducción del poema de Lucano [sic] de *Rerum natura*, amén de nueve comedias y una tragedia.

376. Sobre los libros de Meléndez, vid. G. Demerson, o.c., II, p. 155; para Manuel Abella, el artículo que se le dedica en la *Biografía Universal antigua y moderna*, Imprenta de don Mateo Repullés, Madrid 1822, tomo I, p. 152, que se comenta más abajo; respecto a Gallardo, la monografía apologética de Antonio Rodríguez-Moñino, *Historia de una infamia bibliográfica, La de San Antonio de 1823: realidad y leyenda de lo sucedido con los libros y papeles de Don Bartolomé José Gallardo: estudio bibliográfico*. Madrid: Castalia, 1965, pp. 20-25 especialmente.

de las Cortes, cuyo archivo o parte de él se perdió también, saqueado en el río, en la misma ocasión[377]. Pero en el caso de Burgos el episodio no es anecdótico, puesto que proporciona claves sobre sus aficiones poéticas y humanistas, las cuales no solo habían contribuido a moldear su forma de pensar (la obra de Lucrecio, no se olvide, remite a Epicuro y a Demócrito, y las *Geórgicas* son un canto a la vida en el campo y un tratado sobre las labores agrícolas) sino que habían ayudado a formar su estilo, que demostraría ser una herramienta formidable como medio de expresión y persuasión en el medio periodístico y en el género historiográfico. El episodio nos confirma además su interés en saberes prácticos -o sea, economía y administración- igualmente importantes en la configuración de su bagaje intelectual y que iban a pesar, años después, en el plano de la decisión política. Por lo demás, el relato de Ochoa es verosímil, teniendo en cuenta su estrecha relación con Burgos y que el hecho narrado parece estar refrendado por un temprano expediente, relativo a los bienes ocupados por la Junta de Secuestros de la provincia a las personas emigradas con el ejército enemigo. Ahí consta en efecto, aunque en lenguaje mucho más prosaico, que a don Francisco Xavier le intervinieron "dos camas de fierro y dos cajones de libros"[378].

La caravana, formada por cientos de familias de funcionarios josefinos, muchos procedentes de las administraciones del sur, siguió con incomodidad y privaciones la larga marcha del ejército hasta Valencia y a continuación, a Segorbe, Teruel y Zaragoza. Allí, antes de internarse en Francia, "tuvieron que arrastrar una vida difícil", indica sobriamente Mercader Riba, porque el mariscal Suchet se negó a pagarles sus sueldos. Burgos, que se sepa, nunca recordó esta terrible peripecia en sus escritos posteriores ni ha quedado noticia alguna en su correspondencia familiar. ¿Fue entonces, como sugiere C. Morange, cuando se conocieron Javier

---

377. *Diario de las Sesiones celebradas en Sevilla y Cádiz en 1823*, Madrid: Imprenta Nacional, 1858, página preliminar s.n., f. = Francisco Argüelles.
378. Archivo de la Chancillería de Granada, Sala 321, leg. 4365, pieza nº 17, Expediente sobre secuestros: "Noticia de los bienes ocupados e intervenidos a las personas emigradas con el ejército enemigo por la Junta de Secuestros de esta provincia (...)", f. = Gregorio Joseph Segura (Granada 21 de enero de 1813). Así mismo, a José del Álamo, suegro de Burgos, le ocuparon una casa en la calle de Nicuesa nº 2, manz. 432, y un crédito contra una doña Bonifacia Sánchez de 3.162 rs. vn.

de Burgos y Sebastián Miñano?[379]. Contrariamente a éste, que gozaba de la protección de Soult, debe descartarse que el periplo particular de Burgos pasara por París en 1812 y mucho menos que residiera allí, como suele repetirse por inercia. En realidad salvo contadísimas excepciones, casi todas relativas a funcionarios de muy alto rango, aristócratas o poseedores de cuantiosos medios económicos (y él no entraba en ninguna de esas categorías), el acceso a la capital francesa estuvo vedado a los refugiados, especialmente en esos primeros tiempos de la emigración[380].

Las actividades de Burgos en Francia se ajustan más bien a la pauta, todo un modelo sociológico, dibujada por Eugenio de Ochoa en su ensayo costumbrista sobre "El emigrado"[381]. Lo cual no es de extrañar, habida cuenta de las estrechas relaciones de Ochoa a través de Miñano y de Lista con Burgos, quien podría haber sido incluso, una de sus fuentes directas de información para redactar dicho artículo: la estancia en un depósito de refugiados, las condiciones de estrechez económica, el ejercicio de alguna industria para salir del paso y el recurso a la literatura, señaladamente la traducción, fueron experiencias entre las que relata Ochoa, que vivió personalmente Javier de Burgos[382].

Hay constancia de su presencia en Auch cuando se elaboraron las listas de septiembre de 1813, en las que figura "con dos de familia" y con sus suegros, el juez de la Junta Criminal de Jaén José del Álamo y su esposa[383]. Entonces se alojaba en casa de un comerciante de paños, el señor

---

379. Juan Mercader Riba, *o.c.*, I, pp. 339 y 341; II, p. 287.
380. Cfr. Luis Barbastro Gil, *Los afrancesados. Primera emigración política del siglo XIX español (1813-1820)*, CSIC, Madrid 1993, p. 20.
381. Eugenio de Ochoa, "El emigrado", en *Miscelánea de literatura, viajes y novelas*, Bailly-Ballere, Madrid, 1867, pp. 107-130; pero ya publicado en 1843-1844.
382. Vid. Donald Allen Randolph, *o.c.*, p. 14, subraya la relación entre Ochoa -hijo de Miñano- y los literatos afrancesados de su entorno; para la inspiración del artículo sobre "El emigrado", Randolph (pp. 10 y especialmente 64) apunta al propio Miñano.
383. Archivo General del Ministerio de Justicia (AGMJ), leg. 6. "Lista general de los empleados civiles de España, que han venido a Francia, siguiendo los movimientos de los ejércitos imperiales, con expresión de sus sueldos, y lugares en que residen. Van divididos por ministerios", f. = el duque de Santafé (Montauban, 9.09.1813. En el resumen final, se detalla: ministerio del interior, 252 individuos; Justicia, 189; Policía, 298, Secretaría de Estado, 18; Consejo de Estado, 40; Hacienda, 620; Negocios Extranjeros, 15; Indias, 9;

Laponterie, calle Senatoria, y allí nació su hijo Augusto. Del bautismo fueron testigos el general Francisco Chacón y el consejero de Estado Manuel Cambronero[384].

Nuevas listas de emigrados, en este caso firmadas por don Juan Meléndez Valdés y otros próceres josefinos en Montpellier, sitúan al subprefecto en el departamento de Herault el 30 de abril de 1814. Entre los 263 nombres ahí relacionados se encuentran, por mencionar a los más conocidos, los de personajes de talla muy acreditada como Antero Benito Núñez, Pablo Andeiro, Manuel Alonso Viado, Manuel Narganes, José María y Manuel Cambronero, José Gómez Hermosilla, José Mociño, José Miguel Alea, Francisco Antonio Zea, José Mauri, Juan Antonio Zamacola, o singularmente Alberto Lista, con quien ya había coincidido en Auch[385]. También, ya se avanzó, seguía en relación con su admiradísimo Meléndez Valdés, a quien dedicaron poesías laudatorias Lista, Tomás García Suelto y él mismo por aquel entonces. Nada de esto es indiferente, porque las vivencias del exilio, sumadas a la experiencia común de los años pasados al servicio del rey José, ayudan a entender la formación de una conciencia de grupo que se materializaría en relaciones muy duraderas de amistad y de colaboración profesional y política (aunque también, ocasionalmente de rivalidad), que con frecuencia, se desenvolvería en un entorno hostil a su vuelta a España, lo que les obligaría por pura necesidad a cerrar filas entre ellos. También, el punto es fundamental, iba a confluir en una coincidencia ideológica que definiría el pensamiento afrancesado, una de las raíces no muy a la larga, en la configuración del liberalismo moderado, es decir, el liberalismo histórico español, por oposición al ideario de los absolutistas y al de los exaltados. ¿Puede sorprender la atención que el ciclo del

---

Negocios eclesiásticos, 121; Secretarías de Guerra y Marina, 26; Particulares refugiados, 69; Total, 1657. Vid. el decreto (Sevilla, 24.04.1810) que incluye el nombramiento de Josef del Álamo, abogado del colegio de Granada, para la Junta criminal extraordinaria de Jaén, en *Gaceta de Madrid* nº 130 (10.05.1810) p. 544; con el mismo cargo figura también en las listas de AGMJ, leg. 6, "Segundo suplemento a la lista general de españoles refugiados", f. = Santafé (Montauban, 28.09.1813).

384. AHN, Hacienda, 470 (Expediente de viudedad de Amalia de Burgos), traducción de la partida de bautismo de Augusto de Burgos Álamo (Auch, departamento de Gers, 1.10.1813).

385. AGMJ, leg. 6, "Lista de los españoles que residen en el departamento del Herault con expresión de los empleos que obtenían a su salida de España", f. = Sotomayor, [ileg.], El obispo [ileg.], Meléndez Valdés, Flórez (Montpellier, 30.04.1814). Suman 258 nombres más los cinco firmantes.

afrancesamiento ha provocado en nuestra historiografía? Sin embargo, la valoración del fenómeno, hay que decirlo, no siempre ha sido igual de intensa, como pone de manifiesto el juicio reduccionista esbozado por don Miguel Artola, que sugiere irrelevancia histórica:

> Los afrancesados, una vez reincorporados a la vida del país, se encontraron vacilantes entre los dos partidos que constituían toda la vida política nacional. Su moderantismo ideológico les impidió unirse a los liberales, sin que tampoco les permitiese identificarse con los absolutistas, desapareciendo de la existencia política como partido, limitándose cada individuo a resolver su particular problema[386].

6.3. Principios firmes... y fidelidad tornadiza

En la misma fecha, Burgos fue, según parece, uno de los firmantes de una exposición dirigida al duque de San Carlos para felicitar a Fernando VII por su retorno al trono de España y tributarle su homenaje más sincero[387].

En efecto, para entonces Fernando se encontraba libre de su cautiverio en Valençay, donde el 11 de diciembre anterior había firmado el fin de las hostilidades con Napoleón. Por supuesto, la Regencia se apresuró a rechazar la validez del tratado, ya que en 1811 las Cortes habían declarado nulo y sin valor cualquier acto del rey durante su ausencia de España. Sin embargo este es relevante, porque en su artículo 9º otorgaba un perdón ilimitado a los afrancesados, quienes en consecuencia, concibieron

---

386. Miguel Artola, *Los Afrancesados*. Madrid: Sociedad de Estudios y Publicaciones, 1953, p. 249.
387. J. López Tabar, *o.c.*, p. 114, nota: "Se trata de la *Lista de los españoles que residen en el departamento de Herault, con expresión de los empleos que obtenían a su salida de España*, firmada por Miguel Suárez de Santander, el duque de Sotomayor, Juan Meléndez Valdés, Manuel María Cambronero y Pedro Flórez Quevedo" (Montpellier, 30.04.1814), en AHN, Estado, leg. 5244, con la exposición a San Carlos, pero no se encuentra la felicitación; la lista (él suma 259 nombres) coincide con la copia del Ministerio de Justicia, leg. 6, que cito más arriba. A la misma exposición se refiere también C. Morange, *Paleobiografía (...) o.c.*, p. 315 (dice leg. 5144-2 sic), aunque da por error 234 firmantes.

esperanzas en un rápido retorno a casa[388]. El anónimo autor de la *Historia de la vida y reinado de Fernando VII de España* refleja así ese ambiente[389]:

> En Tolosa y demás puntos del imperio que recorrieron los príncipes, prometió S.M. a los refugiados españoles que en tanto número se habían albergado en Francia, abrirles las puertas de la patria, porque quería ser el padre de sus súbditos, y acogerlos todos bajo su manto real, sin mirar a partidos ni opiniones pasadas, y porque así lo había estipulado en el convenio de Valencey. Alegres y asegurados con tan sagrada promesa, festejáronle aquellos infelices unidos a los prisioneros, que corrían a contemplar al rey, espoleados también con el acicate de los premios que dijo iba a distribuirles apenas recobrase el cetro.

De manera acorde con esas previsiones, el motrileño comentaba con entusiasmo a su padre, en carta fechada en Montpellier el 16 de abril de 1814[390], la restauración borbónica en Francia y el futuro político de Europa:

> Este acontecimiento extraordinario y felicísimo acelerará necesariamente nuestra vuelta. La España unida a la Francia por el pacto de familia que había mantenido todo el siglo anterior la armonía de ambas naciones, va a recobrar su prosperidad. Un Borbón restablecido en el trono de Francia va a aumentar los recursos de esta tierra de promisión y hacer la dicha de sus habitantes. Un orden de cosas se prepara en que los reyes no tendrán disculpa si no hacen felices a los pueblos.

---

388. Cfr. A.M.ª Berazaluce, *Sebastián de Miñano (…)*, o.c., pp. 107-108.
389. [Estanislao de Kotska Bayo], *Historia de la vida y reinado de Fernando VII de España*, Imprenta de Repullés, Madrid 1842, vol. II, pp. 6-7; con más detalle, vid. J. López Tabar, *o.c.*, p. 115: "Estas esperanzas se habían visto cimentadas ante la buena acogida que el propio Fernando VII dispensó a una comisión de refugiados que recibió en Toulouse el 17 de marzo de 1814, camino ya de la frontera española, donde les aseguró que muy pronto podrían volver a su patria".
390. AFB, X. de Burgos a D.A. Burgos (Montpellier, 16.04.1814). La información que aporta A. González Palencia sobre el periodo de la emigración ("Javier de Burgos, humanista (…)", *art. cit.*, pp. 359-362) es sorprendentemente escasa, y limitada a las noticias del epistolario familiar sobre asuntos domésticos y financieros de los Burgos.

Nuestro hombre había enviado su misiva anterior –escribió- por conducto de una persona que formaba parte de la comitiva de Fernando VII en su viaje a España. Daba por sentado su rápida vuelta a la Península, solicitando a su padre que a través de un viejo conocido, el comerciante de Granada Rafael de Torres, pusiera fondos (6.000 reales) a disposición de su mujer, María de los Ángeles, o de si mismo, en previsión de un próximo desembarco en Barcelona, Alicante o Valencia.

Ese es el contexto. Probablemente en mayo de 1814, cuando Fernando VII ya había realizado su golpe de estado contra el régimen constitucional, debemos datar la oda dedicada por Javier de Burgos a "El triunfo del Rey don Fernando VII sobre los anarquistas de España", que de manera comprensible, iba a permanecer inédita hasta su publicación en 1869 por Leopoldo Augusto de Cueto[391]. A nuestros efectos, el interés de la oda consiste en que proporciona una idea bastante exacta sobre la opción política sustentada a estas alturas por Burgos y hasta cierto punto, sobre su motivación ideológica. Son versos muy acordes a la estética neoclásica y se diría, hechos a imitación de los que había escrito don Juan Meléndez Valdés en las mismas circunstancias, durante su estancia en Montpellier, a la espera de la autorización a los afrancesados para volver a España. El estribillo de la composición de Meléndez, titulada "Cantata en la solemne entrada del rey, nuestro señor, en Madrid, disuelto y abolido el gobierno de las Cortes (1814)"[392] dice así:

Cayó el loco bando,
Ya fausto en Madrid
Gobierna Fernando:
Qué viva, decid.

---

391. L.A. de Cueto, *Poetas líricos (…)*, o.c., t. III, p. 445, con 132 versos en once estrofas. Primer verso: "¿Es sueño? ¿Es ilusión? ¿Do se han hundido". Fechada en 1814, esta composición se encuentra entre algunas poesías que -se dice en nota- le fueron comunicadas por Augusto de Burgos, hijo de Francisco Javier, y por el magistrado Francisco Pérez de Anaya. Sin embargo, como advierte Cueto, Burgos refundió o reelaboró posteriormente gran parte de esta oda en la que dedicó *A los progresos de la industria* (ibi, pp. 447-448), que parece en relación con la exposición de la industria española celebrada en Madrid en 1827.

392. L.A. de Cueto, *Poetas líricos (…)*, o.c., t. II, p. 126.

Imagen 20. Alegoría del triunfo de Fernando VII en 1814. Grabado calcográfico (Museo Municipal de Madrid, en Estampas de la guerra d ella Independencia. Madrid: Calcografía Nacional - Ayuntamiento de Madrid - Caja de Asturias, 1996).

Es la de Meléndez una declaración ostensible de fidelidad a Fernando donde no falta una alusión a la unidad fraternal que era de esperar bajo su reinado de paz, pero en la que lo que realmente interesa ¿para alejar el foco de atención de los josefinos? es denunciar la Constitución de Cádiz y a sus partidarios:

> La facción aleve,
> Que el nombre se atreve
> De España a usurpar;
> Y gritando insana,
> Falaz patriotismo,

Hasta el hondo abismo
Nos quiso arrastrar.
[...]
Entre glorias tantas,
No olvides clemente,
De un pueblo inocente
El justo dolor.
Cual hijos, tus plantas
Abrazar desean;
En tus ojos vean
De un padre el amor.

Por supuesto, Burgos conocía esta oda, que justificó como pudo (mal que bien) en una polémica con *El Espectador,* un diario de Madrid particularmente hostil a los afrancesados, en septiembre de 1821. Vamos con la de Burgos. Como adelanta el título y a semejanza de la cantata de Meléndez contiene una enérgica condena al régimen de las Cortes, vigente hasta entonces en España, algo de lo que ya se había ocupado en la comedia *El presidente de la regencia,* aunque desde un enfoque burlesco. En esta ocasión, la mismísima España, personificada como "cándida matrona" al decir del poeta, se adelanta a recibir a Fernando VII cuando llega a su suelo y tras estrecharle en su albo seno, le interpela en los términos siguientes:

37 Ven, llega, iris de paz, llega en buena hora,
Príncipe deseado,
Hijo de gloria, lustre de mi suelo;
Propicio, oh joven venturoso, el hado
La diestra veladora
Á ti guardó tenderme en mi hondo duelo;
Hijos desnaturados me aherrojaran;
En su delirio osaran,
En su delirio infando,
Pactos dictar infames, duras leyes
Al nieto ilustre del tercer Fernando,
A la estirpe gloriosa de cien reyes.

49 ¡Crueles! Aún a bárbara pelea,
A sacrílegas lides,
Su frenesí rabioso provocaba.
¡Ah! ¿No sabían que, mejor Alcides
Que el que la hidra Lernea
Postró al blandir de la potente clava,
Mejor Beloferonte que el que hiriera
A la cruel Quimera,
Al abismo hundirías
El loco orgullo, el presumir liviano.

Pero hay más en estos versos que en los de Meléndez, quien no entra en honduras políticas más allá de meterse con los liberales de Cádiz. Nótese que la adhesión de Burgos a la causa de Fernando no supone un alineamiento con el absolutismo característico del Antiguo Régimen, al menos entendido como el "despotismo odioso", sistema de inseguridad jurídica o de arbitrariedad gubernativa que Burgos iba a criticar ásperamente desde las páginas de la *Miscelánea* cuando se restableció la Constitución en 1820. Importa subrayar en cambio, que la relación causal que se esboza en estos versos entre la acción benéfica que parte del soberano y la prosperidad de los españoles se produce precisamente, por la intervención de las leyes:

59 Y que suaves leyes les darías,
Tú, numen tutelar del pueblo hispano?
61 «Sí, daráslas, Fernando generoso;
Tu voz nos las promete,
Del Ter al Miño el eco resonara,
Del Vidasoa [sic] al turbio Guadalete,
Del despotismo odioso
No incensarán ya más la torpe ara
Esos mis hijos, que tu amor engríe:
Ya la aurora les ríe
De holganza perdurable;
De entre los campos que tu voz reanima

El viejo Pan su frente venerable
Orlada encubre de la mies opima
[...]

El cambio de fidelidad manifestado por Burgos en esta oda puede parecer oportunista, pero es importante matizar que siempre supo fundamentar, o revestir (según se mire) sus opiniones políticas apelando a principios y razonamientos en línea utilitaria. A esas alturas, conocía bien el pensamiento, no solo la poética, de los autores clásicos, y ¿acaso no había obrado el mismo Horacio, en sintonía con esos principios de utilidad? El poeta salió corriendo para salvar su vida abandonando su escudo, en la batalla de Filipos. Además, como se indicó más arriba, es improbable que Burgos ignorara la obra de Sempere y Guarinos, suficientemente explícita en este sentido, y según propia confesión Destutt de Tracy había desempeñado un papel relevante en su formación intelectual. Por otra parte, aunque no puede afirmarse con certeza que conociera a fondo las ideas de Bentham antes del regreso a Madrid y el inicio de su etapa como periodista, sí hay indicios de una lectura a través de las traducciones francesas de Dumont a las que pudo acceder por medio de la edición de 1802 (véase más abajo). Recuérdese que además, Burgos trató durante el exilio a don Manuel Cambronero -de hecho fue testigo del bautismo de su hijo Augusto- que ya entonces era un experto en Bentham[393].

Puede establecerse, por tanto, su identificación del "interés público" o "conveniencia" (son los términos que él usa) como la base reguladora de la moralidad, y por extensión, como criterio fundamental en la acción de los gobiernos. Recurriendo a consideraciones expuestas muchas veces en sus artículos de prensa durante el Trienio Liberal: ¿Quién o qué determina a su vez lo qué es útil y conveniente en cada situación histórica concreta? Ese papel, dirá Burgos enlazando con las premisas básicas del pensamiento ilustrado, corresponde a la "razón" por oposición a la "ignorancia", el "empirismo" y el "fanatismo" (rasgos propios de los absolutistas), y la "pasión" (que caracterizaría al liberalismo exaltado)[394]. Tales reflexiones

---

393. J. López Tabar, "Manuel María Cambronero (17641834): avatares de un jurista en el tránsito del Antiguo al Nuevo Régimen" en *Ayer* 95 (2014) p. 94.
394. Vid. M. Morán, "La *Miscelánea* de Javier de Burgos (...)", *art. cit.* pp. 283-288 especialmente.

permiten entender su elevada apreciación de las "luces" como causa eficiente del recto obrar, del progreso humano y de la prosperidad. Y como consecuencia, la superioridad moral que atribuía a los afrancesados, a quienes consideró sus principales depositarios durante las circunstancias impuestas por la Guerra de la Independencia.

Es posible apreciar también la coincidencia de estas ideas con las expuestas por un redomado benthamiano, don Félix Reinoso, en el *Examen de los delitos de infidelidad a la Patria* (Auch, 1816), principal defensa doctrinal con que contaron los afrancesados, y a la que Burgos se adhirió de manera taxativa[395]. Pudo incluso haber conocido la obra cuando estaba en prensa, según se deduce de la afirmación de Alberto Lista al propio Reinoso, al hablar de la reimpresión: "En Marsella está Burgos, que puede correr muy bien con las pruebas de prensa. Es literato y buen poeta"[396].

Desde semejante perspectiva utilitaria, el recambio de Bonaparte o de José Napoleón por Fernando VII en calidad de "pacificador" pesa poco; en último extremo, lo fundamental es la capacidad motora de la paz como fuente de prosperidad de la Nación, con independencia de quien fuera el benefactor. Así lo expresa en la oda susodicha:

109 Atónita la tierra, hijos, gozaos;
Ya vuestra industria admira
Eclipsar la del Támesis y el Sena;
Del rico chino y la hábil Cachemira
Las españolas naos,
El rojo pabellón en la alta antena,
Veo ya hendiendo la cerúlea onda;
De la ardiente Golconda
El preciado diamante
A mis playas traer, y cuantas cría
Perlas Ormuz, aromas el Levante,
Y Ceilán perfumada especería.

---

395. *Miscelánea* n° 540 (21.08.1821).
396. A. Lista a F. Reinoso (Auch, 10.11.1816), en Hans Juretschke, *o.c.*, p. 524.

121 Tanto la paz de bienes atesora;

Gloria, honor a Fernando,

Que abrió del bien las fuentes perenales,

Al bando loco la cerviz domando.

Estando así las cosas, se publicó en la *Gaceta de Madrid* la circular de Gracia y Justicia de 30 de mayo de 1814, destinada a impedir la entrada en España a determinadas categorías, las superiores, de seguidores del gobierno intruso: militares de capitán para arriba, funcionarios civiles (incluyendo empleados de subprefectura), dignidades eclesiásticas y titulados. Se permitía en cambio la entrada en el reino a las demás clases de emigrados aunque con restricciones, como la prohibición de residir a menos de 20 leguas de la Corte y ejercer empleos públicos, o un sometimiento explícito a la vigilancia de las autoridades locales. La medida se justificaba con el piadoso fin de "evitar la justa pesadumbre que en esto reciben los buenos y las funestas consecuencias que se podrían seguir"[397]. Es decir, se trataba de prevenir incidentes violentos, que a decir verdad no habían faltado, en un ambiente desgarrado por el resentimiento y la confrontación. Y quizás, menos piadosamente, se había tomado la decisión de sacrificar a una minoría selecta de la nación, aunque de fidelidad cuestionable y por tanto, potencialmente peligrosa para el absolutismo recién restablecido. Es cierto que los josefinos se habían apresurado a declarar su sumisión a Fernando, pero ¿era eso suficiente para un régimen suspicaz y necesitado de afianzarse? El contenido de la circular, que por lo demás, seguía la línea que ya había marcado el gobierno constitucional, iba a defraudar inmensamente -concluye Juan López Tabar- las esperanzas de los emigrados[398].

6.4. Comerciante en Marsella

Acorde con este contratiempo, en su carta de 2 de julio de 1814[399] Burgos solicitaba con urgencia socorros pecuniarios a su padre: "pues con tantos [ileg.] familia, hace mucho tiempo que después de haber

---

397. Circular de la Secretaría de Gracia y Justicia de 30.05.1814 en *Gaceta de Madrid* nº 81 (04.06.1814) pp. 613-614.

398. Vid. J. López Tabar, *o.c.*, 114 y ss.

399. AFB, X. de Burgos a D.A. de Burgos (Montpellier, 2.07.1814).

vendido tod[ileg.] alhajas estamos viviendo de prestado". Declaraba, por otra parte, que ante la injusticia con que se les había tratado en España, algunos "hombres de bien, que durante la [ileg.] han hecho a su patria servicios importantísimos que ahora califican de delitos", habían decidido establecerse en Francia. "No es necesidad, puesto que todos los que han ido de aquí a Madrid se pasean libremente allí, y que probablemente habrá de suc[eder] lo mismo con todos, y a muchos se les hará en fin la justic[ia] que reclaman sus luces y virtudes".

Desarrollando ese razonamiento, le exponía su proyecto, con el que esperaba hacer fortuna, de abrir comercio de vino y algodón de Motril con el respaldo económico del mismo don Diego Antonio y a cuenta de sus propios bienes ("que ya se desembargarán"). Con ese fin, pedía que le remitiera a Marsella algunas muestras de dichos productos.

Ya instalado en Marsella a mediados de noviembre de 1814, la correspondencia de "M. Burgos, negociant, rue St. Ferréol nº 75", con su padre y su apoderado en Motril –el cuñado Antonio Miguel del Álamo- da cuenta de cómo el proyecto mercantil iba tomando forma. El 17 de febrero de 1815 por ejemplo, estando convaleciente de uno de sus ataques de gota, anunciaba la próxima salida del barco del capitán Llorca con destino Motril: "El cargamento del San Juan Bautista consiste definitivamente en 600 fanegas de trigo en sacos, 430 @ de arroz también en sacos y en una porción de cajas de sedas, paños, lienzos, quincalla, drogas, papel, cristales de ventana y de mesa y otros mil chismes"[400]. Pero tras un periodo de incomunicación coincidente con los Cien Días de Napoleón (marzo a junio de 1815), las sucesivas cartas de Burgos a su padre van pintando un panorama financiero cada vez menos risueño, hasta verse en el caso de reclamar su protección con carácter apremiante. "Nada soy sin Vd. y con Vd. lo soy todo. Yo pongo la suerte de esta larga y desgraciada familia en manos de Vd. y espero que Vd. no me abandonará"[401].

Y en fin, para concluir sobre la fallida aventura comercial de Javier de Burgos, creo que es pertinente transcribir íntegra su misiva del 12 de septiembre[402], especialmente explicativa en cuanto a las circunstancias y la evolución de todo el asunto:

---

400. *Idem* (Marsella, 24.11.1814 y 17.02.1815).
401. *Idem* (Marsella, 29.08.1815).
402. *Idem* (Marsella, 12.091815).

Marsella, 12 de Septiembre de 1815

Amado Padre mío: participo a Vd. que al primer viento favorable saldrá de aquí Mariquita con mis hijos y el ama que van a Málaga en la bombarda Joven Clara.

El objeto de este viaje es representar a Vd. mi situación. Cuando el año pasado concebí la desgraciada resolución de hacerme comerciante, no teniendo fondos con que contar, consulté a Vd. para saber si ayudaría mis designios. Me contestó Vd. que sí, y en consecuencia me trasladé aquí e hice los gastos necesarios para montar un establecimiento. Me envió Vd. un cargamento y yo envié en retorno otro mucho mayor; me envió Vd. otro, y las circunstancias desgraciadas que han turbado por algún tiempo los pasos [¿?] de la Europa impidieron que yo retornase otro mayor, como lo había hecho antes, en consecuencia de las relaciones que ya me había proporcionado aquí. Entre tanto, los principios (como sucede en todos los establecimientos) no habían producido las ventajas que debían producir después. Los gastos de establecer una casa, el naufragio de Llorca que me llevó 24.000 rs. (de que estoy privado porque por falta del documento correspondiente no he podido reclamarlos de los aseguradores), un poco de pérdida en el primer algodón que vino aquí y algunos sacrificios que debí hacer para salir de los apuros en que me puso la interceptación de nuestras relaciones en el mes de marzo, agregados a los gastos de mi

Imagen 21. Vista de Marsella circa 1760 (Galerie Napoléon, París).

manutención me han causado un desfalco que comprometería mi reputación y aun mi existencia si yo no tuviese un padre con cuyos beneficios cuento con confianza.

Las relaciones se han abierto y a favor de los ensayos ya hechos, pueden ser muy lucrativas y darme en poco tiempo para cubrir mis obligaciones actuales y formar un establecimiento independiente y honroso. Vd. ha visto ya mi modo de cumplir, y sabe cuáles son mis principios. En consecuencia yo espero que Vd. me enviará un cargamento de algodón y vino igual al del año pasado, con el cual cumpliré con las personas que aquí me han favorecido y me pondré en disposición por el crédito que les inspiraré de reentablar mis negocios, y de vivir. No tengo otro arbitrio para salir de mis embarazos.

Yo sé que la muerte de mi Madre hace este envío un poco más difícil que el año pasado; pero también sé que Vd. puede todo lo que quiere en razón del respeto que inspira a sus hijos; y como por otra parte Vd. no puede dejarme reducido a la infamia de faltar a mis empeños, yo confío en que Vd. acudirá a mi socorro con la celeridad que exige la estrechez de mi situación.

Con este objeto es el viaje de Mariquita sin embargo de que está embarazada y en un malísimo estado de salud. Por estas circunstancias conocerá Vd. cuál es mi embarazo cuando me resuelvo a enviarla en tal estado y aumentando con los costos de su viaje mis apuros y mi estrechez.

Recíbala Vd. como a su hija, y de Vd. a ella y a sus inocentes y desgraciados nietos una prueba de su ternura, sacándome de tal angustia, contando de antemano con el agradecimiento sin límites de su humilde hijo, que no espera ser abandonado de Vd.

Xavier [rúbrica]

Mis expresiones a todos los de casa.

Precisamente en sus cartas del 10 y 14 de septiembre, que debieron cruzarse con la anterior, Antonio Miguel le comunicaba que su padre, procesado en Granada, había sido puesto en libertad. Pero no hay ya más noticias de don Diego Antonio, lo que hace pensar que falleció en estas fechas[403]. Esa circunstancia junto a la de la muerte de su madre en

---

403. AFB, X. de Burgos a D.A. de Burgos (Marsella, 3.10.1815), felicitándole por su libertad; incluye ahí copia de su carta (a don Diego Antonio) del 29

el mismo año, probablemente en abril[404], debía necesariamente traducirse en trabas testamentarias –que el propio Javier insinúa en la carta antes transcrita- y en definitiva, en la inmovilización del patrimonio familiar, lo que sumado al embargo de sus propios bienes en España, daba al traste con la posibilidad de conseguir más financiación para continuar con sus negocios. La quiebra, en definitiva.

Ahora bien, a nuestros efectos, lo ocurrido no puede considerarse en absoluto como un episodio aislado, aunque calamitoso, en la vida de Burgos. Aparte el uso que sus enemigos dieron a esta historia al cabo de los años -véase más abajo- el propio Burgos, así lo deja ver en el correspondiente prospecto, sitúa la experiencia adquirida en Marsella en la génesis de su *Miscelánea*, periódico que él planificó con un perfil mercantil, pero que al cabo de muy pocos meses iba a convertirse en uno de los diarios con mayor influencia política del Trienio Liberal.

Así las cosas, hay lógica en lo que ocurrió a continuación. De acuerdo con la citada información de Alberto Lista, Burgos seguía en Marsella en noviembre de 1816 pero poco después, con seguridad no más tarde de agosto de 1817, había vuelto discretamente a España, quedando su familia en Francia. Semejante decisión es comprensible, porque al menos en algunos ambientes, la actitud respecto a los afrancesados se había hecho más permisiva, prevaleciendo la tendencia conciliadora. No es posible identificar de manera específica ninguna de las confusas disposiciones del gobierno como causa inmediata del retorno, si bien la Real Cédula de 28 de junio de 1816 abría algo la mano, al establecer un procedimiento (engorroso) que permitía juzgar a los ausentes mediante apoderados[405].

---

de agosto, en la que acusa recibo de las que este le envió el 10 de junio y el 21 de julio. Según A. González Palencia, "Javier de Burgos, humanista (…), *art. cit.*, t. XXII /nº CVIII, p. 362, en diciembre de 1815 Javier, que estaba en situación económica muy apurada, intentaba conseguir dinero de su hermano Diego.

404. Cfr. AHN, Estado-Carlos III, expte. 1934, Pruebas de F.X. de Burgos, fº 19 vº, declaración de solemnidad del testamento de Diego Antonio de Burgos y de Francisca Olmo con motivo del fallecimiento de ella (Motril, 4.06.1815).

405. Cfr. A.Mª Berazaluce, Estudio preliminar a *Pedro Sainz de Andino. Escritos*, Pamplona: Ediciones Universidad de Navarra - CSIC, 1969, p. 41, como disposición que motivó el regreso a España de Burgos, Lista y otros.

6.5. Un salto en el tiempo: las consecuencias tardías de una deuda mercantil y la expulsión del Estamento de los Próceres (1834)

Cuando volvió de Francia, Burgos dejó allí deudas con varios acreedores, entre los que se mostró especialmente reconocido a un Mr. Vaudard, así como a Mr. Vetzynthius, Gil y C.ª por los servicios que le habían hecho para terminar el negocio, lo que les hacía merecedores de una especial gratificación. En abril de 1818, estando aun en Marsella su esposa Mariquita Álamo, Burgos conseguía poner bajo control esas deudas mediante una obligación emitida por los hermanos y cuñados Diego María Burgos, Francisco Mantilla, Antonio Miguel y Pepe del Álamo[406].

En cualquier caso, el negocio de Marsella no se liquidó entonces de manera definitiva, y algunas consecuencias cobraron vida mucho tiempo después, a finales de 1834, cuando el conde de las Navas y Bartolomé José Gallardo airearon la siguiente información en el Estamento de los Próceres, remachando así la persistente campaña que la prensa progresista mantenía, con fines políticos, contra el empréstito Guebhard y el mismo Burgos.

Don Bartolomé José Gallardo, bibliotecario que fue de las que fueron primeras Cortes generales y extraordinarias de España e Indias, y tenedor de una letra de cambio girada contra el ilustre Prócer D. Francisco Javier Burgos, de V.E. con la debida consideración expone, que habiendo en Francia años pasados el susodicho ilustre Prócer hecho bancarrota en la ciudad de Marsella, acosado después en justicia por sus acreedores ante el tribunal de comercio de aquella plaza, fue su defensor en aquellos estrados el abogado Mr. Diumas. Como al cabo de tantos años no haya podido este conseguir de dicho señor excelentísimo el pago de sus honorarios, aunque repetidamente se le ha reclamado, ni aun merecídole siquiera una palabra de contestación a sus atentas cartas: por último, se ha visto reducido al extremo de girar contra S.E. y a favor del honrado Procurador del reino a Cortes conde de las Navas, una letra de 14 mil reales vellón; valor en tasación de sus derechos, la cual resulta últimamente endosada a favor del exponente, según consta del documento adjunto (número 2°) y la correspondiente

---

406. AFB, X. de Burgos a D.M.ª de Burgos (Madrid, 24.04.1818).

carta de aviso de que acompaña copia y traducción literal (número 1º), autorizada en debida forma por el ilustre Prócer Don Manuel José Quintana, secretario general de la interpretación de lenguas.

La exposición de Gallardo, fechada el 1 de diciembre de 1834, se publicó con los documentos justificativos en *El Mensajero de las Cortes, La Revista española* y el *Eco del Comercio,* e incluía un relato de los intentos realizados para cobrar la letra en casa de Burgos, que se había marchado de España tras el lance sonrojante que le acaeció en la sesión del 18 de octubre en el Estamento de los Próceres. Leída en sesión secreta, los próceres no tomaron ninguna providencia, lo que se entiende, porque el papel de Gallardo era puro chisme, intentando presentar a María Ángeles Álamo como mujer ridícula y superficial:

A la señora hubo el exponente de dirigirse por no hallarse a la sazón en casa el dependiente, y significándola ser portador de una letra del extranjero, la señora contestó al pronto (amor de madre): »corriente: será una letra de mi niño que está en Inglaterra.» Respondiéndola que no era de Inglaterra sino de Francia, repuso: »Si será de Mr. Mallot de unos 3.000 reales para el niño.» Mas cuando mostrando la carta de aviso para el E.S. su esposo, se la hizo saber que no era la letra del señorito ni de Mr. Mallot, ni de 3.000 reales sino de 14.000 y del decano dei colegio de abogados de Marsella Mr. Dúmas [sic], manifestó no estar dispuesta a su pago por carecer de fondos lo primero; "no habiéndonos (dijo) pagado el gobierno todavía el mes pasado, y sobre todo porque no sabía la señora esposa aquel negocio: pero que el dependiente sabría, con quien, si gustaba, se viese el exponente el otro día a las diez"[407].

---

407. "El ilustre prócer Burgos y el autor de las letras de cambio", en *El Mensajero de las Cortes* nº 228 (29.12.1834), *La Revista española* nº 432 (29.12.1834) y el *Eco del Comercio* nº 244 (30.12.1834). A. Rodríguez-Moñino, *Historia de los catálogos de librería españoles (1661-1840). Estudio bibliográfico.* Madrid: Artes gráficas Soler, 1966, p. 156, reprodujo parte de la exposición, en versión de el *Eco del Comercio* (por error fecha el periódico en 1 de diciembre). La documentación original, en Archivo del Senado, Caja 17, "Expediente personal del prócer D. Francisco Javier de Burgos, y senador vitalicio" [Actualmente en línea]. Hay resolución marginal: "Secreta. Sesión 9 diciembre. No ha lugar a deliberar y archívese".

DON PEDRO AGUSTIN GIRÓN.
MARQUES DE LAS AMARILLAS, 2.° DUQUE DE AHUMADA.
Ingeniero General en 1820, 21 y 22.
MANDÓ LAS TROPAS ESPAÑOLAS EN LA GLORIOSA
BATALLA DE ARANJUEZ, EL 5. DE AGOSTO DE 1809.

Imagen 22. Pedro Agustín Girón, marqués de las Amarillas y primer duque de Ahumada. Obra de Pedro Barcala Sánchez, Litografía J.J. Martínez, Madrid (Biblioteca Nacional de España).

Y así sigue. El censor del *Eco del comercio*, Juan Nicasio Gallego, había detenido su inserción al considerarlo contrario al reglamento de Imprenta como injurioso contra la conducta privada de Burgos, pero los del *Mensajero* y de la *Revista*, Gerónimo de la Escosura y Lorenzo Feijoo, le habían dado el pase. Siguiendo instrucciones del ministro del Interior (Moscoso de Altamira), ambos fueron reconvenidos por el gobernador de Madrid, pero evidentemente eso no reparó el daño. Es más, El *Eco*, en razón de equidad, publicó el artículo un día después, e incluso se permitió revolver de nuevo el asunto al informar ("en prueba de nuestra imparcialidad") que Burgos había manifestado al abogado de Marsella su disposición a pagar la cantidad reclamada por honorarios en la defensa de su quiebra, mencionando también lo del endoso de la letra del conde de las Navas, el protesto de Gallardo, etc.[408].

---

408. AHN, Consejos, 11315/70, El marqués de Viluma [gobernador de Madrid] al ministro del Interior [José María Moscoso de Altamira] (Madrid, 30.12.1834); *Eco del comercio* n° 296 (20.02.1835) p. 3; se reproduce la noticia en el *Mensajero de las Cortes* n° 282 (21.02.1835) p. 4 y *La Revista española* n° 488 (23.02.1835) p. 1594.

La iniciativa del conde de las Navas y del bibliotecario entraba en una operación de acoso contra Burgos de la que también formaba parte el folleto de Gallardo *Las letras, letras de cambio,* alusivo al asunto, y asimismo, la acusación calumniosa del mismo conde en la anterior sesión del 24 de septiembre del Estamento de los Procuradores, cuando afirmó que con motivo de un expediente abierto por el conde de la Alcudia sobre el Préstamo Real o Guebhard ("tales robos, tales iniquidades, tales perfidias"), el rey había mandado formar causa al ministro López Ballesteros y a Burgos, quien había sido el encargado de gestionarlo en París entre 1824 y 1827[409]. Tal inculpación fue hecha durante la discusión sobre el proyecto de Hacienda presentado por el gobierno, en la que la izquierda liberal puso mucho empeño en desacreditar ese empréstito y rechazar su legalidad, a manera de condena simbólica del reinado anterior. Burgos, como prócer del Reino, reaccionó emplazando al gobierno a que se buscara esa documentación y en consecuencia, los archiveros de cada secretaría certificaron la inexistencia del expediente, de trazas del mismo o de indicios de que hubiera sido sustraído. El motivo de semejante acusación, según él, habría sido la lucha sostenida por el conde de la Alcudia, secretario de Estado en 1832 y jefe de la *facción fanática*, contra López Ballesteros. El de la Alcudia, dice, quizás pudo ir recogiendo imputaciones, reunir chismes y formar con ellos un legajo, "o sea un proyecto de proceso", pero nunca un *expediente* y mucho menos que el rey mandara formarles causa[410]. Es una versión que en lo esencial, está corroborada por las diligencias practicadas en los archivos y más adelante, por el informe de la comisión mixta de ambos Estamentos que formó el gobierno de orden de la reina gobernadora (14.10.1834) a petición del propio Burgos, para dictaminar sobre el empréstito Real y la parte que él hubiera podido tener en el mismo[411].

---

409. *Revista Española* n° 341 (25.09.1834) p. 889, sesión del Estamento de Procuradores del día 24.

410. J. de Burgos, "Observaciones sobre el empréstito Guebhard", en E. de Ochoa, *Apuntes (...), o.c.,* I, p. 241.

411. AHN, Gobernación, leg. 78 (Personal), minuta de la certificación, f. = Manuel Zaragoza, archivero del ministerio del Interior (Madrid, 12.11.1834); *Ibi,* Hacienda, leg. 737, Extracto del dictamen de la comisión mixta nombrada por el gobierno el 14.10.1834 a instancias de Burgos (4 de octubre). Estuvo constituida por los próceres conde de Guaqui, Antonio Martínez y el conde de Villafuertes; procuradores: marqués de Torre Megía, José Fontagud Gargollo y Francisco Crespo de Tejada; no se admitió el intento de excusarse por motivos de salud de Torre Megía, pero sí a Gargollo, que alegó "ciertas desavenencias" con Burgos; fue sustituido por José Ventura Aguirre

Seguidamente, publicó sus *Observaciones sobre el empréstito Guebhard* (6 de octubre), un opúsculo justificativo con el que intentaba no tener que entrar en detalles personales en una discusión pública, necesariamente desagradable, en el Estamento de Próceres. Sin embargo, como resultaba inevitable que se tratara del tema, acordó de antemano su ausencia con el presidente del Estamento, el marqués de las Amarillas (Pedro Agustín Girón), un militar y aristócrata de ideas moderadas. En sus memorias, este atribuye el incidente que entonces ocurrió al "terco orgullo" del prócer, que después de varios titubeos cambió de idea a última hora y decidió entrar en la sesión (18 de octubre), que ya había empezado[412]. Fue entonces cuando a instancias de otro prócer, el general Álava, fue obligado a abandonar la cámara y suspendido de asistencia hasta que se vindicara su conducta, impidiéndole así intervenir en la discusión sobre el empréstito, sobre el que había anunciado que iba a hacer nuevas revelaciones. ¿Temían que aireara la operación fraudulenta realizada por el gobierno en 1826, la emisión encubierta de obligaciones en la bolsa de París a la sombra de la conversión del empréstito Guebhard en deuda perpetua? Propuesta por Alejandro Aguado al responsable de la Caja de amortización, Juan Pedro Vincenti, salpicaba a altos cargos, a los ministros y al mismo rey, que le había dado su aprobación. A esas alturas era ya un secreto a voces, e incluso

---

Solarte. Los ministerios de Marina (21.10.1834), Interior (17.11.1834) y Gracia y Justicia (23.11.1834) informaron sobre el resultado negativo de sus pesquisas, pero el de Estado remitió un expediente (2.12.1834) que parecía tener relación con el citado por el conde de las Navas: "Dicho expediente se reduce a un oficio que pasó el Consejo de ministros diciendo que el conde de la Alcudia, secretario de Estado y del Despacho, había pedido se le manifestase el importe de la deuda del Estado en el extranjero, las condiciones con que había sido contraída, lo que anualmente se pagaba (…) por sus réditos y amortización, cuánto había ingresado en el erario, cuatro tiempo se tardaría en amortizarlo, etc., y que el Consejo había acordado se le diesen estas noticias. En consecuencia, formó la Caja de Amortización unos estados circunstanciados de todas las obligaciones contratadas en el extranjero, los cuales se remitieron al expresado Consejo. El conde de la Alcudia echó de menos algunas circunstancias, y la Caja formó nuevos estados, pero como aquel dejó de ser ministro, no se creyó necesario pasarlos al Consejo ni apurar un dato que aun faltaba".

412. Pedro Agustín Girón, *Recuerdos (1778-1837)*. Introducción, Federico Suárez. Edición y notas, Ana María Berazaluce. Pamplona: Ediciones Universidad de Navarra, 1981, t. III, pp. 71-72. Vid. Archivo del Senado de España, Expediente de J. de Burgos, cartas cruzadas entre el marqués de las Amarillas y X. de Burgos (3.10.1834) [Actualmente en línea].

había sido denunciada en la cámara francesa en 1829[413] obligando a Burgos a viajar precipitadamente a París para amortiguar el daño, pero aunque la conversión fracasó, seguía siendo un escándalo difícil de asimilar para los moderados. El general Castaños -tío de Amarillas- pidió que se votara la proposición de Álava, y Amarillas, de quien se suponía una disposición amigable, humilló a Burgos al negarle la palabra y hacerle salir del salón, de forma que este, abrumado por lo ocurrido, optó por irse de España mientras se aclaraban los hechos; y entre unas cosas y otras, la resolución final sobre el asunto, favorable a Burgos, se demoró hasta diciembre de 1835[414], cuando su protagonismo político ya era cosa del pasado.

Hasta aquí, el resumen. La versión larga[415] deja la impresión de una demora incomprensible en su rehabilitación, e incluso hace pensar en un obstruccionismo deliberado, tal como él afirmó en *Anales* (III, pp. 42-43) achacándolo a la influencia de los clubs. El informe de la comisión mixta de próceres y procuradores nombrada por el gobierno el 14 de octubre estaba ya disponible a primeros de diciembre de 1834. En él se hacía una prolija historia del empréstito y sus vicisitudes, en la que Burgos sale relativamente bien parado en sus esfuerzos por sostener el crédito en la bolsa de París, al menos por comparación con las tremendas acusaciones que le habían lanzado los ultras de antaño y ahora repetían los liberales. Las conclusiones de la comisión sobre el tan criticado préstamo, nada comprometidas, sentenciaban que el vicio principal estaba en las bases y condiciones del contrato y en las circunstancias del empresario, combinadas con la falta de crédito en que entonces se hallaba la Hacienda Real. Nadie a quien se pudiera reclamar, por tanto, a esas alturas. Respecto al segundo punto, esto es, las medidas que tomaron los encargados de su gestión para activar la realización de los productos, minorar el gravamen de las condiciones y confrontar las faltas de cumplimiento, prevalecía también en el dictamen la voluntad de evitar valoraciones polémicas:

> Observa la comisión cierta marcha que sin hacer merecedores a elogios a los comisionados y agentes que intervinieron en dicho

---

413. F. Suárez, *López Ballesteros* (…), *o.c.*, t. I., pp. 210-222, 331-332 y 337-338.

414. N.P. Díaz, *o.c.*, pp. 183-186; Á. González Palencia, "Javier de Burgos, humanista (…)", *art. cit.*, p. 250.

415. Vid. Archivo del Senado, Expediente de J. de Burgos, cuadernillo "E.S. D. Javier de Burgos. Expediente sobre lo ocurrido con S.E. en la sesión pública de 18 de octubre de 1834, terminado en la segunda legislatura" [en línea]. salvo nota en contrario, de ahí proceden los datos que siguen.

empréstito, tampoco ha lugar a que se funde una censura razonada de sus actos. Sus esfuerzos no correspondieron a las esperanzas y deseos del gobierno; y si bien se realizó en su totalidad el Préstamo Real, fue con tal lentitud que parte de sus productos hubieron de aplicarse para cubrir el pago de intereses y reembolso del mismo empréstito, todo por efecto de las extraordinarias ocurrencias de aquella época[416].

Por tanto, el dictamen le exoneraba, aunque sin pena ni gloria. Junto a la información comunicada por los archivos ministeriales, fue aprobado en el Consejo de ministros el 20 de enero de 1835[417], pero hasta el 31 de marzo no lo enviaron a Burgos, el promotor de la investigación y principal afectado en el asunto. Él, a su vez lo hizo llegar desde París al presidente del ilustre Estamento (24.04.1835) para los "efectos oportunos" -es decir, su plena rehabilitación- y en consecuencia, su exposición se leyó en la sesión secreta del 16 de mayo, lo que dio lugar a que pasara a una comisión especial para dictaminar, así se llamó, *Sobre lo ocurrido con S.E. D. Javier de Burgos en la sesión pública de 18 de octubre de 1834*. Ahora bien, nombrados y reunidos sus miembros, no hubo tiempo para resolver antes de que finalizase el periodo de sesiones[418]; hubo que volver a a empezar, por tanto, en la segunda legislatura del Estamento. La nueva comisión, compuesta casi en su totalidad por los que habían formado parte de la de mayo, se reunió el 30 de noviembre. pidió al gobierno copia autentificada

---

416. Archivo del Senado, *loc. cit.*, Dictamen de la comisión creada por decreto de 14.10.1834 (Madrid, 10.01.1835); siguen los nombres (el de Alberto Felipe de Bardué sustituye al de Torre Megía). Es copia conforme = Mendizábal, trasladada desde Presidencia del Consejo de ministros a los secretarios del Estamento de Próceres el 6.12.1835.
417. AHN, Hacienda, leg. 737. El 10.01.1835 la comisión mixta devolvió a Hacienda los siete expedientes que se le habían pasado por la misma R.O. el pasado 22 de octubre, y en 20.01.1835 se elevó su dictamen al Consejo de ministros.
418. Archivo del Senado, *loc. cit.*, cuadernillo "Sobre lo ocurrido (...)", un memorándum que hace historia de los trámites seguidos en el asunto: La comisión se reunió el 18 de mayo. Estuvo presidida por el conde de Ofalia, Narciso Heredia, y los otros miembros fueron Gaspar Vigodet, el conde de Pino-fiel, el marqués de Espeja, Ramón Gil de la Cuadra, el conde de Parcent y el marqués del Cerro de la Cabeza. Ofalia se empleó a fondo a favor de Burgos, pero Pino-fiel y Gil de la Cuadra fueron autorizados a llevarse el expediente para mayor ilustración, y lo retuvieron hasta el 27, dos días antes del cierre de la legislatura.

del dictamen de la comisión mixta que había examinado el expediente del empréstito y la parte que Burgos hubiera tenido en él, y a la vista de toda la documentación, resolvió, y se aprobó en sesión secreta del Estamento (23.12.1835), la rehabilitación de Burgos. Se le comunicó en los términos que siguen.

En vista de que resulta de dicho examen y documentos que no hay motivo fundado de censura, ni existe en las Secretarías del Despacho expediente alguno instruido con el objeto de que se formara causa a V.E. ni a persona de las que intervinieron en aquellas operaciones; ha tenido a bien el ilustre Estamento, conformándose con el dictamen de una comisión de su seno, declarar que ha cesado el motivo que hizo suspender temporalmente la asistencia de V.E. a sus reuniones, y que de esta declaración se de cuenta en sesión pública, citándose a V.E. como a los demás ilustres próceres para concurrir a las sesiones del Estamento[419].

¿Qué tenemos pues? A lo que parece, la hostilidad contra Burgos tenía poco que ver con las dudas sobre su honradez, aunque estas facilitaran el pretexto. La actuación de esos generales altivos en la sesión del 18 de octubre de 1834 parece responder a un objetivo limitado, impedir su comparecencia. En cambio, tienen más calado los motivos de quienes venían promoviendo su hostigamiento, que en realidad había comenzado muchos meses antes, cuando él era ministro de Hacienda interino en diciembre de 1833. Aparte los resentimientos personales que quizás, él tendía a provocar con su forma de ser, el asunto de fondo consistía en su rechazo a colaborar con una sociedad secreta, como le habían propuesto sus miembros[420]. Y no por casualidad, a Gallardo, cabeza visible de la ofensiva contra Burgos con la publicación del folleto de marras, se le ha achacado su pertenencia a la masonería, e incluso -mucho menos probable- que había sido uno de los fundadores de la

---

419. Archivo del Senado, *loc. cit.*, cuadernillo "E.S. D. Javier de Burgos. Expediente sobre lo ocurrido (…)", minuta de oficio "Para comunicar a Burgos", f.= — — — Diciembre de 1835. Los miembros de la comisión de noviembre eran los mismos que en la de mayo, salvo el marqués de Espeja, reemplazado por don Jacobo María de Parga. En la discusión de la sesión secreta hubo votos en contra del duque de Rivas y del marqués de Espeja, y abstención de García Herreros.

420. N.P. Diaz, *o.c.*, p. 178.

comunería en la época del Trienio Constitucional. A su vez, el conde de las Navas era masón y miembro de la sociedad *La Isabelina*[421], como bien sabía Burgos: "Y ¿quién es ese individuo que un club reaccionario y desalumbrado designó para que fuese el órgano de sus miras de oprobio y perdición?". Según cuenta en los *Anales*, el primer emisario de los cofrades le fue enviado por el infante Francisco de Paula y su mujer, Luisa Carlota, con el propósito de conseguir su cooperación para derribar a Zea Bermúdez, autor del manifiesto inmovilista del 4 de octubre (y de paso allanar las cosas para que algunos se lucraran a costa del tesoro). Ahora bien, le despreció sin medir las consecuencias: "el diputado era un hombre de mala nota, botafuego de las sociedades secretas y de los cafés, y la poca confianza que me inspiraba me impidió entrar con él en explicaciones bastante francas". Burgos terminaría por hablar personalmente con los infantes, que posiblemente estaban ya directamente involucrados en la masonería: él no se identificaba con el programa de Zea y era consciente de su cortedad, aunque lo consideraba un buen comienzo para promover los cambios políticos[422]. Pero claro, su argumentación no convenció, como tampoco se juzgaría suficiente la promulgación del Estatuto Real (abril de 1834), del que él fue coautor, como herramienta para la transformación del régimen.

---

421. Cfr. A. Gil Novales, "Gallardo y las sociedades secretas", en Beatriz Sánchez Hita y Daniel Muñoz Sempere (coords.), *La razón polémica. Estudios sobre Bartolomé José Gallardo.* Cádiz: Ayuntamiento de Cádiz, 2004, p. 129; a pesar de las afirmaciones unánimes de la historiografía decimonónica, el autor se muestra reacio a aceptarlo, aunque no las tiene todas consigo: "la única explicación sería la de que Gallardo hizo de la necesidad virtud". Por su parte, Luis Pizarro (Medina del Campo 1788 - Madrid 1855), conde consorte de las Navas, era procurador por Córdoba, liberal de orientación democrática y notorio masón: vid. José María Aguilar Ortiz, "Luis Antonio Pizarro Ramírez", en *DBE* (en línea: consulta 30.09.2022).

422. X. de Burgos, "Discurso que debí pronunciar en la sesión de 24 [sic] de octubre de 1834, lo cual no verifiqué por haberme negado la palabra el presidente marqués de las Amarillas. Apéndice al libro tercero", en *Anales* (…), *o.c.*, t. II, p. 159 (sobre el conde de las Navas); también, t. I, pp. 195-197 (el emisario de los infantes). No parece que Francisco de Paula hubiera ingresado en la masonería en vida de Fernando VII (vid. Antonio Manuel Moral Roncal, "Los límites de un mito liberal: el infante don Francisco de Paula Borbón", en *Trienio* nº 34, 1999, p. 133) aunque José Arias Teijeiro, un absolutista del ala dura, lo ponía en cuestión en 1828 ("pero yo no lo creo, y si lo es, sería por fuerza y contra sus sentimientos"): vid. Seminario de Historia Moderna, *Documentos* (…), *o.c.*, III. *Arias Teijeiro.* t. I, p. 21 y nota, con la discusión del asunto.

Tras el penoso suceso en el Estamento, Burgos vivió en Francia hasta 1840. A su paso por Bayona se hospedó en casa de Miñano, quien le respaldó sin condiciones y además, cortó la comunicación con el clan de los Castaños - Amarillas, al que hasta entonces le había unido una relación excelente. Pasaron juntos la Navidad de 1834, pero el rumor que propalaron sus enemigos en Madrid de que ambos trabajaban en favor del Pretendiente don Carlos -Miñano lo desmiente con indignación- aconsejaron a Burgos acortar su estancia y seguir solo su viaje hacia París[423]. Iba a ser la tercera estancia de larga duración en el país vecino, donde se le reunieron María Ángeles y probablemente, la joven Amalia: "La melancolía, que forma el carácter particular de mi temperamento, se agrava con la ausencia de mi mujer y mis hijos", escribió en una ocasión[424]. De sus otros hijos, Irene vivía en Cádiz felizmente casada con Joaquín Márquez, y Javier José en Granada, donde estudiaba Leyes y contraería matrimonio con Catalina Vilches en 1835. Augusto estaba entonces agregado a la legación en Londres, pero según un rumor recogido por un diario francés, iban a trasladarle a la embajada en París a causa de la enemistad entre su padre y el general Álava[425].

Por fin, el 3 de enero de 1836 el Estamento de los Próceres le comunicó el acuerdo de que volviera a ocupar su puesto, pero no se dio prisa en cumplir. Tenía intención de acudir para hablar una sola vez desde la tribuna y manifestar su desacuerdo con los términos en los que se había redactado la resolución exculpatoria: "había cesado el motivo que hizo suspender temporalmente la asistencia"; o sea, se preguntaba, ¿había existido algún motivo previamente? Con ese fin, en agosto pasaba por Barcelona cuando supo del motín de La Granja, que al restablecer la Constitución de Cádiz, abolía el Estatuto y por tanto, desaparecían los Estamentos. Burgos se volvió entonces a Francia[426], donde continuó escribiendo su historia del reinado de Isabel II, pero sin descuidar el trato con los amigos y conocidos asentados en París, o que como él, frecuentaban los balnearios pirenaicos.

---

423. Cfr. S. Miñano a F. Reinoso (Bayona, 8.01.1835), en Ignacio Aguilera, "Don Sebastián de Miñano y Bedoya. Bosquejo biográfico", en *Boletín de la Biblioteca de Menéndez Pelayo* XIV (1932) p. 156; A.M.ª Berazaluce, *Sebastián Miñano (…), o.c.,* p. 336.
424. ACMH, Fondo López Ballesteros, carpeta 4/1, X. de Burgos a L. López Ballesteros (París 24.08.1829).
425. *La Revista española* nº 457 (23.01.1835) p. 1466.
426. Á. González Palencia, "Javier de Burgos, humanista (…)", *art. cit.,* p. 250-251.

Miñano compartía este estilo de vida: en el verano de 1835 estuvo invitado por Alejandro Aguado en su propiedad de Chateau Margaud y después se fue con él a París, donde vio "con satisfacción" a Burgos, a Cruz, a Colombí, a Muriel... "y sin ella, a otros infinitos pajarracos". Un año después va en julio a los baños de Cauterets. Allí encuentra a Burgos y algunos otros antiguos amigos, pero también al general Llauder, de quien discrepaba en política. En septiembre pasa un par de días en Burdeos donde de nuevo ve a Burgos y "a otros muchos que cada día llegan a este asilo del reposo y de los desengaños"; entre ellos, Zambrano y Córdoba[427]. Una vez más se renovaron los rumores de que Aguado, Miñano y Burgos estaban en negociaciones con don Carlos para proporcionarle un empréstito. Así parecía creerlo el ministro Calatrava, quien trasladó al cónsul en Burdeos sus sospechas, nunca confirmadas[428].

Por lo demás, para apurar hasta el final otro hilo colateral de esta historia, digamos que la relación entre Gallardo y los afrancesados venía de lejos y siempre había sido conflictiva. En 1822, Gallardo y Miñano habían protagonizado una sucesión de enfrentamientos de cuyas resultas este sufrió prisión domiciliaria durante un año, condenado por la publicación de la *Carta 13ª del madrileño,* que se juzgó inductiva a desobediencia en primer grado por un jurado del que formaba parte su adversario. A su vez, Gallardo fue sonoramente abofeteado en el transcurso de un baile de máscaras por el coronel don José Eceta, amigo de Miñano, quien además, publicó el folleto satírico *Apología de los bofetones,* en el que se recreaba en la suerte[429]. Posteriormente, si hay algo de verdad en la anécdota recogida en un impreso raro, el titulado *Colección de perfidias y atrocidades que los literatos españoles han hecho con la Casa de Sancha,* Burgos hizo una fea jugarreta a Gallardo en 1824, cuando prevaliéndose de su amistad con el jefe de la policía (Arjona), se habría apoderado de sus manuscritos y libros, que estaban depositados en casa del impresor Sancha. Para redondear más la cosa, cuando Arjona le preguntó cómo salir del asunto sin perjudicar a Sancha, "mi taumaturgo contestó nada menos que [lo mejor] era echarle un buen multazo para que otra vez no se

427. S. Miñano a F. Reinoso (París, 24.10.1835, Cauterets, 29.07.1836, y Chateau Margaud, 24.09.1836), en I. Aguilera, "Don Sebastián de Miñano (...)", *art. cit.,* XIV (1932) p. 270, y XV (1933) pp. 241 y 358 [En línea: Biblioteca Virtual Miguel de Cervantes. Consulta 30.09.2025].
428. Á. González Palencia, "Javier de Burgos, humanista (...)", *art. cit.,* p. 251.
429. La relación circunstanciada, en A.M.ª Berazaluce, *Sebastián Miñano (...),* o.c., pp. 165-169.

meta a conservar libros de esos estrafalarios. Y lo peor del caso es que así se efectuó". El relato es poco verosímil, porque además de mostrar alguna traza del estilo literario del propio Gallardo, contiene errores que denotan falta de información[430]. Y a mayor abundamiento, ¿hay una caricatura de Gallardo en la comedia *El baile de máscaras,* que compuso el granadino en 1832? Pero donde las dan, las toman. Gallardo se vengó en demasía, ya se ha visto, aireando el episodio de la quiebra en Marsella y con el folleto *Las letras, letras de cambio,* del que Burgos salió descalabrado. Y hubo aun más secuelas de esta dialéctica relación, porque Gallardo recibió nuevos tortazos en medio del congreso en 1838, esta vez por mano del diputado José Muñoz Maldonado. El incidente, que se originó por un papel ofensivo del bibliotecario cuando corrió el rumor de la supresión de su plaza, lo relata Burgos con pretensiones (sospechosas) de ecuanimidad en el libro V de los *Anales*[431].

6.6. La traducción del *Curso de medicina legal* de Belloc

Con la preparación humanista adquirida en su época de estudiante, la ambición poética y su facilidad para escribir, Burgos no descuidó las actividades literarias durante el tiempo que pasó fuera de España entre 1813 y 1817. Probablemente en parte por vocación, aunque sin duda también para mejorar su situación económica, necesidad común a la

---

430. Cfr. *Colección de perfidias y atrocidades que los literatos españoles han hecho con la Casa de Sancha.* Impreso reproducido parcialmente por Antonio Rodríguez-Moñino en *Historia de los catálogos de librería españoles (1661-1840). Estudio bibliográfico.* Madrid: Artes Gráficas Soler, 1966, p. 51, para la anécdota sobre Burgos, ahí supone erróneamente que la *Miscelánea* se tiraba habitualmente en la imprenta de Sancha y que este "tuvo la paciencia de suplir hasta 3.000 y tantos duros en los primeros meses", hasta que puso imprenta propia cuando "se confirmó llamándose *El Imparcial*" (sic). Don Antonio, no obstante, acepta su veracidad sin asomo de crítica: vid. también en el mismo sentido su *Historia de una infamia bibliográfica (…),* o.c., p. 69 y ss.

431. Vid. J. de Burgos, *Anales (…),* o.c., t. V, pp. 265-267. Lo denuncia don Luis María Ramírez y las Casas-Deza, muy parcial de su biografiado, en las profusas notas con que glosa el relato de Burgos: "D. Bartolomé José Gallardo (continuación)", en *Semanario pintoresco español* nº 22 (29.05.1853) p. 72.

Imagen 23. Busto de Bartolomé José Gallardo en la Biblioteca Nacional. R. García Lozano, 2023 (Col. del autor).

mayor parte de los emigrados de que ya se ha dado muestra en páginas anteriores. En cualquier caso, es interesante recordar que como hombre de su tiempo, compartía la convicción sobre la finalidad principalísima de la literatura -y en general del arte en todas sus manifestaciones- como medio para difundir los sanos principios del obrar. En consecuencia, en todos sus escritos, incluidas las traducciones de tema, digamos atípico, es posible rastrear esa intención moralizante.

Aunque sin seguridad, creo que debe adscribirse al periodo francés su traducción del *Curso de medicina legal, teórica y práctica* de Jean Jacques Belloc, médico de renombre vinculado -nótese- a las ciudades de Montpellier y Agén, con anotaciones y prólogo del mismo Burgos[432].

---

432. [Jean Jacques] Belloc, *Curso de medicina legal, teórica y práctica*, escrito por Mr.———, traducido al castellano con notas por Francisco de Burgos y Olmo, Imprenta que fue de García, Madrid: 1819, XVI + 325 pp., 8º marquilla [utilizó la edición francesa de 1811]. Hay reseña favorable de la obra y su traducción en el periódico de Mora, la *Crónica Científica y Literaria* (23.03.1819), p. 207; anuncio entusiasta en *Miscelánea* nº 288 (13.12.1820) y

También cabe la posibilidad, hay que tenerlo en cuenta, de que hubiera realizado el trabajo a su vuelta a España, acaso inspirado por Miñano, que había hecho en 1818 la traducción de la *Histoire de la médicine* de Cabanis, un libro que pudo conocer en el exilio o antes, y que deja vislumbrar mucha ideología en la trastienda[433].

A su vez, Burgos declaraba en su prólogo:

> En la traducción hemos puesto todo el esmero posible para que sea del todo española, tanto en el lenguaje forense, como en el general de la obra, cuyo estilo, a veces muy poco correcto, hemos procurado casi siempre mejorar.
>
> No nos hemos contentado con esto, sino que hemos añadido algunas observaciones y notas, ya para aclarar ciertos pasajes, ya para suplir en uno u otro caso al silencio del autor. En suma, nosotros hemos querido dejar al público español una obra completa en su género. A él toca juzgar si lo hemos conseguido.

Las notas del traductor, a decir verdad, son escasas, más bien anecdóticas y sensatamente, se limitan a los aspectos menos facultativos del libro. Sin embargo, ocasionalmente Burgos hace gala de erudición, con cita a Muratori (p. 238) o referencia implícita a Bentham en la que dedica al tema del infanticidio (p. 86):

> Sería de desear que todos los legisladores y jueces considerasen, como lo desea el autor más filosófico que ha escrito en materia criminal,

---

mención en un anuncio colectivo de las obras de Burgos en *El Imparcial* n° 150 (05.02.1822) p. 192 [sic, por 592]; la segunda edición salió de la Imprenta que fue de García, Madrid 1827, 8°, 2 vols.; elogioso anuncio en *Gaceta de Madrid* n° 42 (05.04.1828) p. 168.

433. Pierre Jean Georges Cabanis, *Compendio histórico de las revoluciones y reforma de la medicina*. Traducida por D.S.M. Madrid: Imprenta de Repullés, 8°, XVI + 395 pp. [En línea: Biblioteca Virtual Miguel de Cervantes. 17.05.2022]; Cfr. A. Berazaluce, *Sebastián de Miñano (…), o.c.*, pp. 126-127; como advierte C. Morange (*Paleobiografía (…), o.c.*, pp. 379-380), "poner a disposición de los lectores españoles los libros de los ideólogos significaba contribuir a la difusión de un pensamiento progresista, que sus adversarios no vacilaban en calificar de materialista".

cuáles pueden ser las causas que conduzcan a una infeliz madre para cometer un crimen, que a ninguno puede ser tan doloroso como a ella misma [...][434].

En este caso el comentario de Burgos es importante porque si como da a entender, había ya leído en estas fechas al sistematizador de la filosofía utilitaria, eso significa que pudo influir, o al menos reforzar convicciones ya asentadas, que iban a mostrarse operativas en no pocas ocasiones en su vida. Y que no fue (o no solo) un simple recurso argumentativo de última hora en su literatura periodística, para arropar sus opciones políticas favoritas durante el Trienio Liberal.

Es dudoso que la traducción de Belloc sacara de apuros a Burgos, pero sí debió darle algún dinero a la larga. La primera edición apareció en Madrid en 1819 y fue dedicada a la Real Junta Superior Gubernativa de los Reales Colegios y de la facultad de cirugía en todos los reinos y señoríos de S.M.C., institución que la adoptó y recomendó a los subdelegados como texto en la enseñanza de cirugía legal. Hubo incluso segunda edición en dos volúmenes, que apareció en 1827, cuando Burgos se estableció en la Corte al volver de la comisión que había desempeñado para el gobierno en París.

En cambio, es mucho menos probable que se compusieran durante los años del exilio en Francia otras producciones literarias menores, como la comedia *Los tres iguales,* cuya fallida representación en Madrid dio que hablar en 1819, o la traducción de *El supuesto Estanislao*, que sí se llevó a la escena, y de las que se tratará después[435].

---

434. Sobre la opinión de Bentham en lo referente al infanticidio, vid. José Sánchez Osés, "Jeremías Bentham y el Derecho penal", en *Anuario de derecho penal y ciencias penales*, t. 20 / 1-2 (1967) p. 545. La versión manejada por Burgos debió ser la francesa de Dumont, publicada originalmente en París en 1802. El punto del infanticidio está tratado en la primera edición española: vid. Esteban Dumont, *Tratados de legislación civil y penal. Obra extractada de los manuscritos del señor Jeremías Bentham, jurisconsulto inglés,* por — — —, miembro del Consejo representativo de Ginebra, y traducida al castellano, con comentarios, por Ramón Salas, ciudadano español y doctor de Salamanca, con arreglo a la segunda edición revista, corregida y aumentada. Tomo II, Madrid: Imprenta de D. Fermín Villalpando, 1821, pp. 216-220.
435. Cfr. M. Morán, "Notas para un catálogo (...)", *art. cit.* pp. 64-65.

6.7. La empresa de la *Biografía universal* y el reciclaje literario de la obra de Burgos en publicaciones posteriores

Si Burgos fue sincero (y en este caso no hay razón para dudarlo), la ambiciosa empresa de la traducción de la *Biografía universal antigua y moderna*[436], cuyo original francés había comenzado a publicarse en 1811, fue un proyecto acariciado hacía muchos años, pero que sólo tomó cuerpo en la época de la emigración y que se materializó (parcialmente) en 1822; la crítica recibió entonces la obra con elogios, pero debido a las convulsiones que afectaban a España en aquel momento, tuvo que suspenderla al poco tiempo sin culminar, ni de lejos, su publicación.

Exponiendo sus razones en el prólogo, Burgos se explica en términos oscuros para los no iniciados, pero suficientemente reveladores para los lectores que estuvieran al tanto de sus andanzas. Aunque extenso, creo que merece la pena reproducir el párrafo:

> Lisonjeado por la suerte durante muchos años, y no sujeto a otra obligación, que a la general de hacer buen uso de los bienes que a ella

---

436. Javier de Burgos (ed.), *Biografía universal antigua y moderna, o historia por orden alfabético de la vida pública y privada de todas las personas distinguidas por sus escritos, acciones, talentos, virtudes o vicios*. Obra enteramente nueva; escrita en francés por una sociedad de literatos y sabios, y traducida al castellano con muchas adiciones y refundiciones por don — — —. Tomo primero, Madrid, Imprenta de don Mateo Repullés, 1822, 404 pp. (llega hasta Adeodato); tomo II, 1822, 400 pp. (Ader – Alcázar); tomo III, 400 pp. (Alcedo – Ambrosini). Venta por suscripción. la aparición de los sucesivos cuadernos se anuncia en *El Imparcial*; el segundo tomo, en nº 270 (05.06.1822). Prospecto en nº 134 (20.01.1822); también, en Ana María Freire López, *Índice bibliográfico de la colección documental del Fraile*, Madrid: Instituto de Historia y Cultura Militar, 20082, p. 249; se publicó recensión del primer tomo y de los dos primeros cuadernos del segundo en *El Censor* XV, nº 90 (20.04.1822) pp. 431-436, atribuida a Alberto Lista por H. Juretschke, *o.c.*, p. 416; ahí se prodigan elogios al editor español ("esta obra que publica en España un sabio con quien nos unen los más estrechos vínculos de la amistad y los más puros sentimientos") pero es insustancial, centrada en el artículo de Addison, que ni siquiera había redactado Javier de Burgos. También en sentido positivo pero más crítica, la publicada en *El Independiente* nº 31 (31.01.1822) p. 131.

debí, consagré toda mi vida al estudio, amenizando la aridez de la economía pública y del de la ciencia de la administración, con las flores de la poesía y con los atractivos que ofrece el conocimiento de las particularidades de la vida privada y pública de los hombres ilustres. En parte pues, con el objeto de satisfacer una curiosidad siempre útil, y en parte con la intención de ocupar agradablemente mis ocios, diversificando mis ocupaciones, emprendí reunir, y reuní en efecto a costa de toda clase de fatigas, de gastos y de sacrificios, una gran colección de apuntes para escribir la historia de muchos de los hombres célebres de España; y al ver anunciada la biografía francesa, concebí la esperanza de que dichos apuntes podrían ser útiles, si se pensaba en trasladar algún día al castellano aquella obra importantísima. En breve las vicisitudes de la suerte me anunciaron que podría ser yo mismo el que la emprendiese, como de hecho se verificó a poco tiempo; pero notando muy luego que mis materiales eran demasiado escasos para obra tan grande, traté de acopiar otros, y habiéndolo logrado, intercalé en sus lugares respectivos los artículos españoles que faltaban en el diccionario francés, y rehice los incompletos, suprimiendo en cambio muchos artículos insignificantes del original [...]. Con esta agradable ocupación me consolaba de persecuciones injustas y de amarguras no merecidas y nada es más natural que beber largamente cuando se tiene mucha sed, yo trabajaba sin medida, porque en ello hallaba un deleite que en ninguna otra cosa podía encontrar. De aquí resultó que al cabo de algunos años me vi con muchos tomos de la obra original traducidos, con muchos artículos de los españoles hechos de nuevo, con otros varios refundidos, y con largos materiales para continuar mi obra, que desembarazado hoy de otras atenciones importantes que me hicieron abandonarla por algún tiempo, vuelvo a emprender con nuevo ardor[437].

En suma, el granadino había ya esbozado por iniciativa propia algunos ensayos biográficos durante sus años como hacendado en Motril, cuando tuvo noticias de la *Biographie* que se había empezado a editar en París por Michaud en 1811. Si no antes, estando en Francia decidió implicarse personalmente en la versión española y fue entonces cuando dio impulso a la traducción ("me consolaba de persecuciones injustas y de amarguras no merecidas"), rehaciendo y añadiendo lo que consideró

---

437. "Prólogo del traductor", en *Biografía universal (...)*, o.c., t. I, pp. 26-27.

necesario. Obviamente, el prólogo que va impreso al frente de la obra fue escrito en 1822, cuando reanudó la tarea, al librarse de la carga agobiante que suponía la redacción de la *Miscelánea*.

Como motivación, adujo razones a la vez patrióticas y prácticas, como españolizar la *Biographie* de Michaud "y contribuir por mi parte a completar el servicio que han hecho a la ilustración los nuevos biógrafos franceses" (Prólogo, p. 24). Todo esto es coherente con la visión sinóptica del saber propia de la época, como respuesta ante el maremágnum creciente del conocimiento, la dificultad de los estudiosos para acceder a él o encontrar una guía para no perderse. De ahí el auge de las enciclopedias[438] y otros instrumentos como compendios, obras seriadas e incluso la prensa periódica, que respondían a la misma lógica que ya estaba presente en el *Ensayo de una Biblioteca de los mejores escritores españoles* de Sempere y Guarinos, por poner un ejemplo que Burgos tenía próximo[439].

Lo justificaría más a fondo en la *Miscelánea de comercio, artes y literatura*, el bisemanario que había sido autorizado a editar en 1819, al insertar un artículo biográfico sobre Lope de Vega en una sección dedicada a los dramaturgos españoles[440]:

Una de las empresas que creemos de más utilidad para el progreso de las Luces, sería la de formar una colección de vidas de los literatos y sabios más célebres, no limitadas como casi todas las que existen a noticias de simple erudición, sino comprensivas de un examen, aunque rápido, y de un juicio motivado de las obras de cada autor. Esta sería, a la verdad, una empresa gigantesca, para cuyo desempeño se necesitaría una multitud de años y de colaboradores; pero también una colección de esta clase sería una obra completísima, que ahorraría a los hombres de letras mucho trabajo y mucho tiempo.

Para los tres volúmenes de la *Biografía que se* publicaron en Madrid –que no llegan a completar la letra A- redactó 61 artículos nuevos y retocó otros ocho. En su mayor parte, las aportaciones personales de Burgos son de

438. Peter Burke, *Historia social del conocimiento. De Gutenberg a Diderot*, Barcelona: Paidós, 2002, p. 145.
439. J. Sempere y Guarinos, *Ensayo de una Biblioteca de los mejores escritores españoles del reinado de Carlos III.* 6 t., Madrid: Imprenta Real, 1785-1789.
440. "Literatura. Primer artículo. Biografía", en *Miscelánea* nº 14 (1.12.1819).

poca monta aunque algunas, en general las más extensas, merecen atención por la manifiesta carga ideológica que conllevan. Hay una pauta común entre ellas, al estar dedicadas a personajes destacados por su contribución al arte, la ciencia, la política e incluso la milicia, casi siempre en un sentido progresista. Entre ellas se cuenta la biografía del conde de Aranda, Pedro Pablo Abarca de Bolea (I, 59-64), político del que Burgos admira su determinación para "restablecer el orden turbado por la resistencia de la plebe a ciertas disposiciones de policía dadas por el gobierno" en el motín de 1767 (I, 61). Don Alberto Gil Novales, siguiendo el hilo de la recensión publicada en *El Indicador*, observa en cambio la falta de referencias a la facies volteriana del conde, amigo de Diderot, Holbach y del propio Voltaire[441]; en efecto, lo máximo que Burgos comenta en este sentido es que Aranda estuvo de embajador en París durante mucho tiempo, "siendo su casa el templo de las musas, y el punto de reunión de los sabios". Hay también intencionalidad ideológica en la biografía de Alonso María de Acevedo, un civilizado jurisconsulto contrario al tormento procesal (I, 261-262), en la del marino de perfil científico Dionisio Alcalá Galiano (II, 396-398) y en la de Manuel Abella, erudito y funcionario de la Junta Central; se apunta ahí que sirvió "de secretario a una junta importante creada en Sevilla", sin especificar, tiene eso delito, que era precisamente la comisión de Cortes (I, 151-153). Aunque es seguramente posterior, al menos en parte, creo que hay que mencionar también, por coherencia, el artículo dedicado en la *Biografía* al defensor de Gerona durante la guerra de la Independencia, don Mariano Álvarez, que depende mucho de la *Relación histórica de las defensas de Gerona* de don Miguel de Haro[442], publicada en Madrid en 1820. Es en apariencia un elogio del heroísmo y la constancia de Álvarez, pero en mi opinión encubre un sutil reproche a su obstinación estéril, que había producido numerosas muertes y enorme sufrimiento a la población civil, junto a auténticas desventajas para la situación militar del ejército español. En palabras tomadas a Haro: "Era lástima que tan buenas cualidades no estuviesen un poco atemperadas con la prudencia, si acaso es posible que caracteres tan fuertes se puedan sujetar a los cautos consejos de la sabiduría" (III, 339-344); o lo que es lo mismo: sin decirlo expresamente, censura un proceder diametralmente

---

441. Alberto Gil Novales, *Las sociedades patrióticas (1820-1823). Las libertades de expresión y de reunión en el origen de los partidos políticos.* Madrid: Tecnos, 1975, II, p. 784.
442. Miguel de Haro, *Relación histórica de las defensas de Gerona en 1808 y 1809.* Madrid: Imprenta de Núñez, 1820, 102 pp.

opuesto a la norma utilitaria en general, y a la conducta observada por los afrancesados durante la guerra en particular.

Por lo demás, resulta revelador cómo Burgos excusó entonces el compromiso políticamente incómodo para él, de escribir sobre "los patriotas de esta última época", es decir, los militares que se pronunciaron en 1820 a favor de la Constitución -Riego, Quiroga, Arco-Agüero y los demás- mediante el expediente de prometer posteriores suplementos más extensos y precisos (I, 262). Nunca los publicó, claro.

A riesgo de desbordar el marco cronológico de este capítulo, veamos cómo concluyó la empresa de la *Biografía*: ya de vuelta de Marsella y estando en Madrid al frente de la *Miscelánea*, anunció la apertura de una sección en el periódico, dedicada a *Noticias sobre la vida y escritos de los poetas dramáticos españoles*. Tendría una orientación práctica, pues los trabajos irían acompañados de valoraciones críticas: "queremos que nuestras noticias sirvan particularmente a los aficionados a esta útil diversión". La verdad es que la idea suena a expediente para dar salida a textos que tenía ya preparados para la *Biografía*, como parecen ser los artículos de Lope de Vega, Tirso de Molina y Calderón de la Barca, bastante extensos, pues al publicarse en la *Miscelánea* dedicó al primero cinco entregas y tres a cada uno de los otros dos[443]; Menéndez Pelayo, por cierto, tuvo noticia de ellos y los menciona a propósito del carácter moderno de la crítica literaria de Burgos[444]. Este justificó la inserción del de Calderón antes de otros que, a su juicio, debían precederle: "en la revolución última parece que se han perdido todos los libros, de manera que ni por dinero, ni por amistad, ni por recomendaciones, podemos reunir muchos que necesitaríamos para cotejar fechas o rectificar datos"[445]. En aquella época debía tener

---

443. *Miscelánea* nº 14 (1.12.1819) con la justificación; sin embargo ya antes, en el nº 8 (17.11.1819) se había referido la futura publicación de unas "noticias históricas de nuestros poetas dramáticos". El primer artículo, dedicado a Lope, se insertó en los nn. 14, 16, 18 y 22 y 23 (1, 6, 10, 20 y 22.12.1819) bajo el título "Literatura = Biografía. El doctor Frey Lope Félix de Vega Carpio". En los nn. 27, 28 y 29 (31.12.1819, 3 y 5. 01.1820) el "2º artículo. Maestro Tirso de Molina". En los nn. 43, 44 y 45 (4, 7 y 11.02.1820) el "Tercer artículo. Don Pedro Calderón de la Barca". Vid. también M. Morán, "La *Miscelánea* de Javier de Burgos (...)", *art. cit.* pp. 263-264 y 311-315, apéndice IV, sobre "Artículos de opinión y erudición en la Miscelánea (1.XI.19 - 8.III.20)".

444. M. Menéndez Pelayo, *Historia de las ideas estéticas (...)*, *o.c.*, p. 477 [En línea: Biblioteca virtual Miguel de Cervantes. Consulta 6.05.2022]

445. *Miscelánea* nº 43 (7.02.1820).

también redactados, por lo menos, los de Francisco de Rojas y de Agustín Moreto, que menciona en el número del 20 de diciembre de 1819, pero no llegaron a aparecer debido al giro que dio a la publicación tras el triunfo del pronunciamiento de Riego, transformándola en un diario político en el que los contenidos literarios se redujeron muchísimo.

Tras el cierre del periódico en septiembre de 1821 retomó la empresa de la *Biografía*, simultaneándola con su colaboración en *El Imparcial*, una ocupación menos absorbente y que no perjudicaba a su salud, como sí había ocurrido a causa del trabajo ímprobo cuando redactaba la *Miscelánea* en solitario. Sin embargo, la *Biografía* no prosperó. Llegaron a publicarse únicamente tres tomos en 1822 (la versión francesa alcanzó los 53 al concluirse en 1828), lo que Eugenio Ochoa justifica, seguramente con razón, alegando el estado de la guerra interior en que de hecho se encontraba ya la Península, y la interceptación general de las comunicaciones con ese motivo. Fue preciso suspender la empresa, que según él, había sido exitosa hasta entonces[446] y como consecuencia, los ensayos biográficos que tuviera en reserva debieron esperar para mejor ocasión.

Ese comportamiento ahorrativo con sus textos nos aproxima a otra característica importante del Burgos literato: la tendencia a reutilizarlos al cabo del tiempo, una práctica habitual entre los publicistas con nivel profesional en su época. En este sentido, ya se ha avanzado, es ejemplar el uso que hizo de algunas de sus poesías más comprometidas políticamente, como la dedicada a Napoleón el Grande en 1810. De esta, publicada en la afrancesada *Gazeta de Granada*, aprovecharía aproximadamente la mitad (vv. 46-100) para componer la posterior *El Porvenir*. Incluso volvió a emplear la estrofa octava en la *Miscelánea* (1 de agosto de 1821) para ilustrar su esperanza en el aquietamiento de las pasiones que trastornaban la vida política, como preludio de un futuro más próspero. Debía sentir predilección por esa oda, porque utilizó de nuevo alguno de sus versos para ejemplificar la tesis de su discurso de recepción en la Real Academia Española en 1827[447], lo que al menos, nos confirma que lo que ahí se proclama seguía vigente en su sistema de valores.

---

446. E. de Ochoa, *Apuntes (…)*, *o.c.*, p. 190.
447. M. Morán, "Notas para un catálogo (…)", *art. cit.* p. 66; fue Eugenio Ochoa, editor del discurso, quien observó que "algunos de los ejemplos con que pretendía sancionar su teoría eran sacados de sus mismas composiciones inéditas" (*o.c.*, p. 191; en pp. 222-230, el "Discurso leído en la Real Academia Española, en 19 de julio de 1827").

Igualmente, aprovechó una gran parte de la oda al triunfo de Fernando VII (1814) para componer otra posterior, en honor a la industria, quizás con motivo de la exposición que se celebró en Madrid, en cuya preparación él había participado al volver de la comisión que desempeñó en París. Es un proceder, por otra parte, que nos confirma su convicción, absolutamente pragmática, sobre la misión que debía guiar la actuación de los gobernantes. Pues si una cosa llevaba a la otra ¿qué más daba homenajear a Napoleón que al *Porvenir* que según creían algunos, él representaba? Y ¿no vendría a ser lo mismo alabar al rey Fernando que a la *Industria*, puesto que se suponía que él era su promotor?

También demuestra el aprecio que tenía Burgos a sus escritos publicados en la *Miscelánea*, periódico que puede ser considerado como una obra suya personalísima, el hecho de que se llevara una colección completa y encuadernada en siete volúmenes de gran formato cuando fue a vivir en Francia en 1824, aunque no sabemos que hizo allí con esos materiales. Y es más, se la trajo de nuevo a Madrid tres años después[448].

Pero el ejemplo más llamativo de reciclaje literario se encuentra en el uso que dio a alguno de esos textos en *La Alhambra*, revista que se editaba en su patria hacia 1840. ¿Habría perdido con los años la capacidad de trabajo que había demostrado durante su juventud? O simplemente, ¿echó mano de un material que tenía a mano, porque le convenía hacerse notar en el ambiente cultural de las elites granadinas? Burgos, recuérdese, acababa de venir de París, donde había estado viviendo desde el incidente de 1834 en el Estamento de los Próceres. Su llegada a Granada el 10 de agosto de 1840[449] estuvo precedida por la publicación de los artículos de Joaquín Márquez en los que se le ponía por las nubes. Volvería a Madrid en 1843 convertido en diputado, tras crearse un aura en el Liceo de Granada, donde impartió conferencias de administración y de literatura, y publicar diversos trabajos en *La Alhambra*. En cualquier caso, al retrotraer la cronología de varios de esos textos, recobran una frescura que habían perdido ya a las alturas de los años cuarenta, cuando sus preocupaciones y las del público culto de Granada iban por otro lado. Además de la retocadísima oda *El Porvenir* que originalmente estuvo pensada para

---

448. Vid. M. Morán, "Libros franceses (…)", *art. cit.* p. 74.
449. AHN, Gobernación, leg. 78, Javier de Burgos al ministro de la Gobernación (Granada, 27.03.1841) recordando sus anteriores comunicaciones al duque de la Victoria en las que daba cuenta de su llegada "para los efectos convenientes" (el pago de su cesantía): había entrado en España el 29 de julio y pasó por Barcelona el día 30.

Napoleón y fue editada por Ochoa en su versión definitiva, proceden de la *Miscelánea* la elegía *La Epidemia de 1804* -muy modificada- que sabemos, había dedicado a María Ángeles Álamo en sus tiempos de noviazgo; los ya mencionados artículos sobre Lope de Vega, Tirso de Molina y Calderón de la Barca, y dos ensayos emblemáticos de la *Miscelánea* en su primera etapa: el serial sobre *Vinos* (que atañía directamente a la producción motrileña a principios de siglo) y el de *Estadística*, publicado durante las semanas previas al triunfo de la revolución de 1820 para airear la necesidad, que entonces sí era perentoria, de hacer una nueva división provincial, pero que en 1840 ya era agua pasada. Solamente los dos últimos artículos llevan la advertencia de haber sido compuestos en una época anterior y aunque la redacción de *La Alhambra* trató de justificar su inserción apelando a su actualidad, semejante pretensión solo se sostiene en el segundo, por su relación con el conflicto, todavía reciente, en torno al nombramiento gubernativo de los alcaldes[450].

Si bien son, en general, mucho más breves y posiblemente habían permanecido inéditos hasta entonces, aparecieron también en *La Alhambra* otros artículos sobre teatro y literatura del siglo de Oro que parecen compuestos en la misma época que los anteriores, esto es, durante la

---

450. Vid. "El Porvenir. Oda", en *La Alhambra*, t. III, n° 25 (20.09.1840) pp. 292-293. También publicados en *La Alhambra*, pero procedentes de la *Miscelánea:* "Lope de Vega Carpio", en t. III, n° 27 (4.10.1840) pp. 313-317; "La epIdemia de 1804. A Amira" (elegía), t. III, n° 27 (4.10.1840) pp. 317-318; "Concluye el artículo de Lope de Vega Carpio", t. III, n° 28 (11.10.1840) pp. 325-327; "El maestro Tirso de Molina", t. III, n° 29 (18.10.1840) pp. 337-340 y n° 30 (25.10.1840) pp. 349-350; "Don Pedro Calderón de la Barca", t. III, n° 31 (1.11.1840) pp. 361-363 y n° 32 (8.11.1840) pp. 373-375; "Sobre vinos", en serie II, t. 6° n° 2 [s.f. = 1842] pp. 25- 28 (nota a pie: "Aunque este artículo fue escrito por su sabio autor el año de 1820, estamos persuadidos agradará a nuestros lectores como todas sus brillantes producciones"); "Continúa el artículo sobre vinos", serie II, t. 6°, n° 3 [s.f. = 1842] pp. 49- 53; "Sobre estadística. Primer artículo" serie II , t. 6°, n° 4 [s.f. = 1842] pp. 73-76 (en nota: "A pesar de haberse escrito estos luminosos artículos por su ilustrado autor, el año 1820, como de entonces acá no se haya dado un solo paso en tan interesante materia, los publicamos ahora, seguros de que agradarán a nuestros suscritores, como todo lo que es producto de tan docta pluma"); "Sobre estadística. Segundo artículo", serie II, t. 6°, n° 5 [s.f. = 1842] pp. 97- 104; f. = X. de B., 1820. Las referencias de N. Marín (*Índices, o.c.,* pp. 23-24) a los artículos sobre vinos y estadística van con errata en el número del tomo, lo que dificulta su localización y quizás explica que hayan pasado inadvertidos para algunos estudiosos de Burgos.

primera o mejor, la segunda década del siglo[451]; de hecho, en el prólogo que escribió en 1822 para la *Biografía universal* hay referencias, no solo a Lope y a Calderón, sino también a Bances Candamo, Montalbán, Moreto, Rojas, Solís, Zamora, Cañizares y el abate Andrés[452]. Casi todos esos artículos tienen en común el formato biográfico y su relación con la teoría dramática, que por su papel en la transmisión del conocimiento, habían interesado vivamente a Burgos en 1817: una colección de biografías, explicaba él mismo, se justificaba por su finalidad práctica, la capacidad de ahorrar trabajo y tiempo a la gente de letras. En cuanto al teatro, es obvio, su importancia derivaba no solo de su faceta recreativa, sino del enorme potencial educativo y propagandístico que unánimemente se le reconocía. Pero más que la enumeración de esos trabajos o la constatación de que Burgos se repetía al publicarlos en *La Alhambra*, el interés que suscitan es que ahí queda clara la continuidad, al menos de una parte sustancial de su pensamiento en materia de convicciones trascendentes, actitudes ante el mundo y por supuesto, sobre la función social del saber que había sustentado desde su juventud. En la misma línea, hay que considerar a las lecciones impartidas bajo el título de *Ideas de administración*[453], que tuvieron mucha difusión a escala nacional y fueron reproducidas por otros periódicos -ya se vio- como una puesta al día de su concepción administrativa, ya que no como una repetición a la letra de la teoría expuesta en la *Miscelánea* veinte años antes.

---

451. A partir del dedicado a Tirso, los artículos biográficos de *La Alhambra* llevan, con excepción de el del marqués de Villena y el del abate Andrés, el título general de "Biografía de autores dramáticos españoles". Estos son: "Don Francisco de Rojas y Zorrilla", t. III, n° 33 (15.11.1840) pp. 385-386; "Don Agustín Moreto" y "Don Antonio Hurtado de Mendoza", t. III, n° 34 (22.11.1840) pp. 397-399; "El Dr. Juan Pérez de Montalbán", t. III, n° 36 (6.12.1840) pp. 421-423; "Don Antonio de Solís y Rivadeneyra, t. III, n° 37 (13.12.1840) pp. 433-434; "Matías de los Reyes", "Alonso Gerónimo de Salas Barbadillo" y "Francisco López de Zárate", t. Ill, n° 38 (20.12.1840) pp. 445-446; "Don Agustín de Salazar y Torres" y "Don Miguel de Barrios", t. III, n° 39 (27.12.1840) pp. 457-458; "Don Francisco Bances Candamo" y "Don Antonio de Zamora", t. IV, n° 1 (3.01.1841) pp. 1-2; "Don José Cañizares" y "Don José Fernández de Bustamante", t. IV, n° 2 (10.01.1841) pp. 13-14; "El Marqués de Villena", t. IV, n° 9 (28.02.1841) pp. 97-100; "El abate Don Juan Andrés", t. IV, n° 11 (14.03.1841) pp. 121-125.
452. Vid. "Prólogo del traductor", en *Biografía (…)*, *o.c.* pp. 20-21 y 25.
453. "Ideas de administración", en *La Alhambra*, t. IV, n° 4 (24.01.1841) pp. 37-40; t. IV, n° 5 (31.01.1841) pp. 52-54; t. IV, n° 6 (7.02.1841) pp. 61-65; t. IV, n° 7 (14.02.1841) pp. 73-81; t.IV, n° 10 (7.03.1841) pp. 109-116; y t. IV, n° 14 (4.04.1841) pp. 156-162.

Y alternando con lo anterior, se publicarían también en *La Alhambra* otros escritos suyos, producto de sus colaboraciones en el Liceo, que muestran, ahora sí, aspectos en los que sus puntos de vista podrían haber evolucionado[454]. En sus conferencias sobre el teatro español descubrimos a un Burgos que ya está de vuelta de muchas cosas, no tan apegado a los principios y quizás más indulgente con la sensibilidad histórica y romántica que se oponía a los preceptos de la razón. Aunque todo tiene límites. Ni siquiera entonces podía aprobar el poema *Esvero y Almedora* de su amigo Juan María Maury[455], que llegó a calificar de "logogrifo" por su deliberada oscuridad, que chocaba con la inteligibilidad que él siempre había exigido entre las cualidades del discurso.

Hay también en *La Alhambra* textos de otra índole, como el dedicado a la libertad de comercio, o más bien, al proteccionismo comercial que defendió con argumentos que recuerdan los de Friedrich List. Él, que años

---

454. Parece razonable que sí hubieran sido preparadas expresamente para el Liceo las conferencias que se publicaron inmediatamente en *La Alhambra*: "Discurso que en la sesión pública celebrada el viernes 12 de marzo por la sección de ciencias y literatura del Liceo artístico y literario de Granada pronunció el Excmo. Sr. D. Javier de Burgos, presidente de la misma sección" [libertad de comercio], t. IV, nº 12 (21.03.1841) pp. 133-140; "Discurso sobre el teatro", t. IV, nº 13 (28.03.1841) pp. 145-150; "Segundo discurso sobre el teatro español, pronunciado por el Excmo. Señor D. — — — en el Liceo de Granada, en la noche del 2 de abril", t. IV, nº 15 (11.04.1841) pp. 169-175; "Discurso tercero sobre el teatro español, pronunciado por el Excmo. Señor D. Javier de Burgos, en el Liceo de Granada, el viernes 16 de abril", t. IV, nº 17 (25.04.1841) pp. 193-201. En este último número (p. 204), una nota del secretario avisa de haber concluido, en este curso, las explicaciones de administración y literatura de Burgos. Sin embargo, se publicaron aun otros textos, más breves y quizás improvisados: "Sobre la usura", t. IV, nº 22 (30.05.1841) pp. 253-255; "Sobre la prohibición de exportar los metales de la Sierra de Almagrera", t. IV, nº 23 (6.06.1841) pp. 274-276; "Esvero y Almedora. Poema de don Juan Maury, en doce cantos", t. IV, nº 39 (26.09.1841) pp. 457-461.

455. Vid, Juan María Maury, *Esvero y Almedora, poema en doce cantos*. París: Librería Hispano- Americana, 1840, 516 pp.; fue editado por Vicente Salvá, quien en 1841 haría también la edición parisina de la traducción del *Horacio* por Burgos: cfr. Germán Ramírez Aledón, "Las ediciones literarias de Vicente Salvá en el exilio (1825-1847)", en Alberto Romero Ferrer y David Loyola López (eds.), *Las musas errantes. Cultura literaria y exilio en la España de la primera mitad del siglo XIX*. Somonte-cenero. Gijón (Asturias): Trea, 2017, p. 168.

Imagen 24. *"Continúa el artículo sobre vinos", en La Alhambra, serie II, t. 6º, nº 3 [s.f. = 1842].*

antes estaba a favor de rebajar los derechos a la importación de algodón, un asunto que tocaba en lo vivo a los productores de Motril. Desde la lógica estricta de la economía liberal y las inquietudes científicas de Rojas Clemente y de Portillo, se lo razonó a Diego en las últimas cartas que le envió desde París, en diciembre de 1826, cuando estaba para volver a España e incorporarse a su nuevo destino en la Junta de Aranceles:

Es muy sabia y necesaria la providencia que baja los derechos del algodón extranjero. Mientras más se le exijan, más caro saldrá el género fabricado con él, y por consiguiente menos podrá sostener la concurrencia con las mercancías extranjeras de igual clase. Así, no solo es justa la rebaja de derechos a aquella materia prima sino que se debía absolutamente dejar libre, con arreglo a los principios de la administración y de la economía. A ellos pudiera tan solo derogarse cuando nuestro suelo produjese una cantidad de algodón indígeno capaz de abastecer nuestras fábricas; pero cuando la cosecha de esa costa está tan lejos de bastar a las necesidades de la fabricación sería absurdo sacrificar los intereses generales de la industria, a la conveniencia particular de tres o cuatro docenas de labradores de algodón. La suerte de estos podrá mejorarse notablemente si a la ciega y caduca rutina, que no abandona un cultivo hasta que ha agotado todos los jugos similares, se sustituye un método de labor fundado sobre teorías agrícolas, cuyos brillantes resultados demuestra cada día la experiencia. Después que he visitado grandes establecimientos agricultores y estudiado el cultivo en los países donde los conocimientos científicos han hecho familiares los principios de la labor, no ceso de asombrarme de que en ese país haya una hoja verde, vistos los deplorables errores que se cometen todos los días, y la ignorancia supina en que se está, de las verdades elementales de la profesión. El algodón debe mirar al cabo de cuatro o cinco años, pues aunque se eternizara sin duda por medio de la replantación, la tierra agotada de los jugos propios para la nutrición de la planta, no producirá sino cosechas mezquinas al cabo de aquel periodo. Esta es la razón principal y quizá única, de la mala cosecha actual[456].

---

456. AFB, X. de Burgos a D.M.ª de Burgos (París, 23.12.1826). Insiste en lo mismo ante un Diego renuente, en la de 30.12.1821 [sic, por 1826]: "Te he dicho que no es posible imponer derechos a los algodones extranjeros por favorecer los de Motril. Vale más que se acabe ahí ese cultivo, que destruir del todo la industria catalana. Estén Vds. ciertos de que no habrá ministro tan estúpido que sacrifique la prosperidad de la más importante provincia del reino a la conveniencia de los habitantes de un rincón de esa costa. Vds. son los que pueden y deben mejorar su situación adoptando mejor método de cultivo. Sobre esto sino puede favorecer a Motril el gobierno, con instrucciones sabias y advertencias útiles. Ya cuidaré yo de eso, si las cosas toman un aspecto que permita hacer el bien como se debe, sin restricciones ni contrariedades. Si tal sucede, será útil para esa ciudad el que tenga yo en ella mi familia y mis propiedades"; dos semanas después (París, 17.01.1827) le envió copia de la comunicación con su nombramiento para las juntas de Aranceles y de Fomento de la Riqueza del Reino (f. = Luis López Ballesteros, Madrid 4.01.1827).

El mismo cambio de actitud se advierte en los discursos de *La Alhambra* dedicados a la usura y a la prohibición de exportar los metales de la Sierra de Almagrera, que anuncian una valoración más humana y menos admirativa de la economía liberal:

En tal abismo yacíamos, cuando se levantó la raza nueva de los economistas, que calificando la moneda de mercancía, proclamó la doctrina de que su circulación debía ser libre, y su uso tan expedito como el de otra mercancía cualquiera. ¿Es cierta esta doctrina? ¿Lo es más que la de la libertad absoluta de comercio, y que otras igualmente proclamadas por los economistas? ¿Se inferirá de ella que el gobierno no deba cuidar del interés que se exija por el dinero, ni de las trabas a hombres necesitados puedan imponer fuertes capitalistas? Yo, amigo mío, no lo creo; yo, que después de haber sido hombre abstracto o teórico, soy ya hombre positivo o práctico, veo en eso mucho mal; y como yo, lo ven todos los hombres prácticos que conozco, entre los cuales cuento algunos de los primeros y más eminentes de Europa[457].

Suele considerarse el "Romance" que apareció en el número de 19 de abril de 1840 como el primer trabajo de Burgos en la revista[458]. Es poesía amatoria en clave fluvial (Guadalete, Guadalquivir, Darro, Genil) que firma "F. J. de Burgos" y va datada en el Puerto de Santa María. Sin embargo, hay que advertir que en esa fecha no había regresado todavía de Francia (de su última estancia larga) y que en ella está ausente tanto el escenario mitológico como la moraleja, el mensaje ideológico que es habitual en sus composiciones. En cambio, su hijo Francisco Javier José sí vivía entonces en Granada, donde se había casado unos años antes con Catalina Vilches, la hija de un oidor de la chancillería, y se había doctorado en Derecho. El poema, además, no fue incluido por Leopoldo de Cueto entre los trabajos de Burgos recogidos en su antología de poetas del siglo XVIII.

---

457. Javier de Burgos, "Sobre la usura", *art. cit.*, p. 254.
458. "Romance", en *La Alhambra*, t. III, n° 3 (19.04.1840) pp. 31-32, con 74 versos; primer verso: "Yo, el soberbio Guadalete". f. = Puerto de Santa Maria, F. J. de Burgos.

6.8. "Batilo" de nuevo, y la experiencia de la emigración

Volviendo a la época de la emigración, podemos fechar con bastante seguridad en este periodo las dos composiciones que Burgos dedicó a don Juan Meléndez Valdés, arquetipo del "legítimo" emigrado (por oposición al "bastardo"[459]), que murió en Montpellier en mayo de 1817. La primera de ellas, la oda "A Batilo en sus días", ya se vio, es probablemente la que Meléndez tenía en mente en el prólogo a sus propias poesías -en la edición póstuma de 1820- al mencionar a Burgos y su traducción de Horacio de forma tan panegírica. Más adelante, este publicaría la oda anónimamente en su *Miscelánea de comercio, artes y literatura*[460]. Ahí demuestra, una vez más, dominio del parnaso clásico y de la mitología, al presentar a Meléndez Valdés personificado como Alceo (contra la "tiranía odiosa"), Píndaro ("ensalzando virtudes heroicas"), o el "viejo de Teos" (Anacreonte). Y como ya se dijo, contiene un reconocimiento bastante explícito del magisterio poético ejercido sobre el propio Burgos. Naturalmente, insiste en la defensa del honor de Meléndez, quizás no solo movido por un sentimiento de justicia, sino porque era el personaje más prestigioso y atrayente entre los que se vieron forzados a emigrar, y eso suponía tácticamente una buena vía de vindicación colectiva para los afrancesados:

> 97 Divino Batilo,
> De la Iberia honra,
> Rencor mal nacido,
> Calumnias odiosas
> Tu reposo en vano
> Perturbar blasonan:
> Llenara ya el orbe,
> Llenara tu gloria,
> Y no a mancillarla
> Serán poderosas
> Ni pálida envidia,

---

459. E. de Ochoa, "el emigrado", en *loc. cit.*, p. 111, para la distinción entre los dos tipos de emigrado.
460. "A Batilo en sus días", en *Miscelánea* nº 48 (18.02.20).

Ni ignorancia torva.
Lucirá sin duda
Día en que lumbrosa
La verdad disipe
Del error las sombras.

También la oda "La Fortaleza. A Batilo" se se dio a conocer por primera vez, sin firmar, en la *Miscelánea* a finales de 1819[461]. Se subraya ahí la dignidad y fortaleza del personaje ante el infortunio y la persecución injusta, comparándole ya con Sócrates, ya con el último gran maestre de los templarios, Jacques de Molay, en imágenes que parecen evocar la idea de una muerte reciente. Sin embargo, sin cuestionar la inspiración horaciana de la composición, puesta de relieve por Ismael Elías, creo que está fuera de lugar la interpretación del mensaje en clave arcana y sugerir, a partir de ahí, la pertenencia de Burgos a la masonería[462]. Transcribo aquí algunos versos no recogidos en las ediciones de Eugenio de Ochoa y del marqués de Valmar:

11 De la ignorancia adusta
La rencorosa saña no le espanta,
Ni la turba le asusta
Tal vez a su garganta
Llevar ansiando la cobarde planta.
[…]
26 Así, del torpe Ánito,
O Sócrates insigne, no te inmuta
El horrendo delito,
Y, la mejilla enjuta,
Al labio aplicas la mortal cicuta.
Así tu alto denuedo
Hace temblar a la injusticia fiera,
Cuando firme y sin miedo
Subes, Molé, a tu hoguera,
Y cual sol brillas en su ardiente esfera.

---

461. "La Fortaleza. A Batilo", en *Miscelánea* n° 13 (29.11.19).
462. I. Elías, *o.c.*, p. 28 y el comentario a la oda, en pp. 276-277.

Recapitulando: ¿qué significado tuvo el exilio para Javier de Burgos? En primer lugar y aunque parezca de perogrullo, puede establecerse que el deseo de regresar a España y normalizar su situación se manifiesta en todo momento como la gran prioridad. Así pues, con lógica, no consta para nada que se significara en actividades políticas, mucho menos subversivas o clandestinas, más allá de expresar su adhesión al rey Fernando en 1814. Contrariamente a los emigrados de procedencia liberal y algunos -muy pocos- afrancesados, no dio que hablar a los cónsules españoles, que ejercían una discreta vigilancia sobre sus connacionales, ni a la policía francesa, especialmente atenta en el ambiente de la restauración legitimista de los Borbones[463].

Es muy poco lo que se conoce sobre su vida social durante los años que pasó en Francia, pues como es habitual en el género epistolar de la época, no suelen aparecer más nombres en las cartas conservadas que los precisos para entender el sentido de la información. Por excepción, menciona como residente en Marsella a Luis María Guerrero, oidor que fue de Granada, y a un tal Pinto "antiguo barba de Madrid, excelente sujeto que fue acomodado en tiempo del rey Joseph y que se halla aquí"[464]. Probablemente se refería a Antonio Pinto, protegido de Godoy, que llegó a ser director del teatro de la Cruz en 1806[465]. Sin embargo, queda claro, gracias a las menciones que salpican aquí y allá los posteriores artículos de la *Miscelánea*, que fue un periodo en el que estableció y consolidó relaciones con otros españoles que se hallaban en la misma situación. Con muchos compartía ideales e intereses y de ellos escribirá elogiosamente sin perder ocasión y sin admitir jamás el error o el deshonor en el servicio a la dinastía bonapartista. Colaboró así, quizás sin darse cuenta, a la formación

---

463. Vid. Rafael Sánchez Mantero, *Las conspiraciones liberales en Francia (1815-1823) y su relación con los pronunciamientos españoles*, Sevilla: Publicaciones de la Universidad de Sevilla, 1972, pp. 103-123 "Los españoles y las conspiraciones francesas"; con más detalle sobre las tramas de los exiliados y la vigilancia policial, J. López Tabar, *o.c.*, pp. 165-166; también, C. Morange, *Paleobiografía (...) o.c.*, pp. 353-355.
464. AFB, X. de Burgos a D.A. de Burgos (Marsella, 20.03.1815).
465. Vid. *Gazeta de Madrid* nº 130 (10.05.1810) p. 543, el R.D. de Sevilla, 19.04.1810, Luis María Guerrero, oidor de Granada, nombrado para la junta criminal extraordinaria de Jaén; en el decreto figura también con el mismo el nombramiento el abogado de Granada Josef Álamo; vid. referencias al actor Antonio Pinto en Andrés Prieto, *Teoría del arte dramático*. Edición, introducción y notas de Javier Vellón Lahoz. Madrid: Fundamentos, 2001, pp. 56 nota y 65.

del tópico sobre el "partido" afrancesado durante el Trienio Liberal, en cuyo número, aparte el triángulo constituido por los periodistas de *El Censor* -Lista, Miñano, Gómez Hermosilla- se cuentan otros emigrados más o menos conspicuos pero de gran valía en sus respectivos campos, a los que trató durante el exilio, si no antes. Además de los personajes con los que coincidió en Montpellier, recuérdese los nombres del marqués de la Almenara, Agustín de Quinto, Leandro Fernández de Moratín, Manuel María Cambronero, Manuel Silvela, José Antonio Conde, Francisco Antonio Zea, José Mociño, Claudio Boutelou, Mariano Lagasca, Francisco León Bendicho, Juan Sempere, Francisco de Paula González Candamo, Juan María Maury, Antero Benito Núñez, Manuel Zenteno y otros tantos que desconocemos. "Partido" es palabra polisémica, de forma que quizás no es de gran utilidad la discusión sobre la conveniencia, o no, de su aplicación a los afrancesados, pero sí es indudable la existencia de una conciencia de grupo y su trascendencia histórica, con independencia de su denominación.

La ocupación principal de Javier de Burgos en aquellos días, recordemos, consistió en asegurar su sustento y el de los suyos implicándose en un negocio comercial que resultó fallido, pero también estuvo presente la necesidad de ganar dinero en las empresas literarias que inició o reanudó entonces. Posiblemente, el espíritu estudioso de Burgos encontraría ocasión de ampliar sus conocimientos teóricos de economía y de administración, pero es inaceptable la idea de que la estancia en Francia le revelara nuevos horizontes, intelectuales o estéticos y mucho menos, que semejante vivencia hubiera tenido lugar en París. Con casi 40 años en 1817, el Javier de Burgos que vuelve del extranjero es un hombre zarandeado por los avatares del exilio, con más experiencia de la vida y conocimiento de mundo que cuando se vio obligado a abandonar España. Aunque se ha desprendido de la ingenuidad juvenil y ha moderado (algo) su carácter impulsivo, parece indudable que la producción literaria que se puede adscribir a esa etapa de su vida sigue reflejando convicciones optimistas, enraizadas en el escenario de las Luces, tan amable, bienintencionado y simplón. Su elevada estima de la *Razón* -auténtica veneración- remite a una visión elitista del universo-mundo mucho más cercana a la versión autoritaria de Rousseau que a la democrática, aunque siempre a distancia del "despotismo odioso" a que aludió en su oda al *Triunfo de Fernando VII sobre los anarquistas*, esto es, los partidarios de la soberanía tal como se definía en la Constitución de 1812. Es una actitud compatible con su afán de volver a España, ahora regida por el aparato absolutista, pero también con el tono cautelosamente ilusionado que exhibirá tras el éxito de la revolución en marzo de 1820.

Es indudable que la experiencia de la emigración marcó profundamente a Javier de Burgos. De ahí, su convicción total en la necesidad de una amnistía política sin ninguna limitación, no un simple indulto, algo que iba a convertirse en un tema recurrente durante el resto de sus días, como condición indispensable para la reconciliación entre los españoles y para la estabilidad -vale decir, la prosperidad- del país en el futuro. Eso se vislumbra en sus escritos del Sexenio absolutista, se expone sin rodeos en numerosos artículos de la *Miscelánea* durante el Trienio Liberal, resurge de nuevo entre las principales propuestas de la famosa exposición que remitió al rey en 1826 y se materializa, al fin, en su época como ministro de la reina regente.

7. El regreso a España

7.1. Las poesías de Horacio y la purificación política

Dejando atrás a la familia, Burgos debió ir en barco desde Marsella a Almería o quizás a Motril, la opción que siempre tiene en cuenta en las cartas en las que esboza su regreso. Desde allí, continuó su itinerario pasando por Granada hasta Madrid, donde lo encontramos establecido a mediados de septiembre de 1817. Eso queda demostrado por su correspondencia familiar, aunque las representaciones dirigidas al gobierno para lograr su purificación política estuvieran datadas en Jaén[466], donde su suegro Álamo había vivido y quizás tenía bienes raíces. La probable explicación de semejante anomalía consiste en que no debió parecerle prudente manifestar su auténtico lugar de residencia, puesto que los antiguos josefinos –incluso los que habían sido autorizados para volver a España- tenían expresamente prohibido vivir a menos de 20 leguas de la capital. Por lo demás, Ana María Berazaluce llamó la atención sobre la falta de rigor por parte de las autoridades al aplicar las prohibiciones que afectaban al retorno de los afrancesados[467], y su conclusión viene corroborada por algunas disposiciones de ese tiempo, como la Real Orden comunicada por Gracia y Justicia (12.02.1817) anunciando multas y otras medidas para forzar su cumplimiento. Decía así:

---

466. Vid. AFB, X. de Burgos a D.M.ª de Burgos ([Gr]anada, 19.08.1817), la primera que he visto escrita tras el retorno a España. La data en Granada no es un lapsus: ahí acusa recibo de la "apreciable de ayer" que le remitió Diego, es de suponer que desde Motril. A partir del 14 de septiembre todas las sucesivas sin excepción, están ya fechadas en Madrid. En cambio, vid. AHN, Consejos, leg. 11353, las exposiciones de Xavier de Burgos al rey, datadas precisamente en Jaén (1.12.1817 y 1.04.1818).

467. Cfr. A.M.ª Berazaluce, *Sebastián de Miñano (…), o.c.*, p. 113.

El Rey nuestro Señor ha sabido por los partes de las autoridades encargadas de la execución del real Decreto de 30 de mayo de 1814 que muchas personas de las comprendidas en sus dos primeros artículos se introducen y permanecen en esta Corte y a pesar de la vigilancia de los magistrados, por la benignidad con que se les obliga a cumplir lo mandado en el caso de ser descubiertos (...)[468].

El nexo de unión entre las andanzas en Francia y la nueva etapa de su vida al instalarse en Madrid fue su celebradísima traducción de las poesías de Horacio[469], de la que puede decirse que le abrió la puerta para que

---

468. Real Orden comunicada por J. Lozano de Torres al presidente del Consejo (12.02.1817), en AHN, Consejos, 9391/2.
469. Javier de Burgos (trad.), *Las poesías de Horacio traducidas en versos castellanos con notas y observaciones críticas por don — — —. Obra dedicada al Rey*, tomos I y II, Imprenta de Collado, Madrid 1820 y 1821; tomos III y IV, Imprenta de D. León Amarita, Madrid 1823; anuncio a la suscripción y muestras en *Miscelánea* n° 287 (12.12.1820) y números sucesivos; aviso a los suscriptores de a publicación de los dos primeros tomos (las odas) en Suplemento al n° 438 (11.05.1821), donde se precisa: "Esta obra, que se anunció para el mes de febrero, estaba concluida en efecto en fin de aquel mes; pero la etiqueta exigía suspender su anuncio hasta que se presentase a S.M. y ciertas circunstancias independientes de la voluntad del autor, lo impidieron durante algún tiempo"; hay crítica elogiosa en *El Censor* n° 40 (05.05.1821) pp. 241-264, que H. Juretschke (*o.c.* 411) atribuye a Alberto Lista; anuncio y crítica de las odas, en *El Espectador* nn. 58-59 (11 y 12. 06.1821) p. 232 y 236; anuncio colectivo de las obras de Burgos en *El Imparcial* n° 150 (05.02.1822); otros anuncios: "Tomos tercero y cuarto, que comprenden las Sátiras, las Epístolas y el Arte Poética. Se hallarán con los dos primeros tomos, que comprenden las Odas (...)", en *Gaceta de Madrid* (10.01.1824), p. 20; 4 tomos en 8° de marca, en *Gaceta de Madrid* (2.12.1828), p. 580; recensión en el *Correo literario y mercantil* n° 17 (20.08.1828). Tuvo reimpresión en *Oeuvres complètes d'Horace traduites en français et en prose par J.B. Monfalcon; en vers espagnols par Burgos; en vers Italiens, par Gargallo; en vers anglais par Francis; en vers allemands par Wieland et Voss (texte latin en regard); précedées de l'histoire de la vie et des oeuvrages d'Horace; de notices bibliographiques, préfaces, etc; et suivies de traductions en vers français, et d'imitations par divers poéte français et étrangers.* Édition polyglotte publiéee sous la direction de J.-B. Monfalcon, M.D. Paris et Lyon: Cormon et Blanc, libraires, 1834°, 264 pp.; también, Javier de Burgos (trad.), *Las poesías de Horacio traducidas en versos castellanos con notas y observaciones críticas por* — — —. Paris: Librería de D. Vicente Salvá, 1841 (Imprenta de H. Fournier y C.ª). 4 vols. 18 cm. [referencia

se tolerase su estancia e intentar, por lo menos, obtener su purificación política. Hay que entender que una traducción completa de Horacio eran palabras mayores, una empresa de ambición extrema en la España de aquella época, en la que la práctica totalidad de quienes tenían estudios estaban familiarizados con su obra, y un enorme número de humanistas habían tentado la traducción de una u otra de sus composiciones, como de ello deja constancia don Marcelino Menéndez Pelayo; de hecho, tanto Fernández de Moratín como Meléndez Valdés, ambos a la cabeza de bandos enfrentados por piques escolásticos, estuvieron muy influidos por el poeta latino y cultivaron su imitación. El *Horacio* fue obra en la que Burgos venía trabajando desde hacía muchos años, aunque según sugiere en el prólogo al disculparse de sus imperfecciones, no pudo dedicarle toda la atención, indivisa, que le parecía necesaria[470]. Sin embargo, las afirmaciones de Meléndez en el prólogo de sus propias poesías, las de Lista y las del mismo Burgos, que habían permanecido en contacto en Francia, permiten precisar que la traducción fue en gran parte, producto del tiempo que le dedicó durante aquella época. Lista, en efecto, escribió a su amigo Félix Reinoso a poco de volver de la emigración[471]: "Conozco muy bien a Burgos. Sabe muchas humanidades y versifica bien. He visto algunas de sus traducciones de Horacio y me han agradado mucho. Sin haberla visto toda, me parece que su traducción de Horacio puede ser buena". Por su parte, Burgos afirmaría con un poco de exageración que en Francia no se había ocupado sino en perfeccionar su traducción[472].

En otro orden de cosas, las cartas escritas a poco de llegar a la Corte a su hermano Diego María, su corresponsal en Motril después de la muerte de su padre, reflejan una situación económica precaria, pues sus bienes seguían embargados.

---

tomada del Catálogo Colectivo del Patrimonio Bibliográfico Español]. Hubo nueva edición, muy modificada y con sustanciales variaciones en el prólogo y notas: Javier de Burgos (trad.), *Las poesías de Horacio traducidas en versos castellanos*, con comentarios mitológicos, históricos y filológicos, por — — —. Refundida y considerablemente aumentada. Madrid: Librería de D. José Cuesta, 1844, 4 vols.

470. Javier de Burgos, "Prólogo" a *Las Poesías de Horacio (…)*, o.c., p. XXXIX.

471. A. Lista a F. Reinoso (Bilbao, 5.12.1819) en H. Juretschke, o.c., p. 557.

472. X. de Burgos a Fernando VII (Jaén [sic], 01.12.1817), en AHN, Consejos, leg. 11353, expediente de purificación de Javier de Burgos (1819); en la segunda representación, con la misma data (solicitando al rey que admitiera su dedicatoria) afirmaba ser "fruto de más de veinte años de un continuo trabajo".

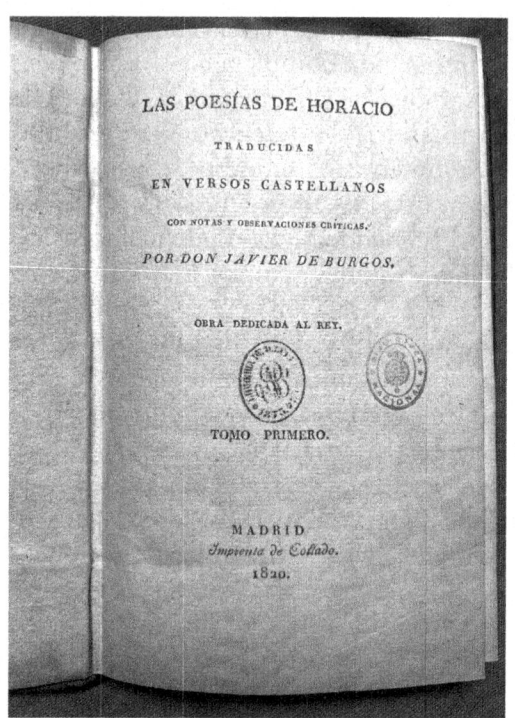

Imagen 25. Las Poesías de Horacio traducidas en versos castellanos por Javier de Burgos, edición de Madrid, 1820 (Biblioteca Nacional de España).

En cuanto a las rentas que te pide el crédito público, digo lo mismo. Todo lo que puedas reservarme, será un beneficio para mi tanto mayor, cuanto que las desgracias que han llovido sobre mi me han arruinado. Esta consideración me basta para creer que tú harás lo que puedas, tanto en esto como en lo del diezmo sin necesidad de nuevos encargos.

Por el contrario sus "negocios", entendiendo por tales las gestiones para su rehabilitación, presentaban un curso favorable aunque necesariamente lento, explicaba con humor estoico[473]. Si no antes, el 1 de diciembre de 1817 Burgos comenzó a dar pasos con ese fin, al presentar dos exposiciones a Su Majestad en las que solicitaba, en una de ellas, que aceptara la dedicatoria de su traducción de las poesías de Horacio, y en la otra, el permiso para purificarse políticamente. Es un procedimiento, el uso de sus trabajos literarios como vía de presentación ante un valedor que le abriera el camino para progresar en el medio social, que ya había utilizado con éxito desigual ante Meléndez Valdés cuando era todo un personaje en Madrid, y -quizás- ante el mismísimo Godoy.

---

473. AFB, X. de Burgos a D.M.ª de Burgos (Madrid, 14 y 28.09.1817).

En esta ocasión, acompañaban a la primera exposición sendas censuras, verdaderamente entusiastas aunque muy bien fundamentadas, que posiblemente ya había gestionado para obtener la licencia de impresión. Venían firmadas por dos humanistas de renombre: el agustino Josef Juan González, figura relevante de su orden y predicador muy conocido en la Corte[474], y don Manuel María de Arjona, canónigo penitenciario de Córdoba y laureado poeta horaciano, del que se dijo que había colaborado con los franceses durante la ocupación de Córdoba, aunque bajo coacción y solo en asuntos sin repercusión política[475]. Parece probable que Arjona, como otros miembros del círculo literario de Sevilla hubiera estado previamente en relación con Burgos, pero este es un punto oscuro y más bien, lo que hay que recordar aquí es que era hermano de José Manuel, el corregidor de Madrid, que pronto iba a demostrar ser un eficaz valedor del granadino. Claude Morange ha enfatizado el papel decisivo que los Arjona desempeñaron en la protección no solo a Burgos, sino también a Miñano, Reinoso y otros afrancesados[476].

En este caso, la burocracia funcionó perfectamente y el expediente siguió su curso, de manera que el rey resolvió el 21 de enero de 1818 que se

---

474. Vid. anuncio en la *Crónica Científica y literaria* n° 215 (20.04.1819): "Oración fúnebre que en las solemnes exequias celebradas por el Excelentísimo Ayuntamiento de esta muy noble, muy leal, muy heroica, imperial y coronada villa de Madrid, en el convento de Religiosos Agustinos calzados de san Felipe el Real, el día 4 de Marzo del presente año, por la sentida muerte de nuestra augusta Soberana la Señora Doña *María Isabel de Braganza y de Borbón*, Reina Católica de las Españas, pronunció el R. P. Fr. José Juan González, misionero apostólico y secretario general en dicha orden &c. Se hallara en la librería de Pérez, calle de las Carretas, y en la de Orea, frente á san Luis: su precio 4 rs."

475. AHN, Consejos, 11353, X. de Burgos al rey (Jaén [sic], 1.12.1817); Fr. Josef Juan González al vicario eclesiástico de Madrid (Madrid,15.11.1817) y Manuel María de Arjona a don Francisco Marín [juez de Imprentas], del Consejo y Cámara de Castilla (Madrid, 2 (sic).12.1817). Vid. Marcelino Menéndez Pelayo, "Arjona, D. Manuel María de", en *Biblioteca de traductores españoles*, en Fundación Hernando de Larramendi (ed.), *Biblioteca Virtual de Polígrafos* [en línea. Consulta 17.05.2020]. Arjona tenía entonces entrada franca en palacio, pero en 1819 fue desterrado de Madrid según se dice, por instigación del ministro de Gracia y Justicia, Juan Lozano de Torres.

476. C. Morange, *Paleobiografía (...) o.c.*, pp. 374-375, la relación con los ex-josefinos y con Lozano de Torres; sobre Arjona, vid. A. Braojos Garrido, *Don José Manuel Arjona, Asistente de Sevilla, 1825-1833*, Sevilla: Ayuntamiento de Sevilla, 1976.

pidiera un nuevo dictamen sobre la obra de Burgos, esta vez a fray Josef de La Canal, otro agustino con renombre de sabio; y en cuanto a la solicitud de purificación, que informara la Junta creada con ese fin. Hacía poco que La Canal había sido indultado de la pena de destierro en un convento fuera de Madrid, a la que le había condenado la Comisión de causas de Estado por su participación en la redacción de *El Universal*, el diario que habían fundado Vicente Ayta y Jacobo Villanova en 1814[477]. Así pues, se mostró diligente y no ahorró elogios al trabajo de Burgos, calificando su prólogo de obra maestra. En cuanto al estilo, "era consiguiente que el traductor, al desenvolver su plan, ostentase sin afectación un lenguaje castizo y fluido, una expresión enérgica y precisa, y una elocuencia que solamente puede dar la posesión en que está el escritor del asunto que le llena". "La traducción de las odas es a mi juicio de un mérito singular" y dignas de encomio la calidad y oportunidad de las notas ("sin aquella erudición pedantesca tan común en los comentadores"). Como conclusión, escribió: "En fin, Señor, prólogo, traducción y notas según mis cortos alcances, honran a su autor, manifiestan la riqueza y energía de nuestra lengua castellana y desmienten las calumniosas voces y amargos sarcasmos que vomita la envidia contra nuestra nación, no menos fecunda en ingenios cultivados, y llenos de fuego poético, que lo fue en los mejores siglos del romano imperio"[478].

Pero si no hubo problemas con la traducción, estos surgieron con la parte política de las peticiones de Burgos. Como quizás era previsible, la Comisión de purificación emitió un informe durísimo en el que recomendaba que no se aceptara la solicitud debido a las circunstancias del interesado, comprendido en el decreto de 30 de mayo de 1814, como "subprefecto de Almería que se había refugiado en Francia y ha permanecido en el reino de España después, debiéndole haber hecho salir de él, aunque sin causarle otra vejación". Además, recordaban, "a consulta del Consejo tiene S.M. resuelto cuanto conduce a un arreglo general en el asunto"[479].

---

477. AHN, Consejos, 6314/2. Causas de Estado. Editores de El Universal, 1814.

478. Juan José de la Canal, agustino calzado, al ministro de Gracia y Justicia, don Juan Lozano de Torres (San Felipe el Real de Madrid, 9.02.1818) en AHN, Consejos, 11353; el dictamen fue publicado por Marcelino Menéndez Pelayo, *Bibliografía hispano-latina clásica. IV: Horacio. Tomo I*. Madrid: Fundación Ignacio Larramendi, 2012, pp. 3016-3022 [En línea: Biblioteca Virtual Menéndez Pelayo de la Biblioteca Virtual Ignacio Larramendi de Polígrafos. Consulta 22.01.2022].

479. AHN, Consejos, 11353, Oficio de Miguel Alfonso Villagómez, Benito Arias y Tadeo Gómez al Secretario de Gracia y Justicia (Madrid, 30.01.1818); reproducido por Á. González Palencia, "Javier de Burgos, humanista (…)", *art. cit.*, pp. 363-365.

Burgos debía estar bien aconsejado y apoyado, porque impertérrito, representó nuevamente al rey el 1 de abril de 1818, presentando los expedientes de purificación que había promovido en Almería y Granada, con sus correspondientes testimonios. Resumía ahí su actuación política en tiempos de la dominación enemiga y alegaba además, "las promesas sagradas contenidas en vuestra Real Cédula de 15 de febrero" como fundamento de sus expectativas. Estas consistían, afirmaba, en remover los obstáculos que pudieran oponerse al logro de las solicitudes hechas el 1 de diciembre anterior, o sea, la aceptación de su dedicatoria de la traducción de Horacio y su rehabilitación para el ejercicio de sus "derechos de humilde vasallo de V.M" y la obtención de las gracias que correspondieran[480].

La Real Cédula en cuestión, a la que se agarraba Burgos, era una más entre las confusas disposiciones que matizaban de manera arbitraria el infausto decreto de 30 de mayo de 1814, la norma básica que regulaba la situación de los afrancesados. En resumen, el artículo 1° de la Cédula confirmaba lo que ya se sabía, esto es, detallaba las clases afectadas por el extrañamiento, entre las que se contaban los empleados de policía, prefectura, subprefectura o junta criminal, pero con la novedosa excepción incluida en la cláusula de "sin una especial gracia o perdón mío". El artículo 2° confirmaba el perdón a los anteriores que ya lo tenían; el 4° estipulaba la devolución de sus bienes a los perdonados y el 5°, la entrega de los bienes de los no emigrados a sus parientes o sucesores en administración, con la obligación de dar al Crédito público cada año la mitad de sus productos. Todo esto, por supuesto, sin restitución de empleos, honores, etc. (art. 9°) y sin poder vivir en Madrid ni en los reales sitios (art. 10°)[481].

Es interesante advertir que el expediente abierto para este asunto contiene también una esquela anónima, dirigida al rey, incitándole a

---

480. AHN, Consejos, 11353, X. de Burgos al rey (Jaén [sic], 1.04.1818). La normativa sobre afrancesados está salpicada de disposiciones equívocas y parciales emitidas durante estos años, lo que confunde el panorama. En cualquier caso, la conclusión que extraía Burgos era en exceso optimista, y el arreglo general nunca llegó a aprobarse.

481. *Real Cédula de SM y Señores del Consejo, por la cual se declara las personas que pueden volver a España de las que siguieron al Gobierno Intruso en su retirada a Francia, aplicación que ha de hacerse de los bienes que las correspondieron, y modo con que debe procederse en este negocio, con lo demás que se expresa* (Palacio 15.02.1818). Madrid en la Imprenta Real, 1818 [2 pl.]. He visto copia impresa en ASV, *SS* 249 (1818) 5, 10 y ss.

admitir la dedicatoria de la obra, con el dolor, en caso contrario, de que Burgos la imprimiera en el extranjero. Se insistía además en la autoridad de los dictámenes de González, La Canal y del que se atribuía al "corregidor de Madrid", sin duda por confusión con su hermano el canónigo de Córdoba. Fuera porque estas palabras hubieran activado el "efecto Masson de Morvilliers", o porque (como Burgos sabía) Fernando VII era un buen conocedor de la lengua latina y muy capaz de apreciar la calidad de la traducción, el caso es que decidió admitir la dedicatoria; "y en cuanto a la otra solicitud de Burgos, téngase presente"[482].

En el día a día los acontecimientos evolucionaban de manera positiva, ya que Burgos informó a Diego tres semanas después, pidiéndole que guardara el secreto, de que había sido autorizado para vivir en Madrid con su familia ("orden que será precursora de otras más satisfactorias")[483], lo que tiene el aspecto de trato de favor por parte del gobierno. La familia, llegaría en efecto a primeros de septiembre y se instalaron en la calle de Alcalá nº 11, cuarto segundo[484], esto es, en el barrio del Buen Suceso, muy cerca de la Puerta del Sol. No hay constancia en cambio de una rehabilitación formal, a bombo y platillo, lo que es lógico porque no había abierta ninguna vía legal que pudiera encauzarla, estando pendiente el arreglo general del problema de los emigrados, lo que nunca llegaría a producirse bajo el régimen absolutista. Eso explica también el estancamiento que sufrió todo lo relativo al *Horacio*, de modo que hasta el 26 de noviembre (¡de 1819!) no se hizo oficial, en una Real Orden, que el rey había aceptado esa dedicatoria en consideración al mérito singular de la traducción, y al honor que daría su publicación a la literatura española. Sin considerar el trasfondo político de la cuestión, Nicomedes Pastor Díaz acusa al ministro, Lozano de Torres, de haber arrinconado la obra por razones desconocidas e incomprensibles, de suerte que solo en los tiempos de su sucesor, el marqués de Mataflorida, el negocio se reactivó. Entonces, Burgos logró incluso que se aprobara su impresión por la Imprenta Real, "en los mismos términos que se está haciendo la de las obras de don Juan Meléndez Valdés, es decir costeándose por el establecimiento, el cual se reintegrará de la mitad de los productos de las

---

482. AHN, Cons. 11353, resolución en nota marginal al extracto (s.f.) de la representación de Javier de Burgos (Jaén [sic], 1.04.1818).
483. AFB, X. de Burgos a D.M.ª de Burgos (Madrid, 21.04.1818).
484. AFB, X. de Burgos a D.M.ª de Burgos (Madrid, 15.09.1818).

ventas, como se ha hecho también en otros casos"[485]. Burgos estaba bien informado, puesto que esas eran exactamente las condiciones acordadas para la impresión de las poesías de Meléndez, cuya edición literaria corría a cargo de Martín Fernández Navarrete[486], amigo (¿ya entonces?) del propio Burgos. Al decir de Gómez Hermosilla, otro de los que se ocupaban de sacar adelante el libro de Meléndez, este había previsto incluir en la edición que tenía preparada unas "poco felices" traducciones de Horacio, "pero afortunadamente los amigos que por encargo de la viuda corrieron con la edición póstuma, las suprimieron, y en ello ganó mucho la reputación del traductor"[487]. ¿Estaría Burgos entre los que tomaron esa decisión? A pesar de que la Imprenta objetó sus pretensiones, el rey las confirmó sin vacilación. Sin embargo, la traducción del Horacio no se imprimiría al final en la Imprenta Real, sino en la de Josef del Collado, quizás porque los sucesos de marzo de 1820 provocaron dilaciones a causa del aumento de trabajo, como estaba ocurriendo con las poesías de Meléndez.

Si vamos a las motivaciones de fondo, hay que advertir que ni siquiera en la dedicatoria preliminar de la obra se libra Burgos de la compulsión por exteriorizar su fe en el conocimiento –literario- como cauce del perfeccionamiento material y moral de la humanidad:

---

485. AHN, Consejos, leg. 11296/48, Representación de Xavier de Burgos al Exmo. Señor Duque Superintendente de la Imprenta Real (Madrid, 3.12.1819); hay extracto y resoluciones de S.M. en nota marginal (3.03.1820 y 2.04.1820); vid. N. Pastor Díaz, *o.c.*, p. 165; AHN, Consejos, 11353/13, minuta de oficio con la comunicación al juez de Imprentas (Palacio, 26.11.1819); hay una segunda que dice lo mismo, pero añade: "disponiendo que se tenga presente la pretensión del mismo Burgos de que se le rehabilite para obtener cualesquier destinos".

486. En efecto, la impresión de las obras completas de Meléndez, impulsada por su viuda Andrea de Coca, se llevaba a cabo en esos términos y consta que experimentó retrasos a causa, en parte, del trabajo adicional de la imprenta tras triunfar la sublevación de Riego. De la edición se ocupó Martín Fernández Navarrete y la redacción de la noticia biográfica corrió a cargo -finalmente- de Manuel José Quintana: cfr. Antonio Astorgano Abajo, "Los testamentos (…), *art. cit.*, p. 9.

487. José Gómez Hermosilla, *Juicio crítico de los principales poetas españoles de la última era. Obra póstuma de Don — — —*. París: Garnier Hermanos, París 1855, p. 198; Hermosilla, muy próximo a Meléndez durante la época de Montpellier, había quedado en esa ciudad como apoderado de su viuda cuando esta volvió a España en 1818: cfr. A. Astorgano, "Los testamentos (…)", *art. cit.*, p. 4.

Señor:

Permitiéndome V.M. poner bajo sus reales auspicios la obra trabajosa y prolija, en que he invertido todos los ocios de mi vida, ha dispensado V.M. un honor señalado al arte que elevó el nombre de Horacio a par del de Augusto y del de Mecenas. Las musas engreídas con este favor podrán ya esperar que V.M. las tienda una mano protectora, reconociendo en sus celestiales aspiraciones un medio seguro de acelerar en su pueblo los progresos de las luces, y con ellos los beneficios de la civilización.

Dígnese V.M. ver en esta esperanza que concibo un homenaje de mi reconocimiento.

Señor:

De V.M. con el más profundo respeto

Javier de Burgos

Burgos, como había advertido Manuel María de Arjona en la censura de su traducción, demuestra tener ideas precisas sobre la finalidad práctica de la instrucción literaria que precisaban los jóvenes. En el prólogo, afirma, es "el estudio de las humanidades, cimiento a un tiempo y cornisa del edificio de la educación científica" (p. XXVI). Y es que consideraba al gusto clásico como sinónimo de "la exactitud de los pensamientos" y "la pureza de la expresión", versus "la falsedad de los conceptos y la hinchazón del estilo" (p. VI), defectos que identificaba como enemigos de las Luces, atribuyéndoles una perversión moral que trasciende las dimensiones estética y epistemológica; quizás porque tales tachas, en último extremo, son obstáculos para obrar con acierto y rectitud. De manera análoga, justifica las observaciones o notas que acompañan a su traducción por la necesidad de proporcionar orientación a la juventud. De otra forma, decía,

se acostumbrarían así a preferir la imaginación al juicio, y lo falso a lo verdadero, y acabarían por adquirir y propagar en vez del gusto clásico, garante único de la duración de las producciones literarias, el hábito de los extravíos románticos, que escritores funestamente célebres se esfuerzan hoy a acreditar en algunos países de Europa, y que generalizado, haría poco a poco retroceder la literatura a la época de los Góngoras y de los Marinis (p. XXVII).

El estudio de los clásicos es por tanto una garantía del recto raciocinio, lo que justifica para Burgos su predilección por Horacio, el modelo por excelencia en el aprendizaje de los principios literarios en su condición de "príncipe de los líricos latinos" (p. IX). Aún a riesgo de atribuir a Burgos consideraciones extemporáneas, racionalizaciones de época posterior, me parece que vienen a cuento las reflexiones que hizo Eugenio de Ochoa sobre esa predilección, en su extensa recensión de la segunda edición de la traducción de las poesías de Horacio, la de 1844:

[...] Da ocasión al erudito comentador para hacer en una nota, que quisiera reproducir íntegra, una magnífica y luminosa apología, o sea rehabilitación de la doctrina de Epicuro, groseramente desfigurada por las sectas que usurparon el nombre y parte de las ideas de aquel gran filósofo ateniense, verdadero padre y fundador de la escuela utilitaria, tal cual en nuestros días la ha profesado Bentham, no cual la proclaman en Inglaterra y Francia algunos de sus desapiadados [sic] discípulos. La máxima epicúrea: "La felicidad consiste en el deleite", pierde toda su impiedad, como observa muy bien el señor Burgos, circunscribiendo la esfera del deleite, haciéndole consistir en la calma del espíritu y en la represión de las pasiones. Así lo entendía Horacio; testigos, la mayor parte de sus escritos[488].

7.2. En Madrid, bajo el régimen absolutista

El regreso a España tuvo que suponer una ruptura con la forma de vida y los ambientes que había frecuentado en Francia, un nuevo comienzo desde abajo. Pero no sorprende su decisión de establecerse en Madrid como escritor público, a pesar de las prohibiciones legales de que se ha hecho mención, de los problemas económicos y las dificultades de todo tipo para abrirse camino. Menos futuro tenía en Motril, donde le esperaba un entorno receloso y quizás hostil, el patrimonio embargado y deudas familiares. Además, ¿quedaría alguien por allí de su antiguo círculo de la Sociedad Económica, en el que había compartido ilusiones e intereses?

A partir de abril de 1818, al ser autorizado para vivir en la Corte y con la traducción de Horacio encauzada, o así lo suponía, Burgos se encontraba

---

488. Eugenio de Ochoa, "Horacio", en *Miscelánea de literatura, viajes y novelas*, *o.c.*, p. 14.

Imagen 26. Vista de Madrid con la estatua de Neptuno y la carrera de San Jeróni-mo, en La Ilustración n° 425, 20.04.1857 (Col. del autor).

en una situación suficientemente desembarazada como para emprender nuevas iniciativas y ampliar el radio de su actividad. ¿Se implicó entonces en manejos políticos clandestinos, como se ha llegado a sugerir?[489]. De su aborrecimiento al Antiguo Régimen y a sus secuelas de despotismo, ignorancia, miseria y clericalismo ya había dejado muestras en su literatura propagandística durante la guerra. A mayor abundamiento, consta también su aversión cordial al sistema seguido en la restauración absolutista, epítome de los famosos "tres siglos", sobre el que iba a manifestarse muchas veces y con enorme dureza desde las páginas de la *Miscelánea*. Véase una muestra de ello, al condenar el plan que había trazado don Matías Vinuesa para derribar el orden constitucional, al estar nuevamente en vigor desde 1820:

¿Cómo hay por otra parte hombre tan estúpido que después de las calamidades que sufre esta nación de tres siglos acá, por efecto de ese régimen absurdo, trate de restablecerlo, y más cuando seis años de desgracias y de abyección nos iban poniendo á la par de nuestros vecinos de Marruecos y de Argel?[490].

---

489. C. Morange, *Paleobiografía (...)*, *o.c.*, p. 376.
490. "Observaciones sobre el plan de conjuración de don Matías Vinuesa", en *Miscelánea* n° 388 (22.03.1821).

Este, como otros juicios formulados en su periódico lo fueron a toro pasado, lo que resta fuerza a su credibilidad. Anterior y fiable es, en cambio, la confidencia hecha a Diego a poco de poner pie en España en 1817, en la que queda clara su animosidad hacia el ministro de Gracia y Justicia, uno de los más conspicuos responsables de la desastrada marcha política durante el Sexenio absolutista: "Lozano de Torres empieza a experimentar tibieza en el favor del Rey, y esta es una noticia, que si es cierta, debería celebrarse con regocijos públicos"[491]. Cabe incluso la posibilidad de que tuviera información privilegiada de las tramas que precedieron al pronunciamiento de la Isla, como dio a entender en su periódico algunos meses después, al esbozar una breve historia de la revolución en la que afirmó:

Todos los hombres medianamente relacionados sabían que existía una extensa y simultánea conspiración, cuyo objeto único era sustituir reglas uniformes y constantes de justicia a los caprichos del poder[492].

Xavier se entendía con algunos parientes que combatieron en el bando patriota y aun seguían en activo o conservaban contactos en el ejército, el ambiente donde se fraguaba la conspiración de la que Granada era uno de los principales centros. En el día a día, pudo estar informado de esos proyectos por medio de los cuñados, el teniente coronel Francisco Mantilla[493], el

---

491. AFB, X. de Burgos a D. Mª de Burgos ([Gr]anada, 19 de agosto de 1817).
492. "Continúa la revista del año 1820", en *Miscelánea* nº 309 (2.01.1821); en el mismo sentido, las observaciones de José Luis Comellas, *Los primeros pronunciamientos en España*. Madrid: CSIC - Escuela de Historia Moderna, 1958, p. 249.
493. Vid. AHN, Hacienda, leg. 3881/1451 (Cesantes y jubilados), hoja de servicios: Francisco Mantilla Pareja (Écija, 13.07.1790) ingresó en el ejército como teniente en 6.10.1808 y se licenció el 19.11.1817 siendo teniente coronel. Entre otras campañas, tomó parte en la del Tercer Ejército en Francia, desde el 13 de abril a 2.05.1814. Oficial segundo del gobierno político de Granada (R.O. de 15.05.1823), declarado cesante en 1.10.1823. Oficial mayor interventor de la administración de Correos de Granada (R.O. de 13.01.1834), ramo en el que desempeñó el cargo de administrador en diferentes localidades y obtuvo sucesivos ascensos hasta su cesantía definitiva en 6.07.1852, siendo administrador principal en la de Burgos. En AGP, Papeles reservados de Fernando VII, tomo 68 (Índice de espontaneados de la torre de Motril, merindad de Granada, con 27 nombres), como "coronel retirado, declarado por otros de la sociedad".

capitán Antonio Miguel del Álamo[494] y un hermano del anterior, el también teniente coronel José Joaquín del Álamo. Claro que, nótese, los dos últimos eran hijos del juez afrancesado Josef del Álamo, que también se había visto forzado a emigrar en compañía de Burgos y su mujer. De Mantilla, casado con su hermana Antonia, se descubrió con el tiempo que se había hecho comunero y correspondía con una torre de Motril, lo que da alguna idea sobre sus ideas políticas. Sin embargo, no parece que estuviera todavía en los mejores términos con Javier, al menos no hasta el punto de que este le eximiera de pagar la suscripción a su periódico. Se lo hacía saber a Diego: "En los números que se te han remitido habrás visto que la suscripción de esa provincia se hace en Granada, en casa de Aguilera, tirador de oro en el Zacatín, donde puede poner Mantilla sus 52 rs., pues así se lo aviso a mi compañero, que corre con todo lo relativo a cuentas, correspondencia, etc."[495]. El dato sugiere distanciamiento o frialdad, aunque más adelante, ante la reacción absolutista de 1823, Burgos se ocupó de movilizar a sus relaciones en Madrid para sacar de apuros a Mantilla. Así se desprende de la correspondencia entre los hermanos:

Mi querido Diego: quedo enterado de cuanto me dices relativo a Mantilla; y en vista de todo, y de que él no hace aquí falta, y que está haciendo gastos no necesarios, hemos acordado que se vuelva, y que

---

494. Antonio Miguel estaba casado con Juana de Burgos Olmo y era hermano de María Ángeles, la esposa de Francisco Xavier. Vid. AHN, Hacienda, leg. 2614/1002 (Clasificación cesantes), su hoja de servicios: Antonio Miguel Álamo y Algaba (Granada, 9.09.1788 - 28.10.1839), hijo de José del Álamo y Rando, natural de Vélez - Málaga, y de María Tomasa Algaba y Calderón. Las diligencias sobre la búsqueda de sus servicios militares habían sido infructuosas, se dice, aunque constaba su retiro como capitán el 12.11.1828. En 22.01.1834 como secretario de la subdelegación de Fomento en Málaga, de la que pasó al gobierno político de Granada y de nuevo al de Málaga; cesante en 27.03.1837. Vid. también *Correo General de Madrid* n° 32 (2.12.1820) p. 130, el epígrafe "Tribunal Especial de Guerra y Marina, 25 de octubre", sobre la causa formada y sentenciada en Granada contra Don Antonio Miguel del Álamo, teniente del extinguido regimiento de infantería de Iliberia, "sobre su conducta en Francia", en la que se resolvió la reposición en su empleo (El regimiento de Iliberia, constituido en Granada en 1808, tuvo trayectoria gloriosa pero un final desgraciado, puesto que fue comprendido en la rendición de Tarragona y todos sus efectivos fueron hechos prisioneros; agradezco esta información a don Francisco Luis Díaz Torrejón).

495. AFB, X. de Burgos a D.Mª de Burgos (Madrid, 25.04.1820).

desde ahí envíe justificaciones de su conducta, tanto en Órgiva como en Motril, pues sin este requisito nada se puede adelantar en ninguna pretensión. Con dichos documentos yo daré en la ocasión oportuna los pasos convenientes y se verá el modo de mejorar su suerte[496].

Todo sea por la familia. En cambio, con su doble cuñado, Antonio Miguel (hermano de su esposa Ángeles y casado con Juana Burgos), que se hallaba entonces de cuartel en Granada, siempre mantuvo una excelente relación. Y en cuanto a José Joaquín, ya era sabido que había participado en la conjura, al servir como enlace entre el conde de Montijo -el supuesto Gran Oriente de la masonería española- y los conspiradores de Granada, donde este había sido capitán general[497]. Además, es razonable admitir que conocía a otros conspiradores cuyo espacio de sociabilidad parece solaparse con la Sociedad Económica de la ciudad: entre ellos el subdirector, don Rafael Sequera, conde de la Puebla de Portugal, que en aquella misma época testificaba a su favor en el proceso que había promovido para la purificación de su conducta política[498]. También el intendente de ejército don Carlos

---

496. AFB, X. de Burgos a D.M.ª de Burgos (Madrid, 30.09.1823).

497. Eduardo Díaz Lobón, "Granada en la restauración (…)", *art. cit.*, p. 242. Para el desarrollo detallado de la conspiración, vid. J.L. Comellas, *Los primeros pronunciamientos (…), o.c.*, pp. 245-265 especialmente. Vid. también AGP, Papeles reservados de Fernando VII, tomo 19, Índice I, fº 115, "Varias diligencias practicadas sobre la ida del capitán de caballería Don José Joaquín del Alonso (sic) y órdenes expedidas para observar su conducta (…)"; coronel retirado por R.O. de octubre de 1817 a solicitud propia. Estaba en Madrid en 1.02.1818 para la liquidación de cuentas de una comisión y obtuvo licencia para Granada. Su hoja de servicios extractada, en Alberto Martín-Lanuza Martínez, *o.c.*, pp. 25-26: José Joaquín Álamo Algaba (Granada, 24.07.1784 - Madrid, 11.11.1840), hijo de José del Álamo y de María Teresa Algaba. Entre otras acciones estuvo en el segundo sitio de Zaragoza, donde fue gravemente herido, hecho prisionero y conducido a Francia. Retirado en 1817, volvió al servicio el 8 de junio de 1820, combatiendo con la división realista de Pamplona; grado de coronel en marzo de 1823 y ascendido a brigadier de caballería en 1829.

498. AHN, Consejos, leg. 11353/3, Javier de Burgos al rey (Jaén [sic], 1.04.1818), ahí citado entre los testigos de su conducta durante la guerra en Granada: don Rafael Sequera, conde de la Puebla de Portugal, caballero maestrante y segundo director de la sociedad patriótica de esta ciudad; vid. También A. Gil Novales, *Diccionario (…), o.c.*, t. III, 2866-7, como implicado en la conjura masónica.

Beramendi y Freire, notorio masón, era individuo de la corporación (en 1807 había colaborado con Simón de Argote en la redacción de un elogio del primer director, Pérez de Herrasti). Tras el restablecimiento de la Constitución, la *Miscelánea* no olvidaría mencionar sus méritos literarios[499]. A su vez, consta como masón e implicado en la conspiración de 1817 el ilustrado sacerdote Mariano José Sicilia[500], cuyo nombre aparece junto al de Argote en las actividades de la Sociedad Económica y que ya en 1798 había disertado en el estudio de don José María Garci-Pérez de Vargas, recuérdese, uno de los humanistas de Granada que en dicha época admiraba Burgos. Y aunque sin vínculos conocidos con la Económica, figura entre los conspiradores el comerciante Joaquín Dandeya, acaso hermano de don Pedro, con cuya casa estaba Burgos en correspondencia, ya a propósito de las letras de cambio que giraba contra Diego en 1821, ya sobre el proyecto de este para postularse a elector de partido[501].

Pero aun más interesante es que Francisco Javier tenía hilo directo con el mismísimo Montijo, don Eugenio Palafox Portocarrero (que era entonces el director de la Sociedad Económica de Granada). Así se lo comentaba a Diego María en carta de abril de 1820, muy reveladora sobre su conocimiento del personaje y sus andanzas:

> Montijo se apareció una mañana en mi casa y me contó sus larguísimas aventuras en términos que me hizo perder la mañana entera. Al día

---

499. A. Gil Novales, *Diccionario (…)*, *o.c.*, tomo I, p. 388: a su juicio, Beramendi era entonces el Gran Oriente granadino y no Montijo, como se suele decir; en el mismo sentido y con más detalle, vid. Pedro Pegenaute Garde, *Trayectoria y testimonio de José Manuel del Regato. Contribución al estudio de la España de Fernando VII*. Pamplona: Eunsa, 1978, p. 116. En *Miscelánea* n° 125 (3.07.1820) se reproduce un fragmento de su oda "El triunfo de España", de tono mitológico, que había compuesto en 1815 con motivo de una distribución de premios por la Sociedad Económica de Granada en el día de San Fernando: "En toda la pieza se ve el mismo vigor de imaginación y el mismo lujo de figuras, que forma el carácter del estilo de Beramendi"; vid. también n° 146 (24.07.1820), el extracto de Cortes, con noticia de haber pasado a la comisión correspondiente del congreso un plan de enseñanza pública presentado por don Carlos Beramendi.
500. A. Gil Novales, *Diccionario (…)*, *o.c.*, t. III, pp. 2881-2.
501. Cfr. X. de Burgos a D.M.ª de Burgos (Madrid, 9, 19 y 26.10.1821); vid. A. Gil Novales, *Diccionario (…)*, *o.c.*, t. I, p. 842, Joaquín Dandeya, comerciante, en la conspiración masónica de Granada, 1817.

Imagen 27. Eugenio Palafox, conde de Montijo, por Goya (Real Academia de Bellas Artes de San Fernando).

siguiente me envió una esquela porque se hallaba en cama, fui a su casa, y me anunció estar nombrado de Capitán General de Castilla la Vieja y en efecto partió aquella noche para Valladolid, su capital. Me dijo que me escribiría su llegada como lo ha hecho siempre durante su peregrinación anterior. Es un amigo franquísimo, aunque calumniado todavía por danzantes[502].

Pero, estuviera o no al tanto de lo que se tramaba, en ningún momento reivindicó Burgos como mérito una participación entre los que conspiraron para restablecer la Constitución. Más bien, lo que se sabe con certeza nos habla de sus esfuerzos por hacerse un hueco en el Madrid de las letras. Bastante le había costado arreglar su situación con el gobierno, como para volver a las andadas buscándose problemas.

Durante los meses siguientes movió en Madrid la justificación de la conducta política de Diego María en la pasada guerra, necesaria para la expedición de su título como regidor. Iba a ser un tema recurrente en la correspondencia entre los dos hermanos, porque el asunto se dilató de manera inopinada, al oponerse otros regidores del ayuntamiento de Motril.

---

502. AFB, X. de Burgos a D.M.ª de Burgos (Madrid, 4.04.1820).

Por la última -escribía Francisco Xavier- veo las desgracias de que se os amenaza por la mala fe de esas gentes. En tales circunstancias lo mejor es cortar cuanto se pueda, y no tirar coces contra el aguijón. Este es el arbitrio que hay en la borrasca, guarecerse en cualquier parte y dejarla que pase. Desde luego me pareció mal que no contando con los regidores, pensases en recibirte. Tú debías saber que existen repetidas Reales Órdenes para que nadie sirva destinos municipales, sin previa purificación de su conducta durante la invasión. El fiscal en consecuencia de estas órdenes no podía dejar de exigir esta formalidad, y tú no podías llenarla no contando con ellos, hasta cierto punto al menos; bastando con que no se opusiesen a tu justificación, y si yo hubiera sabido que había tanto encono hasta en el síndico, te hubiera disuadido desde el principio, y aconsejadote diferirlo. Pero en fin el mal esta hecho; haz que la cosa venga de ahí lo menos mal que se pueda, y aquí haremos lo que se pueda hacer, sin que entretanto culpes al agente, que ha hecho lo que podía hacer, y sobre lo que nadie hubiera hecho más[503].

No sin razón, los regidores objetaban la pertenencia de Diego a la milicia cívica (josefina) con el grado de capitán, el empleo que ejerció de corregidor cerca de un año, y el no haber rendido cuentas de ese periodo; y enmarcándolo todo, la sombra del afrancesamiento, que cubría a toda la familia y no se olvidaba en la ciudad. ¿Sorprenderá saber que viejos conocidos como los regidores García Alcántara y Garbayo, junto a un Rafael Ruiz de Castro, figuraron entre los impugnadores más activos a su pretensión? Esas rencillas entre los notables locales, en las que estaban involucrados los Burgos, iban a provocar reflexiones (bastante sesgadas) por parte de Francisco Javier en la *Miscelánea*. Más adelante -en mayo de 1820- tomando pie de la suspensión ordenada por el jefe político de todo el ayuntamiento, por haber privado de sus derechos ciudadanos a "un propietario benemérito con motivo o a pretexto de odios locales", escribió en el periódico:

Aquella infeliz ciudad necesitaría más que otra alguna ser instruida, para que se sofocasen los resentimientos mezquinos, la envidia vergonzosa y las pretensiones exageradas que la dividen y la arruinan[504].

---

503. AFB, X. de Burgos a D.M.ª de Burgos (Madrid, 1.05.1818); vid. el expediente relativo al título de regidor a favor de Diego María Burgos, en AHN, Consejos, 5300/14.
504. *Miscelánea* nº 83 (10.05.1820).

Es un comentario, hay que advertirlo, del que sería precipitado extraer una impresión negativa sobre los sentimientos de Burgos hacia su patria chica, cuyas vicisitudes siguió en todo tiempo con interés y preocupación, dando muestra de ello en las informaciones que publicaba su periódico durante la época constitucional. Denunció ahí, por ejemplo, el durísimo impacto de la actividad depredadora de un corsario insurgente en la economía local, e informó sobre el temporal que había provocado el desbordamiento del río Guadalfeo, causando daños en las vegas, la pérdida de muchos millones y la miseria de un gran número de familias[505]. Conocía bien la comarca, y así se lo recuerda más adelante a Diego:

¿Qué juicio se formaría de mi, si habiendo vivido diez años en ese pequeño rincón, no lo conociera como los dedos de mis manos?[506].

En 1827, cuando ya era alguien en la sociedad de Madrid, le comunicó su propósito de promocionar los vinos de Motril[507] y de trabajar, en la Junta de Aranceles, a favor de la habilitación de Calahonda para comerciar con el extranjero y con América, como ya había estado con anterioridad:

Mi querido Diego: hoy se ha tratado en la Junta de Aranceles de la localidad de las aduanas y la comisión proponía que no quedase habilitada en esa provincia más que la de Almería. He hablado largamente contra aquel proyecto y de resultas ha acordado la Junta compulsar un expediente particular formado sobre el asunto, deteniendo hasta

---

505. vid. "Motril, importante ciudad de la provincia de Granada", en *Miscelánea* n° 297 (22.12.1820), y "Esta ciudad parece destinada a apurar de una vez la copa de las desgracias", en n° 333 (26.01.1821).
506. AFB, X. de Burgos a D.M.ª de Burgos (París, 2.05.1826).
507. AFB, X. de Burgos a D.M.ª de Burgos (Madrid, 13.04.1827): ""Aguardo con el ordinario Gutiérrez la miel que me anuncias, y en cuanto al vino, deseo que tenga de 4 a 5 años, que sea abocado y el color no muy subido. Debe venir bien acondicionado a fin de que no se adultere en el camino, y sobre todo estar perfectamente claro, de manera que no se vuelva cieno en el camino, como sucedió con algunos de los envíos que me hiciste años atrás. Voy a ver si consigo que el vino de Motril tenga en Madrid la misma estimación que el de Jerez".

tanto toda deliberación sobre las aduanas de esa provincia. El amigo Banqueri ha esforzado mi propuesta y se habilitará Calahonda si Dios es servido. Sirva de aviso[508].

En otro orden de cosas, en 1818 intentó llegar a algún tipo de arreglo con hermanos y cuñados para que suscribieran una obligación sobre las deudas que había dejado en Marsella. Sus medios para hacer frente a esa obligación, escribió a Diego el 24 de abril, eran "mis géneros de Jaén, que valdrán de 3 a 4 000 duros, y algunos otros picos, 32 000 reales en Vélez Málaga, y algunos otros fondos aislados; más mis bienes, que más en breve estarán en libertad; mis deudas reducidas al 25 % (…)". Es difícil hacerse una idea del desarrollo de tales asuntos porque la correspondencia familiar de esta época ha llegado muy incompleta, si bien el tono general, por parte de Francisco Javier, es de profunda insatisfacción con el comportamiento que suponía, habían guardado con él sus allegados. Sin seguridad, la referencia a bienes en Jaén y Vélez Málaga parece apuntar al patrimonio, acaso herencia de su suegro Álamo, que tenía arraigo en las dos ciudades. Aun así, queda claro que todavía seguían en pie deudas derivadas del antiguo préstamo de Bendicho, y que el negocio de Marsella no se resolvió como tenía planeado: "Las diligencias que he hecho para empeñar a mis hermanos a que me franqueen este socorro insignificante para ellos, y de ningún riesgo, como he demostrado en mis cartas anteriores, y para mi utilísimo, no han producido efecto". Como conclusión, vivía al día y entrampado: "aquí no existo sino con el producto de mi trabajo diario. Yo tendría a la verdad quien me franquease algunos medios, pero sería solo en el caso de verme libre de acreedores"[509]. Burgos multiplicó entonces iniciativas de diferente alcance, que pudieran servirle para ganarse la vida. Eso dice mucho sobre su capacidad de trabajo y la agilidad de su pluma, porque al cabo de dos años, el resultado comprendía empresas literarias tan variadas como la *Continuación del Almacén de frutos literarios*, la traducción del Belloc, la de *El supuesto Estanislao* y la composición de la comedia *Los tres iguales*, además de impulsar la edición del *Horacio* por

---

508. AFB, X. de Burgos a D.M.ª de Burgos (Madrid, 26.06.1827) También, en la posterior, de 6.07.1827: "Adjunta encontrarás una copia de la exposición que he presentado hoy a la Junta de Aranceles por el Ministerio, y que se ha acordado por unanimidad. Estrechamos (?) además por que aceptadas las propuestas contenidas en esta exposición y en la que te envié anteriormente se pase a la Junta de Fomento, donde aun haremos mucho más".
509. AFB, X. de Burgos a D.M.ª de Burgos (Madrid, 2.06.1818).

cuenta de la Imprenta Real, de seguir trabajando en su adaptación de la *Biografía universal* y finalmente, de lanzar la *Miscelánea, comercio , artes y literatura*. ¿Llegó a ganar dinero e incluso a rehacer su fortuna gracias a ese esfuerzo? Al menos, eso es lo que comunicó confidencialmente a Diego años después, en 1826:

> Nadie mejor que yo conoce la honradez de tus principios, la excelencia de tu conducta y sobre todo, la consecuencia que guardaste conmigo en una época de desgracia. Esa desgracia no fue nunca tal como la supusieron algunos, pues desde mi llegada a Madrid gané yo sobrado para reparar sucesivamente todos los desastres de la emigración y aun para hacer una nueva fortuna, que recaté y oculté por motivos muy importantes, hasta que arreglé todo lo que durante una larga serie de vicisitudes, se había desarreglado. Ahí todos me creían desgraciado, y nadie me hacía caso. Mis parientes no me escribían, y el ayuntamiento hacía una calumniosa e indigna representación contra mi representación, con la cual mis chiquillos hicieron caballos de papel[510].

Por varios motivos, este asunto no es baladí. Ocultar su dinero cuando sus bienes estaban embargados por el crédito publico puede entenderse, pero ya no tenía sentido desde el momento en el que obtuvo su rehabilitación política, en abril de 1818. Ahora bien, ¿pudo ser esta tardía explicación a Diego un expediente para justificar el origen de las masivas inversiones en tierras que estaba haciendo en Motril, precisamente cuando desempeñaba una responsabilidad de ámbito financiero en París por encargo del gobierno?[511]. Evidentemente su enriquecimiento no era en si mismo doloso, pero sí impolítico en esas circunstancias, y de hecho, los rumores malintencionados pronto empezaron a surgir en el sector ultrarrealista del régimen, dando así armas a los liberales en el exilio. Véase la entrada que dejó escrita en su *Diario* José Arias Teijeiro, un absolutista visceral, el 14 de enero de 1828:

---

510. AFB, X. de Burgos a D.M.ª de Burgos (París, 15.04.1826).
511. La correspondencias de estos años entre los dos hermanos abundan en el tema de las adquisiciones de fincas rústicas. El propio Francisco Javier recordaba a Diego, menos de un año después, que este llevaba ya hechas en nombre suyo cuarenta o cincuenta escrituras ante escribanos: AFB, X. de Burgos a D.M.ª de Burgos (París, 10.02.1827).

Irrita ver a un Burgos, liberal tan marcado, que en 1823 no tenía ni una peseta para comer, lleno ahora de condecoraciones y sueldos por sus comisiones de empréstitos (durante las cuales escribió la atrevidísima *Exposición* en favor de los liberales, contra los bienes del Clero, etc.) gastando no un coche sino trenes, y contando con 6 millones. ¡Y cuántos pícaros están en el mismo caso![512].

Acaso fue eso lo que Burgos pretendió atajar, aunque sin éxito, y se vio obligado a explicar a López Ballesteros en 1829, cuando el crédito español sufrió ataques especialmente agresivos en los medios de París. Desde allí, Burgos denuncia a la junta ultra parisina, sucursal de la de Madrid, que agitaba a los periódicos -*La Quotidienne*- con los artículos que escribía Mariano Carnerero por cuenta del ministro Calomarde, o que se enviaban ya redactados desde España:

Aquí una cábala, que miente a su conciencia misma, nos supone enriqueciéndonos con los despojos del Estado, como si el Estado los tuviera, y como si la intervención necesaria de las oficinas no hiciera imposible todo beneficio individual. Ahí la misma cábala (pues ya sabemos que de ella vienen aquí las instrucciones) me echa en cara que tengo coche, como si esto costara arriba de 10, ó 12 000 rs. al año y como si no hubiera ahí y aquí en qué ganarlos anchísimamente cuando se conocen los negocios ¿Quién dice nada en efecto a Remisa, Riera, Garreta y otros mil que ganan más que yo? Pero yo soy blanco de una maquinación y no ellos, y esto hace penosísima mi situación[513].

7.3. La traducción de *El supuesto Estanislao*

En marzo de 1819 se publicó en Madrid el *Curso de medicina legal* de Belloc que presumiblemente había traducido en Francia, y poco después se representó (por Bernardo Gil) en el teatro de la Cruz de *El supuesto Estanislao, rey de Polonia*, comedia nueva en tres actos y en verso, "traducida

---

512. Seminario de Historia Moderna, *Documentos del reinado de Fernando VII. III. Arias Teijeiro. Diarios (1828-1831)*. Introducción y notas por Ana M.ª Berazaluce. Pamplona: Universidad de Navarra - CSIC, 1966, t. I, pp. 19-20.
513. ACMH, Fondo López Ballesteros, 4/1, X. de Burgos a L. López Ballesteros (París, 27.07.1829).

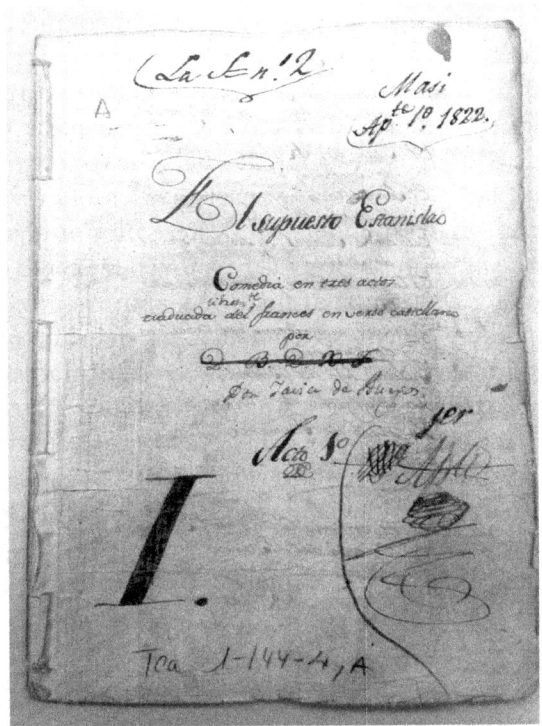

Imagen 28. Portada del manuscrito de El Supuesto Estanislao, comedia traducida por Burgos y representada en Madrid en 1819 (Biblioteca Histórica Municipal, Madrid).

del francés por Burgos"[514]. Es comedia de las llamadas de capa y espada, cuyo atractivo para los espectadores debía consistir en el doble enredo amoroso, al que se añaden los efectos cómicos provocados en sucesivos lances por los personajes más desastrados. El caballero de Morange, un capitán de guardias con mucho mundo, se hace pasar por el rey de Polonia Estanislao como maniobra de distracción para que el auténtico monarca pueda llegar a su país burlando la vigilancia de los austriacos. Viajando

---

514. "Lista de las funciones que se han de ejecutar (...)", en *Crónica Científica y Literaria* nº 220 (7.05.1819); vid. A.M. Coe, *Catálogo bibliográfico, o.c.*, p. 213, representaciones: 16-18 de mayo y 30 de noviembre de 1 de diciembre de 1819; también *El Universal*, nº 143 (23.05.1822), anuncio de representación en el teatro de la Cruz, "*El supuesto Estanislao* (comedia en tres actos)". El libreto ms. se encuentra en Biblioteca Histórica Municipal de Madrid: *El supuesto Estanislao. Comedia en tres actos traducida libremente del francés en verso castellano por Dn. Javier de Burgos* [tachado: D.B.D.X.F.]. 1822. El autor original parece haber sido Adalbert Gyrowetz (Vojtêch Jírovec), natural de Bohemia.

por Bretaña, supuestamente de incógnito, logra hacer que prevalezca el romance de Julieta y el oficial de marina Eduardo de Sanval, contra las maquinaciones de un pariente rico, pero ruin y ridículo, y del padre de la joven, el barón de Kerbaze. La marquesa viuda de Rosey, que es la dama de Morange y está tan de vuelta de todo como él, participa en la protección de la joven pareja. ¿Enseñanzas morales? Los valores propuestos en la comedia responden a un estereotipo literario tan universal como el amor que se profesan los galanes, jóvenes de alta cuna que desdeñan todo interés material, aunque al final quedarán muy bien recompensados. Morange es audaz e ingenioso e incluso sus defectos (calavera y derrochón), resultan simpáticos. Por contra, los malos se caracterizan por la avaricia, la cobardía y la falsedad, que les hace caer en los lazos de Morange, y son motivo de hilaridad. Digamos para concluir este asunto, que *El supuesto Estanislao* es posiblemente de todo el teatro de Burgos la pieza menos "filosófica" y a la vez la más movida, de modo que hay que buscar su motivación, sin excluir el interés pecuniario, en su valor como experimento de cara al problema literario que le interesaba entonces, y que intentó resolver en su comedia original, escrita en verso, *Los tres iguales*.

7.4. Isidoro Máiquez y la (larga) historia de *Los tres iguales*

Efectivamente, mucha más ambición dramática había detrás de *Los tres iguales*, cuya representación se había programado en Madrid para octubre de 1818[515]. Tiempo después, en 1827, la pieza llegaría a alcanzar celebridad, aunque más que nada porque se juzgó presuntuoso su propósito anunciado a bombo y platillo de "probar que puede conciliarse la observancia rigurosa de las reglas del Arte con el calor y el movimiento de la acción, y hasta cierto punto con la elegancia y la brillantez de la versificación"[516]. En la

---

515. "Teatros. Lista de las funciones que se han de ejecutar (…)", en *Crónica Científica y Literaria* nº 158 (2.10.1818) y nuevamente, en nº 176 (4.12.1818).
516. *Diario de Avisos de Madrid* (16.11.1827) p. 1280, anuncio de la representación en el teatro de la Cruz, donde estuvo en cartel durante tres días consecutivos; vid. [Francisco Javier de Burgos], *Los tres iguales. Comedia en tres actos y en verso, representada por primera vez en el Coliseo de la Cruz el día 17 de noviembre de 1827*. Por D. X. de B. Madrid: Imprenta de D. Miguel de Burgos, 1828, VII + 144 pp.; la comedia impresa se anunció a la venta en la *Gazeta de Madrid* (2.12.1828) p. 580.

época que nos ocupa, recuérdese, Burgos había comenzado a publicar en la *Miscelánea* las biografías de los dramaturgos españoles del siglo de Oro, lo que está en consonancia con tal propósito. Pero la comedia no iba a darle más que disgustos.

El caso es que como ya había ocurrido en 1803, cuando se puso en escena *El Optimista,* hubo dificultades con el galán del teatro del Príncipe, Isidoro Máiquez, un actor famoso y muy aplaudido por el público (su retrato pintado por Goya y grabado por Esteve se vendía en Madrid)[517] pero también de trato difícil por su temperamento altivo, que le había ocasionado problemas con el gobierno. De hecho, Máiquez había quedado marcado desde la represión que siguió al golpe de Estado de mayo 1814, cuando estuvo detenido "por sospechoso en su conducta política e indicios de haber proferido expresiones contrarias a la sagrada persona de S.M."[518]. Después se jubiló, pero al personarse nuevamente en el teatro no hubo más remedio que readmitirle, "por condescendencia con los deseos de los aficionados"[519]. También fue motivo de alarma y enojo de las autoridades el incidente ocurrido en el teatro del Príncipe en la noche del 22 de marzo de 1818, cuando alguien a quien no se logró identificar, echó a volar unas palomas en obsequio del actor. Aunque el alcalde de Corte que había presidido la función negó más tarde que hubiera habido ninguna alteración, al principio se dijo, inquietando incluso al rey, "que a pretexto de aplaudirle se suscitó una gritería y desorden por [tachado: la mayor] parte de los espectadores, capaz de haber turbado el sosiego público"[520].

En cuanto a *Los tres iguales,* la versión común supone que Máiquez había rechazado la recomendación del corregidor y juez protector de los teatros José Manuel Arjona para que se representara la comedia y este habría tomado nota de la negativa, que además, coincidía con el mal

---

517. Vid. el anuncio en *Diario de Madrid* n° 83 (24.03.1818) p. 395, "Retrato del señor Isidoro Máiquez, pintado por Goya, y grabado por Esteve", 4 rs., librería de Quirós.

518. AHN, Consejos, 11408/9. Oficio de Ignacio Martínez de Villela a Pedro Macanaz, secretario del despacho universal de Gracia y Justicia (Madrid, 5.07.1814).

519. AHN, Consejos, 11408/12, expediente sobre el destierro de Máiquez (15.06 - 6.11.1819), oficio de José Manuel de Arjona a Juan Lozano de Torres, secretario del despacho de Gracia y Justicia (Madrid, 15.06.1819).

520. AHN Consejos, 11408/11; también Arjona restó importancia al asunto en su propio informe (Madrid, 22.03.1818).

Imagen 29. "Isidoro Máiquez, primer actor del teatro del Príncipe". Grabado calcográfico. Rafael Esteve (grab.) y Francisco de Goya (original), 1810 (Museo del Prado).

ambiente entre los otros actores contra el propio Máiquez, que apenas trabajaba[521]. Así las cosas, el 19 de junio de 1819, tras una trayectoria de desaires continuados, el corregidor le hizo desterrar de Madrid "por su insubordinación y petulancia", reza el expediente que se formó entonces. A poco, se manifestó un rápido deterioro de las condiciones físicas y mentales del actor durante su estancia en Ciudad Real y en Granada, donde finalmente falleció el 17 de marzo de 1820. A partir de aquí se construyó la versión que culpabiliza a Arjona del destierro y la muerte de Máiquez, pero que en realidad pone el foco sobre Burgos. Creo que su origen se encuentra en un artículo malévolo publicado en 1822 en *La Tercerola*, periódico de combate del liberalismo exaltado, en plena ofensiva contra el ministerio de Martínez de la Rosa, a quien apoyaba *El Imparcial* cuando lo dirigía Burgos[522]:

---

521. Me ciño aquí al relato de José de la Vega, *Máiquez. El actor y el hombre*. Madrid: Revista de Occidente, 1947, pp. 210 y 224. Con matices, véase José de la Revilla, *Vida artística de don Isidoro Máiquez, primer actor de los teatros de Madrid*, Madrid: Miguel de Burgos, 1846, p. 55; también, E. Cotarelo, *Isidoro Máiquez, o.c.*, pp. 417 y 460.
522. "Antigüedades", en *La Tercerola* n° 13 (1822) pp. 13-14.

En los años de N.S.J. 1818, reinando en España el Señor don Fernando 7º (entonces Rey absoluto) y siendo corregidor *absoluto* de Madrid el señor don José Manuel de Arjona, tenía este por parásito, comensal, protegido (contra la ley) y coplero mayor a uno de los traidores que abandonaron su patria en pos de la bandera de Pepino. Antojósele a este pedante componer una comedia con el título de *Los tres iguales*. Salió lo que se esperaba de su bendita cabeza; compuso un mal sainete, mal pensado, mal tejido, pero bien empedrado de sandeces. El divino Máyquez, enemigo acérrimo de los afrancesados, se negó a la representación de esta farsa; obstinóse don Hermógenes en que se había de representar; su padrino, excelente conocedor del mérito de la pieza, puso también pies en pared para que se representase, pero Máyquez se empeñó en decir *nones* y nones fueron. Su terquedad le costó bien cara: fue conducido a la Mancha con una partida de coraceros y allí le atacó la enfermedad que le llevó al sepulcro. El don Hermógenes de que se trata es ahora el ojito derecho de los carbuncos.

Con un lenguaje mucho más ponderado -como suele- popularizó esa versión Mesonero Romanos[523], quien muestra muy poca simpatía a Burgos y además es parte interesada, porque estuvo mezclado en la polémica teatral de 1827. Pero resulta poco verosímil. Aunque Burgos y el actor estuvieran enemistados -y así lo parece- el análisis de la cartelera permite concluir que el rechazo de *Los tres iguales* no pudo ser más que un eslabón en la cadena de renuncias e intemperancias que hizo perder la paciencia a Arjona, y que tuvo lugar mucho tiempo antes de la fecha del destierro. En realidad, como va dicho más arriba, la comedia se había incluido en la programación del teatro del Príncipe para octubre de 1818, pero no se llegó a representar, sin que se diera ninguna explicación en el *Diario de Madrid*. Fue un mes en el que el actor trabajó a bajo ritmo (ocho actuaciones en cinco piezas) y estuvo indispuesto entre el día 8 y el 13, lo que obligó a diferir la ejecución de *El seductor enamorado*, la comedia que estaba anunciada. En noviembre interpretó con mucha regularidad, pero el día 26 se indispuso nuevamente, por lo que se suspendió la representación de la tragedia *Numancia*, recién estrenada. La indisposición seguía el día 28, se dice en el *Diario* de ese día, de modo que hubo que retirar definitivamente la pieza del cartel y, aunque nadie

---

523. Ramón de Mesonero Romanos, *Memorias de un setentón,* en *Obras de* — — — vol. V. Edición y estudio preliminar de don Carlos seco Serrano (BAE 203). Madrid: Atlas, 1967, p. 92.

podía saberlo entonces, Máiquez no iba a volver a subirse a un escenario en Madrid nunca más. Algo más adelante, la compañía del Príncipe repuso alguna comedia de su repertorio, como *Las juventudes de Enrique V* -anunciada el 23 de diciembre- pero sin su participación. Así las cosas, el día 26 murió de parto la reina Isabel de Braganza y se decretó un luto que comprendía el cierre de los teatros, de modo que la obra de Burgos, que se había reprogramado para el mes de diciembre, no se iba a representar tampoco entonces, aunque por razones que evidentemente escapaban a la voluntad de Máiquez.

En abril de 1819 se reabrieron los teatros y al iniciarse el año escénico, se constituyeron las compañías. Como no podía ser menos, Máiquez fue nombrado "autor" (máximo responsable) de la del Príncipe y por supuesto figuraba en el elenco de los primeros actores[524], pero al alegar sucesivas enfermedades ("reales o supuestas", se dice en el expediente) no participó en ninguna representación, ni siquiera para reemplazar al indispuesto Andrés Prieto en el papel de *Otelo,* una obra de su propio repertorio que le había dado enorme fama años antes. Hubo que quitarla de la cartelera nada más estrenarla[525].

Máiquez había pedido un mes de licencia para tomar los aires -expone Arjona en su informe al ministro de Gracia y Justicia- pero se volvió a Madrid al cabo de seis u ocho jornadas. Seguidamente, Arjona le envió los facultativos, que determinaron que podría trabajar en diez o doce días, y que según el corregidor, el actor empleó yendo a los toros, a los teatros y otras concurrencias. Terminado el plazo, "le mandé anoche que representase hoy," (escribe el 15 de junio), lo que rehusó pretextando motivos de salud; "se lo he vuelto a mandar para mañana, y lo ha rehusado igualmente, dando así un ejemplo escandaloso de inobediencia". En tales circunstancias, Arjona juzgaba necesario tomar medidas: de entrada, la jubilación y la separación de la autoría,

---

524. "Lista de las compañías cómicas que han de representar en este año en los teatros de la Corte", en *Diario de Madrid* nº 120 (30.04.1819) pp. 590-592.
525. *Diario de Madrid* nº 149, (29.05.1819) p. 744; E. Cotarelo, *Isidoro Máiquez,* o.c., p. 459, atribuye la retirada de la obra al fracaso y la silba estrepitosa al actor Prieto, que hacía el papel principal. Cotarelo confirma los problemas de salud de Máiquez y al distanciamiento de sus compañeros. Sin embargo, como ya había ocurrido cuando estuvo en prisión en 1814, tras conocerse la noticia del destierro un buen número de actores y actrices elevó un memorial al rey pidiendo el perdón, en atención a los perjuicios que supondría para la subsistencia de la compañía, familias, dependientes, etc.: vid. la exposición de las dos compañías de teatro de la Corte (Madrid 18 de junio de 1818) con 22 firmas, en AHN, Consejos, 11408/12.

pero como aun estas disposiciones serían insuficientes pues su influxo sobre los cómicos y su genio inquieto y turbulento no dejaría de promover embarazos y dificultades, pienso que sería conveniente confinarlo en Ciudad Real o Jaén, con encargo especial a la justicia para que velase sobre su conducta[526].

Con autorización del ministro y conocimiento del propio rey, Máiquez fue obligado a salir para Ciudad Real el 19 de junio escoltado por un cabo y tres soldados de infantería (no por "una partida de coraceros" como se dijo abultadamente). Desde allí, a base de sucesivas exposiciones al monarca, conseguiría permiso para poder trabajar en los teatros de fuera de la Corte.

En conclusión, al margen del oportunismo político en la invención de la historia que salpicaba a Burgos y de la idealización de Máiquez en *La Tercerola* como enemigo acérrimo de los afrancesados cuando existen sospechas de que él mismo lo era[527], lo que queda es que su destierro estuvo precedido por varias incidencias que, con los criterios extremosos que se llevaban entonces, explican la decisión del corregidor. Y por el contrario, que la puesta en escena de *Los tres iguales* se había planteado muchos meses antes, una circunstancia que también oculta o desconoce Mesonero, lo que desvirtúa la relación entre ambos hechos. Por lo demás, el enfrentamiento con el actor no impidió que Burgos insertara en su *Miscelánea,* meses después, un reconocimiento explícito a sus méritos, en el que se afirma lo que sigue:

A LA MUERTE DE ISIDORO MAIQUEZ
SONETO
Tú solo el arte adivinar supiste
Que los afectos acalora y calma;
Tú la virtud robustecer del alma,
Que al oro, al hierro, a la opresión resiste.
Inimitable autor que mereciste

---

526. AHN, Consejos, 11408/12, expediente sobre el destierro de Máiquez, oficio de José Manuel de Arjona a Juan Lozano de Torres, secretario del despacho de Gracia y Justicia (Madrid, 15.06.1819).
527. Ángel González Palencia, "Nuevas noticias sobre Isidoro Máiquez", en *Revista del Archivo, Biblioteca y Museo* n° 56 (1948) p. 78.

Entre los tuyos la primera palma,
Y rival digno del honor de Talma,
La admiración del mundo dividiste;
¿A quién dexaste sucesor muriendo?
¿De quien ha de esperar gloria y decoro
La escena que te pierde y abandonas?
Así dijo Melpomene y vertiendo
Lágrimas, en la tumba de isidoro
Cetros depone, y púrpura y coronas[528].

Creo que no procede, por tanto, achacar a Burgos responsabilidad alguna en la suerte sufrida por Máiquez pero aun así, el asunto iba a traer consecuencias: de entrada, pudo pesar en la hostilidad de uno de sus allegados, don Vicente Ayta, personaje de quien hay datos sobre una estrecha relación de amistad, manifiesta a través de su intervención en los asuntos del actor: consta que fue el propietario de la imprenta (dicha de Catalina Piñuela, su mujer) en la que se hizo una edición de la tragedia *Polínice o los Hijos de Edipo*, costeada por Máiquez; actuó además como apoderado y procurador suyo durante el destierro, presentando las exposiciones de que se ha hecho mención; su nombre se encuentra también como albacea y testigo en el otorgamiento de su testamento, en marzo de 1819[529]. Cuando se restableció un año después la libertad de imprenta,

---

528. "A la muerte de Isidoro Máiquez. Soneto" f. = I.C., en Suplemento a la *Miscelánea* del lunes 1 de mayo de 1820, *s.*n. (2.05.1820).

529. Cfr. [Vittorio Alfieri], *Polínice o los Hijos de Edipo*. Tragedia en 5 actos, traducida por D.A.S. e impresa a expensas de I.M. [Isidoro Máiquez]. Executada por primera vez en el Teatro de los Caños del Peral en 15 de abril de 1806. Madrid: Catalina Piñuela, 1814, 71 pp.; Vicente Ayta como uno de los testamentarios del actor Isidoro Máiquez y testigo del otorgamiento de esa escritura: AHP, t. 23642, ff. 274-275 vº (15.03.19); está transcrito en el libro mecanografiado "Testamentos de 111 Personajes" del AHP (sala) y en A. González Palencia, "Nuevas noticias (...)", *art. cit.*, pp. 127-128. Como procurador de los Reales Consejos, representó los intereses de Máiquez en Madrid durante su destierro (AHN, Consejos, leg. 11408/12); consta también que sus hijos, Facundo y Joaquina Aita eran actores dramáticos hacia 1849 y 1850: Natividad Moreno Garbayo, *Catálogo de los documentos referentes a diversiones públicas conservados en el Archivo Histórico Nacional*. Madrid: Dirección General de Archivos y Bibliotecas, 1957, p. 35.

Ayta fue el editor del importantísimo *El Universal,* un diario que yendo más allá de la rivalidad profesional y de las discrepancias ideológicas, iba a revelarse como un encarnizado adversario de Burgos y su *Miscelánea,* contribuyendo así a amplificar las tensiones en el espacio periodístico de Madrid durante el Trienio Liberal.

7.5. De nuevo *Los tres iguales, El baile de máscara* y las otras comedias de Burgos

En otro orden de cosas, la consecuencia fue que *Los tres iguales* iba a quedarse en el cajón durante varios años, porque según explica Burgos en la advertencia preliminar del texto impreso, la salida de Madrid a fin del verano de 1818 (sic) de Máiquez, para quien había compuesto la comedia, le hizo desistir de que se representara[530]. Nótese, por cierto, que el actor fue desterrado en junio de 1819 y no cuando dice Burgos; lo que en realidad ocurrió en octubre de 1818 fue que aunque entonces se anunció, la pieza no se llevó a escena. Después, su dedicación al periodismo político durante el periodo constitucional y la comisión que desempeñó en París dejaron en un segundo plano sus intereses literarios, de modo que solo a su vuelta a Madrid en 1827 retomó esos trabajos, aunque supeditados a las tareas de las Juntas a las que había sido destinado y a los restantes encargos del gobierno, siempre a la sombra del ministro de Hacienda López Ballesteros. En una carta de ese año a su hermano y confidente Diego, describió su estilo de vida. Ostensiblemente, lo hizo para hacerle comprender la imposibilidad de atender el elevado número de recomendaciones que le llegaban de Motril, pero a la vez, nos proporciona el telón de fondo para valorar el ritmo de su dedicación a las letras en esa época:

Desde mi casa a las Secretarías, sitas en Doña María de Aragón, hay tanto como desde tu casa al Baradero. Palacio dista poco menos; los Consejos allá se van; las piedras de este empedrado son las más infames de la Tierra; el calor es, según las horas del día, de 22 a 27 grados de Reaumur [= 33° - 40,5° C]. Agrega a eso la inmensidad de mis ocupaciones en casa con la multitud de expedientes de que está siempre cubierto mi bufete; mi asistencia a las Juntas de Fomento, de Aranceles, de Examen de Tratados, de Exposición de los productos

---

530. [Javier de Burgos], *Los tres iguales (…), o.c.,* p. VII.

de la industria, de la Academia Española, de la Academia Latina Matritense, etc. Todo esto con unas piernas endeblísimas como las mías, con calor unas veces, con frío otras, con mucho que hacer en la Caja de Amortización, con visitas que es menester pagar (pues a mi llegada recibí 110, de las cuales aun no he vuelto la mitad) con la costumbre que hay aquí de negarse [sic] todos en sus casas, pues de otra manera no habría tiempo de trabajar, resultando de esto que la mitad de las veces pierde uno el día en ir a ver a uno que vive lejos, y después no lo encuentra; hace malograr todo negocio en que no interviene agente[531].

Obviamente, en esta época Burgos antepuso los avances en su carrera como funcionario Real a cualquier otro interés personal. A su vuelta de Francia obtuvo la cruz de Carlos III, pero por dos años tuvo que esperar la recompensa definitiva a sus servicios hasta que al fin, a finales de 1829, el rey le concedió el nombramiento de Intendente de primera clase con honores del Consejo de Hacienda (y el sueldo correspondiente), lo que él comunicó a Diego con gran satisfacción[532]. Una trayectoria de éxito por tanto, pero se entiende que su dedicación a las letras prácticamente se limitara a apurar los logros de épocas anteriores; vamos, sopa recalentada. Mesonero, la fuente obligada sobre el ambiente literario durante esta década, no se muestra amistoso al reseñar los triunfos de Burgos ni los restantes publicistas afrancesados. Fue recibido entonces en la Real Academia (a la vez que Alberto Lista) donde su discurso versó, son sus palabras, sobre "la facilidad con que se ennoblecen o envilecen las

---

531. AFB, F.X de Burgos a D.M.ª de Burgos (Madrid, 11.07.1827).
532. *Guía mercantil (…) o.c.*, t. I, pp. 533-534 con la composición de las juntas en 1829. Vid. su hoja de servicios (fechada en 14.09.1844) en AHN, Hacienda, 3369, con los destinos servidos hasta la fecha: Comisionado de Amortización en París desde 10.04.1824.- Vocal de las Juntas de Aranceles, de Fomento y riqueza del reino y de Examen de tratados extranjeros desde 4.01.1827 (60 000 rs. de sueldo).- Intendente de primera clase con honores del Consejo de Hacienda y sueldo correspondiente desde 7.12.1829.- Vocal de la Junta de Sanidad desde 15.09.1833.- Secretario de Estado y del despacho de Fomento general del Reino desde 21.09.1833 a 17.04.1834 (120 000 rs. de sueldo). En conformidad con las RR.OO. de 1.05.1844 se computó entonces en once años, un mes y catorce días el tiempo de servicio en total, asignándole un sueldo de 30 000 rs.; la noticia de la concesión de la intendencia de primera clase, en AFB, X. de Burgos a D.M.ª de Burgos (Madrid, 8.12.1829).

palabras, ya según el lugar que se las hace ocupar en el discurso, ya según que las ideas que expresan se asocian con otras elevadas o humildes"[533]. Lo ilustró con ejemplos, entre otros, que sacó de su oda a *El Porvenir*, o sea, una nueva versión de la que había compuesto en 1810 en honor de Napoleón. También hizo reimprimir entonces su traducción del *Curso de medicina legal* de Belloc, escribió o rehizo alguna otra de sus mejores poesías, y probablemente ya tenía en mente la revisión de su versión española de las poesías de Horacio, para lo que se había traído de Francia una biblioteca muy completa y actualizada que le iba a permitir dar a luz, en 1844, la que suele considerarse como una nueva y mejorada traducción comentada de la obra del venusino. De la versión de 1820, que a juzgar por las frases de disculpa en la introducción no le había dejado satisfecho por completo, apareció entonces en el *Correo literario y mercantil* una recensión elogiosa aunque extemporánea a decir verdad, de modo que no parece haber tenido otro fin que el puramente publicitario[534].

En lo que toca a *Los tres iguales*, volvió a pensar en su representación, dice condescendiente, cuando vio bien ejecutadas en el teatro de la Cruz algunas comedias antiguas. El propósito formal que perseguía era ecléctico, lo que refleja el lugar principalísimo que ocupaban en su mente los conceptos de equilibrio y de mesura, lejos de los extremismos. Es algo que surge una y otra vez a la hora de analizar las acciones y los escritos de Burgos, y así se expresa en la "Advertencia" que precede a su comedia: "¿Se podría, sin faltar a la verosimilitud, multiplicar los incidentes en una comedia, complicar sus situaciones, y emplear una versificación, tal vez corriente y fácil, tal vez brillante y rica, pero siempre sonora y armoniosa?"[535]. La idea de fondo, que él hace remontar a 1818, consistía en compaginar las reglas del arte, que proporcionan verosimilitud y utilidad -historias creíbles y con valor educativo- con un tratamiento de la acción y del lenguaje que consiguiera los mismos efectos que las comedias del siglo de Oro; vamos, con lo que hacía atractivo el teatro para el gran público. Él, recordemos, había dedicado a Lope de Vega un serial biográfico en los primeros números de la *Miscelánea* donde valoraba sus comedias de manera ambivalente: admiraba la prodigiosa fecundidad de Lope, el movimiento, el calor y la brillantez que imprimía a sus producciones, pero a la vez reprobaba -aunque lejos de un rigorismo extremo- sus argumentos

---

533. J. de Burgos, "Discurso de recepción, leído en la real Academia Española, en 19 de julio de 1827", en E. de Ochoa, *Apuntes (…), o.c.*, p. 224.
534. *Correo literario y mercantil* nº 17 (20.08.1828) p. 1.
535. [Javier de Burgos], "Advertencia", en *Los tres iguales (…), o.c.*, p. V.

"disparatados", el estilo "monstruoso" y la deliberada transgresión de los preceptos con el fin de agradar al público[536].

Como reconoce en la "Advertencia" al evocar los ejemplos de Calderón en *Cuantas veo tantas quiero* (en realidad de Avellaneda y Villaviciosa) y de Antonio Solís en *El amor al uso*, el asunto que él había elegido no era original en absoluto: el protagonista es un mujeriego impenitente, un don Juan que por una vez se enamora de verdad, pero con la mala suerte de que a través de un laberinto de malentendidos provocados por su fama y las intriguillas de los personajes de su entorno, el romance acaba mal y los tres pretendientes de la hermosa doña Inés -"los tres iguales"- quedan igualmente chafados. Un desenlace semejante chocaba con los usos del género y las expectativas del público, de modo que José María Carnerero, un periodista amigo (entonces), hizo una leve objeción sobre el "defecto", ocasionando, cómo no, una réplica alambicada y poco convincente por parte de Burgos, que no dejaba pasar una[537]. Naturalmente, la comedia no está libre de moraleja, como la crítica de sabor moratiniano al matrimonio convenido, lo que por cierto, no impidió un morrocotudo enfado de Burgos cuando su hija Irene se casó en secreto un año después. También merece destacarse su rechazo de la "filantropía a la moda" (el buenismo de entonces) de la que él, que había sido un gran adepto, ahora pretende estar de vuelta; o el juego de la verdad y la apariencia, asunto que con las habladurías a que dio lugar su misión en París entre los absolutistas acérrimos, estaba ya afectándole anímicamente. Así se expone en los últimos versos:

Pues con estas cualidades,
Si las gracias y el talento
Acompañan, deslumbrar
Se puede por algún tiempo;

---

536. "Literatura. Biografía. Primer artículo [Lope de Vega]", en *Miscelánea* nn. 14, 16, 18, 20 y 23 (1, 6, 10, 20 y 22.12.1819); cfr. R. Gutiérrez Sebastián y B. Rodríguez Gutiérrez, *art. cit.*, p. 317.

537. *Correo literario y mercantil* n° 52 (10.11.1828), "Teatros.- Los Tres Iguales, comedia en tres actos y en verso por D. X. de B.", f. = J. M. de Carnerero; la réplica de Burgos -agradecida y mesurada- en n° 54 (14.11.1828) art. "Literatura dramática"; Madrid, 11.11.1828, f. = X. de B.; vid. John A. Cook, *Neoclassic drama in Spain. Theory and practice*. Dallas (Texas), Southern Methodist University, 1959, p. 474 sobre el remate de la comedia: "sufficient to kill any play, no matter how great its merit might be in other respects".

Pero a la larga o a la corta,
El mundo justicia haciendo,
Solo a la verdad dispensa
Consideración y aprecio.
[...]
Conque, hijos, en adelante
Enmendarnos si podemos (pp. 143-144).

Pero por excepción, más que la preocupación por aleccionar a los espectadores, aquí domina la de sacar adelante la historia sin faltar a las reglas clásicas. Claro que, tanto afán de verosimilitud constriñe inevitablemente la creatividad y la capacidad expresiva, sin que los recursos que el autor ideó para hacer más entretenida la trama -la viveza de la acción, la construcción de los caracteres, la variedad de los versos empleados- se juzgaran entonces suficientes. Ni siquiera los juicios benévolos de los biógrafos, sus amigos, terminan de dejarle en buen lugar. Lo resume todo la metáfora de Ochoa, quien después de hacer los elogios de rigor, afirma: "Pero el autor que tanta confianza mostraba tener en su sistema, se detuvo al pie de la valla que se había propuesto saltar"[538].

Al imprimirse la comedia en 1828, Burgos reconoció de forma explícita en la "Advertencia" la superioridad de los antiguos ingenios, posiblemente una cautela ante la reacción del mundo de las letras madrileño, que se había regocijado, inmisericorde, por el semifracaso de sus aspiraciones. En efecto, cuando se llevó a escena en el año anterior, había circulado impresa una crítica en verso atribuida por Mesonero Romanos al poeta Juan Bautista Arriaza[539]. No desencaminada, la titulada

---

538. E. de Ochoa, *Apuntes (...)*, o.c., I, p. 192; con la misma metáfora, N. P. Díaz, o.c., p. 174.

539. *Leccioncita de modestia sobre el jactancioso cartel con que se anunció la comedia intitulada los tres iguales, y sus pretensiones de echar la pierna a los Poetas dramáticos antiguos.* Madrid: Imprenta de D. M. de Burgos, 1827, 8°, 7 pp.; se anunció en *Gaceta de Madrid* (29.11.1827), p. 580 y en *Diario de Avisos de Madrid* n° 331 (27.11.1827) p. 1324. Hay edición moderna en el trabajo de don Miguel Ángel Lama, de que he tenido noticia después de redactar este apartado: "Egos y combates literarios. Unas décimas perdidas de Juan Bautista Arriaza en el contexto de Las letras, letras de cambio de Bartolomé José Gallardo", en Carole Fillière et Maud le Guellec (éds.), *«Longtemps j'ai pris ma plume pour une épée». Écriture et combat dans l'Espagne des XVIII e et XIXe siècles, Hommage à Françoise Étienvre, HispanismeS*, hors-série n° 1 (2017) págs. 52-66.

Leccioncita de modestia tuvo que escocer a Burgos, especialmente porque abundaban las alusiones a la falta de acción en *Los tres iguales*, algo en lo que precisamente decía haberse esmerado.

> Ví la unidad bien guardada
> De lugar, sin grave pena;
> Porque ¿a qué mudar de escena
> Si no ha de suceder nada?
> La de tiempo, limitada
> Al que se gasta en hablar;
> Y la de acción a contar
> Los gestos del coronel,
> A su cháchara cruel,
> Y a tanto salir y entrar (p. 2).

Con todo, es paradójico que incluso después de sacar a relucir no pocos defectos de la pieza, el juicio global de Arriaza se centrara no tanto en su calidad dramática, que más o menos salvaba, como en *el tono* pretencioso con el que se había anunciado la representación.

> Por cierto fuera cruel
> y a mi sentir muy contrario,
> Negar valor literario
> Al drama; pues lo hay en él.
> Ríome sí de un cartel
> De jactancia tan repleto:
> Será sesudo, discreto,
> Ceñido a reglas, convengo;
> Mas sobre todo me atengo
> A Calderón y a Moreto (p. 7).

Aunque de pasada, a la *Leccioncita* se refiere también Larra en el *El Duende Satírico del Día*, lo que contribuye a dar idea del revuelo que ocasionó la recepción de la comedia. A su vez José María Carnerero, con motivo de su reposición, nos confirma que "corrieron clandestinamente varias críticas que en medio de su oscuridad eran una nueva prueba de que siempre el verdadero mérito ha de verse combatido por los impotentes esfuerzos de la envidiosa medianía". Carnerero toma partido por Burgos en la polémica: moraliza sobre el vicio reprensible de la seducción amorosa y el relajo de las costumbres, pero sobre todo -salvo las reservas que manifiesta sobre el desenlace- pone al autor por las nubes. En sentido contrario, Mesonero Romanos echó más leña al fuego con la composición de un ovillejo que circuló anónimo (Mesonero no era dado a poner la cara) y solo se publicó en 1833, al incluirlo Gallardo en su libelo *Las letras, letras de cambio* atribuyéndolo a "cierto repentista chuzón". Una vez más, la idea era castigar la arrogancia de Burgos, que hacía extensiva a la generalidad de los escritores afrancesados. Dice así:

> ¿Quién es el Geógrafo Hispano?
> Miñano.
> ¿Quién para hablar da Cartilla?
> Hermosílla.
> ¿Quién vence a los Dramaturgos?
> Burgos.
> ¿Quiénes son estos Licurgos
> Que allanan empresas tales?
> ¿Si serán *Los tres iguales*
> Miñano, Hermosilla, Burgos?[540]

Burgos nunca dejaría de cultivar el teatro, aunque a un ritmo pausado. Las nueve comedias (más una tragedia) que según Ferrer del Río tenía escritas y se perdieron en Granada cuando tuvo que abandonar la ciudad precipitadamente en 1812, eran quince a las alturas de 1842, se

---

540. Sobre la mención de Mariano José de Larra a la *Leccioncita de modestia,* vid. "El café", en *Artículos.* Edición de Enrique Rubio. Madrid: Cátedra, 1997, p. 118; se había publicado originalmente en *El Duende Satírico del Día* de 26.02.1828; vid. J. Mª de Carnerero, "Teatros. Los tres iguales (...)", *art. cit.*; vid. [B.J. Gallardo], *Las letras (...) o.c.,* p. 36; la versión de Ramón de Mesonero Romanos sobre este episodio, en el capítulo II ("1827-1828. La juventud literaria y política") de las *Memorias (...) o.c.,* p. 159 especialmente.

lee en la *Revista andaluza*[541]. Entre ellas hay que contar posiblemente las traducidas o adaptadas *El optimista* (1803) y *El supuesto Estanislao* (1819), más sus ensayos juveniles *El pícaro y la pícara* (1796) y *Las aventuras de Satris* (1799), ambas perdidas. Además, las originales *El heredero* (1807), *El presidente de la regencia* (1811), *Los tres iguales* (1817), *El baile de máscara* (1832), *La del verde gabán* (acaso la misma que *El baile*), *El optimista y el pesimista* (1833) y *Desengaños para todos*, que quizás fue algo posterior; las tres últimas en paradero desconocido hoy en día y del resto, hasta quince, nada se sabe[542].

El baile de máscara fue representada con fines benéficos por iniciativa de la Junta de damas de la Casa de expósitos de Granada, pero no en Madrid porque Burgos, que era ministro en 1833, rechazó sensatamente el ofrecimiento del ayuntamiento para llevarla a la escena. Publicada por vez primera en los *Apuntes* de Eugenio de Ochoa, supone para sus primitivos biógrafos una reafirmación en la fórmula que había ensayado en *Los tres iguales*. En la práctica, dirá J. A. Cook[543], era un paso más en su aproximación al viejo teatro desde el punto de partida moratiniano, que culminará en las conferencias de inspiración ecléctica que pronunció en el Liceo de Granada y se publicaron en su revista, *La Alhambra*, en 1841. La trama se centra en un enredo amoroso aprovechando las posibilidades que ofrece el escenario imaginado, un baile en el que todos van enmascarados. Los diálogos tienen chispa y las rimas ayudan. Los caracteres están bien

---

541. A. Ferrer del Río, *Galería (...)*, *o.c.*, p. 60; "Advertencia", en *Revista andaluza* t. IV (número conjunto del 15 y 30.05.1842) p. 728, con motivo de la inserción (pp. 656-702) de *El baile de máscaras*, que toman de los *Apuntes* de Ochoa ("nuestro colaborador"). La revista, editada por el Liceo de Sevilla, se había ya significado en favor de Burgos con la inserción de las *Ideas de administración* y el discurso *De la libertad de comercio*, conferencias pronunciadas en el Liceo de Granada que se habían publicado originalmente en *La Alhambra:* cfr. *Revista andaluza*, t. I (1841), p. 344 y ss., 386 y ss., 429 y ss., 462; t. II, p. 2 y ss., p. 49 y ss., y 193 y ss.

542. Cfr. M. Morán, "Notas para un catálogo (...)", *art. cit., passim*, con sus referencias; de los críticos y biógrafos de Burgos, únicamente L. A. de Cueto (*o.c.*, I, en BAE vol. 61, Madrid 1869, p. CCXXVII) menciona entre sus comedias *La del verde gabán*, que es precisamente un sobrenombre de Julieta, protagonista de *El baile de máscaras;* de ahí la posibilidad de que se trate de la misma obra; A. Ferrer del Río, *Galería (...)*, *o.c.*, p. 63 -que escribe en 1846- añade a su vez *Desengaños para todos* entre los títulos conocidos: "es posible que se ponga también en escena".

543. J.A. Cook, *o.c.*, p. 474.

trabajados, de forma que el de la protagonista, Julieta, da pie a desarrollar el topos de la instrucción de las mujeres "con tino y medida", tan caro a los neoclásicos y al propio Burgos, un feminista (a su manera) de toda la vida.

Julieta (p. 304)
Sí, porque abomino yo,
(Y esto es de lo que se trata)
De una mujer literata,
Mas de una instruida no.
La que por sabia descuella
A todos piensa que excede,
Y el diantre mismo no puede
Averiguarse con ella.
Mas ¿deberá esta razón
Impedir, aunque esforzada,
Que una niña bien criada
Tenga un poco de instrucción?
¿Qué papel hará sin eso
Una a quien toque ser fea?
Y aun la que bonita sea
Será una estatua de yeso.
El ornato una instruida
Es de toda reunión;
Pero es mientras su instrucción
Use con tino y medida.
Este es el medio acertado
Que entre dos extremos toco,
Que es tan malo saber poco,
Como saber demasiado.

La juiciosa Julieta es también el personaje apropiado para hacer propaganda de una de las claves fundamentales en el entramado mental de Burgos:

Julieta (p. 281)
El sentimiento.

Este es por si puro y bueno,
Aquella hace al hombre esclavo.
Así el sentimiento alabo,
Mientras la pasión condeno.

Don Pedro
De un agudo ingenio hijas
Esas sutilezas son.
Y ¿a sentimiento y pasión
En donde el límite fijas?

Julieta
En el luciente fanal
Que en la razón nos dio el cielo.

No sé si será buscarle tres pies al gato la identificación de dos
personajes que ciertamente ayudan a mover la trama, don León y don
Sempronio, con sendos individuos que entonces tenían alguna notoriedad
en el mundo real. El primero, al que en la comedia se caracteriza como
diplomático de carrera dotado de una personalidad veleidosa recuerda
a don Mariano Carnerero, a quien Burgos conocía bien (como a su
hermano, el periodista y dramaturgo José María). El don Mariano en
efecto, había vivido en París hacia 1829 y allí escribía artículos contra el
crédito español, en parte por despecho y en parte a manera de chantaje, a
fin de que le restablecieran el sueldo del que dependía su subsistencia[544].
Y aun más claro, el epigramista don Sempronio -un resentido contra
el mundo- muestra rasgos que quizás se podrían asociar al azote de los
afrancesados, Bartolomé José Gallardo:

Don Sempronio (p. 306)
¡Qué satisfacción, qué gozo
Ver que a un rico presumido
Cubre mi pluma de oprobio!

---

544. ACMH, Fondo López Ballesteros, 4/1, X. de Burgos a L. López Ballesteros
(París, 27.07.1829).

Don Sempronio está a punto de ser apaleado por un grupo de amigos de don Pedro, agraviado por una sátira grosera del poeta, pero se evita in extremis e incluso se le libera generosamente (Burgos reprueba la violencia). Todo sumado, es un episodio que parece remitir al de los bofetones propinados a Gallardo, por mano del coronel don José Heceta, precisamente en un baile de máscaras celebrado en Madrid en 1822.

Los discursos en el Liceo de Granada de 1841 constituyen, que se sepa, la última manifestacicion de Burgos en materia de teatro y quizás suponen cierto quiebro en su forma de concebir la cuestión, en la que respetando la normativa clásica, se asume de forma equilibrada el legado del siglo de Oro (casi) en su totalidad, aunque por supuesto, marcando distancias con los "ignorantes y oscuros copleros" dieciochescos[545]. Sin ser realmente originales, esos discursos están muy meditados y razonablemente bien organizados. Como conferenciante, demuestra espíritu didáctico (aunque no ayuda la transcripción) y arte para despertar el interés de los oyentes, que aplica al anunciar con antelación la cuestión que va a ser objeto de su análisis. Así, tras aludir a las continuadas representaciones de Shakespeare en su patria y de Corneille, Racine y Moliere en Francia, plantea a la audiencia: ¿por qué no sucede lo mismo con las de Calderón? Reservemos este examen para la próxima conferencia"[546].

En contraste con el racionalismo ahistórico que había profesado antiguamente, del que hay muchas muestras en sus artículos periodísticos del Trienio Liberal, Burgos señala en los discursos granadinos el "carácter exclusivamente nacional de los dramas" como esencia perenne del teatro y su alma en el del siglo de Oro, entendiendo por tal carácter las costumbres y leyes fundadas sobre creencias políticas y religiosas uniformes, así como las tradiciones de la nación; en consecuencia, el teatro decayó después, al extranjerizarse los usos de la nación con el cambio de dinastía[547]. A estas alturas, Burgos conviene en que «la literatura de una época es la expresión del estado de su sociedad» (así, entrecomillado) pero no -puntualiza- cuando dicha sociedad se encuentra en un estado desquiciado e inestable, "porque

---

545. Javier de Burgos, "Discurso tercero sobre el teatro español, pronunciado por el Excmo. Señor D. — — —, en el Liceo de Granada, el viernes 16 de abril", en *La Alhambra* t. IV, nº 17 (25.04.1841) p. 194.
546. "Discurso sobre el teatro", en *La Alhambra* t. IV, nº 13 (28.03.1841) p. 150. f. = Javier de Burgos.
547. Javier de Burgos, "Segundo discurso sobre el teatro español, pronunciado por el Excmo. Señor D. — — — en el Liceo de Granada, en la noche del 2 de abril", en *La Alhambra* t. IV, nº 15 (11.04.1841) p. 171 y 175.

no tiene expresión el caos". Por eso, es imposible apelar a la función crítica y educativa del teatro en la turbulencia de los tiempos que entonces se vivían, propios de un periodo de transición, y eso limitaba la temática a asuntos domésticos sencillos, tratados con una versificación adecuada; un programa, aunque no lo diga expresamente, en el que se encuadra su propia producción.

> Concluiré deseando que hombres capaces y bien inspirados saquen nuestro teatro del lodazal en que se halla sumido; pero añadiré que no se debe esperar que esto suceda, mientras no recobre su nivel la sociedad y su imperio las costumbres. Cuando el orden se restablezca, no será indispensable para constituir un nuevo teatro, buscar preceptos en Aristóteles ni en Horacio, pero será conveniente buscar inspiraciones en Moreto y en Calderón. Entonces no se sacará a la escena todo lo que pasa en el mundo, sino «lo que puede enseñar o divertir, o divertir o enseñar al mismo tiempo». Espectáculos que no enseñen o no diviertan serán siempre detestables, pero serán execrables además los que perviertan y desmoralicen[548].

7.6. Burgos, poeta de circunstancias, y los hermanos Arjona

Volviendo a los tiempos del Sexenio, la parte más cierta de la historia publicada por *La Tercerola* es que Francisco Javier era amigo del corregidor Arjona, y hay bastante evidencia de que se benefició de su protección durante dicha época, difícil para él. De hecho, su amistad sobrevivió al paso de los años. Según Pedro Lenard, el agente de negocios que mantenía informado a Diego de Burgos de lo que se hablaba en la capital, durante los primeros tiempos de la segunda restauración absolutista -la de 1823- paseaban juntos

---

548. Javier de Burgos, "Discurso tercero sobre el teatro español, pronunciado por el Excmo. Señor D. ——— en el Liceo de Granada, el viernes 16 de abril", en *La Alhambra* t. IV, n° 17 (25.04.1841) pp. 198-199 y 201. Ricardo Navas Ruiz, *El Romanticismo español*. Madrid: Cátedra, 1990⁴, p. 131, atribuye a Burgos unas "Observaciones sobre las costumbres del siglo XIX" en *La Voz de la Religión* (1840) en las que "condenaba la inmoralidad del drama romántico francés que incita al vicio y al crimen". El artículo existe, en efecto (Época IV, Madrid 1840, tomo V, p. 133 y ss. "Observaciones sobre las costumbres del siglo XIX y ardides de la impiedad"), pero no va firmado y me parece que debe haber una confusión en su atribución.

todas las tardes. El dato podría dar algún soporte al rumor recogido por Carlos Le Brun de que Burgos "era el alma de la policía", porque don José Manuel Arjona era, en efecto, superintendente general de Vigilancia desde el mes de noviembre (y lo sería de nuevo en 1833). Y aun después de un largo paréntesis, aparece junto a don Francisco Javier, nada menos que como albacea de las disposiciones testamentarias que este dictó en el lecho de muerte[549].

Tanto José Manuel como su hermano Manuel María, el eclesiástico que había firmado una benévola censura de su traducción de Horacio, recibieron homenajes poéticos de Burgos con motivo de sus días[550], posiblemente en 1818 o 1819. El *Romance esdrújulo* nos indica una relación confianzuda entre el autor y don Manuel María, cuyo perfil, tal como lo pinta Burgos, no deja de sorprender. Se trata de una composición de tono goliárdiaco, que estando dedicada a todo un señor canónigo en el rígido ambiente de la época, se entiende que permaneciera inédita hasta que Eugenio de Ochoa la dio a conocer en los *Apuntes* de la colección Baudry. Sirvan de mínima muestra los siguientes versos (33-36):

¡Oh! Llegue el día próspero,
Que entre transportes báquicos,
Te aclamen ilustrísimo
Millares de gaznápiros...

---

549. Cfr. A. González Palencia, "Javier de Burgos, humanista (...)", *art. cit*, p. 371, carta de P.D. Lenard a D. M.ª de Burgos (8.08.1823); *Ibidem*, p. 259, partida de defunción de Javier de Burgos; vid. C. Le Brun, *o.c.*, p. 296, el rumor sobre Burgos y la policía; el nombramiento de Arjona, consejero de Castilla, para la superintendencia general de Vigilancia fue valorado favorablemente por el embajador sardo, quien destacaba su integridad y talento, prometiéndose buenos efectos para acabar con las vejaciones, las molestias y el clima de exacerbación que era habituales en aquellos días: Archivio Storico e Diplomatico del Ministerio degli Affari Esteri (ASDMAE), *Legazione Sarde* (Madrid), Reg. VI, n° 208, Brignole-Sale a Bertone de Sambuy (Madrid, 1.12.1823).

550. "A D. M. DE A. en sus días. Romance esdrújulo", con 60 versos. Primer verso: "A ti, ilustre canónigo"; "La Primavera. - A D.J.M. DE A. Oda", con 66 versos. Primer verso: "Qué ambiente regalado", en E. de Ochoa, *Apuntes (...)*, *o.c.*, pp. 266-267 y 262-263. Ambas composiciones fueron también reproducidas en Leopoldo Augusto de Cueto (marqués de Valmar), *Poetas líricos (...)*, *o.c.*, III, pp. 449 y 446-447, sin variantes pero sí leves modificaciones en los títulos: "A don Manuel María de Arjona, en sus días. Romance esdrújulo"; "La Primavera. A un amigo en sus días".

Y así. Por otro lado, creo que las iniciales D.J.M. de A., para quien escribió la oda titulada *La Primavera,* corresponden a José Manuel (el "José" del verso 58). Es lógico también que no se hubiera publicado en la *Miscelánea* (contrariamente a otras de Burgos), porque debió parecerle inoportuno, en un tiempo en el que el buen tono venía dado por el fervor constitucional, exponer a la luz pública al que fuera corregidor de Madrid en la época absolutista. En este caso, se trata de una composición bucólica que recuerda la oda enviada a Meléndez en 1798, en la que de manera algo forzada se añaden, como conclusión, un par de estrofas más personalizadas elogiando su benéfica amistad.

[55] Del sol de primavera
En tu natal brilló la llama pura,
Porque tu vida fuera
Toda, José, de amor y de ventura,
Porque en tu blando seno,
Siempre amistad y amor hallase el bueno.
Este amor es la fuente
De inefable placer, de eterna fama;
Fecundo, útil, potente,
Bálsamo sobre el mísero derrama
A quien la vida aqueja;
[66] Es el amor que a Dios nos asemeja.

Me inclino a pensar que es también de Burgos la oda gratulatoria que se publicó en la *Miscelánea,* argumentada "En los días de un célebre poeta andaluz, en ocasión de haber hecho una ausencia temporal de su patria", pero desconozco quien era el amigo homenajeado, a quien se festeja en ambiente mitológico. Las claves internas acaso apuntan a don Tomás González Carvajal -al que probablemente conoció en el Madrid de 1798- cuya traducción de los salmos recensionaba el periódico por extenso y con mucho elogio en sus primeros números[551].

---

551. "En los días de un célebre poeta andaluz, en ocasión de haber hecho una ausencia temporal de su patria. Oda", en *Miscelánea* nº 12 (26.11,1819), primer verso: "Mientras de nieve Capricornio rudo". El anuncio -la recensión de Burgos- de la obra de Gonzalez Carvajal apareció en *Miscelánea*, nn. 1, 2,

Existen también otros poemas de Burgos compuestos en este periodo: su *Canción fúnebre* en la muerte de la reina Isabel de Braganza apareció anónima, entremezclada con otras sobre el mismo asunto en la *Crónica científica y literaria* que editaba José Joaquín de Mora[552]. También escribieron entonces Arriaza, Gorostiza o Laiglesia y Darrac, porque la circunstancia, áulica y patriótica, obligaba a cuantos se preciaban de poetas. Por otra parte, a Isabel, con razón o sin ella, se atribuía una influencia moderadora sobre la política del momento, de modo que su muerte frustró las esperanzas de quienes como Burgos, anhelaban un giro aperturista:

[49] De Isabel, de Fernando tierna esposa,

Dulce esperanza de la patria hispana,

Del triste protectora generosa,

Alto honor de la tierra lusitana,

Unión y paz con celestial dulzura

Siempre clamaba, sin cesar pedía,

Sin fin ansiando el suspirado día

En que brillase la común ventura.

Una lectura basta para observar semejanzas, tanto en lo ideológico como en lo formal, entre algunas poesías que aparecieron sin firma en la *Crónica* (y después en la *Miscelánea*) y las que con seguridad se atribuyen a Burgos. En este sentido, merecen atención las odas encabezadas por los versos *Del claro Manzanares, Pulsad hijos de Apolo, Yo del tercer Fernando,* o el romance *Acompañada corría*[553]. Son composiciones panegíricas leídas en tal o cual aniversario Real, aunque casi siempre poseen un trasfondo

---

5 y 6 (1, 2, 10 y 12.11.1819): *Los salmos traducidos nuevamente al castellano en verso y prosa (…)*. Valencia: oficina de don Benito Monfort, 1819, tomos primero y segundo.

552. "En la muerte de la Señora doña María Isabel de Braganza, reina católica de España. Canción fúnebre", en *Crónica científica y literaria* nº 185 (5.01.1819), sin firma y con 96 versos. Primer verso: "Yo lo vi, yo lo vi, blando batía"; no está en la recopilación de Ochoa, pero sí en la de L. A. de Cueto, que la identifica; vid. *ibi*, pp. 448-449, con 96 versos; también citada de pasada por Nicomedes Pastor Díaz, *o.c.*, p. 187.

553. Cfr. *Crónica Científica y Literaria* nº 104 (27.03.1818), nº 118 (15.05.1818), nº 123 (2.06.1818) y nº 134 (10.07.1818).

ideológico de interés. Naturalmente, Burgos participaba de un ideal estético y filosófico relativamente extendido en su tiempo, por lo que la adscripción de esos poemas en virtud de ocasionales coincidencias fonéticas, asociaciones de ideas, figuras, etc., es insuficiente de no ir precedida por un análisis efectuado con criterios filológicos realmente rigurosos.

No fue aquella la última vez que cultivó la poesía áulica: el enlace en 1829 de Fernando VII con María Cristina de Borbón, su cuarta esposa, fue celebrado con la correspondiente oda, que su autor hizo imprimir[554]. Pero en realidad, aquí ya nada añade a su técnica poética o al mensaje volcado en composiciones anteriores, como las que sucesivamente había dedicado a José Bonaparte, a Napoleón o a Fernando VII. Encontramos el habitual marco mitológico con mucha referencia fluvial, típico de Burgos, y un léxico preciosista de evocación latina con el que describe un futuro risueño para la nación. Como haría con otras poesías, pulió más tarde esta oda, lo que es un buen indicio del aprecio en que la tenía. Pero en este caso, lo interesante son las modificaciones que incluyó para adaptarla a la realidad histórica posterior: en consecuencia, la declaración formulada en el original de 1830 de que "Al consorcio real debe ya Iberia" (v. 86) bienes abundantes (el "reposo" en particular), será sustituida en la versión tardía de Ochoa y Cueto por un "promete a Iberia", que paradójicamente, comprometía mucho menos. Asimismo, se caen los versos 89 y 90, en los que se afirmaba que "El patriotismo ufano / Hoy en cada español mira un hermano", una manifestación que a la luz de la guerra civil que ensangrentó España pocos años después, podría parecer sarcástica.

7.7. El *Almacén de frutos literarios* de Antonio Valladares

Burgos tenía motivos para estar agradecido a Arjona, porque si en 1818 logró convertirse en el editor de un periódico, la *Continuación del Almacén de Frutos Literarios o Semanario de Obras inéditas*[555], fue gracias

---

554. Javier de Burgos, *Al feliz enlace del Rey N.S. con la Serma. Señora Princesa de Nápoles. Oda por don* — — —. Madrid: Imprenta de D.M. de Burgos, 1830, 7 pp., 96 versos. Primer verso: "El Pirene derrama"; con 90 versos en la versión posterior de Ochoa y Cueto.

555. *Continuación del Almacén de frutos literarios, o Semanario de Obras inéditas* n° 1 (11.08.1818) a n° 48 (5.07.1819); 4 rs., semanario (sale los lunes). 48 pp. en 4°, Madrid: imprenta de M. Repullés. Colección en 8 tomos, 4 volúmenes.

a su intervención. Como el mismo título indica, esta publicación, en la línea de la prensa erudita del siglo XVIII, no pretendía ser otra cosa que una recopilación de papeles inéditos, a la manera de las que Antonio Valladares de Sotomayor -comediógrafo de la época del "mal gusto"- había hecho imprimir durante una larga carrera dedicada a las letras[556].

Según afirmó Valladares en un memorial presentado al ministro Almenara en 1811, sus trabajos consistían en 98 comedias, la publicación del *Semanario erudito* y la del *Almacén de Frutos literarios*, obra esta última, precisó entonces, perseguida y sepultada a los veintiocho días de salir[557]. En esa ocasión pretendía el permiso para publicar dos obras: el *Diario crítico, histórico, político, instructivo y jocoso* y una *Continuación del semanario erudito y del Almacén de frutos literarios*. Apoyó la solicitud con una recomendación personal de Miguel José Azanza ("se haya reducido a tanta miseria") y mediante la remisión de una colección de decisiones de la Rota compuesta de 35 tomos en vitela: "no como un tributo, sino como deuda del respetuoso amor que le profeso"[558]. Es dudosa

---

Indice: t. VIII in fine, 3 h. s. p. [Hemeroteca Municipal de Madrid, A. H. l/6 (187-190); actualmente en línea: Hemeroteca digital de Biblioteca Nacional de España. Consulta 9.06.2020].

556. Para la crítica decimonónica, Valladares junto a Comella, constituye la figura más representativa del decadente drama barroco; vid. entre otros, R. Mesonero Romanos, "Rápida ojeada histórica sobre el teatro español", *Revista de Madrid*, IV (1842) pp.166 y 168. En el mismo sentido, M. G. Ticknor, *Historia de la literatura española*, IV, Madrid: Rivadeneyra, 1856, p. 133. Se ha ocupado de la faceta literaria de este autor Gabriella del Monaco, "Appunti su Antonio Valladares Sotomayor", *Annali della Facoltá di Lettere e Filosofia dell'Università di Napoli*, XXII (1979-1980) pp. 263-277.

557. AHN, Consejos, 11290/19, representación impresa de A. Valladares (febrero de 1811); sobre la prohibición y recogida del *Almacén de frutos Literarios inéditos* en 1806, vid. leg. 11285/54. Este contenía los *Apuntes sobre el bien y el mal de España*, del abate De la Gándara, que se reeditaron según Palau numerosas veces después: vid, A. Palau Dulcet, *Manual del librero hispanoamericano*. Barcelona: Palau, 1948, I, p. 215, y A. Gil Novales, *Las sociedades patrióticas (...)*, o.c., II, p. 988. Notas de caracterización general sobre el primer periódico de Valladares, *El Semanario erudito*, en R. Herr, *España y la revolución del siglo XVIII*, Madrid: 1979, pp. 158-159 y 283; vid. p. 291, sobre una *Continuación del Semanario* (1792) que al parecer no llegó a cuajar.

558. AHN, Cons., 11290/19, Valladares al Ministerio del Interior, s. f ., y M.J. de Azanza al marqués de Almenara (14.02.[1811]); *loc. cit.*, expte. 17, Valladares a Almenara, s.f.

la suerte del *Diario crítico*. Por el contrario, se llegó a imprimir cuando menos un número de la *Continuación del Semanario* -en septiembre de 1811- donde se incluía un escrito de M. Macanaz "sobre los abusos de la dataría y curia romana", a la vez que prometía la publicación, una vez más, de los *Apuntes* de Miguel Antonio de la Gándara[559].

No constan nuevas hazañas editoriales de Valladares durante la guerra de la Independencia. Sin embargo, en 1815 consiguió autorización para un nuevo periódico con características semejantes[560], lo que parece relacionarse con el nombramiento de Domingo de Burgos como censor de una colección de manuscritos para el *Semanario erudito de Valladares* (sic). Este desempeñó su encargo a lo largo de 1816, año en el que aparecería la nueva publicación[561].

La última iniciativa conocida del veterano editor data de 1818 y no careció de originalidad. Con el mismo desenfado con que había representado a Almenara en 1811, Valladares alegaba ahora ante el rey sus cincuenta y ocho años en Madrid (tenía ya más de ochenta y estaba gotoso), que "empleó en dar al público obras literarias o instructivas". Aseguraba también haber hecho la defensa de sus derechos durante la guerra con la palabra y con la pluma, para terminar solicitando una pensión y la impresión, con privilegio, de las dos obras cuyo prospecto acompañaba. Se trataba, detalló, "de un periódico que comprendería en seis pliegos impresos que se darían en cada

---

559. Cfr. *Gazeta de Madrid* nº 248 (5.09.1811) p. 1016, el anuncio de la "*Continuación del Semanario erudito, o sea, almacén de frutos literarios* (obra periódica)"; el número 197 de la *Gazeta* (16.07.1811) pp. 805-806, había publicado un elogio crÍtico firmado por J. A. al prospecto del periódico.

560. Cfr. AHN, Cons., 11295/75, extracto de un informe (4.02.1819) "sobre las condiciones con que se han dado licencia a los diarios que se publican, con vistas a un arreglo de la ley". "Por real orden de 24 de abril de 1815 se sirvió V.M. conceder a don Antonio Valladares la publicación del periódico intitulado *Almacén de frutos literarios inéditos*, habiendo de obtener la licencia correspondiente para publicar las obras que hubiese de comprender en él; cuya real orden no se comunicó entonces, pero posteriormente se ha permitido la publicación del periódico".

561. Vid, A. Palau, *o.c.*, XXV, p. 730: *Nuevo Semanario, compuesto de obras inéditas (...) y otras exóticas, pero muy instructivas (...)*, Madrid: Vallín, 1816, 2 vols. en 4º menor, 288 p.; vid. AHN, Inquisición, 4485/25, Nicolás María de la Sierra a Domingo de Burgos (19.01.1816), sobre la comisión de censura del *Semanario erudito de Valladares* (sic). Este Domingo de Burgos (de Zufia, Navarra, con 57 años en 1819) era sacerdote y rector de la inclusa y colegio de Niñas de la Paz en Madrid (vid. *loc. cit.*, declaración de D. de Burgos a la Inquisición de Corte, 21.01.1819).

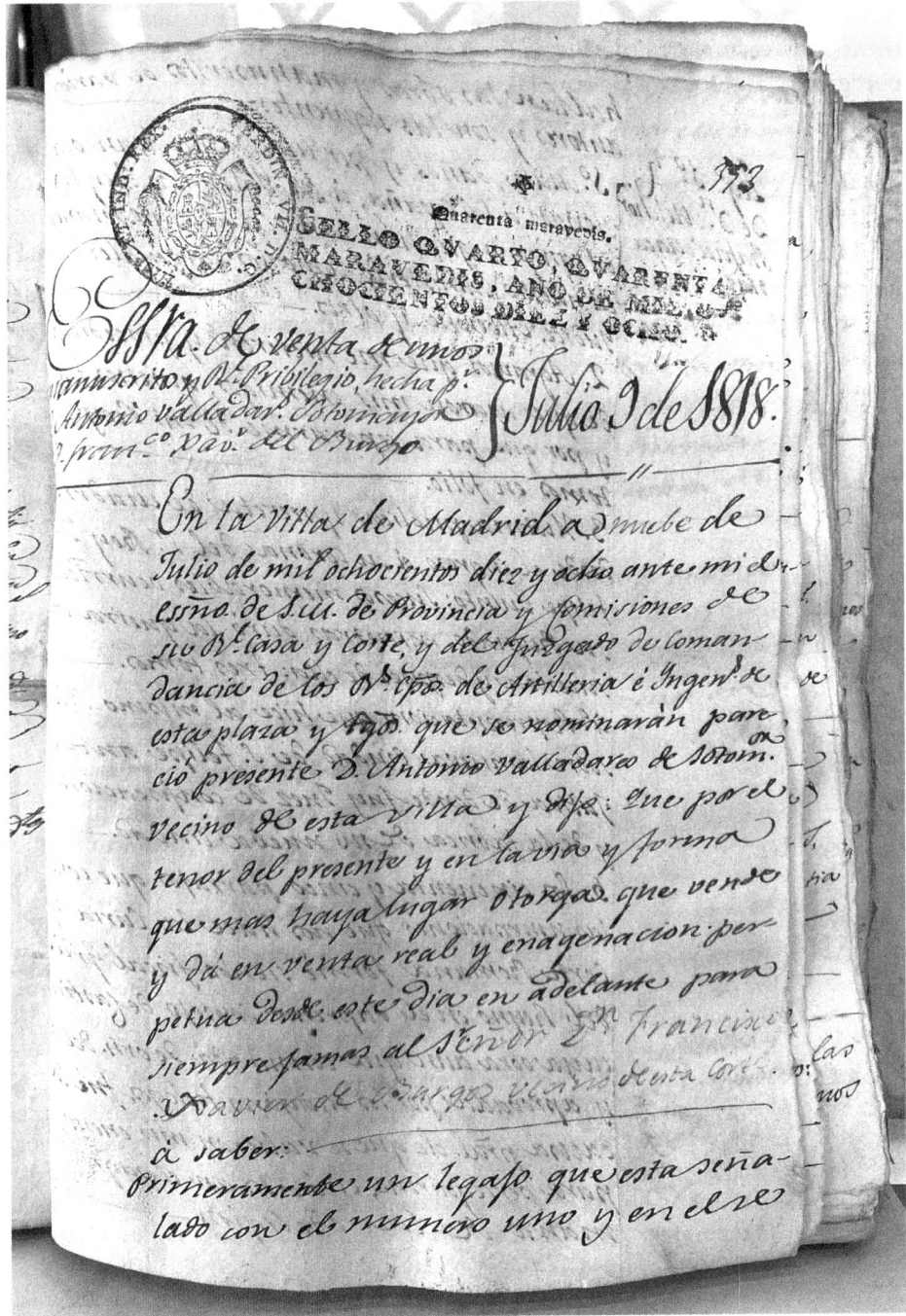

Imagen 30. *Escritura de venta de los manuscritos y privilegio de la Continuación del Almacén (Archivo Histórico de Protocolos, Madrid, t. 23451).*

semana, dos obras distintas, pero ambas históricas e instructivas. Cuyo título de la primera sería *Diario Cortesano histórico*, abundante en noticias peregrinas e ignotas para muchos; poético y de instrucción para todos. Y el de la segunda, *Nuevo Almacén de frutos literarios* que lo compondrán obras inéditas de nuestros sabios autores antiguos y modernos". Valladares, recurriendo una vez más al tópico que tan buenos resultados solía dar para conjurar las restricciones en la concesión de licencias de impresión, citaba expresamente a "Masson de Morvilliers, que lo más que su frigidísima y luenga literatura nos permite, es colocarnos cuatro escalones más arriba de la sabiduría de los pollinos, asegurando que en todo tiempo fue España estéril en talentos de el primer orden"[562].

Por decisión del rey, esta petición dio lugar a un informe del corregidor Arjona. Es papel que conviene tener presente, puesto que en él -como en otro posterior de mayo- se encuentra trazado con detalle el futuro desarrollo del pretendido *Almacén*. Arjona desestimaba lo de la pensión -que contradecía la R.O. de 30 de mayo de 1817- manifestando a la vez serias dudas sobre las condiciones de Valladares para realizar el plan propuesto en eI *Diario Cortesano*: aparte su edad, el autor, "siempre curioso y erudito, no ha tenido ni aún en su juventud el talento de escribir con corrección y menos eI de escribir con elegancia. En cambio, le suponía idóneo para la empresa del *Nuevo Almacén*:

Valladares posee una gran colección de obras inéditas, entre las cuales debe sin duda haber muchas merecedoras del olvido en que

---

562. AHN, Cons., 11295/33, A. Valladares a Fernando VII (Madrid, abril de 1818). El prospecto es confuso. Del párrafo preliminar se deduce que pretendía un único periódico en seis pliegos (que debía comprender tanto al *Diario Cortesano* como al *Nuevo Almacén*), pero esto no queda claro en la descripción posterior: los seis pliegos se darían en tres entregas (lunes, miércoles y sábados) con una "obra" diferente en cada pliego: 1) un artículo de "sucesos, ya sean trágicos, políticos, civiles, que ocurren con frecuencia en nuestra Corte"; 2) de provincias; 3) erudito, científico o de cuentos; 4) poesías y notas de libros; 5) comunicados particulares; 6) noticias oficiales. A su vez, la segunda parte (el *Nuevo Almacén*) estaría dedicada a obras inéditas. Entre sus observaciones, Valladares hacía constar la necesidad de que los remitentes de comunicados indicasen si éstos debían publicarse firmados, así como -en su caso- que remitieran lo libros anunciados; señalaba también la ventaja para la renta de correos y para las 12 ó 14 familias de artesanos que según él vivirían de la obra.

yacen, pero muchas también dignas de ver la luz pública, de que tan rara combinación de circunstancias las ha privado. Este trabajo puede ser desempeñado por sujetos de cualesquiera edad, pues no se trata, publicando un papel semejante de componer discursos, ni de ordenar hechos ni de presentar análisis de obras. se trata sólo de dar al impresor con discernimiento obritas de corta extensión, curiosas, proporcionadas al conocimiento del mayor número de lectores, y acompañarlas con algunas notas sobre algunas circunstancias de la obra que va a publicarse, de su autor, etc., cosa que verosímilmente tendrá hecha Valladares, ocupado durante su vida entera en recoger noticias de esta clase.

Ponderando los diversos factores, es decir, el estado del erario, la obligación moral de velar por la subsistencia de Valladares y el interés que pudiera derivarse de su labor ("propagación de conocimientos útiles", estimó Arjona), el dictamen se aceptó[563]. En consecuencia, fue autorizado una vez más a publicar su periódico, si bien, "con la calidad de que no se publiquen en él sino obras inéditas españolas, o impresas que se hayan hecho muy raras o desconocidas"[564]. Sin embargo, la cosa no terminó ahí, puesto que algunas semanas después Valladares volvió a representar para, en pocas palabras, declarar su insolvencia y pedir algún adelanto con que financiar la impresión. Vale la pena descender algo a los detalles del memorial, aunque sólo sea por el hecho de que el tono utilizado es, cuando menos, infrecuente en este género de petición:

La continuación de esta obra creo produzca, si no lo que aquella prometía, a lo menos lo suficiente para pagar el coste de mi entierro y a alguno de mis acreedores, porque teniendo muchos deudos, es mucho más crecido el número dé deudas; siendo la peor de todas la de la casa que habito, cuyo formidable casero me persigue cruelmente, sin hacerse cargo de que si no pago en la que existo, es

---

563. *Id. loc.*, J. M. Arjona a Fernando VI (Madrid 12.04.1818); hay resolución autógrafa del rey (Palacio, 14.I04.1818): *"Deme cuenta Lozano".

564. Á. González Palencia, *Estudio histórico sobre la censura gubernativa en España (1800-1833)*. III, Madrid: 1936, p. 86: Nuevo Almacén de frutos literarios, concedido de orden especial de S.M. el 27.04.1818 (El texto de la orden se inspira de manera muy directa en el citado dictamen de Arjona); cita como fuente AHN, Cons. 5569/62.

porque está peor un vivo sin casa que un muerto sin sepultura (...); a
V.M. conozco, adoro y venero por su real persona, pero no por sus
retratos en la moneda, pues ni aún la más pequeña, que es un realito,
me acompaña.

Si conocía al rey como dijo -amante de este género de chuflas según
las fuentes- pretendió ganarle por el gracejo. En cualquier caso, Fernando
VII pidió un nuevo informe a Arjona -24 de mayo de 1818- que éste
evacuó en pocos días. Una vez más, el corregidor de Madrid se mostraba
partidario de no gravar al tesoro "con anticipaciones que podrían no ser
reembolsadas". Tampoco había mejorado su concepto sobre los talentos
de Valladares. por el contrario, ahora dudaba de que tuviera siquiera la
capacidad de seleccionar adecuadamente los trabajos y de elaborar las
notas explicativas, punto capital para hacer rentable la iniciativa. De ahí
que la solución consistía, según Arjona, en "asociarse con un literato
inteligente, laborioso y de algunos recursos, que clasificase la numerosa
colección de obras inéditas que posee Valladares y las fuese publicando
por el orden que dicten su importancia, su extensión y su utilidad. Yo creo
que no faltará algún sujeto instruido que entre en esta asociación y que
además de ordenar los materiales, de escribir los artículos que convengan,
de correr con la corrección de la obra, de promover las suscripciones, etc.,
proporcionará medios para la impresión"[565].

De nuevo el rey conformó su decisión al dictamen del corregidor,
que tras los trámites habituales se hizo llegar a Valladares a mediados
de junio[566]. Un mes más tarde, el mismo Arjona le informaba del último
detalle pendiente: el nombramiento del censor particular -sin sujeción

---

565. AHN, Cons., 11295/32, A. Valladares a Fernando VII, s.l. (despachado en
Palacio, 24.05.1818) e informe de J. M. Arjona (Madrid, 27.05.1818); el juicio
que expresó en esta ocasión sobre Valladares y el futuro de su empresa: "puede
ser lucrativa si él tiene discernimiento y gusto para la elección de las piezas que
publique y, sobre todo, si las acompaña con noticias históricas de sus autores,
de la época que se escribieron y de las demás circunstancias que pueden
aumentar el interés de las composiciones y fijar o extender su reputación. Pero
como la avanzada edad de Valladares y su estilo generalmente descuidado y
floxo no sean a propósito para llevar adelante este objeto (...)".
566. *Id. loc.*, R.D. autógrafo (29.05.1818): "Pase a Lozano"; minuta de oficio
de Lozano de Torres a J.M. Arjona (18.06.1818), ordenando comunicar
a Valladares la resolución del rey en los términos que había propuesto el
mismo Arjona.

al juzgado de imprentas- para la publicación. El designado resultó ser ese fray Josef Juan González que en el año anterior había censurado tan favorablemente la traducción del *Horacio* que había hecho Burgos[567]. Ahora bien, la resolución inspirada por Arjona dejaba tan poco margen de actuación a Valladares en el periódico (con lo de la asociación "a un literato inteligente" y todo lo demás), que casi no puede extrañar lo que ocurrió a continuación.

Aunque el hecho no se supo hasta meses después -y solamente en el ámbito de la Inquisición de Corte- lo cierto es que en el mismo mes de julio este vendió los manuscritos y la concesión que acababa de obtener, desentendiéndose del asunto antes de imprimirse siquiera el primer número de la *Continuación del Almacén*, título que finalmente se adoptó. El hombre que la adquirió era Xavier de Burgos[568].

7.8. La *Continuación del almacén* y la intervención de la Inquisición

Sin embargo, el conjunto de circunstancias en que estaba envuelto este antiguo emigrado -precariedad legal, deudas y embargo de su patrimonio- explica suficientemente la discreción con que procedió en los meses sucesivos. El 11 de agosto de 1818 -el mismo día en que apareció la *Continuación del Almacén*- escribía a su hermano de Motril:

---

567. 13 Cfr. AHN, Inq., 4485/25, J. M. Arjona a A. Valladares (18.07.1818), trasladando, la orden de Gracia y, Justicia del 12 de julio con el nombre del censor designado, "como se practica con los demás papeles de esta clase"; a fray José Juan González, agustino calzado, se titulaba calificador del Santo Oficio y secretario del Padre General.

568. Cfr. AHN, Inq., 4485/25, Javier de Burgos al Tribunal de Corte (Madrid, 6.11.1818): "compré de don Antonio Valladares de Sotomayor una gran colección de manuscritos y un real privilegio que tenía para publicarlos periódicamente, en la cantidad de 18.000 rs. de vn."; para los demás detalles vid. *Ibi*, su declaración de 9.12.1818. La escritura de compra con el inventario de los manuscritos, en AHP, t. 23451, ff. 353-371vº (9.07.1818); Á. González Palencia, el único entre los biógrafos de Burgos que dedica más que una mención a la *Continuación del Almacén*, estuvo bien informado sobre el episodio de la Inquisición, pero prefirió dejar el relato en detalle para la segunda parte de su trabajo, que no llegó a publicar. En *art. cit.* "Javier de Burgos, humanista (…)", pp. 367-368 lo resume.

Estoy interesado en un periódico, que se publica todos los lunes, y cuyo prospecto acompañaba a la Gazeta de 21 del anterior, en que verás mis iniciales del revés. En Granada se suscribe en la librería de Don Gabriel Martínez Aguilar. Sirva de aviso a ti y a los amigos, sin decir tampoco que es cosa mía, pues estamos interesados varios, y yo no quiero sonar. Convendría proporcionar ahí 6 u 8 subscriptores, que recibirán sus números francos de porte como la Gazeta[569].

Idéntica pretensión de anonimato se encuentra en la representación elevada al rey por Ramón Ferrer, un empleado de la empresa, tan sólo dos semanas después. En ésta hacía presente, tras ponderar el esfuerzo y talento de sus principales, el temor de que las benéficas intenciones de S.M. en beneficio de la ilustración de sus vasallos se vieran frustradas por falta de rentabilidad. O sea, utilidad pública y patriotismo literario como argumentos para solicitar el respaldo Real. La verdad es que para entonces se habían tirado únicamente dos números, tiempo seguramente insuficiente para valorar la viabilidad de la empresa, como haría ver el futuro desenvolvimiento del *Almacén*. De ahí que la petición de Ferrer -o mejor dicho de Javier de Burgos, pues el escrito es de su puño y letra sin lugar a dudas- deba considerarse más bien como un intento de asegurarse lo que de prosperar se intuía un magnífico negocio:

A V.M. suplico se sirva mandar que se manifieste a los prelados del reino, cabildos, universidades, colegios y demás corporaciones de esta clase, que sería del agrado de V.M. que dichas personas o corporaciones suscribiesen al dicho periódico con el objeto de difundir los conocimientos útiles que de él han de resultar, y con el de ayudar a una empresa que debe hacer públicos los tesoros de nuestra literatura.

Pero por una vez desde que comenzó a proyectarse la *Continuación del almacén,* la habitual petición de informe no fue a parar a Arjona, sino al juez de imprentas Francisco Marín. Y éste, recalcando la falta de

---

569. AFB, X. de Burgos a D.M.ª de Burgos (Madrid, 11.08.1818). Ese prospecto parece haber sido la base de un artículo en la *Crónica científica y literaria* nº 144 (14.08.1818) sobre la aparición de la "Continuación del Almacén de frutos literarios o Semanario de obras inéditas de nuestros mejores autores (sic): periódico que da a luz con Real permiso D.B.D.J.F.".

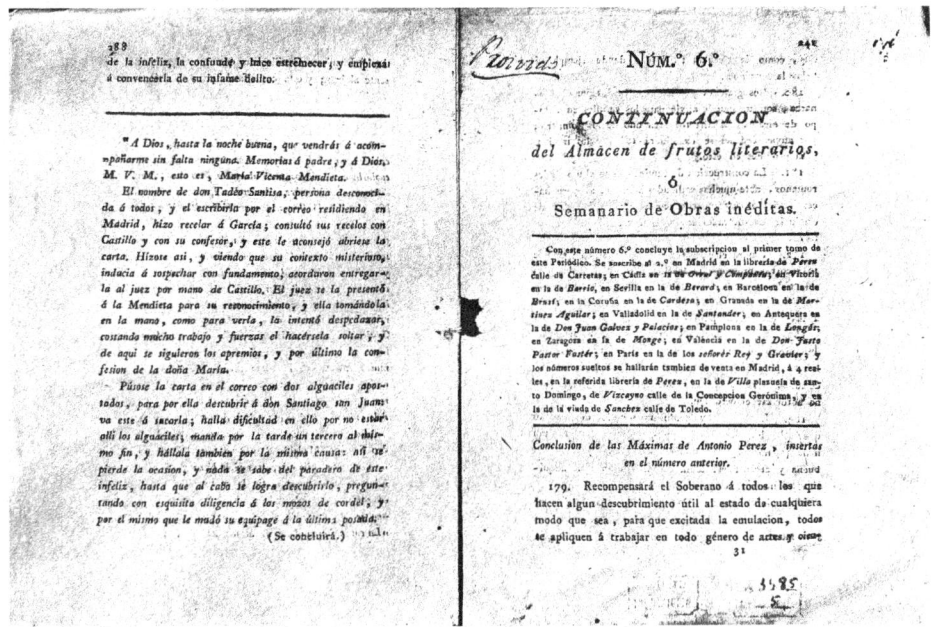

Imagen 31. Continuación del Almacén de frutos literarios nº 6, mandado recoger por la Inquisición de Corte (AHN, Inquisición 4485/25).

antecedentes en que se encontraba sobre todo el asunto, terminó por desaconsejar la petición: "Si por medio de este periódico se consiguiese hacer públicos los tesoros de nuestra literatura, a buen seguro que no falten suscriptores, como sucede en todos los papeles que tienen algún mérito"[570].

---

570. AHN, Cons., 11295/31: Representación de Ramón Ferrer a Fernando VII (Madrid, 19.08.1818); minuta de oficio pidiendo informe a F. Marín (Palacio, 8.09.1818); informe de F. Marín a J. Lozano de Torres (15.09.1818); no consta resolución en el expediente. Como recordaba genéricamente el juez de imprentas, un periódico de la antigua época había ya gozado una recomendación de ese estilo, lo que no impidió que llevara una vida económica lánguida. Probablemente se refería al *Semanario de Agricultura y Artes*, publicación protegida por Godoy; sin embargo, los fiscales del Consejo dictaminaron negativamente en 1803, cuando sus editores pidieron que se obligara formalmente a suscribirlo a los párrocos y municipios (cfr. F. Díez Rodríguez, *Prensa agraria en la España de la Ilustración. El Semanario de Agricultura y Artes dirigido a los Párrocos (1797-1808)*. Madrid: Servicio de Publicaciones Agrarias, 1980, pp. 55-57 especialmente).

Casi a la vez que Marín entregaba su dictamen, comenzaron las complicaciones para la *Continuación del almacén*. El caso es que el periódico publicó en sus números 5 y 6 (de 8 y 15 de septiembre) las *Máximas* atribuidas a Antonio Pérez, obra prohibida *in totum* por un edicto de la Inquisición del 2 de enero de 1792. Hay que recalcar que el manuscrito en cuestión procedía de la colección de Valladares, y no había sido introducido subrepticiamente por Burgos con siniestros propósitos subversivos. El texto había sido censurado por Domingo de Burgos en agosto de 1816, pero con tan mala suerte que se le olvidó, o no se le ocurrió consultar el Índice expurgatorio donde constaba la prohibición, y la aprobó sin más[571]. Ya en agosto de 1818, Javier de Burgos anotó estos papeles y los hizo revisar de nuevo a su censor, José Juan González: "yo creí de mi obligación y de mi conveniencia sujetarlos a una nueva censura, tanto para no incurrir en error, y evitarme reconvenciones y disgustos, cuanto por no comprometer el interés de mi subsistencia, exclusivamente cifrada en la venta de mi periódico"[572]. González, después de hacerle introducir varias modificaciones -nuevas notas aclaratorias, algunas supresiones- dio también el visto bueno a la publicación.

El procedimiento inquisitorial se puso en marcha a raíz del aviso dado el 16 de septiembre por fray Ildefonso Bueno, uno de los propios calificadores del Santo Oficio. Procedimiento por cierto que se desarrolló en este caso con un sentido rectilíneo (y simplón, quizá también) bastante ajeno a los tenebrosos manejos que suelen evocarse en relación con el tribunal: asombra por ejemplo, la falta de interés en investigar el pasado de Burgos, o sobre la validez de la concesión transferida por Valladares, un paso que al parecer ignoraba incluso el gobierno.

Con esa misma fecha, un calificador, fray Agustín García Porrero, fue comisionado para examinar junto a otro teólogo el contenido de los ejemplares denunciados. Poco después, el 23 de septiembre presentaban un informe bastante minucioso donde se reprobaba, aunque sin extremismos, la insuficiencia de crítica de los editores a cierto número de máximas, para terminar aconsejando que "dichas máximas de Antonio Pérez deberán

---

571. Cfr. AHN, Inq., 4485/25, declaración de D. de Burgos al Tribunal de Corte (21.01.1819); sin embargo, la comisión que se le encargó en 1816 tenía sin duda un carácter mucho más político que doctrinal: "Procurará evitar toda sátira contra el gobierno presente y pasado, y cualesquiera otra personalidad que pueda incomodar los ánimos" *(loc. cit.,* Nicolás María de la Sierra a D. de Burgos, 19.01.1816).

572. *Loc. cit.,* X. de Burgos al Tribunal de Corte (Madrid, 6.11.1818).

prohibirse por el Santo Tribunal y ser quitadas del Almacén, para evitar los peligros y males que de su lección pueden resultar"[573]. No sin una larga dilación -que resultaría fatal para los propósitos represivos del tribunal, como se verá- fue aprobado el dictamen fiscal, muy en la línea de tal calificación. En consecuencia, se habilitó a fray Ildefonso Bueno para efectuar las pesquisas necesarias en orden a establecer las correspondientes responsabilidades, así como para la recogida de los números 5 y 6 del *Almacén* en las librerías de la Corte. Simultáneamente se dictó auto de comparecencia a los editores "para que manifiesten la especial licencia que hayan tenido para imprimir una obra prohibida ya por este santo oficio", encargando también a los restantes tribunales la misma recogida, "aún de los suscriptores de su distrito que hallasen sin licencia para leer libros prohibidos"[574].

Bueno, quizá intentando recuperar el tiempo perdido hasta el momento, trabajó rápido. El 2 de noviembre se hizo cargo de la comisión y dos días después lograba presentar la declaración del impresor del *Almacén*, la del editor, distribuidor y libreros que lo vendían en Madrid. Sin embargo, el resultado de la recogida fue decepcionante, ya que únicamente consiguió reunir 418 ejemplares en total de los mil que se tiraron de cada número. El impresor Repullés y Javier de Burgos fueron los principales perjudicados en la operación, puesto que se vieron precisados a entregar trescientos veinticinco y "unos setenta y ocho" que respectivamente poseían; los libreros por comisión entregaron seis entre todos -si bien es verdad que habían manejado muy pocos números- mientras que el librero distribuidor Alfonso Pérez, por cuyas manos habían pasado no menos de 675 ejemplares, afirmó -y al parecer fue creído- que únicamente le quedaban 20 en total, que asimismo entregó[575].

Algunos días más tarde, Burgos representó al Tribunal. Alegando diversas circunstancias -la presunción de inocencia, perjuicios para la

---

573. *Loc. cit.*, Fr. Agustín García Porrero y fr. Eugenio Saturnino Díaz al Tribunal de Corte (San Francisco de Madrid, 23.09.1818).

574. *Loc. cit.*, Dictamen fiscal por el Dr. Zorrilla de Velasco (Cámara del Secreto, 26.09.1818); no se aprobó hasta el 26 de octubre, ni se comunicó a Bueno la comisión hasta el día 31 (*Ibidem*, autos).

575. Vid. en *loc. cit.*, las declaraciones de Mateo Repullés, Javier de Burgos y los libreros Alfonso Pérez, Juan Ángel Díaz Vizcaíno, Isidra Sánchez y Pablo de Villa (Madrid, 3 y 4.11.1818); también, la hoja borrador s.f. de recogida: no cuadran los 418 ejemplares que se mencionan en ésta con los datos parciales de las declaraciones, donde suman 429.

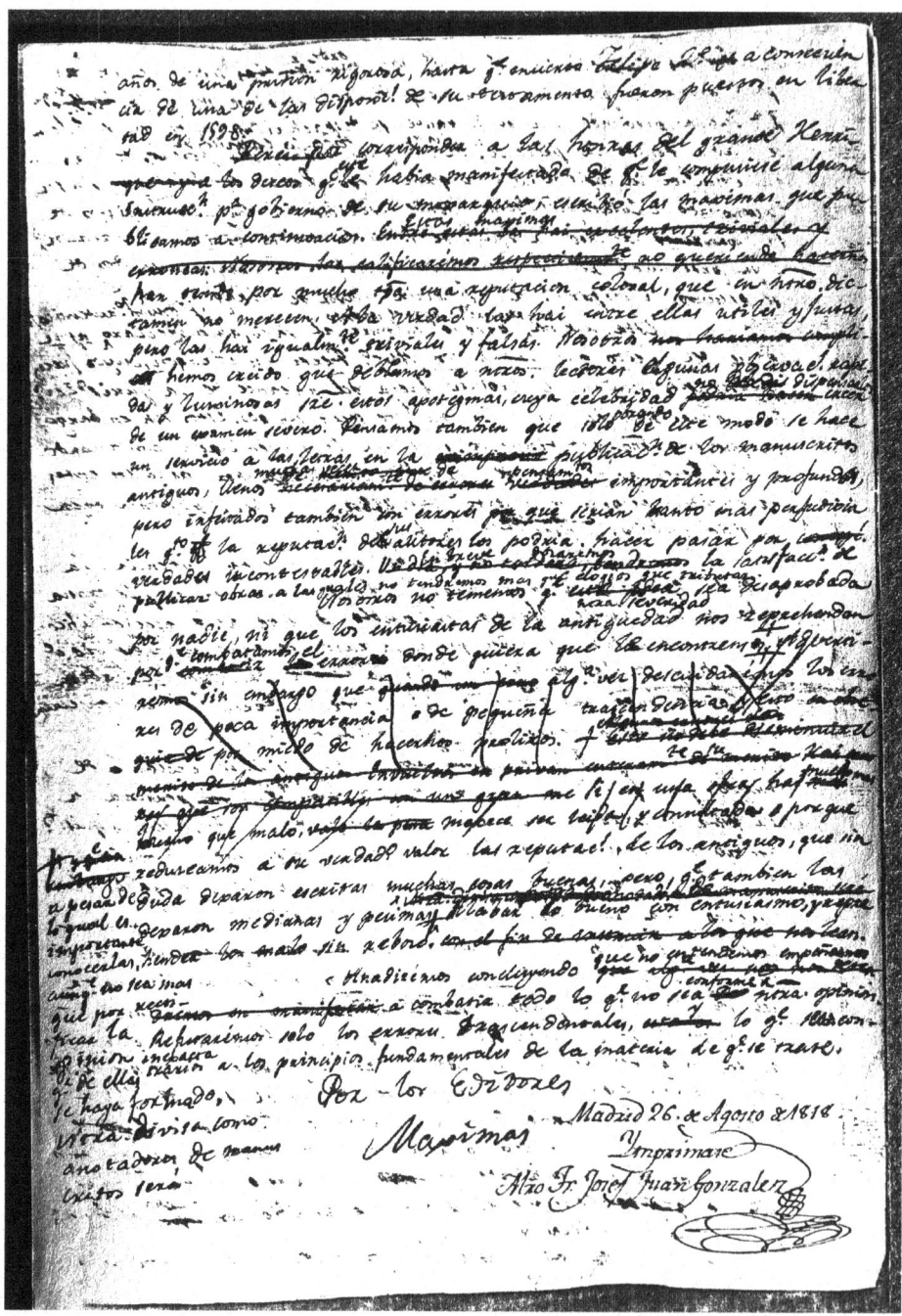

Imagen 32. Hoja de las Máximas de Antonio Pérez recogida en la imprenta de Repullés, con las modificaciones introducidas por el censor (Archivo Histórico Nacional, Inquisición, 4485/25).

empresa, deuda pendiente con Valladares, etc.- solicitaba que los números prohibidos fueran examinados de nuevo o que cuando menos se permitiera su circulación con las proposiciones censurables tachadas "a cadeneta, como la ilustración y zelo del Tribunal ha dispuesto en otras obras"[576]. Su petición no fue tenida en cuenta. Obviamente, ignoraba la relación de su denunciante con la Inquisición, así como la nueva calificación que ya había sido dada a las *Máximas* de Pérez, esta vez por cuenta del Santo Oficio. Sin embargo, como Burgos había puesto mucho énfasis en aclarar que la publicación de Ia obra había sido ya aprobada nada menos que en dos ocasiones, su interés coincidió, aI menos por esta vez, con el de la propia Inquisición de Corte. Este fue el punto principal de su declaración cuando fue llamado el 9 de diciembre[577], que dio origen, tirando del hilo, a los posteriores interrogatorios a José Juan González y Domingo de Burgos, así como a la presentación de los documentos justificativos de las comisiones que ambos habían desempeñado.

De todo ello resultaba, según el inquisidor fiscal, la informalidad abusiva con que se había llevado a cabo el asunto de las censuras: dejando aparte la negligente actuación del primer censor -que se justificaría en parte al recordar que en aquella época no era todavía doctor ni calificador del Santo Oficio-, el editor había intentado saltarse la prohibición mediante el expediente de poner algunas enmiendas, insuficientes a juicio del mismo fiscal. También González se quedó corto en su censura, con el agravante de que permitió a Javier de Burgos manipular el manuscrito a su antojo, como quedaba claro por el retocado original que se recogió de la imprenta[578].

El resultado final de proceso fue no obstante un tanto inocuo para todos. Desestimando el dictamen fiscal, el decreto del consejo de 11 de junio de 1819 contenía un simple rapapolvo a los censores, confirmando la prohibición y recogida de los ejemplares que se pudiera[579]. Xavier de

---

576. *Loc. cit.*, X. de Burgos al Tribunal de Corte (Madrid 6.11.1818).
577. Cfr. en *loc. cit.*, declaración de X. de Burgos en la Inquisición de Corte (9.12.1818); como ofreció, remitió la R.O. que Arjona había enviado a Valladares (Madrid, 18.07.1818), donde se le informaba del nombramiento de González como censor. También en virtud de su declaración, se recogieron de la imprenta las censuras firmadas por éste y por Domingo de Burgos (autos, 9.12.1818).
578. Cfr. en *loc. cit.*, dictamen fiscal de Zorrilla de Velasco (20.03.1819); González y D. Burgos habían declarado el 18 de diciembre y el 21 de enero respectivamente.
579. Cfr. en *loc. cit.*, decreto del Consejo (11.06.1819): "SS. Hevia, Iñigo, Ettenhard,

Burgos, a quien se eximió de malicia en la publicación, fue autorizado como solicitaba para imprimir nuevos números 5 y 6 del *Almacén* y completar así la obra "que de todas partes le piden". El tribunal le encargó ejemplares para su cotejo antes de la distribución, lo que cumplió a finales de junio[580]. Pocos días después puso fin a su periódico con el número 48, último del tomo VIII: "Consideraciones importantes nos obligan a suspender por ahora este papel, que nos proponemos continuar en otra ocasión"[581].

7.9 La empresa de la *Continuación del Almacén*

No es preciso insistir sobre la insuficiencia de las fuentes -como es habitual cuando se trata de la prensa de estos años- de cara a trazar una imagen de lo que fue este periódico en su aspecto empresarial. Vaya por delante que en la *Continuación del Almacén* difícilmente se reflejan los rasgos propios de la actividad periodística tal como comúnmente se entiende. Aparte el hecho obvio de que se elaboraba y distribuía por entregas semanales[582], careció por completo de contenidos informativos de actualidad, conforme a las limitaciones impuestas en la concesión Real.

Amarilla, Galarza, Mauri (?), Beramendi, Gómez, Prado. Prohíbanse en primer edicto los núms. 5.º y 6.º de la Continuación del Almacén de frutos literarios, por comprehenderse en ellos, aunque con ignorancia del editor, las Máximas de Antonio Pérez prohibidas en el publicado en dos de marzo de mil setecientos noventa y dos; cuidando el Tral. de recoger los que pueda de los números repartidos a los suscriptores, o a otras personas, y permitiendo al editor la impresión de otros dos números en lugar de aquéllos siempre que contengan materias corrientes, con la obligación de presentar, según ofrece, al Tral. un exemplar de cada uno antes de repartirlos. Y por lo respectivo al P. fr. Juan José González y Don Domingo de Burgos que aprobaron dichos números para su impresión, páseles un oficio el Tral. diciéndoles que ha extrañado la falta de previsión o ligereza con que lo executaron, y que espera que en lo sucesivo serán más cautos en dar sus aprobaciones".

580. *Loc. cit.*, X. de Burgos al Tribunal de Corte (Madrid ,27.04.1819); las *Máximas* de Pérez fueron sustituidas por una "Relación histórica de lo ocurrido a don Rodrigo de Vivero y Velasco, Gobernador y Capitán General que fue de las Filipinas en el reinado de S. M. Felipe II volviendo de su gobierno, su arribo al Japón, etc.".
581. *Continuación del Almacén* nº 48, p. 282.
582. Si bien, Burgos mencionó incidentalmente en una ocasión, "el sistema que hemos adoptado de tener siempre impresos dos números anticipados" (*Ibidem*, nº 14, p. 71).

Hay que anotar no obstante en el haber del editor, algún tímido intento de dar vida a la publicación mediante el diálogo con sus lectores[583]. Otro tanto cabe decir de la distribución de las materias, donde se sigue la pauta habitual de la prensa erudita del siglo XVIII, que era simple adaptación de las impresiones librarias.

A su vez, la empresa careció de una estructura estable: en realidad tenía su propio fin determinado de antemano, con el agotamiento de los materiales que estaba autorizada a publicar, o los que el editor lograra hacer pasar bajo ese concepto. Nada de imprenta propia por tanto. Aunque Javier de Burgos mencionó genéricamente la existencia de varios "interesados" en el negocio, hay motivos para persuadirse de que la responsabilidad principal, o exclusiva, recayó sobre él mismo en cuanto editor y redactor único. Bien es verdad que preparar los manuscritos para la publicación y redactar algunas anotaciones, no debió constituir una ocupación extenuante[584]. Contó, sin embargo, con la asistencia de Ramón Ferrer (el firmante del memorial del 19 de agosto), quien se ocupaba de realizar algunas gestiones por las librerías de Madrid, como recoger el dinero o los ejemplares sobrantes[585].

---

583. Las cartas cruzadas sobre la posibilidad de navegar el Manzanares es el caso más llamativo, aunque también, casi excepcional: vid. *Continuación del Almacén* nº 14, pp. 54-71.

584. Sin embargo, él mismo no dejaría de reiterar la importancia de su reelaboración literaria en numerosos manuscritos; vid. por ejemplo, nº 1, p. 13 (*Testamento de Carvajal*): "De estas faltas hay muchas en él, que harían la obra ininteligible si se imprimiese como se halla"; o bien, nº 16, p. 155 (*Reflexiones sobre el Derecho natural*): "Su importancia y su utilidad nos ha obligado a tomarnos un trabajo ímprobo para refundirlo, pues las verdades contenidas en él estaban por lo común tratadas con negligencia, debilitadas a fuerza de repeticiones, y no bastante ligadas para que todos conociesen su razón y su exactitud".

585. "El señor Ramón" es citado en ese concepto por Pablo de Villa e Isidra Sánchez; esta afirma vender por comisión del autor, a quien no conoce, pues sólo trata a Ferrer; Villa vendía por cuenta de Pérez en tanto que Vizcaíno -quizás sin comprender la pregunta- afirma no saberlo. Los tres libreros reciben los ejemplares de Alfonso Pérez, quien hace la suscripción y vende también al público (Cfr. AHN, Inq., 4485/25, declaraciones de 4.11.1818). Los puntos de suscripción en provincias eran: Cádiz, *Ortal y compañía*; Vitoria, *Barrio*, Sevilla, *Berard*; Barcelona, *Brusí*; Coruña, *Cardesa*; Granada, *Martínez Aguilar*; Valladolid, *Santander*; Antequera, *Juan Gálvez y Palacios*; Pamplona, *Longás*; Zaragoza, *Monge*; Valencia, *don Justo Pastor Fuster*; París, *señores Rey y Gravier* (Cfr. *Continuación del Almacén* nº 6, p. 241).

Aunque no es fácil establecer conclusiones fiables sobre el volumen y la tendencia del negocio, sí puede afirmarse con bastante seguridad que el desembolso inicial fue mínimo: el primer propietario, Valladares, recibió un anticipo de 6.000 reales -prestados a su vez a Burgos- sobre los 18.000 estipulados, pagaderos en tres plazos, a cambio de su concesión y manuscritos. Por su parte, la existencia en poder del impresor Repullés de casi un tercio de la tirada (del número 6, parece) sugiere algún tipo de garantía sobre el pago de su trabajo. Correlativamente puede deducirse un bajo coste de producción, lo que es lógico en un periódico con esas características, ajeno a la necesidad de mantener redactores y colaboradores pagados, correspondencias con las provincias y suscripciones a otras publicaciones.

No es extraño, por tanto, que su producto pueda considerarse comparativamente barato. Un ejemplar de la *Continuación del Almacén* constaba de 48 páginas en 4°, es decir, seis pliegos de impresión, que vendía por cuatro reales[586]. Tales condiciones económicas, en un marco de competencia editorial restringido, debieron facilitar mucho la salida: la *Continuación del Almacén*, en efecto, tiraba 1.000 ejemplares -al menos de los seis primeros números- una cantidad apreciable para estos años. A primeros de noviembre de 1818 existían "de doscientos a trescientos suscriptores", pero el librero Pérez, muy poco locuaz ante la Inquisición, no aclara si éstos son sólo de Madrid como parece, o por el contrario, si se refería a la totalidad. En cualquier caso, no olvidó detallar que entre ellos se encontraban "S.M. y Altezas, todos los señores embajadores extranjeros, etc."[587]. La actitud manifestada posteriormente por Burgos indica una tendencia positiva del negocio, aunque el margen no fuera

---

586. Utilizando un indicador muy primario, la relación existente entre el precio de venta y el coste del papel, se observa que este último se multiplica en el *Almacén* por 8,32, mientras que el valor correspondiente para el *Semanario de Agricultura* -periódico protegido por el Gobierno a principios de siglo- es de 9,01. En el caso de la *Miscelánea de Comercio, política y Literatura* de 1.820 - 1821 (7 cuartos, un pliego de impresión) es de 10,29 según este criterio. Para el coste del papel (1 resma a 40 reales = 1 pliego de impresión a 0,68 cuartos) utilizo datos de 1823: vid. AHN, Cons., 11297/131, "*Restaurador*, 1823. Demostración de solo el gasto económico del periódico en papel, prensa y oficiales subalternos".

587. AHN, Inq., 4485/25, declaración de Alfonso Pérez (4.11.1818). Se le reclamó entonces la lista, pero se disculpó afirmando no tenerla preparada. El asunto volvería a recordarse por el fiscal Zorrilla e incluso en el decreto de junio, sin que conste que llegara, efectivamente, a entregarla.

amplio, a juzgar por las instrucciones a Diego, su apoderado y hombre de confianza en Motril. En junio de 1819, coincidiendo con la gestión ante el Tribunal para que le permitieran editar números con que sustituir los recogidos, le escribía:

> En diferentes empresas literario-mercantiles que tengo aquí, me hallo hoy un poco atrasado, por efecto de haberse detenido algo la salida de la mercancía. Este atraso me perjudica mucho, y en consecuencia trato de solventarlo, librando sobre ti una letra a 90 días fecha, de diez mil reales y pagadera en Granada a su vencimiento. Para su pago en 27 [?] de octubre debes tú haber hecho fondos, pues que tienes todas las fincas a tu disposición y para cubrir dicha suma, te autorizo, en el caso de no enajenarse la casa, a vender lo que más pronta salida tenga[588].

En cualquier caso, está claro que pretendió alargar la vida de la publicación a base de intercalar contenidos que obtuvo por su cuenta, es decir, no incluidos en la primitiva concesión a Valladares. El mismo sentido pudo tener que esta experiencia le indujera a meterse no muchos meses después en otra iniciativa, esta vez rigurosamente periodística y de mayor envergadura: la *Miscelánea de comercio, artes y literatura*, cuyo primer número apareció el 1 de noviembre de 1819.

7.10. El significado de la publicación

Considerando una vez más el proyecto de la *Continuación del Almacén* de abril de 1B18, es posible advertir que se tuvo en cuenta una doble finalidad para su autorización. De una parte, la más perentoria y material, pretendía atender a la subsistencia del editor sin recargar con ello el erario. Este objetivo se cumplió -da la impresión- aunque el beneficiario principal fue Javier de Burgos más bien que el viejo Valladares. Mucho más dudoso es que se lograra el segundo propósito, esto es, el fin intrínseco de la publicación. En su planteamiento original, Valladares había expresado el deseo de ir dando a la luz escritos inéditos de autores antiguos, siempre con una intención apologética del prestigio español. Tal proyecto no podía

---

588. AFB, X. de Burgos a D.M.ª de Burgos (Madrid, 29.06.1819).

molestar a nadie, máxime cuando Valladares no pretendía otra cosa sino dar continuidad a una línea que cultivaba desde mucho tiempo atrás. Su nombre, en efecto, estaba asociado a la publicación de viejos papeles -en el *Semanario erudito* y en el primitivo *Almacén*- siempre con el pretexto de revalorizar la gloria intelectual de la nación[589].

Ahora bien, semejante propuesta no tuvo continuidad ya que las opiniones de Burgos, el nuevo editor, parecen muy poco acordes con lo que Valladares pretendía demostrar, hasta el punto de hacerse eco de los "tres siglos" de decadencia que arrastraba la nación[590]; con el tiempo, ese tópico se volvería una auténtica matraca en los escritos periodísticos de Burgos. A decir verdad, en el propio informe de abril del corregidor Arjona se hablaba ya de la "propagación de conocimientos útiles" como finalidad principal del nuevo periódico, y en este motivo insistiría -ya se vio- Ramón Ferrer cuando solicitó la Real protección para una empresa dedicada a difundir la ilustración. Se trata, a fin de cuentas, de una noción del progreso fundamentado en conceptos gnoseológicos ("principios" elaborados a partir de la experiencia) y orientado en sentido utilitario. Consecuente con ello, justificaría su labor en términos de "rectificar la opinión inexacta", combatir "al error donde quiera que lo encontremos", o afirmar que "nuestra divisa, como anotadores de manuscritos, será alabar lo bueno con entusiasmo y reprender lo malo sin rebozo"[591].

Aunque externamente hubiera cambiado poco el proyecto editorial del *Almacén*, la traslación de objetivos se advierte en el tono de las notas introductorias o magistrales de Burgos, y en el uso que hizo de los materiales de que disponía. Una comparación entre el listado de la

---

589. AHN, Cons., 11295/33, A. Valladares a Fernando VII (abril 1818), prospecto; vid. Richard Herr, *o.c.*, p. 158, a propósito del *Semanario erudito*, "cuya intención, declarada en un prospecto, era buscar los temas no en el extranjero, sino en los escritos del pasado en España 'propagando la instrucción que nos dejaron muchos sabios españoles'". De esta trayectoria de Valladares se haría eco el articulista de la *Crónica Científica y Literaria* nº 14 (14.08.1818) al comentar el prospecto de la aparición de la *Continuación deI Almacén*, "a fin de que no se prolongue el letargo intelectual de que nos acusan los enemigos de nuestra gloria".

590. Cfr. *Continuación del Almacén* nº 43, p. 33, sobre el papel titulado "La verdad desnuda", donde se refirió a "las causas de los males de que se vienen quejando hace tres siglos los más zelosos patriotas".

591. *Idem*, nº 5, p. 201.

escritura de venta de los manuscritos y los títulos de los textos editados en la *Continuación del Almacén,* deja ver que hay escritos desdoblados, títulos cambiados y que desechó muchos originales. Como menciona Nicomedes pastor Díaz[592], el lance con la Inquisición disuadió a Burgos de la publicación de las obras del polémico Melchor Rafael de Macanaz, aunque es evidente que otros papeles fueron eliminados simplemente por su escaso interés. Pero sobre todo, incorporó textos que no pertenecieron a la colección de Valladares. Entre ellos se encuentra una *Memoria sobre la renta del tabaco* (nº 14) "cuyo autor -se dice en nota del editor- ocupó después de haberla escrito, un empleo muy distinguido en la administración pública, y fue tan apreciado por sus virtudes como por sus talentos"[593]; el nombre que calla no era otro que el de don Bernabé Portillo, el censor de la Sociedad Económica de Motril a la que había pertenecido Burgos, y que fue brutalmente asesinado en junio de 1808. Se insertó también en la *Continuación del Almacén* la célebre *Acusación fiscal* de Meléndez Valdés en 1798 contra don Santiago de San Juan y doña María Vicenta Mendieta, reos de parricidio (nn. 6 y 7), así como el *Discurso de instalación de la audiencia de Extremadura*, compuesto por el mismo (nn. 16 y 17), y ambos incluidos, tres años después, en la edición póstuma de sus *Discursos forenses*[594]. Además, las fechas y otras circunstancias adscriben con seguridad al grupo de manuscritos no comprendidos en el privilegio adquirido, los papeles relativos al Manzanares (nº 14), los facilitados por Antonio Sandalio de Arias sobre agricultura (nn. 25, 43, 44, 45 y 46) y el de Esteban Boutelou (nº 44), también remitido por Arias; los de Santos J. Macho sobre loterías y papel moneda (nn. 25 y 37), el *Viaje por tierra* hecho por el teniente coronel Francisco Cacho en 1818 desde Río de Janeiro a Lima (nº 47) y la *Oración* de Jovellanos en el Instituto Asturiano con motivo de los

---

592. N.P. Díaz, *o.c.*, p.166.
593. "Memoria sobre la renta del tabaco", en *Continuación del Almacén de frutos literarios, o Semanario de obras inéditas,* vol. 2, tomo III, nº 14 (9.11.1818) pp. 72-90; para la identificación del autor, vid. la copia manuscrita en el Archivo de la Compañía de Jesús en España, Archivo Histórico de la Facultad de Teología de Granada, Fondo Saavedra: "1796. Memoria sobre la renta del tabaco. Por don Bernabé Portillo, contador de la administración principal de la ciudad y partido de Cádiz", 16 h. [en línea: consulta 12.09.2022].
594. Juan Meléndez Valdés, *Discursos forenses de D. — — —.* Madrid: Imprenta Nacional, 1821, 310 pp. Vid. A. Astorgano Abajo, "Los testamentos (…)", *art. cit.,* pp. 48-49, sobre la censura negativa del juez de Imprentas Miguel Modet, en 1828.

exámenes de 1797 (nn. 21 y 22). De esta última, afirma el editor que le había sido remitida por un general ilustre[595].

Es en las anotaciones del editor donde mejor se refleja el espíritu de Ia publicación, aunque como es lógico, carecen de unidad expositiva. Tampoco se debe esperar una gran riqueza de contenido porque tales notas no son sino un puente ideológico entre las nociones que expuso en su politizada literatura de guerra y los artículos de la futura *Miscelánea*. Sin embargo, sus observaciones merecen atención, porque expone aquí uno de los fines que atribuye al periodismo, servir de cauce a la participación pública en la obra de gobierno. A pesar de los equilibrios y cautelas con que las formuló, ponen el foco en puntos básicos de sus ideas políticas y a la vez, deben considerarse el conjunto de reformas que Burgos estimaba razonables para una época poco abierta a las innovaciones: "Persuadidos de que el Gobierno, que conoce mejor que los particulares los intereses del Estado, y que tiene datos más seguros para sus cálculos, aprovechará o desechará las indicaciones del autor, según que las halle o no convenientes o útiles"[596]. La prudencia del editor se advierte también en algunos giros, seguramente no exentos de ironía, del estilo: "Todo el mundo sabe tamblén que se han remediado, y se remedian cada día, muchos de los abusos de que Zavala y otros patriotas instruidos se quejaban hace un siglo"[597].

Un sistema de gobierno era algo mucho menos complejo de lo que daba a entender Antonio Pérez en sus *Máximas*: "Basta con uno, que sería el de leyes muy buenas, las mejores que fuera posible; protección constante a las ocupaciones útiles; y justicia e inteligencia en la Administración de la Hacienda pública"[598]. No explica qué cosa entendía por esa *protección*, si bien, parece vincularse al concepto de fomento -algo bien distinto a la *financiación* o protagonismo dei Estado- y en último extremo, al de "sistema de administración": "medios de subsistencia; he aquí la base de

---

595. El periódico publicó un único índice, de títulos listados por orden alfabético, quizás con el fin de encubrir el cambio de textos provocado por la intervención del Santo Oficio (*Continuación del Almacén* t. VIII, 3 h. s.p. *in fine*). Puede verse un índice cronológico en M. Morán, "*Continuación del Almacén (...)*", art. cit. pp. 422-430.
596. *Continuación del Almacén* n° 25, p. 3, a propósito del proyecto de amortización de papel moneda de santos Macho.
597. *Continuación del Almacén* n° 1, p. 40.
598. *Continuación del Almacén* n° 6, p. 270.

la población. ¿Y cómo se tienen estos medios? Con un buen sistema de administración, que no es difícil de conseguir"[599].

Las cuestiones sobre economía y comercio constituyen el meollo de las reflexiones de Burgos, quien se erigió en defensor del interés individual frente a la iniciativa e intervención estatal. Así, ante alguna afirmación de Carvajal ("Para toda senda no trillada es menester que el Rey haga la costa") responderá tajante: "No se pongan trabas y basta. No impedir es proteger"[600]. Coherente con esos principios, se manifestó contra el monopolio de cultivo y venta de tabaco, los repartimientos forzados de sal, los de tierras ("compeliendo a los dueños o colonos a cultivarlos bajo la inspección de la justicia") y, en general, contra todo estanco "de cuanto sirve a la manutención de la vida"[601]. Como el propio Carvajal y Lancaster desaprobó los arrendamientos de rentas ("suponiendo que desapareciesen los demás vicios del sistema de Hacienda") para apoyar más bien las ideas de contribución directa que atribuía a Zabala: "Hay teorías que son tan de bulto que todos los hombres de buen talento las adivinan. Aquí se ven observaciones muy justas sobre el modo de repartir las contribuciones; y estas observaciones son anteriores a Smith, Say y los demás arquitectos de la ciencia económica"[602].

Parece dudoso que Burgos llegara a adquirir una preparación jurídica tan sólida como se le ha atribuido, al menos en las fechas en que redactó estas notas. Sin embargo, las que atañen a legislación -tercer componente de un sistema de gobierno, dijo- siendo como son simples pinceladas, constituyen a la vez un buen reflejo de la antropología racionalista y filantrópica que se difundía en su tiempo.

De ahí los favorables comentarios a unas *Reflexiones sobre derecho natural*, donde "los principios de orden, seguridad y conveniencia pública son tratados con tanto respeto"[603]. Premios y castigos son más útiles por

---

599. *Continuación del almacén* n° 3, p. 109; vid. también n° 5, p. 239: "Siempre el Estado costeando. ¿Y para qué? foméntense las ocupaciones útiles y habrá que comer, y habrá matrimonios, y habrá ciudadanos, y no será menester que nadie costee nada". Sobre su aprecio por la estadística, Burgos formuló una única insinuación al defender -contra la acusación de "curiosidad"- la iniciativa de Felipe II "de adquirir estos conocimientos importantes, que son o deben ser la base del gobierno de los Estados" (n° 11, p. 218).

600. *Continuación del Almacén* n° 1, p. 64.

601. *Continuación del Almacén*, respectivamente n° 1, pp. 44-47 y n° 23, p. 225.

602. *Continuación del Almacén* n° 1, pp. 40 y 42.

603. *Continuación del Almacén* n° 16, p. 155.

la publicidad generada que en sí mismos. "Las penas que se impongan al crimen deben ser públicas, iguales, inevitables; ésta es Ia garantía más segura del orden social, dirá en fin[604]. En virtud de todo ello, opinó contra la pena de muerte, el tormento ("estaba reservado a nuestro augusto soberano el abolir entre nosotros esta bárbara institución"), la ridícula y funesta costumbre de los desafíos y las penas vergonzantes, ya que "el que no se corre de cometer un delito feo, no se corre de estar donde le vean con un grillete"[605].

Naturalmente, están ausentes de las indicaciones de Burgos muchos temas importantes en su época. Entre ellos podría mencionarse lo relativo a la dimensión temporal de la Iglesia y el clero en España, algo sobre lo que se había ya manifestado durante la guerra de la Independencia, y volvería a tratar durante la siguiente etapa liberal; pero este silencio no puede extrañar en absoluto, de tenerse en cuenta, por ejemplo, que las objeciones formuladas por la Inquisición a las *Máximas* de Pérez constituían una dura crítica a la moral utilitaria, centrada especialmente en la oposición entre el poder del Estado y los derechos de la Iglesia. Y de las quince observaciones formuladas por los calificadores, no menos de siete atañían de manera directa al estamento religioso[606]. Se entiende, por

---

604. *Continuación del Almacén* n° 6, p. 258; vid. también n° 5, p. 213.
605. *Continuación del Almacén* n° 5, pp. 212-213 y p. 240; n° 16, p. 181. Es lógica la especial sensibilidad del antiguo emigrado ante algunas cuestiones, como el asilo político: "¿A qué establecer principios para derogarlos después? ¿A qué dejar al arbitrio de un ministro la entrega de los refugiados a su soberano? El principio debe ser general (...) dejando con la precisión de la ley cerrada la puerta a la arbitrariedad" (*Continuación del almacén* n° 6, p. 258). Los mismos principios le harán reaccionar contra el elitismo de Carvajal (*los abogados de carrera entren alguna vez a ministros, pero rara, y a la Cámara nunca"), afirmando: "No hay que quejarse de este lenguaje (...) la propagación de las luces ha acabado con este sistema, que bien que extravagante y absurdo, parecía entonces apoyado en algunas razones" (*Continuación del almacén* n° 2, 80).
606. Cfr. AHN, Inq., 4485/25, Fr. Agustín García Porrero y fr. Eugenio Saturnino Diaz al tribunal de Corte (san Francisco de Madrid, 23.09.1818); el dictamen consta de quince observaciones relativas a 23 máximas, donde se defienden -contra la opinión de Pérez- las libertades de disputar sobre puntos "que no ha decidido la Sede apostólica" (I a la máxima 11), y de testar a favor de comunidades o hacer donaciones pías (II, a la m. 12). Combaten algunas sentencias sobre la inutilidad de los religiosos, sujetarles a contribución, y medios para disminuir su número (III, IV y V, a las mm. 13, 14, 18 y 19). se desaprobaban también -más por injurioso que por erróneo- el

tanto, que el único comentario más o menos equívoco entre las notas del *Almacén* consistiera en una breve alusión a la importancia de "hablar de la educación de los eclesiásticos, tan descuidada siempre entre nosotros"[607].

En la práctica, todo esto venía a confirmar algo bastante obvio: que una antología de viejos textos inéditos sazonados con algunas notas cautelosas, difícilmente podría considerarse el medio óptimo para formular el programa regeneracionista que anhelaban los hombres de la Ilustración, incluso si se estiraban al máximo sus posibilidades. Las restricciones impuestas a la imprenta por el poder político justificaron su empleo durante algún tiempo, pero es lógico que la fórmula de la *Continuación del Almacén* quedase abandonada en el mismo año de 1819, cuando las circunstancias permitieron recurrir a un cauce de expresión más ágil y adecuado, como era la prensa periódica en su acepción más genuina.

---

consejo de alejarles de Palacio (VI a la m. 23); se rechaza la acusación de ser "independientes" los jesuitas, quienes según la correspondiente máxima, "no conocen por superiores en la Tierra a otro que a su general" (VII a la m. 26); se justifica la práctica de redimir pecuniariamente a los cautivos: "digan lo que quieran los políticos economistas del dinero, la verdadera riqueza del Estado son los hombres" (VIII a la m. 32). Critica la opinión reduccionista de la pena de muerte (IX a la m. 37), el "tolerantismo" religioso (XIV a la m. 277), y las medidas propuestas por Pérez (liga de soberanos, elección Real de los prelados y teólogos que deben asistir a los concilios generales) para contrarrestar "los artificios que usa la Corte de Roma" (X a la m. 48); se reprueba igualmente la recomendación de alabar, "sean buenos o malos" los estilos de un país en las relaciones diplomáticas (XV a la m. 278), y en esa misma línea hostil a la ética utilitaria se encuentran las observaciones XI y XII, donde en términos generales se condenan las máximas 67 a 70, 99 a 101, 103 y 240: "prudencia del siglo", conquistas territoriales y guerra injusta, respectivamente.

607. *Continuación del Almacén* n° 1, p. 8.

8. La *Miscelánea*, la gran aventura periodística de Javier de Burgos (1819-1821)

8.1. La empresa y los colaboradores de la *Miscelánea*

No parece arriesgado suponer que desde su juventud, Javier de Burgos se había formado opiniones precisas sobre lo que creía necesario reformar en la España de su tiempo. Para ello fue fundamental el ambiente familiar y el trato con los ilustrados que había ido conociendo, pero sus convicciones tenían también una base libresca, siendo él un estudioso bien informado sobre autores y novedades que se publicaban. Conforme a las ideas corrientes en la época, siempre estuvo convencido de la capacidad del saber para impulsar el progreso de la sociedad, aunque es dudoso que se considerara a si mismo como un hombre de ciencia. Burgos da más bien la apariencia de un intelectual con conocimientos extensos (más que originales o profundos), dotado con una gran capacidad para asimilar lecturas, enorme aplicación al trabajo, instinto para la crítica, facilidad expositiva y sentido práctico. Así las cosas, no es extraño que en las circunstancias en que se hallaba al establecerse en Madrid, decidiera dedicarse a la difusión del conocimiento a través de la prensa. Así lo escribió más adelante en su *Miscelánea:* "Los periódicos y papeles volantes, que si bien no pueden proporcionar una instrucción fundamental, excitan el deseo de adquirirla, propagan y hacen comunes las luces, y esparcen semillas que tarde o temprano fructifican"[608].

Ya había dejado ver su inclinación al periodismo en ocasiones anteriores, desde el proyecto acariciado en 1797 cuando salió de San Cecilio, pasando por sus colaboraciones posteriores en la prensa de Granada, hasta

---

608. "Sobre el modo de instruir al pueblo en las doctrinas políticas", en *Miscelánea* nº 111 (19.06.1820).

culminar en la edición de la *Continuación del Almacén de frutos literarios*. Con esas incursiones adquirió el bagaje técnico que le permitiría lanzarse a la aventura mucho más ambiciosa de la *Miscelánea*, una obra que puede ser considerada no solo como un cauce de sus opiniones, sino como una auténtica proyección de su personalidad en el espacio público, a la manera de un avatar, hasta el punto de que la lectura de sus páginas permite llegar a un conocimiento bastante preciso de su forma de pensar.

La *Miscelánea de comercio, artes y literatura* apareció como trisemanario el 1 de noviembre de 1819[609], cuatro meses después de cesar la *Continuación del Almacén*. Conforme a su título, tuvo al principio un orientación marcadamente económica y literaria que buscaba la propagación del conocimiento como vía hacia la prosperidad y el progreso, con exclusión total de noticias y argumentaciones sobre materias conflictivas. Con el restablecimiento de la Constitución en marzo de 1820, Burgos adaptó la publicación a la nueva situación convirtiéndola en un diario político, de forma que a partir de la reestructuración llevada a cabo el 1 de mayo pasó a llamarse *Miscelánea de comercio, política y literatura*. El periódico ejerció entonces una influencia no desdeñable en la trayectoria del régimen del Trienio y más a largo plazo, en la formación de la ideología del liberalismo conservador español. Así, la *Periódico-manía, una* publicación humorística dedicada a comentar con discurso alegórico las peripecias de la prensa periódica, afirmó:

Aunque hemos hecho algunas ligeras críticas de la Miscelánea, es el papel que merece, en nuestro concepto, la primacía entre todos los que se publican *diariamente*; y que camina a su objeto con juicio, con crítica, despreocupadamente y sin mordacidad. Es buena moza[610].

---

609. *Miscelánea de comercio, artes y literatura*: n° 1 (1.11.1819) a 92 (31.05.1820), 8 cuartos, trisemanario; un pliego de impresión en folio a dos columnas. Imprentas: M. Repullés (hasta el n° 61, 18.03.1820) y F. Martínez Dávila. Desde n° 93 (1.06.1820) hasta 574 (24.09.1821) como *Miscelánea de comercio, política y literatura*, 7 cuartos, diario. Imprentas: F. Martínez Dávila (hasta n° 159, 6.08.1820), Minerva (nn. 160-161, 7 y 8.08.1820), I. Sancha (hasta n° 418, 20.04.1821) y de la Miscelánea (hasta n° 574, 24.09.1821). Amplió su formato el 25.08.1820 (n° 178) y por segunda vez, el 2.06.1821 (n° 458). Según E. Hartzenbusch, *Apuntes para un catálogo de periódicos madrileños desde el año 1661 al 1870,* Madrid: Sucesores de Rivadeneyra, 1894, p. 24, las medidas fueron: 0,250 x 0,150, 0,280 x 0,170 y 0,332 x 0,200.
610. *La Periódico-manía* n° 17, p. 9.

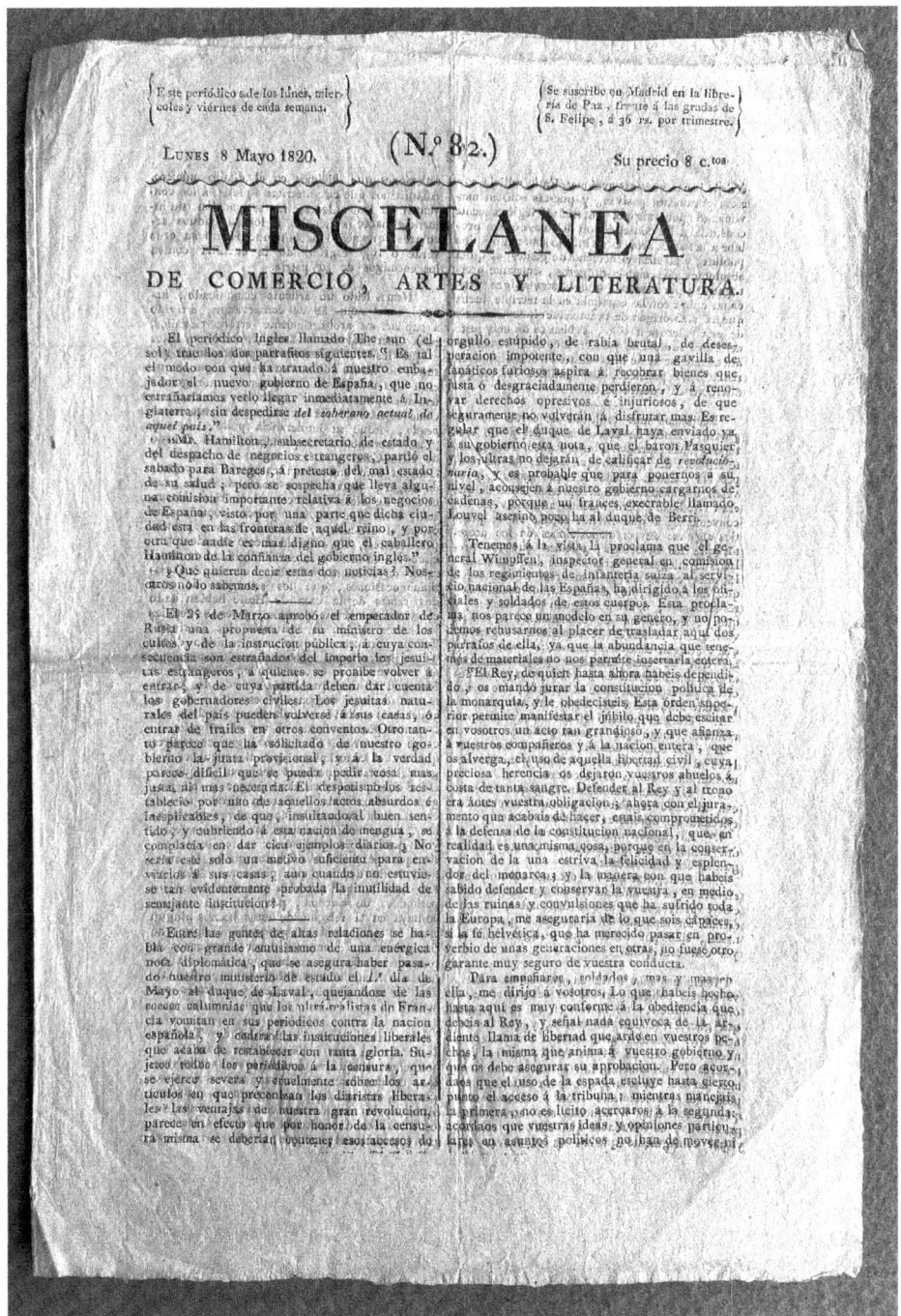

Imagen 33. Miscelánea de comercio, artes y literatura nº 82, 8.05.1820 (Col. del autor).

El adverbio en cursiva (*"diariamente"*) posiblemente remite a la existencia de *El Censor,* la revista de pensamiento que salía semanalmente. En cualquier caso, su prestigio como editor fue también reconocido por un viejo adversario político, Antonio Alcalá Galiano, ya a las alturas de 1834: "Burgos en su Miscelánea y Narganes en el Universal, podrían competir con los mejores periodistas de cualquier país"[611].

No se sabe casi nada sobre las circunstancias que hicieron posible la autorización gubernativa del periódico, nada fácil de obtener durante el régimen absolutista. Fernando Camborda Núñez, el editor de la *Periódico-manía,* un afrancesado que habitualmente se expresa con mucha indulgencia sobre la publicación de Burgos, insinúa la intercesión de "un clérigo rico, que gozaba de gran favor en aquellos tiempos *lozanos"*, seguramente aludiendo a la influencia ejercida por su amigo Manuel María de Arjona durante la etapa en que ocupó la Secretaría de gracia y Justicia don Juan Lozano de Torres, y que ya le había favorecido en ocasión anterior, informando favorablemente sobre su traducción del *Horacio*[612]. Del expediente de aprobación únicamente he localizado la portada, cuyas sobrias anotaciones nos permiten saber que el promotor (o más bien testaferro) se llamaba Rafael Pérez de Guzmán el Bueno, y que obtuvo el permiso el 22 de septiembre de 1819. También, que el 26 de ese mes se trataba en el juzgado de imprentas lo relativo al nombramiento de un censor[613]. Por lo demás, Pérez de Guzmán (Córdoba, 14.10.1777) debió haber sido alguien próximo a Burgos durante los años de Granada, donde ambos coincidieron cuando eran estudiantes. Había cursado tres años de leyes antes de ingresar en el cuerpo de Guardias Españolas (1795), del que se licenció en 1811 con el grado de teniente, por padecer accidentes epilépticos. Su hoja de servicios informa también de que al llegar la paz se dedicó al estudio de la economía política y la agricultura, "a cuyo efecto estableció una extensa labor para hacer experimentos útiles, cuyos resultados presentó al catedrático de agricultura don Sandalio de Arias y al director del Real Jardín Botánico don Mariano Lagasca". En 1823 siguió al gobierno constitucional a Cádiz, donde formó parte del

---

611. A. Alcalá Galiano, *Literatura española (...),* o.c., p. 69.
612. *La Periódico-manía* n° 8, pp. 18-19; C. Morange puso énfasis en el influyente papel desempeñado por los hermanos Arjona en la aprobación del periódico (como en general, en la rehabilitación de numerosos afrancesados), pero me parece que no resuelve el problema que suscita su relación con Lozano de Torres, un ministro que no gozó ni de prestigio ni de estima, considerado además hostil a los afrancesados: cfr. *Paleobiografía (...),* o.c., pp. 375 y 378.
613. AHN., Consejos (Imprenta y agregados), 11295/65.

tribunal criminal especial creado por las Cortes. Parece que estuvo cesante hasta noviembre de 1833, cuando Burgos, ministro de Fomento, le nombró Subdelegado de Guadalajara. Más tarde desempeñó las funciones de censor regio en Madrid, de gobernador civil en Zamora (1836) y de jefe político en Pontevedra (1838)[614].

A la fundación del periódico se refiere la carta a Diego María, escrita a vuela pluma, en la que Francisco Xavier le da cuenta de esas novedades. Tanto como la información, interesa por los matices en la redacción, que no poco sugieren sobre la personalidad de quien la escribió, difíciles de trasmitir mediante la prosa necesariamente distanciada del historiador[615].

Madrid y Septiembre 17 de 1819

Mi querido Diego: estaba yo muy lejos de creer que estuvieses atrasado, pues me habían hecho creer que estabas muy desahogado. Con lo que me dices quedo instruido, y convengo en no librar más sin tu aviso, pero te advierto que tengo necesidades, y te ruego en consecuencia que no dejes de realizar tan prontamente como puedas algunos fondos.

Al *Almacén de frutos literarios* vamos a sustituir unos cuantos amigos otro periódico, intitulado *Miscelánea de comercio, artes y literatura*, para cuya redacción necesitamos noticias mercantiles e industriales de todos los pueblos del reino. Las de Motril están limitadas 1° a precio de los algodones. 2° al aspecto que presenten las cosechas. 3° al precio de los vinos. 4° a las cantidades de algodón y vino que se recojan en ese término [tachado: la vega]. 5° a las que se recojan en los de Almuñécar, Itrabo, Molvízar y Lobres. 6° al azúcar que se recoja en dichos puntos. 7° a entradas y salidas de buques, con noticia de sus cargamentos por mayor, todo ello con arreglo a un estadito impreso que te enviaré, y del cual no tendrás que hacer más que llenar las casillas una vez cada mes. Cuento contigo para este encargo, que supongo que ningún trabajo te costará.

Es cuanto hoy ocurre a tu buen hermano que con expresiones a Frasquita se repite tuyo,

Xavier

[rúbrica]

---

614. AHN, Gobernación, 387, Hoja de Servicios y representación de R. Pérez de Guzmán el Bueno (1.05.1835); Hacienda, 2828/529, Expediente de clasificación.
615. AFB, X. de Burgos a D.M.ª de Burgos (Madrid, 17.09.1819).

La alusión a los "amigos" y la intervención de Pérez de Guzmán puede dar la impresión de que se trató de una empresa colectiva, pero no hay nada de eso. Como ya hiciera en el lanzamiento de la *Continuación del Almacén*, Burgos manifiesta aquí voluntad de anonimato, seguramente por discreción política más que por necesidad de distanciarse de posibles acreedores, algo poco probable a esas alturas. Sin embargo, su protagonismo exclusivo en la *Miscelánea* está fuera de duda por notoriedad, por el análisis interno de la publicación y de sus vicisitudes, y por el testimonio expreso de Eugenio de Ochoa, una fuente muy bien informada a causa de su proximidad al personaje:

> Por una singularidad que los más de nuestros lectores hallarán increíble, Burgos proveía *solo* a las inmensas necesidades de una publicación de esta especie, porque el rigor de sus doctrinas y la corrección de su estilo permitían apenas que se le asociasen colaboradores[616].

Evidentemente, eso no excluye la existencia de subalternos mencionados casualmente aquí o allá, como el taquígrafo para las sesiones de las Cortes en la época constitucional, un escribiente en la redacción de nombre Francisco de Cárdenas, e incluso un encargado de "recoger noticias", un tal Sotero Rico[617]. Además, hubo una red de corresponsales en provincias de la que formaría parte Diego Burgos, si es que aceptó ese encargo que según su hermano, ningún trabajo le costaría. En uno de los primeros números, el del 6 de diciembre, se publicó una información de inusual extensión que quizás él envió:

Motril (Granada) 25 de Noviembre.

La cosecha de algodón se presenta bastante regular, y creemos que la de sola nuestra vega pasará de 60 mil arrobas, desgraciadamente el precio es muy bajo, pues no se vende mas que a 40 rs.

---

616. E. de Ochoa, *Apuntes (…)*, *o.c.*, t. I, p. 190.
617. Cfr. *Nuevo Diario* (7.08.1821) p. 429, y *Diario de Madrid* nº 93 (3.04.1821) p. 668. Quizás se trate del Sotero Rico, capitán, que en el verano de 1825 pertenecía a una junta ultra de Madrid y que un año después trabajaba para la policía: cfr. Juan Francisco Fuentes, "Datos para la historia de la policía política en la Década Ominosa", en *Trienio. Ilustración y liberalismo* nº 15 (1990) p. 116.

En Almuñécar se calcula en 11 mil arrobas la cosecha, y tiene el mismo precio. Los productos de las vegas de Salobreña, Lobres, Itrabo, y demás pueblos de esta costa, donde se coge algodón, podrán ser de 12 a 15 mil arrobas; de manera que la cosecha de la corta vega de Almuñécar, y del territorio comprendido entre Salobreña y Motril, en una extensión de dos leguas de largo, y media de ancho por donde más, será de unas 90 mil arrobas de. algodón de hermosa calidad. Hubo un tiempo en que estos productos fueron casi dobles, y el precio más de doble también, en términos que no podía regularse en manos de 10 millones anuales el valor de este solo esquilmo, en el limitadísimo territorio que lo produce. El tiempo de que hablamos no está muy lejos, pues no hay mas de 13 ú 14 años que esto sucedía.

En Motril prospera mas el algodón que en Almuñécar, por cuya razón los labradores de esta última ciudad se aplican más al cultivo de la caña de azúcar. La última cosecha de este fruto precioso ha producido 5 mil formas en Almuñécar y 800 en Motril. El precio de estas formas en bruto, o sin beneficiar, fue en el año último de 200 a 210 rs. en Almuñécar, y de 230 a 240 en Motril. Las 5800 formas produjeron de 14 a 15 mil arrobas de azúcar, cuya mayor parte se ha ido vendiendo a los precios de 54 a 74 rs., según sus calidades. Al valor de este artículo hay que agregar los productos de las mieles, que acaso igualan a la mitad del valor de la azúcar.

La última cosecha de vino ha sido escasísima. En Motril solo se han cogido sobre 35 mil arrobas, 7 u 8 mil en Gualchos, 9 mil en Almuñécar, y en proporción en Itrabo, MoIbízar, y demás pueblos vecinos. El pueblo es de 18 a 24 rs[618].

Por medio del correo ordinario, estos corresponsales hicieron llegar al periódico las noticias mercantiles en su primera época, y nutrieron la crónica política tras el restablecimiento de la Constitución.

En la etapa preconstitucional hubo también artículos remitidos, en general trabajos de corte erudito motivados por la pretensión patriótica de instruir a la nación, que Burgos insertó gustoso, puesto que esos materiales obtenidos de balde, armonizaban con la línea editorial. En cambio, tras el restablecimiento del régimen constitucional la temática de los comunicados pasó a ser principalmente política. Se esperaba que

---

618. *Motril (Granada) 25 de Noviembre,* en *Miscelánea* nº 16 (6.12.1819).

versaran sobre asuntos de interés general, pero contra las prevenciones del editor, con mucha frecuencia trataban de reivindicaciones, o de apologías de la conducta seguida por sus autores como hombres públicos en tiempos pasados o en sucesos recientes más o menos controvertidos. He dedicado alguna atención a ese tropel de colaboradores en el estudio que ha servido como punto de partida para la redacción de estas páginas[619], de modo que sería redundante volver de nuevo a eso por extenso. Me limito por tanto a mencionar sus nombres y añadir -en su caso- nueva información significativa, en la medida en que sirve para a perfilar mejor el estilo de periodismo realizado por Burgos y la repercusión de su periódico en la opinión pública.

Los corresponsales, en cuanto informantes de datos poco elaborados, no solían firmar su trabajo, pero hay excepciones que ocasionalmente coinciden con los nombres de colaboradores más comprometidos: firmaba habitualmente Tomás Juan Serrano (Murcia), y en los números de finales de noviembre y primeros de diciembre de 1819 se identifica a José María Ruiz Pérez (Granada), J.S. Arregui (Vitoria), V. Rubio (Valladolid) y Manuel Faustino de Cézar (Cuenca).

A su vez, entre los articulistas y colaboradores de primera hora ocupan un lugar central algunos naturalistas pertenecientes al Jardín Botánico de Madrid: el contacto inicial pudo ser Simón de Rojas Clemente, a quien Burgos conocía desde los tiempos de Motril, cuando le proporcionó informaciones para el trabajo que aquel preparaba sobre el cultivo de algodón. Asimismo, los profesores Antonio Sandalio de Arias y Mariano Lagasca habían publicado ya artículos en la *Continuación del Almacén* y colaborarían de nuevo en la *Miscelánea*. La sorpresa que puede ocasionar una huella tan homogénea de los hombres del Jardín Botánico se disipa al recordar un importante precedente, la responsabilidad que ya habían desempeñado en la gestión del *Semanario de agricultura y artes dirigido a los párrocos*, un periódico impulsado por el gobierno con ánimo educativo, al finalizar la centuria anterior[620]. Sin datos al respecto, parece oportuno recordar también la "amistad íntima" que Burgos había profesado al botánico americano José Mociño, director que fue del Gabinete de Historia Natural durante la ocupación francesa y emigrado después en

---

619. M. Morán, "La Miscelánea de Javier de Burgos (…)", *art. cit.*, especialmente pp. 238-251.
620. Vid. Fernando Díez Rodríguez, *o.c.*, pp. 38 y ss.; también, la antología editada por Elisabel Larriba y Gérard Dufour, *El Semanario de Agricultura y Artes dirigido a los Párrocos (1797-1808)*. Madrid: Ámbito, 1997.

el sur de Francia[621]; compartía esas circunstancias Francisco Zea, oriundo del virreinato del Perú y futuro presidente del congreso de Angostura.

Destaca entre estos comunicantes el ya mencionado Tomás Juan Serrano, sacerdote de perfil ilustrado, colaborador regular de varios periódicos, que llegó a implicarse muy directamente en iniciativas de sociabilidad liberal durante el Trienio. Se le achaca incluso haber participado en el asalto tumultuoso a la cárcel de la Inquisición en Murcia cuando se proclamó la Constitución, y posteriormente su alineación con los exaltados locales durante los motines de febrero de 1822, por lo que se le detuvo junto a otros implicados: "Don Tomas Juan Serrano, uno de los presos, es aquí conocido por un patriotismo ilustrado y sereno, lo cual ha hecho en general extraña su prisión"[622]. Como muestra de su actividad periodística previa, en la época absolutista, véase el número de la *Crónica científica y literaria* -el periódico de José Joaquín de Mora- del 7 de mayo de 1819, en el que se insertó su erudito artículo sobre el Real canal de Murcia, seguido de un breve epigrama[623]. Fue también asiduo de la *Miscelánea* José María Ruiz Pérez, licenciado en Derecho, autor de trabajos de interés agrario y que en ese concepto había colaborado en el *Memorial literario*[624] y estaba en correspondencia, desde años atrás, con Rojas Clemente. Ruiz Pérez fue síndico de Granada, fundador del cuerpo de zapadores - bomberos de la ciudad y amigo personal de Burgos, quien

---

621. *Miscelánea* nº 92 (31.05.1820), con la noticia de su fallecimiento y funeral en Barcelona, donde era presidente de la sociedad patriótica; Vid. AGMJ, leg. 6, Lista general de empleados civiles (…), se precisa que fue director de la expedición botánica de Nueva España, residente entonces en Toulouse (9.09.1813); también, Lista de residentes en Herault (30.04.1814); vid. datos biográficos en José María López Piñero, "Mociño, José Mariano (1757-1819)", en *Web de las Biografías* [en línea. Consulta 16.07.2020].

622. Serrano habría formado parte de un grupo de doscientos insurrectos que a las órdenes de José Manuel del Regato, proclamaron la Constitución y asaltaron la cárcel de la Inquisición en Murcia: cfr. P. Pegenaute, *o.c.*, p. 160; también, *El Imparcial* nº 173 (28.02.1822), "*Murcia 21 de febrero*" (el corresponsal informa con referencia a *El Chismoso*, periódico local).

623. *Crónica Científica y literaria* nº 220 (7.05.1819).

624. Vid. el art. comunicado que empieza: "Muy Señores míos: sin embargo de que me había propuesto no volver a tratar cosa alguna que tuviese relación con el privilegio de los hacendados de viñas de Granada (…)". f. = J.M.R. (Granada, 14 de agosto de 1805), en *Memorial literario o Biblioteca periódica de ciencias, literatura y artes* nº 25 (19.09.1805) pp. 295-305, en polémica con Faustino Anzú y Garro y Justo Josef Banqueri.

le menciona en una carta a su hermano Diego (Madrid, 19.10.1821) en el archivo familiar. El racionero de la catedral de Badajoz don Manuel de la Rocha, poeta que usaba el seudónimo de *El Pastor de Extremadura*, es otro ejemplo de eclesiástico comprometido con el ideario ilustrado y liberal. Se le identifica con claridad en el elogio de la *Miscelánea* al discurso que pronunció en la Sociedad patriótica de Badajoz, con motivo del juramento constitucional de Fernando VII[625]. Por último en el grupo de los más habituales, recuérdese a Santos Macho de Quevedo, residente en Reinosa, que ya había escrito en el *Semanario de agricultura* y en la *Continuación del almacén* sobre temas de económicos y agrarios[626]. Más circunstanciales, pero no menos significativas, fueron las colaboraciones de Manuel Casal (periodista en el Trienio), de Manuel María Gutiérrez (traductor de Destutt de Tracy y de Say)[627] y de Agustín de Quinto, un funcionario afrancesado de alto nivel que entre otras cosas, había escrito un *Curso de agricultura práctica*. Quinto devendría un liberal avanzado durante el Trienio, como muestra en su opúsculo *Defensa de tres puntos esenciales de nuestra Constitución*, que reseñó Burgos con elogio, quizás para probar que los afrancesados no eran sospechosos de tibieza constitucional[628].

---

625. Vid. "Entre la multitud de discursos pronunciados", en *Miscelánea* n° 237 (23.10.1820).

626. En AHN, Consejos, 13367, exp. 107 y 107b, relaciones de méritos de José Macho de Quevedo, natural de Reinosa (11.04.1828 y 26.01.1832), que posiblemente sea el mismo.

627. Vid. la noticia de "Málaga, 18 de noviembre", en *Miscelánea* n° 269 (24.11.1820): reseña la actividad de las cátedras sostenidas por el consulado. Gutiérrez desempeñaba las de Economía política, Comercio y Constitución, a las que se atribuye gran influencia en la formación de la opinión pública local. En la de Economía, el texto designado era el tratado de Mr. Juan Bautista Say, segunda edición, traducido por el mismo profesor D. Manuel Gutiérrez y explicado con auxilio de la *Riqueza de las naciones*, de Adam Smith. La cátedra de Constitución estaba destinada a "las clases más ilustradas del pueblo" y solían asistir entre 200 y 300 personas, se dice. Comprendía la enseñanza de los principios de Derecho natural público y de gentes y empleaba como texto las obras de Wattel y de Benjamin Constant.

628. Agustín de Quinto, *Curso de agricultura práctica conforme a los últimos adelantamientos*, Madrid: Collado, 1818, 2 vols.; vid. "Dos palabras de don Agustín de Quinto al anónimo, cuyas observaciones sobre su curso de agricultura se publicaron en los números 205 y 206 de la Crónica", en *Miscelánea* nn. 18, 21 y 22 (10, 17 y 22.12.1819); A. de Q., *Defensa de tres puntos esenciales de nuestra Constitución*. Zaragoza: Magallón, 1820, 46 pp. [Catálogo de BN]: reseñado en *Miscelánea* n° 350 (12.02.1821).

Como ya he dejado escrito en otro lugar, hay rasgos comunes entre cuantos se relacionaron con la *Miscelánea* en los primeros tiempos. Se trata de personas cultivadas, casi siempre instruidas en algún tipo de saber práctico que consideraban importante divulgar. No llama la atención la ocasional vinculación a Andalucía, patria de Burgos, su conexión con las sociedades económicas, o la presencia entre ellos de un clero culto que apoyará, sin reservas, el restablecimiento del sistema liberal. Era un modo de pensar que coincidía con el del editor y que reforzó, en consecuencia, la orientación del periódico[629]. Y podemos añadir que pasados los años, en no pocos casos estos hombres reanudaron una colaboración estrecha con Burgos, siendo este ministro, en el ámbito político y administrativo.

Ya en la época constitucional, una característica acusada entre los autores de artículos remitidos es su perfil propio de gente distinguida, que contribuyó a trasmitir una imagen elitista del periódico de Burgos. Los comunicados, orientados a reivindicar tal o cual punto que afectaba a la fama o a los intereses de sus autores, a veces se insertaban en suplementos que ellos mismos pagaban. Respecto al tono, Burgos alegó en una ocasión, polemizando con *El Universal,* que por no admitir comunicados polémicos o injuriosos había perdido muchas docenas de suscriptores. Las más de las veces, abundó, tales artículos versaban de chismes y *dicharachos,* rara vez útiles salvo para satisfacer resentimientos y desconceptuar a los papeles públicos que los admitían. Se atrevía a apostar que el diario rival insertaba diez artículos remitidos por cada uno de la *Miscelánea*, y que estos últimos no contenían ninguna particularidad ofensiva[630]. Es posible que fuera así, pero un repaso por las páginas de su periódico deja más bien la impresión de mucha profusión, e incluso sus amigos de *El Censor* llegaron a reprocharle su condescendencia en admitir artículos "y aún folletos comunicados"[631].

Por mencionar unos pocos entre los insertados en los primeros meses después del restablecimiento de la Constitución, véanse ahí los firmados por el conde de Abisbal (nº 62, 22.03.1820), el general Vigodet (nº 65, 29.03.1820), el príncipe de Anglona (Suplemento 30.03.1820), o Evaristo San Miguel, que usó la *Miscelánea* como trampolín de sus ambiciones

---

629. M. Morán, "La Miscelánea de Javier de Burgos (...)", *art. cit.,* p. 247.
630. "El Universal trae hoy un artículo", en *Miscelánea* nº 501 (13.07.1821).
631. "Sobre un folleto comunicado por la Miscelánea acerca de un juicio de jurados", en *El Censor* nº 54 (11.08.1821) p. 446.

político-literarias aunque más adelante fue un destacado redactor de *El Espectador,* en el que se combatió a Burgos con encono. San Miguel comenzó su colaboración en el número del 5 de abril de la *Miscelánea* con una nota breve y obsequiosa aclarando que el comandante Riego "no tiene tratamiento de excelencia, ni su modestia sufre dictados semejantes". Mucho más extenso es el artículo insertado en el suplemento del día después[632], buen ejemplo de periodismo al servicio de fines personalistas. Ahí, humilde él, proclama su afán de estrenarse con la pluma en un papel tan grato al público, su liberalismo a toda prueba, su amor a la patria, su condición de militar e individuo de la columna móvil de Riego, y prosigue con ligeras reflexiones ambientales y digresiones sobre la grandeza de España y de los españoles, a quienes atribuye el mérito de la magna obra de la revolución, etc., para concluir recordando a los sabios la obligación de instruir al pueblo, tan fácil de ser seducido y extraviado. Esto último, nótese, dicho por el futuro ministro de Estado de un gobierno tenido por exaltado.

Puede sumarse a la nómina el duque de San Fernando (Suplemento de 1.04.1820), el exministro José Pizarro (Suplemento de 25.04.1820), el marqués de Casa-Pontejos y uno de los "héroes de la Isla", el general Antonio Quiroga (que luego se revolvió contra el periódico). Mención aparte merece Eugenio Palafox Portocarrero, el famoso conde del Montijo, personaje con fuerte arraigo en Granada, que había dirigido la conjura fracasada contra el gobierno en la que un cuñado de Burgos, el coronel José Joaquín del Álamo, participó de manera directa. Burgos, como se dijo más arriba, se veía con Montijo. Más adelante, el conde hizo insertar una representación como suplemento de la *Miscelánea* (29.11.1820) en la que se quejaba por su destitución como capitán general de Castilla la Vieja, un comportamiento que es típico de personajes de alcurnia en circunstancias que afectaban a su reputación; hasta ahí, todo normal. Lo interesante, sin embargo, es que parece haber cultivado de forma deliberada el trato de Burgos como periodista, quien a su vez, publicaba con frecuencia noticias

---

632. "Señor Editor: SI vmd. concede dos o tres columnas de su periódico apreciable a un hombre que jamás escribió para periódicos", en *Miscelánea* (Suplemento 6.04.1820), f. = Evaristo de S. Miguel; vid. también la carta inserta en n° 178 (25.08.1820), f. = Evaristo San Miguel, donde se preocupa por enmendar la omisión involuntaria del nombre de don Juan Álvarez Mendizábal, encargado de los víveres del ejército de Ultramar, de la lista de jefes y oficiales que acompaña a la nueva impresión que se ha hecho de la memoria sobre las operaciones de la columna móvil de Riego.

sobre el conde, nimias aunque útiles para mantener viva su imagen ante la opinión pública: se le ha mandado volver de Valladolid (5.05.1820), envía copia de sus oficios al ministro de la Guerra (12.05.1820), fue inscrito en la sociedad patriótica de Cartagena (15.06.1820), seguía en Murcia (11.12.1820), ha llegado a Granada (2.01.1821), ha regalado a la milicia una bandera adquirida por su esposa en Madrid y se ofrece a alistarse en clase de soldado (26.05.1821), desmiente una conspiración para entregarle el mando militar (22.07.1821). Y así. ¿Era desinteresado el comportamiento del periodista?

En este mismo orden de cosas, es aun más relevante el comunicado insertado en el número de 27 de febrero de 1821. Su interés radica, antes que nada, en que posiblemente hay que considerarlo como la primera colaboración documentada de un rey de España en la prensa, y en que constituye un precedente inmediato del famoso "discurso de la coletilla" (1 de marzo de 1821), en el que Fernando denunció durante la sesión de apertura de la legislatura de las Cortes, los insultos y desacatos que suponía haber sufrido, responsabilizando a sus propios ministros. El artículo nos interesa además, porque con su publicación se establece -o se refuerza- el entendimiento entre el periódico de Burgos y la casa Real (y resulta sintomático que la voz pública atribuyera a los afrancesados la redacción de dicho discurso). Por último, el texto es también importante porque suscita dudas sobre la condición de una parte de la clase política ya en esos tiempos primerizos del liberalismo, presagiando quizás el derrotero que seguiría el régimen. El caso es que en sendos despachos diplomáticos remitidos en febrero de 1821, el nuncio Giacomo Giustiniani y el encargado de negocios sardo, Antonio Brignole Sale, comunicaron a sus superiores que la respuesta del rey a la diputación que fue a darle cuenta de la instalación de las Cortes había sido alterada en la *Gaceta*, al haber sido mal entendida por el obispo de Mallorca, que presidió esa comisión. Según Brignole,

Nella *Miscelánea* del 27 febbraio che parimente compiego, osserverà la S.V. Illma. a la pagina 4 una breve lettera diretta agli editori e firmata colle iniziali F.S. Si corregge in questa lettera la relazione inserita in tutti i giornali il di precedente della risposta fatta da S.M. Cca. alla Deputazione che le partecipò l'installazione delle Corti.

Al negarse el ministro de Gobernación -Agustín Argüelles- a rectificar la versión publicada del mensaje, que dejaba al rey en mal lugar, este envió un artículo a la *Miscelánea* y lo hizo distribuir por las calles de Madrid[633]. Dice así:

Señores editores de la Miscelánea. Muy señores míos: habiendo leído en el apreciable periódico de Vds. de este día el parte dado a las cortes por el presidente de la comisión encargada de anunciar al rey su instalación, me parece hay una diferencia notable en la respuesta dada por S.M.

Con motivo de ser día de corte, tuve la proporción de permanecer en palacio, movido de la curiosidad de presenciar tan augusta ceremonia. Dios me ha dotado, si de corto talento, de una felicísima memoria, y poniendo la mayor atención, me parece que la respuesta de S. M. fue la siguiente: "He oído con mucho gusto que las cortes se han instalado. Asistiré á la apertura de las sesiones a las diez de la mañana; y confío en el celo e ilustración de los diputados, que tomarán acertadas providencias para atajar los grandes males de

---

633. ASDMAE, *Legazione sarde* (Madrid) 4/III, despacho nº 171 (1.03.1821); Archivio Segreto Vaticano (ASV), *SS* 249 (1821), fasc. 3, 19 y ss., Giacomo Giustiniani a Ercole Consalvi nº 365 (27.02.1821) y nº 367 (3.03.1821). El relato de la versión comunicada por el obispo de Mallorca a las Cortes fue publicado el día 26 en la prensa de Madrid; vid. *Gaceta del Gobierno*, nº 57 (26.02.1821) p. 265: "Cortes. Tercera junta preparatoria de 25 de febrero. Se pasó oficio al Sr. secretario del despacho de Estado y de Gracia y Justicia para que S.M. señalase la hora en la que había de recibir la diputación; y habiéndolo sido la de una y media, salió esta para palacio a aquella hora; y a su regreso el Sr. obispo de Mallorca hizo presente quedar S.M. enterado, y haber señalado las diez de la mañana para pasar al Congreso, indicando al mismo tiempo la necesidad de que las Cortes tomasen las providencias convenientes para evitar los desacatos e insultos que públicamente había recibido; a lo que contestó el Sr. presidente, que estas apreciaban sobre manera la puntualidad con que la diputación había desempeñado su comisión, y que la conservación del orden público no competía a las Cortes". El presidente de las Cortes (elegido en la sesión preparatoria del mismo día) era Antonio Cano Manuel: vid. A. Gil Novales, "Cano Manuel y Ramírez de Arellano, Antonio (1768-1836)" en *Web de las Biografías* [en línea. Consulta 17.07.2020]: diputado por Murcia entre 1820 y 1822. "Según una lista del Archivo General de Palacio, usó el nombre masónico de *Cicerón*". Como todos los que se significaron en sentido liberal durante la época de las Cortes de Cádiz -también el ministro Agustín Argüelles- Cano Manuel había sido represaliado en 1814 por el régimen absolutista.

que se ve amenazada la nación, de los cuales son un seguro anuncio los desacatos e insultos por repetidas veces cometidos contra mi dignidad y persona, coa manifiesto menosprecio de la constitución." Espero de la bondad de Vds. la insertarán ea su periódico. = F. S.[634].

El nuncio en España tenía una opinión ambivalente sobre la *Miscelánea*: el diario gozaba de prestigio y era moderado políticamente, pero hostil a la autoridad de la Santa Sede. O cuando menos, maticemos, compartía las tesis acusadamente regalistas que estaban en boga en el ambiente de la época en España. Eso no fue obstáculo, sin embargo, para que el mismo nuncio hiciera insertar en él, anónimamente, artículos que contrarrestaran los ataques a Roma o a la disciplina eclesiástica que el gobierno toleraba para hacer gala de progresismo. De esta suerte, el 18 de septiembre de 1820 informó al Secretario de Estado Ercole Consalvi sobre su artículo, refutando los extractos calumniosos que publicaba *El Constitucional* del libro *Taxe des partiès casuelles de la boutique du Pape* (sic). "Viene inserito sotto il nome di terza persona in un Supplemento della Miscellanea della cui spesa mi sono dovuto caricare"[635]. Meses después volvió a recurrir a un comunicado en el mismo periódico para rebatir lo que calificó como "impudenza e temerità senza esempio" del ministro de Gracia y Justicia, García Herreros, que en su memoria a las Cortes había presentado las notas del nuncio como un intento de sostener la soñada monarquía universal temporal de Roma:

Attesa la somma dificoltà, e delicatezza delle circostanze, ho steso colla maggior moderazione, unicamente per diluguare le sinistre

---

634. *Miscelánea* nº 365 (27.02.1821).
635. ASV, *SS* 249 (1820) fasc. 7, ff. 185-186, nº 1139, G. Giustiniani a E. Consalvi (Madrid, 18.09.1820): el número de *El Constitucional,* que ya había remitido, extractaba el libro -dice- vomitando calumnias impúdicamente contra la Santa Sede. Le pareció mejor callar que refutarlo, pero hoy mismo ha insistido, añadiendo nuevas mentiras. Piensa haber combatido bien no solo las mentiras de *El Constitucional* sino todas las referentes a las dispensas y el dinero que va a Roma, que se difunden hoy con tanta fuerza. El redactor de *El Constitucional* ha respondido, pero sin saber que decir, y no ha hecho sino replicar literalmente lo ya dicho, con lo que "redoppia il nostro trionfo con massimo mio piacere". Sigue copia del original en italiano firmado por J.A.B. y ejemplares de los periódicos en cuestión: *Miscelánea* (suplemento al nº 200) y *Constitucional* nn. 469, 485 y 498.

impresioni, che deve produrre la lettura della citata memoria, a cui non potrebbe rimediar mai cualunque reclamo ufficiale[636].

¿Llegó el anticlerical Burgos a saber quien estaba detrás de esos artículos que naturalmente, daban ingresos a su periódico? Y no puede obviarse la sospecha de que algún otro diplomático hubiera pagado también a la *Miscelánea*, haciendo insertar escritos destinados a pesar en la opinión pública. De hecho, a propuesta del embajador en Madrid, escribe G. Dufour, el gobierno francés tuvo la intención de sobornar ("soudoyer") a determinados periodistas, entre ellos Burgos, "pour combattre l'influence des écrits libéraux espagnols"[637]. Sin embargo, carecemos de datos que avalen esta información, salvo que se considere un indicio su tendencia a publicar noticias críticas con el curso que seguía la revolución española, algo que él justificó llegado el caso, alegando la imparcialidad debida a la profesión del periodismo. Y por el contrario, la línea editorial de la *Miscelánea*, abiertamente simpatizante con la oposición liberal en Francia y muy hostil a los *ultras*, a los ministros Pasquier y Villèle, a Chateaubriand y al expresidente del Consejo Decazes, aconsejan descartar la idea de un Burgos a sueldo del gobierno de París. Puestos a imaginar una colaboración externa, es mucho más convincente la hipótesis de una subvención, o del envío de artículos y noticias redactados en el entorno de Benjamin Constant, del que sin duda se sentía más cercano y que recibe siempre un tratamiento amigable en la *Miscelánea*. De hecho, se sabe que esos franceses habían puesto dinero para lanzar *El Censor*, la revista que escribían sus amigos Lista, Miñano y Hermosilla. Como botón de muestra, véase el artículo que insertó el número 65, que parece un extracto retocado sobre la actualidad política en Francia, que se dice sacrificada al "energumenismo feudal" por la ley del 15 de marzo, al permitir encerrar por tiempo indefinido y sin juicio previo a los sospechosos de conspiración. Elogia en cambio a Constant, Manuel, Corcin, Foy, Demarçay y otros respetables campeones

---

636. ASV, *SS* 249 (1821), fasc. 4, ff. 76-79, n° 607 G. Giustiniani a E. Consalvi (Madrid, 7.04.1821). el *Redactor General* n° 56 (11.04.1821) p. 223, se hizo eco de este articulo "en que se dicen divinidades de las notas del nuncio de S.S. y de Ia *moderación* del señor Pérez de Castro".
637. Gérard Dufour, *Juan Antonio Llorente en France (1813-1822). Contribution à l'étude de libéralisme chrétien en France et en Espagne au debut du XIXe siècle.* Genève: Librairie Droz, 1982, p. 237, con referencia a una carta del ministro de Affaires Etrangères Pasquier al embajador Laval-Montmorency (15 de mayo de 1820).

que han combatido -literal- "contra la execrable gavilla de fanáticos, que sedientos de la sangre de sus compatriotas, provocan una reacción que los restablezca en sus derechos feudales"[638]. ¿Cobró Burgos por la inserción de esos materiales? En el mismo orden de cosas tampoco puede excluirse, como se verá mas adelante, la posibilidad de que hubiera estado pagado por los diputados de Ultramar, que tuvieron una fuerte presencia en las páginas de su periódico desde antes incluso de la reunión de las Cortes, pero muy especialmente a lo largo de la legislatura de 1820 a 1821.

8.2. La difusión del periódico

¿Fue rentable la empresa de la *Miscelánea*? El interés de este punto es múltiple. Primero, su repercusión en las finanzas de Burgos puede arrojar alguna luz sobre el espinoso asunto de su comportamiento como comisionado en París, que dejó sospechas de corrupción o al menos, de haber quedado comprometido en un conflicto de intereses. Y aun más importante, aclararlo ayuda también a valorar el impacto de la publicación en el espacio público de la época.

Indicios muy variados, tanto testimonios personales como indicadores de tipo empresarial apuntan a que fue un negocio próspero durante la época absolutista, en la que el sistema de oligopolio ayudaba al gobierno a mantener el control sobre lo que se publicaba, pero aún más en los primeros meses del régimen constitucional, ya que Burgos, que partía con la ventaja de poseer un periódico consolidado, asumió con entusiasmo los principios liberales antes de que surgiera una competencia seria. De acuerdo con la lógica de la edición de entonces la inversión había sido mínima, pues él era el único redactor y aparte salarios de unos pocos auxiliares, el gasto más importante correspondía a los materiales -o sea, el papel- y al pago de impresores externos: Repullés, Martínez Dávila, "la Minerva" y Sancha, todos profesionales solventes excepto "la Minerva", en la que solo se tiró un par de días por las razones que explica en el número de 9 de agosto de 1820:

Engaños torpezas, y la fatal complicación de otras circunstancias desgraciadas, han hecho que durante los primeros días de este mes, y particularmente el 7 y 8, se hayan repartido muy tarde los números de

---

638. "Acabamos de leer los últimos periódicos franceses", en *Miscelánea* nº 65 (29.03.1820).

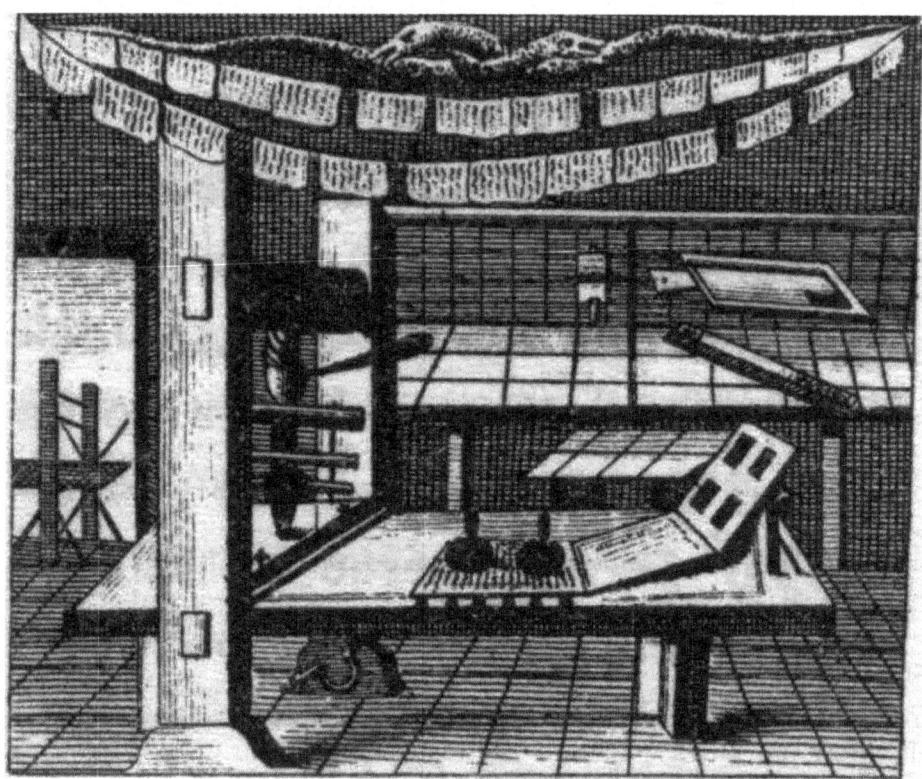

Imagen 34. Grabado en Juan José Sigüenza y Vera, Mecanismo del arte de la imprenta (Imprenta de la Compañía, Madrid 1811, en ed. facsímil de Tipus Almaburu, 1992).

nuestro periódico. Se han tomado medidas eficacísimas para que no se renueve más este desorden, y los redactores se apresuran a anunciar a los señores suscriptores que de hoy en adelante continuarán recibiendo sus números a la hora acostumbrada.

Puso imprenta propia en una fecha tardía (21 de abril de 1821), pero hasta el mes de septiembre, en vísperas precisamente del cierre del periódico, no pudo disponer de la nueva (y costosa) fundición de caracteres que tenía encargada[639].

---

639. Cfr. *Miscelánea* nº 547 (28.08.1821).

Coinciden en la misma apreciación optimista sobre la economía de la *Miscelánea* los observadores de la prensa de aquellos momentos. Los periodistas de *El Conservador,* un diario muy hostil a Burgos, reconocieron de mala gana que "el proyecto salióle pintiparado, pues como llovidos los dineros en su bolsa menudean"[640]; aunque de veracidad mucho más dudosa, un testimonio recogido en la *Colección de perfidias y atrocidades que los literatos españoles han hecho con la Casa de Sancha* pretende que este impresor soportó los costes del periódico ("3.000 y tantos duros en los primeros meses"), que después se le pagaron, como todos los demás gastos[641]. Una visión positiva de su trayectoria traslada también el afrancesado editor de la *Periódico-manía,* Fernando Camborda Núñez, que habitualmente se muestra benévolo en sus comentarios sobre el diario que redactaba Burgos:

La Miscelánea fue la primera que empezó a hablar acerca de nuestra gloriosa transformación política. El género que vendía no era muy conocido en los mercados de España; pero pareció a todos sabroso, delicioso y hermosísimo (lo es en verdad) y tuvo un despacho considerable. Esta amazona formó con tan pausible motivo un regimiento de suscriptores; algunos se la han desertado; pero todavía se conserva con larga vida. Se sostiene sobre el país, y los ahorros de la época de su prosperidad los conserva intactos, que no es poca fortuna, en unos tiempos en que todo el mundo está empeñado hasta las cachas[642].

Y en la misma linea se expresaba *El mochuelo literato,* una publicación festiva de don Lucas Alemán Aguado, en la que se escribió:

Nació con aclamación
Ia Miscelánea erudita,
y su ganancia inaudita
pregona su aceptación.

---

640. "Galería de caracteres", en *El Conservador* n° 56 (21.05.1820), f. = El Demócrito Español.
641. Reproducido en A. Rodríguez-Moñino, *Historia de los catálogos (...), o.c.,* p. 51.
642. *Periódico-manía* n° 8 (1820) p. 19.

Reiterada suscripción
fertiliza su majuelo:
su cuotidiano desvelo
le da pingues cucuruchos[643].

Que las cosas le iban bien a Burgos lo manifiesta su propósito de deshacerse de sus bienes inmuebles en Motril para centrarse en las ocupaciones que le absorbían en Madrid: "Mi intención en cuanto a bienes sería vender mi casa y la de los bueyes. Se darán facilidades, plazos, las rebajas de uso, etc."[644], pero eso sí, conservando las hazas para arrendarlas por medio de su hermano Diego, que actuaba como apoderado suyo en Motril bajo su supervisión, exigente y minuciosa. En 1826 Francisco Javier llegó a decirle que había ganado mucho dinero en Madrid desde que volvió de la emigración, o sea, a partir de 1817[645]. Sin embargo, hay que decir que las circunstancias que rodean esa afirmación, que tiene aire de justificación de las fuertes inversiones que estaba haciendo en fincas de Motril, precisamente cuando era comisionado del crédito español en París, le restan credibilidad, además de no encajar con el contenido de su correspondencia en la época anterior, en la que editaba la *Miscelánea*. De hecho, las cartas de Javier cuando era periodista indican que con frecuencia le faltaba liquidez, y era habitual que reclamara a Diego el envío urgente de fondos con cargo a las rentas de sus tierras, usando como intermediario a su agente en Madrid. Este fue el caso en octubre de 1821, cuando al haber cerrado el periódico ya no disponía de sus ingresos para sostenerse:

Lenard me ha dicho que no puede darme un cuarto, y eso me hace una extorsión terrible. Pienso librar a tu cargo una letrita de 4.000 reales a 30 días fecha, pagadera en Granada, en casa de don Pedro Dandeya, pues me urge algún dinero. Esto no podrá seguramente incomodarte. El correo que viene te enviaré la primera, para que la envíes aceptada a Granada, donde la recogerá el portador de la segunda con tu aviso[646].

---

643. *El mochuelo literato* nº 6 = *El mochuelo en cuclillas* (1820) p. 83.
644. AFB, X. de Burgos a D.Mª de Burgos (Madrid, 4.04.[1820]).
645. AFB, X. de Burgos a D.Mª de Burgos (París, 15.04.1826].
646. AFB, X. de Burgos a D.Mª de Burgos (Madrid, 26.10.1821).

En relación con las finanzas de Burgos se halla la cuestión de la difusión que pudo haber alcanzado la *Miscelánea*, sobre la que disponemos de algunas orientaciones útiles, pero no de datos precisos. A poco de triunfar el pronunciamiento de Riego, que restableció la Constitución de 1812 y consecuentemente, la libertad de imprenta, Burgos hizo una afirmación importante acerca de la incidencia de su periódico en el espacio público del momento:

No tenemos necesidad de declarar nuestros sentimientos moderados, pues estos deben ser conocidos de cuantos han leído nuestro último número, que para confusión de nuestros enemigos pasan de 10 000 individuos desde el viernes acá[647].

Para poner las cosas en su sitio, hay que decir que se refería a un acontecimiento muy especial, el triunfo de la revolución, de lo que había dado cuenta en el número del 10 de marzo de 1820 y había despertado, lógicamente, una enorme expectación. Como se argumenta con más detalle en la monografía que he dedicado a la *Miscelánea*, esta declaración está en la base de la difundida creencia de que el periódico tenía una tirada habitual de ocho a diez mil copias, cosa que resulta chocante con lo que suele aceptarse sobre el nivel cultural y la capacidad adquisitiva de la mayoría de la gente en la España de entonces. Más verosímil es la afirmación matizada por Nicomedes Pastor Díaz y por A.P. (Antonio Pirala, se supone) de que eso sucedía "muchos días" o "muy frecuentemente"[648]. Con todo, creo que el dato debe aceptarse como un indicio de la intensa proyección del diario redactado por Burgos en el espacio público del Trienio Liberal. Por supuesto, al cabo de algunas semanas de establecerse la libertad de imprenta, la multiplicación de periódicos y la radicalización revolucionaria hicieron menguar el protagonismo que había ostentado la *Miscelánea* y por el contrario, comenzaron a proliferar las críticas. Pero aun así, en diciembre de 1820, respondiendo a un discurso hostil pronunciado en una sociedad patriótica, la Fontana de oro, Burgos escribió:

---

647. "Cuando acabábamos de escribir este artículo", en *Miscelánea* n° 58 (13.03.1820).
648. N.P. Díaz, en *Obras (...), o.c.* t. III, p. 166, y A.P., "Noticia biográfica", en *Anales (...), o.c.,* t. I. p. 4.

Redactores de un periódico, que se lee con interés en las extremidades de la Europa, creemos que nuestra tribuna es más noble, más vasta que la que ocupa el orador que osa desafiarnos. Sus oyentes son 100 ú 200 personas, y nuestros lectores son 4 ú 5 000[649].

No conozco datos numéricos sobre el estado de ventas o la difusión de la *Miscelánea* en 1821. Aunque alguna indicación externa como la inversión en equipamiento, las sucesivas ampliaciones de formato, la publicación de suplementos y el mantenimiento del precio original parecen reflejar una situación desahogada, acaso deban interpretarse, más bien, como un esfuerzo de competividad ante una tendencia a la baja. Esta es la opinión de la *Periódico-manía*, para quien esa tendencia afectó a la prensa de Madrid en su totalidad. En septiembre, coincidiendo con una llamativa caída en la calidad de los contenidos, probablemente achacable a la enfermedad que sufrió el redactor de la *Miscelánea* -el hecho está documentado- Camborda comentaba:

Vive aún. América y Portugal, y acabe usted de contar. Pocos ejemplares andan en circulación: muchos se cuentan en estancación, esperando la suerte infausta del comprador por arrobas.

La Fontana por un lado, los exaltados por otro, han hecho mucho perjuicio a Madama, que ya va siendo vejezuela[650].

En efecto, cerró el 24 de septiembre de 1821, dos semanas después de la aparición de *El Imparcial*, el poderoso diario afín en ideas con el que el mismo Burgos empezó a colaborar en poco tiempo. Con todo, parece fuera de duda que durante muchos meses la *Miscelánea* había sido, entre la prensa diaria, el principal referente de la ideología y el programa del liberalismo moderado ante la opinión pública española, aun cuando parece difícil aceptar que la empresa hubiera sido una mina de oro para su editor.

---

649. "Acaba de anunciársenos", en *Miscelánea* n° 302 (27.12.1820).
650. *Periódico-manía* n° 43 (1821) p. 10.

8.3. Los comienzos de la *Miscelánea*

Durante los primeros meses de su existencia, todavía bajo el régimen absoluto, el redactor centró el periódico en las líneas que venían indicadas por el título: comercio, artes y literatura, pero con mayor incidencia en lo primero, como se explica en el prospecto que anunciaba su aparición[651]. La justificación, algo farragosa, consiste en una descripción de la crisis del comercio internacional en los pasados años, a raíz de los cambios provocados en el sistema europeo por las guerras napoleónicas y del repunte provocado por los *Cien Días* que precedieron a la batalla de Waterloo. Esta orientación, se echa de ver en el mismo texto, venía dada por la experiencia mercantil que había adquirido en Marsella, al pintar un panorama que parece rememorar la historia de la quiebra que él había experimentado en aquella época: "esta paz firmada en el año de 14 fue desgraciadamente interrumpida de nuevo en el de 15, y la guerra segó, en flor frutos opimos, de que se preparaba una cosecha abundante para los capitalistas inteligentes y calculadores". Y continúa:

En ocasiones semejantes, cuando los capitalistas experimentados luchan con los obstáculos, y violentan u encadenan la fortuna á fuerza de cálculo, constancia y sangre fría, o se estrellan, y en su ruina, ofrecen á los demás una lección útil, es, cuando parece más necesario que nunca difundir las luces sobre estas materias, familiarizar á todos con los conocimientos indispensables de entrambas industrias [mercantil y fabril], facilitarles toda clase de datos, y ponerlos en fin en situación de obrar con más conocimiento y por consiguiente, con más ventaja. Tal es el objeto de este periódico.

La intención de dar un sesgo principalmente noticiero a la publicación, como sugiere el prospecto, no se cumplió. En realidad el editor ya argüía ahí, aunque con la boca chica, la necesidad de *explicar* usos mercantiles especializados, lo que en la práctica iba a abrir la puerta a todo clase de

---

651. *Prospecto de un periódico intitulado: Miscelánea de comercio, artes y literatura; que se publica con real permiso.* 4 pp. s.l., s.a.; el texto responde al esquema habitual en los papeles de esa naturaleza, esto es, la justificación doctrinal, caracterización de las partes o secciones de la publicación e información práctica que comprende la descripción material, precios, lugares y condiciones de suscripción, reparto domiciliario, etc.

contenidos de temática económica y hacendística. La segunda vertiente anunciada, "Artes", hace referencia a intereses materiales, procedimientos industriales, obras públicas e incluso de gestión administrativa en un sentido amplio. Seguía la sección de "Literatura", que como la del comercio, era una especialidad en la que se sentía cómodo el redactor; enlazando con la sección final, la de "Variedades", incluiría novedades bibliográficas, poesías, información de espectáculos y crítica de teatros, etc.

Por tanto, dieron el tono en esta época las colaboraciones eruditas remitidas por ilustrados locales y poetas como el *El pastor de Extremadura* (Manuel de la Rocha), y los trabajos del propio Burgos, que tocó todos los palos publicando poesía, extensas reseñas -agricultura, literatura sagrada- o los ensayos sobre los vinos andaluces, el comercio internacional y con mucha cautela, los primeros artículos ("Sobre estadística") destinados a indicar la necesidad de formar una división territorial con criterios modernos, base de las operaciones que debían preceder a la reforma tributaria y a la acción del gobierno en materia de fomento del bienestar general. En esa época aparecieron también los tres principales seriales dedicados a los dramaturgos españoles del siglo de Oro -los de Lope, Tirso y Calderón- que posiblemente se habían redactado para la *Biografía universal*, pero que cuadran también con el interés que le movía entonces sobre la teoría del teatro. Volvería a editarlos años después en *La Alhambra*, el periódico del Liceo de Granada.

8.4. La época constitucional: un intento de encauzar la revolución

La orientación precedente, ceñida al reformismo que era posible en un escenario absolutista, cesó con el triunfo del pronunciamiento de la Isla en marzo de 1820. Burgos proclamó entonces "ya sin disfraz"[652] los principios liberales, encareciendo sus beneficios frente al viejo sistema, particularmente el que se había seguido en los seis años anteriores, marcado por todos los vicios contrarios al buen gobierno y a la prosperidad de la nación. Algo de esas ilusiones se refleja en su correspondencia con el hermano de Motril, al tomar el pulso de la opinión en los primeros

---

652. Suplemento a *Miscelánea* n° 87 (19.05.1820), donde anuncia la reestructuración del periódico.

momentos: "Pues tu apreciable del 23 me manifiesta que tomas interés en la alegría pública, te iré desde luego enviando mi *Miscelánea,* de que el correo pasado [ileg.] cuatro números y otros cuatro en el presente, y así haré igualmente"[653].

En aquel ambiente dominado por la nueva sociabilidad, expresarse con cierto tremendismo sobre el viejo régimen era de buen tono y él no se quedó atrás. Especialmente porque la alegría pública quizás no era tan unánime como da a entender, y eso explica el esfuerzo propagandístico que hizo en las primeras semanas. De hecho, imágenes hiperbólicas como la de "el gótico, desmoronado y caduco edificio de nuestras instituciones antiguas" se hicieron habituales en las páginas de su periódico. Y también fue frecuente calificar a los mandatarios de los años anteriores con epítetos no muy acordes con la tolerancia propia del espíritu liberal:

Un puñado de hipócritas, conocidos de toda la nación por su insensibilidad bárbara y su incapacidad profunda, que habían reducido el arte de gobernar al de proscribir a cuantos valían más que ellos[654].

Por el contrario, dio cuenta con aprobación del desembarco en Málaga de los patriotas que estaban recluidos en los presidios de África: García Herreros y Zorraquin que venían de Alhucemas, Martínez de la Rosa del Peñón y Calatrava de Melilla. Fueron paseados en un carro triunfal tirado por el pueblo y homenajeados con salvas de cañón, repique de campanas, flores lanzadas por las damas de la ciudad, banquetes, bailes y conciertos, pues como puntualizó en sus memorias uno de los protagonistas de esta época, Antonio Alcalá Galiano, la revolución de 1820 se distinguió por su carácter filarmónico[655]; y podría añadirse, también poético. Buena muestra

---

653. AFB, X. de Burgos a D.M.ª de Burgos (Madrid, 4.04.1820).
654. Cfr. los artículos que comienzan: "Observamos con satisfacción que hay generalmente gran vehemencia en los deseos del bien", en *Miscelánea* n° 75 (21.04.1820); "A nosotros, que hemos debido", en n° 80 (3.05.1820).
655. "El domingo 2 a las diez de la mañana desembarcaron", en *Miscelánea* n° 71 (12.04.1820); A. Alcalá Galiano, *Memorias,* citado por J.L. Comellas, *El Trienio Constitucional*, Madrid: Rialp, 1963, p. 36; en el mismo sentido, vid. Juan José Carreras, "La música", en P. Rújula e I. Frasquet (coords.), *El Trienio Liberal (1820-1823). Una mirada política*. Granada: Comares, 2020, p. 491.

es la marcha de Riego, cuya letra, quizás más convencional que inspirada, se atribuye a Evaristo san Miguel. El estribillo dice así:

Soldados, la patria
Nos llama a la lid,
Juremos por ella
Vencer o morir[656].

Con el mismo registro voluntarista, Burgos ensalzó las providencias de los nuevos ministros, los *presidiarios* por mal nombre. Esas medidas ("que honran al gobierno y demuestran que camina sin rodeos en la senda del bien") consistían, detalló, en nombramientos de gente de confianza, la disolución de unidades militares poco fiables y el desbroce de los trabajos preliminares para la formación de la milicia nacional[657].

En este último número (19 de abril) anunció también la reciente aparición de *El Conciliador,* periódico de Madrid cuyo objeto era "oponer un dique a todo espíritu de partido, y señalar el justo medio que debe seguirse entre las opiniones exaltadas de algunos y las preocupaciones y errores de muchos"; lo que nos revela que la formulación teórica del "justo medio", tan cara a los doctrinarios, no era inaudita entonces y que Burgos la tenía en cuenta. Y es que, aunque pagara un tributo retórico a la

---

656. La letra va reproducida al final de la *Memoria* sobre las vicisitudes de la columna de Riego tras la sublevación, en enero de 1820. Se dice compuesta en Algeciras (p. 6) pero sin declarar la autoría. Vid. Evaristo San Miguel, *Memoria sucinta sobre lo acaecido en la columna móvil de las tropas nacionales al mando del comandante general de la primera división D. Rafael del Riego desde su salida de la ciudad de S. Fernando el 27 de enero de 1820, hasta su total disolución en Bienvenida el 11 de marzo del mismo año.* Redactada por el teniente coronel D. — — —, jefe de la Plana mayor de la expresada división. Oviedo: Oficina de Francisco Cándido Pérez Prieto, impresor del Principado, 1820, 24 pp. + 2 h. [En línea: Biblioteca Digital Hispánica. Consulta 8.11.2023].

657. "Como nada es más natural que la impaciencia cuando se aguarda un bien", en *Miscelánea* n° 74 (19.04.1820). Los ministros, nombrados a propuesta de la Junta Provisional, fueron Evaristo Pérez de Castro (Estado), Agustín Argüelles (Gobernación), Manuel García Herreros (Gracia y Justicia), José Canga Argüelles (Hacienda), Antonio Porcel (Ultramar), Agustín Girón, marqués de las Amarillas (Guerra) y Juan Jabat (Marina).

revolución, era consciente de los riesgos que suponía el cambio político. Nos lo demuestra al recomendar la lectura de la carta del abate Raynal a la asamblea nacional de Francia, en la que este intentaba prevenir la violencia que él mismo había ayudado a liberar:

> Pues aunque su objeto, como observa el traductor en la bella advertencia que la precede, no sea rigurosamente aplicable á la España por la inmensa distancia que hay entre nuestra actual situación y la de la Francia en 1791, estamos sin embargo en los principios de una regeneración política, que es la operación mas peligrosa del arte social, y en la que es necesario que nos preservemos cuidadosamente de los males que tal vez pudieran sobrevenirnos, si el curso de las cosas tomase desgraciadamente distinta dirección, que la que se halla marcada por nuestras verdaderas necesidades y por el espíritu de la nación[658].

La idea se repite en otros textos de la *Miscelánea,* en los que advierte la necesidad de adelantarse a los acontecimientos para atajar movimientos populares descontrolados[659] y está siempre presente, al menos de forma implícita, en su relato. Ese fin se adivina en la atención que prestó durante el mes de abril a la *Asamblea de Constitucionales de Lorencini* -un café de la Carrera de San Gerónimo donde se peroraba en público- subrayando el orden y la moderación que imperaba en las sesiones. En esa línea se halla su réplica a los diaristas serviles de Francia, o la inserción del comunicado del ciudadano Gaspar de Aguilera, disculpando a esa reunión por los gritos sediciosos que profirió un individuo, militar al parecer, en la sesión

---

658. Vid. *Miscelánea* nº 114 (22.06.1820); se refiere al folleto *Fanal político ó Carta del filósofo [Guillaume-Thomas] Raynal: leída en la Asamblea nacional de Francia el 31 de mayo de 1791. Traducida al castellano.* Madrid: Imprenta de Burgos, 1820, 11 pp. [Catalogo de BN].
659. En la "Revista del año de 1820", publicada a primeros de 1821 con la pretensión de ser una historia abreviada de la revolución, Burgos escribió: "Es un principio inconcuso que cuando los que mandan no pueden contrarrestar una revolución, deben ponerse a la cabeza de ella, y dirigirla; y solo obrando así, pueden precaverse los movimientos populares que producen ordinariamente la funesta relajación de la disciplina civil, síntoma infalible de ruina y de disolución" (*Miscelánea* nº 312, 5.01.1821).

del día 7[660]. Sin embargo, el ambiente tumultuario terminó por prevalecer (al propio Aguilera le relacionaron con el asesinato del cura Vinuesa un año más tarde[661]), de modo que Burgos, como Miñano y otros, se pasó a la *Sociedad de Amigos del Orden* (el nombre lo dice todo) que se había instalado a principios de junio en otro café de la misma calle, la Fontana de Oro, notable por su concurrencia[662]. A ruego de la sociedad, insertó una nota firmada por su secretario en la que se aclaraba ser esta distinta de la de Lorencini, y dos días después publicaba una crónica detallada,

---

660. Cfr. *Miscelánea* n° 76 (24.04.1820), en el que hace frente a los malévolos diaristas serviles (*Gaceta de Francia* del 5 de abril) enfatizando el sentido de orden en esa reunión y su mecanismo de control (a cargo de "una especie de cámara de revisión" compuesta por personas cualificadas) que tamiza las propuestas. Afirma que ahí se va a "hablar cada uno de lo que le parece, y a hacer tal vez, indicaciones al gobierno"; vid. el comunicado que comienza "Señor redactor: la desgraciada ocurrencia", en *Miscelánea* n° 70 (10.04.1820), f. = El ciudadano Gaspar Aguilera, cadete supernumerario del mismo cuerpo; también, el n° 67 (3.04.1820), comunicado fechado en Madrid 1.04.1820, en el que un testigo aclara lo ocurrido en la sesión del 29, cuando la reunión rechazó la pretensión del conde de Abisbal y sus seguidores, para que se le nombrara portavoz ante la Junta Provisional. El mismo espíritu de moderación trata de trasmitir el artículo del n° 79 (1.05.1820), con las bases de la Confederación Patriótica de Málaga, que eligió presidente al conde de Teba (Cipriano Portocarrero y Palafox, hermano de Montijo) y como vicepresidente al arcipreste del Sagrario, dignidad de la catedral.

661. Sobre Gaspar Aguilera, vid. Juan Francisco Fuentes Aragonés *Biografía de los hermanos Gaspar y Domingo de Aguilera (1795-1864)*. Ventalló: Casa Perramon, 1985, p. 46 y ss.: aristócrata de perfil ostentosamente liberal del que se dijo haber participado en el asesinato tumultuario del sacerdote don Matías Vinuesa, asunto que no se aclara en esta biografía. Algunos datos de su trayectoria en el Trienio: autor de la *Oda sobre los asesinatos de Cádiz* "compuesta por el ciudadano Aguilera, y llena de patriotismo y entusiasmo patriótico": *Miscelánea* n° 76 (24.04.1820); en la lista de jueces de hecho nombrados por el ayuntamiento de Madrid para 1822: *El Imparcial* n° 133 (19.01.1822) p. 531; autor del romance heroico *Al día 7 de julio de 1822* leída en la función patriótica extraordinaria del teatro de la Cruz en 30 de julio: *El Universal* n° 213 (1.08.1822); a su vez, su hermano Domingo se incorpora, con Juan Macrón (sic), a la columna del general Copons que persiguió a los sediciosos hasta Húmera: *El Espectador* n° 455 (15.07.1822).

662. *Paseo por Madrid o Guía del forastero en la Corte*. Madrid: Publicación Abella, 1985 [facsímil de ed. or. Madrid 1815] p. 101.

propia de un testigo ocular, de la sesión inaugural[663]. De hecho, su nombre figura entre los de los socios fundadores que firmaron el reglamento: Eusebio López Polo, Ramón Adán, Felipe de Arco-Agüero, Manuel Bertrán de Lis, José María Torrijos, Juan Antonio Yandiola, Lorenzo Calvo de Rozas, Javier de Burgos, Evaristo San Miguel, Eduardo O'Rian, Domingo de Torres y Juan Romero Alpuente. Eran, escribió don Alberto Gil Novales, "un arco iris político, que iba desde el afrancesamiento hasta exaltación"[664]. Probablemente frecuentó la Fontana con ánimo de influir en ella y no solo recabar información para el periódico, pero su presencia fue siempre discreta, sin que conste ninguna intervención personal o manejos que denoten intenciones de ganar notoriedad, como sí se observa en las de algunos oradores.

En consecuencia, su objetivo fue desde el primer momento orientar el curso de la revolución por el camino de las reformas, siempre bajo los principios de moderación y conveniencia pública, *grosso modo* identificables con Constant y Bentham como autores de referencia. La apelación a esos principios es insistente y muy temprana en el periódico, pero han quedado trazas incluso en su correspondencia privada, en la que aludiendo a ciertos sucesos tumultuosos de Motril, confirmaba a Diego, su confidente, que daría noticia de lo ocurrido, "pero sin calor, pues en mi papel es la base la moderación y no debo faltar a ella ni aun con mis enemigos"[665]. Ese espíritu es el que dio vida a su periodismo durante aquellos meses.

Burgos muestra preocupación por difundir la cultura liberal, consciente de que la opinión pública era la garantía de la solidez de las instituciones en los regímenes representativos. Por supuesto, a partir de la interpretación de la política propia de los moderados, esto es, una visión equidistante entre los puntos de vista de los trasnochados absolutistas y los de los exaltados ("anarquistas"). No se disimula el fundamento ideológico de esa geometría: una concepción vertical del orden social, basada en la preeminencia

---

663. Vid. el anuncio de la *Sociedad Madrileña de los Amigos del Orden*, en *Miscelánea* n° 98 (6.06.1820), f. = Juan Romero de Tejada, Secretario (Madrid, 4 de junio de 1820); en parte, la confusión entre las dos sociedades procedía de que ambas pensaban establecerse en el café de Malta. Vid. en n° 100 (8.06.1820), la crónica de la sesión de apertura.

664. A. Gil Novales, *Sociedades (...)*, o.c., I, p. 103. El reglamento (Madrid, 4 de junio de 1820) debía haberse publicado en *El Universal* n° 35 (15.06.1820) pp. 127-128, pero por error, se insertó en el n° 37 (17.06.1820) p. 135.

665. AFB, X.F. de Burgos a D.M.ª de Burgos (Madrid, 18.04.1820).

del mérito personal frente a privilegios desfasados o a un igualitarismo aritmético; lo que paradójicamente, era también la creencia aceptada (aunque con matices y reservas) incluso en el ala extrema del liberalismo. ¿No preveía cortapisas -emancipación legal, alfabetización, renta proporcionada- la misma Constitución, para ejercer los derechos ciudadanos? Esa pedagogía impregna la trayectoria de la *Miscelánea* en su totalidad, pero su cauce más representativo se encuentra en los artículos doctrinales que publicó de tanto en tanto bajo la rúbrica de *Diccionario político y moral;* la fórmula se inauguró en el número 179 (de 26 de agosto), con un texto titulado significativamente, "Sobre la instrucción del pueblo en las doctrinas constitucionales". Como también hicieron los periodistas de *El Censor* siguiendo la recomendación de Bentham, lo que se pretendía en estos artículos era definir ("determinar la acepción") y caracterizar los elementos del sistema político al hilo de un recorrido por la historia de la palabra en cuestión: "Mucho puede contribuir a este designio y a la propagación de las verdades políticas la explicación clara de los nombres de las cosas", afirmó[666]. En última instancia, dicho crudamente, se trataba de asumir el control del lenguaje a base de retorcerlo hasta que diga lo que se quiere.

Esa metodología sirvió a Burgos para divulgar las principales nociones del liberalismo moderado, por contraposición a la ortodoxia doceañista, que él apuntaba a desgastar de manera gradual, porque el aura de que gozaba todavía la Constitución de Cádiz le habría hecho imposible atacarla directamente. Esa veneración, a menudo expresada con un registro entre cursi y conmovedor, queda de manifiesto en profusión de textos del estilo del que sigue:

En la noche del 7 del pasado mes tuvo el atrevimiento un vil y despreciable hombre de quitar y destrozar el símbolo de horror de los tiranos, esto es, la lápida de la Constitución colocada en la plaza de la villa de Niebla. En el siguiente 8 se puso otra de madera, presidiendo el acto la compañía del resguardo militar, al mando del digno patriota Mancha. En el 17 del propio mes se celebró solemnísima función,

---

666. Vid. "Sobre la instrucción del pueblo en las doctrinas constitucionales", en *Miscelánea* n° 179 (26.08.1820); la atribución a Bentham, en A. Elorza, "La ideología moderada en el Trienio Liberal", en *Cuadernos Hispanoamericanos* n° 288 (1974), p. 608; a su vez, Claude Morange, *En los orígenes del moderantismo decimonónico. El Censor (1820-1822): promotores, doctrina e índice.* Salamanca: Universidad de Salamanca, 2019, pp. 326-327, hace remontar esa tradición a Locke.

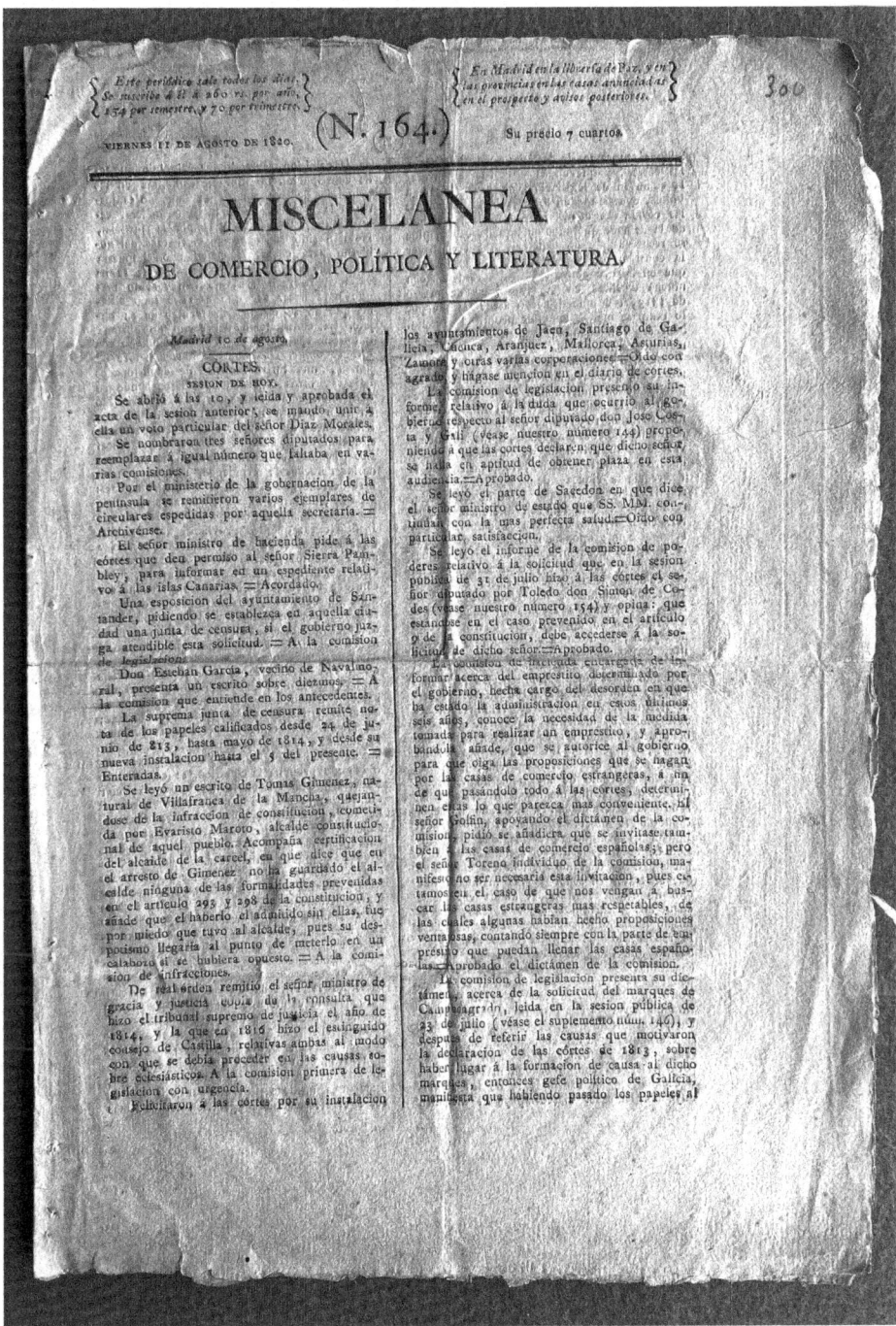

Imagen 35. Miscelánea de comercio, política y literatura nº 164, 11.08.1820 (Col. del autor).

con asistencia del clero y ayuntamiento, en su iglesia parroquial, pronunciando un elocuente discurso el cura párroco don Pedro Hidalgo, teniendo la lápida en sus manos. Después fue conducida bajo de palio al sitio en que se debía fijar, concluyéndose este patriótico acto con muchos vivas á la Constitución y soberanía nacional[667].

Se entiende por tanto que la estrategia editorial de la *Miscelánea* se centrara más bien en puntos colindantes, como plantear la dicotomía entre libertad civil y libertad política, establecer la relación entre *Ley* y *Razón* obviando la voluntad general, y presentar la teoría del gobierno parlamentario sobre la base de una comunicación fluida entre el legislativo y el ejecutivo, a la sombra del poder moderador.

Influir en la marcha de los acontecimientos de España fue también una prioridad para el gobierno de Luis XVIII, que había puesto en marcha su diplomacia con el fin de reconducir la Constitución de 1812 en la línea de la Carta francesa, más apropiada para sostener la autoridad Real. Semejante preocupación era comprensible, puesto que en el mes de febrero había sido asesinado en París el duque de Berry, sobrino del rey, originándose una reacción que dio lugar al nombramiento de un gobierno próximo a los *ultras* y a la aprobación de una legislación que permitía detenciones sin garantía procesal (15 de marzo) y establecía la censura previa (30 de abril). Respecto a España, el ministro de Exteriores Pasquier había nombrado un emisario especial, el marqués La Tour Du Pin, con el fin de atraer a Fernando VII a sus puntos vista, pero como la prensa internacional dio publicidad a la misión que traía, no se autorizó su entrada en la Península[668]. El dato cuadra con el runrún que corría entre los periódicos de Madrid sobre la existencia de "un plan de cámaras", o sea, para establecer el sistema bicameral mediante una reforma constitucional, algo que en efecto los ministros doceañistas, ahora reconvertidos al moderantismo, no veían mal. Lo confirma el marqués de las Amarillas -Secretario de la Guerra- al hablar de su colega el titular de Estado, Pérez de Castro[669] y lo denuncia *El*

---

667. *El Imparcial* n° 181 (8.03.1822) p. 696, "Sevilla, 10 de enero".
668. Emilio La Parra López, "La intervención de Francia en la política española en 1820. La misión de La Tour Du Pin", en *Berceo* n° 179 (2020) p. 16 y ss.
669. Pedro Agustín Girón, *o.c.*, II., p. 100; añade (p. 149) que incluso el confesor del rey, Damián Sáez, le abordó en agosto para intentar convencerle sobre la conveniencia de crear una cámara de pares de nombramiento real; Girón, explica, a esas alturas ya no lo venia factible.

Conservador, un diario significado por su discurso iracundo que aplicaba a defender -o sea, *a conservar*- el carácter inmutable de la Constitución:

> Y ¿qué diremos cuando esas alteraciones se dirigen nada menos que a variar la forma de la representación nacional? Tal es la que he visto indicada en varios papeles de esta Corte, y que tiene por objeto en dividir el congreso en dos cámaras, a imitación de lo que se haya establecido en algunos países europeos[670].

En su biografía de Javier de Burgos, don Nicomedes Pastor Díaz escribe que este sugirió que las Cortes de 1820 debían ser constituyentes, es decir, con capacidad para modificar la Constitución, se supone que en sentido moderado. Efectivamente, un testimonio de primera mano, el de Evaristo San Miguel, confirma que la idea estaba en el ambiente y que hubo debate sobre ella[671], pero hay que advertir que con la efervescencia propia de aquellos días, semejante ocurrencia hubiera causado problemas al periodista que la propusiera. De hecho, el marqués de Miraflores había publicado un folleto defendiéndola -a fin de que se estableciera una organización bicameral de las Cortes- y eso le costó un proceso, al declararlo subversivo[672].

En realidad, contra la afirmación de don Nicomedes, el redactor de la *Miscelánea* se calló deliberadamente sobre todo lo concerniente a la forma de reunión de las Cortes hasta que la Junta Provisional publicó el decreto de convocatoria (22 de marzo), lo dice él mismo[673]. Su única mención al bicameralismo en estos tiempos tempranos es algo posterior; aparece en la reseña de una descripción estadística y política de Estados

---

670. "Donde no hay estabilidad en las leyes", en *El Conservador* nº 38 (3.05.1820), *art.* f. = A.G.C.
671. N.P. Díaz, *Obras (…)*, *o.c.* t. III, p. 167; Cfr. E. San Miguel, *Vida de D. Agustín de Argüelles*. Madrid: Imprenta de los señores Andrés y Díaz, 1851, II, p. 93.
672. [Marqués de Miraflores], *Ideas políticas relativas a España a la época de marzo de 1820*. Madrid: Imprenta de Ibarra, s.f. [= 1820], 38 pp.; lo recuerda Eugenio de Ochoa, "Miraflores (Marqués de)", en *Apuntes (…)*, *o.c.*, t. II. p. 500: "ocasionó al autor un proceso que hubiera podido serle fatal a no haber prevenido sus efectos la benigna condición del juez de primera instancia don Julián Sojo".
673. Cfr. *Miscelánea*, Suplemento de 30.03.1820.

Unidos, obra del cónsul norteamericano en París, en la que se alababa su sistema político. La cámara de representantes, atribuye a Burke, se asocia al sentimiento del pueblo mientras que el senado "representa de una manera más verdadera y exacta su voluntad deliberada y sus intereses permanentes"[674]. También cabe la posibilidad de que Burgos aireara esas opiniones en alguna de las reuniones patrióticas que empezaban a formarse, como la de Lorencini o la Fontana, pero de eso no ha quedado traza.

En cambio, sí se detecta en sus artículos una argumentación sutil, muy constante, destinada a desmitificar la Constitución y promover una interpretación más dúctil y pragmática de sus contenidos: la capacidad de los ministros para modificar la organización de sus secretarías, libertad de destituir empleados, e incluso contratar empréstitos en situaciones extraordinarias sin consultar a las Cortes; y la de las propias Cortes para aprobar la enajenación de una parte constitutiva de la monarquía, como eran las Floridas. Tuvo que pasar un año para que, con motivo de la intervención austriaca en Italia, se atreviera a aconsejar la adopción del "plan de cámaras" y del veto real como una opción realista para salvar el régimen constitucional... de Nápoles[675]. No aludía al caso de España, aunque se lo achacaron de forma precipitada en una sociedad patriótica. Así se defendió Burgos:

> Esta noche misma acaba de darnos un ataque cruel un individuo montado sobre una mesa de un café. Entre otras preciosidades nos atribuye el buen hombre, que en nuestro número de hoy hemos proclamado el principio de una cámara intermedia. En cambio de las injurias y de las sandeces con que ha acompañado esta calumnia ridícula, nos limitaremos nosotros a desearle la dosis de buen sentido necesaria para entender lo que lee[676].

---

674. Reseña de la edición parisina de la obra de David Bailie Warden [cónsul de EE.UU], *Statistical, political, and historical account of the United States of North America, from the period of their first colonization to the present day* by — — —, 1819 [Referencia en línea: WorldCat], en *Miscelánea* n° 100 (8.06.1820).

675. "Concluye el artículo de conjeturas sobre el congreso de Leybach", en *Miscelánea* n° 322 (15.01.1822).

676. *Miscelánea* n° 323 (16.01.1821), suelto fechado el día 15.

Aun así, su declaración había levantado un enorme revuelo. Tanto, que viéndose estrechado, tuvo que rechazar formalmente la atribución días después, al contestar a un comunicante de *El Universal* en los siguientes términos:

No hablaremos de la opinión del autor del artículo, sobre que *la cámara de los nobles, la supresión de la diputación permanente, y el veto absoluto es casi sinónimo de tiranía de derecho*. Esta cuestión es incidental, y aunque nuestro dictamen coincida perfectamente con el suyo, no olvidamos que se nos podría objetar la existencia de esa célebre constitución inglesa, que hasta ahora poco [sic] ha hecho de la rica Albión el emporio de la libertad[677].

Desde el principio, su liberalismo templado le costó críticas e insultos. Además de las cartas que le remitían frailes y realistas ("identificables por lo roñoso del papel y por la mala ortografía de los sobres", escribió en su número del siete de abril), en el *Despertador constitucional* se publicó un escrito "tan insignemente necio, tan asquerosamente provocativo", que Burgos anunció su propósito de ignorar tales sandeces groseras para lo sucesivo[678]. También los redactores de *El Conservador*, muy en su línea, cultivaron un periodismo beligerante contra los que se hacían sospechosos de querer desnaturalizar el régimen con el pretexto de la moderación (servilismo enmascarado, decían). Como consecuencia, proclamaron que "el deber de un escritor público es denunciar a la opinión todos los sujetos que por sus ideas anteriores, y por sus hechos como funcionarios puedan perjudicar la buena causa"[679].

Pero no se trataba solo de poner en la picota a los empleados del antiguo gobierno, tachados de profesar los principios absolutistas, sino especialmente a los afrancesados, a quienes atribuían un papel estelar en la formulación del moderantismo. Burgos venía desarrollando una defensa muy constante de la causa de los afrancesados, aunque embozada y con cautela: "Nosotros estamos lejos de constituirnos abogados de los que siguieron al gobierno Intruso", llegó a escribir en su número del 3 de mayo, al protestar contra el decreto del gobierno (26 de abril) que prohibía la entrada de los proscritos

---

677. "Leemos en el Universal de hoy", en *Miscelánea* n° 328 (21.01.1821).
678. "Hemos leído una carta que habla con nosotros", en *Miscelánea* n° 61 (20.03.1820).
679. "Moderación", en *El Conservador* n° 33 (28.04.1820).

más allá de la raya del Ebro[680]. Como dio a entender uno de los colaboradores de *El Conservador*, la inserción en la *Miscelánea* de cierto artículo anterior, titulado "Sobre escisión de opiniones", fue lo que provocó el comienzo de su campaña contra los josefinos, que pronto se convirtió en una verdadera obsesión. *El Conservador* cerró el 30 de septiembre, precisamente cuando las Cortes aprobaron el decreto de amnistía política, pero marcó tendencia para lo sucesivo en el ambiente del Trienio. Por supuesto, el artículo en cuestión era de Burgos y en él apelaba a "los principios de moderación individual y de conveniencia pública" para exigir el fin de la persecución que sufrían. Algo le sonaba al impugnador de Burgos sobre su actividad como funcionario en Almería al amparo de las bayonetas francesas, como autor de comedias ("moderadas") y casi ex corregidor de las Batuecas (sic). En cambio, la despistada afirmación de que "le faltó poco días atrás para ser ministro", demuestra que su dosier estaba aun incompleto[681]. De hecho, las alusiones al pasado afrancesado de Burgos y a su comedia de 1811, *El presidente de la regencia*, fueron frecuentes aunque inexactas en *El Conservador* durante las semanas siguientes, en tanto que sus ataques se extendían a dos hombres de *El Censor*, León Amarita y Sebastián Miñano e incluso a Manuel Narganes, el director de *El Universal*. Los redactores de *El Censor* se solidarizan y hacen alarde de su identificación con los principios que aireaba Burgos:

> Resueltos a defender a todo trance los principios de la moderación y de la tolerancia, sin cuyas virtudes, ni en España ni en ningún lugar del mundo se puede consolidar el régimen constitucional, no podíamos menos de provocar la animadversión de aquellos, que aunque deseen el bien de la Patria, no creen posible obtenerle sino por medio de venganzas y persecuciones. Así es que identificadas nuestras máximas con las del juicioso editor de la Miscelánea, hemos tenido la honra de participar de los mismos dicterios y hemos sabido preferirlos, como él, a las estúpidas alabanzas de aquellos que nunca hacen una injuria mayor que cuando tributan un elogio[682].

---

680. "A nosotros, que hemos debido", en *Miscelánea* n° 80 (3.05.1820); el decreto en cuestión revocaba la disposición inicial, que había autorizado el retorno sin limitaciones.
681. *El Conservador* n° 49 (14.05.1820), el art. f. = El Crudo; vid. "Sobre escisión de opiniones", en *Miscelánea* n° 70 (10.04.1820). Otras referencias a Burgos y su comedia, en *El Conservador* n° 131 (4.08.1820) y n° 140 (13.08.1820).
682. *El Censor* n° 53 (4.08.1821) p. 322.

En septiembre, los de *El Conservador* lograron hacerse con un ejemplar de la dichosa comedia, del que reprodujeron y glosaron a bombo y platillo varios párrafos, precisamente aquellos en los que Burgos se había mofado ferozmente de los diputados de las Cortes de Cádiz ("gavilla de saltimbanquis")[683]. Pero fiel a la norma que se había impuesto meses atrás, Burgos no replicó al ataque de sus adversarios.

Su discurso circunspecto y para nada revolucionario, ya se ve, pudo hacerle perder credibilidad y lectores: "Sepa usted que nos hemos quedado fríos y desairados los suscriptores al ver que en la extensa lista que *El Universal* ha dado al público de las calificaciones de la Junta de Censura no hace usted el papel de valentón, ni el de travieso, mordaz y maligno que es el que gusta a la gente, sino el de escritor pacato, moderado y un si es no es cobarde", le reprocharon jocosos los de *El Censor*. De hecho, entre el 16 de junio y el 25 de julio solo sufrió una denuncia de la Junta de censura de Madrid, declarando injuriosos y calumniosos dos números, remitidos por el vicario eclesiástico con motivo de una queja de los contadores y el tesorero de Loterías; esa queja se refería a las críticas vertidas en dos artículos (pero remitidos, hay que subrayarlo) contra el dispendio en la administración y en los sueldos de los empleados del ramo tras derogarse la normativa de las Cortes en 1814. Por contraste, en ese mismo periodo recibieron la calificación de injuriosos siete números de *El Conservador,* el periódico de sus adversarios. También se sabe que su número 160, del 2 de septiembre, fue declarado "notoria y altamente injurioso a la dignidad Real", por lo que se ordenó recogerlo incluso a los suscriptores[684].

Quizás para equilibrar las cosas, todo eso tuvo su contrapunto en el talante anticlerical que Burgos cultivó de forma constante, asociado a sus diatribas contra los absolutistas durante los meses que siguieron a la proclamación del régimen liberal: aparte de recordar los vicios tradicionales del clero, abundó en su tibieza constitucional, en su carácter ultramontano,

---

683. "En el número 206 de la Miscelánea", en *El Conservador* n° 183 (25.09.1820), f. = L. de R.
684. "La Miscelánea", en *El Censor* n° 5 (2.09.20) pp. 388-389; los artículos denunciados de la *Miscelánea* corresponden al n° 70 (10.04.1820) y Suplemento del 1 de mayo (2.05.1820). Vid. "Junta provisional de censura de Madrid. Minuta de los papeles denunciados por dicha Junta de censura", f. = Antonio Osteret y Nario, secretario, en *El Universal* n° 104 (23.08.1820) p. 382. Sobre la calificación del n° 160 de *El Conservador* (falta en la colección de la Biblioteca Nacional), vid. *Gaceta de Gobierno* n° 79 (15.09.1820) p. 332.

en la necesidad de una reforma disciplinar, en la insufrible sumisión a la corte de Roma y en los demás lugares comunes en la tradición regalista española. No cabe duda de que semejante orientación se acomoda a sus convicciones personales, pero creo que también responde a razones de imagen de su periódico y sobre todo, a su estrategia de preparar el terreno para las reformas, básicamente la ley desamortizadora y la exclaustración, que aprobarían las Cortes en el mes de septiembre. El nuncio Giacomo Giustiniani, asiduo analista de la prensa del Trienio, resumió bien ese enfoque: "I redattori della Miscellanea si reputano certamente per più moderati in opinioni politiche, ma lo spirito di tutti è concorde in materie ecclesiastiche"[685].

Burgos concibe también la prensa, especialmente en esta época, como una vía para la intervención de los ciudadanos en la vida política, haciendo llegar al congreso y al gobierno las ideas de personas cualificadas, gente preparada técnicamente, sobre lo que convenía hacer para la regeneración nacional. Por tanto, como editor de la *Miscelánea*, dio entrada en sus páginas a comunicados y otros escritos que llegaban a sus manos, si bien, él mismo participó de manera activa con artículos muy elaborados sobre los temas que venían sugeridos por la agenda de las Cortes, o que improvisó al hilo de acontecimientos de actualidad: división provincial, amnistía para los proscritos (vamos, los afrancesados), códigos legales, exclaustración de los frailes, desamortización eclesiástica, reforma de la Hacienda, empréstitos, orden público, etc. Estando para instalarse las Cortes, escribió en su número del 1 de julio:

> La lista sola de los objetos de que tienen que ocuparse las cortes llenaría un grueso cuaderno. La apertura del congreso nos dará frecuentes ocasiones de hablar sobre las materias que se van á discutir, y nos apresuraremos á someter á los diputados de la nación el fruto de nuestras meditaciones y de nuestra experiencia[686].

Sí que lo hizo, y con frecuencia. Algún tiempo después, comentaría satisfecho que se habían tomado en consideración muchas de sus

---

685. ASV, *SS* 249 [1820], fasc. 12, fº 6, *Notizie* nº 627 (19 a 25.05.1820); para su análisis de conjunto sobre el régimen liberal español, vid. Enrique de la Lama Cereceda, *Visiones políticas Cartas sobre España: Giustiniani-Consalvi 1817-1823*. Pamplona: Eunsa, 2020, *passim*.
686. "Sobre la actual reunión de las Cortes", en *Miscelánea* nº 123 (1.07.1820).

indicaciones, aunque a la vez, expresaba su contrariedad porque no se hubiera dispensado igual favor a las que había apuntado sobre el código administrativo[687].

Muy ligado a lo anterior, se halla el ejercicio de la crítica a las operaciones del gobierno y a las iniciativas de las Cortes. Quizás cargando las tintas para subrayar la magnitud de los bienes que cabía esperar de los trabajos del Congreso, esbozó en vísperas de su reunión -en el citado artículo del 1 de julio- un primer balance de la marcha del régimen que mostraba un saldo poco favorable:

Hasta ahora, es menester decirlo, ninguno de los beneficios de la libertad han disfrutado los pueblos. Las elecciones, y particularmente las de ayuntamientos, han renovado en muchas partes divisiones antiguas, y dado ocasión a disturbios nuevos. La inseguridad de los caminos, de los campos contiguos a los pueblos, y de los pueblos mismos, infestados por bandas numerosas de ladrones, que ninguna autoridad ha pensado hasta ahora en reprimir, impide el tráfico, concentra u oculta los capitales destinados o utilizables a empresas útiles, y siembra la inquietud y la desconfianza. La continuación necesaria del anterior sistema de contribuciones mantiene los ánimos en expectación y en incertidumbre; algunos jefes políticos, conduciéndose como unos bajaes insolentes, otros no teniendo una idea siquiera de la naturaleza de sus facultades, dictan diariamente providencias absurdas, en que se violan con mucha frecuencia las leyes del sentido común. La confusión de las atribuciones, la fluctuación de las autoridades, las oscilaciones de la opinión, las aberraciones del poder, las maquinaciones de los enemigos del sistema, las exageraciones de los amigos, la calumnia desacreditando a hombres puros, la intriga ensalzando a hombres despreciables, la ambición, la venganza y la envidia tomando la máscara del patriotismo, e infamando la libertad que afectaban sostener, la virtud modesta abandonando el campo a la audacia procaz, y otras cien causas en fin combinadas desgraciadamente, han sido otros tantos elementos de zozobra, de agonía y de inquietud, de que casi no se ha eximido otra clase que aquella, cuya imprevisión y descuido se extiende tanto á lo presente como a lo por venir.

---

687. "Sobre un código administrativo", en *Miscelánea* nº 210 (26.09.1820).

Enfrentamientos locales, inseguridad pública, retracción de las inversiones, incertidumbre tributaria, ineptitud y prepotencia gubernativa, inestabilidad del sistema, arribismo y envilecimiento de la política... No era poco. En esos párrafos se halla en germen una buena parte de las objeciones que iban a distanciar a Burgos del régimen del Trienio. Con el tiempo fue acerando su crítica, que ejercería en todo tipo de artículos, pero señaladamente en las *Revistas*, un género periodístico dado a conocer en la *Miscelánea* en el que a manera de crónica, analizaba con detalle los acontecimientos ocurridos a lo largo de cada mes e incluso, ocasionalmente, de la semana. Se publicaron a partir de junio y su éxito hizo que siguiera redactándolas en *El Imparcial* a poco de empezar a escribir para este periódico. Pero a pesar de todo, es de notar que durante la mayor parte de 1820, sus observaciones sobre la actuación de las autoridades pecan más bien de eufemísticas, aun sin ocultar por completo su frustración, como refleja el tono ambivalente en su análisis de la memoria de Canga Argüelles sobre las operaciones del ministerio de Hacienda. Todavía en la revista de septiembre se esforzó por pintar un panorama amable, alabando las leyes aprobadas por las Cortes, acordes con los objetivos que él mismo venía indicando en su periódico. "Solo las leyes de mayorazgos, de regulares y de amnistía deben producir en pocos años más bienes, que males hicieron en tres siglos diez reinados absolutos". Minimizó ahí los amagos de conmoción que se habían advertido a primeros del mes, con motivo de la llegada de Riego a Madrid, quitando importancia a los recelos de algunos ciudadanos. Sin duda, la firmeza que -por excepción- el gobierno había mostrado manejando esa crisis le indujeron a concederle un margen de confianza, aunque más adelante llegaría a convencerse de que en realidad, no existió una causa proporcionada para las medidas de rigor que se tomaron entonces. Por el momento no veía otro motivo de inquietud que el estado deplorable de la Hacienda, pero eso lo resolvería el empréstito y para el año que viene, decía con voluntarismo, ya se formaría un buen sistema capaz de cubrir las necesidades con orden y regularidad, e incluso de mejorar la condición presente del pueblo. "Los mandatarios de la nación, que han sabido con leyes importantes adquirir en un mes una gloria inmortal, tomarán todas las medidas necesarias para resolver afirmativamente estas importantes cuestiones"[688].

---

688. "Revista de septiembre", en *Miscelánea* nº 215 (1.10.1820).

8.5. Ante la escisión del liberalismo: Riego en Madrid (septiembre de 1820)

Ahora bien, el tono de su discurso al referirse al gobierno y en general, a la marcha de la revolución, iba a cambiar de manera evidente en poco tiempo. ¿Qué había ocurrido? Con perspectiva, podemos asumir que el desencanto de Burgos surgió de manera gradual, a partir de una multitud de motivos de desazón que se fueron acumulando y él ignoró mientras pudo. Hay que destacar, no obstante, que esos "amagos de conmoción" tuvieron mucha más trascendencia de la que nos da a entender, porque ahí se esboza la división entre los moderados y los exaltados -hay consenso en la historiografía- con largas consecuencias para fijar el derrotero de la revolución y por tanto, para redefinir su propia toma de postura.

El asunto atañe directamente a Riego, el héroe, que había llegado a Madrid en la noche del 30 de agosto, ostensiblemente porque el rey quería conocerle, aunque con el propósito de hablar a los ministros para que se suspendiera la orden de disolver el ejército de la Isla, la fuerza que había hecho triunfar la revolución y era la garantía de su pervivencia. Pero no lo logró. Según la crónica de la *Miscelánea*, el día 3 salió de la fonda del Ángel por la mañana, acompañado por un regidor y diputados de las sociedades de la Fontana y Malta. Fue agasajado con desfile en carretela, recepción en el ayuntamiento y aparición en el balcón para responder a los vítores del pueblo. Hubo banquete en la Fontana de Oro con asistencia de las autoridades, de los socios de esta y la de Malta, que habían promovido el homenaje y pagado los gastos. El resto de la crónica está desinformada: por la noche, Riego y su comitiva fueron al teatro del Príncipe para ver la representación de *Enrique III de Castilla*, lo que dio motivo para aplausos, himnos y las manifestaciones de júbilo que eran de rigor... y no dice más[689]. Sin embargo, José María Torrijos, uno de los fundadores de las sociedades de Amigos del Orden y de los Amantes del Orden Constitucional (la de la calle de los Jardines), aporta información que permite calibrar la gravedad de los hechos en una carta al capitán general, fechada el día 4, en la que se atribuye haber salvado la

---

689. *Miscelánea* nº 188 (4.09.1820); el *Diario de Madrid* del día 3 no detalla la función en el teatro del Príncipe (se anunciaría por carteles), pero sí en el número del día 4, que avisa la representación del drama *Enrique III de Castilla*, seguida de la pieza en un acto *La palabra Constitución*, baile y canciones patrióticas: cfr. *Diario de Madrid* nº 247 (3.09.1820) pp. 353-354 y nº 248 (4.09.1820) p. 398.

vida del señor de Rubianes, el jefe político, en el alboroto que se produjo cuando este prohibió que se cantara el *Trágala*, como exigían algunos anónimos patriotas, en exceso acalorados[690]. Burgos tuvo que rehacer, al día siguiente, la versión que había dado en su periódico. Sin mencionar tampoco a Riego, ahora reduce la ocurrencia a un incidente deplorable en el que el pueblo impuso el canto del *Trágala* a la autoridad, siguiéndose escenas de escándalo y desorden.

El respeto a la autoridad, y por consiguiente a la ley, fue atropellado, no sin gran dolor de los que creen que la conservación del orden público es la primera necesidad social, y que no hay este orden, cuando falta la justa y debida deferencia a la voz de los magistrados[691].

La verdad oficial estableció que los tumultos, que continuaron durante días, habían comenzado porque Riego y sus edecanes entonaron desde el palco esa tonadilla, cuya letra era una provocación chulesca a los absolutistas, pero que en este caso hubiera podido interpretarse como un ultraje a personas constituidas en muy alta dignidad. En consecuencia, el gobierno dio órdenes de salir de Madrid al gobernador Velasco, a Riego, al coronel San Miguel y al teniente coronel Manzanares (respectivamente a Zamora, Oviedo, Valladolid y Barcelona), todo con aire de alarma y prevención. También se revocó, evidentemente, el nombramiento de capitán general de Galicia, que acababan de conceder a Riego. Sin embargo, sus ayudantes de campo escribieron a la *Miscelánea* dando su versión, en la que quitaban hierro a lo sucedido. Fue cosa suya, llevados por su inconsciente inocencia juvenil y sin prever el resultado; solo ellos cantaron en el teatro de la Cruz [sic], no el general[692]. Pero la bola siguió creciendo: las Cortes pidieron la comparecencia de los ministros para informar sobre la tranquilidad pública, de modo que el de la Gobernación, Agustín Argüelles, fue a dar explicaciones el 7 de septiembre, cosa que hizo sugiriendo que callaba mucho más de lo que iba a revelar: "Aunque el gobierno no se presentaba para acusar a nadie, si el congreso creía conveniente que se abriesen las páginas de esta historia, él estaba pronto

---

690. José María Torrijos al capitán general Gaspar Vigodet (Madrid 4.09.1820), en A. Gil Novales, *Sociedades (…)*, o.c., I, pp. 126-127, con el análisis de los sucesos de aquellos días.
691. *Miscelánea* n° 189 (5.09.1820).
692. *Miscelánea* n° 190 (6.09.1820).

a satisfacer sus deseos". Pero no las abrió, de modo que se ha supuesto que los moderados, por boca de Argüelles, utilizaron la insinuación de republicanismo como pretexto para justificar la represión de Riego y los militares díscolos, que en realidad deseaban para neutralizar su oposición a la disgregación de las unidades que se habían alzado, en el pasado mes de enero, a favor de la Constitución.

Riego, recordemos, había venido a Madrid con ánimo de evitar la disolución del ejército de la Isla, una medida decretada por el gobierno a primeros de agosto pero que halló mucha resistencia entre los comandantes. Para eso, mantuvo varias entrevistas con los ministros e incluso sacó el tema en una de las audiencias que le concedió Fernando VII. Pero sin éxito. En resumen, explicó Argüelles en su discurso de *las páginas*, era la llegada del general a Madrid lo que había producido la alteración que se notaba en el orden público. Su forma de expresarse a ese respecto y encima dándole publicidad, le había hecho acreedor a una lección,

Y enseñarle que el gobierno que él mismo ha contribuido a establecer, tiene el poder que necesita para hacerse obedecer de todos sin distinción, y que la persona del rey es altamente respetable y sagrada[693].

Efectivamente, en una carta que escribió el día 3 a sus compañeros dando cuenta del fracaso en sus gestiones, Riego se había manifestado en términos irrespetuosos, incluso injuriosos con los ministros (aunque no así con el rey, nótese). No pudo llegar a *una transacción*, decía, a pesar de sus proposiciones generosas, que no habían querido absolutamente admitir. Y seguidamente acusaba a los ministros de envidia, celos y presunción; de avivar rumores necios y de provocar una injusta desconfianza contra él, achacándole miras extraviadas y ambición militar. Palabras que reflejan sentimientos quizá disculpables en alguien a quien la devoción pública calificaba de "héroe inmortal" a cada paso, pero que constituían un pulso al gobierno para imponer sus puntos de vista e incluso, ¿para derribarlo?. Se entiende que semejantes declaraciones, que aparecieron publicadas en los periódicos, escocieran a Argüelles y sus colegas, obligándoles a tomar medidas rigurosas para evitar una imagen de debilidad. Aunque no el

---

693. Sigo aquí el extracto de la sesión de Cortes del día 7 en *Miscelánea* nº 192 (8.09.1820); la *Gazeta del Gobierno* nº 72 (8.09.1820) pp. 299-304 publicó una versión descafeinada de esta sesión.

LOS INMORTALES

Quiroga: Riego: Lopēz Baños: y Arco Agüero :

Imagen 36. "Los inmortales. Quiroga: Riego López Baños y Arco Agüero". Litografía, 1820 (Biblioteca Nacional de España)

tono, sí era el mismo fondo el de su exposición leída en las Cortes en la sesión del 5 de septiembre, y que tuvo también mucha difusión[694].

Sea como fuere, el punto que aquí interesa retener es que interesadamente o no, en el entorno del liberalismo moderado había cuajado la idea de un peligro próximo, precipitado por la presencia de Riego, cuyos síntomas eran la persistencia de los alborotos callejeros y las reuniones de gente en actitud levantisca. En un primer momento se pretendió culpar a los serviles, pero las referencias apuntaban claramente a patriotas exaltados, no sin que la minoría de diputados que simpatizaba con ellos, intentara justificar su actuación. Como se precisó en la sesión del día 7, las concentraciones habían empezado antes del suceso del teatro

---

694. Riego a López Baños y Arco-Agüero (Madrid, 3.09.1820), en Rafael del Riego, *La revolución de 1820, día a día. Cartas, escritos y discursos.* Prólogo, biografía sucinta, notas y recopilación de documentos por Alberto Gil Novales. Madrid: Tecnos, 1976, pp. 89-90 (tomada de un Suplemento al *Redactor de la Sociedad Patriótica de la Isla de León* (8.09.1820), aunque debió haber impresión anterior, puesto que Argüelles aludió a su contenido en la *sesión de las páginas*); *ibi*, pp. 91-93, sigue en la exposición de Riego a las Cortes leída el día 5; sobre los propósitos de Riego, vid. Marqués de Miraflores, *Apuntes histórico-críticos para escribir la historia de la revolución de España, desde era año 1820 hasta 1823.* Londres: Ricardo Taylor, 1834, p. 64; en el mismo sentido, José Luis Comellas García-Llera, "El Trienio Liberal (1820-23)", en *Historia General de España y América. Del Antiguo al Nuevo Régimen Hasta la muerte de Fernando VII.* Madrid: Rialp, 1981, p. 419.

en varios parajes, especialmente en la plaza del palacio, y fueron creciendo "hasta el punto de haberse suscitado contestaciones al tiempo de entrar S.M." (Moreno Guerra). Romero Alpuente disculpó esas reuniones al opinar que ante el descaro que empezaban a mostrar los facciosos, "se creyeron los constitucionales en la necesidad de hacerles conocer que si el gobierno no había tomado medidas, ellos se opondrían a sus disposiciones". O sea, la tesis exaltada de la legitimidad de romper la legalidad constitucional para preservar un bien superior, la conservación de la misma Constitución (que inmediatamente impugnaron, cada uno a su manera, Argüelles, el conde de Toreno y Martínez de la Rosa[695]). Y en la misma línea, don Juan Paralea denunció a su vez el ridículo ardid de que se valían los enemigos del sistema, atribuyendo a los defensores de la Constitución ideas republicanas.

El gobierno sí que había tomado medidas durante los días anteriores, pero para prevenir las conmociones populares y no para hacer frente al descaro de los facciosos. Entre ellas, se enumeró, estaban la de poner la tropa sobre las armas y la de prender a un individuo que se dirigió al jefe político con poco decoro cuando un tropel de gente llegó a su casa; fue identificado como empleado de la dirección de Hacienda, no precisamente un faccioso. Asimismo, al saber aquel que la sociedad de la Fontana de Oro tenía sesión pública por la noche, había hecho salir al alcalde y a algunos regidores para preservar la tranquilidad. La sesión de *las páginas* terminó con algunas decisiones significativas. Se mandó insertar en las actas y publicar en los bandos la ley sobre conmociones populares, "en la que además de otras penas se impone al que las provoque la de ser tenido por enemigo de la patria". A propuesta del diputado Moscoso (futuro ministro con Martínez de la Rosa) se aprobó también que la sesión de este día se imprimiera en la oficina del *Diario* con preferencia a cualquier otro trabajo. Eran medidas encaminadas a asegurar el mantenimiento del orden, muy en la línea de lo que venía predicando la *Miscelánea,* pero su efecto no iba a a durar mucho tiempo en el ánimo de su redactor.

La acusación de republicanismo contra Riego podía ser una farsa, pero los alborotos habían sido reales. Era evidente que la sociedad de la Fontana se había radicalizado desde la época de su fundación, cuando haciendo honor a su nombre -los "Amigos del Orden"- asistían a ella los periodistas afrancesados, y también que había desempeñado un importante papel dinamizador en los acontecimientos que preocuparon

---

695. *Gaceta del Gobierno* n° 720 (8.09.1820) pp. 301 y 303.

al gobierno. Antonio Alcalá Galiano, que había tenido parte directa en el pronunciamiento de 1820, impulsó con su oratoria acalorada la deriva de la sociedad. El marqués de Miraflores relata en sus *Apuntes* que ante el fracaso de las reclamaciones de Riego, los socios urdieron un alboroto en el que participaron unas doscientos desconocidos pagados por los *rieguistas*, si bien no tuvo mayor consecuencia[696]. Ya antes, en agosto, se dijo que Miñano había sido expulsado de la sociedad, aunque él afirmaría en su momento que se retiró por iniciativa propia al advertir el sesgo que iban tomando las cosas[697]. Tampoco hay datos sobre la asistencia de Burgos en lo sucesivo y sí parece en cambio que la información que publicaba en el periódico sobre los discursos, acuerdos y ocurrencias en la la Fontana le venía proporcionada por un corresponsal.

El 9 de noviembre se cerró la legislatura. Antes, las Cortes aprobaron acuerdos para imponer un control más estrecho sobre la sociedades patrióticas y limitar la libertad de imprenta (decretos de 21 y 22 de octubre). Ya a esas alturas, con una perspectiva más distante de los sucesos de septiembre, Burgos se mostró reticente hacia lo primero y criticó la dureza de las penas y la disposición que establecía los jurados para los juicios de imprenta, pues según explicó, no creía para nada en su idoneidad debido a la falta de capacidad, de independencia o por el subjetivismo que podía esperarse de sus integrantes. La multitud, vino a decir, formula sus juicios bajo la impresión del momento[698].

8.6. La *Miscelánea* contra el ministerio

Hay otro dato importante para entender el enfriamiento de las disposiciones de Burgos hacia el gobierno, quizás la gota que colmó el vaso, y que le afectaba de manera personal: las Cortes habían aprobado en el mes de septiembre la amnistía para los emigrados, aunque con restricciones que no podían contentarles. Se autorizaba su regreso, la devolución de sus bienes y la concesión de la ciudadanía, pero no el derecho a reclamar los empleos, condecoraciones, gracias, pensiones, etc. que hubieran tenido antes de entrar al servicio del gobierno intruso

---

696. Marqués de Miraflores, *Apuntes (…)*, o.c., p. 64.
697. *El Conservador* nº 144 (17.08.1820). Sobre Miñano en la Fontana, vid. A.M.ª Berazaluce, *Sebastián de Miñano (…)*, o.c., pp.134-136.
698. Cfr. "Nosotros, que no acostumbramos", en *Miscelánea* nº 220 (6.10.1820); también, la "Revista del mes" de octubre, en nº 246 (1.11.1820).

de Josef Bonaparte; debían recomenzar por tanto desde abajo, haciendo tabla rasa de su carrera anterior[699]. Burgos manifestó satisfacción en los primeros momentos, pero era consciente de que la amnistía de las Cortes -un indulto mas bien- se quedaba corta, no era el olvido del pasado que él y el autor del *Examen de los delitos de infidelidad a la Patria* defendían al alimón desde las páginas del periódico; una estrategia, por cierto, que deja entrever Miñano en carta al mismo Reinoso, residente en Sevilla:

> Mi querido amigo: apenas recibí ayer la estimada de Vm. llevé el artículo al editor de la *Miscelánea* para que lo insertase cuanto antes. No sé si ya será tan oportuno habiéndose ganado la votación de *amnistía* en los términos que verá Vm. en los papeles públicos[700].

Y ni mucho menos, se había traducido la amnistía en el fin de la discriminación en el espacio público, sino que los afrancesados seguían siendo rechazados incluso por los liberales que se tenían por moderados, sin que el gobierno fomentara el espíritu de reconciliación necesario para asentar las nuevas instituciones. Quizás por culpa de una aversión pasional heredada de la guerra difícil de superar -o quizás simplemente, por los prejuicios ambientales- pero también porque la moderación que predicaban los afrancesados era un imperativo racional, cosa diferente a la de los antiguos doceañistas, para quienes se trataba más bien de una cuestión de civilización, de urbanidad por así decir, pero siempre dentro del marco constitucional, que definía la soberanía de la nación en términos que rehuían solapadamente los afrancesados. Se trataba, como puntualizó Hans Juretschke, no de una actitud antiliberal, sino de "una distinta

---

699. "Decreto XXXIV. Se permite volver a España a todos los que emigraron por haber obtenido encargo o destino del Gobierno intruso, con lo demás que se expresa", en *Colección de los decretos y órdenes generales de la primera legislatura de las Cortes ordinarias de 1820 y 1821, desde 6 de julio hasta 9 de noviembre de 1820*. Madrid: Imprenta Nacional, 1821, t. VI, pp. 138-139.
700. S. Miñano a F. Reinoso (Madrid, 22.09.1820), en I. Aguilera, "Notas sobre el libro de Reinoso: delitos de infidelidad a la Patria", en *Boletín de la Biblioteca de Menéndez Pelayo* (1931). Número extraordinario en homenaje a don Miguel Artigas, I, p. 383. Vid. "Desde que volvieron a resonar en el congreso", en *Miscelánea* nº 249 (5.11.1820), artículo en el que Burgos polemiza amablemente con el de Reinoso, inserto a su vez en los nn. 244 y 245 (30 y 31.10.1820), f. = *el autor del examen de los delitos de infidelidad.*

visión sociológica e histórica"[701] que *mutatis mutandis*, era en el fondo la diferencia entre la línea editorial de la *Miscelánea* y la de *El Universal*, su gran rival entre los diarios del Trienio. Y tampoco se puede olvidar que los afrancesados, gente en general muy cualificada, constituían una competencia no desdeñable en la carrera por medrar en la función pública (¡los empleos!), el sueño de tanto liberal de hogaño no menos que de los absolutistas de antaño; de todo eso se había hablado mucho durante los meses anteriores, en el contexto de la campaña sostenida contra ellos por *El Conservador*. Por tanto, siendo indudable el deseo de los proscritos de reintegrarse plenamente en la vida pública del país, ¿puede extrañar que muchos de ellos se resintieran por el rechazo? Alberto Lista proporciona algunas claves al explicar en sus cartas a Félix Reinoso, residente en Sevilla, la actualidad política:

> El Censor, La Miscelánea y todos los periódicos a cuya clase pertenecen los transpirenaicos, aplaudieron la operación del 7 de septiembre, que daba al gobierno un vigor de que teníamos necesidad y destruía la influencia democrática de las Sociedades, contra las cuales había escrito El Censor con la moderación que caracteriza este periódico.
>
> Sin embargo, el Ministerio, si bien apoyó la amnistía concedida a los transpirenaicos, se negó después a emplearlos en ningún destino. Yo fui excluido de la interinidad de la clase de humanidades de San Isidro solo por ser afrancesado. *Ex unge leonem*. Se conoció claramente el espíritu de facción[702].

Con este telón de fondo, la animosidad de Burgos al primer gobierno del Trienio y a la orientación que este había dado al régimen se manifestó abiertamente en noviembre de 1820, antes incluso de que se planteara, en público, el primer conflicto entre Fernando VII y la Constitución. Lo que venía callando era su decepción con los doceañistas que tantas esperanzas habían suscitado con su aura de víctimas del despotismo cuando accedieron al ministerio. En su opinión no habían demostrado, ni de lejos, estar a la altura para realizar la misión que debía esperarse de un buen gobernante: tener conocimiento a la vez de "los libros y

---

701. H. Juretschke, *o.c.*, p. 109.
702. A. Lista a F. Reinoso (Madrid, 19.01.1821), en H. Juretschke, *o.c.*, pp. 563-565.

los hombres", talento para abarcar el conjunto sin perder de vista los detalles importantes, capacidad demostrada de trabajo y sobre todo, que "imbuido de la idea de que *gobernar* es sinónimo de *hacer felices,* piense que nada hace mientras sus tareas no produzcan este resultado". Sin señalar a nadie en particular (Burgos desaprueba las "personalidades"), lo que seguidamente va a cuestionar es la capacidad de esos hombres, los "encargados de consolidar Ia obra inmortal de los Quirogas y de los Riegos", para realizar su cometido[703]; nótese ahí el matiz perifrástico, que rehuye aludir a los méritos que ellos mismos pudieran haber contraído en la época de las Cortes de Cádiz. Y dando un paso más, el 9 de noviembre lanzó una violenta catilinaria denunciando uno de los vicios más notorios de ese gobierno, esto es, el enchufismo en materia de empleos so capa de adhesión al régimen, a costa de recargar a la nación con los sueldos de los cesantes, que quedaban abocados a la miseria y al resentimiento. Reproche notable, porque él mismo, meses antes, había defendido la libertad del gobierno para despedir (salvo magistrados) a los empleados.

No hay quien ignore el descaro con que se ha procedido en este punto, destituyendo a sujetos muy recomendables y beneméritos, y poniendo a veces en su lugar a hombres oscuros, que alguno de los sustituidos se avergonzaría de tener por escribientes. Esta conducta escandalosa se ha pretendido apoyar en la vaga calificación de *afecto o desafecto a las nuevas instituciones;* motivo permanente de arbitrariedad y de desorden, y por consecuencia fuente inagotable de disgustos y convulsión.

El fenómeno, continua el articulista, tiene un efecto multiplicador sobre los artesanos, que viven exclusivamente de los antedichos, sobre todo en la capital. A lo que hay que sumar la inquietud del clero, numerosísimo y influyente sobre las demás clases, que temía con razón la reducción o la supresión de los diezmos, de los que dependía su subsistencia[704]. La conclusión del mensaje es que la suerte del pueblo no era mejor que en el

---

703. "Hemos visto unas observaciones", en *Miscelánea* nº 251 (6.11.1820); "Prometimos ayer explicar", en nº 253 (8.11.1820).
704. "Fatigados estamos nosotros", en *Miscelánea* nº 254 (9.11.1820); meses antes, en el número 99 (7.06.1820) Burgos había defendido la libertad del gobierno en materia de empleados. Hay crítica humorística de ese punto en la *Periódico - manía* nº 12 [1820], pp. 6-10.

mes de febrero, arruinados los contribuyentes, en especial los labradores por exacciones inicuas, incapaces los fabricantes y los comerciantes de sostener la concurrencia ante el contrabando que el gobierno no sabía reprimir, y disgusto y división en general de todos los demás[705].

Así las cosas, a mediados de noviembre tuvo lugar una nueva crisis al chocar el rey con el régimen, que vino a confirmar su desconfianza en la capacidad del gabinete para defender el orden e imprimir un sentido constructivo a la revolución. El problema de fondo consistía en que las disposiciones del monarca nunca habían sido propicias al régimen, que aceptó solo por temor, aunque lo disimulara con zalamerías insinceras: "marchemos francamente, y yo el primero, por la senda constitucional" proclamó en su manifiesto del 10 de marzo. Pero como bien sabía su propio ministro de la Guerra, el marqués de las Amarillas, "ninguno [de los ministros] podía ignorar que el Rey protegía ocultamente los levantamientos contra la Constitución que le habían obligado a jurar". Así lo escribió en sus memorias[706]. De muy mala gana, el rey sancionó las leyes revolucionarias de septiembre -monacales y mayorazgos- antes de trasladarse al sitio de El Escorial, donde la corte solía pasar la jornada de otoño. Lejos del ambiente coactivo de la capital, con las Cortes cerradas y dos alzamientos en caliente a favor del absolutismo -en Talavera y Ávila- Fernando tuvo la ocurrencia de sustituir sin refrendo ministerial al capitán general de Madrid don Gaspar de Vigodet, por el general Carvajal, un militar de su confianza. Las razones no están claras: ¿un globo sonda, como sugirió don Alberto Gil Novales[707], o se trataba ya de un desafío en regla a la Constitución? En cualquier caso, el propósito desestabilizador parece evidente. Pero le salió mal y además, sufrió la sobreactuación del *contrapoder* -el aparato alternativo a la autoridad legal- que controlaban los exaltados: la calle, las sociedades patrióticas, la milicia y una parte considerable de la prensa. Cundió la alarma y se formaron concentraciones de gente sin orden, proliferando las escarapelas y cintas verdes que ostentaban también algunas señoras. Por supuesto, la designación de Carvajal quedó sin efecto. Fernando, después de remolonear cuanto pudo alegando su estado de salud (constipado y con ronquera), tuvo que a volver

---

705. "Concluye el art. de los números 253 y 254", en *Miscelánea* nº 256 (11.11.1820).
706. A. Girón, *o.c.*, t. II, p. 125. En el mismo sentido, vid. A. Alcalá Galiano, *Memorias de D. ———*. En *Obras escogidas*, t. II (BAE 84). Prólogo y edición de Jorge Campos. Madrid: Atlas, 1955, p. 85.
707. A. Gil Novales, *El Trienio (...)*, *o.c.*, p. 21.

Vista del Real Palacio de Madrid por el Arco de la Armería.

Vue du Palais Royal à Madrid prise du coté de l'aire de l'Arsenal.

Imagen 37. Vista del palacio Real por el arco de la Armería. Manuel Alegre - José Gómez Navia, 1800-1815 (Biblioteca Nacional de España).

a la capital después de separar de su lado a su confesor y a su mayordomo, como le había pedido de forma perentoria el ayuntamiento de Madrid. La familia Real entró a las 4 de la tarde por la puerta de San Vicente y encontró formadas a la guarnición y a la milicia, escribe Burgos en su número del 22 de noviembre, además de "una inmensa concurrencia de gente" que daba vivas a la Constitución. Lo que no dice, siempre recatado, es que al llegar a Palacio el rey fue insultado por la parte menos educada de sus súbditos, que le entonaron canciones ultrajantes (Miraflores, Alcalá Galiano). Un joven Fernando Fernández de Córdoba que iba al colegio todavía, pero muy imbuido de convicciones realistas, generaliza y añade colorido al describir estos hechos en sus memorias:

Por cualquier noticia, o con pretextos livianos, la osadía e insolencia de aquellos llamados liberales llegaba hasta el extremo de cantar el mismo *Trágala* al rey, debajo de los balcones de sus regias habitaciones, acompañando tan groseros actos con motes y nombres tan insultantes, tales como *narizotas, cara de pastel* y otros que no consignaré, dirigidos a la virtuosa reina y a las infantas, constituyendo con esto una amenazadora reproducción de aquellas escenas que señalaron el comienzo de la sangrienta Revolución francesa.

Todo eso ante la pasividad del gobierno, que dejó obrar o no supo impedir la hostilidad popular contra un Fernando demasiado dispuesto a sabotear el funcionamiento de las instituciones[708]. Los ministros no tenían motivos para quererle bien y por lo menos desde la aprobación de la ley de monacales habían descubierto que bien dosificado, el recurso a la calle era útil para atarle corto. Siempre que pudieran controlar el mecanismo, claro. Pero en ese ambiente de agitación tomó cuerpo la reacción de los exaltados en las provincias, donde abundaron las asonadas, de modo que el gobierno contemporizó, y su debilidad fue la principal consecuencia, denuncia el conservador Miraflores, de los sucesos de noviembre: Riego fue nombrado capitán general de Aragón, Velasco de Extremadura, Arco-Agüero y Lopez Baños, uno en Málaga y otro en Navarra. "La Sociedad secreta de los Comuneros -añade- también nació en esta desdichada época"[709]. Se autorizó nuevamente la actividad de las patrióticas bajo la forma de "reuniones" o "tertulias" -que ya se había tolerado en los días anteriores- y también fue entonces cuando dos de los ministros, Agustín Argüelles y Cayetano Valdés, el sucesor de Amarillas, buscaron protección afiliándose a la masonería, que aunque no había promovido los tumultos sí los había consentido[710]. Pero la situación se les fue de las manos y la

---

708. Marqués de Miraflores, *Apuntes (...)*, *o.c.*, pp. 70-76; A. Alcalá Galiano, *Recuerdos (...)*, *o.c.*, t. I, pp. 158-159 y *Memorias (...)*, en *o.c.*, t. II, 109; Fernando Fernández de Córdoba, *Mis memorias íntimas* (BAE 192). Edición y estudio preliminar por Miguel Artola Gallego. Madrid: Atlas: 1966, t. I, p. 17.

709. Marqués de Miraflores, *Apuntes (...)*, *o.c.*, p. 77; la última afirmación parece inexacta. E. San Miguel, *Vida (...)*, *o.c.*, II, p. 239, sitúa la fundación de la comunería en la primavera de 1821. Otro tanto A. Alcalá Galiano, *Recuerdos (...)*, en *o.c.*, p. 170, donde menciona a sus miembros más representativos: sin contar a B.J. Gallardo (el autor de la idea, que se consideró plagiado) ocuparon los primeros puestos José Manuel del Regato, los brigadieres José María Torrijos y Juan Palarea, el general Francisco Ballesteros, Juan Romero Alpuente, José Moreno Guerra y el también diputado Francisco Díaz Morales; se amplía y depura la información en la documentada biografía de Regato: vid. P. Pegenaute, *o.c.*, p. 199 y ss.

710. A. Alcalá Galiano, *Recuerdos*, *(...)*, *o.c.*, p. 167.

marcha de los acontecimientos tendió a reforzar el clima de incertidumbre y de desafío a su autoridad. Siguiendo con el relato de Lista a Reinoso en su carta del 19 de enero:

> Vino el 16 de noviembre, en que los ministros no creyeron encontrar más medios de salvación que la reapertura de las Sociedades patrióticas, en las cuales el partido ultraliberal rompió todo freno en sus diatribas contra el rey, mas no tardaron dos semanas en dirigir las armas que se les habían dado contra el Ministerio.

Con lógica, la *Miscelánea,* que informando sobre los sucesos de aquellos días se había esforzado en proyectar una imagen de serenidad al hablar del comportamiento del pueblo[711], reanudó ya sin vacilaciones la campaña contra el ministerio iniciada a principios del mes, pero que había dejado en suspenso durante los disturbios. Lo proclamó así su editor en el número del 1 de diciembre (revista de noviembre), toda una declaración de guerra:

> Si moderados por temperamento y por hábito, no hemos levantado el tono hasta ahora, pensando que las indicaciones suaves producirían el efecto a que aspirábamos de que se consolidase definitivamente el sistema por medio de la justicia, fuerza sería emplear un lenguaje algo más fuerte, y revelar en fin el secreto de una nulidad, que hasta ahora nos hemos limitado a indicar. ¡Dichosos nosotros si en breve tenemos elogios que tributar a esos mismos hombres a quienes hoy dirigimos reconvenciones!

La lista de agravios de Burgos contra el gobierno está expuesta con elocuencia y convicción en su revista de noviembre y en la que a principios de enero de 1821 dedicó a hacer, así lo anunció, una historia abreviada de la revolución[712]. Vaya un bosquejo esquematizado de su

---

711. Vid. *Miscelánea,* especialmente la crónica de Madrid en n° 263 (18.11.1820), n° 265 (20.11.1820) y n° 266 (21.11.1820).
712. "Revista de noviembre", en *Miscelánea* n° 276 (1.12.1820) y n° 277 (2.12.1820); "Revista de 1820", en n° 308 (1.01.1821), n° 309 (2.01.1821), n° 310 (3.01.1821), n° 312 (5.01.1821), n° 320 (13.01.1821), n° 324 (17.01.1821), n° 332 (25.01.1821) y n° 333 (26.01.1821).

contenido. El primero entre los cargos era la inacción de esos hombres, que habían accedido a sus puestos henchidos de prestigio, pero resultaron ineptos para promover beneficios en favor de la nación. En su lugar, escandalizaron a la opinión pública con sus primeras providencias, señaladamente el decreto del 19 de abril, que ordenaba abonar a los separados de sus destinos en 1814 los sueldos que habían dejado de percibir hasta el presente; semejante decisión iba a permitir que alguno de los ministros -así se dijo de Agustín Argüelles- se lucrara cobrándose seis años de supuestos atrasos, en la hipótesis de que entonces habría recibido el nombramiento. En cambio, dieron marcha atrás a la disposición que derogaba el destierro de los afrancesados, al decidir al cabo de tres días (26 de abril) confinarles en las provincias del norte; la reconciliación, evidentemente, no entraba en el ánimo de los que gobernaban. Eran también culpables de que los beneficios que se esperaban de la reunión de las Cortes hubieran sido muy reducidos, al no haber preparado ni los proyectos de ley más urgentes ni los antecedentes que hacían falta para legislar con acierto, más allá de los trabajos previos para las leyes de mayorazgos y monacales, que -minimizó- no requerían combinar datos complicados. Entre los proyectos que Burgos echaba en falta era especialmente importante, por tanto, una medida general de conciliación y concordia; segundo, la designación de recursos con que cubrir el déficit de las contribuciones y asegurar el funcionamiento de la administración sin recurrir a empréstitos ruinosos; y en tercer lugar, el establecimiento de reglas seguras y uniformes para el reparto de los impuestos; véase ahí los puntos principales del programa desenvuelto en la famosa exposición que dirigió al rey en 1826.

El envilecimiento de la revolución podría ser la rúbrica general que abarcara otro grupo de cargos imputables a los ministros. Su pasividad ante la perversión de las tribunas en las sociedades patrióticas ("a pesar del celo de la mayoría de sus individuos") y de no pocos periódicos, por obra de hombres oscuros y despreciables que habían introducido el desorden y la desunión con difamaciones calumniosas contra los serviles, los *persas*, los afrancesados y los liberales que no lo eran a su manera, hicieron que muchos abandonaran el campo de la libertad. Por el contrario, los ministros elevaron el clientelismo a norma de su política en la concesión de los empleos públicos: "el prurito de remover gentes de sus puestos se hizo una enfermedad funestamente contagiosa" que acarreó males de mucha consecuencia, al erigirse en sistema la injusticia y la expoliación, sin "más objeto que el de alimentar prosélitos y ahijados" (25.01.1821). Se multiplicó el número de *serviles* gracias a la "conducta de los que nos gobiernan, de quienes se podría decir con más razón que de una familia muy ilustre lo dijo cierto aventurero célebre [Talleyrand, de los Borbones], *que nada han olvidado ni nada han aprendido"* (2.12.1820). La pérdida de concepto de los que dirigían la revolución fue causa de que no se llenara el empréstito de cuarenta millones y se agravara aun más el estado de las finanzas públicas.

Su apatía fue causa de la incapacidad para imponer el orden y el reposo ("primera necesidad de los pueblos y el primero de los beneficios sociales"). En la única ocasión en la que habían mostrado vigor fue de forma errada, cuando en septiembre actuaron por simples sospechas, trasladando a la opinión pública infundios que el mismo Burgos llegó a creerse: "engañados nosotros, pudimos hacer formar a nuestros lectores una idea equivocada", dijo refiriéndose a la insinuación del republicanismo de Riego y sus compañeros. En la misma linea que Mora, el periodista de *El Constitucional*, Burgos interpreta las decisiones del gobierno en noviembre con evidente ojeriza, al sugerir que deliberadamente, habían dado una publicidad exagerada e inmerecida a la iniciativa del rey con el nombramiento del general Carvajal. En realidad, minimiza, la causa de aquellos sucesos había sido de lo más tenue:

El rey escribió un billete confidencial, anunciando haber hecho un nombramiento, y este hecho sirvió para conmover a toda la monarquía. Con no cumplimentar la orden, y representar respetuosamente á S.M. los motivos legítimos y constitucionales que a ello obligaban, estaba el negocio concluido; y nadie tenia necesidad de saber ésta ocurrencia, hasta tanto que S.M. se hubiese convencido de la justicia de la observación. Este sobresalto, en que se puso al reino, fue un mal y un mal grave, que sirvió más adelante de pretexto para despertar respectivamente encnos adormecidos y esperanzas criminales[713].

Incluso achacó a la gestión de los ministros el quebranto del crédito, depreciándose enormemente el papel del Estado a raíz de la crisis. Por lo demás -estos son ya los flecos secundarios de su pintura- el comercio en

---

713. "Continúa (...)", en *Miscelánea* n° 333 (26.01.1821); en lo mismo coincide *El Constitucional: o sea, Crónica Científica, Literaria y Política* n° 567 (26.11.1820); este expone ya una versión plenamente exculpatoria del rey en n° 592 (21.12.1820).

el Mediterráneo venía sufriendo desde hacía meses la depredación de un corsario que el gobierno demostraba ser incapaz de neutralizar[714]. Como conclusión, el periodista sentenció que casi todos los negocios del Estado se hallaban en un estado semejante al que tenían un año antes, y que la revolución estaba siendo explotada en beneficio de unos pocos sin que los beneficios llegaran al conjunto de una sociedad desunida y enfrentada: "muchos de esos que usurpan el nombre de liberales no son más que unos vampiros que vienen a alimentarse de la sustancia pública" (2.12.1820). En resumen, los alegatos de Burgos desde su *Miscelánea*, que no debe olvidarse, era uno de los diarios más leídos dentro y fuera de España, constituían un golpe muy duro a la imagen del ministerio, al exponer un panorama penoso del estado de la nación y del pulso de la revolución. Sin embargo, Burgos puso cuidado en subrayar a cada paso que sus censuras no iban contra las instituciones liberales ni contra la legitimidad de la revolución, enfatizando, como para compensar, los tintes más siniestros de la España del sexenio precedente. Ni siquiera los exaltados, al menos en esta etapa de su análisis, fueron objeto de su crítica. Por el contrario, estaba dirigida a los responsables de hacer marchar dichas instituciones, a quienes por otra parte, decía no conocer ni de vista; eso iba para los que le acusaban de pretender dádivas del gobierno a cambio de cesar en sus ataques. Y no era dañino denunciar los males existentes, como afirmaban sus adversarios al señalar el uso hostil que la prensa extranjera hacía de sus artículos para desprestigiar al régimen liberal español; ese proceder constituía por el contrario, una obligación propia de la profesión de periodista[715].

---

714. "Motril, importante ciudad de la provincia de Granada", en *Miscelánea* nº 297 (22.12.1820), denuncia el durísimo impacto en la economía local.
715. "Acaban de decirnos que los ultras de Francia", en *Miscelánea* nº 303 (28.12.1820).